DIREITO TRIBUTÁRIO

HISTÓRICO DA OBRA

- 1.ª edição: jul./2017
- 2.ª edição: abr./2018; 2.ª tir., jun./2018; 3.ª tir., set./2018
- 3.ª edição: jan./2019
- 4.ª edição: jan./2020
- 5.ª edição: jan./2021
- 6.ª edição: jun./2022
- 7.ª edição: jan./2023
- 8.ª edição: abr./2024
- 9.ª edição: mar./2025

Roberto Caparroz

Pós-Doutor em Direito pela Universidade de Salamanca/Espanha.
Doutor em Direito Tributário pela PUC-SP

DIREITO TRIBUTÁRIO

9.ª edição
2025

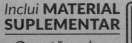

Inclui **MATERIAL SUPLEMENTAR**
- Questões de concursos

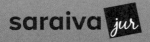

- O autor deste livro e a editora empenharam seus melhores esforços para assegurar que as informações e os procedimentos apresentados no texto estejam em acordo com os padrões aceitos à época da publicação, *e todos os dados foram atualizados pelo autor até a data de fechamento do livro*. Entretanto, tendo em conta a evolução das ciências, as atualizações legislativas, as mudanças regulamentares governamentais e o constante fluxo de novas informações sobre os temas que constam do livro, recomendamos enfaticamente que os leitores consultem sempre outras fontes fidedignas, de modo a se certificarem de que as informações contidas no texto estão corretas e de que não houve alterações nas recomendações ou na legislação regulamentadora.

- Data do fechamento do livro: 17/02/2025

- O autor e a editora se empenharam para citar adequadamente e dar o devido crédito a todos os detentores de direitos autorais de qualquer material utilizado neste livro, dispondo-se a possíveis acertos posteriores caso, inadvertida e involuntariamente, a identificação de algum deles tenha sido omitida.

- Direitos exclusivos para a língua portuguesa
  Copyright ©2025 by
  Saraiva Jur, um selo da SRV Editora Ltda.
  Uma editora integrante do GEN | Grupo Editorial Nacional
  Travessa do Ouvidor, 11
  Rio de Janeiro – RJ – 20040-040

- **Atendimento ao cliente: https://www.editoradodireito.com.br/contato**

- Reservados todos os direitos. É proibida a duplicação ou reprodução deste volume, no todo ou em parte, em quaisquer formas ou por quaisquer meios (eletrônico, mecânico, gravação, fotocópia, distribuição pela Internet ou outros), sem permissão, por escrito, da **SRV Editora Ltda.**

- Capa: Lais Soriano
  Diagramação: Mônica Landi

- **DADOS INTERNACIONAIS DE CATALOGAÇÃO NA PUBLICAÇÃO (CIP)
  VAGNER RODOLFO DA SILVA – CRB-8/9410**

C236c   Caparroz, Roberto
Coleção Esquematizado® – Direito Tributário / Roberto Caparroz ; coordenado por Pedro Lenza. – 9. ed. – São Paulo : Saraiva Jur, 2025.

864 p. – (Coleção Esquematizado®)
ISBN: 978-85-5362-796-7 (impresso)

1. Direito. 2. Direito tributário. I. Lenza, Pedro. II. Título. III. Série.

	CDD 341.39
2024-4521	CDU 34:336.2

Índices para catálogo sistemático:
1. Direito tributário   341.39
2. Direito tributário   34:336.2

DEDICATÓRIA

(Julieta) *Que alegria querias esta noite?*
(Romeu) *Trocar contigo o voto fiel de amor.*
(Julieta) *Antes que mo pedisses, já to dera;*
mas desejara ter de dá-lo ainda.
(Romeu) *Desejas retirá-lo? Com que intuito,*
querido amor?
(Julieta) *Porque, mais generosa,*
de novo to ofertasse. No entretanto,
não quero nada, afora o que possuo.
Minha bondade é como o mar: sem fim,
e tão funda quanto ele. Posso dar-te
sem medida, que muito mais me sobra:
ambos são infinitos.
Romeu e Julieta, William Shakespeare

À minha querida esposa, Patrícia,
companheira de toda uma vida,
com amor e gratidão.

Ainda que eu falasse
A língua dos homens
E falasse a língua dos anjos
Sem amor eu nada seria
"Monte Castelo", Legião Urbana

AGRADECIMENTOS

Escrever livros é um ato solitário, que só se torna possível com a ajuda de pessoas muito especiais.

Para mim, nada supera em importância a família, que é o meu mundo e razão de existir.

Agradeço imensamente à minha esposa, Patrícia, e aos meus filhos, Gustavo e Leonardo, pelo amor e compreensão, com um pedido infinito de desculpas pelas milhares de horas de convívio furtadas.

Aos meus pais, Anna e Roberto (*in memoriam*), pelo apoio incondicional em todos os momentos.

Ao amigo Pedro Lenza, grande incentivador, otimista nato e responsável direto por este livro.

Um abraço carinhoso à Saraiva (agora GEN), que me deu a oportunidade de estar aqui e sempre me apoiou em todos os momentos.

Como sempre, meu agradecimento especial aos milhares e milhares de alunos que tive ao longo dos anos, cuja gentileza e generosidade me servem de estímulo para seguir na caminhada.

METODOLOGIA ESQUEMATIZADO

Durante o ano de **1999**, portanto, **há 25 anos**, pensando, naquele primeiro momento, nos alunos que prestariam o exame da OAB, resolvemos criar **uma metodologia** de estudo que tivesse linguagem "fácil" e, ao mesmo tempo, oferecesse o conteúdo necessário à preparação para provas e concursos.

O trabalho, por sugestão de **Ada Pellegrini Grinover**, foi batizado como *Direito constitucional esquematizado*. Em nosso sentir, surgia ali uma **metodologia pioneira**, idealizada com base em nossa experiência no magistério e buscando, sempre, otimizar a preparação dos alunos.

A metodologia se materializou nos seguintes "pilares" iniciais:

▪ **Esquematizado:** verdadeiro método de ensino, rapidamente conquistou a preferência nacional por sua estrutura revolucionária e por utilizar uma linguagem clara, direta e objetiva.

▪ **Superatualizado:** doutrina, legislação e jurisprudência, em sintonia com os concursos públicos de todo o País.

▪ **Linguagem clara:** fácil e direta, proporciona a sensação de que o autor está "conversando" com o leitor.

▪ **Palavras-chave (*keywords*):** a utilização do negrito possibilita uma leitura "panorâmica" da página, facilitando a recordação e a fixação dos principais conceitos.

▪ **Formato:** leitura mais dinâmica e estimulante.

▪ **Recursos gráficos:** auxiliam o estudo e a memorização dos principais temas.

▪ **Provas e concursos:** ao final de cada capítulo, os assuntos são ilustrados com a apresentação de questões de provas de concursos ou elaboradas pelo próprio autor, facilitando a percepção das matérias mais cobradas, a fixação dos temas e a autoavaliação do aprendizado.

Depois de muitos anos de **aprimoramento**, o trabalho passou a atingir tanto os candidatos ao **Exame de Ordem** quanto todos aqueles que enfrentam os concursos em geral, sejam das **áreas jurídica** ou **não jurídica**, de **nível superior** ou mesmo os de **nível médio**, assim como **alunos de graduação** e demais **operadores do direito**, como poderosa ferramenta para o desempenho de suas atividades profissionais cotidianas.

Ada Pellegrini Grinover, sem dúvida, anteviu, naquele tempo, a evolução do *Esquematizado*. Segundo a Professora escreveu em **1999**, "a obra destina-se, declaradamente, aos candidatos às provas de concursos públicos e aos alunos de graduação, e, por isso mesmo, após cada capítulo, o autor insere questões para aplicação da parte teórica. Mas será útil também aos operadores do direito mais experientes, como fonte de consulta rápida e imediata, por oferecer grande número de informações buscadas em diversos autores, apontando as posições predominantes na doutrina, sem eximir-se de criticar algumas delas e de trazer sua própria contribuição. Da leitura amena surge um livro 'fácil', sem ser reducionista, mas que revela, ao contrário, um grande poder de síntese, difícil de encontrar mesmo em obras de autores mais maduros, sobretudo no campo do direito".

Atendendo ao apelo de "concurseiros" de todo o País, sempre com o apoio incondicional da Saraiva Jur, convidamos professores das principais matérias exigidas nos concursos públicos das *áreas jurídica* e *não jurídica* para compor a **Coleção Esquematizado**®.

Metodologia pioneira, vitoriosa, consagrada, testada e aprovada. **Professores** com larga experiência na área dos concursos públicos e com brilhante carreira profissional. Estrutura, apoio, profissionalismo e *know-how* da **Saraiva Jur**. Sem dúvida, ingredientes indispensáveis para o sucesso da nossa empreitada!

O resultado foi tão expressivo que a **Coleção Esquematizado®** se tornou **preferência nacional**, extrapolando positivamente os seus objetivos iniciais.

Para o **direito tributário**, temos a honra de contar com o extraordinário trabalho de **Roberto Caparroz**, que soube, com maestria, aplicar a **metodologia esquematizado** à sua vasta e reconhecida experiência profissional, como professor festejado pelos alunos, Auditor Fiscal da Receita Federal do Brasil desde 1997 e autor de consagradas obras.

Vale a pena lembrar que o convite ao querido amigo foi feito no ano de 2008, o que nos deixa muito felizes e emocionados!

Caparroz é pós-doutor pela Universidade de Salamanca/Espanha, é pós-doutor em Direito pela Universidade de Salamanca/Espanha, doutor em Direito Tributário pela PUC-SP e mestre em Filosofia do Direito. Pós-graduado em Marketing pela ESPM e bacharel em Computação e Direito pela Universidade Mackenzie. Professor da FGV Direito SP e palestrante no Brasil e no exterior, neste último caso em eventos patrocinados pela OCDE e pelo CIAT. Entre outras diversas publicações nas áreas do Direito Tributário, Direito Internacional e Comércio Internacional, é autor do consagrado *Comércio Internacional e Legislação Aduaneira Esquematizado*, além de estar ao nosso lado na cocoordenação das obras da área fiscal da Coleção Esquematizado®.

Estamos certos de que este livro será um valioso aliado para "encurtar" o caminho do ilustre e "guerreiro" concurseiro na busca do "sonho dourado", além de ser uma **ferramenta indispensável** para estudantes de Direito e profissionais em suas atividades diárias.

Esperamos que a **Coleção Esquematizado**® cumpra plenamente o seu propósito. Seguimos juntos nessa **parceria contínua** e estamos abertos às suas críticas e sugestões, essenciais para o nosso constante e necessário aprimoramento.

Sucesso a todos!

Pedro Lenza
Mestre e Doutor pela USP
Visiting Scholar pela Boston College Law School
✉ pedrolenza8@gmail.com
🐦 https://twitter.com/pedrolenza
📷 http://instagram.com/pedrolenza
▶ https://www.youtube.com/pedrolenza
f https://www.facebook.com/pedrolenza
saraiva jur https://www.editoradodireito.com.br/colecao-esquematizado

NOTA DO AUTOR À 9.ª EDIÇÃO

Gostaria de agradecer a todos os leitores pela excelente recepção do livro nas edições anteriores. É muito gratificante partir do zero e alcançar uma posição de destaque entre os alunos de graduação e pós-graduação, os candidatos a concursos públicos e os escritórios de advocacia, o que significa que estamos no caminho certo para atender aos anseios do exigente público jurídico.

Chegamos à 9.ª edição e quase no fechamento foi publicada a regulamentação da reforma tributária, com a edição da Lei Complementar n. 214, de 16 de janeiro de 2025.

Com isso, fizemos um esforço enorme para incluir, nesta edição, todos os comentários sobre os mais de 500 artigos (!) da Lei, que apenas confirmam que a proposta ficou muito aquém do ideal e não trará simplicidade para a tributação sobre o consumo no Brasil.

Os "problemas crônicos" que indicamos na última edição continuam: a) não haverá a simplificação originalmente aventada, visto que de cinco tributos passaremos para quatro (!); b) o longo prazo de transição e a incerteza sobre o teor das leis necessárias para a regulamentação da proposta revelam uma perspectiva opaca, para não dizer sombria, em termos de efetividade; e c) as diversas alterações no texto original rechearam a proposta de exceções e tratamentos diferenciados, distanciando-a da premissa original.

O novo sistema nascerá manchado pela maior carga tributária sobre o consumo no planeta, algo inconcebível para um país que há décadas onera excessivamente as camadas mais pobres da população.

Neste ano de 2024, tive a oportunidade única de atuar como Professor Visitante Sênior no Massachusetts Institute of Technology (MIT), provavelmente a melhor instituição de ensino do mundo. Estive lá para pesquisar sobre a necessidade de criarmos modelos de inteligência artificial adaptados à realidade brasileira, mas o fato de morar lá por alguns meses me convenceu, de uma vez, que para países grandes como o Brasil o melhor modelo de tributação sobre o consumo deve seguir o padrão norte-americano, que utiliza o *sales tax*, um valor, em princípio fixo e determinado em cada estado, que é simplesmente acrescido em qualquer tipo de operação.

O sistema funciona incrivelmente bem e não abre margem para muitas exceções ou tratamentos diferenciados, embora eles possam existir. O nível de sonegação é baixíssimo, pois todas as pessoas conhecem o sistema e é praticamente impossível comprar produtos sem o recolhimento do tributo, que é cobrado automaticamente. Esse é um caso concreto de modelos realmente simples, universal e que não precisa de recursos intensos para garantir o cumprimento das obrigações.

Como vantagem adicional, o número de litígios ou questionamentos judiciais é irrisório, ao contrário do caos jurídico vigente no Brasil, que não deverá melhorar com a reforma, pois já existem "inúmeras teses" para o questionamento do modelo, que nem entrou em vigor, no judiciário. E este cenário tende a piorar com a regulamentação da reforma, pois cada um dos mais de 500 artigos que foram aprovados será objeto de intenso escrutínio pelos contribuintes. Afinal, ingressar na justiça é um dos esportes preferidos dos brasileiros.

Como ressaltamos na edição anterior, a reforma praticamente ignorou o cenário de profunda transformação econômica e social que o mundo experimenta, o que deve alterar significativamente nossa forma de trabalhar e produzir bens e serviços. Tenho quase certeza de que antes de entrar plenamente em vigor, daqui a alguns anos, o texto da reforma será objeto de novas emendas e alterações, o que apenas comprovará (caso se confirme) a falta de visão do legislador.

Para enfrentar os imensos desafios do século XXI os países precisarão de sistemas tributários eficientes, abrangentes e modulares, características que não vislumbramos no projeto brasileiro.

Quanto ao restante da presente edição, inserimos diversas atualizações legislativas, trouxemos novas posições consolidadas pelo Supremo Tribunal Federal e completamos alguns pontos relevantes.

Nossa proposta, como sempre, é disponibilizar aos amigos um material de qualidade, superatualizado e de fácil leitura e compreensão, na expectativa de que possa ser útil a todos em suas caminhadas individuais: no mundo acadêmico, na vida profissional, na passagem pela OAB e na "batalha" dos concursos públicos.

Muito obrigado e boa leitura!

Campos do Jordão, novembro de 2024.

Roberto Caparroz
Mestre, Doutor e Pós-Doutor em Direito
http://www.caparroz.com
http://instagram.com/caparrozcom
https://www.linkedin.com/in/robertocaparroz

SUMÁRIO

Dedicatória	V
Agradecimentos	VII
Metodologia Esquematizado	IX
Nota do Autor à 9.ª edição	XI

1. BREVE INTRODUÇÃO À HISTÓRIA DOS TRIBUTOS 1

1.1. OS PRIMÓRDIOS DA IMPOSIÇÃO TRIBUTÁRIA 1

    1.1.1. Egito: o primeiro sistema de tributação organizado 2

    1.1.2. O sistema ateniense 3

    1.1.3. Roma e o início da codificação tributária 3

1.2. O Período Medieval 4

1.3. Os Albores da Tributação no Brasil 5

1.4. A construção do Direito Tributário no Brasil 9

    1.4.1. O Código Tributário Nacional 10

    1.4.2. Conceito e conteúdo do direito tributário 13

    1.4.3. Relações entre o direito tributário e as demais áreas jurídicas ... 14

2. TRIBUTO 17

2.1. Tributo como prestação pecuniária 18

2.2. Tributo como Obrigação 20

2.3. O Princípio da Autoimposição Tributária 21

2.4. Tributo em moeda ou cujo valor nela se possa exprimir 24

2.5. Tributo que não constitua sanção de ato ilícito 27

    2.5.1. Princípio *pecunia non olet* 32

    2.5.2. Outras sanções 34

2.6. Tributo instituído em lei 35

2.7. Tributo cobrado mediante atividade administrativa plenamente vinculada ... 37

2.8. Classificação dos tributos 39

    2.8.1. Tributos reais e pessoais 39

    2.8.2. Tributos diretos e indiretos 41

    2.8.3. Tributos vinculados e não vinculados (quanto à hipótese de incidência) ... 47

    2.8.4. Tributos vinculados e não vinculados (quanto ao destino da arrecadação) ... 47

    2.8.5. Tributos progressivos, regressivos, seletivos e proporcionais ... 52

2.9. Função dos tributos 57

2.10. Espécies Tributárias 69

    2.10.1. Classificação tricotômica 69

    2.10.2. Classificação quíntupla 72

        2.10.2.1. Impostos 76

            2.10.2.1.1. Diferença entre não vinculação dos impostos e não afetação da sua receita ... 77

2.10.2.1.2. Dos casos de inconstitucionalidade por ofensa ao princípio da não afetação... 79

2.10.2.1.3. Desvio ou não aplicação de recursos oriundos de impostos... 80

2.10.2.1.4. Classificação dos impostos na Constituição.................. 80

2.10.2.1.4.1. Os impostos extraordinários............................ 84

2.10.2.2. Taxas 85

2.10.2.2.1. Taxas pelo exercício do poder de polícia...................... 87

2.10.2.2.1.1. Taxa de controle e fiscalização ambiental........... 89

2.10.2.2.1.2. Natureza jurídica das custas judiciais e emolumentos notariais e registrais..................... 90

2.10.2.2.2. Taxas pela execução de serviços públicos..................... 91

2.10.2.2.3. Base de cálculo distinta de impostos........................... 97

2.10.2.2.4. Distinção entre taxas e tarifas.................................... 99

2.10.2.3. Contribuição de melhoria... 100

2.10.2.4. Empréstimos compulsórios.. 106

2.10.2.4.1. Empréstimo compulsório em caso de calamidade pública, guerra externa ou sua iminência...................... 109

2.10.2.4.2. Empréstimo compulsório para atender investimentos públicos... 110

2.10.2.5. Contribuições especiais.. 112

2.10.2.5.1. Contribuições sociais.. 114

2.10.2.5.2. Contribuições de intervenção no domínio econômico .. 123

2.10.2.5.2.1. CIDE-Combustíveis....................................... 127

2.10.2.5.2.2. CIDE-Remessas.. 129

2.10.2.5.2.3. Adicional ao Frete para Renovação da Marinha Mercante.. 131

2.10.2.5.3. Contribuições no interesse das categorias profissionais ou econômicas.. 132

2.10.2.5.3.1. Contribuição sindical..................................... 133

2.10.2.5.3.2. Contribuições corporativas para entidades fiscalizadoras... 135

2.10.2.5.3.3. Contribuições para os serviços sociais autônomos.. 136

2.10.2.5.4. Contribuição para o custeio de iluminação pública....... 137

2.10.2.5.5. Natureza jurídica das contribuições para o FUSEX...... 139

2.11. Questões .... *online*

3. FONTES E COMPETÊNCIA NO DIREITO TRIBUTÁRIO.................... **141**

3.1. Fontes do Direito Tributário.. 141

3.1.1. Normas constitucionais... 143

3.1.2. Leis complementares.. 144

3.1.3. Leis ordinárias... 145

3.1.4. Medidas provisórias.. 146

3.1.5. Lei delegada.. 149

3.1.6. Decretos legislativos... 150

3.1.6.1. Da introdução de normas no ordenamento nacional.................... 151

	3.1.6.1.1. Roteiro legislativo	152
	3.1.6.1.2. Direito internacional e direito interno	154
	3.1.6.1.3. Hierarquia normativa	156
	3.1.6.1.4. Tratados em matéria tributária	158
3.1.7.	Resoluções	160
3.2.	Matéria reservada aos instrumentos primários	161
3.3.	Instrumentos Secundários	165
3.4.	Competência tributária	169
3.4.1.	Competência e capacidade tributária ativa	171
	3.4.1.1. A questão do ITR	173
3.4.2.	Repartição de competências para a instituição de tributos	174
3.4.3.	O papel da lei complementar	176
	3.4.3.1. Tributação das cooperativas	181
3.4.4.	Bitributação e *bis in idem*	185
3.5.	Questões	*online*

4. SISTEMA TRIBUTÁRIO NACIONAL **187**

4.1.	Introdução	187
4.2.	Das Limitações Constitucionais ao Poder de Tributar	189
4.2.1.	Princípio da legalidade	192
	4.2.1.1. Da legalidade tributária	194
	4.2.1.2. Legalidade e extrafiscalidade	199
4.2.2.	Princípio da igualdade	208
	4.2.2.1. Princípios instrumentais da igualdade	215
	4.2.2.1.1. Os princípios da generalidade e da universalidade	215
	4.2.2.1.1.1. Tributação de rendimentos oriundos do exterior ..	218
	4.2.2.1.2. O princípio da progressividade	223
4.2.3.	Princípio da capacidade contributiva	229
4.2.4.	Princípio da irretroatividade	234
	4.2.4.1. A dicotomia vigência **versus** eficácia	236
	4.2.4.2. Irretroatividade na hipótese de extinção de tributos	236
	4.2.4.3. Retroatividade benéfica	238
4.2.5.	Princípio da anterioridade	250
	4.2.5.1. Das atuais hipóteses de anterioridade em matéria tributária	254
	4.2.5.2. O princípio da anterioridade e as medidas provisórias	258
	4.2.5.3. A anterioridade dos tributos previstos pela reforma tributária	259
	4.2.5.4. Princípio que veda a utilização de tributo com efeito de confisco..	260
4.2.6.	Princípio da proibição de limitação ao tráfego de pessoas ou bens	263
4.2.7.	Princípio da simplicidade	264
4.2.8.	Princípio da transparência	267
4.2.9.	Princípio da justiça tributária	267
4.2.10.	Princípio da cooperação	268
4.2.11.	Princípio da defesa do meio ambiente	268
4.2.12.	Princípio da redução do efeito regressivo da tributação	270
4.3.	Necessidade de lei específica	273

	4.3.1. Outros princípios tributários	273
4.4.	Questões	online

5. IMUNIDADES **279**

5.1.	Do conceito de imunidade	279
5.2.	Natureza Jurídica	279
5.3.	Imunidade como norma de natureza constitucional	283
5.4.	Imunidade, Incidência e Não Incidência	284
	5.4.1. Isenção e alíquota zero	287
	5.4.2. A questão da não incidência do ISS nas exportações	292
5.5.	A Imunidade como Limitação Constitucional	292
5.6.	Interpretação das Normas Constitucionais	294
5.7.	Das hipóteses de imunidade	303
	5.7.1. Imunidade recíproca	303
	5.7.1.1. A questão da ECT	306
	5.7.2. Imunidade dos templos de qualquer culto	312
	5.7.3. Imunidade dos partidos políticos e fundações, das entidades sindicais dos trabalhadores, das instituições de educação e assistência social	314
	5.7.4. Imunidade dos livros, jornais e periódicos	322
	5.7.4.1. Breve escorço histórico sobre o objeto livro	322
	5.7.4.2. Considerações sobre o conceito de livro	324
	5.7.4.3. Evolução constitucional da imunidade dos livros e periódicos no Brasil	325
	5.7.4.4. A imunidade dos livros e periódicos na Constituição de 1988	326
	5.7.4.5. Da melhor interpretação constitucional	328
	5.7.4.6. Imunidade dos fonogramas e videofonogramas musicais produzidos no Brasil	334
	5.7.4.7. Outras imunidades previstas na Constituição	335
	5.7.4.7.1. Imunidade de taxas relativas a certidões para defesa de direitos	335
	5.7.4.7.2. Imunidade nas exportações	336
	5.7.4.7.3. Imunidade para o Imposto sobre a Propriedade Territorial Rural	339
	5.7.4.7.4. Imunidade sobre o ouro ativo financeiro	339
	5.7.4.7.5. Imunidades relativas ao ICMS	340
	5.7.4.7.6. Imunidade relativa a energia, combustíveis, minerais e telecomunicações	342
	5.7.4.7.7. Imunidade do Imposto sobre a Transmissão Inter Vivos de Bens Imóveis	343
	5.7.4.7.8. Imunidade de imóveis desapropriados para fins de reforma agrária	344
	5.7.4.7.9. Imunidade de contribuições para aposentadoria e pensão	344
	5.7.4.7.10. Imunidade de contribuições para entidades beneficentes	345
	5.7.4.7.11. Imunidades decorrentes da Reforma Tributária	346
5.8.	Questões	online

Sumário

XVII

6. REPARTIÇÃO DAS RECEITAS TRIBUTÁRIAS **349**

6.1. Preceitos Constitucionais Complementares 349

6.2. Da distribuição de Receitas no Código Tributário Nacional 352

6.3. Da repartição de Receitas Tributárias na Constituição 355

6.4. Fundo de Compensação de Benefícios Fiscais 377

6.5. Fundo Nacional de Desenvolvimento Regional 381

6.6. Questões .... *online*

7. SIMPLES NACIONAL **385**

7.1. Conceitos e abrangência 388

    7.1.1. Definição de microempresa e de empresa de pequeno porte 391

        7.1.1.1. MEI e SIMEI 394

    7.1.2. Vedações ao ingresso no Simples Nacional 395

    7.1.3. Tributos incluídos no regime do Simples Nacional 400

    7.1.4. Cálculo do valor devido ao Simples Nacional 405

        Anexo I — comércio 406

        Anexo II — Indústria 406

        Anexo III — Serviços 407

        Anexo IV — Serviços 410

        7.1.4.1. Sublimites para fins de recolhimento do ICMS e do ISS 412

    7.1.5. Substituição tributária 413

    7.1.6. Parcelamento de débitos, compensação e restituição 415

    7.1.7. Do contencioso 415

    7.1.8. Do apoio à inovação e do Inova Simples 416

7.2. Questões .... *online*

8. VIGÊNCIA, APLICAÇÃO E INTERPRETAÇÃO DA LEGISLAÇÃO TRIBUTÁRIA **421**

8.1. Definição dos conceitos 423

8.2. Vigência no tempo 424

8.3. Vigência no espaço 425

8.4. Aplicação da legislação tributária 426

8.5. Retroatividade benéfica 428

8.6. Integração e interpretação das normas tributárias 429

8.7. Questões .... *online*

9. OBRIGAÇÃO TRIBUTÁRIA **443**

9.1. Elementos normativos 443

9.2. Fato jurídico/fato gerador 450

9.3. Sujeito ativo 457

9.4. Sujeito passivo 458

9.5. Base de cálculo e alíquota 459

9.6. Capacidade tributária 460

9.7. Domicílio 461

9.8. Regra matriz de incidência 462

9.9. Questões .... *online*

XVIII Direito Tributário Esquematizado — *Roberto Caparroz*

10. RESPONSABILIDADE TRIBUTÁRIA 465
10.1. Solidariedade 465
10.2. Substituição Tributária 470
    10.2.1. Substituição tributária progressiva 477
10.3. Responsabilidade por Sucessão 482
    10.3.1. Responsabilidade nas reorganizações societárias 486
    10.3.2. Responsabilidade pela aquisição de fundo de comércio 491
10.4. Responsabilidade de terceiros 493
10.5. Responsabilidade por infrações 496
10.6. Denúncia espontânea 497
10.7. Questões .... *online*

11. CRÉDITO TRIBUTÁRIO 501
11.1. Formalização do crédito tributário 503
11.2. Lançamento 506
    11.2.1. Base de cálculo em moeda estrangeira 513
    11.2.2. Aplicação da lei vigente ao tempo do fato 516
    11.2.3. Alterações no lançamento 519
    11.2.4. Modalidades de lançamento 523
        11.2.4.1. Lançamento de ofício 524
        11.2.4.2. Lançamento por declaração 526
            11.2.4.2.1. Arbitramento da base de cálculo 529
            11.2.4.2.2. Revisão de ofício do lançamento 531
    11.2.5. Lançamento por homologação 535
11.3. Questões .... *online*

12. SUSPENSÃO, EXTINÇÃO E EXCLUSÃO DO CRÉDITO TRIBUTÁRIO 537
12.1. Suspensão da exigibilidade do crédito tributário 537
    12.1.1. Depósito do montante integral 541
    12.1.2. Reclamações e recursos administrativos 544
    12.1.3. Concessão de liminar em mandado de segurança 549
    12.1.4. Concessão de liminar ou tutela antecipada em outras ações judiciais 551
    12.1.5. Moratória 552
    12.1.6. Parcelamento 556
12.2. Extinção do crédito tributário 557
    12.2.1. Pagamento 558
    12.2.2. Compensação 567
    12.2.3. Transação 570
    12.2.4. Remissão 571
    12.2.6. Pagamento antecipado e posterior homologação 572
    12.2.7. Consignação em pagamento 572
    12.2.8. Decisão administrativa irreformável 573
    12.2.9. Decisão transitada em julgado 573
    12.2.10. Dação em pagamento 573
    12.2.11. Prescrição e decadência 575
    12.2.12. Pagamento indevido 582

12.3.	Exclusão do crédito tributário	584
	12.3.1. Isenção	585
	12.3.2. Anistia	587
12.4.	Questões	*online*

13. GARANTIAS E PRIVILÉGIOS DO CRÉDITO TRIBUTÁRIO — **591**

13.1.	Alienação fraudulenta de bens	593
13.2.	Preferências do crédito tributário	595
13.3.	Questões	*online*

14. ADMINISTRAÇÃO TRIBUTÁRIA, DÍVIDA ATIVA E EXECUÇÃO FISCAL — **601**

14.1.	Administração tributária	601
14.2.	Dívida ativa	606
14.3.	Certidões negativas	609
14.4.	Execução fiscal	611
	14.4.1. Exceção de pré-executividade	613
	14.4.2. Embargos à execução fiscal	614
14.5.	Questões	*online*

15. TRIBUTOS FEDERAIS — **617**

15.1.	Imposto de importação	617
15.2.	Imposto de Exportação	620
15.3.	Imposto sobre a renda e proventos de qualquer natureza	621
15.4.	Imposto sobre Produtos Industrializados	627
15.5.	Imposto sobre Operações Financeiras	635
15.6.	Imposto sobre a Propriedade Territorial Rural	638
15.7.	Questões	*online*

16. TRIBUTOS ESTADUAIS E MUNICIPAIS — **641**

16.1.	Imposto sobre a transmissão *causa mortis* e doação	641
16.2.	Imposto sobre a circulação de mercadorias e sobre prestação de serviços de transporte interestadual e intermunicipal e de comunicação	648
	16.2.1. Incidência	651
	16.2.2. Não incidência	654
	16.2.3. Contribuintes	657
	16.2.4. Substituição tributária	660
	16.2.5. Fato gerador	661
16.3.	Imposto sobre a Propriedade de Veículos Automotores	666
16.4.	Imposto sobre a Propriedade Predial e Territorial Urbana	668
16.5.	Imposto sobre a Transmissão de bens *Inter Vivos*	674
16.6.	Imposto sobre a Prestação de Serviços de Qualquer Natureza	676
16.7.	Questões	*online*

17. REFORMA TRIBUTÁRIA NA CONSTITUIÇÃO — **683**

17.1.	Estrutura jurídica dos novos tributos	684
17.2.	Características do Imposto Seletivo	686

17.3. Imposto sobre Bens e Serviços	690
17.4. Alíquotas e regimes especiais de tributação	696
17.4.1. Zona Franca de Manaus	708
17.5. Comitê Gestor do Imposto sobre Bens e Serviços	710
17.6. Características da CBS	714
17.7. Período de transição	715
17.8. Retenção e distribuição de 5% aos entes federativos	722
17.9. Saldos credores de ICMS	723
17.10. Contribuição sobre semielaborados	724
17.11. Encaminhamento de novos projetos de lei	726

18. REGULAMENTAÇÃO DA REFORMA TRIBUTÁRIA 729

18.1. Conceitos fundamentais	729
18.2. Imunidades	735
18.3. Fato gerador	737
18.4. Local da operação	739
18.5. Base de cálculo	740
18.6. Alíquotas	741
18.7. Sujeição passiva	744
18.8. Modalidades de extinção dos débitos	748
18.9. Pagamento e repetição de indébitos	750
18.10. Não cumulatividade	752
18.11. Bens e serviços de uso ou consumo pessoal	754
18.12. Operacionalização do IBS e da CBS	755
18.13. Devolução personalizada do IBS e da CBS (*cashback*)	757
18.14. Regimes diferenciados de IBS e CBS	761
18.14.1. Redução de 30%	762
18.14.2. Redução de 60%	763
18.14.3. Alíquota Zero de IBS e CBS	767
18.14.4. Casos específicos	771
18.15. Regimes específicos do IBS e da CBS	774
18.15.1. Operações com bens imóveis	785
18.15.2. Cooperativas e serviços relacionados ao turismo	789
18.15.3. Sociedade Anônima do Futebol	792
18.15.4. Missões diplomáticas e consulares	793
18.15.5. Disposições comuns aos regimes específicos	794
18.16. Regimes diferenciados da CBS	794
18.17. Administração do IBS e da CBS	795
18.17.1. Regime Especial de Fiscalização (REF)	798
18.18. Transição para os novos tributos	799
18.18.1. Receita de referência	801
18.18.1.1. Cálculo da alíquota de referência da CBS	802
18.18.1.2. Cálculo da Alíquota de Referência do IBS	803
18.19. Compras governamentais	809
18.20. Reequilíbrio de contratos administrativos	809
18.21. Saldo credor do PIS e da COFINS	810

Sumário

XXI

18.22. Compensação de benefícios fiscais ou financeiros do ICMS 811

18.23. Transição para o IBS e CBS 815

18.24. Imposto seletivo... 816

    18.24.1. Alíquotas 818

        18.24.1.1. Veículos... 818

        18.24.1.2.Aeronaves e embarcações.. 818

        18.24.1.3.Demais produtos e serviços sujeitos ao imposto seletivo.............. 818

        18.24.1.4.Gás natural.. 819

    18.24.2. Sujeição passiva... 819

18.25. Devolução do IBS e da CBS ao turista estrangeiro.. 826

18.26. Compras governamentais.. 826

18.27. Avaliação quinquenal 827

18.28. Compensação em razão da substituição do IPI pelo imposto seletivo...................... 828

18.29. Comitê gestor do IBS 829

    18.29.1. Conselho Superior do Comitê Gestor.. 829

        18.29.1.1. Instalação do Conselho Superior.. 830

18.30. Período de transição das operações com bens imóveis 833

Referências 837

1
BREVE INTRODUÇÃO À HISTÓRIA DOS TRIBUTOS

1.1. OS PRIMÓRDIOS DA IMPOSIÇÃO TRIBUTÁRIA

A história da **tributação** é um assunto fascinante e acompanha o próprio desenvolvimento da civilização. Com o estabelecimento dos primeiros modelos de governo surgiu, paralelamente, a necessidade de angariar recursos para fomentar suas atividades.

O mais antigo sistema de tributação conhecido remonta ao **terceiro milênio** antes de Cristo e foi descoberto — ricamente documentado em blocos de argila — durante uma escavação arqueológica realizada em **Lagash**, uma cidade localizada entre os rios Tigre e Eufrates (sudoeste do atual Iraque), e pertencente ao antigo império sumeriano.

Vários objetos encontrados no local indicam que o gravame foi instituído aos habitantes da região no intuito de financiar uma guerra iminente.

A cobrança era feita de forma coercitiva, com os coletores de tributos apreendendo bens e mercadorias de residência em residência. Não é à toa que em Lagash se deu a primeira **rebelião civil** de que se tem notícia.

Cedo ou tarde a guerra cessou.

Entretanto, os recentemente nomeados coletores de tributos não se mostraram muito inclinados a abdicar de sua posição e dos poderes a ela inerentes.

A manutenção da carga tributária, *sine die*, deflagrou o infindável **conflito** entre governantes e particulares, até porque, além do financiamento militar, os tributos eram exigidos para a construção de monumentos, templos e vários outros caprichos.

Apesar dessa remota evidência do fenômeno impositivo, a tributação permaneceu durante séculos em segundo plano.

Ocorre que na maioria das civilizações antigas, como a dos palestinos, assírios, egípcios e babilônios, simplesmente **não havia o que tributar**, pois o rei (ou seu equivalente) detinha poder absoluto sobre todas as coisas — pessoas, inclusive.

Sob tais circunstâncias, o soberano, proprietário de tudo e de todos, em vez de instituir tributos, atitude que, de alguma forma, limitaria seu poder, pois ensejaria uma ideia primitiva de **direito tributário**, simplesmente optava por obrigar os súditos a trabalhar em seu proveito, fornecendo-lhe aquilo de que necessitasse.

Se, ainda assim, o resultado auferido não lhe fosse satisfatório, o soberano poderia enviar seus exércitos aos povos vizinhos e, mediante o emprego da força, confiscar-lhes as propriedades.

Para os casos de maior demonstração de magnanimidade, alguns povos subjugados podiam apenas ser compelidos ao pagamento de um **tributo** ao monarca, como forma de reconhecimento de sua autoridade.

Foi daí que surgiu, séculos mais tarde, a dicotomia semântica do vocábulo **tributo**[1], estabelecida a partir do modelo de conquista e expansão adotado pelos romanos: se hoje a expressão é consagrada como o veículo essencial da **arrecadação estatal**, sob o primado da legalidade, inicialmente se referia a um tipo de homenagem que, acima de tudo, implicava submissão pela força.

Claro que o exemplo romano, como, aliás, o de todos os impérios fundados sob a premissa da **coerção**, eventualmente fracassou, pelas óbvias razões magistralmente assinaladas por Burke[2]: "O uso da força tem apenas efeito temporário. Pode subjugar por certo tempo, mas não remove a necessidade de subjugar novamente: e é impossível governar uma nação que deve ser reconquistada eternamente".

1.1.1. Egito: o primeiro sistema de tributação organizado

No Antigo Egito, a imposição tributária ficava a cargo de agentes administrativos denominados **escribas**. Seu poder era fabuloso: conduziam investigações, promoviam auditorias, processavam os sonegadores e dominavam os tribunais.

E é claro que, ao contrário dos cidadãos comuns, eram **isentos** de qualquer tributação, que à época atingia a maioria dos produtos cultivados e comercializados.

Sua relação com os iletrados fazendeiros era, no mínimo, indecente.

Os escribas **determinavam** aquilo que deveria ser plantado — forneciam, por vezes, as sementes necessárias — e mantinham acurados registros de tudo. Para garantir que a parte do faraó fosse corretamente debitada, faziam-se presentes no momento da colheita e impunham severas penalidades no caso de perdas.

A prática, no longo prazo, mostrou-se insustentável, a ponto de se poder atribuir, entre outras causas, o **colapso** do império egípcio à corrupção da burocracia, em especial no que tange à coleta de impostos.

Com efeito, os poucos registros históricos do período se apresentam como textos ficcionais, apropriadamente denominados *Lamentações*, nos quais se sugere que a tributação no Egito chegou ao absurdo de desconsiderar o nível de inundação do Nilo, circunstância que sempre serviu de elemento balizador da arrecadação.

O desrespeito sistemático a tal regra, espécie de ancestral do princípio da **capacidade contributiva**, culminou com a derrocada do sistema tributário egípcio e seu inevitável fracasso enquanto modelo estatal.

---

[1] Na língua portuguesa, como em outras de origem latina, o vocábulo "tributo" pode ser entendido como a prestação monetária devida ao Estado ou, ainda, como homenagem, por respeito ou admiração, a alguém.

[2] E. Burke, *Speech of Conciliation with America*, 1775, em tradução livre.

1.1.2. O sistema ateniense

É certo que na **Grécia**, berço da civilização ocidental moderna, das ciências e da filosofia, os tributos representaram um papel menor.

A exemplo dos demais povos antigos, os atenienses possuíam um tributo para utilização em tempos de guerra, chamado *eisphora*.

No entanto, os gregos foram provavelmente os primeiros a criar mecanismos de **restituição tributária**, pois, quando do término do conflito, os despojos de guerra e outros recursos adicionais obtidos eram utilizados para ressarcir o valor pago pelos cidadãos.

Os gregos também se valiam das minas públicas de prata, dos tributos arrecadados dos povos conquistados, de algumas tarifas aduaneiras e de contribuições como fontes de receita.

Havia, a exemplo do Egito e de Roma, uma taxa mensal sobre a votação, que incidia sobre estrangeiros (não cidadãos, ou seja, pessoas que não tinham pai ou mãe atenienses), e a sonegação desta constituía um **crime capital**. O tributo era denominado *metoikion* e era de um dracma para os homens e a metade disso para as mulheres.

As chamadas *tarifas* — imposições sobre bens importados — começaram a ganhar destaque entre os gregos, pois sua arrecadação representava um montante bastante superior ao auferido pelos tributos internos, normalmente incidentes sobre o consumo.

Naquela época, tributos sobre a propriedade só eram admitidos para o financiamento de campanhas militares, mesmo assim apenas em casos excepcionais.

1.1.3. Roma e o início da codificação tributária

Foi certamente em Roma que o sistema de tributação atingiu seu apogeu na Antiguidade, graças ao aperfeiçoamento dos **mecanismos arrecadatórios**.

É verdade que, num primeiro momento, dada a magnitude das vitórias militares alcançadas pelo exército romano e o volume de tributos trazidos de terras estrangeiras, os cidadãos usufruíram um longo período de isenção, logo após o advento das Guerras Púnicas entre Roma e Cartago.

Os primeiros tributos romanos eram chamados *portorium*, e incidiam, como normalmente acontecia no mundo antigo, sobre importações e exportações.

Posteriormente, foram criadas imposições sobre o consumo e alguns tributos diretos, sendo o mais importante o *tributum* pago pelos cidadãos e usualmente cobrado *per capita*. Somente quando foi necessário um incremento na receita, posteriormente, a incidência foi estendida aos proprietários de imóveis.

Durante o governo de **Júlio César** havia um imposto geral sobre consumo, cuja alíquota era de um por cento, o chamado *centesima rerum venalium*.

Mas o grande arquiteto do sistema tributário romano foi seu sobrinho Augusto, o primeiro imperador após a queda da República que promoveu profunda alteração na máquina administrativa e arrecadatória, ao publicar leis que previam, majoritariamente, **tributos indiretos**, como o imposto sobre heranças (*vicesima hereditatum*), que era de cinco por cento, mas concedia isenção na transmissão a familiares próximos, como esposas e filhos.

4   Direito Tributário Esquematizado   *Roberto Caparroz*

Foram mantidos ou majorados os tributos sobre a negociação de escravos e as imposições sobre arrematações e aquisições em geral, de forma que Roma possuía, à época, um bem elaborado arcabouço **jurídico-tributário**, que serviria de modelo, séculos depois, para diversos países europeus.

Foi durante o período de Augusto que viveu **Mateus**, o autor do primeiro dos três evangelhos sinóticos[3], cuja profissão de *publicano*, isto é, **coletor de impostos**, era provavelmente a mais odiada pelos judeus.

Mesmo assim, estima-se que no auge do império a arrecadação tributária em Roma correspondesse a **dez por cento** de seu produto interno bruto, valor que, para os dias atuais, revela-se bastante modesto.

A **religião** é tida por muitos como outra das possíveis origens do fenômeno tributário, pois a reconciliação espiritual com os deuses e os ritos de morte eram, usualmente, acompanhados de oferendas.

Daí por que os grandes textos dogmáticos, da Bíblia ao Corão, elevaram o pagamento de tributos a um **imperativo ético**, um dever de obediência natural, cujo maior exemplo pode ser encontrado na resposta de Cristo sobre a licitude da cobrança exigida pelos romanos, talvez o primeiro axioma tributário registrado[4]: "Dai a César o que é de César e a Deus o que é de Deus".

1.2. O PERÍODO MEDIEVAL

Durante a **Idade Média**, e por um lapso de aproximadamente mil anos, as formas de tributação variaram de acordo com cada região.

Na Europa, as modalidades de imposição incluíam impostos sobre a terra, votações, heranças e pedágios (cobrados dos usuários de pontes, estradas ou portos), além de taxas e multas variadas.

Sob a influência do **feudalismo**, surgido no século IX, a cobrança de tributos passou a ser feita por reis, nobres e até mesmo membros da Igreja. Os primeiros exigiam impostos sobre suas terras, taxas relativas à importação e exportação de produtos, bem assim diversas obrigações decorrentes de serviços devidos por seus vassalos. Regra geral, os nobres e religiosos eram **isentos** da imposição real, de forma que o ônus da tributação recaía integralmente sobre os camponeses.

Inegável também a participação da **Igreja Católica** na cobrança de tributos.

Uma das principais fontes de receita da Igreja advinha do *tithe*, espécie de dízimo compulsório cobrado sobre a colheita e víveres dos fazendeiros. Além da exigência de pedágios, taxas e multas diversas, a Igreja determinava que seus bispos e arcebispos efetuassem pagamentos diretamente a Roma.

Sem margem para dúvidas, pode-se afirmar que os tributos exerceram fundamental papel no curso da história.

---

[3]   Os evangelhos de Mateus, Marcos e Lucas são conhecidos como sinóticos porque contêm várias histórias em comum e na mesma sequência, utilizando, por vezes, igual estrutura e palavras.

[4]   Mateus 22, 21.

1 ◼ Breve Introdução à História dos Tributos 5

Um dos exemplos mais significativos encontra-se na **Magna Carta**, documento assinado, em 1215, pelo rei João Sem Terra. O soberano, inicialmente, procurou suplantar graves dificuldades financeiras pela aplicação de pesados encargos tributários sobre os nobres e a Igreja, que, não acostumados com o tratamento, reagiram com indignação.

Como resultado desse conflito, o rei foi forçado a assinar a Magna Carta, que instituiu, entre outras coisas, uma cláusula de **consentimento comum**, por meio da qual os barões adquiriram o poder de opinar nas questões tributárias.

Apesar de suas normas estarem em desuso, a Magna Carta foi um divisor de águas e possui valor histórico e simbólico incalculável, pois serviu de base à elaboração dos **princípios constitucionais modernos**, especialmente como premissa para a construção das ideias de legalidade e representatividade.

Outrossim, talvez tenha sido o primeiro momento histórico no qual a tributação deixou de ser um fenômeno puramente **subjetivo**, um mecanismo arrecadatório decorrente da vontade dos soberanos — ainda que estabelecida mediante certas regras —, para se tornar um conjunto mais coeso de princípios regulamentadores das relações financeiras entre o poder e os particulares.

Nascia, de forma embrionária e especulativa, o próprio conceito de **direito tributário**, com o objetivo de estabelecer limites para a validação dos gravames às pessoas, e, nesse sentido, pode-se dizer que o primeiro grande reflexo prático da nova ordem se deu nos **Estados Unidos**, séculos depois, por ocasião do conflito gerado pela tributação inglesa às colônias, que não possuíam representação no Parlamento[5], fato que resultou na célebre máxima "no taxation without representation".

Sabemos que os desdobramentos posteriores, aliados a fatores diversos, culminaram com a **independência** dos Estados Unidos, o que não impediu que a carga tributária naquele país deixasse de ser, como em quase todos os demais, bastante acentuada, fato que não escapou à sagaz observação do pensador canadense Lawrence J. Peter: "A América é a terra da tributação, que foi fundada para evitar a tributação".

1.3. OS ALBORES DA TRIBUTAÇÃO NO BRASIL

A partir do momento em que filósofos e pensadores políticos passaram a analisar a natureza dos Estados modernos, o **comércio** com outros países tornou-se objeto de estudos mais elaborados, voltados principalmente às questões de ordem prática e seus possíveis reflexos na economia.

---

[5] A dissensão ocorreu no período imediatamente anterior à independência dos Estados Unidos (entre 1763 e 1776), devido à ausência de representação efetiva dos colonos norte-americanos no Parlamento em Londres. Os ingleses defendiam a ideia de uma *representação virtual*, algo inaceitável para os colonos, que reagiram com a alegação de que, segundo as próprias normas britânicas, os tributos só poderiam ser exigidos dos cidadãos do império se houvesse consentimento legislativo, o que implicava participação nas votações, preceito defendido por John Hampden sob o seguinte argumento jurídico: "Aquilo que o rei inglês não tem o direito de exigir, o cidadão inglês tem o direito de recusar".

Daí dizer-se que o **mercantilismo** representou a contrapartida econômica do absolutismo e que um de seus princípios basilares era a acumulação de riquezas, principalmente ouro e prata.

A **supremacia econômica** deveria ser alcançada a qualquer custo, e o bem-estar da nação só seria possível mediante o fortalecimento do poder estatal.

A chama do nacionalismo ardia sem hesitação.

O descobrimento do **Brasil**, como consequência do cenário de expansão territorial e comercial das metrópoles europeias, ofereceria a Portugal, ainda sem consciência da magnitude dos recursos aqui disponíveis, enormes possibilidades de enriquecimento.

Afinal, para as nações que não possuíam minerais em abundância restavam apenas duas opções: a exploração de suas colônias e o comércio internacional.

Qualquer que fosse a opção — ou mesmo no caso de ambas serem adotadas, quando isso era possível —, outro problema deveria ser levado em consideração: a necessidade de **saldo positivo** nas transações comerciais.

Como resultado, a solução adotada era simples e pressupunha o encorajamento das exportações e severas restrições às importações, empregando-se a diferença eventualmente positiva na aquisição de metais preciosos.

As **colônias** serviam como mercados consumidores de produtos acabados do império e fornecedores de matérias-primas; o comércio era privilégio exclusivo da metrópole, e qualquer forma de manufatura alhures era proibida.

Para completar a teoria, uma nação forte deveria possuir uma **grande população**, que fornecesse mão de obra e soldados, assim como um vasto mercado interno. Como ingredientes finais, recomendava-se uma boa dose de protecionismo aliada a um mínimo de direitos humanos e sociais.

Logo após o descobrimento, nos primeiros anos do século XVI, **Portugal** vivia um dilema: como tomar posse e povoar a costa de um território tão imenso e desconhecido, provavelmente infestado de aventureiros de países concorrentes, interessados em dilapidar suas riquezas?

A resposta veio, mais uma vez, da iniciativa privada.

Foi adotado o sistema de **Capitanias Hereditárias**, versão local dos feudos europeus, que consistia na doação de imensas porções de terra a particulares, todos ligados, de alguma forma, ao rei de Portugal.

Tratava-se, sem dúvida, de uma empreitada de **risco**, porém, as possibilidades de lucro eram também consideráveis, o que fez com que os capitalistas de plantão, escolhidos entre nobres, militares, ilustres navegadores e altos funcionários do reino, aceitassem o desafio.

O sistema havia dado certo nas chamadas Capitanias Insulares, como Cabo Verde, São Tomé, Príncipe, Açores, Porto Santo e Madeira.

Além da influência política e do espírito empreendedor, as outras únicas exigências ao candidato eram: possuir o capital necessário para o investimento e aceitar o fato de que o governo nada faria para ajudá-lo em caso de necessidade.

A título de compensação, o rei concedia ao beneficiário **jurisdição civil** e **criminal** sobre todos os habitantes da capitania, observada a lei portuguesa, além da isenção quase total de tributos, que só incidiam sobre determinadas *commodities*.

1 ■ Breve Introdução à História dos Tributos

Para efetuar a cobrança, foi instalada em cada capitania uma **Provedoria da Fazenda Real**, que possuía, ainda, a função de alfândega, sendo que os provedores atuavam também como juízes.

Portanto, as **primeiras repartições** institucionais do Brasil foram de natureza tributária, as Provedorias da Fazenda Real, que começaram a administrar as finanças devidas ao governo português a partir de 1534. Os principais objetivos da **administração fazendária** eram o controle do comércio e a posterior remessa dos recursos obtidos para a metrópole.

Os **tributos aduaneiros** incidiam sobre as exportações para outros países e sobre a importação de bens por comerciantes estrangeiros. Por óbvio, os produtos da terra que eram transferidos para Portugal não sofriam qualquer gravame.

Na prática, a administração fazendária portuguesa detinha **poderes múltiplos**, que incluíam a arrecadação tributária, especialmente a arrecadação dos dízimos, que eram cobrados sobre toda e qualquer atividade econômica, os registros contábeis das rendas régias e, principalmente, a função de zelar pela manutenção do monopólio comercial, com a aplicação, de modo sumário, de um arcabouço de graves **sanções jurídicas** destinadas a combater desvios e o contrabando.

Didaticamente, podemos dividir a administração fazendária do Brasil colônia em cinco etapas, conforme o quadro abaixo:

PRIMEIRA FASE (1530-1548)

■ Marca o início da proteção aos interesses portugueses no Brasil:
  a) Divisão administrativa entre a Coroa e particulares;
  b) Nomeação de um funcionário real em cada capitania: o feitor e almoxarife.

SEGUNDA FASE (1548-1580)

■ Estruturação do aparelho fiscal, com duas instâncias:
  a) A autoridade central superior, concentrada nas mãos do provedor-mor, auxiliado por seu escrivão, os Juízes dos Feitos da Fazenda e o Procurador da Coroa, além de funcionários de contabilidade e tesouraria;
  b) Funcionários locais nas capitanias, os provedores, responsáveis pelo cumprimento das normas fazendárias e que também atuavam como juízes de alfândega e fiscais.

TERCEIRA FASE (1580-1640)

■ Vigência da União Ibérica, período da anexação de Portugal pela Espanha:
  a) Criação do cargo de provedor das minas, encarregado de controlar a extração do ouro e destinar a quinta parte à Fazenda Real;
  b) Criação do Estado do Maranhão, em 161, que dividiu o território americano em duas administrações diferentes.

QUARTA FASE (1640-1750)

■ Crescimento do interesse português pela colônia:
  a) Instituição do Conselho de Fazenda, órgão deliberativo dos contratos da Fazenda Real no Estado do Brasil;
  b) Grande desenvolvimento da atividade mineradora, que ensejou a criação das Intendências do Ouro.

QUINTA FASE (1750-1808)

■ Aperfeiçoamento da administração fazendária:
  a) Criação do Erário Régio, órgão central de arrecadação e pagamento da burocracia portuguesa;
  b) Especialização das atividades de controle e fiscalização.

Fonte: *Fiscais e meirinhos:* a administração no Brasil colonial, passim.

O cenário transformou-se com a descoberta de grandes reservas de **ouro** em Minas Gerais, fato que contribuiu para uma verdadeira revolução no comércio.

Dada a escassez de recursos, financeiros e humanos, para controlar nossa imensa faixa costeira, e preocupado com o crescente interesse mercantil da colônia, Portugal optou por uma **solução intermediária**, na tentativa de evitar o contrabando — que obviamente proliferaria num mercado totalmente fechado —, sem, no entanto, renunciar à imposição tributária.

Adotou, assim, a cobrança de um **dízimo aduaneiro**, incidente sobre todas as mercadorias importadas ou exportadas, mantendo, contudo, o monopólio comercial.

O **Ciclo do Ouro** determinou a expansão do comércio internacional brasileiro, proporcionando um considerável desenvolvimento das alfândegas e criando uma elite de funcionários públicos.

O apetite tributário português trilhou o mesmo caminho.

Como bem ressalta João Antonio de Paula[6], em seu trabalho *O Prometeu no sertão*, a **espoliação fiscal** foi um dos traços marcantes da coroa portuguesa.

No auge da exploração aurífera, duas eram as formas de arrecadação, segundo o autor: o recolhimento direto pelos agentes governamentais e o arrendamento de tributos em favor de particulares, por meio de contrato.

Em Minas Gerais havia a cobrança do **quinto**, que recaía sobre a lavra de minerais.

Tamanha era a simpatia pelo imposto que, ao que tudo indica, foi dele que surgiu o praguejo popular "quintos dos infernos", expressão, aliás, redundante, pois o termo *quintos* pode ser tomado diretamente como sinônimo de inferno.

Inúmeras outras exações afligiam os contribuintes.

Havia a cobrança de dez por cento sobre o lucro licitamente auferido, e igual percentual gravava uma série de produtos agrícolas; cobrava-se, ainda, o chamado **dízimo pessoal**, antecessor do atual imposto sobre a renda.

Como se não bastasse, existiam também os chamados **direitos de entradas**, tributos cobrados pelos postos de fiscalização e pelas alfândegas internas, denominadas *registros*.

A **porcentagem** e os **direitos de passagem**, espécies de pedágio cobradas dos transeuntes, compunham igualmente o quadro tributário da época.

Os funcionários públicos contribuíam de modo particularmente proveitoso: a eles cabia o recolhimento da chamada **terça parte**, incidente sobre os rendimentos anuais.

Com o passar do tempo, a sanha arrecadatória portuguesa só fez crescer: foram criados os **donativos de ofício** (acréscimo sobre as terças partes para determinados funcionários públicos, como os oficiais de justiça), os **subsídios literários** (taxas cobradas sobre a produção de aguardente e gado, cujo objetivo era o de sustentar o magistério régio...), os **subsídios voluntários** (para custear medidas de emergência, como o catastrófico terremoto que devastou Lisboa em 1755 — curioso notar que estes, de caráter

---

[6] João Antonio de Paula, *O Prometeu no sertão:* economia e sociedade da capitania das Minas dos Matos Gerais, passim.

1 ◼ Breve Introdução à História dos Tributos

transitório, deveriam ser extintos após dez anos, o que efetivamente não ocorreu, gerando tremenda insatisfação), o **imposto sobre legado e heranças**, as **décimas** de prédios urbanos, a **sisa** (sobre a transmissão de bens), a **meia-sisa** (imposto de 5% sobre o valor de "escravos ladinos", ou seja, que já tivessem aprendido algum ofício), os **direitos de afilações** (incidentes sobre as afilações de pesos e medidas), o **selo de papel** (instituído sobre os contratos jurídicos e financeiros de qualquer natureza), entre tantos outros.

A prodigiosa lista compilada pelo professor João Antonio inclui também os tributos devidos à Igreja, tais como a **conhecença**, o **pé de altar** (cobrado sobre enterros, casamentos e batizados), as **côngruas** (pensão concedida aos párocos), as **miúças** (dízimos eclesiásticos pagos em gêneros miúdos: galinha, ovos, leitões) além, é claro, da **bula cruzada**, para a concessão de indulgências.

Desnecessário dizer que em tal emaranhado tributário a sonegação, as fraudes e a **corrupção generalizada** encontraram ambiente fértil e plenas condições de desenvolvimento.

O que nos leva a perceber, sem grande esforço, que a administração portuguesa nos tempos coloniais deixou traços indeléveis no sistema tributário nacional.

1.4. A CONSTRUÇÃO DO DIREITO TRIBUTÁRIO NO BRASIL

Com o advento da Independência, em 1822, o Brasil passou a ser regido por normas próprias, das quais a primeira grande manifestação foi a compilação de seus princípios basilares na **Constituição Política do Império**, de 1824.

Pela primeira vez foi possível, em termos jurídicos, alinhavar a estrutura do Estado Brasileiro, sua forma de governo, a repartição dos poderes e, especialmente, os direitos fundamentais e garantias dos novos cidadãos.

Daquele momento em diante, as disposições de natureza tributária, cravadas nas diversas Constituições que se seguiram, só fizeram crescer.

Claro que o direito tributário, como **manifestação jurídica** específica e núcleo concentrado de estudos, só veio a surgir muito tempo depois, na segunda metade do século XX.

A distância histórica entre as primeiras garantias dos cidadãos e a formação do que hoje denominamos **Sistema Tributário Nacional** se deve às origens da tributação, porque durante décadas o foco residiu nas relações financeiras entre o Estado e os particulares.

Com efeito, todos os autores clássicos concordam no sentido de que o direito tributário derivou do **direito financeiro**, cujos alicerces e fundamentação teórica se desenvolveram num primeiro momento, circunstância natural e praticamente uniforme em todos os países.

Na mesma esteira de raciocínio, é inegável a influência do **direito administrativo** na conformação da sistemática tributária, porque a constante tensão entre a supremacia do poder estatal e o patrimônio dos particulares há tempos é alvo de discussão entre os juristas.

Não se pode também olvidar que, desde épocas remotas, existe uma espécie de *norma subconsciente* no sentido de atender à carga tributária, ou seja, de responder aos anseios do Estado e colaborar para a consecução de seus objetivos, a tal ponto que Klaus

Tipke chega a afirmar que "o dever de pagar impostos é um dever fundamental. O imposto não é meramente um sacrifício, mas sim, uma contribuição necessária para que o Estado possa cumprir suas tarefas no interesse do proveitoso convívio de todos os cidadãos"[7].

Claro está que a partir do desenvolvimento dos chamados **Estados Sociais**, no início do século XX, fundamentados, por exemplo, nas Constituições do México, de 1917, e de Weimar, de 1919, desenvolve-se a noção de que a imposição tributária deve promover **justiça social**, isto é, retorno e compensação pelos inevitáveis desequilíbrios da coletividade, e, sobretudo, ter como referência os preceitos da legalidade e da capacidade contributiva dos indivíduos.

Não é, pois, coincidência o fato de que o direito tributário alcance sua primeira codificação sistematizada e coesa com o **Código Tributário Alemão**[8], de 13 de dezembro de 1919, elaborado a partir de projeto supervisionado por Enno Becker, jurista alemão considerado por muitos como o pai do direito tributário[9].

Com as ideias trazidas pelo novo Código, o eixo da análise do fenômeno tributário deslocava-se ligeiramente, não apenas para contemplar os interesses do Estado, mas, fundamentalmente, para dele também exigir **limites** e **obediência a princípios**.

1.4.1. O Código Tributário Nacional

Por força da subordinação — ou mesmo encampação, à época — do direito tributário pelo direito financeiro, somente após o término da Segunda Guerra Mundial o tema da **codificação tributária** no Brasil passou a ser discutido.

Normas tributárias, por óbvio, já existiam em profusão, mas a falta de sistematização e definição de conceitos essenciais tornava sua aplicação um verdadeiro desafio exegético, quase sempre em detrimento dos interesses do contribuinte.

Quando a Assembleia de 1946 finalmente aceitou Emenda no sentido de incluir no art. 5.º, XV, *b*, da Constituição a ser publicada a competência do Congresso para, em nome da União[10], legislar sobre as **normas gerais** de direito financeiro, foi dado o primeiro passo para a criação de um Código Tributário no Brasil.

Por mais estranho que possa parecer, o direito tributário nasceria da autorização constitucional para a criação de normas de **natureza financeira**, prova cabal da sobreposição dos subsistemas ao tempo da redação original da Constituição.

Ocorre que, em 1965, por força da Emenda Constitucional n. 18, foi finalmente criado o **Sistema Tributário Nacional**, em extensos vinte e sete artigos (!), verdadeira certidão de nascimento do direito tributário no Brasil.

---

[7] Klaus Tipke e Douglas Yamashita, *Justiça fiscal e capacidade contributiva*, p. 13.

[8] *Reichsabgabenordnung* — Ordenação Tributária do Império.

[9] Em homenagem à precisão histórica, importa destacar que Franz Von Myrbach-Rheinfeld, de origem austríaca, já havia, anteriormente, defendido a autonomia do direito financeiro, do qual o subsistema tributário faria parte, em seu trabalho *Grundriss des Finanzrechts*, de 1906.

[10] Constituição de 1946, art. 5.º: "Compete à União: (...) XV — legislar sobre: (...) b) normas gerais de direito financeiro; de seguro e previdência social; de defesa e proteção da saúde; e de regime penitenciário".

1 ■ Breve Introdução à História dos Tributos   11

A Emenda n. 18/65 surgiu da **convergência** de projetos distintos, e sua redação final contou com a assessoria de dois juristas de escol: **Rubens Gomes de Souza** (o "pai" do Código Tributário Nacional, como veremos) e **Gilberto Ulhôa Canto**. Tratava, entre outros temas, da discriminação das figuras tributárias, das fontes do sistema, de limites à atividade legislativa dos entes políticos, além de estabelecer o arquétipo de certos impostos, como os relativos ao comércio exterior, ao patrimônio e renda, à produção e circulação de produtos.

E mais: o imposto sobre consumo foi transformado no imposto sobre produtos industrializados, o imposto do selo foi extinto e criado o imposto sobre operações financeiras.

Foram também instituídos impostos especiais sobre operações relativas a combustíveis, lubrificantes, energia elétrica e minerais, além de se outorgar competência à União para criar impostos extraordinários em caso de guerra externa.

Por fim, sem negar suas raízes, a Emenda cuidava da distribuição das receitas tributárias, assunto típico do **direito financeiro**, mas que até hoje se encontra inserto no capítulo constitucional dedicado ao sistema tributário.

Todo o esforço para a redação e aprovação da Emenda Constitucional n. 18/65 almejava um claro propósito: a veiculação do **Código Tributário Nacional**, redigido por Rubens Gomes de Souza sob os auspícios do então (1953) Ministro da Fazenda, Osvaldo Aranha, projeto que por mais de dez anos foi objeto de debates no Congresso Nacional.

Com certeza, o grande mérito do projeto era a chamada **codificação de princípios**, na expressão de Ulhôa Canto, ou seja, a definição de **normas nacionais** endereçadas aos três níveis de poder[11].

Sobre o tema manifestou-se **Aliomar Baleeiro**, testemunha ativa do processo, posto que exercia mandato legislativo como deputado federal pela Bahia:

> "No mesmo local do território pátrio, o contribuinte é disputado por três competências fiscais, que nem sempre coordenam as respectivas exigências para bom convívio entre si e com os governados. Corrigir essa incômoda e caótica situação foi o pensamento vencedor na Constituinte de 1946, quando esta, após algumas hesitações iniciais, aprovou a emenda n. 938, de que resultou o art. 5.º, XV, *b*, da Nova Carta Magna"[12].

O paradigma previsto pela Constituição de 1946 permitiu a veiculação do Código Tributário Nacional como **lei ordinária**, de n. 5.172, que ingressou no direito positivo brasileiro em 25 de outubro de 1966.

---

[11] Conforme modelo vigente à época: União, Estados e Municípios. Atualmente, podemos falar em *quatro níveis*, com o acréscimo das competências outorgadas ao Distrito Federal pela Constituição da República de 1988, que, no entanto, resultam da conjunção das alçadas municipais e estaduais, como teremos a oportunidade de observar. Convém lembrar que antes do Código Tributário Nacional o sistema não possuía qualquer integração, com ampla autonomia dos entes federativos, sem qualquer coordenação no plano nacional, o que, invariavelmente, implicava alargamento das competências impositivas.

[12] Aliomar Baleeiro, *Direito tributário brasileiro*, 10. ed., p. 16.

Isso porque o arquétipo das leis complementares só foi traçado posteriormente, com o advento da Constituição de 1967 e da Emenda Constitucional n. 1, de outubro de 1969.

A partir de então o Código Tributário Nacional, **formalmente** produzido como lei ordinária, foi **recepcionado** pelo novo modelo constitucional, que previa a necessidade de lei complementar para dispor sobre matéria tributária, e assim permanece até hoje, pois a atual Carta de 1988 não alterou a vigência nem reduziu a eficácia do Código, razão pela qual podemos afirmar que o Código tem força de **lei complementar nacional** — pois condiciona a atuação de todos os níveis federativos de poder — e só pode ser alterado por leis que atendam, cumulativamente, aos requisitos formais e materiais típicos de lei complementar[13].

É importante ressaltar que a lei complementar nacional cuida de **normas gerais** (ou *codificação de princípios*, na expressão de Ulhôa Canto), mas não retira da lei específica de cada ente político a possibilidade de **criar tributos**, vale dizer, definir as respectivas hipóteses de incidência.

Esse cenário normativo, de nascimento do **Código Tributário Nacional**, pode ser constatado a partir da leitura dos seus primeiros dispositivos, que estabelecem:

> **Art. 1.º** Esta Lei regula, com fundamento na Emenda Constitucional n. 18, de 1.º de dezembro de 1965, o sistema tributário nacional e estabelece, com fundamento no art. 5.º, inciso XV, alínea *b*, da Constituição Federal, as normas gerais de direito tributário aplicáveis à União, aos Estados, ao Distrito Federal e aos Municípios, sem prejuízo da respectiva legislação complementar, supletiva ou regulamentar.
>
> **Art. 2.º** O sistema tributário nacional é regido pelo disposto na Emenda Constitucional n. 18, de 1.º de dezembro de 1965, em leis complementares, em resoluções do Senado Federal e, nos limites das respectivas competências, em leis federais, nas Constituições e em leis estaduais, e em leis municipais.

Percebe-se que o sistema tributário nacional originalmente proposto pelo CTN decorre da **discriminação**, no âmbito constitucional, das competências atribuídas aos entes federados.

Atualmente, conforme o art. 24, I, da Lei Maior, "compete à União, aos Estados e ao Distrito Federal legislar **concorrentemente** sobre: I — **direito tributário**, financeiro, penitenciário, econômico e urbanístico".

Trata-se de preceito peculiar que, na prática, enseja a produção de milhares de normas tributárias específicas de cada ente político, nem sempre uniformes ou dotadas de homogeneidade, circunstância que em muito contribui para a chamada "guerra fiscal".

---

[13] Apesar de o Código Tributário Nacional ter sido alterado, antes da vigência da Constituição de 1967, por decretos-leis e até pelos chamados *atos complementares*, resultantes do regime militar, atualmente não se questiona a inteireza de sua recepção pelo ordenamento, sempre com força de lei complementar. Voltaremos ao tema no tópico sobre o papel do Código Tributário Nacional como norma geral de direito tributário, à luz dos atuais preceptivos da Constituição.

1 ■ Breve Introdução à História dos Tributos

Na tentativa de minimizar o problema, o legislador nacional utiliza diversas **leis complementares**, como as relativas ao ICMS e ao ISS, para estabelecer um mínimo de razoabilidade e padronização ao sistema.

Da mesma forma, o **Senado Federal**, como representação paritária dos Estados, possui diversas competências tributárias, exercidas por meio de **Resolução**, a exemplo da fixação de alíquotas máximas do imposto sobre transmissão *causa mortis* e doação, assim como das alíquotas das operações interestaduais e de exportação aplicáveis ao ICMS, entre outras possibilidades.

1.4.2. Conceito e conteúdo do direito tributário

Cada país precisa definir um sistema tributário capaz de angariar recursos para os cofres públicos, atender aos preceitos constitucionais e, ao mesmo tempo, respeitar os direitos dos contribuintes.

A natureza **financeira** das relações jurídicas que envolvem a arrecadação de tributos fez com que o estudo da matéria ficasse, durante muito tempo, atrelado ao direito financeiro, que sempre se relacionou com as atividades de recebimento, administração e distribuição das receitas públicas.

As receitas públicas podem ser **originárias** (não tributárias), quando decorrentes de atividades econômicas praticadas pelo próprio Estado (empréstimos, por exemplo), ou **derivadas**, que são as de natureza tributária.

Como as regras tributárias têm por objetivo retirar parcelas do patrimônio das pessoas e transferi-las para os cofres públicos, surge a necessidade de subordinação jurídica, por meio da qual se manifesta o chamado **poder de tributar**.

É evidente que as pessoas têm interesse em realizar os mais diversos negócios na esfera privada, embora não tenham, em princípio, a **intenção** de recolher tributos ou renunciar a seu patrimônio em razão dessas atividades.

Para disciplinar essa evidente tensão entre o interesse público e o privado, surge o **direito tributário**[14], com o objetivo de englobar todo o fenômeno da tributação, tarefa não necessariamente relevante para o direito financeiro, mais preocupado com a gestão das receitas e despesas públicas.

A necessidade de criar um conjunto robusto de princípios para regular as relações entre Estado e particulares possibilitou o enorme desenvolvimento do direito tributário nas últimas décadas, com o abandono da abordagem histórica, esparsa e assistemática que a matéria enfrentou durante muito tempo.

Podemos **conceituar** o direito tributário como o conjunto de regras que disciplina as relações entre o Estado e as pessoas, com o objetivo de criar, arrecadar e fiscalizar tributos.

---

[14] Também chamado de direito fiscal, por força da denominação em outros países, de língua inglesa ou francesa, que utilizam, respectivamente, a expressão *Fiscal Law* ou *Droit Fiscal*.

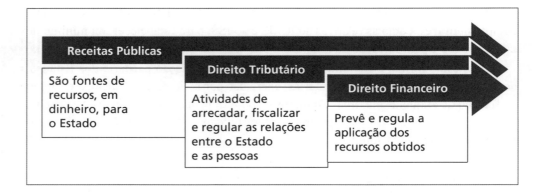

Como vimos, somente com o advento da **Emenda Constitucional n. 18/65** o Estado Brasileiro procurou dar consistência ao sistema tributário, o que ensejou, quase um ano depois, a promulgação do **Código Tributário Nacional**, veiculado pela Lei n. 5.172, de 25 de outubro de 1966.

O CTN, como é conhecido, sofreu alterações, teve diversos artigos revogados, mas continua a ser o principal instrumento jurídico do direito tributário em nosso país.

Um bom estudo acerca do direito tributário exige, portanto, conhecer as regras previstas no Código Tributário Nacional e cotejá-las com os **princípios constitucionais tributários**, veiculados pela Carta de 1988 a partir do art. 145.

Essa é a nossa proposta nesta obra.

1.4.3. Relações entre o direito tributário e as demais áreas jurídicas

O tema deste tópico, embora um tanto anacrônico, costuma ser objeto de questões em concursos, razão pela qual decidimos abordá-lo, com a ressalva de que se trata de uma **falsa premissa**, pois o direito, como fenômeno social e cultural, deve ser entendido de forma única, sem a tradicional divisão em "ramos" ou coisa semelhante.

As relações jurídicas contemporâneas são bastante **complexas**, e, no mundo real, não se pode isolar determinado objeto, retirando-lhe aspectos ou características essenciais, apenas sob o pretexto de conferir suposta cientificidade ao estudo.

Mais adequada seria a análise **interdisciplinar** das relações humanas, sua conformação em relação às regras jurídicas e os efeitos econômicos delas decorrentes, sem qualquer favorecimento desta ou daquela hipótese.

Isso não impede o corte metodológico que deve ser proposto pelo autor, com base nas premissas e objetivos do trabalho que pretende realizar.

Feita a observação, parece-nos que a melhor maneira de apreciar as relações entre os diversos núcleos temáticos do direito é de **forma gráfica**, como apresentado a seguir.

1 ◼ Breve Introdução à História dos Tributos

Direito Tributário	
Direito Constitucional	A Constituição estabelece os princípios da tributação, delimita o poder de tributar e distribui competência aos entes políticos
Direito Administrativo	Compartilha com o direito tributário princípios comuns e disciplina os atos praticados pelas autoridades tributárias, que são servidores públicos
Direito Financeiro	Regulamenta a alocação dos recursos obtidos a partir das receitas tributárias
Direito Internacional	Estabelece limites para a tributação das pessoas e das fontes de renda oriundas de países diferentes, por meio de tratados internacionais
Direito Aduaneiro	Possui vários pontos de contato com o direito tributário, relacionados ao controle do comércio exterior, que no Brasil também é realizado pelas autoridades fazendárias
Direito Penal	Oferece princípios para a interpretação das infrações e tipifica crimes de natureza tributária
Direito Civil e Empresarial	Compreendem o universo de relações e negócios jurídicos cujos efeitos econômicos e patrimoniais serão objeto da tributação

2
TRIBUTO

O estudo do direito tributário deve partir da compreensão do seu elemento primordial: o **tributo**, instituto ao redor do qual todos os fenômenos correlatos orbitam e adquirem relevância no mundo real.

Conhecer e estratificar a noção de tributo equivale, para o jurista, ao minucioso estudo que o cardiologista empreende acerca do coração, vale dizer, ainda que a compreensão orgânica de dado sistema seja o objetivo maior da ciência, torna-se imperioso estabelecer o **ponto central** de referência, que deve atuar como agente delimitador do objeto sob análise e permitir, sobretudo, a coesão da empreitada.

Dito de forma mais simples, *onde houver tributo, haverá direito tributário*.

O que pode parecer redundante ou tautológico na verdade passa a fazer sentido se observarmos que no direito brasileiro há inúmeras figuras que causam **dúvida** quanto ao seu enquadramento como tributo, a exemplo do FGTS e de algumas contribuições.

Portanto, verificar se o tema sob exame alberga um tributo não apenas deve ser a primeira tarefa do jurista, mas, por óbvio, também significa a ele aplicar os princípios constitucionais pertinentes. Em sentido oposto, se o conceito for *extratributário*, a solução jurídica deverá basear-se em outros preceitos.

A definição de conceitos é tarefa normalmente reservada à **doutrina**.

Conquanto existam diversas definições doutrinárias de tributo, a mais interessante e completa é justamente aquela formulada pelo **art. 3.º** do Código Tributário Nacional:

> **Art. 3.º** Tributo é toda prestação pecuniária compulsória, em moeda ou cujo valor nela se possa exprimir, que não constitua sanção de ato ilícito, instituída em lei e cobrada mediante atividade administrativa plenamente vinculada.

Muito embora a **definição legal**, originada no direito positivo, deva ocupar posição de destaque em relação a possíveis conceituações diversas apresentadas pelos estudiosos, veremos que o seu conteúdo pode ser objeto de algumas considerações.

Para um melhor entendimento do conceito de tributo expresso no Código Tributário Nacional, faremos, a seguir, uma análise pormenorizada de seus principais elementos constitutivos.

2.1. TRIBUTO COMO PRESTAÇÃO PECUNIÁRIA

O vocábulo *prestação*, que inicia a locução sob comento, deve ser entendido como uma **conduta**, ou seja, o ato de prestar, fornecer algo a determinada pessoa.

Não se confunde, pois, com sua acepção mais popular, que transmite a ideia de parcela ou parte de uma dívida.

O destinatário do comando será a **pessoa física** ou **jurídica** responsável pelo cumprimento de tal dever.

A prestação será pecuniária, ou seja, **em dinheiro**, com o claro objetivo de carrear para os cofres públicos valores que serão utilizados no desempenho das atividades estatais.

Note-se que, como **regra geral**, não é admissível o cumprimento da prestação tributária mediante a entrega de bens ou em troca de trabalho (prestações *in natura* ou *in labore*)[1].

Excepcionalmente, após a alteração do Código Tributário Nacional, promovida pela Lei Complementar n. 104/2001, tornou-se possível o pagamento de tributos mediante a **dação** de bens imóveis, situação que veremos mais adiante, em tópico específico.

O direito tributário busca juridicizar relações que têm um **objetivo econômico** definido: prover o aparato estatal com recursos capazes de garantir aos entes políticos condições de atendimento aos desígnios estabelecidos na Constituição da República.

E o instrumento mais adequado, em termos de exigência de conduta em relação ao destinatário da norma, é a **entrega de valores** do patrimônio individual ao Estado, de tal sorte que poderíamos dizer que a prestação tributária, à luz da clássica divisão proposta pelo **direito civil** (*obrigações de dar, fazer e não fazer*), seria compatível com a primeira modalidade, no sentido de fornecer recursos financeiros para o custeio das atividades inerentes à Administração Pública.

O principal objetivo da obrigação tributária seria, portanto, uma **obrigação de dar** (entregar dinheiro aos cofres do ente tributante), nos moldes definidos pelo próprio conceito de tributo.

Quanto aos outros tipos de obrigações, percebemos que a obrigação de **fazer** também guarda conexão direta com a matéria tributária, devido à existência de diversas condutas impostas aos contribuintes, que, no entanto, não dizem respeito ao pagamento dos tributos.

São as chamadas **obrigações acessórias** (que alguns autores, modernamente, denominam *deveres instrumentais*), previstas em normas tributárias e que exigem do contribuinte ações diversas do pagamento.

Como exemplo, temos:

a) a escrituração de livros contábeis e fiscais;

b) a guarda de documentos por determinado período;

---

[1] Nesse sentido, outras obrigações compulsórias previstas em lei, como o serviço militar obrigatório, a atuação como membro dos Tribunais de Júri ou o desempenho de atividades específicas durante as eleições, não possuem natureza tributária.

c) o preenchimento de guias e formulários;
d) a entrega de declarações pela internet; e
e) a prestação de informações às autoridades fiscais, entre tantas outras.

É importante ressaltar que mesmo contribuintes **dispensados do pagamento** do tributo poderão (*em regra, deverão*) submeter-se às obrigações acessórias, a exemplo do que acontecia com a declaração de pessoas isentas do imposto sobre a renda.

Isso se aplica, inclusive, nas hipóteses de **imunidade tributária**, em que devem ser cumpridas as obrigações acessórias, até como meio de prova apto a demonstrar o *status* jurídico daqueles que fazem jus ao benefício.

Por fim, vale destacar que as obrigações de **não fazer** em matéria tributária normalmente encerram uma **contradição lógica**, posto que alguns autores as enumeram como condutas que não podem ser praticadas pelos contribuintes, como, por exemplo, não proceder ao transporte de mercadorias desacompanhadas de nota fiscal[2].

Discordamos.

O que o ordenamento tributário preceitua é o **dever** de transportar mercadorias mediante a emissão de nota fiscal ou documento idôneo.

Trata-se, portanto, de **norma positiva**, consubstanciada em **obrigação de fazer**. Seu descumprimento acarreta a aplicação de uma **sanção** — apreensão e posterior perdimento da mercadoria, por exemplo — e, nesse contexto, não se confunde com as chamadas *limitações negativas*.

Se fosse assim, por simples implicação reflexa, toda obrigação de fazer transformar-se-ia em obrigação de não fazer, o que não nos parece razoável.

Em verdade, conquanto no direito civil e no direito penal a doutrina aponte diversos exemplos de obrigações negativas, na seara tributária parece-nos preferível utilizar a expressão **obrigação de suportar**, consubstanciada no dever imposto aos particulares, decorrente da supremacia do Estado, por meio do qual se deve aceitar o poder da fiscalização e o controle das atividades financeiras, desde que lastreados no princípio da legalidade.

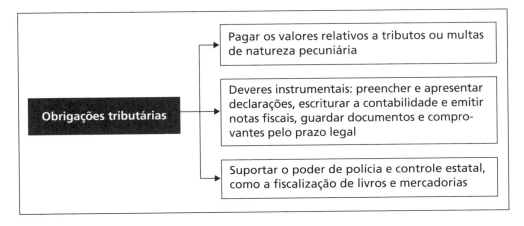

---

[2] É o exemplo dado por Leandro Paulsen, no excelente *Direito tributário* — Constituição e Código Tributário à luz da doutrina e jurisprudência, p. 606.

2.2. TRIBUTO COMO OBRIGAÇÃO

A prestação tributária é também **compulsória**, o que equivale a dizer que nenhuma pessoa, física ou jurídica, poderá dela se esquivar. Surge, assim, a ideia de obrigatoriedade de **submissão** à relação tributária, que, como veremos, não comporta exceções.

Isso porque o direito tributário, tal como algumas outras áreas examinadas pelo direito, deve ser entendido como um **direito obrigacional**, no qual as partes envolvidas (credor e devedor, de modo genérico) assumem, reciprocamente, direitos e deveres, em decorrência das relações jurídicas entre si constituídas.

A grande diferença entre o direito tributário e os demais subsistemas do direito, principalmente aqueles fundados no acordo de vontades (direito civil, direito empresarial etc.), é justamente a **obrigatoriedade dos deveres**, sem a necessária contrapartida do Estado.

Enquanto o acordo privado pressupõe certo **equilíbrio** no estabelecimento das relações jurídicas, o direito tributário, ante a prevalência do interesse estatal, faz surgir situações impositivas, que devem ser suportadas pelo particular.

Exemplo: Se duas pessoas, João e José, firmam um contrato de prestação de serviços, no qual fica estabelecido que João deva pintar a casa de José mediante dada remuneração, podemos afirmar que a relação jurídica oriunda do acordo de vontades manifestado por ambos é de natureza obrigacional e prevista, por hipótese, no direito civil.

Contudo, devemos frisar que essa relação, em termos didáticos, se dá no **plano horizontal**, pois João e José, como cidadãos, pactuaram o acordo sob uma teórica igualdade de condições.

Assim, nasceu entre eles uma relação que envolve direitos e deveres **recíprocos:** um deverá prestar o serviço e, ao fazê-lo, adquire o direito à remuneração combinada. Enquanto não cumprir a sua parte, nada poderá exigir.

Já o outro se obriga a pagar a quantia estipulada, desde que, obviamente, o serviço tenha sido prestado de maneira adequada[3].

Por óbvio que o cumprimento do contrato por uma das partes exige o adimplemento da obrigação devida pela outra, o que, se não ocorrer, poderá ensejar um **novo direito**, qual seja, o de reparação do equilíbrio contratual por meio de tutela judicial específica.

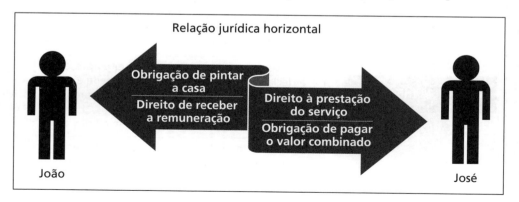

---

[3] Código Civil, art. 476: "Nos contratos bilaterais, nenhum dos contratantes, antes de cumprida a sua obrigação, pode exigir o implemento da do outro".

A relação jurídica tributária, ao contrário, deve ser entendida, também de modo didático, como uma **imposição vertical**, na qual credor e devedor se encontram em posições distintas, com a prevalência da vontade de um sobre a do outro.

Daí ser muito comum, no direito tributário, a utilização do verbo **incidir**, como designativo da relação jurídica entre o direito subjetivo do Estado e a obrigação inarredável do sujeito passivo.

Com efeito, se o tributo se constitui em **direito** para o Estado e em **obrigação** para o destinatário da norma, podemos perceber que o embate de forças entre ambos é marcado pelo desequilíbrio, que se revela pela supremacia da vontade do Estado, característica, aliás, típica dos entes públicos dotados de competência constitucional.

Tal privilégio tributário, comum a quase todos os ordenamentos jurídicos, decorre da necessidade do Estado de **arrecadar** valores para a consecução de seus objetivos.

Nos chamados Estados Democráticos, dos quais o Brasil é exemplo, essa imposição de força só pode ocorrer em atendimento ao primado da lei.

Somente a lei, em **sentido estrito**, tem o condão de impor a vontade de todos (do Estado, como sociedade política juridicamente organizada) sobre a vontade individual.

A lei em sentido estrito deve preencher os requisitos formais e materiais necessários para a imposição de condutas, sendo **vedada** qualquer tentativa de criar obrigações por meio de atos administrativos ou normas infralegais.

Cumpre ressaltar que a lei, ao realizar a função de positivação da vontade estatal, costuma ser denominada, no direito tributário, **veículo introdutor de normas**, na dicção de Paulo de Barros Carvalho, ou seja, vetor dotado de força normativa e capaz de condicionar, no mundo fenomênico, a vontade dos particulares, nos exatos termos previstos pelo legislador.

Em síntese, observada a ocorrência do fato previsto na norma tributária, pouco importa a vontade ou aquiescência do sujeito a ela submetido: surgirá, inexoravelmente, o vínculo obrigacional que tem por objeto o pagamento de tributo.

Daí por que a doutrina, de modo praticamente uníssono, declara que a **obrigação tributária é** *ex lege*[4], decorrente de lei, no intuito de diferençá-la das demais obrigações de natureza privada.

2.3. O PRINCÍPIO DA AUTOIMPOSIÇÃO TRIBUTÁRIA

Em países como o Brasil, nos quais há a clara percepção de que a carga tributária imposta sobre as pessoas é desproporcional aos serviços prestados pelo Estado, os tributos, apesar de compulsórios, geram o senso comum de **injustiça**, o que poderia levar o cidadão a indagar o porquê de suportar tal ônus sem a devida contraprestação pública.

---

[4] Em sentido contrário, Paulo de Barros Carvalho (*Curso de direito tributário*, 24. ed., p. 58-59), ao comentar a opção do legislador do Código Tributário Nacional pela distinção entre obrigação *ex lege* e *ex voluntate* (decorrente da vontade das partes), pondera que o primado da legalidade se irradia por toda a ordem jurídica, de modo que não existiriam, no direito brasileiro, obrigações que não fossem *ex lege*. Em que pese a arguta observação, que analisa o fenômeno jurídico sob aspecto mais amplo, a designação da obrigação tributária como decorrente de lei é *consagrada na doutrina e na jurisprudência* e deve ser a posição adotada para provas e concursos.

Temos uma das mais elevadas cargas tributárias nominais do planeta (em termos de percentual do Produto Interno Bruto) e certamente disputamos o não muito honroso posto de maior **carga tributária efetiva**, principalmente em razão do não retorno dos valores arrecadados para a população, de forma a garantir o mínimo de dignidade previsto na Constituição.

A situação é antiga e foi magistralmente destacada na Exposição de Motivos ao Código Nacional, da lavra do então Ministro Otávio Bulhões, que asseverou, na **década de 1960**:

"A multiplicação e a acumulação de incidências tributárias, a despeito da separação formal dos impostos, dificultam e oneram a produção. Os empecilhos ao progresso estão se tornando alarmantes (...). Exemplo desta afirmativa é a proliferação de figuras tributárias, concebidas em termos jurídico-formais com que os três governos têm procurado alargar o campo de suas competências e fortalecer o montante de suas arrecadações. Isto sem falarmos nas sobreposições de tributos, do mesmo ou de outro poder, economicamente idênticos, e disfarçados apenas por roupagens jurídicas de que o legislador os reveste. Pode-se mesmo dizer, sem exagero, que existem hoje, no Brasil, mais tributos formalmente distintos que fatores econômicos aptos a servir de base à tributação"[5].

Tal cenário, conhecido há tempos, enseja discussões acerca da **validade jurídica** das normas tributárias, que, apesar de reconhecidamente rechaçadas pela opinião pública, continuam a impor gravames cada vez mais acentuados sobre o patrimônio e a circulação de bens e riquezas no país.

Pois bem, a questão de fundo diz respeito ao fato de sermos um *Estado Democrático de Direito*, expressão tão frequente e repetida que, por vezes, deixa de ser analisada de modo adequado, especialmente em situações, como a da carga tributária brasileira, nas quais se constata um enorme descompasso entre a atividade legislativa e os anseios da sociedade.

Quando se afirma que somos, a partir do texto constitucional, um *Estado de Direito*, isso significa, de modo simples, que somente as **normas jurídicas**, devidamente introduzidas de acordo com os preceitos constitucionais, podem impor deveres e obrigações às pessoas.

A afirmação vale para o próprio Estado, que, num primeiro momento, detém a competência para a criação das leis, mas que, a partir de sua colocação no ordenamento jurídico, a elas **também se submete**.

A circunstância adicional, de sermos um *Estado Democrático*, indica que a produção das normas deve passar, inexoravelmente, pelo **crivo dos cidadãos**, ainda que de forma representativa, pois o calibre da democracia brasileira dificulta a participação direta das pessoas na elaboração e aprovação das regras jurídicas, salvo em casos excepcionais, como a iniciativa popular, o plebiscito ou o referendo.

---

[5] Exposição de Motivos n. 910, reproduzida por Aliomar Baleeiro em *Direito tributário brasileiro*, 10. ed., p. 41-42.

Temos, portanto, um sistema jurídico que se **retroalimenta**, no qual os cidadãos são chamados a participar do processo legislativo que, num segundo momento, estabelecerá as condutas que deverão ser impostas a todos, num ciclo contínuo de **validação** que não comporta, à luz da democracia, qualquer tipo de evasão ou tratamento excepcional.

De forma ilustrativa, podemos dizer que o **indivíduo** é, ao mesmo tempo, "criador e criatura do sistema", e que, sob tal condição, não pode a ele escapar.

Ao mecanismo que rege essa dinâmica, dentro dos limites do nosso estudo, denominamos **princípio da autoimposição tributária**, norma fundamental que, a um só tempo, é a garantia de que o contribuinte não pode ter sua situação agravada, com a criação de novas figuras tributárias, sem a devida concordância, nos termos do *processo legislativo pertinente*, e, por outro lado, revela-se também prerrogativa do Estado, uma vez que as normas jurídicas produzidas em consonância com o modelo democrático não podem ser refutadas pelos destinatários, independentemente de serem consideradas "injustas" ou excessivas.

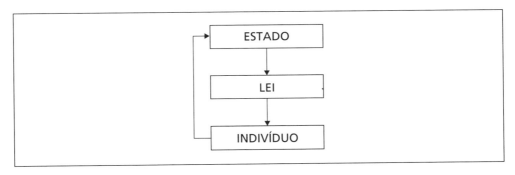

O traço marcante do *Estado Democrático de Direito* revela-se, justamente, pela **participação** dos destinatários das normas na sua elaboração, o que, no plano da análise estritamente jurídica, afasta argumentos de índole social ou econômica, por mais razoáveis que possam ser, do que decorre a validade do argumento da **autoimposição**.

Se tal premissa impede, *a priori*, qualquer possibilidade de insurreição ilegítima contra o sistema, por ser contrária ao próprio ideal democrático, por óbvio não retira da sociedade civil (ao contrário, aguça-lhe) o **poder de alterar** o atual estado de coisas, tamanha a desproporção entre o volume das imposições tributárias e o retorno oferecido ao cidadão[6].

O processo de reformulação — ou mesmo de reconstrução — do Direito deve ser sempre dialético e seguir o rito constitucional.

Nesse sentido, o Estado funciona apenas como instrumento de satisfação das necessidades sociais, posto que às pessoas se atribui a absoluta titularidade do **poder**

---

[6] O problema da retribuição ou distributividade tributária é universal (apesar de ser mais grave no Brasil), tanto que levou o famoso comediante norte-americano Will Rogers a cunhar a célebre frase: "It is a good thing that we do not get as much government as we pay for".

transformador, fixada pela cláusula máxima do parágrafo único do art. 1.º do Texto Supremo: "Todo o poder emana do povo, que o exerce por meio de representantes eleitos ou diretamente, nos termos desta Constituição".

2.4. TRIBUTO EM MOEDA OU CUJO VALOR NELA SE POSSA EXPRIMIR

A dicção do Código Tributário Nacional, ao estabelecer que a prestação tributária deva ser "em moeda ou cujo valor nela se possa exprimir", costuma suscitar polêmicas entre os autores.

Enquanto alguns a consideram manifestamente redundante e desnecessária, pois o caráter *pecuniário* da prestação já seria suficiente para garantir sua forçosa expressão em moeda, outros consideram que o legislador buscou ser prudente ao admitir que formas outras, diversas do conceito de **moeda corrente**, possam ser aceitas como método de valoração da obrigação tributária.

Parece-nos que a redação do CTN abarca duas ideias distintas: a) que a prestação pecuniária será em **moeda nacional** e b) que existe a possibilidade de satisfação da obrigação tributária por meio de instrumentos que não se enquadrem no conceito **estrito** de moeda, mas que com ele guardem adequada equivalência.

Observemos as consequências de cada assertiva.

Primeiro, o conceito de moeda diz respeito à **moeda nacional**, atualmente o real (R$). O sistema tributário não aceita, por enquanto, o pagamento em moeda estrangeira, de sorte que se o valor em questão (conhecido como **base de cálculo**) estiver em moeda estrangeira, deverá ser feita a conversão em reais, no momento definido em lei, como ocorre, por exemplo, no caso do imposto de importação.

Essa é a regra geral do Código Tributário Nacional, que estabelece:

> **Art. 143.** Salvo disposição de lei em contrário, quando o valor tributário esteja expresso em moeda estrangeira, no lançamento far-se-á sua conversão em moeda nacional ao câmbio do dia da ocorrência do fato gerador da obrigação.

Ao dispor que a moeda apta a **resolver** a obrigação tributária é aquela corrente no país, quis o legislador afastar qualquer possibilidade de utilização de moedas estrangeiras para tal desiderato, ainda que conversíveis ou de larga aceitação internacional.

Isso porque o Estado Brasileiro utiliza o montante da arrecadação tributária para fazer frente a despesas e investimentos nos termos da lei orçamentária, e, de fato, seria impróprio o recebimento desses valores em moedas diversas, o que exigiria, de imediato, uma **operação de câmbio** para que pudessem ser aproveitadas, situação bastante incômoda, na qual o impacto extrajurídico não pode ser devidamente avaliado.

Na mesma linha de raciocínio, em que pese o fato de algumas relações tributárias terem como pressuposto operações cujo valor econômico encontra-se expresso em moeda estrangeira — como no caso das importações ou exportações —, ainda assim o conceito do Código Tributário Nacional permaneceria válido, pois surgiria a necessidade de apreciação da base de cálculo no valor original e sua posterior conversão para a moeda nacional, **antes do recolhimento** dos tributos devidos.

Portanto, o cerne da questão está na distinção entre a **base de cálculo** e o **montante de tributo** a ser recolhido; se, para a primeira, pode-se aceitar valores em moeda estrangeira, *desde que posteriormente convertidos em reais*, no caso do tributo o valor só pode ser expresso em moeda nacional, que é o instrumento que lhe dá curso.

Ressalte-se que a maior parte das discussões tributárias diz respeito à **base de cálculo**, que, de forma simples, pode ser definida como a *expressão econômica de um fato jurídico*, ou seja, algo que representa o *quantum* que servirá de referência para o pagamento do tributo.

Noutro sentido, temos que o legislador parece aceitar o uso de índices econômicos diversos do conceito de moeda, desde que em perfeita consonância com este.

Aqui cabe uma advertência: não podemos confundir *valores expressos em moeda* com *meios de pagamento*, visto serem noções bem diferentes.

A primeira remonta à ideia de **dinheiro**, e diz respeito ao mecanismo de permutas convencionais utilizado pelo homem ao longo dos séculos (na esteira do conceito de **pecúnia**, palavra de origem latina que remete a gado, um dos primeiros instrumentos de valoração e troca conhecidos). Já os meios de pagamento são as formas previstas em lei para a **quitação** das obrigações tributárias, como o cheque, ordens de pagamento etc.

Ocorre que ao tempo do CTN não existia um sistema bancário presente em todo o País, tampouco boletos ou sistemas eletrônicos de pagamento, como nos dias de hoje. Por conta disso, muitas vezes o contribuinte precisava se dirigir à própria Fazenda Pública para quitar seus tributos.

Em razão dessa circunstância histórica e de certas necessidades de controle, alguns tributos podiam ser "quitados" mediante **estampilhas**, que serviam de comprovante de pagamento, como no caso do antigo imposto de consumo.

A possibilidade de pagamento por outros meios que não a moeda nacional ainda consta, embora um tanto esquecida, do Código Tributário Nacional, que, no art. 162, dispõe:

> **Art. 162.** O pagamento é efetuado:
>
> I — em moeda corrente, cheque ou vale postal;
>
> II — nos casos previstos em lei, em estampilha, em papel selado, ou por processo mecânico.

A estampilha e os processos mecânicos previstos no CTN **não se confundem** com os atuais **selos de controle**, que são utilizados para auxiliar as autoridades públicas no exercício do poder de polícia, especialmente em relação a produtos com alta carga tributária.

Em razão disso, encontramos, no caso do Imposto sobre Produtos Industrializados (IPI), selos de controle afixados em embalagens de cigarros, bebidas alcoólicas e em relógios de pulso, entre outros produtos. A selagem funciona como elemento de controle quantitativo dos produtos, mas **não representa**, como ocorria no passado com as estampilhas, a comprovação do recolhimento do imposto.

A utilização de selos de controle tem **fundamento jurídico** no art. 46 da Lei n. 4.502/64:

Art. 46. O regulamento poderá determinar, ou autorizar que o Ministério da Fazenda, pelo seu órgão competente, determine a rotulagem, marcação ou numeração, pelos importadores, arrematantes, comerciantes ou repartições fazendárias, de produtos estrangeiros cujo controle entenda necessário, bem como prescrever, para estabelecimentos produtores e comerciantes de determinados produtos nacionais, sistema diferente de rotulagem, etiquetagem obrigatoriedade de numeração ou aplicação de selo especial que possibilite o seu controle quantitativo.

§ 1.º (*revogado*)

§ 2.º A falta de rotulagem ou marcação do produto ou de aplicação do selo especial, ou o uso de selo impróprio ou aplicado em desacordo com as normas regulamentares, importará em considerar o produto respectivo como não identificado com o descrito nos documentos fiscais.

§ 3.º O regulamento disporá sobre o controle dos selos especiais fornecidos ao contribuinte e por ele utilizados, caracterizando-se, nas quantidades correspondentes:

a) como saída de produtos sem a emissão de nota-fiscal, a falta que for apurada no estoque de selos;

b) como saída de produtos sem a aplicação do selo, o excesso verificado.

§ 4.º Em qualquer das hipóteses das alíneas *a* e *b*, do parágrafo anterior, além da multa cabível, será exigido o respectivo imposto, que, no caso de produtos de diferentes preços, será calculado com base no de preço mais elevado da linha de produção, desde que não seja possível identificar-se o produto e o respectivo preço a que corresponder o selo em excesso ou falta.

Os selos de controle afixados pelos industriais e empresários equiparados aos produtos **não representam** modalidade de pagamento do IPI, mas mecanismos de controle exigidos para a circulação destes no país.

O recolhimento do IPI não se relaciona com o processo de selagem nem com o **custo dos selos**, que são confeccionados pela Casa da Moeda do Brasil (CMB), em modelos e cores diferenciados em função da espécie e origem dos produtos a que se destinam. O montante devido do tributo é calculado mensalmente, conforme a legislação de regência.

SÚMULA 547 DO STF: Não é lícito à autoridade proibir que o contribuinte em débito adquira estampilhas, despache mercadorias nas alfândegas e exerça suas atividades profissionais.

STJ — Jurisprudência

- **Afixação de selos de controle em produtos sujeitos à incidência de IPI. Obrigação tributária acessória.** Pagamento pelo fornecimento dos selos especiais. Obrigação tributária principal. Taxa de polícia. DL n. 1.437/1975. Ofensa à estrita legalidade tributária. Art. 97, IV, do CTN. É inexigível o ressarcimento de custos e demais encargos pelo fornecimento de selos de controle de IPI, instituído pelo DL 1.437/1975, que, embora denominado ressarcimento prévio, é tributo da espécie Taxa de Poder de Polícia, de modo que há vício de forma na instituição desse tributo por norma infralegal, excluídos os fatos geradores ocorridos após a vigência da Lei n. 12.995/2014.

Em conclusão, o conteúdo da **obrigação tributária principal** será sempre de índole econômica, e o instrumento moeda parece-nos o único adequado à sua satisfação.

Idêntico raciocínio se aplica à figura da **compensação**, prevista no art. 156, II, do Código Tributário Nacional, pois o encontro de valores entre o Estado e o particular é balizado pela *equivalência monetária*.

Ainda que não haja efetivo desembolso mediante pagamento, o valor compensado atende a **direitos pecuniários** do contribuinte, de modo que a compensação resolve créditos mútuos, que de outra forma ingressariam para depois deixar o erário, em situação de total equilíbrio.

Impende ressaltar que a Lei Complementar n. 104, de 10 de janeiro de 2001, acrescentou ao art. 156 do Código Tributário Nacional a possibilidade de extinção do crédito tributário por meio de **dação em pagamento**.

Acreditamos que tal figura, que precisa ser tratada por **lei específica** de cada ente federativo, não invalida o raciocínio até agora exposto (ao contrário, confirma-o), uma vez que se trata de situação **excepcional**, cuja regulamentação, no caso concreto, certamente contemplará mecanismos de conversão dos bens em moeda, pois ao Estado, em regra, descabe o ingresso de recursos que não sejam pecuniários.

2.5. TRIBUTO QUE NÃO CONSTITUA SANÇÃO DE ATO ILÍCITO

Na sequência, o conceito veiculado pelo art. 3.º do CTN também faz a **distinção** entre tributo e figuras destinadas a penalizar o infrator (notadamente as multas).

Diz o Código que tributo não constitui sanção de ato ilícito, ou seja, **tributo não se confunde** com multa, embora, mais adiante, o legislador inclua as duas figuras no conceito de crédito tributário.

A distinção contida no comando é fundamental para a compreensão de várias questões afetas ao direito tributário. Inúmeras vezes, tanto em provas de concursos como na vida prática, alunos e até profissionais do direito confundem conceitos que são absolutamente diversos.

O que o Código Tributário Nacional prevê, de modo bastante claro, é a **dicotomia** entre os tributos e eventuais penalidades (usualmente multas), figuras que, apesar de diferentes, costumam ensejar muita confusão.

O tributo tem por hipótese de incidência um **ato lícito**, ou seja, praticado de acordo com o ordenamento jurídico, enquanto a penalidade decorre da prática de **ato ilícito**, em desarmonia com os preceitos legais.

Essa ideia traz no seu bojo implicações de suma importância, principalmente no que tange ao **regime jurídico** dos referidos institutos.

Enquanto o tributo deve guardar obediência a todos os princípios constitucionais, gerais ou relativos a determinadas espécies, as penalidades, como manifestação da vontade do Estado de desestimular certas condutas, por ele tidas como antijurídicas, obedecem a normas que lhes são próprias.

Nesse ponto, convém firmar uma ideia fundamental para a compreensão do direito tributário: *tributos são diferentes de penalidades*.

Sob o ponto de vista ontológico, decorrem de preceitos completamente apartados, o que os torna inconfundíveis.

A natureza do tributo possui nítidos contornos **constitucionais**, que lhes dão corpo e justificativa, enquanto as penalidades, ainda que na esfera tributária, seguem traços mais amplos, derivados da *teoria geral das normas sancionatórias*. Mais ainda, as relações jurídico-tributárias decorrem sempre do perfeito enquadramento da hipótese normativa a um fato do mundo fenomênico, enquanto as penalidades surgem pelo **descumprimento** de preceitos contidos na norma.

O Supremo Tribunal Federal **já afastou** a possibilidade de o Estado exercer qualquer pretensão punitiva por meio de tributos. Em decisões clássicas[7], vedou a aplicação de acréscimos tributários em decorrência de irregularidades administrativas, sob o correto argumento de que ao tributo não assiste a característica extrafiscal de penalizar a ilicitude.

A dificuldade de compreensão dos conceitos se estabelece por culpa da redação do Código Tributário Nacional, que, em dado momento, quando passa a dispor sobre o tema **crédito tributário**[8], acondiciona, sob essa rubrica, as duas figuras, como se assemelhadas fossem.

Trata-se de óbvia imprudência terminológica, levada a cabo pela necessidade de conferir às multas o mesmo tratamento jurídico e grau de coercibilidade devido aos tributos, especialmente quanto à obrigatoriedade de pagamento.

Todavia, ainda é cedo para avançarmos por esse caminho, razão pela qual nos deteremos nos comentários já aduzidos, com a promessa de retornar ao assunto em capítulo específico.

Como multas e tributos são diferentes, em tese os princípios constitucionais tributários **não seriam aplicáveis** às multas, que teriam natureza jurídica própria e seguiriam regras relacionadas ao direito sancionatório.

Aqui temos um ponto importante.

Isso porque aqueles que cumprem a lei sujeitam-se, apenas, ao pagamento de tributos, mas os que **transgredirem** a norma tributária deverão arcar com o tributo (de acordo com o princípio da igualdade, pelo qual todos devem pagar) e com as possíveis multas, que representam o grau de coerção e desestímulo à conduta previsto pela legislação.

Devem pagar tributos todas as pessoas que praticam atos lícitos, em conformidade com as respectivas hipóteses de incidência. Essa afirmação é decorrência natural do **princípio da igualdade** e alcança todos os fatos jurídicos reputados válidos pelo nosso ordenamento.

Em sentido contrário, as penalidades são exigidas daqueles que infringem os preceitos normativos, como forma de sancioná-los pela ilicitude de seus atos.

Nesse passo, duas ponderações se fazem necessárias:

a) as pessoas leigas costumam associar o pagamento de tributos a alguma forma de penalidade, provavelmente devido à insuportável carga tributária a que são submetidas em nosso país; e

---

[7] *Vide*, por exemplo, os RE 104.817, de 31 de maio de 1985, e RE 116.290, de 5 de agosto de 1988.

[8] Código Tributário Nacional, art. 139 e seguintes.

b) o ato ilícito não se confunde, necessariamente, com a ideia popular de **crime**; no direito tributário, na maioria das vezes, trata-se apenas do descumprimento de norma específica, como, por exemplo, o atraso no pagamento de certo imposto. Aquele que assim agiu certamente incorreu em ato ilícito — pois a data de vencimento não foi obedecida, ainda que por esquecimento ou impossibilidade —, mas poderá "reparar" a sua conduta, em relação à sociedade, pelo pagamento de um adicional, a título de multa.

Somente no caso de condutas mais graves, normalmente praticadas mediante **fraude** ou **simulação**, surgirá, em paralelo às sanções pecuniárias, a possibilidade de o Estado mover contra o infrator ação própria na esfera criminal, ante a existência de figura tipificada pelo direito penal.

Daí podermos concluir que os tributos alcançam as pessoas exatamente *porque estas cumprem as normas*, enquanto as multas, por seu turno, são devidas por todos os que, ao contrário, não as atenderam. Aos últimos caberá o pagamento do tributo **acrescido** do valor sancionatório, que com ele não se confunde.

Não há, *a priori*, **princípios constitucionais** atinentes à imposição de penalidades tributárias, razão pela qual se revela impróprio mencionar ofensa aos preceitos da igualdade ou capacidade contributiva, entre outros, no tratamento de questões relativas à cobrança de multas.

Entretanto, o Supremo Tribunal Federal já decidiu que certos limites constitucionais aplicáveis aos tributos também **são extensíveis** às multas, como no caso do princípio que veda o efeito confiscatório em matéria tributária.

Assim, já foram considerados **inconstitucionais** multas previstas em patamares absurdos, de 200%, 300% ou até 500%, de sorte que o Supremo Tribunal Federal, ao cumprir seu papel de intérprete derradeiro da Constituição da República, entendeu que princípios constitucionais **podem ser** aplicados às multas, conforme se depreende do paradigmático voto do Ministro Celso de Mello, do qual reproduzimos abaixo a respectiva ementa, em função da clareza didática com que expõe a questão:

> É cabível, em sede de controle normativo abstrato, a possibilidade de o Supremo Tribunal Federal examinar se determinado tributo ofende, ou não, o princípio constitucional da não confiscatoriedade consagrado no art. 150, IV, da Constituição da República. Hipótese que versa o exame de diploma legislativo (Lei 8.846/94, art. 3.º e seu parágrafo único) que instituiu **multa fiscal de 300%** (trezentos por cento). A proibição constitucional do confisco em matéria tributária — ainda que se trate de multa fiscal resultante do **inadimplemento**, pelo contribuinte, de suas obrigações tributárias — nada mais representa senão a interdição, pela Carta Política, de qualquer pretensão governamental que possa conduzir, no campo da fiscalidade, à injusta apropriação estatal, no todo ou em parte, do patrimônio ou dos rendimentos dos contribuintes, comprometendo-lhes, pela insuportabilidade da carga tributária, o exercício do direito a uma existência digna, ou a prática de atividade profissional lícita ou, ainda, a regular satisfação de suas necessidades vitais básicas. O Poder Público, especialmente em sede de tributação (mesmo tratando-se da definição do *quantum* pertinente ao valor das multas fiscais), **não pode agir** imoderadamente, pois a atividade governamental acha-se essencialmente condicionada pelo **princípio da razoabilidade** que se qualifica como verdadeiro parâmetro de aferição da constitucionalidade material dos atos estatais (ADI 1.075-MC, Rel. Ministro Celso de Mello, julgamento em 17-6-1998, *DJ* de 24-11-2006 — destacamos).

Acerca das multas tributárias, a jurisprudência do Supremo Tribunal Federal trata de quatro situações diferentes.

A primeira diz respeito às **multas de mora**, decorrentes do não pagamento de tributos na data prevista pelas respectivas legislações. Neste caso, o STF decidiu, em linha com o que estabelecem as normas federais[9], que todos os entes federados devem observar o teto de 20% (Tema 816, RE 882461, julgado com repercussão geral).

O segundo entendimento firmado pelo STF, em recente julgamento[10], considerou inconstitucional "a multa isolada prevista em lei para incidir diante da mera negativa de homologação de compensação tributária, por não consistir em ato ilícito com aptidão para propiciar automática penalidade pecuniária".

Na hipótese, discutia-se a incidência de **multa isolada**, no percentual de 50% sobre o valor de pedido de ressarcimento indeferido ou de declaração de compensação não homologada pela Receita Federal. Com isso, foi declarado inconstitucional o § 17 do art. 74 da Lei n. 9.430/96[11].

Em relação às **multas de ofício**, decorrentes de descumprimento de obrigação tributária, há anos o STF vem construindo o entendimento de que estas não podem ser superiores ao valor do próprio tributo, vale dizer, estão limitadas a um teto de 100%, quando **não qualificadas** em razão de sonegação, fraude ou conluio.

A matéria foi admitida como de repercussão geral e ainda não foi definitivamente julgada ao tempo em que escrevemos (Tema 1.195 do STF).

A **qualificação da multa** ocorre nos casos em que a fiscalização comprova o **dolo** do sujeito passivo, que, na esfera federal, se manifesta pelas práticas de sonegação, fraude ou conluio, previstas nos arts. 71, 72 e 73 da Lei n. 4.502/64[12].

Em face da iminente consolidação da posição do STF, o legislador federal já se adiantou e alterou, por meio da Lei n. 14.689, de 20 de setembro de 2023, o art. 44 da Lei n. 9.430/96, para nele fazer constar uma nova graduação para as multas. Assim, a multa de ofício "normal", para os tributos federais, continua a ser de 75%, sobre a totalidade ou diferença de tributo não pago, não declarado ou de declaração inexata.

---

[9] *Vide* art. 61 da Lei n. 9.430/96: "Os débitos para com a União, decorrentes de tributos e contribuições administrados pela Secretaria da Receita Federal, cujos fatos geradores ocorrerem a partir de 1.º de janeiro de 1997, não pagos nos prazos previstos na legislação específica, serão acrescidos de multa de mora, calculada à taxa de trinta e três centésimos por cento, por dia de atraso.

§ 1.º A multa de que trata este artigo será calculada a partir do primeiro dia subsequente ao do vencimento do prazo previsto para o pagamento do tributo ou da contribuição até o dia em que ocorrer o seu pagamento.

§ 2.º O percentual de multa a ser aplicado fica limitado a vinte por cento".

[10] RE 796.939/RS, com repercussão geral, publicado no *DJe* em 23 de maio de 2023.

[11] O § 15 do art. 74 da Lei n. 9.430/96 também era objeto de questionamento na ADI n. 4.905/DF, mas já havia sido revogado ao tempo do julgamento.

[12] Esta lei trata do extinto "Imposto de Consumo", antiga denominação do atual IPI. Como os arts. 71, 72 e 73 são referendados pelo art. 44 da Lei n. 9.430/96, que dispõe sobre a legislação tributária federal, os critérios de qualificação previstos para o vetusto imposto são, na prática, aplicáveis a todos os tributos federais.

A **multa qualificada** federal passa a ser de **100%**, quando comprovado o dolo mediante sonegação, fraude ou conluio e de **150%** nos casos de **reincidência**, assim entendida uma nova conduta dolosa, praticada em até dois anos contados do lançamento que ensejou a primeira qualificação.

Interessante notar que a nova redação dada ao art. 44 da Lei n. 9.430/96 exige, para a qualificação da multa, que a conduta dolosa imputada ao sujeito passivo seja devidamente comprovada e **individualizada**. A exigência alcança, sobretudo, as hipóteses de responsabilidade tributária, como no caso dos sócios ou diretores de empresas.

Por fim, a alteração também estabelece a **precedência**, para fins de qualificação, de decisão penal favorável ao sujeito passivo. Assim, se houver sentença penal de absolvição do sujeito passivo, com julgamento de mérito, a qualificação da multa em relação ao absolvido não pode ser aplicada.

QUADRO-RESUMO PARA AS MULTAS			
ESPÉCIE	**PERCENTUAL**	**TEMA STF**	**SITUAÇÃO**
Multa de mora	Limitada a 20%	816	Trânsito em julgado, com repercussão geral
Multa isolada por não homologação de compensação	Declarada Inconstitucional	736	Trânsito em julgado, com repercussão geral
Multa de ofício	Limitada a 100%	1.195	Pendente de julgamento, repercussão geral admitida
Multa de ofício qualificada na esfera federal	100%	n.a	Atual art. 44, §1.º, VI, da Lei n. 9.430/96
Multa de ofício qualificada com reincidência na esfera federal	150%	863[13]	Atual art. 44, §1.º, VII, da Lei n. 9.430/96

O STF também decidiu, em 2023 e com repercussão geral (RE 796.939), pela inconstitucionalidade da multa isolada prevista no art. 74, §§ 15 e 17, da Lei n. 9.430/96, nos casos de indeferimento dos pedidos de ressarcimento e de não homologação das declarações de compensação de créditos perante a Receita Federal.

Em suma, lembramos que tributos e multas são **coisas distintas** e com objetivos totalmente diferentes: pagamos tributos porque cumprimos as regras tributárias, e estaremos sujeitos às multas sempre que ficar provada qualquer ofensa à legislação, como atrasos, recolhimentos a menor e até situações mais graves, decorrentes de dolo, fraude ou simulação.

---

[13] A razoabilidade da qualificação da multa, no percentual de 150%, foi admitida como tese de repercussão geral (RE 736.090) antes da nova redação do art. 44 da Lei n. 9.430/96 e encontra-se pendente de julgamento. Como a qualificação "simples" na esfera federal atualmente se sujeita à multa de 100%, remanesce o debate sobre a constitucionalidade do percentual de 150%, nos casos agora previstos como de reincidência.

Ainda assim, o controle sobre a **razoabilidade** da lei em relação ao índice de punição compete ao Supremo Tribunal Federal, que tem decidido pela limitação das sanções quando desproporcionais à infração cometida ou ao montante original do tributo.

2.5.1. Princípio *pecunia non olet*

Vimos que o tributo não serve para sancionar atos ilícitos, mas essa afirmação nos leva a uma dúvida: os **atos ilícitos** podem ser tributados?

A resposta é **afirmativa**, pois o direito tributário possui evidente objetivo econômico, e, nesse sentido, se os atos legítimos sofrem tributação, com mais razão as vantagens auferidas de forma ilícita também deverão ser gravadas.

A assertiva de que o tributo não é sanção de ato ilícito não significa, por exemplo, que o patrimônio ou a renda obtidos a partir de atividades **em desacordo** com a lei estejam além do alcance da tributação.

Isso porque, apesar de a hipótese de incidência tributária não prever **situações ilícitas**, podem existir **fatos jurídicos**, no mundo concreto, realizados sob condições manifestamente ilegais.

Exemplo: Se alguém obtém receita oriunda de atividades ilícitas, como o tráfico de entorpecentes, é óbvio que isso será objeto de tributação, sem prejuízo das sanções penais previstas em lei.

Nesse caso, não se tributa a **conduta** (que é assunto de ordem criminal), mas o **resultado econômico** obtido ilegalmente.

Isso decorre do clássico princípio *pecunia non olet*, que equivale a dizer que o "dinheiro não tem cheiro".

Segundo Ricardo Lobo Torres[14], o princípio é admitido na legislação brasileira e determina que os tributos devam incidir igualmente sobre atividades ilícitas ou imorais, como **princípio de justiça**, de forma a alcançar todos aqueles dotados de capacidade contributiva, "sob pena de se tratar preferencialmente os autores dos ilícitos frente aos trabalhadores e demais contribuintes com fontes honestas de rendimentos".

A origem histórica da expressão é bastante conhecida e remonta ao tempo dos romanos, quando o imperador Vespasiano instituiu a cobrança de uma **taxa** pela utilização de banheiros públicos, medida que se revelou deveras impopular, como se pode imaginar.

O filho de Vespasiano, Tito, confrontou o pai, reclamando que a taxa era absurda e faria com que a cidade ficasse mais suja e malcheirosa. Sem se abalar, Vespasiano pegou algumas moedas de ouro e respondeu, cinicamente: *pecunia non olet*.

A consequência do famoso episódio resta consagrada no art. 118 do CTN:

> **Art. 118.** A definição legal do fato gerador é interpretada abstraindo-se:
>
> I — da **validade jurídica** dos atos efetivamente praticados pelos contribuintes, responsáveis, ou terceiros, bem como da natureza do seu objeto ou dos seus efeitos;
>
> II — dos efeitos dos fatos efetivamente ocorridos.

---

[14] Ricardo Lobo Torres, *Curso de direito financeiro e tributário*, p. 100.

Da redação do dispositivo podemos concluir que, para fins de tributação, pouco importa se o ato praticado pelo sujeito passivo é legal ou ilegal, pois o que interessa, em termos de incidência, é o resultado econômico obtido.

Assim, tanto faz se a pessoa trabalha honestamente e recebe salário mensal ou, de forma ilícita, obtém riqueza mediante a prática de crimes: nas duas situações **haverá tributação**, embora o segundo caso deva, ainda, ser objeto de repressão pelas autoridades públicas.

O Código Tributário Nacional preceitua a chamada **interpretação objetiva** do fato gerador, que deve desconsiderar qualquer circunstância exógena ou subjetiva para fins de tributação, vale dizer, atividades e fatos econômicos devem ser alcançados pelos respectivos tributos independentemente da sua validade ou licitude.

Portanto, rendas e bens **irregularmente obtidos** em razão de condutas criminosas e que não foram detectadas quando praticadas devem ser normalmente tributados.

Situação distinta ocorre quando a fiscalização tributária, na sua contínua missão de controle e exercício do **poder de polícia**, consegue interceptar atos ilícitos **quando** são praticados (durante o chamado *iter criminis*).

Nesses casos não haverá tributação, mas intervenção dos agentes públicos.

Exemplo 1: Quando uma empresa importa do exterior produtos proibidos, objeto de **contrabando** (art. 334-A do Código Penal), e é flagrada durante a tentativa de introduzi-los no País, não haverá tributação, mas a aplicação da pena de perdimento, sem prejuízo da ação penal cabível.

Exemplo 2: Numa operação de combate à chamada "pirataria", as autoridades fiscais constatam a existência de milhares de produtos falsificados em determinado armazém. Nessa hipótese também não haverá tributação, mas a aplicação da pena de perdimento, com posterior **destruição** dos produtos, por infração às normas de propriedade intelectual.

Qual seria, então, o critério **distintivo** entre a aplicação do princípio *pecunia non olet* (que determina a tributação) e a utilização de outras medidas, de caráter sancionatório?

A diferença está no momento da **percepção** da conduta pelo Estado. Sempre que as autoridades públicas flagrarem o ato ilícito, deverão agir para interrompê-lo e evitar os efeitos econômicos dele decorrentes.

Nesses casos, não se pode admitir a utilização de tributos como contrapartida administrativa diante de atividades ilícitas, que em regra exigem da autoridade fiscal a imposição de penalidade dotada de maior **intensidade coercitiva**, como é o caso das apreensões de mercadorias ou interdições de estabelecimentos.

Assim, no caso de práticas ilegais, flagradas em pleno *iter criminis*, não pode a autoridade simplesmente aplicar **multa**, mas sim obstaculizar a própria conduta, atribuição inerente ao poder fiscalizador do Estado.

Como exemplo, basta recordar as inúmeras **apreensões** de mercadorias contrafeitas, contrabandeadas ou de procedência criminosa, realizadas diuturnamente pelas

34   Direito Tributário Esquematizado   *Roberto Caparroz*

autoridades públicas, em ruas, estabelecimentos e pontos de fronteira do país, casos em que a sanção aplicável passa a ser a **pena de perdimento**, a mais grave penalidade patrimonial do direito tributário, que estabelece a expropriação dos bens do infrator, sem prejuízo de eventuais sanções de natureza penal.

Por outro lado, quando não for possível interceptar a conduta, mas apenas o resultado econômico oriundo da ilicitude, deve ser aplicado o princípio *pecunia non olet*, princípio reconhecido pelos tribunais, notadamente no caso de fraudes ou sonegação de tributos, como se pode observar em decisão proferida pelo Superior Tribunal de Justiça[15], da qual transcrevemos parte da ementa:

> PENAL. *HABEAS CORPUS*. ARTIGO 1.º, I, DA LEI N. 8.137/90. SONEGAÇÃO FIS-CAL DE LUCRO ADVINDO DE ATIVIDADES ILÍCITAS. *NON OLET*. Segundo a orientação jurisprudencial firmada nesta Corte e no Pretório Excelso, é possível a tribu-tação sobre rendimentos auferidos de atividade ilícita, seja de natureza civil ou penal; o pagamento de tributo não é uma sanção (art. 3.º do CTN — "que não constitui sanção por ato ilícito"), mas uma arrecadação decorrente de renda ou lucro percebidos, mesmo que obtidos de forma ilícita (STJ: HC 7.444/RS, 5.ª Turma, Rel. Min. Edson Vidigal, *DJ* de 03.08.1998). A exoneração tributária dos resultados econômicos de fato criminoso — antes de ser corolário do princípio da moralidade — constitui violação do princípio de isonomia fiscal, de manifesta inspiração ética (STF, HC 77.530/RS, Primeira Turma, Rel. Ministro Sepúlveda Pertence, *DJU* de 18-9-1998).

A jurisprudência tem evoluído para reconhecer, nas hipóteses em que for provada a **direta correlação** entre o patrimônio de alguém e a prática de atos ilícitos, a possibi-lidade de aplicação da pena de perdimento (expropriação) **sobre tudo** o que foi obtido de modo irregular.

O ônus da prova cabe, evidentemente, ao Fisco, o que nem sempre é fácil, porque os contribuintes mal-intencionados buscam "apagar a trilha" dos recursos, o que popu-larmente se conhece como **lavagem de dinheiro**.

Existem projetos de lei que têm por objetivo regulamentar a perda de bens de origem ilícita, nos moldes do que já ocorre com os agentes públicos condenados em ações de improbidade por enriquecimento ilícito, conforme previsto na Lei n. 8.249/92.

2.5.2. Outras sanções

Embora a **multa** seja a forma mais comum de sanção tributária (até em razão de sua natureza financeira), existe a possibilidade, como vimos, de adotar outras medidas pu-nitivas, conforme quadro a seguir:

---

[15] STJ, HC 83.292/SP, Rel. Ministro Felix Fischer, publicada no *DJ* de 18-2-2008.

Apreensões	São sanções de natureza administrativa, com objetivos acautelatórios. A apreensão permite ao poder público reter os bens e mercadorias para que o interessado comprove a licitude da origem. Em caso positivo, os bens serão devolvidos ou, na hipótese contrária, serão objeto da pena de perdimento;
Pena de perdimento	Implica privar alguém do seu patrimônio, o que ocorre, por exemplo, quando comprovada a prática dos crimes de contrabando e descaminho, previstos nos arts. 334 e 334-A do Código Penal;
Interdição de estabelecimento ou impedimento ao exercício de atividade	Medidas extremas, que devem ser aplicadas com cuidado, pois impossibilitam que a pessoa exerça atividade econômica. Seria o caso, por exemplo, de um estabelecimento irregular que vendesse sistematicamente produtos sem nota fiscal.

Ressalte-se que as apreensões e a interdição de estabelecimentos são sanções decorrentes da prática de atos ilícitos, mas não podem ser utilizadas como forma coercitiva para o **pagamento de tributos**, conforme entendimento já sumulado pelo Supremo Tribunal Federal.

SÚMULA 70 DO STF: É inadmissível a interdição de estabelecimento como meio coercitivo para cobrança de tributo.

SÚMULA 323 DO STF: É inadmissível a apreensão de mercadorias como meio coercitivo para pagamento de tributos.

Em regra, aplica-se somente uma das medidas acima descritas, porque prevalece o entendimento de que ninguém pode sofrer **mais de uma sanção** pelo mesmo fato, ou seja, sobre o mesmo fato ilícito não incide mais de uma sanção (em decorrência do famoso princípio constitucional norte-americano que impede a *double jeopardy*).

Isso não impede que na hipótese de **fatos diferentes** ou relacionados possam ser aplicadas duas ou mais sanções, como no caso do estabelecimento que venda produtos falsificados e sem a emissão de nota fiscal.

2.6. TRIBUTO INSTITUÍDO EM LEI

A instituição de tributos por meio de lei está intrinsecamente ligada à sua natureza compulsória.

Em termos mais técnicos, não é a lei propriamente que cria a obrigação tributária, mas os preceitos (comandos, normas) por ela veiculados, que têm por função definir os critérios da **hipótese de incidência** que alcançarão os fatos do mundo real.

Nesse ponto acompanhamos o entendimento de Paulo de Barros Carvalho no sentido de que a lei é um *veículo introdutor de normas*, capaz de fazer surgir, no mundo das relações juridicizadas, a vontade suprema da sociedade.

A necessidade de lei para a criação de tributos decorre de **dois princípios básicos:**

a) o da **legalidade**, conforme disposição do art. 150, I, da Constituição da República; e

b) o da **autoimposição tributária**, presente na maioria dos Estados Democráticos.

Contudo, vimos que nas grandes democracias representativas a participação direta do indivíduo na elaboração das normas jurídicas ocorre apenas em situações específicas, constitucionalmente previstas.

Nesse sistema, o povo, apesar de detentor de todo o poder, não o exerce de modo automático, mas elege, por meio do voto, representantes que, em seu nome, vão formular as normas que regularão a conduta de todos.

Assim, a relação tributária, assim como todas as relações entre Estado e particular, pode ser representada por um ciclo de autoimposição jurídica, que **afasta** a possibilidade de o indivíduo desvencilhar-se da respectiva obrigação.

O princípio da autoimposição tributária, sobre ser inerente à democracia, consolida-se, no mundo moderno, como elemento fundamental para a validade jurídica das obrigações atinentes aos contribuintes e rechaça, de plano, manifestações de caráter extrajurídico, no mais das vezes eivadas de cunho ideológico ou puro inconformismo, no sentido de que a carga tributária de um dado sistema é injusta ou desmedida, circunstâncias infelizmente presentes em nosso país.

Como vimos, somente a compreensão do alcance e relevância desse princípio possibilitará à sociedade reivindicar e promover, de modo efetivo, alterações no atual panorama tributário, que, muito embora seja reconhecidamente censurável e estapafúrdio, só comporta transformação pela **via jurídica**, garantia máxima da estabilidade das instituições e terreno impróprio para os oportunistas de plantão.

Por exigência do princípio da legalidade, também referido no art. 3.º do Código Tributário Nacional, somente o **vetor normativo lei** tem o poder de condicionar as atividades das pessoas, de modo a exigir-lhes o cumprimento de obrigações tributárias.

Nesse passo, caberia perguntar o óbvio: **O que significa lei?**

Embora a resposta possa ser adequadamente oferecida de várias formas, uma que não deixa margem para dúvidas e nos ajuda bastante implica que lei é tudo o que está presente no art. 59 e seguintes da Constituição, que tratam do **processo legislativo** (das regras para a criação de leis no Brasil):

Art. 59. O processo legislativo compreende a elaboração de:

I — emendas à Constituição;

II — leis complementares;

III — leis ordinárias;

IV — leis delegadas;

V — medidas provisórias;

VI — decretos legislativos;

VII — resoluções.

Parágrafo único. Lei complementar disporá sobre a elaboração, redação, alteração e consolidação das leis.

Portanto, os instrumentos jurídicos que preenchem o requisito de lei, em termos formais e materiais, são aqueles **expressamente** indicados pela Constituição.

Trata-se de rol **taxativo**, que não pode ser ampliado.

Nenhuma outra espécie normativa poderá ser utilizada para a criação de obrigações tributárias, sob pena de inconstitucionalidade, o que, por óbvio, não significa que todas as figuras suprarreferidas possam ser indiscriminadamente aplicadas.

Com efeito, os veículos sujeitos ao processo legislativo atendem aos requisitos **formais** de validade das normas jurídicas. Contudo, a possibilidade de introdução de normas obrigacionais tributárias exige, inexoravelmente, investigação de **natureza material**.

Diante de tal premissa, perceberemos que alguns tipos normativos são **mais apropriados** à espécie, conquanto outros, *apesar de formalmente aptos*, deverão ser evitados a todo custo.

É o que sucede, por exemplo, com as malsinadas **medidas provisórias**, instrumentos frequentemente utilizados — sem o menor pudor, diga-se de passagem — no terreno tributário.

Felizmente, o constituinte derivado conseguiu refrear, ainda que de modo incompleto, o **ímpeto legiferante** do Poder Executivo, cuja sanha arrecadatória parece não encontrar limites, afirmação que fazemos, por questões de coerência, não por convicções pessoais, mas em homenagem ao já mencionado princípio da autoimposição tributária, que nas medidas provisórias simplesmente não se manifesta, haja vista a ausência de aprovação prévia do indivíduo.

Em consonância com os parágrafos anteriores, podemos afirmar que os dois veículos mais adequados à imposição de obrigações tributárias são as **leis complementares** e as **leis ordinárias**, cuja utilização dependerá da obediência a certos preceitos constitucionais.

Aliás, já se aduziu, inclusive em diversas questões de concursos, ser a *lei ordinária o veículo que, por excelência, cria tributos no sistema constitucional brasileiro*.

A análise individual dos instrumentos normativos previstos na Constituição e o papel de cada figura na seara tributária serão objeto de capítulo específico, dedicado às fontes do direito tributário.

Por fim, ressaltamos que os **tratados internacionais** não constam da dicção constitucional, porque não se sujeitam ao processo legislativo brasileiro, posto que são celebrados a partir de princípios específicos e de acordo com a vontade soberana dos Estados que compõem a sociedade internacional.

2.7. TRIBUTO COBRADO MEDIANTE ATIVIDADE ADMINISTRATIVA PLENAMENTE VINCULADA

Por fim, o conceito de tributo previsto no art. 3.º determina que a atividade fiscal de cobrança é **vinculada**, de tal sorte que a administração tributária e seus funcionários não poderão realizar juízos de valor ou de mérito quando do desempenho de suas funções, mas apenas **aplicar a lei** conforme posta, com base na interpretação literal de seus dispositivos, sempre que o assunto se relacionar com tributos, que são, por definição, **bens públicos indisponíveis**.

O comando decorre da tradicional divisão, afeita ao direito administrativo, no que tange aos chamados *atos administrativos*, que podem ser **vinculados** ou **discricionários**.

Como sabemos, enquanto os primeiros preceituam estrita observância a todos os requisitos legais, **sem margem** para manobras, os atos discricionários permitem que os agentes públicos atuem com um mínimo de liberdade, e que suas decisões, devidamente motivadas e justificadas, sejam pautadas por critérios de conveniência, oportunidade e eficiência.

A atividade fiscal deve ser desempenhada pelos agentes da administração pública competente (auditores fiscais, fiscais de renda etc.). A todos se impõe uma regra de conduta **inflexível**, que exige o fiel cumprimento das normas administrativas e tributárias.

É o que se depreende da expressão "plenamente vinculada", que, diga-se de passagem, implica flagrante e desnecessária redundância.

O legislador infraconstitucional, em particular o tributário, historicamente tem demonstrado um curioso interesse de tentar reforçar, mediante o emprego de *advérbios de modo*, adjetivos que, por si sós, representam conceitos absolutos. É que ocorre no presente caso.

O adjetivo **"vinculada"**, trazido pela expressão, significa *subordinação a um vínculo* — que só pode ser o vínculo normativo, como elemento determinante das ações dos agentes públicos —, e que, na hipótese, **não comporta exceções**.

Assim, nada justifica o uso do advérbio *plenamente*, pois a vinculação existe e não pode sofrer qualquer variação. Seria o mesmo que dizer, de modo simplista, que uma mulher está *plenamente grávida* ou que fulano é *plenamente honesto*, como se não bastassem os adjetivos, soberanos, para a compreensão das respectivas ideias neles contidas.

Os agentes públicos encarregados da cobrança (e, por extensão, do controle e da fiscalização) dos tributos só poderão agir em perfeita sintonia com as normas de regência, sem qualquer possibilidade de **valoração subjetiva**.

Trata-se de comando salutar e democrático, pois impede que a atividade fiscal utilize critérios outros que não os previstos em lei. Temos aqui a afirmação dos princípios da igualdade, da transparência e da impessoalidade, garantias constitucionais que vedam ao Estado qualquer possibilidade de favorecimento ou tratamento discriminatório no exercício de suas atividades.

Importante! Enquanto ao cidadão é facultado fazer qualquer coisa, desde que não haja proibição legal (art. 5.º, II, da Constituição da República — "Ninguém será obrigado a fazer ou deixar de fazer alguma coisa senão em virtude de lei") —, os atos de cobrança dos tributos seguem preceito diametralmente oposto, qual seja, o agente público deverá **fazer**

> **exatamente** o que a lei determinar, sem qualquer possibilidade de discricionariedade, à luz de critérios subjetivos. Nesse ponto, o Código Tributário Nacional coaduna-se com a Constituição, que lhe é posterior, e revela, em termos históricos, seu pioneirismo como instrumento de defesa do contribuinte.

Em síntese, a administração tributária e seus agentes não podem aumentar, reduzir ou alterar a definição e o alcance das regras tributárias, pois o seu dever precípuo é o de **arrecadar** recursos para a satisfação das necessidades públicas, em consonância com os preceitos legais.

Visto e interpretado o conceito legal de tributo, passemos à análise de algumas de suas classificações, disponíveis na doutrina.

2.8. CLASSIFICAÇÃO DOS TRIBUTOS

O tema **classificação**, na técnica jurídica, costuma ser alvo de infindáveis controvérsias, visto que, no mais das vezes, cada intérprete busca identificar, a partir de determinadas premissas, critérios capazes de aproximar grupos de elementos com características peculiares, no intuito de segregá-los dos demais num dado universo.

Ocorre que a classificação jurídica, por definição, representa um **ato arbitrário**, cuja principal função é estratificar, usualmente com objetivos didáticos, um número específico de eventos.

Nesse sentido, pode-se afirmar que não há, propriamente, *classificações certas ou erradas*, mas sim adequadas ou inadequadas, segundo o objetivo que se pretenda alcançar.

Sempre cito o exemplo de que, numa sala de aula, podemos classificar os alunos conforme vários critérios: se homens ou mulheres, solteiros ou casados, maiores de trinta anos ou não, e assim por diante.

Nenhuma das hipóteses é, *a priori*, incorreta; o fator determinante para o emprego da classificação é a **eficácia** da empreitada, de modo que os grupos identificados sirvam a algum propósito.

Assim, se desejo analisar, sob o ponto de vista demográfico, a frequência dos sexos em concursos públicos, o critério homem/mulher pode ser adequado. Todavia, se o objetivo for simplesmente realizar um jogo de futebol após as aulas, talvez o critério do estado civil (casados *versus* solteiros) seja, ao menos na prática, o mais comumente utilizado.

As classificações que apresentamos a seguir seguem esse raciocínio.

Como o objetivo de muitos leitores é o sucesso em concursos públicos, selecionamos aquelas que, com **maior incidência**, costumam ser perquiridas pelas diversas bancas examinadoras, com a advertência, sempre importante, de que alguns dos critérios utilizados proporcionam, décadas após sua formulação original, críticas inevitáveis, em face da complexidade normativa que envolve as espécies tributárias no Brasil.

2.8.1. Tributos reais e pessoais

A divisão dos tributos em **reais** e **pessoais** decorre da clássica concepção dos romanos, que tinham na *res* (coisa) a principal medida econômica para fins de tributação, especialmente em razão do comércio, pois os cidadãos romanos, durante séculos, não foram tributados, imposição destinada apenas aos estrangeiros.

Somente muito tempo depois, quando as pessoas passaram a *perceber rendas* (normalmente como contraprestação de alguma atividade econômica) é que os tributos ditos pessoais ganharam relevância.

Destacamos que, modernamente, quando se distinguem tributos reais de pessoais, a diferença não reside, como pensam alguns, no fato de as exações **incidirem** *sobre coisas ou pessoas*.

Isso porque é evidente que **somente pessoas** podem ser destinatárias de normas jurídicas, de forma que a classificação, na verdade, diz respeito à **base de cálculo** tributável, que poderá ser, conforme a hipótese, o valor de um objeto ou a expressão econômica de uma conduta, *status* ou negócio jurídico.

Na clássica definição de Sáinz de Bujanda, os **tributos reais** são manifestações de riqueza que *podem ser pensadas sem qualquer relação com determinada pessoa*. Tais figuras tomam como referência o **valor** de um bem, e desse montante constituem parcela, que deverá ser transferida ao Estado, como vimos, sempre em moeda ou valor nela conversível.

O mecanismo utilizado para o cálculo prevê a aplicação de uma **alíquota**, que é o tamanho da parcela a ser entregue à Administração Pública, conforme previsão legal. Os exemplos típicos de tributos reais são o **IPTU** e o **IPVA**, cujas bases de cálculo são, respectivamente, o valor de referência dos imóveis e automóveis. O mesmo ocorre com os tributos relativos à **circulação econômica** de bens e mercadorias, como o ICMS e o IPI.

De outro giro, os tributos **pessoais** recolhem, no mundo fenomênico, condutas, estados ou negócios jurídicos, também dotados de expressão econômica, e fazem incidir sobre eles o vetor legal impositivo.

A base de cálculo será o **valor aferido** da conduta, como é o caso, por exemplo, do salário em razão da atividade laboral. Assim, sobre o valor percebido pelo trabalhador mensalmente, como contrapartida do seu esforço (conduta), será cobrado o Imposto sobre a Renda, que é o tributo pessoal **por excelência**, sem prejuízo de outras figuras de mesma natureza, com destaque para as **contribuições previdenciárias**.

Em relação às contribuições previdenciárias, a incidência poderá variar de acordo com o **regime jurídico** a que se submete o indivíduo (situação ou estado particular).

Como exemplo, temos os **servidores públicos**, que devem contribuir com até 22% dos vencimentos mensais para o regime de previdência estatutário[16], de acordo com o cargo e a carreira em que exercem suas atividades. Para os trabalhadores da iniciativa privada, nas diversas modalidades empregatícias, o tratamento é diferente, seja em termos percentuais, seja também em função das figuras tributárias incidentes.

Pensamos que a compreensão da diferença entre tributos reais e pessoais não comporta grandes dificuldades, já que o enquadramento numa ou noutra espécie exige, apenas, a análise da **base de cálculo** tomada como referência após a incidência, de modo a se identificar, no caso concreto, a existência de um bem ou de uma conduta subjetiva.

---

[16] As alíquotas foram significativamente majoradas com mais uma "Reforma da Previdência", em 2019.

2 ■ Tributo 41

O tema só ganhará relevância quando da análise do **Princípio da Capacidade Contributiva**[17], **no qual observaremos a necessidade de adotar** *critérios pessoais* como parâmetro para a melhor distributividade e justiça do sistema tributário.

2.8.2. Tributos diretos e indiretos

A diferença entre os conceitos de tributos **diretos** e **indiretos** costuma gerar, na doutrina, definições tautológicas ou redundantes, que, em regra, não enfrentam o problema nem contribuem para a sua compreensão.

Pensamos que segregar tributos diretos de indiretos conduz o intérprete a dois tipos de observação: a primeira, ligada ao fenômeno jurídico da **incidência** e outra, preocupada com a questão da **justiça social** do sistema tributário.

O leitor mais atento poderia indagar que questões de índole social, por mais relevantes que sejam, implicam análises **extrajurídicas** e, portanto, estranhas a um curso de direito tributário.

Todavia, com o advento da Carta Política de 1988, o constituinte originário introduziu no sistema tributário brasileiro o princípio da **capacidade contributiva**, instrumento fundamental para a igualdade e paradigma de lucidez ante o furor arrecadatório do governo.

Nesse sentido, ganha vulto a distinção ora apresentada, pois, como teremos a oportunidade de observar, os tributos **diretos** são os únicos aptos a promover uma justa distribuição da carga tributária e, por decorrência, homenagear o princípio da capacidade contributiva.

Podemos definir os tributos diretos como aqueles que incidem de **forma única**, imediata e de modo a esgotar a carga tributária devida. Por única deve-se entender que os tributos diretos incidem sobre fatos jurídicos isolados e independentes, sem a necessidade de qualquer correlação ou encadeamento com outras condutas.

Já a acepção do vocábulo **imediata**, na forma proposta, leva em consideração a ideia de que a *carga tributária total*, nos tributos diretos, surge a partir da ocorrência do fato jurídico, o que impede diferimentos ou compensações de seus substratos econômicos. Isso porque, sem a ressalva, alguém poderia indagar (com razão) que a incidência tributária naturalmente produz efeitos imediatos, dado o nascimento jurídico das relações dela decorrentes.

Portanto, o que caracteriza os tributos diretos é a correspondência jurídica entre a conduta captada no mundo real e as implicações econômicas dela derivadas, de modo que o valor do tributo seja **integralmente satisfeito** com a apuração da base de cálculo do fato observado.

Nesse sentido, podemos dizer que o tributo direto mais importante, em qualquer sistema tributário, é o **Imposto sobre a Renda**. Aliás, no modelo constitucional pátrio, a maioria dos tributos é direta, independentemente da espécie em que se enquadra.

Na esteira do que foi exposto, fácil é concluir que os **tributos indiretos** representam casos especiais de incidência, não porque o fenômeno, individualmente consi-

---

[17] Constituição da República, art. 145, § 1.º, primeira parte.

42 Direito Tributário Esquematizado   *Roberto Caparroz*

derado, seja distinto, mas em função de o legislador adotar como técnica arrecadatória a fragmentação da carga tributária, nos casos em que se verifique circulação econômica de bens, serviços ou mercadorias.

Os tributos indiretos têm incidência **múltipla**, **mediata** e **fracionada**, o que significa, com base nas premissas já aduzidas, que as diversas incidências individuais ao longo de dada cadeia econômica comporão, ao cabo desta, a carga tributária almejada pela lei.

Dito de outra forma, os tributos incidirão **diversas vezes** na mesma cadeia econômica, e cada contribuinte deverá responder pela parcela de valor adicionada, daí por que, na maioria dos países, os tributos indiretos são chamados de tributos sobre o **valor agregado** (ou IVA, de Imposto sobre o Valor Agregado).

No Brasil, os exemplos típicos de tributos indiretos são o **ICMS** e o **IPI**, impostos que oneram a circulação econômica de mercadorias, serviços e produtos industrializados, além das importações de bens e serviços oriundos do exterior. Como incidem em sequência, ante a ocorrência de cada fato jurídico realizado, houve por bem o constituinte originário estabelecer, para as duas figuras, o princípio da **não cumulatividade** (arts. 153, § 3.º, II (IPI), e 155, § 2.º, I (ICMS), ambos da Constituição da República), que permite a **compensação** do que for devido pelo acréscimo econômico na circulação de bens, serviços ou mercadorias com o montante já pago nas etapas anteriores.

Não fosse assim, a incidência recairia sobre o **total** de cada operação, de modo insuportável, o que levaria a alíquota nominal dos tributos a se repetir ao longo de toda a cadeia econômica, sobrepondo-se a si mesma, naquilo que popularmente é conhecido como "incidência em cascata" (tecnicamente diríamos **incidência cumulativa**, fenômeno deplorável, mas infelizmente presente no sistema tributário brasileiro).

O princípio da não cumulatividade estabelece a compensação do valor apurado nas etapas anteriores, que, na prática, já se encontra inserido em cada bem ou serviço, de forma que a responsabilidade do sujeito passivo, membro da cadeia, restringe-se ao valor por ele adicionado, desde que presente o *status jurídico* de **contribuinte**.

Fazemos a ressalva, que é fundamental para a compreensão do conceito, porque o **último sujeito** da cadeia econômica, por óbvio, não tem como repassar a carga tributária a terceiro, e isso ocorre justamente por **não ser ele** contribuinte do tributo.

A fim de melhor visualizarmos o fenômeno, apresentamos o seguinte exemplo, que diz respeito à cadeia de circulação econômica de um sapato, desde o fabricante até o consumidor final.

Consideraremos apenas a incidência do **ICMS**, sem preocupações, neste passo, com detalhes técnicos atinentes à sistemática de declaração ou apuração do tributo. O sapato será fabricado e posteriormente vendido a um grande distribuidor, que o repassará com lucro a um lojista, que, por sua vez, o venderá ao consumidor final. Em todas as etapas haverá uma **incidência uniforme** do ICMS, com alíquota de 18%.

Valor da venda = R$ 20,00
ICMS (18%) = R$ 3,60

Valor da venda = R$ 50,00
ICMS (18%) = R$ 9,00
ICMS devido = R$ 5,40
(R$ 9,00 − R$ 3,60)

Valor da venda = R$ 100,00
ICMS (18%) = R$ 18,00
ICMS devido = R$ 9,00

Total pago: R$ 100,00

Do quadro acima podemos tirar algumas importantes conclusões:

■ Cada membro da cadeia **adicionou lucro** ao produto "sapato" e sofreu a incidência do ICMS pelo valor efetivo de venda. Contudo, como já havia sido pago o ICMS na etapa anterior, o princípio da não cumulatividade permite a **compensação** do total devido com o valor do imposto contido no produto, de forma que o pagamento *se dará pelo saldo*, ou seja, o chamado **valor agregado** em cada circulação.

(**Observação:** o mesmo raciocínio aplica-se ao fabricante, que terá o direito de deduzir, do valor da venda para o distribuidor (R$ 20,00), o montante de ICMS contido nos **insumos** utilizados na fabricação do sapato.)

■ O único membro da cadeia que não tem direito à compensação é o **consumidor final**, pois a sequência se encerra com ele, justamente porque adquiriu o produto para uso — sem intenção de revenda a terceiros. De se notar que o consumidor final **não é contribuinte do ICMS**[18], razão pela qual não lhe é legítimo realizar qualquer compensação.

Aliás, vale frisar que a cadeia econômica se encerra quando alcança o **primeiro sujeito** que *não é contribuinte do tributo*, ainda que pessoa jurídica, o que implica dizer que o consumidor final do sapato não é contribuinte da cadeia *deste produto*, mas poderá sê-lo em outras situações, como no caso de pessoas jurídicas que promovem a circulação, com finalidade econômica, de bens ou serviços relacionados à sua atividade.

Por exemplo, se uma empresa metalúrgica adquire botas de segurança para uso de seus funcionários, com certeza não será contribuinte do ICMS e não terá direito à

---

[18] Essa é a regra de incidência para as cadeias econômicas, quando da circulação de bens e serviços no mercado brasileiro. Infelizmente, o constituinte derivado promoveu **alteração** na Carta de 1988, no sentido de permitir a tributação pelo ICMS dos **importadores** de bens e serviços do exterior, que, na prática, *são os usuários finais* das respectivas operações. Na hipótese, apesar de não haver cadeia produtiva, a vontade do constituinte derivado foi claramente no sentido de ampliar o campo de incidência do imposto, noutra inequívoca manifestação de desrespeito a premissas fundamentais do sistema, ainda que considerada constitucional, na visão dos tribunais, posto que inserida pela via de emenda à Constituição. O dispositivo sob comento encontra-se no art. 155, § 2.º, IX, *a*, do Texto Magno, com a redação dada pela Emenda Constitucional n. 33/2001, nos seguintes termos: "(O ICMS incidirá também) (...) a) sobre a entrada de bem ou mercadoria importados do exterior por pessoa física ou jurídica, ainda que não seja contribuinte habitual do imposto, qualquer que seja a sua finalidade, assim como sobre o serviço prestado no exterior, cabendo o imposto ao Estado onde estiver situado o domicílio ou o estabelecimento do destinatário da mercadoria, bem ou serviço".

compensação, mas **será contribuinte** em relação aos produtos que fabrica e revende a terceiros.

■ A carga tributária total recai sobre o último elemento da cadeia, justamente aquele que não é contribuinte, razão pela qual parte da doutrina costuma fazer a distinção entre contribuinte **de direito** e contribuinte **de fato**.

Segundo esse entendimento, contribuinte de fato seria aquele que, apesar de não se submeter à incidência do tributo, suporta integralmente o **ônus tributário** da cadeia (o consumidor final, do nosso exemplo), e contribuintes de direito seriam os demais membros da sequência, que sofreram as respectivas incidências.

Conquanto a distinção seja comumente aceita, bradamos no sentido de que não possa prosperar, pois temos a convicção de que todos os contribuintes **são de direito**, porque somente a norma jurídica pode exigir o cumprimento da obrigação tributária, ou seja, *se não há norma, inexiste contribuinte*.

A expressão **contribuinte de fato** é, portanto, de *natureza extrajurídica*, e tem por objetivo designar a pessoa que **efetivamente** suporta a carga tributária, mas que não guarda qualquer relação de nexo causal com o fenômeno da incidência, daí por que dizemos que a separação dos conceitos, sobre ser incorreta, em nada contribui para a análise do fenômeno jurídico tributário. Apesar disso, infelizmente reconhecemos que a dicotomia, de natureza econômica, vez por outra é objeto de perguntas em concursos, razão pela qual deve ser mencionada.

■ Desde o início da circulação econômica do produto "sapato", a alíquota, como o leitor bem percebeu, manteve-se **inalterada** (18%). Isso significa que a soma das parcelas líquidas efetivamente pagas ao longo da cadeia (R$ 3,60 + R$ 5,40 + R$ 9,00) é **idêntica** ao valor suportado pelo consumidor final (R$ 18,00).

Como consequência, verifica-se ser fundamental a manutenção de uma **alíquota única** ao longo de toda as etapas, sob pena de ofensa ao princípio da não cumulatividade. Se houvesse qualquer alteração na alíquota, o valor pago pelo consumidor final e embutido no preço do produto seria diferente da soma das parcelas anteriores, o que revelaria uma incongruência lógica do sistema, razão pela qual as normas atinentes ao ICMS e IPI determinam que só possa haver alteração na alíquota quando ocorrer **transformação substancial** do produto[19].

É o caso, no exemplo, dos tributos utilizados para a fabricação do sapato (sola, couro, cola etc.), que podem ter alíquotas **distintas deste** — especialmente em relação ao IPI —, mas cujo valor tributário foi aproveitado pelo fabricante quando da venda ao distribuidor. Em suma, percebe-se que há, no mundo real, inúmeras **cadeias econômicas**, umas após as outras, mas que, para fins de avaliação da incidência e dos tributos devidos, só podem ser consideradas aquelas que contenham um único produto, de forma que *a alteração na natureza do bem encerra um ciclo tributário e dá início a outro*, que o sucede.

---

[19] É o que se denomina, em relação à classificação de mercadorias, *salto tarifário*, ou seja, a transformação de um produto noutro implica alteração no código que serve de base para a definição das alíquotas, especialmente nos casos do Imposto de Importação e do IPI.

Por fim, no que tange à **correlação** entre o princípio da capacidade contributiva e os tributos diretos e indiretos, não há dúvida que os primeiros são os únicos capazes de atender ao preceito em toda a sua extensão[20].

A relevância dos tributos diretos reside na possibilidade concreta de **identificar**, a partir das atividades econômicas realizadas pelo contribuinte, condições peculiares que permitam estabelecer a carga tributária adequada à sua capacidade de contribuir com o Estado.

Esse é o motivo pelo qual, nos países desenvolvidos, o Imposto sobre a Renda — principal exação de cunho direto, como vimos — ser largamente utilizado, com alíquotas que podem chegar a 50%, sem que isso cause, na população, reações de indignação ou desobediência civil.

Muito ao contrário: sabemos que os **países nórdicos** possuem as **maiores alíquotas** de imposto de renda do planeta, que, não por mera coincidência, perfilam ao lado dos melhores índices de qualidade e expectativa de vida das pessoas. Tal situação, de aparente incongruência, explica-se por uma série de fatores, entre os quais o inegável **retorno social** que os referidos países oferecem aos seus cidadãos.

Sob a ótica estritamente tributária, ocorre que países como Dinamarca e Suécia, apesar das altas alíquotas utilizadas, têm no imposto sobre a renda não apenas a principal, mas uma das **pouquíssimas** figuras tributárias existentes.

Comparada ao emaranhado de normas que assola o Brasil, onde quase uma centena de tributos convive em meio ao caos, parece realmente bastante confortável a situação dos nossos amigos escandinavos.

A fim de solucionar qualquer dúvida do leitor em relação a essa assertiva, propomos o seguinte exercício: como nos países citados quase **todos os serviços** (saúde, educação, previdência etc.) são públicos, a carga tributária de 50%, ainda que bastante elevada, permite que os outros 50% sejam utilizados apenas para as necessidades e prazeres pessoais, de acordo com o padrão de vida e objetivos de cada um.

Ao transportar o cenário para a nossa realidade, convidamos o leitor a imaginar como estariam as suas finanças se o modelo fosse o mesmo, ou seja, se nós brasileiros tivéssemos **metade** dos nossos recursos totalmente à disposição, sem qualquer preocupação com gastos relacionados a qualquer princípio ou garantia constitucional.

O resultado seria pior ou melhor do que o modelo pátrio, a despeito de a carga tributária nominal dos nórdicos ser superior? Confesso que já fizemos o exercício proposto inúmeras vezes, em sala de aula, e a resposta foi **sempre a mesma**.

Empreendemos a digressão acima no intuito de afastar ideias que, de tão repetidas pelos leigos, normalmente levam o intérprete a conclusões inadequadas, como é o caso da possível correlação *entre a carga tributária e a realidade social de um país*.

O exemplo em tela nos faz perceber que a relação não é forçosamente proporcional, vale dizer, não é a carga tributária, intrinsecamente considerada, o fator determinante da equação.

---

[20] Constituição da República, art. 145, § 1.º: "Sempre que possível, os impostos terão caráter pessoal e serão graduados segundo a capacidade econômica do contribuinte (...)".

Há países com **carga elevada** e grande distribuição de justiça social, devido à enorme **presença estatal** nos setores essenciais, assim como há modelos, de que são exemplo os Estados Unidos, que trabalham com cargas moderadas e **pouca intervenção** social do Estado.

Não se pode afirmar, *a priori*, qual o mais interessante sob o ponto de vista finalístico, até porque as premissas constitucionais de ambos são radicalmente diferentes. Contudo, observam-se traços distintivos em todos os modelos racionais: a presença de *poucas figuras tributárias* e a preferência pela utilização de **tributos diretos**.

Isso porque a principal característica dos tributos indiretos é a **impossibilidade** de dosar a carga tributária em razão dos destinatários, vale dizer, nessa sistemática pouco importa quem será o consumidor final do produto. Tal peculiaridade pode, se não contrabalançada por outros princípios constitucionais, levar a situações de evidente **injustiça**, como no exemplo — forçosamente limítrofe — apresentado a seguir.

Suponhamos, sem qualquer preocupação com a realidade, que uma xícara de café expresso custe, num bom estabelecimento do ramo, **R$ 5,00**.

Digamos que a carga tributária incidente sobre o produto compreenda apenas o ICMS, com alíquota de 18%. Se um grande empresário brasileiro, bilionário, entrar no estabelecimento e pedir um café, terá **R$ 0,90** de ICMS incluídos no preço, ordem de grandeza que, devido à sua situação econômica, é irrelevante. Se ao seu lado estiver o **autor deste livro**, o mesmo café trará **idêntica** carga tributária, o que, mesmo para professores e escritores nacionais, continua a ser coisa de pequenas proporções.

Todavia, nada impede que adentre o estabelecimento um brasileiro situado no extremo oposto da escala social (nesse caso, por razões óbvias, prefiro, infelizmente, não o chamar de cidadão), que vive pelas ruas sem qualquer assistência do Estado e cuja sobrevivência depende do altruísmo e benevolência de terceiros. Se, após um dia inteiro de mendicância, nosso amigo reunir **R$ 5,00**, poderá, ao passar pela porta do estabelecimento, sentir o agradável aroma do café e, num impulso, solicitar ao balconista uma xícara ("bem caprichada, por favor").

Pois bem, neste último caso os **R$ 0,90** de ICMS incluídos no café expresso correspondem ao valor aproximado de um **pãozinho francês**, o que, no nosso exemplo, pode ser a garantia de que o indivíduo sobreviverá mais um dia.

Moral da história: apesar de necessários — e presentes em todos os países —, os tributos indiretos devem ser utilizados *com parcimônia* e balizados por princípios constitucionais específicos (como o da **seletividade**, por exemplo, como teremos a oportunidade de analisar), sob pena de impingirem às pessoas gravames insuportáveis, ainda que sob o manto de **suposta igualdade** (lembremos que os três personagens pagaram idênticos **R$ 0,90** de imposto).

Em conclusão, o fato de dado sistema tributário onerar com alíquotas elevadas seus cidadãos não implica, necessariamente, injustiça social ou ofensa a princípios internacionalmente consagrados[21].

---

[21] Apenas a título de ilustração (e um pouco de inveja), os dinamarqueses são, de acordo com diversas pesquisas internacionais — que adotaram metodologias diferentes —, as pessoas mais felizes do mundo, seguidos dos suecos, justamente nos países que possuem as maiores cargas tributárias

O problema reside em sistemas como o brasileiro, cuja carga tributária, apesar de insuportável, **em nada contribui** para o desenvolvimento da sociedade, o que, aliado à utilização desenfreada de inúmeros gravames, notadamente os de natureza indireta, apenas faz crescer o sentimento geral de impotência em face do incessante desrespeito às garantias estatuídas na Constituição.

E esse cenário, infelizmente, não deve sofrer qualquer alteração com a entrada em vigor da reforma tributária.

2.8.3. Tributos vinculados e não vinculados (quanto à hipótese de incidência)

Trata-se de classificação antiga e bastante problemática em razão da atual dinâmica do direito tributário.

Normalmente se considera que os tributos **vinculados** decorrem de uma conduta do Estado, ou seja, uma atividade específica que justifique a exigência, como no caso das taxas e das contribuições de melhoria.

Por outro lado, os tributos **não vinculados** dependeriam de condutas do contribuinte, relacionadas à obtenção de renda, patrimônio ou atividades de consumo, como ocorre com os impostos.

Nesse sentido, costuma-se denominar os tributos não vinculados como **contributivos**, pois neles inexiste a necessidade de qualquer contraprestação estatal específica, enquanto os tributos vinculados seriam **retributivos**, pois o seu recolhimento ensejaria, para o contribuinte, a expectativa de algum benefício ou atividade estatal.

No mundo real, dada a profusão de figuras tributárias no País, a classificação exigiria a análise individual de cada figura, tarefa inglória e sobretudo inútil.

2.8.4. Tributos vinculados e não vinculados (quanto ao destino da arrecadação)

Outra dicotomia bastante frequente nas classificações oferecidas pelos manuais de direito tributário, especialmente os mais antigos, elaborados na esteira do Código Tributário Nacional, faz distinção entre a **vinculação** ou **não** do resultado econômico arrecadado por determinado tributo.

Aqui devemos ter o cuidado de não confundir o critério com o da classificação anterior, em que a distinção se dava por força da **conduta do agente**.

Neste tópico, devemos entender como tributos de **arrecadação vinculada** aqueles cujos valores são carreados para os fins que justificaram a exigência, como no caso das **contribuições** para financiamento da seguridade social, cujos recursos devem ser empregados na atividade social do Estado. O mesmo ocorre com os empréstimos compulsórios, criados a partir de situações específicas, que exigem a aplicação dos valores arrecadados.

Por outro lado, nos tributos de **arrecadação não vinculada** o poder público tem certa liberdade na escolha da destinação, desde que a aplicação seja feita em rubricas

---

do planeta. Os brasileiros, que, além da carga tributária de primeiro mundo, têm futebol, carnaval e praias maravilhosas, não apareceram entre os mais bem colocados.

previstas no orçamento. É o caso, por exemplo, dos **impostos**, cujo produto da arrecadação pode ser utilizado para fazer frente às despesas gerais do ente público tributante, exceto nas hipóteses previstas no art. 167, IV, da Constituição, já alterado para refletir a criação do IBS, decorrente da reforma tributária[22].

Assim, **tributos vinculados** seriam aqueles cuja arrecadação reverteria (seria aplicada, em termos orçamentários) nos motivos que ensejaram sua criação, de modo a fomentar determinados serviços ou atividades prestadas pelo Estado.

De outro giro, seriam **não vinculados** os tributos cujo resultado econômico fosse carreado para os cofres das várias fazendas públicas, sem qualquer necessidade de destinação em rubricas específicas.

Percebe-se, de plano, que a classificação foi construída a partir de análises de ordem financeira, não necessariamente úteis à compreensão do fenômeno jurídico tributário.

Com efeito, o papel precípuo do direito tributário é o de proporcionar estrutura jurídica apta a retirar do patrimônio privado valores que comporão as **receitas estatais**, de acordo com o modelo constitucional traçado, de modo a permitir que a Administração Pública possa fazer frente aos seus compromissos.

Nesse sentido, dizemos que o *direito tributário é responsável pelas relações jurídicas atinentes à arrecadação, fiscalização e controle das atividades econômicas praticadas pelos sujeitos passivos, conforme previsão legal.*

Bem diverso é o tecido normativo encarregado da **destinação** dos valores auferidos pelo Estado, que, no modelo constitucional atual, mereceu, inclusive, tópico apartado, denominado "Dos Orçamentos", Seção inserida no Capítulo das Finanças Públicas[23] e que justifica a existência de outro subsistema jurídico, que, para fins didáticos, denomina-se **Direito Financeiro e Orçamentário**.

Considerar a destinação econômica como parâmetro distintivo das diversas espécies tributárias, à luz do que brevemente expusemos, pode levar o leitor a erro, não pela impropriedade da classificação, mas pelo grave **problema lógico da indução**, no qual se busca generalizar um conceito a partir de sua observação parcial.

Na realidade tributária brasileira, em que coexistem dezenas de tributos das mais diversas naturezas, seria no mínimo imprudente afirmar, *de modo categórico*, que determinadas espécies são ou não vinculadas, pois a análise deveria percorrer *todos os casos positivados no ordenamento*, tarefa árdua e francamente inútil.

---

[22] Art. 167. São vedados: (...) IV — a vinculação de receita de impostos a órgão, fundo ou despesa, ressalvadas a repartição do produto da arrecadação dos impostos a que se referem os arts. 158 e 159, a destinação de recursos para as ações e serviços públicos de saúde, para manutenção e desenvolvimento do ensino e para realização de atividades da administração tributária, como determinado, respectivamente, pelos arts. 198, § 2.º, 212 e 37, XXII, e a prestação de garantias às operações de crédito por antecipação de receita, previstas no art. 165, § 8.º, bem como o disposto no § 4.º deste artigo; (...) § 4.º É permitida a vinculação das receitas a que se referem os arts. 155, 156, 157, 158 e as alíneas "a", "b", "d" e "e" do inciso I e o inciso II do *caput* do art. 159 desta Constituição para pagamento de débitos com a União e para prestar-lhe garantia ou contragarantia.

[23] Constituição da República, arts. 163 a 169.

Em relação à última afirmação, não resta dúvida, nos limites propostos — porque em termos acadêmicos a discussão poderia ganhar outros contornos —, de que os **impostos** são espécie de tributos não vinculados (princípio da não afetação), o que significa dizer que os valores arrecadados por meio deles servem para compor o "caixa geral" do Estado, sem, em tese, qualquer destinação específica[24].

Todavia, o **princípio da não afetação** dos impostos, veiculado pelo art. 167, IV, comporta **exceções**, que apresentamos no quadro a seguir.

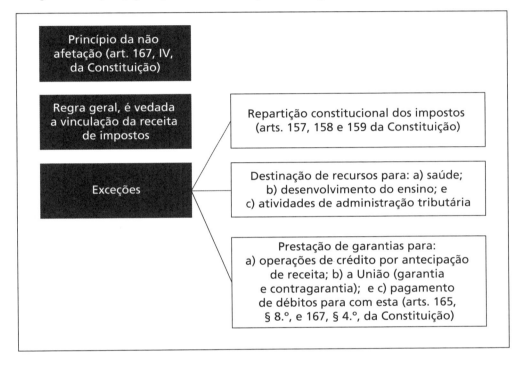

Além das situações previstas no quadro, outras inovações constitucionais estabelecem a possibilidade de vinculação de receitas tributárias, como no caso da EC n. 42/2003, que acrescentou ao art. 204 a faculdade de os Estados e o Distrito Federal destinarem até 0,5% de sua receita líquida a programa de apoio à inclusão e promoção social, nos seguintes termos:

> **Art. 204.** As ações governamentais na área da assistência social serão realizadas com recursos do orçamento da seguridade social, previstos no art. 195, além de outras fontes, e organizadas com base nas seguintes diretrizes:

---

[24] Vale repetir a ressalva: como a questão é, por definição, estranha ao direito tributário, o leitor deve tomar cuidado com as simplificações, porque de acordo com o modelo constitucional vigente há a premissa de que os gastos estatais devem se submeter às diretrizes traçadas na lei orçamentária, o que, em última análise, prejudica a ideia de desvinculação, pois a Administração Pública só pode empregar recursos nas rubricas estabelecidas em lei, com pouca margem de liberalidade e, mesmo assim, em situações excepcionais.

(...)

Parágrafo único. É facultado aos Estados e ao Distrito Federal **vincular** a programa de apoio à inclusão e promoção social até cinco décimos por cento de sua receita tributária líquida, **vedada a aplicação** desses recursos no pagamento de:

I — despesas com pessoal e encargos sociais;

II — serviço da dívida;

III — qualquer outra despesa corrente não vinculada diretamente aos investimentos ou ações apoiados.

No mesmo sentido, a EC n. 67/2010 prorrogou, **por prazo indeterminado**, a vigência do *Fundo de Combate e Erradicação da Pobreza*, que tem por objetivo investimentos sociais para as camadas mais sensíveis da população e conta com recursos oriundos de impostos[25], como se depreende da redação do art. 80 do *Ato das Disposições Constitucionais Transitórias*:

Art. 80. Compõem o Fundo de Combate e Erradicação da Pobreza:

I — a parcela do produto da arrecadação correspondente a um adicional de oito centésimos por cento, aplicável de 18 de junho de 2000 a 17 de junho de 2002, na alíquota da contribuição social de que trata o art. 75 do Ato das Disposições Constitucionais Transitórias;

II — a parcela do produto da arrecadação correspondente a um adicional de cinco pontos percentuais na alíquota do Imposto sobre Produtos Industrializados — IPI, ou do imposto que vier a substituí-lo, incidente sobre produtos supérfluos e aplicável até a extinção do Fundo;

III — o produto da arrecadação do imposto de que trata o art. 153, inciso VII, da Constituição;

IV — dotações orçamentárias;

V — doações, de qualquer natureza, de pessoas físicas ou jurídicas do País ou do exterior;

VI — outras receitas, a serem definidas na regulamentação do referido Fundo.

Devemos ressaltar que a **reforma tributária** previu a criação de novos fundos e mecanismos de compensação e fomento, que analisaremos em tópicos específicos do livro.

Quanto à noção de tributos vinculados, que poderia abarcar outras espécies tributárias, que não os impostos, convém tecermos alguns breves comentários.

Embora no caso das taxas exista vinculação ante a limitação constitucional dos critérios de incidência[26], a única previsão específica que **condiciona o resultado** de sua

---

[25] O STF confirmou, no RE 592.152 (2024), a constitucionalidade do art. 4.º da Emenda Constitucional n. 42/2003 que convalidou a majoração de alíquota de ICMS destinado ao Fundo Estadual de Combate e Erradicação da Pobreza dos Estados.

[26] A Constituição da República, no art. 145, II, estabelece que as taxas só podem ser exigidas "em razão do exercício do poder de polícia ou pela utilização, efetiva ou potencial, de serviços públicos específicos e divisíveis, prestados ao contribuinte ou postos a sua disposição", o que remonta à

arrecadação pode ser encontrada no art. 98 da Constituição, que estabelece vinculação para as taxas judiciárias, como custas e emolumentos:

> **Art. 98.** A União, no Distrito Federal e nos Territórios, e os Estados criarão:
>
> (...)
>
> § 2.º As custas e emolumentos serão destinados **exclusivamente ao custeio** dos serviços afetos às atividades específicas da Justiça.

Para os empréstimos compulsórios, por expressa determinação[27], a vinculação da arrecadação é **obrigatória**, até em homenagem à própria natureza do tributo.

Igual raciocínio não se aplica, necessariamente, em relação às **contribuições**, sejam de melhoria, sejam de qualquer outra índole.

As **contribuições de melhoria**, como teremos a oportunidade de observar, decorrem da eventual valorização de imóveis próximos ao local onde foram realizadas obras públicas, espécie de "efeito colateral benéfico" da atividade empreendida pelo Estado.

Regra geral, devem ser cobradas após a verificação do impacto **financeiro positivo** no patrimônio do particular, o que só faz sentido, em tese, se a obra foi concluída, circunstância que, por razões óbvias, **impediria** que os recursos arrecadados fossem a ela destinados.

O que se pode admitir, na espécie, é a **compensação** dos custos e das despesas incorridos pelo Estado na execução da obra com o valor recebido posteriormente via tributação, com a escrituração dos lançamentos contábeis apropriados.

O distanciamento temporal afastaria, na prática, a vinculação, mas, para fins de **concursos**, sugerimos a adoção da *posição tradicional*, até porque as contribuições de melhoria são tributos anacrônicos, mantidos apenas pela falta de ousadia do constituinte original, e poucos são, na atualidade, os estudos doutrinários relevantes sobre o tema.

Situação bem mais complexa alcança as outras **contribuições**, independentemente da denominação jurídica com que se apresentam no direito positivo.

Em termos teóricos, faz sentido considerá-las **vinculadas**, porque a ontologia dessa espécie sugere alguma forma, *ainda que mediata*, de **contraprestação estatal**, como deveria ser o caso, por exemplo, das chamadas contribuições sociais, nas quais o cidadão realiza transferências ao Poder Público ante a expectativa de, ao longo do tempo, adquirir **direitos** (como os de aposentadoria) ou usufruir de **benefícios** (como os de saúde e assistência social).

O tempo verbal que empregamos denuncia que nem sempre isso ocorre, porque inúmeros são os indícios (senão as provas, ainda que extratributárias) de que os valores arrecadados pelo Estado sob a denominação **contribuições sociais** se destinam a outros custeios, que não os expressamente consignados na Constituição.

---

noção de contraprestação e, consequentemente, à existência de algum tipo de vinculação entre a atividade exercida ou o serviço prestado e os valores porventura arrecadados.

[27] Constituição da República, art. 148, parágrafo único: "A aplicação dos recursos provenientes de empréstimo compulsório será vinculada à despesa que fundamentou sua instituição".

Uma vez mais, recomendamos que o leitor, em caso de perguntas diretas (normalmente questões objetivas, de primeira fase), responda que as contribuições, em tese, **devem ser vinculadas**, ainda que seja de conhecimento comum a ocorrência de inúmeras transgressões desse mandamento[28].

Fator de agravo à validade de classificar os tributos entre vinculados e não vinculados decorre da expressa disposição do art. 4.º, II, do Código Tributário Nacional, que estabelece ser **irrelevante** para a qualificação da natureza jurídica de qualquer tributo a *destinação legal do produto da sua arrecadação*.

O preceito é saudável e coerente, pois afasta do momento da concepção legislativa da figura os resultados econômicos porventura decorrentes.

Isso porque ao direito tributário cabe apenas perquirir a natureza das espécies tributárias a partir de sua hipótese de incidência, base de cálculo e concretização no mundo real, dado que o eventual **destino** dos recursos a uma ou outra rubrica é matéria pertinente, como vimos, ao direito financeiro e orçamentário.

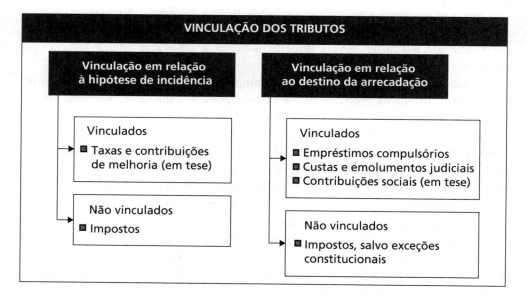

2.8.5. Tributos progressivos, regressivos, seletivos e proporcionais

Outra classificação importante para concursos cuida dos mecanismos de **aplicação das alíquotas** em razão das bases de cálculo das diversas espécies tributárias, apuradas de acordo com os fatos de relevância econômica do mundo social.

A ideia natural do sistema tributário é a de **proporcionalidade**, ou seja, a manutenção de *alíquotas fixas* (em termos percentuais, conhecidas como *ad valorem*) para todas

---

[28] Citamos, por todos, o caso da malsinada CPMF, talvez o mais inconstitucional dos tributos já perpetrados pelo poder legislativo pátrio, cujos recursos, apesar de vultosos, em pouca medida foram destinados à saúde.

as manifestações econômicas atinentes a dado tributo, de modo que seria a variação da **base de cálculo** o fator de impacto no montante da arrecadação.

Nesse cenário, quanto maior a base de cálculo, maior o valor arrecadado, muito embora a alíquota se mantenha **constante**.

Era o caso, até o advento da **reforma tributária**, do **IPVA** (Imposto sobre a Propriedade de Veículos Automotores), em que pouco importava se o automóvel custava "X" ou dez vezes esse valor, pois, em qualquer hipótese, a alíquota seria exatamente a mesma, desde que sob circunstâncias semelhantes.

Contudo, as **novas regras do IPVA** preveem a adoção de alíquotas diferenciadas em função do tipo, valor, utilização e impacto ambiental do veículo. A medida nos parece justa, pois há tempos defendemos, nas edições anteriores do livro, que a **progressividade** deve ser utilizada como instrumento de justiça no caso dos tributos incidentes **sobre o patrimônio**.

À primeira vista, a proporcionalidade parece homenagear o **princípio da igualdade**, pois tributar todos os fatos jurídicos de forma homogênea evitaria, em tese, benefícios ou sobrecargas para os contribuintes.

Ocorre que esse entendimento é falacioso, pois a verdadeira noção de igualdade exige do legislador a sensibilidade necessária para perceber os **traços distintivos** entre as pessoas e a elas tributar de acordo com seus *índices presumíveis de riqueza*.

Surge, então, a possibilidade de utilização de alíquotas **progressivas**, que se tornam mais elevadas na medida em que se percebam relações econômicas de maior vulto.

Dito de forma simples, a progressividade exigiria *mais de quem tem mais, menos de quem tem menos e nada de quem pouco possui*.

No atual sistema tributário brasileiro, tributos como o Imposto sobre a Renda (IR), o Imposto sobre a Propriedade Territorial Urbana (IPTU) e o Imposto Territorial Rural (ITR) têm como técnica de incidência a progressividade das alíquotas, por expresso mandamento constitucional.

Se a progressividade atende a critérios de justiça e de distributividade fiscal, o mecanismo inverso, conhecido como **regressividade**, revela-se como execrável fenômeno tributário.

Conquanto possa parecer raro ou mesmo desprovido de lógica, porque significaria tributar *de modo mais oneroso aqueles que possuem menores índices de riqueza*, a tributação regressiva se faz muito presente no modelo brasileiro.

A economia classifica os tributos regressivos como pró-cíclicos (a favor do crescimento ou recessão), enquanto os tributos progressivos seriam contracíclicos.

Importante! Em termos econômicos, os tributos com alíquotas específicas podem ser classificados como **pró-cíclicos**, pois o aumento no consumo de unidades implica aumento da arrecadação (com ônus iguais entre pessoas desiguais). Já os tributos com alíquotas *ad valorem* (fixas, em percentual) são considerados **neutros**, pois a proporcionalidade não traz efeitos pró-cíclicos ou contracíclicos.

Ao contrário do que se poderia imaginar, dados coletados por Maria Helena Zockun[29] demonstram que, em 2004, quem ganhava até dois salários mínimos comprometia 48,8% de sua renda no pagamento de tributos, embora a carga tributária para as famílias com renda superior a 30 salários mínimos correspondesse a apenas 26,3%.

O cerne do problema está no alto grau das **incidências indiretas** sobre o orçamento das famílias mais pobres, especialmente em razão de tributos sobre o consumo, como o ICMS e o IPI (o que nos faz lembrar o exemplo do cafezinho, não?).

Na medida em que a renda das pessoas cresce, menor tende a ser a **carga tributária total** por elas suportada, efeito que é apenas atenuado pela tributação progressiva a título de Imposto de Renda.

Chegamos, pois, à conclusão de que o perfil da tributação no Brasil onera sobremaneira a produção e as importações de bens e serviços, o que afeta significativamente a população de baixa renda, que gasta todos os seus recursos no consumo de subsistência, *sem acumulação de riqueza*.

Ao revés, os tributos que gravam o patrimônio e renda, indicadores de capacidade econômica, ainda que pautados pela progressividade, possuem peso relativamente baixo em função da carga tributária total, como demonstra o gráfico a seguir.

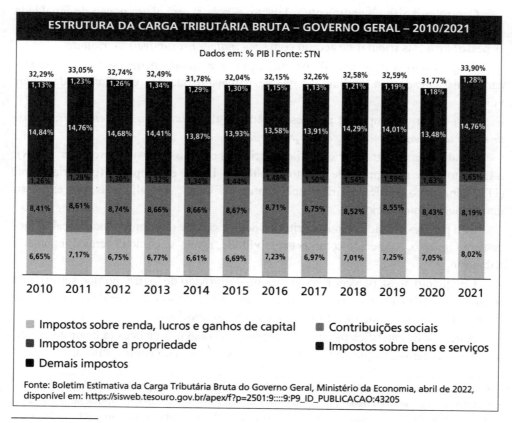

---

[29] Maria Helena Zockun, *Simplificando o Brasil*: propostas de reforma na relação econômica do governo com o setor privado, passim.

Atento ao problema, o constituinte originário buscou minimizar o impacto dos tributos sobre a circulação de mercadorias (entenda-se: consumo), ao determinar a aplicação do princípio da **seletividade** *em função da essencialidade*, o que significa que produtos indispensáveis devem ter tributação nula ou próxima de zero, enquanto produtos considerados supérfluos — e, por conseguinte, acessíveis somente às camadas mais abastadas da população — devem ser onerados com maior intensidade.

Pena que a timidez, ou motivo pior, fez com que o comando fosse obrigatório **apenas** para o Imposto sobre Produtos Industrializados (IPI), pois, para o Imposto sobre a Circulação de Mercadorias e Serviços (ICMS), empregou a Constituição a inútil noção de **faculdade**, que permite que o legislador estadual, titular da competência para a instituição do referido imposto, decida ou não pela sua utilização, o que, por óbvio, **normalmente não ocorre**.

Exemplo típico disso, que teremos a oportunidade de aprofundar em momento oportuno, é o caso do ICMS incidente sobre o *consumo de energia e as telecomunicações*.

Sempre defendemos (nas edições anteriores) ser inconcebível, em pleno século XXI, considerar que tais prestações sejam supérfluas; ao contrário, são necessidades absolutamente essenciais para a capacitação pessoal, a inserção digital, as atividades das empresas e o próprio desenvolvimento do país, muito embora tenham sido tributadas com alíquotas de 25%, **muito superiores** aos demais produtos e serviços, que, na pior das hipóteses, têm alíquotas de 18%.

Eis que finalmente, em 23 de junho de 2022, a Lei Complementar n. 194 alterou o Código Tributário Nacional, para estabelecer que as alíquotas do ICMS sobre combustíveis, gás natural, energia elétrica, comunicações e transporte coletivo não podem ser superiores às das operações com os demais produtos ou serviços, de modo que foi inserido no CTN o art. 18-A, com a seguinte redação:

> **Art. 18-A.** Para fins da incidência do imposto de que trata o inciso II do *caput* do art. 155 da Constituição Federal, os combustíveis, o gás natural, a energia elétrica, as comunicações e o transporte coletivo são considerados bens e serviços essenciais e indispensáveis, que não podem ser tratados como supérfluos.
>
> Parágrafo único. Para efeito do disposto neste artigo:
>
> I — é vedada a fixação de alíquotas sobre as operações referidas no *caput* deste artigo em patamar superior ao das operações em geral, considerada a essencialidade dos bens e serviços;
>
> II — é facultada ao ente federativo competente a aplicação de alíquotas reduzidas em relação aos bens referidos no *caput* deste artigo, como forma de beneficiar os consumidores em geral; e
>
> III — (Revogado pela Lei Complementar n. 201/2023).

Ainda que tardio e motivado por questões políticas, o comando, ao menos, veio para corrigir uma distorção histórica, até porque sempre entendemos que não faz sentido a Carta Magna veicular *limitações ao poder de tributar facultativas (!)*, como na hipótese sob comento.

Com a alteração torna-se possível, inclusive, que os referidos produtos e serviços tenham uma alíquota inferior à das operações em geral, o que permitirá, pela primeira vez (se ocorrer), que o princípio da seletividade seja efetivamente utilizado no ICMS.

Isso porque a adoção da **incidência seletiva** tem por pressuposto **reconciliar** o fundamental princípio da *capacidade contributiva* com a utilização de tributos indiretos e pode, em tese, reduzir o impacto regressivo dessas figuras tributárias no sistema nacional.

Ressalte-se que os tributos voltados à receita (PIS e COFINS, à guisa de exemplo) ou à movimentação financeira (como o IOF e a extinta CPMF) também possuem **traços regressivos**, pois seu "custo" se torna mais significativo nas faixas de baixa renda e, nesse sentido, também poderiam ser balizados pela seletividade, o que, infelizmente, não foi a opção do constituinte.

Para fecharmos este tópico, indicaremos, no quadro a seguir, **outras possíveis** classificações tributárias, que, em razão da clareza e simplicidade, podem ser apresentadas de forma esquemática.

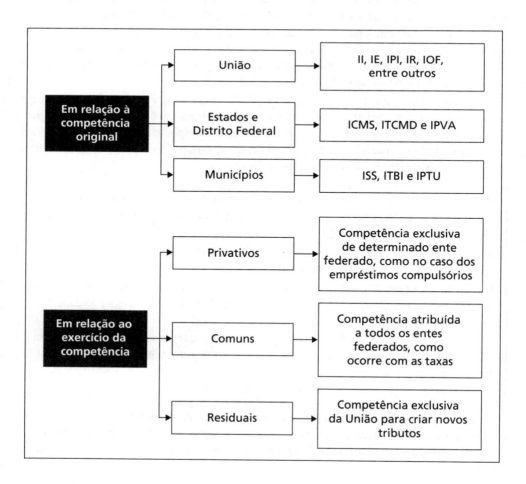

2.9. FUNÇÃO DOS TRIBUTOS

Para encerrarmos a análise sobre o conceito de tributo e seus desdobramentos na doutrina e jurisprudência, cumpre mencionar a distinção que leva em conta os **objetivos** almejados pela administração tributária quando da criação das diversas figuras positivadas no ordenamento jurídico.

De plano, podemos afirmar que todos os tributos possuem a chamada **função arrecadatória**, que nada mais é do que a possibilidade de transferir, por meio de vetores normativos, parcelas do patrimônio individual para os cofres do Estado.

Com esteio nessa premissa, a doutrina tradicionalmente destaca três modalidades funcionais:

a) tributos **fiscais**;

b) tributos **extrafiscais**;

c) tributos **parafiscais**.

Note-se que a expressão "fiscal" consta das três acepções e, nesse sentido, reflete o caráter **econômico**, com intuito arrecadatório, inerente a todos os tributos.

Assim, qualquer tributo possui *viés fiscal*, e o traço distintivo das demais classificações reside em **aspectos adicionais** presentes em determinadas figuras.

Certamente a mais importante distinção pode ser encontrada nos chamados tributos **extrafiscais**, nos quais a função arrecadatória coexiste ao lado de outros objetivos, que podem ser agrupados em três categorias:

i) **corrigir distorções** de natureza econômico-financeira. **Exemplo:** a alíquota do Imposto de Importação pode, em tese, ser aumentada pelo Poder Executivo para desestimular a aquisição de produtos do exterior e, como consequência, proteger o mercado interno;

ii) **incentivar** ou **desestimular** certas condutas, em favor do atendimento de interesses sociais, como no caso do IPTU e do ITR, cujas alíquotas podem ser utilizadas como fator para o cumprimento da *função social da propriedade*;

iii) aferir **índices econômicos** de riqueza, para conhecer o perfil do contribuinte, nos termos da faculdade conferida pela parte final do art. 145, § 1.º, da Constituição:

Art. 145. A União, os Estados, o Distrito Federal e os Municípios poderão instituir os seguintes tributos:

(...)

§ 1.º Sempre que possível, os impostos terão caráter pessoal e serão graduados segundo a capacidade econômica do contribuinte, **facultado à administração tributária, especialmente para conferir efetividade a esses objetivos, identificar, respeitados os direitos individuais e nos termos da lei, o patrimônio, os rendimentos e as atividades econômicas do contribuinte**.

Nos tributos extrafiscais, o objetivo arrecadatório **pode não ser** o mais relevante, pois algumas figuras se destacam pela chamada **função regulatória**, como nos casos do Imposto de Importação, Imposto de Exportação, IOF e IPI.

A **extrafiscalidade**, na prática, revela-se como o poder conferido à lei para que a imposição de certos tributos se valha de mecanismos que possam atender a interesses específicos da administração tributária.

No mais das vezes, esse objetivo colateral é até **mais importante** do que o resultado econômico da exação, dada a necessidade de o Estado aferir as circunstâncias do mundo real e, mediante instrumentos tributários adequados, atuar em consonância com os mandamentos constitucionais.

Os casos mais conhecidos de extrafiscalidade se encontram no art. **153, § 1.º**, da Constituição, que confere à União a **faculdade** de alterar as **alíquotas** do Imposto de Importação (II), do Imposto de Exportação (IE), do Imposto sobre Produtos Industrializados (IPI) e do Imposto sobre Operações de Crédito, Câmbio e Seguro, ou relativas a Títulos ou Valores Mobiliários (IOF). Com a reforma tributária, o **Imposto Seletivo (IS)** também terá características extrafiscais.

Vejamos, a título ilustrativo, exemplos de utilização extrafiscal das mencionadas figuras.

O mais típico tributo extrafiscal é o **imposto de importação**, figura existente em todos os países e atualmente balizada pelo *Direito do Comércio Internacional*, que estabelece, mediante tratados multilaterais, limites para a sua aplicação[30].

No caso brasileiro, a adoção dos preceitos veiculados pela **Organização Mundial do Comércio** (OMC) e o processo de integração previsto no **MERCOSUL** são hipóteses concretas de conformação do tributo, uma vez que os referidos Acordos foram devidamente ratificados no país, de acordo com a sistemática estabelecida na Constituição[31].

Pois bem, o imposto de importação pode ser utilizado para corrigir possíveis problemas econômicos que afetem o mercado interno, principalmente em face da concorrência trazida por produtos de **procedência estrangeira**, que, em tempos de globalização, chegam ao Brasil diariamente e em larga quantidade, muitas vezes a preços bastante baixos, em razão da chamada **economia de escala** (grandes volumes a custos baixos, decorrentes da eficiente alocação dos meios de produção).

---

[30] Trata-se de tema extremamente interessante e pouco discutido que, infelizmente, por razões de sistematização, não aprofundaremos nesta obra, apesar de termos vários estudos publicados a respeito. Para mais informações, *vide* o nosso *Comércio internacional e legislação aduaneira esquematizado*.

[31] No Brasil, os acordos firmados na chamada Rodada Uruguai, que culminou com a criação da OMC, entraram em vigor em 1.º de janeiro de 1995, em decorrência do Decreto Presidencial n. 1.355, de 30 de dezembro de 1994, que sancionou o Decreto Legislativo n. 30, de 14 de dezembro de 1999. Já o MERCOSUL teve o Tratado de Assunção ratificado pelo Congresso Nacional por meio do Decreto Legislativo n. 197, de 25 de setembro de 1991, e promulgado pelo Decreto Presidencial n. 350, de 21 de novembro do mesmo ano.

Exemplo: Digamos que o mercado doméstico seja "invadido" por camisetas de algodão na cor branca, sem marca aparente, que é o tipo de produto básico que quase todas as pessoas adquirem. Entretanto, por questões ligadas à economia de escala ou à qualidade do produto[32], suponhamos que o preço final de importação das camisetas no país, já considerados o frete e eventuais seguros, seja de **US$ 3,00** (três dólares norte--americanos), enquanto uma camiseta similar nacional (ainda que de qualidade superior) seja vendida ao consumidor por **R$ 50,00** (cinquenta reais).

É claro que tal situação, a perdurar, causará **enormes danos** à indústria brasileira, que não terá condições de competir com os produtos importados.

Poder-se-ia alegar que o preço doméstico, por ser superior, teria de ser reduzido e que, nessa hipótese, a concorrência estrangeira seria salutar. Não podemos olvidar, contudo, o fato de que as empresas nacionais se submetem à enorme carga tributária brasileira, fardo que, obviamente, **não atinge** os empresários estrangeiros e que, em certa medida, torna-se determinante na composição dos custos e do consequente preço final dos produtos.

Ante a situação hipotética descrita — e em defesa dos empresários nacionais, que geram tributos e empregos no país —, poderia o governo, apesar **dos limites** já mencionados, lançar mão de uma *alíquota bastante elevada* do imposto de importação para as camisetas oriundas do exterior, como **instrumento extrafiscal** regulatório do mercado.

Se fosse aplicada no caso uma alíquota de **50%**, aliada à incidência dos demais tributos sobre as importações[33], o custo final do produto estrangeiro, feita a conversão cambial (por exemplo, **R$ 35,00**), aproximar-se-ia do equivalente nacional, o que deixaria ao consumidor a opção de escolha, em função de outras características que não exclusivamente o preço.

Ainda que mais baratas, as camisetas importadas seriam agora analisadas de acordo com a qualidade, durabilidade e confiabilidade, o que tornaria a disputa mais equilibrada.

Essa é a função precípua do imposto de importação, que em todos os países é utilizado como **instrumento equalizador** de preços, que podem realmente ser bastante diferentes de acordo com a política de comércio exterior dos respectivos governos.

Note-se que, no nosso exemplo, o *incremento na arrecadação*, em decorrência de alíquotas mais elevadas, deve ser considerado como **efeito marginal** da extrafiscalidade, até porque poderíamos elaborar outro cenário, em sentido oposto, no qual fosse interessante para o Brasil **reduzir as alíquotas** do tributo, justamente no intuito de acirrar

---

[32] Não levaremos em consideração no exemplo as chamadas práticas desleais no comércio internacional, notadamente os casos de *dumping*, ou seja, assumiremos a condição de livre concorrência. Para melhor entendimento do tema, fica a sugestão de leitura do nosso trabalho intitulado: Da natureza aduaneira dos direitos *antidumping* no Brasil, na obra *Direito tributário internacional aplicado*, v. II.

[33] Incidiriam ainda o IPI, o ICMS, o PIS e a COFINS, entre outros de menor relevância.

60 Direito Tributário Esquematizado   Roberto Caparroz

a concorrência e beneficiar os consumidores, ainda que isso gerasse diminuição na arrecadação.

O raciocínio, em qualquer hipótese, é o mesmo, e confirma que na extrafiscalidade o fator determinante é a *satisfação de interesses estatais não tributários*, pergunta, aliás, bastante recorrente em concursos.

Caso concreto paradigmático — e com graves implicações econômicas — ocorreu quando da criação do chamado Plano Real, primeiro passo bem-sucedido após o advento da globalização, no sentido de **estabilizar** os indicadores macroeconômicos do país (especialmente taxa de câmbio e inflação).

O real foi criado em 1.º de julho de 1994 e trouxe, no seu bojo, diversas medidas, cujos principais objetivos eram **controlar** o aumento dos preços, consolidar a nova **moeda** e afastar a **cultura inflacionária** então existente.

Entre outras medidas, o governo adotou a **diminuição** das alíquotas do imposto de importação para diversos produtos e a fixação de um preço máximo de paridade entre o dólar e o real (US$ 1,00 = R$ 1,00). Sob o aspecto cambial, o resultado foi positivo, o que fez com que o real se valorizasse perante o dólar e atingisse cotações de até R$ 0,85, com 15% de redução nominal.

Os consumidores, ávidos por produtos de melhor qualidade[34], vislumbraram a oportunidade de, pela primeira vez, adquirirem **automóveis estrangeiros**, cujo preço final no Brasil se assemelhava ao dos veículos nacionais, pois, na época, a alíquota de 20% de imposto de importação aplicável a eles praticamente se anulava por força da sobrevalorização do real.

Inúmeros **importadores independentes** de veículos surgiram e, com base nas circunstâncias do mercado, celebraram negócios jurídicos com os futuros compradores.

O mercado se encontrava tão aquecido que, na maior parte dos casos, o interessado pagava uma parte do valor **adiantado** e, depois disso, o importador solicitava o embarque dos automóveis no exterior.

A explosão da demanda reprimida rapidamente fez com que a balança comercial brasileira se **deteriorasse**, pois a importação de automóveis implicava a remessa de dólares para o exterior, o que gerou perda significativa das reservas internacionais.

Mais uma vez, a situação não poderia perdurar e o governo elegeu o **mercado automobilístico** como o grande vilão da crise, de modo que as alíquotas do imposto de importação foram, a princípio, elevadas de 20% para 35% e, quase na sequência, para 70%.

O resultado foi catastrófico para a iniciativa privada.

Os importadores, que já haviam recebido **o sinal** dos clientes, enfrentaram a seguinte situação: milhares de veículos negociados estavam a bordo de navios com destino ao país quando a alíquota foi majorada, além dos inúmeros outros que se encontravam nos portos de origem aguardando embarque.

---

[34] Vale lembrar que até o início da década de 1990 a importação de automóveis, por exemplo, era simplesmente proibida.

2 ■ Tributo

Ao chegarem ao Brasil, a incidência tributária os alcançou com a alíquota de **70%**, que tornava absolutamente inviável o negócio nas bases previamente acordadas, pois a carga tributária total, em várias situações concretas, era **superior** ao preço pactuado dos veículos.

Como consequência, os importadores recorreram ao Poder Judiciário e aduziram diversos argumentos jurídicos, especialmente o chamado "fato do príncipe"[35].

Para encurtar e simplificar a história, a posição do governo foi **convalidada** pelos Tribunais e a tese vencedora foi justamente a da **extrafiscalidade**, o que, na prática, levou à falência quase todos os empresários do ramo, que deixaram abandonados, principalmente nos portos de Vitória e Santos, milhares de carros sem o recolhimento dos tributos devidos.

No que tange ao **imposto de exportação**, segunda figura prevista no art. 153, § 1.º, da Constituição da República, com nítida conotação extrafiscal, o raciocínio tende a ser semelhante ao dos casos apresentados, com a diferença de que, na prática, sua utilização é **raríssima**, em função da regra geral que estabelece a não tributação das operações destinadas ao exterior.

Com efeito, o constituinte firmou como parâmetro, no caso das exportações, o conceito de **imunidade**, que alcança os impostos sobre circulação econômica (ICMS, IPI e ISS, por exemplo), toda vez que um produto ou serviço nacional se destine ao exterior.

O comando imunizante reflete a percepção natural de que não se deve "exportar tributos", condição necessária para que a indústria brasileira se torne mais competitiva nos mercados globalizados.

Exceção solitária a essa premissa, o imposto de exportação permanece na maioria dos sistemas tributários atuais justamente pelo seu potencial emprego extrafiscal, por meio do qual o governo pode adotar **medidas protecionistas** em situações excepcionais.

Um bom exemplo seria o risco de desabastecimento do mercado doméstico, no caso de produtos nacionais que fossem **direcionados ao exterior** por conta de preços mais atrativos ou situações de crise em outros países.

Digamos que uma grave endemia, como a *Encefalopatia Espongiforme Bovina* (popularmente conhecida como doença da "vaca louca"), que assolou os rebanhos ingleses em meados da década de 1990, voltasse a atacar o gado em diversos países europeus.

Isso, invariavelmente, faria com que a **demanda** por derivados de carne bovina aumentasse, o que, para os produtores brasileiros, poderia representar uma oportunidade, pois o preço da carne é fixado em bolsas de mercadorias e teria forte tendência de alta nos mercados internacionais.

---

[35] O fato do príncipe é tradicionalmente relacionado à *teoria da imprevisão*, e tem por característica a ocorrência de circunstâncias extraordinárias e alheias ao contrato, oriundas da Administração Pública, que afetam a cláusula *rebus sic stantibus* e, por conseguinte, o equilíbrio econômico-financeiro das relações jurídicas.

Porém, se a produção nacional de carne fosse destinada ao exterior, teríamos **falta do produto** no mercado interno, e a consequência automática seria o **aumento** dos preços.

O governo, diante de tal situação, poderia, excepcionalmente, estabelecer alíquotas de **imposto de exportação** capazes de equilibrar a equação, no intuito de desestimular as vendas para o exterior e manter o mercado doméstico abastecido.

Outras hipóteses extrafiscais poderiam contemplar a **restrição** na entrada de divisas, como contrapartida das exportações; questões de **segurança nacional**, nas quais não é interessante para o país a saída indiscriminada de certos produtos ou, ainda, problemas de controle aduaneiro, ante o receio de que os produtos exportados retornem ao Brasil mediante contrabando ou descaminho.

Trata-se de casos hipotéticos, dificilmente observados, razão pela qual o imposto de exportação possui estreito campo de aplicação prática.

Atualmente, existem alíquotas positivas de imposto de exportação para poucos produtos, como couro, peles e derivados, fumo, tabaco e derivados e armas e munições.

Contudo, para a maioria dos produtos, a regra é de **isenção tributária** ou aplicação de alíquota **zero**.

O terceiro imposto que merece destaque é o **IOF** (Imposto sobre Operações de crédito, câmbio e seguro, ou relativo a títulos mobiliários), que talvez seja o tributo com o **mais amplo** espectro de incidência no sistema nacional, uma vez que alcança virtualmente qualquer operação de caráter financeiro[36].

Essa característica acaba por reforçar sua atuação **extrafiscal**, de modo que compete ao governo dosar a carga tributária da espécie em razão do comportamento dos mercados, no intuito de estimular ou desestimular a **atividade econômica**, nos seus mais diversos segmentos.

Existem vários episódios dignos de nota — e amplamente conhecidos, razão pela qual nos furtaremos a enunciá-los — nos quais o governo **utilizou alíquotas** mais ou menos gravosas do imposto com o objetivo de ajustar o fluxo de capitais, a manutenção de investimentos estrangeiros no país por prazos mínimos, facilitar a concessão de crédito para fins produtivos ou exercer controle sobre as operações de câmbio, entre tantos outros possíveis exemplos.

Neste passo, interessa-nos o fato de que o IOF, assim como o Imposto de Importação e o Imposto de Exportação, pertence a uma tríade tributária cujos pressupostos jurídicos são fundamentalmente **idênticos**, o que, em nossa opinião, *não ocorre* com o Imposto sobre Produtos Industrializados (IPI), tributo com traços diversos, acerca do qual teceremos breves comentários.

É **majoritário** na doutrina o entendimento de que o IPI acompanha os três impostos supracitados em termos de **extrafiscalidade**, certamente porque o constituinte os perfilou, quanto ao tema, no mesmo dispositivo da Lei Maior (art. 153, § 1.º).

---

[36] Sobre o exato alcance da incidência do IOF e possíveis exceções, *vide* **Capítulo 15** (Tributos federais).

Entretanto, qualquer análise nesse sentido nos parece ao menos precipitada, pois o fato de tributos compartilharem **determinadas características** (no caso, basicamente a faculdade de o Poder Executivo lhes alterar as alíquotas) não garante, de maneira insofismável, que todos possam exercer as mesmas funções ou, sequer, que estejam sujeitos a **idêntico** regime jurídico.

Sabe-se que a Constituição deve ser interpretada de modo sistêmico, sobretudo quando o tema se refere a princípios fundamentais.

O Imposto sobre Produtos Industrializados se submete, nos exatos limites traçados pelo legislador constitucional, a outros princípios sumamente importantes, como o da **seletividade** em função da essencialidade e o da **noventena**, o que nos leva a acreditar, **ao contrário** da posição tradicional, que a figura *não se presta integralmente ao exercício da extrafiscalidade*, ou, na melhor das hipóteses, possui **eficácia limitada** para esse desiderato.

Como a questão envolve a análise de princípios constitucionais específicos, que serão tratados em capítulos futuros, deixaremos o aprofundamento teórico e a apresentação da posição mais adequada para provas e concursos para o momento oportuno.

Por ora fica registrada nossa **dissensão** da dogmática clássica, com o convite ao leitor para que acompanhe, em breve, o desfecho da discussão.

Nada impede que outras figuras tributárias atendam a interesses extrafiscais, de modo que o rol de impostos até agora apresentado não tem a pretensão de ser taxativo.

Como exemplo adicional, podemos citar o **IPTU progressivo no tempo** (art. 182, § 4.º, II, da Constituição da República), cujo caráter sancionatório bem se coaduna à função sob comento.

Isso porque, em relação à **propriedade**, a Constituição prevê o atendimento à **função social**, que se caracteriza pela utilização racional, produtiva e não abusiva dos imóveis.

Para os imóveis **urbanos**, existe a possibilidade de utilização do **IPTU progressivo no tempo**, previsto no art. 182, § 4.º, II, da CF/88, que se manifesta como uma limitação administrativa ao direito de propriedade:

> **Art. 182.** A política de desenvolvimento urbano, executada pelo Poder Público municipal, conforme diretrizes gerais fixadas em lei, tem por objetivo ordenar o pleno desenvolvimento das funções sociais da cidade e garantir o bem-estar de seus habitantes.
>
> § 1.º O plano diretor, aprovado pela Câmara Municipal, obrigatório para cidades com mais de vinte mil habitantes, é o instrumento básico da política de desenvolvimento e de expansão urbana.
>
> § 2.º A propriedade urbana cumpre sua função social quando atende às exigências fundamentais de ordenação da cidade expressas no plano diretor.
>
> § 3.º As desapropriações de imóveis urbanos serão feitas com prévia e justa indenização em dinheiro.
>
> § 4.º É facultado ao Poder Público municipal, mediante lei específica para área incluída no plano diretor, exigir, nos termos da lei federal, do proprietário do solo urbano não edificado, subutilizado ou não utilizado, que promova seu adequado aproveitamento, sob pena, sucessivamente, de:

I — parcelamento ou edificação compulsórios;

II — imposto sobre a propriedade predial e territorial urbana progressivo no tempo;

III — desapropriação com pagamento mediante títulos da dívida pública de emissão previamente aprovada pelo Senado Federal, com prazo de resgate de até dez anos, em parcelas anuais, iguais e sucessivas, assegurados o valor real da indenização e os juros legais

Apesar da meridiana clareza do Código Tributário Nacional ao afirmar que tributos não devem ser utilizados como **forma de sanção** a atos ilícitos, a Constituição da República de 1988 trouxe, no art. 182, § 4.º, II, a possibilidade de instituição de Imposto sobre a Propriedade Territorial Urbana (IPTU) com progressividade em função do tempo, figura que podemos entender como de *efeitos sancionatórios*, o que, em tese, não deve causar preocupação ao leitor, visto que à Constituição é reservado o direito incontroverso de estabelecer os arquétipos das figuras tributárias, sem necessidade de atender a conceitos firmados por normas anteriores e de hierarquia inferior.

Ao dispor sobre a política de desenvolvimento urbano, a Carta Magna atribuiu aos municípios competência de controle sobre a chamada **função social** da propriedade dos imóveis localizados nas respectivas zonas urbanas, atendidos os requisitos gerais fixados em lei federal.

Para o exercício dessa competência, que é manifestação do **poder de polícia** estatal, os municípios *com mais de vinte mil habitantes* deverão aprovar, mediante lei específica, o respectivo **Plano Diretor**, que definirá, entre outras questões, as exigências que deverão ser observadas pelos proprietários de imóveis.

Na hipótese de **descumprimento** das condições garantidoras da função social do imóvel, o proprietário do solo urbano não edificado, subutilizado ou não utilizado ficará sujeito, sucessivamente, à aplicação das seguintes sanções:

a) parcelamento ou edificação **compulsórios**;
b) imposto sobre a propriedade predial e territorial urbana **progressivo no tempo**;
c) desapropriação com pagamento mediante títulos da dívida pública de emissão previamente aprovada pelo Senado Federal, com prazo de resgate de até dez anos, em parcelas anuais, iguais e sucessivas, assegurados o valor real da indenização e os juros legais.

Apesar da previsão original contida no dispositivo constitucional insculpido no art. 182, somente em 2001, com o advento da Lei Federal n. 10.257, conhecida como **Estatuto da Cidade**, surgiram as diretrizes gerais para a regulamentação das referidas sanções.

O objetivo precípuo do Estatuto da Cidade foi o de "estabelecer normas de ordem pública e interesse social que regulam o uso da propriedade urbana em prol do bem coletivo, da segurança e do bem-estar dos cidadãos, bem como do equilíbrio ambiental" (art. 1.º).

No que tange à aplicação de **penalidades** pela não edificação, não utilização ou subutilização (aproveitamento inferior ao mínimo estabelecido no plano diretor) da propriedade urbana, o Estatuto determinou que caberá à **lei municipal específica** determinar as condições e os prazos para o implemento da obrigação, nas hipóteses de parcelamento, edificação ou utilização compulsórios.

Se o proprietário, devidamente notificado pelo poder municipal, não adotar as providências necessárias no prazo estipulado em lei, passará a ter o seu imóvel tributado em **caráter progressivo**, com alíquotas de IPTU cada vez maiores, por até **cinco anos**, na expectativa de que o pesado gravame financeiro tenha o condão de demovê-lo da inércia.

A alíquota inicial a ser aplicada será fixada na lei municipal, e o valor dos exercícios subsequentes não poderá exceder a **duas vezes** o valor do ano anterior, respeitado o limite máximo de **15%**.

Caso ainda assim o contribuinte não atenda às exigências estatais, a alíquota poderá ser mantida no **patamar máximo** até o cumprimento da obrigação, sem prejuízo do direito de desapropriação, que pode ser exercido a partir do término do prazo de cinco anos.

Em relação ao valor devido a título de IPTU progressivo no tempo, é vedada a concessão de qualquer benefício de natureza fiscal, como isenções ou anistia.

De se notar que o constituinte adotou, como mecanismo de satisfação dos interesses da coletividade, **sanções de natureza variada**, pertinentes às esferas administrativa e tributária, alternadamente, em consonância com os comentários apresentados.

A aproximação dos subsistemas de direito público é comum e salutar, pois demonstra a possibilidade de atuação **integrada** do Poder Público, em homenagem aos princípios da legalidade, impessoalidade, razoabilidade e proporcionalidade, garantias fundamentais do cidadão quando da imposição de penalidades.

Assim, quando o terreno é **subutilizado** ou **não cumpre** a função social da propriedade, as alíquotas do IPTU podem aumentar significativamente, por meio de uma progressividade extrafiscal com nítido **caráter sancionatório**, na medida em que o tempo passa e o contribuinte, devidamente intimado, não atende às determinações do Plano Diretor.

SÚMULA 589 DO STF: É inconstitucional a fixação de adicional progressivo do imposto predial e territorial urbano em função do número de imóveis do contribuinte.

No caso do **Imposto Territorial Rural** (ITR), o raciocínio é semelhante, pois a Lei n. 9.393/96 estabelece *alíquotas progressivas* em razão da área total do imóvel e do respectivo grau de utilização (art. 11), com o intuito de desestimular a manutenção de **terras improdutivas**, conforme autorizado pelo art. 153, § 4.º, I, da Constituição:

§ 4.º O imposto previsto no inciso VI do *caput*:

I — será progressivo e terá suas alíquotas fixadas de forma a desestimular a manutenção de propriedades improdutivas;

66   Direito Tributário Esquematizado   *Roberto Caparroz*

Ressalte-se que, em sentido oposto, a própria Constituição prevê **a não incidência** do ITR no caso de **pequenas glebas rurais**, definidas em lei, quando o proprietário que as explorar não possuir outro imóvel (153, § 4.º, II), em outra clara manifestação tributária de natureza extrafiscal.

Interessante destacar que, na esteira do comando previsto na Constituição, o Supremo Tribunal Federal editou súmula que reconhece a **constitucionalidade** de lei municipal que concede benefícios de IPTU para o proprietário de imóvel único.

SÚMULA 539 DO STF: É constitucional a lei do município que reduz o imposto predial urbano sobre imóvel ocupado pela residência do proprietário, que não possua outro.

No atual sistema tributário, inaugurado com a Carta Política de 1988, quis o constituinte reconhecer a importância de **entes distintos** do próprio Estado na consecução de atividades de interesse público.

Surgem, assim, os chamados **tributos parafiscais**, cujo prefixo traz a ideia de *paralelismo*, vale dizer, de atribuir *prerrogativas tributárias* a valores cobrados por entidades que não representam a administração pública.

Somente os entes federativos (União, Estados, Distrito Federal e Municípios) receberam da Constituição **competência** para a instituição de tributos.

Contudo, o próprio constituinte previu que em determinadas situações, por meio de lei específica, seria admissível a **transferência** de parcela da atividade tributária a terceiros.

O paradigma pode ser encontrado no art. 149 da Lei Maior, que crava a competência da União para instituir, entre outras, *Contribuição no Interesse de Categorias Profissionais ou Econômicas*, como instrumento de sua atuação nas respectivas áreas.

No exercício da competência constitucional que lhe foi atribuída (em caráter **indelegável**), nada impede que a União, mediante lei, reconheça a importância e capacidade técnica de certas entidades e a elas ofereça condições de atuação coercitiva na arrecadação dos recursos necessários às suas finalidades.

O conceito oficial de **parafiscalidade** surge na França, em 1946, quando o ministro das finanças francês, Schuman, apresenta um relatório sobre a situação financeira do país desde 1913. Anos antes, o italiano Emmanuelle Morselli já havia apresentado as bases da parafiscalidade ao cunhar a expressão *Fazenda Institucional*, modelo derivado da crescente necessidade de intervenção estatal para a satisfação de **novos direitos**, de caráter econômico-social.

Tal modelo baseia-se na tributação a partir dos benefícios ou interesses que os cidadãos teriam na **própria atividade** do Estado, ao contrário da *Fazenda Tradicional*, de caráter político e pautada pela ideia de capacidade contributiva.

Poderíamos então dizer que a parafiscalidade desenvolve-se a partir das transformações que levam o Estado a **intervir** nos setores econômicos e sociais, o que desencadeou um processo de *descentralização administrativa*, no qual novos **entes**

paraestatais receberam parcelas inéditas de atuação, sob um regime jurídico diferenciado.

O tributarista espanhol Ferreiro Lapatza[37] afirma que a parafiscalidade é um **conceito negativo**, que alcança tributos que não seguem um caminho *típico, ordinário e normal*, pois, apesar de estabelecidos pelo Estado, apresentam desvios de **natureza financeira**, a saber:

a) são exigidos por organismos alheios à administração financeira do Estado;

b) não ingressam total ou parcialmente no Tesouro Público; ou

c) não seguem os chamados *Pressupostos Gerais do Estado*, pois se destinam a gastos diferenciados.

A parafiscalidade deriva, pois, da **delegação** da chamada **capacidade tributária ativa** (que consiste no poder de arrecadar, fiscalizar e, inclusive, ser o destinatário dos recursos econômicos) a terceiros, normalmente entidades que exercem atividades de interesse social, em sentido amplo, na prestação de serviços diretos à comunidade ou, ainda, no controle e regulamentação de profissões cuja relevância se encontra prevista em lei.

Trata-se de **transferência**, mediante delegação, da capacidade tributária ativa, do ente público que a detém de forma originária para um terceiro reconhecido como útil e relevante, por força do processo de descentralização da atividade administrativa.

No Brasil, os tributos parafiscais se apresentam como **contribuições**, como as de intervenção no domínio econômico, as de interesse de categorias profissionais ou econômicas, as contribuições para o chamado Sistema "S" (SESC, SESI, SENAI) e outras de mesma natureza.

O **AFRMM** (Adicional ao Frete para Renovação da Marinha Mercante) foi também reconhecido pelo Supremo Tribunal Federal como contribuição parafiscal, de intervenção no domínio econômico, como se depreende do Acórdão exarado no RE 165.939/RS, cuja ementa reproduzimos a seguir.

CONSTITUCIONAL. TRIBUTÁRIO. ADICIONAL AO FRETE PARA RENOVAÇÃO DA MARINHA MERCANTE — AFRMM: CONTRIBUIÇÃO PARAFISCAL OU ESPECIAL DE INTERVENÇÃO NO DOMÍNIO ECONÔMICO. I. — O ADICIONAL AO FRETE PARA RENOVAÇÃO DA MARINHA MERCANTE — AFRMM — é uma contribuição parafiscal ou especial, contribuição de intervenção no domínio econômico, terceiro gênero tributário, distinta do imposto e da taxa (CF, art. 149). II. — O AFRMM não é incompatível com a norma do art. 155, par. 2.º, IX, da Constituição. Irrelevância, sob o aspecto tributário, da alegação no sentido de que o Fundo da Marinha Mercante teria sido extinto, na forma do disposto no art. 36, ADCT. III. — RE não conhecido.

---

[37] José Juan Ferreiro Lapatza, *Curso de derecho financiero español*: instituciones, p. 354.

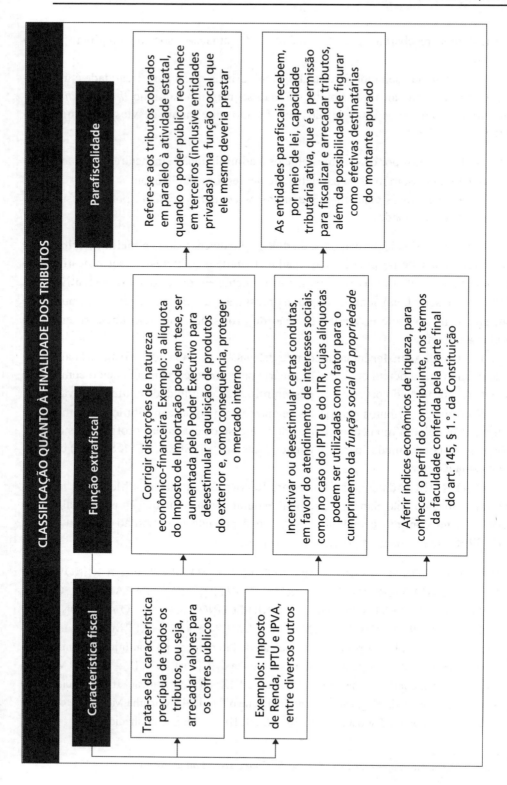

2.10. ESPÉCIES TRIBUTÁRIAS

O tema das **espécies tributárias** sempre gerou divergência entre os autores.

Novamente, trata-se de questão classificatória, propensa, como vimos, a imperfeições de natureza lógica ou sistemática.

Todavia, o conhecimento e a perfeita identificação dos **traços essenciais** de cada espécie parecem-nos fundamentais para a percepção da sua validade jurídica.

Apesar dos diversos posicionamentos a respeito, **duas teorias** costumam dividir a atenção dos estudiosos quando se busca definir quais são os tipos de tributos presentes no atual ordenamento constitucional[38], a **teoria tricotômica** e a **teoria quíntupla** (também chamada de pentapartida ou quintipartida).

A primeira corrente surgiu a partir da **escola tributária** da PUC-SP e conta com nomes de escol, como Geraldo Ataliba, Roque Carrazza e Paulo de Barros Carvalho.

Já a teoria quíntupla tem como defensores Ives Gandra e Hugo de Brito Machado, entre outros, e é a posição que também compartilhamos.

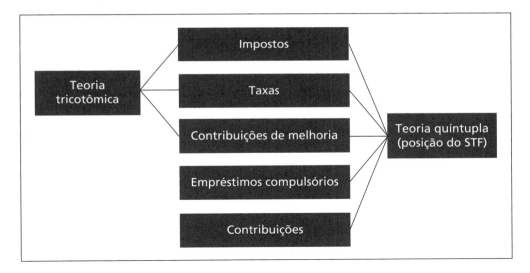

2.10.1. Classificação tricotômica

A **tripartição** das espécies tributárias encontra arrimo na própria dicção do Código Tributário Nacional, pois o art. 5.º do diploma parece resolver a questão, ao estabelecer, sem rodeios, que:

> **Art. 5.º** Os tributos são impostos, taxas e contribuições de melhoria.

---

[38] Autores de nomeada, como Pontes de Miranda e Alfredo Augusto Becker, defenderam, no passado, a existência de apenas duas espécies tributárias, os impostos e as taxas, posição hoje considerada ultrapassada. No mesmo sentido, alguns autores defendem, ainda hoje, a existência de diferentes números de espécies, mas são posições isoladas e minoritárias.

A partir dessa fundamentação, a **teoria tricotômica**, que tem em Paulo de Barros Carvalho um de seus grandes expoentes, analisa a tipologia tributária no Brasil de acordo com os critérios constitucionais determinantes dos tributos, e conclui, de forma sucinta, que a análise da espécie tributária deve levar em consideração a integração entre a **hipótese de incidência** e a **base de cálculo**, binômio capaz de revelar a natureza própria dos tributos e afastar a imprecisão terminológica do legislador[39].

O argumento decorre da inequívoca inserção da **base de cálculo**, enquanto *expressão econômica de um fato jurídico*, como elemento integrante do chamado **tipo tributário**.

Manifestação expressa desse fenômeno, de acordo com Paulo de Barros Carvalho, são os comandos veiculados pelos arts. 145, § 2.º, e 154, I, da Carta Magna[40], nos quais o constituinte buscou discriminar as competências tributárias e preservar o pacto federativo, ao instituir limitações para a criação das figuras impositivas.

Neste passo, impende destacar que, se a base de cálculo apresenta o indicador econômico, tomado do mundo real para a aferição do tributo, a noção de **hipótese de incidência** contempla a previsão em abstrato de um fato juridicamente relevante, ou seja, a descrição normativa de uma conduta que, *se e quando realizada*, fará surgir a respectiva obrigação tributária.

O tema em si é complexo e voltaremos a abordá-lo, com maior riqueza de detalhes, quando estudarmos os chamados **elementos da obrigação tributária**.

Por ora, basta-nos a ideia de que hipótese de incidência costuma ser a terminologia mais moderna e adequada àquilo que ficou consagrado pela doutrina clássica como **fato gerador**, na exata dicção da Constituição da República e do Código Tributário Nacional.

Aliás, o legislador do Código Tributário Nacional tomou a salutar providência de expurgar imprecisões terminológicas da **ontologia tributária**, pois destinou o art. 4.º para a definição do caráter de cada espécie, nos seguintes termos:

> **Art. 4.º** A natureza jurídica específica do tributo é determinada pelo fato gerador da respectiva obrigação, sendo irrelevantes para qualificá-la:
>
> I — a denominação e demais características formais adotadas pela lei;
>
> II — a destinação legal do produto da sua arrecadação.

---

[39] Paulo de Barros Carvalho, *Curso de direito tributário*, 24. ed., p. 61.

[40] Art. 145, § 2.º: "As taxas não poderão ter *base de cálculo* própria de impostos"; e art. 154: "A União poderá instituir: I — mediante lei complementar, impostos não previstos no artigo anterior, desde que sejam não cumulativos e não tenham *fato gerador ou base de cálculo* próprios dos discriminados nesta Constituição" (grifos nossos). Apesar da utilização do disjuntivo "ou" no art. 154, criticada por Barros Carvalho, prevalece, para o autor, o entendimento de que tanto a hipótese de incidência como a base de cálculo são elementos fundamentais para a definição estrutural de cada tributo.

2 ■ Tributo   71

O art. 4.º do CTN esclarece que a natureza jurídica do tributo é determinada pelo seu **fato gerador**, de modo que não importa a denominação (o nome formal dado pela lei) ou outras características secundárias, da mesma forma que a destinação (para onde serão carreados os recursos arrecadados).

Com louvável clareza, quis o Código Tributário Nacional impedir que os **nomes** porventura atribuídos aos tributos tenham qualquer influência na sua conceituação jurídica, seguramente ciente das atecnias e imperfeições da linguagem legislativa.

Exemplo típico do problema ocorreu com a malsinada **CPMF** (Contribuição Provisória sobre Movimentação Financeira), que, muito embora ostentasse a denominação *contribuição*, nada mais era do que **imposto disfarçado**, instituída no intuito de burlar limites constitucionais atinentes à espécie e favoráveis ao contribuinte, como a legalidade e a anterioridade, entre tantos outros.

Infelizmente, no caso da CPMF, os tribunais superiores convalidaram sua permanência no sistema, até ser extinta por ausência de acordo político, sob a premissa de prevalência da **literalidade da denominação** e em detrimento da advertência feita pelo Código Tributário Nacional.

Como o legislador parece não evoluir, algo semelhante provavelmente ocorrerá com a **Contribuição sobre Bens e Serviços** (CBS) criada, durante os debates sobre a reforma tributária, criada como mero desdobramento da **Imposto sobre Bens e Serviços** (IBS). Conquanto prevista no art. 195 da Constituição, que trata das contribuições previdenciárias, parece-nos evidente que a CBS será, **na essência**, mais um imposto "transformado" em contribuição, como indica, inclusive, o próprio texto da reforma.

O argumento a ser defendido implica que, em tese, pouco importa o *nomen juris* da figura tributária, mas sim as **características** (hipótese de incidência/fato gerador e base de cálculo) que ensejarão o nascimento da relação jurídica dela decorrente.

Somente a análise dos referidos critérios — e não a simples aceitação do nome escolhido pelo legislador — poderiam demonstrar, de forma inequívoca, se estaríamos diante de um imposto, taxa ou qualquer outra espécie.

A segunda parte do art. 4.º do Código Tributário Nacional ressalta a **irrelevância** da destinação da arrecadação para a análise das espécies tributárias.

Com efeito, reproduz conhecido entendimento no sentido de que a **aplicação** das receitas auferidas pelo Estado é assunto estranho ao direito tributário, que encerra seu campo de observação quando do ingresso dos valores arrecadados nos cofres das respectivas fazendas.

Onde, como e quando os recursos serão utilizados é matéria pertinente ao direito financeiro e orçamentário, tanto assim que o constituinte dedicou-lhe capítulo distinto[41], com o objetivo de regular os gastos e as finanças públicas, como vimos.

---

[41] Constituição Federal, arts. 163 a 169.

A ideia de vinculação dos gastos deu azo, em outros países, a discussões acerca dos **tributos finalísticos**, isto é, figuras cuja legitimidade estaria condicionada a objetivos específicos (*teoria da validação finalística*).

Sacha Calmon, no entanto, esclarece que a **validação finalística** é fundamental para o controle do *poder de tributar*, mas não para a definição dos tributos.

No entendimento do insigne jurista, para se esclarecer a natureza do tributo bastam o fato gerador e a base de cálculo, muito embora o destino da arrecadação revele-se importantíssimo para o controle da própria atividade estatal, no exercício do seu poder de impor tributos aos particulares[42].

Em suma, para a doutrina tricotômica haveria apenas **três espécies** tributárias possíveis, que albergariam todas as figuras do sistema brasileiro, independentemente da denominação que lhes fosse dada em lei.

Convém destacar que Sacha Calmon propõe como alternativa a noção de que as espécies tributárias podem contemplar obrigações **unilaterais** (no caso dos impostos, que independem de atividade estatal) ou **bilaterais** (para as taxas e contribuições, que exigem uma atuação do Estado voltada ao contribuinte)[43].

Nesse sentido, aproxima-se da posição clássica de Geraldo Ataliba[44], para quem os tributos poderiam ser divididos em apenas duas espécies, de acordo com a *vinculação ou não* a determinada atividade estatal.

Enquanto os impostos seriam decorrência da ausência de vinculação, as taxas e contribuições dependeriam da participação estatal, e teriam como elemento diferenciador a hipótese de incidência (que o autor denominava *base imponível*), de modo que para as taxas esta seria "uma dimensão da atuação estatal" e, para as contribuições, uma base designada por lei, representada por um "aspecto dimensível do elemento intermediário, posto como causa ou efeito da atuação estatal".

Geraldo Ataliba citava como exemplo a **contribuição previdenciária**, que, para o empregador, seria imposto e, para o empregado, taxa, com o que arrematava seu pensamento no sentido de que nenhum tributo no Brasil *seria verdadeiramente uma contribuição*.

2.10.2. Classificação quíntupla

A **teoria quíntupla** parece guardar **melhor sintonia** com o atual modelo constitucional, pois defende que, além de impostos, taxas e contribuições de melhoria, haveria, ainda, duas espécies adicionais: os **empréstimos compulsórios** e as **contribuições** (por

---

[42] Sacha Calmon Navarro Coêlho, *Curso de direito tributário brasileiro*, p. 477.

[43] Sacha Calmon Navarro Coêlho, *Curso de direito tributário brasileiro*, p. 470.

[44] Para melhor compreensão do pensamento do saudoso tributarista, recomendamos: Geraldo Ataliba, *Hipótese de incidência tributária*, p. 139 e s.

vezes, são chamadas de contribuições especiais, no intuito de diferençá-las das contribuições de melhoria), que ainda se subdividiriam em outras classes[45].

Com efeito, o art. 5.º do CTN parece-nos anacrônico, pois uma classificação a partir do texto constitucional realmente nos leva a concluir pela **prevalência da teoria quíntupla**, no sentido de reconhecer os empréstimos compulsórios e as diversas contribuições hoje existentes no sistema tributário nacional como **espécies independentes**, com características peculiares, o que impossibilitaria a sua absorção pelas três espécies tradicionais.

Essa é a posição, inclusive, do **Supremo Tribunal Federal**, conforme anotado em clássico julgado:

> De efeito, a par das três modalidades de tributos (os impostos, as taxas e as contribuições de melhoria) a que se refere o art. 145 para declarar que são competentes para instituí-los a União, os Estados, o Distrito Federal e os Municípios, os arts. 148 e 149 aludem a duas outras modalidades tributárias, para cuja instituição só a União é competente: o empréstimo compulsório e as contribuições sociais, inclusive as de intervenção no domínio econômico e de interesse das categorias profissionais e econômicas (cf. RE 146.133/SP, reiterado quando do julgamento da ADC 1-1/DF, ambos os feitos de relatoria do Min. Moreira Alves).

Alberto Xavier [46], com propriedade, alerta para o fato de que a Constituição "não procedeu, pois, a uma classificação, mas a uma tipologia de tributos, definindo uns por

---

[45] Conforme entendimento do STF: "Os tributos, nas suas diversas espécies, compõem o Sistema Constitucional Tributário brasileiro, que a Constituição inscreve nos seus arts. 145 a 162. Tributo, sabemos todos, encontra definição no art. 3.º do CTN, definição que se resume, em termos jurídicos, no constituir ele uma obrigação que a lei impõe às pessoas, de entrega de uma certa importância em dinheiro ao Estado. As obrigações são voluntárias ou legais. As primeiras decorrem da vontade das partes, assim, do contrato; as legais resultam da lei, por isso são denominadas obrigações *ex lege* e podem ser encontradas tanto no direito público quanto no direito privado. A obrigação tributária, obrigação *ex lege*, a mais importante do direito público, 'nasce de um fato qualquer da vida concreta, que antes havia sido qualificado pela lei como apto a determinar o seu nascimento (Geraldo Ataliba, 'Hermenêutica e Sistema Constitucional Tributário', in *Diritto e pratica tributaria'*, volume L, Padova, Cedam, 1979). As diversas espécies tributárias, determinadas pela hipótese de incidência ou pelo fato gerador da respectiva obrigação (CTN, art. 4.º), são a) os impostos (CF, art. 145, I, arts. 153, 154, 155 e 156), b) as taxas (CF, art. 145, II), c) as contribuições, que são c.l) de melhoria (CF, art. 145, III), c.2) sociais (CF, art. 149), que, por sua vez, podem ser c.2.1) de seguridade social (CF, art. 195, CF, 195, § 4.º) e c.2.2) salário-educação (CF, art. 212, § 5.º) e c.3) especiais: c.3.1.) de intervenção no domínio econômico (CF, art. 149) e c.3.2) de interesse de categorias profissionais ou econômicas (CF, art. 149). Constituem, ainda, espécie tributária, d) os empréstimos compulsórios (CF, art. 148)" (ADI 447, Rel. Ministro Octavio Gallotti, voto do Ministro Carlos Velloso, julgamento em 5-6-1991, Plenário, *DJ* de 5-3-1993).

[46] Alberto Xavier, *Temas de direito tributário*, p. 26.

74 Direito Tributário Esquematizado   *Roberto Caparroz*

características atinentes à estrutura (impostos, taxas), outros por características ligadas à função (contribuições), outros por traços referentes simultaneamente a um ou outro dos citados aspectos (contribuição de melhoria) e outros ainda por aspectos de regime jurídico alheios quer à estrutura, quer à função, como é o caso dos empréstimos compulsórios".

No mesmo sentido, Ives Gandra, entre outros tributaristas de renome[47], adota a classificação **pentapartida**, *com a qual concordamos*, à luz do modelo apresentado pela Constituição.

Conquanto o art. 145 da Carta Magna faça menção somente a impostos, taxas e contribuições de melhoria, resta claro que isso **não esgota** as possibilidades tributárias do sistema, mas apenas fixa competências específicas para a União, Estados, Distrito Federal e Municípios.

Por seu turno, os arts. 148, 149 e 149-A da Constituição veiculam competências que, em regra, pertencem a **somente à União**, com as exceções previstas nos arts. 149, § 1.º, e 149-A.

Convém, portanto, enfatizar que o sistema tributário positivo brasileiro contempla figuras que não podem ser simplesmente **desconsideradas** ou **reduzidas** nas três originalmente previstas no art. 5.º do Código Tributário Nacional, até porque estão todas insertas no capítulo que cuida da tributação, ainda que a elas o constituinte tenha conferido, por vezes, características peculiares, como no caso dos empréstimos compulsórios.

Atenção! Para fins de concurso, a posição a ser adotada é a que prevê a divisão em **cinco espécies**, entendimento recorrente nos tribunais superiores e em boa parte da doutrina. *É a posição que adotamos*, em consonância com a estrutura constitucional em vigor. Nas provas, só deve ser considerada a posição tricotômica se o examinador mencionar, *expressamente*, a importância do binômio **hipótese de incidência** e **base de cálculo**, pois, neste caso, estará a declarar manifesta preferência pela teoria tripartida.

Com base no exposto, podemos elaborar o seguinte quadro-resumo acerca das espécies tributárias e suas subdivisões no atual ordenamento pátrio.

---

[47] Celso Bastos, por exemplo, pontifica: "Na medida em que a Constituição conferiu regimes próprios a cinco modalidades tributárias diferentes, importa reconhecer o respectivo regime jurídico. Não nos parece que seja, portanto, uma questão de palavras diferentes a encobrir coisas idênticas". *Curso de direito financeiro e de direito tributário*, p. 146.

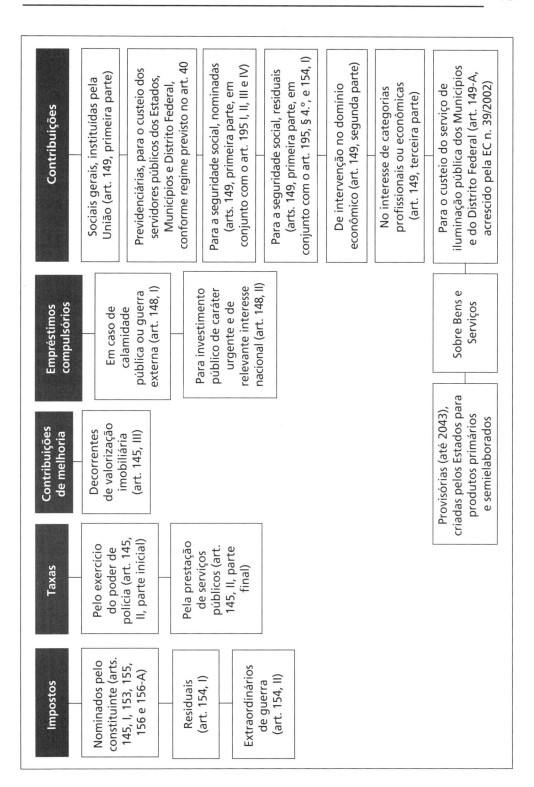

76   Direito Tributário Esquematizado   *Roberto Caparroz*

Vistas as possíveis formas de classificação dos tributos no ordenamento brasileiro, procederemos, agora, à análise específica das diversas espécies tributárias.

2.10.2.1. Impostos

Os impostos tendem a ser, em qualquer sistema tributário, as espécies **mais importantes**, usualmente responsáveis pela maior parcela dos recursos carreados ao Estado.

Infelizmente, no Brasil, apesar do esforço do constituinte em descrever (em alguns casos, com extrema minúcia) as principais características dos impostos, o legislador ordinário tem se valido, com assustadora frequência, da criação de **novas contribuições**, como artifício para burlar alguns dos preceitos constitucionais garantidores dos contribuintes, o que trouxe, nos últimos anos, um desbalanceamento do sistema federal, no qual tais contribuições representam grande parte dos valores arrecadados pela União.

Esse estratagema, como vimos, também foi usado pelo constituinte derivado na reforma tributária.

A competência para a **positivação jurídica** dos impostos foi estabelecida, em linhas gerais[48], no art. 145, I, da Constituição da República, que outorga à União, aos Estados, ao Distrito Federal e aos Municípios o poder de **legislar** (no sentido de criar e estabelecer as circunstâncias legais) sobre tais figuras.

> **Art. 145.** A União, os Estados, o Distrito Federal e os Municípios poderão instituir os seguintes tributos:
> I — impostos; (...)

Observa-se que a Constituição apenas mencionou os impostos, sem oferecer a eles **conceituação** específica (a despeito de mencionar expressamente, em comandos posteriores, quais seriam os impostos *possíveis*), de modo que podemos entendê-los a partir da noção trazida pelo **art. 16** do Código Tributário Nacional:

> **Art. 16.** Imposto é o tributo cuja obrigação tem por fato gerador uma situação independente de qualquer atividade estatal específica, relativa ao contribuinte.

Os impostos são, portanto, tributos **não vinculados**, tanto em razão da atividade estatal quanto no que se refere à destinação dos recursos arrecadados.

Isso implica que os valores relativos a impostos, em regra, ingressam no caixa da Fazenda Pública e serão gastos de acordo com o previsto nas respectivas leis orçamentárias.

Da definição se pode inferir que os impostos não implicam **contrapartida estatal**, o que, apesar de incontroverso, merece breves comentários.

---

[48] Dizemos "em linhas gerais" porque o dispositivo cuida apenas da fixação de competência, uma vez que para cada ente político o constituinte reservou artigo(s) específico(s) apartados, como ocorre com os impostos da União (arts. 153 e 154), dos Estados e do Distrito Federal (art. 155) e dos Municípios (art. 156).

É lugar-comum ouvirmos, tanto na mídia como — infelizmente — de membros da classe política, manifestações de que no Brasil se pagam "muitos impostos" e o Estado não oferece o equivalente em serviços ao cidadão.

Conquanto o pensamento reflita o *common sense* da população e, em termos finalísticos, seja **verdadeiro**, sob o prisma jurídico carece de rigor técnico, pois é da **natureza** dos impostos o fato de que os recursos auferidos sejam destinados ao *caixa geral* dos entes políticos e, dessa forma, gastos de acordo com o que estabelecer a respectiva lei orçamentária.

Trata-se de confusão do *gênero com a espécie*, até porque, nos meios não acadêmicos, utiliza-se a expressão "imposto" de modo banal, como se fosse sinônima de tributo, e não uma de suas manifestações.

Daí por que absurdos, por serem desprovidos de sentido, os comentários frequentemente veiculados pelos meios de comunicação, cujo conteúdo invariavelmente denuncia a existência de dado imposto e a falta de contraprestação dos serviços que dele **deveriam decorrer**, como se isso fosse algo inerente à espécie.

Exemplo clássico é a famosa cantilena do "pagamos tanto a título de IPVA e, ainda assim, as ruas das cidades continuam esburacadas". Ora, **não há** a menor correlação entre o imposto, embora devido pelos proprietários de veículos automotores, e a atividade estatal de conservação dos logradouros públicos, por expressa definição legal.

E é importante que seja assim, pois o Estado tem vários compromissos financeiros **desvinculados** de um serviço ou atividade diretamente relacionados com o cidadão.

Conquanto pareça razoável e natural a ideia acima, o fato de pagar impostos **não exige** qualquer concretização específica em relação ao sujeito passivo.

Os impostos são tributos **não vinculados** que servem para fazer frente às despesas gerais do Estado, como o pagamento dos servidores, os gastos com a manutenção e aperfeiçoamento do aparato administrativo e outras rubricas previstas na legislação orçamentária.

2.10.2.1.1. *Diferença entre não vinculação dos impostos e não afetação da sua receita*

Como vimos, uma questão importante, que costuma confundir os alunos, trata da **diferença** entre a não vinculação dos impostos a qualquer atividade estatal específica e a *vedação constitucional* presente no art. 167, IV, que impede a vinculação do produto da arrecadação dos impostos a órgão, fundo ou despesa, com a redação dada pela Emenda Constitucional n. 42/2003[49], denominada **princípio da não afetação** dos impostos.

O dispositivo constitucional sob comento já foi alterado várias vezes, e a novidade introduzida pela **atual redação** respeita a possibilidade de destinação de recursos prioritários às administrações tributárias da União, Estados, Municípios e Distrito Federal (CF, art. 37, XXII), que deverão atuar de **forma integrada**, inclusive com o compartilhamento de cadastros e de informações fiscais, na forma de lei ou convênio.

---

[49] Art. 167. "São vedados: (...) IV — a vinculação de receita de impostos a órgão, fundo ou despesa, ressalvadas a repartição do produto da arrecadação dos impostos a que se referem os arts. 158 e

Quis o constituinte derivado prever recursos orçamentários específicos, *ainda que oriundos de impostos*, para fortalecer as **estruturas de fiscalização** e arrecadação das diferentes esferas públicas. Promoveu, nesse sentido, alargamento do rol de exceções ao princípio da não afetação, que **continua a ser** a regra geral do sistema orçamentário.

O conceito de **afetação**, oriundo do direito administrativo, normalmente implica a destinação legal de dado recurso, bem ou patrimônio pertencente ao Estado.

Daí se dizer que existem, entre os chamados *bens públicos*, aqueles com destinação **especial** ou **afetados**, posto que destinados a determinada atividade, prevista em lei.

Parece-nos que o objetivo do constituinte, ao vedar a afetação das receitas oriundas dos impostos, foi o de permitir alguma "margem de manobra" ao Poder Executivo, senão todos os recursos já ingressariam no erário com destinações específicas e pouco ou nada caberia à gestão pública, uma vez que os impostos têm, como vimos, a função precípua de fomentar as atividades gerais da administração.

Misabel Derzi, na esteira desse raciocínio, apresenta **duas funções** básicas do princípio da não afetação[50]:

"A primeira, evidente, é mais técnica. Trata-se de regra complementar à contabilização do orçamento pelo bruto e um dos aspectos da universalidade. As receitas devem formar uma massa distinta e única, cobrindo o conjunto de despesas. Somente assim será possível o planejamento. Se avultam as vinculações, feitas pelo legislador tributário ao criar o imposto, ficando a receita comprometida por antecipação, cassar-se-á a faculdade de programar por meio da lei orçamentária, de planejar e de estabelecer prioridades. Sendo expressão da universalidade, a não afetação da receita também reforça a legalidade, o controle parlamentar e a ideia de planejamento integrado. A segunda função, mais relevante do que a primeira, prende-se ao caráter acentuadamente redistributivo dos impostos".

Nunca é demais ressaltar que o princípio da não afetação **restringe-se aos impostos**, quer por decorrência da expressa dicção constitucional, quer pela própria lógica do sistema, uma vez que as demais espécies tributárias, em tese, permitem a vinculação das receitas, como é o caso dos empréstimos compulsórios (de acordo com as premissas constitucionais que ensejaram sua criação, nos termos do art. 148), das contribuições e de algumas taxas.

O Supremo Tribunal Federal, inclusive, já ratificou a constitucionalidade da **vinculação de taxas** a programas de aperfeiçoamento do Poder Judiciário, como se pode depreender do voto relatado pelo Ministro Eros Grau[51], na análise casuística de Lei do Estado de Minas Gerais:

159, a destinação de recursos para as ações e serviços públicos de saúde, para manutenção e desenvolvimento do ensino e para realização de atividades da administração tributária, como determinado, respectivamente, pelos arts. 198, § 2.º, 212 e 37, XXII, e a prestação de garantias às operações de crédito por antecipação de receita, previstas no art. 165, § 8.º, bem como o disposto no § 4.º deste artigo".

[50] Misabel Derzi, nota de atualização à obra *Direito tributário brasileiro*, de Aliomar Baleeiro, 13. ed., p. 199-200.

[51] RE 570.513 AgR/GO, *DJe* em 27-2-2009; no mesmo sentido, **ADI 2.129**, Rel. Ministro Eros Grau, *DJ* de 16-6-2006, **ADI 2.059**, Rel. Ministro Eros Grau, *DJ* de 9-6-2006, **ADI 3.643**, Rel. Ministro Carlos Britto, *DJ* de 16-2-2007.

AGRAVO REGIMENTAL NO RECURSO EXTRAORDINÁRIO. DESTINAÇÃO DE RECURSOS. FUNDO ESTADUAL DE REAPARELHAMENTO E MODERNIZAÇÃO DO PODER JUDICIÁRIO — FUNDESP. COBRANÇA. SERVENTIAS EXTRAJUDICIAIS. LEI ESTADUAL N. 12.986/96. VIOLAÇÃO DO ART. 167, INCISO IV, DA CONSTITUIÇÃO DO BRASIL. **NÃO OCORRÊNCIA**. 1. Preceito de lei estadual que destina 5% [cinco por cento] dos emolumentos cobrados pelas serventias extrajudiciais e não oficializadas ao Fundo Estadual de Reaparelhamento e Modernização do Poder Judiciário — FUNDESP não ofende o disposto no art. 167, IV, da Constituição do Brasil. Precedentes. 2. A norma constitucional veda a vinculação da receita dos impostos, não existindo, na Constituição, preceito análogo pertinente às taxas. Agravo regimental a que se nega provimento.

2.10.2.1.2. *Dos casos de inconstitucionalidade por ofensa ao princípio da não afetação*

A vedação da afetação das receitas dos impostos, salvo os casos expressos na Constituição, tem se constituído em interessante ponto de referência para o **controle de constitucionalidade** das normas tributárias, especialmente quando da majoração de impostos com suposto caráter finalístico.

Um dos casos emblemáticos foi o do **aumento do ICMS** no Estado de São Paulo, cuja alíquota passou de 17% para 18%, em 1989, sob o argumento de que os recursos adicionais seriam destinados a aumento de capital da Caixa Econômica Estadual, para o financiamento de programas de habitação.

O Pleno do Supremo Tribunal Federal[52], à época, considerou **inconstitucional** a Lei Paulista n. 6.556/89, por afronta ao preceito contido no art. 167, IV, da Constituição.

A jurisprudência também fixou o entendimento de que é **irrelevante**, no sentido de afastar a inconstitucionalidade da afetação, se a vinculação ocorre em momento posterior à arrecadação (hipótese mais frequente) ou, ainda, se precede à própria entrada dos recursos nos cofres públicos, mediante **renúncia** ou **incentivo fiscal**, como decidiu o Supremo Tribunal Federal no caso de lei complementar do Distrito Federal que criava programa de incentivo às atividades esportivas mediante concessão de benefício fiscal às pessoas jurídicas, contribuintes do IPVA, que patrocinassem, fizessem doações ou investimentos em favor de atletas ou empresas[53].

Em igual sentido, já foram declaradas **inconstitucionais** várias tentativas de vinculação, tais como:

a) 10% da receita de impostos a **sistemas de saúde**[54];

b) aplicação de percentual do orçamento em programas voltados **à criança e ao adolescente**[55];

---

[52] STF, RE 213.739-1, Rel. Ministro Marco Aurélio, em 6-5-1998.
[53] STF, ADI 1.750, Rel. Ministro Eros Grau, publicada no *DJ* de 13-10-2006.
[54] STF, ADIMC 1.848/RO.
[55] STF, ADI 1.689/PE.

80   Direito Tributário Esquematizado   *Roberto Caparroz*

c) subsídios à produção e pesquisa de **algodão**[56];

d) ICMS destinado a programas de incentivo à **cultura**[57];

e) reajuste automático de vencimento de **servidores**[58].

Para a análise das **exceções** ao princípio da não afetação atualmente **autorizadas** pela Constituição, remetemos o leitor ao quadro que elaboramos no tópico 2.8.4.

2.10.2.1.3. Desvio ou não aplicação de recursos oriundos de impostos

Uma questão interessante que poderíamos levantar seria a circunstância de determinado ente federativo definir, no próprio **documento de arrecadação**[59] de um imposto (IPTU, a exemplo do que já aconteceu no município de São Paulo), qual seria a destinação econômica dos recursos recebidos.

Nessa hipótese, ante o **comprometimento formal** do poder público (desnecessário, mas determinante a partir de sua manifestação), acreditamos que, à luz dos princípios que norteiam o **direito administrativo**, especialmente quanto à publicidade, transparência e boa-fé da administração, a não vinculação dos valores arrecadados às referidas despesas poderia ensejar questionamento judicial, cujo cerne seria indagar se a lei que criou o imposto previu a vinculação (o que não é admissível) ou se a administração pública, na tentativa de "prestar contas" ao cidadão, quis estabelecer o compromisso de destinar recursos desvinculados a rubricas específicas.

Se, por um lado, resta claro que o legislador **não tem competência** para criar impostos finalísticos, à luz do art. 167, IV, da Constituição e de toda a jurisprudência apresentada, por outro nos parece inequívoco o **direito subjetivo** do contribuinte de questionar a ausência de vinculação, não para se opor ao pagamento, dada a falta de nexo causal entre a obrigação de pagar e a possível malversação dos recursos, mas sim para discutir, administrativamente, o **desvio de conduta**, pois não é lícito ao Estado utilizar os fenômenos tributários como mera propaganda de programas sociais ou plataformas políticas.

Entendemos que, na espécie, seria possível a **responsabilização** administrativa do agente, mas reconhecemos, por força de coerência, que a matéria extrapola os limites do direito tributário.

2.10.2.1.4. Classificação dos impostos na Constituição

De todas as espécies tributárias, os impostos foram as que receberam maior atenção da Carta de 1988.

Além de serem as figuras mais importantes em praticamente todos os países, o cuidado parece também relevar sua dimensão econômica, sobretudo para os Estados e Municípios, que têm neles a **principal fonte** de ingresso de recursos.

---

[56]   STF, ADI 2.722/SP.

[57]   STF, ADI 2.529/PR.

[58]   STF, RE 218.874/SC.

[59]   Equivalente ao conceito de *lançamento*, que veremos em tópico específico.

A Constituição buscou discriminar, em detalhes, quais impostos poderiam ser criados pelas **quatro** pessoas políticas de direito interno (União, Estados, Distrito Federal e Municípios), circunstância que para a doutrina indica a chamada **competência privativa**[60] para sua a instituição, uma vez que a cada ente foi atribuído determinado rol de impostos, sem possibilidade de sobreposições, salvo em casos excepcionais, como ocorre com o imposto extraordinário de guerra.

Sob o ponto de vista do **conteúdo material** que deverá integrar a hipótese de incidência de cada imposto, poderíamos dividi-los[61] com as atualizações exigidas pela reforma tributária, da seguinte maneira:

a) Impostos que gravam o **comércio exterior**, de competência da União:
   — Imposto de Importação (II) e Imposto de Exportação (IE);

b) Impostos sobre o **patrimônio** e a **renda**:
   — Imposto sobre a renda e proventos de qualquer natureza (IR), Imposto sobre a propriedade territorial rural (ITR) e Imposto sobre grandes fortunas (IGF), de competência da União[62];
   — Imposto sobre a propriedade de veículos automotores (IPVA), de competência dos Estados e do Distrito Federal; e
   — Imposto sobre a propriedade predial e territorial urbana (ITPU), que pertence aos Municípios e ao Distrito Federal;

c) Impostos sobre a **transmissão**, **circulação** e **produção**:
   — Imposto sobre produtos industrializados (IPI) e Imposto sobre operações de crédito, câmbio e seguro, ou relativas a títulos ou valores mobiliários (IOF), de competência da União;
   — Imposto sobre a transmissão *causa mortis* e doação, de quaisquer bens ou direitos (ITCMD), que, ao lado do imposto sobre operações relativas à circulação de mercadorias e sobre prestações de serviços de transporte interestadual e intermunicipal e de comunicação (ICMS), coube aos Estados e ao Distrito Federal;

---

[60] Cabe aqui destacar a arguta observação de Paulo de Barros Carvalho, quando pontifica que **só a União possui competência privativa**, em decorrência dos impostos estabelecidos no art. 153 da Constituição, além da competência residual prevista no art. 154. Isso porque, no caso dos impostos extraordinários, a Carta Magna expressamente autoriza a União a utilizar fatos jurídicos de competência dos outros entes federativos, mediante o uso da expressão "compreendidos ou não em sua competência tributária", como pudemos observar quando da análise do art. 154, II (*Curso de direito tributário*, 15. ed., p. 38).

[61] Conforme Paulo de Barros Carvalho, *Curso de direito tributário*, 24. ed., p. 69-70.

[62] Divergimos do ilustre mestre paulista quando este coloca o Imposto sobre grandes fortunas (IGF) entre os impostos de competência da União, não porque a afirmativa esteja incorreta, mas sim porque o IGF é, acima de tudo, imposto de *caráter residual*, tanto assim que, passados mais de vinte anos da Carta de 1988, ainda não foi editada lei complementar apta a instituí-lo, circunstância que o afasta das demais exações, que podem ser criadas por lei ordinária federal. Para saber mais sobre o tema e a nossa posição, sugerimos a leitura do tópico específico sobre competência.

— Imposto sobre a transmissão *inter vivos*, a qualquer título, por ato oneroso, de bens imóveis, por natureza ou acessão física, e de direitos reais sobre imóveis, exceto os de garantia, bem como cessão de direitos a sua aquisição, (ITBI) e Imposto sobre serviços de qualquer natureza (ISS), que ficou a cargo dos Municípios e do Distrito Federal;

d) Impostos **indeterminados**: são aqueles ainda não previstos, que só poderão ser criados por lei complementar da União, naquilo que ficou consagrado como **competência residual**, à luz do que dispõe o art. 154, I, da Constituição;

> **Art. 154.** A União poderá instituir:
>
> I — mediante lei complementar, impostos não previstos no artigo anterior, desde que sejam não cumulativos e não tenham fato gerador ou base de cálculo próprios dos discriminados nesta Constituição;

e) Impostos **extraordinários**: que são de competência privativa da União, nas hipóteses de guerra externa ou sua iminência.

> **Art. 154.** A União poderá instituir:
>
> (...)
>
> II — na iminência ou no caso de guerra externa, impostos extraordinários, compreendidos ou não em sua competência tributária, os quais serão suprimidos, gradativamente, cessadas as causas de sua criação.

De se notar que o constituinte atribuiu ao **Distrito Federal**, ente híbrido da estrutura republicana, a chamada **competência cumulativa** (ou competência dupla/dúplice), ao permitir que este possa criar tributos típicos dos Estados e dos Municípios, segundo se depreende do art. 147, parte final, da Lei Maior, conjugado com o art. 155, que equipara, em termos de competência, o Distrito Federal aos Estados.

> **Art. 147.** Competem à União, em Território Federal, os impostos estaduais e, se o Território não for dividido em Municípios, cumulativamente, os impostos municipais; ao Distrito Federal cabem os impostos municipais.

> **Observação:** Na hipótese de serem novamente criados Territórios, que hoje não existem, a competência para a cobrança dos impostos será da União, nos termos da parte inicial do art. 147 da Constituição.

QUADRO GERAL DOS IMPOSTOS NA CONSTITUIÇÃO

União

- Importação (II)
- Exportação (IE)
- Renda e proventos de qualquer natureza (IR)
- Produtos industrializados (IPI)
- Operações de crédito, câmbio e seguro, ou relativas a títulos ou valores mobiliários (IOF)
- Propriedade territorial rural (ITR)
- Grandes fortunas, nos termos de lei complementar (IGF)
- Competência residual
- Extraordinários de guerra
- Imposto Seletivo (IS)

Estados

- Transmissão *causa mortis* e doação, de quaisquer bens ou direitos (ITCMD)
- Operações relativas à circulação de mercadorias e sobre prestações de serviços de transporte interestadual e intermunicipal e de comunicação (ICMS)
- Propriedade de veículos automotores (IPVA)
- Imposto sobre Bens e Serviços (IBS)

Distrito Federal

- Transmissão *causa mortis* e doação, de quaisquer bens ou direitos
- Operações relativas à circulação de mercadorias e sobre prestações de serviços de transporte interestadual e intermunicipal e de comunicação
- Propriedade de veículos automotores
- Propriedade predial e territorial urbana (IPTU)
- Transmissão *inter vivos*, a qualquer título, por ato oneroso, de bens imóveis, por natureza ou acessão física (ITBI)
- Serviços de qualquer natureza (ISS)
- Imposto sobre Bens e Serviços (IBS)

Municípios

- Propriedade predial e territorial urbana (IPTU)
- Transmissão *inter vivos*, a qualquer título, por ato oneroso, de bens imóveis, por natureza ou acessão física (ITBI)
- Serviços de qualquer natureza (ISS)
- Imposto sobre Bens e Serviços (IBS)

84 Direito Tributário Esquematizado   *Roberto Caparroz*

Por fim, no caso dos impostos, a Constituição exige que **lei complementar nacional** defina os respectivos fatos geradores, bases de cálculo e contribuintes, providência essencial em favor da uniformidade de incidência e de aplicação em todo o território brasileiro, conforme determina o art. 146, III, *a*:

Art. 146. Cabe à lei complementar:

(...)

III — estabelecer normas gerais em matéria de legislação tributária, especialmente sobre:

a) definição de tributos e de suas espécies, bem como, em relação aos impostos discriminados nesta Constituição, a dos respectivos fatos geradores, bases de cálculo e contribuintes;

O comando atende ao princípio da **igualdade** e tem por objetivo evitar qualquer tipo de preferência ou prejuízo em função da localização do sujeito passivo ou da operação que ensejar a tributação.

2.10.2.1.4.1. Os impostos extraordinários

A União pode, sob determinadas circunstâncias, instituir **impostos extraordinários**, quando da iminência ou declaração de guerra externa, compreendidos ou não em sua competência tributária, os quais serão suprimidos, gradativamente, cessadas as causas de sua criação.

Curioso notar que o legislador original utilizou os termos **no plural**, o que nos força a reconhecer a possibilidade, ainda que em caráter hipotético, da instituição de **mais de um** imposto extraordinário, caso necessário, desde que observados os critérios constitucionais.

Entendemos que a União poderá se valer de fatos jurídicos previstos, inclusive, na competência de **outros entes** federativos, como a *propriedade de imóveis urbanos* ou a *circulação de mercadorias*, por exemplo.

No mesmo sentido, poderá escolher, mediante lei, fatos típicos dos seus próprios impostos, o que consagra, sem margem para dúvidas, **autorização constitucional** para a ocorrência dos fenômenos conhecidos como *bis in idem* (se a base escolhida for pertinente ao IPI, por exemplo) e **bitributação** (se a base recair sobre tributos da competência dos Estados ou Municípios)[63].

A Constituição também determina para a espécie o critério da **temporariedade**, ou seja, estabelece como condição de validade para sua permanência no sistema a manutenção da causa que lhe ensejou a criação (a guerra externa ou sua iminência).

Na medida em que desapareçam os motivos autorizadores da exação, deve também ser **extinta** a figura.

---

[63] De modo sucinto, o *bis in idem* ocorre quando um ente político faz incidir mais de um tributo sobre o mesmo fato jurídico, enquanto a *bitributação* decorre da exigência, por entes políticos distintos, de mesmo tributo sobre idêntico fato.

2 ■ Tributo

Dada a natural dificuldade de fixar o *dies a quo* para a hipótese, o Código Tributário Nacional, em caráter complementar, estabelece o **prazo máximo** de cinco anos, contados da celebração da paz.

> **Art. 76.** Na iminência ou no caso de guerra externa, a União pode instituir, temporariamente, impostos extraordinários compreendidos ou não entre os referidos nesta Lei, suprimidos, gradativamente, no prazo máximo de cinco anos, contados da celebração da paz.

Como as situações previstas na Constituição demandam urgência, a instituição do imposto extraordinário de guerra tem **eficácia imediata**, vale dizer, sua exigência não se sujeita aos princípios da **anterioridade** e da **noventena**.

Ademais, os impostos extraordinários, porque decorrentes de conflitos no plano internacional, têm como característica a presença de **motivação específica** para sua instituição, de forma que a ausência dos requisitos exigidos na Carta Magna (iminência ou declaração de guerra externa) tornaria a hipótese **inconstitucional**, pois que vinculada a regime jurídico próprio.

Entretanto, como bem destaca Luciano Amaro[64], "o eventual desvio dos recursos arrecadados não contamina o tributo, se este foi validamente instituído. Mas o desvio de recursos arrecadados não se confunde com a inexistência do motivo, assim como, nas contribuições, não se deve confundir o desvio do produto da arrecadação com o desvio de destinação no plano da criação ou instituição do tributo. Este ilícito, na esfera tributária, é que contamina a exação".

Mais uma vez se percebe a importância de separar os momentos de **criação normativa** do imposto com a efetiva **destinação** dos seus recursos.

No caso dos impostos extraordinários, a presença dos motivos demandados pela Constituição surge, desde sempre, como **condicionante adicional de legitimação**, o que não se pode confundir com as etapas posteriores, nas quais o tributo juridicamente válido poderia sofrer malversação na aplicação dos recursos, conduta sancionável na esfera do direito administrativo, mas incapaz, *a priori*, de afastar o pagamento ou permitir, de parte do contribuinte, a repetição dos valores.

2.10.2.2. *Taxas*

As taxas são figuras **muito amplas** em termos de positivação (possibilidade de ocorrência no mundo real, ou seja, existem muitas taxas e várias outras poderão ser criadas), desde que presente uma das duas situações previstas pelo art. 145, II, da Constituição:

> **Art. 145.** A União, os Estados, o Distrito Federal e os Municípios poderão instituir os seguintes tributos:
>
> (...)

---

[64] Luciano Amaro, *Direito tributário brasileiro*, p. 82.

> II — **taxas**, em razão do exercício do poder de polícia ou pela utilização, efetiva ou potencial, de serviços públicos específicos e divisíveis, prestados ao contribuinte ou postos a sua disposição;

Com esteio nos preceitos constitucionais, podemos afirmar que, a um tempo, as taxas configuram **hipóteses abertas** aos entes políticos (que poderão criar diversas taxas **em concreto**[65]**, uma vez que o constituinte não definiu quais seriam** as figuras existentes no sistema, ao contrário do que fez com os impostos), mas, por outro, o exercício da competência impositiva se encontra delimitado à existência das premissas constitucionais, que serão as únicas situações capazes de ensejar sua instituição.

De se notar que o comando constitucional é praticamente idêntico à previsão jurídica do **Código Tributário Nacional**, que desde a década de 1960 estabelecia:

> **Art. 77.** As taxas cobradas pela União, pelos Estados, pelo Distrito Federal ou pelos Municípios, no âmbito de suas respectivas atribuições, têm como fato gerador o exercício regular do poder de polícia, ou a utilização, efetiva ou potencial, de serviço público específico e divisível, prestado ao contribuinte ou posto à sua disposição.
> **Parágrafo único.** A taxa não pode ter base de cálculo ou fato gerador idênticos aos que correspondam a imposto nem ser calculada em função do capital das empresas.

Cabe-nos, portanto, analisar as proposições apresentadas pela Constituição, no intuito de entender-lhes o alcance e, por via de consequência, a **validade jurídica** dos gravames delas decorrentes.

As taxas podem ser criadas pela União, Estados, Distrito Federal e Municípios, nas seguintes situações:

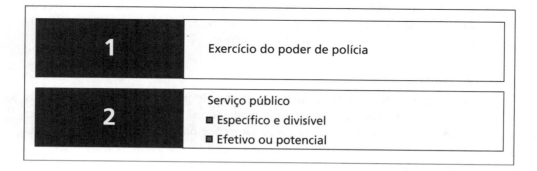

---

[65] CTN, Art. 80. Para efeito de instituição e cobrança de taxas, consideram-se compreendidas no âmbito das atribuições da União, dos Estados, do Distrito Federal ou dos Municípios, aquelas que, segundo a Constituição Federal, as Constituições dos Estados, as Leis Orgânicas do Distrito Federal e dos Municípios e a legislação com elas compatível, competem a cada uma dessas pessoas de direito público.

2.10.2.2.1. *Taxas pelo exercício do poder de polícia*

O chamado **poder de polícia** é típica manifestação da força estatal, que atua no sentido de **limitar** as pretensões dos particulares, ainda que consubstanciadas em teóricos direitos individuais, toda vez que o interesse coletivo deva ser colocado em primeiro plano.

Bandeira de Mello[66] divide a expressão "poder de polícia" em dois sentidos: amplo e restrito.

A primeira hipótese englobaria todas as medidas adotadas pelo Estado quando da definição da esfera juridicamente tutelada da liberdade e da propriedade dos cidadãos. Aqui teríamos tanto a atividade do Poder Legislativo quanto a do Executivo.

Em sentido estrito, a expressão "poder de polícia" relacionar-se-ia, no dizer do mestre, "unicamente com as intervenções, quer gerais, quer abstratas, como os regulamentos, quer concretas e específicas (tais as autorizações, as licenças, as injunções), do Poder Executivo destinadas a alcançar o mesmo fim de prevenir e obstar ao desenvolvimento de atividades particulares contrastantes com os interesses sociais".

A distinção parece-nos importante, pois, em termos tributários, o sentido estrito da expressão "poder de polícia", que remete à atividade conhecida como **polícia administrativa**, aproxima-se do conceito legal que propicia a criação das taxas.

O Código Tributário Nacional define o **poder de polícia** no art. 78:

> **Art. 78.** Considera-se poder de polícia a atividade da administração pública que, limitando ou disciplinando direito, interesse ou liberdade, regula a prática de ato ou abstenção de fato, em razão de interesse público concernente à segurança, à higiene, à ordem, aos costumes, à disciplina da produção e do mercado, ao exercício de atividades econômicas dependentes de concessão ou autorização do Poder Público, à tranquilidade pública ou ao respeito à propriedade e aos direitos individuais ou coletivos.
>
> **Parágrafo único.** Considera-se regular o exercício do poder de polícia quando desempenhado pelo órgão competente nos limites da lei aplicável, com observância do processo legal e, tratando-se de atividade que a lei tenha como discricionária, sem abuso ou desvio de poder.

A partir do posicionamento doutrinário e legal acerca do poder de polícia, podemos extrair diversos exemplos da aplicação concreta das taxas no sistema brasileiro.

Exemplo: Digamos que alguém deseje construir imóvel em terreno de sua propriedade.

A providência administrativa inicial será requerer o **alvará de construção** na respectiva repartição pública, ocasião em que o interessado deverá apresentar diversos documentos (planta e memorial descritivo do imóvel, comprovante de propriedade etc.), além de recolher aos cofres municipais o valor estabelecido em lei.

---

[66] Celso Antonio Bandeira de Mello, *Curso de direito administrativo*, 24. ed., p. 798.

88   Direito Tributário Esquematizado   *Roberto Caparroz*

Obtida a **autorização**, poderá o particular iniciar a obra, que, quando concluída, ainda carecerá de outras autorizações específicas, que em vários casos serão precedidas de vistorias (Corpo de Bombeiros, Certidão de Habite-se, entre outras).

Pois bem, em relação a todas essas **atividades estatais** deverá o contribuinte recolher os respectivos valores, conforme dispuser a legislação específica, e, como regra, os pagamentos serão decorrentes de **taxas** pelo exercício do poder de polícia.

Na esteira desse raciocínio, diversas outras atividades de controle estatal, como as relacionadas à **saúde pública**, **preservação ambiental** e **fiscalização** de atividades econômicas, entre outras, poderão ser remuneradas mediante taxas, desde que exercidas pela administração pública e previstas em lei específica, federal, estadual, municipal ou do Distrito Federal.

SÚMULA 665 DO STF: É constitucional a Taxa de Fiscalização dos Mercados de Títulos e Valores Mobiliários instituída pela Lei n. 7.940/89.

Importante destacar que os tribunais superiores já **afastaram** a cobrança de taxas em caso de **potencial** poder de polícia, sob o argumento, que nos parece bastante adequado, de que somente o exercício, **efetivo**, de qualquer atividade estatal de cunho regulatório ou fiscalizador, com a devida previsão legal, poderá ensejar a cobrança do tributo.

Como exemplo, note-se que o Supremo Tribunal Federal já decidiu que é necessário que o Poder Público mantenha órgão de controle e fiscalização **em funcionamento**, a fim de que possa exigir taxas em razão do poder de polícia (RE 116.518):

TAXA DE LICENÇA DE LOCALIZAÇÃO, FUNCIONAMENTO E INSTALAÇÃO. COBRANÇA PELA MUNICIPALIDADE DE SÃO PAULO. LEGALIDADE: ART. 18, I, DA CF/69. O Supremo Tribunal Federal já se pronunciou pelo reconhecimento da legalidade da taxa cobrada pelo Município de São Paulo, pois funda-se no poder de polícia **efetivamente exercitado** através de seus órgãos fiscalizadores. Hipótese em que não ocorreu ofensa ao art. 18, I, da Carta precedente. Recurso extraordinário conhecido e provido.

Em regra, as taxas devem ser **referíveis** a determinado indivíduo ou grupo de indivíduos, no sentido de que sua cobrança deve emanar de atividade estatal direta ou indiretamente observada em relação ao contribuinte.

O entendimento é praticamente uníssono na doutrina e, nesse sentido, citamos, por todos, o pensamento clássico de Geraldo Ataliba[67]: "A materialidade do fato gerador da taxa, ou de sua hipótese de incidência, é, sempre e necessariamente um fato produzido pelo Estado, na esfera jurídica do próprio Estado, em referibilidade ao administrado"[68].

---

[67] Geraldo Ataliba, Sistema Tributário na Constituição de 1988, *Revista de Direito Tributário*, 51/140.

[68] Nesse sentido, o STF declarou inconstitucional o art. 1.º da Lei n. 9.960/2000, que instituiu a Taxa de Serviços Administrativos — TSA, justamente por não definir de forma específica o fato gerador da exação (ARE 957.650, de maio de 2016).

2 ■ Tributo

Em que pese a posição acima, cabe destacar que o Supremo Tribunal Federal entendeu **constitucional** a cobrança de taxas independentemente da presença de atividade fiscalizadora individualizada, conforme veremos no tópico a seguir.

2.10.2.2.1.1. Taxa de controle e fiscalização ambiental

O entendimento doutrinário, que esposamos, de que a mera criação de um serviço de fiscalização aparelhado **não é suficiente**, *a priori*, para a exigência de taxas, sendo de rigor a existência de serviço público efetivo, até porque a Constituição fala em ***exercício** do poder de polícia*, o que, por si só e com esteio na língua portuguesa, já bastaria para se determinar a necessidade de *uma conduta, um fazer do Estado* em direção ao contribuinte, foi objeto de análise pelo Supremo Tribunal Federal.

Parece-nos cristalina, inclusive, a ideia de **precedência** da atividade estatal sobre qualquer exigência tributária, vale dizer, a prestação deve anteceder a cobrança ou estar, ao menos, disponível para o sujeito passivo.

Queremos enfatizar que o Estado realiza procedimentos de **fiscalização** por obrigação, que se consubstancia no princípio finalístico do interesse coletivo, o qual exige e autoriza o controle das atividades privadas.

Portanto, a cobrança de taxas em razão de tal desiderato é **circunstância colateral**, de natureza financeira e mero cunho compensatório.

Ives Gandra, a respeito, adverte[69]: "O poder tributante não exerce o poder de polícia para justificar a cobrança da taxa pertinente, mas cobra a taxa relacionada porque exerce o poder de polícia. E o poder de polícia é serviço público profilático, objetivando orientar o comportamento social e empresarial, dentro de regras de ordem e coerência".

Em meio a tais argumentações, o Supremo Tribunal Federal foi chamado a decidir[70] sobre a **constitucionalidade** da Lei n. 10.165/2004, que instituiu a *Taxa de Controle e Fiscalização Ambiental*, em razão da atividade fiscalizadora do IBAMA, que não possui caráter individual.

De acordo com a referida lei, a taxa foi instituída pelo exercício do poder de polícia, consistente no **controle** e **fiscalização** das atividades potencialmente poluidoras de recursos naturais, e tem como sujeito passivo quem exerce as atividades constantes de seu Anexo VIII.

O cálculo do valor da taxa é efetuado a partir de critérios variados, em função da potencialidade poluidora da atividade exercida pelo contribuinte.

Pois bem, com base nos princípios da **proporcionalidade** e da **praticabilidade**, entendeu o Supremo Tribunal Federal ser **constitucional** a exação.

A noção de praticabilidade, utilizada como contra-argumento acerca da dificuldade de se estabelecer a base de cálculo do tributo, determina, conforme entendimento do Supremo Tribunal Federal, *que o direito não pode ignorar a realidade sobre a qual se aplica*.

---

[69] Ives Gandra da Silva Martins, *Comentários à Constituição do Brasil*, v. 6, t. I, p. 44.

[70] RE 416.601, publicado no *Informativo STF* n. 397.

Com espeque na clássica lição do Ministro Moreira Alves[71], declarou a Corte que não se pode exigir do legislador mais do que "equivalência razoável entre o custo real dos serviços e o montante a que pode ser compelido o contribuinte a pagar, tendo em vista a base de cálculo estabelecida pela lei e o *quantum* da alíquota por esta fixado".

Assim, considerou o **Supremo Tribunal Federal** "razoável supor que a receita bruta de um estabelecimento varie segundo o seu tamanho e a intensidade de suas atividades. É razoável ainda pretender que empreendimentos com maior grau de poluição potencial ou de utilização de recursos naturais requeiram controle e fiscalização mais rigorosos e demorados da parte do IBAMA... com atendimento, em consequência, na medida do humanamente possível, dos princípios da proporcionalidade e da retributividade".

Em síntese, ao analisar a **constitucionalidade** da *Taxa de Controle e Fiscalização Ambiental* (TCFA), cobrada pelo IBAMA em razão do exercício do poder de polícia, cuja base legal foi a nova redação conferida ao tributo pela Lei n. 10.165/2000[72], o Supremo Tribunal Federal (RE 416.601/DF) entendeu que **não seria necessária** a efetiva visita dos agentes do IBAMA em todos os estabelecimentos sujeitos à tributação.

Embora o fundamento para a criação da taxa seja a fiscalização de atividades poluidoras e utilizadoras de recursos ambientais, o STF concluiu pela incidência do tributo em relação a **todos os sujeitos passivos**, independentemente de terem sido objeto de visita ou fiscalização individual.

2.10.2.2.1.2. Natureza jurídica das custas judiciais e emolumentos notariais e registrais

O valor pago a título de custas, emolumentos e outras rubricas destinadas a compensar a **atividade judicial** do Estado e o controle sobre os **registros públicos** sempre foi objeto de calorosas discussões.

A confusão, entre outros motivos, decorre da própria terminologia, que parece afastar as citadas figuras do conceito de tributo.

Todavia, atualmente parece incontestável a ideia de que os valores arrecadados em razão de tais atividades, ainda que exercidas **por terceiros**, possuem natureza tributária.

Como leciona Sacha Calmon[73], "as custas e emolumentos se originaram para financiar o aparato judicial e notarial. Foram e são ainda estabelecidas em tabelas, às vezes insuficientes, às vezes exorbitantes. E hoje, num acréscimo de segurança e legitimidade, são fixadas em lei pelos representantes do povo. Estima-se um *quantum* pela prestação dos bons serviços das serventias, oficializadas ou não. A prestação jurisdicional propriamente dita, a seu turno, justificaria a taxa judiciária".

Portanto, podemos afirmar a **natureza tributária** das custas judiciais e emolumentos concernentes aos serviços notariais e registrais.

É o entendimento pacífico do Supremo Tribunal Federal.

---

[71] Representação de Inconstitucionalidade n. 1.077/84.

[72] Alteração da Lei n. 6.938/81, que dispõe sobre a Política Nacional do Meio Ambiente.

[73] Sacha Calmon Navarro Coêlho, *Curso de direito tributário brasileiro*, p. 499.

Vejamos, a respeito, breve excerto da **ADInMC 1.378-5**, de novembro de 1995, relator o Ministro Celso de Mello:

A jurisprudência do STF firmou orientação no sentido de que as custas judiciais e os emolumentos concernentes aos serviços notariais e registrais possuem natureza tributária, qualificando-se como taxas remuneratórias de serviços públicos, sujeitando-se, em consequência, quer no que concerne à sua instituição e majoração, quer no que se refere à sua exigibilidade, ao regime jurídico-constitucional pertinente a essa especial modalidade de tributo vinculado, notadamente aos princípios fundamentais que proclamam, dentre outras, as garantias essenciais (a) da reserva de competência impositiva, (b) da legalidade, (c) da isonomia e (d) da anterioridade.

2.10.2.2.2. *Taxas pela execução de serviços públicos*

A Constituição foi promulgada em meio a **enormes mudanças** no cenário internacional.

Desde meados da década de 1980 havia a percepção de que o modelo socialista se esgotara, e, com ele, a ideia de Estados intervencionistas, diretamente conectados com a atividade econômica privada, também se esvaziou.

O marco simbólico da derrocada foi a queda do **Muro de Berlim**[74], evento que o constituinte brasileiro não pôde antever, especialmente em relação às drásticas mudanças econômicas dali decorrentes.

Por força disso, a Constituição foi erigida a partir do paradigma do Estado "prestador de serviços", o que era feito por meio de inúmeras empresas públicas e demais entidades da chamada **administração pública indireta**.

Ocorre que, com o advento da **globalização**, que tomou de assalto o planeta a partir dos anos 1990, toda a concepção de participação do Estado na atividade econômica foi alterada, o que deu ensejo ao período das grandes **privatizações** no país, mediante as quais praticamente todos os serviços outrora prestados pelo poder público foram **transferidos** à iniciativa privada, notadamente por meio de concessões.

Percebe-se, assim, certo **distanciamento** entre o comando constitucional de 1988 e a realidade econômica atual, no sentido de que os serviços prestados em larga escala à sociedade **não são mais** oferecidos pelo Estado, mas por particulares que os exploram por sua conta e risco, sob a supervisão de entidades públicas, como é o caso das agências reguladoras.

Em decorrência, a cobrança de taxas pela prestação de serviços públicos **perdeu força**, ante a limitação de hipóteses fáticas tributáveis, pois o empresário particular que presta serviços públicos normalmente obtém remuneração do usuário por meio de **tarifas**.

---

[74] O Muro de Berlim foi ao chão em 9 de novembro de 1989 (pouco mais de um ano após a publicação da Carta Brasileira) e pôs fim à divisão da Alemanha, cujo lado ocidental (RFA) representava o modelo capitalista, enquanto a parte oriental (RDA) integrava o bloco soviético. Durante 28 anos foi o símbolo máximo da bipolaridade geopolítica vigente, baseada na supremacia militar dos Estados Unidos e da extinta União Soviética.

92   Direito Tributário Esquematizado   *Roberto Caparroz*

De qualquer modo, as taxas existem e podem ser instituídas toda vez que o ente público oferecer à comunidade serviços **específicos** e **divisíveis**, de utilização **efetiva** ou **potencial**, nos exatos termos da Constituição.

Para compreendermos melhor os requisitos necessários à validade jurídica das taxas, convém analisarmos os critérios constitucionais, já com a advertência de que são **cumulativos**, ou seja, deverão todos estar presentes para a instituição do tributo.

Importante notar que dos quatro requisitos previstos basta a ocorrência simultânea de **apenas três** para a legalidade da taxa, posto que os conceitos de utilização *efetiva ou potencial* podem ser considerados excludentes, sendo necessário que apenas um se manifeste.

Para entendermos melhor a questão, vejamos as características de cada requisito.

O Código Tributário Nacional oferece definições sintéticas dos **quatro requisitos**, nos seguintes termos:

Art. 79. Os serviços públicos a que se refere o art. 77 consideram-se:

I — utilizados pelo contribuinte:

a) **efetivamente**, quando por ele usufruídos a qualquer título;

b) **potencialmente**, quando, sendo de utilização compulsória, sejam postos à sua disposição mediante atividade administrativa em efetivo funcionamento;

II — **específicos**, quando possam ser destacados em unidades autônomas de intervenção, de unidade, ou de necessidades públicas;

III — **divisíveis**, quando suscetíveis de utilização, separadamente, por parte de cada um dos seus usuários.

■ Serviços de utilização **efetiva** ou **potencial**

Como vimos, para a legalidade de uma taxa basta atender apenas **a um** desses requisitos, como se pode depreender do disjuntor "ou". Assim, desde que o Estado preste o serviço, **pouco importa** se o usuário efetivamente o utilizou.

No intuito de desenvolver as noções trazidas pelo Código e torná-las menos tautológicas (até porque o legislador empregou o adjetivo **efetivo** nas duas alíneas do inciso I), poderíamos dizer que a utilização do serviço público adota como premissa sua prestação **contínua** e **regular**[75], de acordo com a legislação administrativa, de forma que a

---

[75] Nesse sentido, entendeu o STF, com **repercussão geral:** "O texto constitucional diferencia as taxas decorrentes do exercício do poder de polícia daquelas de utilização de serviços específicos e divisíveis, facultando apenas a estas a prestação potencial do serviço público. A regularidade do exercício do poder de polícia é imprescindível para a cobrança da taxa de localização e fiscalização. À luz da jurisprudência deste STF, a existência do órgão administrativo não é condição para o reconhecimento da constitucionalidade da cobrança da taxa de localização e fiscalização, mas constitui um dos elementos admitidos para se inferir o efetivo exercício do poder de polícia, exigido constitucionalmente. Precedentes. (...) É constitucional taxa de renovação de funcionamento e localização municipal, desde que efetivo o exercício do poder de polícia, demonstrado pela existência de órgão e estrutura competentes para o respectivo exercício, tal como verificado na espécie quanto ao Município de Porto Velho/RO (...)" (RE 588.322, Rel. Ministro Gilmar Mendes, julgamento em 16-6-2010, Plenário, *DJe* de 3-9-2010, com repercussão geral).

cobrança da respectiva taxa será legítima se o Estado disponibilizar o serviço ao usuário sob tais condições.

A contrario sensu, se a prestação sofrer interrupções, paralisações ou solução de continuidade, caberá ao usuário exercer o direito de não pagar o tributo, ou de pagá-lo proporcionalmente àquilo que foi oferecido pelo poder público.

É importante perceber que os requisitos de efetividade ou potencialidade dizem sempre respeito à **utilização** pelo contribuinte, de sorte que a validade jurídica das taxas, nesses casos, está condicionada somente à prestação do serviço pelo poder público (ou por particulares em nome deste, mediante concessão).

O entendimento é no sentido de que alguns serviços devem ser considerados como de **utilização compulsória**, pois o Estado incorre em gastos independentemente de as pessoas os utilizarem ou não.

Exemplo: Se alguém é proprietário de imóvel atendido pelo serviço de coleta individual de lixo, deverá pagar a taxa independentemente de produzir lixo, ou seja, mesmo que esteja viajando ou temporariamente fora de casa. Isso porque, para o município, os gastos com a prestação do serviço não se alteram em razão da utilização, mas sim da disponibilização para o usuário.

No mesmo sentido, *outro exemplo*: se alguém possui dois imóveis, um para residência e outro para veraneio, por óbvio que não conseguirá utilizar ambos simultaneamente, o que não impede a cobrança de duas hipotéticas taxas de lixo, desde que os respectivos municípios nos quais se localizam os bens efetivamente coloquem o serviço à disposição do proprietário durante determinado período.

Pouco importa se a pessoa utilizou os imóveis ou neles produziu lixo; o parâmetro que permite a cobrança das taxas de coleta de lixo é o fato de as administrações municipais terem oferecido o serviço, ainda que este não tenha sido aproveitado.

Serviços **específicos**

O critério da especificidade do serviço, de acordo com o Código Tributário Nacional, diz respeito à possibilidade de se identificar **prestações autônomas**, o que, em tese, se sobrepõe ao próprio conceito de divisibilidade.

Para entender melhor a questão, pensamos que a especificidade vai além e deve ser considerada a **descrição pormenorizada** do serviço, de modo que o usuário possa aferir se a prestação realmente ocorreu, em homenagem ao princípio da **publicidade** do direito administrativo.

No citado exemplo da taxa de coleta de lixo, a especificidade poderia significar a fixação, em lei, da forma de recolhimento dos detritos (uso de caminhões, equipamentos ou pessoas), os horários e a frequência da prestação (se ocorre também nos fins de semana e feriados), a área abrangida (moradores não beneficiados pelo serviço não podem ser tributados) e o período que servirá para a fixação da base de cálculo (mensal, por hipótese).

Com a definição legal dos parâmetros da prestação, poderá o usuário verificar o cumprimento da obrigação estatal, condição necessária para a exigência da exação.

> **Importante!** Serviço específico é aquele bem discriminado, ou seja, em que todos os mecanismos da prestação são conhecidos pelo usuário; assim, a lei deve veicular todas as características intrínsecas do serviço, até para que o contribuinte possa aferir a sua prestação pelo poder público.

■ Serviços **divisíveis**

Quanto ao último critério, o da **divisibilidade** do serviço, consideramos tratar-se de juízo automático, que transcende o mero comando normativo, porque só se pode cobrar tributos de **pessoas identificadas**, ainda que estas, *a priori*, não sejam conhecidas.

Neste passo, surgem algumas questões:

É possível um serviço ter usuários indeterminados? E indetermináveis?

A priori (antes da prestação) é possível que o usuário de um serviço seja **indeterminado** e que isso não afronte o preceito legal, desde que no momento da prestação do serviço se consiga identificar o usuário.

Exemplo: Os emolumentos cobrados pelos cartórios são considerados taxas pela prestação de serviços públicos, conforme entendimento pacífico dos tribunais superiores. Assim, quando o titular do cartório abre as portas do estabelecimento pela manhã, ele não sabe quantas pessoas utilizarão o serviço (neste momento o número de usuários é indeterminado). Durante o dia, na medida em que os usuários utilizam os serviços oferecidos, conseguimos identificar individualmente cada pessoa que lá esteve para reconhecer firma ou obter uma cópia autêntica, entre outras possibilidades. O número de usuários, que era indeterminado no início do dia, tornou-se certo no fim do expediente, sem qualquer prejuízo ao requisito da divisibilidade das taxas.

A divisibilidade também pode ser utilizada como **critério econômico** para a fixação do *quantum* do tributo, de modo que a nossa hipotética taxa de coleta de lixo poderia levar em consideração o custo do serviço (R$ 100.000,00, por exemplo) e dividi-lo pelo número de usuários (10.000 residências), para estabelecer um valor individual de R$ 10,00.

O critério não é obrigatório, mas satisfaz o modelo constitucional conferido às taxas, que são devidas como **contraprestação** de serviços oferecidos pelo Estado, e encontra respaldo na jurisprudência do STF, inclusive para a configuração de efeito confiscatório:

Taxa: correspondência entre o valor exigido e o custo da atividade estatal. A taxa, enquanto contraprestação a uma atividade do Poder Público, **não pode superar** a relação de razoável equivalência que deve existir entre o **custo real** da atuação estatal referida ao contribuinte e o **valor** que o Estado pode exigir de cada contribuinte, considerados, para esse efeito, os elementos pertinentes às alíquotas e à base de cálculo fixadas em lei. Se o valor da taxa, no entanto, ultrapassar o custo do serviço prestado ou posto à disposição do contribuinte, dando causa, assim, a uma situação de **onerosidade excessiva**, que descaracterize essa relação de equivalência entre os fatores referidos (o custo real do serviço, de um lado, e o valor exigido do contribuinte, de outro), configurar-se-á, então, quanto a essa modalidade de tributo, hipótese de ofensa à **cláusula vedatória** inscrita no art. 150, IV, da CF. Jurisprudência. Doutrina (ADI 2.551MC-QO, Rel. Ministro Celso de Mello).

Como a administração pública não visa a lucro, parece-nos jurídico e razoável o entendimento de que o valor pago a título de taxa deva guardar proporção com as despesas incorridas e necessárias à prestação[76].

A possibilidade de identificação dos usuários levou o Supremo Tribunal Federal a pacificar o entendimento acerca da **constitucionalidade** da taxa de **coleta individual de lixo**, por meio da **Súmula Vinculante 19:**

> A taxa cobrada exclusivamente em razão dos serviços públicos de coleta, remoção e tratamento ou destinação de lixo ou resíduos provenientes de imóveis, não viola o art. 145, II, da Constituição Federal.

Destaque-se que a coleta individual de lixo, na qual se identifica claramente o proprietário do **imóvel beneficiado** pelo serviço, é constitucional, mas, por outro lado, não seria possível a criação de uma taxa para limpeza de **logradouros públicos**, porque nessa hipótese não seria possível identificar as pessoas beneficiadas pela atividade.

Quando os usuários do serviço são **indetermináveis**, a consequência lógica é a impossibilidade de cobrança. Isso significa que serviços de caráter **difuso** (prestados à coletividade ou a sujeitos que não podem ser identificados, como os serviços de segurança[77], conservação do patrimônio público etc.) não são individualmente remunerados, pois o Estado não consegue definir quem são os reais usuários.

Assim, respondendo à nossa segunda pergunta, **não é possível** a exigência de taxas quando os usuários forem **indetermináveis**, o que significa que os serviços públicos de caráter difuso ou geral não podem ser remunerados mediante taxa[78].

---

[76] Nesse sentido, STF: "Taxa florestal. (...) Exação fiscal que serve de contrapartida ao exercício do poder de polícia, cujos elementos básicos se encontram definidos em lei, possuindo base de cálculo distinta da de outros impostos, qual seja, o custo estimado do serviço de fiscalização" (RE 239.397).

[77] STF: "Em face do art. 144, *caput*, V e parágrafo 5.º, da Constituição, sendo a segurança pública, dever do Estado e direito de todos, exercida para a preservação da ordem pública e da incolumidade das pessoas e do patrimônio, através, entre outras, da polícia militar, essa atividade do Estado só pode ser sustentada pelos impostos, e não por taxa, se for solicitada por particular para a sua segurança ou para a de terceiros, a título preventivo, ainda quando essa necessidade decorra de evento aberto ao público. Ademais, o fato gerador da taxa em questão não caracteriza sequer taxa em razão do exercício do poder de polícia, mas taxa pela utilização, efetiva ou potencial, de serviços públicos específicos e divisíveis, o que, em exame compatível com pedido de liminar, não é admissível em se tratando de segurança pública" (ADI 1.942-MC, Rel. Ministro Moreira Alves).

[78] STF: "Com efeito, a Corte entende como específicos e divisíveis os serviços públicos de coleta, remoção e tratamento ou destinação de lixo ou resíduos provenientes de imóveis, desde que essas atividades sejam completamente dissociadas de outros serviços públicos de limpeza realizados em benefício da população em geral (*uti universi*) e de forma indivisível, tais como os de conservação e limpeza de logradouros e bens públicos (praças, calçadas, vias, ruas, bueiros). Decorre daí que as taxas cobradas em razão exclusivamente dos serviços públicos de coleta, remoção e tratamento ou destinação de lixo ou resíduos provenientes de imóveis são constitucionais, ao passo que é inconstitucional a cobrança de valores tidos como taxa em razão de serviços de conservação e limpeza de logradouros e bens públicos" (RE 576.321-QO-RG).

Essa constatação decorre da clássica divisão dos serviços em:

a) ***Uti universi*** — são os serviços prestados indistintamente, para toda a comunidade, com benefícios que alcançam um número indeterminável de pessoas. Serviços dessa natureza devem ser custeados pela receita dos impostos ou contribuições.

b) ***Uti singuli*** — são os serviços destinados a uma pessoa ou a um número determinável de pessoas, que podem ser custeados mediante taxas.

Observação: É o que aconteceu com a taxa de **iluminação pública**, antigamente cobrada em alguns municípios. O STF entendeu não ser possível identificar os usuários desse tipo de serviço, o que ensejou a elaboração da **Súmula 670**, que declarou sua inconstitucionalidade, posteriormente transformada em interpretação obrigatória pela **Súmula Vinculante 41**.

SÚMULA 670 DO STF: O serviço de iluminação pública não pode ser remunerado mediante taxa.

SÚMULA VINCULANTE 41 DO STF: O serviço de iluminação pública não pode ser remunerado mediante taxa.

Atenção! Com o reconhecimento da inconstitucionalidade da taxa de iluminação pública, o constituinte derivado tratou de inserir na Carta Magna o art. 149-A, que previu a possibilidade de criação de uma contribuição para o custeio da iluminação pública.

O Supremo Tribunal Federal entende que é **inconstitucional** a norma municipal que institui **taxa de uso e ocupação** do solo e do espaço aéreo correspondente com o objetivo de implantação de postes para extensão de rede elétrica, sob o fundamento do exercício do poder de polícia.

O STF assentou que o município pretenderia ser remunerado, mediante o recebimento de taxa, pela utilização de faixas de domínio público de vias públicas, as quais constituiriam bem público, inserido na categoria dos bens de uso comum do povo. Ao afirmar que **inexiste qualquer prejuízo** que justifique o recebimento do tributo, o STF afastou a constitucionalidade da lei que o exigia, no RE 581/947-ED/RO, com repercussão geral.

Constitucional

É constitucional a Taxa de Classificação de Produtos Vegetais, instituída pelo Decreto-Lei n. 1.899/81 (RE 511.584-AgR).

2 ■ Tributo

> **Inconstitucional**
>
> O STF entende inconstitucional a cobrança de taxas por emissão ou remessa de carnês de guia de recolhimento de tributos, pois o interesse é da administração, como instrumento de arrecadação, não se configurando como serviço ao contribuinte (RE 789.218-RG, com repercussão geral).
>
> É inconstitucional a cobraça de taxas em função do número de empregados do estabelecimento, pois as taxas se comprometem somente com o custo do serviço específico e divisível que as motiva ou com a atividade do poder de polícia (RE 554.951).
>
> É inconstitucional a Taxa de Serviços Administrativos criada pela Lei n. 9.960/2000, em favor da SUFRAMA, por não definir de forma específica o fato gerador da exação, nos termos do ARE 957.650-RG/AM, julgado em 2016 pelo STF, com repercussão geral.
>
> A segurança pública, presentes a prevenção e o combate a incêndios, faz-se, no campo da atividade precípua, pela unidade da Federação, e, porque serviço essencial, tem como a viabilizá-la a arrecadação de impostos, não cabendo ao Município a criação de taxa para tal fim (RE 643.247, com repercussão geral)
>
> A cobrança de taxa de matrícula nas universidades públicas viola o disposto no art. 206, IV, da Constituição Federal (RE 500.171, com repercussão geral).

A instituição de taxa de fiscalização do funcionamento de torres e antenas de transmissão e recepção de dados e voz é de competência privativa da União, nos termos do art. 22, IV, da Constituição Federal, não competindo aos Municípios sua instituição (RE 776.594, com repercussão geral).

2.10.2.2.3. *Base de cálculo distinta de impostos*

A Constituição determina que as taxas **não poderão** ter base de cálculo própria de impostos[79], comando extremamente salutar que veda a sobreposição de espécies tributárias, porque do contrário as taxas poderiam alcançar fatos jurídicos já gravados por meio de impostos, cuja definição foi predeterminada pelo constituinte.

Qualquer tentativa de fazer incidir a espécie taxa sobre a base de cálculo (entenda--se: situação jurídica) já compreendida na área de abrangência dos impostos será **inconstitucional**, e deverá ser repelida pelos tribunais competentes.

O **Código Tributário Nacional** já apresentava uma restrição semelhante, ao estatuir, no parágrafo único do art. 77, que *a taxa não pode ter base de cálculo ou fato*

---

[79] Constituição da República, art. 145, § 2.º.

gerador idênticos aos que correspondam a imposto nem ser calculada em função do capital das empresas.

A intenção do legislador foi no sentido de afastar a hipótese de incidência das taxas das **condutas praticadas** pelo sujeito passivo (que são fundamentos para a criação de impostos), separando a atividade estatal daquela típica do particular.

A não identidade entre as bases de cálculo previstas para impostos, definidas por força de **lei complementar**, como dispõe o art. 146, III, *a*, da Constituição, foi confirmada pelo Supremo Tribunal Federal, com a edição da **Súmula 595**.

SÚMULA 595 DO STF: É inconstitucional a taxa municipal de conservação de estradas de rodagem cuja base de cálculo seja idêntica à do imposto territorial rural.

Entende o STF que deve haver uma adequação lógica entre a hipótese de incidência delineada pela norma e a base de cálculo eleita para as taxas, de forma a suprir os custos estatais, com o alcance de todos os sujeitos passivos objeto do poder de polícia, mas sem deixar de considerar o princípio da **capacidade contributiva** (que, na literalidade do art. 145, § 1.º, atingiria apenas os impostos), ou seja, deve ser definido um critério de **proporcionalidade** conforme a capacidade de pagamento individual.

Isso porque nem sempre é possível aferir, com precisão matemática, o **real custo** dos serviços prestados, sendo razoável variar o *quantum* da taxa em função do tamanho do estabelecimento, do nível de atividade exigido do poder público (maior ou menor grau de controle e fiscalização) ou outro critério apto para a definição do montante cobrado de cada pessoa, em homenagem ao princípio da **praticabilidade**.

Os critérios de razoabilidade e proporcionalidade também produzem efeitos em sentido diverso, pois o STF já decidiu, como vimos, pela possibilidade de **limitação** dos valores cobrados a título de taxa, sempre que estes forem abusivos ou incompatíveis com o custo da atividade pública, em respeito ao princípio constitucional que veda o efeito confiscatório dos tributos.

Ainda em relação à confusão entre as bases de cálculo das taxas e dos impostos, foi aprovada pelo STF, em 2009, a **Súmula Vinculante 29**:

SÚMULA VINCULANTE 29 DO STF: É constitucional a adoção, no cálculo do valor de taxa, de um ou mais elementos da base de cálculo própria de determinado imposto, desde que não haja integral identidade entre uma base e outra.

O fundamento para a elaboração da Súmula analisa quais seriam os critérios válidos e pertinentes para a definição da base de cálculo das taxas e em que medida eles poderiam **guardar identidade** com critérios já considerados para a apuração de impostos.

O caso concreto cuidava da possibilidade de fixação do valor da taxa de coleta de lixo em razão do **tamanho do imóvel**, ou seja, a sua área construída, sob o argumento de que imóveis maiores produzem mais lixo do que imóveis com metragem inferior. Ocorre que a metragem dos imóveis já serve de critério para a definição da base de cálculo do IPTU, inclusive para fins de progressividade das alíquotas.

2 ■ Tributo

Surgiu, então, o debate sobre a constitucionalidade de se utilizar **alguns elementos** da base de cálculo de um imposto (no caso, a metragem para apuração do IPTU) como critérios para a determinação do valor de taxas, como a de coleta individual de lixo.

A despeito de vários argumentos relevantes, como a impossibilidade de afirmar que imóveis maiores produzem mais lixo (pense numa senhora que mora sozinha num casarão em comparação com uma família de seis pessoas que habita um pequeno apartamento), entendeu o STF que o critério da metragem **seria razoável**, até porque talvez não houvesse outro que pudesse, de modo mais adequado, substituí-lo.

Assim, decidiu-se pela elaboração da Súmula, com efeitos vinculantes, para admitir que **alguns critérios** (não todos, obviamente, por expressa vedação constitucional) pudessem ser compartilhados na apuração das bases de cálculo de um imposto e de uma taxa.

Veja-se, a título de exemplo, a **posição jurisprudencial** construída, ao longo dos anos, sobre a matéria (RE 232.393/SP):

> CONSTITUCIONAL. TRIBUTÁRIO. TAXA DE COLETA DE LIXO: BASE DE CÁL-CULO. IPTU. MUNICÍPIO DE SÃO CARLOS, S.P.I. — O fato de um dos elementos utilizados na fixação da base de cálculo do IPTU — a metragem da área construída do imóvel — que é o valor do imóvel (CTN, art. 33), ser tomado em linha de conta na determinação da alíquota da taxa de coleta de lixo, não quer dizer que teria essa taxa base de cálculo igual à do IPTU: o custo do serviço constitui a base imponível da taxa. Todavia, para o fim de aferir, em cada caso concreto, a alíquota, utiliza-se a metragem da área construída do imóvel, certo que a alíquota não se confunde com a base imponível do tributo. Tem-se, com isto, também, forma de realização da isonomia tributária e do princípio da capacidade contributiva: CF, arts. 150, II, 145, § 1.º.

2.10.2.2.4. *Distinção entre taxas e tarifas*

Muito se discute acerca da distinção conceitual entre taxas e tarifas. Vejamos as principais características das duas figuras:

a) **Taxas:** são receitas derivadas, obtidas em razão do poder de tributar do Estado, cobradas quando do exercício do poder de polícia ou da prestação de serviços públicos, utilizados ou colocados à disposição do contribuinte, em regime de direito público, com pagamento compulsório por força de matriz legal. Exemplo: taxa de coleta de lixo, taxa de fiscalização de estabelecimentos etc.

b) **Tarifas** (*também tratadas, em provas, como sinônimo de preço público*): são receitas originárias, provenientes da atuação do Estado ou de terceiros (concessionárias de serviços públicos, por exemplo), quando da exploração de atividade econômica em regime de direito privado[80]. São de pagamento facultativo, pois a relação entre as partes instaura-se mediante manifestação de vontade, por contrato. Exemplos: tarifa pelo consumo de água, energia elétrica etc.

---

[80] "Remuneração pela exploração de recursos minerais (...) não se tem, no caso, taxa, no seu exato sentido jurídico, mas preço público decorrente da exploração, pelo particular, de um bem da União (CF, art. 20, IX, art. 175 e §§)" (ADI 2.586, Rel. Ministro Carlos Velloso).

	TAXA	TARIFA
MATRIZ JURÍDICA	Art. 145, II, CF	Art. 175, parágrafo único, III
NATUREZA	Tributo	Preço público
FUNDAMENTOS	▣ exercício do poder de polícia ▣ prestação de serviços públicos específicos e divisíveis, oferecidos aos usuários	▣ exploração de serviços públicos por concessionárias
OBRIGATORIEDADE	O pagamento decorre de lei e independe da vontade do sujeito passivo	O pagamento decorre de contrato, conforme manifestação de vontade do interessado
REMUNERAÇÃO	Para suprir o gasto estatal com as atividades de fiscalização ou prestação de serviços	Com o objetivo de lucro, sob regime de direito privado (em relação ao usuário) e possibilidade de concorrência

No intuito de resolver a controvérsia entre os conceitos de preços públicos e taxas, o Supremo Tribunal Federal elaborou a Súmula 545[81]:

> **SÚMULA 545 DO STF:** Preços de serviços públicos e taxas não se confundem, porque estas, diferentemente daqueles, são compulsórias e **têm sua cobrança condicionada à prévia autorização orçamentária, em relação à lei que as instituiu**.

> **Observação:** Convém destacar que a parte final da Súmula (destacada) não tem eficácia, em decorrência da obsolescência (não aplicação, nos dias atuais) do princípio da anualidade.

2.10.2.3. Contribuição de melhoria

As **contribuições de melhoria** são tributos destinados a ressarcir gastos públicos na realização de obras e aprimoramento de infraestrutura.

Embora previstas há bastante tempo no ordenamento, são figuras **pouco utilizadas** no mundo real.

A matriz constitucional do tributo está prevista no art. 145, III, da CF/88:

> **Art. 145.** A União, os Estados, o Distrito Federal e os Municípios poderão instituir os seguintes tributos:
>
> (...)
>
> III — contribuição de melhoria, decorrente de obras públicas.

---

[81] "Taxa e preço público diferem quanto à compulsoriedade de seu pagamento. A taxa é cobrada em razão de uma obrigação legal enquanto o preço público é de pagamento facultativo por quem pretende se beneficiar de um serviço prestado" (RE 556.854, Rel. Ministro Cármen Lúcia). *Vide*: ADI 447, Rel. Ministro Octavio Gallotti, voto do Ministro Carlos Velloso.

A competência para a instituição das contribuições de melhoria pode ser exercida por **qualquer ente político**, e o constituinte, a exemplo do que fez com os impostos, não se preocupou em conceituar ou estabelecer critérios para a instituição da espécie.

Como a Constituição não trouxe detalhes sobre a natureza das contribuições de melhoria, mas apenas a exigência de que sejam instituídas em **decorrência de obras públicas**, cabe ao Código Tributário Nacional veicular o conceito e fixar os requisitos para a instituição dessas figuras:

> **Art. 81.** A contribuição de melhoria cobrada pela União, pelos Estados, pelo Distrito Federal ou pelos Municípios, no âmbito de suas respectivas atribuições, é instituída para fazer face ao custo de obras públicas de que decorra valorização imobiliária, tendo como limite total a despesa realizada e como limite individual o acréscimo de valor que da obra resultar para cada imóvel beneficiado.

O objetivo do tributo, de acordo com a redação do CTN, é fazer frente ao **custo de obras públicas** realizadas pelo Estado, quando em razão delas advier valorização dos imóveis circunvizinhos.

Isso implica que a contribuição de melhoria pode ser exigida dos proprietários de imóveis que, por se encontrarem em área direta ou indiretamente beneficiada por obra pública, obtiveram hipotético **acréscimo patrimonial**, de acordo com critérios de avaliação previstos em lei específica (em tese, a mesma que criar a exação).

Frisamos o caráter **hipotético** da valorização porque nos parece óbvio que a avaliação econômica do imóvel, ainda que realizada nos angustos limites da lei instituidora do tributo — o que muitas vezes não ocorre, como veremos —, jamais terá o condão de **expressar a realidade** enfrentada pelo contribuinte.

Explicamos: se o Estado realiza obra pública e exige dos supostos beneficiários contribuição de melhoria, o pagamento realizado pelo cidadão não guardará qualquer relação com o efetivo incremento em seu patrimônio, porque isso dependerá de um evento futuro e incerto, qual seja, a venda ou transferência onerosa a terceiros **pelo valor apurado** na avaliação.

Convenhamos que exigir do contribuinte dinheiro (que é o ativo de maior liquidez do mercado) em troca de eventual vantagem, a ser percebida **se e quando houver** a venda do imóvel, contradiz qualquer convenção lógica, de natureza jurídica ou econômica.

A título ilustrativo, imaginemos o seguinte exemplo: um casal de idosos, cujos rendimentos provêm de aposentadoria, é proprietário de pequeno imóvel à margem de estrada vicinal no interior do país.

Certo dia resolve o poder público asfaltar e ampliar a pista, transformando-a em moderna rodovia, e, como **contrapartida** dos custos necessários à realização da obra, institui, mediante lei, contribuição de melhoria dos imóveis no entorno, entre os quais a propriedade em questão.

Ao ser notificado da cobrança, qual não será o espanto do casal ante a constatação de que deverá suportar, a partir de seus parcos recursos (lembramos que são oriundos da previdência pública), o pagamento de tributo cuja justificativa poderá **jamais ocorrer** — basta considerar que os idosos morem há décadas no imóvel e não tenham a menor intenção de vendê-lo, de modo que a suposta valorização, sob o aspecto econômico, **nunca se concretizará**.

Ademais, só para piorar a situação, suponhamos que um veículo desgovernado, em alta velocidade (o que só se tornou possível porque a estrada foi asfaltada), venha a colidir com a casa deles, causando-lhes considerável **prejuízo**.

A valorização que ensejou a cobrança da contribuição de melhoria não somente **deixará de existir** como, na prática, os escombros da edificação, após o acidente, implicarão efetiva perda patrimonial. Isso tudo sem que o casal tenha tido qualquer oportunidade de aproveitar a hipotética vantagem decorrente da valorização.

Do exemplo — obviamente extremo — podemos constatar o risco de o Direito aceitar situações **futuras** e **imprevisíveis** como matriz para a imposição de tributos, especialmente quando a contrapartida é exigida em dinheiro e de forma imediata dos contribuintes.

Claro que o leitor atento sustentará que as contribuições de melhoria decorrem de dispositivo constitucional, e, nesse sentido, não caberia ao intérprete indagar-lhes a legalidade; aceitamos o argumento, com a ressalva de que o constituinte não fixou critérios para a espécie, que, portanto, constam de normas **infraconstitucionais**, o que permite, de plano, contestações acerca de sua conformidade com os princípios erigidos pela Carta Magna.

Nosso entendimento é no sentido de que as contribuições de melhoria são figuras **possíveis** no ordenamento, mas de estreita aplicação e utilização parcimoniosa, em deferência aos direitos individuais do cidadão, de modo que a apreciação dos casos concretos (raros, felizmente) merece a devida atenção dos juristas.

Em decorrência da escolha do critério **valorização do imóvel** como pressuposto do tributo, cumpre indagar quais os limites econômicos aplicáveis à espécie.

O Código Tributário Nacional determina que as despesas com a obra representarão o **limite total** arrecadado e que, individualmente, o **limite** será o acréscimo de valor resultante em cada imóvel beneficiado, como se depreende da leitura do art. 81, já reproduzido.

Por despesas incorridas na obra devemos entender os **gastos** com estudos, projetos, fiscalização, desapropriações, administração, execução e financiamento, inclusive prêmios de reembolso e outros de praxe em financiamentos ou empréstimos[82].

Como no caso dos demais tributos, a instituição de contribuições de melhoria só pode ser feita mediante **lei** e deverá atender aos **requisitos mínimos** previstos no art. 82 do CTN:

Art. 82. A lei relativa à contribuição de melhoria observará os seguintes requisitos mínimos:

I — publicação prévia dos seguintes elementos:

a) memorial descritivo do projeto;

b) orçamento do custo da obra;

---

[82] Decreto-Lei n. 195/67, art. 4.º.

c) determinação da parcela do custo da obra a ser financiada pela contribuição;

d) delimitação da zona beneficiada;

e) determinação do fator de absorção do benefício da valorização para toda a zona ou para cada uma das áreas diferenciadas, nela contidas;

II — fixação de prazo não inferior a 30 (trinta) dias, para impugnação pelos interessados, de qualquer dos elementos referidos no inciso anterior;

III — regulamentação do processo administrativo de instrução e julgamento da impugnação a que se refere o inciso anterior, sem prejuízo da sua apreciação judicial.

§ 1.º A contribuição relativa a cada imóvel será determinada pelo rateio da parcela do custo da obra a que se refere a alínea *c*, do inciso I, pelos imóveis situados na zona beneficiada em função dos respectivos fatores individuais de valorização.

§ 2.º Por ocasião do respectivo lançamento, cada contribuinte deverá ser notificado do montante da contribuição, da forma e dos prazos de seu pagamento e dos elementos que integram o respectivo cálculo.

Percebe-se que o primeiro bloco apresenta os **critérios legais** que nortearão os parâmetros econômicos da obra, especialmente quanto a custo, incidência sobre os imóveis circunvizinhos e montante passível de arrecadação, que deverá ser rateado entre os proprietários[83] das áreas beneficiadas.

Em caráter **complementar**, os incisos II e III do art. 82 do Código Tributário Nacional trazem requisitos processuais administrativos de controle, pelos próprios contribuintes, dos requisitos previstos na lei, e conferem ao particular o prazo mínimo de 30 dias para impugná-los, bem assim o dever de regulamentar a instrução e julgamento dos processos porventura decorrentes.

Trata-se de caso excepcional no direito tributário, no qual se permite a contestação administrativa pelo sujeito passivo **antes** do efetivo lançamento do tributo.

É fundamental, portanto, que a lei instituidora da contribuição de melhoria defina, **previamente** a qualquer cobrança, todos os detalhes relativos à obra que será realizada, bem assim o montante que será financiado por meio do tributo, além do mais importante, que é a **delimitação** da área beneficiada, pois somente os proprietários de imóveis localizados na região de influência poderão ser colocados no polo passivo da obrigação tributária.

Nos termos do Código Tributário Nacional, o limite de cobrança seria a **própria valorização** do imóvel, e o valor máximo que o Estado poderia arrecadar, de todos os imóveis beneficiados, seria o **custo total** da obra.

Isso poderia levar a situações **absurdas**, em que o montante a ser pago pelos proprietários representasse grande parte (ou talvez toda) da valorização imobiliária. Basta imaginar uma situação em que a valorização hipotética fosse de R$ 100.000,00 e que esse montante viesse a ser exigido, integralmente e em dinheiro (ainda que de forma parcelada), do proprietário do imóvel.

---

[83] De acordo com o art. 8.º do Decreto-Lei n. 195/67, responderá pela contribuição o proprietário de imóvel ao tempo do lançamento, e os adquirentes e sucessores, a qualquer título, assim como o enfiteuta, se for o caso.

104 Direito Tributário Esquematizado   *Roberto Caparroz*

O próprio legislador parece ter percebido o descabimento do Código e fez publicar, meses depois, o **Decreto-Lei n. 195**, de 24 de fevereiro de 1967, que, no art. 12, estabelece o limite anual de **3%** do maior valor fiscal do imóvel (da dúbia dicção adotada presume-se que seja o valor já ajustado em razão da obra), com a possibilidade de correção monetária no momento da cobrança.

Art. 12. A Contribuição de Melhoria será paga pelo contribuinte da forma que a sua parcela anual **não exceda a 3%** (três por cento) do maior valor fiscal do seu imóvel, atualizado à época da cobrança.

§ 1.º O ato da autoridade que determinar o lançamento poderá fixar descontos para o pagamento à vista, ou em prazos menores que o lançado.

§ 2.º As prestações da Contribuição de Melhoria serão corrigidos monetariamente, de acordo com os coeficientes aplicáveis na correção dos débitos fiscais.

§ 3.º O atraso no pagamento das prestações fixadas no lançamento sujeitará o contribuinte à multa de mora de 12% (doze por cento), ao ano.

§ 4.º É lícito ao contribuinte, liquidar a Contribuição de Melhoria com títulos da dívida pública, emitidos especialmente para financiamento da obra pela qual foi lançado; neste caso, o pagamento será feito pelo valor nominal do título, se o preço do mercado for inferior.

§ 5.º No caso do serviço público concedido, o poder concedente poderá lançar e arrecadar a contribuição.

§ 6.º Mediante convênio, a União poderá legar aos Estados e Municípios, ou ao Distrito Federal, o lançamento e a arrecadação da Contribuição de Melhoria devida por obra pública federal, fixando a percentagem na receita, que caberá ao Estado ou Município que arrecadar a Contribuição.

§ 7.º Nas obras federais, quando, por circunstâncias da área ser lançada ou da natureza da obra, o montante previsto na arrecadação da Contribuição de Melhoria não compensar o lançamento pela União, ou por seus órgãos, o lançamento poderá ser delegado aos municípios interessados e neste caso:

a) caberão aos Municípios o lançamento, arrecadação e as receitas apuradas; e

b) o órgão federal delegante se limitará a fixar os índices e critérios para o lançamento.

Assim, o melhor entendimento — para concursos, inclusive — deve ser no sentido de que a valorização dos imóveis situados na área de influência da obra servirá como **base de cálculo** da contribuição de melhoria, e que a alíquota aplicável não pode exceder a 3% desse valor, anualmente.

Como o custo da obra pode não ser **integralmente satisfeito** por meio das contribuições individuais de melhoria, o Decreto-Lei n. 195/67 determina que o percentual do custo real a ser cobrado seja fixado em razão da natureza da obra, dos benefícios para os usuários, das atividades econômicas predominantes e do nível de desenvolvimento da região, critérios destinados a frear o ímpeto arrecadatório estatal.

Ressalte-se que a validade do Decreto-Lei n. 195/67 (publicado em 24 de fevereiro de 1967) foi **reconhecida** pelo Supremo Tribunal Federal:

2 ▪ Tributo

SÚMULA 496 DO STF: São válidos, porque salvaguardados pelas Disposições Constitucionais Transitórias da Constituição Federal de 1967, os decretos-leis expedidos entre 24 de janeiro e 15 de março de 1967.

Também é pacífico o entendimento do Supremo Tribunal Federal, no sentido de que somente a **valorização** (diferença entre o *antes* e o *depois* da obra) pode servir de base de cálculo para as contribuições de melhoria, conforme se depreende da seguinte decisão:

Esta Corte consolidou o entendimento no sentido de que a contribuição de melhoria incide sobre o *quantum* da valorização imobiliária (AI 694.836-AgR, Rel. Ministra Ellen Gracie).

Parece-nos imprescindível, portanto, que a lei estabeleça uma **avaliação** dos imóveis da área de incidência antes de iniciada a obra e outra, nos mesmos moldes e com iguais critérios, depois de sua conclusão, para que se possa aferir qual foi **efetivamente** a valorização percebida em cada propriedade, o que, infelizmente, muitas vezes não ocorre[84].

Como o tributo tem por fato gerador a valorização decorrente da obra e não a sua realização, é evidente que a cobrança só poderia **ser iniciada** com a **conclusão** dos trabalhos.

Entretanto, há julgados que aceitam o início da cobrança antes do encerramento da obra, desde que a parte já realizada **seja suficiente** para a apuração do grau de valorização observado em cada imóvel[85].

A competência para instituição das contribuições de melhoria pertence ao ente público que **realizar a obra**, admitindo-se eventual rateio na arrecadação na exata medida em que mais de uma pessoa (dois municípios ou um Estado e um Município, por exemplo) participar diretamente da obra, carreando-lhe recursos públicos.

Ressalte-se, mais uma vez, que a contribuição de melhoria tem natureza de **ressarcimento** aos cofres públicos, e não de financiamento da obra a ser realizada.

CONTRIBUIÇÕES DE MELHORIA
▪ Possuem como justificativa a valorização imobiliária decorrente de obra pública
▪ Limite total arrecadado = despesa realizada (custo da obra)

---

[84] Aliás, essa parece ser a lógica trazida pelo Decreto-Lei n. 195, tanto assim que o art. 17 prevê, para evitar a possibilidade de bitributação, a dedução do valor pago a título de contribuição de melhoria do montante passível de tributação pelo imposto de renda, decorrente da valorização imobiliária resultante de obra pública, o que reforça a nossa tese de necessidade de **efetivo acréscimo patrimonial** e não apenas de mera expectativa.

[85] Decreto-Lei n. 195/67, art. 9.º: "Executada a obra de melhoramento na sua totalidade ou em parte suficiente para beneficiar determinados imóveis, de modo a justificar o início da cobrança da Contribuição de Melhoria, proceder-se-á ao lançamento referente a esses imóveis depois de publicado o respectivo demonstrativo de custos".

◼ Limite individual = percentual sobre a valorização do imóvel	
◼ De acordo com a respectiva participação na obra, o valor arrecadado poderá ser repartido entre:	◼ União
	◼ Estados
	◼ Distrito Federal
	◼ Municípios

2.10.2.4. Empréstimos compulsórios

Os empréstimos compulsórios são tributos de competência **exclusiva da União** e somente podem ser criados mediante **lei complementar**.

Com efeito, nota-se que as hipóteses previstas na Carta Magna são **de evidente interesse nacional**, e, nesse sentido, cabe à União representá-los.

Essa espécie tributária só poderá ser instituída quando da ocorrência das situações previstas nos dois incisos do art. 148, o que nos leva a concluir pela **taxatividade** do comando constitucional.

> **Art. 148.** A União, mediante lei complementar, poderá instituir empréstimos compulsórios:
>
> I — para atender a despesas extraordinárias, decorrentes de calamidade pública, de guerra externa ou sua iminência;
>
> II — no caso de investimento público de caráter urgente e de relevante interesse nacional, observado o disposto no art. 150, III, *b*.
>
> **Parágrafo único.** A aplicação dos recursos provenientes de empréstimo compulsório será vinculada à despesa que fundamentou sua instituição.

Sem prejuízo do raciocínio exposto, perceberemos que as hipóteses descritas pelo constituinte albergam conceitos jurídicos **vagos**, que, a um tempo, permitiriam interpretação **difusa** (o que aumentaria, sensivelmente, o teórico campo de incidência do tributo), mas, por outro lado, dificultam sobremaneira a percepção concreta do legislador, circunstância que, em última análise, praticamente **fulmina** a espécie no ordenamento brasileiro.

Como prova da assertiva, basta lembrar que, passados quase trinta anos da promulgação da Constituição, **nenhum** empréstimo compulsório foi criado no país.

Aliás, ousaríamos dizer que provavelmente jamais haverá empréstimos compulsórios no Brasil, seja pelos breves comentários aduzidos, seja pelo relevantíssimo fato de que o Supremo Tribunal Federal já pacificou o entendimento de que os valores arrecadados pela espécie devem ser **devolvidos**, em dinheiro e com juros.

Portanto, dada a ausência de tributos atuais concretos, a figura só pode ser analisada sob o **prisma histórico**, e, nesse sentido, os últimos empréstimos compulsórios instituídos no país datam de meados da década de 1980[86], ainda ao tempo de vigência da Carta anterior, e vieram na esteira do chamado *Plano Cruzado*.

---

[86] Desde os anos 1950, os empréstimos compulsórios se fizeram presentes no ordenamento brasilei-

À época, sob o argumento de se absorver temporariamente o **excesso de poder aquisitivo** das pessoas (parece brincadeira, mas é verdade!), na expectativa de que isso ajudaria a afastar o "fantasma" da hiperinflação, foram criados, por meio do Decreto--Lei n. 2.288/86, **dois** empréstimos compulsórios, um sobre o **consumo** de gasolina ou álcool para veículos automotores e outro também quando da **aquisição de automóveis** de passeio ou utilitários.

As alíquotas eram absurdamente altas (**28%** para o consumo de combustíveis e **30%** na aquisição de veículos novos, sem olvidar que o empréstimo compulsório também incidia sobre a alienação de veículos **usados**, com até quatro anos de fabricação, ainda que com alíquotas reduzidas) e os valores arrecadados seriam devolvidos, com rendimentos equivalentes aos da caderneta de poupança, em cotas do *Fundo Nacional de Desenvolvimento*, criado justamente pelo mesmo decreto-lei.

Claro estava que o Supremo Tribunal Federal seria chamado a decidir sobre a matéria, em face dos duvidosos mecanismos adotados pela norma instituidora.

Conquanto pertinente ao sistema constitucional anterior, a noção de **restituição em dinheiro** no caso de empréstimos compulsórios já se encontrava presente no ordenamento[87], apesar de a Constituição de 1967 apenas atribuir à União competência exclusiva para a sua criação, por meio de lei complementar[88]. Idêntico comando constava da Emenda Constitucional n. 1, de 17 de outubro de 1969[89].

A decisão **paradigmática** foi proferida pelo Supremo Tribunal Federal no RE 121.336, em 11 de outubro de 1990, e teve como relator o Ministro Sepúlveda Pertence[90], apesar de a maioria da Corte ter seguido o excelente voto do Ministro Moreira Alves, que cravou a inconstitucionalidade do empréstimo compulsório sobre automóveis sob o argumento de que, uma vez arrecadado em dinheiro, só poderia ser devolvido em **moeda** ou **título** que a representasse.

Os julgados posteriores do STF acolheram a tese vencedora e confirmaram a **inconstitucionalidade** do tributo e a necessidade de restituição:

> Empréstimo compulsório. Incidência na aquisição de veículos automotores. DL 2.288/1986. Inconstitucionalidade. Repetição do indébito. Declarada a **inconstitucionalidade** das

---

ro, normalmente sob a figura de adicionais temporários de impostos da União (Lei n. 1.474/51, art. 3.º, Lei n. 2.862/56, Lei n. 4.069/62, art. 43, Lei n. 4.242/63, art. 72, incidentes sobre a renda, além da hipótese prevista na Lei n. 4.156/62, art. 4.º, que alcançava o consumo de energia elétrica, à época sob competência da União).

[87] O empréstimo compulsório surgiu, pela primeira vez de forma explícita, por força da Emenda Constitucional n. 18/65, que alterou a Carta de 1946 e nela fez constar a competência da União para a instituição do tributo.

[88] Art. 19, § 4.º.

[89] Art. 18, § 3.º, cuja redação foi praticamente repetida no art. 21, § 2.º, II, para reafirmar a natureza tributária dos empréstimos compulsórios.

[90] Que defendeu a tese de que os empréstimos compulsórios sob comento seriam impostos restituíveis, instituídos no âmbito da competência residual da União, suplantada pela posição defendida e seguida pelo Ministro Moreira Alves, no sentido de que se tratava efetivamente de empréstimos compulsórios.

normas instituidoras do empréstimo compulsório incidente na aquisição de automóveis (RE 121.336), surge para o contribuinte o direito à **repetição do indébito**, independentemente do exercício financeiro em que se deu o pagamento indevido (RE 136.805, Rel. Ministro Francisco Rezek).

No atual sistema constitucional, os empréstimos compulsórios podem ser criados pela União, em caráter exclusivo e mediante lei complementar, somente com base nas circunstâncias previstas no art. 148, o que nos permite afirmar que o **art. 15** do Código Tributário Nacional resta parcialmente prejudicado, notadamente quanto ao inciso III, que trata da esdrúxula hipótese de **absorção temporária** de poder aquisitivo, **não contemplada** pela Constituição[91].

Os empréstimos compulsórios serão sempre **temporários**, com vigência enquanto perdurar a situação concreta que os ensejou, e a lei complementar que os positivar deverá prever o prazo e as condições de restituição aos contribuintes.

Além disso, *a aplicação dos recursos provenientes de empréstimo compulsório será vinculada à despesa que fundamentou sua instituição*[92].

Embora seja possível a criação de diversos empréstimos compulsórios, a lei complementar que os instituir deverá declarar qual a situação que **serviu de base** para a exação, até porque os dois incisos do art. 148 trazem consequências jurídicas distintas.

Como regra geral, os empréstimos compulsórios, como vimos, são **tributos restituíveis** em dinheiro (acrescidos, em tese, de juros e correção monetária) e podem ter base de cálculo cumulada com impostos, ou seja, é possível exigi-los a partir de situações idênticas àquelas que ensejam a cobrança de impostos, o que, por si só, já revela a natureza **transitória** da figura.

Com efeito, a lógica que preside a instituição de empréstimos compulsórios baseia-se na necessidade de a União fazer frente a **despesas excepcionais**, que não estavam previstas no orçamento.

Essas exigências revelam a natureza provisória dos empréstimos compulsórios, de forma que, na medida em que cessarem os motivos que deram causa à sua instituição, o tributo também deverá **deixar de existir**, com a restituição dos valores pagos pelos contribuintes.

Depois de muita discussão nos tribunais, o Supremo Tribunal Federal pacificou o entendimento de que a restituição dos valores arrecadados deve ser feita em **dinheiro** ("da mesma forma como foi recolhido"), como se pode observar da ementa proferida no RE 175.385/CE:

---

[91] Art. 15. Somente a União, nos seguintes casos excepcionais, pode instituir empréstimos compulsórios: I — guerra externa, ou sua iminência; II — calamidade pública que exija auxílio federal impossível de atender com os recursos orçamentários disponíveis; III — conjuntura que exija a absorção temporária de poder aquisitivo. Parágrafo único. A lei fixará obrigatoriamente o prazo do empréstimo e as condições de seu resgate, observando, no que for aplicável, o disposto nesta Lei.

[92] Constituição da República, art. 148, parágrafo único.

> EMPRÉSTIMO COMPULSÓRIO — AQUISIÇÃO DE COMBUSTÍVEIS. O empréstimo compulsório alusivo a aquisição de combustíveis — Decreto-Lei n. 2.288/86 mostra-se inconstitucional tendo em conta a forma de devolução — quotas do Fundo Nacional de Desenvolvimento — ao invés de operar-se na mesma espécie em que recolhido.

2.10.2.4.1. *Empréstimo compulsório em caso de calamidade pública, guerra externa ou sua iminência*

O inciso I do art. 148 da Constituição da República permite a criação de empréstimos compulsórios quando da ocorrência de calamidades públicas.

De se notar que o conceito é extremamente **vago e impreciso**, pois não há qualquer parâmetro para a definição da intensidade do problema.

É induvidoso que nos últimos tempos diversas calamidades públicas atingiram o país (enchentes, por exemplo), mas nenhuma delas pareceu motivar o legislador a exercer a competência tributária e criar um empréstimo compulsório.

Na mesma esteira de raciocínio, poderíamos dizer, com pesar, que existem situações de calamidade **permanentes** no país (como a eterna questão da seca no Nordeste ou a violência desenfreada em alguns centros urbanos) e, ainda assim, não parece haver interesse estatal na utilização de empréstimos compulsórios para fazer frente a tais problemas.

A questão parece residir na **dificuldade prática** de apurar qual a extensão necessária da tragédia, que, se ocorresse, ensejaria a aplicação dos empréstimos compulsórios, até porque o conceito é referencial e o ser humano tem, por natureza, o hábito de *analisar melhor o problema dos outros*[93].

Com isso, percebe-se que a hipótese **calamidade pública** parece aberta (no sentido de vaga) demais para justificar a criação de empréstimos compulsórios, apesar de o Código Tributário Nacional dizer que a figura é cabível quando for necessário **auxílio federal** impossível de atender com os recursos orçamentários disponíveis, o que nos parece, em tese, um critério adequado.

Importante! A Lei orçamentária prevê a criação de reservas de contingência, para atendimento de situações e riscos imprevistos (LC n. 101/2000, art. 5.º, III, *b*). Assim, a despesa extraordinária que enseja a criação de empréstimos compulsórios deve ser entendida como aquela necessária depois do esgotamento dos fundos públicos de contingência.

A segunda circunstância prevista no inciso I do art. 148 trata de eventuais envolvimentos do país em **guerra externa** ou sua **iminência**.

A ideia parece contrariar a própria disposição constitucional no trato das questões internacionais, pois o art. 4.º da Lei Maior determina, entre outros princípios, que o

---

[93] Quando um turista nórdico visita o Brasil, provavelmente se assusta com algumas situações que infelizmente nos parecem cotidianas, como a miséria e o número de pessoas abandonadas pelas ruas. Na mesma proporção, se um brasileiro visitar um país africano devastado pela guerra civil, com certeza ficará abismado e considerará estar diante de verdadeira calamidade.

110 Direito Tributário Esquematizado   Roberto Caparroz

Brasil atuará de forma **não intervencionista**, em **defesa da paz** e na busca de **solução pacífica dos conflitos**[94].

Mais do que diretrizes constitucionais, essa tem sido a postura brasileira ao longo da história, de não se envolver em conflitos externos nem de agredir países soberanos (à exceção do trágico episódio da Guerra do Paraguai).

Aliás, podemos dizer, com certo orgulho, que o Brasil é um dos poucos locais do planeta onde questões de natureza étnica ou religiosa — duas das mais recorrentes fontes de conflito no cenário geopolítico internacional — não causam grandes dissensões, o que confirma o imperativo constitucional e se constitui numa das características do nosso povo.

Mesmo assim, muito mais pela repetição de dispositivos de constituições anteriores, mantivemos no atual ordenamento a hipótese de **guerra externa** como fundamento para a criação de tributos, sejam os empréstimos compulsórios sob análise, seja a figura do **imposto extraordinário de guerra**, prevista no art. 154, II, da Carta Política, sempre sob a competência da União.

Vale a advertência de que comoções de **ordem interna**, como guerras ou conflitos civis, não justificam, à luz da literalidade do texto constitucional, o emprego de tais tributos.

Para a hipótese de guerra devemos considerar que o tributo só se justifica no caso de **guerra externa**, decorrente de declaração formal ou grave ameaça oriunda de outro país.

2.10.2.4.2. Empréstimo compulsório para atender investimentos públicos

O inciso II do art. 148 permite a criação de empréstimos compulsórios no caso de investimento público de caráter **urgente** e de relevante **interesse nacional**.

A dicção constitucional, cuja incoerência salta aos olhos, é de todos conhecida e já foi objeto de inúmeras críticas.

Isso porque o constituinte outorgou competência à União para a instituição do tributo ante a necessidade de suprir o caixa do tesouro em situações de emergência, urgentes e imprevistas, em que os investimentos necessários não estão previstos na lei orçamentária.

Contudo, determinou que a incidência tributária só alcançaria fatos jurídicos a partir de 1.º de janeiro do **exercício seguinte**[95] à vigência da lei instituidora do empréstimo compulsório, em claro paradoxo diante da premissa de **urgência** que o próprio texto fixou.

A curiosa exigência constitucional tem como consequência a **limitação excessiva** da aplicabilidade dos empréstimos compulsórios no caso de investimentos públicos, o que, em algumas situações, poderia ser a solução mais adequada.

---

[94] Constituição da República, art. 4.º, IV, VI e VII.

[95] Art. 148. A União, mediante lei complementar, poderá instituir empréstimos compulsórios: (...) II — no caso de investimento público de caráter urgente e de relevante interesse nacional, **observado o disposto no art. 150, III, b** (grifamos). O texto em negrito remonta à regra geral de anterioridade, salvaguarda do contribuinte, segundo a qual tributo criado em dado exercício só poderá incidir sobre fatos jurídicos no período seguinte, de forma a assegurar ao sujeito passivo intervalo mínimo para absorção do impacto econômico trazido pelo aumento da carga tributária, conforme teremos a oportunidade de observar.

Apesar de a espécie nunca ter sido utilizada após a Carta de 1988, parece-nos razoável intuir que o famoso episódio do "apagão" elétrico, ocorrido em 2001, poderia ter ensejado a criação de um empréstimo compulsório.

Para recordar o leitor: na época, o governo simplesmente "percebeu" que a demanda por energia elétrica em todo o país (exceção feita à região Sul) não poderia ser atendida, o que o levou a adotar medidas drásticas, como o **racionamento obrigatório**[96], a **elevação das tarifas** de energia e a criação de uma **sobretaxa**, que incidia a partir de determinados níveis de consumo (que o STF considerou constitucional).

Pois bem, naquele momento estavam presentes todos os pressupostos constitucionais do empréstimo compulsório, ou seja, eram necessários investimentos **urgentes** (a fim de suprir a falta de planejamento do Estado), o problema era **relevante** (energia elétrica, em pleno século XXI, é essencial para a vida das pessoas) e a escala do problema era **nacional** (atingiu quase todo o país, salvo os Estados do Sul).

Entretanto, não foi a solução adotada pelo governo, seja pela limitação constitucional da anterioridade, seja — o que é muito mais provável — pela necessidade de, *a posteriori*, ter de **restituir** os valores arrecadados.

Medida bem mais cômoda, ainda que inadequada, sob todos os aspectos, foi a de desrespeitar direitos básicos do cidadão (cuja ameaça de corte de luz existia **ainda que cumprida** sua parte no contrato, o pagamento da conta), além da exigência da tal sobretaxa, tributo completamente desconexo com a situação, mas convalidado pelo Supremo Tribunal Federal.

Como última advertência, vale destacar que os empréstimos compulsórios, em razão de suas peculiaridades, poderão alcançar bases de cálculo típicas de **impostos**, o que reforça a necessidade de sua efetiva restituição, pois, do contrário, tornar-se-iam **adicionais** destes, circunstância observada no passado, mas vedada pela atual jurisprudência.

---

[96] Uma das medidas mais draconianas da história do direito, que simplesmente imputava a culpa pela falta de recursos energéticos ao consumidor (não ao governo, que tem Ministério e técnicos que só

2.10.2.5. Contribuições especiais

As contribuições de natureza tributária são, atualmente, as figuras mais **abundantes** do sistema brasileiro.

Mais do que simples constatação, isso demonstra a desnecessária **complexidade** — e, por vezes, o equívoco do legislador, em face dos princípios constitucionais — oriunda da proliferação de tributos em concreto, a partir de 1988, sob a denominação genérica de **contribuições**, cuja base de cálculo muitas vezes se confunde ou se sobrepõe àquela dos impostos, que em praticamente todos os países são as espécies tributárias mais importantes.

De acordo com o paradigma internacional, o constituinte buscou definir, de forma minuciosa, o arquétipo e a hipóteses possíveis dos impostos, e, como regra geral, conferiu à União competência para a criação de contribuições.

Existem diversas figuras jurídicas que se enquadram no conceito de **contribuições**, movimento que ganhou força com o advento da atual Constituição.

Alguns autores denominam essas figuras **contribuições especiais**, para diferenciá-las das contribuições de melhoria.

A competência para instituir contribuições é **exclusiva da União** e comporta **uma exceção**, descrita no art. 149, § 1.º, referente ao dever de os Estados, o Distrito Federal e os Municípios instituírem contribuição, cobrada de seus servidores, para o custeio, em benefício destes, de regime previdenciário específico, contributivo e solidário, como estabelece o art. 149 da Carta Magna:

> **Art. 149.** Compete exclusivamente à União instituir contribuições sociais, de intervenção no domínio econômico e de interesse das categorias profissionais ou econômicas, como instrumento de sua atuação nas respectivas áreas, observado o disposto nos arts. 146, III, e 150, I e III, e sem prejuízo do previsto no art. 195, § 6.º, relativamente às contribuições a que alude o dispositivo.
>
> § 1.º Os Estados, o Distrito Federal e os Municípios instituirão contribuição, cobrada de seus servidores, para o custeio, em benefício destes, do regime previdenciário de que trata o art. 40, cuja alíquota não será inferior à da contribuição dos servidores titulares de cargos efetivos da União.

TRIBUTO	MATRIZ JURÍDICA
◼ Contribuições sociais	Art. 149, CF
◼ Contribuições de intervenção no domínio econômico (CIDE)	Art. 149, CF
◼ Contribuições de interesse de categorias profissionais ou econômicas	Art. 149, CF
◼ Contribuição para o custeio de iluminação pública	Art. 149-A, CF

---

cuidam disso) e, nesse sentido, determinava que aquele que não reduzisse o consumo em 30%, com base no ano anterior, teria o fornecimento de luz cortado, **ainda que estivesse em dia com o pagamento!**

2 ■ Tributo

113

Interessante notar que o Supremo Tribunal Federal entendeu que as **contribuições sociais**, previstas no *caput* do art. 149, podem ser objeto de **subdivisão:**

a) Contribuições da **seguridade social** — são aquelas disciplinadas no art. 195, I, II e III, da Constituição[97], como as contribuições previdenciárias, o **PIS/PASEP** (art. 239, CF[98]) a **COFINS** e a nova CBS, instituída pela reforma tributária.

b) Outras contribuições de seguridade social — conforme previsão do art. 195, § 4.º, da Constituição, ao dizer que a lei poderá instituir outras fontes destinadas a garantir a manutenção ou expansão da seguridade social, no exercício da **competência residual** da União. Nessa hipótese é necessária a edição de lei complementar, que estabeleça uma contribuição não cumulativa e com fato gerador e base de cálculo distintos dos impostos previstos na Constituição;

c) Contribuições **sociais gerais** — relacionadas à atividade da área social, como o **salário-educação** (previsto no art. 212, § 5.º, da Constituição[99]) e as contribuições para os chamados **serviços sociais autônomos** (art. 240, CF[100]).

---

[97] Art. 195. A seguridade social será financiada por toda a sociedade, de forma direta e indireta, nos termos da lei, mediante recursos provenientes dos orçamentos da União, dos Estados, do Distrito Federal e dos Municípios, e das seguintes contribuições sociais: I — do empregador, da empresa e da entidade a ela equiparada na forma da lei, incidentes sobre: a) a folha de salários e demais rendimentos do trabalho pagos ou creditados, a qualquer título, à pessoa física que lhe preste serviço, mesmo sem vínculo empregatício; b) a receita ou o faturamento; c) o lucro; II — do trabalhador e dos demais segurados da previdência social, podendo ser adotadas alíquotas progressivas de acordo com o valor do salário de contribuição, não incidindo contribuição sobre aposentadoria e pensão concedidas pelo Regime Geral de Previdência Social; III — sobre a receita de concursos de prognósticos; IV — do importador de bens ou serviços do exterior, ou de quem a lei a ele equiparar; V — sobre bens e ser-viços, nos termos de lei complementar.

[98] Art. 239. A arrecadação decorrente das contribuições para o Programa de Integração Social, criado pela Lei Complementar n. 7, de 7 de setembro de 1970, e para o Programa de Formação do Patrimônio do Servidor Público, criado pela Lei Complementar n. 8, de 3 de dezembro de 1970, passa, a partir da promulgação desta Constituição, a financiar, nos termos que a lei dispuser, o programa do seguro-desemprego, outras ações da previdência social e o abono de que trata o § 3.º deste artigo. § 1.º Dos recursos mencionados no *caput*, no mínimo 28% (vinte e oito por cento) serão destinados para o financiamento de programas de desenvolvimento econômico, por meio do Banco Nacional de Desenvolvimento Econômico e Social, com critérios de remuneração que preservem o seu valor. § 2.º Os patrimônios acumulados do Programa de Integração Social e do Programa de Formação do Patrimônio do Servidor Público são preservados, mantendo-se os critérios de saque nas situações previstas nas leis específicas, com exceção da retirada por motivo de casamento, ficando vedada a distribuição da arrecadação de que trata o *caput* deste artigo, para depósito nas contas individuais dos participantes. § 3.º Aos empregados que percebam de empregadores que contribuem para o Programa de Integração Social ou para o Programa de Formação do Patrimônio do Servidor Público, até dois salários mínimos de remuneração mensal, é assegurado o pagamento de um salário mínimo anual, computado neste valor o rendimento das contas individuais, no caso daqueles que já participavam dos referidos programas, até a data da promulgação desta Constituição. § 4.º O financiamento do seguro-desemprego receberá uma contribuição adicional da empresa cujo índice de rotatividade da força de trabalho superar o índice médio da rotatividade do setor, na forma estabelecida por lei. § 5.º Os programas de desenvolvimento econômico financiados na forma do § 1.º e seus resultados serão anualmente avaliados e divulgados em meio de comunicação social eletrônico e apresentados em reunião da comissão mista permanente de que trata o § 1.º do art. 166.

[99] Art. 212, § 5.º: "A educação básica pública terá como fonte adicional de financiamento a contribuição social do salário-educação, recolhida pelas empresas na forma da lei".

[100] Art. 240. Ficam ressalvadas do disposto no art. 195 as atuais contribuições compulsórias dos empregadores sobre a folha de salários, destinadas às entidades privadas de serviço social e de formação profissional vinculadas ao sistema sindical.

114   Direito Tributário Esquematizado   *Roberto Caparroz*

Os tribunais superiores editaram diversas **súmulas** para consolidar o entendimento acerca de matérias polêmicas envolvendo contribuições.

É importante conhecer essas manifestações do STF e do STJ, que reproduzimos a seguir.

SÚMULA 423 DO STJ: A Contribuição para Financiamento da Seguridade Social — CO-FINS incide sobre as receitas provenientes das operações de locação de bens móveis.

SÚMULA 425 DO STJ: A retenção da contribuição para a seguridade social pelo tomador do serviço não se aplica às empresas optantes pelo Simples.

SÚMULA 458 DO STJ: A contribuição previdenciária incide sobre a comissão paga ao corretor de seguros.

SÚMULA 658 DO STF: São constitucionais os arts. 7.º da Lei 7.787/89 e 1.º da Lei 7.894/89 e da Lei 8.147/90, que majoraram a alíquota do Finsocial, quando devida a contribuição por empresas dedicadas exclusivamente à prestação de serviços.

SÚMULA 659 DO STF: É legítima a cobrança da COFINS, do PIS e do FINSOCIAL sobre as operações relativas a energia elétrica, serviços de telecomunicações, derivados de petróleo, combustíveis e minerais do País.

SÚMULA 688 DO STF: É legítima a incidência da contribuição previdenciária sobre o 13.º salário.

SÚMULA 732 DO STF: É constitucional a cobrança da contribuição do salário-educação, seja sob a Carta de 1969, seja sob a Constituição Federal de 1988, e no regime da Lei 9.424/96.

2.10.2.5.1. Contribuições sociais

As contribuições destinadas a fomentar a **seguridade social**, assim considerado o "conjunto de ações de iniciativa do Poder Público e da sociedade, com o objetivo de assegurar os direitos relativos à saúde, à previdência e à assistência social"[101], são comumente denominadas, no campo do direito tributário, **contribuições sociais**.

As receitas dos Estados, Distrito Federal e Municípios destinadas à seguridade social constarão dos respectivos **orçamentos**, mas não integram o orçamento da União.

Caberá aos órgãos de saúde, previdência social e assistência social elaborar a proposta de orçamento da seguridade social, de acordo com as metas e prioridades estabelecidas na lei de diretrizes orçamentárias.

Cumpre destacar que foge ao escopo deste livro analisar em profundidade, no patamar da legislação **infraconstitucional**, os dispositivos que introduziram no ordenamento brasileiro as diversas contribuições.

Desse modo, em homenagem à coerência e aos limites que nos impusemos, concentraremos a análise dos tributos conforme dispostos no altiplano constitucional, até porque esta costuma ser a fronteira das questões de provas e concursos em sede tributária[102].

---

[101] Constituição da República, art. 194, *caput*.

[102] Algumas provas podem exigir do candidato conhecimentos de legislação tributária específica, que deverá ser estudada de acordo com o previsto no respectivo edital; o mesmo raciocínio deve ser aplicado quando o exame demandar temas peculiares ao Direito Previdenciário.

Determinou a Constituição que os recursos necessários à seguridade social seriam financiados por toda a coletividade, com receitas públicas e privadas, nesta última hipótese decorrentes de tributos oriundos de situações específicas, que veremos a seguir.

O STF denomina **contribuições da seguridade social** as contribuições previstas no art. 195 da Constituição, que são diversas figuras com fontes de custeio específicas:

> **Art. 195.** A seguridade social será financiada por toda a sociedade, de forma direta e indireta, nos termos da lei, mediante recursos provenientes dos orçamentos da União, dos Estados, do Distrito Federal e dos Municípios, e das seguintes contribuições sociais:
>
> I — do **empregador**, da empresa e da entidade a ela equiparada na forma da lei, incidentes sobre:
>
> *a)* **a folha de salários** e demais rendimentos do trabalho pagos ou creditados, a qualquer título, à pessoa física que lhe preste serviço, mesmo sem vínculo empregatício;
>
> *b)* a **receita** ou o **faturamento**;
>
> *c)* o **lucro**;
>
> II — do trabalhador e dos demais segurados da **previdência social**, não incidindo contribuição sobre aposentadoria e pensão concedidas pelo regime geral de previdência social de que trata o art. 201;
>
> III — sobre a receita de **concursos de prognósticos**;
>
> IV — do **importador** de bens ou serviços do exterior, ou de quem a lei a ele equiparar.

A partir da dicção constitucional podemos elaborar o quadro a seguir, que apresenta as contribuições destinadas à seguridade social[103].

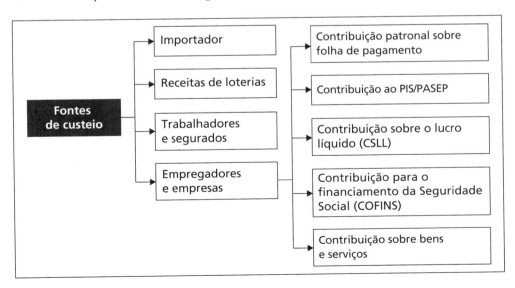

---

[103] Caberá à lei definir os setores de atividade econômica para os quais as contribuições incidentes sobre as importações, a receita ou o faturamento serão **não cumulativas**.

A possibilidade de criação de contribuição sobre a **importação** de produtos e serviços estrangeiros surgiu com a Emenda Constitucional n. 42/2003. O legislador ordinário não perdeu tempo e instituiu, a partir de 2004, as figuras conhecidas como **PIS Importação** e **COFINS Importação**[104].

A segunda fonte de custeio para as contribuições decorre da receita obtida a partir de **concursos de prognósticos**, que são as loterias de números e apostas autorizadas por lei.

Os **trabalhadores**, inclusive os avulsos e domésticos, também contribuem para o sistema social de previdência, com descontos sobre o montante das respectivas remunerações[105], que devem ser retidos pelos empregadores e repassados para o poder público, sob a égide da responsabilidade tributária, o que significa que a não observância de tal obrigação implica, inclusive, o crime de **apropriação indébita**[106].

A quarta fonte de custeio prevista pelo art. 195 alcança o empregador, a empresa ou entidade a ela equiparada e possibilita a criação de diversas contribuições:

a) Contribuição patronal sobre a **folha de pagamentos**;

b) **PIS/PASEP**;

c) Contribuição Social sobre o Lucro Líquido (**CSLL**);

d) Contribuição para o Financiamento da Seguridade Social (**COFINS**);

e) **Contribuição sobre Bens e Serviços (CBS)**.

---

[104] Para saber mais sobre essas contribuições que, embora existentes, tanto oneram as operações de importação, *vide* nosso *Comércio internacional e legislação aduaneira esquematizado*, p. 810 e s.

[105] A contribuição previdenciária do empregado sobre o 13.º salário (gratificação natalina), com a edição da Lei n. 8.620/93, deve ser calculada em separado do salário de remuneração dos meses de dezembro, conforme entendimento pacífico do STJ (REsp 1.066.682/SP, aprovado na sistemática dos recursos repetitivos).

[106] Código Penal, art. 168-A. Deixar de repassar à previdência social as contribuições recolhidas dos contribuintes, no prazo e forma legal ou convencional: Pena — reclusão, de 2 (dois) a 5 (cinco) anos, e multa. § 1.º Nas mesmas penas incorre quem deixar de: I — recolher, no prazo legal, contribuição ou outra importância destinada à previdência social que tenha sido descontada de pagamento efetuado a segurados, a terceiros ou arrecadada do público; II — recolher contribuições devidas à previdência social que tenham integrado despesas contábeis ou custos relativos à venda de produtos ou à prestação de serviços; III — pagar benefício devido a segurado, quando as respectivas cotas ou valores já tiverem sido reembolsados à empresa pela previdência social. § 2.º É extinta a punibilidade se o agente, espontaneamente, declara, confessa e efetua o pagamento das contribuições, importâncias ou valores e presta as informações devidas à previdência social, na forma definida em lei ou regulamento, antes do início da ação fiscal. § 3.º É facultado ao juiz deixar de aplicar a pena ou aplicar somente a de multa se o agente for primário e de bons antecedentes, desde que: I — tenha promovido, após o início da ação fiscal e antes de oferecida a denúncia, o pagamento da contribuição social previdenciária, inclusive acessórios; ou II — o valor das contribuições devidas, inclusive acessórios, seja igual ou inferior àquele estabelecido pela previdência social, administrativamente, como sendo o mínimo para o ajuizamento de suas execuções fiscais. **§ 4.º A faculdade prevista no § 3.º deste artigo não se aplica aos casos de parcelamento de contribuições cujo valor, inclusive dos acessórios, seja superior àquele estabelecido, administrativamente, como sendo o mínimo para o ajuizamento de suas execuções fiscais. (Incluído pela Lei n. 13.606, de 2018.)**

As contribuições devidas pelas empresas e equiparados sobre a folha de pagamentos representam **20%** sobre o total das remunerações pagas, devidas ou creditadas, a qualquer título, **durante o mês**, aos segurados empregados e trabalhadores avulsos que lhes prestam serviços.

A legislação prevê, ainda, o pagamento de **adicionais** variados, de acordo com o **tipo** de empresa (bancos, por exemplo), o **risco** da atividade laboral (dividido em leve, médio ou grave) ou na hipótese de trabalhadores sujeitos a **aposentadoria especial**.

Essas situações especiais, que ensejam a adoção de alíquotas ou bases de cálculo **diferenciadas**, encontram suporte no art. 195, § 9.º, da Constituição, que autoriza a cobrança de valores distintos em razão da atividade econômica, da utilização intensiva de mão de obra, do porte da empresa ou da condição estrutural do mercado de trabalho, além de permitir a adoção de bases de cálculo diferenciadas nos casos de receita ou faturamento e lucro..

Nesse contexto, o Supremo Tribunal Federal considerou **constitucional** a cobrança do **adicional de 2,5%** sobre a folha de bancos comerciais, bancos de investimentos, bancos de desenvolvimento, caixas econômicas, sociedades de crédito, financiamento e investimento, sociedades de crédito imobiliário, sociedades corretoras, distribuidoras de títulos e valores mobiliários, empresas de arrendamento mercantil, cooperativas de crédito, empresas de seguros privados e de capitalização, agentes autônomos de seguros privados e de crédito e entidades de previdência privada abertas e fechadas.

No julgado (**RE 598.572/SP**, com repercussão geral), discutia-se a legalidade do art. 22, § 1.º, da Lei n. 8.212/91, concluindo-se que não se tratava de nova contribuição ou fonte de custeio, mas apenas de diferenciação de alíquotas amparada pelo princípio da capacidade contributiva.

Em sentido oposto, o STF já havia considerado **inconstitucional**, justamente por ofensa ao princípio da **capacidade contributiva**, a cobrança de contribuição, a cargo de empresa, destinada à seguridade social, de 15% sobre o valor bruto da nota fiscal ou fatura de prestação de serviços, relativamente a **serviços** que lhe são **prestados por cooperados** mediante cooperativas de trabalho, conforme previsto no art. 22, IV, da Lei n. 8.212/91.

O Supremo Tribunal Federal entendeu que os pagamentos efetuados por terceiros às **cooperativas de trabalho**, em face de serviços prestados por seus associados, não se confundem com os valores efetivamente pagos ou creditados aos cooperados e que o legislador não poderia tributar o **faturamento** da cooperativa, o que representaria um *bis in idem* em relação aos rendimentos do trabalho dos cooperados (RE 595.838/SP, com repercussão geral).

Em outro julgado, também admitido com repercussão geral (RE 596.177-ED/RS), o Supremo Tribunal Federal considerou **inconstitucional** a cobrança de contribuição dos empregadores **rurais, pessoas físicas**, sobre a receita bruta proveniente de sua produção.

No caso, o STF, acertadamente, considerou que, se o empregador rural possuir empregados, haverá dupla incidência sobre o mesmo fato, dada a existência da COFINS, que já onera o faturamento desses produtores.

Ademais, a exigência **não poderia** ser instituída por lei ordinária (Lei n. 8.540/92, art. 1.º) porque novas fontes de custeio, não previstas na Constituição, exigem **lei complementar**.

No caso dos empregadores **domésticos**, o valor devido corresponde a 12% do salário de contribuição mensal. Existem, ainda, regras específicas para os contribuintes **individuais** e para os **segurados facultativos**.

Como nenhum benefício ou serviço da seguridade social poderá ser criado, majorado ou estendido sem a **definição** da respectiva fonte de custeio, a Constituição prevê a possibilidade de novas hipóteses de financiamento, que deverão ser instituídas por **lei complementar** e não poderão ser cumulativas ou possuir fato gerador ou base de cálculo típicos de impostos, nos termos do art. 154, I.

Ressalte-se que a pessoa jurídica em **débito** com a seguridade social fica **impedida** de contratar com o Poder Público (ou participar de licitações) nem dele receber qualquer tipo de benefício ou incentivo fiscal.

É vedada a concessão de **remissão** ou **anistia** para as contribuições sobre folha de pagamento das empresas e, ainda, para os trabalhadores e demais segurados em relação ao sistema da previdência social.

Os valores arrecadados em prol da previdência social devem ser **destinados** para atender os objetivos previstos no art. 201 da Constituição[107]:

> **Art. 201.** A previdência social será organizada sob a forma do Regime Geral de Previdência Social, de caráter contributivo e de filiação obrigatória, observados critérios que preservem o equilíbrio financeiro e atuarial, e atenderá, na forma da lei, a:
>
> I — cobertura dos eventos de incapacidade temporária ou permanente para o trabalho e idade avançada;
>
> II — proteção à maternidade, especialmente à gestante;
>
> III — proteção ao trabalhador em situação de desemprego involuntário;
>
> IV — salário-família e auxílio-reclusão para os dependentes dos segurados de baixa renda;
>
> V — pensão por morte do segurado, homem ou mulher, ao cônjuge ou companheiro e dependentes, observado o disposto no § 2.º.
>
> § 1.º É vedada a adoção de requisitos ou critérios diferenciados para concessão de benefícios, ressalvada, nos termos de lei complementar, a possibilidade de previsão de idade e tempo de contribuição distintos da regra geral para concessão de aposentadoria exclusivamente em favor dos segurados:
>
> I — com deficiência, previamente submetidos a avaliação biopsicossocial realizada por equipe multiprofissional e interdisciplinar;
>
> II — cujas atividades sejam exercidas com efetiva exposição a agentes químicos, físicos e biológicos prejudiciais à saúde, ou associação desses agentes, vedada a caracterização por categoria profissional ou ocupação.

---

[107] Existe também previsão para o regime de previdência privada, como autoriza o art. 202 da Constituição: "O regime de previdência privada, de caráter complementar e organizado de forma autônoma em relação ao regime geral de previdência social, será facultativo, baseado na constituição de reservas que garantam o benefício contratado, e regulado por lei complementar".

§ 2.º Nenhum benefício que substitua o salário de contribuição ou o rendimento do trabalho do segurado terá valor mensal **inferior ao salário mínimo**.

§ 3.º Todos os salários de contribuição considerados para o cálculo de benefício serão devidamente **atualizados**, na forma da lei.

§ 4.º É assegurado o **reajustamento dos benefícios** para preservar-lhes, em caráter permanente, o valor real, conforme critérios definidos em lei.

(...)

As Contribuições para o PIS/PASEP e a chamada COFINS são bastante semelhantes, em termos de incidência e sistemática de apuração, embora tenham sido criadas em momentos distintos e com objetivos supostamente diferentes.

O **PIS** foi instituído pela Lei Complementar n. 7/70 e tem por objetivo promover a integração do empregado na vida e no desenvolvimento das empresas. O **PASEP**, voltado para o Programa de Formação do Patrimônio do Servidor Público, foi criado pela Lei Complementar n. 8/70.

Com o advento da Constituição de 1988, o valor arrecadado a título de PIS/PASEP é repassado para os programas de **seguro-desemprego** e **abono salarial**, nos termos no art. 239.

Art. 239. A arrecadação decorrente das contribuições para o **Programa de Integração Social**, criado pela Lei Complementar n. 7, de 7 de setembro de 1970, e para o **Programa de Formação do Patrimônio do Servidor Público**, criado pela Lei Complementar n. 8, de 3 de dezembro de 1970, passa, a partir da promulgação desta Constituição, a financiar, nos termos que a lei dispuser, o programa do seguro-desemprego, outras ações da previdência social e o abono de que trata o § 3.º deste artigo.

§ 1.º Dos recursos mencionados no *caput*, no mínimo **28%** (vinte e oito por cento) serão destinados para o financiamento de programas de **desenvolvimento econômico**, por meio do Banco Nacional de Desenvolvimento Econômico e Social, com critérios de remuneração que preservem o seu valor.

§ 2.º Os patrimônios acumulados do Programa de Integração Social e do Programa de Formação do Patrimônio do Servidor Público são preservados, mantendo-se os critérios de saque nas situações previstas nas leis específicas, com exceção da retirada por motivo de casamento, ficando vedada a distribuição da arrecadação de que trata o "caput" deste artigo, para depósito nas contas individuais dos participantes.

§ 3.º Aos empregados que percebam de empregadores que contribuem para o Programa de Integração Social ou para o Programa de Formação do Patrimônio do Servidor Público, até dois salários mínimos de remuneração mensal, é assegurado o pagamento de um salário mínimo anual, computado neste valor o rendimento das contas individuais, no caso daqueles que já participavam dos referidos programas, até a data da promulgação desta Constituição.

§ 4.º O financiamento do seguro-desemprego receberá uma contribuição adicional da empresa cujo índice de rotatividade da força de trabalho superar o índice médio da rotatividade do setor, na forma estabelecida por lei.

§ 5.º Os programas de desenvolvimento econômico financiados na forma do § 1.º e seus resultados serão anualmente avaliados e divulgados em meio de comunicação social eletrônico e apresentados em reunião da comissão mista permanente de que trata o § 1.º do art. 166.

São **contribuintes** do PIS as pessoas jurídicas de direito privado e as que lhes são equiparadas pela legislação do Imposto de Renda, inclusive empresas prestadoras de serviços, empresas públicas e sociedades de economia mista e suas subsidiárias.

No caso das empresas optantes pelo **Simples Nacional**, o percentual relativo às contribuições (PIS e COFINS) está incluído no montante mensal a pagar, calculado a partir da receita bruta.

A **COFINS** (Contribuição para Financiamento da Seguridade Social) foi instituída pela Lei Complementar n. 70/91, a partir da autorização veiculada pelo art. 195, I, da Constituição, e tem como **contribuintes** as pessoas jurídicas, inclusive as a elas equiparadas pela legislação do imposto de renda, e os recursos arrecadados deverão ser destinados exclusivamente às despesas com atividades-fim das áreas da saúde, previdência e assistência social.

Tanto o PIS/PASEP como a COFINS estão sujeitos a dois regimes de tributação: cumulativo e não cumulativo.

No regime **cumulativo**, a base de cálculo é o total das receitas[108] da pessoa jurídica[109], sem deduções em relação a custos, despesas e encargos. Nessa modalidade as **alíquotas** do PIS/PASEP e da COFINS são, respectivamente, de 0,65% e de 3%.

As pessoas jurídicas de direito privado e as que lhes são equiparadas pela legislação do imposto de renda, que apuram o IRPJ com base no lucro **presumido** ou **arbitrado**, estão sujeitas à incidência **cumulativa**.

Por outro lado, o regime de incidência não cumulativa permite, em relação à receita auferida, o **desconto dos créditos** apurados com base em custos, despesas e encargos da

---

[108] Depois de muita controvérsia, o STJ consolidou posição no sentido de que a **base de cálculo** do PIS/PASEP e da COFINS é o **faturamento**, hodiernamente compreendido como a totalidade das receitas auferidas pela pessoa jurídica, independentemente de sua denominação ou classificação contábil, vale dizer, a receita bruta da venda de bens e serviços, nas operações em conta própria ou alheia, e todas as demais receitas auferidas (RESP 847.641/RS). No mesmo sentido, o art. 52 da **Lei n. 12.973/2014** estabelece que o faturamento corresponde ao **conceito de receita bruta** de que trata o art. 12 do Decreto-Lei n. 1.598/77: "Art. 12. A receita bruta compreende: I — o produto da venda de bens nas operações de conta própria; II — o preço da prestação de serviços em geral; III — o resultado auferido nas operações de conta alheia; e IV — as receitas da atividade ou objeto principal da pessoa jurídica não compreendidas nos incisos I a III".

[109] O Superior Tribunal de Justiça firmou o entendimento de que a base de cálculo do PIS e da CO-FINS, independentemente do regime normativo aplicável (Leis Complementares n. 7/70 e 70/91 ou Leis Ordinárias n. 10.637/2002 e 10.833/2003), abrange os valores recebidos pelas empresas **prestadoras de serviços de locação de mão de obra temporária** (regidas pela Lei n. 6.019/74 e pelo Decreto n. 73.841/74), a título de pagamento de salários e encargos sociais dos trabalhadores temporários (RESP 1.141.065/SC, na sistemática dos recursos repetitivos).

pessoa jurídica. Nessa modalidade as alíquotas do PIS/PASEP e da COFINS são, respectivamente, de 1,65% e de 7,6%.

O STF decidiu, com repercussão geral (RE 1.390.517), que o aumento das alíquotas ou a redução dos coeficientes anteriormente utilizados, mediante decreto regulamentar do Poder Executivo deve obedecer à noventena, ainda que os percentuais se encontrem dentro dos parâmetros estabelecidos em lei.

As pessoas jurídicas de direito privado, e as que lhes são equiparadas pela legislação do imposto de renda, que apuram o IRPJ com base no **lucro real** estão sujeitas à incidência **não cumulativa**.

SÚMULA 584 DO STJ: As sociedades corretoras de seguros, que não se confundem com as sociedades de valores mobiliários ou com os agentes autônomos de seguro privado, estão fora do rol de entidades constantes do art. 22, § 1.º, da Lei n. 8.212/1991, não se sujeitando à majoração da alíquota da COFINS prevista no art. 18 da Lei n. 10.684/2003.

Destacamos, no quadro a seguir, as **decisões paradigmáticas** mais importantes dos tribunais superiores acerca da tributação do PIS/PASEP e da COFINS.

STJ — Recursos Repetitivos

- **Repasse do PIS e da COFINS na tarifa telefônica.** O repasse econômico do PIS e da COFINS, nos moldes realizados pela empresa concessionária de serviços de telefonia, revela prática legal e condizente com as regras de economia e de mercado, sob o ângulo do direito do consumidor (REsp 976.836/RS).

- **Ausência de solução de continuidade.** O STJ entendeu que a contribuição social destinada ao PIS permaneceu exigível no período compreendido entre outubro de 1995 a fevereiro de 1996, por força da Lei Complementar 7/70, e entre março de 1996 a outubro de 1998, por força da Medida Provisória 1.212/95 e suas reedições. 2. A contribuição destinada ao Programa de Integração Social — PIS disciplinada pela Lei Complementar 7/70, foi recepcionada pelo artigo 239, da Constituição da República Federativa do Brasil de 1988 (REsp 1.136.210).

- **Contribuição para custeio de serviço de saúde aos servidores públicos.** Instituto de previdência do Estado de Minas Gerais (IPSEMG). Caráter compulsório afastado pelo STF na ADI 3.106-MG. Alteração da jurisprudência do STJ. Repetição de indébito por afastamento da inconstitucionalidade do tributo. Interpretação do julgamento da ADI. Formação de relação jurídica contratual entre servidor e IPSEMG. Possibilidade. Manifestação de vontade do servidor. A partir de 14/4/2010 deve ser reconhecida a natureza contratual da relação firmada entre os servidores do Estado de Minas Gerais e o IPSEMG, instituída pelo art. 85 da Lei Complementar Estadual n. 64/2002, sendo garantida a restituição de indébito somente àqueles que, após essa data, não tenham aderido expressa ou tacitamente aos serviços de saúde disponibilizados (REsp 1.348.679-MG).

STJ — PIS e COFINS — Repercussão Geral

- **Substituição tributária — base de cálculo presumida.** É devida a restituição da diferença das contribuições para o Programa de Integração Social — PIS e para o Financiamento da Seguridade Social — COFINS recolhidas a mais, no regime de substituição tributária, se a base de cálculo efetiva das operações for inferior à presumida (RE 596.832).

- **Regimes cumulativo e não cumulativo.** Não obstante as Leis n. 10.637/2002 e 10.833/2003 estejam em processo de inconstitucionalização, é ainda constitucional o modelo legal de coexistência dos regimes cumulativo e não cumulativo, na apuração do PIS/COFINS das empresas prestadoras de serviços (RE 607.642).

- **Creditamento decorrente de ativo imobilizado.** Surge inconstitucional, por ofensa aos princípios da não cumulatividade e da isonomia, o art. 31, cabeça, da Lei n. 10.865/2004, no que vedou o creditamento da contribuição para o PIS e da COFINS, relativamente ao ativo imobilizado adquirido até 30 de abril de 2004 (RE 599.316).

Por fim, entre as contribuições criadas a partir da previsão ao art. 195 da **Constituição temos a Contribuição Social sobre o Lucro Líquido** (CSLL), instituída pela Lei n. 7.689/88.

A CSLL é um tributo que aproveita diversas disposições relativas ao imposto de renda e tem como as pessoas jurídicas e as pessoas físicas a elas equiparadas por lei.

A alíquota normal é de **9%** sobre o lucro apurado no período, mas as instituições financeiras, as de seguros privados e as de capitalização estão sujeitas a uma alíquota de **15% e, para os bancos, a alíquota é de 20%.**

A apuração da CSLL pode ser **trimestral**, sempre que esta for a opção da empresa para o imposto de renda, ou **anual**, com recolhimentos mensais por estimativa para as pessoas jurídicas que adotam a sistemática do lucro real anual. Nesse caso, os pagamentos mensais estimados serão deduzidos do montante apurado ao final do exercício.

Houve questionamento judicial sobre a **constitucionalidade** do art. 1.º da Lei n. 9.316/96, que estabelece que o valor da contribuição social sobre o lucro líquido **não poderá ser deduzido** para efeito de determinação do lucro real, nem de sua própria base de cálculo. O STF, ao apreciar a questão, entendeu pela constitucionalidade do dispositivo e ainda fixou que os valores da CSLL que fossem registrados como custo ou despesa deverão ser adicionados ao lucro líquido do respectivo período de apuração para efeito de determinação do lucro real e de sua própria base de cálculo, convalidando, assim, o parágrafo único do dispositivo (RE 582.525/SP, com repercussão geral).

Também em decisão com repercussão geral, o Supremo Tribunal Federal decidiu que a CSLL **incide** sobre o lucro das **empresas exportadoras** (RE 564.413/SC).

Em 2024, o STF decidiu ser constitucional a incidência da contribuição para o PIS e da COFINS sobre as receitas auferidas com a locação de bens móveis ou imóveis, quando constituir atividade empresarial do contribuinte, considerando que o resultado econômico dessa operação coincide com o conceito de faturamento ou receita bruta,

2 ■ Tributo   123

tomados como a soma das receitas oriundas do exercício das atividades empresariais, pressuposto desde a redação original do art. 195, I, da Constituição Federal (RE 659.412, com repercussão geral).

Ainda em relação à locação de imóveis, em linha com o parágrafo acima, entendeu pela constitucionalidade da incidência da contribuição para o PIS e da COFINS sobre as receitas auferidas com a locação de bens móveis ou imóveis, quando constituir atividade empresarial do contribuinte, considerando que o resultado econômico dessa operação coincide com o conceito de faturamento ou receita bruta (RE 599.658, com repercussão geral).

> **STJ — Contribuições Sociais — Repercussão Geral**
>
> ■ **Contribuição social sobre férias.** É legítima a incidência de contribuição social sobre o valor satisfeito a título de terço constitucional de férias (RE 1.072.485).
>
> ■ **Contribuição social em caso de demissão de empregado sem justa causa.** É constitucional a contribuição social prevista no art. 1.º da Lei Complementar n. 110, de 29 de junho de 2001, tendo em vista a persistência do objeto para a qual foi instituída (RE 878.313).
>
> ■ **Salário-maternidade.** É inconstitucional a incidência de contribuição previdenciária a cargo do empregador sobre o salário-maternidade (RE 576.967).
>
> ■ **Contribuição social do segurado especial.** É constitucional, formal e materialmente, a contribuição social do segurado especial prevista no art. 25 da Lei n. 8.212/91 (RE 761.263).
>
> ■ **Empregador rural pessoa física.** É constitucional formal e materialmente a contribuição social do empregador rural pessoa física, instituída pela Lei n. 10.256/2001, incidente sobre a receita bruta obtida com a comercialização de sua produção (RE 718.874).

2.10.2.5.2. *Contribuições de intervenção no domínio econômico*

As Contribuições de Intervenção no Domínio Econômico, conhecidas como CIDE, são tributos de natureza **extrafiscal** e excepcional, que deveriam apenas ser utilizados quando houvesse necessidade de o Estado regular, temporariamente, determinados setores da atividade econômica.

Isso porque a Constituição, ao adotar o modelo **capitalista**, limitou a intervenção do Estado nas atividades privadas, reservando-lhe o poder de fiscalizar e incentivar setores considerados essenciais ou estratégicos, como determina o art. 174:

> **Art. 174.** Como agente normativo e regulador da atividade econômica, o Estado exercerá, na forma da lei, as funções de fiscalização, incentivo e planejamento, sendo este determinante para o setor público e indicativo para o setor privado.

Nesse cenário, os tributos de intervenção na atividade econômica deveriam ser utilizados com parcimônia, o que infelizmente não ocorre, pois o governo federal percebeu que tais figuras podem ser importantes fontes **permanentes** de arrecadação.

Ressalte-se que as contribuições de intervenção no domínio econômico podem ser instituídas mediante **lei ordinária**[110], o que facilita, sobremaneira, sua proliferação no sistema tributário.

Como o conceito de CIDE revela um subgênero de contribuição, que pode ter **várias espécies**, o legislador federal já instituiu diversas figuras dessa natureza, dentre as quais se destacam a **CIDE-Combustíveis** e a **CIDE-Remessas para o exterior** (que alguns denominam CIDE-*Royalties*).

Há vários julgados dos tribunais superiores que reconheceram a natureza de contribuições de intervenção no domínio econômico para os mais diferentes tributos ao longo das últimas décadas.

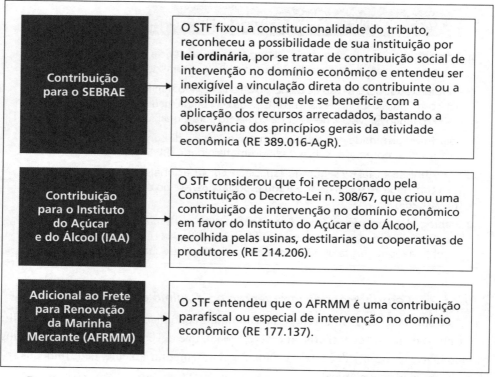

Por serem tributos **finalísticos**, as contribuições de intervenção no domínio econômico têm por objetivo destinar recursos a entidades ou programas específicos, no intuito de incentivar atividades de pesquisa e desenvolvimento, o que enseja, em tese, a vinculação dos valores arrecadados.

Contudo, o Supremo Tribunal Federal entendeu que a **desvinculação parcial** de receita da União, constante do art. 76 do ADCT[111], não transforma as contribuições

---

[110] No AI 739.715-AgR, relatado pelo Ministro Eros Grau e julgado em 26 de maio de 2009, o STF fixou entendimento no sentido da dispensabilidade de lei complementar para a criação das contribuições de intervenção no domínio econômico e de interesse das categorias profissionais.

[111] Constituição, art. 76. "São desvinculados de órgão, fundo ou despesa, até 31 de dezembro de 2024,

sociais e de intervenção no domínio econômico em impostos, pois não lhes altera a essência.

De acordo com a lógica de **não tributar** as exportações, o constituinte, por meio da Emenda n. 33/2001, adicionou o § 2.º, inciso I, ao art. 149, para determinar que as contribuições sociais e as de intervenção no domínio econômico **não incidirão** sobre as receitas decorrentes de **exportação**, como forma de incentivar os empresários brasileiros a vender seus produtos para o exterior.

Trata-se de hipótese de **imunidade tributária**, conforme entendimento pacífico do Supremo Tribunal Federal, que já se manifestou pela desoneração das exportações em diversos julgados importantes, sempre sob a premissa da interpretação **teleológica** do instituto, para ampliar o alcance da proteção e conferir **máxima efetividade** ao comando constitucional, conforme sintetizado no quadro a seguir.

Imunidade	
	Contratos de câmbio relativos a operações de exportação. Com base no art. 149, § 2.º, I, da Constituição, o STF reconheceu a intenção de desonerar as exportações por completo, para afastar a incidência de PIS e COFINS sobre a receita decorrente de **variação cambial positiva** obtida nas operações de exportação de produtos (**RE 627.815, com repercussão geral**).
	Também não incidem PIS e COFINS sobre os **créditos de ICMS cedidos a terceiros e decorrentes de exportação**. "O aproveitamento dos créditos de ICMS por ocasião da saída imune para o exterior não gera receita tributável. Cuida-se de mera recuperação do ônus econômico advindo do ICMS, assegurada expressamente pelo art. 155, § 2.º, X, *a*, da CF. Adquirida a mercadoria, a empresa exportadora pode creditar-se do ICMS anteriormente pago, mas somente poderá transferir a terceiros o saldo credor acumulado após a saída da mercadoria com destino ao exterior (art. 25, § 1.º, da LC 87/1996). Porquanto só se viabiliza a cessão do crédito em função da exportação, além de vocacionada a desonerar as empresas exportadoras do ônus econômico do ICMS, as verbas respectivas qualificam-se como decorrentes da exportação para efeito da imunidade do art. 149, § 2.º, I, da CF" (**RE 606.107, com repercussão geral**).

30% (trinta por cento) da arrecadação da União relativa às contribuições sociais, sem prejuízo do pagamento das despesas do Regime Geral de Previdência Social, às contribuições de intervenção no domínio econômico e às taxas, já instituídas ou que vierem a ser criadas até a referida data. (...) § 2º Excetua-se da desvinculação de que trata o *caput* a arrecadação da contribuição social do salário-educação a que se refere o § 5.º do art. 212 da Constituição Federal. (...) § 4.º A desvinculação de que trata o *caput* não se aplica às receitas das contribuições sociais destinadas ao custeio da seguridade social.". A Emenda Constitucional n. 93/2016 promoveu desvinculações semelhantes ao incluir também os arts. 76-A e 76-B no ADCT.

Não Imunidade	A imunidade prevista no inciso I do § 2.º do art. 149 da Carta Federal **não alcança o lucro** das empresas exportadoras (**RE 564.413, com repercussão geral**).
	A imunidade prevista no art. 149, § 2.º, I, da Constituição, introduzida pela EC 33/2001, não alcança a Contribuição Social sobre o Lucro Líquido (CSLL), haja vista a distinção ontológica entre os conceitos de lucro e receita. (...) A norma de exoneração tributária prevista no art. 149, § 2.º, I, da Constituição também não alcança a Contribuição Provisória sobre Movimentação ou Transmissão de Valores e de Créditos e Direitos de Natureza Financeira (CPMF), pois o referido tributo não se vincula diretamente à operação de exportação. A exação não incide sobre o resultado imediato da operação, mas sobre operações financeiras posteriormente realizadas (**RE 474.132**).
	Receitas de exportação via intermediários. A norma imunizante contida no inciso I do § 2.º do art. 149 da Constituição da República alcança as receitas decorrentes de operações indiretas de exportação caracterizadas por haver participação negocial de sociedade exportadora intermediária (**RE 759.244, com repercussão geral**).

Em sentido inverso, a Emenda Constitucional n. 42, de 2003, permitiu a **incidência** das referidas contribuições na **importação** de produtos estrangeiros ou serviços. Isso possibilita a cobrança de contribuições em praticamente todas as operações de importação, inclusive para **pessoas físicas**, que poderão ser equiparadas às pessoas jurídicas, conforme dispuser a lei (CF, art. 149, § 3.º).

Cabe também à lei definir as **hipóteses** em que as contribuições incidirão apenas uma vez (CF, art. 149, § 4.º).

As contribuições sociais e de intervenção no domínio econômico poderão ter alíquotas *ad valorem*, tendo por base o faturamento, a receita bruta ou o valor da operação e, no caso de importação, o valor aduaneiro, ou **específicas**, tomando por base a unidade de medida adotada.

As alíquotas *ad valorem* são as mais comuns do sistema tributário, representadas por um **percentual (%)** aplicável sobre a base de cálculo, enquanto as alíquotas específicas correspondem a uma **quantia**, em moeda (R$), a ser cobrada em função de uma unidade estabelecida de certo produto, como acontece com a CIDE-Combustíveis, que estudaremos a seguir.

Em síntese, podemos nos valer da precisa conclusão de Hamilton Dias de Souza[112], que, ao analisar os **requisitos** para a instituição de uma CIDE, entendeu pela sua possibilidade sempre que haja "(i) efetiva intervenção do Estado no domínio econômico, nos limites das possibilidades constitucionalmente previstas para tanto, (ii) em atividade originariamente reservada ao setor privado ou que tenha a este sido transferida por

---

[112] Hamilton Dias de Souza, Contribuições especiais, in *Curso de direito tributário*, p. 726.

autorização, concessão ou permissão, (iii) e que cause um gasto excepcional do Estado ou que atenda interesse especial de determinado grupo de indivíduos, componentes do setor objeto da intervenção".

2.10.2.5.2.1. CIDE-Combustíveis

A contribuição de intervenção no domínio econômico mais conhecida e de maior impacto, em termos de arrecadação, encontra fundamento não apenas no art. 149 da Constituição, mas também no **art. 177, § 4.º**, que, ao dispor sobre as atividades que constituem **monopólio** da União, estabelece:

> § 4.º A lei que instituir contribuição de intervenção no domínio econômico relativa às atividades de importação ou comercialização de petróleo e seus derivados, gás natural e seus derivados e álcool combustível deverá atender aos seguintes requisitos:
>
> I — a alíquota da contribuição poderá ser:
>
> *a)* diferenciada por produto ou uso;
>
> *b)* reduzida e restabelecida por ato do Poder Executivo, não se lhe aplicando o disposto no art. 150, III, *b*;
>
> II — os recursos arrecadados serão destinados:
>
> *a)* ao pagamento de subsídios a preços ou transporte de álcool combustível, gás natural e seus derivados e derivados de petróleo;
>
> *b)* ao financiamento de projetos ambientais relacionados com a indústria do petróleo e do gás;
>
> *c)* ao financiamento de programas de infraestrutura de transportes.

Curioso notar, portanto, a previsão de uma contribuição de intervenção no domínio econômico específica, com **requisitos** definidos fora do capítulo tributário, o que só confirma a verdadeira bagunça que se tornou o texto constitucional, cuja lógica original foi destruída por incontáveis emendas.

Como se já não bastasse termos a segunda maior Carta do planeta[113], somos obrigados a conviver com a absurda situação de alterações constantes, que cada vez mais desfiguram o pouco de coesão que havia em 1988.

De toda sorte, a partir da previsão constitucional o legislador ordinário publicou a Lei n. 10.336/2001, que instituiu a **CIDE-Combustíveis**, incidente sobre a importação e a comercialização de petróleo e seus derivados, gás natural e seus derivados, e álcool etílico combustível.

A CIDE-Combustíveis tem como **contribuintes** o produtor, o formulador[114] e o importador, pessoa física ou jurídica, de combustíveis líquidos, como gasolina e suas

---

[113] A maior, ao que tudo indica, é a Constituição da Índia, onde o sistema jurídico também é bastante complexo e ineficiente.

[114] **Formulador**, nos termos da lei, é a pessoa jurídica autorizada a exercer, pela Agência Nacional de Petróleo, as seguintes atividades: aquisição de correntes de hidrocarbonetos líquidos, mistura mecânica de correntes de hidrocarbonetos líquidos, com o objetivo de obter gasolinas e

correntes, diesel e suas correntes, querosene de aviação e outros querosenes, óleos combustíveis (*fuel-oil*), gás liquefeito de petróleo, inclusive o derivado de gás natural e de nafta, e álcool etílico combustível.

O tributo tem como **fato gerador** as operações de importação e comercialização, no mercado interno, dos combustíveis líquidos.

Na apuração do montante devido deve ser considerada a sistemática de **alíquotas específicas**, cobradas, em reais, em função da quantidade comercializada ou importada dos combustíveis.

A Lei n. 10.336/2001 estabeleceu a unidade de medida e o **valor máximo** das alíquotas específicas para cada tipo de combustível, nos seguintes termos:

> **Art. 5.º** A CIDE terá, na importação e na comercialização no mercado interno, as seguintes alíquotas específicas:
> I — gasolina, R$ 860,00 por m^3;
> II — diesel, R$ 390,00 por m^3;
> III — querosene de aviação, R$ 92,10 por m^3;
> IV — outros querosenes, R$ 92,10 por m^3;
> V — óleos combustíveis com alto teor de enxofre, R$ 40,90 por t;
> VI — óleos combustíveis com baixo teor de enxofre, R$ 40,90 por t;
> VII — gás liquefeito de petróleo, inclusive o derivado de gás natural e da nafta, R$ 250,00 por t;
> VIII — álcool etílico combustível, R$ 37,20 por m^3.

Contudo, dado o caráter extrafiscal e **regulatório** da CIDE-Combustíveis, o próprio legislador permitiu que as alíquotas específicas pudessem ser **reduzidas** e **restabelecidas** até o limite máximo, para atender à política governamental de combustíveis e às variações do mercado, dado que o preço do petróleo e derivados, por exemplo, possui cotação internacional.

Assim, as alíquotas da CIDE-Combustíveis têm sido estabelecidas por decreto presidencial e atualmente possuem alíquotas positivas apenas a gasolina (R$ 100,00 por m^3) e o diesel (R$ 50,00 por m^3), pois para os demais combustíveis a alíquota é zero (Decreto n. 8.395/2015).

Para evitar o **efeito cumulativo** na incidência das diversas etapas que envolvem a produção e a comercialização dos combustíveis, o contribuinte poderá deduzir do valor da CIDE devida o montante já pago quando da importação ou, ainda, o valor pago por outro contribuinte quando da aquisição no mercado interno.

Também pode ser **deduzido** o montante pago a título de CIDE na importação ou comercialização dos valores de PIS e COFINS devidos na venda, no mercado interno, dos combustíveis, até o limite fixado em lei.

A CIDE-Combustíveis é apurada **mensalmente** e o pagamento deverá ser feito até o último dia útil da primeira quinzena do mês subsequente ao de ocorrência do fato

---

diesel, armazenamento de matérias-primas, de correntes intermediárias e de combustíveis formulados, comercialização de gasolinas e de diesel e comercialização de sobras de correntes.

2 ■ Tributo

gerador, ou, no caso de **importação**, o pagamento será na data do registro da Declaração de Importação (DI)[115].

2.10.2.5.2.2. CIDE-Remessas

Com o objetivo de estimular o **desenvolvimento tecnológico** brasileiro, mediante programas de pesquisa científica e cooperação entre universidades e o setor produtivo, foi publicada a Lei n. 10.168/2000, que instituiu uma contribuição de intervenção no domínio econômico, conhecida como **CIDE-Remessas** (também chamada, por vezes, CIDE-*Royalties* ou CIDE-Tecnologia).

Dada a enorme **dependência tecnológica** dos empresários brasileiros, justificada, entre outros motivos, pela péssima qualidade de ensino em todos os níveis e pelo baixíssimo nível de investimentos em educação e pesquisa de ponta, quis o legislador ordinário minimizar o problema com a instituição de um tributo, cuja arrecadação fosse revertida para o fomento dessas atividades no país.

Assim, a CIDE-Remessas passou a ser devida pelas pessoas jurídicas detentoras de **licença de uso** ou **adquirentes** de conhecimentos tecnológicos, bem como pelos signatários de contratos que impliquem transferência de tecnologia, firmados com residentes ou domiciliados **no exterior**.

Dito de outra forma, quando um empresário local efetuar um pagamento a alguém localizado no exterior como **contrapartida** à aquisição ou ao uso de tecnologias, a União exigirá um tributo, cuja arrecadação deverá subsidiar a pesquisa e o desenvolvimento nacionais.

Em tese, isso poderia, no médio prazo, reduzir a dependência de fontes estrangeiras e, como vantagem adicional, diminuir a remessa de divisas ao exterior.

A Lei n. 10.332/2001 **alargou** o campo de incidência da contribuição, ao definir que a partir de janeiro de 2002 também seriam alcançadas as pessoas jurídicas signatárias de contratos que tivessem por objeto **serviços técnicos** e de **assistência administrativa** e semelhantes a serem prestados por residentes ou domiciliados no exterior, bem assim pelas pessoas jurídicas que pagarem, creditarem, entregarem, empregarem ou remeterem *royalties*, a qualquer título, a beneficiários residentes ou domiciliados no exterior.

Interessante notar que em relação aos *royalties* a base de cálculo da contribuição não decorre do tipo ou objeto do contrato, mas da **natureza** do pagamento efetuado para a pessoa domiciliada no exterior, de forma que nos parece relevante entender o alcance da figura.

Na seara tributária, o conceito de *royalties* (ou regalias) decorre da legislação do imposto de renda e está previsto no art. 22 da Lei n. 4.506/64:

---

[115] Para mais informações sobre a sistemática de importação e os tributos incidentes no país, *vide* nosso *Comércio internacional e legislação aduaneira esquematizado*.

> **Art. 22.** Serão classificados como *royalties* os rendimentos de qualquer espécie decorrentes do uso, fruição, exploração de direitos, tais como:
>
> *a)* direito de colher ou extrair **recursos vegetais**, inclusive florestais;
>
> *b)* direito de pesquisar e extrair **recursos minerais**;
>
> *c)* uso ou exploração de **invenções**, processos e fórmulas de fabricação e de marcas de indústria e comércio;
>
> *d)* exploração de **direitos autorais**, salvo quando percebidos pelo **autor** ou **criador** do bem ou obra.
>
> **Parágrafo único.** Os juros de mora e quaisquer outras compensações pelo atraso no pagamento dos *royalties* acompanharão a classificação destes.

De forma simples, os *royalties* são entendidos como **aluguéis**, que têm por objetivo remunerar o uso, fruição ou posse de um direito alheio, embora a lei, de forma pouco precisa, também considere *royalties* a remuneração pela exploração de bens corpóreos, como os recursos minerais e vegetais.

Ressalte-se que, depois de muita controvérsia, o legislador decidiu que a contribuição não incidia sobre a remuneração pela **licença** de uso ou de direitos de comercialização ou distribuição de **programas de computador** (*softwares*), salvo quando envolverem a transferência da correspondente tecnologia[116].

As contribuições de intervenção no domínio econômico devem ser pautadas pelo **princípio da referibilidade**, que exige uma relação lógica entre o sujeito passivo e a atividade estatal, vale dizer, a cobrança da exação deve alcançar apenas pessoas integrantes da área objeto de intervenção, característica que, há tempos, foi observada por Geraldo Ataliba[117]:

> "O arquétipo básico da contribuição deve ser respeitado: a base deve repousar no elemento intermediário (pois, contribuição não é imposto e não é taxa); é imprescindível circunscrever-se, na lei, explícita ou implicitamente, um círculo especial de contribuintes e reconhecer-se uma atividade estatal a eles referida indiretamente. Assim, ter-se-á um mínimo de elementos, para configuração da contribuição".

É essencial, portanto, que na configuração legal do tributo conste a **identificação** do grupo de indivíduos que possui conexão ou interesse especial na ação estatal.

No caso da CIDE-Remessas, o contribuinte que pagar, creditar, entregar, empregar ou remeter valores ao exterior, no âmbito da incidência da contribuição, estará sujeito à **alíquota de 10%**, e o pagamento será efetuado até o último dia útil da quinzena subsequente ao mês de ocorrência do fato gerador. Nessa hipótese, fica reduzida para **15%** a alíquota do imposto de renda na fonte.

Por força do caráter finalístico, os recursos arrecadados pela CIDE-Remessas deverão ser **distribuídos** da seguinte forma (art. 1.º da Lei n. 10.332/2001):

a) 17,5% ao Programa de Ciência e Tecnologia para o Agronegócio;

---

[116] Art. 1.º-A da Lei n. 10.168/2000, introduzido pela Lei n. 11.452/2007.

[117] Geraldo Ataliba, *Hipótese de incidência tributária*, p. 170.

b) 17,5% ao Programa de Fomento à Pesquisa em Saúde;

c) 7,5% ao Programa Biotecnologia e Recursos Genéticos — Genoma;

d) 7,5% ao Programa de Ciência e Tecnologia para o Setor Aeronáutico;

e) 10% ao Programa de Inovação para Competitividade.

Pelo menos no mínimo **30%** dos recursos de cada programa serão destinados a projetos desenvolvidos por empresas e instituições de ensino e pesquisa sediadas nas regiões **Norte**, **Nordeste** e **Centro-Oeste**, incluindo as respectivas áreas de abrangência das Agências de Desenvolvimento Regionais.

2.10.2.5.2.3. Adicional ao Frete para Renovação da Marinha Mercante

O Adicional ao Frete para Renovação da Marinha Mercante (AFRMM) foi institu-ído pelo Decreto-Lei n. 2.404, de 23 de dezembro de 1987. Esse tributo tem, atualmente, suas normas estabelecidas pela Lei n. 10.893, de 13 de julho de 2004.

O AFRMM tem como **fato gerador** o início efetivo da operação de descarrega-mento da embarcação em porto brasileiro (art. 4.º da Lei n. 10.893/2004) e incide sobre o frete do transporte **aquaviário** da carga descarregada em porto brasileiro.

O referido art. 4.º foi alterado pela Lei n. 14.301/2022 e atualmente possui a seguin-te redação:

> **Art. 4.º** O fato gerador do AFRMM é o início efetivo da operação de descarregamen-to da embarcação em porto brasileiro.
>
> § 1.º O AFRMM não incide sobre o frete relativo ao transporte de mercadoria subme-tida à pena de perdimento.
>
> § 2.º No caso da navegação fluvial e lacustre, o AFRMM incidirá somente sobre as cargas transportadas no âmbito das Regiões Norte e Nordeste, observado o disposto no art. 11 da Lei n. 11.482, de 31 de maio de 2007, para os seguintes tipos de carga:
>
> I — granéis líquidos; e
>
> II — granéis sólidos e outras cargas.

Frete, nesse contexto, é a **remuneração** do transporte aquaviário (remuneração para o transporte da carga, porto a porto, incluídas todas as despesas portuárias com a manipulação de cargas).

O AFRMM será calculado sobre a remuneração do transporte aquaviário, e as alí-quotas aplicáveis são:

- 8% na navegação de **longo curso** (realizada entre portos brasileiros e portos es-trangeiros, sejam marítimos, fluviais ou lacustres);

- 8% na navegação de **cabotagem** (realizada entre portos brasileiros, utilizando exclusivamente a via marítima ou a via marítima e as interiores);

- 40% na navegação **fluvial** e **lacustre** (realizada entre portos brasileiros, utilizan-do exclusivamente as vias interiores), por ocasião do transporte de granéis líquidos nas regiões Norte e Nordeste.

- 8% na navegação fluvial e lacustre, por ocasião do transporte de **granéis sólidos** e **outras cargas** nas Regiões Norte e Nordeste.

132 Direito Tributário Esquematizado   Roberto Caparroz

Compete à Secretaria da Receita Federal do Brasil a administração das atividades relativas a cobrança, fiscalização, arrecadação, restituição e concessão de incentivos do AFRMM previstos em lei.

Existe um sistema informatizado, chamado **Mercante**, responsável pelo controle da arrecadação do Adicional ao Frete para Renovação da Marinha Mercante, no qual as empresas de navegação, agências marítimas e agentes de carga prestam as informações necessárias ao **controle aduaneiro** de embarcações, cargas e unidades de carga no transporte aquaviário, tanto na importação como na exportação.

O montante arrecadado pelo AFRMM será destinado (art. 17 da Lei n. 10.893/2004):

I — ao Fundo da **Marinha Mercante — FMM**:

a) **100%** do AFRMM gerado por empresa estrangeira de navegação;

b) **100%** (cem por cento) do AFRMM gerado por empresa brasileira de navegação, operando embarcação afretada de registro estrangeiro, na navegação de longo curso;

c) **41%** do AFRMM gerado por empresa brasileira de navegação, operando embarcação própria ou afretada, de registro brasileiro, na navegação de longo curso, não inscrita no *Registro Especial Brasileiro* — REB, de que trata a Lei n. 9.432/97; e

d) **8%** do AFRMM gerado por empresa brasileira de navegação, operando embarcação, própria ou afretada, de registro brasileiro, na navegação de longo curso, inscrita no REB;

II — a empresa brasileira de navegação, operando embarcação própria, afretada com registro brasileiro, ou afretada por tempo, de subsidiária integral da empresa brasileira de navegação:

a) **50%** do AFRMM que tenha gerado na navegação de longo curso, quando a embarcação não estiver inscrita no REB;

b) **83%** do AFRMM que tenha gerado na navegação de longo curso, quando a embarcação estiver inscrita no REB; e

c) **100%** do AFRMM que tenha gerado nas navegações de cabotagem, fluvial e lacustre;

III — a uma **conta especial**, **9%** do AFRMM gerado na navegação de longo curso, por empresa brasileira de navegação, operando embarcação, própria ou afretada, de registro brasileiro, inscrita ou não no REB.

2.10.2.5.3. *Contribuições no interesse das categorias profissionais ou econômicas*

Essas contribuições, previstas no art. 149 da Constituição, são também conhecidas como **contribuições corporativas**, pois podem beneficiar categorias profissionais (de trabalhadores) ou econômicas (patronais).

Como as necessidades e interesses atendidos pelas contribuições são distintos, a atuação estatal ocorre por meio de **terceiros**, normalmente entidades de fiscalização das profissões regulamentadas, como CRM e CREA, ou sindicatos de trabalhadores.

2.10.2.5.3.1. Contribuição sindical

O art. 8.º, IV, da Constituição prevê a possibilidade de **duas contribuições** devidas pelos trabalhadores, uma de natureza voluntária, oriunda de contrato e nos termos fixados em assembleia geral, e outra que possuía (até a reforma trabalhista) índole tributária, conforme previsão legal:

> **Art. 8.º** É livre a associação profissional ou sindical, observado o seguinte:
>
> (...)
>
> IV — a assembleia geral fixará a **contribuição** que, em se tratando de categoria profissional, será descontada em folha, para custeio do sistema confederativo da representação sindical respectiva, independentemente da contribuição prevista em lei;

A parte inicial do dispositivo permite a criação da chamada **contribuição confederativa**, que pode ser cobrada dos filiados de entidades sindicais, conforme disposto em assembleia da categoria, e **não se revela** como tributo, posto que seu pagamento é facultativo, em respeito ao princípio da livre associação, dispensando, inclusive, a necessidade de lei integrativa[118].

O caráter não tributário e a consequente não compulsoriedade da contribuição confederativa já foram objeto de decisão pacífica pelo Supremo Tribunal Federal, que resolveu, inclusive, converter a Súmula 666 em **Súmula Vinculante**, para sepultar, de uma vez, qualquer controvérsia:

> **SÚMULA VINCULANTE 40:** A contribuição confederativa de que trata o art. 8.º, IV, da Constituição Federal, só é exigível dos filiados ao sindicato respectivo.

Por outro lado, a parte final do comando constitucional cuida da **contribuição sindical**, que é instituída por **lei** no interesse das categorias profissionais.

A contribuição sindical **era obrigatória** e devida por todos os trabalhadores celetistas, sindicalizados ou não, nos termos do art. 578 da Consolidação das Leis do Trabalho (CLT).

O valor da contribuição sindical deveria ser recolhido **anualmente** e correspondia à remuneração de um dia de trabalho, para os empregados, independentemente da forma de remuneração. Eram aplicadas regras de recolhimento diferentes para os **trabalhadores autônomos** e para os **empregadores**, com base em percentuais do valor de referência fixado pelo Poder Executivo.

---

[118] Entende o STF que "a contribuição confederativa, instituída pela assembleia geral — CF, art. 8.º, IV — distingue-se da contribuição sindical, instituída por lei, com caráter tributário — CF, art. 149 — assim compulsória. A primeira é compulsória apenas para os filiados do sindicato. (RE 198.092) e Contribuição confederativa. Art. 8.º, IV, da Constituição. Autoaplicabilidade. Consolidou-se o entendimento, nesta Primeira Turma, de que a contribuição prevista no art. 8.º, IV, da Constituição não depende, para ser cobrada, de lei integrativa. Precedentes: RE 191.022, RE 198.092 e RE 189.443" (RE 199.019).

Ocorre que, com a **reforma trabalhista** aprovada pelo legislativo, a contribuição passou a ser **facultativa**, tanto para o trabalhador como para o empregador, conforme estabelece a nova redação[119] do art. 578 da CLT:

> **Art. 578.** As contribuições devidas aos sindicatos pelos participantes das categorias econômicas ou profissionais ou das profissões liberais representadas pelas referidas entidades serão, sob a denominação de contribuição sindical, pagas, recolhidas e aplicadas na forma estabelecida neste Capítulo, **desde que prévia e expressamente autorizadas**.

Assim, o desconto da contribuição sindical está condicionado à autorização **prévia** e **expressa** dos que participarem de determinada categoria econômica ou profissional, ou de uma profissão liberal, em favor do sindicato representativo desta categoria ou profissão[120]. Na prática, o trabalhador deve informar ao empregador que autoriza expressamente a cobrança sobre a sua folha de pagamento.

Portanto, desde 2018 o desconto não é mais efetuado de forma automática contra os trabalhadores, assim como deixa de existir a obrigatoriedade de recolhimento da contribuição pelas empresas.

A profunda mudança no conceito da contribuição sindical, que ao deixar de ser obrigatória atende aos preceitos de liberdade de filiação e de autonomia sindical, preconizados pela **Convenção 87** da Organização Internacional do Trabalho, leva à conclusão, em nosso entender, de que a figura deixa de ter natureza tributária, pois sabemos que a obrigatoriedade é premissa básica de todos os tributos, como estabelece o art. 3.º do CTN.

Convém destacar que, antes da reforma trabalhista, o Supremo Tribunal Federal reconhecia a possibilidade de contribuição sindical pelos **servidores públicos**:

> Sindicato de servidores públicos: direito à contribuição sindical compulsória (CLT, art. 578 seguintes), recebida pela Constituição (art. 8.º, IV, *in fine*), condicionado, porém, à satisfação do requisito da unicidade. A Constituição de 1988, à vista do art. 8.º, IV, *in fine*, recebeu o instituto da contribuição sindical compulsória, exigível, nos termos do art. 578 e seguintes, CLT, de todos os integrantes da categoria, independentemente de sua filiação ao sindicato (cf. ADI 1.076-MC, Pertence, 15-6-1994). Facultada a formação de sindicatos de servidores públicos (CF, art. 37, VI), não cabe excluí-los do regime da contribuição legal compulsória exigível dos membros da categoria (ADI 962).

Esse entendimento, construído nos anos 1990, foi **ratificado** por decisões recentes do STF, mas deverá **sofrer alterações** com a nova legislação[121]:

---

[119] Alterada pela Lei n. 13.467/2017.

[120] Conforme o art. 579 da CLT.

[121] O governo federal, por meio da Portaria Normativa n. 3, de abril de 2017, reconheceu que a contribuição **não alcança os servidores públicos** da administração federal direta, suas autarquias e fundações públicas.

2 ▪ Tributo

O Supremo Tribunal Federal tem se orientado no sentido de que a contribuição sindical é devida pelos servidores públicos, independentemente da existência de lei específica regulamentando sua instituição (ARE 807.155-AgR, 2014).

2.10.2.5.3.2. Contribuições corporativas para entidades fiscalizadoras

Dentro da sistemática da parafiscalidade, em que atividades que poderiam ficar a cargo do Estado são transferidas para terceiros, surge a necessidade de **controle** e **fiscalização** das chamadas profissões regulamentadas, como as de médico, advogado, engenheiro e tantas outras.

A **exigência** decorre do texto constitucional, que, no art. 5.º, XIII, assevera[122]:

> XIII — é livre o exercício de qualquer trabalho, ofício ou profissão, atendidas as qualificações profissionais que a lei estabelecer;

Ao analisar a constitucionalidade da exigência, pela Fazenda Pública do Rio Grande do Sul, de prestação de **fiança**, **garantia real** ou **fidejussória** para a impressão de notas fiscais de contribuintes em **débito** com o Poder Público, o Supremo Tribunal Federal decidiu que a norma **viola as garantias** ao livre exercício do trabalho, ofício ou profissão (art. 5.º, XIII), da atividade econômica (art. 170, parágrafo único) e do devido processo legal (art. 5.º, LIV).

O STF entendeu que se tratava de **sanção política** contrária à tradição jurisprudencial da Corte, que há tempos pacificou entendimento contra a utilização de tributos com natureza sancionatória, a exemplo dos enunciados **n. 70** ("É inadmissível a interdição de estabelecimento como meio coercitivo para cobrança de tributo"), n. 323 ("É inadmissível a apreensão de mercadorias como meio coercitivo para pagamento de tributos") e n. 547 ("Não é lícito à autoridade proibir que o contribuinte em débito adquira estampilhas, despache mercadorias nas alfândegas e exerça suas atividades profissionais") de sua Súmula (RE 565.048/RS, com repercussão geral).

STF — Jurisprudência

▪ **Anotação de Responsabilidade Técnica (ART) — Natureza de taxa.** O STF decidiu, com repercussão geral, que a Anotação de Responsabilidade Técnica, instituída pela Lei n. 6.496/1977, cobrada pelos Conselhos Regionais de Engenharia, Arquitetura e Agronomia em decorrência do exercício do poder de polícia na fiscalização de profissões, tem natureza jurídica de taxa e, por consequência, é necessária a observância do princípio da legalidade tributária previsto no art. 150, I, da CF (ARE 748.455 RG/SC).

---

[122] O Supremo Tribunal Federal entende que restrições ao livre exercício de atividade econômica são inconstitucionais quando utilizadas como meio de cobrança indireta de tributos (ARE 914.045 RG/MG, com repercussão geral).

136 Direito Tributário Esquematizado   *Roberto Caparroz*

Ressalte-se que nem todas as profissões carecem de regulamentação e controle, pois a regra geral do sistema preza pela **liberdade** no exercício da atividade, salvo quando há lei que estabeleça critérios de qualificação[123].

Contudo, sempre que houver regramento específico, por força do interesse público em determinadas profissões, poderá a lei estabelecer contribuição em favor de entidades que exercem papel fiscalizador, como o CREA[124], CRM, CRC e diversas outras.

Nesse caso, tais pessoas jurídicas, normalmente qualificadas como **autarquias**, poderão exigir dos respectivos filiados um **valor anual** a título de contribuição, cuja natureza tributária torna de rigor o pagamento, como condição para o exercício regular da profissão.

No caso específico da **OAB** (Ordem dos Advogados do Brasil), o Supremo Tribunal Federal decidiu, quando da análise da ADI n. 3.026/DF, em 2006, que se trata de uma pessoa jurídica "especial", dotada de **autonomia** e **independência**, mas que não pode ser classificada como uma simples entidade de fiscalização profissional, pois possui finalidade institucional.

Assim, a OAB seria um ente, mais uma vez, *sui generis*, **desvinculado** da administração indireta da União (**não seria**, portanto, uma **autarquia**), e, nesse contexto, não se sujeita ao controle do Tribunal de Contas da União nem precisa fazer concurso para a contratação de pessoal.

Isso implica, sob a ótica tributária, que a contribuição anual paga pelos advogados à OAB **não possui** natureza tributária (posição já manifestada pelo STJ), embora imaginemos que o tema ainda esteja aberto a discussões e, quem sabe, possível revisão da jurisprudência nos tribunais superiores.

2.10.2.5.3.3. Contribuições para os serviços sociais autônomos

As entidades que compõem o chamado *Sistema "S"* começaram a surgir na década de 1940 com o objetivo de prestar serviços de natureza social, notadamente nas áreas de educação, cultura e lazer.

Os serviços sociais autônomos são prestados por entidades **parafiscais**, como o SESC, SESI, SENAI e SENAC, entre outras, criadas por lei, com personalidade de direito privado e sem fins lucrativos, que prestam assistência a determinadas categorias ou grupos profissionais.

---

[123] STF: "Nem todos os ofícios ou profissões podem ser condicionadas ao cumprimento de condições legais para o seu exercício. A regra é a liberdade. Apenas quando houver potencial lesivo na atividade é que pode ser exigida inscrição em conselho de fiscalização profissional. A atividade de músico prescinde de controle. Constitui, ademais, manifestação artística protegida pela garantia da liberdade de expressão" (RE 414.426).

[124] De se notar que o Supremo Tribunal Federal entende que a **Anotação de Responsabilidade Técnica** (ART), instituída pela Lei n. 6.496/77 e cobrada pelos **Conselhos Regionais** de Engenharia, Arquitetura e Agronomia em decorrência do exercício do poder de polícia na fiscalização de profissões, tem **natureza jurídica de taxa** e, por consequência, é necessária a observância do princípio da legalidade tributária previsto no art. 150, I, da CF (ARE 748.445 RG/SC, com repercussão geral).

2 ▪ Tributo   137

Nesse contexto, podem ser destinatárias de recursos oriundos de contribuições, que em princípio não seriam de natureza social, ao menos nos moldes das demais contribuições previstas no art. 195, por força do disposto no art. 240 da Constituição:

> **Art. 240.** Ficam ressalvadas do disposto no art. 195 as atuais contribuições compulsórias dos empregadores sobre a folha de salários, destinadas às entidades privadas de serviço social e de formação profissional vinculadas ao sistema sindical.

Contudo, existe grande debate doutrinário acerca da natureza dessas contribuições, e tanto o STJ como o STF têm entendido que as contribuições previstas no art. 240 são **contribuições sociais gerais** (posição indicada para concursos), embora nos pareça, para fins de classificação, que essas figuras se enquadrariam como *contribuições de interesse de categorias profissionais*.

Ressalte-se que, no caso específico do SEBRAE, o Supremo Tribunal Federal entende que se trata de contribuição de **intervenção no domínio econômico**, conforme decisão a seguir transcrita:

> SEBRAE: Contribuição de **intervenção no domínio econômico**. Lei 8.029, de 12-4-1990, art. 8.º, § 3.º, Lei 8.154, de 28-12-1990. Lei 10.668, de 14-5-2003. CF, art. 146, III; art. 149; art. 154, I; art. 195, § 4.º. As contribuições do art. 149, CF — contribuições sociais, de intervenção no domínio econômico e de interesse de categorias profissionais ou econômicas — posto estarem sujeitas à lei complementar do art. 146, III, CF, isto não quer dizer que deverão ser instituídas por lei complementar. (...) A contribuição não é imposto. Por isso, **não se exige** que a lei complementar defina a sua hipótese de incidência, a base imponível e contribuintes: CF, art. 146, III, *a* (...) A **contribuição do SEBRAE** — Lei 8.029/90, art. 8.º, § 3.º, redação das Leis 8.154/90 e 10.668/2003 — é contribuição de intervenção no domínio econômico, não obstante a lei a ela se referir como adicional às alíquotas das **contribuições sociais gerais** relativas às entidades de que trata o art. 1.º do DL 2.318/1986, Sesi, Senai, Sesc, Senac. **Não se inclui**, portanto, a **contribuição do SEBRAE, no rol do art. 240, CF**. Constitucionalidade da contribuição do SEBRAE (RE 396.266).

2.10.2.5.4. *Contribuição para o custeio de iluminação pública*

A instituição de uma **contribuição** para o custeio de **iluminação pública** (conhecida como COSIP) passou a ser possível no Brasil com a introdução do art. 149-A no texto constitucional e surgiu como resposta à declaração, pelo Supremo Tribunal Federal, da **inconstitucionalidade** da antiga cobrança de taxa pela prestação de serviços de iluminação pública.

Com a reforma tributária, houve a **ampliação** da possível destinação da COSIP, que agora pode também se direcionada para a expansão e melhoria do serviço de iluminação pública, além de gastos com sistemas de **monitoramento** para **segurança** e **preservação** de logradouros públicos, como se pode observar da nova redação do art. 149-A:

Isso significa que, no melhor estilo "porteira que passa um boi, passa uma boiada", o legislador constitucional **alterou profundamente** a natureza da contribuição, que antes era restrita, apenas, ao custeio da iluminação pública, para agora incluir atividades de segurança, como a instalação de câmeras, sensores de presença e outros aparelhos que tenham por objetivo monitoras as ruas das cidades brasileiras.

Na prática, isso significa que os contribuintes — como sempre — bancarão o sistema de iluminação pública e a segurança dos logradouros, o que é ótimo para as concessionárias de energia elétrica, a quem caberá, apenas, "aplicar os recursos".

Assim, não é difícil imaginar que as novas possíveis rubricas da destinação serão utilizadas como fundamento para o **aumento** do valor da contribuição. Com a ressalva feita na parte final da nova redação, esse aumento deverá ser previsto em lei e **atender** aos princípios da **irretroatividade, anterioridade anual** e **noventena**.

> **Art. 149-A.** Os Municípios e o Distrito Federal poderão instituir contribuição, na forma das respectivas leis, para o custeio do serviço de iluminação pública, observado o disposto no art. 150, I e III.
>
> **Parágrafo único.** É facultada a cobrança da contribuição a que se refere o *caput*, na fatura de consumo de energia elétrica.

A competência para a criação da COSIP pertence aos **Municípios** e ao **Distrito Federal**, que deverão exercê-la por meio de lei específica.

Conquanto esses entes públicos tenham certa liberdade no exercício da competência que lhes foi conferida pela Constituição, é certo que o produto da arrecadação **deve ser aplicado** no custeio do serviço de iluminação pública, agora somado às atividades de monitoramento para segurança e preservação dos logradouros.

O Supremo Tribunal Federal, ao analisar a constitucionalidade da lei que instituiu a COSIP no município de São José (SC), chegou à curiosa conclusão de que se trata de tributo *sui generis*, que pode alcançar **todos os consumidores** de energia elétrica e possuir **alíquotas progressivas**, em razão da utilização de energia pelas pessoas, conforme se depreende da decisão exarada no RE 573.675, reconhecida como de **repercussão geral**:

> Lei que restringe os contribuintes da COSIP aos **consumidores** de energia elétrica do município **não ofende** o princípio da isonomia, ante a impossibilidade de se identificar e tributar todos os beneficiários do serviço de iluminação pública. II — A **progressividade** da alíquota, que resulta do rateio do custo da iluminação pública entre os consumidores de energia elétrica, **não afronta** o princípio da capacidade contributiva. III — Tributo de caráter *sui generis*, que não se confunde com um imposto, porque sua receita se destina a **finalidade específica**, nem com uma taxa, por não exigir a contraprestação individualizada de um serviço ao contribuinte. IV — Exação que, ademais, se amolda aos princípios da razoabilidade e da proporcionalidade. V — Recurso extraordinário conhecido e improvido.

Na prática, a partir de autorização concedida pelo parágrafo único do art. 149-A, os municípios estão exigindo a COSIP na própria **fatura de consumo** de energia elétrica (conta de luz), normalmente de forma progressiva, considerando-se como parâmetro para o gravame a quantidade de energia consumida pelo usuário.

Por fim, o STF decidiu ser constitucional a aplicação dos recursos arrecadados por meio de contribuição para o custeio da iluminação pública na expansão e aprimoramento da rede (RE 666.404, com repercussão geral).

2.10.2.5.5. Natureza jurídica das contribuições para o FUSEX

Os **servidores militares** têm direito à assistência médico-hospitalar para si e seus dependentes, nos termos do art. 50, IV, *e*, da Lei n. 6.880/80 (Estatuto dos Militares).

Ocorre que, por meio da Lei n. 8.237/91, foi determinada a **compulsoriedade** de desconto na remuneração dos militares, destinada ao Fundo de Saúde do Exército, o que permitiria, em tese, a criação da **contribuição** denominada FUSEX.

Muito embora os tribunais tenham reconhecido a figura como de **natureza tributária**, a Lei n. 8.237 *não fixou sua base de cálculo e alíquota*, em clara afronta ao princípio da legalidade.

Apesar disso, pretendeu a União suprir a lacuna por meio de ato infralegal, o Decreto n. 92.512/86.

Coube ao Superior Tribunal de Justiça declarar a impossibilidade de cobrança da FUSEX sem o devido respaldo de lei em **sentido estrito**, situação que só foi sanada a partir da edição da medida provisória n. 2.131 (atualmente Medida Provisória n. 2.215-10/2001), que, no art. 25, apresentou os elementos necessários para a exação, ao estabelecer que a contribuição para a assistência médico-hospitalar e social dos militares será de **até três e meio por cento** ao mês e incidirá sobre as parcelas que compõem a pensão ou os proventos na inatividade.

Assim, os valores cobrados no período anterior a 20 de março de 2001, quando da entrada em vigor da referida Medida Provisória, foram considerados indevidos, o que tornou cabível sua restituição pela via judicial, observado o prazo prescricional quinquenal, dado o entendimento pacífico do Superior Tribunal de Justiça sobre o lançamento da contribuição ao FUSEX ser de **ofício**, e não na modalidade homologação, de tal sorte que deve ser aplicado o disposto no art. 168, I, do Código Tributário Nacional, para a repetição do indébito[125].

2.11. QUESTÕES

---

[125] *Vide*, a respeito, por ser paradigmático, o REsp 1.094.735/PR, publicado no *DJe* de 11-3-2009.

3
FONTES E COMPETÊNCIA NO DIREITO TRIBUTÁRIO

3.1. FONTES DO DIREITO TRIBUTÁRIO

As fontes no direito representam o **ponto de origem** das normas e comandos destinados a regular a sociedade, ou, em linguagem mais técnica, fontes são **focos ejetores** de regras jurídicas, como as define Paulo de Barros Carvalho.

O tema das fontes é aberto a inflamados debates acadêmicos, especialmente quanto à sua possível classificação, que, como já dissemos, revela sempre certo grau de arbitrariedade, de acordo com a perspectiva adotada pelo autor.

De forma direta, entendemos que o tema das fontes interessa à **teoria das normas jurídicas**, ou seja, aos veículos que possibilitam o ingresso de regras jurídicas em determinado sistema.

Sob esse aspecto, podemos dizer que as **fontes formais** do direito correspondem aos instrumentos aptos à efetiva introdução de normas, a partir dos arquétipos autorizados pela Constituição e de acordo com os vários **níveis legislativos:** nacional, federal, estadual e municipal[1].

A manifestação de um poder capaz de impor condutas e regular relações intersubjetivas exige a presença do vetor **"lei"**, pois a Constituição da República fixa a legalidade como o único parâmetro capaz de sobrepujar as vontades individuais, ao estabelecer, no art. 5.º, II, o imperativo de que *ninguém será obrigado a fazer ou deixar de fazer alguma coisa senão em virtude de lei.*

Nesse passo, caberia a **pergunta:** mas o que significa a expressão lei?

Conquanto a resposta possa assumir diversos contornos, conforme a premissa adotada pelo intérprete, uma posição segura e especialmente útil para a análise jurídica implica considerar lei todos os **instrumentos primários** do sistema, capazes de introduzir normas válidas e cogentes.

E esse rol de instrumentos pode ser encontrado no art. 59 da Constituição, que, ao dispor sobre o **processo legislativo**, descreve os instrumentos jurídicos com **força de lei** no Brasil.

---

[1] Dada a natureza peculiar do Distrito Federal no modelo brasileiro, a ele compete legislar, em matéria tributária, de forma cumulativa, com as mesmas atribuições dos planos estadual e municipal.

> **Art. 59.** O processo legislativo compreende a elaboração de:
> I — emendas à Constituição;
> II — leis complementares;
> III — leis ordinárias;
> IV — leis delegadas;
> V — medidas provisórias;
> VI — decretos legislativos;
> VII — resoluções.
> **Parágrafo único.** Lei complementar disporá sobre a elaboração, redação, alteração e consolidação das leis.

Por outro lado, os **instrumentos secundários** do direito tributário seriam todos os atos **infralegais**, incapazes de, isoladamente, submeter a vontade das pessoas ou alterar a realidade social, como os decretos, portarias, instruções normativas, circulares e ordens de serviço, entre outras figuras.

O Código Tributário Nacional, no art. 96, denomina o conjunto de normas jurídicas válidas como **legislação tributária**, ou seja, *as leis, os tratados e as convenções internacionais, os decretos e as normas complementares que versem, no todo ou em parte, sobre tributos e relações jurídicas a eles pertinentes.*

Teríamos, assim, **duas esferas** normativas no sistema tributário, conforme o gráfico a seguir.

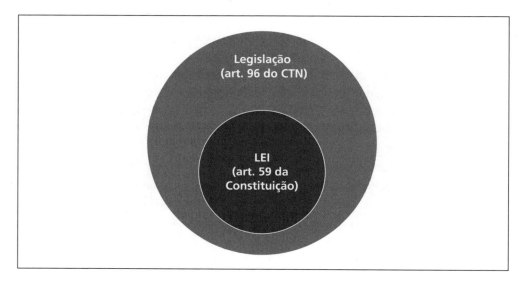

A área reservada ao conceito de lei, conforme previsto na Constituição, pode ser considerada lei em **sentido estrito** (formal e material — instrumentos primários), enquanto a área mais ampla, que aceita veículos de força normativa inferior (instrumentos secundários), corresponde ao conceito de **legislação tributária** previsto pelo CTN.

3 ■ Fontes e Competência no Direito Tributário

A partir da divisão proposta, vejamos as principais características dos **instrumentos primários** no sistema jurídico brasileiro.

3.1.1. Normas constitucionais

Não há dúvida de que a principal fonte de normas tributárias é a própria **Constituição da República**, que dedicou à matéria um título específico, entre os arts. 145 e 162, que cuidam do **Sistema Tributário Nacional**.

Os preceitos veiculados pelos dispositivos constitucionais são **soberanos** e representam o alicerce das demais construções jurídicas, razão pela qual ocupam posição de destaque no ordenamento, ainda mais na seara tributária, pois o constituinte discorreu minuciosamente sobre as relações entre os diversos níveis estatais e os sujeitos passivos das obrigações tributárias ao fixar as competências impositivas, as limitações ao poder de tributar e as características básicas dos impostos.

Neste passo, importa destacar que **não é papel** da Constituição criar tributos[2], mas atribuir competência para que os entes federativos o façam.

Dentro da dinâmica constitucional, que é bastante ativa no Brasil, as normas introduzidas pelas **emendas constitucionais** também pertencem a esta primeira classificação, visto que, após o devido processo de aprovação e introdução no ordenamento, passam a **integrar** o corpo da Lei Magna, irradiando efeitos para todo o sistema jurídico e condicionando a validade e a produção de novas regras[3].

Infelizmente experimentamos, desde 1988, uma verdadeira avalanche de alterações constitucionais, que em nada colaboram para a **eficiência** do sistema, como um todo, além de produzirem o indesejado efeito de cada vez mais se afastarem dos postulados originais.

Conquanto existam **limites** para essa atividade normativa do constituinte derivado, notadamente a não invasão do território reservado às chamadas **cláusulas pétreas**[4], o que se percebe é a tentativa hiperbólica e desarrazoada de reformar um sistema por

---

[2]   Registre-se, por oportuna, a opinião de Paulo de Barros Carvalho, que, apesar de considerar esdrúxula a situação, admite que o constituinte efetivamente instituiu a **contribuição confederativa**, conforme dicção do art. 8.º, IV, da Lei Maior.

[3]   Art. 60. A Constituição poderá ser **emendada** mediante proposta: I — de um terço, no mínimo, dos membros da Câmara dos Deputados ou do Senado Federal; II — do Presidente da República; III — de mais da metade das Assembleias Legislativas das unidades da Federação, manifestando-se, cada uma delas, pela maioria relativa de seus membros. § 1.º A Constituição não poderá ser emendada na vigência de intervenção federal, de estado de defesa ou de estado de sítio. § 2.º A proposta será discutida e votada em cada Casa do Congresso Nacional, em dois turnos, considerando-se aprovada se obtiver, em ambos, três quintos dos votos dos respectivos membros. § 3.º A emenda à Constituição será promulgada pelas Mesas da Câmara dos Deputados e do Senado Federal, com o respectivo número de ordem.

[4]   As cláusulas pétreas asseguram, em tese, a não alteração das **estruturas fundamentais** do Estado e das **garantias jurídicas essenciais**, na exata dicção do art. 60, § 4.º, da Constituição: "Não será objeto de deliberação a proposta de emenda tendente a abolir: I — a forma federativa de Estado; II — o voto direto, secreto, universal e periódico; III — a separação dos Poderes; IV — os direitos e garantias individuais".

144 Direito Tributário Esquematizado   *Roberto Caparroz*

demais complexo, em que praticamente todos os detalhes, nuances e circunstâncias foram alçados ao **patamar constitucional**, em evidente prejuízo à compreensão e respeito aos preceitos fundamentais.

3.1.2. Leis complementares

As **leis complementares** possuem grande relevância no direito tributário, pois a Constituição a elas reservou diversas atribuições.

Em termos ontológicos, podemos entender como leis complementares as normas aprovadas nos termos do art. 69 da Constituição, que exige **maioria absoluta** de votos nas duas casas do Congresso Nacional (Câmara dos Deputados e Senado Federal). Esse quórum qualificado representa o **aspecto formal** para a produção de uma lei complementar, enquanto o **aspecto material** diz respeito aos conteúdos reservados para o instrumento, que variam desde a definição de **normas gerais** (conforme o art. 146, III, da Constituição) até a própria **instituição de tributos**, como ocorre no caso dos empréstimos compulsórios e no exercício da competência residual.

Existe grande debate doutrinário acerca da existência de **hierarquia** entre leis complementares e leis ordinárias.

Uma primeira corrente **defende** a hierarquia, ao considerar que a lei complementar estaria imediatamente abaixo das normas constitucionais e teria força superior à das leis ordinárias.

A outra posição entende que coube ao constituinte delimitar o **espaço de atuação** de uma e outra, de sorte que não haveria propriamente uma hierarquia, mas **reservas temáticas**, que exigiriam lei complementar em detrimento de leis ordinárias, de acordo com a importância da matéria a ser veiculada.

Parece-nos óbvio que a primeira corrente fundamenta seu entendimento no aspecto formal (de produção) das leis, pois é inegável que o quórum diferenciado **qualifica**, inclusive em termos de reconhecimento democrático, as leis complementares.

Podemos, portanto, considerar que existe uma **hierarquia formal** entre as leis complementares e as leis ordinárias, até em função do disposto no parágrafo único do art. 59 da Constituição, que assevera: *lei complementar disporá sobre a elaboração, redação, alteração e consolidação das leis.*

Nesse contexto, quis o constituinte que as demais leis se submetessem, no que tange ao **aspecto formal**, a preceitos veiculados por lei complementar, de modo que não há como deixar de reconhecer a evidente dependência de um instrumento em relação ao outro.

Contudo, sob o **aspecto material**, não se pode afirmar a existência obrigatória de uma hierarquia, pois isso dependerá, na esteira do raciocínio desenvolvido, da comprovação de **vinculação** e **dependência** da norma hierarquicamente inferior, o que nem sempre ocorre. Prevalece, nesse caso, o espaço temático reservado pela Constituição, pois há hipóteses que podem ser reguladas por lei complementar, enquanto para outras é suficiente o tratamento por lei ordinária[5].

---

[5]   Prova disso é que a Constituição não faz distinção quanto à iniciativa para a elaboração de leis

3 ◼ Fontes e Competência no Direito Tributário   145

Esse entendimento encontra suporte na **jurisprudência do STF**, que no RE 228.339-AgR assim se manifestou:

> **Conflito** entre legislação local e lei complementar de normas gerais em matéria tributária. (...) Nem toda contraposição entre lei ordinária e lei complementar se resolve no plano constitucional. Entre outras hipóteses, a discussão será de alçada constitucional se o ponto a ser resolvido, direta ou incidentalmente, referir-se à existência ou inexistência de **reserva de lei complementar** para instituir o tributo ou estabelecer normas gerais em matéria tributária, pois é a Constituição que estabelece os **campos materiais** para o rito de processo legislativo adequado. Num segundo ponto, é possível entrever questão constitucional prévia no confronto de lei ordinária com lei complementar, se for necessário interpretar a lei complementar à luz da Constituição para precisar-lhe sentido ou tolher significados incompatíveis com a Carta (técnicas da interpretação conforme a Constituição, declaração de inconstitucionalidade sem redução de texto e permanência da norma ainda constitucional).

Como exemplo, existe a possibilidade de determinado assunto ser **introduzido** por meio de lei complementar, sem que isso seja obrigatório, o que permitiria a **alteração** de seus dispositivos por meio de lei ordinária, visto ser este o instrumento jurídico necessário à espécie[6].

É certo que a Constituição reservou à lei complementar papel de grande relevância, tanto para dispor sobre **regras gerais** em matéria tributária como para a instituição de **novos tributos**.

Mais adiante, quando estudarmos a competência tributária, teremos a oportunidade de analisar, em detalhes, todas as funções previstas para a lei complementar em matéria tributária.

3.1.3. Leis ordinárias

As **leis ordinárias** são os instrumentos jurídicos vinculantes mais abundantes do ordenamento jurídico brasileiro e podem ser aprovadas por **maioria simples**, ou seja, precisam apenas de metade mais um dos membros presentes em cada casa legislativa.

---

complementares ou ordinárias, como se depreende da redação do *caput* do art. 61: "A iniciativa das leis complementares e ordinárias cabe a qualquer membro ou Comissão da Câmara dos Deputados, do Senado Federal ou do Congresso Nacional, ao Presidente da República, ao Supremo Tribunal Federal, aos Tribunais Superiores, ao Procurador-Geral da República e aos cidadãos, na forma e nos casos previstos nesta Constituição".

[6] Nesse sentido, a posição do STF no **RE 377.457:** "Contribuição Social sobre o Faturamento (COFINS — CF, art. 195, I). Revogação pelo art. 56 da Lei 9.430/1996 da isenção concedida às sociedades civis de profissão regulamentada pelo art. 6.º, II, da LC 70/1991. Legitimidade. **Inexistência de relação hierárquica** entre lei ordinária e lei complementar. Questão exclusivamente constitucional, relacionada à **distribuição material** entre as espécies legais. Precedentes. A LC 70/1991 é apenas formalmente complementar, mas materialmente ordinária, com relação aos dispositivos concernentes à contribuição social por ela instituída" (ADC 1, Rel. Moreira Alves, *RTJ* 156/721).

146 Direito Tributário Esquematizado   *Roberto Caparroz*

Todos os entes políticos produzem leis ordinárias, de acordo com as respectivas competências. Assim, a União, os Estados, o Distrito Federal e as Municípios têm nas leis ordinárias o **instrumento cotidiano** para o exercício do poder legislativo.

Convém destacar que **não há hierarquia** entre as leis ordinárias federais, estaduais ou municipais, de sorte que o sistema funciona em paralelo, a partir da atividade do Congresso Nacional, das Assembleias Legislativas nos Estados e das Câmaras Municipais, todas aptas a introduzir regras no ordenamento.

O escopo das leis ordinárias é bastante variado e alcança praticamente todas as áreas jurídicas, com a **ressalva** dos temas cuja competência foi reservada a outros instrumentos jurídicos pela Constituição, como as resoluções ou as leis complementares.

Em matéria tributária, as leis ordinárias são os veículos que normalmente **criam tributos em concreto**, vale dizer, dispõem sobre a **regra matriz de incidência**[7] de cada figura tributária (impostos, taxas e contribuições de melhoria, por exemplo) e estão aptas a regular os efeitos jurídicos e econômicos delas decorrentes.

Nesse sentido, podemos dizer que a dinâmica jurídica do país se movimenta, fundamentalmente, por meio de leis ordinárias, e que isso ganha especial destaque na esfera tributária. Basta imaginarmos, por exemplo, que a instituição de um tributo como o IPTU nos municípios brasileiros exige a elaboração de **milhares de leis**, cada qual exarada pela respectiva Câmara Municipal, depois de vencidas todas as etapas do competente processo legislativo.

Isso nos leva a concluir pela existência de **centenas de milhares** de normas tributárias em vigor no país[8].

As leis ordinárias também são utilizadas para a criação dos chamados **deveres instrumentais** (que a doutrina mais antiga denomina *obrigações acessórias*), que correspondem às exigências procedimentais para a fiscalização dos tributos, normalmente decorrentes de atos ou condutas que devem ser praticados cotidianamente pelas pessoas, como prestar declarações, efetuar registros contábeis, emitir notas fiscais e assim por diante.

3.1.4. Medidas provisórias

As **medidas provisórias** são instrumentos jurídicos excepcionais, que devem ser utilizados em face de situações de **relevância** e **urgência**, para as quais se exige pronta resposta do Estado, sem a necessidade de, num primeiro momento, percorrer todas as etapas do processo legislativo.

---

[7] A regra matriz de incidência define os critérios para o surgimento de um tributo (material, espacial e temporal), bem como os elementos subjetivos (sujeitos ativo e passivo) e quantitativos (base de cálculo e alíquota) das obrigações tributárias, como teremos a oportunidade de observar, em detalhes, no Capítulo 9.

[8] Estudos do IBPT (Instituto Brasileiro de Planejamento e Tributação) indicam a publicação de mais de 5 milhões de normas jurídicas somente a partir da Constituição de 1988 e que aproximadamente 7% delas são de natureza tributária, o que resulta em quase 50 novas normas tributárias a cada dia útil!

3 ■ Fontes e Competência no Direito Tributário   147

Vistas dessa forma, as medidas provisórias parecem dotadas de sentido e razoabilidade, pois permitiriam ao Presidente da República identificar e adotar soluções imediatas, com **força de lei**, sempre que situações emergenciais assim o exigissem, com o posterior envio da norma ao Congresso Nacional, que a apreciaria em **caráter definitivo**, como estabelece o art. 62 da Constituição[9].

Contudo, a experiência pós-1988 demonstrou total desprezo pelos **requisitos** necessários para a elaboração de medidas provisórias, que foram utilizadas indiscriminadamente pelos titulares do Executivo para uma infinidade de assuntos, sem qualquer obediência aos preceitos constitucionais.

A situação chegou a um ponto tão dramático que o constituinte derivado, ao ver tolhida grande parte da **atividade legislativa** do Congresso Nacional, resolveu restringir a sanha legiferante da administração pública, ao aprovar a Emenda Constitucional n. 32, que introduziu diversos parágrafos no art. 62 da Constituição:

§ 1.º **É vedada** a edição de medidas provisórias sobre matéria:

I — relativa a:

a) nacionalidade, cidadania, direitos políticos, partidos políticos e direito eleitoral;

b) direito penal, processual penal e processual civil;

c) organização do Poder Judiciário e do Ministério Público, a carreira e a garantia de seus membros;

d) planos plurianuais, diretrizes orçamentárias, orçamento e créditos adicionais e suplementares, ressalvado o previsto no art. 167, § 3.º;

II — que vise a detenção ou sequestro de bens, de poupança popular ou qualquer outro ativo financeiro;

III — **reservada a lei complementar**;

IV — já disciplinada em projeto de lei aprovado pelo Congresso Nacional e pendente de sanção ou veto do Presidente da República.

§ 2.º Medida provisória que implique **instituição ou majoração de impostos**, exceto os previstos nos arts. 153, I, II, IV, V, e 154, II, só produzirá efeitos no exercício financeiro seguinte se houver sido convertida em lei até o último dia daquele em que foi editada.

§ 3.º As medidas provisórias, ressalvado o disposto nos §§ 11 e 12 perderão eficácia, desde a edição, se não forem convertidas em lei no prazo de sessenta dias, prorrogável, nos termos do § 7.º, uma vez por igual período, devendo o Congresso Nacional disciplinar, por decreto legislativo, as relações jurídicas delas decorrentes.

§ 4.º O prazo a que se refere o § 3.º contar-se-á da publicação da medida provisória, suspendendo-se durante os períodos de recesso do Congresso Nacional.

---

[9] Art. 62. Em caso de relevância e urgência, o Presidente da República poderá adotar medidas provisórias, com força de lei, devendo submetê-las de imediato ao Congresso Nacional.

§ 5.º A deliberação de cada uma das Casas do Congresso Nacional sobre o mérito das medidas provisórias dependerá de juízo prévio sobre o atendimento de seus pressupostos constitucionais.

§ 6.º Se a medida provisória **não for apreciada** em até quarenta e cinco dias contados de sua publicação, entrará em regime de urgência, subsequentemente, em cada uma das Casas do Congresso Nacional, ficando sobrestadas, até que se ultime a votação, todas as demais deliberações legislativas da Casa em que estiver tramitando.

§ 7.º Prorrogar-se-á uma única vez por igual período a vigência de medida provisória que, no prazo de **sessenta dias**, contado de sua publicação, não tiver a sua votação encerrada nas duas Casas do Congresso Nacional.

§ 8.º As medidas provisórias terão sua votação iniciada na Câmara dos Deputados.

§ 9.º Caberá à comissão mista de Deputados e Senadores examinar as medidas provisórias e sobre elas emitir parecer, antes de serem apreciadas, em sessão separada, pelo plenário de cada uma das Casas do Congresso Nacional.

§ 10. É vedada a **reedição**, na mesma sessão legislativa, de medida provisória que tenha sido rejeitada ou que tenha perdido sua eficácia por decurso de prazo.

§ 11. Não editado o decreto legislativo a que se refere o § 3.º até sessenta dias após a rejeição ou perda de eficácia de medida provisória, as relações jurídicas constituídas e decorrentes de atos praticados durante sua vigência conservar-se-ão por ela regidas.

§ 12. Aprovado projeto de lei de conversão alterando o texto original da medida provisória, esta manter-se-á integralmente em vigor até que seja sancionado ou vetado o projeto.

Constata-se que as **restrições** atingiram o alcance, o rito e a eficácia das medidas provisórias, sendo que a mais relevante foi a decisão de lhes atribuir efeitos por apenas **60 dias**, **prorrogáveis**, com o claro objetivo de afastar a prática, anteriormente comum, de prorrogá-las *ad aeternum*, em evidente supressão das atribuições pertinentes ao poder legislativo.

Em termos tributários, a alteração mais importante foi a de **vedar** o uso de medidas provisórias para a **instituição** de novos tributos, que, como regra geral, só podem ser criados por meio de lei complementar.

Contudo, a Constituição ainda permite, como **exceção**, a instituição por intermédio de medidas provisórias dos **impostos extraordinários** decorrentes de *guerra externa ou sua iminência*, conforme previstos no art. 154, II. Trata-se de circunstância pouco provável no mundo real, mas compatível com a urgência e a lógica que norteiam o tributo.

O novo regramento das medidas provisórias também buscou garantir a efetiva obediência ao **princípio da anterioridade**, salvo nas hipóteses expressamente autorizadas pela Constituição, o que, na prática, manteve a coerência do sistema, ao permitir, apenas, a majoração imediata das alíquotas para os **impostos extrafiscais** da União (Imposto de Importação, Imposto de Exportação, IPI e IOF), além dos já mencionados impostos extraordinários em função de guerra externa ou sua iminência.

Assim, o eventual **aumento** da carga tributária só produzirá efeitos no exercício financeiro seguinte se a medida provisória for **convertida em lei** até 31 de dezembro do ano de sua publicação, situação que equivale às regras aplicáveis aos demais instrumentos jurídicos (como as leis ordinárias e complementares).

3.1.5. Lei delegada

As **leis delegadas** são veículos jurídicos elaborados pelo Presidente da República mediante prévia autorização do Congresso Nacional e possuem como fundamento o art. 68 da Constituição[10].

Esse tipo de norma não tem sido empregado e realmente carece de **sentido prático**, pois o rito necessário para a delegação de competência ao Presidente da República (mediante Resolução), somado ao evidente acordo de vontade entre os poderes executivo e legislativo, torna complexa e virtualmente inviável a utilização do instrumento, normalmente **substituído** pelas medidas provisórias, que, ao menos, possuem eficácia imediata e independem de prévia manifestação do Congresso Nacional.

Ademais, o Supremo Tribunal Federal já decidiu que a concessão de isenções ou benefícios fiscais, entre outros temas, **não pode** ser objeto de delegação:

> Matéria tributária e **delegação legislativa** — a outorga de qualquer subsídio, isenção ou crédito presumido, a redução da base de cálculo e a concessão de anistia ou remissão em matéria tributária só podem ser deferidas **mediante lei específica**, sendo **vedado** ao Poder Legislativo conferir ao chefe do Executivo a prerrogativa extraordinária de dispor, normativamente, sobre tais categorias temáticas, sob pena de ofensa ao postulado nuclear da separação de poderes e de transgressão ao princípio da **reserva constitucional de competência legislativa**. Precedente: ADI 1.296/PE, Rel. Ministro Celso de Mello (ADI 1.247-MC).

O precedente supramencionado pelo Acórdão do STF trata o tema de forma didática e ainda **mais abrangente**, ao limitar as possibilidades de delegação em favor de uma atuação plena do poder legislativo, posição que, pela relevância, reproduzimos integralmente a seguir:

> A essência do direito tributário — respeitados os postulados fixados pela própria Constituição — reside na integral **submissão do poder estatal** a *rule of law*. A **lei**, enquanto manifestação estatal estritamente ajustada aos postulados subordinantes do texto consubstanciado na Carta da República, qualifica-se como decisivo instrumento de garantia constitucional dos contribuintes contra eventuais **excessos do Poder Executivo em**

---

10 Art. 68. As leis delegadas serão elaboradas pelo Presidente da República, que deverá solicitar a delegação ao Congresso Nacional. § 1.º Não serão objeto de delegação os atos de competência exclusiva do Congresso Nacional, os de competência privativa da Câmara dos Deputados ou do Senado Federal, a matéria reservada à lei complementar, nem a legislação sobre: I — organização do Poder Judiciário e do Ministério Público, a carreira e a garantia de seus membros; II — nacionalidade, cidadania, direitos individuais, políticos e eleitorais; III — planos plurianuais, diretrizes orçamentárias e orçamentos. § 2.º A delegação ao Presidente da República terá a forma de resolução do Congresso Nacional, que especificará seu conteúdo e os termos de seu exercício. § 3.º Se a resolução determinar a apreciação do projeto pelo Congresso Nacional, este a fará em votação única, vedada qualquer emenda.

matéria tributária. Considerações em torno das dimensões em que se projeta o princípio da reserva constitucional de lei. A nova CR revelou-se extremamente fiel ao postulado da **separação de poderes**, disciplinando, mediante regime de direito estrito, a possibilidade, sempre **excepcional**, de o Parlamento proceder a delegação legislativa externa em favor do Poder Executivo. A delegação legislativa externa, nos casos em que se apresente possível, só pode ser veiculada mediante **resolução**, que constitui o meio formalmente idôneo para consubstanciar, em nosso sistema constitucional, o ato de outorga parlamentar de funções normativas ao Poder Executivo. A resolução não pode ser validamente substituída, em tema de delegação legislativa, por lei comum, cujo processo de formação não se ajusta à disciplina ritual fixada pelo art. 68 da Constituição. A vontade do legislador, que substitui arbitrariamente a lei delegada pela figura da lei ordinária, objetivando, com esse procedimento, **transferir** ao Poder Executivo o exercício de competência normativa primária, revela-se **írrita e desvestida** de qualquer eficácia jurídica no plano constitucional. O Executivo não pode, fundando-se em mera permissão legislativa constante de lei comum, valer-se do regulamento delegado ou autorizado como sucedâneo da lei delegada para o efeito de disciplinar, normativamente, temas sujeitos a reserva constitucional de lei. Não basta, para que se legitime a atividade estatal, que o Poder Público tenha promulgado um ato legislativo. Impõe-se, antes de mais nada, que o legislador, abstendo-se de agir *ultra vires*, **não haja excedido os limites** que condicionam, no plano constitucional, o exercício de sua **indisponível prerrogativa** de fazer instaurar, em caráter inaugural, a ordem jurídico-normativa. Isso significa dizer que o legislador **não pode abdicar** de sua competência institucional para permitir que outros órgãos do Estado — como o Poder Executivo — produzam a norma que, por efeito de expressa reserva constitucional, só pode derivar de fonte parlamentar. O legislador, em consequência, **não pode deslocar** para a esfera Institucional de atuação do Poder Executivo — que constitui instância juridicamente inadequada — o exercício do poder de regulação estatal incidente sobre determinadas categorias temáticas — (a) a outorga de **isenção fiscal**, (b) a **redução da base de cálculo** tributária, (c) a concessão de **crédito presumido** e (d) a **prorrogação dos prazos** de recolhimento dos tributos —, as quais se acham necessariamente submetidas, em razão de sua própria natureza, ao postulado constitucional da reserva absoluta de lei em sentido formal. Traduz situação configuradora de ilícito constitucional a outorga parlamentar ao Poder Executivo de prerrogativa jurídica cuja *sedes materiae* — tendo em vista o sistema constitucional de poderes limitados vigente no Brasil — **só pode residir em atos** estatais primários editados pelo Poder Legislativo (ADI 1.296-MC).

3.1.6. Decretos legislativos

O papel destinado aos **decretos legislativos** no ordenamento brasileiro diz respeito à recepção dos **tratados internacionais** pelo Congresso Nacional[11], assim como podem ser utilizados pelas Assembleias Legislativas para reconhecer os **convênios** celebrados entre os entes da Federação.

---

[11] Constituição, art. 49. É da competência exclusiva do Congresso Nacional: I — resolver definitivamente sobre tratados, acordos ou atos internacionais que acarretem encargos ou compromissos gravosos ao patrimônio nacional.

3 ■ Fontes e Competência no Direito Tributário

Sobre esta última possibilidade, Roque Carrazza destaca, com propriedade, a função do decreto legislativo na **concessão de isenções** no âmbito do ICMS[12]: "Detalhando o assunto, os Estados e o Distrito Federal devem, para conceder isenções de ICMS, firmar entre si convênios. **Não são estes**, porém, que as fazem nascer. Apenas integram o processo legislativo necessário à concessão destas desonerações tributárias. Elas surgem — ou deveriam surgir — do **decreto legislativo ratificador** do convênio interestadual".

Será também objeto de decreto legislativo a **decisão** do Congresso Nacional sobre as relações jurídicas decorrentes da **não conversão** de medida provisória em lei, no prazo de 60 dias, prorrogável uma vez.

3.1.6.1. Da introdução de normas no ordenamento nacional

A sistemática constitucional para a introdução de normas externas no ordenamento brasileiro prevê, como regra, a **participação conjunta** dos poderes executivo e legislativo. Esse compartilhamento de competências é conhecido como *treaty-making power*, expressão que pode ser traduzida como "competência para dispor sobre tratados".

A inafastável participação dos poderes na construção das normas jurídicas aptas a produzir efeitos no Brasil possui esteio constitucional e é pacificamente reconhecida pela jurisprudência, como se pode depreender do seguinte excerto:

> Supremacia da CF sobre todos os tratados internacionais. O exercício do *treaty-making power*, pelo Estado brasileiro, está sujeito à observância das limitações jurídicas emergentes do texto constitucional. Os tratados celebrados pelo Brasil estão subordinados à autoridade normativa da CF. Nenhum valor jurídico terá o tratado internacional, que, incorporado ao sistema de direito positivo interno, transgredir, formal ou materialmente, o texto da Carta Política (MI 772 AgR, Rel. Ministro Celso de Mello).

A **competência bipartida** entre os poderes legislativo e executivo decorre da conjugação dos seguintes artigos da Constituição:

> **Art. 49.** É da competência exclusiva do Congresso Nacional:
> I — resolver definitivamente sobre tratados, acordos ou atos internacionais que acarretem encargos ou compromissos gravosos ao patrimônio nacional;

e

> **Art. 84.** Compete privativamente ao Presidente da República:
> VIII — celebrar tratados, convenções e atos internacionais, sujeitos a referendo do Congresso Nacional;

A jurisprudência do STF é firme para reconhecer a **dupla competência** do modelo republicano brasileiro, haja vista o clássico voto relatado pelo Ministro Celso de Mello, reproduzido a seguir:

---

[12] Convênios ICMS e art. 14 da Lei de Responsabilidade Fiscal — sua inaplicabilidade — Questões conexas. *Revista de Estudos Tributários*, 16, p. 150.

O exame da vigente Constituição Federal permite constatar que a execução dos tratados internacionais e a sua incorporação à ordem jurídica interna decorrem, no sistema adotado pelo Brasil, de um ato subjetivamente complexo, resultante da **conjugação de duas vontades homogêneas**: a do Congresso Nacional, que resolve, definitivamente, mediante **decreto legislativo**, sobre tratados, acordos ou atos internacionais (CF, art. 49, I) e a do Presidente da República, que, além de poder celebrar esses atos de direito internacional (CF, art. 84, VIII), também dispõe — enquanto Chefe de Estado que é — da competência para **promulgá-los mediante decreto** (...) (ADI 1.480-MC).

O Supremo Tribunal Federal entende (ao menos por enquanto — e esta é a posição desejável para concursos e provas em geral) que o sistema brasileiro configuraria um **dualismo temperado**, no qual o comprometimento do Estado passaria por duas fases distintas:

■ a **ratificação** no plano internacional, quando da publicação do decreto legislativo e o correspondente depósito na Secretaria das Nações Unidas;

■ a **entrada em vigor** no Brasil, que só ocorreria com a publicação do decreto executivo pelo Presidente da República.

Para que possamos entender a questão, que certamente é complexa e exige maior aprofundamento, veremos, nos próximos tópicos, a sequência com os procedimentos necessários para a **internalização** de regras estrangeiras no Brasil, além de alguns comentários importantes acerca da distinção entre os sistemas monista e dualista.

3.1.6.1.1. *Roteiro legislativo*

Já tivemos a oportunidade de discorrer[13] acerca dos procedimentos para a internalização de normas estrangeiras no Brasil e do **valor normativo** das regras resultantes, razão pela qual reproduziremos o nosso posicionamento, neste tópico e nos seguintes, acrescido de importantes manifestações doutrinárias e jurisprudenciais.

O procedimento necessário para que as normas contidas em tratados possam **produzir efeitos** no Brasil, em linhas gerais, é o seguinte:

■ o **Presidente da República** assina e autentica o texto final do tratado e manifesta o engajamento brasileiro no âmbito internacional;

■ o Ministro das Relações Exteriores traduz o texto negociado para o português (se for o caso) e prepara a minuta da **mensagem presidencial**;

■ a Casa Civil verifica a **legalidade** e o **mérito** do tratado e propõe o encaminhamento do texto integral ao Congresso Nacional;

■ o Presidente da República envia o texto e a mensagem para o **Congresso Nacional**;

■ o texto tramita inicialmente pela **Câmara dos Deputados**;

■ caso aprovado, segue para o **Senado Federal**; se recusado, extingue o procedimento, sem necessidade de encaminhamento àquela casa;

---

[13] Roberto Caparroz, *Direito internacional público*, p. 45 e s.

3 ■ Fontes e Competência no Direito Tributário

- ■ faz-se a leitura em **plenário** e o texto passa pelas comissões pertinentes, especialmente a comissão de relações exteriores e a comissão de constituição e justiça;
- ■ a **aprovação** do texto, na redação final, exige votação em plenário com **maioria simples** dos deputados e senadores;
- ■ com a aprovação, o Presidente do Senado promulga o **decreto legislativo** correspondente, que será numerado e publicado no Diário Oficial da União; é possível que dois ou mais tratados sejam promulgados pelo **mesmo** decreto legislativo;
- ■ o Presidente da República elabora o **decreto executivo** que confere publicidade ao acordo, tornando-o obrigatório para todos após a devida publicação no Diário Oficial da União.

A sequência acima já foi devidamente **convalidada** pelo Supremo Tribunal Federal, que em decisão paradigmática definiu o procedimento jurídico para a recepção do conteúdo dos tratados no Brasil, nos seguintes termos:

> A **recepção dos tratados internacionais** em geral e dos acordos celebrados pelo Brasil no âmbito do MERCOSUL depende, para efeito de sua ulterior execução no plano interno, de uma **sucessão causal e ordenada** de atos revestidos de caráter político-jurídico, assim definidos: (a) aprovação, pelo Congresso Nacional, mediante decreto legislativo, de tais convenções; (b) ratificação desses atos internacionais, pelo Chefe de Estado, mediante depósito do respectivo instrumento; (c) promulgação de tais acordos ou tratados, pelo Presidente da República, mediante decreto, em ordem a viabilizar a produção dos seguintes efeitos básicos, essenciais à sua vigência doméstica: (1) publicação oficial do texto do tratado e (2) executoriedade do ato de direito internacional público, que passa, então — e somente então — a **vincular e a obrigar** no plano do direito positivo interno. Precedentes. O sistema constitucional brasileiro **não consagra** o princípio do efeito direto e nem o postulado da aplicabilidade imediata dos tratados ou convenções internacionais (CR 8.279-AgR, Rel. Ministro Presidente Celso de Mello, julgamento em 17-6-1998, Plenário, *DJ* de 10-8-2000).

Como se pode observar, o rito inicia-se como **ato de governo**, de competência do Presidente da República, passa pelo **crivo democrático** (participação popular e dos Estados Federados) no Congresso Nacional e retorna ao Executivo para publicidade.

Somente com a publicação do **decreto presidencial** o texto se torna cogente, ou seja, norma obrigatória para todos os brasileiros e pessoas residentes no país.

Ressalte-se que **não há prazo** para a promulgação do tratado pelo Presidente da República após a publicação do decreto legislativo pelo Congresso Nacional, razão pela qual entendemos se tratar de **ato discricionário**.

Curioso notar que em nenhuma passagem da Constituição existe previsão expressa sobre a **necessidade** de publicação do decreto presidencial, razão pela qual podemos afirmar que a posição decorre de construção teórica, embora aceita de forma pacífica pela jurisprudência.

Com efeito, pensamos que o decreto legislativo e o decreto presidencial ensejam efeitos jurídicos **distintos**.

A publicação do decreto legislativo revela o **comprometimento do Brasil** no plano internacional, perante os demais Estados ou Organizações. Podemos comprovar a afirmação sob o argumento de que, na prática, após a publicação do decreto legislativo o país **deposita** o instrumento de ratificação na Secretaria das Nações Unidas, conferindo ampla publicidade ao compromisso.

Posteriormente, o Presidente **decidirá** sobre a conveniência, oportunidade e eficiência do decreto executivo, que, acaso publicado, servirá para **promulgar** o texto aprovado e introduzi-lo, com força vinculante, no ordenamento nacional.

Vejamos o seguinte **exemplo concreto**, utilizado para a promulgação do texto da *Convenção de Viena sobre Direito dos Tratados* no país:

■ a Convenção de Viena foi concluída em 23 de maio de 1969;

■ somente depois de 40 anos o Congresso Nacional ratificou o texto, por meio do Decreto Legislativo n. 496, de 17 de julho de 2009;

■ o Brasil efetuou o depósito do instrumento de ratificação na ONU em 25 de setembro de 2009;

■ em 14 de dezembro de 2009, o Presidente da República promulgou a Convenção, pelo Decreto n. 7.030, tornando-a obrigatória para todos aqueles sujeitos à jurisdição nacional.

De se notar que a competência do Presidente da República para a promulgação de tratados por meio de decreto deriva do art. 84, IV, da Constituição, que lhe **confere poderes** para *sancionar, promulgar e fazer publicar as leis, bem como expedir decretos e regulamentos para sua fiel execução* (e não do art. 84, VII, que lhe outorga competência para celebrar tratados).

Assim, a partir do regramento constitucional podemos afirmar que os atos jurídicos mencionados são distintos, independentes e destinados a produzir efeitos específicos.

Questão interessante diz respeito à possibilidade de o Congresso Nacional produzir o decreto legislativo, mas o Presidente **não promulgar** o tratado.

Nessa hipótese, o Brasil estaria comprometido na esfera internacional sem que o acordo trouxesse qualquer obrigação no **âmbito interno**, situação jurídica peculiar que deve ser evitada, sempre que possível, por meio de concerto político entre os Poderes, até porque, sob tais circunstâncias, o país poderia ser **responsabilizado** na ordem internacional.

3.1.6.1.2. *Direito internacional e direito interno*

Um tema bastante complexo e de grande relevância prática diz respeito ao **conflito** entre as normas internacionais e o direito interno de cada Estado.

Como destaca Pastor Ridruejo, "a importância das relações entre o direito internacional e os direitos internos decorre do fato de que a eficácia real do primeiro depende em ampla medida da fidelidade com que os ordenamentos nacionais se conformam às normas internacionais e lhes atribuam efeitos"[14].

Historicamente, o debate se divide entre as posições monista e dualista.

---

[14] Pastor Ridruejo, *Curso de derecho internacional público y organizaciones internacionales*, p. 165.

A corrente **monista** defende que o direito internacional e o direito interno são manifestações do mesmo sistema jurídico, pertencentes, portanto, a um modelo unificado, no qual o conflito de normas deve ser resolvido com a aplicação das regras interpretativas clássicas.

O monismo pressupõe a **unidade** dos ordenamentos jurídicos, de tal sorte que, na famosa concepção de Hans Kelsen, todas as normas teriam validade e força obrigatória a partir de outras superiores, até chegarmos à chamada norma hipotética fundamental.

Alfred Verdross, grande teórico do direito internacional, discípulo de Kelsen, considerava que a norma jurídica fundamental poderia ser encontrada no próprio **direito internacional**, assim entendida a competência que os Estados Soberanos possuem para legislar, dentro das respectivas esferas de livre apreciação.

Embora Verdross defendesse a **primazia** do direito internacional, o monismo, em suas várias facetas, pode nos conduzir a três possibilidades:

■ **Prevalência do direito internacional sobre o direito interno** (monismo radical): é a posição adotada pela Convenção de Viena, ao estabelecer, no art. 27, que um país **não poderá invocar** as disposições de seu direito interno para justificar o inadimplemento de um tratado. Igual interpretação foi adotada, reiteradas vezes, pela antiga *Corte Permanente de Justiça Internacional*.

■ **Primado do direito interno sobre o internacional:** posição minoritária, diametralmente oposta à anterior e que, de modo paradoxal, se aproxima do dualismo, pois adota a premissa de que as normas internacionais se **submeteriam** à força do direito nacional, o que seria equivalente a reconhecer, na prática, duas ordens jurídicas distintas.

■ **Equivalência entre as normas internas e as internacionais** (monismo moderado ou estruturado): posição já adotada pelo STF, a exemplo do que foi decidido no longínquo RE 80.004 (1977). Nessa hipótese, a solução para o conflito entre normas seria utilizar o velho princípio *lei posterior revoga lei anterior*, ou seja, uma norma interna superveniente poderia revogar tratado em vigor, salvo em matéria tributária.

Por outro lado, a corrente que defende o **dualismo** surgiu com as ideias de Triepel no final do século XIX e se baseava em duas premissas:

■ que o direito internacional e o direito dos Estados possuem fontes distintas; e
■ que o direito internacional cuida das relações entre os Estados, enquanto o direito interno regeria as condutas entre estes e seus súditos.

A doutrina **dualista** (ou pluralista) pressupõe a existência de duas esferas jurídicas distintas, de forma que haveria um processo de **transformação** do texto do tratado em lei interna, para que os comandos pudessem ser incorporados ao direito de cada país.

Parece-nos que existiriam, de fato, sob tal ponto de vista, **dois momentos** diferentes:

■ o **processo** de introdução e conversão do acordo ao direito interno; e
■ a análise sobre a **posição hierárquica** da norma interna produzida em relação às demais pertencentes ao sistema.

156 Direito Tributário Esquematizado   *Roberto Caparroz*

O Supremo Tribunal Federal já teve a oportunidade de se manifestar acerca do acalorado debate entre monistas e dualistas, destacando que a discussão acadêmica revela-se inócua e que a solução para o problema deve buscar fundamento na Constituição.

À época, o Ministro Celso de Mello defendeu a existência no país de um **dualismo moderado**, com consequente paridade normativa entre atos internacionais e normas internas (ADI 1480-3).

A posição do STF, embora represente o entendimento jurisprudencial corrente, tem sido motivo de **diversas críticas**, tanto pela doutrina como da parte de magistrados da própria Corte.

Os problemas decorrem da possibilidade de um tratado "ser revogado"[15] por **lei posterior** superveniente, o que certamente levaria à responsabilização do país na ordem internacional, em razão das disposições da Convenção de Viena e da postura consagrada pela jurisprudência dos tribunais internacionais.

Reclama-se, nesse contexto, a **revisão** da orientação jurisprudencial brasileira, no intuito de refletir o entendimento internacional e evitar que o país possa ser objeto de sanções e questionamentos por outros Estados.

A questão permanece em aberto e deve ser objeto de reflexões nos próximos anos, especialmente em razão das alterações promovidas pela Emenda Constitucional n. 45/2004.

3.1.6.1.3. *Hierarquia normativa*

As regras introduzidas a partir de tratados normalmente ingressam no Brasil no âmbito de **normas infraconstitucionais**.

Com efeito, o Supremo Tribunal Federal já manifestou o entendimento de que os tratados, depois de incorporados ao direito interno, situar-se-iam no plano normativo das **leis ordinárias**, a exemplo da decisão exarada na ADI 1.480-3, que versa sobre matéria trabalhista.

Vejamos o seguinte trecho, retirado do voto do Ministro Celso de Mello:

> Os **tratados** ou **convenções internacionais**, uma vez regularmente incorporados ao direito interno, **situam-se**, no sistema jurídico brasileiro, nos **mesmos** planos de validade, de eficácia e de autoridade em que se posicionam as **leis ordinárias**, havendo, em consequência, entre estas e os atos do direito internacional público, mera **relação de paridade normativa** (grifos no original).

Alguns autores defendem a construção do STF, sob o argumento de que o quórum de aprovação dos decretos legislativos é de **maioria simples**, o que impediria, por conseguinte, a recepção de tratados no âmbito das leis complementares, que exigem, como se sabe, **maioria absoluta**.

Discordamos.

---

[15] Não seria propriamente uma revogação, mas a suspensão dos efeitos do tratado, o que, de igual modo, ensejaria a possibilidade de responsabilização internacional.

Parece-nos que o sistema constitucional vigente ressalta que a força normativa das regras que o tratado introduziu no ordenamento depende do **conteúdo** (*ratione materiae*) veiculado.

Assim, sempre entendemos ser possível que uma norma internacional pudesse ter o *status* de **lei complementar**, desde que a matéria veiculada correspondesse a temas cuja competência fosse reservada para esse tipo de veículo pela Constituição.

O Supremo Tribunal Federal, por exemplo, já admitiu essa possibilidade em alguns julgados, especialmente em relação à **matéria tributária**, mantendo o entendimento de que para os demais núcleos temáticos do direito as normas oriundas dos tratados teriam natureza de lei ordinária.

Embora consideremos que o entendimento do STF ainda carece de consolidação, no sentido de efetivamente afirmar o plano jurídico das normas que recepcionam tratados ou o eventual critério de enquadramento como uma ou outra figura normativa, temos a convicção de que o tema pode ser devidamente apreciado pela **doutrina**, a partir da interpretação sistemática da própria Constituição.

A questão, como já apresentada, parece residir na análise de dois momentos distintos:

- O relativo ao procedimento de elaboração da norma no ordenamento; e
- O enquadramento jurídico conferido ao texto positivado.

Uma rápida observação da Constituição confirmará que os tratados, de per si, não são considerados instrumentos aptos à introdução de regras no Brasil, à luz do que se pode concluir a partir das disposições previstas nos arts. 59 e seguintes, nos quais, ao cuidar do **processo legislativo**, restou evidente que o constituinte originário não considerou os tratados como **fontes normativas** nacionais.

Como vimos, entre os instrumentos previstos no art. 59, o **decreto legislativo** foi eleito o veículo responsável pela manifestação da concordância parlamentar acerca do texto assinado pelo Presidente da República, no âmbito do direito internacional.

Por força desse necessário processo de **recepção**, previsto na Lei Magna, os tratados deverão ser introduzidos mediante participação do Congresso Nacional, responsável pela promulgação do respectivo **decreto legislativo** (instrumento jurídico hábil e de sua competência), sem prejuízo da posterior publicidade, conferida pelo decreto presidencial.

Embora os tratados não integrem o rol de normas jurídicas brasileiras capazes de preencher os conceitos de lei em sentido formal e material, é inegável que, após a sua introdução no ordenamento, os comandos por eles veiculados gozam de **força** e **eficácia** jurídicas, daí por que submetidos, automaticamente, ao **controle de constitucionalidade** a cargo do Supremo Tribunal Federal (art. 102, I, *a*, da CF), que estabelece:

Art. 102. Compete ao Supremo Tribunal Federal, precipuamente, a guarda da Constituição, cabendo-lhe:

I — processar e julgar, originariamente:

a) a ação direta de inconstitucionalidade de **lei** ou **ato normativo federal** ou estadual e a ação declaratória de constitucionalidade de lei ou ato normativo federal.

158 Direito Tributário Esquematizado   *Roberto Caparroz*

No mesmo sentido, em diversas oportunidades a Constituição reforça a importância dos tratados para o direito brasileiro (nem poderia ser diferente), de que são exemplos significativos os preceitos contidos no art. 5.º, §§ 2.º a 4.º, *verbis*:

> § 2.º Os direitos e garantias expressos nesta Constituição **não excluem outros** decor-
> rentes do regime e dos princípios por ela adotados, ou dos **tratados internacionais** em
> que a República Federativa do Brasil seja parte.
>
> § 3.º Os **tratados e convenções internacionais sobre direitos humanos** que forem
> aprovados, em cada Casa do Congresso Nacional, em dois turnos, por três quintos dos
> votos dos respectivos membros, **serão equivalentes às emendas constitucionais**.
>
> § 4.º O Brasil se submete à jurisdição de Tribunal Penal Internacional a cuja criação
> **tenha manifestado adesão**.

Com o advento da Emenda Constitucional n. 45/2004, os temas relativos aos **direitos humanos** previstos em tratados podem integrar o altiplano das normas constitucionais, desde que aprovados pelo rito típico das **emendas** (quórum especial de 3/5 e votação em dois turnos no Congresso Nacional).

Adentramos, portanto, no segundo momento de análise dos tratados, quando as
regras já se encontram **positivadas** no país e precisam ser cotejadas com o restante do
ordenamento, lembrando que o enquadramento jurídico das normas resultantes da aprovação do texto de um tratado pode **variar de acordo** com a matéria e ensejar, segundo
pensamos, diversas situações.

Em consonância com os limites desta obra, analisaremos a seguir o tratamento jurídico conferido pelo STF aos tratados que versam sobre matéria tributária.

3.1.6.1.4. *Tratados em matéria tributária*

O Código Tributário Nacional estabelece, no art. 98, que *os tratados e as convenções internacionais revogam ou modificam a legislação tributária interna, e serão observados pela que lhes sobrevenha*.

O Supremo Tribunal Federal tem destacado a **competência do CTN** para regular o
tema, em razão do poder que lhe foi conferido para dispor acerca de **normas gerais** em
matéria tributária (lembramos que o Código Tributário Nacional foi recepcionado pela
Constituição como lei complementar em termos materiais e, nesse sentido, preenche os
requisitos previstos no art. 146, III, da Carta Magna).

Assim, no campo tributário **não se aplica** o princípio de revogação por lei posterior, pois o CTN determina que, após a introdução do tratado no direito brasileiro, as leis
nacionais deverão **respeitar** as suas disposições, mantendo-se compatíveis com as obrigações assumidas no plano internacional.

Na hipótese de conflito, a lei ordinária interna **restará prejudicada**, pois não pode
inovar o sistema em detrimento do texto aprovado nos tratados.

O Supremo Tribunal Federal tem se manifestado nesse sentido, inclusive ressaltando a necessidade de **obediência ao tratado** pelos Estados, Distrito Federal e Municípios, pois a norma introduzida na seara tributária tem força de **lei nacional** e não pode
ser contrariada pelos entes federados.

Destacamos, como referência, o seguinte acórdão do STF:

Recepção pela CF de 1988 do **Acordo Geral de Tarifas e Comércio**. Isenção de tributo estadual prevista em tratado internacional firmado pela República Federativa do Brasil. Art. 151, III, da CF. Art. 98 do CTN. Não caracterização de isenção heterônoma. (...) A isenção de tributos estaduais prevista no Acordo Geral de Tarifas e Comércio para as mercadorias importadas dos países signatários, quando o similar nacional tiver o mesmo benefício, foi recepcionada pela CF de 1988. O art. 98 do CTN possui **caráter nacional, com eficácia para a União, os Estados e os Municípios** (voto do eminente Min. Ilmar Galvão). No direito internacional apenas a **República Federativa do Brasil** tem competência para firmar tratados (art. 52, § 2.º, da CF), dela não dispondo a União, os Estados-membros ou os Municípios. O Presidente da República não subscreve tratados como Chefe de Governo, mas como **Chefe de Estado**, o que descaracteriza a existência de uma isenção heterônoma, vedada pelo art. 151, III, da CF (RE 229.096, Rel. p/ o ac. Ministra Cármen Lúcia. No mesmo sentido: AI 235.708-AgR, Rel. Ministro Gilmar Mendes; RE 254.406-AgR, Rel. Ministra Ellen Gracie; AI 223.336-AgR, Rel. Ministro Joaquim Barbosa).

Nesse contexto, devemos reconhecer que os tratados internacionais, as normas infralegais e muitos outros instrumentos jurídicos podem gerar repercussões na esfera tributária.

O Código Tributário Nacional, ciente dessa realidade, congregou todas essas figuras sob a rubrica **legislação tributária:**

> **Art. 96.** A expressão "legislação tributária" compreende as leis, os tratados e as convenções internacionais, os decretos e as normas complementares que versem, no todo ou em parte, sobre tributos e relações jurídicas a eles pertinentes.

Em relação aos tratados e convenções internacionais, o Código Tributário Nacional estabelece sua **prevalência** em razão das normas internas, posição importante e que vai ao encontro da melhor doutrina.

Sobre os tratados, podemos dizer que são acordos internacionais **concluídos** e **escritos**, celebrados entre Estados ou entre Estados e Organizações, regidos pelo direito internacional, quer constem de instrumento único, dois ou mais instrumentos conexos, **independentemente** de sua denominação específica.

Note-se que o nome do instrumento é **irrelevante** para a sua configuração jurídica, de sorte que pouco importa se o texto utiliza expressões como *tratado, convenção, protocolo, pacto* ou *acordo*, pois o que interessa é a **vontade soberana** dos signatários (ou destes mediante representação de organizações internacionais).

Parece-nos evidente que os tratados celebrados pelo Brasil devem prevalecer sobre a lei interna, mas a discussão acerca dessa interconexão de normas é bastante intensa e nem sempre as conclusões majoritárias da doutrina encontram suporte na jurisprudência do Supremo Tribunal Federal, como já tivemos a oportunidade de observar.

Felizmente, na seara tributária, o STF reconheceu a **prevalência dos tratados**, nos termos do que sempre dispôs o art. 98 do Código Tributário Nacional.

Portanto, devemos entender que os tratados, em matéria tributária, possuem supremacia sobre posições eventualmente contrárias da legislação interna. Não se cuida aqui de **revogação** da norma interna pelo tratado, mas da **impossibilidade** de sua aplicação ou da produção de seus efeitos sempre que se constatar conflito.

Além disso, o legislador nacional deve atentar para os compromissos celebrados pelo Brasil, pois o CTN adverte que as normas internas devem observar o que foi decidido no âmbito dos acordos internacionais.

A medida, de claro efeito prático, tem por objetivo evitar a criação de leis natimortas, que ao entrarem em vigor já se encontrariam prejudicadas pela **incompatibilidade** com os acordos firmados pelo país.

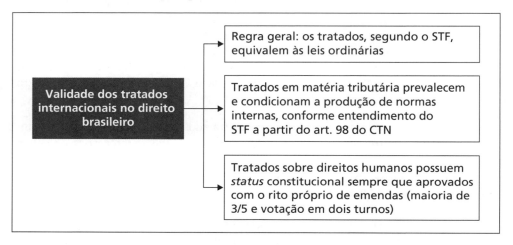

SÚMULA 71 DO STJ: O bacalhau importado de país signatário do GATT é isento do ICM.

SÚMULA 575 DO STF: À mercadoria importada de país signatário do GATT, ou membro da ALALC, estende-se a isenção do Imposto de Circulação de Mercadorias concedida a similar nacional.

3.1.7. Resoluções

As **Resoluções** são atos com força normativa produzidos pelo **Senado Federal** ou pelo **Congresso Nacional**, equivalentes às leis ordinárias porque aprovados por maioria simples.

Como adverte Paulo de Barros Carvalho[16], embora não sejam leis em sentido estrito, as Resoluções se prestam a disciplinar, por exemplo, **diversas alíquotas** relativas a tributos.

Isso ocorre porque compete ao Senado Federal, como casa legislativa de natureza **paritária** (em que todos os Estados da Federação possuem o mesmo número de representantes — três) fixar, nos termos da Constituição, as seguintes alíquotas:

- no caso do **ITCMD** (Imposto sobre transmissão *causa mortis* e doação, de quaisquer bens ou direitos), as **alíquotas máximas** (art. 155, § 1.º, IV);

---

[16] Paulo de Barros Carvalho, *Curso de direito tributário*, 24. ed., p. 107.

3 ◼ Fontes e Competência no Direito Tributário   161

◼ no caso do **ICMS** (Imposto sobre operações relativas à circulação de mercadorias e sobre prestações de serviços de transporte interestadual e intermunicipal e de comunicação), por **maioria absoluta**, as alíquotas aplicáveis às **operações interestaduais** e de **exportação** (art. 155, § 2.º, IV), mediante iniciativa do Presidente da República ou de 1/3 dos Senadores;

◼ **facultativamente**, no caso do **ICMS**, estabelecer **alíquotas mínimas** nas operações internas, mediante resolução de iniciativa de 1/3 e aprovada pela maioria absoluta de seus membros (art. 155, § 2.º, V, *a*);

◼ **facultativamente**, ainda em relação ao **ICMS, alíquotas máximas** nas mesmas operações internas, para resolver conflito específico que envolva interesse de Estados, mediante resolução de iniciativa da maioria absoluta e aprovada por 2/3 de seus membros (art. 155, § 2.º, V, *b*);

◼ no caso do **IPVA** (Imposto sobre a propriedade de veículos automotores), as **alíquotas mínimas** (art. 155, § 6.º, I);

◼ no caso do novo **IBS**, a **alíquota de referência** para cada esfera federativa;

◼ para a nova **CBS**, fixar a **alíquota de referência** para todas as esferas federativas.

Importante! No caso do ISS (Imposto sobre Serviços), cabe à **lei complementar** fixar as alíquotas mínimas e máximas que poderão ser adotadas pelos Municípios (art. 156, § 3.º, I).

Por fim, ressalte-se que as Resoluções do **Congresso Nacional** servem, em princípio, para aprovar a **delegação** ao Presidente da República das matérias que poderão ser objeto de lei delegada[17].

3.2. MATÉRIA RESERVADA AOS INSTRUMENTOS PRIMÁRIOS

Sabemos que o **fundamento** para as exigências tributárias é a existência de lei.

Coerente com a premissa adotada, o CTN, embora tenha reconhecido a abrangência das normas tributárias em geral, restringiu a matéria que seria **competência exclusiva** dos instrumentos primários, que possuem força de lei:

Art. 97. Somente a lei pode estabelecer:

I — a instituição de tributos, ou a sua extinção;

II — a majoração de tributos, ou sua redução, ressalvado o disposto nos arts. 21, 26, 39, 57 e 65;

III — a definição do fato gerador da obrigação tributária principal, ressalvado o disposto no inciso I do § 3.º do art. 52, e do seu sujeito passivo;

---

¹⁷ Conforme o art. 68, § 2.º, da Constituição.

IV — a fixação de alíquota do tributo e da sua base de cálculo, ressalvado o disposto nos arts. 21, 26, 39, 57 e 65;

V — a cominação de penalidades para as ações ou omissões contrárias a seus dispositivos, ou para outras infrações nela definidas;

VI — as hipóteses de exclusão, suspensão e extinção de créditos tributários, ou de dispensa ou redução de penalidades.

§ 1.º Equipara-se à majoração do tributo a modificação da sua base de cálculo, que importe em torná-lo mais oneroso.

§ 2.º Não constitui majoração de tributo, para os fins do disposto no inciso II deste artigo, a atualização do valor monetário da respectiva base de cálculo.

Podemos constatar que todas as atividades relativas à **obrigação tributária principal** demandam a presença de lei. Isso decorre do princípio da **autoimposição tributária**, que tem relação direta com a própria estrutura do nosso país, como observamos no Capítulo 2.

Quando a Constituição declara, no art. 1.º, que a República Federativa do Brasil constitui-se em *Estado Democrático de Direito*, isso significa, acima de tudo, que as **relações** entre o Estado e os particulares devem ser pautadas em lei.

Assim, se ninguém pode ser obrigado a fazer algo sem a presença da lei, resta evidente que as exigências de natureza tributária também se submetem a esse fundamental postulado.

E mais: como as relações jurídicas ocorrem no seio do Estado Democrático de Direito, isso significa que somente **leis válidas** podem estabelecer obrigações para as pessoas, que deverão, ainda, ter participação na produção de tais instrumentos.

Como a nossa democracia é representativa e exige **previsão legal**, todos os cidadãos têm condições de participar da atividade normativa do Estado, ainda que de modo indireto, por meio da eleição de seus representantes.

E o princípio da autoimposição pressupõe a participação democrática das pessoas na **produção** das regras jurídicas, com a automática aceitação dos comandos por elas veiculados, de forma que o cidadão não pode fugir à tributação, sob pena de ruptura do tecido democrático.

Isso revela, a um só tempo, o caráter legítimo e obrigatório do sistema tributário, posto que fundado na premissa de **participação da sociedade**, ou, como diria Pontes de Miranda, *a legalidade da tributação significa o povo tributando a si mesmo*.

Nesse passo, repetimos, para melhor compreensão, o esquema sobre o papel da lei no **regime democrático**, com o acréscimo de uma nova etapa, extremamente importante.

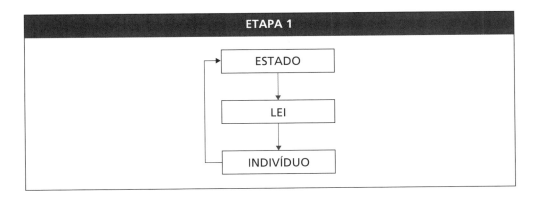

Na **Etapa 1** do esquema temos o ESTADO, como criação da sociedade, que veicula regras por meio do instrumento jurídico LEI, para obrigar e condicionar a atuação do INDIVÍDUO, que, por seu turno, participa, ainda que indiretamente, da produção normativa, criando um **ciclo de autoimposição**, que se renova constantemente.

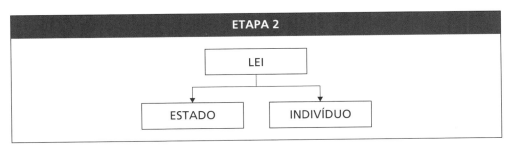

Na **Etapa 2** podemos afirmar que a lei democraticamente introduzida no sistema passa a determinar a conduta do **próprio Estado**, da mesma forma que submete a vontade do indivíduo. Isso porque a atividade da administração pública deve ser pautada, invariavelmente, pelo princípio da **legalidade**, conforme determina o art. 37 da Constituição[18].

O princípio da autoimposição se apresenta como **garantia fundamental** do contribuinte, pois exige que qualquer inovação destinada a aumentar a carga tributária passe pelo crivo do Poder Legislativo.

A despeito da **reserva legal** estabelecida para os principais assuntos em matéria tributária, conforme disposto no art. 97 do Código Tributário Nacional e sem prejuízo do princípio da legalidade, que estudaremos em detalhes no próximo capítulo, existem situações que, por expressa **autorização legal** (da Constituição ou do CTN), podem ser tratadas sem a necessidade de produção de uma lei específica, conforme o esquema a seguir.

---

[18] Art. 37. A administração pública direta e indireta de qualquer dos Poderes da União, dos Estados, do Distrito Federal e dos Municípios **obedecerá aos princípios de legalidade**, impessoalidade, moralidade, publicidade e eficiência e, também, ao seguinte: (...).

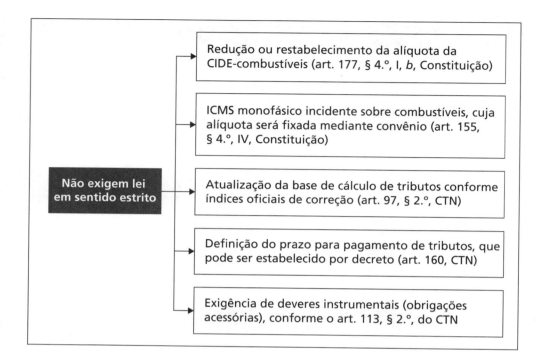

Destacamos, ainda, que o CTN considera **majoração** qualquer alteração na base de cálculo do tributo, com o objetivo de torná-lo mais oneroso. O comando é bastante salutar e visa impedir que os entes públicos, por via indireta, aumentem os tributos sem obediência ao princípio da legalidade.

Entretanto, em razão do ambiente inflacionário do país, os tribunais têm reconhecido a possibilidade legítima de **atualização monetária** dos tributos, mediante decreto, desde que respeitados os **índices oficiais** de correção.

Qualquer atualização **superior** aos índices oficiais exige lei em sentido formal, pois representaria verdadeiro aumento de carga tributária, conforme posição consagrada pela jurisprudência.

SÚMULA 160 DO STJ: É defeso, ao município, atualizar o IPTU, mediante decreto, em percentual superior ao índice oficial de correção monetária.

O entendimento é corroborado em decisões do STF, inclusive com **repercussão geral**, como no caso do RE 648.245, julgado em agosto de 2013:

É **inconstitucional** a majoração, **sem edição de lei em sentido formal**, do **valor venal de imóveis** para efeito de cobrança do Imposto sobre a Propriedade Predial e Territorial Urbana — IPTU, acima dos índices oficiais de correção monetária. Discutia-se a legitimidade da majoração, por decreto, da base de cálculo acima de índice inflacionário, em razão de a lei municipal prever critérios gerais que seriam aplicados quando da avaliação dos imóveis. O Tribunal assentou que o aumento do valor venal dos imóveis não prescindiria da edição de lei, em sentido formal. Aduziu que, salvo as exceções expressamente

3 ■ Fontes e Competência no Direito Tributário

previstas no texto constitucional, a definição dos critérios que compõem a regra tributária e, especificamente, a base de cálculo, seria matéria restrita à atuação do legislador. Desse modo, não poderia o Poder Executivo imiscuir-se nessa seara, seja para definir, seja para modificar qualquer dos elementos da relação tributária. A Corte ressaltou que os municípios **não poderiam alterar ou majorar, por decreto, a base de cálculo do IPTU**. Afirmou que eles poderiam apenas atualizar, anualmente, o valor dos imóveis, com base nos **índices anuais de inflação**. Isso porque essa atualização **não constitui aumento de tributo** (CTN, art. 97, § 1.º) e, portanto, **não se submete à reserva legal** imposta pelo art. 150, I, da CF.

Por outro lado, para reconhecer a possibilidade de norma com **força de lei** estabelecer índices de correção monetária, o Supremo Tribunal Federal editou a Súmula 725:

> **SÚMULA 725 DO STF:** É constitucional o § 2.º do art. 6.º da Lei 8.024/1990, resultante da conversão da medida provisória 168/1990, que fixou o BTN fiscal como índice de correção monetária aplicável aos depósitos bloqueados pelo Plano Collor I.

> **Importante!** É possível, mediante decreto, a atualização monetária da base de cálculo de tributos, como no caso do IPTU, desde que respeitados os índices oficiais. Qualquer alteração superior aos índices oficiais só pode ser promovida por lei em sentido formal.

Nesse sentido, o STF decidiu, no ARE 1.258.934 (de 2020, com repercussão geral), que a majoração excessiva de uma taxa, por meio de ato infralegal, **não conduz à invalidade do tributo**, sendo possível que o Poder Executivo atualize os valores previamente fixados em lei de acordo com percentual **não superior** aos índices oficiais de correção monetária.

3.3. INSTRUMENTOS SECUNDÁRIOS

Todos os atos normativos subordinados à lei (infralegais) podem ser considerados **instrumentos secundários**.

Dentre esses instrumentos destaca-se a figura dos **decretos**, que são atos privativos dos Chefes do Executivo, como o Presidente da República, os Governadores e os Prefeitos.

Em matéria tributária, os decretos possuem basicamente **função regulamentar**, no sentido de explicitar e apresentar procedimentos relativos à lei.

Nesse contexto, os decretos são atos normativos cujo objetivo é permitir a **fiel execução da lei**, como determina o art. 84, IV, da Constituição[19].

Por óbvio que o decreto **não pode** ampliar, alterar ou condicionar o alcance das leis, visto não possuir capacidade para inovar o ordenamento, mas apenas para lhe dar melhores condições de execução.

---

[19] Art. 84: "IV — Compete privativamente ao Presidente da República: (...) IV — sancionar, promulgar e fazer publicar as leis, bem como expedir decretos e regulamentos para sua fiel execução".

166 Direito Tributário Esquematizado   *Roberto Caparroz*

A assertiva encontra respaldo nas próprias limitações estabelecidas pelo Código Tributário Nacional em relação ao papel regulamentar dos decretos, que não podem **extrapolar** os preceitos veiculados pelas leis que os ensejaram, como se observa do disposto no art. 99:

> **Art. 99.** O conteúdo e o alcance dos decretos restringem-se aos das leis em função das quais sejam expedidos, determinados com observância das regras de interpretação estabelecidas nesta Lei.

Ao longo dos anos os decretos também passaram a veicular **regulamentos** dos principais impostos, com o objetivo de compilar as respectivas normas infralegais, como ocorre nos casos do *Regulamento do Imposto de Renda* (Decreto n. 3.000/99), do *Regulamento Aduaneiro* (Decreto n. 6.759/2009) e do *Regulamento do IPI* (Decreto n. 7.212/2010), entre outros exemplos.

Igual fenômeno se observa dos âmbitos dos demais entes políticos, especialmente em relação ao **ICMS**, que possui regulamentos em praticamente todos os Estados da Federação.

Dentro do conceito amplo de **legislação**, o Código Tributário Nacional reconhece, ainda, a existência e a eficácia, dentro de certos parâmetros, das chamadas **normas complementares:**

> **Art. 100.** São normas complementares das leis, dos tratados e das convenções internacionais e dos decretos:
>
> I — os **atos normativos** expedidos pelas autoridades administrativas;
>
> II — as **decisões** dos órgãos singulares ou coletivos de jurisdição administrativa, a que a lei atribua **eficácia normativa**;
>
> III — as **práticas** reiteradamente observadas pelas autoridades administrativas;
>
> IV — os **convênios** que entre si celebrem a União, os Estados, o Distrito Federal e os Municípios.
>
> **Parágrafo único.** A observância das normas referidas neste artigo exclui a imposição de penalidades, a cobrança de juros de mora e a atualização do valor monetário da base de cálculo do tributo.

Convém ressaltar que as normas complementares se revestem das mais variadas denominações. Por óbvio que nenhum desses veículos tem força de lei, mas cada qual se presta a expressar o entendimento das diversas instâncias administrativas.

Exemplo: Dentro do conceito de atos normativos do art. 100, I, do CTN, encontramos uma enorme gama de instrumentos jurídicos, como as Instruções Ministeriais, as Portarias, as Instruções Normativas, as Resoluções e tantos outros.

Esses atos emanam de diversas instâncias do poder executivo e decorrem da estrutura **hierárquica** e do plexo das **competências** distribuídas pelos diversos órgãos que compõem a administração pública.

As **Instruções Ministeriais**, por exemplo, são instrumentos de hierarquia superior, estão previstas no art. 87, II, da Constituição[20] e representam as determinações dos Ministros de Estado para a execução das leis, decretos e regulamentos.

Já as **Portarias** são atos extremamente comuns, que têm por objetivo uniformizar as atividades da administração pública, no âmbito dos respectivos órgãos ou repartições.

As Portarias encerram a vontade da administração e cumprem inúmeras funções de **natureza administrativa**; podem ser gerais e abstratas, para alcançar número indeterminado de pessoas, ou individuais e específicas, normalmente destinadas a servidores públicos, como no caso de nomeações, licenças etc.

Na definição clássica de Hely Lopes Meirelles[21], as portarias teriam função mais **restrita**, pois seriam "atos administrativos internos, pelos quais o chefe do Executivo (ou do Legislativo e do Judiciário, em funções administrativas), ou os chefes de órgãos, repartições ou serviços, expedem determinações gerais ou especiais a seus subordinados, ou nomeiam servidores para funções e cargos secundários. As portarias, como os demais atos administrativos internos, não atingem nem obrigam aos particulares, pela manifesta razão de que os cidadãos não estão sujeitos ao poder hierárquico da Administração pública".

Posteriormente às lições iniciais do mestre, o conceito de portaria **evoluiu** e passou também a produzir **efeitos externos**, cujo conteúdo pode tanto alcançar os agentes públicos como transmitir ordens para os cidadãos em geral ou até pessoas específicas, sempre dentro dos limites legais.

Na dinâmica do mundo real, outro instrumento amplamente utilizado são as **Instruções Normativas**, profusamente editadas pela Receita Federal do Brasil, pelas quais o Secretário, titular do órgão, expede informações e orientações interpretativas sobre os mais variados assuntos relativos aos tributos federais.

Igual fenômeno ocorre no âmbito dos estados e municípios, em que os respectivos Secretários de Fazenda também emitem **atos normativos**, mediante outorga de competência, acerca das normas para a aplicação e interpretação dos tributos de sua competência.

Também são muito frequentes, embora com alcance limitado em termos tributários, as **circulares** e as **ordens de serviço**, que, em regra, dispõem sobre o funcionamento e a organização das atividades públicas.

O Código Tributário Nacional ainda considera normas complementares os seguintes instrumentos:

---

[20] Art. 87. Os Ministros de Estado serão escolhidos dentre brasileiros maiores de vinte e um anos e no exercício dos direitos políticos. Parágrafo único. Compete ao Ministro de Estado, além de outras atribuições estabelecidas nesta Constituição e na lei: I — exercer a orientação, coordenação e supervisão dos órgãos e entidades da administração federal na área de sua competência e referendar os atos e decretos assinados pelo Presidente da República; II — expedir instruções para a execução das leis, decretos e regulamentos (...).

[21] Hely Lopes Meirelles, *Direito administrativo brasileiro*, 2. ed., 1966, p. 192.

168 Direito Tributário Esquematizado   *Roberto Caparroz*

■ **Decisões de órgãos singulares ou colegiados**, como as soluções de consulta, os atos declaratórios e outros veículos de natureza interpretativa, notadamente quando produzirem **efeitos gerais** (*erga omnes*)[22].

■ **Usos e costumes**, materializados pelas práticas reiteradamente observadas pelas autoridades administrativas, embora tais situações sejam bastante restritas na seara tributária, por força do princípio da legalidade e da reserva legal.

■ **Convênios**, celebrados entre os entes federativos, a exemplo do CONFAZ em relação ao ICMS. Também merecem destaque os convênios que tratam da **extra-territorialidade** das normas tributárias[23] e aqueles destinados à prestação de **assis-tência mútua** para a fiscalização de tributos e **permuta de informações**[24].

Por fim, conquanto não pertençam ao conceito de normas complementares previsto pelo Código Tributário Nacional, podemos considerar como fontes do direito tributário, em sentido amplo, a **doutrina** e a **jurisprudência**.

Ambas não se prestam à produção de normas jurídicas concretas (formação do **di-reito positivo**), mas possuem relevante função interpretativa e, com isso, colaboram para o desenvolvimento e a compreensão da matéria.

A **doutrina** é a produção dos especialistas (autores, professores, pareceristas) e se caracteriza pela *descrição do fenômeno jurídico*, vale dizer, tem por objetivo apresentar e explicar às pessoas o conceito e o alcance das regras tributárias. Seus papéis mais re-levantes, em termos práticos, são os de conferir **suporte teórico** e o de **influenciar** tanto as decisões jurídicas como a produção de novas leis.

Por seu turno, a **jurisprudência** representa o conjunto de decisões uniformes dos tribunais (judiciais ou administrativos) em relação a determinada matéria. Seus princi-pais objetivos são o de conferir **segurança jurídica** às relações interpessoais[25] e tam-bém o de **orientar** a sociedade, indicando as condutas que estão de acordo com o orde-namento e de que forma devem ser interpretados os comandos legais[26].

---

[22] Nesse contexto, não se enquadrariam na hipótese as decisões dos órgãos de jurisdição administra-tiva sem eficácia normativa, como os tribunais administrativos, que emanam decisões relativas a sujeitos passivos específicos, como o CARF (Conselho Administrativo de Recursos Fiscais) e os Tribunais de Impostos e Taxas, no âmbito dos Estados.

[23] CTN, Art. 102. A legislação tributária dos Estados, do Distrito Federal e dos Municípios vigora, no País, fora dos respectivos territórios, nos limites em que lhe reconheçam **extraterritorialidade** os convênios de que participem, ou do que disponham esta ou outras leis de normas gerais expedi-das pela União.

[24] CTN, Art. 199. A Fazenda Pública da União e as dos Estados, do Distrito Federal e dos Municípios prestar-se-ão **mutuamente assistência** para a fiscalização dos tributos respectivos e **permuta de infor-mações**, na forma estabelecida, em caráter geral ou específico, por lei ou convênio. Parágrafo único. A Fazenda Pública da União, na forma estabelecida em tratados, acordos ou convênios, poderá permutar informações com **Estados estrangeiros** no interesse da arrecadação e da fiscalização de tributos.

[25] Nesse sentido o art. 5.º, XXXVI, da Constituição: "a lei não prejudicará o direito adquirido, o ato jurídico perfeito e a coisa julgada".

[26] Destaca-se a importância, por exemplo, das Súmulas dos Tribunais Superiores, além das decisões com repercussão geral (STF) e efeitos repetitivos (STJ), amplamente analisadas ao longo desta obra.

3.4. COMPETÊNCIA TRIBUTÁRIA

Competência é **poder**.

Isso significa que a Constituição conferiu aos entes políticos da República (União, Estados, Distrito Federal e Municípios) o poder de **instituir tributos**, para o fomento de suas atividades precípuas, dentro das respectivas esferas de atuação.

As normas de competência devem fixar as **condições** para o seu exercício.

Por óbvio que a competência não pode ser absoluta, pois deve haver **equilíbrio** entre o poder estatal e os direitos dos indivíduos. Essa advertência, aliás, é veiculada pelo art. 6.º do Código Tributário Nacional:

> **Art. 6.º** A atribuição constitucional de competência tributária compreende a competência legislativa plena, **ressalvadas as limitações** contidas na Constituição Federal, nas Constituições dos Estados e nas Leis Orgânicas do Distrito Federal e dos Municípios, e observado o disposto nesta Lei.
>
> **Parágrafo único.** Os tributos cuja receita seja distribuída, no todo ou em parte, a outras pessoas jurídicas de direito público pertencerá à competência legislativa daquela a que tenham sido atribuídos.

Manoel Gonçalves Ferreira Filho[27] leciona que "as competências do Estado federal são repartidas horizontal e verticalmente. A repartição **horizontal** ocorre pela atribuição a cada ente federativo de uma área reservada, que lhe cabe, então, disciplinar em toda a sua extensão. A repartição **vertical** distribui uma mesma matéria em diferentes níveis (do geral ao particular) e a reparte entre os entes federativos. No primeiro caso (horizontal), as competências ou são **comuns** ou são **privativas**. No segundo (vertical), temos a competência **concorrente**. Para disciplinar a competência concorrente há duas técnicas conhecidas: a cumulativa, pela qual os entes podem avançar na disciplina das matérias desde que o que lhes é considerado superior não o faça (não há limites prévios, mas a regra da União prevalece, em caso de conflito); a não cumulativa, em que, previamente, as matérias estão delimitadas por sua extensão (normas gerais e particulares)".

O art. 24, I, da Constituição estabelece que a competência para legislar sobre direito tributário é **concorrente** entre a União, os Estados e o Distrito Federal.

Ressalte-se, pela importância, que o constituinte **não atribuiu** competência para os **municípios** legislarem sobre normas gerais de direito tributário, restando-lhes dispor sobre assuntos de interesse local, em caráter suplementar à legislação federal e estadual.

Conquanto isso cause um evidente desequilíbrio de forças entre os entes federados, que deveriam, à luz do art. 18 da Constituição[28], gozar de **autonomia**, devemos reconhecer que seria inviável aceitar que os mais de cinco mil municípios do país pudessem legislar em caráter geral.

---

[27] Manoel Gonçalves Ferreira Filho, *Comentários à Constituição brasileira*, 6. ed., p. 98.

[28] Art. 18. A organização político-administrativa da República Federativa do Brasil compreende a União, os Estados, o Distrito Federal e os Municípios, todos autônomos, nos termos desta Constituição.

170 Direito Tributário Esquematizado   *Roberto Caparroz*

Aliás, teria sido mais coerente (e tecnicamente correto) atribuir competência para que as regras gerais tributárias fossem estabelecidas exclusivamente pela República Federativa do Brasil (vale dizer, fossem **nacionais**) como indicam os dispositivos específicos do capítulo tributário, que analisaremos mais adiante.

O constituinte parece trilhar esse caminho, mas acaba por indicar a **União** como competente para a definição de regras gerais, sem prejuízo da competência **suplementar** dos Estados, conforme a dicção dos parágrafos do art. 24:

> § 1.º No âmbito da legislação concorrente, a competência da União **limitar-se-á** a estabelecer normas gerais.
>
> § 2.º A competência da União para legislar sobre normas gerais **não exclui** a competência **suplementar** dos Estados.
>
> § 3.º **Inexistindo** lei federal sobre normas gerais, os Estados exercerão a competência legislativa plena, para atender a suas peculiaridades.
>
> § 4.º A superveniência de lei federal sobre normas gerais **suspende a eficácia** da lei estadual, no que lhe for contrário.

Convém ressaltar que a Constituição adota uma repartição **não cumulativa**, ao indicar, no § 4.º, a prevalência da lei federal geral sobre as normas estaduais e **cumulativa**, ao dizer, no § 1.º, que a União limitar-se-á a estabelecer regras gerais.

Curioso notar que o § 2.º garante aos Estados competência suplementar, **ainda que** a União tenha exercido sua competência privativa, circunstância que também alcançaria os **municípios**, por força do disposto no art. 30, II, da Constituição[29], embora não seja reconhecida, no art. 24, a competência concorrente destes.

Em sentido diverso, o § 3.º cuida da ausência de normas gerais, ou seja, o não exercício da competência federal. Na hipótese, os Estados poderiam exercer **competência legislativa plena**, para atender suas peculiaridades e suprir a omissão do legislador federal, com a ressalva de que o alcance de tais comandos ficaria restrito aos limites da atividade estadual.

Tércio Sampaio Ferraz[30], ao analisar os dispositivos, assevera que a "competência suplementar **não se confunde** com o exercício da competência plena 'para atender a suas peculiaridades' conforme consta do § 2.º, que é competência para editar normas gerais em caso de lacuna (inexistência) na legislação federal. Não se trata, pois, de competência para editar normas gerais **eventualmente concorrentes**. Se assim fosse, o § 3.º seria inútil ou o § 3.º tomaria inútil o § 2.º. Além disso, é competência também atribuída aos Municípios que estão, porém, excluídos da legislação concorrente. Isto nos leva a concluir que a competência suplementar não é para a edição de legislação concorrente, mas para a edição de **legislação decorrente**, que é uma legislação de **regulamentação**, portanto de normas gerais que regulam situações já configuradas na legislação federal

---

[29] Art. 30. Compete aos Municípios: I — legislar sobre assuntos de interesse local; II — **suplementar** a legislação federal e a estadual no que couber; (...)

[30] Tércio Sampaio Ferraz Júnior, *Normas gerais e competência concorrente*. Uma exegese do art. 24 da Constituição Federal. Disponível em: <http://www.revistas.usp.br/rfdusp/article/viewFile/67296/69906>.

e às quais não se aplica o disposto no § 4.º (ineficácia por superveniência de legislação federal), posto que com elas não concorrem (se concorrem, podem ser declaradas inconstitucionais). É pois competência que se exerce **à luz de normas gerais** da União e não na falta delas".

Em relação ao papel dos **municípios**, parece-nos ser possível a edição de normas particulares, de seu interesse, na ausência de normas estaduais, embora seja-lhes **vedado** atuar em substituição àqueles dispositivos, vale dizer, em caráter geral.

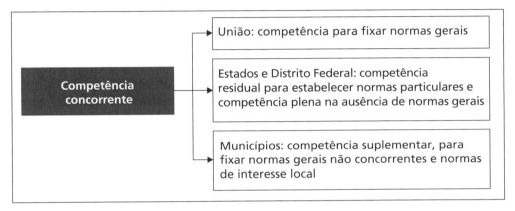

Importante! A competência, privativa ou concorrente, para legislar sobre **regras gerais** em matéria tributária não implica o poder de **instituir tributos**, pois são atribuições distintas, e os entes políticos somente podem atuar conforme a repartição de competências constitucional.

3.4.1. Competência e capacidade tributária ativa

Não podemos confundir a competência tributária, que é o poder para instituir tributos, com a **capacidade tributária ativa**, que compreende as atividades de arrecadar e fiscalizar tributos, além da possibilidade de praticar atos para dar execução às leis.

Bernardo Ribeiro de Moraes[31] qualifica os conceitos a partir da distinção entre o **poder fiscal** e as **funções fiscais:** o primeiro, representado pela competência, permite ao ente legislar sobre tributos, enquanto as funções fiscais decorrem das atividades administrativas inerentes à cobrança e à fiscalização dos valores devidos, de tal sorte que a competência tributária relaciona-se com o poder legislativo e as funções fiscais, representadas pela capacidade tributária ativa, dizem respeito ao poder executivo.

Ressaltamos que a competência, como imputação de poder, deriva da Constituição e é **indelegável**, enquanto a capacidade tributária ativa **pode ser transferida** a terceiros, conforme dispõe o art. 7.º do Código Tributário Nacional:

---
[31] Bernardo Ribeiro de Moraes, *Compêndio de direito tributário*, 4. ed., p. 265.

172 Direito Tributário Esquematizado   *Roberto Caparroz*

> Art. 7.º A competência tributária é **indelegável**, salvo atribuição das funções de **arrecadar** ou **fiscalizar** tributos, ou de **executar** leis, serviços, atos ou decisões administrativas em matéria tributária, conferida por uma pessoa jurídica de direito público a outra, nos termos do § 3.º do art. 18 da Constituição.
>
> § 1.º A atribuição compreende as garantias e os privilégios processuais que competem à pessoa jurídica de direito público que a conferir.
>
> § 2.º A atribuição pode ser revogada, a qualquer tempo, por ato unilateral da pessoa jurídica de direito público que a tenha conferido.
>
> § 3.º Não constitui delegação de competência o cometimento, a pessoas de direito privado, do encargo ou da função de arrecadar tributos.

Como o constituinte resolveu repartir as competências para criar tributos entre os entes federados (o que não é obrigatório), com certeza para evitar **sobreposições** que fatalmente levariam ao aumento da carga tributária incidente sobre as pessoas e onerariam em demasia o sistema, podemos afirmar que esse modelo **rígido** e **detalhado** serve de fundamento para o princípio da indelegabilidade, pois descabe aos próprios destinatários do poder alterar ou desfazer o desenho fixado pela Constituição.

A comprovação da força da matriz constitucional tem como exemplo a própria possibilidade de **redução** das competências atribuídas aos entes políticos. Basta lembrar que, desde a edição da Constituição, em 1988, alguns tributos foram **suprimidos** do sistema, por emenda constitucional, como o *adicional de imposto de renda* (de até 5%, em favor dos Estados e do Distrito Federal) e o *imposto sobre vendas a varejo de combustíveis líquidos e gasosos*, que cabia aos municípios.

Na esteira do raciocínio, o art. 8.º do Código Tributário Nacional estabelece que o **não exercício** da competência tributária pelo respectivo titular não a transfere a pessoa jurídica de direito público diversa daquela a que a Constituição a tenha atribuído.

A capacidade tributária ativa, de forma diferente, pode ser **delegada**, e, nessa situação, o destinatário, pessoa jurídica de **direito público**, pode assumir a posição de *credor* (sujeito ativo da obrigação tributária) e, como consequência, receber as atribuições para o exercício da **função fiscal**, que consiste em arrecadar e fiscalizar os tributos, além de praticar atos para dar execução aos comandos legais.

A transferência pode se dar mediante **ato normativo** ou **convênio** e implica que um terceiro, distinto daquele que pode legislar sobre o tributo, desempenhará as atividades previstas em lei. Trata-se do conhecido fenômeno da *parafiscalidade*, que já tivemos a oportunidade de comentar.

O Código Tributário Nacional permite que a delegação seja **revogada** a qualquer tempo, por ato unilateral do titular da competência, que reassumiria, na hipótese, todas as atividades anteriormente transferidas.

De modo coerente, o legislador também previu que a delegação implica a comunicação das **garantias** e **privilégios processuais** (prazos maiores, por exemplo), porque são instrumentos destinados a permitir, com a devida intensidade, a efetiva cobrança dos tributos, em homenagem ao princípio da supremacia do interesse público.

Por fim, o art. 7.º, § 3.º, do CTN autoriza, **sem que isso** seja considerado delegação de competência, a delegação apenas do encargo de **arrecadar tributos**, atividade que pode ser transferida a uma empresa privada, como ocorre no caso dos **bancos**, que promovem o recolhimento dos tributos em favor dos respectivos entes estatais.

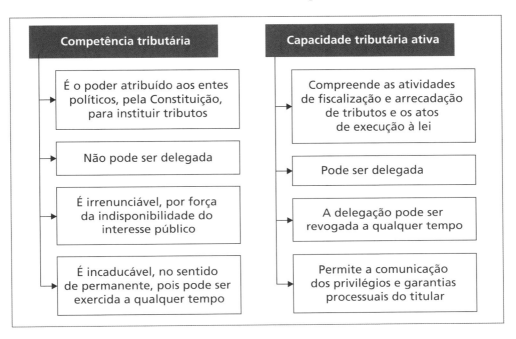

3.4.1.1. A questão do ITR

Em relação à repartição de competências pela Constituição, um caso interessante é o do **Imposto Territorial Rural** (ITR), que pertence à esfera legislativa da União, conforme previsto no art. 153, VI[32].

No texto constitucional original, a União, titular da competência sobre o ITR, deveria repassar aos municípios em que se localizassem os imóveis rurais tributados **50%** do valor arrecadado.

Com o advento da Emenda Constitucional n. 42/2003, os municípios obtiveram o direito de **optar** pela fiscalização e arrecadação do tributo e, em troca, ficar com **100%** do valor arrecadado, como atualmente dispõem os arts. 153, § 4.º, III, e 158, II, a seguir reproduzidos:

> § 4.º O imposto previsto no inciso VI do *caput*:
> (...)
> III — será fiscalizado e cobrado pelos Municípios que assim **optarem**, na forma da lei, desde que não implique redução do imposto ou qualquer outra forma de renúncia fiscal.

e

---

[32] Art. 153. Compete à União instituir impostos sobre: (...) VI — propriedade territorial rural.

174 Direito Tributário Esquematizado   *Roberto Caparroz*

Art. 158. Pertencem aos Municípios:

(...)

II — cinquenta por cento do produto da arrecadação do imposto da União sobre a propriedade territorial rural, relativamente aos imóveis neles situados, **cabendo a totalidade na hipótese da opção a que se refere o art. 153, § 4.º, III**;

Trata-se de situação peculiar, oriunda do **desinteresse** da União em administrar o imposto (cuja arrecadação não justifica o trabalho de fiscalização de inúmeras glebas rurais por todo o Brasil) e da possibilidade de os municípios, que possuem receitas reduzidas, assumirem o **ônus** da fiscalização e receberem integralmente o montante apurado, desde que mantenham estruturas aptas para a consecução de tais atividades.

No caso, não podemos dizer que se trata de delegação de competência tributária, pois quem legisla sobre o ITR é a **União**, mas também não estamos diante do simples fenômeno da parafiscalidade, pois a decisão cabe aos **municípios** e não pode ser contestada pela União, desde que atendidos os requisitos da Constituição.

Assim, cuida-se efetivamente da possibilidade de **transferência total** da receita proveniente do ITR ao município (ou ao Distrito Federal, em razão da dupla competência) que assumir as funções fiscais relativas ao tributo, ou seja, temos a curiosa situação em que o titular de um imposto[33] pode não receber um centavo do montante arrecadado.

A opção do município implicará a celebração de **convênio** entre este e a União, conforme estipulado pelo art. 1.º da Lei n. 11.250/2005, que regulamenta a matéria:

Art. 1.º A **União**, por intermédio da Secretaria da Receita Federal, para fins do disposto no inciso III do § 4.º do art. 153 da Constituição Federal, poderá celebrar convênios com o **Distrito Federal** e os **Municípios** que assim optarem, visando a delegar as atribuições de **fiscalização**, inclusive a de **lançamento** dos créditos tributários, e de cobrança do Imposto sobre a Propriedade Territorial Rural, de que trata o inciso VI do art. 153 da Constituição Federal, sem prejuízo da **competência supletiva** da Secretaria da Receita Federal.

§ 1.º Para fins do disposto no *caput* deste artigo, deverá ser observada a **legislação federal** de regência do Imposto sobre a Propriedade Territorial Rural.

§ 2.º A opção de que trata o *caput* deste artigo não poderá implicar redução do imposto ou qualquer outra forma de renúncia fiscal.

3.4.2. Repartição de competências para a instituição de tributos

A Constituição reservou diversos artigos para definir, minuciosamente, a competência tributária dos entes políticos, conforme as espécies previstas pelo sistema.

Pensamos que, em razão do grande número de possibilidades, a melhor forma de visualizar e compreender a matéria seja por meio de um quadro abrangente, que

---

[33] A situação é inusitada porque não se confunde com as contribuições parafiscais, criadas em benefício de entidades específicas, pois aqui temos um **imposto** cuja competência pertence a um ente político, mas cuja arrecadação pode ser integralmente destinada a outro.

3 ■ Fontes e Competência no Direito Tributário

apresente as espécies tributárias, os dispositivos constitucionais e as competências conferidas à União, aos Estados, ao Distrito Federal e aos Municípios, conforme demonstrado a seguir.

ESPÉCIES	PREVISÃO CONSTITUCIONAL	ÂMBITO	COMPETÊNCIA
IMPOSTOS	■ Art. 153	■ União	■ Privativa
	■ Art. 154	■ União	■ Residual e extraordinária
	■ Art. 155	■ Estados	■ Privativa
	■ Art. 156	■ Municípios	■ Privativa
	■ Art. 147	■ União	■ Cumulativa nos Territórios
		■ Distrito Federal	■ Cumulativa (Estadual e Municipal)
TAXAS	■ Art. 145	■ União, Estados, Municípios e Distrito Federal	■ Comum
CONTRIBUIÇÕES DE MELHORIA	■ Art. 145	■ União, Estados, Municípios e Distrito Federal	■ Comum
EMPRÉSTIMOS COMPULSÓRIOS	■ Art. 148	■ União	■ Privativa
CONTRIBUIÇÕES SOCIAIS	■ Arts. 149, 154 e 195	■ União	■ Privativa
			■ Residual
CONTRIBUIÇÕES DE INTERVENÇÃO NO DOMÍNIO ECONÔMICO E NO INTERESSE DE CATEGORIAS PROFISSIONAIS OU ECONÔMICAS	■ Art. 149	■ União	■ Privativa
CONTRIBUIÇÕES PARA O REGIME DE PREVIDÊNCIA DOS SERVIDORES PÚBLICOS	■ Art. 149	■ União, Estados, Distrito Federal e Municípios	■ Comum
CONTRIBUIÇÃO PARA O CUSTEIO DE ILUMINAÇÃO PÚBLICA	■ Art. 149-A	■ Distrito Federal e Municípios	■ Privativa

> **Importante!** Nos termos do art. 52, XV, da Constituição, compete privativamente ao **Senado Federal** avaliar periodicamente a funcionalidade do Sistema Tributário Nacional, em sua estrutura e seus componentes, e o desempenho das administrações tributárias da União, dos Estados e do Distrito Federal e dos Municípios.

Ressalte-se que também existem **limitações constitucionais** de competência em razão da **matéria** e da **vinculação** de tributos, como nos casos da livre circulação de pessoas ou bens pelo território nacional (art. 150, V) e do princípio da não afetação dos impostos (art. 167), ressalvadas as permissões expressas na própria Lei Maior. Nessas hipóteses não há espaço para a atuação do legislador.

3.4.3. O papel da lei complementar

O art. 146 da Constituição estabelece que as regras gerais **nacionais**, em matéria tributária, deverão ser veiculadas por **lei complementar**.

O comando objetiva garantir a aplicação homogênea e uniforme dos principais conceitos tributários em todo o território brasileiro, evitando-se qualquer forma de **discriminação** não autorizada pelo próprio texto constitucional.

Art. 146. Cabe à lei complementar:

I — dispor sobre **conflitos de competência**, em matéria tributária, entre a União, os Estados, o Distrito Federal e os Municípios;

II — **regular** as limitações constitucionais ao poder de tributar;

III — estabelecer **normas gerais** em matéria de legislação tributária, especialmente sobre:

a) definição de tributos e de suas espécies, bem como, em relação aos impostos discriminados nesta Constituição, a dos respectivos fatos geradores, bases de cálculo e contribuintes;

b) obrigação, lançamento, crédito, prescrição e decadência tributários;

c) adequado tratamento tributário ao ato cooperativo praticado pelas sociedades cooperativas, inclusive em relação aos tributos previstos nos arts. 156-A e 195, V;

d) definição de tratamento diferenciado e favorecido para as microempresas e para as empresas de pequeno porte, inclusive regimes especiais ou simplificados

no caso do imposto previsto no art. 155, II, das contribuições previstas no art. 195, I e §§ 12 e 13, e da contribuição a que se refere o art. 239.

§ 1.º A lei complementar de que trata o inciso III, *d*, também poderá instituir um **regime único** de arrecadação dos impostos e contribuições da União, dos Estados, do Distrito Federal e dos Municípios, observado que:

I — será opcional para o contribuinte;

II — poderão ser estabelecidas condições de enquadramento diferenciadas por Estado;

III — o recolhimento será unificado e centralizado e a distribuição da parcela de recursos pertencentes aos respectivos entes federados será imediata, vedada qualquer retenção ou condicionamento;

IV — a arrecadação, a fiscalização e a cobrança poderão ser compartilhadas pelos entes federados, adotado cadastro nacional único de contribuintes.

§ 2.º É facultado ao optante pelo regime único de que trata o § 1.º apurar e recolher os tributos previstos nos arts. 156-A e 195, V, nos termos estabelecidos nesses artigos, hipótese em que as parcelas a eles relativas não serão cobradas pelo regime único.

§ 3.º Na hipótese de o recolhimento dos tributos previstos nos arts. 156-A e 195, V, ser realizado por meio do regime único de que trata o § 1.º, enquanto perdurar a opção:

I — não será permitida a apropriação de créditos dos tributos previstos nos arts. 156-A e 195, V, pelo contribuinte optante pelo regime único; e

> II — será permitida a apropriação de créditos dos tributos previstos nos arts. 156-A e 195, V, pelo adquirente não optante pelo regime único de que trata o § 1.º de bens materiais ou imateriais, inclusive direitos, e de serviços do optante, em montante equivalente ao cobrado por meio do regime único

O inciso I do art. 146 prevê que lei complementar deve resolver eventuais **conflitos de competência**, em matéria tributária, entre a União, os Estados, o Distrito Federal e os Municípios.

Nesse passo, é importante ressaltar que a República Federativa do Brasil **não se confunde** com a União, que é uma de suas divisões políticas internas. Portanto, a lei complementar reclamada pela Constituição é de **ordem nacional** (superior), posto que destinada a dirimir conflitos de competência entre os entes federados.

A confusão ocorre, muitas vezes, porque o órgão que produz leis complementares **(Congresso Nacional)** tanto pode legislar em favor da União, como na criação de empréstimos compulsórios, por exemplo, como para representar a República Federativa do Brasil, nas hipóteses previstas no art. 146.

A principal manifestação dos conflitos decorre da chamada **guerra fiscal**, historicamente travada entre Estados (em razão do ICMS) e entre Municípios (a partir da tributação do ISS), com o Distrito Federal interessado nas duas frentes de batalha.

Na esteira do preceito constitucional e com o objetivo de delimitar as esferas de competência, foram elaboradas a Lei Complementar **n. 87/96** (conhecida como Lei Kandir, que dispõe sobre o ICMS) e a Lei Complementar **n. 116/2004**, que cuida do ISS.

> **Importante!** A Lei Complementar de que trata o art. 146, I, da Constituição, deve ser **nacional**, pois compete à República Federativa do Brasil resolver conflitos de competência entre seus entes internos, como a União, os Estados, o Distrito Federal e os Municípios.

Parte da doutrina defende que os conflitos seriam apenas *aparentes*, pois não deveriam existir conflitos reais, uma vez que o sistema jurídico sempre disporia de mecanismos para resolvê-los. Contudo, em matéria tributária, os conflitos de competência podem **efetivamente existir** e foi justamente em razão disso que o constituinte tratou de fixar um critério para a sua solução.

Os conflitos de competência podem ser **verticais**, sempre que houver sobreposição de normas, com invasão dos respectivos campos de atuação, entre a União, os Estados, o Distrito Federal e os Municípios, ou **horizontais**, quando a disputa surgir entre entes iguais, como os Estados, no caso do ICMS, ou os Municípios, em relação ao ISS.

Sempre que se configurarem tais situações, caberá à lei complementar **nacional** dispor sobre a matéria objeto do conflito e estabelecer os limites da atividade legislativa de cada ente federativo.

STF — Sobre normas gerais tributárias

- **Resolução de conflitos.** Conflito entre legislação local e lei complementar de normas gerais em matéria tributária. (...) Nem toda contraposição entre lei ordinária e lei complementar se resolve no plano constitucional. Dentre outras hipóteses, a discussão será de alçada constitucional se o ponto a ser resolvido, direta ou incidentalmente, referir-se à existência ou inexistência de reserva de lei complementar para instituir o tributo ou estabelecer normas gerais em matéria tributária, pois é a Constituição que estabelece os campos materiais para o rito de processo legislativo adequado (RE 228.339-AgR).
- **Segurança jurídica.** A observância de normas gerais em matéria tributária é imperativo de segurança jurídica, na medida em que é necessário assegurar tratamento centralizado a alguns temas para que seja possível estabilizar legitimamente expectativas. Neste contexto, "gerais" não significa "genéricas", mas sim "aptas a vincular todos os entes federados e os administrados" (RE 433.352-AgR).
- **Lei Complementar — Desnecessidade.** Não há reserva de lei complementar para o repasse do PIS e COFINS ao usuário de serviços públicos concedidos, tais como telefonia e energia elétrica, cobrado nas respectivas faturas (RE 1.053.574, com repercussão geral).

O inciso II do art. 146 da Constituição exige lei complementar para regular as **limitações constitucionais** ao poder de tributar, que são as matérias relacionadas aos princípios (imunidades, inclusive), às regras gerais do sistema e ao exercício da competência tributária.

O Supremo Tribunal Federal entende que[34] "somente se exige lei complementar para a definição dos seus **limites objetivos (materiais)**, e não para a fixação das normas de constituição e de funcionamento das entidades imunes (aspectos formais ou subjetivos), os quais podem ser veiculados por lei ordinária, como sói ocorrer com o art. 55 da Lei 8.212/1991, que pode estabelecer **requisitos formais** para o gozo da imunidade sem caracterizar ofensa ao art. 146, II, da CF, *ex vi* dos incisos I e II".

Destacamos que as leis complementares não podem **restringir** ou **alargar** as limitações existentes no texto constitucional, pois o papel regulamentar que lhes foi atribuído permite, apenas, completar ou preencher os requisitos originais, de modo a atender à vontade do constituinte.

---

[34] RE 636.941, de 2014, com repercussão geral.

3 ■ Fontes e Competência no Direito Tributário   179

Exemplo: O art. 14 do Código Tributário Nacional, recepcionado com força de lei complementar material, é utilizado para definir os critérios relativos ao conceito de entidade **sem fins lucrativos** exigido pela imunidade tributária.

Já o inciso III do art. 146 exige Lei Complementar para estabelecer normas gerais em matéria de **legislação tributária**, circunstância que alcança todas as espécies tributárias e subordina a atividade normativa dos entes federados.

O Código Tributário Nacional **foi recepcionado** para cumprir esse papel e o faz, por exemplo, ao estabelecer critérios de responsabilidade solidária ou de retroatividade benéfica para as infrações.

E por que cabe ao Código essa missão?

Segundo a **Teoria da Recepção**, as normas jurídicas que forem incompatíveis com a Constituição deverão ser excluídas do ordenamento.

O CTN surgiu em 1966 como **lei ordinária** (n. 5.172), mas a partir da Carta de 1988 foi recepcionado com força de **lei complementar**, ou seja, instrumento apto a dispor sobre matérias que exijam esse tipo de veículo normativo.

Assim, deve ser hoje entendido como lei formalmente ordinária, mas **materialmente** complementar, de modo que só normas dessa natureza poderão promover alterações no Código.

Também se exige lei complementar para a **definição de tributos** e suas espécies, bem como, no caso dos impostos, para a descrição dos respectivos **fatos geradores**, **bases de cálculo** e **contribuintes**.

Muitos dos impostos previstos na Constituição têm seus fatos geradores, bases de cálculo e contribuintes fixados pelo próprio Código Tributário Nacional, que cuida desses temas a partir do art. 19, conforme estudaremos no capítulo sobre os tributos em espécie.

A Constituição também exige lei complementar para a definição de institutos tributários **essenciais**, como obrigação, lançamento, crédito tributário, prescrição e decadência, que não podem ser alterados por lei ordinária nem por vontade de qualquer ente público, como já vaticinou a **Súmula Vinculante 8**, ao apreciar normas ordinárias que dispunham sobre temas estranhos à sua competência.

> **SÚMULA VINCULANTE 8 DO STF:** São inconstitucionais o parágrafo único do artigo 5.º do DL 1.569/1977 e os arts. 45 e 46 da Lei 8.212/1991, que tratam de prescrição e decadência de crédito tributário.

Importa salientar que, para o STF, as contribuições do art. 149 da Constituição[35] podem ser criadas por **lei ordinária**, a exemplo do que ocorreu com a Lei n. 8.212/91, que estabeleceu contribuições sociais no âmbito da União.

---

[35] Art. 149. Compete exclusivamente à União instituir contribuições sociais, de intervenção no domínio econômico e de interesse das categorias profissionais ou econômicas, como instrumento de sua atuação nas respectivas áreas, observado o disposto nos arts. 146, III, e 150, I e III, e sem prejuízo do previsto no art. 195, § 6.º, relativamente às contribuições a que alude o dispositivo. § 1.º Os Estados, o Distrito Federal e os Municípios instituirão contribuição, cobrada de seus servidores,

180 Direito Tributário Esquematizado — Roberto Caparroz

O entendimento foi reiterado nas hipóteses de criação das contribuições de intervenção no domínio econômico e de interesse das categorias profissionais, que também podem ser objeto de **lei ordinária**, conforme decidido no AI 739.715. Igual raciocínio foi aplicado em relação à Lei n. 8.029/90, que instituiu contribuição em favor do SEBRAE (RE 396.266)[36].

Todavia, o Supremo Tribunal Federal considera obrigatória a existência de lei complementar para as contribuições relativas a **novas fontes de custeio** para a seguridade social, previstas no § 4.º do art. 195 da Constituição: "§ 4.º A lei poderá instituir **outras fontes** destinadas a garantir a manutenção ou expansão da seguridade social, obedecido o **disposto no art. 154, I**".

A posição do Supremo tem como fundamento a expressa remissão feita pelo dispositivo, o que nos leva a concluir que a instituição de contribuições oriundas de outras fontes de custeio submete-se à **competência residual** da União, prevista no art. 154, I, e, portanto, exige **lei complementar**, como se extrai da seguinte decisão:

> O § 4.º do artigo 195 da Constituição prevê que a lei complementar pode instituir outras fontes de receita para a seguridade social; desta forma, quando a Lei 8.870/1994 serve-se de **outras fontes**, criando contribuição nova, além das expressamente previstas, é ela **inconstitucional**, porque é **lei ordinária**, insuscetível de veicular tal matéria. (ADI 1.103, julgada em 1996)

Importante! O Supremo Tribunal Federal entende que o rol de matérias que deverão ser tratadas por lei complementar, previsto no art. 146, III, da Constituição, é **exemplificativo**, pois não implica vedação para a abordagem de outros assuntos relevantes e abrangentes, como os parâmetros para a definição de multas e a retroatividade benéfica prevista no art. 106 do Código Tributário Nacional[37].

---

para o custeio, em benefício destes, do regime previdenciário de que trata o art. 40, cuja alíquota não será inferior à da contribuição dos servidores titulares de cargos efetivos da União. § 2.º As contribuições sociais e de intervenção no domínio econômico de que trata o *caput* deste artigo: I — não incidirão sobre as receitas decorrentes de exportação; II — incidirão também sobre a importação de produtos estrangeiros ou serviços; III — poderão ter alíquotas: a) *ad valorem*, tendo por base o faturamento, a receita bruta ou o valor da operação e, no caso de importação, o valor aduaneiro; b) específica, tendo por base a unidade de medida adotada. § 3.º A pessoa natural destinatária das operações de importação poderá ser equiparada a pessoa jurídica, na forma da lei. § 4.º A lei definirá as hipóteses em que as contribuições incidirão uma única vez.

[36] No mesmo sentido decidiu o STF em relação ao Seguro de Acidente do Trabalho (SAT): "Validade constitucional da legislação pertinente à instituição da contribuição social destinada ao custeio do Seguro de Acidente do Trabalho (SAT) — exigibilidade dessa espécie tributária. (...) O tratamento dispensado à referida contribuição social (SAT) **não exige** a edição de lei complementar (CF, art. 154, I), por não se registrar a hipótese inscrita no art. 195, § 4.º, da Carta Política, resultando consequentemente legítima a disciplinação normativa dessa exação tributária mediante legislação de caráter meramente **ordinário** (...)" (RE 376.183-AgR).

[37] Conforme RE 407.190. Em sentido diverso, temas singelos e específicos podem ser tratados por **lei ordinária**, como as regras que disciplinam os depósitos judiciais e extrajudiciais de tributos (ADI 2.214-MC).

3 ■ Fontes e Competência no Direito Tributário

3.4.3.1. Tributação das cooperativas

Em relação às **cooperativas**, a Constituição não fixa imunidade[38], mas determina que o chamado ato cooperativo deverá ter **adequado** tratamento tributário, como se observa da redação do art. 146, III, *c*.

Contudo, é importante destacar que a reforma tributária passou a veicular **hipótese de imunidade para as cooperativas**, como se pode verificar do disposto no art. 156-A, § 6.º, III, *a*:

> **Art. 156-A.** Lei complementar instituirá imposto sobre bens e serviços de competência compartilhada entre Estados, Distrito Federal e Municípios.
>
> (...)
>
> § 6.º Lei complementar disporá sobre regimes específicos de tributação para:
>
> (...)
>
> III — sociedades cooperativas, que será optativo, com vistas a assegurar sua competitividade, observados os princípios da livre concorrência e da isonomia tributária, definindo, inclusive:
>
> *a)* as hipóteses em que o imposto **não incidirá** sobre as operações realizadas entre a sociedade cooperativa e seus associados, entre estes e aquela e pelas sociedades cooperativas entre si quando associadas para a consecução dos objetivos sociais;

O comando determina que caberá à **lei complementar** definir as hipóteses de imunidade para as operações relacionadas aos chamados **atos cooperativos**. O modelo é **idêntico** ao adotado no caso do **ISS nas exportações**, em que a premissa maior (imunidade) foi estabelecida pela Constituição, ao passo que as condições do benefício foram reservadas à lei complementar.

Assim, a lei complementar definirá as hipóteses em que o imposto **não incidirá** sobre as operações realizadas entre a sociedade cooperativa e seus associados, entre estes e aquela e pelas sociedades cooperativas entre si quando associadas para a

---

[38] Nesse sentido, a posição pacífica do STF: "O art. 146, III, *c*, da CF, **não implica imunidade** ou tratamento **necessariamente privilegiado** às cooperativas. Conforme orientação desta Corte, em matéria tributária, não há hierarquia entre lei complementar e lei ordinária, nem a observância de simetria entre as formas para revogar isenções. A circunstância de dado tributo estar sujeito às normas gerais em matéria tributária não significa que eles deverão ser instituídos por lei complementar, ou então que qualquer norma que se refira ao respectivo crédito tributário também deva ser criada por lei complementar. A concessão de isenções ou outros benefícios fiscais, bem como a instituição dos critérios das regras-matrizes dos tributos não têm perfil de normas gerais (normas destinadas a coordenar o tratamento tributário em todos os entes federados), embora delas extraiam fundamento de validade. Não é possível, sem profundo exame da questão de fundo, considerar como **violada** a regra da isonomia e da capacidade contributiva, considerada a **tributação das cooperativas**, em si consideradas (de trabalho, crédito, consumo etc.), e **comparadas** com as demais pessoas jurídicas. Não está completamente afastada a predominância da interpretação da legislação infraconstitucional e da análise do quadro probatório para descaracterização dos ingressos oriundos da prática de atos por cooperativas como faturamento" (AC 2.209-AgR).

consecução dos objetivos sociais e, ainda, o regime de **aproveitamento do crédito** das etapas anteriores.

Para melhor compreensão da matéria precisamos conhecer o **conceito jurídico** de cooperativa, que pode ser encontrado no art. 4.º da Lei n. 5.764/71, que define a política nacional de cooperativismo:

> **Art. 4.º** As cooperativas são **sociedades de pessoas**, com forma e natureza jurídica próprias, de **natureza civil**, não sujeitas a falência, constituídas para **prestar serviços aos associados**, distinguindo-se das demais sociedades pelas seguintes características:
>
> I — adesão voluntária, com número ilimitado de associados, salvo impossibilidade técnica de prestação de serviços;
>
> II — variabilidade do capital social representado por quotas-partes;
>
> III — limitação do número de quotas-partes do capital para cada associado, facultado, porém, o estabelecimento de critérios de proporcionalidade, se assim for mais adequado para o cumprimento dos objetivos sociais;
>
> IV — incessibilidade das quotas-partes do capital a terceiros, estranhos à sociedade;
>
> V — singularidade de voto, podendo as cooperativas centrais, federações e confederações de cooperativas, com exceção das que exerçam atividade de crédito, optar pelo critério da proporcionalidade;
>
> VI — quórum para o funcionamento e deliberação da Assembleia Geral baseado no número de associados e não no capital;
>
> VII — **retorno das sobras líquidas do exercício**, proporcionalmente às operações realizadas pelo associado, salvo deliberação em contrário da Assembleia Geral;
>
> VIII — indivisibilidade dos fundos de Reserva e de Assistência Técnica Educacional e Social;
>
> IX — neutralidade política e indiscriminação religiosa, racial e social;
>
> X — prestação de assistência aos associados, e, quando previsto nos estatutos, aos empregados da cooperativa;
>
> XI — área de admissão de associados limitada às possibilidades de reunião, controle, operações e prestação de serviços.

As cooperativas são sociedades que exercem atividades em prol dos cooperados e têm como característica não objetivarem **lucro**.

Por conta disso, a grande discussão na seara tributária diz respeito à possibilidade de tributação das cooperativas pelo **imposto de renda**.

Entendemos que, na medida em que a sociedade cooperativa atuar dentro de suas **finalidades típicas**, que se dirigem ao proveito comum dos cooperados, não há de se falar em tributação, mesmo que se apure **resultado positivo** ao final do exercício, que deverá ser considerado como "sobra", mas jamais como lucro, como autoriza o art. 41, VII, da Lei n. 5.764/71, supratranscrito.

Ressaltamos que essas *sobras líquidas do exercício* não se constituem em **objetivos** das cooperativas, mas representam valores positivos que circunstancialmente podem ser apurados em atividades vinculadas às suas finalidades essenciais.

Embora seja possível a tributação do resultado das cooperativas, quando estas se afastarem dos seus objetivos e praticarem **atos típicos** do mundo empresarial, tal situação deve ser considerada como exceção e exige prova cabal da autoridade fiscalizadora, a quem cabe o ônus de demonstrar o **desvio de finalidade**.

As normas para a tributação das cooperativas estão dispostas nos arts. 193 e seguintes do *Regulamento do Imposto de Renda*, promulgado pelo Decreto n. 9.580/2018.

Como regra geral temos a **não incidência** do imposto de renda para a espécie, nos seguintes termos:

> **Art. 193.** As sociedades cooperativas que obedecerem ao disposto na legislação específica não terão incidência do imposto sobre suas atividades econômicas, de proveito comum, sem objetivo de lucro (Lei n. 5.764, de 16 de dezembro de 1971, art. 3.º e art. 4.º).
> § 1.º É vedado às cooperativas distribuir qualquer espécie de benefício às quotas-partes do capital ou estabelecer outras vantagens ou privilégios, financeiros ou não, em favor de associados ou terceiros, excetuados os juros até o máximo de doze por cento ao ano, que incidirão sobre a parte integralizada (Lei n. 5.764, de 1971, art. 24, § 3.º) .
> § 2.º Na hipótese de cooperativas de crédito, a remuneração a que se refere o § 1.º é limitada ao valor da taxa Selic para títulos federais (Lei Complementar n. 130, de 17 de abril de 2009, art. 7.º).
> § 3.º A inobservância ao disposto nos § 1.º e § 2.º importará tributação dos resultados, na forma prevista neste Regulamento.

Portanto, as hipóteses de incidência tributária ocorrem por **exclusão**, ou seja, quando a sociedade cooperativa pratica atos estranhos à sua finalidade, desviando-se do objeto e da proteção legal que lhe foi conferida.

Tais hipóteses podem ser encontradas no art. 194 do Regulamento do Imposto sobre a Renda, que estabelece:

> **Art. 194.** As sociedades cooperativas que obedecerem ao disposto em legislação específica pagarão o imposto sobre a renda calculado sobre os resultados positivos das operações e das atividades estranhas à sua finalidade, tais como (Lei n. 5.764, de 1971, art. 85 ao art. 88 e art. 111; e Lei n. 9.430, de 1996, art. 1.º e art. 2.º):
> I — de comercialização ou de industrialização, pelas cooperativas agropecuárias ou de pesca, de produtos adquiridos de não associados, agricultores, pecuaristas ou pescadores, para completar lotes destinados ao cumprimento de contratos ou para suprir capacidade ociosa de suas instalações industriais;
> II — de fornecimento de bens ou serviços a não associados, para atender aos objetivos sociais; ou
> III — de participação em sociedades não cooperativas, para atendimento aos próprios objetivos e de outros, de caráter acessório ou complementar.

Conquanto a norma tenha, em princípio, apenas apresentado um rol exemplificativo das possibilidades de incidência, deixando em aberto a análise sobre quais seriam, efetivamente, os atos estranhos à finalidade das cooperativas, entendemos que a melhor interpretação deve confrontar a situação fática com as demais normas do direito positivo, de forma a perceber o alcance e extensão do comando citado.

Ressalte-se que todos os dispositivos que autorizam a tributação indicam relações econômicas com não associados, de sorte que a participação ou o benefício de **terceiros** nas atividades da cooperativa parece ser o critério adotado pelo legislador para desqualificar os atos cooperativos.

E no art. 79 da Lei n. 5.764/71 temos a definição do que seria **ato cooperativo**, conceito essencial para a análise dos efeitos tributários decorrentes das suas atividades:

> **Art. 79.** Denominam-se atos cooperativos os praticados **entre** as cooperativas e seus associados, **entre** estes e aquelas e pelas cooperativas **entre** si quando associados, para a consecução dos objetivos sociais.
>
> **Parágrafo único.** O ato cooperativo **não implica** operação de mercado, nem contrato de compra e venda de produto ou mercadoria.

Sempre que se mantiverem dentro de suas finalidades, mediante a prática dos chamados atos cooperativos (que implicam relações entre a entidade e os seus associados ou entre si), entendemos que as cooperativas encontrar-se-ão protegidas pela **não incidência** tributária, na exata medida em que atuarem para a consecução dos seus objetivos sociais.

> **Atenção!** Em termos tributários, as sociedades cooperativas que atenderem aos requisitos da legislação não recolherão Imposto de Renda sobre suas atividades econômicas, desde que não objetivem lucro. Em sentido oposto, serão tributados os resultados positivos oriundos de atividades estranhas à sua finalidade, como o fornecimento de bens e serviços a não associados ou a participação econômica em outras empresas.

Por fim, a reforma tributária definiu que, no caso das cooperativas, caberá à **lei complementar** dispor sobre seu **regime específico de tributação**, nos termos do art. 156-A, § 6.º. O texto estabelece que o regime específico de tributação será **optativo** para as cooperativas, com vistas a assegurar sua competitividade, observados os princípios da livre concorrência e da isonomia tributária.

Cooperativas — Jurisprudência

- **Incidência de PIS.** Receitas auferidas por cooperativa sobre atos ou negócios jurídicos praticados por cooperativa prestadora de serviço com terceiros tomadores de serviço. O STF entendeu que do tema se extraem dois importantes valores constitucionais: de um lado, a vontade do constituinte de fomentar a criação de organizações cooperativistas; e, de outro, a fixação de regime universalista de financiamento da seguridade social. Tendo isso em conta, até que sobrevenha a lei complementar que defina o adequado tratamento tributário ao ato cooperativo, a legislação ordinária relativa a cada espécie tributária

3 ■ Fontes e Competência no Direito Tributário   **185**

deve, com relação a ele, garantir a neutralidade e a transparência, para que o tratamento tributário conferido ao ato cooperativo não resulte em tributação mais gravosa aos cooperados — pessoas físicas ou pessoas jurídicas — do que aquela que incidiria se as mesmas atividades fossem realizadas sem a associação em cooperativa. O Plenário consignou que a Lei n. 5.764/71 foi recepcionada pela Constituição com natureza de **lei ordinária** e que o seu art. 79 apenas define o ato cooperativo, sem nada mencionar quanto ao regime de tributação. Desse modo, a alegação de que as sociedades cooperativas não possuem faturamento nem receita — e que, portanto, não há a incidência de qualquer tributo sobre a pessoa jurídica — implica, em termos práticos, a concessão de imunidade tributária, sem expressa autorização constitucional. Logo, o tratamento tributário adequado ao ato cooperativo é uma questão política, e eventual insuficiência de normas não pode ser tida por violadora do princípio da isonomia (RE 598.085/RJ e RE 599.362/RJ).

■ **Incidência de Imposto de Renda sobre o resultado de aplicações financeiras das cooperativas.** O STJ entendeu, na sistemática dos recursos repetitivos, que incide imposto de renda sobre o resultado positivo obtido pelas cooperativas em aplicações financeiras, que constituem operações realizadas com terceiros não associados (ainda que, indiretamente, em busca da consecução do objeto social da cooperativa), pois são atos considerados não cooperativos (REsp 58.265/SP e Súmula 262).

3.4.4. Bitributação e *bis in idem*

Em razão da multiplicidade de competências atribuídas pela Constituição aos entes políticos e da própria complexidade do sistema tributário nacional, podem surgir, sobre um mesmo fato jurídico, múltiplas incidências, fenômenos que podem assumir a forma de **bitributação** ou do chamado *bis in idem*.

A bitributação seria a possibilidade de um mesmo fato ser tributado por pessoas jurídicas distintas, como a União e os Estados, por exemplo.

O modelo tributário adotado pela Constituição tem por objetivo **evitar** a ocorrência da bitributação, embora existam situações em que isso efetivamente possa ocorrer[39], como no caso dos **impostos extraordinários** de guerra.

De se notar que, na hipótese, o art. 154, II, da Constituição autoriza que a União institua, *na iminência ou no caso de guerra externa, impostos extraordinários, **compreendidos ou não** em sua competência tributária, os quais serão suprimidos, gradativamente, cessadas as causas de sua criação.*

Resta evidente que, no caso extremo de um confronto externo, o legislador federal poderia criar um imposto extraordinário para fazer frente ao esforço de guerra cujo fato jurídico já fosse objeto de tributação pelos estados ou municípios. Ter-se-ia, portanto, uma hipótese, constitucionalmente **aceita**, de bitributação.

---

[39] Conforme o STF: A Contribuição Sindical Rural, instituída pelo Decreto-Lei n. 1.166/71, foi recepcionada pela ordem constitucional vigente e não configura hipótese de bitributação (RE 883.542, com repercussão geral).

Outra possibilidade concreta de bitributação diz respeito ao cenário **internacional**, pois fatos jurídicos (e respectivos resultados econômicos) praticados em um país poderiam ser tributados, **simultaneamente**, no local de origem (fonte da receita) e no local de domicílio do indivíduo.

Isso efetivamente pode ocorrer no âmbito do **imposto de renda**, por força do princípio da universalidade das rendas, razão pela qual o Brasil pode celebrar, com outros países, tratados internacionais para evitar a bitributação, como teremos a oportunidade de estudar no próximo capítulo.

Por seu turno, o fenômeno conhecido como ***bis in idem***[40] implica a possibilidade **de o mesmo** ente político tributar um fato jurídico mais de uma vez.

Ressaltamos que essa situação **não é vedada** pela Constituição e ocorre com mais frequência do que o desejado, como no caso da cobrança da **CSLL** (Contribuição Social sobre o Lucro Líquido) em paralelo ao **Imposto de Renda**, pois ambos são tributos de competência da União e incidem sobre o lucro das empresas.

No mesmo sentido, a exigência simultânea do **PIS** e da **COFINS**, que são tributos praticamente idênticos, também acarreta um indesejado *bis in idem*, que poderia ser resolvido com a simplificação do sistema pelo legislador ordinário.

Por fim, convém destacar que a Emenda Constitucional n. 42/2003 introduziu na Constituição o art. 146-A, que dispõe sobre a possibilidade de lei complementar fixar critérios especiais de tributação em prol da livre concorrência, nos seguintes termos[41]:

> **Art. 146-A.** Lei complementar poderá estabelecer critérios especiais de tributação, com o objetivo de prevenir desequilíbrios da concorrência, sem prejuízo da competência de a União, por lei, estabelecer normas de igual objetivo.

3.5. QUESTÕES

 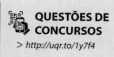

QUESTÕES DE CONCURSOS
> http://uqr.to/1y7f4

---

[40] Que pode ser traduzido livremente como *mais do mesmo*.

[41] A jurisprudência acerca do dispositivo ainda é incipiente, mas o STF teve a oportunidade de se manifestar, em 2007, no seguinte sentido: "Não há impedimento a que norma tributária, posta regularmente, hospede funções voltadas para o campo da defesa da liberdade de competição no mercado, sobretudo após a previsão textual do art. 146-A da CF. Como observa Misabel de Abreu Machado Derzi, 'o crescimento da informalidade (...), além de deformar a livre concorrência, reduz a arrecadação da receita tributária, comprometendo a qualidade dos serviços públicos (...). A deformação do princípio da neutralidade (quer por meio de um corporativismo pernicioso, quer pelo crescimento da informalidade (...), após a EC 42/2003, afronta hoje o art. 146-A da CF. Urge restabelecer a livre concorrência e a lealdade na competitividade'" (AC 1.657-MC).

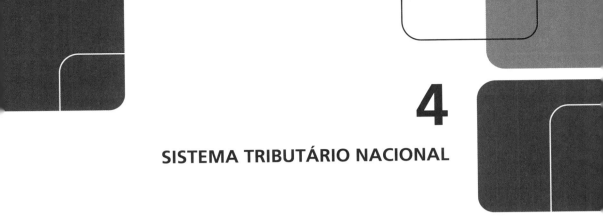

4

SISTEMA TRIBUTÁRIO NACIONAL

4.1. INTRODUÇÃO

A Carta Política de 1988 foi erigida, no que diz respeito às disposições tributárias, a partir de saudável **concatenação lógica**, com visível evolução em relação às constituições anteriores.

Os primeiros artigos do capítulo sobre o **Sistema Tributário Nacional** foram elaborados, precipuamente, no sentido de atribuir competência aos entes políticos.

Assim, o art. 145 tratou, como vimos, dos tributos de competência **comum** (que podem ser instituídos, mediante a observância de certos critérios, pela União, Estados, Distrito Federal e Municípios), enquanto o art. 147 fixou a competência da **União** na hipótese — na prática remota — de tributação dos **Territórios Federais**, tanto no que tange aos impostos estaduais como aos municipais, caso o Território não seja dividido em Municípios. Na sequência, o mesmo dispositivo conferiu a chamada **competência cumulativa** (ou dupla competência) ao **Distrito Federal**, que poderá instituir tributos típicos dos Estados e Municípios.

Por seu turno, os **empréstimos compulsórios** foram reservados, em caráter exclusivo, à União, como decorrência do disposto no art. 148.

E, finalmente, como prova da concentração de competências no âmbito federal, quis o Constituinte assegurar que as **contribuições**, de qualquer natureza, também competem à União (art. 149, *caput*), com a necessária exceção feita aos regimes previdenciários dos Estados, Municípios e Distrito Federal (art. 149, § 1.º).

Alguns anos depois, com o advento da Emenda Constitucional n. 39/2002, foi acrescido ao Texto Político o **art. 149-A**, que confere aos Municípios e ao Distrito Federal competência para a criação das malsinadas *Contribuições para o Custeio de Iluminação Pública*.

Com a aprovação da reforma tributária, o constituinte previu uma **nova modalidade de competência**, agora "compartilhada" entre os Estados, o Distrito Federal e os Municípios, para a instituição do Imposto sobre Bens e Serviços, previsto no art. 156-A.

Uma rápida análise da Constituição revela as competências podem ser divididas em: privativas, comuns e concorrentes. Exemplo de competência **privativa** pode ser encontrado no art. 22 da Constituição, que confere poderes à União para legislar sobre diversas matérias, ali previstas.

Embora a palavra "privativa", na língua portuguesa, signifique algo **próprio, restrito** ou **exclusivo**, eis que o constituinte, em sua costumeira verborragia, resolveu dizer que algumas competências seriam "exclusivas", posto que não seriam passíveis de delegação. Páginas e mais páginas já foram escritas sobre as "diferenças" entre os dois tipos de concluir que os dois vocábulos **são sinônimos** e que o equívoco, uma vez mais, está com o legislador, a não ser que alguém entenda que cabe à Constituição definir o alcance da língua portuguesa.

Outra modalidade de competência é a **comum** (também conhecida como administrativa), pela qual se objetiva a cooperação entre os entes federativos, de que são exemplos as finalidades previstas no art. 23 da Constituição.

Por fim, temos a competência **concorrente**, que pressupõe a uniformização do ambiente normativo[1], hipótese em que a União, por exemplo, estabelece regras gerais, enquanto os Estados atuam de forma suplementar[2].

Assim, podemos concluir que a reforma estabeleceu um **novo modelo** de competência, agora **compartilhada** entre os Estados, o Distrito Federal e os Municípios. Trata-se de competência de natureza **administrativa**, a ser exercida nos limites fixados pela Constituição e pela lei complementar que instituir o **Imposto sobre Bens e Serviços**. Para facilitar o exercício dessa competência, assim como garantir a interpretação e a aplicação uniformes dos comandos normativos, o constituinte previu a criação de um **Comitê Gestor**, composto de representantes dos entes federativos.

Perceba que saltamos, propositadamente, o **art. 146** da Constituição, para destacar que todos os outros, acima referidos, veiculam **competências** específicas outorgadas aos entes estatais.

Apesar de não atribuir, de modo característico, competências tributárias, o art. 146 (e seu posterior agregado, o art. 146-A[3]) foi escolhido pelo legislador original para inserir, no ordenamento tributário, a noção de que as **regras gerais** do sistema deverão ser veiculadas por meio de **lei complementar nacional**, nas diversas situações previstas, como principal instrumento apto a validar, no plano jurídico, a vontade maior da República Federativa do Brasil.

A análise panorâmica dos citados artigos, que inauguram o capítulo tributário na Lei Maior, nos leva a concluir que a matéria por eles veiculada diz respeito, substancialmente, às atribuições de **competência**, circunstância que confere coerência ao modelo proposto pelo constituinte.

Portanto, podemos afirmar que a Constituição inicialmente **distribuiu** competências tributárias aos entes políticos e, ao mesmo tempo, estabeleceu a premissa de que a **lei complementar** será utilizada para dispor sobre as consequências do exercício de tais atribuições.

De modo ilustrativo, diríamos que a Constituição, tal qual um *croupier*, começa por distribuir as "cartas do baralho", de acordo com certos critérios, para, a partir do art. 150, estabelecer as "regras do jogo", com o objetivo de que cada ente federativo

---

[1] Como bem descreveu a Ministra Carmen Lúcia, no julgamento da ADI 2.345.

[2] Conforme previsto no art. 24 da Constituição.

[3] Incorporado à Constituição por força da Emenda Constitucional n. 42, de 19 de dezembro de 2003.

conheça, de antemão, os **limites** de sua atuação legislativa, razão pela qual a Seção específica que passaremos a examinar recebeu a denominação *Limitações ao Poder de Tributar.*

4.2. DAS LIMITAÇÕES CONSTITUCIONAIS AO PODER DE TRIBUTAR

A Seção das Limitações Constitucionais ao Poder de Tributar encerra uma série de princípios **dirigidos ao legislador** tributário da União, dos Estados, do Distrito Federal e dos Municípios, para assegurar direitos e conquistas históricas dos cidadãos, em função da natural tensão existente entre o poder público e as pessoas, notadamente quando o assunto versa sobre tributação, que nada mais é do que extrair recursos do patrimônio privado e transferi-los para os cofres do Estado.

Os princípios veiculados pelo art. 150 da Constituição **coexistem** com as demais garantias constitucionais e devem ser considerados e apreciados de forma **integrada**, com o objetivo maior de conferir ao Sistema Tributário Nacional um mínimo de justiça e razoabilidade[4].

Isso resta evidente pela própria redação do *caput* do art. 150 da Constituição, que assevera:

> **Art. 150.** Sem prejuízo de **outras garantias asseguradas ao contribuinte**, é **vedado** à União, aos Estados, ao Distrito Federal e aos Municípios: (...)

A leitura do comando nuclear para as limitações do poder estatal em matéria tributária nos leva a importantes **conclusões**.

De plano, o constituinte declara que os princípios tributários devem ser aplicados sem prejuízo de todas as outras garantias asseguradas ao contribuinte, o que nos convida a uma análise **sistêmica** das relações entre Estado e particular.

Sempre que houver um direito, deverão existir princípios que possam sustentá-lo.

Mas o que seriam esses princípios?

Os **princípios** são o início de tudo, o que vem primeiro, a primeira parte de qualquer estrutura, tanto assim que Aristóteles já se preocupava com os "primeiros princípios" da ciência (*archai*), que representavam, ao mesmo tempo, o objeto inicial do conhecimento e o ato intelectual para acessá-lo. Descartes buscava encontrar os *princípios ou as causas primeiras de tudo o que há no mundo*, mas foi Lalande quem pioneiramente esclareceu o **triplo fundamento** dos princípios: *ontológico, lógico* e *normativo*[5].

---

[4] Assim entende o STF, conforme importante decisão sobre os limites da tributação: "O Estado **não pode legislar abusivamente**, eis que todas as normas emanadas do Poder Público — tratando-se, ou não, de matéria tributária — devem ajustar-se à cláusula que consagra, em sua dimensão material, o princípio do substantivo *due process of law* (CF, art. 5.º, LIV). O postulado da **proporcionalidade** qualifica-se como parâmetro de aferição da própria constitucionalidade material dos atos estatais. Hipótese em que a legislação tributária reveste-se do necessário coeficiente de razoabilidade" (RE 200.844-AgR).

[5] Para mais informações, *vide* artigo "Princípios" de Patrick Morvan no *Dicionário da cultura jurídica*, organizado por Denis Alland e Stéphane Rials, p. 1391.

A **ontologia** dos princípios os qualifica como instrumentos de coesão de qualquer sistema, ou seja, a força que confere unicidade e atração entre todos os seus elementos, tal qual a gravidade regula e estabiliza o sistema solar. Numa aproximação com o direito, os princípios representam os valores do sistema.

Sob o aspecto **lógico**, os princípios são proposições gerais extraídas de regras particulares, dotadas de racionalidade e veiculadas por entidades competentes para enunciá-las, tal como a Constituição.

Em termos **normativos**, os princípios prescrevem um *dever-ser*, que representa o conjunto de expectativas relativas ao comportamento social, conforme ditames jurídicos.

Paulo de Barros Carvalho, ao refletir sobre o tema, divisa **quatro** usos distintos para os princípios[6]:

a) como norma jurídica de posição privilegiada e portadora de valor expressivo;

b) como norma jurídica de posição privilegiada que estipula limites objetivos;

c) como os valores insertos em regras jurídicas de posição privilegiada, mas considerados independentemente das estruturas normativas;

d) como o limite objetivo estipulado em fonte de hierarquia, tomado, porém, sem levar em conta a estrutura da norma.

Coerente com os objetivos deste livro, devemos entender que, em termos práticos, os princípios em matéria tributária muitas vezes veiculam **limites objetivos**, de fácil percepção, condicionam a atuação do legislador e norteiam a aplicação das regras jurídicas.

Por outro lado, quando os princípios objetivam finalidades que representam **valores fundamentais** do sistema, como justiça e igualdade, por exemplo, o esforço interpretativo e a dificuldade para a construção de soluções concretas que respeitem tais premissas é infinitamente maior.

Uma **segunda** constatação que pode ser obtida do *caput* do art. 150 da Constituição é a delimitação **pela negativa**, vale dizer, a atividade legislativa da União, dos Estados, do Distrito Federal e dos Municípios encontra obstáculos intransponíveis a partir da compreensão do alcance dos princípios. Isso se caracteriza pela expressão **"é vedado"**, que impulsiona o comando constitucional e estabelece os limites objetivos da atuação estatal em matéria tributária.

O leitor atento perceberá, ao longo da exposição dos princípios, que o constituinte não se preocupou em fixar limites para situações **favoráveis** ao contribuinte, porque normas nessa direção não infringem qualquer direito fundamental (são, na essência, regras "boas").

Exemplo: Ao declarar o princípio da legalidade tributária, diz a Constituição que é vedado *exigir ou aumentar* tributo sem lei que o estabeleça, mas não se manifesta sobre a necessidade de lei nas hipóteses em que se pretenda **eliminar** ou **reduzir** tributos. Dentro da lógica que norteia o sistema, isso não é necessário, porque as duas situações

---

[6] Paulo de Barros Carvalho, *Curso de direito tributário*, 24. ed., p. 192.

4 ■ Sistema Tributário Nacional   191

são favoráveis às pessoas e não maculam qualquer garantia fundamental. Contudo, a ausência de disposição expressa não implica, necessariamente, um raciocínio *a contrario sensu*, no sentido de que **não seja necessário** o uso de lei para a extinção ou redução da carga tributária. Nesses casos prevalece a interpretação **sistemática** do ordenamento jurídico, como teremos a oportunidade de observar mais adiante.

Entretanto, com base nas premissas apresentadas, chegamos à conclusão de que nada adiantaria atribuir aos princípios uma posição privilegiada e singular no sistema se fosse possível, a critério do legislador, **suprimi-los** por meio de emendas constitucionais.

Contra essa possibilidade podemos afirmar, com esteio na jurisprudência do Supremo Tribunal Federal[7], que os princípios devem ser entendidos como **cláusulas pétreas**[8], vale dizer, são garantias individuais fundamentais que não podem ser reduzidas ou eliminadas por reformas constitucionais.

Uma **terceira** abordagem ao *caput* do art. 150 da Constituição nos permite apresentar, ainda que de forma sucinta, alguns dos princípios constitucionais gerais que possuem **conexão** com as relações tributárias entre o indivíduo e o Estado, conforme quadro a seguir.

JUSTIÇA	■ Trata-se do vetor axiológico supremo, o objetivo final e maior de todo sistema jurídico: trazer o conceito de justiça para o plano da concretude, a partir da adequada aplicação e interpretação de todas as outras normas.
CERTEZA DO DIREITO	■ As decisões jurídicas produzem efeitos concretos, pois materializam a expectativa das partes em relação aos seus direitos e obrigações. A certeza traduz a noção de previsibilidade, que permite a adequação de condutas aos preceitos legais.
SEGURANÇA JURÍDICA	■ Diz respeito à confiança no sistema, com base na legalidade, na irretroatividade e na estabilidade das relações jurídicas, que não podem ser alteradas em prejuízo de direitos assegurados aos indivíduos.
IGUALDADE	■ Embasado na premissa constitucional de que todos são iguais perante a lei, a igualdade é sobretudo um ideal, um objetivo permanente e de difícil concretização, que leva o constituinte a estabelecer critérios de discriminação como forma de promover justiça.
LEGALIDADE	■ Todas as relações entre Estado e particular se pautam pela legalidade, que de forma objetiva exige o vetor lei para a conformação das condutas.
PACTO FEDERATIVO	■ A República Federativa do Brasil compreende quatro divisões internas: a União, os Estados, o Distrito Federal e os Municípios, que gozam de autonomia e competências próprias.

---

[7] O STF julgou **inconstitucional** a tentativa da EC n. 3/93 de **suprimir** o princípio da anterioridade na criação do antigo IPMF (Imposto sobre movimentação ou transmissão de valores e de créditos e direitos de natureza financeira), ao afirmar que o princípio é garantia individual do contribuinte. Na mesma decisão também considerou como cláusula pétrea a imunidade recíproca, que veda à União, aos Estados, ao Distrito Federal e aos Municípios instituir impostos uns sobre os outros, por considerá-la como garantia da Federação (ADI 939-7/DF).

[8] O art. 60, § 4.º, da Constituição estabelece as chamadas **cláusulas pétreas** ao vedar qualquer proposta de reforma acerca dos seguintes temas: § 4.º Não será objeto de deliberação a proposta de emenda tendente a abolir: I — a forma federativa de Estado; II — o voto direto, secreto, universal e periódico; III — a separação dos Poderes; IV — os direitos e garantias individuais.

DEVIDO PROCESSO LEGAL, CONTRADITÓRIO E AMPLA DEFESA	▪ São garantias absolutas, para que o indivíduo possa pleitear direitos nas instâncias administrativas e judiciais e, em sentido inverso, defender-se, por todos os meios legais, contra as infrações que lhe sejam imputadas.
SUPREMACIA E INDISPONIBILIDADE DO INTERESSE PÚBLICO	▪ Os valores coletivos podem sobrepujar os interesses individuais, em prol da sociedade, e ninguém deles pode dispor, porque sua titularidade pertence ao Estado.
FUNÇÃO SOCIAL DA PROPRIEDADE	▪ A propriedade é garantida, mas limitada ao cumprimento de uma função social, definida em lei, que pode autorizar a repartição de benefícios e até mesmo a desapropriação.

Os princípios veiculados pelo art. 150 da Constituição **coexistem** com as demais garantias constitucionais e devem ser considerados e apreciados de forma sistemática, com o objetivo maior de conferir ao sistema tributário nacional um mínimo de justiça e igualdade.

Com a reforma tributária, foram adicionados à Constituição **cinco novos** princípios expressos, que devem nortear o Sistema Tributário Nacional: **simplicidade**, **transparência**, **justiça tributária**, **cooperação** e **defesa do meio ambiente**[9]. Além disso, a reforma determinou que todas as alterações na legislação tributária buscarão atenuar **efeitos regressivos** (art. 145, § 4.º), o que também podemos identificar como um **novo princípio**, que deve servir como parâmetro para qualquer inovação legislativa daqui por diante.

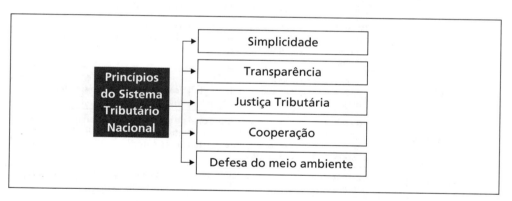

4.2.1. Princípio da legalidade

A noção de **legalidade** é inerente ao próprio Estado Brasileiro, pois serve, a um só tempo, como cenário e elemento de **validação** de todas as consequências jurídicas observadas no infinito plexo de relações intersubjetivas que compõem a nossa sociedade.

O constituinte erigiu o princípio da legalidade como fundamento **máximo** da estrutura social brasileira, ao definir, logo no art. 1.º da Carta Política, que a República Federativa do Brasil constitui-se em *Estado Democrático de Direito*.

Da expressão, amplamente consagrada e utilizada, podemos inferir **duas ideias**: a primeira, intimamente conectada ao princípio da **autoimposição**, que, como pudemos

---

[9] Conforme art. 145, §3.º.

observar, é a justificativa política da validade dos vetores normativos (lei em sentido estrito), mormente em termos tributários, por força das diversas exigências feitas ao cidadão.

Nesse sentido, o fato de sermos um **Estado Democrático** permite que qualquer pessoa, ainda que indiretamente, participe da construção de regras que, uma vez inseridas no ordenamento jurídico, determinarão sua conduta, e, por decorrência, delas não poderá se esquivar, sob pena de negação do sistema.

Um segundo raciocínio pode ser construído a partir da premissa de que o mesmo Estado que produz, por meio do modelo democrático, regras destinadas às pessoas também a elas deve obediência, o que se extrai da noção de **Estado de Direito**.

Dito de outra forma, o Estado de Direito pressupõe **dois momentos** (lógicos) distintos: em primeiro lugar, temos o Estado, que cria as regras que incidirão sobre as **pessoas** (Estado Legislativo) para, em seguida, às mesmas regras ele próprio se submeter, como **destinatário** de comandos e preceitos dotados de força e coercitividade (Estado Vinculado).

O vetor normativo **lei** é, portanto, o único instrumento apto à conformação de direitos e obrigações, especialmente no que tange às relações entre o Poder Público e os particulares.

Assim se manifesta o **princípio da legalidade**, na expressa dicção do art. 5.º, II, da Constituição da República, provavelmente a mais conhecida regra do direito pátrio: "ninguém será obrigado a fazer ou deixar de fazer alguma coisa senão em virtude de lei".

Perceba o leitor que a redação é absolutamente clara e precisa, o que a torna **categórica**, sem qualquer margem para exceções ou condicionantes. A título de comparação, outros princípios fundamentais de igual calibre, como a igualdade, a liberdade de pensamento etc., foram introduzidos com algum tipo de **restrição**[10].

Temos, portanto, o conceito de legalidade como condição e fronteira **absolutas** para a atuação estatal, sem o qual não pode a administração pública exigir do particular conduta alguma, comissiva ou omissiva.

No caso do direito tributário, vimos que o comportamento que satisfaz a pretensão do Estado consiste em entregar-lhe, em dinheiro, fração do patrimônio individual das pessoas (obrigação *de dar*, conforme tradicional classificação do direito civil).

O instrumento normativo lei serve, pois, para alcançar (*fazer incidir*, como veremos no momento adequado) **situações** ou **estados jurídicos** peculiares, previstos na própria norma e, como consequência, exigir dos respectivos agentes submissão à vontade do Estado, democraticamente construída.

---

[10] Quando o Texto Maior define igualdade (art. 5.º, I), ressalva que esta será fixada "nos termos da Constituição", o que permite, em determinadas hipóteses, tratamento distinto entre homens e mulheres (aposentadoria, licença em relação a filhos etc.). Do mesmo modo, a manifestação do pensamento é livre (art. 5.º, IV), mas fica vedado o anonimato. Entre muitos outros exemplos, perceberá o leitor que os princípios, apesar de essenciais, comportam situações excepcionais, o que não ocorre com a legalidade.

194 Direito Tributário Esquematizado

4.2.1.1. Da legalidade tributária

O art. 150 da Constituição da República define a "espinha dorsal" dos limites da atividade dos entes políticos no que respeita ao exercício da competência que lhes foi atribuída nos primeiros artigos do capítulo tributário.

Por isso, a redação do *caput* do dispositivo encerra norma **negativa**, limitadora das atribuições relativas à instituição de tributos e dirigida justamente aos titulares desses direitos: a União, os Estados, o Distrito Federal e os Municípios.

Percebe-se que o constituinte deixou expresso que os princípios consignados no art. 150 **não são** os únicos marcos da atividade legislativa dos entes políticos (à luz da introdução "*sem prejuízo de outras garantias...*"), o que exigirá do intérprete análise mais aprofundada quando do estudo de questões tributárias em concreto, pois princípios essenciais à compreensão dos limites impostos ao Estado podem ser encontrados em outros tópicos da Carta, como é o caso do princípio da **capacidade contributiva** (art. 145, § 1.º), da vedação de **cumulação** entre taxas e impostos (art. 145, § 2.º), de determinadas **imunidades**, como no caso de **IPI** e **ICMS** relativos a exportações (arts. 153, § 3.º, III, e 155, § 2.º, X, *a*, respectivamente), entre diversos outros.

O Princípio da Legalidade está previsto no art. 150, I, da Constituição, nos seguintes termos:

> **Art. 150.** Sem prejuízo de outras garantias asseguradas ao contribuinte, é vedado à União, aos Estados, ao Distrito Federal e aos Municípios:
>
> I — exigir ou aumentar tributo sem lei que o estabeleça;

Quando o constituinte afirma que não é admissível a criação ou aumento de tributo sem lei, nada mais faz do que **confirmar** preceitos fundamentais do Estado Democrático de Direito, que podem ser encontrados em outros pontos da Carta Magna.

Basta lembrarmos que a **legalidade** manifesta-se como garantia basilar de todo o sistema constitucional, como se depreende do famoso comando veiculado pelo art. 5.º, II, da Constituição, que já tivemos a oportunidade de lembrar:

> **Art. 5.º** (...)
>
> II — ninguém será obrigado a fazer ou deixar de fazer alguma coisa senão em virtude de lei.

Portanto, o princípio da legalidade, no capítulo tributário, inaugura o rol de limites proposto pelo **art. 150** e estabelece ser vedado aos entes competentes *exigir ou aumentar tributo sem lei que o estabeleça* (inciso I).

O comando, a despeito da meridiana clareza, merece alguns comentários, especialmente em face do debate doutrinário acerca do *status* do princípio no ordenamento constitucional.

A questão se coloca a partir da premissa de que a legalidade, como **regra geral** do Estado Democrático de Direito, já se encontra definida no art. 5.º, II, que cuida dos direitos e garantias fundamentais dos indivíduos e da coletividade.

Daí surge a pergunta: seria o comando tributário **essencial** e **característico**, ou a regra geral, por si só, impediria que exações de natureza tributária fossem exigidas dos contribuintes?

Duas correntes parecem disputar a preferência dos autores e, por isso, costumam ser objeto de indagações em provas e concursos.

A primeira teoria defende que o princípio inscrito no art. 150, I, revela a prudência e o cuidado do legislador originário no trato dos temas tributários, notadamente no intuito de "reforçar" a absoluta **necessidade de lei** para a imposição de gravames às pessoas.

Nesse sentido, a legalidade no campo tributário seria apenas um **desdobramento natural** (e, talvez, juridicamente redundante) da garantia maior do art. 5.º, II, uma vez que "pagar tributos significa fazer alguma coisa", exigência que só pode ser efetuada mediante lei.

Contudo, quis o constituinte declarar **expressamente** a limitação, provavelmente ciente da costumeira voracidade estatal em termos arrecadatórios.

A segunda posição sustenta que a legalidade tributária veicula comando **independente** e **específico**, responsável pela definição pormenorizada dos arquétipos das figuras impositivas, razão pela qual alguns autores utilizam a expressão **tipicidade tributária**, que traz certo paralelismo com a teoria do tipo penal.

Parece-nos que o argumento **de fundo** da teoria (ainda que não declarado) reside no velho e desgastado axioma jurídico de que a *lei não contém palavras inúteis ou desnecessárias*, noção que remonta a tempos primevos do direito e que, com o devido acatamento, não faz sentido algum, apesar de amplamente difundida nos meios universitários.

Com efeito, achamos difícil que alguém, após mínima reflexão, venha a advogar a **validade** lógica ou linguística de tal assertiva.

O direito positivo, insculpido nas inúmeras normas do sistema, veicula seus mandamentos por meio da **linguagem**, e todos sabemos que a linguagem empregada pelo legislador contém imprecisões e defeitos de toda sorte.

Só para citar as duas ocorrências mais comuns, padece a linguagem jurídica de **vaguidade** e **ambiguidade**, pois nem sempre os termos empregados na redação das leis revelam, de modo inequívoco, a chamada *mens legislatoris*[11].

Mais do que isso, o problema da linguagem já foi amplamente analisado e discutido no âmbito da semiótica e da retórica[12], pois a linguagem, especialmente a jurídica, deve buscar uma **objetividade**, abrir mão de peculiaridades históricas ou regionais e apresentar conceitos que possam ser compreendidos e aceitos por todos.

E é natural que seja assim.

O tema mais caro ao Direito, aquilo que provavelmente o distingue de outras áreas do conhecimento, é justamente a **interpretação** das normas jurídicas, objeto magnífico

---

[11] Expressão latina que significaria o pensamento, vontade ou intenção do legislador.

[12] Utilizada, aqui, no sentido clássico e não pejorativo, como ensinava Aristóteles e tão bem interpretou Perelman.

e assustador, que sempre exige grande esforço e coerência de quem se propõe a enfrentá-lo.

Note-se que o Estado tributa o contribuinte e este, por vezes, se socorre dos tribunais em sua defesa, com base *nos mesmos fatos e nas mesmas normas jurídicas*, com a diferença de que cada um os **interpreta** de modo diverso.

Quando o litígio chega ao Poder Judiciário, a autoridade competente analisará exatamente os *mesmos elementos*, mas proferirá interpretação **compulsória**, em decorrência do poder que lhe foi conferido.

A interpretação é o **processo cognitivo** que torna o Direito belo, instigante e plural; sem ela, pouco sobraria à atividade jurídica, pois, do contrário, os seres humanos seriam **irrelevantes** para o Direito — bastaria que um razoavelmente sofisticado *software* de inteligência artificial, apoiado em causa e efeito, revelasse e aplicasse as normas jurídicas, com margem de erro tendente a zero —, e nem eu nem você, caro leitor, estaríamos agora conversando a respeito do assunto.

Por conta dessa linha de pensamento, sinceramente discordamos de grandes autores que, apesar do rigor técnico observado em suas obras, aceitam e advogam a tese da **estrita legalidade** tributária.

Não conseguimos vislumbrar qualquer **modulação** possível, trazida pelo adjetivo *estrita*, ao conceito **absoluto** de legalidade.

Apesar de fundamental, a ideia de legalidade é de fácil percepção e se resolve por meio da **lógica clássica:** dada norma ou *é legal* ou *não é legal*, ainda que a decisão final caiba ao Supremo Tribunal Federal.

Constitui **erro** lógico e semântico entender que um adjetivo possa alterar o alcance de substantivos absolutos, armadilha que muitos parecem não perceber.

Para demonstrar a tese, basta dizermos que, quando encontramos uma moça na rua, com a barriga proeminente a evidenciar o período gestacional, não dizemos que ela está "estritamente grávida", ante a impropriedade e o ridículo da frase, pois a gravidez, como a honestidade, a legalidade e tantos outros tópicos, é conceito **incondicional**, que o menor desvio ou variação fulmina de morte.

Nesses casos, ou a afirmação *é verdadeira* ou *é falsa*, e Aristóteles ficaria feliz ao perceber que o princípio do **terceiro excluído**, aplicável ao raciocínio, é suficiente para esclarecer a dissensão.

Claro que o leitor pode — ainda — não estar satisfeito com a posição por nós defendida, e, em homenagem a tal sentimento, formulamos a **pergunta-chave:** se o comando do art. 150, I (a tal *estrita legalidade*), fosse retirado da Constituição[13] — questão que já foi formulada em concurso público —, poder-se-ia, então, exigir das pessoas tributos *sem a necessidade de lei?*

Creio que os tributaristas responderiam, em uníssono, com um sonoro "Não!".

Mas por quê? — perguntaria este autor.

Imagino que muitas respostas evocariam, depois de alguma reflexão e em última instância, o art. 5.º, II, da Constituição, *mas isso é apenas um pressentimento...*

---

13 Apenas em termos hipotéticos, pois em nosso sentir trata-se de cláusula pétrea.

Ora, se o comando veiculado pelo art. 5.º, II, da Constituição da República não fosse condição **necessária** e **suficiente** para que a legalidade reverberasse por todo o sistema jurídico brasileiro, concluiríamos, então, que o princípio deveria constar de **todos** os capítulos e seções da Carta Magna, algo que nos parece inadequado e que efetivamente não ocorre.

Claro que o leitor mais atento poderia arguir no sentido de que o **art. 37**, *caput*, veicula, entre seus princípios expressos, justamente o da **legalidade**.

Como vimos, a noção de legalidade consta do referido dispositivo como exigência de conduta da **administração pública**, noção complementar à ideia do art. 5.º, II, pois, se o cidadão só pode ser obrigado a fazer algo se houver lei, a **contrapartida** natural é que o Estado só pode exigir condutas, positivas ou negativas, por meio de idêntico instrumento normativo.

A lei é o elemento **equalizador** entre o Estado e o indivíduo e opera nos dois sentidos, como demonstrado na figura abaixo.

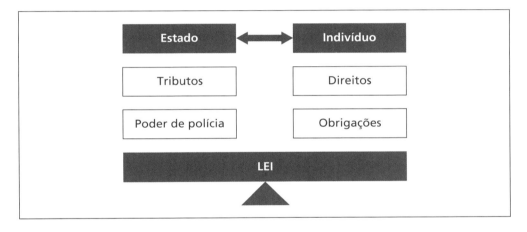

Assim, se **todas as relações** entre Estado e particular demandam a existência de lei, nada mais óbvio do que o fato de as obrigações tributárias seguirem igual raciocínio.

Isso também decorre de outro preceito constitucional, limitador de toda a **atividade pública**, que necessariamente deve ser pautada pela legalidade, como se extrai do *caput* do art. 37 da Constituição[14].

Em verdade, todos os princípios constitucionais **convergem** para a noção de legalidade, posto ser esta a verdadeira razão de ser do Estado Democrático de Direito.

Ainda assim, parte da doutrina entende que o dispositivo específico do art. 150, I, cuidaria da chamada *estrita legalidade*, ao estabelecer que somente a lei pode delinear a estrutura do tributo, daí a necessidade de expressa previsão constitucional.

---

[14] Art. 37. A administração pública direta e indireta de qualquer dos Poderes da União, dos Estados, do Distrito Federal e dos Municípios obedecerá aos princípios de legalidade, impessoalidade, moralidade, publicidade e eficiência e, também, ao seguinte: (...).

198 Direito Tributário Esquematizado   *Roberto Caparroz*

Os autores filiados a essa corrente costumam relacionar o princípio com a ideia de **reserva legal**, ou seja, um conjunto de temas que só pode ser tratado por meio do vetor jurídico lei.

Por outro lado, defendemos a posição de que o princípio insculpido no art. 150, I, seria apenas a **reafirmação** do primado da legalidade, de tal sorte que a sua hipotética exclusão em nada afetaria a exigência de lei, que existe por força da **interpretação sistemática** de todos os preceitos constitucionais.

Outra questão de extrema relevância para provas e concursos é o fato de a limitação imposta pelo princípio da legalidade só se referir aos verbos **exigir** ou **aumentar** tributos, o que deixaria margem para a interpretação, *a contrario sensu*, de que, se o objetivo do Estado fosse **reduzir** ou **extinguir** tributos, o instrumento lei em sentido estrito *seria desnecessário*.

Trata-se de **armadilha** comum ao raciocínio jurídico, traduzida pela ideia de que, se o legislador (em especial o constitucional) somente determinou a utilização de lei para os casos **positivos** — de majoração do ônus tributário —, o contrário prescindiria de igual vetor normativo.

· Por óbvio que esse **não é** o entendimento adequado, pois a análise sistemática do modelo constitucional brasileiro demanda lei em sentido estrito em qualquer das situações aventadas.

Vejamos: Se apenas as leis podem colocar regras coercitivas no sistema, em homenagem ao princípio da legalidade, por óbvio que lhes alterar o conteúdo ou mesmo suprimi-las é função reservada ao mesmo mecanismo.

Dito de outro modo, somente uma lei pode **revogar** ou **alterar** outra lei, e é exatamente essa a hipótese que ocorre na extinção ou redução dos tributos.

Não pode a Administração Pública, por meio de ato **infralegal** (decreto, por exemplo), retirar do ordenamento comandos introduzidos mediante lei, ainda que o resultado econômico *seja favorável ao contribuinte*.

Importante! Embora a Constituição exija a presença de lei apenas para a instituição ou majoração de tributos, é forçoso concluir que nos casos de redução ou extinção de tributos o requisito permanece **inalterado**, em face do princípio que estabelece o **paralelismo das formas**, vale dizer, somente uma lei pode revogar ou alterar outra.

Por que então o constituinte declarou apenas os verbos *exigir* e *aumentar* como adstritos ao princípio da legalidade, conforme expressa redação do art. 150, I?

A compreensão da resposta será fundamental para a percepção da **construção lógica** do Sistema Tributário Nacional, que é apenas um dos diversos núcleos temáticos da Constituição, que, repetimos, precisa ser analisada de modo sistemático.

Como vimos, a Seção que veicula os princípios insertos no art. 150 trata das *limitações ao poder de tributar* e, portanto, estabelece as **fronteiras** de atuação da atividade legislativa, sempre que esta imponha ao contribuinte tratamento mais oneroso.

Não cuida o tópico dos casos de **redução** das imposições tributárias, que, por definição, são mais favoráveis às pessoas e, desse modo, *carecem de limitação*.

É claro que a salvaguarda constitucional não impede a **regência** de outras normas fundamentais do sistema, como a regra geral que exige idêntica **fonte de produção** legislativa (em termos de competência e hierarquia) para a revogação ou alteração de comandos em vigor.

Fica, pois, a advertência ao leitor de que **nem sempre** o raciocínio a *contrario sensu* pode ser aplicado no direito, pois o alcance de certas proposições, às vezes, não está confinado às normas que o veiculam, o que exige do intérprete prudente análise mais ampla do sistema jurídico.

4.2.1.2. *Legalidade e extrafiscalidade*

A legalidade é um **princípio absoluto** nas relações tributárias entre Estado e particulares e não sofre qualquer limitação, mesmo quando o constituinte autoriza o Poder Executivo a **alterar as alíquotas** de certos impostos, como definido no art. 153, § 1.º:

> **Art. 153.** Compete à União instituir impostos sobre:
>
> (...)
>
> § 1.º É facultado ao Poder Executivo, atendidas as condições e os limites estabelecidos em lei, alterar as alíquotas dos impostos enumerados nos incisos I, II, IV e V.

As figuras tributárias enumeradas no dispositivo são o *Imposto sobre a Importação de produtos estrangeiros* (II), o *Imposto sobre a Exportação de produtos nacionais ou nacionalizados* (IE), o *Imposto sobre Produtos Industrializados* (IPI) e o *Imposto sobre Operações de crédito, câmbio e seguro, ou relativas a títulos ou valores mobiliários* (IOF).

Ao analisar o comando, há autores que defendem a tese de que os tributos em questão escapariam ou comportariam **exceção** ao princípio da legalidade.

Discordamos.

Parece-nos claro que a norma veda qualquer tratamento excepcional em razão do conceito máximo de legalidade, o que exsurge, sem grandes dificuldades, da própria dicção constitucional.

Com efeito, o Poder Executivo pode, dentro dos limites traçados pela **lei instituidora** desses tributos, alterar as respectivas **alíquotas**, para mais ou para menos, com o objetivo de corrigir distorções econômicas ou financeiras.

Tal circunstância encerra, portanto, uma decisão **política**, devidamente autorizada pelo titular da competência legislativa, que tem por objetivo levar a cabo as diretrizes fiscais e monetárias do país.

Dizemos país porque, como se pode notar, as quatro figuras previstas na Constituição pertencem à esfera de **competência da União**, que atua, nestes casos, como representante dos interesses nacionais.

Trata-se de manifestação da conhecida **função extrafiscal** dos tributos, normalmente acompanhada de variantes do princípio da anterioridade, no sentido de permitir **eficácia imediata** às novas alíquotas, à exceção do IPI, que, como veremos, precisará aguardar o transcurso de 90 dias para a sua aplicação.

A diferença jurídica perceptível na extrafiscalidade decorre de **opção do legislador**, que, em vez de fixar um percentual **único** como alíquota — como faz com os demais tributos (ICMS a 18%, IPVA em São Paulo a 4%, para veículos a gasolina, e assim por diante) —, estabelece limites **mínimos** e **máximos** (entre 0% e "X%"), que funcionam como espécie de balizamento, dentro dos quais é facultado ao Poder Executivo, justificadamente, "manobrar".

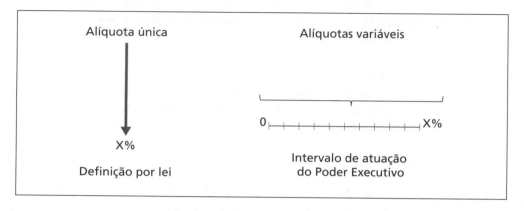

Resta, pois, **intacto** o princípio da legalidade, uma vez que a fixação das fronteiras impositivas advém do Poder Legislativo, único órgão capaz de submeter a vontade do cidadão, em homenagem ao princípio da *autoimposição tributária*, típico das democracias representativas.

Não há margem para interpretação diversa, pois o comando constitucional é de meridiana clareza ao estatuir que a alteração das alíquotas só pode ocorrer desde que *atendidas as* **condições e os limites estabelecidos em lei**.

Isso significa que o Poder Executivo tem a faculdade de alterar as alíquotas **dentro do intervalo** autorizado e predefinido pelo legislador.

Tanto assim que mesmo os defensores da suposta exceção não aceitam o fato de a alteração *ultrapassar*, por exemplo, o **limite máximo** fixado em lei. Curioso notar que, diante de tal situação, com certeza eles se manifestariam pela *impossibilidade da medida*, justamente sob o argumento de que **faltaria previsão legal!**

Ressaltemos, ainda, que a atuação do Poder Executivo, de acordo com o atual ordenamento, alcança somente as **alíquotas**, restrição instituída pelo constituinte em 1988, pois a Carta anterior permitia a manipulação das **bases de cálculo**[15].

Foi salutar a limitação constitucional, pois a base de cálculo representa a **expressão econômica** de um fato jurídico, e seria imprudente deixar à mercê do Poder Executivo alterá-la, ainda que dentro de pressupostos legais, dada a natural **distorção** em relação ao mundo fenomênico.

---

[15] A Constituição de 1967 permitia a alteração da base de cálculo do II, IE e IPI, mas curiosamente não estendia a faculdade ao IOF. A autorização constava do art. 21, *verbis*: Compete à União instituir imposto sobre: I — importação de produtos estrangeiros, facultado ao Poder Executivo, nas condições e nos limites estabelecidos em lei, alterar-lhe as alíquotas ou as **bases de cálculo**; II — exportação, para o estrangeiro, de produtos nacionais ou nacionalizados, observado o disposto **no final do item anterior**; V — produtos industrializados, **também observado o disposto no final do item I**.

4 ■ Sistema Tributário Nacional

Por mais que o Direito possa vir a operar mediante as chamadas **ficções jurídicas**, que, na prática, podem atribuir a situações concretas efeitos distintos da realidade, isso só ocorre mediante imposição de lei.

Ademais, como o **valor** do tributo resulta da **multiplicação** entre a base de cálculo e a alíquota, basta que o Poder Executivo trabalhe com o índice de retenção tributária (alíquota, nos angustos limites fixados pela norma), sem alterar a materialidade do fato que propiciou a cobrança (base de cálculo), o que, sobre ser jurídico, parece traduzir melhor as prerrogativas estatais no Estado de Direito.

> **Importante!** Embora alguns autores enxerguem no art. 153, § 1.º, uma exceção ao princípio da legalidade, a análise acurada do texto nos revela **exatamente o contrário**.
> O Poder Executivo Federal poderá alterar as alíquotas do II, IE, IOF e IPI dentro dos parâmetros definidos em lei, porque a norma reconheceu o caráter **extrafiscal** dos quatro impostos e o autorizou a manejar as alíquotas, no intuito de corrigir mais rapidamente distorções econômico-financeiras do mercado, para incentivar ou desestimular condutas.

Firmadas tais premissas, resta-nos indagar acerca do correto entendimento da expressão **Poder Executivo**, contida no art. 153, § 1.º, ou, dito de outro modo, verificar quem efetivamente detém **competência** para a fixação das alíquotas do Imposto de Importação (II), do Imposto de Exportação (IE), do Imposto sobre Operações de crédito, câmbio e seguro, ou relativas a títulos ou valores mobiliários (IOF) e do Imposto sobre Produtos Industrializados (IPI), visto que a posição tradicional, apresentada em diversas obras, não pode prosperar, diante de **inovação** introduzida pelo ordenamento há anos, mas ainda não absorvida por parte da doutrina.

O debate envolve a definição do adequado **instrumento jurídico** a ser utilizado pelo Poder Executivo para a alteração das alíquotas dos quatro impostos sob análise.

Conquanto seja induvidoso o emprego de **decreto presidencial** quando se tratar do **IPI** e do **IOF**, parte significativa dos manuais tributários ainda afirma que idêntica situação ocorreria em todas as hipóteses, ou seja, que seria o decreto do Chefe do Poder Executivo Federal o veículo utilizado para modificar a tributação dos impostos de importação e de exportação, o que, efetivamente, **não ocorre**.

Vejamos, sob breve perspectiva histórica, os fundamentos da nossa posição.

Antes da **abertura dos mercados**, quando as relações comerciais do Brasil com outros países se encontravam num estágio ainda embrionário, a natural centralização de poder do modelo econômico outrora adotado incumbia o Presidente da República de praticamente todas as atribuições regulamentares ligadas ao comércio exterior.

Com o avanço e a crescente complexidade das relações internacionais, e a evidente necessidade de inserção do país no **cenário globalizado**, por natureza hostil e competitivo, uma das soluções encontradas para desempenhar, com o devido rigor técnico, o papel de controle e implantação das políticas de comércio exterior foi o de permitir a **transferência** de sua competência da figura do Presidente da República para um Órgão de assessoramento direto, previsto na Lei n. 8.085/90[16].

---

[16] Lei n. 8.085/90: "Art. 1.º O Poder Executivo **poderá**, atendidas as condições e os limites estabelecidos na **Lei n. 3.244**, de 14 de agosto de 1957, modificada pelos Decretos-Leis n. 63, de 21 de

Surgiu, assim, a **CAMEX** (Câmara de Comércio Exterior)[17], órgão originalmente integrante do *Conselho de Governo* e que atualmente pertence à **Presidência da República**[18], que tem por objetivo a *formulação, a adoção, a implementação e a coordenação de políticas e de atividades relativas ao comércio exterior de bens e serviços, aos investimentos estrangeiros diretos, aos investimentos brasileiros no exterior e ao financiamento às exportações, com vistas a promover o aumento da produtividade da economia brasileira e da competitividade internacional do País.*

É difícil encontrarmos, no Brasil, um órgão que tenha sofrido tantas mudanças de configuração, sem qualquer justificativa como a CAMEX.

Apesar de boa parte da doutrina simplesmente desconsiderar tal fato, o órgão encarregado de definir as **alíquotas** dos impostos relacionados ao comércio exterior, a exemplo do que ocorre em outros países, é a CAMEX, que o faz mediante **Resoluções**, instrumento jurídico utilizado para veicular as eventuais alterações.

Portanto, há quase vinte anos não é o Presidente da República, **mediante decreto**, quem estabelece as alíquotas aplicáveis aos impostos de importação e exportação, mas sim um órgão colegiado do qual ele participou (durante curto período), de modo que as decisões, discutidas sob a ótica dos diversos ministérios representados, possam atender a critérios técnicos, pautados pelos **acordos internacionais** dos quais o Brasil é signatário (MERCOSUL, Organização Mundial do Comércio e ALADI, entre outros), com os objetivos de **proteção** e **facilitação** que a dinâmica do comércio internacional reclama.

Com efeito, pensamos que nunca houve incompatibilidade entre a atuação da CAMEX e a expressão **Poder Executivo**[19] informada pela Constituição, porque quis o legislador ordinário que tal competência lhe fosse transferida, e o fez mediante **veículo hábil**[20], que foi a Lei n. 8.085/90.

De se ressaltar, a fim de corroborar nossa tese, que o constituinte originário reservou, quando julgou necessário, atos de **competência privativa** do Presidente da República, especialmente aqueles dispostos no art. 84 da Lei Maior, diferenciando-os, como na atual hipótese, dos atos do Poder Executivo, expressão que possui contornos mais abrangentes.

---

novembro de 1966, e 2.162, de 19 de setembro de 1984, **alterar as alíquotas** do imposto de importação. Parágrafo único. O Presidente da República poderá **outorgar competência à CAMEX** para a prática dos atos previstos neste artigo".

[17] Sob o ponto de vista histórico, a CAMEX e suas competências nada possuem de novel, pois a Lei n. 5.025/66 já havia criado órgão semelhante, o Conselho Nacional do Comércio Exterior (CONCEX), com a atribuição de formular a política de comércio exterior, bem como determinar, orientar e coordenar a execução das medidas necessárias à expansão das transações comerciais com o exterior (art. 1.º).

[18] Nos termos do art. 1.º do Decreto n. 11.428/2023.

[19] Não olvidamos, por certo, o conceito de Poder Executivo veiculado pelo art. 76 da Constituição Federal, que estabelece: "O Poder Executivo é exercido pelo **Presidente da República, auxiliado pelos Ministros de Estado**", mas acreditamos tratar-se de norma geral, passível de exceções, previstas na própria Constituição, a exemplo do disposto no art. 237.

[20] Constituição Federal, art. 22: "Compete privativamente à União legislar sobre: (...) VIII — **comércio exterior** e interestadual".

Ademais, não é estranha ao **direito aduaneiro** a participação direta — e em última instância, inclusive — de Ministro de Estado, conforme se depreende do comando constitucional irradiado a partir do art. 237 do Texto Político[21].

E o Supremo Tribunal Federal reconheceu, com **repercussão geral**, a tese de que a CAMEX era **competente** para definir e alterar as alíquotas do imposto de exportação:

> TRIBUTÁRIO. IMPOSTO DE EXPORTAÇÃO. ALTERAÇÃO DE ALÍQUOTA. ART. 153, § 1.º, DA CONSTITUIÇÃO FEDERAL. COMPETÊNCIA PRIVATIVA DO PRESIDENTE DA REPÚBLICA NÃO CONFIGURADA. ATRIBUIÇÃO DEFERIDA À CAMEX. CONSTITUCIONALIDADE. FACULDADE DISCRICIONÁRIA CUJOS LIMITES ENCONTRAM-SE ESTABELECIDOS EM LEI. RECURSO EXTRAORDINÁRIO DESPROVIDO. I — É **compatível** com a Carta Magna a norma infraconstitucional que atribui a órgão integrante do Poder Executivo da União a faculdade de **estabelecer as alíquotas do Imposto de Exportação**. II — Competência que **não é privativa** do Presidente da República. III — Inocorrência de ofensa aos arts. 84, *caput*, IV e parágrafo único, e **153, § 1.º, da Constituição Federal** ou ao princípio de **reserva legal**. Precedentes. IV — Faculdade discricionária atribuída à **Câmara de Comércio Exterior — CAMEX**, que se circunscreve ao disposto no Decreto-Lei 1.578/1977 e às demais normas regulamentares. V — Recurso extraordinário conhecido e desprovido (RE 570680/RS, Pleno do STF, julgamento em 28-10-2009).

Atualmente, depois de diversas configurações, integram a CAMEX[22] o:

- Conselho Estratégico;
- Comitê-Executivo de Gestão;
- Conselho Consultivo do Setor Privado;
- Comitê de Financiamento e Garantia das Exportações;
- Comitê de Alterações Tarifárias;
- Comitê de Defesa Comercial e Interesse Público;
- Comitê Nacional de Facilitação de Comércio;
- Comitê Nacional de Investimentos;
- *Ombudsman* de Investimentos Diretos;
- Ponto de Contato Nacional para a Implementação das Diretrizes para as Empresas Multinacionais da Organização para a Cooperação e Desenvolvimento Econômico.

O Conselho Estratégico, órgão deliberativo da CAMEX, é composto dos seguintes membros:

- Vice-Presidente da República;
- Ministro de Estado da Casa Civil da Presidência da República;

---

[21] Constituição da República, art. 237: "A fiscalização e o controle sobre o comércio exterior, essenciais à defesa dos interesses fazendários nacionais, serão exercidos pelo **Ministério da Fazenda**".

[22] Conforme art. 2.º do Decreto n. 11.428/2023.

- Ministro de Estado do Desenvolvimento, Indústria, Comércio e Serviços;
- Ministro de Estado das Relações Exteriores;
- Ministro de Estado da Fazenda;
- Ministro de Estado da Agricultura e Pecuária;
- Ministro de Estado do Planejamento e Orçamento;
- Ministro de Estado da Gestão e da Inovação em Serviços Públicos;
- Ministro de Estado da Defesa;
- Ministro de Estado de Minas e Energia;
- Ministro de Estado do Desenvolvimento Agrário e Agricultura Familiar.

Ao Conselho Estratégico compete[23]:

- estabelecer a estratégia e as orientações de comércio exterior, com vistas à inserção do País na economia internacional;
- conceder mandato negociador e estabelecer orientações para as negociações de acordos e convênios relativos ao comércio exterior, aos investimentos estrangeiros diretos e aos investimentos brasileiros no exterior, de natureza bilateral, regional ou multilateral, e acompanhar o andamento e monitorar os resultados dessas negociações;
- pronunciar-se sobre propostas relativas a contenciosos e à aplicação de contramedidas para proteger os interesses brasileiros;
- estabelecer orientações para as políticas de fomento de investimentos estrangeiros diretos no País e de investimentos brasileiros diretos no exterior;
- estabelecer orientações para a promoção de mercadorias e serviços no exterior;
- estabelecer orientações para as políticas e os programas públicos de financiamento das exportações de bens e serviços e para a cobertura dos riscos de operações a prazo, inclusive aquelas relativas ao Seguro de Crédito à Exportação; e
- decidir, em última instância, acerca de recursos administrativos interpostos em face de decisões do Comitê Executivo de Gestão em matéria de defesa comercial.

A nova estrutura da CAMEX promoveu uma distribuição de competências, de modo que as questões estratégicas ficaram a cargo do Conselho, ao passo que diversos temas relevantes, de ordem prática e grande impacto no comércio exterior, agora competem ao Comitê-Executivo de Gestão[24]:

- orientar a política aduaneira, observada as competências específicas do Ministério da Fazenda;
- formular orientações e editar regras para a política tarifária na importação e na exportação;
- estabelecer as alíquotas do imposto sobre a exportação, observadas as condições estabelecidas em lei;
- estabelecer as alíquotas do imposto de importação, observados as condições e os limites estabelecidos em lei;

---

[23] Art. 3.º do Decreto n. 11.428/2023.
[24] Art. 6.º do Decreto n. 11.428/2023.

■ alterar, na forma estabelecida nos atos decisórios do Mercado Comum do Sul - Mercosul, a Nomenclatura Comum do Mercosul;

■ fixar direitos *antidumping* e compensatórios, provisórios ou definitivos, e salvaguardas;

■ decidir sobre a suspensão da exigibilidade dos direitos provisórios;

■ homologar o compromisso previsto no art. 4.º da Lei n. 9.019, de 30 de março de 1995;

■ estabelecer diretrizes e medidas destinadas à simplificação e à racionalização de procedimentos do comércio exterior;

■ estabelecer as orientações para investigações de defesa comercial;

■ promover a internalização das modificações das regras de origem preferenciais dos acordos comerciais dos quais o País faça parte;

■ formular diretrizes para a funcionalidade do sistema tributário no âmbito das atividades de exportação e importação, de atração de investimentos estrangeiros e de promoção de investimentos brasileiros no exterior, sem prejuízo do disposto no art. 35 do Decreto-Lei n. 37, de 18 de novembro de 1966, e no art. 16 da Lei n. 9.779, de 19 de janeiro de 1999;

■ remeter à apreciação do Conselho Estratégico decisões consideradas de caráter estratégico;

■ orientar a atuação do *Ombudsman* de Investimentos Diretos;

■ complementar as diretrizes do Conselho Estratégico para as políticas e os programas públicos de financiamento das exportações de bens e serviços e para a cobertura dos riscos de operações a prazo, inclusive aquelas relativas ao Seguro de Crédito à Exportação e aos procedimentos para a sua implementação;

■ acompanhar as atividades dos demais colegiados da CAMEX;

■ aprovar e alterar o regimento interno da CAMEX.

A **política de comércio exterior** desenvolvida pela CAMEX deve observar os compromissos internacionais firmados pelo Brasil, especialmente as regras decorrentes da Organização Mundial do Comércio (OMC), do MERCOSUL e da Associação Latino-Americana de Integração (ALADI).

Em suma, a faculdade outorgada à União pelo constituinte para a alteração das alíquotas dos impostos previstos no art. 153, § 1.º, poderá ser efetivada por meio de **decreto** do Presidente da República (ato privativo dos chefes do Poder Executivo), no caso do IOF e do IPI, ou por **resolução**[25] do Comitê-Executivo de Gestão, no âmbito da CAMEX.

O tema, mais do que filigrana técnica, já foi objeto de perguntas em concurso e exige, portanto, a devida atenção dos candidatos, principalmente a partir das novas alterações.

Outro aspecto relevante — e pouco abordado pela doutrina — respeita aos limites do chamado **"salto tarifário"**[26], vale dizer, qual o nível de reajuste que pode ser adotado pelo Poder Executivo quando da elevação das alíquotas, em cada caso concreto.

---

[25] Art. 11 do Decreto n. 10.044/2019.

[26] Apesar da impropriedade da expressão, que confunde os conceitos de *tributo* e *tarifa*, a termino-

206   Direito Tributário Esquematizado   *Roberto Caparroz*

No que tange ao **imposto de exportação**, a alíquota básica prevista em lei é de **30%**[27], mas pode, em casos excepcionais, ser aumentada em até **cinco vezes**, o que a levaria a hipotéticos **150%**.

A definição das alíquotas do **imposto de importação** compete, como vimos, à CAMEX, atualmente integrada ao Ministério da Economia, mas se encontra balizada pelos acordos firmados pelo Brasil no âmbito do **MERCOSUL**.

Com a criação do bloco econômico que hoje inclui Argentina, Brasil, Paraguai, Uruguai e Venezuela, tornou-se necessária, dentre inúmeras outras providências, a adoção de mecanismos tributários harmonizados, especialmente na tentativa de se atingir o patamar de integração denominado **união aduaneira**[28].

Os países do Cone Sul, na esteira de seus pares no cenário internacional, ao decidirem estabelecer, ao menos, uma união aduaneira na região, acordaram, como é de rigor, que o tratamento das importações intrabloco deve ser **uniforme**, de acordo com a redação do art. 7.º do **Tratado de Assunção**, que instituiu o MERCOSUL.

> **Art. 7.º** Em matéria de impostos, taxas e outros gravames internos, os produtos originários do território de um Estado Parte gozarão, nos outros Estados Partes, do mesmo tratamento que se aplique ao produto nacional.

Para a efetividade do dispositivo, como ocorre em todas as uniões aduaneiras, foi necessário adotar uma **Tarifa Externa Comum**[29], pois, em face do princípio da integridade territorial, o tratamento aduaneiro e tributário dispensado pelos componentes do bloco deve ser exatamente o mesmo, em relação aos produtos oriundos do exterior, sob pena de ruptura do sistema.

Assim, pouco interessa se um produto ingressará no território aduaneiro regional através do país "A" ou do país "B", mas sim que os controles e a tributação existentes em ambos sejam **idênticos**, pois, a partir da inserção no bloco, o produto poderá, em tese, circular livremente pelos demais membros.

Como consequência lógica, podemos também afirmar que um país não poderá participar de **mais de uma** união aduaneira (ou modelo de integração superior) devido à natural incompatibilidade tributária entre sistemas aduaneiros distintos.

---

logia é consagrada na lei e na jurisprudência, pois remonta à tradução do GATT (Acordo Geral de Tarifas e Comércio) e à criação da Tarifa Externa Comum (TEC), instrumento de política de comércio exterior que estabelece as alíquotas aplicáveis no âmbito do MERCOSUL.

[27] Art. 3.º do Decreto-Lei n. 1.578/77.

[28] De modo sintético, podemos conceituar **União Aduaneira** como o modelo de integração em que os países-membros resolvem eliminar, progressiva e reciprocamente, entraves e restrições ao comércio, tarifários ou não, e passam a adotar uma política comercial uniforme em relação às importações provenientes de fora do Bloco, mediante a criação de uma *Tarifa Externa Comum*. Para mais detalhes, *vide* nosso *Comércio internacional e legislação aduaneira esquematizado*.

[29] A principal função da **Tarifa Externa Comum** (TEC) é a de apresentar, para o importador de mercadorias procedentes do exterior sujeitas ao regime comum de importação, todo o rol de alíquotas aplicáveis para os países-membros do MERCOSUL. No caso brasileiro, a nomenclatura e a codificação da TEC também servem de base para a identificação das alíquotas relativas ao **IPI**.

4 ■ Sistema Tributário Nacional

Quanto ao **IPI**, cuja definição de alíquotas deve se pautar pelo princípio da **seletividade** em função da essencialidade, notamos que o legislador permitiu amplo intervalo de manobra ao Poder Executivo, cujo exemplo emblemático é a tributação dos **cigarros**, que, na regra geral, possuem uma alíquota de 300%, aplicada sobre 15% do preço de venda no varejo, o que resulta numa **alíquota efetiva** de **45%**, que, somada ao demais tributos, implica uma carga total superior a **80%** (na prática, mais um excelente argumento para deixar de fumar).

Por fim, o **IOF**, cuja alíquota pode atingir, no caso de operações de câmbio ou contratação de seguros, **25%**, tem sido bastante utilizado em momentos de crise econômica, quase sempre no sentido de desonerar aplicações financeiras ou incentivar a oferta de crédito ao consumidor. Por força disso, boa parte das operações tributáveis a título de IOF recebe alíquotas reduzidas (zero, inclusive) ou se vale de mecanismos de isenção.

> **Importante!** As alíquotas do IOF e do IPI são alteradas mediante **decreto** do Presidente da República, enquanto as alíquotas do II e do IE são alteradas mediante **resolução** pelo Comitê-Executivo de Gestão da CAMEX.

Além das hipóteses de alteração das alíquotas dentro do intervalo previsto em lei, como autoriza o art. 153, § 1.º, a Constituição também permite que o Poder Executivo **reduza** e **restabeleça** as alíquotas da CIDE-Combustíveis, conforme disposto no art. 177, § 4.º, I, *b*:

> § 4.º A lei que instituir contribuição de intervenção no domínio econômico relativa às atividades de importação ou comercialização de petróleo e seus derivados, gás natural e seus derivados e álcool combustível deverá atender aos seguintes requisitos:
>
> I — a alíquota da contribuição poderá ser:
>
> *a)* diferenciada por produto ou uso;
>
> *b)* **reduzida e restabelecida** por ato do Poder Executivo, não se lhe aplicando o disposto no art. 150, III, *b*;

STF — Princípio da Legalidade

■ **O princípio da legalidade não permite deslocar para o Poder Executivo a função de instituir tributos.** O legislador, em consequência, não pode deslocar para a esfera institucional de atuação do Poder Executivo — que constitui instância juridicamente **inadequada** — o exercício do poder de regulação estatal incidente sobre determinadas categorias temáticas — (a) a outorga de **isenção** fiscal, (b) a redução da **base de cálculo** tributária, (c) a concessão de **crédito presumido** e (d) a **prorrogação** dos prazos de recolhimento dos tributos —, as quais se acham necessariamente submetidas, em razão de sua própria natureza, ao postulado constitucional da reserva absoluta de lei em sentido formal. Traduz situação configuradora de ilícito constitucional a outorga parlamentar ao Poder Executivo de prerrogativa jurídica cuja *sedes materiae* — tendo em vista o sistema constitucional de poderes limitados vigente no Brasil — só pode residir em atos estatais primários editados pelo Poder Legislativo (ADI 1.296-MC).

- **Decreto pode antecipar a data de recolhimento de tributo.** ICMS. Fato gerador. Desembaraço aduaneiro das mercadorias importadas do exterior. Antecipação da data de recolhimento. Legitimidade por meio de decreto. Apresenta-se sem utilidade o processamento de recurso extraordinário quando o acórdão recorrido se harmoniza com a orientação desta Corte no sentido da possibilidade da cobrança do ICMS quando do **desembaraço aduaneiro** da mercadoria (REs 192.711, 193.817 e 194.268), bem como de **não se encontrar sujeita ao princípio da legalidade a fixação da data do recolhimento do ICMS** (RE 197.948, RE 253.395 e RE 140.669) (AI 339.528-AgR).

- **Possibilidade de atualização até o limite da correção monetária.** A inconstitucionalidade de majoração excessiva de taxa tributária fixada em ato infralegal a partir de delegação legislativa defeituosa não conduz à invalidade do tributo nem impede que o Poder Executivo atualize os valores previamente fixados em lei de acordo com percentual não superior aos índices oficiais de correção monetária (RE 1.258.934, com repercussão geral).

- **Estados e Municípios podem legislar sobre correção monetária e taxas de juros.** Os Estados-membros e o Distrito Federal podem legislar sobre índices de correção monetária e taxas de juros de mora incidentes sobre seus créditos fiscais, limitando-se, porém, aos percentuais estabelecidos pela União para os mesmos fins (ARE 1.216.078, com repercussão geral).

4.2.2. Princípio da igualdade

O preceito da **igualdade** é, a um só tempo, o mais importante dos vetores constitucionais em matéria tributária, mas, por outro lado, representa algo que, por definição, veicula um ideal de quase impossível consecução.

A igualdade ou isonomia[30] se constitui na eterna busca da sociedade pela distribuição da justiça, de modo que reconhecer, entre as infinitas relações intersubjetivas, os traços distintivos que mereçam tratamento jurídico adequado se traduz numa das mais nobres missões do legislador.

Contudo, sabemos que a aplicação *direta* da igualdade (que podemos denominar **igualdade absoluta**) seria nefasta para a sociedade e nos aproximaria dos estados totalitários, nos quais não há qualquer margem para o reconhecimento das liberdades e peculiaridades individuais, ou seja, qualquer proposição igualitária que **não reconheça** as nuances individuais é antijurídica e deve ser imediatamente repelida pelo Direito.

A igualdade que promovesse *tabula rasa* em relação às pessoas e seus direitos individuais não poderia jamais prosperar, sob pena de o Estado não reconhecer e não respeitar as necessidades dos hipossuficientes.

Como exemplo, parece-nos natural a ideia de que uma criança deva receber do ordenamento tutela distinta das pessoas adultas, assim como os deficientes mereçam um tratamento adequado às suas limitações.

---

[30] Usaremos os termos como equivalentes, da mesma forma como as questões de concursos.

4 ◼ Sistema Tributário Nacional

O conceito de igualdade permeia, pois, a noção de **distributividade da justiça** e precisa, em cada sociedade, ser ponderado de acordo com os diversos índices de necessidade das pessoas.

A tarefa é permanente e ilimitada, razão pela qual tende a jamais ser alcançada em sua plenitude.

A partir dessa percepção, o Direito tem buscado, ao longo dos tempos, **operacionalizar** a noção de igualdade, no sentido de conferir-lhe **eficácia** no mundo real, ou seja, produzir normas jurídicas capazes de aferir as múltiplas relações humanas e a elas atribuir **equivalência**, especialmente em termos obrigacionais.

Na história do direito brasileiro, a definição clássica de igualdade provém de Rui Barbosa, que, na célebre **Oração aos Moços** (*circa* 1920), elaborou o conceito de todos conhecido: "A regra da igualdade não consiste senão em quinhoar desigualmente aos desiguais, na medida em que se desigualam"[31].

Convém destacar que a frase do grande Rui foi cunhada nos albores da República, momento em que o próprio Estado Brasileiro acabara de surgir e ainda carecia de inúmeros direitos fundamentais.

Daí a **importância retórica** da assertiva, pois, apesar de hoje soar tautológica, a máxima do nosso *Águia de Haia* deve ser compreendida no contexto histórico do início do século XX, momento em que as normas jurídicas apenas esboçavam garantias individuais que hoje nos parecem inquestionáveis[32].

A questão que podemos colocar é: será a concepção **clássica de igualdade**, nos termos observados, aplicável ao direito tributário atualmente em vigor?

O princípio da **igualdade** é um dos preceitos basilares do sistema tributário e está previsto no art. 150, II, da Constituição:

> **Art. 150.** Sem prejuízo de outras garantias asseguradas ao contribuinte, é vedado à União, aos Estados, ao Distrito Federal e aos Municípios:
> (...)
> II — instituir tratamento desigual entre contribuintes que se encontrem em situação equivalente, proibida qualquer distinção em razão de ocupação profissional ou função por eles exercida, independentemente da denominação jurídica dos rendimentos, títulos ou direitos;

Como se pode observar, o constituinte **não seguiu** à risca o modelo tradicional.

---

[31] O período completo, de extrema relevância para o entendimento da igualdade, foi: "A regra da igualdade não consiste senão em quinhoar desigualmente aos desiguais, na medida em que se desigualam. Nesta desigualdade social, proporcionada à desigualdade natural, é que se acha a verdadeira lei da igualdade. O mais são desvarios da inveja, do orgulho, ou da loucura. Tratar com desigualdade a iguais, ou a desiguais com igualdade, seria desigualdade flagrante, e não igualdade real. Os apetites humanos conceberam inverter a norma universal da criação, pretendendo, não dar a cada um, na razão do que vale, mas atribuir o mesmo a todos, como se todos se equivalessem".

[32] Nunca é demais lembrar que poucas décadas antes (1880) ainda convivíamos com o absurdo da escravidão.

E a escolha nos parece adequada, pois seria virtualmente impossível dosar a tributação *na medida das desigualdades individuais concretas.*

Somos mais de 200 milhões de pessoas no país e, a partir da provavelmente correta assunção de que não existem **dois indivíduos iguais**, resta evidente a dificuldade prática da proposição.

Quis a Constituição que a igualdade tributária se manifestasse mediante critérios, com tratamento idêntico para **situações equivalentes**.

O comando determina que o ente político responsável pela instituição de tributos estabeleça, em lei, critérios aptos a reconhecer **traços distintivos** entre as pessoas, de forma a identificá-las e agrupá-las de acordo com as condutas e mecanismos de incidência previstos na norma.

Didaticamente, podemos dizer que a noção de igualdade prevê a criação de **subconjuntos** ("caixinhas" ou gavetas, como preferir o leitor), de modo que o tratamento *intragrupo deva ser idêntico*, mas certamente distinto daquele conferido aos membros do outro grupo, e assim sucessivamente.

Exemplo: Uma pessoa organizada pode arrumar suas roupas em gavetas diferentes, de acordo com a característica de cada peça (meias, camisetas, lenços etc.). Em razão do espaço disponível — e da quantidade de itens, obviamente —, poderá ser necessário colocar numa mesma gaveta as meias e os lenços, decisão que provavelmente será adotada segundo critérios de **semelhança** (volume, quantidade ou frequência de uso, por exemplo), de forma que, apesar de diferentes, seja possível localizá-los sem grande dificuldade. Nesse caso, a despeito de serem objetos distintos, meias e lenços foram considerados **equivalentes** e receberam idêntico tratamento.

É o que ocorre no direito tributário.

Ainda que as pessoas se encontrem em situações diferentes, pode o legislador **aproximá-las** *segundo critérios fixados em lei*, a exemplo do que se observa no imposto sobre a renda.

Com efeito, se analisarmos o mecanismo de tributação das **pessoas físicas**, perceberemos que legislador as dividiu em cinco faixas distintas (gavetas), assim distribuídas:[33]

TABELA PROGRESSIVA MENSAL DO IMPOSTO DE RENDA COM ALÍQUOTAS VÁLIDAS A PARTIR DO MÊS DE MAIO DO ANO-CALENDÁRIO DE 2023		
Base de cálculo (R$)	Alíquota (%)	Parcela a deduzir do IRPF (R$)
■ Até R$ 2.112,00		
■ De R$ 2.112,01 até R$ 2.826,65	7,5%	R$ 158,40
■ De R$ 2.826,66 até R$ 3.751,05	15,0%	R$ 370,40
■ De R$ 3.751,06 até R$ 4.664,68	22,5%	R$ 651,73
■ Acima de R$ 4.664,68	27,5%	R$ 884,96

---

[33] Tabela em vigor a partir de maio de 2023. Vale ressaltar que, em homenagem à igualdade, o legislador ao menos reconheceu a necessidade de dedução das parcelas intermediárias,

4 ■ Sistema Tributário Nacional

Verifica-se que o critério **quantidade de renda** auferida no mês foi eleito pelo legislador como elemento de aproximação e distinção dos contribuintes.

De acordo com a tabela, qualquer pessoa que receba durante dado mês valor inferior a R$ 2.112,00 estará **isenta** do imposto de renda no período.

Isso não significa que, em termos econômicos, todos aqueles considerados isentos estejam em situação de igualdade. Se, por exemplo, encontrássemos nossos amigos João, que recebeu R$ 1.400,00 no mês, e Maria, que teve renda de R$ 2.100,00, e lhes disséssemos que desfrutam de igual condição, certamente teríamos problemas.

Na prática, Maria recebeu 50% a mais que João, embora, juridicamente (para fins de tributação), as rendas sejam **equivalentes** e mereçam igual tratamento, posto que ambos estariam na mesma "gaveta".

Se analisarmos o outro extremo da tabela, mais visíveis ainda serão as distorções.

Percebe-se que a **maior faixa** de tributação, com alíquota de **27,5%**, incide sobre rendas mensais superiores a R$ 4.664,68, sem qualquer parâmetro adicional de distinção.

Com base nisso, costumo dizer aos alunos, especialmente os que buscam ingressar nas carreiras fiscais ou jurídicas, que todos estudam para ficar **ricos**, uma vez que praticamente todos os cargos disponíveis (de nível médio, inclusive) *oferecem remuneração superior a R$ 4.664,68*, circunstância que, de acordo com a **legislação do imposto de renda**, os colocará entre as pessoas mais abastadas do Brasil. Pode parecer brincadeira (ou recurso para fortalecer a autoestima dos alunos), mas não é.

Como decorrência, o leitor — a partir de agora, candidato à riqueza — provavelmente já intuiu que tanto faz receber R$ 5.000,00, R$ 50.000,00, R$ 500.000,00 ou até R$ 5.000.000,00 por mês, que a tributação será **absolutamente idêntica** em todos os casos! (claro que haverá uma pequena diferença em relação à **alíquota efetiva**, mas ela não é suficiente para corrigir essa brutal distorção).

Por mais absurda que seja a constatação, essa é a *consequência econômica do princípio da igualdade para fins de imposto de renda*, tal como atualmente **estabelecido em lei**.

Fiz questão de destacar o papel da lei nessa hipótese, no intuito de isentar o constituinte originário de qualquer responsabilidade pela evidente distorção do sistema.

Conquanto o princípio tenha sido erigido **corretamente**, eventual culpa pela incompatibilidade do preceito constitucional com a realidade experimentada pelos contribuintes deve ser atribuída *ao legislador ordinário*, que não soube (ou não quis) estabelecer mecanismos de tributação justos ou adequados.

O exemplo (entre outros tantos possíveis) bem revela a necessidade de **sintonia** entre o ente político competente para a criação das espécies tributárias e os mandamentos constitucionais, pois os princípios, apesar de incontrastável força normativa,

---

pois, do contrário, a troca para a faixa superior poderia implicar redução do valor líquido a receber. Assim, as parcelas a deduzir (3.ª coluna) indicam os valores que serão reduzidos da base de cálculo para que, em cada faixa, a tributação ocorra de modo idêntico.

212 Direito Tributário Esquematizado   Roberto Caparroz

carecem, para sua plena eficácia, de **interpretação** e **percepção da realidade econômica** pelo legislador, sensibilidade muitas vezes ausente nas normas positivas do país[34].

Parece-nos evidente que cabe ao legislador observar a realidade para introduzir
regras dotadas de **razoabilidade**, em que a eleição dos elementos discriminadores corresponda à efetiva situação das pessoas e dos fatos que se pretende tributar.

Celso Antônio Bandeira de Mello aponta três questões que devem ser analisadas
para se reconhecer o **desrespeito** à isonomia[35]:

a) a primeira diz com o elemento tomado como fator de desigualação;

b) a segunda reporta-se à correlação lógica abstrata existente entre o fator erigido
em critério de discrímen e a disparidade estabelecida no tratamento jurídico diver-
sificado;

c) a terceira atina à consonância dessa correlação lógica com os interesses absorvidos no sistema constitucional e destarte juridicizados.

As indagações do ilustre professor reclamam a verificação do critério adotado
como discriminatório, para nele se verificar a presença de **justificativas racionais**, ou
seja, fundamentos lógicos que permitam correlacionar a norma abstrata com os valores
garantidos pela Constituição.

Mas isso não basta: deve haver uma **correlação lógica concreta**, na qual o traço
distintivo deva residir na pessoa, coisa ou situação a ser discriminada.

No exemplo do imposto de renda das pessoas físicas, que apresentamos, embora a
eleição do critério tenha sido a renda mensal auferida, o modelo adotado pelo legislador
carece de racionalidade, pois deveria adotar **mais faixas** de tributação (tornando a curva
progressiva das alíquotas mais suave) e dar tratamento específico para as pessoas *efetivamente abastadas*, pois quanto maior a renda maior a **diluição** dos 27,5% exigidos a
título de alíquota.

Embora óbvio, explicamos o raciocínio: se duas pessoas são tributadas pela **mesma
alíquota**, de 27,5%, mas uma recebe R$ 5.000,00 por mês enquanto a outra aufere R$
50.000,00, é evidente que a parcela retirada a título de imposto de renda faz *muito mais
falta para quem recebe menos*, pois o valor, para o indivíduo, pode ser a diferença entre
ter os filhos na escola pública ou particular, contratar ou não um bom plano de saúde, e
assim por diante, enquanto para quem recebe mais essas escolhas, **que são essenciais**,
não são afetadas pela parcela tributada.

A advertência provém do próprio Bandeira de Mello, para quem a igualdade é princípio que visa a **duplo objetivo**, a saber: *de um lado, propiciar garantia individual
contra perseguições e, de outro, tolher favoritismos*[36].

---

[34] A própria Constituição estabelece critério distintivo, de ordem econômica, em relação às contribuições sociais devidas pelos empregadores e empresas, ao autorizar, no § 9.º do art. 195 que essas
contribuições *poderão ter alíquotas ou bases de cálculo diferenciadas*, em razão da atividade
econômica, da utilização intensiva de mão de obra, do porte da empresa ou da condição estrutural do mercado de trabalho.

[35] Celso Antônio Bandeira de Mello, *O conteúdo jurídico do princípio da igualdade*, 3. ed., p. 21.

[36] Celso Antônio Bandeira de Mello, *O conteúdo jurídico do princípio da igualdade*, 3. ed., p. 23.

Na mesma linha de ideias, Humberto Ávila faz a distinção ontológica e dá exemplos acerca da aplicação do princípio da igualdade:

"A igualdade pode funcionar como regra, prevendo a proibição de tratamento discriminatório; como princípio, instituindo um estado igualitário como o fim a ser promovido; e como postulado, estruturando a aplicação do Direito em função de elementos (critério de diferenciação e finalidade da distinção) e da relação entre eles (congruência do critério em razão do fim). A concretização do princípio da igualdade depende do critério medida objeto de diferenciação. Isso porque o princípio da igualdade, ele próprio, nada diz quanto aos bens ou aos fins de que se serve a igualdade para diferenciar ou igualar as pessoas. As pessoas ou situações são iguais ou desiguais em função de um critério diferenciador. Duas pessoas são formalmente iguais ou diferentes em razão da idade, do sexo ou da capacidade econômica. Essa diferenciação somente adquire relevo material na medida em que se lhe agregar uma finalidade, de tal sorte que as pessoas passam a ser iguais ou diferentes de acordo com um mesmo critério, dependendo da finalidade a que ele serve. Duas pessoas podem ser iguais ou diferentes segundo o critério da idade: devem ser tratadas de modo diferente para votar nalguma eleição, se uma tiver atingido a maioridade não alcançada pela outra; devem ser tratadas igualmente para pagar impostos, porque a concretização dessa finalidade é indiferente à idade. Duas pessoas podem ser consideradas iguais ou diferentes segundo o critério do sexo: devem ser havidas como diferentes para obter licença-maternidade se somente uma delas for do sexo feminino; devem ser tratadas igualmente para votar ou pagar impostos, porque a concretização dessa finalidade é indiferente do sexo. Do mesmo modo, duas pessoas podem ser compreendidas como iguais ou diferentes segundo o critério da capacidade econômica: devem ser vistas como diferentes para pagar impostos, se uma delas tiver maior capacidade contributiva; são tratadas igualmente para votar e para a obtenção de licença-maternidade, porque a capacidade econômica é neutra relativamente à concretização dessas finalidades"[37].

No atual cenário, a legislação do imposto de renda das pessoas físicas, com os critérios e faixas adotados pelo legislador, claramente favorece as pessoas com maior renda, além de não adotar um mecanismo adequado de progressividade.

Vista a questão da **equivalência de situações** para a compreensão e a aplicação do princípio da igualdade, resta-nos comentar a parte final do inciso II, que proíbe "qualquer distinção em razão de ocupação profissional ou função por eles exercida, independentemente da denominação jurídica dos rendimentos, títulos ou direitos".

O salutar mandamento constitucional objetiva sepultar, definitivamente, qualquer tentativa de manipulação do espectro de incidência dos tributos, circunstância corriqueira antes do advento da Carta de 1988.

À época, diversas situações, ainda que autorizadas por lei, quebrantavam a **paridade** de tributação entre as pessoas, em clara ofensa ao princípio da igualdade. Novamente nos socorreremos do imposto sobre a renda, que, além de ser figura tributária conhecida de todos, bem se presta à elucidação do tema.

---

[37] Humberto Ávila, *Teoria dos princípios:* da definição à aplicação dos princípios jurídicos, p. 150.

214 Direito Tributário Esquematizado   *Roberto Caparroz*

Como exemplo, podemos dizer que durante muito tempo alguns **cargos** de relevância da República, em todos os Poderes e nas Forças Armadas, remuneravam seus ocupantes por meio de um emaranhado de rubricas administrativas, muitas das quais fora do campo de incidência do imposto de renda ou albergadas sob algum tipo de isenção.

Tal situação implicava que um trabalhador da iniciativa privada, conquanto recebesse **nominalmente** a mesma remuneração do agente público, suportava carga tributária **mais gravosa**, uma vez que para este último diversos componentes da sua remuneração, como gratificações, adicionais, ajudas de custo, compensações, jetons etc. não eram passíveis de tributação[38].

Com a nova Constituição, a disparidade deixou de existir, pois o caráter imperativo do comando constitucional não deixa margem para dúvidas.

Atualmente pouco importa o cargo ou a função exercida pelo contribuinte, tampouco o *nomen juris* do rendimento; todos **serão tributados** em homenagem ao preceito da igualdade.

Assim, quem recebe R$ 5.000,00 a título de *salários, vencimentos, pensões, aluguéis ou qualquer outra denominação* deverá ser tributado de acordo com a **faixa dos rendimentos**, sem exclusões ou tratamentos discricionários que não os previstos na tabela mensal de incidência do imposto sobre a renda.

STF — Princípio da Igualdade

- **Constitucionalidade da sobrecarga imposta aos bancos e instituições financeiras.** Contribuição previdenciária sobre a folha de salários. Adicional. Parágrafo 1º do art. 22 da Lei 8.212/1991. A sobrecarga imposta aos bancos comerciais e às entidades financeiras, no tocante à contribuição previdenciária sobre a folha de salários, não fere, à primeira vista, o princípio da isonomia tributária, ante a expressa previsão constitucional (AC 1.109-MC).

- **Restrição em relação ao regime aduaneiro especial de admissão temporária.** O STF entendeu que a exclusão das operações de arrendamento mercantil do regime de admissão temporária não fere o princípio da igualdade: "A exclusão do arrendamento mercantil do campo de aplicação do regime de admissão temporária atende aos valores e objetivos já antevistos no projeto de lei do arrendamento mercantil, para evitar que o *leasing* se torne opção por excelência devido às virtudes tributárias, e não em razão da função social e do escopo empresarial que a avença tem" (RE 429.306).

- **Lei que restringe os contribuintes da Cosip aos consumidores de energia elétrica do Município não ofende o princípio da isonomia, ante a impossibilidade de se identificar e tributar todos os beneficiários do serviço de iluminação pública.** A progressividade da alíquota, que resulta do rateio do custo da iluminação pública entre os consumidores de energia elétrica, não afronta o princípio da capacidade contributiva. Tributo de caráter *sui generis*, que não se confunde com um imposto, porque sua receita se destina a finalidade específica, nem com uma

---

[38] Atualmente, a legislação do Imposto sobre a Renda apenas considera como não tributáveis os valores de natureza indenizatória, como diárias, auxílio-transporte etc.

4 ■ Sistema Tributário Nacional

taxa, por não exigir a contraprestação individualizada de um serviço ao contribuinte. Exação que, ademais, se amolda aos princípios da razoabilidade e da proporcionalidade (RE 573.675, com repercussão geral).

■ **Inconstitucionalidade por ofensa à igualdade. Lei Orgânica no MP.** A lei complementar estadual que isenta os membros do Ministério Público do pagamento de custas judiciais, notariais, cartorárias e quaisquer taxas ou emolumentos fere o disposto no art. 150, II, da CB. O texto constitucional consagra o princípio da igualdade de tratamento aos contribuintes (ADI 3.260).

■ **No mesmo sentido, em relação à isenção para aquisição de automóveis por oficiais de justiça.** Concessão de isenção à operação de aquisição de automóveis por oficiais de justiça estaduais. (...) A isonomia tributária (CF, art. 150, II) torna inválidas as distinções entre contribuintes "em razão de ocupação profissional ou função por eles exercida", máxime nas hipóteses nas quais, sem qualquer base axiológica no postulado da razoabilidade, engendra-se tratamento discriminatório em benefício da categoria dos oficiais de justiça estaduais (ADI 4.276).

4.2.2.1. Princípios instrumentais da igualdade

O princípio da igualdade é um ideal que deve ser incessantemente perseguido pela legislação tributária, respeitando-se as **diferenças** entre os contribuintes.

Note-se que o preceito não determina que todos sejam tratados da mesma forma, pois a igualdade só promove justiça quando aplicada a **situações equivalentes**.

Isso revela, como vimos, a importância na definição dos critérios de **discriminação** eleitos pelo legislador, que deverá reconhecer as diferenças entre as pessoas e agrupá-las de acordo com características individuais e econômicas.

Por ser de natureza ampla e de quase impossível concretização, precisa a igualdade valer-se de **instrumentos** capazes de operacionalizá-la, no sentido de conferir às relações econômicas a equivalência no trato tributário exigida pela Constituição.

Para tanto, o próprio constituinte nos apresenta, em diversos momentos, princípios constitucionais ora atinentes a determinada **categoria** de tributos, ora específicos a **única figura**, o que não implica, necessariamente, que seus efeitos não possam ser irradiados para todo o sistema, visto serem garantias fundamentais dos contribuintes, conforme observaremos a seguir.

4.2.2.1.1. Os princípios da generalidade e da universalidade

O sucesso do princípio da igualdade depende, no mais das vezes, da utilização de outros **princípios instrumentais** (intermediários), capazes de promover os valores almejados pela Constituição.

É o que ocorre com o **Imposto de Renda**, nos termos do art. 153, III, § 2.º:

Art. 153. Compete à União instituir impostos sobre:

(...)

III — renda e proventos de qualquer natureza;

(...)

> § 2.º O imposto previsto no inciso III:
>
> I — será informado pelos critérios da generalidade, da universalidade e da progressividade, na forma da lei;

Portanto, a *generalidade*, a *universalidade* e a *progressividade* são, para o imposto de renda, princípios instrumentais para a consecução da igualdade.

O leitor atento prontamente observará a **aproximação semântica** dos dois primeiros mandamentos, uma vez que as expressões "geral" e "universal" são **sinônimas** na língua portuguesa.

Trata-se de caso explícito de **sobreposição conceitual**, o que apenas contribui para a vaguidade terminológica que, por incontáveis vezes, contamina o texto normativo, situação ainda mais grave quando esta se encontra no altiplano constitucional.

Apesar do incontroverso entendimento de que os princípios se referem à possibilidade de o imposto sobre a renda alcançar **todas as pessoas** e **todos os ingressos patrimoniais**, independentemente de qualificações jurídicas, econômicas ou territoriais, remanesce a dúvida sobre qual comando diria respeito às pessoas e qual cuidaria das rendas.

Com o advento da Lei n. 9.249/95, passou a União a **tributar no Brasil** os lucros, rendimentos e ganhos de capital auferidos no exterior por pessoas jurídicas sediados no país (art. 25), sistemática que inaugurou, no atual ordenamento constitucional-tributário, a chamada **Tributação em Bases Universais**, que em alguns países é conhecida como *Princípio da Renda Mundial*.

Isso significa que os resultados **auferidos no exterior** por residentes no Brasil deverão ser adicionados ao lucro líquido para fins de determinação do lucro real (base de cálculo do *Imposto sobre a Renda das Pessoas Jurídicas — IRPJ*) e à base de cálculo da *Contribuição Social sobre o Lucro Líquido — CSLL*.

Em termos simples, isso significa que as **rendas produzidas** em qualquer lugar do planeta serão tributadas no Brasil quando os titulares desses direitos forem **residentes** no país, o que, na prática, confere **extraterritorialidade** à incidência do imposto sobre a renda, a fim de alcançar fatos jurídicos praticados fora do território nacional e, por decorrência, submetê-los à tributação de acordo com a legislação pátria.

Com esteio nesse raciocínio, hoje entendemos induvidosa a tese de que o princípio da **universalidade** se aplica às **fontes de rendas**, e não ao espectro de contribuintes, posição ainda defendida por alguns autores.

A fim de corroborar tal assertiva, convém ressaltar que a Receita Federal do Brasil, responsável pela administração e fiscalização do Imposto sobre a Renda, criou grupos específicos, voltados para a chamada **tributação em bases universais**, cuja principal função é apurar e controlar os investimentos fora do país.

Por óbvio que o alcance do Imposto sobre a Renda é amplíssimo no direito brasileiro e não se restringe às pessoas jurídicas, até porque o constituinte, em momento algum, faz distinção entre os destinatários da incidência, ou seja, na Carta Política temos **uma só figura**, que a lei desdobrou em sistemáticas diferentes de arrecadação para as pessoas físicas e jurídicas.

4 ■ Sistema Tributário Nacional

Isso decorre do princípio da **generalidade**, que estabelece a sujeição de **todos** à tributação, independentemente de circunstâncias jurídicas peculiares (exceto nas hipóteses de imunidade).

Em termos práticos, pouco importa se tratar de *pessoa física* ou *jurídica*, submetida a regime *privado* ou *público* ou, ainda, a *mecanismos especiais de tributação* (como o Simples Nacional ou isenções, por exemplo), o Imposto sobre a Renda, ante a **abrangência geral** (corolário e instrumento da igualdade), capturará todos os agentes econômicos que auferirem qualquer tipo de rendimento e os submeterá ao regime previsto em lei.

Perceba o leitor que cuidamos da **incidência**, marco inicial das relações tributárias, mas distinto das eventuais consequências econômicas delineadas pelo ordenamento jurídico.

O fato de todos sofrerem a tributação **não implica**, necessariamente, que deverão recolher o tributo, nem que os mecanismos de apuração da base de cálculo sejam idênticos (como é o caso das pessoas jurídicas, que podem ser tributadas pelo *Simples Nacional* ou pelo *lucro real, presumido ou arbitrado*).

Generalidade, para o Imposto de Renda, portanto, significa que todas as pessoas podem ser tributadas, sem qualquer distinção em razão de cargos, funções ou ocupação profissional. Na medida em que trabalham e auferem renda devem contribuir com o imposto, sem qualquer tipo de favorecimento.

Da mesma forma, não importa qual a **natureza jurídica** ou **denominação** da renda auferida (salário, aluguel ou pensão, por exemplo). Independentemente do motivo ou da origem da renda, o princípio da **universalidade** determina que todos os ingressos patrimoniais deverão ser tributados.

Exemplo: Três pessoas, "Antônio", "Bruna" e "Carlos", recebem R$ 10.000,00 mensais. Antônio como salário na empresa em que trabalha, Bruna em decorrência de sua atividade como profissional liberal e Carlos por conta do aluguel de imóveis. O princípio da **igualdade**, parametrizado pelo conceito de **universalidade**, exige que todos tenham os valores tributados.

A universalidade também permite que o Brasil alcance rendas **oriundas do exterior** sempre que um residente no país obtenha rendimentos em outros locais, *mesmo que o dinheiro não seja trazido para o nosso território.*

Como o critério de tributação é a **residência** no Brasil, os rendimentos auferidos em outros países deverão aqui ser oferecidos à tributação, para fins de imposto de renda.

Exemplo: João é residente no Brasil e possui um apartamento alugado em Paris. Mensalmente, o locatário deposita o valor do aluguel numa conta bancária na capital francesa. Ainda que esses valores jamais ingressem no Brasil, o princípio da universalidade exige que João declare os aluguéis à Receita Federal e pague o imposto de renda deles decorrente.

Compreendida a lógica da tributação de rendimentos no exterior, a partir desse exemplo simples, temos condições de analisar, com maior profundidade, o alcance extraterritorial das normas brasileiras, o que faremos a seguir.

4.2.2.1.1.1. Tributação de rendimentos oriundos do exterior

Situações importantes — e cada vez mais frequentes — surgem a partir da aplicação dos princípios da generalidade e, especialmente, da universalidade da tributação.

São as hipóteses em que **residentes** no Brasil, pessoas físicas ou jurídicas, obtêm receitas no exterior, e, ainda que as mantenham fora do país, deverão declará-las à Receita Federal do Brasil e submeter os valores auferidos à sistemática tributária nacional.

Impende destacar, até para quebrarmos o pensamento popular dominante, que, em tempos de globalização, **não há** qualquer obstáculo à remessa, aplicação ou manutenção de **recursos no exterior**, vale dizer, isso não implica a prática de qualquer ato antijurídico ou ilegal.

As únicas exigências imprescindíveis são a **declaração** e o **oferecimento** dos valores para tributação no Brasil, desde que o contribuinte aqui resida.

Ressalte-se que utilizamos o verbo "residir", que difere, em termos jurídicos, do tradicional conceito de **domicílio**, até porque este implica determinado *animus*, normalmente mediante escolha do contribuinte, enquanto a residência pode ocorrer ainda que **contra a vontade** do indivíduo, desde que preenchidos os requisitos legais.

Para que possamos compreender o tema, vejamos as hipóteses normativas que fixam o conceito de **residente** para fins do Imposto sobre a Renda das pessoas físicas:

- Indivíduos que residam no Brasil, em caráter **permanente**, ainda que estrangeiros[39];
- Pessoas que se ausentem do país para prestar serviços como **funcionários** de autarquias ou repartições do Governo Brasileiro situadas no exterior;
- **Estrangeiros** que ingressem no Brasil:
  - com visto permanente, na data da chegada;
  - com visto temporário:
    - para trabalhar com **vínculo empregatício** ou atuar como médico bolsista no âmbito do *Programa Mais Médicos*, na data da chegada;
    - na data em que complete **184 dias**[40], consecutivos ou não, de permanência no Brasil, dentro de um período de até doze meses;
    - na data da obtenção de visto permanente ou de vínculo empregatício, se ocorrida **antes de completar 184 dias**, consecutivos ou não, de permanência no Brasil, dentro de um período de até doze meses;
- Brasileiros que adquiriram a condição de **não residente** no país e retornem com ânimo definitivo, na data da chegada;

---

[39] É importante que o leitor perceba que o vínculo jurídico **nacionalidade** é irrelevante para a noção de residência, que alcança brasileiros e estrangeiros em igual medida.

[40] A Lei n. 9.718/98, art. 12, trata dos prazos em que se dá a submissão de estrangeiros ao regime de tributação nacional, e utiliza como parâmetro a permanência no país por **mais de 183 dias**, de modo a evitar, em termos matemáticos, que dado indivíduo se sujeite a regimes distintos (hipótese de bitributação internacional) durante o mesmo ano-calendário. Assim, ainda que o ano fosse bissexto, não haveria como adquirir residência em dois países **simultaneamente**, e a tributação ocorreria no país onde se cumprir o critério temporal.

- Pessoas que se ausentem do Brasil em caráter **temporário**, ou se retirem em caráter permanente do território nacional sem entregar a **Comunicação de Saída Definitiva** do País, durante os primeiros doze meses consecutivos de ausência.

> **Importante!** De acordo com as regras da Receita Federal do Brasil, existem duas providências diferentes: a *Comunicação de Saída Definitiva do País*, que deve ser apresentada a partir da **data de saída** até o último dia do mês de fevereiro do ano-calendário subsequente, e a *Declaração de Saída Definitiva do País*, relativa ao período em que tenha permanecido na condição de **residente no Brasil** no ano-calendário da saída ou da caracterização da **condição de não residente**, até o último dia útil do mês de abril do ano-calendário subsequente ao da saída definitiva, ou da caracterização da condição de não residente.

Parece complicado, mas a ideia é que em relação ao imposto de renda temos efetivamente duas situações distintas: a partir do momento em que alguém deixa o país não mais será tributado de acordo com a legislação brasileira, mas, para tanto, precisa comunicar a Receita Federal.

Contudo, durante o período em que esteve no Brasil, no ano da saída (alguns meses, por exemplo), a pessoa está sujeita às regras nacionais e deverá apurar o imposto devido, conforme a figura a seguir.

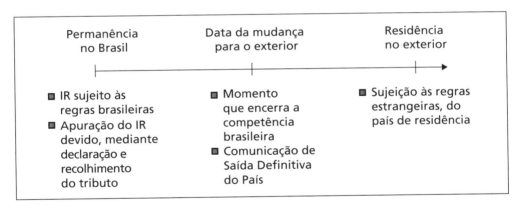

Percebe-se que o rol de sujeitos passivos do Imposto sobre a Renda e as obrigações decorrentes tendem a ser bem mais amplos do que se imagina, pois as situações podem alcançar, inclusive, indivíduos que nem sequer possuem **vínculo permanente** com o Estado Brasileiro.

Para melhor compreensão, vejamos os seguintes exemplos.

Caso 1: Estrangeiro com residência no Brasil

Digamos que um cidadão francês, sem qualquer interesse em adquirir a nacionalidade brasileira, seja designado para trabalhar no Brasil, por ordem de seu empregador. Passa, portanto, a residir no país com a família e assim permanecerá durante todo o contrato. Todavia, por ser proprietário de luxuoso apartamento em Paris, decide alugá-lo a terceiro, que efetua os pagamentos mensais, fixados em euros, em instituição estrangeira situada naquela cidade. Apesar de os valores se encontrarem no exterior, deverá o nosso amigo francês declarar Imposto sobre a Renda no Brasil e **submeter**, juntamente com outros rendimentos, o **valor dos aluguéis** à tributação *de acordo com a sistemática nacional*. Na prática, independentemente da transferência dos recursos para o país, os rendimentos oriundos dos aluguéis estarão sujeitos ao recolhimento mensal obrigatório (carnê-leão), no mês de cada recebimento, e na declaração de ajuste anual do imposto.

Convém ressaltar que a legislação do Imposto sobre a Renda, com esteio no princípio da universalidade, estabelece como **elemento de conexão** entre o indivíduo e o sistema tributário nacional o conceito de residência, que afasta, *a priori*, a pretensão de outros entes tributantes.

Neste passo, poderia o leitor indagar o seguinte: e se porventura os aluguéis recebidos pelo cidadão francês foram tributados no seu país, visto que a origem dos recursos pode sofrer o que denominamos **retenção na fonte**? A pergunta é extremamente pertinente, e a resposta sobre o procedimento jurídico adequado dependerá da existência ou não de **tratado internacional** entre os dois países.

O tema respeita à **bitributação** internacional (incidência tributária de dois sistemas, em razão dos critérios *fonte de produção do rendimento* e *residência*) e tem sido objeto recorrente de perguntas em concursos, especialmente na área federal.

Dada a soberania dos Estados — e a natural competência para tributar fatos jurídicos de seu interesse, normalmente decorrentes do princípio da **territorialidade**[41] —, exsurge o problema de o mesmo indivíduo ser alcançado por normas distintas, o que tornaria o ônus econômico real muito superior ao razoável.

Para resolver a questão, é possível que os Estados celebrem tratados para evitar a **bitributação**[42] ou aceitem, no âmbito de suas respectivas legislações internas, **reciprocidade** de tratamento fiscal sobre os ganhos e tributos comuns.

Assim, se houver acordo internacional, o valor **pago no exterior**[43] poderá ser compensado com o imposto devido no Brasil, desde que não sujeito à restituição ou compensação no país de origem.

Em igual sentido, poderá o contribuinte pleitear o direito de **compensação** com base em lei estrangeira concessiva de reciprocidade, cuja comprovação deverá ser efetuada mediante apresentação de cópia da lei publicada em órgão da imprensa oficial do país de origem do rendimento, traduzida por tradutor juramentado e autenticada pela representação diplomática do Brasil naquele país, ou mediante declaração desse órgão que ateste a reciprocidade de tratamento tributário[44].

---

[41] A territorialidade é o princípio geral de que a incidência deva ocorrer dentro dos limites de competência do poder tributante, mas comporta exceções, como é o caso dos tratados internacionais e dos convênios celebrados por entes federativos, como teremos a oportunidade de observar.

[42] Poder-se-ia admitir casos de pluritributação, quando a exigência adviesse de três ou mais países.

[43] O montante pago no exterior deve ser convertido em dólares norte-americanos conforme o valor fixado pela autoridade monetária do país no qual o pagamento foi realizado, na data do pagamento e, em seguida, em reais mediante utilização do valor do dólar fixado para compra pelo Banco Central do Brasil para o último dia útil da primeira quinzena do mês anterior ao recebimento do rendimento.

[44] A prova de reciprocidade é dispensada para a Alemanha, Estados Unidos (somente impostos federais) e Reino Unido.

4 ■ Sistema Tributário Nacional   221

Os **países** com os quais o Brasil possui acordo para evitar a bitributação são:

África do Sul	Dinamarca	Hungria	Países Baixos	Rússia
Argentina	Emirados Árabes Unidos	Índia	Peru	Trinidad e Tobago
Áustria	Equador	Israel	Portugal	Turquia
Bélgica	Eslováquia	Itália	República Eslovaca	Ucrânia
Canadá	Espanha	Japão	República Tcheca	Venezuela
Chile	Filipinas	Luxemburgo	Singapura	
China	Finlândia	México	Suécia (**)	
Coreia do Sul	França	Noruega (*)	Suíça	

(*) Os arts. 10 (§§ 2.º e 5.º), 11 (§§ 2.º e 3.º), 12 (§ 2.º, *b*) e 24 (§ 4.º) tiveram aplicação até 31-12-1999.

(**) Os arts. 10 (§§ 2.º, *a*, e 5.º), 11 (§ 2.º, *b*), 12 (§ 2.º, *b*) e 23 (§ 3.º) tiveram aplicação até 31-12-1999.

Se os rendimentos forem auferidos em países que **não possuam tratado** com o Brasil, poderão sofrer a dupla incidência, de acordo com o que dispuserem as respectivas legislações (no Brasil serão tributados normalmente, de acordo com as normas vigentes).

Caso 2: Residentes no Brasil com saída temporária ou permanente

Situação que costuma, na prática, gerar diversos problemas para alguns brasileiros, pelo desconhecimento dos procedimentos tributários adequados, diz respeito à **saída do país**, por motivos diversos (trabalho ou estudo, por exemplo).

O tema comporta duas situações distintas, conforme o tempo de permanência no exterior e o *animus* do contribuinte: a *saída temporária* e a *saída definitiva*.

A **saída temporária** compreende os casos em que o indivíduo se ausenta do Brasil por mais de doze meses consecutivos. Nesse caso, deverá apresentar *Declaração de Saída Definitiva do País*[45], relativa ao período em que tenha permanecido na condição de residente no Brasil no ano-calendário da caracterização da condição de não residente.

Ressalte-se que a saída do país exige a **quitação** dos tributos incidentes até a data do desligamento, por força do princípio da igualdade.

Portanto, como providência adicional à *Comunicação de Saída Definitiva*, deverá o contribuinte recolher em cota única, nos prazos mencionados, o imposto apurado e os demais créditos tributários ainda não quitados, cujos prazos para pagamento serão considerados vencidos na mesma data, se prazo menor não for estipulado na legislação de regência.

Por seu turno, os brasileiros que pretendam deixar o país em **caráter definitivo** também deverão preencher a *Declaração de Saída Definitiva*, nos moldes e prazos já citados, com a ressalva de que, além da quitação dos débitos, serão consideradas sem

---

[45] Apesar da impropriedade da denominação, a Declaração Definitiva de Saída do País vale para as duas hipóteses, ou seja, ainda que a ausência não ocorra em caráter permanente. A Declaração é relativamente simples e pode ser transmitida pela internet.

efeito suspensivo da cobrança as reclamações contra o Imposto sobre a Renda lançado ou arrecadado na fonte, mas poderá o contribuinte, a seu critério, realizar depósito em dinheiro referente à parte em discussão.

Para o cálculo do montante devido, o Imposto sobre a Renda será apurado de acordo com a **tabela progressiva mensal** em vigor, multiplicada pelo número de meses em que o contribuinte tenha permanecido na condição de residente no Brasil, até a data da saída.

Nunca é demais lembrar que a saída do país, ainda que denominada definitiva, **não impede** o retorno da pessoa ao Brasil, a qualquer tempo, hipótese em que ressurgirá, sem qualquer prejuízo, o vínculo tributário com o sistema pátrio.

Com efeito, quis o legislador diferençar os conceitos (saídas *temporária* e *definitiva*) apenas em função da **previsibilidade do retorno**, característica da primeira modalidade, mas isso, por óbvio, não significa "fechar as portas" do país, ainda que o contribuinte não tenha a intenção de a ele voltar[46].

Caso 3: *Residentes no Brasil que não realizam a Declaração de Saída*

Infelizmente, é bastante comum a saída de pessoas do país, normalmente em razão de trabalho ou melhores oportunidades no exterior, sem o cumprimento dos requisitos previstos na legislação, notadamente a entrega da Declaração de Saída Permanente.

O efeito jurídico da omissão implica que o contribuinte será considerado **residente** no Brasil durante os primeiros doze meses consecutivos de ausência, o que significa dizer que os rendimentos auferidos no período serão considerados tributáveis de acordo com as normas brasileiras (o que, na prática, poderá ensejar **bitributação**, conforme a legislação do país de destino).

Somente a partir do décimo terceiro mês consecutivo de ausência — e, em termos concretos, desde que o Fisco tenha ciência da situação — haverá a **desvinculação** do sistema tributário nacional, momento em que a pessoa passará a ser considerada não residente.

Da assertiva podemos inferir algumas consequências.

A primeira no que tange à condição de **continuidade**, ou seja, se o brasileiro retornar ao país, *por qualquer motivo*, durante os doze primeiros meses de ausência, não será considerada sua intenção de saída (é o que acontece inúmeras vezes com as pessoas que viajam a turismo ou por compromissos esporádicos de trabalho e retornam em seguida), porque a legislação exige, expressamente, a consecutividade do prazo no exterior e, nessa hipótese, determina o **reinício** da contagem de doze meses para a efetiva desconexão com o sistema nacional.

Como consequência, todos os rendimentos auferidos no exterior serão tributáveis **no Brasil**, mesmo que a pessoa permaneça no país por alguns dias.

A segunda situação, ainda pior, ocorre quando o indivíduo vai trabalhar no exterior e os familiares aqui residentes, de boa-fé e por absoluto desconhecimento, continuam a

---

[46] Até porque, como ressaltamos, o fenômeno tributário independe do *status* de cidadania atribuído às pessoas, vale dizer, ainda que o brasileiro tenha saído com ânimo definitivo do país e adquirido nacionalidade estrangeira — mediante naturalização, por exemplo —, o fato de retornar ao Brasil sob tal condição em nada afeta a incidência do Imposto sobre a Renda.

realizar, em seu nome, declarações para o Imposto sobre a Renda (no intuito, entre outros, de manter ativo o Cadastro das Pessoas Físicas — CPF).

Ao tempo em que era obrigatória a declaração das pessoas **isentas** (até 2008), isso implicava que o Fisco brasileiro **desconhecia** a saída do contribuinte — sob a presunção de que a declaração demonstrava sua presença regular no país, embora sem renda suficiente para fins de tributação.

Em razão disso, quando o trabalhador retornava do exterior, anos depois, era surpreendido pelo fato de que os valores acumulados durante a ausência poderiam ser objeto de tributação, pois a declaração na qualidade de isento dificultava a justificativa do acréscimo patrimonial observado (os valores recebidos no exterior e trazidos quando do retorno, sobre os quais a fiscalização não teve notícia).

Apesar de termos apresentado conceitos e exemplos atinentes às pessoas físicas, vale destacar que o raciocínio desenvolvido é análogo para as **pessoas jurídicas**, no sentido de que os rendimentos auferidos no exterior por empresas residentes no Brasil também deverão ser submetidos à tributação nacional, de acordo com os parâmetros e mecanismos pertinentes.

Os princípios da universalidade e da generalidade atingem, como vimos, todas as **pessoas e rendimentos**, e a Constituição não faz qualquer distinção, para fins do Imposto sobre a Renda, entre indivíduos e empresas.

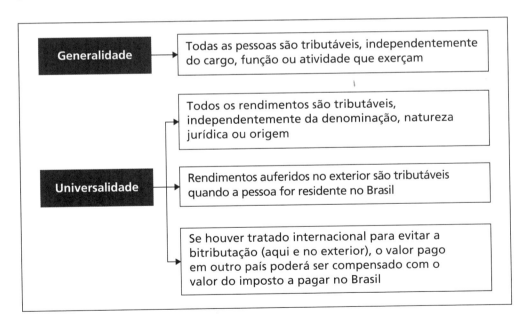

4.2.2.1.2. O princípio da progressividade

A **progressividade**, como instrumento da igualdade, tem por objetivo reconhecer as diferenças econômicas entre os contribuintes e tributar de forma mais intensa as pessoas que recebem mais. O princípio pode ser resumido, de forma simples, na frase *quem* *ganha mais deve pagar mais, quem ganha menos deve pagar menos e quem ganha pouco não deve pagar.*

A progressividade é o mecanismo de tributação que determina a aplicação de alíquotas **mais elevadas** de acordo com o **incremento** da base de cálculo[47].

Na Constituição encontramos a progressividade, em termos **expressos**, nos arts. 153, § 2.º (Imposto sobre a Renda), 153, § 4.º, I (Imposto sobre a Propriedade Territorial Rural), 155, § 1.º, I e II (Imposto sobre a Propriedade Predial e Territorial Urbana, em razão do valor, localização e uso do imóvel), e 182, § 4.º, II (IPTU Progressivo no Tempo, de caráter sancionatório).

Com a **reforma tributária**, o **ITCMD** (Imposto sobre a Transmissão Causa Mortis e Doação — art. 155, § 1.º, VI) e o **IPVA** (Imposto sobre a Propriedade de Veículos Automotores — art. 155, § 6.º, II) passaram a ser progressivos.

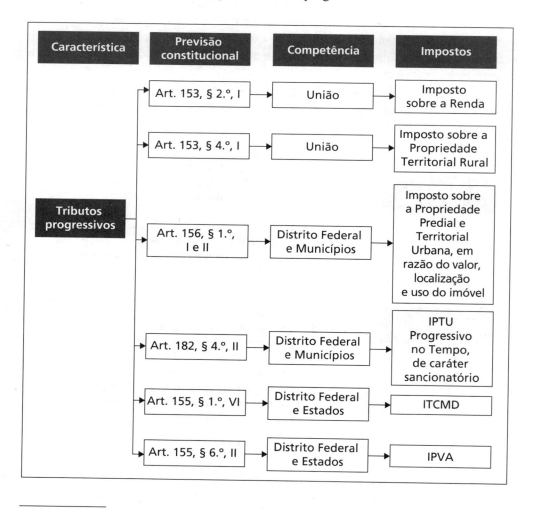

---

[47] Com exceção do chamado IPTU progressivo no tempo, que possui caráter sancionatório, em que as alíquotas aumentam independentemente do incremento na base de cálculo.

4 ■ Sistema Tributário Nacional 225

A **primeira** hipótese de progressividade diz respeito ao Imposto sobre a Renda e se revela fundamental ante o primado da igualdade.

Como vimos, a tabela de incidência do Imposto sobre a Renda, para as pessoas físicas, comporta, atualmente, **cinco faixas** de tributação, e as alíquotas são progressivamente maiores de acordo com o aumento da renda.

Em termos de **distributividade** e **justiça**, isso implica que os contribuintes com rendimentos mais elevados serão tributados com maior intensidade do que aqueles com renda inferior, o que decorre da presunção de que os primeiros têm melhores condições econômicas e devem, portanto, contribuir de forma mais significativa para o Estado.

Percebe-se que as pessoas com renda mensal **mais alta**, acima de R$ 4.664,68, devem contribuir com o imposto de renda à alíquota de 27,5%, que é a mais elevada do modelo.

Por outro lado, quem ganha **entre** R$ 1.903,99 e R$ 2.826,65 sujeita-se à menor alíquota de **7,5%**.

E as pessoas que ganham **pouco**, assim entendidos os recebimentos mensais inferiores a R$ 1.903,98, são **isentas**[48] do imposto de renda e não deverão recolher valor algum aos cofres públicos.

Por vezes os alunos confundem a progressividade com a **proporcionalidade**, conceitos diferentes e que merecem atenção. Tributação proporcional é a que **não varia** em função da base de cálculo, ou seja, a alíquota permanece **igual** independentemente do valor tributável.

A **segunda** hipótese de progressividade na Constituição se refere ao *Imposto sobre a Propriedade Territorial Rural*, de competência da União.

A norma veiculada pelo art. 153, § 4.º, I, com a redação dada pela Emenda Constitucional n. 42/2003, estabelece que o ITR "será progressivo e terá suas alíquotas fixadas de forma a desestimular a manutenção de propriedades improdutivas".

Para atender ao comando constitucional, o Congresso Nacional produziu a Lei n. 9.393/96[49], que estabeleceu como **critério** para a progressividade do ITR o *Valor da Terra Nua Tributável* (VTNt), obtido pela multiplicação do *Valor da Terra Nua* (VTN)[50] pelo quociente entre a área tributável e a área total do imóvel e do *Grau de Utilização* (GU), conforme tabela abaixo:

ÁREA TOTAL DO IMÓVEL (EM HECTARES)	GRAU DE UTILIZAÇÃO — GU (EM %)				
	Maior que 80	Maior que 65 até 80	Maior que 50 até 65	Maior que 30 até 50	Até 30
■ Até 50	0,03	0,20	0,40	0,70	1,00

---

[48] As isenções são formas de reconhecimento da hipossuficiência de determinadas pessoas, a quem a lei confere um benefício fiscal justamente em homenagem ao princípio da isonomia.

[49] Posteriormente alterada pela Medida Provisória n. 2.166-67/2001 e pelas Leis n. 10.267/2001, 11.428/2006, 11.727/2008, 12.651/2012 e 13.043/2014.

[50] Nos termos da Lei n. 9.393/96, considera-se: I) **Valor da Terra Nua (VTN)** — o valor do imóvel, excluídos os valores relativos a: a) construções, instalações e benfeitorias, b) culturas permanentes

■ Maior que 50 até 200	0,07	0,40	0,80	1,40	2,00
■ Maior que 200 até 500	0,10	0,60	1,30	2,30	3,30
■ Maior que 500 até 1.000	0,15	0,85	1,90	3,30	4,70
■ Maior que 1.000 até 5.000	0,30	1,60	3,40	6,00	8,60
■ Acima de 5.000	0,45	3,00	6,40	12,00	20,00

Portanto, pode-se verificar que o legislador ordinário privilegiou, de acordo com os ditames da Constituição, os proprietários de **áreas menores** e com maior grau de **utilização** para fins produtivos, no intuito de que a progressividade os alcançasse com índices menores, e reservou tributação mais gravosa para as grandes propriedades e aquelas com menor aproveitamento agrícola, também em consonância com o princípio da **função social da propriedade** rural, previsto no Capítulo *Da Política Agrícola e Fundiária e da Reforma Agrária* (art. 184 e seguintes da Carta Magna).

Em linha com o que defendemos nas versões anteriores do livro, finalmente o constituinte instituiu, com a reforma tributária, a **progressividade** para o IPVA e o ITCMD, como deve ocorrer com os tributos que gravam o **patrimônio**.

Durante décadas, o proprietário de uma Ferrari, por exemplo, recolhia o IPVA com a **mesma alíquota** do dono de um carro popular a gasolina; embora o valor imposto obviamente fosse maior para o veículo italiano, isso decorria da diferença na base de cálculo, mas não ao mecanismo da progressividade, que nos parece mais adequado em termos de justiça tributária.

A partir de agora, com a autorização constitucional, o valor do veículo **poderá ser utilizado** pela lei como critério para a fixação de alíquotas diferenciadas.

No mesmo sentido, as alíquotas do ITCMD serão **progressivas** em razão do valor do quinhão, legado ou doação.

---

e temporárias, c) pastagens cultivadas e melhoradas e d) florestas plantadas; II) **Área Tributável (AT)** — a área total do imóvel, menos as áreas: a) de preservação permanente e de reserva legal, b) de interesse ecológico para a proteção dos ecossistemas, assim declaradas mediante ato do órgão competente, federal ou estadual, e que ampliem as restrições de uso previstas na situação anterior, c) comprovadamente imprestáveis para qualquer exploração agrícola, pecuária, granjeira, aquícola ou florestal, declaradas de interesse ecológico mediante ato do órgão competente, federal ou estadual, d) sob regime de servidão ambiental, e) cobertas por florestas nativas, primárias ou secundárias em estágio médio ou avançado de regeneração e f) alagadas para fins de constituição de reservatório de usinas hidrelétricas autorizada pelo poder público; III) **Área Aproveitável** — a que for passível de exploração agrícola, pecuária, granjeira, aquícola ou florestal, excluídas as áreas: a) ocupadas por benfeitorias úteis e necessárias e b) áreas de preservação permanente e de reserva legal, de interesse ecológico e as comprovadamente imprestáveis para exploração agrícola, pecuária e assemelhada; IV) **Área efetivamente utilizada** — a porção do imóvel que no ano anterior tenha: a) sido plantada com produtos vegetais, b) servido de pastagem, nativa ou plantada, observados índices de lotação por zona de pecuária, c) sido objeto de exploração extrativa, observados os índices de rendimento por produto e a legislação ambiental, d) servido para exploração de atividades granjeira e aquícola e e) sido o objeto de implantação de projeto técnico. Por sua vez, o **Grau de Utilização (GU)** corresponde à relação percentual entre a área efetivamente utilizada e a área aproveitável.

4 ■ Sistema Tributário Nacional

É importante destacar que a dicção constitucional tratou a progressividade do IPVA em função do valor do veículo como **facultativa** ("poderá ter alíquotas diferenciadas..."), enquanto para o ITCMD o aumento no valor do quinhão, legado ou doação **exige a progressividade das alíquotas** ("será progressivo...").

Os demais casos de progressividade expressos na Constituição cuidam do *Imposto sobre a Propriedade Predial e Territorial Urbana*, o primeiro em função de certos atributos do imóvel e o outro, com viés **sancionatório**, por força da *não edificação, subutilização ou não utilização do solo urbano* (arts. 156, § 1.º, I e II, e 182, § 4.º, II, respectivamente).

O princípio da progressividade funciona, portanto, como **instrumento balizador** da carga tributária e tem por objetivo graduar as alíquotas de acordo com as rendas obtidas pelas pessoas.

A progressividade pode ser utilizada, ainda, para fins **extrafiscais**, como observamos nos casos do IPTU e do ITR, em que a manutenção de imóveis **sem atendimento** à função social da propriedade enseja a aplicação de alíquotas maiores, como forma de onerar os contribuintes e incentivá-los a adotar medidas de adequação[51].

Ainda em relação ao IPTU, a Emenda Constitucional n. 29 permitiu a utilização da progressividade em função do **valor** do imóvel (art. 156, § 1.º, I) — imóveis mais caros terão alíquotas maiores —, além de um critério de **seletividade** na definição das alíquotas, de acordo com a **localização** e o **uso** do imóvel (art. 156, § 1.º, II)[52].

SÚMULA 539 DO STF: É constitucional a lei do município que reduz o imposto predial urbano sobre imóvel ocupado pela residência do proprietário, que não possua outro[53].

SÚMULA 668 DO STF: É inconstitucional a lei municipal que tenha estabelecido, **antes** da Emenda Constitucional 29/2000, alíquotas progressivas para o IPTU, salvo se destinada a assegurar o cumprimento da função social da propriedade urbana.

---

[51] Nesse sentido merece destaque decisão paradigmática do STF, antes da EC n. 29/2000: "A interpretação **sistemática** da Constituição conduz inequivocamente à conclusão de que o IPTU com **finalidade extrafiscal** a que alude o inciso II do § 4.º do art. 182 é a explicitação especificada, inclusive com **limitação temporal**, do IPTU com finalidade extrafiscal aludido no art. 156, *i*, § 1.º. Portanto, é inconstitucional qualquer progressividade, em se tratando de IPTU, que não atenda exclusivamente ao disposto no art. 156, § 1.º, aplicado com as limitações expressamente constantes dos § 2.º e § 4.º do art. 182, ambos da CF" (RE 153.771).

[52] Em relação ao uso do imóvel, já decidiu o STF que, no caso do Imposto Predial e Territorial Urbano, "surge legítima, sob o ângulo constitucional, lei a prever **alíquotas diversas**, presentes imóveis **residenciais e comerciais**, uma vez editada após a EC 29/2000" (RE 586.693, com repercussão geral). No **mesmo sentido:** "O STF firmou entendimento no sentido de que não há inconstitucionalidade na diversidade de alíquotas do IPTU no caso de imóvel **edificado, não edificado, residencial ou comercial**. Essa orientação é anterior ao advento da EC 29/2000. Precedentes" (AI 582.467-AgR). E **mais:** "(...) a jurisprudência deste STF firmou-se no sentido de que a cobrança do Imposto Predial e Territorial Urbano em alíquotas diferenciadas em razão da **destinação** dos imóveis não afronta a Constituição da República" (RE 457.482-AgR).

[53] Súmula editada em **1969**, mas que revela a noção correta de que a progressividade deve beneficiar quem tem menos.

Questão interessante sobre a progressividade seria a análise sobre o caráter **taxativo ou não** do princípio no ordenamento nacional. O entendimento do Supremo Tribunal Federal parece apontar nessa direção, à luz da literalidade interpretativa concedida na hipótese do IPTU.

Todavia, não podemos olvidar duas teses:

a) a possibilidade de a progressividade, como princípio distributivo da tributação e garantidor de prerrogativas do contribuinte, alcançar figuras **distintas daquelas expressamente** consignadas na Constituição; e

b) a **situação concreta** oriunda do Simples Nacional, mecanismo de tributação e arrecadação instituído pela Lei Complementar n. 123/2006, que efetivamente utiliza a progressividade como elemento de graduação de **todos os tributos** submetidos ao regime.

Geraldo Ataliba[54], por exemplo, sempre defendeu a progressividade como forma de **redução das desigualdades**: "Conforme sua natureza e características — no contexto de cada sistema tributário — alguns impostos são mais adequadamente passíveis de tratamento progressivo e outros menos. De toda maneira, como todos os impostos, sem nenhuma exceção, necessariamente são baseados no princípio da capacidade contributiva, todos são passíveis de tratamento progressivo. No Brasil, mais intensamente do que alhures, dado que a Constituição põe especial ênfase na necessidade de tratamento desigual às situações desiguais, na medida dessa desigualdade (art. 150, II), além de propor normativamente serem objetivos fundamentais da República, o 'construir uma sociedade... justa e solidária' (art. 3.º)".

De forma mais radical, Elizabeth Carrazza defende, com propriedade, a aplicação da progressividade para **todos os impostos**, posição que merece o nosso total apoio[55]: "Em verdade, a progressividade é uma característica de todos os impostos, da mesma forma que a todos eles se aplicam os princípios da legalidade, da generalidade e da igualdade tributária, que não são expressamente referidos na Constituição Federal, quando traça suas hipóteses de incidência genéricas. Inexistindo progressividade descumpre-se o princípio da isonomia, uma vez que, como visto, a mera proporcionalidade não atende aos reclamos da igualdade tributária".

No caso do **Simples Nacional**, que é um mecanismo de tributação para as micro e pequenas empresas, encontramos de maneira efetiva o critério da **progressividade**, para **todos os tributos** nele enquadrados, pois, quanto maior a receita da empresa, progressivamente maior será a alíquota (a tributação é única, a partir do resultado da empresa, e a divisão do valor arrecadado entre a União, Estados e Municípios é feita sem a participação do contribuinte, que recolhe o montante devido num **único documento**, chamado DAS — *Documento de Arrecadação Simplificada*).

Temos, no Simples Nacional, uma hipótese de progressividade **não expressamente** prevista na Carta Magna, que alcança não um tributo, mas **diversos deles**, sem

---

[54] Geraldo Ataliba, IPTU: progressividade, *Revista de Direito Público,* n. 93, p. 233.
[55] Elizabeth Nazar Carrazza, *Progressividade e IPTU*, p. 102.

contestação ou rechaço pelos tribunais superiores, até por força de sua racionalidade e coerência com os ideais previstos pelo constituinte.

Em conclusão, podemos afirmar que o princípio da progressividade é essencial para um sistema tributário **justo**, mas, quando aplicado de forma isolada, sem outras ponderações, pode causar distorções.

Isso ocorre porque nem sempre a fixação de alíquotas apenas em função das **rendas** (entradas) reflete a **real situação** das pessoas, pois é possível que alguém receba um ótimo salário e ainda assim tenha dificuldades financeiras, por conta de outros fatores.

E, ao reconhecer essa possibilidade, o constituinte estabeleceu outro princípio, que estudaremos a seguir.

4.2.3. Princípio da capacidade contributiva

O princípio da **capacidade contributiva** é tão importante que consta do artigo **inaugural** do Sistema Tributário Nacional na Constituição:

> **Art. 145.** A União, os Estados, o Distrito Federal e os Municípios poderão instituir os seguintes tributos:
>
> (...)
>
> § 1.º **Sempre que possível, os impostos terão caráter pessoal e serão graduados segundo a capacidade econômica do contribuinte**, facultado à administração tributária, especialmente para conferir efetividade a esses objetivos, identificar, respeitados os direitos individuais e nos termos da lei, o patrimônio, os rendimentos e as atividades econômicas do contribuinte.

A redação é singela e começa mal, mas não pode deixar margem para dúvidas: os impostos devem ter caráter **pessoal** e ser graduados de acordo com a **capacidade econômica** do contribuinte.

Infelizmente, ao usar a expressão inicial "sempre que possível", o constituinte abriu um enorme flanco, que **enfraqueceu** sobremaneira a vitalidade do princípio no ordenamento brasileiro.

O texto constitucional até hoje causa certo desconforto aos juristas, porque não faz sentido afirmar um princípio de tamanha envergadura — talvez o **mais importante** de qualquer sistema tributário — sob a premissa de que o legislador poderá adotá-lo "sempre que possível".

Trata-se de construção sintática sofrível, pois nos parece incontroverso que a vontade do constituinte foi no sentido de conferir **eficácia máxima** ao mandamento, **excluídas apenas** as hipóteses nas quais não seja possível identificar, *a priori*, os destinatários da incidência, como ocorre nos tributos indiretos.

De outra sorte o comando seria inócuo, pois, se interpretado **literalmente**, a capacidade contributiva seria mecanismo **facultativo**, a juízo do legislador infraconstitucional, e qualquer tentativa jurídica de questionar sua não aplicação seria respondida com um singelo "lamentamos, mas não foi possível".

Ora, graduar a tributação de acordo com a **real capacidade** de os contribuintes suportarem o ônus que lhes é imposto pela lei não somente é norma salutar, mas, sobretudo, indica a **razão de ser** de todas as garantias do direito tributário.

Negar sua efetividade ou querer, com esteio em linguagem defeituosa, subverter ou mitigar sua relevância seria afronta à inteligência e à hermenêutica, coisa que não se pode admitir, ainda mais em sede de direitos fundamentais.

Nosso sentir aponta para o desejo do constituinte de excepcionar do comando **apenas** os impostos ditos **indiretos**, ante a impossibilidade prática de dosimetria da carga tributária, com base nos argumentos que já expusemos quando de sua conceituação.

Melhor seria ter estabelecido o imperativo de **modo amplo** e, mediante *parágrafo específico*, declarar que a não aplicação do preceito seria permitida somente para os impostos com repercussão econômica.

Aliás, poderia o constituinte ter sido mais ousado, no intuito de **estender** o princípio às demais espécies tributárias, quando cabível, especialmente nas hipóteses de **contribuições** (de melhoria e sociais, que enxergamos perfeitamente adequadas ao modelo).

Contudo, confessamos tratar-se apenas da nossa vã esperança, pois não nos cabe discutir ou questionar a vontade do constituinte, mas sim interpretá-la.

Em estado puro, livre das imperfeições linguísticas, a **capacidade contributiva** se revela instituto essencial à **distribuição da justiça** em matéria tributária, pois exige do legislador prudência e criação de instrumentos aptos a aferir a situação econômica dos contribuintes, exigindo-lhes **esforço possível**, na exata medida em que não alcance recursos destinados à consecução de direitos fundamentais.

Corolário da **igualdade**, a capacidade contributiva serve de **contrapeso** ao princípio da progressividade, pois permite ajustar possíveis distorções concretas que este pode ensejar, haja vista só tratar das receitas, ou seja, do ingresso patrimonial, mas não *dos gastos necessárias para a garantia de uma existência digna*.

Como ilustração do raciocínio, observe-se o seguinte exemplo: dois candidatos a concurso público logram êxito no certame e são aprovados, respectivamente, no primeiro e segundo lugares. Ambos tomam posse no cargo e entram em exercício simultaneamente e, por coincidência, passam a desempenhar suas funções na mesma repartição. Se acrescentarmos ao caso o fato de que ambos perceberão **idêntica remuneração** (R$ 10.000,00, por hipótese), difícil será contestar o estado de *quase absoluta igualdade* entre ambos, ao menos para fins de tributação do Imposto sobre a Renda.

Utilizamos de modo proposital a expressão, deveras paradoxal, de "quase absoluta igualdade" apenas para ressaltar que, na realidade, a situação de ambos pode ser **bem distinta**.

Digamos agora que o *primeiro candidato é solteiro e mora com os pais*, de forma que o rendimento líquido, após a tributação, será destinado exclusivamente à satisfação de interesses pessoais.

Por outro lado, o *segundo candidato possui duas ex-esposas* (o que significa, no exemplo, que atualmente convive com a terceira) e, dessas uniões, trouxe ao mundo *sete filhos, entre eles um que é portador de grave doença degenerativa*, para a qual o sistema de saúde pública não tem condições de oferecer tratamento adequado.

Perceba o leitor que o exemplo é **exagerado** (mas não impossível) e, por si só, denota a diferença concreta abismal entre os dois contribuintes.

4 ■ Sistema Tributário Nacional

Ora, se utilizássemos apenas o princípio da progressividade, aliado às noções de generalidade e universalidade, teríamos que a tributação de ambos **deveria ser a mesma**, pois idêntica seria a sua *percepção jurídica* (com base na renda), ainda que a realidade nos apontasse algo bastante diferente.

Pois bem, somente o princípio da capacidade contributiva poderá **equalizar** o tratamento tributário no exemplo dado, pois é inegável que ao segundo candidato **faltam recursos** que permitam a tributação de acordo com o mesmo paradigma aplicável ao candidato solteiro.

Nem adianta ponderar que o infeliz de certo modo buscou ou contribuiu para sua situação, pois o que importa é o respeito ao Estado de Direito e às garantias fundamentais.

Assim, se contraiu dois matrimônios anteriores e em função deles deve pagar pensão, *mediante sentença transitada em julgado* (norma individual concreta), e se outro *enorme esforço* lhe é exigido por conta da lamentável situação de um dos filhos, não pode o Direito ignorar circunstâncias advindas da realidade e passíveis de solução pelo próprio sistema.

Claro está que o segundo candidato **sequer possui** capacidade econômica — ou a tem em reduzidíssima escala —, e cabe ao legislador ordinário, como homenagem ao mandamento constitucional da capacidade contributiva, oferecer-lhe tributação compatível.

Para o Imposto sobre a Renda — que infelizmente é das raras figuras que adotam, muito embora de maneira insuficiente, o princípio da capacidade contributiva —, o instrumento mais adequado para positivar as diferenças reconhecidas no mundo real é a utilização de **deduções**, cuja previsão legal enseja a diminuição da base de cálculo do tributo e, por decorrência, do montante a ser pago.

Destacamos que tal opinião já foi objeto de arguta questão de concurso, cuja proposição correta considerou **inconstitucional** hipotética lei que retirasse do mecanismo de apuração do Imposto sobre a Renda *toda e qualquer dedução*, reduzindo-o a uma espécie de **igualdade plena** e obviamente antijurídica.

Nada mais apropriado.

Nosso entendimento é no mesmo sentido, pois, se fossem **retiradas as deduções** do Imposto sobre a Renda, a lei, ainda que validamente colocada no sistema, faria *tabula rasa* entre os contribuintes, em inequívoca afronta ao mandamento constitucional da igualdade, que tem na capacidade contributiva **seu mais importante** pressuposto.

Contudo, bem sabemos que as deduções previstas em lei são **incompatíveis** com a realidade, sobretudo no Brasil, onde grande parte dos direitos fundamentais não é provida de modo adequado pelo Estado, o que exige dos particulares em melhores condições financeiras a contratação de **serviços adicionais**, muitos indispensáveis à própria **dignidade** da pessoa humana, fundamento máximo da Constituição.

Tal é o caso dos *planos de saúde*, dos *seguros em geral* e da opção, quase sempre sem alternativa equivalente, de se colocar os filhos *em escola particular*.

A despeito do absoluto consenso sobre a **necessidade** dessas despesas, resta claro que os limites de dedução, como atualmente previstos em lei, não cobrem sequer modesta fração dos efetivos gastos com saúde, educação e dependentes dos contribuintes com razoáveis condições de vida[56].

Se a **premissa** de que as despesas com garantias fundamentais não oferecidas pelo Estado (ou oferecidas de modo inadequado ou insuficiente) **estiver correta**, como pensamos, não há, em termos jurídicos, fundamentação que justifique sua **limitação** pelo legislador ordinário, ao estabelecer valores máximos de redução da base de cálculo, no mais das vezes irrisórios se comparados com as despesas incorridas.

Tão ou mais grave é a opção legal de não conferir a hipóteses indiscutivelmente **essenciais** a possibilidade de dedução, como ocorre com os medicamentos.

Nunca nos convenceu o argumento de que as despesas médicas são **dedutíveis** — integralmente, para sermos justos — e que isso bastaria para satisfazer a intenção do constituinte.

Afinal, quando consultamos um médico buscamos o **diagnóstico** de eventual doença, mas a **cura** ou **tratamento** efetivamente se dá por meio dos medicamentos prescritos, apesar de estes **não serem dedutíveis** para fins de Imposto sobre a Renda. O mesmo se pode dizer das lentes de grau para óculos e, por derivação, de outras despesas suportadas pelo contribuinte como **contrapartida** de direitos fundamentais (para evitarmos maiores digressões, citamos, por todas, as despesas com **aluguel**, que em certos países são dedutíveis; afinal, se a moradia foi alçada ao patamar de direito social por força do art. 6.º do Texto Maior, com a redação oferecida pela Emenda Constitucional n. 26/2000, existiria justificativa maior para considerar **dedutíveis** os gastos de *quem não possui casa própria?*).

Ademais, se a Constituição **não distingue** pessoas físicas de jurídicas no caso do Imposto sobre a Renda, causa-nos espécie o fato de as primeiras serem basicamente tributadas conforme as **receitas** (eu e você, amigo leitor), enquanto as empresas são tributadas pelo **lucro** (que, em termos simples, significa *receitas menos despesas*).

Note-se que aquilo que é natural para uns (pessoas jurídicas) é a exceção para os demais (pessoas físicas); quando comentamos a progressividade, buscamos reforçar a ideia de que a renda é apenas um entre vários critérios **possíveis** de tributação.

Do mesmo modo que não podemos afirmar, com certeza, se uma empresa que tem receita bruta mensal de um milhão de reais está ou não em **boa situação econômica** (pois tanto pode ser a padaria da esquina ou uma companhia internacional[57]), não temos como garantir que pessoas físicas com **iguais níveis** de rendimentos se encontrem em *situação equivalente*, e sem a correta aplicação do princípio da capacidade contributiva jamais poderemos descobrir.

Devemos destacar, entretanto, que para alguns impostos o princípio da capacidade contributiva é de **difícil aplicação**, simplesmente porque não sabemos quem será o **efetivo contribuinte**, sujeito que alguns autores chamam de *contribuinte de fato*.

---

[56] Pior ainda é a situação daqueles que, por infortúnio, só podem se valer dos serviços prestados pelo Estado.

[57] Para a padaria isso seria um ótimo resultado, enquanto a grande empresa internacional, com o mesmo montante, estaria à beira da falência!

4 ◼ Sistema Tributário Nacional   233

Exemplo: ICMS, ISS e IPI. No caso desses impostos, não sabemos, *a priori*, quem vai consumir o produto ou utilizar o serviço tributado, de forma que a carga tributária **será igual** para todos, independentemente de serem milionários ou simples assalariados. Quando alguém compra uma camisa de R$ 100,00, está pagando, por hipótese, R$ 18,00 de ICMS, pois o valor do imposto vem embutido no preço do bem. Assim, a mesma camisa será tributada de forma idêntica, sem qualquer possibilidade de distinção em razão do adquirente.

Essa realidade limita sobremaneira a **eficácia** do princípio, que ficará restrita aos chamados tributos pessoais, cujo melhor exemplo, como vimos, é o Imposto de Renda.

No Imposto de Renda verifica-se a capacidade contributiva não pelo **valor recebido** pelo contribuinte, cuja alíquota é graduada de acordo com a progressividade, mas sim pelo que "sobra" para ele ao final do período.

Afinal, de nada adianta ganhar muito se no fim do mês continuamos endividados, não por prodigalidade ou diletantismo, mas em razão de despesas necessárias *à luz do que dispõe a própria Constituição*, pois não podemos considerar inócuos e desprovidos de sentido os chamados **direitos sociais**[58].

Sempre defendemos (e não pretendemos mudar) a tese de que todos os **gastos razoáveis** suportados pelos indivíduos para suprir os direitos sociais previstos na Constituição e **não supridos** de forma satisfatória pelo Estado devem ser **deduzidos** do imposto sobre a renda.

Importante! A capacidade contributiva exige o reconhecimento de despesas necessárias, que devem ser deduzidas da base de cálculo do tributo. Nesse contexto, se fosse editada uma lei que acabasse com todas as deduções, ela seria inconstitucional, porque impediria a aplicação do princípio.

STF — Capacidade contributiva

◼ **Sobre o alcance para todos os impostos.** Todos os impostos **podem e devem** guardar relação com a capacidade contributiva do sujeito passivo e não ser impossível aferir-se a capacidade contributiva do sujeito passivo do ITCD. Ao contrário, tratando-se de imposto direto, a sua incidência poderá expressar, em diversas circunstâncias, progressividade ou regressividade direta. Todos os impostos, repito, estão sujeitos ao princípio da capacidade contributiva, especialmente os diretos, independentemente de sua classificação como de caráter real ou pessoal; isso é completamente irrelevante. Daí por que dou provimento ao recurso, para declarar constitucional o disposto no art. 18 da Lei 8.821/1989 do Estado do Rio Grande do Sul (RE 562.045).

◼ **Alcance do princípio inclusive para outros tributos.** IPVA. Progressividade. Todos os tributos submetem-se ao princípio da capacidade contributiva (precedentes), ao menos em relação a um de seus três aspectos (objetivo, subjetivo e proporcional), independentemente de classificação extraída de critérios puramente econômicos (RE 406.955-AgR).

---

[58] Art. 6.º São direitos sociais a educação, a saúde, a alimentação, o trabalho, a moradia, o transporte, o lazer, a segurança, a previdência social, a proteção à maternidade e à infância, a assistência aos desamparados, na forma desta Constituição.

4.2.4. Princípio da irretroatividade

O art. 150, III, da Constituição da República veicula limitações acerca da "cobrança" de tributos pelos entes federativos, e confirma, na esfera tributária, dois princípios gerais: o da **irretroatividade** e da **anterioridade** dos efeitos normativos.

Neste tópico, cuidaremos da irretroatividade na Carta Política e do tratamento específico previsto no art. 106 do Código Tributário Nacional, conhecido como **retroatividade benigna**, ideia bastante explorada em concursos e que normalmente oferece dificuldades aos candidatos.

Nos termos propostos pelo constituinte, a irretroatividade tributária nada mais é do que corolário do sobreprincípio da **segurança jurídica**[59], que impede as normas jurídicas de captar e produzir efeitos em relação a **fatos anteriores** à sua existência.

Quando a Constituição estabelece que a lei não poderá atacar o **ato jurídico perfeito**, o objetivo é assegurar que as condutas humanas só serão reguladas pelas normas que lhes forem **contemporâneas**, dado que o fenômeno da incidência congela, para fins jurídicos, o *instante de sua ocorrência*, captura-lhe o sentido e lhe atribui os efeitos previstos.

A irretroatividade, como o **direito subjetivo** de *preservação das consequências jurídicas do fato*, afasta qualquer possibilidade de inovação pelo ordenamento e confere ao contribuinte a **previsibilidade** das implicações econômicas que gravarão o seu patrimônio. Em outro dizer, significa que, quando praticamos um fato jurídico com relevância econômica, podemos **antever** seus efeitos e, em última análise, *optar ou não pela conduta*, sem o receio de que ela venha a ser mais *gravosamente onerada no futuro*.

Assim, o princípio da **irretroatividade** estabelece uma importante **garantia**[60] para o contribuinte, pois impede a exigência de tributos antes da entrada em vigor (e correspondente eficácia) da lei que os **instituir** ou **aumentar**, conforme previsto no art. 150, III, *a*, da Constituição:

> **Art. 150.** Sem prejuízo de outras garantias asseguradas ao contribuinte, é vedado à União, aos Estados, ao Distrito Federal e aos Municípios:
>
> (...)
>
> III — cobrar tributos:
>
> *a)* em relação a fatos geradores ocorridos antes do início da vigência da lei que os houver **instituído** ou **aumentado**;

---

[59] Art. 5.º, XXXVI, da Constituição da República: "A lei não prejudicará o direito adquirido, o ato jurídico perfeito e a coisa julgada".

[60] Nesse sentido, a posição do STF: "O princípio da irretroatividade da lei tributária deve ser visto e interpretado, desse modo, como garantia constitucional instituída em favor dos sujeitos passivos da atividade estatal no campo da tributação. Trata-se, na realidade, à semelhança dos demais postulados inscritos no art. 150 da Carta Política, de princípio que — por traduzir limitação ao poder de tributar — é tão somente oponível pelo contribuinte à ação do Estado" (ADI 712-MC).

Novamente se percebe que os verbos se referem a situações de **agravamento** do ônus tributário, em coerência com os argumentos que já aduzimos, posto ser desnecessário que o constituinte fixe limites para *situações favoráveis ao contribuinte*[61].

Por questões semânticas, convém ressaltar que o verbo "cobrar", utilizado com certa atecnia pelo constituinte, não pode ser considerado em sua acepção clássica, no sentido de *exigir o pagamento*, mas sim como possibilidade **de fazer incidir** a norma tributária sobre fatos do cotidiano social, pois nisso repousa a garantia constitucional.

A irretroatividade significa que uma norma somente pode alcançar pessoas e fatos a **partir da sua vigência**, vale dizer, quando se tornar apta a regular relações tributárias.

O princípio afasta a esdrúxula possibilidade de alguém ser tributado pela prática de um ato quando *ainda não existia lei*. Nessa linha de raciocínio, a irretroatividade é corolário do princípio da **legalidade**, pois, se não há lei, inexiste a possibilidade de tributar, como sabemos.

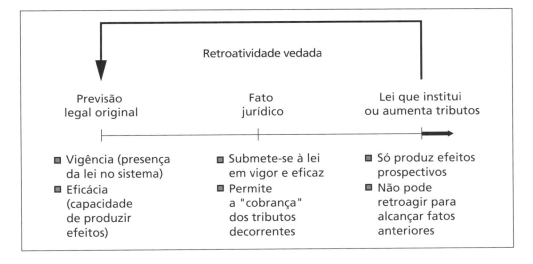

Como se pode observar do gráfico acima, a norma tributária só pode alcançar **fatos posteriores** à sua colocação no sistema, sem a possibilidade de retroagir e inovar situações já cristalizadas pelo fenômeno da incidência.

---

[61] Conforme entendimento do STF: "O princípio da irretroatividade 'somente' condiciona a atividade jurídica do estado nas hipóteses expressamente previstas pela Constituição, em ordem a inibir a ação do poder público eventualmente configuradora de restrição gravosa (a) ao *status libertatis* da pessoa (CF, art. 5.º, XL), (b) ao *status subjectionis* do contribuinte em matéria tributária (CF, art. 150, III, *a*) e (c) a segurança jurídica no domínio das relações sociais (CF, art. 5.º, XXXVI). Na medida em que a retroprojeção normativa da lei 'não' gere e 'nem' produza os gravames referidos, nada impede que o Estado edite e prescreva atos normativos com efeito retroativo. As leis, em face do caráter prospectivo de que se revestem, devem, 'ordinariamente', dispor para o futuro. O sistema jurídico-constitucional brasileiro, contudo, 'não' assentou, como postulado absoluto, incondicional e inderrogável, o princípio da irretroatividade. A questão da retroatividade das leis interpretativas" (ADI 605-MC).

4.2.4.1. A dicotomia *vigência* versus *eficácia*

A dicção constitucional utiliza, como é comum ao legislador pátrio, o termo **vigência** como o marco divisor entre a regra da irretroatividade e a possibilidade de captar condutas intersubjetivas por meio de lei.

Trata-se de recorrente **impropriedade**, pois nem sempre o fato de a lei *estar em vigor* lhe confere a aptidão de produzir efeitos ou modular as relações sociais.

Muitas vezes o tema se refere à **eficácia**, conceito diverso, mas, por simples tradição, parece o legislador preferir o emprego da expressão *vigência em qualquer hipótese*.

A fim de não deixar margem para dúvidas, podemos dizer que **vigência** é o atributo da lei que *foi regularmente introduzida no ordenamento*, de acordo com os preceitos do processo legislativo.

Eficácia, por seu turno, é a *aptidão conferida às normas jurídicas para que essas possam produzir os efeitos que lhes são próprios*.

Como veremos na figura a seguir, a existência de dois atributos para a lei, *vigência e eficácia*, enseja **quatro situações** distintas (2^2), todas juridicamente **possíveis**.[62]

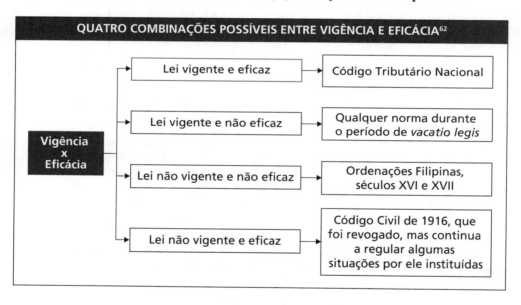

4.2.4.2. Irretroatividade na hipótese de extinção de tributos

Neste tópico podemos levantar **duas questões** interessantes: o que ocorre quando a lei *reduzir* ou *extinguir* tributos, situações opostas ao preceito constitucional? Seria possível, nos dois casos, a retroatividade?

---

[62] A situação que sempre enseja dúvida ao aluno é a de **lei não vigente, mas eficaz**, porque contraria o senso comum. Todavia, entre vários casos concretos, podemos citar a previsão expressa do atual Código Civil, que no art. 2.028 estabelece: "Serão **os da lei anterior os prazos, quando reduzidos por este Código**, e se, na data de sua entrada em vigor, já houver transcorrido mais da metade do tempo estabelecido na lei revogada".

4 ◼ Sistema Tributário Nacional

No caso de **redução**, deve ser observado o princípio do **paralelismo das formas**. Se a alíquota de um tributo é de 20% e o legislador, tempos depois, a reduz para 10%, a inovação só alcançará os fatos praticados depois da entrada em vigor da lei posterior.

Assim, todos os que praticaram fatos durante a vigência da lei que previa a alíquota de 20% deverão recolher o imposto normalmente, em homenagem ao princípio da **igualdade**. Para os fatos praticados após a entrada em vigor da nova lei, aplicar-se-á a alíquota reduzida.

Por outro lado, questão sobremaneira interessante versa sobre o tratamento tributário a ser conferido na hipótese de a lei **extinguir tributos**, em vez de instituí-los ou aumentá-los, como dispõe o texto constitucional.

Já se perguntou em concursos se a extinção de um dado tributo poderia gerar **efeitos retroativos**, no sentido de alcançar situações anteriores à edição da lei.

Apesar da estranheza que a resposta poderá causar ao leitor, pensamos ser possível observar efeitos retroativos, mas apenas para situações que não estiverem definitivamente constituídas e desde que presentes certas condições.

Uma primeira análise, de ordem **cronológica**, aponta nesse sentido. Se a lei extingue um tributo (e, por conseguinte, qualquer obrigação tributária dele decorrente), por óbvio que, após sua edição, não poderá produzir **novos efeitos**, pela ausência de relação jurídica entre o Estado e o particular.

Contudo, a lei que promoveu a extinção poderá **dispor** sobre situações em aberto, ainda não juridicamente resolvidas, oriundas de fatos anteriores, quando o tributo existia e alcançava a conduta das pessoas.

Parece-nos que, se isso é possível — e *tem de ser assim*, pois do contrário a lei seria inócua, vale dizer, não poderia retroagir nem alcançar fatos posteriores —, o argumento também é válido em razão da **retroatividade**, não para constituir novas relações jurídicas (até porque a norma *extinguiu* o tributo), mas no intuito de regular as situações em curso.

Explicamos: O princípio da segurança jurídica, como vimos, diz respeito a direitos adquiridos, ao ato jurídico perfeito e à coisa julgada, conceitos que implicam o encerramento do debate jurídico, sem qualquer possibilidade de **revisão**, legal ou judicial.

Portanto, se a lei extinguiu o tributo na data "X", todos os fatos jurídicos até então praticados deverão ser preservados, e as obrigações deles decorrentes cumpridas, em respeito ao princípio da igualdade. Quem praticou uma conduta tributável e **recolheu** os valores correspondentes *não poderá ter sua situação alterada*, qualquer que seja o fundamento.

Contudo, pessoas que praticaram fatos ao tempo de vigência do tributo e **não atenderam** às disposições legais continuam submissas aos efeitos da incidência, ainda que a figura não mais exista no ordenamento.

Remanesce, pois, o **direito subjetivo** do Estado de exigir o cumprimento das respectivas obrigações e, nesse sentido, parece-nos que a lei extintiva deverá, entre outros temas, justamente definir quais os parâmetros aplicáveis aos casos concretos ainda carentes de solução.

O legislador poderá estabelecer, entre outros critérios, a sistemática de correção monetária, o índice de juros aplicável, a possibilidade de alterações no crédito tributário original, como o parcelamento ou a concessão de anistias, o rito de execução, caso necessário, e assim por diante.

Exemplo: Digamos que um tributo, como a CPMF, foi extinto. A partir da vigência da lei que o fulminou, ninguém mais será obrigado a recolhê-lo. Contudo, pessoas que estiverem devendo CPMF, relativa ao período em que o tributo existia, devem ser cobradas, por absoluto respeito e equivalência com quem pagou no prazo correto. Só que, como o tributo não existe mais, a lei que promoveu sua extinção pode trazer *regras relativas à cobrança e execução* (prazos, condições, eventualmente benefícios) para aqueles que *ainda não quitaram a sua obrigação*.

Pelo exposto, cremos incontroversa a noção de que a lei extintiva de tributos tem *efeitos retroativos*, mas apenas para dispor sobre composições jurídicas **não solucionadas**, especialmente com o objetivo de fixar, a partir de sua eficácia, as variáveis que serão observadas até o desfecho de cada situação concreta.

4.2.4.3. Retroatividade benéfica

Na esteira do que acontece na área penal, o Código Tributário Nacional prevê hipóteses de aplicação da lei **mais benéfica**, inclusive com efeitos retroativos. Embora isso possa, num primeiro momento, parecer incompatível com o princípio da irretroatividade veiculado pela Constituição, os dois temas **não se confundem**, pois as hipóteses do Código tratam apenas de **infrações**, enquanto o preceito constitucional se refere ao conceito de **tributos**.

Sabemos que os princípios constitucionais são aplicáveis aos tributos, o que *não necessariamente ocorre em relação às infrações*, figuras dotadas de caráter sancionatório e naturezas distintas.

Apesar de não ser a regra geral, nada impede que o Supremo Tribunal Federal, como intérprete derradeiro da Constituição, atribua às multas **limites delineados** para os tributos, sempre em **favor do contribuinte**, hipótese que já se concretizou quando da análise do princípio que veda a utilização de tributo com **efeito confiscatório**, que comentaremos mais adiante, em tópico específico.

O Código Tributário Nacional, num artigo que se apresenta como dos mais requisitados em concursos públicos, estabelece situações de **retroatividade** da norma tributária.

Longe de ser **exceção** ao mandamento constitucional, o que é **proibido**, dada a prevalência do Texto Político sobre as demais normas, o conceito veiculado pelo Código é *legítimo e jurídico*, pois se refere a sanções, não a tributos, circunstância que nem sempre é destacada com a devida ênfase pela doutrina.

Por congregar normas que **não integram** o conceito de tributo, a dicção do Código Tributário Nacional em nada fere o princípio constitucional da irretroatividade, até porque as situações nele previstas sempre operam *efeitos favoráveis* aos infratores, e sua interpretação pode, por analogia, ser equivalente à das normas penais, que são, por definição, de índole sancionatória.

Embora a redação empregada pelo legislador não tenha sido das mais acuradas, diz o Código Tributário Nacional, ao cuidar do assunto da **retroatividade**, no art. 106, que:

4 ■ Sistema Tributário Nacional 239

> **Art. 106.** A lei aplica-se a **ato ou fato pretérito:**
>
> I — em qualquer caso, quando seja expressamente interpretativa, **excluída a aplicação de penalidade** à infração dos dispositivos interpretados;
>
> II — tratando-se de ato não definitivamente julgado:
>
> *a)* quando deixe de defini-lo **como infração;**
>
> *b)* quando deixe de tratá-lo **como contrário** a qualquer exigência de ação ou omissão, desde que não tenha sido fraudulento e não tenha implicado em falta de pagamento de tributo;
>
> *c)* quando lhe comine **penalidade menos severa** que a prevista na lei vigente ao tempo da sua prática.

A questão deve ser entendida em função do **intervalo temporal** entre dois ou mais comandos normativos. Como regra, deve ser aplicada ao caso concreto a lei vigente *à época do fato gerador* (conduta), mas o CTN permite a utilização de lei posterior em **benefício** do sujeito passivo, mas apenas no que tange às **infrações** (multas, por exemplo).

> **Importante!** Para o lançamento de um tributo deve ser utilizada a lei em vigor na data da ocorrência do fato gerador. No caso de infrações, a lei pode ter efeitos retroativos para beneficiar o sujeito passivo, quando for expressamente interpretativa ou quando, antes do julgamento definitivo, deixar de considerar o fato como infração ou lhe cominar penalidade menos severa (normalmente com a redução da multa).

A leitura do dispositivo nos leva a concluir que o escopo do Código Tributário Nacional diz respeito exclusivamente ao tratamento de **infrações**, que deverão ser aplicadas de modo menos gravoso quando *sobrevier norma benéfica*, introduzida *após a prática do ato antijurídico*, razão pela qual poderá ter efeitos retroativos[63].

A redação do art. 106, I, é *óbvia e desnecessária*, porque as leis interpretativas, por **definição lógica**, só podem ter efeitos retroativos, afinal interpretar significa conferir novo sentido a algo que **já existe**. Nesse sentido, só se tornou possível interpretar Hamlet depois que Shakespeare o criou; igual raciocínio vale para a música, as artes em geral e, por certo, para o direito.

---

[63] Em respeito à inteligência do leitor, cabe um breve comentário: em princípio, **nada retroage**, pois isso implica literalmente *voltar no tempo*, possibilidade que ainda não foi comprovada pela ciência e que exigiria, com a tecnologia atual, uma quantidade de energia impossível de ser obtida. Contudo, no direito as pessoas gostam desse *tipo de fantasia* (infelizmente sem a qualidade de um H. G. Wells, por exemplo), razão pela qual sempre usamos, para minimizar o problema, o eufemismo *efeitos retroativos*, que também não ocorrem na realidade. De fato, quando se menciona a **retroatividade em matéria jurídica**, o que se faz é permitir que o julgador possa utilizar, para decidir determinada questão, **lei que não estava em vigor ao tempo dos fatos**. Note-se que a decisão só pode ser adotada *depois da existência da referida lei*, e os seus efeitos serão **prospectivos**, pois o pagamento de uma multa com redução ou o perdão relativo a uma infração são sempre posteriores à promulgação da sentença.

A única informação útil — e, por decorrência, **benéfica** — do comando se traduz na ideia de que *não poderão ser aplicadas sanções* decorrentes da interpretação posterior.

Portanto, podemos afirmar que na hipótese do inciso I temos uma lei "A" em vigor que, depois de algum tempo, passa a ter dispositivos interpretados em razão da lei posterior "B" (o que se costuma chamar de **interpretação autêntica**). Diz o CTN que essa interpretação promovida pela lei "B" é válida, mas dela não pode decorrer a imposição de penalidades.

Exemplo: Digamos que a lei "A" estabeleça que veículos automotores estão sujeitos ao pagamento do IPVA. Posteriormente, a lei "B", ao definir o rol do que seriam "veículos automotores", inclui no campo de incidência um bem que, pelo senso comum, não deveria ser tributado (um reboque, daqueles que são presos na traseira dos veículos e que não possuem motor). Pois bem, a lei "B" trouxe o reboque para o campo de incidência, por força do comando interpretativo, mas não poderá exigir multa pelo não pagamento do tributo para os proprietários de reboques — que não imaginavam estar sujeitos ao imposto — no intervalo temporal entre as leis "A" e "B", conforme o esquema a seguir.

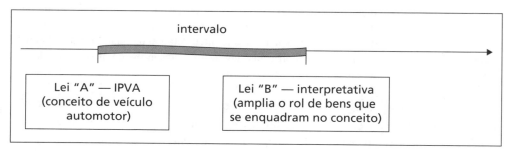

No esquema podemos perceber que a lei "B" retroage para interpretar a lei "A" e ampliar o rol de bens que *devem ser considerados veículos automotores*, para nele incluir os reboques.

Quem era proprietário de um reboque antes da lei "B" certamente **não recolheu IPVA** e, de acordo com o CTN, **não poderá ser penalizado** por força dessa nova interpretação, embora esteja sujeito ao recolhimento do imposto, em homenagem ao princípio da **igualdade** (que considerou *equivalentes*, no nosso exemplo, veículos automotores e reboques, portanto, sujeitos ao IPVA).

E por que a lei "B" foi editada? Provavelmente porque havia *confusão ou dúvida* quanto ao conceito de veículo automotor, de forma que o legislador achou pertinente explicitar o alcance da norma por meio da interpretação.

Note que usamos propositalmente como exemplo o IPVA, talvez o imposto mais simples do país, cujas características básicas todos conhecem: pertence à competência dos Estados e do Distrito Federal e tem como fato jurídico a propriedade de **veículos automotores**, cujo conceito parece bastante trivial, embora pudéssemos, por exemplo, formular a seguinte pergunta: *O que são veículos automotores*, ou seja, quais objetos, quando de propriedade de pessoas físicas ou jurídicas, ensejarão o nascimento da relação tributária atinente ao IPVA?

Qualquer indivíduo **perspicaz**, ainda que mediante consulta a um dicionário, diria que veículo automotor é *qualquer instrumento dotado de motor e capaz de transportar pessoas ou coisas de um lugar para outro.*

A resposta, apesar de tecnicamente **correta**, poderia, contudo, gerar a seguinte refutação: isso significa que *carrinhos de golfe, patinetes motorizados ou motocicletas de baixa cilindrada*, que atendem à mencionada definição, sujeitam seus proprietários ao pagamento do IPVA?

Provavelmente a resposta seria **negativa**, ainda que o senso comum das pessoas levasse a conclusão diferente.

A dúvida, bastante pertinente, decorre do problema **linguístico** do direito, nesse caso particularmente relacionado à **ambiguidade** da expressão *veículo automotor*. Destaque-se que a expressão não é ambígua em termos técnicos, mas a interpretação jurídica pode, efetivamente, conduzir a dúvidas.

De acordo com tal premissa, poderíamos construir o seguinte **cenário**, novamente com a ajuda do gráfico já apresentado:

A lei "A" institui, de acordo com as exigências constitucionais, o IPVA em determinado Estado. A partir da eficácia da norma "A", os proprietários de veículos automotores **estarão sujeitos** ao pagamento do imposto. Digamos que tenham ocorrido dúvidas concretas em relação à **interpretação** *do que seria veículo automotor*, o que levou o próprio legislador a produzir uma norma posterior "B", cuja função precípua foi a de definir o **conceito** de veículo automotor para fins de IPVA. Nesse sentido, imaginemos que a lei "B" tivesse apenas um artigo, assim redigido: *Para fins do conceito previsto na lei "A", considera-se veículo automotor: ...*" e os incisos desse artigo trariam o **rol taxativo** dos meios de transporte cujos proprietários seriam passíveis do imposto.

Tratar-se-ia, pois, de norma interpretativa, cujos efeitos seriam, à luz do art. 106 do Código Tributário Nacional, aplicáveis desde a criação da lei "A".

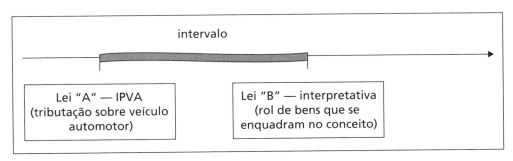

Assim, teríamos, no **intervalo** entre as normas, *quatro situações possíveis* (2^2), percebidas a partir da combinação entre dois fatores: *"v = ser proprietário de veículo automotor"* e *"p = ter pagado o imposto"*, conforme abaixo:

1. v → p (proprietário de veículo automotor que pagou o imposto)
2. ~v → p (não proprietário de veículo automotor que pagou o imposto)

3. v → ~p (proprietário de veículo automotor que não pagou o imposto)

4. ~v → ~p (não proprietário de veículo automotor que não pagou o imposto)

Com o advento da lei interpretativa "B", podemos perceber que as situações **(1)** e **(4)** *não sofrem qualquer alteração*, pois os **proprietários** de veículos automotores que efetuaram o pagamento *satisfizeram a pretensão estatal*, enquanto as pessoas que **não eram proprietárias** (*situação mantida* pela "B") não precisavam, efetivamente, recolher o tributo.

Entretanto, a lei "B", apesar de **interpretativa**, na dicção do Código Tributário Nacional, veiculou normas cuja aplicação impacta, em termos jurídicos, as situações **(2)** e **(3)**.

No primeiro caso **(2)**, indivíduos que, ao interpretar a lei original, concluíram ser proprietários de bens que estariam contidos no conceito de veículo automotor e, por força de tal percepção, *realizaram o pagamento do imposto indevidamente* (alguém que, por exemplo, fosse proprietário de uma motocicleta de baixa cilindrada, que não constou do rol taxativo da lei "B"), a partir da introdução da lei "B" adquiriram o direito de pedir a **restituição do IPVA**[64], pois o bem de sua propriedade não consta da **interpretação oficial** trazida pelo legislador.

Por fim, a **situação (4)** é justamente a prevista no art. 106, I, do Código Tributário Nacional. Ainda que ao tempo da lei "A", que instituiu o imposto, parecesse razoável ao proprietário de bem **distinto** do *conceito técnico de veículo automotor* (quem tinha um reboque, por hipótese) **não recolher** o IPVA, a interpretação autêntica, oriunda da lei "B", **incluiu tal bem** na lista dos tributáveis, circunstância que, *desde sempre*, passa a exigir o pagamento.

Frisamos o raciocínio com a expressão *desde sempre*, ou seja, desde a **introdução da lei "A"** no ordenamento, porque, muito provavelmente, o leitor deve estar a indagar: mas qual a vantagem do cidadão neste caso, vale dizer, onde está o *caráter benéfico da lei interpretativa*, pois, ao que parece, a retroatividade só piorou a situação?

A dúvida é pertinente e precisa ser esclarecida sob a ótica do sistema tributário.

O princípio que rege a situação é o da **igualdade**, pois a lei "B", ao interpretar a expressão *veículo automotor*, estabeleceu os bens que se enquadram no conceito.

Isso implica a necessidade de que **todos os proprietários** dos referidos bens sejam compelidos ao pagamento do IPVA, em homenagem ao tratamento paritário que a Constituição determina para as *situações de equivalência*.

Portanto, os proprietários de bens que, por senso comum ou imprudência — pouco importa —, *deixaram de recolher o imposto* deverão fazê-lo **após a entrada em vigor da lei "B"**, o que ensejaria, pelo descumprimento da obrigação e impontualidade no pagamento, o acréscimo de multas[65].

---

[64] A figura poderá ser a restituição ou a compensação do imposto, de acordo com os requisitos estabelecidos em lei e desde que o direito seja pleiteado de forma tempestiva (o que se costuma denominar *repetição de indébito*).

[65] Veremos, no momento oportuno, que as multas em direito tributário costumam advir de duas infrações distintas: a) o descumprimento de obrigações previstas em lei (chamadas multas de ofício) e b) atraso no pagamento (multas de mora).

Pois bem, a **retroatividade benéfica** veiculada pelo Código Tributário Nacional diz respeito à **dispensa do pagamento** dessas multas, pois afasta a aplicação de penalidades em razão daquilo que foi interpretado[66] e que, teoricamente, se encontrava no *campo jurídico de incidência da lei original*.

O segundo caso de retroatividade benéfica, previsto no art. 106, II, do Código Tributário Nacional, admite tratamento mais favorável nas hipóteses em que o ato não tenha sido **definitivamente julgado**, ou seja, que ainda não existe decisão final sobre a matéria, decorrente de um processo, administrativo ou judicial.

A ressalva se deve, por óbvio, ao princípio da **segurança jurídica**, que, como vimos, impede que a lei alcance a chamada *coisa julgada* (art. 5.º, XXXVI, da Constituição da República).

Nesse contexto, a retroatividade benéfica comporta **três hipóteses**, em que se exige que a situação original ainda esteja *sub judice*, vale dizer, o juízo competente ainda pode cotejar as normas de regência do caso concreto e decidir, na graduação das penalidades, por aquelas menos gravosas para o contribuinte.

O leitor com certeza percebeu que a redação das alíneas do citado inciso é confusa e assaz redundante, o que se explica pelo costumeiro excesso de zelo e didatismo do legislador do Código Tributário Nacional, mas que, em hipóteses como a atual, também contribui para a dificuldade de compreensão do seu real intento.

Convém lembrar que o princípio de fundo sempre é a **igualdade**, de modo que tratamentos diferenciados, ainda que benéficos, só podem ser aplicados em matéria de penalidades.

A questão decorre da própria interpretação sistemática do direito, uma vez que na esfera penal a **retroatividade benéfica** é premissa hermenêutica, pois cabe, em última instância, à sociedade aferir o grau de coerção necessário e suficiente para desencorajar comportamentos que considera impróprios ou delituosos.

É possível, portanto, que a consciência social evolua e deixe de **penalizar atos** outrora considerados antijurídicos (é o caso, por exemplo, da descriminalização de certas condutas).

Na mesma esteira de raciocínio, pode ocorrer a **redução das sanções** ante a percepção social de que as pessoas passaram a atender certos preceitos normativos e que os casos de transgressão diminuíram em frequência e gravidade. Muitas vezes, a adoção de medidas **extrajurídicas** tende a ser *mais eficaz* do que a existência de comandos punitivos[67].

---

[66] Importante notar que o Superior Tribunal de Justiça, de forma exemplar, tem realizado criteriosa análise de leis tributárias que se autointitulam interpretativas, no sentido de verificar se apenas explicitam a *mens legislatoris* ou, ao reverso, criam novas obrigações ao contribuinte, como ocorreu com a Lei Complementar n. 118/2005, cujos efeitos teremos a oportunidade de analisar.

[67] Caso curioso, que o leitor pode comprovar, é a instalação de espelhos em elevadores de condomínios. Trata-se de medida simples e extrajurídica, que costuma reduzir os índices de vandalismo e depredação do equipamento de forma mais eficaz do que a imposição de pesadas multas. Isso porque é natural aos seres humanos o repúdio a comportamentos inadequados, e o espelho, nesse caso, funciona como *juiz interno* dos próprios infratores, causando-lhes desconforto, o que tende a reduzir tais condutas.

O tratamento que o Código Tributário Nacional preceitua nas alíneas do art. 106, II, deriva dessas premissas. A diferença terminológica adotada pelo legislador em nada discrepa da noção fundamental, que é a **imperatividade** na aplicação de tratamento *mais favorável* toda vez que a sociedade (entenda-se, a lei, que democraticamente deve refletir sua vontade) **inovar** o ordenamento para conceder ao infrator benefícios, desde que a situação ainda não se encontre juridicamente resolvida.

Vejamos, portanto, os efeitos das **três situações** previstas no art. 106, II, do CTN, com exemplos que, esperamos, facilitem a compreensão:

a) O ato *sub judice* **não é mais considerado** infração pelo ordenamento, ou seja, depois da autuação surgiu uma nova lei que deixou de tipificá-lo.

Exemplo 1: Suponhamos que um auditor fiscal vá a determinada empresa e lá constate, ao término dos procedimentos de verificação, que o contribuinte, apesar de ter recolhido os tributos corretamente, deixou de escriturar certo livro contábil, obrigatório de acordo com a legislação pertinente, cujo descumprimento enseja a aplicação de multa. Como o ato administrativo do lançamento tributário é **vinculado**, o fiscal deverá lavrar o competente *Auto de Infração*, dar ciência ao contribuinte e nele constituir o valor da penalidade.

Digamos que o contribuinte se insurja contra a aplicação da penalidade e a discuta na justiça. Se **antes** da decisão final (trânsito em julgado) surgir **nova lei**, que elimine a obrigatoriedade de escrituração do referido livro contábil e, por conseguinte, *retire a sanção do ordenamento*, o juiz — qualquer que seja a instância ou momento processual — deverá cotejar as duas normas de regência (a original, que determinou ao fiscal a aplicação da multa, e a posterior, que fulminou a exigência) e decidir pela **mais favorável**, no caso a segunda, de modo que seus efeitos retroagirão e serão considerados *existentes ao tempo da lavratura do Auto de Infração*, o que, como resultado, dispensará o sujeito passivo do pagamento, não por força das alegações porventura aduzidas no processo, mas sim pela **inovação jurídica** produzida, conforme gráfico a seguir.

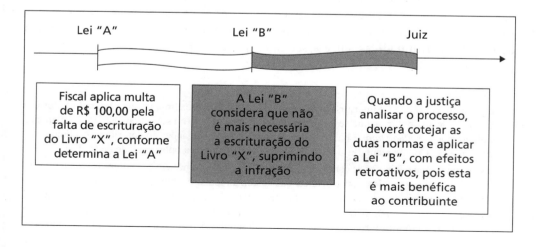

4 ■ Sistema Tributário Nacional 245

É importante destacar que o ato praticado pela autoridade fiscal foi *jurídico e perfeito*, pois era a **única atitude** possível à luz da legislação **então vigente**. Foi a sociedade, em momento superveniente e mediante lei, que decidiu *eliminar a sanção outrora aplicável*, e o Poder Judiciário, como porta-voz da vontade coletiva, comparou os dois dispositivos e decidiu pelo mais benéfico. Desnecessário dizer que, se a situação original fosse a mais favorável, em **hipótese alguma** *poderiam retroagir os efeitos da lei posterior mais gravosa*, visto que o fenômeno só se manifesta em **benefício** do infrator, *jamais para prejudicá-lo*, em homenagem ao primado da segurança jurídica.

b) O ato em discussão **não é mais considerado** contrário a qualquer exigência de ação ou omissão, não foi **fraudulento** e não implicou **falta de pagamento** de tributo (esta hipótese é muito semelhante à anterior, pois apenas acresce requisitos: *pagamento do tributo e ausência de fraude*).

Em relação à alínea *b* do art. 106, II, que exige, como **antecedente** da retroatividade benéfica, o pagamento do tributo e a não utilização de qualquer meio fraudulento ou doloso, pensamos tratar-se **exatamente** da mesma situação prevista na alínea anterior.

Em primeiro lugar porque já frisamos, à exaustão, que a retroatividade só se aplica a penalidades, donde a total desnecessidade de o legislador dizer... *desde que não tenha sido fraudulento e não tenha implicado falta de pagamento de tributo*.

Os tributos são pautados pelos princípios erigidos pela Constituição, especialmente pela igualdade, que veda qualquer tentativa posterior de **alterar** o tratamento tributário conferido a situações já enquadradas como equivalentes.

Por seu turno, a questão da **fraude**, como excludente da retroatividade benéfica, é coerente ao longo de todo o Código Tributário Nacional, pois o legislador *não quis oferecer ao contribuinte ardiloso*, que de modo premeditado pretendeu burlar o pagamento do tributo, o mesmo tratamento concedido ao cidadão que simplesmente *deixou de cumprir a lei*, ainda que por decisão própria e antijurídica, mas sem se valer de artifícios escusos.

A ideia veiculada pelo Código Tributário Nacional é de **transparência**, no sentido de que a legislação tributária pode oferecer tratamento benéfico às pessoas que, *apesar de não terem cumprido suas obrigações*, não operaram mediante **fraude**, **dolo** ou **simulação**, com a nítida intenção de dificultar a percepção dos fatos jurídicos pelas autoridades fiscais.

Muito embora não pagar tributos *seja reprovável*, ante o princípio da igualdade — pensemos nos contribuintes que cumprem suas obrigações —, a própria legislação prevê, nesses casos, a aplicação de **sanções**, normalmente de natureza econômica (multas), que servem, a um só tempo, para desestimular tais inadimplementos e para **compensar** o não ingresso dos recursos originalmente devidos nos cofres da Fazenda Pública.

Exemplo 2: Exatamente a mesma situação anterior, acrescida das duas condicionantes (**pagamento** do tributo e **inexistência de fraude**, que devem ser confirmadas quando da decisão).

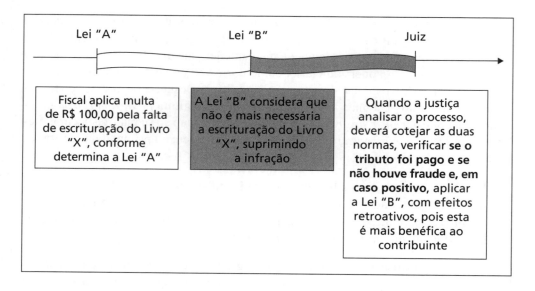

Note-se que nos dois casos o fiscal agiu de **forma correta**, pois aplicou a lei **em vigor** ao tempo da apuração da conduta.

Posteriormente, uma nova lei decidiu afastar a penalidade, e o juiz, ao apreciar a questão — e tendo à sua disposição duas leis teoricamente aplicáveis ao fato —, decidiu pela **mais favorável** ao contribuinte, como preceitua o Código Tributário Nacional. Ao utilizar a lei "B", posterior, em detrimento da lei "A" (original), surgiu a chamada retroatividade benéfica.

Existe, ainda, uma terceira hipótese, pois o art. 106, II, *c*, do CTN encerra as possibilidades de aplicação da retroatividade benéfica na mesma esteira de raciocínio das situações anteriores, ao estabelecer que penalidades **supervenientes**, *menos severas, deverão retroagir para alcançar infrações já positivadas*, desde que ainda não definitivamente julgadas.

c) A penalidade prevista na legislação posterior é **menos severa** do que a prevista na lei vigente ao tempo da prática do ato.

Exemplo 3: Como nos casos anteriores, um auditor fiscal apura, durante a realização de suas atividades em determinada empresa, *infração à ordem tributária*, passível de aplicação de multa, no valor de **R$ 100,00**, conforme dispõe a lei em vigor.

Inconformado, o contribuinte ingressa com ação no Poder Judiciário para contestar o valor da penalidade e, *no curso do processo*, sobrevém lei que comina à infração ***multa inferior***, no valor de **R$ 50,00**. Se o caso ainda não foi julgado em definitivo, a autoridade judicial que proferir decisão no processo, após o advento da lei menos gravosa, *deverá aplicar a sanção nela prevista*, por ser mais **favorável** ao contribuinte, ainda que a multa originalmente lavrada pelo auditor fiscal tenha sido correta, ao tempo da infração.

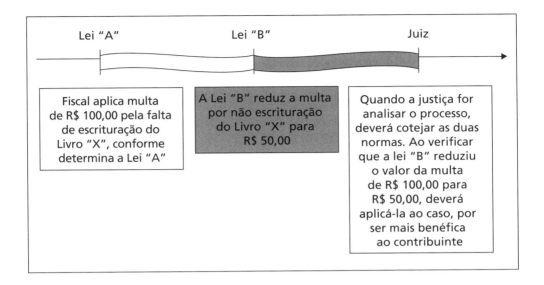

Claro está que a decisão pela multa menos gravosa só se concretizará se o juízo entender **pertinentes** os fundamentos da sanção original, pois, caso sejam acolhidos os argumentos do contribuinte, que contestou a **própria infração**, não há de se falar em penalidade ou retroatividade benéfica, mas em **extinção da punibilidade**.

A retroatividade pressupõe a **existência** (ou manutenção, quando da contestação judicial) da sanção, mas concede ao infrator o direito de ser apenado *de modo mais brando*, uma vez que a sociedade decidiu reduzir o nível de coerção original.

Importante observação, ainda que já intuída pelo leitor, precisa ser destacada: como a previsão do Código Tributário Nacional só alcança as **penalidades**, pouco importa se, durante a contestação judicial promovida pelo contribuinte, lei nova reduzir o valor do **tributo**.

Ainda que o caso esteja *sub judice*, não poderá o juiz aplicar a norma mais benéfica, pois em relação a tributos prevalece a regra constitucional da **irretroatividade**, conjugada com o princípio da igualdade, sempre a partir da premissa de que outros contribuintes, em *situação equivalente*, já **pagaram** os valores relativos às suas obrigações.

Vejamos o seguinte exemplo:

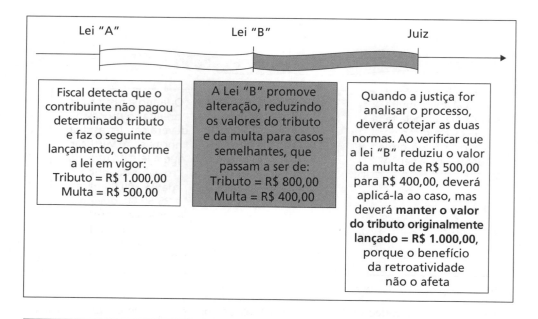

Importante! Não se esqueça de que a retroatividade só alcança as infrações, não sendo possível utilizá-la no caso de tributos, que seguem o preceito constitucional de irretroatividade.

Em conclusão, podemos afirmar que o valor do tributo **não se altera** em função de sua posterior redução (princípios da igualdade e irretroatividade), enquanto as multas, objeto de redução, devem ser consideradas pelo juiz, por força da retroatividade benéfica.

Conjuntura interessantíssima e nem sempre comentada pela doutrina poderia advir de variante ao exemplo supramencionado.

Suponhamos que o contribuinte, autuado de acordo com a lei "A", recorra ao judiciário e questione a infração.

Durante o curso do processo sobrevém a lei "B", que prevê hipótese menos gravosa que a prevista originalmente.

Contudo, *antes de o fato ser julgado*, é editada a lei "C", que novamente **agrava a sanção**, que, portanto, será **superior** à prevista na lei "B", *mas ainda favorável em relação à penalidade original*.

Pergunta: se o juízo, após a edição de todas as normas, profere decisão que reconhece a **procedência** da infração, *qual lei será aplicável?* A da norma "B", a *mais favorável de todas*, ou a da norma "C", que revogou "B" e que, portanto, era a única *em vigor quando da decisão?*

Pensamos que, se o contribuinte não pleiteou, **durante a vigência** da lei "B", sua aplicação ao caso concreto, o juízo não poderá utilizá-la, visto que ao tempo da decisão somente poderão ser comparadas a norma original (positivada pela autuação) e a norma **em vigor** (lei "C"), pois a lei "B" foi **revogada** e não mais pertence ao ordenamento.

4 ◼ Sistema Tributário Nacional

Como o direito, em regra, refuta a **repristinação**[68], não há como aceitá-la na hipótese aventada, pois o judiciário somente pode cotejar normas dotadas de **eficácia**, o que impede o aproveitamento da lei intermediária "B".

Apresentamos o gráfico abaixo, com as diversas etapas, para facilitar o raciocínio exposto.

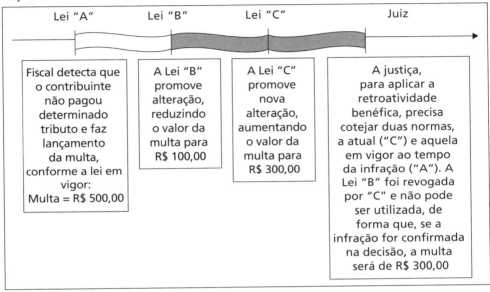

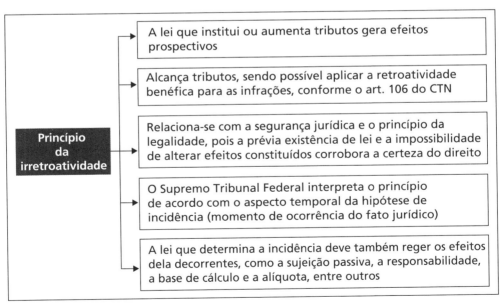

---

[68] De forma sucinta, **repristinação** é a revalidação de lei revogada pelo fato de a lei revogadora ter deixado o ordenamento. Na língua portuguesa, normalmente significa a restauração ao estado original ou à condição anterior.

STF — Irretroatividade

- **Inconstitucionalidade de lei que altera a base de cálculo de fato consumado antes da sua edição.** Taxa referencial diária. Inaplicabilidade a fatos geradores consumados **anteriormente à sua instituição**. Ofensa ao princípio da **irretroatividade** das leis. (...) Taxa referencial diária. Índice de remuneração mensal da média líquida de impostos, de títulos privados ou títulos públicos federais, estaduais e municipais. Utilização do indexador como fator de correção monetária de débitos fiscais. Possibilidade. Fato gerador consumado anteriormente à vigência da Lei 8.177/1991. Incidência da TRD. Impossibilidade em face do princípio da irretroatividade, dado que a referida taxa altera não apenas a expressão nominal do imposto, mas também o valor real da respectiva base de cálculo (RE 204.133).

- **Irretroatividade como garantia do contribuinte.** O princípio da irretroatividade da lei tributária deve ser visto e interpretado, desse modo, como garantia constitucional instituída em favor dos sujeitos passivos da atividade estatal no campo da tributação. Trata-se, na realidade, à semelhança dos demais postulados inscritos no art. 150 da Carta Política, de princípio que — por traduzir limitação ao poder de tributar — é tão somente oponível pelo contribuinte à ação do Estado (ADI 712-MC).

- **Fundo Social de Emergência.** São constitucionais a alíquota e a base de cálculo da contribuição ao PIS, previstas no art. 72, V, do ADCT, destinada à composição do Fundo Social de Emergência, nas redações da ECR n. 1/94 e das EC n. 10/96 e 17/97, observados os princípios da anterioridade nonagesimal e da irretroatividade tributária (RE 578.846, com repercussão geral).

4.2.5. Princípio da anterioridade

Com o objetivo de assegurar ao contribuinte direitos fundamentais nas relações com o Poder Estatal, a Constituição de 1988 condicionou a imposição de tributos à noção de **anterioridade**, assim entendido o *intervalo de tempo mínimo e necessário* entre a introdução de normas tributárias no sistema e o atendimento, pelo destinatário, das suas determinações.

Na terminologia que já apresentamos, a anterioridade é a distância cronológica entre **vigência** e **eficácia**, ou seja, entre o instante de entrada da norma no ordenamento e a aptidão de produzir os efeitos pretendidos pelo legislador.

Sabemos que os comandos legais **juridicizam fatos** do cotidiano social, ao colhê--los no mundo concreto por meio da incidência e lhes atribuir consequências no plano jurídico.

Assim, a anterioridade é a garantia constitucional de que as pessoas só deverão conformar suas condutas ao imperativo da norma após período adequado, pois as relações intersubjetivas têm o condão de produzir **resultados econômicos** diversos, que precisam ser reavaliados quando acometidos pela carga tributária.

No intuito de instrumentalizar esse direito de adequação da vida econômica às imposições tributárias, quis o constituinte assegurar *interstício jurídico específico*, denominado anterioridade, que em matéria tributária nada mais é do que espécie de *vacatio legis* obrigatória, à luz das ideias já expendidas.

4 ▪ Sistema Tributário Nacional **251**

O constituinte originário criou **dois mecanismos** de anterioridade, o primeiro como *regra geral do sistema*, e o outro exclusivo para as *contribuições sociais*, previstas no art. 195 da Lei Maior.

O **princípio geral** da anterioridade se encontra no art. 150, III, *b*, da Constituição, e estatui ser vedado *cobrar tributos no mesmo exercício financeiro em que haja sido publicada a lei que os instituiu ou aumentou.*

> **Art. 150.** Sem prejuízo de outras garantias asseguradas ao contribuinte, é vedado à União, aos Estados, ao Distrito Federal e aos Municípios:
>
> (...)
>
> III — cobrar tributos:
>
> (...)
>
> *b)* no **mesmo exercício financeiro** em *que haja sido publicada a lei que os **instituiu** ou **aumentou**;*

Percebe-se que a anterioridade geral empregou como referência o **ano-calendário**, regra econômica e contábil consagrada no Brasil para a apuração dos direitos e obrigações das pessoas, que, por consequência, impede qualquer aumento de ônus tributário *no mesmo exercício* em que a lei entrar em vigor.

A dicção constitucional novamente se valeu de verbos **positivos**, que agravam a situação individual do contribuinte, e em relação a eles limitou a competência do legislador[69].

Assim, tanto a criação de novos tributos como o incremento daqueles existentes só poderão produzir efeitos a partir de **1.º de janeiro** do ano seguinte à colocação da norma no ordenamento.

A mesma ressalva que fizemos em relação ao verbo "cobrar" para o princípio da irretroatividade aqui também se aplica, no sentido de que a vedação constitucional obstaculiza **a incidência** de qualquer norma inovadora e mais gravosa durante o período de *vacatio* garantido pela anterioridade, e não diz respeito ao momento da exigência do tributo.

O princípio da anterioridade é também chamado de **princípio da não surpresa**, pois tem como objetivo conceder ao sujeito passivo um tempo para se preparar economicamente para a nova carga tributária, instituída ou majorada[70].

---

[69] Nesse sentido entende o STF que "o preceito constitucional **não especifica** o modo de implementar-se o aumento. Vale dizer que **toda modificação legislativa que**, de maneira direta ou indireta, **implicar carga tributária maior** há de ter eficácia no ano subsequente àquele no qual veio a ser feita. (...) Impõe-se a concessão da liminar para, mediante interpretação conforme a CF e sem redução de texto, afastar-se a eficácia do art. 7 da LC 102/2000, no tocante à inserção do § 5.º no art. 20 na LC 87/96 e às inovações introduzidas no art. 33, II, da referida lei, bem como à inserção do inciso IV. Observar-se-á, em relação a esses dispositivos, a vigência consentânea com o dispositivo constitucional da anterioridade, vale dizer, terão eficácia a partir de janeiro de 2001" (ADI 2.325-MC).

[70] Ressalte-se que o STF entende que antecipações no vencimento (RE 546.316) ou alterações nos índices de correção monetária (RE 200.844-AgR) **não implicam majoração de tributo** e, por decorrência, não se sujeitam ao princípio da anterioridade. Igualmente, a **redução ou extin-**

252 Direito Tributário Esquematizado   *Roberto Caparroz*

A **segunda modalidade** de anterioridade, prevista na redação original da Carta de 1988, trata especificamente das **contribuições sociais**, conforme disposto no § 6.º do art. 195: "As contribuições sociais de que trata este artigo só poderão ser exigidas após decorridos **noventa dias** da data da publicação da lei que as houver instituído ou modificado, **não se lhes aplicando** o disposto no art. 150, III, *b*".

O mandamento constitucional previu tratamento **distinto** para as contribuições sociais em termos de anterioridade, **excluindo-as** da regra geral do art. 150, III, *b*, ao estabelecer como intervalo necessário e suficiente o *transcurso de noventa dias*, contados a partir da lei que as criar ou aumentar.

Tínhamos, pois, duas *vacatio* diferentes, uma para as contribuições sociais e outra para os tributos em geral.

Não tardou para que alguns autores, mais açodados, denominassem o intervalo mínimo de noventa dias com a horrenda expressão **anterioridade mitigada**, que, infelizmente, ainda encontramos em certos escritos.

Isso porque se imagina, sabe-se lá por quê, que o transcurso de noventa dias representaria um **prazo menor**, quando comparado ao intervalo entre a publicação da lei e o dia 1.º de janeiro do exercício seguinte. Os que pensam assim talvez contassem com a *estatística a seu favor* (presunção incorreta, como veremos), mas os fatos — e, por derradeiro, o próprio constituinte — sinalizaram em direção contrária.

Vejamos.

A lei que institui ou aumenta tributos pode ser posta em vigor em qualquer dia útil do ano, com a **publicação** do texto sancionado no Diário Oficial ou instrumento análogo do ente tributante.

Portanto, o intervalo entre a sua publicação e o dia 1.º de janeiro do exercício seguinte pode variar, em tese, *entre 1 e 364 dias*, se excluirmos o primeiro dia do exercício como *dies a quo*, por se tratar de feriado mundial, no qual não circulam, em regra, diários oficiais[71].

Teoricamente, poderíamos então imaginar que a produção legislativa, em termos de **mediana**[72], teria distribuição uniforme ao longo do ano e como **ponto central** o início de julho, o que talvez justificasse a ideia de que noventa dias fosse um prazo inferior aos hipotéticos cento e oitenta e poucos dias assim calculados.

ção de desconto para pagamento antecipado do tributo não se equipara, automaticamente, à majoração prevista pela Constituição, de sorte que a tais situações não se aplica o princípio da anterioridade (ADI 4.016-MC).

[71] Infelizmente, ao contrário do esperado, o STF considerou **constitucional** a publicação de norma no Diário Oficial num **sábado, 31 de dezembro!** "Imposto de renda e contribuição social sobre o lucro: compensação de prejuízos fiscais: limitação imposta pelos arts. 42 e 58 da Medida Provisória 812/94, convertida na L. 8.981/95: princípio da anterioridade. Publicada a Medida Provisória no *Diário Oficial* de 31.12.94, sábado, que circulou na mesma data, não ocorre, quanto à alteração relativa ao imposto de renda, violação do princípio da anterioridade..." (RE 232.710-SP).

[72] A mediana, na teoria das probabilidades, representa o ponto central da amostra, de forma a dividi-la entre a metade anterior e a metade posterior. No contexto, seria dizer que a produção de leis, se igualmente distribuída pelo ano-calendário, teria como ponto médio algum dia no começo do mês de julho.

Ocorre que a estatística trata das probabilidades obtidas por meio de observações **empíricas**, verificadas a partir do mundo real.

E os dados produzidos pelo direito positivo brasileiro, especialmente em matéria tributária, revelam que *quase todas as leis que criam ou majoram tributos* são publicadas próximas ao **fim do ano**[73], o que *deslocaria a mediana para os últimos dias de dezembro*, circunstância que fulmina, sob a ótica teleológica, o princípio geral da anterioridade.

Os comentários apresentados, mais do que mera digressão matemática, têm fundamento na própria percepção do constituinte derivado, que observou a malversação do princípio da anterioridade geral pelo legislador ordinário e a ele **acrescentou** o transcurso obrigatório de **noventa dias**, por meio da *Emenda Constitucional n. 42, de 19 de dezembro de 2003* (como trabalha o legislador no fim do ano!), que introduziu a alínea *c* no art. 150, III, da Carta Magna, para determinar, como regra, a **cumulatividade** dos princípios, de sorte que o dispositivo passou a ter a seguinte redação:

> **Art. 150.** Sem prejuízo de outras garantias asseguradas ao contribuinte, é vedado à União, aos Estados, ao Distrito Federal e aos Municípios:
>
> (...)
>
> III — cobrar tributos:
>
> (...)
>
> *b)* no **mesmo exercício financeiro** em que haja sido publicada a lei que os **instituiu** ou **aumentou**;
>
> *c)* **antes de decorridos noventa dias** da data em que haja sido publicada a lei que os **instituiu** ou **aumentou**, observado o disposto na alínea *b*.

É claro e salutar o comando introduzido, pois reconhece que deixar ao sabor do legislador ordinário a data da criação ou aumento de tributos é **desrespeitar** o intervalo necessário à adaptação do contribuinte ao ônus gerado, o que sistematicamente ocorria antes de 2003.

Significa, em outras palavras, que o prazo de **noventa dias é melhor**[74] (no sentido de conferir segurança e certeza jurídicas) do que *o intervalo até o exercício seguinte*, donde ressalta a **impropriedade** da expressão "anterioridade mitigada" que estivemos a combater.

---

[73] Apenas para corroborar a assertiva, ressaltamos que no âmbito dos tributos federais, especialmente no caso do Imposto sobre a Renda e variantes, que são as figuras mais afetas à noção de exercício financeiro, algumas das inovações recentes mais importantes foram introduzidas, por exemplo, pela Lei n. 11.051, de 29 de dezembro de 2004, Lei n. 11.033, de 21 de dezembro de 2004, Lei n. 10.833, de 29 de dezembro de 2003, Lei n. 10.637, de 30 de dezembro de 2002 (publicada em *Edição Extra* do *Diário Oficial da União*, de 31 de dezembro de 2002!), além da mais importante lei federal tributária em vigor, a chamada **Lei do Ajuste Tributário**, n. 9.430, de 27 de dezembro de 1996, que, por seu turno, alterou a Lei n. 9.249, de 26 de dezembro de 1995.

[74] Para não dizer **maior**, em termos reais.

254 Direito Tributário Esquematizado   *Roberto Caparroz*

> **Importante!** Originalmente, o art. 150 fixava o intervalo apenas entre a publicação da lei e o primeiro dia do exercício financeiro seguinte. Ao perceber que o preceito era sistematicamente **burlado**, com a edição de leis nos últimos dias do ano-calendário (o que permitia uma exigência quase imediata), o constituinte derivado resolveu fixar, em paralelo, um prazo mínimo de **noventa dias** entre a publicação da lei e a possibilidade de exigência da carga tributária majorada, nos moldes do que já acontecia com as contribuições sociais.

4.2.5.1. Das atuais hipóteses de anterioridade em matéria tributária

A partir da introdução veiculada pela Emenda Constitucional n. 42, temos **quatro** (2^2) **combinações** possíveis em termos de anterioridade, observadas a partir dos critérios do *exercício seguinte e do transcurso de noventa dias*.

Neste passo, antes de analisarmos as referidas hipóteses, convém fazermos uma pequena ressalva terminológica.

Quando se comenta a anterioridade que exige o *transcurso de noventa dias* para a exigência de novas imposições tributárias, a expressão mais utilizada pela doutrina e pelos tribunais é **anterioridade nonagesimal**.

Como tal nomenclatura nos causou estranheza, recorremos aos bons dicionários da língua portuguesa a fim de perquirir a adequação dos termos ao conceito constitucional.

Com efeito, a expressão "anterioridade nonagesimal" **não traduz** o princípio estatuído na Constituição da República. **Nonagésimo** ou é um **numeral ordinal** (por exemplo, o nonagésimo colocado em determinado concurso público) ou é **indicativo de fração** ("tenho um nonagésimo do patrimônio de fulano"), e nenhuma das acepções corresponde ao comando sob análise, pois ambas denominam um ponto (ou número) e não uma **sequência**, como determina a Carta Política.

A expressão diz respeito, como frisamos por diversas vezes, ao *transcurso mínimo de noventa dias*, que na língua pátria é denominado **noventena** (conjunto de **noventa elementos** de igual natureza).

Mais do que preciosismo semântico, a expressão *anterioridade nonagesimal* induz a erro, pois transmite a impressão de que o tributo poderá ser cobrado no **nonagésimo dia** após a publicação da lei, o que literalmente afronta o texto constitucional, cuja redação diz, com todas as letras, *antes de **decorridos noventa dias** da data em que haja sido publicada a lei que os instituiu ou aumentou.*

Sem margem para dúvidas, a interpretação correta garante que o tributo criado ou majorado só poderá incidir a partir do **nonagésimo primeiro dia** da publicação da respectiva lei, o que confirma a adequação da expressão noventena.

Nada obstante, devemos recomendar ao leitor que não questione, em provas ou concursos, a validade da expressão *anterioridade nonagesimal*, pois, apesar de imprópria, possui larga utilização entre os autores[75].

---

[75] A situação me recorda a famosíssima frase do filme ***O homem que matou o facínora (1962)***, clássico de John Ford, na cena em que o jornalista, ao conhecer a identidade do verdadeiro assassino, responde à pergunta sobre se iria, assim mesmo, publicá-la: — *Este é o Oeste, senhor. Quando a lenda vira um fato, publique-se a lenda.*

No caso de provas dissertativas, ao revés, recomendamos o emprego do termo **noventena**, pelos motivos aduzidos.

De volta do nosso pequeno giro linguístico, e como nunca é demais lembrar que o Brasil é o país das exceções e das regras complexas, na prática a **combinação** dos dois princípios da anterioridade enseja a ocorrência de quatro possibilidades diferentes:

a) Tributos que aguardam o **exercício seguinte** e a **noventena** — é a regra **geral**, para todos os casos em que não houver exceção, decorrente da aplicação **simultânea** dos dois intervalos (exemplo: aumento de alíquota do IPVA).

b) Tributos que têm **eficácia imediata** (II, IE, IOF, Empréstimo Compulsório em caso de Calamidade ou Guerra Externa, Imposto Extraordinário de Guerra).

c) Tributos que aguardam **apenas o exercício seguinte** (Imposto de Renda e a fixação das bases de cálculo do IPTU e do IPVA).

d) Tributos que aguardam apenas a **noventena** (Contribuições Sociais, IPI[76], Restabelecimento de alíquotas de CIDE-Combustíveis e ICMS combustíveis[77]).

Exemplos:

1. Lei aumenta a alíquota do IPVA no Estado de São Paulo, de 4% para 5%, e é publicada no dia 10 de abril de 2016: a inovação só poderá alcançar os proprietários de veículos a partir de 1.º de janeiro de 2017, ante a necessidade de se aguardar os dois intervalos, primeiro dia do exercício seguinte e transcurso de noventa dias.

2. Lei que aumenta a alíquota máxima do imposto de renda das pessoas físicas, de 27,5% para 35%, publicada em 30 de dezembro de 2016: a inovação poderá alcançar os contribuintes a partir de 1.º de janeiro de 2017, pois, neste caso, só é necessário aguardar o exercício seguinte (ainda que isso ocorra dois dias depois da publicação da lei).

SÚMULA 669 DO STF: Norma legal que altera o prazo de recolhimento da obrigação tributária não se sujeita ao princípio da anterioridade.

SÚMULA VINCULANTE 50 DO STF: Norma legal que altera o prazo de recolhimento de obrigação tributária não se sujeita ao princípio da anterioridade.

Importante! Atualmente a **regra geral** impede a cobrança de um tributo criado ou majorado no mesmo exercício financeiro da publicação da lei **e também fixa** um prazo mínimo de noventa dias para a exigência (noventena), embora existam exceções previstas pela própria Constituição.

---

[76] A exigência da noventena para o IPI é posição assente no STF: "A majoração da alíquota do IPI, passível de ocorrer mediante ato do Poder Executivo — art. 153, § 1.º —, submete-se ao princípio da anterioridade nonagesimal previsto no art. 150, inciso III, alínea *c*, da Constituição Federal" (ADI 4661-DF).

[77] A incidência do ICMS combustíveis e da CIDE-Combustíveis ocorre apenas uma vez, no início das respectivas cadeias produtivas (são os chamados tributos monofásicos). Restabelecimento, na dicção constitucional é retornar as alíquotas para o estado anterior. Quando isso ocorrer, a produção de efeitos deverá respeitar apenas a noventena, mas, no caso de aumento de alíquotas desses dois tributos, aplica-se a regra geral, ou seja, o transcurso da noventena e o exercício seguinte.

Questão polêmica e aberta a discussões diz respeito à aplicação do princípio da anterioridade no caso de **revogação de isenções**.

A interpretação teleológica do preceito parece não deixar margem para dúvida, no sentido de que a revogação de uma isenção implica situação **mais gravosa** ao contribuinte, que terá a obrigação de recolher valores até então não exigidos.

Isso certamente fere a ideia de **não surpresa** proposta pela Constituição, pois seria necessário conceder ao antes beneficiário da isenção tempo razoável para se adaptar ao impacto econômico da medida, posição que, além de justa, encontra amparo na **melhor doutrina**, como leciona Paulo de Barros Carvalho[78]:

"É questão assente que os preceitos de lei que extingam ou reduzam isenções só devam entrar em vigor no primeiro dia do exercício seguinte àquele em que forem publicados. Os dispositivos editados com esse fim equivalem, em tudo e por tudo, aos que instituem o tributo, inaugurando um tipo de incidência. Nesses termos, em homenagem ao princípio da anterioridade, o termo inicial de sua vigência fica diferido para o primeiro dia do próximo exercício".

No mesmo sentido a posição de Roque Carrazza[79]:

"Outra postura colocaria o contribuinte sob a guarda da insegurança, ensejando a instalação do império da surpresa nas relações entre ele e o Estado. Ao grado de interesses passageiros seria possível afugentar a lealdade da ação estatal, contrariando o regime de direito público e o próprio princípio republicano, que a anterioridade reafirma".

Não podemos olvidar que o art. 104, III, do Código Tributário Nacional exige a anterioridade na espécie quando se tratar de impostos sobre o **patrimônio** ou a **renda**:

> **Art. 104.** Entram em vigor **no primeiro dia do exercício seguinte** àquele em que ocorra a sua publicação os dispositivos de lei, referentes a impostos sobre o patrimônio ou a renda:
>
> I — que instituem ou majoram tais impostos;
>
> II — que definem novas hipóteses de incidência;
>
> III — que **extinguem ou reduzem isenções**, salvo se a lei dispuser de maneira **mais favorável ao contribuinte**, e observado o disposto no art. 178.

Entendemos que o dispositivo deve ser compreendido como de **plena eficácia**, sem restrição quanto aos impostos sobre o patrimônio ou a renda, posição também defendida por autores de nomeada, como os já citados Paulo de Barros Carvalho e Roque Carrazza.

De se notar que o art. 178 do CTN, mencionado pelo art. 104, III, apenas **autoriza** que as isenções sem prazo certo podem ser *revogadas ou modificadas por lei*, reforçando, contudo, a noção de que deve ser **observado** o princípio da anterioridade:

---

[78] Paulo de Barros Carvalho, *Curso de direito tributário*, 24. ed., p. 578.

[79] Roque Antonio Carrazza, *Curso de direito constitucional tributário*, p. 198.

4 ■ Sistema Tributário Nacional

> **Art. 178.** A isenção, salvo se concedida por prazo certo e em função de determinadas condições, **pode ser revogada ou modificada por lei**, a qualquer tempo, **observado o disposto no inciso III do art. 104**.

Importante destacar que o STF vinha decidindo **contra** esse entendimento, sob o argumento de que a isenção representa *mera dispensa de pagamento* e não afeta o fenômeno da incidência, razão pela qual *não deve ser observado* o princípio da anterioridade quando de sua revogação.

Citamos, por todos, trecho do seguinte julgado:

> Revogada a isenção, o tributo torna-se imediatamente exigível. Em caso assim, não há que se observar o princípio da anterioridade, dado que o tributo já é existente. (RE 204.062, julgamento em 1996)

Entretanto, há decisão bem mais **recente** da 1.ª Turma do STF que reconhece a necessidade de se *observar o princípio da anterioridade quando houver revogação de benefício fiscal*:

> Revogação de benefício fiscal — Princípio da Anterioridade — Dever de observância — Precedentes. Promovido aumento indireto do Imposto Sobre Circulação de Mercadorias e Serviços — ICMS por meio da revogação de benefício fiscal, surge o dever de observância ao Princípio da Anterioridade, geral e nonagesimal, constante das alíneas "b" e "c" do inciso III do art. 150, da Carta. Precedente — Medida Cautelar na Ação Direta de Inconstitucionalidade n. 2.325/DF, de minha relatoria, julgada em 23 de setembro de 2004. (RE 564.225-AgR, Rel. Marco Aurélio, 1.ª Turma, julgamento em 2-9-2014)

Podemos perceber que na jurisprudência a discussão continua em aberto, até que o STF se manifeste em caráter definitivo sobre a questão, mas o recente julgado da 1.ª Turma parece revelar uma **guinada** no entendimento da Suprema Corte, em **consonância** com o entendimento amplamente majoritário da doutrina.

STF — Princípio da Anterioridade

- ■ **Exigência de lei e anterioridade. Tabelas do IPTU.** Somente por via de lei, no sentido formal, publicada no exercício financeiro anterior, é permitido aumentar tributo, como tal havendo de ser considerada a iniciativa de modificar a base de cálculo do IPTU, por meio de aplicação de tabelas genéricas de valorização de imóveis, relativamente a cada logradouro, que torna o tributo mais oneroso. Caso em que as novas regras determinantes da majoração da base de cálculo não poderiam ser aplicadas no mesmo exercício em que foram publicadas, sem ofensa ao princípio da anterioridade (RE 234.605).

- ■ **Aplicação da noventena para o PIS.** A contribuição ao PIS só pode ser exigida, na forma estabelecida pelo art. 2.º da EC 17/1997, após decorridos noventa dias da data da publicação da referida emenda constitucional (RE 848.353, com repercussão geral).

> **Compensação de créditos de ICMS (1).** (i) Não viola o princípio da não cumulatividade (art. 155, § 2.º, I e XII, c, da CF/88) lei complementar que prorroga a compensação de créditos de ICMS relativos a bens adquiridos para uso e consumo no próprio estabelecimento do contribuinte; (ii) Conforme o art. 150, III, c, da CF/88, o princípio da anterioridade nonagesimal aplica-se somente para leis que instituem ou majoram tributos, não incidindo relativamente às normas que prorrogam a data de início da compensação de crédito tributário (RE 601.967, com repercussão geral).
>
> **Compensação de créditos de ICMS (2).** A postergação do direito do contribuinte do ICMS de usufruir de novas hipóteses de creditamento, por não representar aumento do tributo, não se sujeita à anterioridade nonagesimal prevista no art. 150, III, c, da Constituição (RE 603.917, com repercussão geral).

4.2.5.2. O princípio da anterioridade e as medidas provisórias

Como veículo normativo previsto pelo processo legislativo, as **medidas provisórias** podem produzir efeitos de natureza tributária, desde que observados importantes limites, impostos pela própria Constituição da República, que teve o texto original bastante alterado no intuito de reduzir o escopo e o flagrante abuso do instrumento pelo Poder Executivo.

De acordo com a Carta Política, o Presidente da República poderá editar medidas provisórias, com força de lei, ressalvada, entre outras restrições, a possibilidade de tratar de temas reservados a lei complementar[80].

Contudo, o art. 62, § 2.º, da Constituição estabelece que medidas provisórias que impliquem **instituição** ou **majoração** de impostos só *produzirão efeitos no exercício financeiro seguinte se houverem sido convertidas em lei até o último dia daquele em que foram editadas.* O mesmo dispositivo **excepciona** da exigência o Imposto de Importação (II), o Imposto de Exportação (IE), o Imposto sobre Produtos Industrializados (IPI), o Imposto sobre Operações de Crédito, Câmbio e Seguro, ou relativas a títulos ou valores mobiliários (IOF) e os Impostos Extraordinários no caso de guerra externa ou iminência (IEG), previstos, respectivamente, nos arts. 153, I, II, IV, V, e 154, II, da Carta Política.

A escolha do constituinte recaiu sobre os chamados **impostos extrafiscais**, que prescindem, inclusive, de lei em sentido estrito para sua majoração, dentro do intervalo autorizado pelo Poder Legislativo, e que também gozam de **eficácia imediata**, *salvo no caso do IPI*, que deve, como vimos, aguardar a noventena.

Também foi tratado como exceção o Imposto Extraordinário de Guerra, de competência da União, figura alternativa ao empréstimo compulsório previsto no art. 148, I, que possui idêntica premissa[81].

---

[80] Art. 62, *caput* e inciso III, com a redação dada pela Emenda Constitucional n. 32/2001.

[81] Impende destacar que, curiosamente, o constituinte exigiu para o empréstimo compulsório sobre guerra externa ou iminência veiculação por lei complementar, enquanto para o imposto extraordinário de guerra basta a instituição mediante lei ordinária, o que permite, excepcionalmente, o uso de medida provisória para a sua introdução no ordenamento.

4 ■ Sistema Tributário Nacional

Portanto, nas hipóteses em que for possível a criação ou majoração de tributos por meio de medidas provisórias, a **conversão** desses instrumentos **em lei** deverá ocorrer até 31 de dezembro do ano em que foram publicadas, para aplicação no exercício seguinte, pois, do contrário, os efeitos tributários almejados só ocorrerão em 1.º de janeiro do ano posterior à conversão.

Convém lembrar que as medidas provisórias perdem eficácia após a edição se não forem convertidas em lei no prazo de sessenta dias, que pode ser prorrogado uma vez por igual período. Se houver a conversão da medida provisória em lei, no mesmo exercício da publicação, o prazo **desde a sua edição** deverá ser computado para fins de noventena.

Entretanto, se a **majoração** da alíquota ocorrer no momento da **conversão** em lei, esta será a data para a contagem do prazo de noventa dias, como já decidiu o STF:

> A contribuição social para o PIS submete-se ao princípio da **anterioridade nonagesimal** (CF, art. 195, § 6.º), e, nos casos em que a majoração de alíquota tenha sido estabelecida somente na lei de conversão, o **termo inicial** da contagem é a **data da conversão da medida provisória em lei** (RE 568.503/RS).

4.2.5.3. A anterioridade dos tributos previstos pela reforma tributária

A proposta original da reforma tributária previa a substituição dos atuais tributos incidentes sobre o consumo por um **imposto único**, com ampla base de incidência, vedação a qualquer tipo de exceção e respeito ao princípio da não cumulatividade.

Por óbvio que o debate político alterou, profundamente, essas premissas, de sorte que o modelo de tributação sobre o consumo aprovado pelo Congresso Nacional permite a criação de **4 (quatro) novos tributos!**

Vejamos como será a aplicação dos princípios da anterioridade em relação a cada um deles.

O tributo mais importante será o **Imposto sobre Bens e Serviços** (IBS) que, como vimos terá sua competência compartilhada entre os Estados, o Distrito Federal e os Munícipios, e será instituído em **lei complementar**, assim como a **Contribuição sobre Bens e Serviços** (CBS), de competência da União.

O art. 149-B da Constituição prevê uma identidade quase total entre os dois tributos, que terão suas alíquotas de referência fixadas por Resolução do Senado Federal, no ano anterior ao de sua vigência, **não sendo aplicável, para ambos, a noventena.**

A União também poderá instituir Imposto Seletivo (IS), para bens e serviços prejudiciais à saúde ou ao meio ambiente. O IS será instituído por lei complementar, que definirá os produtos e serviços passíveis de tributação, mas terá suas **alíquotas** estabelecidas em lei ordinária e, ao contrário da previsão original da reforma, **deverá atender** aos princípios da anterioridade e da noventena.

A reforma também previu a possibilidade de criação, pelos Estados, de **contribuições sobre produtos primários e semielaborados**, cuja arrecadação será destinada a investimentos em infraestrutura e habitação. As contribuições funcionarão como instrumento de compensação de recursos para os Estados que possuíam, em 30 de abril de

2023, fundos de investimento para infraestrutura e habitação e serão tributos provisórios, cuja extinção deverá ocorrer até 2043.

Curiosamente **não há**, *s.m.j.*, qualquer previsão na EC n. 132/2023 acerca da anterioridade aplicável a essas novas contribuições. Uma primeira interpretação nos levaria a concluir que poderiam observar, quem sabe, a regra da noventena; ocorre que isso só se aplica para **contribuições sociais**, de competência da União, nos termos do art. 195, § 6.º. Como até o advento da reforma somente a União poderia criar contribuições (salvo as previdenciárias, de regimes próprios dos servidores), não há dispositivo na Constituição que trate dessa hipótese em relação aos Estados.

Resta, então, a aplicação da **regra geral** para a instituição de novos tributos, que exige obediência aos princípios da anterioridade anual e da noventena, o que nos parece a solução jurídica adequada, ante a ausência de qualquer regramento específico.

Ocorre que essas contribuições foram incluídas, "no apagar das luzes" dos debates sobre a reforma, justamente para compensar possíveis perdas dos fundos estaduais, e nos parece que o objetivo seria o de manter a continuidade no ingresso dos recursos.

O mais provável é que o legislador tenha simplesmente "esquecido" de estabelecer alguma exceção para a hipótese, o que poderá ensejar futuro ajuste no texto.

4.2.5.4. *Princípio que veda a utilização de tributo com efeito de confisco*

Parece natural que os tributos, apesar de terem como função precípua transferir parcelas de riqueza do patrimônio privado para o Estado, não podem ser instituídos de forma **tão gravosa** que possibilite a efetiva perda desse patrimônio.

Isso significa que deve existir um **limite** para o *quantum* que o poder público pretende subtrair das pessoas, pois, do contrário, os tributos teriam o efeito de **confiscar** (expropriar) a riqueza e os bens dos particulares.

A constituição cuidou do tema no art. 150, IV, mas, infelizmente, não definiu qualquer *critério ou limite* a ser observado pelo legislador, como se pode perceber da singeleza do dispositivo:

> **Art. 150.** Sem prejuízo de outras garantias asseguradas ao contribuinte, é vedado à União, aos Estados, ao Distrito Federal e aos Municípios:
> (...)
> IV — utilizar tributo com efeito de confisco;

O princípio é basicamente aplicado para os tributos que oneram o **patrimônio** e a **renda**. Não há, no Brasil, critério matemático que defina o ponto a partir do qual se configuraria o confisco, diferentemente do que ocorre em outros países, como já destacou o Ministro Celso de Mello em decisão do Supremo Tribunal Federal:

> (...) a norma inscrita no art. 150, IV, da Constituição encerra uma **cláusula aberta**, veiculadora de conceito jurídico **indeterminado**, reclamando, em consequência, que os Tribunais, na ausência de 'uma diretriz objetiva e genérica, aplicável a todas as circunstâncias' (Antônio Roberto Sampaio Dória, *Direito Constitucional Tributário e* Due Process of

Law, p. 196, item n. 62, 2. ed., 1986, Forense) — e tendo em consideração as limitações que derivam do princípio da proporcionalidade —, procedam à **avaliação dos excessos** eventualmente praticados pelo Estado. (...) não há uma **definição constitucional de confisco** em matéria tributária. Trata-se, na realidade, de um conceito aberto, a ser utilizado pelo juiz, com apoio em seu prudente critério, quando chamado a resolver os conflitos entre o poder público e os contribuintes (ARE 712.285-AgR).

Como decorrência dessa peculiaridade, cabe à justiça, e em última instância ao Supremo Tribunal Federal, no papel de intérprete derradeiro da Constituição, analisar os **casos concretos** e verificar em que situações a carga tributária torna-se tão excessiva ou desarrazoada a ponto de configurar confisco do patrimônio individual.

De plano, convém destacar que o STF **não tem reconhecido** efeito confiscatório nos tributos que oneram a circulação econômica de bens e serviços, como ICMS, IPI, II, PIS e COFINS.

Essa interpretação **restritiva** do comando constitucional obviamente implica prejuízo aos contribuintes, embora o STF defenda que nos tributos de circulação econômica seja possível transferir eventual carga tributária excessiva para o consumidor final, com a inclusão do gravame no preço do produto ou serviço.

Por outro lado, o Supremo Tribunal Federal entende que o efeito confiscatório pode advir **da soma** de diversos tributos, incidentes sobre determinado fato, ainda que individualmente as alíquotas possam ser consideradas razoáveis.

Isso significa que a análise deve considerar o **total da carga tributária** que onera a situação, pois, do contrário, o legislador poderia lançar mão de vários tributos em paralelo, com valores em tese baixos, mas cuja soma configurasse verdadeiro confisco.

Vejamos, como referência, importante e excelente **decisão do STF** que confirma a tese, relacionando-a ao princípio da capacidade contributiva:

A proibição constitucional do **confisco** em matéria tributária nada mais representa senão a **interdição**, pela Carta Política, de qualquer pretensão governamental que possa conduzir, no campo da fiscalidade, à **injusta apropriação estatal**, no todo ou em parte, do patrimônio ou dos rendimentos dos contribuintes, comprometendo-lhes, pela insuportabilidade da carga tributária, o exercício do direito a uma **existência digna**, ou a prática de **atividade profissional lícita** ou, ainda, a regular satisfação de suas **necessidades vitais** (educação, saúde e habitação, por exemplo). A identificação do efeito confiscatório deve ser feita **em função da totalidade** da carga tributária, mediante verificação da capacidade de que dispõe o contribuinte considerado o montante de sua riqueza (renda e capital) — para suportar e sofrer a incidência de **todos os tributos que ele deverá pagar**, dentro de determinado período, à mesma pessoa política que os houver instituído (a União Federal, no caso), condicionando-se, ainda, a aferição do grau de **insuportabilidade** econômico-financeira, à observância, pelo legislador, de padrões de razoabilidade destinados a neutralizar excessos de ordem fiscal eventualmente praticados pelo Poder Público. Resulta configurado o caráter confiscatório de determinado tributo, sempre que o **efeito cumulativo** — resultante das **múltiplas incidências tributárias** estabelecidas pela mesma entidade estatal — afetar, substancialmente, de maneira irrazoável, o patrimônio e/ou os

262 Direito Tributário Esquematizado   *Roberto Caparroz*

rendimentos do contribuinte. O Poder Público, especialmente em sede de tributação (as contribuições de seguridade social revestem-se de caráter tributário), **não pode agir imoderadamente**, pois a atividade estatal acha-se essencialmente condicionada pelo princípio da razoabilidade (ADC 8-MC).

Convém destacar que em casos raros, como o do IPTU progressivo no tempo (art. 182, CF), restou **afastada** a noção de confisco, ainda que as alíquotas pudessem atingir níveis altíssimos[82] (**até 15%**, montante que, calculado em razão de um imóvel, é extremamente gravoso), dada a natureza **sancionatória** da exação.

<table>
<tr><td rowspan="4" style="writing-mode:vertical">Constitucional</td><td>

Taxa SELIC. É legítima a utilização da taxa SELIC para atualização de débitos tributários, pois a figura traduz rigorosa igualdade de tratamento entre contribuinte e fisco (RE 582.461, com repercussão geral).

</td></tr>
<tr><td>

Imposto de Importação. Aumento de alíquota não configura confisco. A caracterização do efeito confiscatório pressupõe a análise de dados concretos e de peculiaridades de cada operação ou situação, tomando-se em conta custos, carga tributária global, margens de lucro e condições pontuais do mercado e de conjuntura social e econômica (...). O **isolado aumento da alíquota do tributo é insuficiente** para comprovar a absorção total ou demasiada do produto econômico da atividade privada, de modo a torná-la inviável ou excessivamente onerosa (RE 448.432-AgR).

</td></tr>
<tr><td>

Fixação de margens mínimas e máximas para custas e emolumentos judiciais. (...) as Leis estaduais 6.688/1998 e 6.682/1998 estipulam margens mínima e máxima das custas, dos emolumentos e da taxa judiciária e realizam uma **disciplina progressiva das alíquotas** — somente sendo devido o pagamento dos valores elevados para as causas que envolvam considerável vulto econômico. (...) verifico que **não há**, no presente caso, ofensa aos princípios do livre acesso ao Poder Judiciário, da **vedação ao confisco**, da proibição do *bis in idem*, da proporcionalidade e da razoabilidade (...) (ADI 2.078).

</td></tr>
<tr><td>

Multa moratória de 20%. A multa moratória de 20% do valor do imposto devido **não se mostra abusiva ou desarrazoada**, inexistindo ofensa aos princípios da capacidade contributiva e da vedação ao confisco (RE 239.964).

</td></tr>
</table>

---

[82] Conforme o art. 7.º da Lei n. 10.257/2000 (Estatuto da Cidade), que regulamentou o art. 182 da Constituição: Art. 7.º Em caso de descumprimento das condições e dos prazos previstos na forma do *caput* do art. 5.º desta Lei, ou não sendo cumpridas as etapas previstas no § 5.º do art. 5.º desta Lei, o Município procederá à aplicação do imposto sobre a propriedade predial e territorial urbana (IPTU) progressivo no tempo, mediante a majoração da alíquota pelo prazo de cinco anos consecutivos. § 1.º O valor da alíquota a ser aplicado a cada ano será fixado na lei específica a que se refere o *caput* do art. 5.º desta Lei e não excederá a duas vezes o valor referente ao ano anterior, respeitada a alíquota máxima de quinze por cento. § 2.º Caso a obrigação de parcelar, edificar ou utilizar não esteja atendida em cinco anos, o Município manterá a cobrança pela alíquota máxima, até que se cumpra a referida obrigação, garantida a prerrogativa prevista no art. 8.º.

4 ■ Sistema Tributário Nacional

> **Inconstitucional**
>
> **Efeito confiscatório de alíquotas progressivas para a contribuição dos servidores públicos.** (...) O STF, em casos análogos, decidiu que a instituição de alíquotas progressivas para a contribuição previdenciária dos servidores públicos **ofende o princípio** da vedação de utilização de qualquer tributo com efeito confiscatório, nos termos do art. 150, IV, da Constituição da República (AI 701.192-AgR).
>
> **Fixação de valores mínimos para multas pelo não recolhimento e sonegação de tributos estaduais.** Violação ao inciso IV do art. 150 da CF. A desproporção entre o desrespeito à norma tributária e sua consequência jurídica, a multa, evidencia o caráter confiscatório desta, atentando contra o patrimônio do contribuinte, em contrariedade ao mencionado dispositivo do texto constitucional federal (ADI 551).

> **Importante!** Parte da doutrina analisa o efeito confiscatório sob as perspectivas dinâmica e estática. A visão dinâmica leva em consideração as mutações patrimoniais, como os acréscimos, valorizações imobiliárias e outros fatores positivos. Neste caso, não haveria possibilidade de confisco. Por outro lado, sob a visão estática, a tributação contínua e permanente de um imóvel, como no caso do IPTU, poderia ter efeitos confiscatórios, pois ao longo do tempo boa parte do seu valor seria absorvida pela tributação[83].

4.2.6. Princípio da proibição de limitação ao tráfego de pessoas ou bens

A Constituição defende, em homenagem à ideia de que somos uma *República Federativa*, que não podem existir **limitações ao tráfego** de pessoas ou bens, especialmente de natureza tributária, como dispõe o art. 150, V:

> **Art. 150.** Sem prejuízo de outras garantias asseguradas ao contribuinte, é vedado à União, aos Estados, ao Distrito Federal e aos Municípios:
>
> (...)
>
> V — estabelecer limitações ao tráfego de pessoas ou bens, por meio de tributos interestaduais ou intermunicipais, ressalvada a cobrança de pedágio pela utilização de vias conservadas pelo Poder Público;

O dispositivo é claro ao impedir que o legislador crie tributos **interestaduais** ou **intermunicipais** que impeçam, por exemplo, o deslocamento de uma pessoa do Rio de Janeiro para Manaus, mas faz ressalva em relação à cobrança de pedágios.

---

[83] A classificação é polêmica e, como sempre, um tanto arbitrária. Para mais informações, a partir de uma posição abalizada e original, recomendamos a leitura de Aires Barreto, Vedação ao efeito de confisco, *Revista de Direito Tributário*, v. 64, p. 10. O ilustre autor, inclusive, entende que *podem ser confiscatórios os impostos sobre o patrimônio, quer considerados na perspectiva estática, quer na dinâmica*.

264 Direito Tributário Esquematizado   *Roberto Caparroz*

Nesse passo, seria o caso de perguntar se **pedágio** é tributo. Ao tempo da Constituição de 1988 havia o consenso de que **sim**, especialmente pelo fato de que as estradas eram conservadas pelo Poder Público e a cobrança de pedágio servia para custear eventuais despesas com a manutenção e aprimoramento dessas vias.

Nesse cenário, o STF proferiu decisões que ratificaram o entendimento de que o pedágio teria, à época, natureza tributária.

Ocorre que, com o advento da globalização e da abertura dos mercados, praticamente todas as estradas no Brasil foram **privatizadas**, de sorte que hoje são administradas por **concessionárias**.

Isso implica que o valor pago outrora ao Estado até poderia revelar uma obrigação tributária, mas, à luz da **atual realidade** fática e jurídica, o pedágio tem natureza de **tarifa** (ou *preço público*, como entendeu recentemente o STF), pois a relação entre a empresa e o usuário da estrada é **privada** e regida por normas de direito civil[84].

O preceito constitucional merece, ainda, dois breves comentários.

O primeiro no sentido da total compatibilidade com os tributos de circulação econômica, a exemplo do ICMS, que, obviamente, não afronta o dispositivo, embora efetivamente onere a circulação interestadual de bens.

A intenção do constituinte não foi vedar a existência de tributos interestaduais, mas evitar a criação de novos tributos, não previstos na Lei Maior, com o objetivo de limitar ou dificultar o tráfego de pessoas ou bens.

Aliás, como segunda observação, fica a ressalva de que a parte inicial do comando não deve ser interpretada literalmente, no sentido de proibir o tráfego de *pessoas ou bens*, mas dos **bens das pessoas**, o que é algo completamente diferente.

Explicamos: Como visto, a compra e venda interestadual de bens **está sujeita** ao ICMS e não colide com o princípio que tem por objetivo salvaguardar a livre movimentação das pessoas e dos seus bens pelo território nacional.

Assim, a interpretação deve ser no sentido de que, se alguém deseja se mudar de um local da Federação para outro e consequentemente vai levar consigo seus bens (num caminhão de mudança, por exemplo), essa movimentação **não pode** ser tributada, pois o direito de livre locomoção também inclui o **patrimônio** dos indivíduos.

Igual raciocínio se aplica, evidentemente, quando alguém deseja viajar pelo país com o seu veículo (não pode haver tributação), salvo a original e hoje inócua ressalva feita aos pedágios, que são cobrados porque perderam a natureza jurídica de tributos.

4.2.7. Princípio da simplicidade

Com a promulgação da Emenda Constitucional n. 132/2023, que instituiu, depois de anos de debate, a reforma sobre a tributação do consumo no país, alguns princípios

---

[84] Nesse sentido, o atual entendimento do STF: "O pedágio cobrado pela efetiva utilização de rodovias conservadas pelo poder público, cuja cobrança está autorizada pelo inciso V, parte final, do art. 150 da Constituição de 1988, não tem natureza jurídica de taxa, mas sim de **preço público**, não estando a sua instituição, consequentemente, sujeita ao princípio da legalidade estrita" (ADI 800, julgada em junho de 2014).

foram adicionados ao texto constitucional. A inclusão expressa desses princípios na Constituição não constava da proposta original de reforma, apresentada em 2019.

O primeiro dos novos princípios é o da **simplicidade** (um preceito basilar da reforma), que pretendia, originalmente, simplificar o sistema tributário nacional sem prejudicar a autonomia dos Estados e Municípios.

O princípio da simplicidade deve irradiar efeitos a **todo o sistema tributário**, pois, como sabemos, o convoluto modelo brasileiro enseja um gigantesco contencioso, administrativo e judicial, que onera sobremaneira os contribuintes e os próprios órgãos públicos encarregados do julgamento das mais variadas questões e teses jurídicas.

Na proposta original, a simplicidade decorreria da criação do IBS, um imposto sobre bens e serviços, não cumulativo e dotado de ampla incidência, sem exceções ou tratamentos favorecidos. Buscava-se, em síntese, instituir no Brasil um modelo de IVA (Imposto sobre Valor Agregado) próximo do ideal, em linha com a literatura internacional relativa à tributação do consumo.

A principal bandeira do sistema proposto defendia a **substituição** dos atuais tributos que oneram as cadeias produtivas e de serviços (IPI, ICMS, ISS, PIS e COFINS) por uma única figura, o IBS, que refletiria, assim, a lógica adotada em diversos países.

Por óbvio que essa proposta não passou incólume pelo debate político, o que, infelizmente, ensejou a criação de pelo menos **dois novos tributos**, além do IBS: a **CBS** (Contribuição sobre Bens e Serviços, de competência da União), e o **IS** (Imposto Seletivo, também de competência da União), que incidirá sobre produtos prejudiciais à saúde ou ao meio ambiente.

Na prática, adotamos um modelo de **IVA Dual**, composto de um **IVA Federal** (CBS, em substituição ao IPI, PIS e COFINS) e um **IVA Subnacional** (IBS, em substituição ao ICMS e ao ISS), conforme o seguinte esquema, relativo a um produto hipotético, sem regime especial ou exceções:

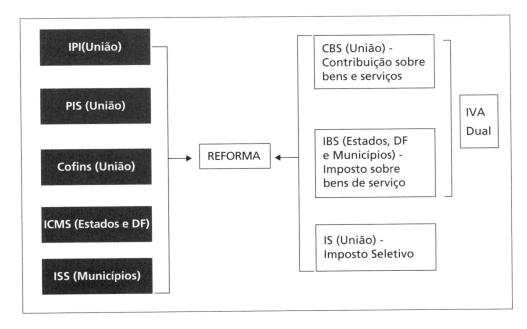

Uma rápida pesquisa em bibliotecas ou bases de dados digitais revelará que há diversos artigos destacando a importância da simplicidade para o sistema tributário. A premissa é tão óbvia quanto bem-vinda, mas o problema é que no mundo real, com a promulgação da reforma brasileira, **nada disso foi observado.**

Mais do que um contrassenso, parece-nos absurda a inclusão do princípio da simplicidade (que, em nossa opinião, sempre deve estar presente, independentemente de indicação expressa) no texto de uma emenda constitucional que contém **100.000 caracteres!**

É isso mesmo: somente os **acréscimos e alterações** feitos ao sistema tributário brasileiro (e não todas as regras constitucionais tributárias) tem o **dobro do tamanho** da Constituição dos Estados Unidos, com suas 27 emendas incluídas. "Ah, mas a constituição lá é conhecida por ser pequena, além de ser antiga", você certamente pensará.

Perfeito, vamos lá então: e se dissermos que o texto da **EC n. 132/2023** é praticamente do mesmo tamanho da **Constituição da Espanha de 1978** (traduzida em português, para que o idioma não gere distorções), com seus 168 artigos e disposições transitórias?

Veja, agora estamos comparando o texto da reforma com uma **constituição moderna**, contemporânea à brasileira e de um sistema jurídico que influencia fortemente a doutrina brasileira (eu, por exemplo, fiz o pós-doutorado em Salamanca, assim como muitos colegas do Brasil).

Sinceramente, nada vai nos convencer que o sistema tributário nacional, será, a partir de agora, **simples**, apenas porque inseriram um princípio (natimorto) na Constituição.

Já passamos da hora de tratar as questões jurídicas a partir de critérios objetivos, baseados em fatos e não num "mundo hipotético" em que muitos parecem habitar.

Uma simples leitura do texto aprovado revela, sem margem para qualquer dúvida:

■ Os atuais **5 (cinco)** tributos sobre o consumo — IPI, ICMS, ISS, PIS e COFINS — serão substituídos por **4 (quatro)** — IBS, CBS, IS e Contribuição sobre produtos primários e semielaborados;

■ Vários desses 9 tributos vão **coexistir até 2033**, quando o novo modelo passará a valer integralmente, o que exigirá dos contribuintes a manutenção de dois controles, em paralelo;

■ Haverá um período de transição de até **50 anos**, para a equalização do novo modelo;

■ A tão festejada não cumulatividade **não será** a única regra do jogo, pois a própria reforma previu incidência monofásica para combustíveis;

■ Na prática, quase nada vai mudar para **mais de 90%** das empresas do país, que continuarão no Simples Nacional (se o novo sistema fosse tão simples e justo as microempresas e pequenas empresas certamente migrariam para as novas regras, o que não vai acontecer);

■ Teremos um imposto seletivo, que **integrará** a base de cálculo de outros tributos e **incidirá em conjunto** com o IBS e a CBS; ademais, os critérios para a definição de que seja "produto prejudicial à saúde" são nebulosos e a experiência desse tipo

4 ■ Sistema Tributário Nacional

de tributo, em outros países, revela baixa eficiência quanto à mudança no padrão de consumo das pessoas;

■ A reforma estabeleceu diversas **exceções**, de modo que teremos a **regra geral, regimes favorecidos, regimes diferenciados e regimes específicos;**

■ Há previsão de diversas hipóteses de **crédito presumido**, o que também não se coaduna com a ideia uma não cumulatividade plena;

■ Serão criados diversos **fundos** de repasse e compensação, com critérios bastante complicados, em relação aos quais não há estudos econômicos adequados;

■ A carga tributária sobre o consumo no Brasil **continuará a ser a maior do mundo.**

A lista acima é apenas **exemplificativa** e destaca apenas alguns dos problemas mais evidentes do texto aprovado, que em muito se distancia da proposta original de reforma. Como é importante destacar que essa é a nossa opinião sobre a reforma (embora os fatos sejam inquestionáveis), fica o convite para que você analise o impacto desses potenciais problemas, leia o texto integral da emenda e tire as suas próprias conclusões, a fim de conferir se o princípio da simplicidade efetivamente será contemplado.

4.2.8. Princípio da transparência

A ideia de maior transparência do sistema tributário, especialmente para os contribuintes, é **essencial** para que todos possam ter ideia da carga tributária incidente sobre as operações de consumo. Nesse sentido, desde 2012, com a edição da Lei n. 12.741, o legislador passou a exigir que constasse dos documentos fiscais emitidos pelas empresas informação sobre o valor aproximado dos tributos federais, estaduais e municipais.

O **princípio da transparência** consolida, no patamar constitucional, a necessidade de informar ao cidadão o "peso" dos tributos sobre os produtos e serviços, pois sabemos que na tributação do consumo os valores, embora recolhidos pelas empresas, na prática são suportados pelos consumidores. E mais: a alteração constitucional não limita a obediência ao princípio da transparência apenas para as relações de consumo; ao contrário, sua observância passa a ser obrigatória **para todo o sistema tributário**, que é bastante complexo e, por vezes, nebuloso, especialmente no que se refere à tributação sobre a renda.

A simplificação e a transparência também permitem, sob a ótica da **gestão pública**, um melhor controle sobre os valores arrecadados e suas respectivas destinações, proporcionando, ainda que com alguma dificuldade, a possibilidade de verificação das fontes de financiamento das políticas governamentais.

4.2.9. Princípio da justiça tributária

O princípio da **justiça tributária**, também expressamente veiculado pela reforma tributária, é um valor intrínseco à construção de qualquer sistema arrecadatório. Em primeiro lugar, parece natural a premissa de que um sistema tributário deve respeitar a **capacidade contributiva** dos indivíduos e das empresas, tanto assim que a Constituição de 1988 já possui princípio específico nesse sentido, conforme estudamos no item 6.3.

A novidade decorre da **amplitude** do novo dispositivo, que, na redação da EC n. 132/2023, não mais possui as travas previstas para a capacidade contributiva original. Podemos imaginar que o conceito de justiça tributária, a partir de agora, deverá ser obrigatório para **todos os tributos e atividades econômicas**, o que deverá provocar uma mudança na interpretação, sobretudo no STF, acerca do alcance da capacidade contributiva. Trata-se, ao que tudo indica, de um resgate do preceito original, a exigir moderação na tributação e respeito à situação individual de cada contribuinte.

E, na medida em que o princípio surge em conjunto com uma reforma **sobre o consumo**, resta evidente que as operações com produtos e serviços não poderão mais onerar, de forma abusiva, os consumidores, em linha com o que sempre pensamos e defendemos. O desafio será "colocar em prática" tal premissa, pois é certo que a carga tributária sobre o consumo é (e continuará a ser, mesmo com a reforma) uma das mais elevadas do planeta. Caberá aos tribunais conferir eficácia ao princípio da justiça fiscal, que deverá ser respeitado sem qualquer limitação, como quis o constituinte derivado, o que, convenhamos, não será fácil.

4.2.10. Princípio da cooperação

O modelo federativo brasileiro, composto de três níveis dotados de competência tributária, exige a efetiva cooperação entre os entes (União, Estados, Distrito Federal e Municípios). Essa cooperação pode ocorrer no âmbito administrativo, com a criação de um cadastro único de contribuintes (previsto há tempos pela Constituição, mas nunca implantado), pela troca de informações entre as autoridades tributárias, respeitados os demais princípios constitucionais e pela gestão conjunta de sistemas tributários, a exemplo do que já ocorre com o Simples Nacional.

O **princípio da cooperação**, estabelecido pela reforma tributária, também se manifesta com a criação do **Comitê Gestor do Imposto sobre Bens e Serviços** (art. 156-B da Constituição), pelo qual os Estados, o Distrito Federal e os Municípios exercerão, de forma integrada, diversas competências relativas ao IBS.

4.2.11. Princípio da defesa do meio ambiente

Aparentemente em linha com a preocupação mundial acerca da preservação do meio ambiente e do impacto nas mudanças climáticas, a reforma expressamente introduziu, no capítulo tributário, o **princípio da defesa do meio ambiente**.

Por um lado, a preocupação com a sustentabilidade ambiental e a necessidade de redução das emissões de carbono mereceu a inclusão de diversos dispositivos na Constituição. O art. 43, que trata de medidas para a redução das **desigualdades regionais**, trouxe, ainda que de maneira facultativa, a possibilidade de que a questão ambiental seja considerada como parâmetro para a concessão de incentivos:

> **Art. 43.** Para efeitos administrativos, a União poderá articular sua ação em um mesmo complexo geoeconômico e social, visando a seu desenvolvimento e à redução das desigualdades regionais.
>
> (...)

§ 4.º Sempre que possível, a concessão dos incentivos regionais a que se refere o § 2.º, III, considerará critérios de sustentabilidade ambiental e redução das emissões de carbono.

No mesmo sentido, os recursos oriundos do **Fundo Nacional de Desenvolvimento Regional, criado com o objetivo de reduzir as desigualdades regionais e sociais,** priorizará projetos com impacto positivo no meio ambiente, nos termos do § 2.º do art. 159-A, da Constituição:

Art. 159-A. Fica instituído o Fundo Nacional de Desenvolvimento Regional, com o objetivo de reduzir as desigualdades regionais e sociais, nos termos do art. 3.º, III, mediante a entrega de recursos da União aos Estados e ao Distrito Federal para:

I — realização de estudos, projetos e obras de infraestrutura;

II — fomento a atividades produtivas com elevado potencial de geração de emprego e renda, incluindo a concessão de subvenções econômicas e financeiras; e

III — promoção de ações com vistas ao desenvolvimento científico e tecnológico e à inovação.

§ 1.º É vedada a retenção ou qualquer restrição ao recebimento dos recursos de que trata o *caput*.

§ 2.º Na aplicação dos recursos de que trata o caput, os Estados e o Distrito Federal priorizarão projetos que prevejam ações de sustentabilidade ambiental e redução das emissões de carbono.

§ 3.º Observado o disposto neste artigo, caberá aos Estados e ao Distrito Federal a decisão quanto à aplicação dos recursos de que trata o *caput*.

§ 4.º Os recursos de que trata o caput serão entregues aos Estados e ao Distrito Federal de acordo com coeficientes individuais de participação, calculados com base nos seguintes indicadores e com os seguintes pesos:

I — população do Estado ou do Distrito Federal, com peso de 30% (trinta por cento);

II — coeficiente individual de participação do Estado ou do Distrito Federal nos recursos de que trata o art. 159, I, *a*, da Constituição Federal, com peso de 70% (setenta por cento).

§ 5.º O Tribunal de Contas da União será o órgão responsável por regulamentar e calcular os coeficientes individuais de participação de que trata o § 4.º.

Outra alteração importante, que atende às reinvindicações do setor de **biocombustíveis**, foi a inclusão da garantia de que estes terão **tributação inferior** (tanto para o ICMS como para o futuro IBS) àquela dos combustíveis fósseis, ao contrário do que ocorre atualmente. O benefício consta do art. 225, § 1.º, VIII, que trata, justamente, da proteção ao meio ambiente:

Art. 225. Todos têm direito ao meio ambiente ecologicamente equilibrado, bem de uso comum do povo e essencial à sadia qualidade de vida, impondo-se ao Poder Público e à coletividade o dever de defendê-lo e preservá-lo para as presentes e futuras gerações.

§ 1.º Para assegurar a efetividade desse direito, incumbe ao Poder Público:

(...)

VIII — manter regime fiscal favorecido para os biocombustíveis e para o hidrogênio de baixa emissão de carbono, na forma de lei complementar, a fim de assegurar-lhes tributação inferior à incidente sobre os combustíveis fósseis, capaz de garantir diferencial competitivo em relação a estes, especialmente em relação às contribuições de que tratam o art. 195, I, *b*, IV e V, e o art. 239 e aos impostos a que se referem os arts. 155, II, e 156-A.

4.2.12. Princípio da redução do efeito regressivo da tributação

Como vimos no tópico sobre o princípio da capacidade contributiva, a **regressividade** é uma característica da tributação sobre o consumo, pois a impossibilidade de identificar o consumidor e sua capacidade econômica dificultam, sobremaneira, a redução da carga tributária para os mais pobres. Isso se explica pelo fato de que pessoas que ganham menos certamente gastarão a maior parte de suas rendas na aquisição de produtos essenciais, como alimentos e medicamentos.

Assim, apesar de a Constituição agora estabelecer que "as alterações na legislação tributária buscarão atenuar efeitos regressivos" (art. 145, § 4.º) é razoável concluir que **não será fácil** atender essa premissa.

Uma primeira forma de mitigar os efeitos da regressividade é a **desoneração** dos produtos que compõem a "cesta básica", assim entendido o conjunto de alimentos indispensáveis a uma nutrição adequada. Atualmente, há diversas normas que reduzem a tributação da cadeia de produtos da cesta básica (por exemplo, o art. 1.º da Lei n. 10.925/2004, para o PIS e a COFINS, e o Convênio CONFAZ n. 128/94, para o ICMS).

A reforma prevê a criação da Cesta Básica Nacional de Alimentos, que considerará a diversidade regional e cultural da alimentação do país e garantirá a alimentação saudável e nutricionalmente adequada, em observância ao direito social à alimentação previsto no art. 6.º da Constituição.

A exigência constará da **futura redação** do art. 8.º do ADCT e, antes disso, será necessária a definição, por **lei complementar**, dos produtos que comporão a Cesta Básica Nacional de Alimentos, que terão **alíquotas zero de IBS e CBS**.

É importante destacar que a desoneração da cesta básica era considerada, pelos idealizadores originais da reforma tributária, como um instrumento pouco eficiente de combate à regressividade. Em diversas passagens da Exposição de Motivos da Proposta de Emenda Constitucional n. 45/201[85] podemos constatar que a premissa maior do modelo era a **vedação de isenções e benefícios fiscais**, aliada a um mecanismo de devolução de parte do IBS pago aos consumidores de baixa renda.

Ocorre que a proposta foi totalmente desfigurada no trâmite legislativo, de sorte que a versão final aprovada contempla **diversos benefícios e exceções**, bem ao gosto dos políticos brasileiros. Além disso, criou-se um tributo adicional, a CBS, que não

---

[85] Disponível em: https://www.camara.leg.br/proposicoesWeb/prop_mostrarintegra?codteor=1728369&filename=PEC%2045/2019

4 ■ Sistema Tributário Nacional

estava previsto, embora tenha sido mantido o **menos relevante** dos instrumentos de transferência de renda, o famigerado *cashback*.

Neste ponto, você pode estranhar nossa antipatia com o *cashback*, que, afinal, se propõe a devolver parte do valor dos tributos cobrados das famílias de baixa renda; o entendimento exige, portanto, algumas reflexões.

Em primeiro lugar, parece-nos evidente que só se deve devolver algo que não lhe pertence ou, na seara tributária, que não deveria **sequer ter sido cobrado**. Essa simples constatação já demonstra, por si só, que o constituinte derivado sabe que a reforma tributária perpetuará uma das maiores cargas tributárias sobre o consumo do mundo e, mesmo assim, pouco ou nada fez **para reduzi-la**, preferindo deixar para a lei complementar a missão de criar um instrumento de devolução do que foi cobrado a maior.

Aqui, parece incontroverso o desrespeito ao princípio da simplicidade, que a própria emenda fez questão de consagrar. Isso porque não faz sentido exigir de todos os consumidores uma carga tributária sabidamente excessiva para, depois, propor a "devolução" de parte do que foi indevidamente cobrado das pessoas de baixa renda. Esse racional gera diversos problemas, entre os quais definir quem são as "pessoas de baixa renda" (devem ser considerados os indivíduos ou as famílias de baixa renda, pois a Constituição agora menciona as duas situações). Vejamos.

O art. 156-A, inciso VIII, estabelece que caberá à **lei complementar** dispor sobre "as hipóteses de devolução do imposto a pessoas físicas, inclusive os limites e os beneficiários, com o objetivo de reduzir as desigualdades de renda".

Note-se que aqui o *cashback* destina-se aos **indivíduos**, o que traz dificuldades, pois um jovem em início de carreira pode receber um salário baixo (situação que justificaria o benefício), mas ser filho de um rico empresário (o que afastaria o benefício). Será que a lei complementar conseguirá prever todos as possíveis hipóteses, para evitar distorções? E, ainda que isso seja possível, como efetivamente reconhecer os milhões de casos particulares e para cada um deles analisar a concessão do *cashback*, em homenagem ao "novo" princípio de justiça tributária? Podemos realmente esperar que esse modelo vai funcionar? E, mesmo que funcione, será que o montante a ser devolvido justificará o trabalho de controlar e fiscalizar eventuais malversações, além de transferir um valor minimamente razoável aos beneficiários?

São perguntas relevantes e nos parece que as respostas fulminarão a pretensão do legislador. Dado o histórico de benefícios individuais concedidos no Brasil podemos imaginar que o sistema será objeto de inúmeras tentativas de fraude (por exemplo, uma pessoa de alta renda adquirir produtos por meio de outra, de baixa renda). O custo de fiscalizar abusos tende a ser alto e improfícuo, ainda mais quando comparado ao valor do possível benefício.

Um exemplo: grande parte das pessoas no Brasil ganha um salário mínimo, que em 2024 é de R$ 1.412,00. Imaginemos que um indivíduo gaste pelo menos R$ 1.000,00 com bens e serviços sujeitos ao novo modelo tributário e passíveis, portanto, de *cashback*. Estima-se que a alíquota final ao consumidor fique em torno de 27%, o que significaria, no exemplo, o pagamento de R$ 270,00 reais em tributos. Programas de *cashback* devolvem algo como 2% a 5% do valor gasto, o que garantiria uma devolução de algo entre 5 e 15 reais para o consumidor de baixa renda. Convenhamos que pouco impactará a vida das pessoas, ainda que considerada a situação de baixa renda. Se você achou nossa estimativa de valor baixa veja quanto tem recebido de programas como o "nota fiscal paulista" e os semelhantes no seu estado. No meu caso, gastos de milhares de reais geram literalmente trocados de *cashback*.

Pensamos que esses breves comentários são suficientes para demonstrar a enorme bobagem que é o mecanismo de *cashback*, figura que se amolda melhor a programas de marketing e de fidelidade do que a políticas públicas **realmente preocupadas com justiça tributária**. Não temos dúvida de que o mecanismo foi aprovado por ser "simpático" — com forte apelo eleitoral, portanto –, quando, em verdade, o objetivo maior de qualquer proposta de reforma seria o de **reduzir a carga tributária**, que é o grande problema do consumo no Brasil.

E as coisas ficam ainda piores. A emenda estabelece que também caberá à lei complementar definir as operações beneficiadas com redução de 60% das alíquotas do IBS e da CBS em relação a vários bens e serviços, entre eles os previstos no futuro art. 9.º, § 1.º, IX, do ADCT:

Art. 9.º A lei complementar que instituir o imposto de que trata o art. 156-A e a contribuição de que trata o art. 195, V, ambos da Constituição Federal, poderá prever os regimes diferenciados de tributação de que trata este artigo, desde que sejam uniformes em todo o território nacional e sejam realizados os respectivos ajustes nas alíquotas de referência com vistas a reequilibrar a arrecadação da esfera federativa.

§ 1.º A lei complementar definirá as operações beneficiadas com redução de 60% (sessenta por cento) das alíquotas dos tributos de que trata o *caput* entre as relativas aos seguintes bens e serviços:

(...)

IX — produtos de higiene pessoal e limpeza **majoritariamente consumidos por famílias de baixa renda;**

O que a emenda quis dizer com "majoritariamente consumidos por famílias de baixa renda"?

Trata-se de um comando infeliz, que parece discriminar quais são os produtos de higiene pessoal e de limpeza que as pessoas de baixa renda consomem. Ora, não são eles **iguais** para todas as pessoas? Produtos de higiene e limpeza **são essenciais** para a saúde individual e coletiva, de forma que não faz o menor sentido a tentativa de identificar o que se destinaria a pessoas de alta ou baixa renda. Os produtos necessários para a limpeza de uma casa são **fundamentalmente os mesmos**, independentemente da capacidade econômica das pessoas. O que varia é a marca e o preço, mas não o tipo do produto. Ou alguém consegue imaginar que, no futuro, as gôndolas dos supermercados terão produtos de limpeza para "alta renda" e "baixa renda"?

É um absurdo total, que fica ainda mais grave em relação aos produtos de higiene pessoal: qual a distinção, em termos de necessidade e relevância, entre pessoas de alta ou baixa renda? Da forma como redigido, o texto parece dizer que o conceito de higiene pessoal pode variar de acordo com a classe social dos indivíduos. Nas entrelinhas, tudo indica que o legislador pretende negar a redução da alíquota a perfumes ou cosméticos, sob o lamentável argumento de que estes não seriam "majoritariamente consumidos por famílias de baixa renda". Independentemente dos critérios que vierem a ser adotados

4 ◼ Sistema Tributário Nacional   273

pela lei complementar, parece-nos evidente que a questão será objeto de intensa discussão judicial, o que em nada se coaduna com a tão propagada premissa de "simplicidade" do novo modelo.

4.3. NECESSIDADE DE LEI ESPECÍFICA

O art. 150, § 6.º, da CF estabelece que qualquer subsídio ou isenção, redução de base de cálculo, concessão de crédito presumido, anistia ou remissão, relativos a impostos, taxas ou contribuições, só poderá ser concedido mediante **lei específica**, federal, estadual ou municipal, que regule **exclusivamente** as matérias acima enumeradas ou o correspondente tributo ou contribuição, sem prejuízo do disposto no art. 155, § 2.º, XII, g, da CF.

A medida é salutar e atende ao **princípio da transparência**, pois exige que benefícios fiscais, de qualquer natureza, devem ser objeto de lei específica do poder legislativo competente, que deve tratar a questão de forma exclusiva, evitando-se, assim, a histórica prática de inserção de "jubutis" em normas tributárias mais amplas. Ademais, o comando dialoga com a hipótese específica do **ICMS** (enquanto este tributo perdurar), no sentido de cabe à **lei complementar** regular a forma como, mediante deliberação dos Estados e do Distrito Federal, isenções, incentivos e benefícios fiscais serão concedidos e revogados.

4.3.1. Outros princípios tributários

Em respeito ao chamado **pacto federativo**, que estabelece a coerência entre as pessoas de direito público interno, o sistema tributário possui regras para manter a paridade entre os atores e permitir a uniformidade da tributação.

Nesse sentido, o art. 151 da Constituição impõe limites à **atividade normativa** da União[86], a saber:

> **Art. 151.** É vedado à União:
>
> I — instituir tributo que não seja uniforme em todo o território nacional ou que implique distinção ou preferência em relação a Estado, ao Distrito Federal ou a Município, em detrimento de outro, admitida a concessão de incentivos fiscais destinados a promover o equilíbrio do desenvolvimento socioeconômico entre as diferentes regiões do País;
>
> II — tributar a renda das obrigações da dívida pública dos Estados, do Distrito Federal e dos Municípios, bem como a remuneração e os proventos dos respectivos agentes públicos, em níveis superiores aos que fixar para suas obrigações e para seus agentes;
>
> III — instituir isenções de tributos da competência dos Estados, do Distrito Federal ou dos Municípios.

O inciso I supratranscrito determina que as normas tributárias emanadas da União devem respeitar a **uniformidade geográfica** do país[87], sem qualquer discriminação em relação aos demais entes políticos.

---

[86] Tanto assim que o STF entende que o princípio **não se aplica à ordem internacional:** "Âmbito de aplicação do art. 151, CF é o das relações das entidades federadas entre si. Não tem por objeto a União quando esta se apresenta na ordem externa. Não incidência sobre a prestação de serviços de transporte aéreo de passageiros — intermunicipal, interestadual e internacional" (ADI 1.600).

[87] O STF entendeu que não ofende o princípio a aplicação de **alíquotas regionais do IPI** incidente

274 Direito Tributário Esquematizado · Roberto Caparroz

Assim, os tributos federais deverão ter aplicação **idêntica** em todo o território nacional, no que concerne ao fato gerador, à base de cálculo ou à definição dos contribuintes.

Apesar disso, é possível a concessão de **incentivos fiscais**[88] para atender a peculiaridades das diversas regiões do país, ou seja, a Constituição autoriza, sob certas circunstâncias, a existência de regimes tributários **diferenciados**, de acordo com as necessidades socioeconômicas das regiões brasileiras.

Exemplo importante desse tratamento excepcional são os benefícios outorgados à **Zona Franca de Manaus**, que têm por objetivo fixar e desenvolver um polo industrial e de exportação no coração da Amazônia[89].

O art. 151, II, da Constituição diz respeito à legislação do Imposto sobre a Renda e tem por objetivo afastar a possibilidade de a União tributar os rendimentos gerados pelos **títulos** estaduais e municipais (que compõem a dívida pública desses entes) de forma mais gravosa do que o faz para os títulos de sua própria emissão.

O preceito é claramente derivado do princípio da **igualdade** e tem por objetivo impedir distorções de ordem financeira no mercado de títulos.

Na esteira desse raciocínio, também é vedado tributar de modo mais gravoso os **rendimentos dos servidores** públicos estaduais e municipais, o que poderia ensejar um deslocamento de candidatos a concursos para a esfera federal, em razão de uma hipotética carga tributária reduzida. Esses comandos, embora interessantes, são **absorvidos** pelo princípio da igualdade, que proíbe qualquer distinção entre pessoas em situação equivalente.

---

sobre a indústria açucareira: "Decreto 420/1992. Lei n. 8.393/1991. IPI. Alíquota regionalizada incidente sobre o açúcar. Alegada ofensa ao disposto nos arts. 150, I, II e § 3.º, e 151, I, da Constituição do Brasil. Constitucionalidade. O Decreto 420/1992 estabeleceu alíquotas **diferenciadas** — incentivo fiscal — visando dar concreção ao preceito veiculado pelo art. 3.º da Constituição, ao objetivo da redução das desigualdades regionais e de desenvolvimento nacional. **Autoriza-o o art. 151, I, da Constituição.** A alíquota de 18% para o açúcar de cana não afronta o princípio da essencialidade. Precedente. A concessão do benefício da isenção fiscal é ato discricionário, fundado em juízo de conveniência e oportunidade do Poder Público, cujo controle é vedado ao Judiciário. Precedentes" (AI 630.997-AgR).

[88] Posição referendada pelo STF, que considera a concessão de benefícios como **prerrogativa** do Poder Executivo: "A Constituição, na parte final do art. 151, I, admite a 'concessão de incentivos fiscais destinados a promover o equilíbrio do desenvolvimento socioeconômico entre as diferentes regiões do país'. A concessão de isenção é ato discricionário, por meio do qual o Poder Executivo, fundado em juízo de conveniência e oportunidade, implementa suas **políticas fiscais e econômicas** e, portanto, a análise de seu mérito **escapa ao controle do Poder Judiciário**. Precedentes: RE 149.659 e AI 138.344-AgR" (RE 344.331, Rel. Ministro Ellen Gracie, *DJ* de 14-3-2003). Não é possível ao Poder Judiciário **estender isenção** a contribuintes **não contemplados pela lei, a título de isonomia**" (RE 159.026).

[89] ADCT, Art. 40: "É mantida a Zona Franca de Manaus, com suas características de área livre de comércio, de exportação e importação, e de incentivos fiscais, pelo prazo de vinte e cinco anos, a partir da promulgação da Constituição. Parágrafo único. Somente por lei federal podem ser modificados os critérios que disciplinaram ou venham a disciplinar a aprovação dos projetos na Zona Franca de Manaus".

4 ◼ Sistema Tributário Nacional

275

Por fim, o art. 151, III, trata das chamadas **isenções heterônomas**, que seriam dispensas de pagamento promovidas pela União em relação a tributos de competência dos outros entes federativos.

O tema, nos limites aqui propostos, pode ser resolvido de forma simples: como regra, só tem o poder de isentar quem possui o poder de tributar (princípio da competência e da autonomia dos entes públicos).

Conquanto possam existir situações atípicas, previstas pelo próprio texto constitucional e que merecem maiores reflexões, o ordenamento, como preceito geral, veda a possibilidade de a União isentar tributos **fora da sua esfera** de competência.

STF — Isenções Heterônomas

◼ **Inaplicabilidade da vedação às relações internacionais.** A cláusula de vedação inscrita no art. 151, inciso III, da Constituição — que proíbe a concessão de isenções tributárias heterônomas — é **inoponível** ao Estado Federal brasileiro (vale dizer, à **República Federativa do Brasil**), incidindo, unicamente, no plano das relações institucionais domésticas que se estabelecem entre as pessoas políticas de direito público interno (...). Nada impede, portanto, que o Estado Federal brasileiro celebre tratados internacionais que veiculem cláusulas de exoneração tributária em matéria de tributos locais (como o ISS, p. ex.), pois a República Federativa do Brasil, ao exercer o seu *treaty-making power*, estará praticando ato legítimo que se inclui na esfera de suas prerrogativas como pessoa jurídica de **direito internacional público**, que detém — em face das unidades meramente federadas — o monopólio da **soberania** e da **personalidade internacional** (RE 228.339-AgR).

◼ **Prevalência do disposto no GATT e em tratados internacionais sobre matéria tributária.** A isenção de tributos estaduais prevista no Acordo Geral de Tarifas e Comércio para as mercadorias importadas dos países signatários, quando o similar nacional tiver o mesmo benefício, foi **recepcionada** pela Constituição da República de 1988. O art. 98 do Código Tributário Nacional "possui caráter nacional, com eficácia para a União, os Estados e os Municípios" (voto do eminente Ministro Ilmar Galvão). No direito internacional **apenas a República Federativa do Brasil** tem competência para firmar tratados (art. 52, § 2.º, da CF), dela não dispondo a União, os Estados-membros ou os Municípios. O Presidente da República não subscreve tratados como chefe de Governo, mas como **chefe de Estado**, o que **descaracteriza** a existência de uma **isenção heterônoma**, vedada pelo art. 151, III, da Constituição (RE 229.096).

◼ **ISS. Limitação da atividade dos municípios por lei complementar. Possibilidade.** O ISS é um imposto municipal. É dizer, ao Município competirá instituí-lo (CF, art. 156, III). Todavia, está ele jungido à norma de caráter geral, vale dizer, à lei complementar que definirá os serviços tributáveis, lei complementar do Congresso Nacional (CF, art. 156, III). Isto não quer dizer que a lei complementar possa definir como tributáveis pelo ISS serviços que, ontologicamente, não são serviços. No conjunto de serviços tributáveis pelo ISS, a lei complementar definirá aqueles sobre os quais poderá incidir o mencionado imposto. (...) a lei complementar, definindo os serviços sobre os quais incidirá o ISS, realiza a sua finalidade principal, que é afastar os conflitos de competência, em matéria tributária, entre as pessoas políticas (CF, art. 146, I). E isso ocorre em obséquio ao pacto federativo, princípio fundamental do Estado e da República (CF, art. 1.º) (...) não adoto a doutrina que defende que a lista de serviços é exemplificativa. (...) Não há falar em isenção, mas, simplesmente, em exclusão de serviços praticados pelas instituições mencionadas. Trata-se, na verdade, de não incidência, motivo por que não há invocar o disposto no art. 151, III, CF (RE 361.829).

Devemos ressaltar que a Constituição de 1988, por meio do art. 41 do ADCT, previu que os poderes executivos de todas as esferas reavaliariam os **incentivos fiscais** em vigor, que seriam revogados depois de dois anos, caso não convalidados:

Art. 41. Os Poderes Executivos da União, dos Estados, do Distrito Federal e dos Municípios **reavaliarão** todos os incentivos fiscais de natureza setorial ora em vigor, propondo aos **Poderes Legislativos** respectivos as medidas cabíveis.

§ 1.º Considerar-se-ão **revogados** após dois anos, a partir da data da promulgação da Constituição, os incentivos que **não forem confirmados por lei**.

§ 2.º A revogação não prejudicará os direitos que já tiverem sido adquiridos, àquela data, em relação a incentivos concedidos sob condição e com prazo certo.

§ 3.º Os incentivos concedidos por convênio entre Estados, celebrados nos termos do art. 23, § 6.º, da Constituição de 1967, com a redação da Emenda Constitucional n. 1, de 17 de outubro de 1969, também deverão ser **reavaliados** e **reconfirmados** nos prazos deste artigo.

Acerca da exigência de **reavaliação** e **convalidação**, assim se manifestou o STF:

É certo que a atual Constituição, no art. 151, III, vedou à União instituir isenções de tributos da competência dos Estados, do Distrito Federal ou dos Municípios. No art. 41 do ADCT, porém, estabeleceu, em seu *caput*, que os Poderes Executivos da União, dos Estados, do Distrito Federal e dos Municípios reavaliariam todos os incentivos fiscais de natureza setorial em vigor, propondo aos Poderes Legislativos respectivos as medidas cabíveis, e, complementando essa disposição, declarou que se considerariam revogados após dois anos, a partir da data da promulgação da Constituição, os incentivos que não fossem confirmados por lei (§ 1.º), estabelecendo, entretanto, no § 2.º, que essa revogação não prejudicaria os direitos que já tivessem sido adquiridos, àquela data, em relação a incentivos concedidos sob condição e com prazo certo. Ora, no caso, há isenção contratual onerosa, por prazo certo e em função de determinadas condições, que passou a integrar o patrimônio da beneficiária em virtude do Programa Especial de Exportação — BEFIEX, caracterizando-se, assim, em face do disposto no art. 178 do CTN e do enunciado da Súmula 544 desta Corte, direito adquirido a essa isenção nos termos em que foi concedida, e estando protegida pela ressalva contida no § 2.º do art. 41 do ADCT da CF (RE 148.453).

Já o artigo seguinte da Carta Magna, em consonância com as ideias aqui expostas, também estabelece uma importante **limitação** ao poder legislativo dos Estados, do Distrito Federal e dos Municípios, impedindo-os de **discriminar** a tributação de bens e serviços (a título de ICMS ou ISS, por exemplo), em virtude da **procedência** ou **destino** das operações:

> **Art. 152.** É vedado aos Estados, ao Distrito Federal e aos Municípios estabelecer diferença tributária entre bens e serviços, de qualquer natureza, em razão de sua procedência ou destino.

Trata-se de mais uma tentativa de conferir **homogeneidade** ao tecido normativo tributário e, principalmente, evitar mecanismos capazes de acirrar, ainda mais, a chamada **guerra fiscal**, patologia que assola a Federação, pois cada ente busca, por meio de incentivos e isenções, trazer atividade econômica para o seu território, muitas vezes de forma abusiva e prejudicial aos interesses do país como um todo.

STF — Isenções Heterônomas

- **Inconstitucionalidade por discriminação. Tributário.** ICMS. Benefício fiscal. Redução da carga tributária condicionada à origem da industrialização da mercadoria. Saídas internas com café torrado ou moído. Decreto 35.528/2004 do Estado do Rio de Janeiro. Violação do art. 152 da Constituição. O Decreto 35.528/2004, do Estado do Rio de Janeiro, ao estabelecer um regime diferenciado de tributação para as operações das quais resultem a saída interna de café torrado ou moído, em função da procedência ou do destino de tal operação, viola o art. 152 da Constituição (ADI 3.389 e ADI 3.673).

- **Antecipação do pagamento de imposto. Constitucionalidade.** A antecipação de pagamento do imposto, quando a mercadoria se destina a outro Estado, não configura a adoção de diferença tributária, em razão do destino e procedência dos bens (RE 229.096).

Por fim, ressaltamos que algumas questões de concurso ou obras mais antigas podem fazer menção ao **princípio da anualidade**, que **não existe mais** no ordenamento.

Previsto pela Constituição de 1946, o princípio da anualidade veiculava uma exigência **adicional** em relação ao princípio da anterioridade, ao determinar que *nenhum tributo será cobrado em cada exercício sem prévia autorização orçamentária, ressalvada, porém, a tarifa aduaneira e o imposto lançado por motivo de guerra*[90].

A necessidade de autorização orçamentária como **condição** à exigência de um tributo, conquanto salutar, não repercutiu nas Constituições posteriores e, portanto, atualmente não condiciona a atividade estatal no Brasil, embora autores como Roque Carrazza considerem *possível* a inserção do preceito nas Constituições Estaduais[91].

4.4. QUESTÕES

QUESTÕES DE CONCURSOS
> http://uqr.to/1y7f5

---

[90] Constituição de 1946, art. 141, § 34.
[91] Roque Carrazza, *Curso de direito constitucional tributário*, p. 227-228.

5

IMUNIDADES

5.1. DO CONCEITO DE IMUNIDADE

O vocábulo **imunidade**, em termos etimológicos, deriva do latim *immunitas* (dispensa, exoneração), e o prefixo *in* tem a função de negar o *munus*, ou seja, o **encargo** ou **ônus** a que alguém se encontra submetido.

Trata-se, pois, de **qualidade** do sujeito ou objeto, que se encontra livre ou desobrigado de certa imposição jurídica.

Conforme salienta Bernardo Ribeiro de Moraes[1], "o conceito de imunidade relativa a ônus exigidos pelo Estado (ônus fiscais) contém a mesma ideia de exoneração ou dispensa, mas de algo relacionado a 'tributos' (*munus* público). Pela imunidade tributária, pessoas, bens, coisas, fatos ou situações deixam de ser alcançados pela tributação".

Conhecido o sentido do vocábulo, cumpre agora ressaltarmos suas principais **características**, em especial quanto à *natureza jurídica, fundamentação, alcance* e *interpretação*, uma vez que a doutrina moderna tem buscado repensar o fenômeno, em contraponto às formulações clássicas.

5.2. NATUREZA JURÍDICA

Durante muito tempo prosperou a ideia de que as imunidades eram uma forma de bloquear, obstaculizar a incidência tributária, no intuito de conter a atuação dos entes políticos.

Nesse sentido, famoso é o conceito apresentado por Amílcar de Araújo Falcão, para quem a **imunidade tributária** "é uma forma qualificada ou especial de não incidência, por supressão, na Constituição, da competência impositiva ou do poder de tributar, quando se configuram certos pressupostos, situações ou circunstâncias previstas pelo estatuto supremo"[2].

Coube a Paulo de Barros Carvalho a tarefa de **criticar** tal posicionamento, em aprofundado estudo sobre as assertivas correntes na doutrina. Para tanto, dispara o festejado tributarista:

---

[1] Bernardo Ribeiro de Moraes, A imunidade e seus novos aspectos, *Revista Dialética de Direito Tributário*, n. 34, p. 19.
[2] Amílcar de Araújo Falcão, *Fato gerador da obrigação tributária*, p. 117.

"Seja como for, no trajeto de tal concepção se levanta um obstáculo intransponível: a análise do fenômeno jurídico, em termos dogmáticos, é, substancialmente, de natureza sincrônica. Vale para aqui e para agora. Cabe-nos selecionar princípios e aglutinar normas, segundo o critério associativo de entrelaçamento vertical (subordinação hierárquica) e horizontal (coordenação), para montarmos o arcabouço do sistema jurídico em vigor, descrevendo-o metodologicamente. Nisso consiste o trabalho do cientista, enunciador frio e atento da realidade que observa: o direito positivo"[3].

O mesmo entendimento é esposado por Bernardo Ribeiro de Moraes, que assim se pronuncia:

"... em que pese o prestígio dos seguidores desta corrente, com a devida vênia não aceitamos a conceituação de imunidade tributária como uma não incidência constitucionalmente qualificada visto que essa "não incidência" nada mais é do que uma consequência ou efeito da imunidade tributária e não um elemento essencial para defini-la (vedando a tributação, a imunidade tributária não admite a lei tributária em questão e sem lei não há incidência fiscal)"[4].

A linha de raciocínio exposta nos leva a uma conclusão **fundamental:** toda norma jurídica é feita para **incidir**.

Sempre que ocorre o fato jurídico descrito na hipótese de incidência de determinada norma, manifesta-se, inexoravelmente, o princípio da **subsunção**, que permite o enquadramento do fato à mera hipótese previamente descrita.

Daí por que a dúvida quanto à **validade** do próprio conceito de **não incidência**, que, *além de definir pela negativa* — o que não atende aos bons preceitos da lógica —, apresenta pouca ou nenhuma utilidade para o estudo jurídico, e serve apenas como elemento de distração para o intérprete.

As imunidades precisam de uma **única** norma constitucional, que *desde sempre* (a partir da elaboração da Carta) delimita o exercício da competência tributária pelos entes políticos.

De fato, não há de se falar, no caso das imunidades, em **cronologia** do texto constitucional, uma vez que as normas veiculadas pela Carta Magna nascem já plenamente delineadas, com seus limites e contornos estabelecidos pelo legislador original.

É o que se pode verificar a partir da redação do art. 5.º, § 1.º, da Lei Maior: "As normas definidoras dos direitos e garantias fundamentais têm aplicação imediata".

Em sala de aula, usamos o seguinte **exemplo**, bastante simples, a fim de demonstrarmos a **inexistência** do *fator tempo* entre a definição de competência e o fenômeno das imunidades: suponhamos que todo o meu dinheiro (universo) seja composto de R$ 3,00, e que eu queira entregar R$ 2,00 a alguém (competência), de forma que me reste R$ 1,00 (imunidade).

Se eu tivesse em mãos **três notas** de um real, como procederia na vida prática?

---

[3]   Paulo de Barros Carvalho, *Curso de direito tributário*, p. 168.

[4]   Bernardo Ribeiro de Moraes, A imunidade e seus novos aspectos, *Revista Dialética de Direito Tributário*, n. 34, p. 31.

Ora, simplesmente entregaria **duas notas** à pessoa e manteria comigo a **terceira**, intocável.

Não faria qualquer sentido entregar a alguém *as três notas* e **depois** solicitar *uma de volta*, e o mesmo raciocínio se aplica às imunidades, a despeito de muitos autores defenderem o contrário!

A partir do breve raciocínio exposto, cai por terra a noção de que *primeiro* o constituinte deu competência plena aos entes políticos, para *depois* retirar-lhes a porção que quis tratar como imune. Isso não tem sentido lógico ou cronológico, pois o que efetivamente ocorre é a definição do *campo de competência* **já delimitado** pelas imunidades.

Se o constituinte original podia tudo, como ter três notas de R$ 1,00, tal qual no exemplo, mas quis atribuir **competência** tributária aos entes federativos (que ele mesmo criou), também não parece razoável que tenha estabelecido os **limites** dessa competência (duas notas de R$ 1,00) e reservado, como intocável, a *terceira nota* (as hipóteses de imunidade)?

Afinal, não são as hipóteses de imunidade **rol taxativo**, que não pertence ao que denominamos **universo tributável**?

A resposta para as duas perguntas é **sim**, e disso decorre a percepção de que a competência tributária surge da *composição de normas constitucionais*, nas quais a vedação opera um verdadeiro **recorte** no poder fiscal, de forma que a *competência remanescente* (que só pode criar incidências **dentro** do universo tributável) encontra-se, de plano, impossibilitada de instituir tributos sobre a área "imunizada".

Com base na **teoria dos conjuntos** da matemática, que qualquer aluno de ensino médio conhece, podemos demonstrar o fenômeno da imunidade, de forma simples, a partir do seguinte gráfico:

Nossa representação tem a vantagem de reduzir o campo de possibilidades a apenas **duas situações**.

Isso significa que qualquer fenômeno *"x"*, por exemplo, *pertence ou não pertence* ao universo tributável, sem que exista outra possibilidade, em homenagem ao princípio aristotélico do **terceiro excluído**[5]. Se considerarmos x como um tributo e A como o

---

[5] Também conhecido como lei do terceiro excluído (do latim *tertium non datur*), cujo enunciado diz que toda afirmativa ou é verdadeira ou é falsa.

universo tributável, teremos a relação $x \in A$, que significa x *pertence a A*, ou *x é um membro de A*.

Como no campo da imunidade (I) **não podem existir tributos**, sempre que x for um tributo sabemos que *x não pertence a (I)*.

Assim, de acordo com o nosso gráfico, qualquer que seja x, ele só pode estar dentro do universo tributável (A) ou fora dele (I). ***Não existe outra possibilidade.***

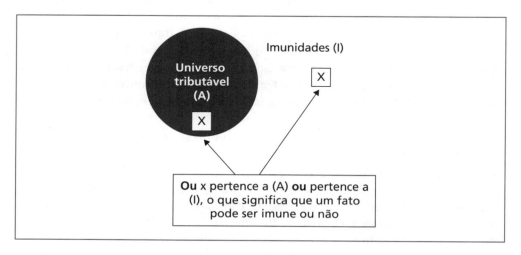

Ao trabalharmos com **dicotomias** — o que nem sempre é fácil em termos jurídicos —, podemos simplificar sobremaneira o raciocínio, pois nos aproximamos da chamada *lógica clássica*, que utiliza os operadores V (verdadeiro) ou F (falso).

Conforme o leitor perceberá, buscaremos analisar *todo o fenômeno* da **incidência tributária** a partir de simplificações dicotômicas, no intuito de direcionar o raciocínio por caminhos seguros, livres das imperfeições de linguagem que normalmente assolam o tema.

> **Importante!** As **imunidades** são normalmente descritas como uma limitação constitucional da atividade legislativa, ou seja, um **recorte de competência** em relação às matérias e fatos não que podem ser objeto de tributação pelos entes federados.

A Constituição, neste cenário, traz uma imensa lista de imunidades, que tem várias hipóteses previstas no art. 150, VI, mas também se espalha por diversos outros artigos.

Convém ressaltar que as imunidades do art. 150, VI, somente se referem a **impostos**, embora outros dispositivos constitucionais veiculem imunidades relativas a espécies tributárias distintas.

Como é muito comum encontrar, inclusive na doutrina, enorme **confusão** entre os conceitos de *imunidade, incidência, não incidência* e *isenção*, pensamos ser necessário aprofundar um pouco o assunto.

5.3. IMUNIDADE COMO NORMA DE NATUREZA CONSTITUCIONAL

O traço típico das imunidades é a sua **fonte constitucional**, de modo que não se pode confundir o instituto[6] com o das *isenções tributárias*, como querem alguns.

A advertência, sempre importante, já estava no pensamento de Aliomar Baleeiro: "Imunidades tornam inconstitucionais as leis ordinárias que as desafiam. Não se confundem com isenções derivadas da lei ordinária ou complementar"[7].

Paulo de Barros Carvalho também **afasta qualquer paralelismo** entre as normas de imunidade e as de isenção, ao afirmar que

> "... são proposições normativas de tal modo diferentes na composição do ordenamento jurídico que pouquíssimas são as regiões de contato. Poderíamos sublinhar tão somente **três sinais comuns:** a circunstância de serem normas jurídicas **válidas** no sistema, integrarem a classe das **regras de estrutura** e tratarem de **matéria tributária**. Quanto ao mais, uma **distância abissal** separa as duas espécies normativas. O preceito de imunidade exerce a função de colaborar, de uma forma especial no desenho das competências impositivas. São normas constitucionais. Não cuidam da problemática da incidência, atuando em instante que antecede, na lógica do sistema, ao momento da percussão tributária. Já a isenção se dá no plano da legislação ordinária. Sua dinâmica pressupõe um encontro normativo, em que ela, regra de isenção, opera como expediente redutor do campo de abrangência dos critérios da hipótese ou da consequência da regra-matriz do tributo..."[8].

Não se cogita do fenômeno imunizante **fora** do altiplano constitucional; tal assertiva tem por fundamento a divisão das normas jurídicas em *regras de comportamento* e *regras de estrutura*, na precisa lição de Norberto Bobbio.

Enquanto as primeiras se dirigem às condutas **intersubjetivas**, as regras de estrutura transmitem comandos **diretos ao legislador**, informando-o acerca da produção de leis.

Assim são as normas constitucionais, dentre as quais as relativas à imunidade, que atuam no sentido de delimitar a competência tributária dos entes políticos.

Conforme enfatiza Aliomar Baleeiro, *imunidade e regra constitucional são indissociáveis*[9].

E a síntese clássica vem na lição de Amílcar de Araújo Falcão:

> "... uma coisa é certa qualquer que seja a hipótese: somente no texto constitucional são estabelecidas as imunidades. É essa uma característica de ordem formal ou externa. Vale, pelo menos, como critério negativo para o intérprete e para o aplicador: se a hipótese não estiver prevista na Constituição, de imunidade não se tratará"[10].

---

[6] Essa é a posição do STF: "Os institutos da imunidade e da isenção tributária **não se confundem**. É perfeitamente possível ao Estado conceder, mediante lei, isenção de tributo de sua competência, visto que está atuando nos **limites de sua autonomia**. Enquanto não editada a lei a que se refere o § 21 do art. 40 da CF/1988, vigem os diplomas estaduais que regem a matéria, que só serão suspensos se, e no que, forem contrários à lei complementar nacional (CF, art. 24, §§ 3.º e 4.º)" (SS 3.679-AgR).

[7] Aliomar Baleeiro, *Direito tributário brasileiro*, 10. ed., p. 84.

[8] Paulo de Barros Carvalho, *Curso de direito tributário*, 24. ed., p. 238.

[9] Aliomar Baleeiro, *RDP*, v. I, p. 70.

[10] Amílcar de Araújo Falcão, Parecer emitido na *RDA*, v. 66, p. 308.

5.4. IMUNIDADE, INCIDÊNCIA E NÃO INCIDÊNCIA

Se os tributos só podem **existir** (no sentido de incidir) naquilo que chamamos de **universo tributável**, que é a parcela de competência atribuída aos entes federativos pela Constituição, torna-se relevante analisar a assertiva, bastante comum, de que as imunidades são *previsões constitucionais de não incidência*.

Conquanto a frase seja verdadeira, trata-se de uma **tautologia**, ou seja, de um vício de linguagem que sempre redunda em afirmação verdadeira e, nesse sentido, é apenas pleonástico, porque o argumento se explica por ele mesmo.

Quando nos deparamos com algo assim, a consequência costuma ser a **dificuldade** de entendimento, não em relação à afirmativa (que é sempre verdadeira), mas das variações que a expressão possui noutros contextos.

Explicamos.

Pouco importa o fato de as imunidades *não permitirem a incidência dos tributos*, pois isso pertence à sua própria natureza, vale dizer, a **não incidência** é o resultado **óbvio** e **inescapável** da imunidade.

E, se a consequência é sempre invariável, de nada adianta perdermos tempo com ela.

Vejamos o seguinte exemplo: se encontro pelas ruas um amigo do tempo do colégio, que há tempos não encontrava, penso não ser adequado, apesar de notar sua barriga saliente, perguntar-lhe se "está grávido", sob pena de perder a amizade ou de ouvir uma resposta obscena. Independentemente de qualquer jocosidade quanto à má forma física do colega, *a pergunta é descabida*, porque a resposta **só pode ser negativa**, pois os seres humanos do sexo masculino não podem engravidar.

Por outro lado, se me deparo com uma jovem conhecida e lhe pergunto se está grávida, a indagação **faz sentido** (muito embora possa gerar constrangimento), pois, no caso das mulheres, a gravidez é uma **possibilidade**.

Assim, da mesma forma que não devemos fazer perguntas óbvias, das quais já sabemos a resposta, de nada adianta nos debruçarmos sobre o fato de que nas hipóteses de imunidade as normas não incidem, porque isso sempre é verdadeiro.

O fenômeno da incidência só nos interessa dentro do **universo tributável**, em que as normas **podem existir** (como no caso IPI) ou podem **não existir** (como no caso do imposto sobre grandes fortunas, que até hoje não foi criado).

A **validade lógica** do raciocínio reside no fato de que, dada certa pergunta, as duas respostas são possíveis (V ou F), o que **não ocorre** no campo das imunidades, em que, repetimos, as normas tributárias nunca existem (não incidem).

Como vimos, a competência tributária surge da composição de normas constitucionais, em que a vedação (imunidade) opera verdadeiro recorte no poder fiscal, de modo que a **competência remanescente** se encontra, de plano, impossibilitada de instituir tributos sobre a área protegida.

Ressaltamos, mais uma vez, que as imunidades têm o poder de circunscrever, delimitar, restringir a chamada competência tributária.

Como diz Roque Carrazza: "A competência tributária tem suas fronteiras perfeitamente traçadas pela Constituição Federal, que, inclusive, apontou, direta ou indiretamente, as regras-matrizes de todos os tributos"[11].

E arremata, em outro escrito: "... cada uma das pessoas políticas recebeu da Constituição Federal não o poder tributário (incontrastável, absoluto), mas, sim, uma **parcela deste poder:** a competência tributária (limitada por uma série de normas e princípios)"[12].

A partir dessas premissas, podemos agora analisar, de modo completo, o fenômeno da incidência, tal como previsto pelo Sistema Tributário Nacional.

Há anos trabalhamos com um esquema bem simples, que parece **resolver a questão** e afastar qualquer dificuldade, até porque baseado num **sistema binário**, que não comporta digressões ou desvios de raciocínio.

Conforme veremos a seguir, análise de *qualquer fenômeno tributário* passa por **três etapas**, que correspondem a três perguntas fundamentais:

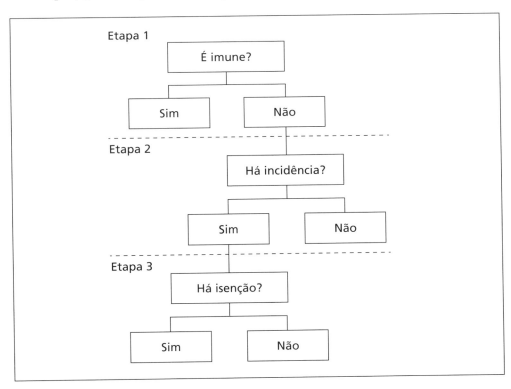

Do gráfico podemos concluir que a primeira pergunta relevante para a verificação do fenômeno tributário diz respeito à **existência ou não** de imunidade. Se houver

---

[11] Roque Antonio Carrazza, *Curso de direito constitucional tributário*, p. 458.
[12] Roque Antonio Carrazza, Importação de bíblias em fitas — sua imunidade. Exegese do art. 150, VI, *d*, da Constituição Federal, *Revista Dialética de Direito Tributário*, n. 26, p. 118.

imunidade a análise se encerra, pois *não há espaço para a criação de tributos*; simples assim.

Por outro lado, se não houver imunidade os tributos **podem surgir** (incidir) e a decisão cabe ao ente público correspondente, titular da competência para instituí-los.

Exemplo: Não é vedada a criação do Imposto sobre Grandes Fortunas (IGF), pois não há norma de imunidade nesse sentido. Assim, cabe à União, no exercício da sua competência, decidir pela criação ou não do tributo, mediante processo legislativo adequado.

Sempre que o ente público opta por **não criar o tributo**, ainda que isso seja possível, nos deparamos com um caso de **não incidência** (o tributo poderia existir, mas não houve o exercício da competência, como no caso do IGF).

Portanto, quando não houver incidência também termina a análise tributária.

Na sequência do gráfico, quando **há incidência** isso implica que o tributo **existe**, ou seja, foi criado de acordo com as regras constitucionais e mediante instrumento jurídico adequado.

Cabe agora indagar, nesse *terceiro nível de análise*, se existe **isenção**, assim entendida a norma que dispensa o pagamento do valor correspondente.

Se houver isenção, o tributo **não será pago**, apesar de existir. Se, por outro lado, *não houver isenção*, o sujeito passivo deverá recolher o montante devido.

Portanto, a imunidade é sempre a **primeira norma** do sistema, representada por um único vetor de ordem constitucional.

Já a isenção, por óbvio, só pode ocorrer **quando não há imunidade**, pois só faz sentido dispensar o pagamento de um tributo se ele efetivamente existe.

O raciocínio fulmina qualquer pretensão de comparar imunidades e isenções, algo tão frequente quanto inútil na doutrina.

Salientamos que os dois fenômenos ocorrem em planos diferentes e não são, por definição, **comparáveis**.

Quando se tratar de hipótese de imunidade o tributo **não existe** e, portanto, descabe pensar em isenção. Ao contrário, sempre que houver isenção isso significa que *o tributo foi criado*, pois se encontrava no campo de competência do ente político (universo tributável), no qual os tributos podem ou não existir (incidir).

Pedimos ao leitor que analise o nosso esquema e confirme que **não há** qualquer conexão entre imunidade e isenção, até porque são fenômenos **mutuamente excludentes**[13].

---

[13] Note que somente prosseguimos na análise dos fenômenos da *incidência* e posteriormente da *isenção* **quando não se tratar de imunidade**, vale dizer, se a resposta à primeira pergunta for *sim*, nenhum desdobramento tributário poderá existir. De forma simples, basta pensar no esquema como uma *árvore genealógica* para concluir, sem dificuldades, que a isenção não possui qualquer parentesco com a imunidade, daí por que é irrelevante e inútil compará-las.

5.4.1. Isenção e alíquota zero

Por fim, ressaltamos que também não se pode confundir os casos de isenção com os tributos que possuem **alíquota zero**, outro erro bastante frequente quando se estuda o fenômeno tributário.

De plano, a única semelhança entre as duas situações é que ambas ocorrem no **campo da incidência**, ou seja, a partir da existência de determinado tributo.

A isenção, em breves palavras, decorre da escolha do legislador de beneficiar determinadas pessoas ou situações que revelem hipossuficiência ou baixa capacidade contributiva.

Assim, a **isenção** implica, nessas hipóteses, a dispensa do pagamento do tributo, para pessoas com baixa renda, que possuam um único imóvel e assim por diante, visto que, de outra forma, os valores seriam exigíveis.

Sempre que houver uma isenção, teremos o encontro de **duas normas** jurídicas: uma que define a incidência do tributo e outra que dispensa o pagamento.

O leitor talvez se lembre dos tempos de escola, em que o professor de física dizia que dois **vetores opostos**, de igual intensidade, se anulam e que o resultado é um ponto, sem direção ou sentido.

Pois bem, isso equivale ao conceito de **isenção** no direito tributário, mas tenho certeza de que o assunto fica mais simples se lembrarmos a representação gráfica do fenômeno:

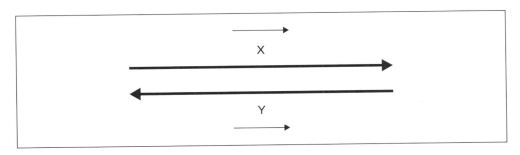

Sem nos preocuparmos com o rigor matemático, poderíamos transformar a representação acima num outro gráfico, que demonstra **exatamente** como funcionam as isenções:

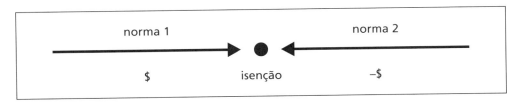

O que se denomina isenção em direito tributário nada mais é do que o encontro de duas normas opostas, como demonstrado acima.

A "norma 1" traz a **regra geral** de incidência do tributo, que significa algo como "todos que praticarem determinado fato deverão pagar o tributo", enquanto a "norma 2", em **sentido contrário**, diz "alguns, embora tenham praticado o fato, estão dispensados do pagamento do tributo".

A presença **simultânea** desses dois comandos implica uma **neutralidade**, que chamamos de isenção.

Vejamos alguns exemplos, para facilitar a compreensão.

Exemplo 1: O Imposto de Renda das pessoas físicas alcança, como vimos, todas as pessoas e rendas (norma 1), mas aquelas que receberem durante o mês valor igual ou inferior a R$ 1.903,98 estarão isentas do tributo (norma 2).

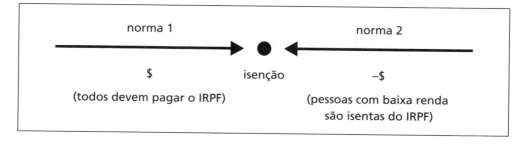

Exemplo 2: No Estado de São Paulo, o IPVA para automóveis a gasolina tem alíquota de 4% (norma 1), mas deficientes físicos são isentos do tributo (norma 2).

Note que, nos exemplos, a isenção surge como o **resultado** do encontro entre as duas normas jurídicas. Todas as pessoas estão sujeitas **à incidência** do tributo, embora algumas, de acordo com determinados critérios, estão dispensadas do respectivo pagamento.

Como a isenção **não altera a incidência**, visto ser fenômeno *posterior*, a eventual revogação da norma isentiva implicaria que todos deveriam, a partir daquele momento, pagar o tributo.

Podemos perceber que as isenções elegem **critérios de desigualdade** entre as pessoas, para retirá-las da regra geral e permitir que não recolham os valores devidos pelos demais.

A situação pode ser representada da seguinte forma:

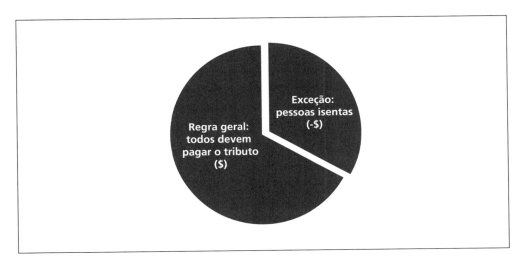

De modo simples, constatamos que a regra geral de pagamento é **obstaculizada** pela regra de isenção, que favorece as pessoas que nela se enquadrarem, de acordo com os critérios previstos em lei.

Como vimos, a isenção não interfere na incidência, que ocorre independentemente daquela. Se há isenção é porque a regra geral existe e incidiu (norma 1), mas o efeito do pagamento foi neutralizado pela regra isentiva (norma 2).

De se notar que, ao contrário das imunidades, existe **cronologia** entre as regras[14], pois primeiro devemos criar o tributo e exigi-lo de todos, para depois, *se for o caso*, identificarmos o grupo de pessoas dispensado do pagamento.

Por outro lado, a **alíquota zero** representa uma situação completamente distinta, que costuma gerar uma injustificada confusão.

Sabemos que não se pode definir um objeto a partir *dos seus efeitos*, mas é exatamente isso que boa parte da doutrina (inclusive autores renomados) parece fazer.

O raciocínio é tão impreciso quanto comum e se baseia na ideia de que tanto na isenção quanto na alíquota zero **não há recolhimento** do tributo.

Contudo, vimos que na isenção isso ocorre pelo encontro de dois vetores opostos, cujo resultado é neutro, mas não podemos esquecer que, nesses casos, a alíquota **não sofre qualquer alteração**.

Basta retomar o exemplo do IPVA em São Paulo: a alíquota do imposto é de **4%**, independentemente de existir ou não a isenção!

A isenção não altera nem impacta a alíquota de um tributo, assim como não produz qualquer efeito sobre a incidência.

---

[14] A expressão é utilizada em **sentido lógico**, o que significa ser irrelevante o fato de estarem previstas na mesma lei, como normalmente ocorre. A própria sequência dos artigos vai indicar o óbvio: primeiro temos a instituição do tributo e a obrigação de pagá-lo para depois, de acordo com a vontade do legislador, surgirem as hipóteses de isenção.

A prova cabal e irrefutável disso é que se a isenção for **revogada** o tributo volta a ser exigível para todas as pessoas, com a alíquota de 4%.

Aliás, é justamente para os casos em que determinado tributo possui alíquota positiva, maior que zero, que a lei estabelece isenções.

Vejamos:

■ **Situação com isenção (normas 1 e 2)**

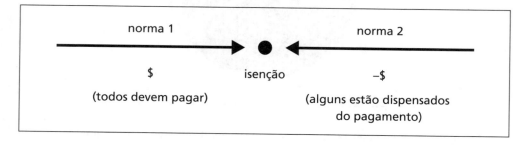

■ **Revogação da isenção (norma 2 é retirada)**

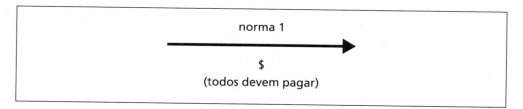

Assim, quando uma isenção é revogada **prevalece** a regra geral, que exige o pagamento do tributo, de acordo com a alíquota prevista.

No caso da alíquota zero nada disso ocorre.

O zero é um **número** como qualquer outro (é a menor alíquota que um tributo pode ter), e o que confunde os juristas são as suas **propriedades**, especialmente quando na multiplicação se verifica que qualquer número multiplicado por zero resulta zero[15].

Contudo, isso em nada aproxima a alíquota zero do conceito de isenção.

Para começar, basta **uma norma** para que um tributo tenha alíquota zero, da mesma forma que ocorre com todas as outras alíquotas.

No caso do IPI, por exemplo, a alíquota para *barcos de pesca* é de **0%**, enquanto para *barcos a vela* é de **10%**. Para os dois bens existe apenas uma norma, que determina qual a alíquota aplicável.

---

[15] Em símbolos: $\forall a \in R; a.0=0$ ou, se preferirmos, podemos dizer que multiplicar zero por algum número não nulo equivale a somar o zero várias vezes: $0 \times 3 = 0 + 0 + 0 = 0$, lembrando que a ordem dos fatores é irrelevante por força da propriedade comutativa na multiplicação.

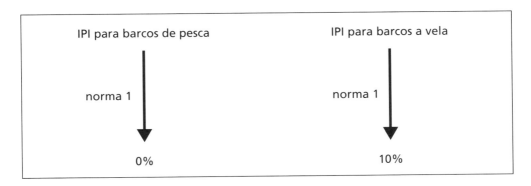

Ademais, a alíquota zero é amplamente utilizada, no Brasil, como instrumento de **política fiscal**, para regular o mercado, no intuito de estimular condutas, como ocorre com os impostos extrafiscais (II, IE, IPI e IOF).

Ressalte-se que, nessas situações, o Poder Executivo pode fixar a alíquota em 0%, *sem exigência de lei específica*, como já observamos.

Por outro lado, é cediço que as isenções só podem se instituídas **mediante lei**, como determinam os arts. 97, VI, 104, III, e 178 do Código Tributário Nacional.

As diferenças são tantas e tão profundas que consideramos desnecessário alongar a explicação, sem olvidar que o tema é bastante discutido nos tribunais em relação à possibilidade de **creditamento** do IPI pela aquisição de insumos, circunstância que detalharemos em capítulo específico.

Por ora, basta mencionar que a jurisprudência consolidada do STF, ao tratar da matéria, reconhece que isenção e alíquota zero **são coisas distintas**, como se depreende da ementa do seguinte julgado[16]:

> Recurso extraordinário. Repercussão geral. 2. Tributário. Aquisição de insumos **isentos, não tributados ou sujeitos à alíquota zero**. 3. Creditamento de IPI. Impossibilidade. 4. Os princípios da não cumulatividade e da seletividade, previstos no art. 153, § 3.º, I e II, da Constituição Federal, não asseguram direito de crédito presumido de IPI para o contribuinte adquirente de insumos não tributados ou sujeitos à alíquota zero. Precedentes. 5. Recurso não provido. Reafirmação de jurisprudência.

---

[16] De se notar que no dispositivo houve **diferenciação** dos conceitos (RE 398.365, com repercussão geral, julgado em 2015). O voto condutor, do Ministro Gilmar Mendes, ao relatar os fundamentos do Recurso, menciona a questão de forma bastante didática: "Argumenta-se que, na isenção, **não há crédito tributário**, pois a norma isentiva impede o surgimento do crédito pela **frustração da incidência** da norma de tributação. De outro modo, na **alíquota zero**, verifica-se a incidência da norma tributária, o que **faz surgir o crédito**. Afirma-se que, no entanto, esse crédito **é nulo pela sua multiplicação com um valor vazio**, não resultando em nenhuma soma pecuniária. Assim, **na isenção, não há crédito tributário, ao passo que, na alíquota zero, o crédito existe, mas não é viável seu recolhimento**".

5.4.2. A questão da não incidência do ISS nas exportações

Hipótese interessante, prevista no ordenamento constitucional, configura-se na previsão de **não incidência** do Imposto sobre Serviços, de competência dos Municípios e do Distrito Federal, conforme dicção do art. 156, § 3.º, II:

> § 3.º Em relação ao imposto previsto no inciso III do *caput* deste artigo (ISS), cabe à lei complementar:
>
> I — fixar as suas alíquotas máximas e mínimas;
>
> II — **excluir da sua incidência** exportações de serviços para o exterior;
>
> III — regular a forma e as condições como isenções, incentivos e benefícios fiscais serão concedidos e revogados.

Não vamos ingressar, por enquanto, nas particularidades do Imposto sobre Serviços, tarefa reservada a capítulo específico deste livro, até porque o assunto transita pelos conceitos de *domicílio do contribuinte*, *local da prestação* e *resultado do serviço*.

Todavia, nota-se que o comando veiculado pelo **constituinte derivado**[17] (sempre ele) "inventou" uma nova forma de operacionalizar a **imunidade**, na qual a premissa maior, veiculada pela Constituição (os serviços destinados ao exterior *não devem ser tributados*), fica condicionada à produção de uma **lei complementar** que a regulamente[18].

Destacamos que a Lei Complementar n. 116/2003, ao dispor sobre a matéria, reconheceu a **imunidade** (nem poderia ser diferente), mas estabeleceu como **condição** a *efetiva exportação do serviço*, como determina o parágrafo único do art. 2.º, que afasta a imunidade quando o resultado do serviço *for observado no Brasil*, mesmo que a fonte pagadora seja um residente no exterior.

Com efeito, o comando existe para impedir situações de *planejamento tributário abusivo* e, nesse sentido, funciona como norma **antievasiva**, que tem por objetivo combater a ocorrência de fraudes ou simulações envolvendo a prestação de serviços, com o objetivo de não submeter determinadas operações à tributação do ISS.

Em síntese, o comando constitucional veicula uma hipótese de **imunidade**, que foi regulamentada por lei complementar.

5.5. A IMUNIDADE COMO LIMITAÇÃO CONSTITUCIONAL

A Constituição de determinado Estado designa o conjunto de princípios e regras gerais, estabelecidos pela **soberania popular**, que têm por objetivo a organização política e os direitos e deveres de seus componentes.

---

[17] Emenda Constitucional n. 3/93.

[18] Trata-se do art. 2.º, I e parágrafo único, da **Lei Complementar n. 116/2003**, que estabelece: "Art. 2.º O imposto não incide sobre: I — as exportações de serviços para o exterior do País; (...) Parágrafo único. Não se enquadram no disposto no inciso I os serviços desenvolvidos no Brasil, **cujo resultado aqui se verifique**, ainda que o pagamento seja feito por residente no exterior".

5 ■ Imunidades

Nesse sentido, busca a Constituição **delimitar** a competência dos poderes públicos, fixando as relações entre governantes e governados, além de proporcionar mecanismos de suporte aos direitos individuais.

Resta claro que tal composição, apesar de seus efeitos eminentemente jurídicos, assume contornos de **ordem política**, logo influenciáveis por considerações de interesse geral, que podem ser de cunho histórico, religioso, econômico ou social.

Nesse ambiente efervescente e multifacetado, busca o legislador constituinte a criação de normas de **âmbito geral**, reguladoras de todo o sistema, dentre as quais encontramos aquelas atinentes às imunidades.

Daí por que Ives Gandra Martins afirma que "as imunidades foram criadas, estribadas em considerações extrajurídicas, atendendo à orientação do Poder Constituinte em função das ideias políticas vigentes, preservando determinados valores políticos, religiosos, educacionais, sociais, culturais e econômicos, todos eles fundamentais à sociedade brasileira"[19].

Reconhecer a influência política na elaboração do Texto Supremo é homenagear o processo de **construção social** do direito, no qual os entes federativos precisam encontrar limites à sua atuação legislativa, especialmente quando da imposição dos gravames de natureza tributária.

As imunidades tributárias, sobre serem **princípios constitucionais** (que impossibilitam os entes de direito público interno, dotados de competência tributária, de instituir exações sobre pessoas, bens ou fatos predeterminados), têm por objeto salvaguardar os interesses e valores tidos como fundamentais pela Carta Magna, no intuito de evitar que o ordenamento positivo os alcance, sob pena de inconstitucionalidade.

Ao mencionarmos que a imunidade impede que determinadas figuras tributárias atinjam pessoas, bens ou fatos especificamente discriminados pelo constituinte, recordamo-nos da clássica distinção, adotada pela doutrina tradicional e bastante difundida entre nós, que pressupõe serem as imunidades *subjetivas*, *objetivas* ou *mistas*, de acordo com o objeto privilegiado.

Em contraponto a tal corrente, e em prol do rigor que a análise jurídica exige, entendemos que as imunidades são sempre **subjetivas**, pois concedem benefícios a determinadas pessoas, quer por sua condição especial, quer pela relação que guardam em razão de fatos ou situações que são as **verdadeiras destinatárias** do comando imunizante no plano social[20].

Convém lembrar que somente **pessoas**, físicas ou jurídicas, podem ser sujeitos passivos de obrigações de ordem tributária, o que as qualifica como legítimas beneficiárias do instituto.

É o que assevera, com notável clareza, José Wilson Ferreira Sobrinho: "a norma imunizante não tem apenas a função de delinear a competência tributária, senão

---

[19] Ives Gandra da Silva Martins e Celso Bastos, *Comentários à Constituição do Brasil*, v. 6, t. I, p. 170-171, nota 1.

[20] Sabemos que, sob a ótica estritamente jurídica, as imunidades são destinadas aos **titulares de competência tributária** e têm por objetivo estabelecer as fronteiras intransponíveis da atividade legislativa.

também outorga ao **imune** o direito público subjetivo de não sofrer a ação tributária do Estado. A norma imunizante, portanto, tem o **duplo papel** de fixar a competência tributária e de conferir ao seu destinatário um direito público subjetivo, razão que permite sua caracterização, no que diz com a outorga de um **direito subjetivo**, como norma jurídica atributiva por conferir ao imune o direito referido"[21].

Sem prejuízo da nossa posição, o amigo leitor deve ficar atento às questões de concurso, que costumam adotar a distinção, tanto para as imunidades como para as isenções, em **objetivas** e **subjetivas**.

Já sabemos que o legislador de cada ente político tem o poder de instituir tributos, fruto da competência atribuída pela Constituição à União, aos Estados, aos Municípios e ao Distrito Federal.

Entretanto, como vimos, o **campo de ação** de cada uma das esferas públicas encontra-se previamente demarcado pela conjugação das normas constitucionais, o que vale dizer que ele *não é ilimitado*, como de resto toda e qualquer atividade estatal.

Os contornos do poder legislativo tributário são definidos pela própria **sociedade**, que, por meio do texto constitucional, busca proteger certa parcela da atividade econômica das imposições tributárias oriundas da costumeira sanha arrecadatória do poder público.

Nesse passo, ao reconhecermos a natureza jurídica, o alcance e as limitações da atividade estatal, resta-nos agora indagar sobre o **método de interpretação** aplicável às normas constitucionais, em especial àquelas de caráter imunizante, que representam verdadeiras garantias aos cidadãos.

5.6. INTERPRETAÇÃO DAS NORMAS CONSTITUCIONAIS

É cediço que o Direito, como toda criação humana, apresenta-se como um conjunto de signos ou um substrato dotado **de sentido**, que nem sempre *se manifesta integralmente*, razão pela qual cabe ao jurista ou intérprete a complexa tarefa de restabelecê-lo, trazendo à luz o significado que lhe é peculiar[22].

A partir da premissa de que as normas constitucionais são espécies do gênero **normas jurídicas**, cumpre, entretanto, ressalvar a distinção existente entre estas e os demais comandos do ordenamento, veiculados por intermédio de leis.

Trata-se de reforço à tese defendida por Bobbio, no sentido de haver *regras de comportamento* e *regras de estrutura*, conforme já tivemos a oportunidade de observar.

A dicotomia trazida pelo mestre italiano implica diferenças **expressivas**, inclusive em relação à aplicação e à interpretação das duas espécies.

---

[21] José Wilson Ferreira Sobrinho, *Imunidade tributária*, p. 102.

[22] Pensamos que interpretar seja **atribuir sentido** a algo, posição distinta da teoria tradicional, que trabalha com a ideia de *extrair sentido do texto*. Se essa corrente, majoritária, estivesse correta, todas as interpretações **seriam iguais**, como resultado uniforme da tal "extração", tal como ocorre quando *esprememos uma laranja*. De forma diversa, entendemos que as variantes de sentido estão no **intérprete, não no texto**.

5 ■ Imunidades   295

É o que nos mostra Inocêncio Mártires Coelho[23], ao sintetizar o pensamento de Konrad Hesse e Gomes Canotilho:

"Com efeito, enquanto a Lei ostenta um grau relativamente alto de **determinação material** e de **precisão de sentido**, podendo, por isso, ser diretamente aplicável, a Constituição — pela sua natureza, estrutura e finalidade — apresenta-se como um **sistema aberto** de regras e princípios que necessitam da mediação de legisladores e juízes para lograr efetividade".

O raciocínio se completa pela assertiva de que os textos constitucionais, dado seu caráter **aberto** e **polissêmico**, carecem sempre de concretização.

Além da participação ativa e autorizada dos **juízes**, como aplicadores naturais do fenômeno jurídico, torna-se imperiosa a *manifestação doutrinária*, no sentido de laborar construções que interpretem o direito posto, uma vez que a linguagem utilizada pelo legislador é leiga e, com frequência, padece de atecnias, que a sujeitam, portanto, a **imperfeições** de toda ordem.

Em linhas gerais e desconsiderando-se, inicialmente, as questões de natureza linguística, podemos afirmar que a interpretação é **atividade intelectual**, que tem por objetivo reconhecer o sentido das regras jurídicas, a fim de permitir a aplicação dos comandos normativos, por definição gerais e abstratos, a situações da vida real, particulares e concretas.

Nessa perspectiva, pode-se dizer que as regras de direito só entram em vigor no momento da sua **concretização** pelo intérprete-aplicador, porque só então é que se aperfeiçoam os modelos jurídicos pela fusão dialética do que neles *é norma e situação normatizada, preceito e realidade*, nas palavras de Inocêncio Mártires Coelho[24].

A área que cuida dos métodos interpretativos é a **Hermenêutica Jurídica**, que tem por objeto o estudo da sistematização dos procedimentos lógicos de interpretação, integração e aplicação do direito.

A interpretação deve ser entendida como a atividade intelectiva que se desenvolve com base nos **princípios hermenêuticos**, no intuito de declarar o conteúdo, o sentido e o alcance das normas jurídicas.

Trata-se de processo **interno de cognição**, pautado por influências culturais e ideológicas, presentes em todos os seres humanos; apesar disso, deve o intérprete produzir sentido em termos de **aplicabilidade prática**, e conferir aos enunciados jurídicos efeitos capazes de alterar a realidade social.

Conforme a lição de Vicente Ráo, "a **hermenêutica** tem por objeto investigar e coordenar por modo sistemático os princípios científicos e leis decorrentes, que disciplinam a apuração do conteúdo, do sentido e dos fins das normas jurídicas e a restauração do conceito orgânico do direito, para efeito de sua aplicação"[25].

---

[23] Inocêncio Mártires Coelho, *Interpretação constitucional*, p. 26.

[24] Inocêncio Mártires Coelho, *Interpretação constitucional*, p. 26.

[25] Vicente Ráo, *O direito e a vida dos direitos*, p. 441-442.

Todavia, cumpre destacar a arguta observação de Paulo de Barros Carvalho, sobre a necessidade de **estender** o campo de observação:

"utilizo a palavra hermenêutica... não apenas como teoria científica que se propõe estudar as técnicas possíveis de interpretação, no estilo de Emilio Betti, mas na sua acepção **mais ampla**, abrangendo o que ficou conhecido por 'hermenêutica filosófica', consoante o pensamento de Heidegger e de Gadamer. Para este último, **interpretar é criar, produzir, elaborar sentido**, diferentemente do que sempre proclamou a Hermenêutica tradicional, em que os conteúdos de significação dos textos eram 'procurados', 'buscados' e 'encontrados' mediante as chamadas técnicas interpretativas"[26].

Já manifestamos nossa concordância com a opinião do ilustre professor e aproveitamos para destacar que, ao âmbito das normas constitucionais, a questão interpretativa torna-se ainda mais relevante.

Já dissemos que a Constituição veicula, primordialmente, princípios e normas de **caráter geral**, portanto, de natureza ampla e indeterminada, e tem como destinatários tanto as próprias instituições criadas pelo Estado como também seus subordinados.

Por isso, a atividade do hermeneuta carece de especial atenção, pois a *ratio essendi* das normas constitucionais nem sempre se apresenta de forma **unívoca**.

Atento ao problema, Inocêncio Mártires Coelho pondera:

"no campo específico da **interpretação constitucional** — onde as normas positivadas sequer traduzem decisões inequívocas do legislador, nem muito menos uma suposta imaginária 'vontade' da própria Constituição — limitando-se, o mais das vezes, a enunciar princípios ou a indicar objetivos a serem comunitariamente alcançados e/ou renovados ao longo do tempo —, nesse domínio hermenêutico **parece disparatado** conceber-se o intérprete como um psicanalista que, no divã do seu consultório, procure **descobrir** o cliente verdadeiro que se esconde atrás do paciente de carne e osso. Ao contrário, é precisamente nesse âmbito da hermenêutica jurídica onde mais se manifesta a 'criatividade' dos aplicadores do direito..."[27].

A dificuldade interpretativa também foi atestada por um dos grandes mestres da **metodologia do direito**, Karl Larenz, advertindo-nos, entretanto, de que todos os textos jurídicos carecem de interpretação, e que tal fato, mais do que mero defeito ou impropriedade, revela um **dado da realidade**, fruto da imperfeição da linguagem utilizada.

Mais adiante trataremos do problema da linguagem, no intuito de apresentar maneiras de contorná-lo, em especial quanto ao aspecto interpretativo.

Por ora, vale dizer que a doutrina tradicional nos oferece diversos métodos de interpretação, que passamos a analisar, de forma sucinta:

■ **Método gramatical:** busca as palavras do texto normativo e as entende de acordo com sua acepção literal, ou seja, conforme se apresentam nos dicionários.

---

[26] Paulo de Barros Carvalho, *Curso de direito tributário*, 24. ed., p. 128.
[27] Inocêncio Mártires Coelho, *Interpretação constitucional*, p. 54-55.

- **Método histórico:** indaga as circunstâncias nas quais foi a norma exarada (*occasio legis*), e percebe a lei como *resultado de um processo histórico-cultural*, de acordo com as tendências evolutivas da sociedade.
- **Método lógico** ou **exegético:** volta-se para a *intenção do legislador*, com o objetivo de desvendar o sentido das expressões jurídicas por meio das regras e leis da lógica formal.
- **Método sistemático:** compreende o Direito como um conjunto de normas interligadas, ensejadoras de um contexto maior, no qual deve a norma sob análise *ser cotejada com as demais*, mediante a aplicação de regras e princípios encontrados no próprio ordenamento jurídico.
- **Método teleológico:** ressalta que o sentido das leis é essencialmente determinado *pela sua finalidade*, vale dizer, pelos possíveis objetivos que o legislador tinha em mente ao produzir a norma.

A doutrina em geral aquiesce no sentido de que nenhum dos métodos acima descritos deve ser utilizado **isoladamente**. Ao contrário, cabe ao intérprete promover um *estudo metodológico completo*, valendo-se de todos os meios possíveis, o que, em tese, permitiria o esgotamento do processo interpretativo.

Essa é a opinião, por exemplo, de Ruy Barbosa Nogueira, ao lecionar:

"As regras de interpretação não são camisas de força, mas constituem basicamente apenas uma metodologia a ser utilizada na conformidade do direito e da concreção que vão surgindo no desenvolver das relações... Não são nem podem ser regras rígidas e muito menos ordens de vocação"[28].

Contudo, não podemos olvidar o fato de que "o **direito positivo** é um corpo de **linguagem**, de cunho **prescritivo**, organizado para disciplinar o comportamento dos seres humanos no convívio social", como ressalta Paulo de Barros Carvalho[29].

A concepção da linguagem como sistema nos obriga a reconhecer sua elaboração a partir de **símbolos**, que são criações humanas, artificialmente convencionadas.

Na verdade, é a **linguagem**, dentre todos os sistemas de símbolos, o mais plenamente desenvolvido, e o que apresenta maiores dificuldades de compreensão.

Qualquer análise sobre o processo de interpretação deve incorporar o estudo dos **três planos** fundamentais da linguagem: *o sintático, o semântico e o pragmático*.

O plano **sintático** revela o relacionamento lógico que os símbolos guardam entre si, numa estrutura preconcebida, *fechada em si mesma*, enquanto o nível **semântico** busca apresentar os significados possíveis desses símbolos. Por fim, o plano **pragmático** demonstra o uso e o emprego do sistema *no mundo real*, o que, no campo jurídico, se manifesta pelos *comportamentos desejáveis* dos membros da sociedade.

O problema a ser vencido na interpretação jurídica é o uso, principalmente pelo legislador, de palavras da **linguagem natural**, que, no mais das vezes, apresentam ideias vagas e ambíguas, que padecem de imprecisão significativa.

---

[28] Ruy Barbosa Nogueira, *Interpretação e integração da legislação tributária*, p. 32.

[29] Paulo de Barros Carvalho, *Curso de direito tributário*, 12. ed., p. 92.

Como nos lembra Olney Queiroz Assis:

"uma palavra é **vaga** quando seu possível campo de referência é **indefinido**, isto é, a palavra denota um campo de extensão não claramente definido. A palavra não consegue circunscrever exatamente aquilo a que se refere. Trata-se uma imprecisão ou indeterminação de significado. A palavra é **ambígua** quando expressa **mais de um significado** ou quando não tem um campo de referência único, correspondendo a **conotações distintas**. A vaguidade é pertinente à extensão e a ambiguidade à intenção"[30].

Ao considerar o direito como **manifestação linguística**, passível de imperfeições em virtude da imprecisão de seus termos, deve o intérprete empreender reflexões a respeito dos prováveis problemas de ordem interpretativa advindos de cada um dos níveis de linguagem.

É o que faremos a seguir, de acordo com o magistério de Olney Queiroz Assis[31].

O ponto de partida da atividade interpretativa é a **própria letra** da norma jurídica.

Os problemas relativos à conexão das palavras na estrutura da frase recebem o nome de problemas sintáticos de interpretação.

As conectivas "e" e "ou" podem propiciar **ambiguidade** numa construção frasal, posto que é possível interpretá-las com a função de uma disjunção **excludente** ou com o significado de uma disjunção **includente**. Se for dito: "permite-se viajar de avião com um abrigo ou uma bolsa de mão e um guarda-chuvas", o passageiro ficará na dúvida se o guarda-chuva pode ser levado junto só com a bolsa de mão ou se também pode ser levado com o abrigo.

A ambiguidade dos conceitos será de especial interesse quando formos analisar a imunidade relativa aos **livros** e **periódicos**, conforme previsto no art. 150, VI, *d*, da Constituição.

Por ora, vale lembrar que no campo da análise **sintática** a doutrina desenvolveu a interpretação **lógico-sistemática**, no intuito de permitir ao jurista a opção por uma norma em detrimento de outra.

Tal método de interpretação oferece regras de orientação que permitem ao estudioso enfrentar os problemas das **antinomias**.

Essas regras, comumente denominadas princípios, estabelecem três critérios fundamentais: o critério de **superioridade** ou princípio da *lex superior*, que determina que *norma superior revoga norma inferior naquilo que forem incompatíveis*; o critério da **especialidade** ou princípio da *lex specialis*, que estabelece que *norma especial revoga norma geral quando tratarem da mesma matéria*; e o critério da **sucessividade** ou princípio da *lex posterior*, que afirma que a *norma mais recente derroga a anterior*, sempre que entre elas houver conflito.

---

[30] Olney Queiroz Assis, *Interpretação do direito*, p. 150.

[31] Olney Queiroz Assis, *Interpretação do direito*, p. 151 e s.

A experiência jurídica nos mostra que tais princípios não são **incondicionalmente** válidos; longe de serem axiomas, representam, entretanto, preceitos de relativa força e devem ser considerados pelo intérprete.

Os problemas de ordem **semântica** surgem nas relações entre os símbolos da linguagem e os objetos do mundo real que aqueles buscam descrever.

As questões semânticas constituem objeto da denominada interpretação **histórico-evolutiva** ou **sociológica**, pela qual se entende que o **significado** das palavras e expressões estaria condicionado ao momento cultural, político e econômico de elaboração da norma.

Nesse contexto, o intérprete deverá averiguar, inicialmente, as **condições históricas** do momento que antecedeu ao nascimento da norma jurídica, vale dizer, deverá analisar o projeto de lei, sua justificativa ou exposição de motivos, emendas e aprovação, além das circunstâncias fáticas ou necessidades que induziram o órgão legislativo a elaborá-la. Será necessário, também, proceder a um levantamento das **condições atuais**, com o fito de verificar as funções do comportamento e das instituições no contexto existencial em que ocorrem.

O que o intérprete produz, de fato, são **redefinições** de conceitos antigos, que podem ser **conotativas** *ou* **denotativas**[32], mas sempre com base em dados sociológicos atuais, o que reforça o *caráter evolutivo do método*.

No campo **pragmático** encontramos problemas de comunicação entre os emissores e os receptores das mensagens normativas.

Algumas palavras, conforme nos lembra Carlos Santiago Nino[33], tais como *democracia, ditadura, crime*, entre outras, possuem um forte significado **psicológico**, de sorte que essa carga emocional prejudica a apreensão cognitiva e favorece a vaguidade, pois o indivíduo manipula arbitrariamente seu significado para aplicá-lo aos fenômenos que eventualmente apoie ou repudie.

Daí a necessidade de **controle da valoração** pelo intérprete. É preciso generalizar de tal modo os valores que eles passem a expressar "universais do sistema". Para tanto, a doutrina desenvolveu a já mencionada interpretação **teleológica** ou **axiológica**.

O pressuposto e, ao mesmo tempo, a regra básica da interpretação teleológica é a de que sempre é possível atribuir-se um **propósito às normas**. Quer dizer, para se obter a neutralização da carga emocional, é preciso encontrar a *finalidade do comando normativo*, num esforço de integração.

Esse método também encontra problemas, pois há uma **pluralidade de fins** dentro das normas, sobretudo nas de índole constitucional, o que em parte explica a angústia de Karl Engisch ao afirmar que a interpretação deve penetrar mais fundo, mesmo que isso arraste o jurista para uma posição filosófica, histórico-cultural ou política, o que, nesse caso, já deixaria o intérprete **bastante distante** do método lógico-sistemático.

---

[32] Vamos assumir, de acordo com os objetivos do texto, que a conotação expressa valores ou sentimentos, por vezes de modo figurativo, enquanto a denotação é o emprego dos termos de forma habitual, mais prática e precisa.

[33] Carlos Santiago Nino, *Introducción al análisis del derecho*, p. 269.

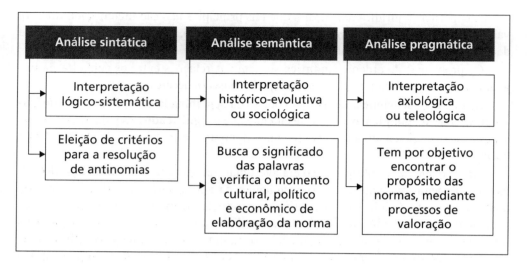

O admirável Miguel Reale, atento às **dificuldades** da interpretação, propõe uma visão abrangente sobre o tema, naquilo que denominou **interpretação estrutural**, com base na correlação entre o *ato normativo* e o *ato hermenêutico*, até então dissociados pela doutrina.

Reale afirma que os termos são **complementares** — já que representam o propósito inicial da lei e a sua possível adequação a valores e fatos supervenientes —, propondo, então, uma verdadeira **viragem hermenêutica**, em que a interpretação da lei seria substituída pela concretização do direito, com a troca da *invocação do passado pela antecipação do futuro*.

O jurista chega, inclusive, a propor **diretrizes** para tal método, com o esboço do inventário das contribuições incorporadas à hermenêutica contemporânea, cuja íntegra nos traz Inocêncio Mártires Coelho[34] e que, pela relevância, reproduzimos a seguir:

■ A interpretação das normas jurídicas tem sempre caráter **unitário**, devendo as suas diversas formas ser consideradas momentos necessários de uma unidade de compreensão (unidade do processo hermenêutico).

■ Toda interpretação jurídica é de natureza **axiológica**, isto é, pressupõe a valoração objetivada nas proposições normativas (natureza axiológica do ato interpretativo).

■ Toda interpretação jurídica se dá necessariamente num **contexto**, ou seja, em função da estrutura global do ordenamento (natureza integrada do ato interpretativo).

■ Nenhuma interpretação jurídica pode **extrapolar** a estrutura objetiva resultante da significação unitária e congruente dos modelos jurídicos positivos (limites objetivos do processo hermenêutico).

■ Toda interpretação é condicionada pelas **mutações históricas** do sistema, implicando tanto a *intencionalidade originária do legislador* quanto as exigências fáticas e axiológicas supervenientes, numa compreensão global, ao mesmo tempo retrospectiva e prospectiva (natureza histórico-concreta do ato interpretativo).

---

[34] Inocêncio Mártires Coelho, *Interpretação constitucional*, p. 64 e s.

5 ■ Imunidades

■ A interpretação jurídica tem como pressuposto a recepção dos modelos jurídicos como **entidades lógicas**, isto é, válidas segundo exigências racionais, ainda que a sua gênese possa revelar a presença de fatores alógicos (natureza racional do ato interpretativo).

■ A interpretação dos modelos jurídicos não pode obedecer a **puros critérios** de lógica formal, nem se reduzir a uma análise linguística, devendo desenvolver-se segundo exigências da razão histórica entendida como razão problemática (problematicismo e razoabilidade do processo hermenêutico).

■ Sempre que for possível conciliá-lo com as **normas superiores** do ordenamento jurídico, deve preservar-se a existência do modelo jurídico (natureza econômica do processo hermenêutico).

■ Entre várias interpretações possíveis, optar por aquela que mais corresponda aos **valores éticos** da pessoa e da convivência social (destinação ética do processo interpretativo).

■ Compreensão da interpretação como elemento constitutivo da visão global do mundo e da vida, em cujas coordenadas se situa o **quadro normativo** objeto da exegese (globalidade de sentido do processo hermenêutico).

O presente inventário, longe de ser simples ou de fácil compreensão, é uma pequena compilação do pensamento exposto nas obras mais recentes sobre **interpretação jurídica**, e enfoca particularmente aquelas surgidas nos últimos cinquenta anos, que demonstram, de maneira absoluta, a predileção do mestre do tridimensionalismo por uma **visão humanista** do fenômeno jurídico, *em detrimento da escola positivista*, tão arraigada na doutrina brasileira.

No que tange à questão da **interpretação constitucional** das imunidades tributárias podemos agora afirmar que *não haverá metodologia única de interpretação* capaz de solucionar os problemas da aplicabilidade dos princípios fundamentais, até porque o texto constitucional foi feito, em tese, para **perdurar**, mesmo em face das frequentes mudanças na realidade social.

Existem autores de nomeada, que, mesmo cientes do necessário **entrelaçamento** dos métodos interpretativos, pretendem eleger, entre os conhecidos pela doutrina, aquele que deverá comandar o processo.

É o caso de Afonso Arinos, para quem a "interpretação constitucional é predominantemente **finalística**, isto é, tem em vista extrair do texto aquela aplicação que mais se coadune com a eficácia social da lei constitucional. Esta interpretação construtiva permite, em determinadas circunstâncias, verdadeiras revisões do texto, sem que seja alterada a sua forma"[35].

Bernardo Ribeiro de Moraes, ao tratar especificamente da questão das **imunidades**, assenta: "Em verdade, a imunidade tributária repousa em exigências teleológicas, portanto valorativas. É o aspecto **teleológico** da imunidade que informa o seu conceito"[36].

---

[35] Afonso Arinos de Melo Franco, *Direito constitucional, teoria constitucional, Constituições do Brasil*, p. 116.

[36] Bernardo Ribeiro de Moraes, A imunidade e seus novos aspectos, *Revista Dialética de Direito Tributário*, n. 34, p. 20.

Em que pese a douta opinião dos dois grandes juristas pátrios — com a qual inicialmente concordávamos —, a melhor solução para a questão parece vir de além-mar, mais precisamente da lavra do grande constitucionalista português **Gomes Canotilho**, que, ao dispor sobre a interpretação constitucional, sanciona: "... atualmente, a interpretação das normas jurídicas é um **conjunto de métodos**, desenvolvidos pela doutrina e pela jurisprudência com base em critérios ou premissas (filosóficas, metodológicas, epistemológicas) diferentes, mas, em geral, **reciprocamente complementares**"[37].

E coube ao renomado jurista luso a tarefa de **sistematizar** os critérios que diferenciariam uma hermenêutica especificamente constitucional (*uma hermenêutica de princípios, pertinente aos direitos fundamentais*) daquela empregada em relação às normas infraconstitucionais.

Segundo Canotilho, o processo deve levar em consideração:

- O **grau de abstração** — os princípios jurídicos possuem um grau de abstração mais elevado que o das demais regras de direito.

- O grau de **determinabilidade** na aplicação aos casos concretos — as regras, por serem mais determinadas, comportam *aplicação direta*, enquanto os princípios, porque formulados de maneira vaga e indeterminada, dependem da *mediação concretizadora dos legisladores e dos juízes*.

- O caráter de **fundamentalidade** no sistema das fontes de direito — os princípios, pela sua natureza e finalidade, são dotados de importância fundamental na constituição e estruturação do sistema jurídico.

- A proximidade da **ideia de direito** — os princípios são *standards* juridicamente vinculantes, radicados nas exigências de justiça ou na ideia de direito, ao passo que as regras podem ser normas vinculativas de conteúdo meramente funcional.

- *A natureza* **normogenética** — os princípios estão na base das regras, a que servem de *ratio* e fundamento.

Imagino que o amigo leitor, neste momento, esteja bastante preocupado em compreender plenamente ou, pior, "decorar" os métodos interpretativos, providências que fortemente desencorajamos, pois o assunto é efetivamente complexo e exige tempo para reflexão.

O importante, por enquanto, é perceber que existem várias **aproximações possíveis** do objeto jurídico, nenhuma delas necessariamente melhor ou pior que as demais, de sorte que a boa hermenêutica deve trafegar por conceitos e premissas diferentes, de acordo com o tipo de norma e os objetivos que o intérprete deseja alcançar.

Infelizmente, sob o ponto de vista científico, ainda não foi possível reduzir o ato interpretativo a uma relação de **causa e efeito**, que seria bastante produtiva no mundo real, mas retiraria do objeto aquilo que talvez o torne mais interessante: a possibilidade individual de **atribuir sentido** ao texto da lei e, com isso, provocar o debate e a evolução do pensamento jurídico.

---

[37] J. J. Gomes Canotilho, *Direito constitucional*, p. 218.

5.7. DAS HIPÓTESES DE IMUNIDADE

Apresentado o conceito de imunidade, bem como os mecanismos de interpretação e as relevantes diferenças em relação a outros institutos jurídicos, podemos passar à análise das **hipóteses de imunidade** previstas no art. 150, VI, da Constituição, ressaltando que todas dizem respeito a **impostos**[38]:

> **Art. 150.** Sem prejuízo de outras garantias asseguradas ao contribuinte, é vedado à União, aos Estados, ao Distrito Federal e aos Municípios:
>
> (...)
>
> VI — instituir **impostos** sobre:
>
> *a)* patrimônio, renda ou serviços, uns dos outros;
>
> *b)* templos de qualquer culto;
>
> *c)* patrimônio, renda ou serviços dos partidos políticos, inclusive suas fundações, das entidades sindicais dos trabalhadores, das instituições de educação e de assistência social, sem fins lucrativos, atendidos os requisitos da lei;
>
> *d)* livros, jornais, periódicos e o papel destinado a sua impressão;
>
> *e)* fonogramas e videofonogramas musicais produzidos no Brasil contendo obras musicais ou literomusicais de autores brasileiros e/ou obras em geral interpretadas por artistas brasileiros bem como os suportes materiais ou arquivos digitais que os contenham, salvo na etapa de replicação industrial de mídias ópticas de leitura a *laser*.

5.7.1. Imunidade recíproca

A imunidade prevista na alínea *a* do art. 150, VI, é chamada de **imunidade recíproca**, pois a União, os Estados, o Distrito Federal e os Municípios não podem cobrar impostos sobre o patrimônio, renda ou serviços, uns dos outros.

Esse preceito decorre do princípio do **pacto federativo**[39], que pressupõe a autonomia dos entes públicos, conforme dicção do art. 18 da Constituição:

> **Art. 18.** A organização político-administrativa da República Federativa do Brasil compreende a União, os Estados, o Distrito Federal e os Municípios, todos autônomos, nos termos desta Constituição.

---

[38] Nesse sentido, há tempos, o STF declarou que *a imunidade tributária do dispositivo diz respeito aos impostos, não alcançando as contribuições* (RE 378.144-AgR).

[39] STF: Consideram-se relevantes, para o efeito de concessão de medida cautelar, os fundamentos da ação direta, segundo os quais, com a **quebra** do princípio da imunidade recíproca entre a União, os Estados, o Distrito Federal e os Municípios (art. 150, VI, *a*, da Constituição), autorizada pelo § 2.º do art. 2.º da EC 3, de 18-3-1993, ficaria posta **em risco a estabilidade da federação**, que, em princípio, a um primeiro exame, **não pode ser afetada**, sequer, por emenda constitucional (arts. 1.º, 18, 60, § 4.º, I, da Constituição) (ADI 926-MC).

304 Direito Tributário Esquematizado   Roberto Caparroz

A imunidade recíproca não alcança **outras espécies tributárias**, como as taxas[40] e as contribuições[41].

As **autarquias** e as **fundações públicas** também são imunes, desde que pratiquem atividade vinculada às suas **finalidades essenciais**, nos termos do § 2.º do art. 150, *verbis*:

> § 2.º A vedação do inciso VI, *a*, é extensiva às autarquias e às fundações instituídas e mantidas pelo Poder Público, no que se refere ao patrimônio, à renda e aos serviços, vinculados a suas **finalidades essenciais** ou às delas decorrentes.

Como sabemos, as autarquias e fundações públicas integram a **administração indireta**, que é formada por entidades dotadas de personalidade jurídica própria, como previsto no art. 4.º, II, do Decreto-Lei n. 200/67[42].

As **autarquias** são serviços autônomos, criados por lei, com personalidade jurídica, patrimônio e receita próprios, para executar atividades típicas da Administração Pública, que requeiram, para seu melhor funcionamento, gestão administrativa e financeira descentralizada.

Já as **fundações públicas** são entidades dotadas de personalidade jurídica de **direito privado**, sem fins lucrativos, criadas em virtude de autorização legislativa, para o desenvolvimento de atividades que não exijam execução por órgãos ou entidades de direito público, com autonomia administrativa, patrimônio próprio gerido pelos respectivos órgãos de direção e funcionamento custeado por recursos da União e de outras fontes.

A personalidade jurídica das fundações públicas é adquirida com a inscrição da escritura pública de sua constituição no Registro Civil de Pessoas Jurídicas, não se lhes aplicando as demais disposições do Código Civil concernentes às fundações[43].

Nesse contexto, existem **limites** para a imunidade dessas entidades, como prevê o § 3.º do mesmo art. 150[44], posto que, se as autarquias e fundações explorarem **atividade**

---

[40] STF: Imunidade tributária recíproca — CF, art. 150, VI, *a* — somente é aplicável a impostos, **não alcançando as taxas** (RE 364.202).

[41] O STF já afastou a imunidade em relação a contribuições como o PIS: "A imunidade prevista no art. 150, VI da CF **não alcança** a contribuição para o PIS, mas somente os impostos incidentes sobre a venda de livros, jornais e periódicos" (RE 211.388-ED).

[42] Art. 4.º A Administração Federal compreende: I — A Administração Direta, que se constitui dos serviços integrados na estrutura administrativa da Presidência da República e dos Ministérios. II — **A Administração Indireta**, que compreende as seguintes categorias de entidades, dotadas de personalidade jurídica própria: *a)* **Autarquias**; *b)* Empresas Públicas; *c)* Sociedades de Economia Mista; *d)* **fundações públicas**. Parágrafo único. As entidades compreendidas na Administração Indireta vinculam-se ao Ministério em cuja área de competência estiver enquadrada sua principal atividade.

[43] Conceitos veiculados pelo art. 5.º do Decreto-Lei n. 200/67.

[44] Art. 150. Sem prejuízo de outras garantias asseguradas ao contribuinte, é vedado à União, aos Estados, ao Distrito Federal e aos Municípios: (...) § 3.º As vedações do inciso VI, *a*, e do parágrafo anterior não se aplicam ao patrimônio, à renda e aos serviços, relacionados com exploração de atividades econômicas regidas pelas normas aplicáveis a empreendimentos privados, ou em que

5 ■ Imunidades

econômica a proteção deixa de existir, em razão do princípio da **livre concorrência**, visto que o Estado não pode se valer de vantagens não extensíveis ao particular, notadamente quando a disputa ocorre em condições de mercado.

Ressaltamos que o STF apenas exige a vinculação às finalidades essenciais, como **condição** para a imunidade, para as autarquias e fundações públicas, sendo *dispensada a comprovação* quando se tratar da própria **União:**

> O julgado recorrido contempla a conclusão de que a União **não está condicionada** ao ônus de comprovar vinculação do bem tributado a uma finalidade pública, o que **somente ocorre** nos casos das autarquias e fundações instituídas e mantidas pelo poder público no que se refere à tributação do patrimônio, renda e serviços vinculados a suas finalidades essenciais. Esse entendimento está em consonância com a jurisprudência desta Corte que tem se posicionado no sentido de reconhecer a imunidade recíproca constante do art. 150, VI, *a*, da Carta Magna aos entes da administração direta e, somente no que refere ao alcance da imunidade recíproca às autarquias e fundações instituídas e mantidas pelo poder público é que aparece a **restrição concernente à vinculação** do imóvel às suas finalidades essenciais ou às delas decorrentes, na exata dicção da norma constitucional (RE 635.012).

Como as imunidades do art. 150, VI, cuidam de impostos, surge uma questão interessante: será que a proteção alcança as operações de **comércio exterior**, notadamente no caso de **importações**?

O Supremo Tribunal Federal entende que **sim**, desde que a importação seja realizada pelo próprio ente político, ainda que isso possa trazer-lhe **benefício** *não extensível aos demais importadores*, que devem suportar o ônus tributário de suas operações[45].

Por óbvio que, no limite, não se pode admitir que o próprio governo, em qualquer nível, se torne um **importador frequente** com o objetivo de lucro, em grave ofensa à livre concorrência, pois a imunidade apenas veda a tributação do patrimônio, renda ou serviços dos entes políticos, comando cujo alcance deve ser interpretado a partir de critérios de **razoabilidade** e em consonância com outros dispositivos constitucionais, que não atribuem à administração direta atividades típicas da **iniciativa privada**.

Como não há distinção, para fins de imunidade, entre os impostos, o STF entende que nas importações, respeitados os limites da livre concorrência, cuja ofensa, como vimos, deve ser provada pela autoridade tributante, o benefício também alcança o **ICMS**[46] quando, por exemplo, o importador for o próprio município.

---

haja contraprestação ou pagamento de preços ou tarifas pelo usuário, nem exonera o promitente comprador da obrigação de pagar imposto relativamente ao bem imóvel.

[45] O STF reconhece a imunidade e atribui ao ente tributante o **ônus** de provar que o benefício **fere regras de mercado**: "A imunidade tributária prevista no art. 150, VI, *a* da Constituição aplica-se às operações de importação de bens realizadas por Municípios, quando o ente público for o **importador do bem** (identidade entre o 'contribuinte de direito' e o 'contribuinte de fato'). Compete ao **ente tributante provar** que as operações de importação desoneradas estão influindo negativamente no mercado, a ponto de violar o art. 170 da Constituição. Impossibilidade de **presumir risco** à livre-iniciativa e à concorrência" (RE AI 518.405-AgR).

[46] Conforme o AI 518.405-AgR.

A imunidade recíproca também alcança **todos os imóveis** pertencentes à União, aos Estados, ao Distrito Federal e aos Municípios, independentemente de sua situação jurídica, ou seja, de eventual cessão a empresas delegatárias de serviços públicos[47].

No mesmo sentido, o Supremo Tribunal Federal entende que os entes políticos não podem figurar no **polo passivo** de obrigações tributárias relativas ao IPTU ou outros impostos que oneram o patrimônio, ainda que cedidos a terceiros[48].

Na esteira de toda a construção jurisprudencial do STF, que tem se caracterizado pela **abrangência** da imunidade recíproca, também não podem ser tributados os rendimentos de **aplicações financeiras** dos entes políticos, nem a **renda** por eles auferida, que, de outra sorte, seriam gravados pelo IOF e pelo Imposto de Renda na Fonte[49].

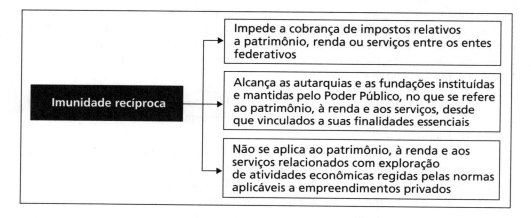

5.7.1.1. A questão da ECT

Quando alguns estados e municípios tentaram cobrar impostos sobre o patrimônio da **ECT — Empresa de Correios e Telégrafos** (que é uma empresa pública, cuja imunidade **não está prevista** na Constituição), como imóveis e automóveis, o Supremo

---

[47] O entendimento vem de longe e é assente no STF: "IPTU. Imóveis que compõem o acervo patrimonial do Porto de Santos, integrantes do domínio da União. Impossibilidade de tributação pela municipalidade, **independentemente** de encontrarem-se tais bens ocupados pela **empresa delegatária** dos serviços portuários, em face da imunidade prevista no art. 150, VI, *a*, da CF" (RE 253.394).

[48] Recurso extraordinário. IPTU. Imóvel da União destinado à exploração comercial. Contrato de concessão de uso. Posse precária e desdobrada. **Impossibilidade** de a recorrida figurar no **polo passivo** da obrigação tributária. Precedente. Recurso extraordinário a que se nega provimento (RE 451.152).

[49] No RE 213.059, que discutia a aplicação de recursos de prefeitura municipal no **mercado financeiro**, prevaleceu, no STF, a tese de, "à ausência de norma vedando as operações financeiras da espécie, é de reconhecer-se estarem elas **protegidas pela imunidade** do dispositivo constitucional indicado (art. 150, VI, *a*, da CF — proíbe a União, os Estados, o Distrito Federal e os municípios de instituírem impostos sobre patrimônio, renda ou serviços, uns dos outros), posto tratar-se, no caso, de rendas produzidas por **bens patrimoniais** do ente público". No mesmo sentido, em sede de

Tribunal Federal decidiu, depois de vários debates, que qualquer empresa pública que preste um serviço essencial, em caráter de **exclusividade** (sem concorrência) e **irrenunciável** (destinado a atender direitos e garantias fundamentais que o Estado não pode transferir a terceiros), é merecedora da **imunidade**[50].

STF — Imunidade da ECT (Correios)

■ **Imunidade pela prestação de serviço público.** A Empresa Brasileira de Correios e Telégrafos é prestadora de serviço público de prestação obrigatória e exclusiva do Estado, motivo por que está abrangida pela imunidade tributária recíproca: CF, art. 150, VI, *a* (RE 407.099).

■ **Extensão da imunidade a todos os serviços prestados.** O STF entendeu que a imunidade tributária da ECT alcança todas as suas atividades e não apenas os serviços postais explorados em regime de monopólio (Lei n. 6.538/78, art. 9.°). Restou decidido que a extensão da imunidade tributária seria natural, pois os Correios representam a *longa manus* da União e prestam atendimento que alcança todos os municípios brasileiros (em prol da integração nacional) e com tarifas módicas (RE 601.392).

■ **Não incide ICMS sobre o serviço de transporte de bens e mercadorias realizado pela ECT.** O STF decidiu que o tranporte de encomendas se inclui entre os serviços postais previstos no art. 7.°, *caput*, e § 3.°, da Lei n. 6.538/78 e que a ECT tem o dever de alcançar todos os lugares do Brasil, sem a possibilidade de recusa, diferentemente das empresas privadas. Curiosamente, entendeu o Supremo que as atividades exercidas sob regime concorrencial (outras empresas transportadoras) existem para custear aquela exercida sob o regime constitucional de monopólio. Se assim não fosse, frustrar-se-ia o objetivo do legislador de viabilizar a integração nacional e dar exequibilidade à fruição do direito básico do indivíduo de se comunicar com outras pessoas ou instituições e de exercer outros direitos, com esse relacionados, fundados na própria Constituição. Concluiu-se que a ECT não pode ser equiparada a empresa de transporte privado, pois o serviço postal exige o recebimento e entrega de encomendas como atividades indissociáveis dos seus objetivos (RE 627.051).

Importante! No caso dos Correios, o STF entendeu que mesmo o exercício **simultâneo** de atividades em regime de exclusividade e em **concorrência com a iniciativa privada** (venda de produtos ou atividade bancária, por exemplo) **não desvirtua a imunidade**, dadas as peculiaridades do serviço postal (RE 601.392, com repercussão geral).

---

agravo interposto no RE 197.940, o Supremo entendeu que "a norma da alínea 'a' do inciso VI do art. 150 da CF obstaculiza a incidência recíproca de impostos, considerados a União, os Estados, o DF e os municípios. Descabe introduzir no preceito, à mercê de interpretação, **exceção não contemplada**, distribuindo os ganhos resultantes de **operações financeiras**".

50 De acordo com o STF: "As empresas públicas prestadoras de serviço público **distinguem-se** das que exercem atividade econômica. A Empresa Brasileira de Correios e Telégrafos é prestadora de serviço público de prestação **obrigatória e exclusiva** do Estado, motivo por que está abrangida pela imunidade tributária recíproca: CF, art. 150, VI, *a*" (RE 407.099). Posteriormente, diversos outros julgados confirmaram e expandiram esse entendimento.

Com a promulgação da emenda constitucional que instituiu a reforma tributária a imunidade da ECT **restou pacificada**, pois o legislador **expressamente** a incluiu no § 2.º do art. 150, confirmando o entendimento do STF, no sentido de que a empresa pública prestadora de serviço postal é imune em relação ao patrimônio, à renda e aos serviços vinculados a suas finalidades essenciais ou às delas decorrentes.

Portanto, atualmente as **empresas públicas** que prestam serviço exclusivo e irrenunciável gozam de imunidade tributária de impostos sobre a renda, patrimônio e serviços.

Há, ainda, decisões do STF que estenderam a imunidade até para **sociedades de economia mista** (hipótese também não prevista na Constituição), como no caso da CAERD, empresa prestadora de serviço público de água e esgoto, de Rondônia (RE 631.309), que comprovou prestar serviço exclusivo e irrenunciável. Igual raciocínio foi estendido às sociedades de economia mista prestadoras de ações e serviços de **saúde**, cujo capital social seja majoritariamente estatal (RE 580.264).

Ressaltamos, contudo, que empresas **tipicamente destinadas** ao regime concorrencial e à obtenção de lucro, ainda que com capital social majoritário do Estado, **não são abrangidas** pela imunidade, sendo irrelevante a existência de monopólio estatal, como já decidiu o Supremo Tribunal Federal (RE 285.716-AgR).

O STF, com base nas premissas de não distribuição de lucros e de proteção à concorrência, recentemente decidiu que "as empresas públicas e as sociedades de economia mista **delegatárias de serviços públicos essenciais**, que não distribuam lucros a acionistas privados nem ofereçam risco ao equilíbrio concorrencial, são **beneficiárias** da imunidade tributária recíproca, independentemente de cobrança de tarifa como contraprestação do serviço" (RE 1.320.054, de 2021, com repercussão geral).

Elaboramos o quadro a seguir, com as principais posições da jurisprudência do STF sobre a imunidade das empresas públicas e das sociedades de economia mista[51].

---

[51] O STF entende que, sob determinadas condições, **pode ser afastada a imunidade** no caso de sociedades de economia mista que visam lucro ou afetam a concorrência: "No julgamento do RE 253.472, esta Corte reconheceu que a imunidade tributária recíproca aplica-se às sociedades de economia mista que caracterizam-se, inequivocamente, como **instrumentalidades estatais** (sociedades de economia mista 'anômalas'). O foco na obtenção de lucro, a transferência do benefício a particular ilegítimo ou a lesão à livre iniciativa e às regras de concorrência **podem, em tese**, justificar o afastamento da imunidade" (AI 558.682-AgR).

ECT — Empresa Brasileira de Correios e Telégrafos. Goza de ampla imunidade tributária, que alcança todos os serviços e atividades, inclusive aqueles em regime concorrencial.

Casa da Moeda do Brasil (CMB). Possui imunidade nos serviços de emissão de papel-moeda, cunhagem de moeda metálica, fabricação de fichas telefônicas e impressão de selos postais, em regime de monopólio constituicional.

Infraero. A Infraero, empresa pública prestadora de serviço público, está abrangida pela imunidade tributária prevista no art. 150, VI, *a*, da Constituição. Não incide ISS sobre a atividade desempenhada pela Infraero na execução de serviços de infraestrutura aeroportuária, atividade que lhe foi atribuída pela União (RE 524.615-AgR).

Empresa de Água e Esgoto. CETESB. A jurisprudência do STF entende que a sociedade de economia mista prestadora de serviço público de água e esgoto é abrangida pela imunidade tributária recíproca.

Sociedades de economia mista prestadoras de ações e serviços de saúde. São imunes, desde que possuam capital social majoritariamente estatal, ou seja, quando controladas por ente público e desde que atendam exclusivamente pelo Sistema Único de Saúde (SUS) como *longa manus* do Estado, sem contraprestação pelos usuários (RE 580.264, com repercussão geral).

Petrobras. É irrelevante para definição da aplicabilidade da imunidade tributária recíproca a circunstância de a atividade desempenhada estar ou não sujeita a monopólio estatal. O alcance da salvaguarda constitucional pressupõe o exame (i) da caracterização econômica da atividade (lucrativa ou não), (ii) do risco à concorrência e à livre-iniciativa e (iii) de riscos ao pacto federativo pela pressão política ou econômica. A imunidade tributária recíproca não se aplica à Petrobras, pois: Trata-se de sociedade de economia mista destinada à exploração econômica em benefício de seus acionistas, pessoas de direito público e privado, e a salvaguarda não se presta a proteger aumento patrimonial dissociado de interesse público primário; A Petrobras visa a distribuição de lucros, e, portanto, tem capacidade contributiva para participar do apoio econômico aos entes federados; A tributação de atividade econômica lucrativa não implica risco ao pacto federativo (RE 285.716-AgR).

Natureza jurídica do Banco Regional de Desenvolvimento do Extremo Sul — BRDE. O STF firmou o entendimento (assim, no RE 120.932 e na ADI 175) de que o banco não tem a natureza jurídica de autarquia, mas é, sim, empresa com personalidade jurídica de direito privado. Consequentemente, não goza ele da imunidade tributária prevista no art. 150, VI, *a*, e seu § 2.º, da atual Constituição, não fazendo jus, portanto, à pretendida declaração de inexistência de relação jurídico-tributária resultante dessa imunidade (ACO 503).

	Sociedade de economia mista negociada em bolsa. Sociedade de economia mista, cuja participação acionária é negociada em Bolsas de Valores, e que, inequivocamente, está voltada à remuneração do capital de seus controladores ou acionistas, não está abrangida pela regra de imunidade tributária prevista no art. 150, VI, *a*, da Constituição, unicamente em razão das atividades desempenhadas (RE 600.867, com repercussão geral).
Não Imunes	

Importante! A **Ordem dos Advogados do Brasil** também é merecedora de imunidade tributária, relacionada às suas finalidades essenciais, com base no art. 150, VI, *a*, da Carta Magna, ante o reconhecimento de que desempenha atividade própria de Estado (defesa da Constituição, da ordem jurídica do Estado Democrático de Direito, dos direitos humanos, da justiça social, bem como a seleção e o controle disciplinar dos advogados — RE 259.976-AgR). No mesmo sentido, a **Caixa de Assistência dos Advogados** também está protegida pela imunidade tributária, pois o STF decidiu, no RE 405267/MG (2018), que as Caixas de Assistência não se inserem no domínio econômico e não possuem, na hipótese, capacidade contributiva.

A **Casa da Moeda** também goza de imunidade tributária, pois atua em regime constitucional de monopólio, como delegatária de serviços públicos, destinados à emissão de papel moeda, cunhagem de moeda metálica, fabricação de fichas telefônicas e impressão de selos postais (art. 21, VII, Constituição).

Em relação à Casa da Moeda, prevalece, de acordo com o Supremo Tribunal Federal, o **monopólio da União**, circunstância que atrai o comando imunizante:

Casa da Moeda do Brasil (CMB). (...) Regime constitucional de monopólio (CF, art. 21, VII). Outorga de delegação à CMB, mediante lei, que **não descaracteriza** a estatalidade do serviço público, notadamente quando constitucionalmente monopolizado pela pessoa política (a União Federal, no caso) que é dele **titular**. A delegação da execução de serviço público, mediante outorga legal, não implica alteração do regime jurídico de direito público, inclusive o de direito tributário, que incide sobre referida atividade. Consequente extensão, a essa **empresa pública**, em matéria de impostos, da proteção constitucional fundada na garantia da **imunidade tributária recíproca** (CF, art. 150, VI, *a*).

Curioso notar que a jurisprudência do Supremo Tribunal Federal tem desenvolvido um **teste de imunidade**, destinado a confirmar a caracterização do benefício, como se pode extrair de julgado paradigmático:

Segundo teste proposto pelo ministro relator, a aplicabilidade da imunidade tributária recíproca (art. 150, VI, *a*, da Constituição) deve passar por **três estágios**, sem prejuízo do atendimento de outras normas constitucionais e legais: a imunidade tributária recíproca se aplica à propriedade, bens e serviços utilizados na satisfação dos objetivos institucionais imanentes do ente federado, cuja tributação poderia colocar em risco a respectiva **autonomia política**. Em consequência, é incorreto ler a cláusula de imunização de modo a reduzi-la a mero instrumento destinado a dar ao ente federado condições de contratar em circunstâncias mais vantajosas, independentemente do contexto. Atividades de **exploração econômica**, destinadas primordialmente a aumentar o patrimônio do Estado ou de

5 ■ Imunidades

particulares, devem ser **submetidas à tributação**, por apresentarem-se como manifestações de riqueza e deixarem a salvo a autonomia política. A desoneração não deve ter como efeito colateral relevante a quebra dos princípios da **livre concorrência** e do exercício de atividade profissional ou econômica lícita. Em princípio, o sucesso ou a desventura empresarial devem pautar-se por virtudes e vícios próprios do mercado e da administração, **sem que a intervenção do Estado** seja favor preponderante. (...) Segundo se depreende dos autos, a Codesp é **instrumentalidade estatal**, pois: em uma série de precedentes, esta Corte reconheceu que a exploração dos portos marítimos, fluviais e lacustres caracteriza-se como serviço público. O controle acionário da Codesp pertence em sua quase totalidade à **União (99,97%)**. Falta da indicação de que a atividade da pessoa jurídica satisfaça primordialmente interesse de acúmulo patrimonial público ou privado. **Não há indicação de risco** de quebra do equilíbrio concorrencial ou de livre iniciativa, eis que ausente comprovação de que a Codesp concorra com outras entidades no campo de sua atuação. Ressalva do ministro relator, no sentido de que "cabe à autoridade fiscal indicar com precisão se a destinação concreta dada ao imóvel atende ao interesse público primário ou à geração de receita de interesse particular ou privado" (RE 253.472).

Por fim, questão interessante sobre a imunidade tributária cuida da possibilidade de **transferência** de débitos tributários, originariamente constituídos contra empresa que *não gozava de imunidade* (no caso concreto, a Rede Ferroviária Federal S.A. — RFFSA) e que foi sucedida pela União.

O STF entendeu que no caso de **sucessão**, com a liquidação da pessoa jurídica, a União se tornou responsável tributária pelos créditos não adimplidos, de acordo com o disposto nos arts. 130 e seguintes do Código Tributário Nacional.

A tese vencedora entendeu que, com o **desaparecimento** do contribuinte original, o patrimônio transferido deveria garantir o crédito e que o **sucessor**, ainda que se tratasse de um ente federado, deveria arcar com a dívida[52].

> **Importante!** Os entes públicos **não são imunes** quando considerados tomadores do serviço. É o caso do ICMS embutido na conta de **energia elétrica**. Embora diversas procuradorias municipais tenham ingressado na justiça pleiteando a imunidade, os tribunais decidiram que **contribuinte do ICMS** são as **empresas concessionárias de energia** e, por conta disso, a imunidade não se aplica ao usuário do serviço, ainda que público (*vide* RE 671.412).

---

[52] **RE 599.176, com repercussão geral:** "Nesse contexto, a Corte realçou que a imunidade tributária recíproca é inaplicável se a atividade ou a entidade tributada demonstrar capacidade contributiva; se houver risco à livre iniciativa e às condições de justa concorrência econômica; ou se não houver risco ao pleno exercício da autonomia política que a Constituição confere aos entes federados. Assinalou que a RFFSA, por ser **sociedade de economia mista**, constituída sob a forma de sociedade por ações, apta, portanto, **a cobrar pela prestação de seus serviços** e **a remunerar o capital investido, não tem direito à imunidade**. (...) O Colegiado ressaltou que a União não pode afastar a responsabilidade tributária ao alegar simplesmente que o tributo é devido por sociedade de economia mista, tampouco ao sugerir a aplicação de regra constitucional que protege a autonomia política de entes federados. Sublinhou que a responsabilidade tributária dos sucessores protege o erário de um tipo de inadimplência **bastante específica**, consistente no desaparecimento jurídico do contribuinte, conjugado com **a transferência integral ou parcial do patrimônio** a outra pessoa jurídica. Assim, a desconstituição da pessoa jurídica faz com que o crédito tributário não possa mais ser exigido contra o contribuinte original, que deixa de existir juridicamente" (excerto transcrito do relatório).

312   Direito Tributário Esquematizado   *Roberto Caparroz*

5.7.2. Imunidade dos templos de qualquer culto

O Brasil é considerado um **estado laico**[53], em que todas as religiões e credos convivem em harmonia e possuem igual liberdade de manifestação, característica que advém da nossa formação histórica e social e que foi recepcionada pela Constituição[54], que veda qualquer **vinculação religiosa** aos entes políticos, conforme determina o art. 19, I:

> **Art. 19.** É **vedado** à União, aos Estados, ao Distrito Federal e aos Municípios:
> I — **estabelecer** cultos religiosos ou igrejas, **subvencioná-los**, **embaraçar-lhes** o funcionamento ou manter com eles ou seus representantes **relações de dependência ou aliança**, ressalvada, na forma da lei, a colaboração de interesse público;

Em homenagem à **liberdade religiosa** existente no país, o constituinte decidiu conferir imunidade tributária aos *templos de qualquer culto.*

Como a expressão é bastante **vaga**, cabe ao Supremo Tribunal Federal definir o alcance do benefício.

O STF entende que o conceito de templo **não abrange** somente o prédio ou a estrutura física em que se professa a religião, mas a própria **entidade religiosa**, considerando-se esta o *conjunto de bens, rendas e serviços destinados à sua manutenção*[55].

Uma igreja que produza velas, por exemplo, será imune de todos os impostos relacionados a esta atividade (IR, IPI, ICMS) e o mesmo raciocínio se aplica a outros objetos de **natureza religiosa**, como santinhos, imagens, medalhas, livretos etc., desde que não fabricados em escala industrial.

Com efeito, em relação à imunidade religiosa a interpretação do STF é a mais **ampliativa** possível.

Também serão imunes as rendas obtidas por meio de **aluguéis**, inclusive de imóveis utilizados por terceiros e sem finalidade religiosa (um prédio de escritórios, por exemplo), pois o objetivo da imunidade, segundo o STF, é que o dinheiro arrecadado seja **revertido** para a atividade religiosa. "No mesmo sentido, a Emenda Constitucional n. 116/2022, ao incluir o § 1.º-A no art. 156, estendeu a imunidade de IPTU para os templos de qualquer culto, nas hipóteses em que estas entidades sejam apenas locatárias de bem imóvel."

No mesmo sentido, o STF firmou, no RE n. 630790 (com repercussão geral), a tese de que "as entidades religiosas podem se caracterizar como instituições de assistência social a fim de se beneficiarem da imunidade tributária prevista no art. 150, VI, 'c', da Constituição, que abrangerá não só os impostos sobre o seu patrimônio, renda e serviços, mas também os **impostos sobre a importação** de bens a serem utilizados na consecução de seus objetivos estatutários".

---

[53]   STF: O Brasil é uma **república laica**, surgindo absolutamente **neutro** quanto às religiões (ADPF 54).

[54]   Constituição, art. 5.º, VI: "é inviolável a liberdade de consciência e de crença, sendo assegurado o **livre exercício dos cultos religiosos** e garantida, na forma da lei, a proteção aos locais de culto e a suas liturgias".

[55]   A posição do STF deriva de **interpretação literal** do § 4.º do art. 150, que **aproxima** a imunidade dos templos de qualquer daquela conferida às entidades assistenciais: "As vedações expressas no inciso VI, alíneas 'b' e 'c', compreendem somente o patrimônio, a renda e os serviços, relacionados com as finalidades essenciais das entidades nelas mencionadas".

E a Emenda Constitucional n. 132/2023 **ampliou** o alcance da imunidade tributária dos templos de qualquer culto, para reconhecer o privilégio também para suas organizações assistenciais e beneficentes (conforme a nova redação do art. 150, VI, *b*).

Para o enquadramento da imunidade não se questiona a natureza filosófica ou metafísica da religião, pois a expressão "templos de qualquer culto" foi cunhada para homenagear a liberdade espiritual, mas de certo modo reconhece o **sincretismo** religioso típico da cultura brasileira.

Pensamos que qualquer fundamento religioso que **não afronte** os preceitos constitucionais nem professe sentimentos discriminatórios ou preconceituosos poderá ser objeto de imunidade, embora devamos reconhecer, à luz da verdadeira proliferação de cultos e igrejas que tomou conta do país, curiosamente a partir dos anos 1990, que quase todos se baseiam nas grandes doutrinas monoteístas, até porque é bem mais simples montar uma igreja a partir de ideias já expostas e consagradas.

Conquanto as entidades religiosas precisem cumprir as chamadas **obrigações acessórias**, que implicam manter escrituração contábil e guardar os documentos correspondentes, o Supremo Tribunal Federal entendeu que cabe à administração tributária demonstrar eventual **tredestinação** do bem protegido pela imunidade.

Trata-se, portanto, de interpretação que presume, a princípio, o uso e a destinação adequados dos bens à disposição da entidade, vale dizer, o ônus de provar qualquer desvio em relação às finalidades essenciais cabe às autoridades fazendárias.

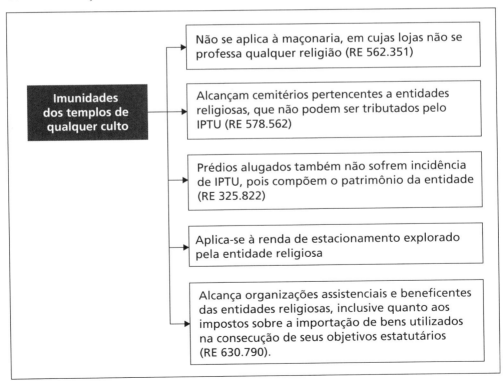

314 Direito Tributário Esquematizado

5.7.3. Imunidade dos partidos políticos e fundações, das entidades sindicais dos trabalhadores, das instituições de educação e assistência social

O art. 150, VI, *c*, da Constituição prevê a imunidade de impostos sobre o patrimônio, a renda ou os serviços dos partidos políticos, inclusive suas fundações, das entidades sindicais dos trabalhadores, das instituições de educação e assistência social, sem fins lucrativos.

Cumpre salientar que as entidades sindicais dos **empregadores** não gozam de imunidade, por pura demagogia do constituinte, que pareceu enxergar nessas entidades um grau de riqueza ou poder exagerados, premissa absolutamente falsa para a imensa maioria das situações.

Como prova da assertiva, vale lembrar que a imensa maioria de empresários no país é formada por pequenos empreendedores e que as entidades sindicais patronais são objeto de **isenção** em várias hipóteses, a exemplo do Imposto de Renda e da Contribuição Social sobre o Lucro Líquido, conforme autoriza o art. 15 da Lei n. 9.532/97[56].

Nosso entendimento é no sentido de que o **modelo capitalista** adotado pela Constituição deve, simultaneamente, **assegurar** garantias individuais aos trabalhadores e **desonerar** os empresários, até porque as duas classes possuem dependência recíproca e contribuem, cada qual a seu modo, para o desenvolvimento do país.

Em síntese, a imunidade prevista no dispositivo constitucional alcança o patrimônio, a renda e os serviços relacionados com as finalidades essenciais das seguintes entidades[57]:

- ■ Partidos políticos e suas fundações;
- ■ Sindicatos de trabalhadores;
- ■ Instituições de educação e assistência social.

Em 22 de agosto de 2024, o Congresso Nacional aprovou a Emenda Constitucional n. 133, que entre outras providências "reforçou" a previsão de imunidade tributária dos partidos políticos, já prevista no art. 150, VI, *c*, da Constituição, e estabeleceu parâmetros e condições para a regularização e o refinanciamento dos débitos dos partidos políticos.

A leitura do texto revela que interessam ao **direito tributário** as disposições contidas nos arts. 4.º e 5.º da Emenda, a seguir reproduzidos:

---

[56] Art. 15. Consideram-se **isentas** as instituições de caráter filantrópico, recreativo, cultural e científico e as **associações civis** que prestem os serviços para os quais houverem sido instituídas e os coloquem à disposição do **grupo de pessoas a que se destinam**, sem fins lucrativos. § 1.º A isenção a que se refere este artigo aplica-se, exclusivamente, em relação ao **imposto de renda da pessoa jurídica** e à **contribuição social sobre o lucro líquido**, observado o disposto no parágrafo subsequente. § 2.º **Não estão abrangidos pela isenção** do imposto de renda os rendimentos e ganhos de capital auferidos em **aplicações financeiras** de renda fixa ou de renda variável.

[57] O STF afastou a imunidade relativa ao patrimônio de sindicado destinado à colônia de férias dos membros, por não considerar tal destinação como finalidade essencial da entidade (RE 210.261-EDv).

5 ■ Imunidades

Art. 4.º É assegurada a imunidade tributária aos partidos políticos e a seus institutos ou fundações, conforme estabelecido na alínea *c* do inciso VI do *caput* do art. 150 da Constituição Federal.

§ 1.º A imunidade tributária estende-se a todas as sanções de natureza tributária, exceto as previdenciárias, abrangidos a devolução e o recolhimento de valores, inclusive os determinados nos processos de prestação de contas eleitorais e anuais, bem como os juros incidentes, as multas ou as condenações aplicadas por órgãos da administração pública direta e indireta em processos administrativos ou judiciais em trâmite, em execução ou transitados em julgado, e resulta no cancelamento das sanções, na extinção dos processos e no levantamento de inscrições em cadastros de dívida ou inadimplência.

§ 2.º O disposto no § 1.º deste artigo aplica-se aos processos administrativos ou judiciais nos quais a decisão administrativa, a ação de execução, a inscrição em cadastros de dívida ativa ou a inadimplência tenham ocorrido em prazo superior a 5 (cinco) anos.

Art. 5.º É instituído o Programa de Recuperação Fiscal (Refis) específico para partidos políticos e seus institutos ou fundações, para que regularizem seus débitos com isenção dos juros e das multas acumulados, aplicada apenas a correção monetária sobre os montantes originais, que poderá ocorrer a qualquer tempo, com o pagamento das obrigações apuradas em até 60 (sessenta) meses para as obrigações previdenciárias e em até 180 (cento e oitenta) meses para as demais obrigações, a critério do partido.

Ao analisarmos os dispositivos nos deparamos, de plano, com uma situação estapafúrdia, na qual o constituinte derivado "reforça" a imunidade tributária dos partidos políticos, comando que, como sabemos, já se encontra na Constituição.

O que seria apenas um desnecessário pleonasmo se tornou, de acordo com a emenda, num expresso **perdão constitucional** para quase todas as infrações tributárias cometidas pelos partidos políticos.

Vejamos.

Os partidos políticos são considerados pessoas jurídicas de **direito privado**, nos termos do art. 44, V, do Código Civil. Portanto, caso não houvesse a imunidade tributária deveriam recolher suas obrigações normalmente.

Entretanto, o art. 150, VI, *c*, prevê imunidade de impostos sobre o patrimônio, a renda ou os serviços dos partidos políticos e suas fundações. Ao longo dos anos o alcance dessa imunidade tem sido ampliado pelo STF, que considera imunes todas as atividades exercidas pelos partidos políticos relacionadas às suas **finalidades essenciais**, de sorte que praticamente todos os impostos seriam afastados desde que observado o critério finalístico firmado pela jurisprudência.

Agora, com o advento da Emenda n. 133, quis o constituinte derivado que a "proteção imunizante" alcançasse todas as sanções tributárias, exceto as previdenciárias.

Assim, qualquer multa ou penalidade porventura aplicada pela administração tributária, **independentemente** de o processo estar em curso, em fase de execução ou ter transitado em julgado, será considerada indevida, o que enseja, inclusive, a devolução ou o ressarcimento dos valores pagos.

Há vários problemas nessa nova "imunidade", a começar pelo mais grave, que é o fato de o legislador atuar em causa própria, o que contraria diversos princípios previstos na Constituição. Some-se a isso o desprezo a todos os autos de infração lavrados nos últimos anos e o tempo (entenda-se, custo) gasto com as centenas de processos administrativos e judiciais que trataram ou ainda tratam da matéria.

Tudo isso deverá ser desconsiderado, a partir do perdão "retroativo e ilimitado" autoconcedido pelos políticos.

A que ponto chegamos.

O teor da emenda também não resiste a uma análise técnica, pois apesar de utilizar o vocábulo "imunidade" disso certamente não se cuida. Em primeiro lugar porque a imunidade só pode produzir efeitos a partir do momento em que constituída, o que efetivamente não é o caso, vez que o objetivo da emenda foi simplesmente fulminar qualquer processo em que se discutiu (ou discute) infrações tributárias praticadas por partidos políticos.

Ademais, como é cediço, tributos e multas **não se confundem**, como expressamente ressalta o art. 3.º do CTN, que já conhecemos.

Nesse contexto, a norma veiculada pela Emenda n. 133 cuida, em verdade, de uma **remissão** para todas as infrações praticadas pelos partidos políticos e suas fundações, nos termos do art. 156, IV, do CTN.

Na remissão parte-se da premissa de que o lançamento tributário foi válido e o crédito corretamente constituído, embora o legislador entenda, por motivos diversos, que o valor lançado, acrescido de juros e multas, deva ser perdoado. É uma hipótese pouco comum no ordenamento e que agora é utilizada em benefício próprio pelos próprios legisladores, para aniquilar todos os processos que analisaram suas infrações tributárias.

E, a depender do instante em que se encontra cada caso concreto, a "imunidade" também pode se materializar numa hipótese de **anistia**, que ocorre, nos termos do art. 175, II, do CTN, antes do lançamento do crédito tributário. Aqui se enquadram todas as possíveis auditorias atualmente realizadas pela administração tributária, em que ainda não houve o lançamento de ofício pela autoridade competente. Esse ato, a partir da vigência da Emenda n. 133, não poderá mais ser realizado, com a extinção sumária de todos os procedimentos de apuração de eventuais créditos tributários.

E Emenda, em síntese, concedeu uma **blindagem tributária absoluta** em favor dos partidos políticos, inclusive para processos transitados em julgado, situação com a qual não se pode concordar.

Mas é o que agora passa a constar da Constituição e deve ser observado por todos os poderes e entes públicos, assim como a posição para concursos públicos.

Por fim, o art. 5.º da Emenda n. 133 estabelece a criação de um Programa de Recuperação Fiscal — REFIS(!) para os partidos políticos e suas fundações, o que apenas comprova que nem os agentes políticos cumprem as regras tributárias que eles próprios criaram.

Em relação às entidades de educação e assistência social, que representam os casos mais importantes no mundo real, inclusive quanto à produção jurisprudencial, a Constituição exige a **ausência de fins lucrativos**, sem, no entanto, apresentar o significado de tal expressão.

Nesse sentido, foi recepcionado o art. 14 do Código Tributário Nacional, que estabelece requisitos **cumulativos** para que as entidades sem fins lucrativos possam fazer jus à imunidade:

> **Art. 14.** O disposto na alínea *c* do inciso IV do art. 9.º é subordinado à observância dos seguintes requisitos pelas entidades nele referidas:
>
> I — não distribuírem qualquer parcela de seu patrimônio ou de suas rendas, a qualquer título;
>
> II — aplicarem integralmente, no País, os seus recursos na manutenção dos seus objetivos institucionais;
>
> III — manterem escrituração de suas receitas e despesas em livros revestidos de formalidades capazes de assegurar sua exatidão.

Os três incisos do art. 14 do CTN, acima reproduzidos, devem ser aplicados **conjuntamente**, como teste de validade para se verificar as situações que se enquadram como *atividade sem fins lucrativos*.

Portanto, sempre que a entidade sem fins lucrativos cumprir os requisitos de a) **não distribuir** parcelas de sua renda, a qualquer título, a terceiros (salvo o pagamento de salários para empregados), b) aplicar **integralmente** os recursos no Brasil e c) manter **escrituração contábil**, para que se comprove a destinação do dinheiro, terão direito à imunidade tributária[58].

Eventual desvio de recursos deverá ser **apurado** e **demonstrado** pela fiscalização, a quem compete o ônus da prova para infirmar a imunidade.

A observância dos **deveres instrumentais**, como a manutenção de escrituração contábil e dos documentos que a suportam, é condição essencial para a comprovação da aplicação dos recursos nas finalidades essenciais da entidade, conforme excelente decisão do Supremo Tribunal Federal:

---

[58] Em decisão paradigmática, o STF assim se pronunciou: "As entidades que promovem a assistência social beneficente, inclusive educacional ou de saúde, somente fazem jus à concessão do benefício imunizante se preencherem **cumulativamente** os requisitos de que trata o **art. 55 da Lei 8.212/1991***, na sua redação original, e aqueles prescritos nos arts. 9.º e 14 do CTN. Instituições de educação e de assistência social sem fins lucrativos são entidades privadas criadas com o propósito de servir à coletividade, colaborando com o Estado nessas áreas cuja atuação do poder público é deficiente. Consectariamente, *et pour cause*, a constituição determina que elas sejam **desoneradas de alguns tributos**, em especial, os impostos e as contribuições. A *ratio* da supressão da competência tributária funda-se na ausência de capacidade contributiva ou na aplicação do princípio da solidariedade de forma inversa, vale dizer: a ausência de tributação das contribuições sociais decorre da **colaboração** que estas entidades prestam ao Estado. A Suprema Corte já decidiu que o art. 195, § 7.º, da Carta Magna, com relação às exigências a que devem atender as entidades beneficentes de assistência social para gozarem da imunidade aí prevista, determina apenas a existência de lei que as regule; o que implica dizer que a Carta Magna alude genericamente a 'lei' para estabelecer princípio de reserva legal, expressão que compreende tanto a legislação ordinária, quanto a legislação complementar (ADI 2.028-MC/DF)". ***Observação**: o mencionado art. 55 da Lei n. 8.212/91 foi revogado pela Lei n. 12.101/2009.

Diante disso, o cumprimento de obrigações acessórias representa **instrumento indispensável** para averiguar se as atividades desempenhadas pelas entidades imunes enquadram-se ou não nos limites de suas finalidades essenciais. Mais especificamente, a escrituração de livros fiscais de ISS e emissão de notas fiscais pelos serviços prestados constituem instrumentos idôneos e necessários para que a administração tributária municipal possa aferir se os serviços concretamente prestados pelo Senac estão ou não cobertos pela norma imunizante. Nesse diapasão, é de se ver que as obrigações acessórias revelam-se dotadas de **finalidades próprias e autônomas** quando exigíveis das **entidades imunes** arroladas no art. 150, VI, *c*, da Constituição. Trata-se de **dar cumprimento ao § 4.º** do mesmo art. 150 da Carta Magna. Isso porque é pressuposto da aludida imunidade tributária que a materialidade econômica desonerada situe-se nos **limites da finalidade essencial** da entidade. Só há como fruir da norma imunizante após tal demonstração, o que é realizado justamente pelo cumprimento desses deveres instrumentais. Contraria a lógica, portanto, sustentar que, na hipótese, a inexistência de obrigação principal torna **inexigível** a obrigação acessória, já que só com cumprimento da obrigação acessória é que se pode afirmar a inexistência de obrigação principal. Em suma, os deveres instrumentais (como a escrituração de livros e a confecção de documentos fiscais) ostentam caráter autônomo em relação à regra matriz de incidência do tributo, porquanto dotados de finalidades próprias e independentes da apuração de certa e determinada exação devida pelo próprio sujeito passivo da obrigação acessória (RE 250.844).

Entende o STF que a imunidade tributária não pode **exonerar** a entidade do cumprimento dos deveres instrumentais, pois, se assim procedesse, a autoridade fiscal **não teria meios** de verificar o atendimento aos requisitos que permitem o benefício.

Contudo, a exigência deve ser **razoável** e **proporcional** à capacidade da entidade, de sorte que as autoridades fiscais não podem partir de presunções inadmissíveis em matéria tributária, nem impor ao contribuinte dever probatório inexequível, demasiadamente oneroso ou desnecessário (RE 702.604-AgR).

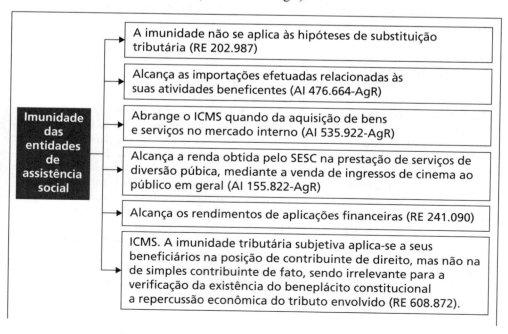

5 ▪ Imunidades   319

O Supremo Tribunal Federal, ao analisar a possível incidência de impostos sobre **imóveis** pertencentes a entidades assistenciais, tem adotado a teoria da **presunção da afetação**, ou seja, em princípio considera-se que a utilização do bem é compatível com as finalidades essenciais, como se depreende do seguinte julgado[59]:

> A vedação à instituição de impostos sobre o patrimônio e a renda das entidades reconhecidamente de assistência social que estejam **vinculados** às suas finalidades essenciais é uma garantia constitucional. Por seu turno, existe a **presunção** de que o imóvel da entidade assistencial esteja **afetado a destinação compatível** com seus objetivos e finalidades institucionais. O afastamento da imunidade só pode ocorrer mediante a constituição de prova em contrário produzida pela administração tributária (AI 746.263).

A imunidade das entidades assistenciais também contempla imóveis **alugados a terceiros**, desde que o valor obtido seja aplicado nas suas finalidades essenciais, conforme posição sumulada do STF.

> **SÚMULA 724 DO STF:** Ainda quando alugado a terceiros, permanece imune ao IPTU o imóvel pertencente a qualquer das entidades referidas pelo art. 150, VI, "c", da Constituição, desde que o valor dos aluguéis seja aplicado nas atividades essenciais de tais entidades.

Posteriormente, o STF fechou questão sobre a matéria, ao converter a Súmula 724 na **Súmula Vinculante 52**.

> **SÚMULA VINCULANTE 52 DO STF:** Ainda quando alugado a terceiros, permanece imune ao IPTU o imóvel pertencente a qualquer das entidades referidas pelo art. 150, VI, *c*, da CF, desde que o valor dos aluguéis seja aplicado nas atividades para as quais tais entidades foram constituídas.

No mesmo sentido, entende o Supremo Tribunal Federal que **não desvirtua** a imunidade o fato de os imóveis serem utilizados como *escritório e residência de membros da entidade*[60], nem a circunstância de se encontrarem temporariamente *vagos ou ociosos*[61].

Nessas hipóteses, os municípios também não podem exigir o **IPTU** das entidades, tampouco o **ITBI** quando da aquisição, por elas, de imóvel locado a terceiros.

---

[59] No mesmo sentido o **RE 470.520:** "No caso do ITBI, a **destinação do imóvel** às finalidades essenciais da entidade deve ser **pressuposta**, sob pena de não haver imunidade para esse tributo. A condição de um imóvel estar vago ou sem edificação não é suficiente, por si só, para destituir a garantia constitucional da imunidade. A regra da imunidade se traduz numa **negativa de competência**, limitando, a priori, o poder impositivo do Estado. Na regra imunizante, como a garantia decorre diretamente da Carta Política, mediante decote de competência legislativa, as presunções sobre o enquadramento originalmente conferido devem militar a favor das pessoas ou das entidades que apontam a norma constitucional. Quanto à imunidade prevista no art. 150, VI, *c*, da CF, o ônus de elidir a presunção de vinculação às atividades essenciais é do Fisco".

[60] ARE 895.972-AgR, de 2016.

[61] RE 767.332, com repercussão geral.

STF — Alcance da Imunidade do art. 150, VI, c

ICMS. Imunidade nas operações de importação. Operações de importação de mercadoria realizada por entidade de assistência social. (...) A jurisprudência da Corte é no sentido de que a imunidade prevista no art. 150, VI, c, da CF, abrange o ICMS incidente sobre a importação de mercadorias utilizadas na prestação de seus serviços específicos (AI 669.257-AgR).

A imunidade nas importações prevalece quando a entidade for o importador. Na tributação das operações de importação, o contribuinte por excelência do tributo é o importador (que tende a ser o adquirente da mercadoria) e não o vendedor. Há confusão entre as figuras do contribuinte de direito e do contribuinte de fato. Assim, não faz sentido argumentar que a imunidade tributária não se aplica à entidade beneficente de assistência social nas operações de importação, em razão de a regra constitucional não se prestar à proteção de terceiros que arquem com o ônus da tributação (AI 476.664-AgR).

ICMS. Imunidade na aquisição de mercadorias e serviços no País. Entidade beneficente. A imunidade tributária compreende as aquisições de produtos no mercado interno, desde que os bens adquiridos integrem o patrimônio dessas entidades beneficentes (AI 535.922-AgR).

Imposto de Importação e IPI. A imunidade prevista no art. 150, VI, c, da CF, em favor das instituições de assistência social, abrange o Imposto de Importação e o Imposto sobre Produtos Industrializados, que incidem sobre bens a serem utilizados na prestação de seus serviços específicos (RE 243.807).

Renda obtida mediante cobrança de estacionamento. Eventual renda obtida pela instituição de assistência social mediante cobrança de estacionamento de veículos em área interna da entidade, destinada ao custeio das atividades desta, está abrangida pela imunidade prevista no dispositivo sob destaque (RE 144.900).

Ensino de línguas estrangeiras. Possibilidade desde que prestado de forma gratuita. O ensino de línguas estrangeiras caracteriza-se como atividade educacional para aplicação da imunidade tributária. A distinção relevante para fins de aplicação da imunidade tributária é o conceito de "atividade assistencial", isto é, a intensidade e a abrangência da prestação gratuita ou altamente subsidiada do ensino da língua inglesa a quem necessitar (RMS 24.283-AgR).

IOF sobre operações financeiras de curto prazo. A imunidade assegurada pelo art. 150, VI, c, da Constituição da República aos partidos políticos, inclusive suas fundações, às entidades sindicais dos trabalhadores e às instituições de educação e de assistência social, sem fins lucrativos, que atendam aos requisitos da lei, alcança o IOF, inclusive o incidente sobre aplicações financeiras (RE 611.510, com repercussão geral).

Da mesma forma como ocorre em relação à imunidade recíproca, o entendimento da jurisprudência **afasta** a possibilidade de imunidade para as entidades em relação ao **ICMS** cobrado na conta de **energia elétrica**, pois a proteção só poderia alcançar o contribuinte de direito, que são as concessionárias do serviço (AI 731.786-AgR).

Para que as entidades assistenciais possam usufruir de benefícios fiscais, como imunidades e isenções, é necessária a obtenção do **CEBAS** (Certificado de Entidade

Beneficente de Assistência Social), cuja regulamentação e procedimentos são estabelecidos na Lei n. 12.101/2009 e alterações posteriores.

O **certificado** pode ser concedido às entidades beneficentes, sem fins lucrativos, que prestem serviços nas áreas da educação, assistência social e saúde, e os pedidos serão avaliados no âmbito dos respectivos ministérios[62].

Cada área de atuação social possui requisitos próprios, que devem ser preenchidos pelas entidades e o certificado, quando expedido, terá validade entre **um e cinco anos**, conforme critérios definidos em regulamento.

O CEBAS precisa ser renovado periodicamente, como condição para gozo das imunidades e demais benefícios fiscais, conforme já decidiu o Supremo Tribunal Federal:

> Constitucional. Tributário. Contribuições Sociais. Imunidade. Certificado de Entidade Beneficente de Assistência Social — CEBAS. Renovação periódica. Constitucionalidade. Direito adquirido. Inexistência. Ofensa aos arts. 146, II, e 195, § 7.º, da CF/1988. Inocorrência. A imunidade das entidades beneficentes de assistência social às contribuições sociais obedece a regime jurídico definido na Constituição. O inciso II do art. 55 da Lei 8.212/1991 estabelece como uma das condições da isenção tributária das entidades filantrópicas, a exigência de que possuam o CEBAS, renovável a cada três anos. A jurisprudência desta Corte é firme no sentido de afirmar a inexistência de direito adquirido a regime jurídico, motivo pelo qual não há razão para falar-se em direito à imunidade por prazo indeterminado. A exigência de renovação periódica do CEBAS não ofende os arts. 146, II, e 195, § 7.º, da Constituição. Precedente (...). Hipótese em que a recorrente não cumpriu os requisitos legais de renovação do certificado (RMS 27.093).

SÚMULA 352 DO STJ: A obtenção ou a renovação do Certificado de Entidade Beneficente de Assistência Social (CEBAS) não exime a entidade do cumprimento dos requisitos legais supervenientes.

SÚMULA 612 DO STJ: O certificado de entidade beneficente de assistência social (CEBAS), no prazo de sua validade, possui natureza declaratória para fins tributários, retroagindo seus efeitos à data em que demonstrado o cumprimento dos requisitos estabelecidos por lei complementar para a fruição da imunidade.

Segundo o STF, a imunidade assegurada aos partidos políticos, inclusive suas fundações, às entidades sindicais dos trabalhadores e às instituições de educação e de assistência social, sem fins lucrativos, que atendam aos requisitos da lei, **alcança o IOF**, inclusive o incidente sobre aplicações financeiras (RE 611.510, de 2021, com repercussão geral).

---

[62] Lei n. 12.101/2009, art. 21: "A análise e decisão dos requerimentos de concessão ou de renovação dos certificados das entidades beneficentes de assistência social serão apreciadas no âmbito dos seguintes Ministérios: I — da Saúde, quanto às entidades da área de saúde; II — da Educação, quanto às entidades educacionais; e III — do Desenvolvimento Social e Combate à Fome, quanto às entidades de assistência social. § 1.º A entidade interessada na certificação deverá apresentar, juntamente com o requerimento, todos os documentos necessários à comprovação dos requisitos de que trata esta Lei, na forma do regulamento".

322 Direito Tributário Esquematizado   *Roberto Caparroz*

Por derradeiro, a imunidade prevista no dispositivo constitucional somente pode ser reconhecida, nos casos de entidades fechadas de previdência social, se os beneficiários não fizerem contribuições, pois, do contrário, entendem os tribunais superiores que não se manifesta a hipótese de assistência social.

> Entidade fechada de previdência privada. Concessão de benefícios aos filiados **mediante recolhimento** das contribuições pactuadas. **Imunidade tributária. Inexistência**, dada a ausência das características de universalidade e generalidade da prestação, próprias dos órgãos de assistência social. As instituições de assistência social, que trazem ínsito em suas finalidades a observância ao princípio da universalidade, da generalidade e concede benefícios a toda coletividade, independentemente de contraprestação, não se confundem e não podem ser comparadas com as entidades fechadas de previdência privada que, em decorrência da relação contratual firmada, apenas contempla uma categoria específica, ficando o gozo dos benefícios previstos em seu estatuto social dependente do recolhimento das contribuições avençadas, *conditio sine qua non* para a respectiva integração no sistema (RE 202.700).

A matéria, inclusive, encontra-se **pacificada** pelo Supremo Tribunal Federal, que exarou a Súmula 730.

> **SÚMULA 730 DO STF:** A imunidade tributária conferida a instituições de assistência social sem fins lucrativos pelo art. 150, VI, *c*, da Constituição somente alcança as entidades fechadas de previdência social privada se não houver contribuição dos beneficiários.

5.7.4. Imunidade dos livros, jornais e periódicos

O art. 150, VI, *d*, da Constituição estabeleceu a chamada **imunidade cultural**, destinada a afastar a tributação sobre a cadeia produtiva e econômica dos livros, jornais e periódicos, com o objetivo de desonerar custos e facilitar o acesso à leitura a todas as camadas da população.

Infelizmente, o comando foi um tanto modesto e padece, ainda, de imprecisões quando de sua interpretação, razão pela qual teceremos alguns comentários pertinentes ao objeto livro antes de analisarmos a imunidade e os seus efeitos.

5.7.4.1. *Breve escorço histórico sobre o objeto livro*

Desde os primórdios da civilização, o ser humano tem buscado **transmitir conhecimentos**, mesmo antes da invenção da escrita como instrumento formal de linguagem.

Tal processo de transmissão e recepção de ideias, informações e mensagens, denominado **comunicação**, resulta de métodos múltiplos de expressão, desenvolvidos ao longo dos séculos. Os povos antigos, ao empregarem meios para o registro da linguagem, quase sempre se manifestavam com signos e símbolos.

Com a necessidade de retenção dessas informações, surgiram, ainda em forma primitiva, as primeiras coleções ou compilações de símbolos, que, tempos mais tarde, deram origem ao que se costuma denominar **livro**.

5 ■ Imunidades

Estudiosos mais radicais apontam as paredes das cavernas antigas como as primeiras versões de livros conhecidas. Ali, seus moradores inscreviam representações simbólicas, no intuito de expressar, por intermédio de desenhos e gravações, os fenômenos observados no mundo exterior.

A despeito de tal consideração, sabemos que a forma e o conteúdo dos livros têm variado significativamente ao longo da história, mas de certo modo preserva algumas características essenciais.

A mais óbvia é que um livro é confeccionado para servir como instrumento de comunicação, no sentido de que pouco importa o **suporte físico** utilizado ou, ainda, a combinação de diversas mídias, como modernamente se pode observar.

Outro aspecto importante diz respeito ao **conteúdo físico** dos livros: sabe-se que ele deve ser composto de símbolos ou outras manifestações visualmente perceptíveis, tais como figuras, fotografias, notações musicais, enfim, qualquer modalidade passível de transmitir significado.

Uma última particularidade distinguível é a possibilidade de **circulação**. Seu objetivo primordial é o de anunciar, expor, transmitir e preservar conhecimento e informação entre pessoas, dependente de duas características: **portabilidade** e **permanência**.

Ao longo dos séculos o objeto livro teve os mais variados suportes físicos: desde as tábuas de barro das primeiras civilizações, passando pela utilização do bambu pelos chineses e do papiro pelos egípcios, até chegar ao pergaminho, fabricado a partir da camada intermediária da pele do carneiro, vitelo ou outros animais.

A utilização do pergaminho causou verdadeira revolução no formato dos livros, com a introdução de diversas vantagens: o *codex*, em oposição ao rolo de papiro, possuía uma série de páginas que permitiam ao leitor consultar qualquer ponto do texto; ambos os lados continham informações, e escritos mais longos podiam ser veiculados num único tomo.

A utilização de livros manuscritos, em pergaminho, perdurou até a Idade Média, mais precisamente até o século XV, quando **dois adventos** mudaram para sempre a história da transmissão do conhecimento.

O primeiro foi a utilização do **papel**, cuja confecção os europeus aprenderam com os muçulmanos (que, por sua vez, a aprenderam com os chineses). O segundo foi a **impressão** com base nos tipos móveis de metal, invento que se atribui a Gutenberg.

Como consequência, tanto o número de obras como o de cópias aumentaram drasticamente, o que incentivou o interesse do público pelos livros.

A partir da **Revolução Industrial**, a produção de livros converteu-se gradativamente num processo mecanizado, que, associado à possibilidade de reproduzir ilustrações, por volta do século XVIII, fez com que os livros se tornassem o mais importante instrumento de disseminação de conhecimento especializado que o homem conhece.

Essa breve síntese histórica das diversas configurações adotadas pelo objeto livro ao longo dos tempos tem o intuito de demonstrar, de modo inequívoco, a **transitoriedade** dos meios de produção e dos suportes físicos utilizados em diferentes momentos, fruto da evolução tecnológica e da necessidade constante do ser humano de difundir e armazenar informações, o que representa, sem sombra de dúvida, fonte segura rumo ao desenvolvimento.

324 Direito Tributário Esquematizado   Roberto Caparroz

De outro giro, permite-nos destacar importante aspecto, intimamente ligado aos objetivos da nossa argumentação: a **acidentalidade** do suporte físico em relação ao conceito, conforme ressaltam Jayme Arcoverde de Albuquerque Cavalcanti Filho e Gustavo Sampaio Valverde: "... busca-se evidenciar que para alcançarmos um conceito de livro, os materiais usados na sua fabricação são elementos meramente acidentais, não fazendo, pois, parte da substância do conceito"[63].

5.7.4.2. Considerações sobre o conceito de livro

Conceitos são **entidades lógicas** aplicadas a expressões linguísticas, e sua formulação depende, no mais das vezes, de um fenômeno complexo de cognição, composto por duas fases: na primeira, a pessoa identifica as características relevantes do objeto para, em seguida, buscar determinar a forma pela qual essas características se encontram logicamente conectadas.

No caso do vocábulo **livro**, um bom conceito genérico pode ser assim expresso: "conjunto de páginas de papel, papiro ou outro material no qual se possa escrever, unidas entre si e que contenham textos, ilustrações ou música"[64].

O conceito mostra-se útil, pois, ao evidenciar a **multiplicidade** de suportes físicos disponíveis, traz à tona a necessidade de dissociá-los do conteúdo intrínseco do objeto, qual seja, a mensagem que se pretende veicular.

Também os léxicos apresentam conceitos abrangentes sobre o vocábulo. É o caso do prestigioso — e até certo ponto conservador — *Merriam-Webster's Collegiate Dictionary*, que traz, entre outras acepções, a seguinte: "livro é qualquer coisa que revele conhecimento ou interpretação"[65].

Outro posicionamento interessante é o de Úrsula E. Katzentein, para quem "os livros transmitem as informações por meio de escrita ou ilustração, ou ambos, e consistem de **vários elementos**, em geral, reunidos. Tais elementos podem ser papiro, pergaminho, materiais têxteis, folhas de palmeira, madeira ou papel, costurados colados, perfurados e unidos por paus, tiras de couro ou linha. A mais antiga e, por algum tempo, a única forma de livros foi a tábua, seguida pelos rolos, não obstante o conceito, atualmente, popular, de que um livro é um códice de folhas de papel"[66].

Dada a impressionante evolução tecnológica dos tempos modernos, parece-nos claro que a utilização de um **conceito amplo** do vocábulo vai ao encontro da boa ciência, uma vez que nada pode nos garantir que os livros, tal qual hoje os conhecemos, sejam menos transitórios e efêmeros que suas manifestações passadas, as quais prevaleceram, conforme demonstrado, por milhares de anos.

---

[63] Jayme Arcoverde de Albuquerque Cavalcanti Filho e Gustavo Sampaio Valverde, Conceito de livro e imunidade tributária. *Revista Dialética de Direito Tributário*, n. 27, p. 79.

[64] Verbete "Livro", *Enciclopédia Encarta*.

[65] Tradução livre do autor para *"something that yelds knowledge or understanding"*, pertencente ao verbete "Book", *The Merriam-Webster's Collegiate Dictionary*, versão *on-line*.

[66] Úrsula E. Katzentein, *A origem do livro* — da idade da pedra ao advento da impressão tipográfica do Ocidente, p. 114.

5.7.4.3. *Evolução constitucional da imunidade dos livros e periódicos no Brasil*

É importante ressaltar que a produção de livros no Brasil é fenômeno relativamente recente.

Com efeito, os prelos estiveram proibidos no país até 1808, quando D. João V fundou a *Imprensa Régia*, cuja criação desencadeou um acelerado movimento editorial, com o surgimento de tipografias por toda parte.

Contudo, o grande surto editorial no País deu-se somente na década de 1930, momento de grande transformação nacional, quando **Monteiro Lobato** fundou a Companhia Editora Nacional. Outros momentos importantes da atividade foram a criação, no Rio de Janeiro, da Francisco Alves e Cia. e da Livraria José Olympio Editora, que lançou grandes nomes da literatura brasileira de 1930 a 1940, entre eles Graciliano Ramos, José Lins do Rego e Rachel de Queiroz, entre tantos outros.

Além disso, o próprio instituto das imunidades — em especial aquelas de índole tributária — é relativamente novo em nosso ordenamento jurídico. O fato é que até 1891, em razão do regime unitário adotado (Império do Brasil), não se podia cogitar em regras voltadas à imunidade tributária.

A proteção que nos interessa, vale dizer, a relativa aos livros, jornais, periódicos e ao papel destinado à sua impressão, atingiu *status* constitucional em 1946, e esteve presente nas demais Constituições, conforme nos informa Bernardo Ribeiro de Moraes[67], que apresenta a seguinte cronologia:

- Constituição Federal de 1946: art. 31, V, *c*;
- Emenda Constitucional n. 18, de 1.º-12-1965: art. 2.º, IV, *d*;
- Constituição do Brasil de 24-1-1967: art. 20, III, *d*;
- Emenda Constitucional n. 1, de 17-10-1969: art. 19, III, *d*;
- Constituição da República de 1988: art. 150, VI, *d*.

Tércio Sampaio Ferraz Júnior[68] comenta a evolução da presente imunidade, ressaltando a importância de uma interpretação abrangente:

"Isto nos leva diretamente ao apropriado entendimento do dispositivo constitucional referente à imunidade de livros, periódicos e jornais e do papel destinado à sua impressão. Em primeiro lugar, é importante notar a evolução sofrida pelo dispositivo que, em 1946, dava destaque ao papel e, a partir de 1967, inverteu a ordem dos conceitos, imunizando primariamente o livro, os periódicos, os jornais e, então, o papel destinado a sua impressão. Essa inversão traz consequências importantes. O fato de haver ainda destaque para **o papel destinado a sua impressão não deve nos enganar** quanto à proteção do próprio livro, jornal ou periódico que se tomam assim **imunes na sua integralidade**".

---

[67] Bernardo Ribeiro de Moraes, A imunidade e seus novos aspectos, *Revista Dialética de Direito Tributário*, n. 34, p. 35.

[68] Tércio Sampaio Ferraz Jr., Livro eletrônico e imunidade tributária, *Revista dos Procuradores da Fazenda Nacional*, n. 2.

Cientes da evolução histórica e constitucional do dispositivo imunizante, passemos agora a sua análise, de forma mais detalhada.

5.7.4.4. A imunidade dos livros e periódicos na Constituição de 1988

Mais uma vez iniciaremos nossa análise pelo aspecto linguístico, tentando compreender o sentido do termo **livro** nos três planos de linguagem já estudados.

Para tanto, podemos nos valer da oportuna lição de Edvaldo Brito:

> "Livro é, pois, um signo cujo conteúdo semântico tem de ser buscado na pragmática da comunicação normativa tributária. A pragmática é uma das três relações (as outras são a semântica e a sintaxe) propiciadas pelos signos utilizados pelo homem para comunicar-se, isto é, transmitir o pensamento. Consiste a pragmática na relação entre o signo e o sujeito que o emprega, de tal forma que a repetição de uma maneira desse emprego dá ao signo um conteúdo semântico típico de um setor do conhecimento humano.
>
> Portanto, livro, nessa pragmática, é o veículo através do qual se comunicam as ideias, os conhecimentos, as informações, enfim, transmite-se o pensamento, **pouco importando se o processo tecnológico**, em vez de ser a impressão de caracteres em papel, seja a fixação dos mesmos em instrumento diverso, tal como é o disquete. Livro, nessa pragmática, **não tem** o conteúdo semântico atribuído, tradicionalmente, à coisa representada por uma **impressão de letras em uma porção de papel**"[69].

Fica fácil perceber que, do ponto de vista pragmático — que considera a relação dos indivíduos **com o objeto** —, o importante é a **mensagem** veiculada pelo instrumento, e não o próprio instrumento em si.

Tal posicionamento é acolhido por Tércio Sampaio Ferraz Júnior[70]:

> "Apesar de objetiva (da coisa), a imunidade está endereçada à proteção de meios de comunicação de ideias, conhecimentos, informações, em suma, de expressão do pensamento como objetivo precípuo. Ao proteger o veículo, protege a propagação de ideias no interesse social. Ou seja, embora a vedação tenha por objeto coisas, a **imunidade diz respeito ao ser humano e suas relações**. Ela é objetiva enquanto vedação dirigida à tributação de certos objetos. Mas isto não exclui da análise os **sujeitos e a relação** que entre eles se estabelece".

Reforçando a importância da participação dos usuários da linguagem, num **ambiente comunicacional**, lembra-nos Marco Aurélio Greco[71] uma conhecida passagem de Umberto Eco, em seu livro *Kant e o ornitorrinco*.

Relata o renomado semiólogo italiano — como sempre valendo-se de fina ironia — a dificuldade de explicar para um seu amigo, em viagem à Austrália, a melhor forma de

---

[69] Edvaldo Brito, ICMS, ISS ou imunidade tributária?, *Revista Dialética de Direita Tributário*, n. 5, p. 26-27.

[70] Tércio Sampaio Ferraz Jr., Livro eletrônico e imunidade tributária, *Revista dos Procuradores da Fazenda Nacional*, n. 2.

[71] Marco Aurélio Greco, Imunidade tributária do livro eletrônico, in *Imunidade tributária do livro eletrônico*, p. 148 e s.

reconhecer a mundialmente famosa *Ayers Rock,* maravilha da natureza localizada no centro do país.

Com efeito, Eco nos informa que procurou descrever o enorme objeto geológico de uma maneira compreensível para o interlocutor, no intuito de que este pudesse mais facilmente reconhecê-lo. Ao fazer isso, optou por utilizar o vocábulo "montanha", quando na realidade *Ayers Rock* é uma gigantesca pedra (como, aliás, seu próprio nome denuncia) sem, no entanto, considerar que estava mentindo, pois, apesar de ser uma pedra, apresenta uma característica muito própria das montanhas, qual seja, seu enorme volume físico.

E arremata comentando que, se houvesse dito ao tal amigo que na verdade se trata de uma **pedra** (termo *cientificamente* correto), com certeza a pessoa ficaria olhando para o chão, e não para a frente ou para o alto, deixando de identificar o colossal corpo rochoso.

Essa singela passagem busca destacar a importância de analisar determinados termos linguísticos de forma mais abrangente (*enciclopédica* no dizer do mestre italiano, um dos meus autores favoritos), com vistas a detectar, por intermédio do conhecimento, as *propriedades* do objeto real representado por tal signo.

Acreditamos que o mesmo se passa com o vocábulo **livro**, conforme assinalado no art. 150, VI, *d*, da Constituição da República.

Por mais que se queira analisar tal termo de **forma restritiva**, como querem alguns, parece-nos que o elemento fundamental do objeto livro é a capacidade deste de veicular, transmitir, perpetuar informações e conhecimento.

Todo o resto (incluindo o suporte físico) são elementos acidentais, que não possuem o condão de desnaturar o conceito. Com razão, portanto, os autores, entre os quais nos incluímos, adeptos de uma interpretação constitucional mais ampla, com base na interpretação de que a finalidade do constituinte foi justamente proteger a **produção intelectual** manifestada pela liberdade de pensamento.

Tanto assim que a Constituição abriga, de **forma expressa**, esses direitos: *é livre manifestação do pensamento, sendo vedado o anonimato* (art. 5.º, IV), e *é livre a expressão da atividade intelectual, artística, científica e de comunicação, independentemente de censura ou licença* (art. 5.º, IX).

É o pensamento de Aliomar Baleeiro, em obra clássica:

"A Constituição protege objetivamente a coisa apta ao fim, sem referir-se à pessoa ou entidade... almeja duplo objetivo ao estatuir essa imunidade: amparar e estimular a cultura através dos livros, periódicos e jornais; garantir a liberdade de manifestação do pensamento, o direito de crítica e a propaganda partidária. Em ambos os aspectos do objetivo se refletem os mesmos princípios da livre manifestação do pensamento, da liberdade de ensino, das ciências, das letras e das artes e outros do Estatuto Supremo.

Logo, a imunidade do livro traz endereço certo à proteção dos meios de comunicação de ideias, conhecimentos e informações, enfim de expressão do pensamento, como objetivo precípuo. (...) Livros, jornais e periódicos são os veículos universais dessa propagação de ideias no interesse social da melhoria do nível intelectual, técnico, moral, político e humano da comunidade. (...) Livros, jornais e periódicos são todos os impressos ou gravados, por quaisquer processos tecnológicos, que transmitam aquelas ideias, informações, comentários, narrações reais ou fictícias sobre todos os interesses humanos, por meio de caracteres alfabéticos ou por imagens e, ainda, por signos *Braille* destinados a cegos"[72].

5.7.4.5. Da melhor interpretação constitucional

Temos a convicção de que uma Constituição é elaborada para perdurar, permanecer, **resistindo às mutações** do meio social, dentre as quais destacamos, pela relevância, o incrível e acelerado avanço tecnológico dos dias atuais.

Dessa assertiva retiramos duas importantes **conclusões:** em primeiro lugar, o hermeneuta constitucional deve interpretar as normas contidas na Constituição de forma a delas extrair sua **máxima efetividade**, buscando adequá-las à realidade, para que permaneçam intactas ao processo de exegese as diretrizes e comandos constitucionais fundamentais destinados às gerações futuras, sob pena de se estropiar o que estas possuem de essencial: a supremacia no ordenamento jurídico.

É o que ocorre com a *Constituição dos Estados Unidos*: criada há mais de 200 anos e composta de apenas sete artigos e pouco mais de duas dezenas de emendas, a Carta americana vem sendo constantemente **reinterpretada**, à luz das inúmeras alterações sociais, políticas, econômicas e tecnológicas ocorridas nesse período bicentenário, sem, entretanto, que se permita qualquer alteração **em seus princípios**, que atravessaram todos esses anos de forma incólume e resoluta, passando ao largo da obsolescência.

Nesse sentido, vale lembrar o magistério de Paulo Bonavides, para quem

"... o intérprete constitucional deve prender-se sempre à realidade da vida, à concretude da existência, compreendida esta sobretudo pelo que tem de espiritual, enquanto processo unitário e renovador da própria realidade, submetida à lei de sua integração. Nenhuma forma ou instituto de Direito Constitucional poderá ser compreendido em si, fora da conexidade que guarda com o sentido de conjunto e universalidade expressa pela Constituição. De modo que cada norma constitucional, ao aplicar-se, significa um momento no processo de **totalidade funcional**, característico da integração peculiar a todo ordenamento constitucional"[73].

Não se pode ficar aprisionado à letra da lei, ainda mais em sede constitucional.

Vale aqui lembrar as palavras de Marshall, citado por Sampaio Dória, em famosa decisão da **Suprema Corte** norte-americana:

"Jamais deveremos esquecer que é uma Constituição que estamos interpretando... uma Constituição concebida para subsistir por gerações e, consequentemente, para ser adaptada às várias crises dos negócios humanos"[74].

De outro giro, uma **segunda conclusão** importante diz respeito à absoluta desnecessidade de qualquer atividade legislativa complementar, como querem alguns

---

[72] Aliomar Baleeiro, *Limitações constitucionais ao poder de tributar*, p. 189 e s.

[73] Paulo Bonavides, *Curso de direito constitucional*, p. 437.

[74] Antonio Roberto Sampaio Dória, *Direito constitucional tributário e* due process of law, p. 27.

5 ◼ Imunidades

opositores dessa forma de interpretação constitucional viva, já que a diretriz fundamental está traçada e não carece de reinvenções.

Com efeito, insistir na tese de que a imunidade dos livros e periódicos, por ser restrita ao modelo *gutemberguiano*, deve ser objeto de exame político, a fim de que possa alcançar os chamados livros eletrônicos, em qualquer formato digital, é dar asas à sanha tributária de nossos legisladores, que, no mais das vezes, já se encontram acometidos de verdadeira **elefantíase jurídica**, tal o volume de normas absolutamente sem sentido produzidas nos últimos tempos.

No caso da imunidade em questão, parece-nos evidente que o intuito do legislador constituinte sempre foi o de reforçar a liberdade de pensamento, facilitar o acesso à informação, propiciar a difusão da cultura, enfim, permitir o desenvolvimento educacional em sentido amplo.

Em relação à liberdade de pensamento, mais do que garantia constitucional explícita, trata-se de viga mestra inafastável, da qual derivam outros direitos, como afirma categoricamente Pontes de Miranda:

> "Se falta liberdade de pensamento, todas as outras liberdades humanas estão sacrificadas, desde os fundamentos. Foram os alicerces mesmos que cederam. Todo o edifício tem de ruir. Dá-se a tentativa de fazer o homem parar: voltar ao infracultural, ou ao infra-humano"[75].

A esta altura, o leitor já deve ter percebido que, de longa data, sempre nos inclinamos à necessidade de **extensão** da imunidade sobre livros e periódicos não só ao chamado **livro eletrônico**, como também a todas as **outras mídias escritas modernas** e recentemente disponibilizadas; ainda assim, cumpre-nos tecer breves comentários acerca das posições contrárias, favoráveis a uma interpretação restritiva do comando.

O principal argumento contra a imunidade dos livros e periódicos eletrônicos decorreu da *suposta ênfase* que o constituinte teria aplicado ao suporte físico **papel**, por força da expressão *e o papel destinado a sua impressão*.

Caso fosse essa a interpretação mais adequada, os manuscritos em papiro ou pergaminho, bem como as iluminuras da Idade Média, que engrandecem as mais prestigiosas bibliotecas do mundo, estariam fora da esfera imunizante proposta pela Constituição.

Para melhor esclarecer, lembramos que no século I, quando a Bíblia ainda era escrita em pergaminho, suas palavras eram grafadas manualmente, exemplar por exemplar, e estes eram conservados em rolos. A biblioteca dos essênios em Qumran, encontrada por volta de 1948 nas proximidades do Mar Morto, continha alguns desses rolos, e o **conteúdo era idêntico** ao das Bíblias atuais, impressas em papel. Lá foram encontrados todos os livros do *Velho Testamento*, salvo o *Livro de Esther*, e parte do *Evangelho de Jesus Cristo* escrito por São João, tal como hoje os temos em nossos modernos livros.

Daí cabe a **pergunta**: por estarem grafados em pergaminho, não seriam livros? Caso a resposta partisse dos que defendem a *teoria restritiva* e se essa fantástica descoberta arqueológica se desse em terras tupiniquins, os referidos manuscritos, de valor incalculável, estariam, então, sujeitos à imposição tributária!

---

[75] Pontes de Miranda, *Comentários à Constituição de 1967*, t. 5, p. 155-156.

330 Direito Tributário Esquematizado   *Roberto Caparroz*

Descabem, ainda, os argumentos de que a Constituição empregou os termos de acordo com o momento **histórico** e **tecnológico** da Carta de 1988 ou quis intencionalmente *deixar de fora as mídias* que não fossem em papel, a exemplo do que se decidiu na Assembleia Constituinte em relação, por exemplo, aos audiovisuais.

A questão histórica, por tudo o que já dissemos, é **irrelevante**, pois, do contrário, como justificar a perenidade da *Constituição dos Estados Unidos*, promulgada quando não existia saneamento básico, luz elétrica ou qualquer outro conforto moderno?

Em relação aos **audiovisuais**, cuja proposta formulada pelo professor Ives Gandra, de inclusão no âmbito da imunidade, foi rejeitada pelo constituinte, vale lembrar que se tratava de outras formas de comunicação (radiodifusão, televisão e cinema, por exemplo), sem qualquer relação com o conceito de livro.

Nesse passo, é importante sublinhar que a imunidade é, *primariamente,* para o *veículo* da linguagem escrita e, *acessoriamente,* para o papel.

Portanto, se o objeto livro é imune, não cabe ao intérprete distinguir quando a própria norma não o fez, ou seja, **decompor** o livro nos seus elementos materiais e imateriais, para aceitar alguns e excluir outros.

Afinal, imune é o **livro**, com tudo que o compõe. Sua imunidade é **autônoma** em relação ao papel, embora possa ser reconhecido que a imunidade *do papel*, porque acessória, não é autônoma em relação aos livros e periódicos.

Percebe-se que, apesar de todos sabermos o que é um livro, diversas são as dúvidas acerca de qual seria sua exata **conformação**, especialmente se nos prendermos exclusivamente às suas *características extrínsecas*.

O fato reforça a tese por nós defendida de que o essencial é a **mensagem** veiculada pelo objeto livro e não suas características físicas, que são meramente acidentais.

Para completar, podemos afirmar que há objetos que são livros na plenitude de sua acepção, preenchendo as **características clássicas** do objeto (impressão em papel, encadernação e capa)*,* e **não estão** protegidos pela norma constitucional imunizante. São os casos do Livro Diário, do Livro-Razão e do Livro de Controle de Inventários (utilizados pelos contadores), assim como do livro de ponto (que controla o horário de trabalho dos funcionários), do livro de Inscrição na Dívida Pública (em que são apurados os créditos vencidos e não pagos pelos contribuintes), entre muitos outros.

E por que será que isso ocorre?

Justamente por se tratar de **livros em branco**, inicialmente desprovidos de conteúdo, que vão sendo paulatinamente preenchidos, de acordo com os fins que lhes sejam próprios. Nenhum deles veicula, *ab initio,* mensagem alguma.

Assim, podemos concluir que a **mensagem** é o principal elemento qualificador do objeto livro. Principal, mas não único. Na verdade, um segundo elemento deve integrar o conceito de livro: sua **publicação**.

Ao adotarmos a premissa de que o objetivo precípuo de todo livro é disseminar informação, transmitir mensagens, enfim, perpetuar o conhecimento da espécie humana, devemos reconhecer que tal fim só é atingido quando se possa, efetivamente, alcançar um número indeterminado de pessoas, potenciais **receptores** do conteúdo veiculado.

5 ◼ Imunidades   331

Nesse contexto, se possuo um manuscrito que acabo de redigir, guardado em minha casa (portanto de alcance bastante restrito), não posso afirmar, ainda, tratar-se de um livro. Somente com a sua publicação, isto é, com a possibilidade de **divulgação ao público**, terá ele preenchido integralmente o conceito.

Por óbvio que não interessa à hipótese o fato de o livro ser *realmente lido* por alguém; o que importa é a sua **disponibilidade**, ou seja, a possibilidade de isso ocorrer.

Como exemplo, poderíamos citar a copiosa troca de correspondências entre Martin Heidegger e Hannah Arendt. Ao longo de cinquenta anos, as confidências e os pensamentos de dois dos maiores filósofos do século XX (que além de tudo foram amantes, como se sabe) permaneceram na restrita esfera de seus interlocutores. Trazidos a público (no Brasil, em 2000), livro passaram a ser.

Em síntese, pensamos que livros são **objetos culturais** publicados para a divulgação das mais variadas formas de conhecimento, razão pela qual entendeu o constituinte, em atendimento à necessidade de desenvolvimento educacional da população, considerá-los **imunes** aos impostos.

Já o conceito de **periódico** é bastante abrangente e inclui revistas, jornais, *newsletters* e outras formas de divulgação continuada de informações. A principal diferença entre os livros e os periódicos é que os primeiros dependem de **edições**, enquanto os periódicos são disponibilizados com regularidade.

Como se sabe, o art. 150, VI, *d*, da Constituição veicula a chamada **imunidade cultural**, que alcança o ICMS, o IPI, o II e o IE, impostos que incidiriam sobre a cadeia produtiva e de comercialização dos livros e periódicos.

Isso não significa que a **receita** auferida com a venda de livros e periódicos seja imune, pois, nesse caso, haverá **incidência** do Imposto de Renda sobre o valor das vendas dos livros e periódicos, bem como sobre o resultado obtido a partir da eventual venda de espaços publicitários em revistas e jornais, por exemplo.

Também estão **sujeitos** ao Imposto de Renda os lucros obtidos por todos os intervenientes na comercialização dos livros, assim como os direitos autorais recebidos pelos seus autores[76].

STF — Imunidade Cultural

◼ **Entendimento pela amplitude da imunidade.** A imunidade tributária relativa a livros, jornais e periódicos é ampla, total, apanhando produto, maquinário e insumos. A referência, no preceito, a papel é exemplificativa, e não exaustiva (RE 202.149). Em **sentido contrário**, pela impossibilidade de a imunidade ser estendida a outros insumos não compreendidos na expressão "papel destinado à sua impressão" (RE 324.600-AgR).

---

[76] Nesse sentido, a posição do STF: "A imunidade tributária prevista no art. 150, VI, *d*, da CF não abrange os serviços prestados por empresas que fazem a distribuição, o transporte ou a entrega de livros, jornais, periódicos e do papel destinado a sua impressão. Precedentes. O STF possui entendimento no sentido de que a imunidade em discussão deve ser interpretada restritivamente" (RE 530.121-AgR).

- **Imunidade do papel fotográfico.** Curiosamente, o STF entende, de modo pacífico, que a imunidade alcança o chamado papel fotográfico (que não é de papel, mas sim um filme plástico não impressionado — RE 203.859), assim como os filmes destinados à produção de capas de livros (AI 597.746).

- **Álbuns de figurinhas são imunes.** A imunidade tributária sobre livros, jornais, periódicos e o papel destinado à sua impressão tem por escopo evitar embaraços ao exercício da liberdade de expressão intelectual, artística, científica e de comunicação, bem como facilitar o acesso da população à cultura, à informação e à educação. O Constituinte, ao instituir esta benesse, não fez ressalvas quanto ao valor artístico ou didático, à relevância das informações divulgadas ou à qualidade cultural de uma publicação. Não cabe ao aplicador da norma constitucional em tela afastar este benefício fiscal instituído para proteger direito tão importante ao exercício da democracia, por força de um juízo subjetivo acerca da qualidade cultural ou do valor pedagógico de uma publicação destinada ao público infantojuvenil (RE 221.239).

- **Imunidade dos materiais assimiláveis ao papel.** Material assimilável a papel, utilizado no processo de impressão de livros e que se integra no produto final — capas de livros sem capa dura — está abrangido pela imunidade do art. 150, VI, *d* (RE 392.221).

- **Imunidade das listas telefônicas.** O fato de as edições das listas telefônicas veicularem anúncios e publicidade não afasta o benefício constitucional da imunidade. A inserção visa a permitir a divulgação das informações necessárias ao serviço público a custo zero para os assinantes, consubstanciando acessório que segue a sorte do principal (RE 199.183).

- **Encartes de propaganda distribuídos com periódicos. Tributação.** Veículo publicitário que, em face de sua natureza propagandística, de exclusiva índole comercial, não pode ser considerado como destinado à cultura e à educação, razão pela qual não está abrangido pela imunidade de impostos prevista no dispositivo constitucional sob referência, a qual, ademais, não se estenderia, de qualquer forma, às empresas por eles responsáveis, no que concerne à renda bruta auferida pelo serviço prestado e ao lucro líquido obtido (RE 213.094).

Conquanto existisse grande debate doutrinário em **defesa da imunidade** dos livros e periódicos digitais (os chamados *e-books*), o STF defendeu, por anos a fio, a necessidade do suporte físico papel, típico dos livros tradicionais, para justificar a imunidade.

Entretanto, finalmente (março de 2017), no julgamento do **RE 330.817**[77], com **repercussão geral**, o tribunal decidiu reconhecer não apenas o alcance teleológico da

---

[77] A imunidade tributária constante do art. 150, VI, *d*, da Constituição Federal aplica-se ao **livro eletrônico** *(e-book)*, inclusive aos suportes exclusivamente utilizados para fixá-lo. Na mesma perspectiva, o STF entendeu, no julgamento do RE 595.676, que a imunidade tributária da alínea *d* do inciso VI do art. 150 da Constituição Federal alcança **componentes eletrônicos** destinados exclusivamente a integrar unidades didáticas com fascículos.

5 ■ Imunidades   333

imunidade, mas, sobretudo, a realidade atual, pois os *e-books* fazem parte do cotidiano das pessoas e simplesmente não podem ser ignorados, dado que o conteúdo por eles veiculado é idêntico ao de seus similares em papel.

De forma bastante feliz e adequada (e em consonância com o que sempre defendemos), o STF decidiu que os **livros digitais são imunes**, assim como os **aparelhos leitores** desses livros (*e-readers*), desde que se destinem exclusivamente a tal finalidade (o que exclui os tablets tradicionais, que possuem múltiplas funções).

O entendimento corroborou nossa tese, no sentido de que a exigência do suporte físico papel é absolutamente desprovida de sentido e não sobrevive sequer a uma interpretação gramatical da Constituição, pois o dispositivo expressamente consigna que são imunes os *livros, jornais, periódicos **e o papel destinado a sua impressão***.

É assente, pela obviedade, o entendimento de que a partícula "e", na língua portuguesa, tem a função de **aditivo**, nunca de condição para os termos que o precedem.

Ora, se os livros são imunes, como diz o texto constitucional, a circunstância de serem ou não de papel é **irrelevante**, pois a segunda parte do dispositivo objetiva apenas não tributar o papel quando este for destinado à produção de livros e periódicos, nada além disso.

O papel destinado à impressão de livros e periódicos já sai da fábrica com **destinação específica**, que condiciona a imunidade, ou seja, só pode ser utilizado para essa finalidade. Se a empresa gráfica utilizar esse papel para outros fins, como a impressão de calendários ou folhetos, deverá recolher todos os tributos incidentes, sem prejuízo de eventual penalidade pelo descumprimento dos requisitos para a imunidade.

Os *e-books* **transmitem** conhecimento do mesmo modo que os livros tradicionais, assim como a internet revolucionou os meios de comunicação.

Sem prejuízo da preferência particular do leitor, os livros digitais são uma alternativa ao modelo tradicional e ainda representam uma nova forma de **armazenamento** da produção intelectual humana.

Longe estão os dias preconizados por Ray Bradbury em sua clássica obra *Fahrenheit 451*, em que um governo totalitário e avesso à disseminação cultural promove a busca e a queima de livros em gigantescas fogueiras ao ar livre.

Num futuro próximo, mesmo que todos os livros físicos fossem destruídos, ainda restariam suas **versões eletrônicas**, distribuídas por uma infinidade de máquinas ao redor do planeta, de tal modo pulverizadas que se encontrariam a salvo de qualquer governo ou forma de tirania. Basta lembrarmo-nos do que ocorreu, em tempos antigos, com a maravilhosa *Biblioteca de Alexandria* para compreendermos a importância dessa realidade.

O STF também fixou a tese, com **repercussão geral** (RE 595676), de que a "imunidade tributária da alínea 'd' do inciso VI do art. 150 da Constituição Federal alcança componentes eletrônicos destinados exclusivamente a integrar unidades didáticas com fascículos". Neste caso, restou confirmada a imunidade tributária de fascículos importados com pequenos componentes eletrônicos, que formavam um conjunto único, destinado a demonstrar de forma prática a montagem descrita no material didático, por se entender, corretamente, que os componentes e sua montagem não seriam autônomos em relação ao curso veiculado pelos fascículos.

SÚMULA 657 DO STF: A imunidade prevista no art. 150, VI, *d*, da CF abrange os filmes e papéis fotográficos necessários à publicação de jornais e periódicos.

5.7.4.6. Imunidade dos fonogramas e videofonogramas musicais produzidos no Brasil

A Emenda Constitucional n. 75/2013 trouxe para o rol de imunidades do art. 150, VI, imunidade para "fonogramas e videofonogramas musicais **produzidos no Brasil** contendo obras musicais ou literomusicais de autores brasileiros e/ou obras em geral interpretadas por artistas brasileiros, bem como os suportes materiais ou arquivos digitais que os contenham, salvo na etapa de replicação industrial de mídias ópticas de leitura a *laser*".

Entendo que o constituinte **perdeu a oportunidade** de resolver questões mais relevantes, como a imunidade dos livros digitais e das novas formas de acesso ao conhecimento, mas se limitou, apenas, a criar uma "reserva de mercado" para os fonogramas e videofonogramas **nacionais**, como se estes fossem as únicas fontes culturais merecedoras de incentivo pela imunidade.

Para as provas de concursos, o leitor deve se manter adstrito ao **texto constitucional**, que só estabelece imunidade para obras musicais produzidas no Brasil ou interpretadas por artistas brasileiros, embora tal raciocínio encerre um evidente absurdo, segundo o qual uma música composta pelo "Sr. João" teria tratamento imune, diferentemente de uma peça de Bach interpretada pela Orquestra Filarmônica de Viena...

O comando constitucional, além de inoportuno, desvirtua a lógica das imunidades, que devem ser preceitos **garantidores** dos contribuintes e não fonte de benefícios ou vantagens econômicas para determinados grupos de pessoas.

Com efeito, qualquer imunidade relativa à música deveria ter por premissa a **facilitação do acesso** (via redução da carga tributária) do objeto cultural "música" a todas as pessoas, sem qualquer distinção em função de sua origem, autores ou intérpretes. O que se deveria privilegiar seria a importância da música como manifestação humana de caráter universal, refletida em todos os gêneros e estilos, e não apenas com o objetivo, bastante estranho ao conteúdo de uma Constituição, de criar reservas de mercado, algo absolutamente sem sentido no mundo globalizado em que vivemos.

Por sorte, o comando surgiu natimorto, pois, com a proliferação dos serviços musicais de *streaming* e o sepultamento dos CDs (mídias ópticas a *laser*, como disse o constituinte), o acesso à música, neste século XXI, está cada vez mais fácil e universal (sem prejuízo dos puristas que ainda gostam dos bons discos de vinil, que, felizmente, não são "mídias ópticas a *laser*").

Em 2024 (ARE 1.244.302), o STF entendeu que a imunidade tributária prevista no art. 150, inciso VI, alínea *e*, da Constituição, não se aplica às importações de suportes materiais produzidos fora do Brasil, ainda que contenham obra musical de artista brasileiro.

5.7.4.7. Outras imunidades previstas na Constituição

Sem prejuízo das imunidades relativas a **impostos** previstas no art. 150, VI, podemos encontrar diversas hipóteses, inclusive de espécies tributárias diferentes, ao longo do texto constitucional, conforme veremos a seguir.

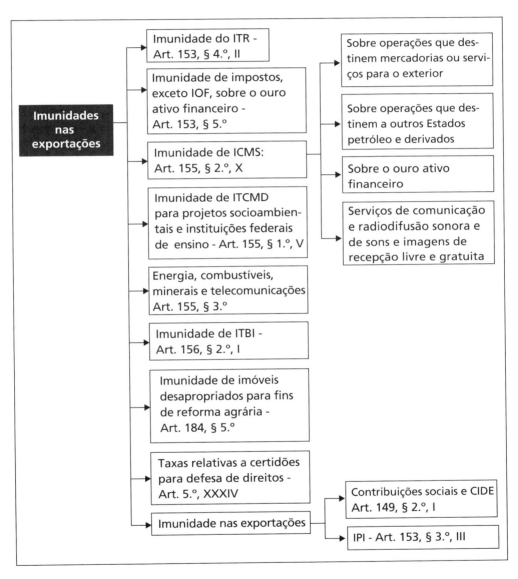

5.7.4.7.1. Imunidade de taxas relativas a certidões para defesa de direitos

De acordo com o art. 5.º, XXXIV, da Constituição, "são a todos assegurados, **independentemente do pagamento de taxas:** *a)* o direito de petição aos Poderes Públicos em defesa de direitos ou contra ilegalidade ou abuso de poder; *b)* a obtenção de certidões em repartições públicas, para defesa de direitos e esclarecimento de situações de interesse pessoal".

Os dois dispositivos permitem **amplo acesso** a garantias fundamentais, quais sejam, o de poder acionar as esferas administrativas ou judiciais para pleitear direitos ou combater situações de dano ou abuso e, ainda, o direito de obter certidões de interesse pessoal.

Ambos buscam propiciar, inclusive para as pessoas de baixa renda, o direito de conseguir a prestação jurisdicional e o exercício de outras prerrogativas constitucionais.

Nesse sentido, foi editada a **Súmula Vinculante 21**, que proíbe a exigência de qualquer depósito ou prestação de garantia para que se interponha recursos na esfera administrativa, permitindo que todos os contribuintes tenham direito ao **duplo grau** de jurisdição, ou seja, à revisão, por instância superior, de decisões que lhe foram desfavoráveis em primeira instância.

É o caso, por exemplo, do recurso apresentado para o CARF, contra decisão desfavorável das Delegacias de Julgamento da Receita Federal, nos processos administrativos de natureza tributária na esfera federal.

SÚMULA VINCULANTE 21 DO STF: É inconstitucional a exigência de depósito ou arrolamento prévios de dinheiro ou bens para admissibilidade de recurso administrativo.

5.7.4.7.2. Imunidade nas exportações

Existem diversas previsões, na Constituição, de imunidades relativas a tributos nas operações de exportação. Neste tópico, vamos tratar das contribuições sociais, da CIDE e do IPI, situações previstas nos seguintes artigos:

a) Contribuições Sociais e CIDE — art. 149, § 2.º, I: "As contribuições sociais e de intervenção no domínio econômico de que trata o *caput* deste artigo: I — **não incidirão** sobre as receitas decorrentes de exportação".

b) Imposto sobre produtos industrializados (IPI) — art. 153, § 3.º, III: "O imposto previsto no inciso IV (IPI): (...) III — **não incidirá** sobre produtos industrializados destinados ao exterior".

A lógica de todos os sistemas tributários opera no sentido de **desonerar as exportações**, para tornar os produtos nacionais mais competitivos no exigente mercado global.

No contexto brasileiro, a medida pode ocorrer de duas formas: a) mediante **imunidades**, como no caso dos dispositivos supratranscritos, que tratam das contribuições sociais, das contribuições de intervenção no domínio econômico e do imposto sobre produtos industrializados (da mesma forma que ocorre em relação ao ICMS e ao ISS, como teremos a oportunidade observar), ou b) por meio de **isenções**, para os tributos que não foram expressamente mencionados pela Constituição. Neste último caso, cabe ao legislador o papel de eliminar a carga tributária relativas às operações de exportação,

5 ◼ Imunidades   337

em homenagem à dinâmica do comércio internacional e, também, em respeito à **interpretação teleológica** que deve ser dada à matéria.

O Supremo Tribunal Federal exarou várias decisões nesse sentido, entre as quais destacamos o excerto a seguir, que **afasta a incidência** do PIS e da COFINS em operações relativas à **exportação**:

> Esta Suprema Corte, nas inúmeras oportunidades em que debatida a questão da hermenêutica constitucional aplicada ao tema das imunidades, adotou a **interpretação teleológica** do instituto, a emprestar-lhe **abrangência maior**, com escopo de assegurar à norma supralegal **máxima efetividade**. O **contrato de câmbio** constitui negócio **inerente à exportação**, diretamente associado aos negócios realizados em moeda estrangeira. Consubstancia etapa inafastável do processo de exportação de bens e serviços, pois todas as transações com residentes no exterior pressupõem a efetivação de uma operação cambial, consistente na troca de moedas. O legislador constituinte — ao contemplar na redação do art. 149, § 2.º, I, da Lei Maior as "receitas decorrentes de exportação" — conferiu maior amplitude à desoneração constitucional, suprimindo do alcance da competência impositiva federal todas as receitas que resultem da exportação, que nela encontrem a sua causa, representando consequências financeiras do negócio jurídico de compra e venda internacional. A **intenção plasmada** na Carta Política é a de **desonerar as exportações por completo**, a fim de que as empresas brasileiras não sejam coagidas a exportarem os tributos que, de outra forma, onerariam as operações de exportação, quer de modo direto, quer indireto. Consideram-se receitas decorrentes de exportação as receitas das **variações cambiais ativas**, a atrair a aplicação da regra de imunidade e afastar a incidência da contribuição ao PIS e da COFINS. Assenta esta Suprema Corte, ao exame do *leading case*, a tese da **inconstitucionalidade** da incidência da contribuição ao PIS e da COFINS sobre a receita decorrente da variação cambial positiva obtida nas operações de exportação de produtos (RE 627.815, com repercussão geral).

No mesmo sentido, o STF decidiu que os **créditos** decorrentes do **ICMS nas exportações**, que constituem benefício fiscal, representam receitas de exportação, independentemente do tratamento contábil que lhes for conferido e, por força disso, são também **imunes** ao **PIS** e à **COFINS**:

> (...) O art. 155, § 2.º, X, *a*, da CF — cuja finalidade é o incentivo às exportações, desonerando as mercadorias nacionais do seu ônus econômico, de modo a permitir que as empresas brasileiras exportem produtos, e não tributos — imuniza as operações de exportação e assegura "a manutenção e o aproveitamento do montante do imposto cobrado nas operações e prestações anteriores". **Não incidem**, pois, a **COFINS e a contribuição ao PIS** sobre os **créditos de ICMS cedidos a terceiros**, sob pena de frontal violação do preceito constitucional. O conceito de **receita**, acolhido pelo art. 195, I, *b*, da CF, não se confunde com o conceito contábil. Entendimento, aliás, expresso nas Leis 10.637/2002 (art. 1.º) e Lei 10.833/2003 (art. 1.º), que determinam a incidência da contribuição ao PIS/PASEP e da COFINS não cumulativas sobre o total das receitas, "independentemente de sua denominação ou classificação contábil". Ainda que a contabilidade elaborada para fins de informação ao mercado, gestão e planejamento das empresas possa ser tomada pela lei como ponto de partida para a determinação das bases de cálculo de diversos tributos, de modo algum subordina a tributação. A contabilidade constitui ferramenta utilizada também

para fins tributários, mas moldada nesta seara **pelos princípios e regras próprios do direito tributário**. Sob o específico prisma constitucional, receita bruta pode ser definida como o ingresso financeiro que se integra no patrimônio na condição de elemento novo e positivo, sem reservas ou condições. O aproveitamento dos créditos de ICMS por ocasião da **saída imune** para o exterior **não gera receita tributável**. Cuida-se de mera recuperação do ônus econômico advindo do ICMS, assegurada expressamente pelo art. 155, § 2.º, X, *a*, da CF. Adquirida a mercadoria, a empresa exportadora pode creditar-se do ICMS anteriormente pago, mas somente poderá transferir a terceiros o saldo credor acumulado após a saída da mercadoria com destino ao exterior (art. 25, § 1.º, da LC 87/1996). Porquanto só se viabiliza a cessão do crédito em função da exportação, além de vocacionada a desonerar as empresas exportadoras do ônus econômico do ICMS, as verbas respectivas **qualificam-se como decorrentes da exportação** para efeito da **imunidade do art. 149, § 2.º, I, da CF**. Assenta esta Suprema Corte a tese da inconstitucionalidade da incidência da contribuição ao PIS e da COFINS não cumulativas sobre os valores auferidos por empresa exportadora em razão da transferência a terceiros de créditos de ICMS. Ausência de afronta aos arts. 155, § 2.º, X; 149, § 2.º, I; 150, § 6.º; e 195, *caput* e inciso I, *b*, da CF (RE 606.107, com repercussão geral).

Situação distinta ocorre em relação ao **lucro** das empresas exportadoras.

Na hipótese, entende o STF que o lucro apurado pelos exportadores é **tributável**, pois o comando constitucional tem por objetivo imunizar as operações de exportação e não o **resultado** das empresas que atuam no segmento, de forma análoga ao que acontece com o lucro das pessoas que atuam na cadeia econômica dos livros, como tivemos a oportunidade de destacar.

A escolha do constituinte, nos dois casos de imunidade citados, recaiu sobre o objeto **livro** ou sobre as **atividades de exportação**, mas não alcançou o lucro dos empresários.

Esse é o entendimento **atual** do Supremo Tribunal Federal, que até alguns anos tinha jurisprudência em sentido oposto.

Para sintetizar o raciocínio, transcrevemos, a seguir, excerto de julgado que analisou a **incidência** da CSLL e da CPMF:

A **imunidade** prevista no art. 149, § 2.º, I, da Constituição, introduzida pela EC 33/2001, **não alcança** a Contribuição Social sobre o Lucro Líquido (CSLL), haja vista a distinção ontológica entre os conceitos de lucro e receita. (...) A norma de exoneração tributária prevista no art. 149, § 2.º, I, da Constituição **também não alcança** a Contribuição Provisória sobre Movimentação ou Transmissão de Valores e de Créditos e Direitos de Natureza Financeira (CPMF), pois o referido tributo não se vincula diretamente à operação de exportação. A exação não incide sobre o resultado imediato da operação, mas sobre operações financeiras posteriormente realizadas (RE 474.132)[78].

---

[78] No mesmo sentido, consolidando a jurisprudência, o RE 564.413, de 2010, com repercussão geral.

5.7.4.7.3. Imunidade para o Imposto sobre a Propriedade Territorial Rural

No intuito de incentivar a manutenção de **terras produtivas** no país, especialmente para os pequenos produtores rurais, a Constituição previu imunidade em relação ao Imposto sobre a Propriedade Territorial Rural (ITR), nos seguintes termos:

> **Art. 153**, § 4.º O imposto previsto no inciso VI do *caput* (ITR):
>
> II — **não incidirá** sobre pequenas glebas rurais, **definidas em lei**, quando as explore o proprietário que não possua outro imóvel.

Ressalte-se que a definição acerca do conceito de **pequenas glebas rurais**, para fins de imunidade, coube à Lei n. 9.393/96 (lei ordinária[79]), que no art. 2.º estabeleceu que:

> **Art. 2.º** Nos termos do art. 153, § 4.º, *in fine*, da Constituição, o imposto **não incide** sobre pequenas glebas rurais, quando as explore, **só ou com sua família**, o proprietário que não possua outro imóvel.
>
> **Parágrafo único.** Para os efeitos deste artigo, **pequenas glebas rurais** são os imóveis com área igual ou inferior a:
>
> I — **100 ha**, se localizado em município compreendido na Amazônia Ocidental ou no Pantanal mato-grossense e sul-mato-grossense;
>
> II — **50 ha**, se localizado em município compreendido no Polígono das Secas ou na Amazônia Oriental;
>
> III — **30 ha**, se localizado em qualquer outro município.

5.7.4.7.4. Imunidade sobre o ouro ativo financeiro

Em relação ao objeto **ouro**, existem duas possibilidades de tratamento.

Quando o metal for utilizado, por exemplo, como insumo para a fabricação de joias ou qualquer outro bem industrializado, as operações correspondentes serão consideradas **tributáveis** para fins de ICMS e IPI.

Nessa hipótese é utilizado o **ouro 18k** (também conhecido como *ouro 750*, o que significa 75% de pureza), e não há qualquer distinção entre o metal e outros insumos ou produtos, para fins de tributação.

Por outro lado, existe o **ouro 24k**, em barras (conhecido como *ouro 999* ou *ouro 999,9*, o metal em sua pureza máxima, conforme a escala europeia), que funciona como **ativo financeiro** ou instrumento de **reserva cambial**.

O ouro 24k em barras possui **cotação** internacional, de acordo com o peso, que é medido em *onças troy*[80] (o valor pode ser encontrado em jornais e sítios financeiros na internet).

---

[79] Ressaltamos que, por vezes, a regulamentação de dispositivos constitucionais pode ser feita mediante lei ordinária, mas a sua validade depende de interpretação sistemática do ordenamento, pois é comum na doutrina a ideia de que quando é necessária a edição de lei complementar a Constituição expressamente a menciona, embora isso não ocorra, por exemplo, no caso da definição de entidades sem fins lucrativos do art. 150, VI, *a*, pois, como vimos, os requisitos estão no CTN.

[80] Cada *onça troy* equivale a 31,1035 gramas.

340 Direito Tributário Esquematizado   Roberto Caparroz

Para as versões financeiras do ouro, a Constituição estabeleceu que o **único tributo** incidente é o **IOF**, conforme dispõe o art. 153, § 5.º:

> **Art. 153**, § 5.º O ouro, quando definido em lei como **ativo financeiro** ou **instrumento cambial**, sujeita-se **exclusivamente** à incidência do imposto de que trata o inciso V do *caput* deste artigo, devido na operação de origem.

Nesse sentido, tanto a doutrina como o Supremo Tribunal Federal entendem que se trata de uma **imunidade** em relação a todos os **demais tributos** (ICMS ou IPI, por exemplo), posto que o ouro financeiro só pode ser gravado pelo *Imposto sobre operações de crédito, câmbio e seguro, ou relativas a títulos ou valores mobiliários* (IOF)[81].

5.7.4.7.5. Imunidades relativas ao ICMS

Na Constituição, o imposto que recebeu tratamento mais exaustivo e detalhado foi o **ICMS** (Imposto sobre operações relativas à Circulação de Mercadorias e sobre prestações de Serviços de transporte interestadual e intermunicipal e de comunicação.

Vamos estudar as principais características do ICMS em capítulo específico, mas, por enquanto, devemos ressaltar as hipóteses de **imunidade** previstas no art. 155, § 2.º, X, da Constituição:

> § 2.º O imposto previsto no inciso II **(ICMS)** atenderá ao seguinte:
>
> X — **não incidirá**:
>
> *a)* sobre operações que destinem **mercadorias para o exterior**, nem sobre **serviços prestados** a destinatários no exterior, assegurada a manutenção e o aproveitamento do montante do imposto cobrado nas operações e prestações anteriores;
>
> *b)* sobre operações que destinem a outros Estados **petróleo, inclusive lubrificantes, combustíveis líquidos e gasosos dele derivados, e energia elétrica**;
>
> *c)* sobre o **ouro**, nas hipóteses definidas no art. 153, § 5.º;
>
> *d)* nas prestações de serviço de comunicação nas modalidades de radiodifusão sonora e de sons e imagens de recepção **livre e gratuita**;

Como podemos perceber, existem **quatro** hipóteses distintas de imunidade para o ICMS.

A **primeira**, compatível com a lógica de desoneração das exportações, veda a incidência do ICMS sobre operações que destinem mercadorias para o exterior[82], bem assim sobre serviços prestados a destinatários no exterior.

---

[81] Conforme o **RE 190.363**: "O ouro, definido como ativo financeiro ou instrumento cambial, sujeita-se, **exclusivamente**, ao IOF, devido na operação de origem: CF, art. 153, § 5.º. Inconstitucionalidade do inciso II do art. 1.º da Lei 8.033/1990".

[82] Contudo, atenção para o recente posicionamento do STF, consolidado no RE 754.917, com repercussão geral: "A imunidade a que se refere o art. 155, § 2.º, X, *a*, da CF não alcança operações ou prestações anteriores à operação de exportação".

5 ▪ Imunidades   341

Vimos que o STF entende que essa imunidade alcança as **operações** relativas à exportação[83], ao considerar **imunes** os incentivos fiscais destinados às empresas exportadoras, que consistem na manutenção e aproveitamento dos créditos de ICMS referentes às aquisições anteriores à exportação, ainda que **transferidos a terceiros** (RE 606.107).

Contudo, o STF firmou entendimento de que a imunidade relativa às exportações não alcança o aproveitamento de créditos de ICMS decorrentes de aquisições de bens destinados ao uso e consumo da empresa, que depende de lei complementar para sua efetivação (RE 704.815).

Para que o leitor entenda o mecanismo, destacamos que, em razão do princípio da **não cumulatividade** do ICMS, os exportadores *acumulam créditos* do imposto, relativos a todas as etapas que antecederam a exportação (produção de mercadorias a partir de insumos obtidos no país, por exemplo).

Isso porque as exportações são **imunes**, de forma que não é necessário *compensar o imposto* que seria devido na saída para o exterior com os créditos contabilizados quando da aquisição de insumos ou serviços, no Brasil, utilizados nos bens exportados.

Assim, caso a empresa não tenha vendas no **mercado doméstico** nunca terá como aproveitar esses créditos, pois todas as suas saídas são imunes.

O Supremo Tribunal Federal decidiu que o **aproveitamento** desses créditos, mediante cessão (venda) a terceiros, **não configura** receita tributável e não pode, portanto, ser objeto de incidência do PIS e da COFINS.

> É **inconstitucional** a incidência da contribuição para PIS e da contribuição para COFINS não cumulativas sobre os valores recebidos por empresa exportadora em razão da **transferência a terceiros de créditos de ICMS**.
>
> Discutia-se a possibilidade de os valores correspondentes à transferência de créditos de ICMS integrarem a base de cálculo de contribuição para PIS e da contribuição para COFINS não cumulativas.
>
> O Tribunal afirmou que o **aproveitamento** dos créditos de ICMS por ocasião da saída imune para o exterior **não geraria receita tributável**. Tratar-se-ia de mera recuperação do montante pago a título de ICMS na **cadeia antecedente**, a fim de **desonerar a exportadora**. Asseverou que o art. 149, § 2.º, I, da CF imunizaria as receitas provenientes de exportação. Ademais, as receitas oriundas da **cessão a terceiros**, por empresa exportadora, de créditos do ICMS, enquadrar-se-iam como "receitas decorrentes de exportação" (RE 606.107/RS).

A **segunda** imunidade afasta a exigência de ICMS nas operações que destinem a **outros estados** da Federação petróleo, inclusive lubrificantes, combustíveis líquidos e gasosos dele derivados, e energia elétrica.

---

[83] Nesse sentido, o RE 248.499: "A imunidade do ICMS relativa à exportação de produtos industrializados abrange todas as operações que contribuíram para a exportação, independentemente da natureza da moeda empregada".

O comando é salutar, pois confere tratamento **igual** entre todos os entes da federação, pois algumas matrizes energéticas não são produzidas em todo o país e a tributação interestadual das operações que propiciam a sua distribuição traria custos adicionais para os Estados não produtores[84].

Ressalte-se que a imunidade veda a tributação no estado de **origem** das matrizes energéticas, pois no estado de destino as operações posteriores, de circulação interna, podem ser tributadas[85].

O terceiro comando relativo ao ICMS apenas reproduz, expressamente, o raciocínio de que sobre o ouro **ativo financeiro** só pode incidir o IOF, como vimos.

Por fim, a **quarta** e última hipótese de imunidade impede que o ICMS seja exigido das empresas transmissoras de *rádio e televisão aberta*, que oferecem **gratuitamente** os respectivos sinais. Em sentido contrário, o ICMS incide sobre as operações de televisão por *assinatura e congêneres*, modalidades **pagas** de acesso a filmes, séries e demais programas de entretenimento.

5.7.4.7.6. Imunidade relativa a energia, combustíveis, minerais e telecomunicações

O art. 155, § 3.º, da Constituição veicula outra hipótese de **limitação** do campo de incidência dos entes federados, ao estabelecer que as operações relativas a energia elétrica, serviços de telecomunicações, derivados de petróleo, combustíveis e minerais só podem sofrer a incidência de **alguns tributos:**

> **Art. 155**, § 3.º À exceção dos impostos de que tratam o inciso II do *caput* deste artigo e o art. 153, I e II, nenhum outro imposto poderá incidir sobre operações relativas a energia elétrica, serviços de telecomunicações, derivados de petróleo, combustíveis e minerais do País.

A interpretação do dispositivo nos leva a concluir pela **possibilidade de incidência**, na hipótese, do Imposto de Importação, do Imposto de Exportação e do ICMS, assim como de contribuições, pois o comando literalmente menciona "nenhum outro imposto".

---

[84] STF: "ICMS. Lubrificantes e combustíveis líquidos e gasosos, derivados do petróleo. Operações interestaduais. Imunidade do art. 155, § 2.º, X, *b*, da CF. Benefício fiscal que não foi instituído em prol do consumidor, **mas do Estado de destino dos produtos em causa**, ao qual caberá, em sua totalidade, o ICMS sobre eles incidente, desde a remessa até o consumo. Consequente descabimento das teses da imunidade e da inconstitucionalidade dos textos legais, com que a empresa consumidora dos produtos em causa pretendeu obviar, no caso, a exigência tributária do Estado de São Paulo" (RE 198.088).

[85] Conforme entendimento do STF: "A imunidade ou hipótese de não incidência contemplada na alínea *b* do inciso X do § 2.º do art. 155, da CF, restringe-se ao Estado de origem, não abrangendo o Estado de destino da mercadoria, onde são tributadas todas as operações que compõem o ciclo econômico por que passam os produtos, independentemente de se tratar de consumidor final ou intermediário" (RE 190.992-AgR).

5 ■ Imunidades   343

De acordo com esse entendimento, foi exarada a **Súmula 659** do STF:

SÚMULA 659 DO STF: É legítima a cobrança da COFINS, do PIS e do FINSOCIAL sobre as operações relativas a energia elétrica, serviços de telecomunicações, derivados de petróleo, combustíveis e minerais do País.

5.7.4.7.7. Imunidade do Imposto sobre a Transmissão Inter Vivos de Bens Imóveis

O dispositivo tem por objetivo a desoneração das operações de **constituição** e **reorganização** societárias, na quais normalmente ocorre a transferência de imóveis como consequência dos negócios realizados, mas sem que esta tenha sido a finalidade precípua das partes, conforme estabelece o art. 156, § 2.º, I, da Constituição.

Art. 156, § 2.º O imposto previsto no inciso II (ITBI):

I — **não incide** sobre a transmissão de bens ou direitos incorporados ao patrimônio de pessoa jurídica em realização de capital, nem sobre a transmissão de bens ou direitos decorrente de fusão, incorporação, cisão ou extinção de pessoa jurídica, salvo se, nesses casos, a atividade preponderante do adquirente for a compra e venda desses bens ou direitos, locação de bens imóveis ou arrendamento mercantil;

Para a compreensão das situações que estão protegidas pela imunidade, vejamos três exemplos.

Exemplo 1: Quando o **sócio** de uma empresa, pessoa física, faz a **integralização do capital** de uma empresa por meio de imóveis, efetivamente ocorre a transferência da propriedade entre as partes, mas não incidirá o ITBI, pois a intenção do constituinte foi no sentido de impedir a tributação de operações que promovam *aumento de capital*, em razão dos potenciais efeitos **positivos** da transação (constituição de novas empresas, contratação de mais funcionários, expansão dos negócios etc.). De se notar que, na hipótese, o sócio poderia vender o imóvel para terceiros e depois integralizar o capital com o dinheiro recebido, de sorte que esta segunda operação não seria alcançada pelo ITBI.

Exemplo 2: Imagine um caso de reorganização societária em que foi decidida a **fusão** de duas grandes empresas, que passarão a operar de forma integrada. Embora ocorra, necessariamente, a **transferência** da propriedade dos imóveis de cada uma em favor da nova sociedade, essa certamente não foi a **razão** da operação, que deve ter fundamentado em condições de marcado, ganhos mediante sinergia, fortalecimento econômico ou diversos outros argumentos. Podemos perceber que a transferência dos ativos será **consequência** do negócio, e não a sua causa, motivo pelo qual entendeu o constituinte pela imunidade quanto ao ITBI.

Exemplo 3: De forma distinta, quando a operação for realizada entre empresas cujo principal negócio seja justamente a compra e venda de imóveis ou atividades correlatas (imobiliárias, incorporadoras etc.), o ITBI **deverá incidir**, pois o objeto da transação tem como escopo o próprio "estoque" das partes. Aqui, o raciocínio é de que a atividade preponderante das empresas sujeita-se ao ITBI e que a transferência é a **essência** do negócio e não apenas um efeito colateral.

344 Direito Tributário Esquematizado

Roberto Caparroz

5.7.4.7.8. Imunidade de imóveis desapropriados para fins de reforma agrária

Com o objetivo de desonerar as transferências de imóveis para fins de **reforma agrária**, nas quais a pessoa que os recebe possui, em tese, baixa capacidade contributiva, entendeu o constituinte impedir a incidência de quaisquer impostos sobre tais operações, conforme a dicção do art. 184, § 5.º:

> **Art. 184**, § 5.º São **isentas** de impostos federais, estaduais e municipais as operações de transferência de imóveis desapropriados para fins de reforma agrária.

Ressaltamos que, embora o texto utilize a expressão "isentas" de forma imprópria, o comando veicula verdadeira imunidade, pois preenche os requisitos característicos do instituto: a) trata-se de **norma única**, b) delimitadora de **competência**, c) de eficácia **plena** e d) oriunda do altiplano **constitucional**.

Como vimos, a presença desses requisitos é suficiente para impedir a atuação legislativa dos entes políticos e configura, apesar da terminologia inadequada, hipótese de imunidade.

A nossa posição encontra suporte na **jurisprudência** do Supremo Tribunal Federal:

> **Alcance da imunidade** tributária relativa aos títulos da dívida agrária. Há pouco, em 28-9-1999, a Segunda Turma desta Corte, ao julgar o RE 169.628, Relator o eminente Ministro Maurício Corrêa, decidiu, por unanimidade de votos, que o § 5.º do art. 184 da Constituição, **embora aluda à isenção** de tributos com relação às operações de transferência de imóveis desapropriados para fins de reforma agrária, não concede isenção, mas, sim, **imunidade**, que por sua vez tem por fim não onerar o procedimento expropriatório ou dificultar a realização da reforma agrária, sendo que os títulos da dívida agrária constituem moeda de pagamento da justa indenização devida pela desapropriação de imóveis por interesse social e, dado o seu caráter indenizatório, **não podem ser tributados**. Essa imunidade, no entanto, não alcança terceiro adquirente desses títulos, o qual, na verdade, realiza com o expropriado negócio jurídico estranho à reforma agrária, não sendo assim também destinatário da norma constitucional em causa (RE 168.110).

5.7.4.7.9. Imunidade de contribuições para aposentadoria e pensão

O art. 195, II, da Constituição impede que os aposentados e pensionistas do **regime geral** de previdência social (INSS) sejam tributados, situação que não alcança os servidores públicos, conforme se depreende da redação do dispositivo.

> **Art. 195.** A seguridade social será financiada **por toda a sociedade**, de forma direta e indireta, nos termos da lei, mediante recursos provenientes dos orçamentos da União, dos Estados, do Distrito Federal e dos Municípios, e das seguintes **contribuições sociais**: (...)
>
> II — do trabalhador e dos demais segurados da previdência social, **não incidindo** contribuição sobre aposentadoria e pensão concedidas pelo **regime geral de previdência social** de que trata o art. 201.

5 ■ Imunidades

Embora o regime de previdência social no Brasil seja contributivo, o Supremo Tribunal Federal entende que é **inconstitucional** a cobrança de contribuição previdenciária sobre os proventos de inativos e pensionistas:

> É **inconstitucional** a cobrança, na vigência da EC 20/1998, de contribuição previdenciária sobre os proventos de **inativos e pensionistas**, conforme jurisprudência firmada neste STF. A restituição dos valores das contribuições descontadas indevidamente deverá ser feita em valores atualizados, com juros de mora contados a partir do trânsito em julgado da sentença, conforme dispõe o parágrafo único do art. 167 do Código Tributário Nacional (RE 593.586-ED).

Ressaltamos que a imunidade **não beneficia** os servidores públicos aposentados e os pensionistas do regime específico, que **estão sujeitos** à contribuição desde a edição da Emenda Constitucional n. 41/2003, conforme a redação do art. 40 da Constituição:

> **Art. 40.** Aos servidores titulares de **cargos efetivos** da União, dos Estados, do Distrito Federal e dos Municípios, incluídas suas autarquias e fundações, é assegurado regime de previdência de caráter **contributivo e solidário**, mediante contribuição do respectivo ente público, dos **servidores ativos e inativos e dos pensionistas**, observados critérios que preservem o equilíbrio financeiro e atuarial e o disposto neste artigo.

A Emenda Constitucional n. 41 também criou o **abono de permanência**, para os servidores que já preencheram os requisitos para a aposentadoria, mas continuam trabalhando nos respectivos cargos, conforme estabelece o § 19 do art. 40 da Constituição:

> § 19. O servidor de que trata este artigo que tenha **completado** as exigências para aposentadoria voluntária estabelecidas no § 1.º, III, *a*, e que **opte por permanecer em atividade** fará jus a um **abono de permanência** equivalente ao **valor** da sua contribuição previdenciária até completar as exigências para aposentadoria compulsória contidas no § 1.º, II.

5.7.4.7.10. *Imunidade de contribuições para entidades beneficentes*

Com o objetivo de incentivar o chamado **terceiro setor**, retirando das entidades beneficentes a carga tributária normalmente incidente sobre os empresários, o constituinte, além dos impostos previstos no art. 150, VI, *c*, resolveu também afastar a exigência de contribuições para a seguridade social, como dispõe o art. 195, § 7.º.

> **Art. 195**, § 7.º São **isentas** de contribuição para a seguridade social as entidades beneficentes de assistência social que atendam às exigências **estabelecidas em lei**.

A esta altura podemos **abstrair**, novamente, a impropriedade da expressão "isentas" e considerar, sem maiores preocupações, que o comando veicula hipótese de **imunidade**[86], em relação à qual o Supremo Tribunal Federal reconheceu **eficácia imediata**,

---

[86] Conforme **posição inequívoca** do STF: "Contribuição previdenciária — Quota patronal — Entidade de fins assistenciais, filantrópicos e educacionais — Imunidade (CF, art. 195, § 7.º). A cláusula

346 Direito Tributário Esquematizado   *Roberto Caparroz*

para afastar a incidência do PIS[87] *mesmo sem a edição de lei complementar para regular a matéria*, conforme decisão a seguir transcrita:

> No julgamento do **RE 636.941-RG**, sob a relatoria do min. Luiz Fux, a Corte definiu **três pontos essenciais** sobre a matéria em questão: (i) o PIS é uma contribuição social vertida em favor da seguridade social, razão pela qual se sujeita ao regime jurídico constante do art. 195 da Carta; (ii) a lei de que trata o art. 195, § 7.º, da Constituição é a **lei ordinária** que prevê os requisitos formais de estrutura, organização e funcionamento das entidades beneficentes de assistência social; (iii) **ainda que se admita**, **hipoteticamente**, que o dispositivo constitucional demanda complementação pela via da **lei complementar**, a imunidade possui **eficácia imediata**, devendo ser reconhecida em favor do contribuinte ainda que pendente de regulamentação (RE 594.914-AgR).

5.7.4.7.11. Imunidades decorrentes da Reforma Tributária

A reforma tributária prevê a criação de **três novos tributos** (IBS, CBS e IS), razão pela qual também foram estabelecidas novas hipóteses de imunidade. Além disso, a reforma alterou a estrutura normativa de alguns tributos existentes, ampliando o rol de imunidades, como veremos a seguir.

A primeira imunidade, relativa ao novo **Imposto sobre Bens e Serviços** (IBS), impede a tributação sobre **exportações**, operações com **energia elétrica** e **telecomunicações** (art. 153, § 6.º, I). No caso das exportações, o art. 156-A assegura ao exportador a manutenção e o aproveitamento dos créditos relativos às operações nas quais seja adquirente de bem material ou imaterial, inclusive direitos, ou serviço, observada a **forma e o prazo**, fixados em **lei complementar**, para o ressarcimento dos créditos acumulados pelo contribuinte.

O IBS também não alcançará as prestações de serviço de comunicação nas modalidades de radiodifusão sonora e de sons e imagens de recepção livre e gratuita (art. 156-A, XI).

---

inscrita no art. 195, § 7.º, da Carta Política — não obstante referir-se **impropriamente à isenção** de contribuição para a seguridade social —, contemplou as entidades beneficentes de assistência social o favor constitucional da **imunidade tributária**, desde que por elas preenchidos os requisitos fixados em lei. A jurisprudência constitucional do STF já identificou, na cláusula inscrita no **art. 195, § 7.º, da CF**, a existência de uma **típica garantia de imunidade** (e não de simples isenção) estabelecida em favor das entidades beneficentes de assistência social. Precedente: RTJ 137/965. Tratando-se de imunidade — que decorre, em função de sua natureza mesma, do próprio texto constitucional —, revela-se evidente a absoluta impossibilidade jurídica de a autoridade executiva, mediante deliberação de índole administrativa, restringir a eficácia do preceito inscrito no art. 195, § 7.º, da Carta Política, para, em função de exegese que claramente distorce a teleologia da prerrogativa fundamental em referência, negar, à entidade beneficente de assistência social que satisfaz os requisitos da lei, o benefício que lhe é assegurado no mais elevado plano normativo" (RMS 22.192).

[87] De acordo com o STF, "a imunidade prevista no art. 195, § 7.º, da CF incide apenas em relação ao contribuinte de direito do PIS e da COFINS, não impedindo a incidência dos chamados tributos indiretos" (ARE 741.918-AgR).

5 ■ Imunidades

Por fim, no caso de **sociedades cooperativas**, caberá à lei complementar definir as hipóteses em que o IBS **não incidirá** sobre as operações realizadas entre a sociedade cooperativa e seus associados, entre estes e aquela e pelas sociedades cooperativas entre si quando associadas para a consecução dos objetivos sociais (art. 156-A, § 6.º, III, *a*), bem como estabelecer o regime de **aproveitamento do crédito** das etapas anteriores (art. 156-A, § 6.º, III, *b*).

O **ITCMD** (Imposto sobre a transmissão *causa mortis* e doação, de quaisquer bens ou direitos) será **imune** — não incidirá, na dicção constitucional — nas transmissões e nas doações para as instituições sem fins lucrativos com finalidade de relevância pública e social, inclusive as organizações assistenciais e beneficentes de entidades religiosas e institutos científicos e tecnológicos, e por elas realizadas na consecução dos seus objetivos sociais, observadas as condições estabelecidas em lei complementar (art. 155, § 1.º, VII).

Durante a **fase de transição**, em que coexistirão dois regimes tributários diferentes sobre o consumo (!), o art. 126, III, *b*, do ADCT, garante, ao menos, que o **IPI**, a partir de 2027, **não incidirá** de forma cumulativa com o **IS** (Imposto Seletivo), assim como terá suas alíquotas reduzidas a zero, **exceto** em relação aos produtos que tenham industrialização incentivada na Zona Franca de Manaus, conforme critérios estabelecidos em **lei complementar**[88].

O ADCT (art. 9.º, § 9.º) estabelece que o novo IS (Imposto Seletivo) não incidirá sobre bens ou serviços, definidos em lei complementar, cujas operações forem beneficiadas com a redução de 60% das alíquotas do IBS e da CBS.

A **imunidade de IS**, neste caso, englobará:

■ serviços de educação;

■ serviços de saúde;

■ dispositivos médicos;

■ dispositivos de acessibilidade para pessoas com deficiência;

■ medicamentos;

■ produtos de cuidados básicos à saúde menstrual;

■ serviços de transporte público coletivo de passageiros rodoviário e metroviário de caráter urbano, semiurbano e metropolitano;

■ alimentos destinados ao consumo humano;

■ produtos de higiene pessoal e limpeza majoritariamente consumidos por famílias de baixa renda;

■ produtos agropecuários, aquícolas, pesqueiros, florestais e extrativistas vegetais *in natura*;

■ insumos agropecuários e aquícolas;

■ produções artísticas, culturais, de eventos, jornalísticas e audiovisuais nacionais, atividades desportivas e comunicação institucional;

■ bens e serviços relacionados a soberania e segurança nacional, segurança da informação e segurança cibernética.

---

[88] ADCT, 126, III, *a*.

5.8. QUESTÕES

6

REPARTIÇÃO DAS RECEITAS TRIBUTÁRIAS

6.1. PRECEITOS CONSTITUCIONAIS COMPLEMENTARES

Além dos princípios gerais do sistema e das imunidades, o art. 150 da Constituição veicula **três comandos** importantes, previstos nos §§ 5.º, 6.º e 7.º.

A norma do § 5.º é de **ordem educativa** e tem por objetivo esclarecer o consumidor sobre a carga tributária incidente sobre mercadorias e serviços:

> § 5.º A lei determinará medidas para que os consumidores sejam esclarecidos acerca dos impostos que incidam sobre mercadorias e serviços.

Somente com a **Lei n. 12.741/2012** o legislador federal se deu ao trabalho de atender ao comando do constituinte e publicar uma norma destinada a prestar os necessários esclarecimentos ao consumidor.

A lei determina que deverá constar dos **documentos fiscais** de venda ao consumidor de mercadorias ou da prestação de serviços a informação do valor aproximado sobre o **total dos tributos** federais, estaduais e municipais que influíram na formação dos respectivos preços.

Assim, cada mercadoria ou serviço poderá ter um cálculo **diferente**, de acordo com os tributos incidentes, inclusive nas hipóteses de regimes diferenciados.

Como o leitor já deve ter percebido ao realizar suas compras, a lei permite que a informação sobre a carga tributária conste de **painel** ou **placa** afixado em local visível do próprio estabelecimento[1].

Os valores poderão ser em percentual ou em reais, de acordo com a **natureza** das alíquotas incidentes (*ad valorem* ou específicas).

O cálculo deverá contemplar os seguintes **tributos:**

- Imposto sobre Operações relativas à Circulação de Mercadorias e sobre Prestações de Serviços de Transporte Interestadual e Intermunicipal e de Comunicação (ICMS);
- Imposto sobre Serviços de Qualquer Natureza (ISS);

---

[1] Quando se tratar de serviço de natureza financeira (bancária, por exemplo), em que não há emissão de documento fiscal, a carga tributária **deve ser afixada** em painel no estabelecimento. A indicação relativa ao IOF deve se referir apenas aos produtos financeiros que sofrem a incidência do imposto.

- Imposto sobre Produtos Industrializados (IPI);
- Imposto sobre Operações de Crédito, Câmbio e Seguro, ou Relativas a Títulos ou Valores Mobiliários (IOF);
- Contribuição Social para o Programa de Integração Social (PIS) e para o Programa de Formação do Patrimônio do Servidor Público (PASEP) — (PIS/PASEP);
- Contribuição para o Financiamento da Seguridade Social (COFINS);
- Contribuição de Intervenção no Domínio Econômico, incidente sobre a importação e a comercialização de petróleo e seus derivados, gás natural e seus derivados e álcool etílico combustível (CIDE).

Quando se tratar de operações que envolvam insumos ou componentes **estrangeiros** que representem mais de 20% do valor da venda, deverão também ser informados os montantes do Imposto de Importação, do PIS e da COFINS incidentes sobre importações.

Sempre que o custo do bem ou serviço for composto de **gastos com pessoal**, devem ser informadas a contribuição previdenciária dos empregados e a dos empregadores.

O **descumprimento** desses deveres acessórios sujeita o infrator a diversas sanções administrativas, estabelecidas no Capítulo VII da Lei n. 8.078/90 **(Código do Consumidor)**, que podem variar da simples aplicação de multas até a interdição do estabelecimento, de acordo com as hipóteses previstas nos arts. 55 a 60 daquele diploma legal.

Na sequência do art. 150, a Constituição determina que **benefícios fiscais** só podem ser concedidos mediante **lei específica**, nos seguintes termos:

§ 6.º Qualquer subsídio ou isenção, redução de base de cálculo, concessão de crédito presumido, anistia ou remissão, relativos a impostos, taxas ou contribuições, só poderá ser concedido mediante lei específica, federal, estadual ou municipal, que regule exclusivamente as matérias acima enumeradas ou o correspondente tributo ou contribuição, sem prejuízo do disposto no art. 155, § 2.º, XII, *g*.

A intenção do constituinte foi no sentido de **impedir** a concessão de benefícios em leis estranhas à matéria tributária, que ensejavam a aprovação "em bloco" do texto, sem que os parlamentares e a própria sociedade tivessem a oportunidade clara de conhecer e apreciar o alcance de tais benesses[2].

Portanto, a exigência de lei específica possibilita **delimitar** e **enumerar**, de maneira exclusiva, quais pontos serão objeto do benefício, o que deve ocorrer em norma voltada para a regulamentação do próprio tributo.

---

[2] A trágica *Lei Geral da Copa* (Lei n. 12.663/2012), que veiculava os mais variados absurdos, com a concessão de inúmeros benefícios tributários e não tributários à FIFA e seus representantes e associados, foi considerada **constitucional** pelo STF, sob o argumento de que se trataria de situação de autocontenção do Judiciário, que não deveria apreciar a decisão política do governo, tomada de acordo com a conveniência e oportunidade que o evento ensejava, posto que era necessário atribuir benefícios à FIFA para que o **desenvolvimento social e econômico** trazido pela Copa do Mundo pudesse ser alcançado. Confessamos que, passados alguns anos, ainda não conseguimos vislumbrar esse legado econômico e social positivo.

6 ■ Repartição das Receitas Tributárias 351

Essa é a posição do Supremo Tribunal Federal, ao considerar **inconstitucional** a autorização legislativa da Assembleia Paraense para que o Governador do Estado concedesse, mediante **regulamento**, benefícios fiscais de anistia e remissão:

> A adoção do processo legislativo decorrente do art. 150, § 6.º, da CF tende a **coibir o uso** desses institutos de desoneração tributária como **moeda de barganha para a obtenção de vantagem pessoal** pela autoridade pública, pois a fixação, pelo mesmo Poder instituidor do tributo, de requisitos objetivos para a concessão do benefício tende a **mitigar arbítrio** do chefe do Poder Executivo, garantindo que qualquer pessoa física ou jurídica enquadrada nas hipóteses legalmente previstas usufrua da benesse tributária, homenageando-se aos princípios constitucionais da impessoalidade, da legalidade e da moralidade administrativas (art. 37, *caput*, da Constituição da República). A autorização para a concessão de remissão e anistia, a ser feita "na forma prevista em regulamento" (art. 25 da Lei 6.489/2002), configura delegação ao chefe do Poder Executivo em tema **inafastável** do Poder Legislativo (ADI 3.462).

STF — Necessidade de lei específica para benefícios

- **ICMS. Benefícios. Exigência de lei e consenso dos entes federados.** Entende o STF que os convênios são autorizações para que o Estado possa implementar um benefício fiscal. Efetivar o beneplácito no ordenamento interno é mera faculdade, e não obrigação. A participação do Poder Legislativo legitima e confirma a intenção do Estado, além de manter hígido o postulado da separação de poderes concebido pelo constituinte originário (RE 630.705-AgR).

- **Simples Nacional.** O STF reconheceu a validade das isenções e benefícios veiculados pela Lei Complementar n. 123/2006, que instituiu o regime em favor das micro e pequenas empresas (ADI 4.022).

- **ICMS. Redução da base de cálculo. Inaplicabilidade do art. 150, § 6.º.** Direito ao crédito. Base de cálculo reduzida. Fenômeno equivalente à isenção parcial. (...) O art. 150, § 6.º não se aplica ao caso, na medida em que se trata de instrumento de salvaguarda do pacto federativo e da separação de poderes, destinado a impedir o exame escamoteado de relevante matéria de impacto orçamentário, em meio à discussão de assunto frívolo ou que não tem qualquer pertinência com matéria tributária ou fiscal. O art. 150, § 6.º nada diz a respeito da caracterização dos fenômenos da redução da base de cálculo e da isenção parcial, para fins do art. 155, § 2.º, II, *b* da Constituição (AI 669.557-AgR).

- **Isenção de ICMS para lojas francas.** Convênio ICMS 91/1991. Isenção de ICMS. Regime aduaneiro especial de loja franca. "Free Shops" nos aeroportos. Promulgação de decreto legislativo. Atendimento ao princípio da legalidade estrita em matéria tributária. Legitimidade, na hipótese, da concessão de isenção de ICMS, cuja autorização foi prevista em convênio, uma vez presentes os elementos legais determinantes para vigência e eficácia do benefício fiscal (RE 539.130).

- **Isenção. Impossibilidade de Integração pelo Poder Judiciário.** A concessão desse benefício isencional traduz ato discricionário que, fundado em juízo de conve-

352 Direito Tributário Esquematizado   *Roberto Caparroz*

---

niência e oportunidade do Poder Público, destina-se, a partir de critérios racionais, lógicos e impessoais estabelecidos de modo legítimo em norma legal, a implementar objetivos estatais nitidamente qualificados pela nota da extrafiscalidade. A exigência constitucional de lei formal para a veiculação de isenções em matéria tributária atua como insuperável obstáculo à postulação da parte recorrente, eis que a extensão dos benefícios isencionais, por via jurisdicional, encontra limitação absoluta no dogma da separação de poderes. Os magistrados e Tribunais — que não dispõem de função legislativa — não podem conceder, ainda que sob fundamento de isonomia, o benefício da exclusão do crédito tributário em favor daqueles a quem o legislador, com apoio em critérios impessoais, racionais e objetivos, não quis contemplar com a vantagem da isenção. Entendimento diverso, que reconhecesse aos magistrados essa anômala função jurídica, equivaleria, em última análise, a converter o Poder Judiciário em inadmissível legislador positivo, condição institucional esta que lhe recusou a própria Lei Fundamental do Estado (AI 142.328-AgR).

Por derradeiro, o § 7.º do art. 150 da Constituição, adicionado pela EC n. 3/93, convalidou o mecanismo conhecido como **substituição tributária**, típico do ICMS, no qual deve ser recolhido o imposto devido *antes da ocorrência do fato gerador*, situação que exige previsão legal.

> § 7.º **A lei** poderá atribuir a sujeito passivo de obrigação tributária a condição de responsável pelo pagamento de imposto ou contribuição, cujo fato gerador deva ocorrer **posteriormente**, assegurada a imediata e preferencial restituição da quantia paga, caso não se realize o fato gerador presumido.

Falaremos sobre a substituição tributária, suas características, modalidades e problemas, no capítulo destinado aos tributos estaduais e municipais, de forma que nos cabe, a partir de agora, discorrer sobre a repartição das receitas tributárias e, com isso, encerrar os tópicos relacionados ao Direito Tributário na Constituição.

6.2. DA DISTRIBUIÇÃO DE RECEITAS NO CÓDIGO TRIBUTÁRIO NACIONAL

O sistema tributário proposto pela Constituição é tão **complexo** que o próprio legislador estabeleceu diversas regras de **distribuição** dos valores arrecadados entre os vários entes federados.

A matéria está prevista nos arts. **157** a **162** da Carta Magna e demonstra, à evidência, que o próprio constituinte não soube **segregar** os temas tributários daqueles relacionados ao direito financeiro, pois, como sabemos, a atividade tributária **se encerra** quando os recursos **ingressam no erário**, dado que a partir desse momento desaparece qualquer relação jurídica entre o Estado e os particulares.

Todas as atividades posteriores, que decorrem de atos internos da administração pública e são destinados à **repartição** dos montantes arrecadados, aos **investimentos** previstos pela lei orçamentária e aos demais **gastos públicos**, pertencem à esfera do *direito financeiro e orçamentário*, regulado justamente no Capítulo seguinte da Constituição.

6 ■ Repartição das Receitas Tributárias   353

Melhor seria, portanto, que os citados dispositivos estivessem no tópico apropriado da Carta Magna, posto que veiculam **situações estranhas** à seara tributária.

Aliás, podemos perceber que essa **intersecção** entre os sistemas tributário e financeiro não fora, sequer, afastada quando da edição do *Código Tributário Nacional*, pois lá também encontramos diversos artigos que, em essência, não guardam relação com a nossa matéria.

Contudo, apesar da falta de melhor organização temática pelo legislador, cabe-nos, neste passo, analisar os referidos comandos.

O Código Tributário Nacional inaugura as prescrições de **natureza financeira** no art. 83, que trata da **distribuição** das receitas tributárias, nos seguintes termos:

> **Art. 83.** Sem prejuízo das demais disposições deste Título, os Estados e Municípios que celebrem com a União **convênios** destinados a assegurar ampla e eficiente coordenação dos respectivos programas de investimentos e serviços públicos, especialmente no campo da política tributária, poderão participar de até **10%** (dez por cento) da arrecadação efetuada, nos respectivos territórios, proveniente do imposto referido no art. 43, incidente sobre o rendimento das pessoas físicas, e no art. 46, excluído o incidente sobre o fumo e bebidas alcoólicas.
>
> **Parágrafo único.** O processo das distribuições previstas neste artigo será regulado nos convênios nele referidos.

Podemos perceber que os comandos foram **recepcionados** tal como os demais artigos do CTN, pois a Constituição determina que as finanças públicas sejam reguladas por **lei complementar**[3].

O objetivo desses **capítulos** de índole financeira[4], inseridos no Código Tributário Nacional, foi o de estabelecer mecanismos para a **distribuição** de receitas oriundas da União para os Estados e Municípios.

Com efeito, o art. 83 cuida especificamente do **Imposto de Renda** e do **Imposto sobre Produtos Industrializados** (excluída a receita sobre fumo e bebidas alcoólicas, que foi retirada da divisão por força da repercussão econômica que possuía à época do Código) e prevê a participação dos Estados e Municípios no montante arrecadado, desde que sejam celebrados convênios entre estes e a União.

Não podemos olvidar, contudo, que os dois impostos **referidos** no art. 83 são objeto de **repartição constitucional** específica, prevista no art. 159, I, de sorte que o dispositivo do CTN possui impacto apenas **residual**, no sentido de alcançar parcelas menores e não contempladas pela distribuição obrigatória prevista pelo constituinte, que analisaremos mais adiante.

Na sequência, o art. 84 do Código Tributário Nacional curiosamente reproduz a ideia de **delegação** da capacidade tributária ativa[5], mediante transmissão do encargo de arrecadar tributos, da União para os demais entes federados:

---

[3]   Constituição, art. 163: "Lei **complementar** disporá sobre: I — **finanças públicas**; (...)".

[4]   Que encerram o *Livro Primeiro* do CTN e compreendem os arts. 83 a 95.

[5]   Nos moldes do que já fizera no art. 7.º, como vimos.

354 Direito Tributário Esquematizado   *Roberto Caparroz*

Art. 84. A **lei federal** pode cometer aos Estados, ao Distrito Federal ou aos Municípios o **encargo de arrecadar** os impostos de competência da União cujo produto **lhes seja distribuído** no todo ou em parte.

Parágrafo único. O disposto neste artigo, aplica-se à arrecadação dos impostos de competência dos Estados, cujo produto estes venham a distribuir, no todo ou em parte, aos respectivos Municípios.

Parece-nos que, na hipótese, quis o legislador do CTN **vincular** a delegação de capacidade tributária ao **efetivo** recebimento de parcelas do montante arrecadado, apenas para evitar a insólita situação em que algum ente federado fosse obrigado, por lei federal, a assumir custos de arrecadação sem poder participar dos resultados obtidos, o que não faria sentido e, em tese, feriria o princípio da **autonomia** das pessoas políticas.

Perceba, caro leitor, que esses dispositivos do CTN remontam a uma época em que o assunto apenas começava a ser ventilado. Nesse contexto, devem ser entendidos à luz dessa perspectiva **histórica** e, principalmente, em face dos atuais **preceitos constitucionais**, que, ao disporem exaustivamente acerca da matéria, limitaram, sobremaneira, a eficácia outrora presente nos comandos.

Note-se, nesse sentido, que o parágrafo único do art. 84 prevê regra **idêntica** à do *caput*, mas em relação aos impostos de competência dos Estados que porventura tiverem parcelas distribuídas aos respectivos municípios.

Como observaremos mais à frente, todas essas situações foram objeto de previsão constitucional.

Na esteira do raciocínio já apresentado, constata-se que o art. 85 do CTN também cuidou da distribuição, pela União, do resultado obtido a partir da arrecadação de **dois impostos** de sua competência, o Imposto sobre a Propriedade Territorial Rural **(ITR)** e o Imposto de Renda Retido na Fonte **(IRRF)**.

Art. 85. Serão **distribuídos pela União:**

I — aos **Municípios** da localização dos imóveis, o produto da arrecadação do imposto a que se refere o art. 29;

II — aos **Estados**, ao **Distrito Federal** e aos **Municípios**, o produto da arrecadação, na fonte, do imposto a que se refere o art. 43, incidente sobre a renda das obrigações de sua dívida pública e sobre os proventos dos seus servidores e dos de suas autarquias.

§ 1.º Independentemente de ordem das autoridades superiores e sob pena de demissão, as autoridades arrecadadoras dos impostos a que se refere este artigo farão entrega, aos Estados, ao Distrito Federal e aos Municípios, das importâncias recebidas, à medida que forem sendo arrecadadas, em prazo não superior a 30 (trinta) dias, a contar da data de cada recolhimento.

§ 2.º A lei poderá autorizar os Estados, o Distrito Federal e os Municípios a incorporar definitivamente à sua receita o produto da arrecadação do imposto a que se refere o inciso II, estipulando as obrigações acessórias a serem cumpridas por aqueles no interesse da arrecadação, pela União, do imposto a ela devido pelos titulares da renda ou dos proventos tributados.

6 ■ Repartição das Receitas Tributárias

Este artigo exige **cuidado**, pois o disposto no inciso I, por exemplo, é objeto de tratamento específico pela Constituição, de forma que, embora **não revogado** expressamente, o dispositivo resta prejudicado no campo da **eficácia**, pois o constituinte definiu, inclusive, os percentuais de distribuição do ITR entre a União e os Munícipios, conforme regras estabelecidas no art. 158 da Lei Magna.

Igual destino merece o inciso II, cujo conteúdo também consta do art. 158 da Constituição, de modo até mais abrangente, de sorte que o inciso também perdeu eficácia ou, quando muito, pode ser entendido como **redundante**, o que também ocorre com os §§ 1.º e 2.º.

6.3. DA REPARTIÇÃO DE RECEITAS TRIBUTÁRIAS NA CONSTITUIÇÃO

O constituinte, ao que tudo indica, não satisfeito com o sistema tributário que criou (pelo menos em razão dos recursos destinados a cada ente político), resolveu promover a repartição de praticamente todos os **impostos relevantes**[6], conforme critérios estabelecidos nos arts. 157 a 159.

Percebe-se, sem grande dificuldade, que o tratamento poderia ser diferente caso o legislador originário tivesse refletido melhor sobre o impacto econômico das competências atribuídas aos Estados, ao Distrito Federal e aos Municípios, pois é evidente que a União recebeu poderes **maiores** do que o necessário, tanto assim que passou a ser obrigada, pelos citados dispositivos, a repartir parcela significativa dos valores arrecadados com os demais atores estatais.

O problema vem de longe e a nossa posição já foi defendida por grandes nomes do passado, como Carlos Alberto de Carvalho Pinto, que fundava sua **contrariedade** ao modelo de distribuições nos seguintes argumentos: "imprecisão nas previsões orçamentárias dos beneficiários; insegurança nas receitas, que penderão de transferências; sujeição das receitas de um ente às falhas de regulamentação ou administração de outro; sujeição de peculiares receitas à inadequação do arrecadador; impopularidade decorrente de não se evidenciar a aplicação local do recurso"[7].

O mestre Aliomar Baleeiro via aspectos **positivos** e **negativos** no modelo de distribuição de rendas, e, em profundo estudo sobre as alterações na Constituição de 1946 e do direito comparado, chegou a lúcida **conclusão**[8]: "Não é demais que se repita, uma vez por todas, que a discriminação de rendas é **problema substancialmente político**, dependente das condições geoeconômicas, históricas e sociais de cada país. Assim como já se disse que o **imposto justo não existe**, nunca existiu, nem existirá, pois todo ele contém um mínimo irredutível de **iniquidade**, também se poderá afirmar que não há, não houve nem **haverá jamais** uma discriminação de receitas sem inconvenientes irremovíveis".

---

6   Com efeito, os impostos que não são repartidos são os de competência dos **Municípios** (ITBI, ISS e IPTU, o que também se aplica ao Distrito Federal), o imposto sobre transmissão *causa mortis* e doação (ITCMD), dos **Estados** e do **Distrito Federal**, e os Impostos de Importação e de Exportação, de competência da **União**.

7   Carlos Alberto de Carvalho Pinto, *Discriminação de rendas*, p. 76-77.

8   Aliomar Baleeiro, *Estados, discriminação de rendas e reforma constitucional*, artigo disponível em <http://bibliotecadigital.fgv.br/ojs/index.php/rda/article/download/12519/11408>.

356 Direito Tributário Esquematizado   *Roberto Caparroz*

Vejamos o modelo **atual** de divisão, a começar pelos Estados e pelo Distrito Federal, que foram beneficiados por recursos oriundos do art. 157 da Constituição[9]:

Art. 157. Pertencem aos Estados e ao Distrito Federal:

I — o produto da arrecadação do imposto da União sobre **renda e proventos de qualquer natureza**, incidente na fonte, sobre rendimentos pagos, a qualquer título, por eles, suas autarquias e pelas fundações que instituírem e mantiverem;

II — **vinte por cento** do produto da arrecadação do imposto que a União instituir **no exercício da competência** que lhe é atribuída pelo art. 154, I.

O art. 157 trata de **duas hipóteses**.

A primeira determina que o imposto de renda incidente **na fonte**, que pertence à União, quando for retido pelos **Estados** e pelo **Distrito Federal**, deve permanecer com estes, inclusive em relação às suas autarquias e fundações[10].

É o que ocorre, por exemplo, quando o Estado paga um **servidor público** que pertence aos seus quadros: em vez de o valor ser transferido para a União (pois o imposto de renda a ela pertenceria), deverá ser **mantido** nos cofres estaduais, constituindo-se em *fonte adicional* de receita.

Isso também desloca para o Estado que reteve o valor do imposto de renda a obrigação de promover eventual **restituição**, conforme jurisprudência pacífica do Superior Tribunal de Justiça, declarada pela Súmula 447[11]:

SÚMULA 447 DO STJ: Os Estados e o Distrito Federal são partes legítimas na ação de restituição de imposto de renda retido na fonte proposta por seus servidores.

A competência para julgamento dessas questões é, inclusive, da **justiça estadual**, conforme já se manifestou o STF em julgado com **repercussão geral:**

Direito constitucional. Tributário. Imposto de renda retido na fonte. Ilegitimidade da União para configurar no polo passivo. Competência da justiça estadual. Repercussão geral reconhecida (RE 684.169).

---

[9] Quando um entre federado recebe recursos de outro ente federado, a repartição é tida como **direta**, ao contrário do que ocorre quando os valores transitam por *fundos de participação*, hipótese em que a repartição é considerada **indireta**.

[10] A Constituição anterior não era tão abrangente, como relembra o STF: "A Constituição de 1967 não previa expressamente a partilha com os Estados-membros dos valores arrecadados com o Imposto sobre a Renda retido na fonte, *incidente sobre os pagamentos efetuados a* **servidores de autarquia**. A circunstância de as autarquias pertencerem à estrutura da administração indireta não afasta a distinção entre as personalidades jurídicas e os patrimônios das entidades periférica e central. O pagamento de remuneração pela autarquia não se confunde, em termos financeiros-orçamentários, ao pagamento de remuneração pelo próprio Estado-membro" (RE 248.447).

[11] **No mesmo sentido**, o entendimento do **STF**: "O Estado-membro é parte legítima para figurar no polo de ação de restituição de imposto de renda, por pertencer a ele o produto da arrecadação do imposto da União sobre a renda e os proventos de qualquer natureza, incidente na fonte, sobre pagamentos feitos a servidores" (AI 577.516-AgR).

6 ■ Repartição das Receitas Tributárias

O Supremo Tribunal Federal entendeu, de forma adequada, que a competência para processar e julgar causas alusivas à parcela do imposto de renda retido na fonte pertencente ao Estado-membro, eventualmente posta em discussão por servidores públicos, é da **justiça estadual comum**, pois os valores retidos não pertencem à esfera patrimonial da União.

Igual raciocínio se aplica ao **Municípios**, pois o art. 158, I, da Constituição reproduz, em favor destes, o comando veiculado pelo art. 157, I:

> **Art. 158. Pertencem aos Municípios:**
>
> I — o produto da arrecadação do imposto da União sobre renda e proventos de qualquer natureza, incidente na **fonte**, sobre rendimentos pagos, a qualquer título, por eles, suas autarquias e pelas fundações que instituírem e mantiverem;

Ressaltamos que, nas duas situações envolvendo retenção do imposto de renda na fonte de servidores, sequer se trata de **repartição**, no sentido técnico da palavra, pois os valores ficam **integralmente** com os Estados e Municípios (não há, portanto, divisão), embora a competência permaneça com a União.

Recentemente, o STF confirmou a dicção constitucional e decidiu que "pertence ao Município, aos Estados e ao Distrito Federal a titularidade das receitas arrecadadas a título de imposto de renda retido na fonte incidente sobre valores pagos por eles, suas autarquias e fundações a pessoas físicas ou jurídicas contratadas para a prestação de bens ou serviços, conforme disposto nos arts. 158, I, e 157, I, da Constituição Federal" (RE 1.293.453, de 2021, com repercussão geral).

Esse entendimento ratifica a tese fixada em outro julgado recente, no sentido de que "é dos Estados e Distrito Federal a titularidade do que arrecadado, considerado Imposto de Renda, incidente na fonte, sobre rendimentos pagos, a qualquer título, por si, autarquias e fundações que instituírem e mantiverem" (RE 607.887, de 2021, com repercussão geral).

Já a segunda hipótese do art. 157 determina que, se a União criar **novos impostos**, por força da **competência residual** que lhe é exclusiva, 20% do total arrecadado deverá ser repassado aos Estados e ao Distrito Federal, conforme critérios de rateio que deverão constar da própria lei que instituir a nova figura.

Importante notar que o Supremo Tribunal Federal, apesar de aplicar critérios do art. 154, I, para a instituição de **novas contribuições**, notadamente a necessidade de lei complementar, como vimos, entendeu que para essas espécies tributárias **inexiste a obrigação** de a União entregar 20% do valor arrecadado para os Estados.

Em **julgados**[12] que tratavam da instituição de contribuições sociais pela **Lei Complementar n. 110/2001**, destinadas a custear os gastos da União decorrentes de decisão do próprio STF, que determinou *a correção monetária e a atualização* dos valores depositados no FTGS, entendeu a Suprema Corte que a repartição do valor arrecadado por novas figuras tributárias fica restrita aos **impostos**, conforme se depreende de excerto do voto condutor, a seguir transcrito:

> A espécie tributária "contribuição" ocupa lugar de destaque no sistema constitucional tributário e na formação das políticas públicas. Espécie tributária **autônoma**, tal como

---

[12] ADI 2.556 e ADI 2.568, julgadas em 2012.

reconhecida por esta Corte, a contribuição caracteriza-se pela **previsão de destinação específica** do produto arrecadado com a tributação. As contribuições **escapam à força de atração do pacto federativo**, pois a União está **desobrigada** de partilhar o dinheiro recebido com os demais entes federados. Por outro lado, a **especificação** parcimoniosa do destino da arrecadação, antes da efetiva coleta, é importante ferramenta técnica e de planejamento para garantir autonomia a setores da atividade pública. Lembro ainda que **não se revela bitributação** o uso compartilhado de bases de cálculo próprias de impostos pelas contribuições (ADI 2.556).

O art. 158 ainda traz, em favor dos **Municípios**, diversas parcelas que deverão ser **repassadas** pelos Estados e pela União, em relação aos seguintes tributos:

Art. 158. Pertencem aos Municípios:

I — o produto da arrecadação do imposto da União sobre **renda e proventos de qualquer natureza, incidente na fonte**, sobre rendimentos pagos, a qualquer título, por eles, suas autarquias e pelas fundações que instituírem e mantiverem;

II — **cinquenta por cento** do produto da arrecadação do imposto da União sobre a **propriedade territorial rural**, relativamente aos imóveis neles situados, cabendo a totalidade na hipótese da opção a que se refere o art. 153, § 4.º, III;

III — **cinquenta por cento** do produto da arrecadação do imposto do Estado sobre a **propriedade de veículos automotores** licenciados em seus territórios;

IV — **vinte e cinco por cento** do produto da arrecadação do imposto do Estado sobre operações relativas à **circulação de mercadorias e sobre prestações de serviços de transporte interestadual e intermunicipal e de comunicação**.

Parágrafo único. As parcelas de receita pertencentes aos Municípios, mencionadas no inciso IV, serão creditadas conforme os seguintes critérios:

I — **65% (sessenta e cinco por cento)**, no mínimo, na proporção do valor adicionado nas operações relativas à circulação de mercadorias e nas prestações de serviços, realizadas em seus territórios;

II — **até 35% (trinta e cinco por cento)**, de acordo com o que dispuser lei estadual, observada, obrigatoriamente, a distribuição de, no mínimo, 10 (dez) pontos percentuais com base em indicadores de melhoria nos resultados de aprendizagem e de aumento da equidade, considerado o nível socioeconômico dos educandos.

O inciso II do art. 158 estabelece que **50%** do valor arrecadado pela União, a título de **Imposto Territorial Rural**, deverá ser repassado para o Município em que estiver localizado o imóvel rural.

E mais: com o advento da EC n. 42/2003 surgiu a possibilidade de os Municípios ficarem com **100%** do valor do ITR arrecadado, desde que optem por **fiscalizar** e **cobrar** o tributo, na forma da lei, vedada qualquer possibilidade de redução no valor do imposto ou outra forma de renúncia fiscal (art. 153, § 4.º, III).

A alteração constitucional, como vimos, decorreu do baixo interesse da União em fiscalizar e controlar o ITR, pois o valor arrecadado normalmente não justifica a utilização das autoridades fiscais federais, que concentram seus esforços, até em razão da carência de auditores, em tributos com maior impacto e relevância econômica.

Portanto, os valores arrecadados a título de ITR podem ter **dois destinos**:

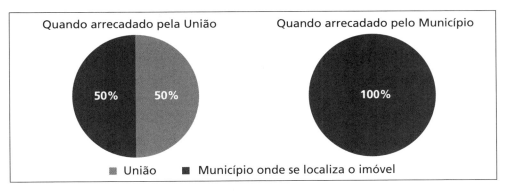

Cabe também aos Municípios **50%** do valor arrecadado pelo **IPVA**, de competência dos Estados, em relação aos carros neles licenciados.

Isso reflete o interesse das prefeituras em possuir, nos respectivos territórios, concessionárias de automóveis e caminhões, porque o IPVA é um tributo **permanente**, ou seja, incide todos os anos sobre o valor definido em tabela e representa, para os Municípios, importante fonte de receitas, sem a contrapartida de gastos com a fiscalização e arrecadação do tributo.

Com a **reforma tributária**, que estendeu a incidência do IPVA para alcançar, sob condições, **veículos aquáticos e aéreos**, o inciso III do art. 158 foi alterado para que os montantes arrecadados pelos Estados, com estes veículos, também sejam repassados aos municípios, na proporção de **50%**, em relação aos proprietários que forem domiciliados em seus respectivos territórios.

Por fim, os Municípios ainda fazem jus a **25%** do valor arrecadado pelos Estados com o **ICMS**, e o rateio será feito com base no parágrafo único do art. 158, acima reproduzido[13].

---

[13] Os Estados repassam 25% para um fundo destinado aos Municípios, sendo que deste montante 65% são destinados aos Municípios que geraram mais arrecadação e os restantes 35% são rateados conforme dispuser a lei estadual, lembrando que, atualmente, parte do valor (10%), deve ser distribuído com base em critérios educacionais, que adotam como premissa a melhoria nos resultados de aprendizagem e o aumento da equidade entre os educandos.

Aqui os critérios de distribuição são mais trabalhosos, porque ocorrem em **duas etapas**: primeiro o Estado titular da competência sobre o ICMS deve reservar **25%** do valor arrecadado para repasse a todos os seus Municípios, conforme figura a seguir.

Separados os 25%, que caberá aos Municípios, o valor será **novamente dividido**, de acordo com dois critérios: **65%, no mínimo**[14], na proporção do valor adicionado nas operações relativas à circulação de mercadorias e nas prestações de serviços, realizadas em seus territórios, e **até 35%**, de acordo com o que dispuser lei estadual[15], observada, obrigatoriamente, a distribuição de, no mínimo, 10 (dez) pontos percentuais com base em indicadores de melhoria nos resultados de aprendizagem e de aumento da equidade, considerado o nível socioeconômico dos educandos[16].

---

[14] É constitucional, segundo o STF, a fixação de proporção superior a 3/4, conforme decidido na ADI 95, julgada em 1995, que considerou válida a proporção de 4/5 e 1/5 prevista na Constituição do Estado de Rondônia.

[15] O STF entende que o Estado **não pode reter ou condicionar** o repasse devido aos Municípios: "Constitucional. ICMS. Repartição de rendas tributárias. PRODEC. Programa de Incentivo Fiscal de Santa Catarina. Retenção, pelo Estado, de parte da parcela pertencente aos Municípios. Inconstitucionalidade. RE desprovido. A parcela do imposto estadual sobre operações relativas à circulação de mercadorias e sobre prestações de serviços de transporte interestadual e intermunicipal e de comunicação, a que se refere o art. 158, IV, da Carta Magna pertence de pleno direito aos Municípios.

A segunda repartição tem por objetivo **privilegiar** os Munícipios que mais geraram valores de ICMS em seus territórios, vale dizer, os mais ricos e com maior atividade econômica. Assim, a distribuição de 65% do total de ICMS arrecadado obedece a um *ranking de Municípios*, conforme neles tenham ocorrido fatos geradores do ICMS.

Note que a Constituição fala em valor adicionado para distribuição desses 65%, de forma que o conceito só pode ser atribuído por **lei complementar**[17].

Assim, nos termos da Lei Complementar n. 63/90, o **valor adicionado** corresponderá, para cada Município[18]:

> **Art. 1.º** As parcelas pertencentes aos Municípios do produto da arrecadação de impostos de competência dos Estados e de transferência por estes recebidas, conforme os incisos III e IV do art. 158 e inciso II e § 3.º do art. 159, da Constituição Federal, serão creditadas segundo os critérios e prazos previstos nesta Lei Complementar.
>
> **Parágrafo único.** As parcelas de que trata o *caput* deste artigo compreendem os juros, a multa moratória e a correção monetária, quando arrecadados como acréscimos dos impostos nele referidos.
>
> **Art. 2.º** 50% (cinquenta por cento) do produto da arrecadação do Imposto sobre a Propriedade de Veículos Automotores licenciados no território de cada Município serão imediatamente creditados a este, através do próprio documento de arrecadação, no montante em que esta estiver sendo realizada.
>
> **Art. 3.º** 25% (vinte e cinco por cento) do produto da arrecadação do Imposto sobre Operações relativas à Circulação de Mercadorias e sobre Prestação de Serviços de Transporte Interestadual e Intermunicipal e de Comunicação serão creditados, pelos Estados, aos respectivos Municípios, conforme os seguintes critérios:
>
> I — 3/4 (três quartos), no mínimo, na proporção do valor adicionado nas operações relativas à circulação de mercadorias e nas prestações de serviços, realizadas em seus territórios;
>
> II — até 1/4 (um quarto), de acordo com o que dispuser lei estadual ou, no caso dos territórios, lei federal.
>
> § 1.º O valor adicionado corresponderá, para cada Município:
>
> I — ao valor das **mercadorias saídas**, acrescido do valor das **prestações de serviços**, no seu território, **deduzido** o valor das mercadorias entradas, em cada ano civil;

O repasse da quota constitucionalmente devida aos Municípios **não pode sujeitar-se** à condição prevista em programa de benefício fiscal de âmbito estadual. Limitação que configura indevida interferência do Estado no sistema constitucional de repartição de receitas tributárias" (RE 572.762).

[16] Conforme redação dada pela Emenda Constitucional n. 108, de 2020.

[17] O Supremo considerou **inconstitucional** a definição do valor adicional por lei estadual: "ICMS. Distribuição da parcela de arrecadação que pertence aos Municípios. Lei estadual que disciplina a forma de cálculo do valor adicionado para apuração do montante fixado no inciso I do parágrafo único do art. 158 da CF. Matéria expressamente reservada à lei complementar (CF, art. 161, I). Vício formal insanável que precede a análise de eventual ilegalidade em face da Lei Complementar federal 63/1990. Violação direta e imediata ao Texto Constitucional" (ADI 2.728).

[18] Conforme o art. 3.º, § 1.º.

362 Direito Tributário Esquematizado

Roberto Caparroz

II — nas hipóteses de **tributação simplificada** a que se refere o parágrafo único do art. 146 da Constituição Federal, e, em outras situações, em que se dispensem os controles de entrada, considerar-se-á como **valor adicionado** o percentual de **32%** (trinta e dois por cento) da receita bruta.

§ 1.º-A. Na hipótese de pessoa jurídica promover saídas de mercadorias por estabelecimento diverso daquele no qual as transações comerciais são realizadas, excluídas as transações comerciais não presenciais, o valor adicionado deverá ser computado em favor do Município onde ocorreu a transação comercial, desde que ambos os estabelecimentos estejam localizados no mesmo Estado ou no Distrito Federal.

§ 1.º-B. No caso do disposto no § 1.º-A deste artigo, deverá constar no documento fiscal correspondente a identificação do estabelecimento no qual a transação comercial foi realizada.

§ 2.º Para efeito de cálculo do valor adicionado serão computadas:

fícios, incentivos ou favores fiscais;

I — as operações e prestações que constituam **fato gerador** do imposto, mesmo quando o pagamento for antecipado ou diferido, ou quando o crédito tributário for diferido, reduzido ou excluído em virtude de isenção ou outros benefícios, incentivos ou favores fiscais;

II — as **operações imunes** do imposto, conforme as alíneas *a* e *b* do inciso X do § 2.º do art. 155, e a alínea *d* do inciso VI do art. 150, da Constituição Federal.

§ 3.º O Estado apurará a **relação percentual** entre o valor adicionado em cada Município e o valor total do Estado, devendo este índice ser aplicado para a entrega das parcelas dos Municípios a partir do primeiro dia do ano imediatamente seguinte ao da apuração.

§ 4.º O índice referido no parágrafo anterior corresponderá à média dos índices apurados nos dois anos civis imediatamente anteriores ao da apuração (...).

Para facilitar a compreensão do modelo de repasses, podemos fazer uma demonstração numérica.

Exemplo: Digamos que o total arrecadado de ICMS pelo Estado "X" seja de R$ 100,00, de forma que ele ficará com **R$ 75,00** e deverá repassar **R$ 25,00** para os seus Municípios (1.ª divisão).

Em seguida, os R$ 25,00 dos Municípios serão rateados em duas partes: **R$ 16,25** de acordo com a proporção do valor de ICMS gerado nos respectivos territórios (65% de R$ 25,00) e **R$ 8,75** conforme dispuser lei específica estadual (35% de R$ 25,00).

Como o critério de 65% tem por objetivo distribuir mais para quem **gerou mais ICMS,** o constituinte reservou os 35% restantes para distribuição de acordo com a lei de cada Estado, que, nessa hipótese, poderá adotar critério capaz de compensar os Municípios menores[19]. Com a alteração constitucional promovida pela EC n. 108/2020, pelo

---

[19] Segundo o STF, a lei estadual não pode excluir nenhum Município do repasse: "Legislação estadual. Exclusão completa de Município. **Inconstitucionalidade**. Com base no disposto no

6 ◼ Repartição das Receitas Tributárias

menos uma parte desses 35% (dez pontos percentuais) deve ser distribuída tomando-se como referência critérios educacionais dos municípios, como os indicadores de melhoria nos resultados de aprendizagem e de aumento da equidade, considerado o nível socioeconômico dos educandos.

Para que o leitor possa ter ideia da dimensão desses valores, vamos considerar os repasses feitos pelo Estado de São Paulo, no ano de 2021, para dois Municípios: a **Capital**, que é a maior cidade do país e tem um PIB superior ao de diversos Estados da Federação, e o Município em que este autor reside, **Campos do Jordão**, pequena e belíssima cidade na Serra da Mantiqueira.

Os valores constam das tabelas a seguir e são expressos em reais.

SÃO PAULO — CAPITAL					
Meses	ICMS	IPVA	Fund. Exp-IPI	Compensação (*)	Total
JANEIRO	564.488.764,16	1.208.884.725,27	5.061.766,81	1.372.786,22	1.779.808.042,47
FEVEREIRO	369.608.006,49	489.752.982,24	4.193.296,12	1.600.100,56	865.154.385,41
MARÇO	854.366.926,47	360.056.440,53	4.432.047,38	2.100.633,64	1.220.956.048,03
ABRIL	484.939.502,87	117.078.341,16	5.022.397,03	1.864.699,57	608.904.940,63
MAIO	553.680.342,52	106.449.534,38	4.358.371,29	2.356.037,90	666.844.286,10
JUNHO	631.761.976,33	104.698.543,84	4.546.624,59	2.323.154,06	743.330.298,82

art. 3.º, III, da Constituição, lei estadual disciplinadora do plano de alocação do produto gerado com a arrecadação do ICMS, nos termos do art. 157, IV, parágrafo único, II, da Constituição, pode tomar dados pertinentes à situação social e econômica regional como critério de cálculo. Contudo, **não pode a legislação estadual**, sob o pretexto de resolver as desigualdades sociais e regionais, **alijar por completo um Município** da participação em tais recursos. Não obstante a existência, no próprio texto legal, de critérios objetivos para o cálculo da cota para repasse do produto arrecadado com a cobrança do imposto, a Lei 2.664/1996 atribui ao Município do Rio de Janeiro valores nulos. São inconstitucionais as disposições que excluem por completo e abruptamente o Município do Rio de Janeiro da partilha do produto arrecadado com o ICMS, constantes nos Anexos I e III da Lei do Estado do Rio de Janeiro 2.664/1996, por violação do art. 158, IV, parágrafo único, I e II, ponderados em relação ao art. 3.º, todos da Constituição. Recurso extraordinário. Alcance da decisão. Recurso extraordinário conhecido e provido, para que o Estado do Rio de Janeiro recalcule os coeficientes de participação dos municípios no produto da arrecadação do ICMS (parcela de 1/4 de 25%, art. 158, IV, parágrafo único, II, da Constituição), atribuindo ao Município do Rio de Janeiro a cota que lhe é devida nos termos dos critérios já definidos pela Lei 2.664/1996 e desde o início da vigência de referida lei. Uma vez que o recálculo do quadro de partilha poderá implicar diminuição da cota de participação dos demais municípios do Estado do Rio de Janeiro, com eventual compensação dos valores recebidos com valores relativos aos exercícios futuros, a execução do julgado não poderá comprometer o sustentáculo financeiro razoável e proporcional dos municípios. Logo, a lei que irá normatizar o recálculo e a transferência ao recorrente dos créditos pertinentes aos períodos passados deverá prever, ainda, compensação e parcelamento em condições tais que não impliquem aniquilamento das parcelas futuras devidas aos demais Municípios" (RE 401.953).

JULHO	609.049.524,46	95.858.857,17	4.923.785,12	2.485.284,18	712.317.450,93
AGOSTO	738.749.698,14	95.565.717,69	3.928.987,69	2.410.241,15	840.654.644,67
SETEMBRO	574.799.492,10	90.136.632,41	4.965.200,69	2.563.992,88	672.465.318,09
OUTUBRO	652.814.917,73	72.080.909,02	5.209.578,91	2.512.369,29	732.617.774,96
NOVEMBRO	803.415.837,15	66.735.077,74	4.918.598,77	2.409.803,76	877.479.317,41
DEZEMBRO	657.275.566,03	78.488.253,11	4.528.328,32	3.035.229,59	743.327.377,06
TOTAL	7.494.950.554,46	2.885.786.014,56	56.088.982,74	27.034.332,80	10.463.859.884,56

(Valores expressos em Reais)

(*) Compensação Financeira sobre Exploração de Gás, Energia Elétrica, Óleo Bruto, Xisto Betuminoso de acordo com a Lei n. 7.990, de 28-12-1989.

CAMPOS DO JORDÃO					
Meses	ICMS	IPVA	Fund. Exp-IPI	Compensação (*)	Total
JANEIRO	1.813.986,03	3.113.823,55	16.267,34	4.415,29	4.948.492,20
FEVEREIRO	1.188.769,78	1.384.303,83	13.486,89	5.146,40	2.591.706,91
MARÇO	2.747.899,30	953.403,12	14.254,79	6.756,27	3.722.313,48
ABRIL	1.559.710,33	320.889,49	16.153,53	5.997,43	1.902.750,78
MAIO	1.780.801,41	376.077,91	14.017,82	7.577,72	2.178.474,87
JUNHO	2.031.935,27	435.606,74	14.623,30	7.471,96	2.489.637,27
JULHO	1.958.885,24	435.801,82	15.836,36	7.993,42	2.418.516,84
AGOSTO	2.376.039,75	514.854,75	12.636,80	7.752,06	2.911.283,36
SETEMBRO	1.848.726,91	376.025,93	15.969,57	8.246,57	2.248.968,97
OUTUBRO	2.099.647,82	351.835,07	16.755,56	8.080,53	2.476.318,99
NOVEMBRO	2.584.025,38	320.673,69	15.819,68	7.750,65	2.928.269,40
DEZEMBRO	2.113.994,60	386.422,85	14.564,46	9.762,21	2.524.744,11
TOTAL	24.104.421,83	8.969.718,75	180.386,11	86.950,49	33.341.477,18

(Valores expressos em Reais)

(*) Compensação Financeira sobre Exploração de Gás, Energia Elétrica, Óleo Bruto, Xisto Betuminoso de acordo com a Lei n. 7.990, de 28-12-1989.

Os quadros contemplam os repasses feitos em 2021 a título de **ICMS** (art. 158, IV e parágrafo único), **IPVA** (art. 158, III) e **IPI — Fundo de Exportação** (art. 159, II).

Podemos verificar, com facilidade, que o Município de São Paulo recebeu quase **10,5 bilhões** de reais do Estado, enquanto os repasses para Campos do Jordão ficaram em torno de **33 milhões** de reais. Tudo conforme os critérios da Constituição e da lei paulista.

Convém ressaltar que a **falta de entrega**, total ou parcial, aos Municípios dos recursos que lhes pertencem na forma e nos prazos previstos possibilita **intervenção** no Estado, nos termos do art. 34, V, *b*, da Constituição[20].

---

[20] Constituição: "Art. 34. A União não intervirá nos Estados nem no Distrito Federal, **exceto para:**

6 ■ Repartição das Receitas Tributárias   365

Além do risco de intervenção, o **atraso** no repasse de recursos para os Municípios sujeita o Estado infrator à atualização monetária do valor e juros de 1% ao mês ou fração.

A **instituição do IBS** também enseja a **distribuição** de parte de sua arrecadação aos municípios, nos termos no novo § 2.º, do art. 158.

O comando estabelece que a parcela destinada aos municípios será a resultante de **quatro critérios**, a saber:

■ 80% na proporção da população;

■ 10% com base em indicadores de melhoria nos resultados de aprendizagem e de aumento da equidade, considerado o nível socioeconômico dos educandos, de acordo com o que dispuser lei estadual;

■ 5% com base em indicadores de preservação ambiental, de acordo com o que dispuser lei estadual;

■ 5% em montantes iguais para todos os Municípios do Estado.

Como você pode perceber, a reforma efetivamente se preocupou em simplificar o sistema tributário brasileiro...

Além dessas situações de repartição das receitas tributárias dos Estados, o constituinte entendeu que cabe à **União** efetuar o repasse de diversos tributos, cujas regras, bastante detalhadas, constam do **art. 159** da Constituição:

Art. 159. A União entregará:

I — do produto da arrecadação dos impostos sobre renda e proventos de qualquer natureza e sobre produtos industrializados e do imposto previsto no art. 153, VIII, **50% (cinquenta por cento)**, da seguinte forma:

a) **vinte e um inteiros e cinco décimos** por cento ao Fundo de Participação dos Estados e do Distrito Federal;

b) **vinte e dois inteiros e cinco décimos** por cento ao Fundo de Participação dos Municípios;

c) **três por cento**, para aplicação em programas de financiamento ao setor produtivo das Regiões Norte, Nordeste e Centro-Oeste, através de suas instituições financeiras de caráter regional, de acordo com os planos regionais de desenvolvimento, ficando assegurada ao semiárido do Nordeste a metade dos recursos destinados à Região, na forma que a lei estabelecer;

d) **um por cento** ao Fundo de Participação dos Municípios, que será entregue no primeiro decêndio do mês de dezembro de cada ano;

e) **um por cento** ao Fundo de Participação dos Municípios, que será entregue no primeiro decêndio do mês de julho de cada ano;

(...) V — reorganizar as finanças da unidade da Federação que: (...) *b)* **deixar de entregar aos Municípios receitas tributárias fixadas nesta Constituição**, dentro dos prazos estabelecidos em lei".

f) **um por cento** ao Fundo de Participação dos Municípios, que será entregue no primeiro decêndio do mês de setembro de cada ano;

II — do produto da arrecadação do imposto sobre produtos industrializados e do imposto previsto no art. 153, VIII, **10% (dez por cento)** aos Estados e ao Distrito Federal, proporcionalmente ao valor das respectivas exportações de produtos industrializados;

III — do produto da arrecadação da contribuição de intervenção no domínio econômico prevista no art. 177, § 4.º, **29% (vinte e nove por cento)** para os Estados e o Distrito Federal, distribuídos na forma da lei, observadas as destinações a que se referem as alíneas "c" e "d" do inciso II do referido parágrafo.

§ 1.º Para efeito de cálculo da entrega a ser efetuada de acordo com o previsto no inciso I, **excluir-se-á a parcela** da arrecadação do imposto de renda e

proventos de qualquer natureza pertencente aos Estados, ao Distrito Federal e aos Municípios, nos termos do disposto nos arts. 157, I, e 158, I.

§ 2.º A nenhuma unidade federada poderá ser destinada parcela **superior a vinte por cento** do montante a que se refere o inciso II, devendo o eventual excedente ser distribuído entre os demais participantes, mantido, em relação a esses, o critério de partilha nele estabelecido.

§ 3.º Os Estados entregarão aos respectivos Municípios **25% (vinte e cinco por cento)** dos recursos que receberem nos termos do inciso II do *caput* deste artigo, observados os critérios estabelecidos no art. 158, § 1.º, para a parcela relativa ao imposto sobre produtos industrializados, e no art. 158, § 2.º, para a parcela relativa ao imposto previsto no art. 153, VIII.

§ 4.º Do montante de recursos de que trata o inciso III que cabe a cada Estado, **vinte e cinco por cento** serão destinados aos seus Municípios, na forma da lei a que se refere o mencionado inciso.

O art. 159 da Constituição foi alterado pela Emenda Constitucional n. 112, de 2021, que incluiu a alínea *f*, para estabelecer mais "1% (um por cento) ao Fundo de Participação dos Municípios, que será entregue no primeiro decêndio do mês de setembro de cada ano". Com a **reforma**, o artigo foi **novamente alterado**, para incluir a repartição dos novos IBS e CBS, além de alterar a destinação da arrecadação relativa à CIDE Combustíveis.

Com isso, o inciso I do art. 159 passou a estabelecer a distribuição, pela União, de **50%** do produto da arrecadação de **três impostos**: a) Imposto sobre a renda e proventos de qualquer natureza; b) Imposto sobre produtos industrializados (enquanto existir) e c) Imposto Seletivo.

6 ■ Repartição das Receitas Tributárias

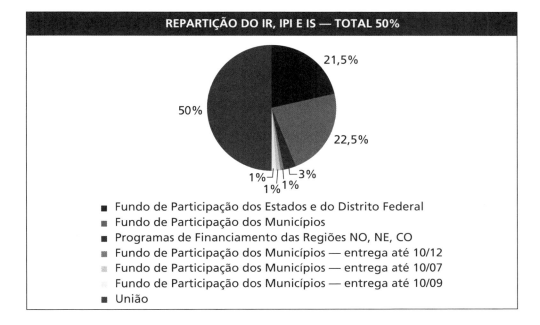

O valor arrecadado com esses impostos será distribuído em **seis partes**, a saber:

a) vinte e um inteiros e cinco décimos por cento ao Fundo de Participação dos Estados e do Distrito Federal;

b) vinte e dois inteiros e cinco décimos por cento ao Fundo de Participação dos Municípios;

c) três por cento, para aplicação em programas de financiamento ao setor produtivo das Regiões Norte, Nordeste e Centro-Oeste, através de suas instituições financeiras de caráter regional, de acordo com os planos regionais de desenvolvimento, ficando assegurada ao **semi-árido** do Nordeste a metade dos recursos destinados à Região, na forma que a lei estabelecer[21];

d) um por cento ao Fundo de Participação dos Municípios, que será entregue no primeiro decêndio do mês de dezembro de cada ano;

e) 1% ao Fundo de Participação dos Municípios, que será entregue no primeiro decêndio do mês de julho de cada ano;

f) 1% ao Fundo de Participação dos Municípios, que será entregue no primeiro decêndio do mês de setembro de cada ano;

Em relação ao inciso II do art. 159, a reforma **acrescentou** ao IPI o rateio do IS, de modo que para ambos devem ser calculados os valores totais arrecadados pela União, com a distribuição de 10% aos Estados e ao Distrito Federal, **proporcionalmente** ao valor das respectivas exportações de produtos industrializados.

---

[21] Como o legislador adora alterar a Constituição poderia ter aproveitado a oportunidade e corrigido a grafia de "semiárido", que não possui hífen.

368 Direito Tributário Esquematizado   *Roberto Caparroz*

E os Estados deverão repassar, do montante recebido, 25% para os Municípios que promoveram a exportação, **observados os critérios** estabelecidos no art. 158, § 1.º, para a parcela relativa ao IPI[22], e no art. 158, § 2.º, para a parcela relativa ao Imposto Seletivo[23].

Os Fundos de Participação dos Estados **(FPE)** e dos Municípios **(FPM)** recebem recursos oriundos da Imposto de Renda e do IPI nos termos da Lei Complementar n. 62/89[24].

---

[22] Art. 158, § 1.º: § 1.º As parcelas de receita pertencentes aos Municípios mencionadas no inciso IV, "a", serão creditadas conforme os seguintes critérios: I — 65% (sessenta e cinco por cento), no mínimo, na proporção do valor adicionado nas operações relativas à circulação de mercadorias e nas prestações de serviços, realizadas em seus territórios; II — até 35% (trinta e cinco por cento), de acordo com o que dispuser lei estadual, observada, obrigatoriamente, a distribuição de, no mínimo, 10 (dez) pontos percentuais com base em indicadores de melhoria nos resultados de aprendizagem e de aumento da equidade, considerado o nível socioeconômico dos educandos.

[23] Art. 158, § 2.º: § 2.º As parcelas de receita pertencentes aos Municípios mencionadas no inciso IV, "b", serão creditadas conforme os seguintes critérios: I — 80% (oitenta por cento) na proporção da população; II — 10% (dez por cento) com base em indicadores de melhoria nos resultados de aprendizagem e de aumento da equidade, considerado o nível socioeconômico dos educandos, de acordo com o que dispuser lei estadual; III — 5% (cinco por cento) com base em indicadores de preservação ambiental, de acordo com o que dispuser lei estadual; IV — 5% (cinco por cento) em montantes iguais para todos os Municípios do Estado.

[24] O Supremo Tribunal Federal julgou diversas ações de inconstitucionalidade contra artigos da Lei Complementar n. 62/89, que foram **retirados do ordenamento e posteriormente substituídos** por outros mecanismos previstos na **Lei Complementar n. 143/2013**. Vejamos os argumentos do voto condutor no STF: "(...) o legislador, ao disciplinar o funcionamento dos fundos de participação, deve ser obsequioso à finalidade constitucionalmente prevista de **redução das desigualdades regionais**, sem criar qualquer obstáculo à promoção desse desiderato. Até mesmo porque (...) a própria razão de ser dos fundos é conferir efetividade à exigência constitucional. (...) Por uma questão de lógica, é possível concluir que os únicos critérios de rateio aptos ao atendimento da exigência constitucional são aqueles que assimilem e retratem a **realidade socioeconômica** dos destinatários das transferências, pois, se esses critérios têm por escopo a atenuação das desigualdades regionais, com a consequente promoção do equilíbrio socioeconômico entre os entes federados, revela-se primordial que eles permitam que dados fáticos, apurados periodicamente por órgãos ou entidades públicas (o IBGE, por exemplo), possam influir na definição dos coeficientes de participação. Não se pode pretender a modificação de um determinado *status quo*, sem que se conheçam e se considerem as suas peculiaridades. (...) Verifica-se, ademais, que, apesar de dispor que oitenta e cinco por cento dos recursos serão destinados às regiões Norte, Nordeste e Centro-Oeste, a LC 62/1989 não estabelece os critérios de rateio exigidos constitucionalmente; ela apenas define, diretamente, os coeficientes de participação dos Estados e do Distrito Federal. (...) Não parece ser esse o comando constitucional do art. 161, II. (...) Não competiria, portanto, à lei complementar estabelecer diretamente esses coeficientes. (...) A **fixação de coeficientes** de participação mediante a edição de lei complementar, além de não atender à exigência constitucional do art. 161, II, somente se justificaria se aceitável a absurda hipótese segundo a qual os dados atinentes à população, à produção, à renda *per capita*, à receita e à despesa dos entes estaduais se mantivessem constantes com o passar dos anos. (...) Assim, julgo **procedentes** as Ações Diretas de Inconstitucionalidade (...), para, aplicando o art. 27 da Lei 9.868/1999, declarar a **inconstitucionalidade**, sem a pronúncia da nulidade, do art. 2.º, I e II, § 1.º, § 2.º e § 3.º, do Anexo Único, da LC 62/1989, assegurada a sua aplicação até 31 de dezembro de 2012" **(ADI 875, ADI 1.987, ADI 2.727 e ADI 3.246)**.

6 ■ Repartição das Receitas Tributárias

A previsão para que as questões relativas ao valor adicionado do ICMS (art. 158, I) e as regras para o cálculo, a entrega e o controle das liberações para o FPE e o FPM sejam fixadas por **lei complementar** consta do art. 161 da Constituição, que estabelece:

> **Art. 161.** Cabe à **lei complementar:**
>
> I — definir **valor adicionado** para fins do disposto no art. 158, parágrafo único, I;
>
> II — **estabelecer normas** sobre a entrega dos recursos de que trata o art. 159, especialmente sobre os critérios de rateio dos fundos previstos em seu inciso I, objetivando promover o equilíbrio socioeconômico entre Estados e entre Municípios;
>
> III — dispor sobre o **acompanhamento**, pelos beneficiários, do cálculo das quotas e da liberação das participações previstas nos arts. 157, 158 e 159.
>
> **Parágrafo único. O Tribunal de Contas da União** efetuará o cálculo das quotas referentes aos fundos de participação a que alude o inciso II.

Como já pudemos observar, o conceito de valor adicionado para fins de rateio do ICMS só pode ser definido por **lei complementar**, posição confirmada pelo Supremo Tribunal Federal no julgamento da **ADI 1.423**, na qual se decidiu que "**viola a reserva** de lei complementar federal, prevista no art. 161, I, da Constituição, norma estadual que dispõe sobre o cálculo do valor agregado, para fins de partilha da arrecadação do ICMS, nos termos do art. 158, IV, e parágrafo único, I, da Carta Magna".

A distribuição dos valores aos fundos de participação e o repasse destes aos respectivos Estados e Municípios possui critérios bastante complexos, com base em coeficientes calculados a partir da **população** e do **inverso da renda domiciliar** *per capita* do ente beneficiado[25].

Até 2015, os coeficientes individuais de participação dos Estados e do Distrito Federal no FPE eram os constantes no Anexo Único previsto pela Lei Complementar n. 143/2013.

A partir de **1.º de janeiro de 2016**, cada entidade beneficiária passou a receber valor igual ao que foi distribuído no correspondente decêndio do exercício de 2015, corrigido pela variação acumulada do *Índice Nacional de Preços ao Consumidor Amplo* (IPCA) ou outro que vier a substituí-lo e pelo percentual equivalente a 75% da variação real do *Produto Interno Bruto* nacional do ano anterior ao ano considerado para base de cálculo.

Também a partir de 1.º de janeiro de 2016, a parcela que superar o montante antes especificado passou a ser distribuída **proporcionalmente** a coeficientes individuais de

---

[25] De acordo com o art. 2.º, III, da Lei Complementar n. 62/89, esses critérios são definidos como: "a) o fator representativo da **população** corresponderá à participação relativa da população da entidade beneficiária na população do País, observados os **limites superior e inferior** de, respectivamente, 0,07 (sete centésimos) e 0,012 (doze milésimos), que incidirão uma única vez nos cálculos requeridos; b) o fator representativo do **inverso da renda domiciliar** *per capita* corresponderá à participação relativa do inverso da renda domiciliar *per capita* da entidade beneficiária **na soma dos inversos** da renda domiciliar *per capita* de todas as entidades".

participação obtidos a partir da combinação de fatores representativos da população e do inverso da renda domiciliar *per capita* da entidade beneficiária.

Para a realização dos cálculos e a apuração dos coeficientes são considerados os **valores censitários** ou as **estimativas** mais recentes da população e da renda domiciliar *per capita* publicados pela entidade federal competente.

Isso significa que o rateio dos fundos de participação leva em consideração a população dos Estados e do Distrito Federal e a renda *per capita* dos seus moradores, de forma a beneficiar as regiões menos desenvolvidas e com famílias mais pobres.

Em relação ao **Fundo de Participação dos Municípios** (FPM), a Lei Complementar n. 91/97 manteve o critério do número de habitantes (incluídas as revisões anuais com base em dados oficiais de população produzidos pelo IBGE), já previsto no Código Tributário Nacional, exceto para as capitais.

Com efeito, o CTN, no art. 91, estabelece os **critérios de distribuição** do Fundo de Participação dos Municípios:

Art. 91. Do Fundo de Participação dos Municípios a que se refere o art. 86, serão atribuídos:

I — **10%** (dez por cento) aos Municípios das Capitais dos Estados;

II — **90%** (noventa por cento) aos demais Municípios do País.

§ 1.º A parcela de que trata o inciso I será distribuída proporcionalmente a um coeficiente individual de participação, resultante do produto dos seguintes fatores:

a) **fator representativo da população**, assim estabelecido:

Percentual da População de cada Município em relação à do conjunto das Capitais:

Fator:

Até 2% 2

Mais de 2% até 5%:

Pelos primeiros 2% 2

Cada 0,5% ou fração excedente, mais 0,5

Mais de 5% 5

b) Fator representativo do **inverso da renda *per capita*** do respectivo Estado, de conformidade com o disposto no art. 90.

§ 2.º A distribuição da parcela a que se refere o item II deste artigo, deduzido o percentual referido no art. 3.º do Decreto-lei que estabelece a redação deste parágrafo, far-se--á atribuindo-se a cada Município um coeficiente individual de participação determinado na forma seguinte:

Categoria do Município, segundo seu número de habitantes	Coeficiente
a) Até 16.980	
Pelos primeiros 10.188	0,6
Para cada 3.396, ou fração excedente, mais	0,2
b) Acima de 16.980 até 50.940	
Pelos primeiros 16.980	1,0
Para cada 6.792 ou fração excedente, mais	0,2
c) Acima de 50.940 até 101.880	

Pelos primeiros 50.940	2,0
Para cada 10.188 ou fração excedente, mais	0,2
d) Acima de 101.880 até 156.216	
Pelos primeiros 101.880	3,0
Para cada 13.584 ou fração excedente, mais	0,2
e) Acima de 156.216	4,0

§ 3.º Para os efeitos deste artigo, consideram-se os municípios regularmente instalados, fazendo-se a revisão das quotas anualmente, a partir de 1989, com base em dados oficiais de população produzidos pela Fundação Instituto Brasileiro de Geografia e Estatística — IBGE.

Segundo Cretella Júnior[26], o Fundo de Participação dos Municípios é o "patrimônio público formado de percentuais calculados sobre parte do produto da arrecadação de determinados impostos federais e que a União destina, constitucional e necessariamente, a certos fins — receita vinculada — distribuindo-se aos Municípios".

Somos bastante **críticos** em relação a essa intricada fórmula de repartição de receitas, acabando apenas por confirmar a situação financeira **precária** dos Municípios, que em grande medida dependem de recursos de terceiros para sua sobrevivência e alimentam o **fisiologismo** reinante no país, que parece adorar a política do *toma lá dá cá* não apenas no plano social e cultural, mas com esteio na própria Constituição.

Aliás, a enorme **concentração de poder** na figura da União, aliada à situação absolutamente única de o Brasil possuir *milhares de Municípios*, dotados de uma autonomia que só existe **na teoria**, em nada corrobora para o nosso desenvolvimento econômico e menos ainda para o fortalecimento das instituições, que convivem sofregamente num arremedo de federação.

Quanto ao **cálculo** e ao **pagamento** das cotas estaduais e municipais previstas no art. 159, I, da Constituição, o art. 92 do Código Tributário Nacional determina que:

Art. 92. O **Tribunal de Contas da União** comunicará ao Banco do Brasil S.A., conforme os prazos a seguir especificados, os coeficientes individuais de participação nos fundos previstos no art. 159, inciso I, alíneas *a*, *b* e *d*, da Constituição Federal que prevalecerão no exercício subsequente:

I — até o último dia útil do mês de março de cada exercício financeiro, para cada Estado e para o Distrito Federal;

II — até o último dia útil de cada exercício financeiro, para cada Município.

Parágrafo único. Far-se-á nova comunicação sempre que houver, transcorrido o prazo fixado no inciso I do *caput*, a criação de novo Estado a ser implantado no exercício subsequente.

Ainda em relação aos repasses e pagamentos, a Constituição, no art. 160, **proíbe** qualquer forma de retenção ou contingenciamento, nos seguintes termos:[27]

---

[26] Cretella Júnior, *Comentários à Constituição Brasileira de 1988*, p. 3721-2.

[27] O art. 198 da Constituição trata das **ações e serviços de saúde** e exige dos entes federados o aten-

Art. 160. É vedada a **retenção** ou **qualquer restrição** à entrega e ao emprego dos recursos atribuídos, nesta seção, aos Estados, ao Distrito Federal e aos Municípios, neles compreendidos adicionais e acréscimos relativos a impostos.

§ 1.º A vedação prevista neste artigo não impede a União e os Estados de condicionarem a entrega de recursos:

I — ao pagamento de seus créditos, inclusive de suas autarquias;

II — ao cumprimento do disposto no art. 198, § 2.º, incisos II e III.

§ 2.º Os contratos, os acordos, os ajustes, os convênios, os parcelamentos ou as renegociações de débitos de qualquer espécie, inclusive tributários, firmados pela União com os entes federativos conterão cláusulas para autorizar a dedução dos valores devidos dos montantes a serem repassados relacionados às respectivas cotas nos Fundos de Participação ou aos precatórios federais.

O Supremo Tribunal Federal considerou **legítima** a retenção, pela União, de créditos relativos à cota do Fundo de Participação dos Estados contra o Paraná, pelo não recolhimento do PASEP (RE 509.984-AgR).

No mesmo sentido, também considerou **legal** o bloqueio do repasse pelo Estado de Sergipe para Município que estava em **débito** com o recolhimento de contribuições previdenciárias de seus servidores (ADI 1.106), de forma que a jurisprudência tem reconhecido a **possibilidade de retenção** quando descumpridas as hipóteses do art. 160 da Constituição.

Em relação ao **inciso II do art. 159**, deve ser calculado o valor total de arrecadação do IPI, pela União, com a distribuição de 10% aos Estados e ao Distrito Federal, **proporcionalmente** ao valor das respectivas exportações de produtos industrializados. E os Estados deverão repassar, do montante recebido, 25% para os Municípios que promoveram a exportação[28].

---

dimento a índices **mínimos de investimento:** "Art. 198. As ações e serviços públicos de saúde integram uma rede regionalizada e hierarquizada e constituem um sistema único, organizado de acordo com as seguintes diretrizes: (...) § 2.º A União, os Estados, o Distrito Federal e os Municípios aplicarão, anualmente, em ações e serviços públicos de saúde recursos mínimos derivados da aplicação de percentuais calculados sobre: I — no caso da União, a receita corrente líquida do respectivo exercício financeiro, não podendo ser inferior a 15% (quinze por cento); II — no caso dos Estados e do Distrito Federal, o produto da arrecadação dos impostos a que se refere o art. 155 e dos recursos de que tratam os arts. 157 e 159, inciso I, alínea *a*, e inciso II, deduzidas as parcelas que forem transferidas aos respectivos Municípios; III — no caso dos Municípios e do Distrito Federal, o produto da arrecadação dos impostos a que se refere o art. 156 e dos recursos de que tratam os arts. 158 e 159, inciso I, alínea *b* e § 3.º"".

[28] Lei Complementar n. 63/90, art. 7.º: "Dos recursos recebidos na forma do inciso II do art. 159 da Constituição Federal, os Estados entregarão, imediatamente, 25% (vinte e cinco por cento) aos respectivos Municípios, observados os critérios e a forma estabelecidos nos arts. 3.º e 4.º desta Lei Complementar".

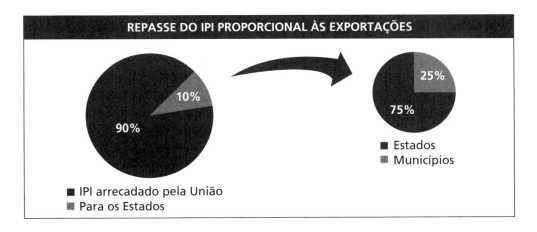

Assim, os entes federativos com **maior vocação** para as exportações receberão uma parte maior desse rateio[29], como forma de compensação, pois, como sabemos, o IPI é imune nas exportações.

O que ocorre, na prática, é que nas exportações do país, como um todo, **não existe IPI**, o que reduz o valor dos 49% repassados aos Estados e Municípios (se, em vez de exportados, os produtos fossem vendidos no mercado doméstico, por exemplo), de sorte que o constituinte divisou esse repasse **adicional** e **proporcional às exportações** para não desmotivar os entes federados (do contrário, o aumento das exportações, embora bom para o Brasil, não geraria nenhum benefício para os entes federados, pois esse incremento não impacta a arrecadação do IPI).

Destacamos que parte dos repasses recebidos deve ser destinada a ações e serviços públicos de **saúde**, da seguinte forma[30]:

- Estados e Distrito Federal devem destinar à saúde **12%** do montante recebido[31];
- Os Municípios devem destinar à saúde **15%** do montante recebido[32].

---

[29] Destaque-se que a nenhuma unidade federada poderá ser destinada parcela superior a 20% do montante do IPI rateado, devendo o eventual excedente ser distribuído entre os demais participantes, mantido, em relação a esses, o critério de partilha nele estabelecido, conforme limitação contida no art. 159, § 2.º.

[30] Conforme os arts. 6.º, 7.º e 8.º da Lei Complementar n. 141/2012.

[31] O percentual destinado à saúde **(12%) também se aplica** aos impostos arrecadados diretamente pelos Estados e Distrito Federal, no exercício de suas competências **(IPVA, ICMS e ITCMD)**, aos recursos obtidos com a **retenção do Imposto de Renda**, na forma do art. 157 da Constituição, e, ainda, em relação ao que for recebido do **Fundo de Participação dos Estados (FPE)**, deduzidas as parcelas que forem transferidas aos respectivos Municípios.

[32] O percentual destinado à saúde **(15%) também se aplica** aos impostos arrecadados diretamente pelos Municípios e Distrito Federal, no exercício de suas competências **(ISS, IPTU e ITBI)**, aos recursos obtidos com a **retenção do Imposto de Renda**, na forma do art. 158 da Constituição, e, ainda, em relação ao que for recebido do **Fundo de Participação dos Municípios (FPM)**.

No caso da **CIDE combustíveis**, a distribuição prevista pelo inciso III do art. 159 estabelece que 29% do valor arrecadado pela União será transferido para os Estados e o Distrito Federal, que ficará com o valor integralmente recebido. Já os Estados ficarão com 21,75% dos valores recebidos, pois deverão repassar 7,25% (1/4) para os Municípios, nos termos do § 4.º do art. 159.

Essa distribuição é balizada de acordo com os **fatos geradores** ocorridos em cada território. Os fatos geradores da CIDE combustíveis são a produção, importação ou formulação de combustíveis[33].

A reforma tributária estabeleceu que o valor arrecadado a título de CIDE combustíveis deve observar as destinações previstas nas alíneas "c" e "d" do art. 177, § 4.º, II, da Constituição (destacaremos):

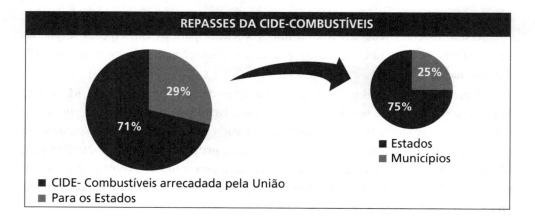

Os fatos geradores da CIDE são *a produção, a importação ou a formulação de combustíveis*.

Convém lembrar que a CIDE é um gênero que pode ter várias espécies, cujas figuras mais importantes são a *CIDE-Combustíveis* e a *CIDE Remessas para o Exterior*.

O resultado arrecadado pela CIDE deve ser destinado a um fundo específico, como ocorre no caso da **CIDE-Combustíveis**, que está prevista no art. 177, § 4.º, da Constituição:

> Art. 177. Constituem **monopólio** da União:
> (...)
> § 4.º A lei que instituir contribuição de intervenção no domínio econômico relativa às atividades de importação ou comercialização de petróleo e seus derivados, gás natural e seus derivados e álcool combustível deverá atender aos **seguintes requisitos:**
> (...)

---

[33] Convém lembrar que a CIDE é um gênero que pode ter várias espécies, cujas figuras mais importantes são **CIDE combustíveis** e a **CIDE remessas para o exterior.**

II — os recursos arrecadados serão destinados:

a) ao pagamento de **subsídios** a preços ou transporte de álcool combustível, gás natural e seus derivados e derivados de petróleo;

b) ao financiamento de **projetos ambientais** relacionados com a indústria do petróleo e do gás;

c) ao financiamento de **programas** de infra-estrutura de transportes.

d) ao pagamento de subsídios a tarifas de **transporte público coletivo de passageiros**[34].

A CIDE-Combustíveis foi instituída pela Lei n. 10.336/2001, que definiu, a partir das regras constitucionais, que o valor recebido pelos Estados e pelo Distrito Federal deverá ser aplicado, obrigatoriamente, no financiamento de programas de **infraestrutura de transportes**, nos seguintes termos:

◼ **40%** proporcionalmente à extensão da malha viária federal e estadual pavimentada existente em cada Estado e no Distrito Federal, conforme estatísticas elaboradas pelo Departamento Nacional de Infraestrutura de Transportes — DNIT;

◼ **30%** proporcionalmente ao consumo, em cada Estado e no Distrito Federal, dos combustíveis a que a CIDE se aplica, conforme estatísticas elaboradas pela Agência Nacional do Petróleo — ANP;

◼ **20%** proporcionalmente à população, conforme apurada pela Fundação Instituto Brasileiro de Geografia e Estatística — IBGE;

◼ **10%** distribuídos em parcelas iguais entre os Estados e o Distrito Federal.

Do valor recebido pelos Estados, **25%** serão destinados aos Municípios para aplicação no financiamento de programas de infraestrutura de transportes. Os critérios de distribuição são **semelhantes** aos do Fundo de Participação dos Municípios, e, em relação à população, o levantamento é feito pelo *Instituto Brasileiro de Geografia e Estatística (IBGE)*.

Por fim, convém lembrar que também será distribuído o valor arrecadado pela União, a título de **IOF**, em relação ao **ouro** definido como **ativo financeiro** ou **instrumento cambial**, que é o ouro negociado em bolsas de mercadorias, com pureza de 999,9 partículas por mil, como estabelece o art. 153, § 5.º, I e II, da Constituição:

§ 5.º O ouro, quando definido em lei como ativo financeiro ou instrumento cambial, sujeita-se exclusivamente à incidência do imposto de que trata o inciso V do *caput* deste artigo, devido na operação de origem; a **alíquota mínima será de um por cento**, assegurada a transferência do montante da arrecadação nos seguintes termos:

I — **trinta por cento** para o Estado, o Distrito Federal ou o Território, conforme a origem;

II — **setenta por cento** para o Município de origem.

---

[34] Destinação incluída pela Emenda Constitucional n. 132/2023.

Interessante destacar que o IOF na hipótese do ouro ativo financeiro é tipicamente **extrafiscal**, pois, embora a competência seja da União, **todo o valor** arrecadado é repassado aos Estados e Municípios (100%), certamente com o objetivo de controlar a extração e a distribuição do metal.

O tratamento tributário a ser conferido ao IOF sobre o ouro ativo financeiro está previsto na **Lei n. 7.766/89**, que estabeleceu para o imposto, na hipótese, alíquota de **1%**.

O repasse para os Estados e Municípios é feito **mensalmente**, mediante crédito em conta corrente do Banco do Brasil, e tem como referência o valor arrecadado no mês imediatamente anterior e disponível na Conta Única do Tesouro Nacional (CTU).

Na hipótese de o ouro ter sido obtido no **exterior**, o valor será repassado aos entes federados em que houve o **ingresso no país**.

Todas essas complexas e detalhadas formas de repartição de receitas tributárias podem ser sintetizadas no quadro a seguir, que facilita a visualização e o estudo de cada hipótese.

UNIÃO	ESTADOS/DF	MUNICÍPIOS
IRRF (arts. 157, I, e 158, I)	100%	100%
IOF Ouro (art. 153, § 5.º, I e II)	30%	70%
Competência residual (art. 157, II)	20%	—
CIDE-Combustíveis (art. 159, III e § 4.º, com base no art. 177, § 4.º)	29%	25% (do montante recebido pelos Estados)
ITR (art. 158, II)	—	50% (União e Município — art. 158, II) ou 100% para Município (art. 153, § 4.º, III)
IPI proporcional às exportações de produtos industrializados (art. 159, II, e §3.º)	10%	25% (do recebido pelos Estados, observados os critérios do art. 158, §1.º)

▣ IS proporcional às exportações de produtos industrializados (art. 159, II e §3.º)	▣ 10%	▣ 25% (do recebido ▣ pelos Estados, observados os critérios do art. 158, §2.º)
	▣ IPVA	▣ 50% (art. 158, III)
	▣ ICMS	▣ 25% (art. 158, IV), sendo 65%, no mínimo, na proporção do valor adicionado nas operações relativas à circulação de mercadorias e nas prestações de serviços, realizadas em seus territórios e até 35%, de acordo com o que dispuser lei estadual, observada, obrigatoriamente, a distribuição de, no mínimo, dez pontos percentuais com base em indicadores de melhoria nos resultados de aprendizagem e de aumento da equidade, considerado o nível socioeconômico dos educandos. (art. 158, § 1.º, I e II)
	▣ IBS	▣ 25% (art. 158, IV, b), de acordo com os seguintes critérios: 80% na proporção da população; 10% com base em indicadores de melhoria nos resultados de aprendizagem e de aumento da equidade, considerado o nível socioeconômico dos educandos, de acordo com o que dispuser lei estadual; 5% com base em indicadores de preservação ambiental, de acordo com o que dispuser lei estadual e 5% em montantes iguais para todos os Municípios do Estado (art. 158, § 2.º, I, II, III e IV).
▣ IR + IPI + IS (art. 159, I)	▣ 21,5% ao FPE	▣ 22,5% ao FPM + 1% ao FPM (pago no primeiro decêndio de julho) + 1% ao FPM (pago no primeiro decêndio de setembro) +1% ao FPM (pago no primeiro decêndio de dezembro) + 3% para as Regiões NO, NE (metade para o semiárido) e Centro-Oeste

Por fim, dispõe a Constituição, no art. 162, que deve ser dada ampla **publicidade** e **transparência** aos valores arrecadados e aos critérios de rateio entre os entes federados:

Art. 162. A União, os Estados, o Distrito Federal e os Municípios **divulgarão**, até o último dia do mês subsequente ao da arrecadação, os montantes de cada um dos tributos arrecadados, os recursos recebidos, os valores de origem tributária entregues e a entregar e a expressão numérica dos critérios de rateio.

Parágrafo único. Os dados divulgados pela União serão discriminados por Estado e por Município; os dos Estados, por Município.

6.4. FUNDO DE COMPENSAÇÃO DE BENEFÍCIOS FISCAIS

O art. 12 da Emenda Constitucional n. 132/2023 institui o **Fundo de Compensação de Benefícios Fiscais ou Financeiro-Fiscais**, com o objetivo de compensar beneficiários de isenções e incentivos fiscais relacionados ao ICMS, no período entre 2029 e 2032, em caso de perdas decorrentes da substituição do ICMS pelo novo sistema tributário estabelecido pela reforma.

As **transferências** para o FCBF serão feitas pela União de 2025 a 2032 e os valores, que serão corrigidos pelo IPCA (ou outro índice que vier a substituí-lo) começam em R$ 8 bilhões em 2025 e aumentam até atingirem R$ 32 bilhões em 2029 para, a partir de então, diminuírem progressivamente até 2032, conforme tabela a seguir:

I — em 2025, a R$ 8.000.000.000,00;
II — em 2026, a R$ 16.000.000.000,00;
III — em 2027, a R$ 24.000.000.000,00;
IV — em 2028, a R$ 32.000.000.000,00;
V — em 2029, a R$ 32.000.000.000,00;
VI — em 2030, a R$ 24.000.000.000,00;
VII — em 2031, a R$ 16.000.000.000,00;
VIII — em 2032, a R$ 8.000.000.000,00.

Os recursos do Fundo serão usados para compensar a redução de **benefícios onerosos do ICMS**, assim entendidos os incentivos fiscais e isenções vinculados ao imposto e concedidos por prazo certo e sob condição.

Os **destinatários** dos recursos serão os titulares de benefícios onerosos concedidos até 31 de maio de 2023, que deverão cumprir todas as condições legais exigidas para manter o direito à compensação. Também se aplicam a titulares de benefícios onerosos que tenham migrado para outros programas ou benefícios devido a alterações na legislação estadual até a data da promulgação da reforma.

A compensação **não se aplica** aos titulares de benefícios relacionados à manutenção ou ao incremento das atividades comerciais, às prestações interestaduais com produtos agropecuários e extrativos vegetais in natura e à manutenção ou ao incremento das atividades portuária e aeroportuária vinculadas ao comércio internacional, previstos no art. 3.º, § 2.º-A, da Lei Complementar n. 160, de 7 de agosto de 2017.

Lei complementar definirá critérios para a apuração dos níveis de benefícios, sua redução, além dos procedimentos para análise da habilitação à compensação. É vedada a extensão dos prazos relacionados aos benefícios fiscais do ICMS e a União complementará os recursos do Fundo em caso de insuficiência dos valores.

Em síntese, o FCBF representa um mecanismo financeiro destinado a aliviar os efeitos da transição para o novo sistema tributário sobre as empresas que atualmente gozam de benefícios fiscais no âmbito do ICMS.

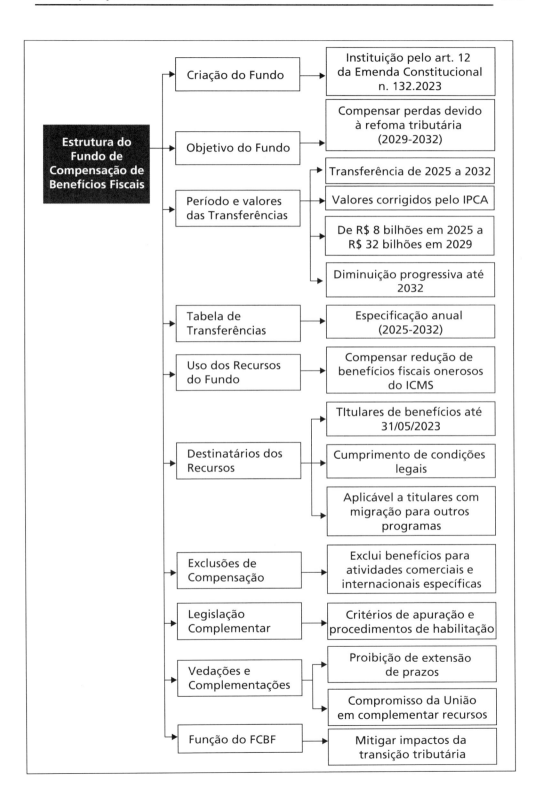

Art. 12. Fica instituído o Fundo de Compensação de Benefícios Fiscais ou Financeiro-Fiscais do imposto de que trata o art. 155, II, da Constituição Federal, com vistas a compensar, entre 1.º de janeiro de 2029 e 31 de dezembro de 2032, pessoas físicas ou jurídicas beneficiárias de isenções, incentivos e benefícios fiscais ou financeiro-fiscais relativos àquele imposto, concedidos por prazo certo e sob condição.

§ 1.º De 2025 a 2032, a União entregará ao Fundo recursos que corresponderão aos seguintes valores, atualizados, de 2023 até o ano anterior ao da entrega, pela variação acumulada do IPCA ou de outro índice que vier a substituí-lo:

I — em 2025, a R$ 8.000.000.000,00 (oito bilhões de reais);

II — em 2026, a R$ 16.000.000.000,00 (dezesseis bilhões de reais);

III — em 2027, a R$ 24.000.000.000,00 (vinte e quatro bilhões de reais);

IV — em 2028, a R$ 32.000.000.000,00 (trinta e dois bilhões de reais);

V — em 2029, a R$ 32.000.000.000,00 (trinta e dois bilhões de reais);

VI — em 2030, a R$ 24.000.000.000,00 (vinte e quatro bilhões de reais);

VII — em 2031, a R$ 16.000.000.000,00 (dezesseis bilhões de reais);

VIII — em 2032, a R$ 8.000.000.000,00 (oito bilhões de reais).

§ 2.º Os recursos do Fundo de que trata o *caput* serão utilizados para compensar a redução do nível de benefícios onerosos do imposto previsto no art. 155, II, da Constituição Federal, na forma do § 1.º do art. 128 do Ato das Disposições Constitucionais Transitórias, suportada pelas pessoas físicas ou jurídicas em razão da substituição do referido imposto por aquele previsto no art. 156-A da Constituição Federal, nos termos deste artigo.

§ 3.º Para efeitos deste artigo, consideram-se benefícios onerosos as isenções, os incentivos e os benefícios fiscais ou financeiro-fiscais vinculados ao imposto referido no *caput* deste artigo concedidos por prazo certo e sob condição, na forma do art. 178 da Lei n.º 5.172, de 25 de outubro de 1966 (Código Tributário Nacional).

§ 4.º A compensação de que trata o § 1.º:

I — aplica-se aos titulares de benefícios onerosos referentes ao imposto previsto no art. 155, II, da Constituição Federal regularmente concedidos até 31 de maio de 2023, sem prejuízo de ulteriores prorrogações ou renovações, observados o prazo estabelecido no *caput* e, se aplicável, a exigência de registro e depósito estabelecida pelo art. 3.º, II, da Lei Complementar n. 160, de 7 de agosto de 2017, que tenham cumprido tempestivamente as condições exigidas pela norma concessiva do benefício, bem como aos titulares de projetos abrangidos pelos benefícios a que se refere o art. 19 desta Emenda Constitucional;

II — não se aplica aos titulares de benefícios decorrentes do disposto no art. 3.º, § 2.º-A, da Lei Complementar n. 160, de 7 de agosto de 2017.

§ 5.º A pessoa física ou jurídica perderá o direito à compensação de que trata o § 2.º caso deixe de cumprir tempestivamente as condições exigidas pela norma concessiva do benefício.

6 ◼ Repartição das Receitas Tributárias

§ 6.º Lei complementar estabelecerá:

I — critérios e limites para apuração do nível de benefícios e de sua redução;

II — procedimentos de análise, pela União, dos requisitos para habilitação do requerente à compensação de que trata o § 2.º.

§ 7.º É vedada a prorrogação dos prazos de que trata o art. 3.º, §§ 2.º e 2.º-A, da Lei Complementar n. 160, de 7 de agosto de 2017.

§ 8.º A União deverá complementar os recursos de que trata o § 1.º em caso de insuficiência de recursos para a compensação de que trata o § 2.º.

§ 9.º Eventual saldo financeiro existente em 31 de dezembro de 2032 será transferido ao Fundo de que trata o art. 159-A da Constituição Federal, com a redação dada pelo art. 1.º desta Emenda Constitucional, sem redução ou compensação dos valores consignados no art. 13 desta Emenda Constitucional.

§ 10. O disposto no § 4.º, I, aplica-se também aos titulares de benefícios onerosos que, por força de mudanças na legislação estadual, tenham migrado para outros programas ou benefícios entre 31 de maio de 2023 e a data de promulgação desta Emenda Constitucional, ou estejam em processo de migração na data de promulgação desta Emenda Constitucional.

6.5. FUNDO NACIONAL DE DESENVOLVIMENTO REGIONAL

Com o objetivo de reduzir as desigualdades regionais e sociais e contribuir para a erradicação da pobreza e da marginalização, a Emenda Constitucional n. 132/2023 prevê a instituição do Fundo Nacional de Desenvolvimento Regional, com a distribuição de recursos da União para os Estados e o Distrito Federal.

As principais características do FNDR constam do quadro a seguir.

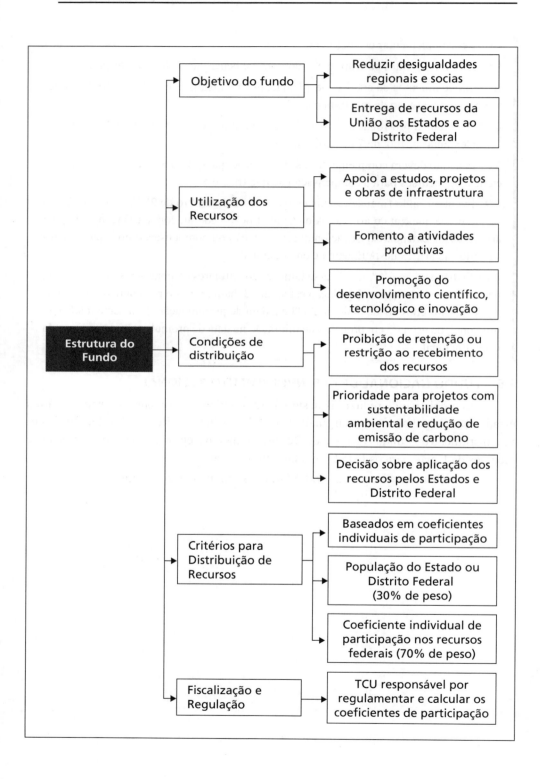

Os recursos decorrentes do **Fundo Nacional de Desenvolvimento Regional**[35] corresponderão aos valores a seguir, que deverão ser atualizados, de 2023 até o ano anterior ao da entrega, pela variação acumulada do IPCA ou de outro índice que vier a substituí-lo[36]:

I — em 2029, a R$ 8.000.000.000,00;
II — em 2030, a R$ 16.000.000.000,00;
III — em 2031, a R$ 24.000.000.000,00;
IV — em 2032, a R$ 32.000.000.000,00;
V — em 2033, a R$ 40.000.000.000,00;
VI — em 2034, a R$ 42.000.000.000,00;
VII — em 2035, a R$ 44.000.000.000,00;
VIII — em 2036, a R$ 46.000.000.000,00;
IX — em 2037, a R$ 48.000.000.000,00;
X — em 2038, a R$ 50.000.000.000,00;
XI — em 2039, a R$ 52.000.000.000,00;
XII — em 2040, a R$ 54.000.000.000,00;
XIII — em 2041, a R$ 56.000.000.000,00;
XIV — em 2042, a R$ 58.000.000.000,00;
XV — a partir de 2043, a R$ 60.000.000.000,00, por ano.

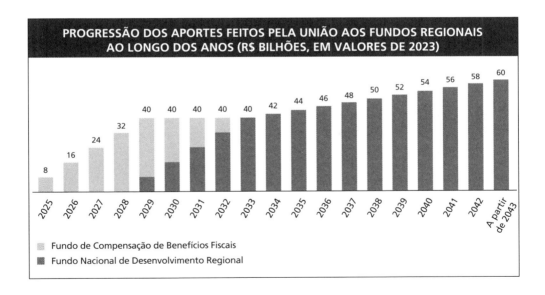

---

[35] EC 132/2023, Art. 14: A União custeará, com posterior ressarcimento pelo Comitê Gestor do Imposto sobre Bens e Serviços de que trata o art. 156-B da Constituição Federal, as despesas necessárias para sua instalação.
[36] Conforme art. 13 da EC 132/2023.

> **Art. 159-A.** Fica instituído o Fundo Nacional de Desenvolvimento Regional, com o objetivo de reduzir as desigualdades regionais e sociais, nos termos do art. 3.º, III, mediante a entrega de recursos da União aos Estados e ao Distrito Federal para:
> I — realização de estudos, projetos e obras de infraestrutura;
> II — fomento a atividades produtivas com elevado potencial de geração de emprego e renda, incluindo a concessão de subvenções econômicas e financeiras; e
> III — promoção de ações com vistas ao desenvolvimento científico e tecnológico e à inovação.
> § 1.º É vedada a retenção ou qualquer restrição ao recebimento dos recursos de que trata o *caput*.
> § 2.º Na aplicação dos recursos de que trata o *caput*, os Estados e o Distrito Federal priorizarão projetos que prevejam ações de sustentabilidade ambiental e redução das emissões de carbono.
> § 3.º Observado o disposto neste artigo, caberá aos Estados e ao Distrito Federal a decisão quanto à aplicação dos recursos de que trata o *caput*.
> § 4.º Os recursos de que trata o *caput* serão entregues aos Estados e ao Distrito Federal de acordo com coeficientes individuais de participação, calculados com base nos seguintes indicadores e com os seguintes pesos:
> I — população do Estado ou do Distrito Federal, com peso de 30% (trinta por cento);
> II — coeficiente individual de participação do Estado ou do Distrito Federal nos recursos de que trata o art. 159, I, "a", da Constituição Federal, com peso de 70% (setenta por cento).
> § 5.º O Tribunal de Contas da União será o órgão responsável por regulamentar e calular os coeficientes individuais de participação de que trata o § 4.º.

6.6. QUESTÕES

 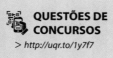

QUESTÕES DE CONCURSOS
> http://uqr.to/1y7f7

SIMPLES NACIONAL

O art. 146, III, *d*, da Constituição introduziu a possibilidade de criação de um **regime de tributação** voltado para as micro e pequenas empresas, nos seguintes termos:

> **Art. 146.** Cabe à lei complementar:
> (...)
> III — estabelecer normas gerais em matéria de legislação tributária, especialmente sobre:
> (...)
> *d*) definição de tratamento **diferenciado** e **favorecido** para as microempresas e para as empresas de pequeno porte, inclusive regimes especiais ou simplificados no caso dos impostos previstos nos arts. 155, II, e 156-A, das contribuições sociais previstas no art. 195, I e V, e § 12 e da contribuição a que se refere o art. 239.
> § 1.º A lei complementar de que trata o inciso III, d, também poderá instituir um **regime único** de arrecadação dos impostos e contribuições da União, dos Estados, do Distrito Federal e dos Municípios, observado que:
> I — será **opcional** para o contribuinte;
> II — poderão ser estabelecidas condições de enquadramento **diferenciadas** por Estado;
> III — o recolhimento será **unificado** e **centralizado** e a distribuição da parcela de recursos pertencentes aos respectivos entes federados será imediata, vedada qualquer retenção ou condicionamento;
> IV — a arrecadação, a fiscalização e a cobrança **poderão ser compartilhadas** pelos entes federados, adotado cadastro nacional único de contribuintes.
> § 2.º É **facultado** ao optante pelo regime único de que trata o § 1.º apurar e recolher os tributos previstos nos arts. 156-A e 195, V, nos termos estabelecidos nesses artigos, hipótese em que as parcelas a eles relativas não serão cobradas pelo regime único.
> § 3.º Na hipótese de o recolhimento dos tributos previstos nos arts. 156-A e 195, V, ser realizado por meio do regime único de que trata o § 1.º, enquanto perdurar a opção:
> I — **não será permitida** a apropriação de créditos dos tributos previstos nos arts. 156-A e 195, V, pelo contribuinte optante pelo regime único; e
> II — **será permitida** a apropriação de créditos dos tributos previstos nos arts. 156-A e 195, V, pelo adquirente não optante pelo regime único de que trata o § 1.º de bens materiais ou imateriais, inclusive direitos, e de serviços do optante, em montante equivalente ao cobrado por meio do regime único.

Com a promulgação da EC n. 42/2003, o **Simples Nacional** foi instituído com a publicação da Lei Complementar n. 123, de dezembro de 2006, que definiu o *Estatuto Nacional da Microempresa e da Empresa de Pequeno Porte (MP e EPP)*, com os seguintes efeitos:

■ trata-se de regime de tributação favorecida;
■ possui um sistema de arrecadação unificado, para todos os tributos previstos;
■ teve vigência a partir de 1.º de julho de 2007.

O novo modelo, de âmbito nacional, surgiu em substituição à iniciativa isolada da **União** de simplificar o recolhimento dos seus tributos, previsto na Lei n. 9.317/96 (que previa o extinto **Simples Federal**).

Como o modelo anterior, fixado por **lei ordinária** federal, não poderia exigir a participação de **Estados** e **Municípios** (com a inclusão de tributos de sua competência), a alteração constitucional permitiu a criação de um Sistema mais abrangente, que redundou na publicação da LC n. 123/2006, posteriormente alterada por outras leis complementares.

O regime promovido pela LC n.123/2006 também vai ao encontro da necessidade de **incentivo** às microempresas e às empresas de pequeno porte previsto no art. 179 da Constituição, que trata dos princípios que devem orientar a atividade econômica no país:

> **Art. 179.** A União, os Estados, o Distrito Federal e os Municípios dispensarão às microempresas e às empresas de pequeno porte, assim definidas em lei, tratamento jurídico diferenciado, visando a incentivá-las pela simplificação de suas obrigações administrativas, tributárias, previdenciárias e creditícias, ou pela eliminação ou redução destas por meio de lei.

Convém destacar que no regime poderão ser estabelecidas condições de enquadramento **diferenciadas** por Estado, de acordo com as peculiaridades regionais de cada um.

O recolhimento do Simples Nacional será **unificado** e **centralizado**, sob o ponto de vista do contribuinte, e o repasse das parcelas relativas a Estados e Municípios será imediato, sendo vedado à União reter ou condicionar qualquer transferência financeira.

Segundo o STF, as **imunidades** previstas nos arts. 149, § 2.º, I (receitas decorrentes de exportação), e 153, § 3.º, III (produtos industrializados destinados ao exterior), da Constituição, são aplicáveis às empresas optantes pelo Simples Nacional (RE 598.468, de 2020, com repercussão geral).

A Constituição também prevê que a arrecadação, a fiscalização e a cobrança dos valores devidos na sistemática do Simples Nacional poderão ser **compartilhadas** entre os entes federados, o que atende ao **princípio de cooperação** expressamente veiculado pela **reforma tributária**, embora, até o presente momento, não tenha sido criado o cadastro nacional único de contribuintes, que ajudaria a reduzir as obrigações acessórias das empresas, além de ser um importante instrumento para a prevenção de fraudes.

Convém ressaltar que, com a reforma tributária e a consequente **extinção** do ICMS, IPI, ISS, PIS e COFINS, os novos IBS e CBS serão **integrados** ao Simples Nacional, que continuará a ser facultativo para os contribuintes, mas sem direito a crédito desses tributos.

É interessante notar que os defensores do modelo previsto pela reforma sempre pregaram a importância de um regime tributário **não cumulativo pleno** para o consumo (tese sobre a qual temos sérias dúvidas, não quanto à validade da teoria, mas em termos de eficiência, num país enorme e diverso como o Brasil), embora todos saibamos que no Simples Nacional a **cumulatividade é a regra do jogo** e que o modelo é utilizado por mais de 95% das empresas brasileiras (incluindo ME, EPP e MEI). Ou seja: as propaladas vantagens da reforma tributária **alcançarão, na prática, uma diminuta fração** das empresas nacionais, notadamente as de grande porte.

Se o legislador realmente quisesse simplificar a tributação do consumo poderia ter aproveitado alguns conceitos do Simples Nacional, um modelo **extremamente eficiente**, com baixo índice de evasão que, apesar de cumulativo, é adotado por mais de **20 milhões de empresários no país**. Tudo isso somado a um **baixíssimo** índice de litigiosidade, que quase sempre se resume ao inconformismo de empresas excluídas do sistema!

Ainda assim, parte relevante dos tributaristas brasileiros desdenha o Simples Nacional, o que contraria toda a experiência prática observada nos seus quase 20 anos de existência.

Ao contrário do que seria razoável (ou, que ao menos mereceria uma **discussão séria**, baseada em dados e não em "achismos"), buscamos importar concepções teóricas de um suposto "IVA ideal", defendido por grande parte da doutrina, mas que, curiosamente, **nenhum país do mundo** conseguiu implantar.

Os doutrinadores adoram citar exemplos de países europeus, menores do que estados brasileiros, como se eles **fossem parâmetro** para a nossa realidade. Ademais, parecem olvidar que a União Europeia enfrenta um seríssimo problema de **evasão fiscal** do IVA nas operações *cross border*, estas sim semelhantes à dificuldade causada pela guerra fiscal no Brasil.

E o problema se agravou com a "tropicalização" dessas ideias, o que ensejou a criação de várias figuras exóticas, como a **dualidade na tributação**, a existência de diversos (e injustificados "regimes específicos") e a **manutenção de benefícios** que deveriam ter sido extintos.

Por fim, a Emenda Constitucional n. 132/2023 permite que o **adquirente** de produtos ou tomador de serviços de empresas incluídas no Simples Nacional possa aproveitar os créditos relativos ao valor do IBS e da CBS, desde que, é claro, **não seja optante** do regime único.

STF — Simples Nacional

▣ **Tratamento mais benéfico às micro e pequenas empresas. Necessidade.** Por disposição constitucional (CF, art. 179), as microempresas e as empresas de pequeno porte devem ser beneficiadas, nos termos da lei, pela "simplificação de suas obrigações administrativas, tributárias, previdenciárias e creditícias, ou pela eliminação ou redução destas" (CF, art. 179). Não há ofensa ao princípio da isonomia tributária se a lei, por motivos extrafiscais, imprime tratamento desigual a microempresas e empresas de pequeno porte de capacidade contributiva distinta, afastando do regime do Simples aquelas cujos sócios têm condição de disputar o mercado de trabalho sem assistência do Estado. (ADI 1.643)

388 Direito Tributário Esquematizado   *Roberto Caparroz*

■ **Livre concorrência e isonomia.** O Simples Nacional surgiu da premente necessidade de se fazer com que o sistema tributário nacional concretizasse as diretrizes constitucionais do favorecimento às microempresas e às empresas de pequeno porte. A LC 123, de 14-12-2006, em consonância com as diretrizes traçadas pelos arts. 146, III, d, e parágrafo único; 170, IX; e 179 da CF, visa à simplificação e à redução das obrigações dessas empresas, conferindo a elas um tratamento jurídico diferenciado, o qual guarda, ainda, perfeita consonância com os princípios da capacidade contributiva e da isonomia. Ausência de afronta ao princípio da isonomia tributária. O regime foi criado para diferenciar, em iguais condições, os empreendedores com menor capacidade contributiva e menor poder econômico, sendo desarrazoado que, nesse universo de contribuintes, se favoreçam aqueles em débito com os fiscos pertinentes, os quais participariam do mercado com uma vantagem competitiva em relação àqueles que cumprem pontualmente com suas obrigações. A condicionante do inciso V do art. 17 da LC 123/2006 não se caracteriza, a priori, como fator de desequilíbrio concorrencial, pois se constitui em exigência imposta a todas as pequenas e microempresas (MPE), bem como a todos os microempreendedores individuais (MEI), devendo ser contextualizada, por representar, também, forma indireta de se reprovar a infração das leis fiscais e de se garantir a neutralidade, com enfoque na livre concorrência. A presente hipótese não se confunde com aquelas fixadas nas Súmulas 70, 323 e 547 do STF, porquanto a espécie não se caracteriza como meio ilícito de coação a pagamento de tributo, nem como restrição desproporcional e desarrazoada ao exercício da atividade econômica. Não se trata, na espécie, de forma de cobrança indireta de tributo, mas de requisito para fins de fruição a regime tributário diferenciado e facultativo. (RE 627.543, com repercussão geral)

■ **Imunidade para as receitas decorrentes de exportação e do IPI nas exportações.** As imunidades previstas nos arts. 149, § 2.º, I, e 153, § 3.º, III, da Constituição Federal são aplicáveis às empresas optantes pelo Simples Nacional (RE 598.468, com repercussão geral).

7.1. CONCEITOS E ABRANGÊNCIA

O **Simples Nacional**, cujo nome oficial é "Regime Especial Unificado de Arrecadação de Tributos e Contribuições devidos pelas Microempresas e Empresas de Pequeno Porte", passou a definir um tratamento diferenciado e favorecido aos pequenos empresários que, na prática, extrapola o âmbito tributário, posto que os benefícios previstos pela LC n. 123/2006 (e alterações posteriores) contemplam os seguintes temas[1]:

■ apuração e recolhimento de impostos e contribuições da União, dos Estados, do Distrito Federal e dos Municípios, mediante regime único de arrecadação, inclusive obrigações acessórias;

■ cumprimento de obrigações trabalhistas e previdenciárias, inclusive obrigações acessórias;

---

[1] Art.1º da Lei Complementar n. 123/2006.

7 ■ Simples Nacional

■ acesso a crédito e ao mercado, inclusive quanto à preferência nas aquisições de bens e serviços pelos Poderes Públicos, à tecnologia, ao associativismo e às regras de inclusão.

■ criação de um cadastro nacional único de contribuintes (conforme estabelece o inciso IV do parágrafo único do art. 146 da Constituição).

A sistemática veiculada pelo Simples Nacional representa um grande avanço nas **relações sociais** do Brasil, pois permite que o pequeno empreendedor saia da informalidade e participe efetivamente, em condições de mercado, da atividade econômica. Isso possibilita a celebração de contratos, o registro de funcionários, a obtenção de financiamentos, a participação em licitações e todas as demais práticas necessárias para a sustentabilidade e o crescimento do negócio.

Além de uma carga tributária simplificada e reduzida, o Simples Nacional tem oferecido, ao longo de suas constantes atualizações, mecanismos de **desburocratização** e **proteção** aos pequenos empresários.

Longe de ser perfeito, o Simples Nacional é um passo fundamental na direção certa e, dentro da trágica realidade brasileira, merece elogios.

Nesse sentido, a LC n. 147/2014 introduziu importantes **garantias** para os micro e pequenos empresários, notadamente em relação ao tratamento que lhes deve ser dispensado pela legislação e pelas autoridades públicas:

■ em regra, a criação de novas obrigações deve contemplar, no próprio instrumento jurídico que as instituir, condições diferenciadas, favorecidas e simplificadas de cumprimento pelos pequenos empresários;

■ caso seja necessária a adoção de procedimentos adicionais, a norma deverá prever prazo máximo para que os órgãos fiscalizadores cumpram as medidas necessárias à emissão de documentos, realização de vistorias e atendimento das demandas realizadas pelos pequenos empresários com o objetivo de atender à nova obrigação; se o prazo não for cumprido pelos órgãos fiscalizadores, a obrigação não será exigível até seja realizada visita para fiscalização orientadora e seja reiniciado o prazo para regularização.

Convém ressaltar que a não observância dos requisitos para a exigência de novas obrigações resultará, nos termos da lei, em atentado aos direitos e às garantias legais assegurados ao exercício profissional da atividade empresarial, circunstância que confere modernidade ao regime, ante a absoluta necessidade de se reconhecer, no Brasil, a dificuldade que os empresários (sobretudo os pequenos) enfrentam para atender ao arcabouço de exigências legais, inclusive tributárias.

> **Importante!** As micro e pequenas empresas que não optarem pelo Simples Nacional poderão usufruir dos benefícios não tributários previsto pela LC n. 123/2006.

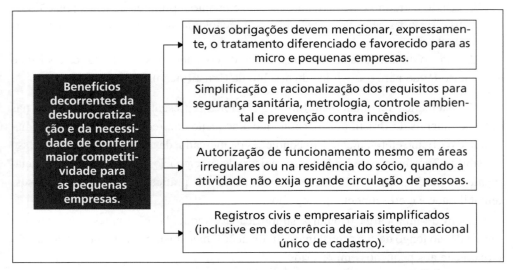

O Simples Nacional prevê **três instâncias** responsáveis pela gestão dos procedimentos, com o objetivo de conferir aos micro e pequenos empresários o tratamento diferenciado e favorecido determinado pela Constituição[2]:

■ **Comitê Gestor do Simples Nacional (CGSN)**, vinculado ao Ministério da Fazenda, é composto de 4 (quatro) representantes da Secretaria da Receita Federal do Brasil, como representantes da União, 2 (dois) dos Estados e do Distrito Federal e 2 (dois) dos Municípios, 1 (um) do Serviço Brasileiro de Apoio às Micro e Pequenas Empresas (Sebrae) e 1 (um) das confederações nacionais de representação do segmento de microempresas e empresas de pequeno porte[3], para tratar dos aspectos tributários;

■ **Fórum Permanente das Microempresas e Empresas de Pequeno Porte**, com a participação dos órgãos federais competentes e das entidades vinculadas ao setor;

■ **Comitê para Gestão da Rede Nacional para Simplificação do Registro e da Legalização de Empresas e Negócios (CGSIM)**, vinculado à Secretaria da Micro e Pequena Empresa da Presidência da República, é composto de representantes da União, dos Estados e do Distrito Federal, dos Municípios e dos demais órgãos de apoio e de registro empresarial, na forma definida pelo Poder Executivo, para tratar do processo de registro e de legalização de empresários e de pessoas jurídicas.

O CGSN e o CGSIM serão presididos e coordenados por representantes da **União**[4], os representantes dos Estados e do Distrito Federal serão indicados pelo Conselho Nacional de Política Fazendária (CONFAZ) e os dos Municípios serão indicados um pela

---

[2] Art. 2.º da Lei Complementar n. 123/2006.
[3] Os novos integrantes do CGSN foram incluídos pela Lei Complementar n. 188, de 31 de dezembro de 2021.
[4] Os membros do CGSN e do CGSIM são designados, respectivamente, pelos Ministros de Estado da Fazenda e da Secretaria da Micro e Pequena Empresa da Presidência da República, mediante indicação de órgãos e entidades vinculados.

7 ■ Simples Nacional   391

entidade representativa das Secretarias de Finanças das Capitais e outro pelas entidades de representação nacional dos Municípios brasileiros.

Os principais procedimentos tributários relativos ao Simples Nacional ficam a cargo do CGSN, cujo **Regimento Interno**, atualmente, está previsto na Resolução **CGSN n. 140/2018** (com alterações posteriores)[5].

7.1.1. Definição de microempresa e de empresa de pequeno porte

São consideradas **microempresas** ou empresas de **pequeno porte** a sociedade empresária, a sociedade simples, a empresa individual de responsabilidade limitada e o empresário, nos termos do art. 966 do Código Civil, devidamente registrados no Registro de Empresas Mercantis ou no Registro Civil de Pessoas Jurídicas, conforme o caso, além da **sociedade de advogados** registrada no Conselho Seccional da OAB, desde que:

■ no caso da microempresa aufira receita bruta anual igual ou inferior a **R$ 360.000,00** e

■ no caso de empresa de pequeno porte aufira receita bruta superior a **R$ 360.000,00** e igual ou inferior a **R$ 4.800.000,00**[6].

O conceito de **receita bruta** para as micro e pequenas empresas segue a lógica das demais sociedades e compreende o produto da venda de bens e serviços nas operações de conta própria, o preço dos serviços prestados e o resultado nas operações em conta alheia, **excluídas** as vendas canceladas e os descontos incondicionais concedidos.

É importante destacar que as empresas quase nunca são constituídas no primeiro dia de cada ano-calendário. Assim, para que se possa verificar o enquadramento das empresas **recém-constituídas** nos limites fixados pelo Simples Nacional, deverá ser feito um **cálculo proporcional**, relativo ao número de meses entre o início da atividade e o término do respectivo ano-calendário (as frações de meses são consideradas como um mês completo).

Exemplo: se uma empresa iniciou suas atividades em 15 de abril de determinado ano, os limites proporcionais de receita bruta[7] deverão considerar nove meses (entre abril e dezembro), vale dizer, corresponderão a 9 × R$ 30.000,00 = **R$ 270.000,00** (para microempresas) e 9 × R$ 400.000,00 = R$ **3.600.000,00** (para empresas de pequeno porte). Se a empresa teve receita bruta no período inferior a esses limites poderá ser mantida no Simples Nacional no ano-calendário subsequente.

A opção e a permanência no Simples Nacional estão condicionadas ao limite de receita bruta no mercado interno (R$ 4.800.000/ano), ao qual podem ser **adicionadas** receitas decorrentes da **exportação** de mercadorias ou de serviços para o exterior,

---

[5] Na prática, a Resolução veicula todos os principais conceitos e procedimentos tributários relativos ao Simples Nacional, reproduzindo e explicando a legislação de regência, de forma semelhante ao que fazem os decretos em relação a alguns impostos, como o IR e o IPI.

[6] Para fins de enquadramento deve ser considerado como limite a soma das receitas de todos os estabelecimentos da empresa (matriz e filiais, caso existentes).

[7] Basta dividirmos os limites anuais por 12 para termos os limites mensais, que serão multiplicados pelo número de meses de atividade da empresa.

inclusive quando realizadas por meio de empresa comercial exportadora ou de sociedade de propósito específico, desde que tais receitas também não ultrapassem o limite de R$ 4.800.000,00.

Exemplo: a empresa "X" auferiu receitas decorrentes do mercado interno, durante o ano-calendário de 2019, no valor de R$ 4.000.000,00; adicionalmente, também realizou exportações no valor de R$ 3.500.000,00 no mesmo período. Como os dois valores estão dentro dos limites previstos pela legislação, a empresa "X" será tributada na sistemática do Simples Nacional e poderá nele permanecer no ano-calendário subsequente.

Qualquer empresa que **exceda o limite** de receita bruta anual ou o limite adicional para exportação durante determinado ano-calendário será excluída do Simples Nacional, a partir do:

- **mês subsequente** àquele em que o excesso da receita bruta acumulada no ano for superior a 20% de cada um dos limites;
- **ano-calendário subsequente** àquele em que o excesso da receita bruta acumulada no ano não for superior a 20% de cada um dos limites.

No caso de exclusão a empresa deverá recolher a **totalidade** ou a **diferença** dos tributos devidos de acordo com as regras gerais de incidência.

O montante da receita bruta a ser apurada, para determinação dos limites acima mencionados, inclui os seguintes valores:

- o custo do financiamento nas vendas a prazo, contido no valor dos bens ou serviços ou destacado no documento fiscal;
- as gorjetas, compulsórias ou não;
- os *royalties*, os aluguéis e as demais receitas decorrentes de cessão de direito de uso ou gozo e
- as verbas de patrocínio.

O adimplemento de obrigações comerciais por meio de troca de mercadorias, prestação de serviços, compensação de créditos ou qualquer outra forma de contraprestação **também é considerado** receita bruta para as partes envolvidas. As receitas decorrentes da venda de bens ou direitos ou da prestação de serviços devem ser reconhecidas quando do faturamento, da entrega do bem ou do direito ou à proporção em que os serviços forem efetivamente prestados, o que primeiro ocorrer (inclusive no caso de valores recebidos adiantadamente, ainda que no regime de caixa e na hipótese de vendas para entrega futura).

Por outro lado, **não compõem** o total da receita bruta para fins de apuração dos limites:

- a venda de bens do ativo imobilizado;
- os juros moratórios, as multas e quaisquer outros encargos auferidos em decorrência do atraso no pagamento de operações ou prestações;
- a remessa de mercadorias a título de bonificação, doação ou brinde, desde que seja incondicional e não haja contraprestação por parte do destinatário;
- a remessa de amostra grátis;
- os valores recebidos a título de multa ou indenização por rescisão contratual, desde que não corresponda à parte executada do contrato;

- no caso de parceria entre salões de beleza e profissionais que desempenham a atividade de cabeleireiro, barbeiro, esteticista, manicure, pedicure, depilador e maquiador, os valores repassados pelo salão-parceiro ao profissional-parceiro, desde que este esteja devidamente inscrito no CNPJ;
- os rendimentos ou os ganhos líquidos auferidos em aplicações de renda fixa ou variável.

A **opção** pelo regime do Simples Nacional deve ser formalizada pela internet, até o último dia útil do **mês de janeiro** e produzirá efeitos a partir do primeiro dia deste ano-calendário, sendo **irretratável** durante todo o período, ou seja, a empresa não poderá sair do Simples Nacional até o término do correspondente exercício[8].

Nos casos de **empresas novas**, que desejarem optar pelo Simples Nacional já no início de suas atividades, a manifestação deve ocorrer em até **30 dias**[9], contados da data do último deferimento das inscrições necessárias nos órgãos públicos (para fins de inscrição são obrigatórios o CNPJ, a inscrição municipal e/ou a estadual (esta última somente para empresas sujeitas ao ICMS)).

A opção produzirá efeitos a partir da data de abertura constante do CNPJ, salvo se o ente federado respectivo considerar inválidas as informações prestadas pela ME ou EPP nos cadastros estadual ou municipal.

No momento da opção o contribuinte deverá expressamente declarar que **não se enquadra** nas vedações de ingresso no Simples Nacional, independentemente das verificações realizadas pelas autoridades competentes da União, dos Estados, do Distrito Federal ou dos Municípios.

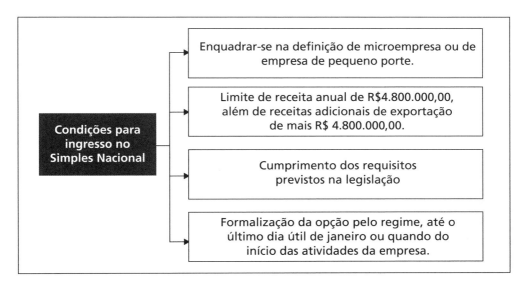

---

[8] Uma vez efetuada a opção pelo Simples Nacional, a renovação nos anos-calendário seguintes é automática, ou seja, a empresa permanecerá no regime sem nenhuma necessidade de manifestação adicional (exceto se for excluída, de ofício ou por vontade própria).

[9] Este prazo é contado em dias corridos, excluindo-se o primeiro dia, mas só pode ter início ou vencimento em dias úteis.

7.1.1.1. *MEI e SIMEI*

A Lei Complementar n. 128/2008 alterou o Estatuto da Micro e Pequena Empresa e criou a figura do **Microempreendedor Individual (MEI)**.

O MEI é considerado um pequeno **empresário individual**, com faturamento limitado a **R$ 81.000,00** por ano[10], que não pode participar de outras empresas como sócio, titular ou administrador e que contrate, no máximo, um empregado, que deverá receber um salário mínimo.

Com o objetivo de formalizar e permitir a inclusão desses indivíduos no mercado, com regras ainda mais simples e menor carga tributária, foi criado o **SIMEI** — Sistema de Recolhimento em Valores Fixos Mensais dos Tributos Abrangidos pelo Simples Nacional.

Assim, o microempreendedor que desejar aderir ao SIMEI deverá atender, **cumulativamente**, às seguintes exigências[11]:

- ser optante do Simples Nacional;
- exercer profissionalmente ocupação econômica organizada para a produção ou a circulação de bens ou de serviços[12];
- auferir receita bruta acumulada nos anos-calendário anteriores e em curso de até R$ 81.000,00 (assim como no Simples Nacional, no caso de início de atividade, o limite máximo deve ser o resultado da multiplicação de R$ 6.750,00 pelo número de meses entre o mês de início de atividade e o final do ano-calendário, consideradas as frações de meses como um mês inteiro);
- possuir um único estabelecimento;
- não participar de outra empresa como titular, sócio ou administrador;
- não contratar mais de um empregado, que só poderá receber um salário mínimo previsto em lei federal ou estadual ou o piso salarial da categoria profissional, definido em lei federal ou por convenção coletiva da categoria;
- não guardar, cumulativamente, com o contratante do serviço, relação de pessoalidade, subordinação e habitualidade.

O SIMEI inclui os seguintes tributos, que **são fixos** e devem ser pagos mediante documento de arrecadação (DAS):

- contribuição previdenciária relativa à pessoa do empresário, na qualidade de contribuinte individual, no valor de 5% (cinco por cento) do limite mínimo mensal do salário de contribuição;
- R$ 1,00, a título de ICMS, caso seja contribuinte desse imposto;

---

[10] Enquanto escrevemos, tramita no Congresso Nacional o Projeto de Lei Complementar (PLP) n. 108/21, já aprovado pelo Senado, que aumenta para R$ 130 mil a receita bruta anual permitida para enquadramento como MEI.

[11] Com o advento da Lei Complementar n. 167/2019, o MEI constituído na forma de *startup* não pode optar por essa sistemática de recolhimento.

[12] As ocupações permitidas ao MEI constam do Anexo XI da Resolução CGSN n. 140/2018.

7 ◼ Simples Nacional   395

◼ R$ 5,00, a título de ISS, caso seja contribuinte desse imposto.

Em relação aos demais tributos que integram o Simples Nacional, a legislação definiu que o MEI optante pelo SIMEI deve ser considerado **isento** dos seguintes tributos:

◼ IRPJ;

◼ CSLL;

◼ Contribuição para o PIS/Pasep e COFINS;

◼ IPI;

◼ Contribuição previdenciária patronal (exceto se contratar empregado).

Por outro lado, do mesmo modo que no Simples Nacional, a opção pelo SIMEI **não exclui** a incidência de outros tributos, como o IOF, os tributos devidos na importação (II, IPI, ICMS, PIS e COFINS) e na exportação, o ITR, o imposto de renda relativo aos rendimentos ou ganhos líquidos auferidos em aplicações de renda fixa ou variável, bem como relativo aos ganhos de capital auferidos na alienação de bens do ativo permanente ou relativo aos pagamentos ou créditos efetuados pela pessoa jurídica a pessoas físicas, e a contribuição previdenciária relativa ao empregado.

A opção pelo SIMEI também **não dispensa** a obrigatoriedade de retenção, pelo MEI, do IRPJ, da CSLL, do PIS/Pasep e da COFINS, nos termos das respectivas normas de regência.

Com o advento da Lei Complementar n. 167/2019, o MEI constituído na forma de *startup* não pode optar pela sistemática de recolhimento.

Em 31 de dezembro de 2021 foi sancionada a LC n. 188, que instituiu o chamado **MEI-Caminhoneiro**, que estabelece para o transportador autônomo de cargas, para fins de enquadramento no regime, o limite de receita bruta anual de **R$ 251.600,00** (ou R$ 20.966,67 mensal, multiplicado pelo número de meses compreendidos entre o início da atividade e o final do respectivo ano-calendário).

7.1.2. Vedações ao ingresso no Simples Nacional

Embora seja um regime extremamente interessante para os pequenos empresários, a legislação traz diversas hipóteses **impeditivas** da opção, que podem ser divididas em quatro grupos:

a) Restrições quanto ao **porte da empresa**: empresas de médio e grande porte, com receitas superiores a R$ 4.800.000,00 anuais;

b) Restrições quanto à **composição societária** da empresa: como no caso de sócios domiciliados no exterior ou de participação no seu capital social de entidades da administração pública, direta ou indireta, federal, estadual ou municipal;

c) Restrições em função da **atividade exercida**: em razão do tratamento favorecido e da carga tributária supostamente reduzida, a LC n. 123/2006 veda a opção para empresas que exerçam determinadas atividades, para as quais o legislador entendeu não ser necessário o incentivo, tais como serviços bancários, geração de energia, importação de determinados produtos, entre outras (nesses casos, o próprio

396 Direito Tributário Esquematizado   *Roberto Caparroz*

porte das empresas e o interesse do governo de controlar mais amiúde suas atividades econômicas também servem de fundamento para a vedação)[13];

d) Restrições decorrentes de **débitos existentes**: neste grupo estão incluídos os débitos com o INSS ou os de natureza tributária, perante as Fazendas Públicas Federal, Estadual ou Municipal, desde que não estejam com exigibilidade suspensa.

A lista de **vedações** para ingresso no Simples Nacional consta do art. 15 da Resolução CGSN n. 140/2018:

> **Art. 15.** Não poderá recolher os tributos pelo Simples Nacional a pessoa jurídica ou entidade equiparada:
>
> I — que tenha auferido, no ano-calendário imediatamente anterior ou no ano-calendário em curso, receita bruta superior a R$ 4.800.000,00 (quatro milhões e oitocentos mil reais) no mercado interno ou superior ao mesmo limite em exportação para o exterior[14];
>
> II — de cujo capital participe outra pessoa jurídica ou sociedade em conta de participação;
>
> III — que seja filial, sucursal, agência ou representação, no País, de pessoa jurídica com sede no exterior;
>
> IV — de cujo capital participe pessoa física que seja inscrita como empresário ou seja sócia de outra empresa que receba tratamento jurídico diferenciado nos termos da Lei Complementar n. 123, de 2006, desde que a receita bruta global ultrapasse um dos limites máximos de que trata o inciso I do *caput*;
>
> V — cujo titular ou sócio participe com mais de 10% (dez por cento) do capital de outra empresa não beneficiada pela Lei Complementar n. 123, de 2006, desde que a receita bruta global ultrapasse um dos limites máximos[15];

---

[13] A Lei Complementar n. 167/2019 ampliou o rol de vedações relativas à atividade financeira, ao alterar o disposto no art. 17, I, da Lei Complementar n. 123/2006, que passou a ter a seguinte redação: Art. 17. Não poderão recolher os impostos e contribuições na forma do Simples Nacional a microempresa ou empresa de pequeno porte: I — que explore atividade de prestação cumulativa e contínua de serviços de assessoria creditícia, gestão de crédito, seleção e riscos, administração de contas a pagar e a receber, gerenciamento de ativos (***asset management***) ou compra de direitos creditórios resultantes de vendas mercantis a prazo ou de prestação de serviços (***factoring***) ou que execute operações de empréstimo, de financiamento e de desconto de títulos de crédito, exclusivamente com recursos próprios, tendo como contrapartes microempreendedores individuais, microempresas e empresas de pequeno porte, inclusive sob a forma de empresa simples de crédito; (...).

[14] Art. 15, § 1.º: O disposto nos incisos V e VIII do *caput* não se aplica a participações em capital de cooperativas de crédito, em centrais de compras, em bolsas de subcontratação, no consórcio e na sociedade de propósito específico a que se referem, respectivamente, os arts. 50 e 56 da Lei Complementar n. 123, de 2006, e em associações assemelhadas, sociedades de interesse econômico, sociedades de garantia solidária e outros tipos de sociedades que tenham como objetivo social a defesa exclusiva dos interesses econômicos das ME e EPP.

[15] Art. 15, § 4º: Enquadra-se na situação prevista no item 1 da alínea b do inciso XVI do *caput* o transporte intermunicipal ou interestadual que, cumulativamente: I — for realizado entre Municípios limítrofes, ainda que de diferentes Estados, ou obedeça a trajetos que compreendam regiões

7 ■ Simples Nacional

VI — cujo sócio ou titular exerça cargo de administrador ou equivalente em outra pessoa jurídica com fins lucrativos, desde que a receita bruta global ultrapasse um dos limites máximos;

VII — constituída sob a forma de cooperativa, salvo cooperativa de consumo;

VIII — que participe do capital de outra pessoa jurídica ou de sociedade em conta de participação;

IX — que exerça atividade de banco comercial, de investimentos e de desenvolvimento, de caixa econômica, de sociedade de crédito, financiamento e investimento ou de crédito imobiliário, de corretora ou de distribuidora de títulos, valores mobiliários e câmbio, de empresa de arrendamento mercantil, de seguros privados e de capitalização ou de previdência complementar;

X — resultante ou remanescente de cisão ou qualquer outra forma de desmembramento de pessoa jurídica ocorrido em um dos 5 (cinco) anos-calendário anteriores;

XI — constituída sob a forma de sociedade por ações;

XII — que explore atividade de prestação cumulativa e contínua de serviços de assessoria creditícia, gestão de crédito, seleção e riscos, administração de contas a pagar e a receber, gerenciamento de ativos (*asset management*), compras de direitos creditórios resultantes de vendas mercantis a prazo ou de prestação de serviços (*factoring*);

XIII — que tenha sócio domiciliado no exterior;

XIV — de cujo capital participe entidade da administração pública, direta ou indireta, federal, estadual ou municipal;

XV — em débito perante o Instituto Nacional do Seguro Social (INSS) ou perante as Fazendas Públicas Federal, Estadual ou Municipal, cuja exigibilidade não esteja suspensa;

XVI — que preste serviço de transporte intermunicipal e interestadual de passageiros, exceto:

a) na modalidade fluvial; ou

b) nas demais modalidades, quando:

1. o serviço caracterizar transporte urbano ou metropolitano[16]; ou

2. o serviço realizar-se na modalidade de fretamento contínuo em área metropolitana para o transporte de estudantes ou trabalhadores[17];

---

metropolitanas, aglomerações urbanas e microrregiões, constituídas por agrupamentos de Municípios, instituídas por legislação estadual, podendo, no caso de transporte metropolitano, ser intercalado por áreas rurais e II — caracterizar serviço público de transporte coletivo de passageiros entre Municípios, assim considerado aquele realizado por veículo com especificações apropriadas, acessível a toda a população mediante pagamento individualizado, com itinerários e horários previamente estabelecidos, viagens intermitentes e preços fixados pelo Poder Público.

[16] Art. 15, § 5.º: Enquadra-se na situação prevista no item 2 da alínea b do inciso XVI do *caput* o transporte intermunicipal ou interestadual de estudantes ou trabalhadores que, cumulativamente: I — for realizado sob a forma de fretamento contínuo, assim considerado aquele prestado a pessoa física ou jurídica, mediante contrato escrito e emissão de documento fiscal, para a realização de um número determinado de viagens, com destino único e usuários definidos e II — obedecer a trajetos que compreendam regiões metropolitanas, aglomerações urbanas e microrregiões, constituídas por agrupamentos de Municípios limítrofes, instituídas por legislação estadual.

[17] Art. 15, § 3.º: Para fins do disposto no inciso XXI: I — considera-se cessão ou locação de mão de

XVII — que seja geradora, transmissora, distribuidora ou comercializadora de energia elétrica;

XVIII — que exerça atividade de importação ou fabricação de automóveis e motocicletas;

XIX — que exerça atividade de importação de combustíveis;

XX — que exerça atividade de produção ou venda no atacado de:

a) cigarros, cigarrilhas, charutos, filtros para cigarros, armas de fogo, munições e pólvoras, explosivos e detonantes;

b) cervejas sem álcool; e

c) bebidas alcoólicas, exceto aquelas produzidas ou vendidas no atacado por ME ou por EPP registrada no Ministério da Agricultura, Pecuária e Abastecimento, e que obedeça à regulamentação da Agência Nacional de Vigilância Sanitária e da RFB quanto à produção e à comercialização de bebidas alcoólicas, nas seguintes atividades:

1. micro e pequenas cervejarias;

2. micro e pequenas vinícolas;

3. produtores de licores; e

4. micro e pequenas destilarias;

XXI — que realize cessão ou locação de mão de obra[18];

XXII — que se dedique a atividades de loteamento e incorporação de imóveis;

XXIII — que realize atividade de locação de imóveis próprios, exceto quando se referir a prestação de serviços tributados pelo ISS;

XXIV — que não tenha feito inscrição em cadastro fiscal federal, municipal ou estadual, quando exigível, ou cujo cadastro esteja em situação irregular, observadas as disposições específicas relativas ao MEI;

XXV — cujos titulares ou sócios mantenham com o contratante do serviço relação de pessoalidade, subordinação e habitualidade, cumulativamente; e

XXVI — constituída sob a forma de sociedade em conta de participação.

As vedações acima mencionadas **não se aplicam** às empresas que exercem diferentes atividades, todas permitidas, desde que façam a **segregação** das receitas para fins de determinação da alíquota correspondente e cálculo do valor mensal devido, bem assim para as pessoas jurídicas que prestam outros tipos de serviço, não expressamente vedados.

---

obra a atividade descrita no § 1.º do art. 112 ("considera-se cessão ou locação de mão de obra a colocação à disposição da empresa contratante, em suas dependências ou nas de terceiros, de trabalhadores, inclusive o MEI, para realização de serviços contínuos, relacionados ou não com sua atividade fim, independentemente da natureza e da forma de contratação") e II — a vedação não se aplica às atividades referidas nas alíneas a a c do inciso XI do art. 5.º (atividades de: a) construção de imóveis e obras de engenharia em geral, inclusive sob a forma de subempreitada, execução de projetos e serviços de paisagismo e decoração de interiores; b) serviço de vigilância, limpeza ou conservação e c) serviços advocatícios).

7 ▣ Simples Nacional 399

> **Importante!** Não poderão optar pelo Simples Nacional as empresas que exerçam atividades diversificadas, desde que **qualquer delas** seja vedada, ainda que esta tenha pouca representatividade no total das receitas auferidas.

Destaque-se, ainda, que as **associações**, **fundações** ou **entidades religiosas** não preenchem o conceito de sociedade previsto no Código Civil (sociedades simples, empresarial, empresa individual com responsabilidade limitada ou empresário individual), razão pela qual **não podem** ser consideradas ME ou EPP e, por decorrência, não podem optar pelo Simples Nacional. Igual raciocínio se aplica à profissão de **leiloeiro**, que não pode ser exercida por sociedade, o que também impede sua qualificação como ME ou EPP.

Por fim, o art. 30 da LC n. 123/2006, numa interpretação sistemática, também impede a opção ao Simples Nacional de sociedades constituídas sob a forma de **comandita por ações** ou em **conta de participação**.

Simples Nacional — Vedações

▣ **Exigência de regularidade fiscal em relação ao INSS e às Fazendas Públicas Federal, Estadual e Municipal.** O STF considerou constitucional a inexistência débitos como condição para ingresso no Simples, em decisão com repercussão geral: O Simples Nacional surgiu da premente necessidade de se fazer com que o sistema tributário nacional concretizasse as diretrizes constitucionais do favorecimento às microempresas e às empresas de pequeno porte. A LC 123, de 14-12-2006, em consonância com as diretrizes traçadas pelos arts. 146, III, d, e parágrafo único; 170, IX; e 179 da CF, visa à simplificação e à redução das obrigações dessas empresas, conferindo a elas um tratamento jurídico diferenciado, o qual guarda, ainda, perfeita consonância com os princípios da capacidade contributiva e da isonomia. Ausência de afronta ao princípio da isonomia tributária. O regime foi criado para diferenciar, em iguais condições, os empreendedores com menor capacidade contributiva e menor poder econômico, sendo desarrazoado que, nesse universo de contribuintes, se favoreçam aqueles em débito com os fiscos pertinentes, os quais participariam do mercado com uma vantagem competitiva em relação àqueles que cumprem pontualmente com suas obrigações. A condicionante do inciso V do art. 17 da LC 123/2006 não se caracteriza, a priori, como fator de desequilíbrio concorrencial, pois se constitui em exigência imposta a todas as pequenas e microempresas (MPE), bem como a todos os microempreendedores individuais (MEI), devendo ser contextualizada, por representar, também, forma indireta de se reprovar a infração das leis fiscais e de se garantir a neutralidade, com enfoque na livre concorrência. A presente hipótese não se confunde com aquelas fixadas nas Súmulas 70, 323 e 547 do STF, porquanto a espécie não se caracteriza como meio ilícito de coação a pagamento de tributo, nem como restrição desproporcional e desarrazoada ao exercício da atividade econômica. Não se trata, na espécie, de forma de cobrança indireta de tributo, mas de requisito para fins de fruição a regime tributário diferenciado e facultativo. (RE 627.543)

---

[18] Conforme o art. 5.º da Resolução CGSN n. 140/2018, com alguns comentários adicionais que julgamos pertinentes para a compreensão das hipóteses.

7.1.3. Tributos incluídos no regime do Simples Nacional

No Simples Nacional, todos os tributos são cobrados **conjuntamente**, e a alíquota será **progressiva** conforme a receita bruta da empresa.

O valor devido é apurado e recolhido mensalmente, mediante **documento único de arrecadação** (DAS), que compreende os seguintes tributos:

- Imposto sobre a Renda da Pessoa Jurídica (IRPJ);
- Imposto sobre Produtos Industrializados (IPI);
- Contribuição Social sobre o Lucro Líquido (CSLL);
- Contribuição para o Financiamento da Seguridade Social (COFINS);
- Contribuição para o PIS/Pasep;
- Contribuição Patronal Previdenciária (CPP) para a Seguridade Social, a cargo da pessoa jurídica, de que trata o art. 22 da Lei n. 8.212, de 24 de julho de 1991;
- Imposto sobre Operações Relativas à Circulação de Mercadorias e sobre Prestações de Serviços de Transporte Interestadual e Intermunicipal e de Comunicação (ICMS);
- Imposto sobre Serviços de Qualquer Natureza (ISS).

> **Importante!** Há situações em que os tributos integrantes do Simples Nacional devem ser recolhidos separadamente e de acordo com as regras normais de incidência, como no caso de IPI, ICMS, PIS e COFINS devidos na importação de produtos estrangeiros.

Com a reforma tributária, o **Imposto sobre Bens e Serviços** (IBS) e a **Contribuição sobre Bens e Serviços** (CBS) serão incluídos no Simples Nacional, para as empresas que mantiverem a opção pelo regime único (provavelmente todas).

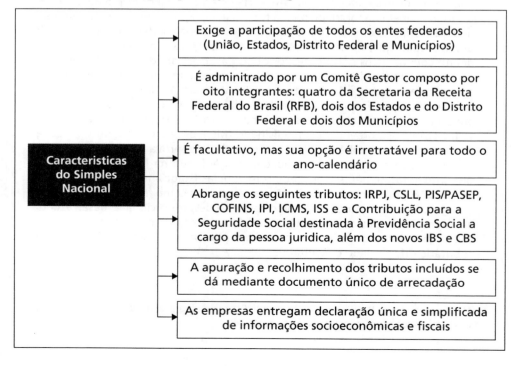

7 ◼ Simples Nacional

A análise da lista de tributos que compõem o Simples Nacional nos permite concluir que diversas figuras não foram contempladas, pois o legislador considerou que, nesses casos, as micro e pequenas empresas deverão seguir as regras de tributação aplicáveis a todas as pessoas jurídicas.

A lista que prevê a **incidência normal** dos tributos devidos pela ME e EPP, na qualidade de contribuintes ou responsáveis, é bastante extensa[19]:

I — Imposto sobre Operações de Crédito, Câmbio e Seguro, ou relativas a Títulos ou Valores Mobiliários (IOF);

II — Imposto sobre a Importação de Produtos Estrangeiros (II);

III — Imposto sobre Exportação, para o Exterior, de Produtos Nacionais ou Nacionalizados (IE);

IV — Imposto sobre a Propriedade Territorial Rural (ITR);

V — Imposto sobre a Renda relativo:

a) aos rendimentos ou ganhos líquidos auferidos em aplicações de renda fixa ou variável;

b) aos ganhos de capital auferidos na alienação de bens do ativo permanente;

c) aos pagamentos ou créditos efetuados pela pessoa jurídica a pessoas físicas;

VI — Contribuição para o Fundo de Garantia do Tempo de Serviço (FGTS);

VII — Contribuição previdenciária devida pelo trabalhador;

VIII — Contribuição previdenciária devida pelo empresário, na qualidade de contribuinte individual;

IX — Contribuição para o PIS/Pasep, o COFINS e o IPI incidentes na importação de bens e serviços;

X — Contribuição para o PIS/Pasep e o COFINS em regime de **tributação concentrada** ou **substituição tributária** (nesses casos a receita decorrente da importação, industrialização ou comercialização de produtos sujeitos à tributação concentrada ou à substituição tributária deve ser segregada pela empresa e seus valores serão desconsiderados na apuração do Simples Nacional);

XI — CPP para a Seguridade Social, a cargo da pessoa jurídica, de que trata o art. 22 da Lei n. 8.212, de 24 de julho de 1991, no caso de:

a) construção de imóveis e obras de engenharia em geral, inclusive sob a forma de subempreitada, execução de projetos e serviços de paisagismo e decoração de interiores;

b) serviço de vigilância, limpeza ou conservação;

c) serviços advocatícios; e

d) contratação de **empregado** pelo Microempreendedor Individual (aqui se trata da possibilidade de contratação de um único empregado que receba exclusivamente um salário mínimo);

XII — ICMS devido:

a) nas operações sujeitas ao regime de substituição tributária, tributação concentrada em uma única etapa (monofásica) e sujeitas ao regime de antecipação do recolhimento do imposto com encerramento de tributação, envolvendo combustíveis e lubrificantes;

---

[19] Conforme o art. 5º da Resolução CGSN n. 140/2018, com alguns comentários adicionais que julgamos pertinentes para a compreensão das hipóteses.

energia elétrica; cigarros e outros produtos derivados do fumo; bebidas; óleos e azeites vegetais comestíveis; farinha de trigo e misturas de farinha de trigo; massas alimentícias; açúcares; produtos lácteos; carnes e suas preparações; preparações à base de cereais; chocolates; produtos de padaria e da indústria de bolachas e biscoitos; sorvetes e preparados para fabricação de sorvetes em máquinas; cafés e mates, seus extratos, essências e concentrados; preparações para molhos e molhos preparados; preparações de produtos vegetais; rações para animais domésticos; veículos automotivos e automotores, suas peças, componentes e acessórios; pneumáticos; câmaras de ar e protetores de borracha; medicamentos e outros produtos farmacêuticos para uso humano ou veterinário; cosméticos; produtos de perfumaria e de higiene pessoal; papéis; plásticos; canetas e malas; cimentos; cal e argamassas; produtos cerâmicos; vidros; obras de metal e plástico para construção; telhas e caixas-d'água; tintas e vernizes; produtos eletrônicos, eletroeletrônicos e eletrodomésticos; fios; cabos e outros condutores; transformadores elétricos e reatores; disjuntores; interruptores e tomadas; isoladores; para-raios e lâmpadas; máquinas e aparelhos de ar condicionado; centrifugadores de uso doméstico; aparelhos e instrumentos de pesagem de uso doméstico; extintores; aparelhos ou máquinas de barbear; máquinas de cortar o cabelo ou de tosquiar; aparelhos de depilar, com motor elétrico incorporado; aquecedores elétricos de água para uso doméstico e termômetros; ferramentas; álcool etílico; sabões em pó e líquidos para roupas; detergentes; alvejantes; esponjas; palhas de aço e amaciantes de roupas; venda de mercadorias pelo sistema porta a porta; nas operações sujeitas ao regime de substituição tributária pelas operações anteriores; e nas prestações de serviços sujeitas aos regimes de substituição tributária e de antecipação de recolhimento do imposto com encerramento de tributação;

b) por terceiro, a que o contribuinte se ache obrigado, por força da legislação estadual ou distrital vigente;

c) na entrada, no território do Estado ou do Distrito Federal, de petróleo, inclusive lubrificantes e combustíveis líquidos e gasosos dele derivados e energia elétrica, quando não destinados a comercialização ou a industrialização;

d) por ocasião do desembaraço aduaneiro;

e) na aquisição ou manutenção em estoque de mercadoria sem o documento fiscal correspondente;

f) na operação ou prestação realizada sem emissão do documento fiscal correspondente;

g) nas operações com bens ou mercadorias sujeitas ao regime de antecipação do recolhimento do imposto, nas aquisições em outros Estados ou no Distrito Federal sem encerramento da tributação, hipótese em que será cobrada a diferença entre a alíquota interna e a interestadual e ficará vedada a agregação de qualquer valor[20];

h) nas aquisições realizadas em outros Estados ou no Distrito Federal de bens ou mercadorias não sujeitas ao regime de antecipação do recolhimento do imposto, relativo à diferença entre a alíquota interna e a interestadual; e

---

[20] Art. 5.º, § 2.º: A diferença entre a alíquota interna e a interestadual do ICMS de que tratam as alíneas *g* e *h* do inciso XII do *caput* será calculada tomando-se por base as alíquotas aplicáveis às pessoas jurídicas não optantes pelo Simples Nacional.

i) nas hipóteses de impedimento a que se refere o art. 12 (receita bruta superior aos limites legais);

XIII — ISS devido:

a) em relação aos serviços sujeitos a substituição tributária ou retenção na fonte;

b) na importação de serviços;

c) em valor fixo pelos escritórios de serviços contábeis, quando previsto pela legislação municipal; e

d) nas hipóteses de impedimento a que se refere o art. 12 (receita bruta superior aos limites legais);

XIV — tributos devidos pela pessoa jurídica na condição de substituto ou responsável tributário; e

XV — demais tributos de competência da União, dos Estados, do Distrito Federal ou dos Municípios;

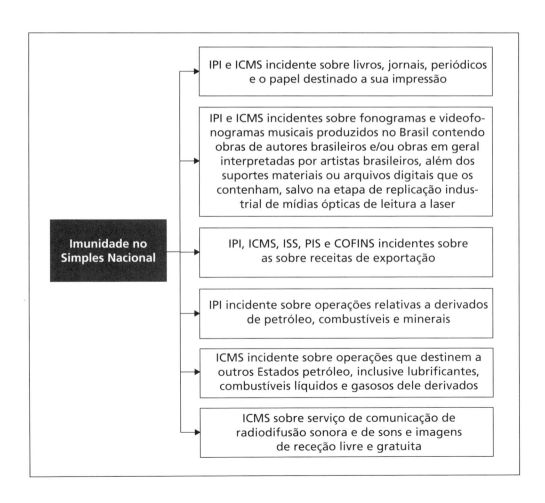

404 Direito Tributário Esquematizado   *Roberto Caparroz*

Observação: Considera-se exportação de serviços para o exterior a prestação de serviços para pessoa física ou jurídica residente ou domiciliada no exterior, cujo pagamento represente ingresso de divisas, exceto quanto aos serviços desenvolvidos no Brasil cujo resultado aqui se verifique[21].

As micro e pequenas empresas que auferirem receitas decorrentes de exportação, objeto de imunidade tributária, deverão informar esses valores separadamente no aplicativo que efetua o cálculo do Simples Nacional, para que estes não sejam incluídos na base de cálculo mensal.

Existem duas hipóteses expressas de **isenção** para as micro e pequenas empresas, consideradas constitucionais pelo STF, e que se referem a:

a) outras contribuições instituídas pela União (não abrangidas pela Lei Complementar n. 123, de 2006 e

b) contribuições para as **entidades privadas** de serviço social e de formação profissional vinculadas ao **sistema sindical**, de que trata o art. 240 da Constituição, assim como demais entidades de serviço social autônomo.

Importante! Lembramos que não integram o regime do Simples Nacional as taxas ou as contribuições de melhoria instituídas pela União, Estados, Distrito Federal ou Municípios, bem como eventuais empréstimos compulsórios ou impostos extraordinários que venham a ser criados pela União.

Simples Nacional — Isenção

■ **Isenção de contribuições. Constitucionalidade.** Ação direta de inconstitucionalidade ajuizada contra o art. 13, § 3°, da LC 123/2006, que isentou as microempresas e as empresas de pequeno porte optantes pelo Regime Especial Unificado de Arrecadação de Tributos e Contribuições devidos pelas Microempresas e Empresas de Pequeno Porte – Simples Nacional ("Supersimples"). (...) A isenção concedida não viola o art. 146, III, d, da Constituição, pois a lista de tributos prevista no texto legal que define o campo de reserva da lei complementar é exemplificativa, e não taxativa. Leitura do art. 146, III, d, juntamente com o art. 170, IX, da Constituição. O fomento da micro e da pequena empresa foi elevado à condição de princípio constitucional, de modo a orientar todos os entes federados a conferir tratamento favorecido aos empreendedores que contam com menos recursos para fazer frente à concorrência. Por tal motivo, a literalidade da complexa legislação tributária deve ceder à interpretação mais adequada e harmônica com a finalidade de assegurar equivalência de condições para as empresas de menor porte. Risco à autonomia sindical afastado, na medida em que o benefício em exame poderá tanto elevar o número de empresas a patamar superior ao da faixa de isenção quanto fomentar a atividade econômica e o consumo para as empresas de médio ou de grande porte, ao incentivar a regularização de empreendimentos. (ADI 4.033)

---

[21] Art. 25, § 4.º da Resolução CGSN 140, de 2018.

7 ■ Simples Nacional 405

> **Atenção!** As ME ou as EPP optantes pelo Simples Nacional não poderão se beneficiar de incentivos fiscais destinados às empresas em geral nem apropriar ou transferir créditos relativos a impostos ou contribuições abrangidos pelo regime.

7.1.4. Cálculo do valor devido ao Simples Nacional

O valor devido mensalmente pela microempresa ou empresa de pequeno porte será apurado mediante a aplicação de alíquotas **efetivas**, calculadas a partir das alíquotas nominais e progressivas constantes dos anexos que compõem a LC n. 123/2006 (definidas em função da atividade desenvolvida pela empresa), sobre a receita bruta auferida no mês.

Com as alterações introduzidas pela LC n. 155/2016, válidas a partir de 2018, o cálculo ficou um pouco mais complicado, porque a sistemática para a definição do valor mensal devido parte da **alíquota nominal**, baseada na receita bruta acumulada nos 12 meses anteriores ao período de apuração[22], para que seja determinada a alíquota efetiva, que incidirá sobre a receita bruta do mês.

Na prática, a empresa deverá:

Apurar o valor da receita bruta dos últimos 12 meses (RBT12);

Verificar no anexo correspondente à sua atividade a faixa de enquadramento correspondente à receita acumulada (RBT12);

Identificar, com base no enquadramento, a alíquota nominal e a parcela a deduzir;

Aplicar a seguinte fórmula, para calcular a alíquota efetiva do mês de apuração:

$$(RBT12 \times ALIQUOTA) - PD\ /\ RBT12$$

Em que:
RBT12: receita bruta acumulada dos 12 meses anteriores
ALIQUOTA: alíquota nominal indicada no anexo correspondente
PD: parcela a deduzir indicada no anexo correspondente

Calculada a alíquota efetiva, o valor mensal a ser recolhido resultará da multiplicação desta pela receita bruta mensal auferida (regime de competência) ou recebida (regime de caixa), conforme opção feita pela empresa.

Embora o procedimento seja trabalhoso, a Receita Federal disponibiliza pela internet um sistema que faz todos os cálculos (PGDAS — Programa Gerador do Documento de Arrecadação do Simples Nacional) que confere **caráter declaratório** para todos os efeitos legais — o que significa, para a empresa, que os valores indicados no sistema constituem **confissão de dívida** e **instrumento hábil** para a exigência dos tributos porventura apurados e não recolhidos.

---

[22] No caso de início de atividade no próprio ano-calendário da opção pelo Simples Nacional, para efeito de determinação da alíquota no primeiro mês de atividade, a empresa deverá utilizar, como receita bruta total acumulada, a receita auferida no próprio mês de apuração multiplicada por 12.

406 Direito Tributário Esquematizado   *Roberto Caparroz*

Apresentamos, a seguir, a relação de atividades do Simples Nacional e os respectivos Anexos.

Anexo I — comércio

Inclui a **revenda de mercadorias** e a comercialização de medicamentos e produtos magistrais, produzidos por manipulação de fórmulas, quando não for sob encomenda, no próprio estabelecimento.

ANEXO I
Alíquotas e Partilha do Simples Nacional — Comércio

	RECEITA BRUTA EM 12 MESES (EM R$)	ALÍQUOTA NACIONAL	VALOR A DEDUZIR (EM R$)
1.ª Faixa	até 180.000,00	4%	—
2.ª Faixa	até 180.000,01 a 360.000,00	7,30%	5.940,00
3.ª Faixa	360.000,01 até 720.000,00	9,50%	13.800,00
4.ª Faixa	720.000,01 até 1800.000,00	10,70%	22.500,00
5.ª Faixa	1800.000,01 até 3.600.000,00	14,30%	87.300,00
6.ª Faixa	3.600.000,01 até 4.800.000,00	19,00%	378.000,00

FAIXAS	Percentual de Repartição dos Tributos					
	IRPJ	CSLL	COFINS	PIS/PASEP	CPP	ISS (*)
1.ª Faixa	5,50%	3,50%	12,74%	2,76%	41,50%	34,00%
2.ª Faixa	5,50%	3,50%	12,74%	2,76%	41,50%	34,00%
3.ª Faixa	5,50%	3,50%	12,74%	2,76%	42,00%	33,50%
4.ª Faixa	5,50%	3,50%	12,74%	2,76%	42,00%	33,50%
5.ª Faixa	5,50	3,50	12,74%	2,76%	42,00%	33,50%
6.ª Faixa	13,50	10,00%	28,27%	6,13	42,10	—

(*) Com relação ao ICMS, quando o valor do RBT12 for superior ao limite 5.ª faixa, para a parcela que não ultrapassar o sublimite, o percentual efetivo desse importo será calculado conforme segue:
{[(RBT12 × 14,30%) — R$ 87.300,00]/RBT12} × 33,5%.

Anexo II — Indústria

Inclui a **venda de produtos industrializados** pelo contribuinte, as atividades com incidência simultânea de IPI e ISS (desconsiderando o percentual de distribuição do ICMS e acrescentando o percentual de distribuição do ISS sobre alíquota efetiva do Anexo III) e a receita de venda de mercadoria importada por estabelecimento comercial optante pelo Simples Nacional[23].

---

[23] Equiparam-se a estabelecimento industrial os estabelecimentos comerciais de produtos cuja industrialização tenha sido realizada por outro estabelecimento da mesma firma ou de terceiro, median-

7 ■ Simples Nacional   407

ANEXO II
Alíquotas e Partilha do Simples Nacional — Indústria

RECEITA BRUTA EM 12 MESES (EM R$)		ALÍQUOTA NACIONAL	VALOR A DEDUZIR (EM R$)
1.ª Faixa	até 180.000,00	4,50%	—
2.ª Faixa	até 180.000,01 a 360.000,00	7,80%	5.940,00
3.ª Faixa	360.000,01 até 720.000,00	10,00%	13.860,00
4.ª Faixa	720.000,01 até 1800.000,00	11,20%	22.500,00
5.ª Faixa	1800.000,01 até 3.600.000,00	14,70%	85.500,00
6.ª Faixa	3.600.000,01 até 4.800.000,00	30,00%	720.000,00

FAIXAS	Percentual de Repartição dos Tributos						
	IRPJ	CSLL	COFINS	PIS/PASEP	CPP	IPI	ICMS
1.ª Faixa	5,50%	3,50%	11,51%	2,49%	37,50%	7,50%	32,00%
2.ª Faixa	5,50%	3,50%	11,51%	2,49%	37,50%	7,50%	32,00%
3.ª Faixa	5,50%	3,50%	11,51%	2,49%	37,50%	7,50%	32,00%
4.ª Faixa	5,50%	3,50%	11,51%	2,49%	37,50%	7,50%	32,00%
5.ª Faixa	5,50%	3,50%	11,51%	2,49%	37,50%	7,50%	32,00%
6.ª Faixa	8,50%	7,50%	20,96%	4,54%	23,50%	35,00%	—

Para atividade com incidência simultânea de IPI e ISS: (inciso VIII do art. 25-A)

Com relação ao ISS, quando o percentual efetivo do ISS for superior a 5%, o resultado limitar-se-á a 5%, transferindo-se a diferença para os tributos federais, de forma proporcional aos percentuais abaixo. Os percentuais redistribuídos serão acrescentados aos percentuais efetivos de cada tributo federal da respectiva faixa.

Quando o valor do RBT12 for superior ao limite da 5.ª faixa, para a parcela que não ultrapassar o sublimite, o percentual efetivo do ISS será calculado conforme segue:

(RBT12 × 21%) — R$ 125.640,00]/RBT12} × 33,5%.

O percentual efetivo resultante também ficará limitado a 5%, redistribuindo-se eventual diferença para os tributos federais na forma acima prevista, de acordo com os seguintes percentuais:

Redistribuição do ISS excedente	IRPJ	CSLL	Cofins	PIS/Pasep	CPP	IPI	Total
	8,09%	5,15%	16,93%	3,66%	55,14%	11,03%	100%

Anexo III — Serviços

Inclui as atividades de prestação de serviços não sujeitos ao fator "r":

■ creche, pré-escola e estabelecimento de ensino fundamental, escolas técnicas, profissionais e de ensino médio, de línguas estrangeiras, de artes, cursos técnicos

---

te a remessa, por eles efetuada, de matérias-primas, produtos intermediários, embalagens, recipientes, moldes, matrizes ou modelos. A receita de venda de mercadoria por estabelecimento comercial equiparado a industrial, optante pelo Simples Nacional, será tributada pelo Anexo II da Lei Complementar n. 123, de 2006 (Solução de Consulta Cosit n. 212, de 2014).

de pilotagem, preparatórios para concursos, gerenciais e escolas livres, exceto as previstas nas alíneas *b* e *c* do inciso V do art. 25, § 1.º, da Resolução CGSN n. 140, de 2018;

■ agência terceirizada de correios;

■ agência de viagem e turismo;

■ transporte municipal de passageiros e de cargas em qualquer modalidade;

■ coleta de resíduos não perigosos;

■ centro de formação de condutores de veículos automotores de transporte terrestre de passageiros e de carga;

■ agência lotérica;

■ serviços de instalação, de reparos e de manutenção em geral, bem como de usinagem, solda, tratamento e revestimento em metais;

■ produções cinematográficas, audiovisuais, artísticas e culturais, sua exibição ou apresentação, inclusive no caso de música, literatura, artes cênicas, artes visuais, cinematográficas e audiovisuais;

■ corretagem de seguros;

■ corretagem de imóveis de terceiros, assim entendida a intermediação na compra, venda, permuta e locação de imóveis; serviços vinculados à locação de bens imóveis, assim entendidos o assessoramento locatício e a avaliação de imóveis para fins de locação;

■ locação, cessão de uso e congêneres, de bens imóveis próprios com a finalidade de exploração de salões de festas, centro de convenções, escritórios virtuais, estandes, quadras esportivas, estádios, ginásios, auditórios, casas de espetáculos, parques de diversões, canchas e congêneres, para a realização de eventos ou negócios de qualquer natureza;

■ escritórios de serviços contábeis não autorizados pela legislação municipal a pagar o ISS em valor fixo em guia do Município;

■ comercialização de medicamentos e produtos magistrais, produzidos por manipulação de fórmulas, sob encomenda, no próprio estabelecimento;

■ outros serviços não intelectuais e não relacionados no art. 25, § 1.º, incisos IV e V, da Resolução CGSN n. 140, de 2018.

ANEXO III
Alíquotas e Partilha do Simples Nacional - Receitas de locação de bens móveis e de prestação de serviços descritos no inciso III do § 1.º do art. 25, e serviços descritos no inciso V quando o fator "r" for igual ou superior a 28%

RECEITA BRUTA EM 12 MESES (EM R$)		ALÍQUOTA NACIONAL	VALOR A DEDUZIR (EM R$)
1.ª Faixa	até 180.000,00	6,00%	—
2.ª Faixa	até 180.000,01 a 360.000,00	11,20%	9.360,00
3.ª Faixa	360.000,01 até 720.000,00	13,50%	17.640,00
4.ª Faixa	720.000,01 até 1800.000,00	16,00%	35.640,00

| 5.ª Faixa | 1800.000,01 até 3.600.000,00 | 21,00% | 125.640,00 |
| 6.ª Faixa | 3.600.000,01 até 4.800.000,00 | 33,00% | 648.000,00 |

FAIXAS	Percentual de Repartição dos Tributos					
	IRPJ	CSLL	COFINS	PIS/PASEP	CPP	IPI
1.ª Faixa	4,00%	3,50%	12,82%	2,78%	43,40%	33,50%
2.ª Faixa	4,00%	3,50%	14,05%	3,05%	43,40%	32,00%
3.ª Faixa	4,00%	3,50%	13,64%	2,96%	43,40%	32,50%
4.ª Faixa	4,00%	3,50%	13,64%	2,96%	43,40%	32,50%
5.ª Faixa	4,00%	3,50%	12,82%	2,78%	43,40%	33,50%(*)
6.ª Faixa	35,00%	15,00%	16,03%	3,47%	30,50%	—

(*) Quando o percentual efetivo do ISS for superior a 5%, o resultado limitar-se-á a 5%, e a diferença será transferida para os tributos federais, de forma proporcional aos percentuais abaixo. Os percentuais redistribuídos serão acrescentados aos percentuais efetivos de cada tributo federal da respectiva faixa.

Quando o valor do RBT12 for superior ao limite da 5.ª faixa, para a parcela que não exceder o sublimite, o percentual efetivo do ISS será calculado conforme segue:

$\{[(RBT12 \times 21\%) - R\$ 125.640,00]/RBT12\} \times 33,5\%.$

Esse percentual também ficará limitado a 5%, e eventual diferença será redistribuída para os tributos federais na forma acima prevista, de acordo com os seguintes percentuais:

Redistribuição do ISS excedente	IRPJ	CSLL	COFINS	PIS/PASEP	CPP	TOTAL
	6,02%	5,26%	19,28%	4,18%	65,26%	100%

São enquadradas como prestação de serviços **sujeitos ao fator "r"** [24] as seguintes atividades (Anexo III ou V da LC n. 123, de 2006, conforme o fator "r"):

- administração e locação de imóveis de terceiros, assim entendidas a gestão e administração de imóveis de terceiros para qualquer finalidade, incluída a cobrança de aluguéis de imóveis de terceiros;
- academias de dança, de capoeira, de ioga e de artes marciais;
- academias de atividades físicas, desportivas, de natação e escolas de esportes; elaboração de programas de computadores, inclusive jogos eletrônicos, desde que desenvolvidos em estabelecimento da optante;
- licenciamento ou cessão de direito de uso de programas de computação;
- planejamento, confecção, manutenção e atualização de páginas eletrônicas, desde que realizados em estabelecimento da optante;

---

[24] A partir de 2018, as ME e as EPP optantes pelo Simples Nacional que obtiverem receitas decorrentes da prestação de serviços previstos no inciso V do § 1.º do art. 25 da Resolução CGSN n. 140, de 2018 (serviços sujeitos ao fator "r") devem calcular a razão (r) entre a folha de salários, incluídos encargos, nos 12 meses anteriores ao período de apuração (FS12) e a receita bruta acumulada nos 12 meses anteriores ao período de apuração (RBT12), para definir em que Anexo elas serão tributadas: **1. quando o fator "r" for igual ou superior a 0,28, serão tributadas pelo Anexo III; 2. quando o fator "r" for inferior a 0,28, serão tributadas pelo Anexo V** (*fonte: Perguntão SN, Receita Federal*).

- empresas montadoras de estandes para feiras;
- laboratórios de análises clínicas ou de patologia clínica; serviços de tomografia, diagnósticos médicos por imagem, registros gráficos e métodos óticos, bem como ressonância magnética;
- serviços de prótese em geral;
- fisioterapia;
- medicina, inclusive laboratorial, e enfermagem;
- medicina veterinária;
- odontologia e prótese dentária;
- psicologia, psicanálise, terapia ocupacional, acupuntura, podologia, fonoaudiologia, clínicas de nutrição e de vacinação e bancos de leite;
- serviços de comissária, de despachantes, de tradução e de interpretação;
- arquitetura e urbanismo; engenharia, medição, cartografia, topografia, geologia, geodésia, testes, suporte e análises técnicas e tecnológicas, pesquisa, *design*, desenho (inclusive técnico) e agronomia;
- representação comercial e demais atividades de intermediação de negócios e serviços de terceiros;
- perícia e avaliação;
- auditoria, economia, consultoria, gestão, organização, controle e administração;
- jornalismo e publicidade;
- agenciamento;
- outros serviços intelectuais não relacionados no art. 25, § 1.º, III e IV, § 2.º, I, e § 11, da Resolução CGSN n. 140, de 2018.

Anexo IV — Serviços

- construção de imóveis e obras de engenharia em geral, inclusive sob a forma de subempreitada;
- execução de projetos e serviços de paisagismo;
- decoração de interiores;
- serviço de vigilância, limpeza ou conservação (inclusive dedetização, desinsetização, desratização, imunização e outros serviços de controles de pragas urbanas);
- serviços advocatícios.

ANEXO IV
Alíquotas e Partilha do Simples Nacional — Receitas decorrentes da prestação de serviços relacionados no inciso IV do § 1.º do art. 25

RECEITA BRUTA EM 12 MESES (EM R$)		ALÍQUOTA NACIONAL	VALOR A DEDUZIR (EM R$)
1.ª Faixa	até 180.000,00	4,50%	—
2.ª Faixa	até 180.000,01 a 360.000,00	9,00%	8.100,00
3.ª Faixa	360.000,01 até 720.000,00	10,20%	12.420,00

7 ▪ Simples Nacional

4.ª Faixa	720.000,01 até 1800.000,00	14,00%	39.780,00
5.ª Faixa	1800.000,01 até 3.600.000,00	22,00%	183.780,00
6.ª Faixa	3.600.000,01 até 4.800.000,00	33,00%	828.000,00

FAIXAS	Percentual de Repartição dos Tributos				
	IRPJ	CSLL	COFINS	PIS/PASEP	CPP
1.ª Faixa	18,80%	15,20%	17,67%	3,83%	44,50%
2.ª Faixa	19,80%	15,20%	20,55%	4,45%	40,00%
3.ª Faixa	20,80%	15,20%	19,73%	4,27%	40,00%
4.ª Faixa	17,80%	19,20%	18,90%	4,10%	40,00%
5.ª Faixa	18,80%	19,20%	18,08%	3,92%	40,00%
6.ª Faixa	53,50%	21,50%	20,55%	4,45%	—

(*) O percentual efetivo máximo devido ao ISS será de 5%, e a diferença será transferida, de forma proporcional, aos tributos federais da mesma faixa de receita bruta anual. Sendo assim, na 5.ª faixa, quando a alíquota efetiva for superior a 12,5%, a repartição será:

Redistribuição do ISS excedente	IRPJ	CSLL	COFINS	PIS/PASEP	CPP	TOTAL
	6,02%	5,26%	19,28%	4,18%	65,26%	100%

FAIXA	IRPJ	CSLL	COFINS	PIS/PASEP	ISS
5.ª Faixa, com alíquota efetiva superior a 12,5%	(Alíquota efetiva — 5%) × 31,33%	(Alíquota efetiva — 5%) × 32,00%	(Alíquota efetiva — 5%) × 30,13%	(Alíquota efetiva — 5%) × 6,54%	Percentual de ISS fixo em 5%

(*) Quando o percentual efetivo do ISS for superior a 5%, o resultado limitar-se-á a 5%, e a diferença será transferida para os tributos federais, de forma proporcional aos percentuais abaixo. Os percentuais redistribuídos serão acrescentados aos percentuais efetivos de cada tributo federal da respectiva faixa.

Quando o valor do RBT12 for superior ao limite da 5.ª faixa, para a parcela que não exceder o sublimite, o percentual efetivo do ISS será calculado conforme segue:

{[(RBT12 × 22%) — R$ 183.780,00]/RBT12} × 40%.

Esse percentual também ficará limitado a 5%, e eventual diferença será redistribuída para os tributos federais na forma acima prevista, de acordo com os seguintes percentuais:

Redistribuição do ISS excedente	IRPJ	CSLL	COFINS	PIS/PASEP	TOTAL
	31,33%	32%	30,13%	6,54%	100%

ANEXO V
Alíquotas e Partilha do Simples Nacional - Receitas de prestação de serviços descritos no inciso V do § 1.º do art. 25, quando o fator "r" for inferior a 28%

	RECEITA BRUTA EM 12 MESES (EM R$)	ALÍQUOTA NACIONAL	VALOR A DEDUZIR (EM R$)
1.ª Faixa	até 180.000,00	15,50%	—
2.ª Faixa	até 180.000,01 a 360.000,00	18,00%	4.500,00
3.ª Faixa	360.000,01 até 720.000,00	19,50%	9.900,00

4.ª Faixa	720.000,01 até 1800.000,00	20,50%	17.100,00
5.ª Faixa	1800.000,01 até 3.600.000,00	23,00%	62.100,00
6.ª Faixa	3.600.000,01 até 4.800.000,00	30,50%	540.000,00

FAIXAS	Percentual de Repartição dos Tributos					
	IRPJ	CSLL	COFINS	PIS/PASEP	CPP	ISS (*)
1.ª Faixa	25,00%	15,00%	14,10%	3,05%	28,85%	14,00%
2.ª Faixa	23,00%	15,00%	14,10%	3,05%	27,85%	17,00%
3.ª Faixa	24,00%	15,00%	14,92%	3,23%	23,85%	19,00%
4.ª Faixa	21,00%	15,00%	15,74%	3,41%	23,85%	21,00%
5.ª Faixa	23,00%	12,50%	14,10%	3,05%	23,85%	23,50%
6.ª Faixa	35,00%	15,50%	16,44%	3,56%	29,50%	—

(*) Quando o percentual efetivo do ISS for superior a 5%, o resultado limitar-se-á a 5%, e a diferença será transferida para os tributos federais, de forma proporcional aos percentuais abaixo. Os percentuais redistribuídos serão acrescentados aos percentuais efetivos de cada tributo federal da respectiva faixa.

Quando o valor do RBT12 for superior ao limite da 5.ª faixa, para a parcela que não exceder o sublimite, o percentual efetivo do ISS será calculado conforme segue:

{[(RBT12 × 23%) — R$ 62.100,00]/RBT12} × 23,5%.

Esse percentual também ficará limitado a 5%, e eventual diferença será redistribuída para os tributos federais na forma acima prevista, de acordo com os seguintes percentuais:

Redistribuição do ISS excedente	IRPJ	CSLL	COFINS	PIS/PASEP	CPP	TOTAL
	30,07%	16,34%	18,43%	3,99%	31,17%	100%

Para a apuração da base de cálculo mensal as empresas optantes do Simples Nacional poderão adotar o **regime de caixa** (conforme as receitas recebidas) ou o **regime de competência** (de acordo com as receitas auferidas)[25].

Importante! No caso de ME ou EPP que possuam filiais, a base de cálculo compreende a receita bruta de todos os estabelecimentos, e o recolhimento dos tributos no Simples Nacional deve ser feito em nome da matriz, mediante documento único de arrecadação.

7.1.4.1. Sublimites para fins de recolhimento do ICMS e do ISS

Para as empresas de pequeno porte (EPP), os Estados e o Distrito Federal poderão fixar **sublimites**, que, na prática, significam até qual valor de receita bruta anual serão tributados o ICMS e o ISS, lembrando que as receitas brutas obtidas no mercado interno e as decorrentes de exportações deverão ser consideradas individualmente.

Ressalte que esses sublimites não são aplicáveis a **todos os tributos** que compõem o Simples Nacional, **mas somente ao ICMS e ao ISS**, como decorrência de uma pressão dos entes federados em busca de mais arrecadação, pois, com o advento da Lei

---

[25] Independentemente da escolha, a receita mensal apurada pelo regime de competência continuará a ser utilizada para determinação dos limites e sublimites do Simples Nacional, bem como para o enquadramento da empresa nas faixas constantes dos anexos.

7 ■ Simples Nacional   413

Complementar n. 155/2016, o teto para o regime foi elevado de R$ 3.600.000,00 para R$ 4.800.000. Isso significa que, **na prática**, os Estados, o Distrito Federal e os Municípios "não se submetem" ao novo limite do Simples Nacional, de R$ 4.800.000,00.

A utilização de sublimites depende da participação do Estado ou do Distrito Federal no **Produto Interno Bruto (PIB)** brasileiro.

A partir de 2018 os Estados cuja participação no PIB seja de **até 1%** poderão adotar, em seus respectivos territórios, o sublimite de receita bruta anual de **R$ 1.800.000,00**, e os Estados que não adotarem esse sublimite, assim como aqueles cuja participação no PIB seja **igual ou superior a 1%**, ficam obrigados a adotar o sublimite de receita bruta anual de **R$ 3.600.000,00**; os sublimites adotados pelos Estados são obrigatórios para os **Municípios** neles localizados (para fins de exigência do ISS).

Os Estados e o DF deverão se manifestar todos os anos, até o último dia útil de outubro, acerca dos sublimites que pretendem adotar para o ano-calendário subsequente[26].

Exemplo 1: A empresa "X" está localizada num Estado que possui sublimite de R$ 3.600.000,00 e durante o ano-calendário de 2017 auferiu receita no mercado interno de R$ 3.000.000,00 e mais R$ 2.000.000,00 decorrentes de exportações. Nesse cenário poderá ficar no Simples Nacional em 2018 e recolher o ICMS e o ISS dentro do próprio regime.

Exemplo 2: Caso a empresa "X" do exemplo anterior tenha uma receita no mercado interno de R$ 4.000.000,00 durante o ano-calendário de 2018 e os mesmos R$ 2.000.000,00 decorrentes de exportações, em 2019 poderia continuar no Simples Nacional, mas teria que recolher o ICMS e o ISS fora do regime, por ter excedido um dos sublimites (o do mercado interno).

Exemplo 3: Caso a empresa "X" dos nossos exemplos aufira, já em outubro de 2018, receita bruta acumulada de R$ 4.500.000,00 no mercado interno (superior em mais de 20% ao sublimite) e os mesmos R$ 2.000.000,00 decorrentes de exportações, deverá recolher o ICMS e o ISS fora do regime a partir de novembro de 2018[27], mas ainda assim poderá permanecer no Simples Nacional, por não ter ultrapassado o limite geral.

Exemplo 4: Por fim, na hipótese de a empresa "X" auferir, até outubro de 2018, receita bruta acumulada de R$ 6.000.000,00, **deverá solicitar sua exclusão do Simples Nacional a partir de novembro de 2018**, por ter excedido em **mais de 20%** o limite geral do Simples Nacional.

7.1.5. Substituição tributária

Para as empresas optantes do Simples Nacional que auferirem receitas sujeitas a substituição tributária na condição de **substituídos do ICMS** (não responsáveis pela retenção do imposto devido e destacado em etapas anteriores da cadeia econômica), o

---

[26] Em 2018 todos os Estados brasileiros e o Distrito Federal tiveram como sublimite a receita bruta acumulada de R$ 3.600.000,00, exceto os Estados do **Acre**, do **Amapá** e de **Roraima**, que optaram pelo sublimite de R$ 1.800.000,00.

[27] Na hipótese, deverá apurar o ICMS e o ISS de acordo com as regras gerais de tributação, pois o PGDAS-D não calculará esses tributos.

contribuinte deverá informar essas receitas **separadamente**, a fim de que não sejam computadas na base de cálculo mensal do imposto, embora continuem a integrar a base de cálculo dos demais tributos abrangidos pelo Simples Nacional.

Por outro lado, nos casos em que a micro ou pequena empresa figura como substituta tributária, o valor do ICMS deverá ser recolhido fora do Simples Nacional, enquanto o ICMS próprio será recolhido normalmente, de acordo com as regras do regime.

As obrigações descritas atendem ao disposto no art. 28 da Resolução CGSN n. 140/2018, que reproduzimos e comentamos a seguir:

Art. 28. Na hipótese de a ME ou a EPP optante pelo Simples Nacional se encontrar na condição de:

I — **substituta tributária** do ICMS, as receitas relativas à operação própria deverão ser segregadas na forma prevista na alínea *a* do inciso II do § 8.º do art. 25 (a empresa recolhe no Simples Nacional o ICMS próprio e segrega a receita correspondente como "não sujeita à substituição tributária e não sujeita ao recolhimento antecipado do ICMS" e recolhe o imposto sobre a substituição tributária, retido do substituído tributário);

II — **substituída tributária** do ICMS, as receitas decorrentes deverão ser segregadas na forma prevista no inciso I do § 8.º do art. 25 (o substituído tributário — contribuinte que teve o imposto retido — e o contribuinte obrigado à antecipação com encerramento de tributação deverão segregar a receita correspondente como "sujeita à substituição tributária ou ao recolhimento antecipado do ICMS", quando então será desconsiderado, no cálculo do valor devido no âmbito do Simples Nacional, o percentual do ICMS).

§ 1.º Na hipótese prevista no inciso I do *caput*, a ME ou a EPP optante pelo Simples Nacional deverá recolher a parcela dos tributos devidos por responsabilidade tributária diretamente ao **ente detentor** da respectiva competência tributária.

§ 2.º Em relação ao ICMS, no que tange ao disposto no § 1.º, o valor do imposto devido por substituição tributária corresponderá à **diferença entre**:

I — o valor resultante da aplicação da alíquota interna do ente a que se refere o § 1.º sobre o preço máximo de venda a varejo fixado pela autoridade competente ou sugerido pelo fabricante ou sobre o preço a consumidor usualmente praticado; e

II — o valor resultante da aplicação da alíquota interna ou interestadual sobre o valor da operação ou prestação própria do substituto tributário.

§ 3.º Na hipótese de **inexistência dos preços** mencionados no inciso I do § 2.º, o valor do ICMS devido por substituição tributária será calculado da seguinte forma: imposto devido = [base de cálculo × (1,00 + MVA) × alíquota interna] — dedução, onde: (Lei Complementar n. 123, de 2006, art. 13, § 6.º, inciso I)

I — "base de cálculo" é o valor da operação própria realizada pela ME ou pela EPP substituta tributária;

II — "MVA" é a margem de valor agregado divulgada pelo ente a que se refere o § 1.º;

III — "alíquota interna" é a do ente a que se refere o § 1.º; e

IV — "dedução" é o valor mencionado no inciso II do § 2.º.

§ 4.º Para fins do inciso I do *caput*, no cálculo dos tributos devidos no âmbito do Simples Nacional, **não será considerado** receita de venda ou revenda de mercadorias o valor do tributo devido a título de substituição tributária, calculado na forma prevista no § 2.º.

No caso de contribuintes que auferirem receitas sujeitas à **substituição tributária** ou à **tributação monofásica** do **PIS/Pasep** e da **COFINS**, a ME ou a EPP que proceder à importação, à industrialização ou à comercialização dos produtos deverá segregar a receita decorrente dessas vendas e indicar existência de substituição tributária ou tributação monofásica para as mencionadas contribuições, a fim de que sejam desconsiderados, no cálculo do Simples Nacional, os percentuais a elas correspondentes (embora essas receitas continuem a integrar a base de cálculo dos demais tributos abrangidos pelo Simples Nacional).

7.1.6. Parcelamento de débitos, compensação e restituição

Os débitos apurados no âmbito do Simples Nacional poderão ser **parcelados**, em até 60 parcelas mensais e sucessivas.

O parcelamento pode ser solicitado a **qualquer tempo** e é automaticamente calculado pelo sistema, com parcelas cujo valor mínimo será de R$ 300,00, ou seja, o contribuinte não pode escolher o número de parcelas.

As parcelas mensais são **atualizadas mensalmente**, a título de juros, pela taxa referencial do Sistema Especial de Liquidação e de Custódia (SELIC), calculados a partir do mês subsequente ao da consolidação até o mês anterior ao do pagamento, acrescidos de 1% em relação ao mês em que o pagamento for efetuado.

A primeira parcela é devida no próprio mês de opção pelo parcelamento e as demais deverão ser pagas até o último dia útil dos meses subsequentes.

Já a **restituição** ou a **compensação** de valores recolhidos a maior ou de forma indevida, relativas a créditos apurados de acordo com o Simples Nacional, devem ser pleiteadas por meio de aplicativo específico, disponível na internet.

Como regra geral, os créditos apurados no Simples Nacional **não poderão** ser utilizados para extinção de outros débitos para com as Fazendas Públicas (salvo por ocasião da **compensação de ofício** oriunda de deferimento em processo de restituição ou **após a exclusão** da empresa do regime, posto que, neste último caso, se tornam créditos decorrentes de tributação normal).

O prazo máximo para a solicitação da restituição ou para compensação via sistema é de **5 anos**, contados da data do pagamento indevido ou a maior, e o valor a ser restituído ou compensado será acrescido de SELIC, acumulada mensalmente, a partir do mês subsequente ao do pagamento até o mês anterior à compensação ou restituição, além de 1% relativo ao mês em que estas foram efetuadas.

7.1.7. Do contencioso

Na hipótese de discussão **administrativa** de questões relacionadas ao Simples Nacional, o contencioso será de competência do órgão julgador integrante da estrutura do ente federativo que efetuar o lançamento, o indeferimento da opção ou a exclusão de ofício, observados os seus dispositivos legais atinentes aos processos administrativos fiscais.

Para os **Municípios** existe a possibilidade de, mediante **convênio**, transferir a atribuição de julgamento exclusivamente ao respectivo Estado onde se localiza.

416 Direito Tributário Esquematizado   *Roberto Caparroz*

É interessante ressaltar que nos casos de lançamento decorrente de **omissão de receitas**, em que o infrator exerça atividades sujeitas ao ICMS e ao ISS sem que se consiga identificar a origem e natureza dos valores, a autuação será feita com base na **maior alíquota** prevista na Lei Complementar n. 123/2006 e a parcela autuada que não corresponda aos tributos federais será rateada entre os Estados e Municípios ou Distrito Federal[28].

Já as **consultas** relativas ao Simples Nacional serão solucionadas pela Secretaria da Receita Federal, salvo quando se referirem a tributos e contribuições de competência estadual ou municipal, que serão solucionadas conforme a respectiva competência tributária, na forma disciplinada pelo Comitê Gestor.

Os processos judiciais relativos a tributos abrangidos pelo Simples Nacional serão ajuizados em face da **União**, que será representada em juízo pela Procuradoria-Geral da Fazenda Nacional[29], **exceto** nos seguintes casos[30]:

- os mandados de segurança nos quais se impugnem atos de autoridade coatora pertencente a Estado, Distrito Federal ou Município;
- as ações que tratem exclusivamente de tributos de competência dos Estados, do Distrito Federal ou dos Municípios, as quais serão propostas em face desses entes federativos, representados em juízo por suas respectivas procuradorias;
- as ações promovidas na hipótese de celebração de convênio em que a Procuradoria-Geral da Fazenda Nacional delegue a Estados e Municípios a inscrição em dívida ativa estadual e municipal ou a cobrança judicial dos tributos estaduais e municipais;
- o crédito tributário decorrente de auto de infração lavrado exclusivamente em face de descumprimento de obrigação acessória, posto que a competência para autuação nessa hipótese é privativa da administração tributária perante a qual a obrigação deveria ter sido cumprida
- o crédito tributário relativo ao ICMS e ao ISS, cobrados mediante valores fixos dos MEI.

Importante! Regra geral, os créditos tributários oriundos do Simples Nacional serão apurados, inscritos em dívida ativa da União e cobrados judicialmente pela Procuradoria-Geral da Fazenda Nacional, salvo na hipótese de celebração de convênio em que a PGFN delegue essa competência a Estados e Municípios.

7.1.8. Do apoio à inovação e do Inova Simples

O legislador instituiu, a partir da Lei Complementar n. 167/2019, a criação de um programa específico de **apoio à inovação** tecnológica para as microempresas e empresas de pequeno porte, com condições de acesso favorecidas.

---

[28] Nesse caso o julgamento será de competência dos Estados ou do Distrito Federal.

[29] Estados, Distrito Federal e Municípios prestarão auxílio à Procuradoria-Geral da Fazenda Nacional em relação aos tributos de sua competência, na forma a ser disciplinada por ato do Comitê Gestor.

[30] Art. 41 da LC n. 123/2006.

7 ■ Simples Nacional

Nesse cenário, a União, os Estados, o Distrito Federal e os Municípios deverão promover estratégias específicas para o segmento de tecnologia, com a destinação de pelo menos **20%** dos recursos para micro e pequenas empresas.

Entre os benefícios fiscais estabelecidos na lei consta a possibilidade de **redução a zero** das alíquotas do IPI, PIS, COFINS, PIS vinculado às importações, COFINS vinculada às importações e ICMS incidentes na aquisição ou importação de equipamentos, máquinas, aparelhos, instrumentos, acessórios, sobressalentes e ferramentas que os acompanhem, na forma definida em regulamento, quando adquiridos ou importados diretamente por microempresas ou empresas de pequeno porte para incorporação ao seu ativo imobilizado.

Também foi criado o **Inova Simples**, regime especial simplificado que concede às iniciativas empresariais de caráter incremental ou disruptivo que se autodeclarem como *startups* ou empresas de inovação tratamento diferenciado com vistas a estimular sua criação, formalização, desenvolvimento e consolidação como agentes indutores de avanços tecnológicos e da geração de emprego e renda[31].

É curioso notar que a lei definiu como *startup* a empresa de caráter inovador que visa aperfeiçoar sistemas, métodos ou modelos de negócio, de produção, de serviços ou de produtos, os quais, quando já existentes, caracterizam *startups* de natureza incremental, ou, quando relacionados à criação de algo totalmente novo, caracterizam *startups* de natureza disruptiva. Ainda de acordo com a visão do legislador, as *startups* caracterizam-se por desenvolver suas inovações em condições de incerteza que requerem experimentos e validações constantes, inclusive mediante comercialização experimental provisória, antes de procederem à comercialização plena e à obtenção de receita.

O Inova Simples também prevê, como vantagem adicional, a fixação de rito sumário para a abertura e o fechamento de empresas, de modo automático e simplificado, a ser realizado em ambiente digital.

Com o objetivo de facilitar o aporte de capitais em *startups*, a lei regulou a atividade dos chamados investidores-anjo, que podem ser pessoas físicas, jurídicas ou fundos de investimentos:

> **Art. 61-A.** Para incentivar as atividades de inovação e os investimentos produtivos, a sociedade enquadrada como microempresa ou empresa de pequeno porte, nos termos desta Lei Complementar, poderá admitir o aporte de capital, que não integrará o capital social da empresa.
>
> § 1.º As finalidades de fomento a inovação e investimentos produtivos deverão constar do contrato de participação, com vigência não superior a 7 (sete) anos.
>
> § 2.º O aporte de capital poderá ser realizado por pessoa física, por pessoa jurídica ou por fundos de investimento, conforme regulamento da Comissão de Valores Mobiliários, que serão denominados investidores-anjos.
>
> § 3.º A atividade constitutiva do objeto social é exercida unicamente por sócios regulares, em seu nome individual e sob sua exclusiva responsabilidade.

---

[31] Art. 65-A da Lei Complementar n. 123/2006, com a redação dada pela Lei Complementar n. 167/2019.

§ 4.º O investidor-anjo:

I — não será considerado sócio nem terá qualquer direito a gerência ou a voto na administração da empresa, resguardada a possibilidade de participação nas deliberações em caráter estritamente consultivo, conforme pactuação contratual;

II — não responderá por qualquer dívida da empresa, inclusive em recuperação judicial, não se aplicando a ele o art. 50 da Lei n. 10.406, de 10 de janeiro de 2002 — Código Civil;

III — será remunerado por seus aportes, nos termos do contrato de participação, pelo prazo máximo de 7 (sete) anos;

IV — poderá exigir dos administradores as contas justificadas de sua administração e, anualmente, o inventário, o balanço patrimonial e o balanço de resultado econômico; e

V — poderá examinar, a qualquer momento, os livros, os documentos e o estado do caixa e da carteira da sociedade, exceto se houver pactuação contratual que determine época própria para isso.

§ 5.º Para fins de enquadramento da sociedade como microempresa ou empresa de pequeno porte, os valores de capital aportado não são considerados receitas da sociedade.

§ 6.º As partes contratantes poderão:

I — estipular remuneração periódica, ao final de cada período, ao investidor-anjo, conforme contrato de participação; ou.

II — prever a possibilidade de conversão do aporte de capital em participação societária.

§ 7.º O investidor-anjo somente poderá exercer o direito de resgate depois de decorridos, no mínimo, 2 (dois) anos do aporte de capital, ou prazo superior estabelecido no contrato de participação, e seus haveres serão pagos na forma prevista no art. 1.031 da Lei n. 10.406, de 10 de janeiro de 2002 (Código Civil), não permitido ultrapassar o valor investido devidamente corrigido por índice previsto em contrato.

§ 8.º O disposto no § 7.º deste artigo não impede a transferência da titularidade do aporte para terceiros.

§ 9.º A transferência da titularidade do aporte para terceiro alheio à sociedade dependerá do consentimento dos sócios, salvo estipulação contratual expressa em contrário.

§ 10. O Ministério da Fazenda poderá regulamentar a tributação sobre retirada do capital investido.

Art. 61-B. A emissão e a titularidade de aportes especiais não impedem a fruição do Simples Nacional.

Art. 61-C. Caso os sócios decidam pela venda da empresa, o investidor-anjo terá direito de preferência na aquisição, bem como direito de venda conjunta da titularidade do aporte de capital, nos mesmos termos e condições que forem ofertados aos sócios regulares.

Art. 61-D. Os fundos de investimento poderão aportar capital como investidores-anjos em microempresas e em empresas de pequeno porte, conforme regulamentação da Comissão de Valores Mobiliários.

A medida nos parece extremamente benéfica, pois permite o aporte de capitais em novas empresas, sem impacto, num primeiro momento, no quadro socitário dessas *startups*; sabemos que a disrupção depende de ideias e suporte financeiro adequado, pois há uma legião de novos empreendedores que sonham transformar seus negócios em "unicórnios" (empresas com valor de mercado superior a 1 bilhão de dólares).

7.2. QUESTÕES

VIGÊNCIA, APLICAÇÃO E INTERPRETAÇÃO DA LEGISLAÇÃO TRIBUTÁRIA

A partir do art. 101, o Código Tributário Nacional trata da **vigência**, **eficácia** e **aplicação** (no tempo e no espaço) das normas tributárias:

> **Art. 101.** A vigência, no espaço e no tempo, da legislação tributária rege-se pelas disposições legais aplicáveis às normas jurídicas em geral, ressalvado o previsto neste Capítulo.

Devemos ressaltar que o tema da **vigência** é regulado no país pela *Lei de Introdução às Normas do Direito Brasileiro (LINDB)*, nova denominação da antiga *Lei de Introdução ao Código Civil*, de 1942[1].

Com efeito, o art. 1.º da LINDB estabelece que, como regra geral, as leis entram em vigor **45 dias** após a sua publicação:

> **Art. 1.º** Salvo disposição contrária, a lei começa a vigorar em todo o país **quarenta e cinco dias** depois de oficialmente publicada.
> § 1.º Nos Estados, estrangeiros, a obrigatoriedade da lei brasileira, quando admitida, se inicia **três meses** depois de oficialmente publicada.
> § 2.º (*revogado*)
> § 3.º Se, antes de entrar a lei em vigor, ocorrer nova publicação de seu texto, destinada a correção, o prazo deste artigo e dos parágrafos anteriores **começará a correr da nova publicação**.
> § 4.º As correções a texto de lei já em vigor consideram-se **lei nova**.

Portanto, salvo disposição de lei em contrário, a LINDB previu um **intervalo** de tempo entre a publicação da norma e a produção dos seus efeitos, juridicamente conhecido como *vacatio legis*, ou seja, um período de "vacância da lei", que existe, mas ainda não tem o condão de alcançar as pessoas.

Podemos perceber que, para a produção de efeitos no exterior, o legislador previu um intervalo maior, de **três meses** (curiosamente *se optou por 90 dias*, como seria razoável esperar).

---

[1] A alteração do nome foi promovida pela Lei n. 12.376/2010.

Contudo, em 1998 foi publicada a **Lei Complementar n. 95**, que surgiu para regulamentar o art. 59, parágrafo único, da Constituição[2], com o objetivo de padronizar a elaboração e a redação dos veículos jurídicos no país[3].

Mais do que simples instrumento para definir as características **formais** das normas brasileiras (estrutura, organização, numeração e articulação dos textos e dispositivos), a LC n. 95/98 trouxe uma **regra específica** sobre a vigência das leis, ao estabelecer, no art. 8.º, a necessidade de menção expressa ao período de *vacatio legis*:

> **Art. 8.º** A vigência da lei será indicada de **forma expressa** e de modo a contemplar **prazo razoável para que dela se tenha amplo conhecimento**, reservada a cláusula "entra em vigor na data de sua publicação" para as leis de pequena repercussão.
>
> § 1.º A contagem do prazo para entrada em vigor das leis que estabeleçam período de vacância far-se-á com a inclusão da data da publicação e do último dia do prazo, entrando em vigor no dia subsequente à sua consumação integral.
>
> § 2.º As leis que estabeleçam período de vacância **deverão utilizar a cláusula** "esta lei entra em vigor após decorridos (o número de) dias de sua publicação oficial".

Assim, sempre que a norma for considerada de **relevante impacto** para a sociedade, o prazo de *vacatio* deverá ser expressamente indicado pelo legislador, de sorte que se aplica apenas em caráter **subsidiário** e para as leis de pequena repercussão a *regra de 45 dias prevista pela LINDB*.

E isso vale para **todas as leis**, tributárias ou não.

Para conferir efetividade ao preceito, todas as normas posteriores à publicação da LC n. 95/98 devem conter a seguinte cláusula: *esta lei entra em vigor após decorridos X dias de sua publicação oficial*.

A contagem do prazo inclui a data da publicação, e, nesse sentido, podemos perceber que a ideia de uma *vacatio legis* obrigatória se assemelha ao **princípio da anterioridade** previsto para as normas tributárias, com o evidente intuito de não inovar o ordenamento sem a prévia possibilidade de conhecimento e adaptação das pessoas às novas regras porventura introduzidas.

Interessante notar que, para a produção de efeitos no exterior, se a lei estabelecer prazo de vigência no Brasil **superior** a três meses e nada dispuser sobre a produção de efeitos no plano internacional, este deverá observar a *vacatio* da norma em **nosso território**, pois o entendimento em contrário levaria à absurda conclusão de que uma norma nacional poderia produzir efeitos em outros países antes de vigorar aqui.

---

[2] Art. 59, parágrafo único: "Lei complementar disporá sobre a elaboração, redação, alteração e consolidação das leis".

[3] LC n. 95/98, art. 1.º: "A elaboração, a redação, a alteração e a consolidação das **leis** obedecerão ao disposto nesta Lei Complementar. Parágrafo único. As disposições desta Lei Complementar **aplicam-se, ainda, às medidas provisórias e demais atos normativos** referidos no art. 59 da Constituição Federal, bem como, no que couber, aos **decretos** e aos demais atos de **regulamentação** expedidos por órgãos do Poder Executivo".

8 ■ Vigência, Aplicação e Interpretação da Legislação Tributária

8.1. DEFINIÇÃO DOS CONCEITOS

Como vimos no Capítulo 4, existe grande confusão entre os conceitos de vigência e eficácia, problema que, no mais das vezes, parte do próprio legislador, ao utilizar indiscriminadamente a palavra **vigência**, independentemente do contexto semântico que pretende veicular.

Para melhor compreensão do assunto, aproveitamos para incluir na análise o conceito de validade, essencial para o sistema jurídico.

Podemos atribuir **validade** a uma norma jurídica quando esta foi introduzida no sistema pelo poder competente e com a observância do rito previsto pela Constituição.

Nas hipóteses em que o produtor da norma carece de competência ou quando os procedimentos necessários para sua criação não foram observados, estaremos diante de uma norma **inválida**, que deverá ser expelida do sistema pelos mecanismos apropriados, a exemplo do que determina o art. 52, X, da Constituição:

> **Art. 52.** Compete privativamente ao Senado Federal:
>
> (...)
>
> X — suspender a execução, no todo ou em parte, de lei declarada inconstitucional por decisão definitiva do Supremo Tribunal Federal;

Verifica-se que a validade diz respeito à própria **existência** da norma jurídica e da possibilidade de permanência no ordenamento; trata-se de uma relação de pertinência com o sistema no qual foi introduzida.

A **vigência**, por seu turno, relaciona-se à possibilidade de uma norma jurídica produzir efeitos, na medida em que seus dispositivos alcancem fatos do mundo real. Como se trata de uma potencialidade (que pode ou não ocorrer), precisamos do conceito de **eficácia** para observar se os efeitos realmente foram produzidos e em que medida isso ocorreu. Dito de outra forma, a eficácia mede a **relação** entre os efeitos e o objetivo desejado pelo legislador.

O professor Paulo de Barros Carvalho defende que a eficácia pode ser analisada sob três ângulos: eficácia jurídica, eficácia técnica e eficácia social.

A **eficácia jurídica** decorre da causalidade, que representa o próprio mecanismo de incidência, ou seja, a ocorrência de um fato jurídico provoca a irradiação dos efeitos previstos na norma.

Exemplo: Quando alguém aufere renda, no mundo real, esse fato instaura a relação jurídica entre o indivíduo e a União, com a consequente possibilidade de exigência do Imposto de Renda, nos termos definidos em lei.

Já a **eficácia técnica** seria "a condição que uma regra de direito ostenta, no sentido de descrever acontecimentos que, uma vez ocorridos no plano do real-social, tenham o condão de irradiar efeitos jurídicos, já removidos os obstáculos de ordem material que impediam tal propagação"[4].

---

[4] Paulo de Barros Carvalho, *Curso de direito constitucional tributário*, 24. ed., p. 115.

424 Direito Tributário Esquematizado · _Roberto Caparroz_

Por fim, a **eficácia social** representaria os padrões de acatamento com que a sociedade responde às ordens jurídicas, vale dizer, o nível de cumprimento das imposições previstas na norma.

8.2. VIGÊNCIA NO TEMPO

Lembramos que a expressão legislação tributária, utilizada no art. 101 do CTN, deve ser entendida como qualquer norma jurídica, **legal** (em sentido estrito, formal e material) ou **infralegal** (decretos, portarias, instruções normativas e tantas outras espécies).

Assim, como regra, em relação à **vigência no tempo**, as normas tributárias seguem as disposições aplicáveis às leis em geral.

Contudo, alguns instrumentos, especificamente tributários, possuem **prazos próprios**, descritos no art. 103[5]:

a) Os **atos administrativos**, como as portarias e instruções normativas, entram em vigor na data da sua **publicação**.

b) As **decisões** de órgãos singulares ou colegiados produzem efeitos normativos **30 dias após** a data da sua publicação.

c) Os **convênios** celebrados entre a União, os Estados, o Distrito Federal e os Municípios entram em vigor na **data neles prevista**.

Existe, ainda, uma regra especial para os dispositivos de lei relativos a impostos sobre **patrimônio** ou **renda**, que entrarão em vigor no **1.º dia do exercício seguinte** à publicação nos casos em que[6]:

a) instituam ou majorem tais impostos;

b) definam novas hipóteses de incidência;

c) extingam ou reduzam isenções, salvo se a lei dispuser de maneira mais favorável ao contribuinte.

Importante destacar que o critério do art. 104 do CTN, ao norte reproduzido, atualmente está consagrado na Constituição, pois o **princípio da anterioridade** do exercício veicula exigência semelhante e se aplica a **todos os impostos**, salvo nas hipóteses expressamente excepcionadas pela Lei Maior, razão pela qual parte da doutrina entende que as duas primeiras hipóteses do artigo _não foram recepcionadas_ em 1988.

O comando mais interessante do dispositivo é o que se refere à extinção ou redução de **isenções**, cujos efeitos devem aguardar o exercício seguinte, quando relativas a

---

[5] Art. 103. Salvo disposição em contrário, entram em vigor: I — os atos administrativos a que se refere o inciso I do art. 100, na data da sua publicação; II — as decisões a que se refere o inciso II do art. 100, quanto a seus efeitos normativos, 30 (trinta) dias após a data da sua publicação; III — os convênios a que se refere o inciso IV do art. 100, na data neles prevista.

[6] Art. 104 do CTN.

8 ▪ Vigência, Aplicação e Interpretação da Legislação Tributária

impostos sobre patrimônio e renda, mas apenas se as isenções forem concedidas por **prazo certo** e em função de determinadas **condições**, como delimita o art. 178 do CTN[7].

Por fim, remetemos o leitor aos comentários que fizemos no item 4.2.4.1, sobre vigência e eficácia, para reiterar a possibilidade de uma lei não mais em vigor **produzir efeitos**, pois estava vigente no momento da prática do ato.

Esse entendimento é confirmado pelo art. 144 do CTN, que determina a norma aplicável quando do **lançamento:**

> **Art. 144.** O lançamento reporta-se à data da ocorrência do fato gerador da obrigação e rege-se pela **lei então vigente, ainda que posteriormente modificada ou revogada**.

Podemos perceber que mesmo a **revogação da lei**, com a sua retirada formal do sistema, não altera o momento da incidência nem a exigência de que os efeitos produzidos sejam aqueles existentes ao tempo da prática do fato jurídico.

Voltaremos ao tema em capítulo apropriado, quando analisarmos as circunstâncias e os efeitos do lançamento tributário.

8.3. VIGÊNCIA NO ESPAÇO

Quando o assunto relaciona-se ao critério **espacial** dos tributos (jurisdição, campo de incidência etc.), a regra geral é a da **territorialidade**, ou seja, a União, os Estados, o Distrito Federal e os Municípios produzirão leis que alcançarão fatos ocorridos *dentro dos respectivos territórios*.

Entretanto, o art. 102 do Código Tributário Nacional prevê duas hipóteses de **extraterritorialidade**, nos seguintes termos:

> **Art. 102.** A legislação tributária dos Estados, do Distrito Federal e dos Municípios vigora, no País, **fora dos respectivos territórios**, nos limites em que lhe reconheçam **extraterritorialidade** os convênios de que participem, ou do que disponham esta ou outras leis de normas gerais expedidas pela União.

Com a sofisticação e consequente multiplicação das relações jurídicas e econômicas, o direito tributário passou a reconhecer a possibilidade de existência de **normas extraterritoriais**, em duas situações:

a) Na ordem **interna**, quando houver a celebração de **convênio** entre os entes federativos, como ocorre no âmbito do CONFAZ, em relação ao ICMS;

b) Na ordem **internacional**, sempre que o Brasil celebrar **tratados** com outros países sobre matéria tributária, notadamente aqueles destinados a evitar a bitributação.

---

[7] Art. 178. A isenção, salvo se concedida por prazo certo e em função de determinadas condições, **pode ser revogada ou modificada por lei, a qualquer tempo**, observado o disposto no inciso III do art. 104.

426 Direito Tributário Esquematizado   Roberto Caparroz

8.4. APLICAÇÃO DA LEGISLAÇÃO TRIBUTÁRIA

Segundo Paulo de Barros Carvalho, em excelente **definição**, "aplicar o direito é dar curso ao processo de positivação, extraindo de regras superiores o fundamento de validade para a edição de outras regras. É o ato mediante o qual alguém interpreta a amplitude do preceito geral, fazendo-o incidir no caso particular e sacando, assim, a norma individual"[8].

Todavia, a questão da aplicação das normas tributárias **no tempo** foi abordada de forma um tanto confusa pelo Código Tributário Nacional. O ponto de partida é a previsão contida no art. 105:

> **Art. 105.** A legislação tributária aplica-se imediatamente aos **fatos geradores futuros e aos pendentes**, assim entendidos aqueles cuja ocorrência tenha tido início mas não esteja completa nos termos do art. 116.

Parece óbvio que a legislação tributária seja aplicável aos fatos **posteriores** à sua entrada em vigor, principalmente em razão do princípio da **irretroatividade** que rege o direito tributário[9].

Exemplo: Se uma lei "X" for publicada em 20 de março, os efeitos dela decorrentes só poderão alcançar fatos posteriores à sua entrada em vigor, sem prejuízo da obediência aos princípios da anterioridade e da noventena, na hipótese de instituição ou majoração de tributos[10].

O que causa enorme estranheza é o conceito de "fato pendente", que seria aquele que, embora iniciado, ainda não se aperfeiçoou. Isso não faz o menor sentido, pois a palavra **fato** (derivada de feito, particípio passado do verbo "fazer") só pode ser expressa no **pretérito**.

---

[8]   Paulo de Barros Carvalho, *Curso de direito constitucional tributário*, 24. ed., p. 122.

[9]   Para o STJ, a irretroatividade não alcança, ainda, as normas de **isenção:** "(...) a jurisprudência desta Corte entende que a **norma isentiva não pode retroagir**. (...) O Código Tributário Nacional confirma este entendimento, pois consigna que a aplicação da legislação tributária não deve ocorrer, em se tratando de fatos geradores a ela antecedentes, e **já consumados**. É o que dispõe o **art.105** do Código Tributário Nacional (...) Cumpre esclarecer que o art. 106, inciso II, alínea 'c' do Código Tributário Nacional, excetuando a regra do art. 105 do mesmo diploma, ao prever a retroatividade da lei mais benéfica, procurou estender aos contribuintes inadimplentes as idênticas condições dos regidos pela lei ulterior, menos gravosa, todavia, **aplica-se tão somente para penalidades**, o que não é o caso dos autos. (...) Acertada, portanto, a não aplicação, pela Corte de origem, do art. 106, inciso II, alínea 'c', do Código Tributário Nacional na hipótese presente, ante a impossibilidade de retroação da Lei Paulista n. 10.750/00 a fato gerador surgido com a transmissão *causa mortis* da propriedade anterior à norma, nos termos do art. 105 do Código Tributário Nacional" (AgRg no REsp 647.518/SP).

[10] É o entendimento do STJ: "(...) Aduz que, quando da sua contratação para a prestação do serviço de varredura de ruas, não havia a incidência do ISS sobre essa atividade. Logo 'tendo o fato jurídico ocorrido antes da edição e vigência da norma de incidência tributária, é ilegal sua tributação' (...) De acordo com o art. 105 do CTN, verifica-se que não se pode falar em direito adquirido e ato jurídico perfeito em relação a criação de impostos. Instituída a incidência de imposto sobre determinado fato jurídico, respeitados os princípios tributários, este passa a ser cobrado" (AgRg no AgRg no Ag 998.392/SP).

8 ■ Vigência, Aplicação e Interpretação da Legislação Tributária

Sempre que nos reportamos a um fato é porque ele **já ocorreu**, como "ontem fui à escola" e "a menina conheceu o pai".

Um fato sempre revela **certeza** em termos de existência, e com base nessa premissa inarredável fica difícil aceitar a expressão "fato pendente" formulada pelo Código.

Apesar disso, o art. 105 do CTN, como vimos, reporta-se ao art. 116, que traria os *supostos critérios* para a **identificação** dos "fatos pendentes", nos seguintes termos:

> **Art. 116.** Salvo disposição de lei em contrário, considera-se **ocorrido** o fato gerador e existentes os seus efeitos:
>
> I — tratando-se de **situação de fato**, desde o momento em que o se verifiquem as circunstâncias materiais necessárias a que produza os efeitos que normalmente lhe são próprios;
>
> II — tratando-se de **situação jurídica**, desde o momento em que esteja definitivamente constituída, nos termos de direito aplicável[11].

Veja que o Código não consegue sair da armadilha por ele mesmo criada, pois o art. 116 descreve situações em que **se considera ocorrido** (finalizado, pronto, perfeito) o fato gerador e isso em nada contribui para o esclarecimento do que seria o tal "fato pendente".[11]

Para as provas e concursos devemos considerar que, sempre que estiverem presentes os elementos necessários para a **caracterização** do fato gerador (uma operação de compra e venda, a obtenção de renda, a propriedade de veículo automotor e assim por diante), a lei **poderá ser aplicada** e dela serão extraídos os efeitos tributários pertinentes.

Os próprios incisos do art. 116 comprovam o equívoco do raciocínio formulado pelo CTN.

Dizer que nas hipóteses de **situação de fato** (!) *considera-se ocorrido o fato **desde o momento** em que se verifiquem as circunstâncias materiais necessárias a que produza os efeitos que normalmente lhe são próprios* é o mesmo que afirmar que a morte ocorre sempre que as circunstâncias que a ensejam produzam o efeito morte!

Aqui **não há espaço** para maiores digressões: ao tentar explicar o que seria "fato pendente", o Código simplesmente não o faz e, ao revés, apenas confirma que fato é algo que **já aconteceu**, numa desnecessária e impertinente tautologia.

---

[11] O art. 117 do CTN busca explicar as condições necessárias para que os atos jurídicos sejam considerados **perfeitos e acabados**: "Art. 117. Para os efeitos do inciso II do artigo anterior e salvo disposição de lei em contrário, os atos ou negócios jurídicos condicionais reputam-se perfeitos e acabados: I — sendo **suspensiva** a condição, desde o momento **de seu implemento**; II — sendo **resolutória** a condição, desde o momento da prática do ato ou da celebração do negócio". **Condição suspensiva** significa que os efeitos do contrato somente ocorrerão numa data futura, a partir da qual o negócio será reputado como perfeito e acabado. Já na hipótese de **condição resolutória** os efeitos do contrato são implementados desde a data de sua prática ou celebração, o que, em termos lógicos, **sequer implica uma condição, pois não há alternativa ou opção**, apenas a confirmação dos efeitos naturais do negócio.

428 Direito Tributário Esquematizado   *Roberto Caparroz*

Igual circunstância se verifica no inciso II, que trata de **situações jurídicas** (um contrato, por exemplo) nas quais se considera ocorrido o fato gerador *desde o momento em que estejam definitivamente constituídas*, ou seja, quando o fato efetivamente ocorrer!

Exemplo: Se duas pessoas assinam um contrato com a promessa de compra e venda, a ser concretizado no ano seguinte, o fato só poderá ser tributado quando o negócio *efetivamente ocorrer*, com a entrega do objeto e o pagamento do valor convencionado. Antes disso há apenas a expectativa de realização de um negócio, o que, evidentemente, não pode ser alcançado por qualquer tributo.

Descabem, portanto, dentro dos limites a que nos propomos, maiores elucubrações acerca dessa **incoerência** do legislador, que mais atrapalha do que esclarece os fenômenos tributários, quando analisados em função do tempo.

Com efeito, os conceitos e o raciocínio que o leitor **conhece** e **aplica** para as outras áreas jurídicas pode também ser estendido, sem problemas, para a esfera tributária.

8.5. RETROATIVIDADE BENÉFICA

Vimos que o art. 106 do Código Tributário Nacional determina a aplicação, no que se refere às sanções, de normas posteriores **mais benéficas** ao infrator, quando comparadas com aquelas vigente ao tempo da conduta ilícita.

> **Art. 106.** A lei aplica-se a ato ou fato pretérito:
>
> I — em qualquer caso, quando seja expressamente interpretativa, excluída a aplicação de penalidade à infração dos dispositivos interpretados;
>
> II — tratando-se de ato não definitivamente julgado:
>
> *a)* quando deixe de defini-lo como infração;
>
> *b)* quando deixe de tratá-lo como contrário a qualquer exigência de ação ou omissão, desde que não tenha sido fraudulento e não tenha implicado em falta de pagamento de tributo;
>
> *c)* quando lhe comine penalidade menos severa que a prevista na lei vigente ao tempo da sua prática.

Quando a lei for **interpretativa**, entende o STJ que a norma posterior não pode alterar os elementos da obrigação tributária, mas apenas questões de **ordem técnica**, como as características do produto ou mercadoria, por exemplo.

Nesse contexto, qualquer tentativa de interpretação retroativa em prejuízo do contribuinte ou ofensa a preceitos constitucionais como a segurança jurídica deve ser rechaçada, como ocorreu no julgamento da segunda parte do art. 4.º da **Lei Complementar n. 118/2005**, que pretendia reduzir o prazo para restituição de indébitos tributários.

Confirmando o que já havia sido decidido pelo STJ, o Supremo Tribunal Federal declarou a norma **inconstitucional**, por ofensa ao princípio da segurança jurídica, para vedar a aplicação do prazo reduzido para a restituição ou compensação de tributos, por considerar que não se tratava de interpretação, mas de nova regra **prejudicial** aos contribuintes.

8 ◼ Vigência, Aplicação e Interpretação da Legislação Tributária   **429**

A ementa da decisão, proferida no RE 566.621/RS, circunscreve bem fatos e o entendimento do STF, razão pela qual a transcrevemos a seguir.

DIREITO TRIBUTÁRIO — LEI INTERPRETATIVA — APLICAÇÃO RETROATIVA DA LEI COMPLEMENTAR N. 118/2005 — DESCABIMENTO — VIOLAÇÃO À SEGURANÇA JURÍDICA — NECESSIDADE DE OBSERVÂNCIA DA *VACACIO LEGIS* — APLICAÇÃO DO PRAZO REDUZIDO PARA REPETIÇÃO OU COMPENSAÇÃO DE INDÉBITOS AOS PROCESSOS AJUIZADOS A PARTIR DE 9 DE JUNHO DE 2005. Quando do advento da LC 118/05, estava consolidada a orientação da Primeira Seção do STJ no sentido de que, para os tributos sujeitos a lançamento por homologação, o prazo para repetição ou compensação de indébito **era de 10 anos** contados do seu fato gerador, tendo em conta a aplicação combinada dos arts. 150, § 4.º, 156, VII, e 168, I, do CTN. A LC 118/05, embora tenha se **autoproclamado interpretativa**, implicou *inovação normativa, tendo reduzido o prazo de 10 anos contados do fato gerador para 5 anos contados do pagamento indevido.* Lei supostamente interpretativa que, em verdade, inova no mundo jurídico deve ser considerada como lei nova. Inocorrência de violação à autonomia e independência dos Poderes, porquanto a lei expressamente interpretativa também se submete, como qualquer outra, ao controle judicial quanto à sua natureza, validade e aplicação. A aplicação retroativa de novo e reduzido prazo para a repetição ou compensação de indébito tributário estipulado por lei nova, fulminando, de imediato, pretensões deduzidas tempestivamente à luz do prazo então aplicável, bem como a aplicação imediata às pretensões pendentes de ajuizamento quando da publicação da lei, **sem resguardo de nenhuma regra de transição, implicam ofensa ao princípio da segurança jurídica** em seus conteúdos de proteção da confiança e de garantia do acesso à Justiça. **Afastando-se as aplicações inconstitucionais e resguardando-se, no mais, a eficácia da norma,** permite-se a aplicação do prazo reduzido relativamente às ações **ajuizadas após a *vacatio legis***, conforme entendimento consolidado por esta Corte no enunciado 445 da Súmula do Tribunal. O prazo de *vacatio legis* de 120 dias permitiu aos contribuintes não apenas que tomassem ciência do novo prazo, mas também que ajuizassem as ações necessárias à tutela dos seus direitos. Inaplicabilidade do art. 2.028 do Código Civil, pois, não havendo lacuna na LC 118/08, que pretendeu a aplicação do novo prazo na maior extensão possível, descabida sua aplicação por analogia. Além disso, não se trata de lei geral, tampouco impede iniciativa legislativa em contrário. *Reconhecida a inconstitucionalidade do art. 4.º, segunda parte, da LC 118/05, considerando-se válida a aplicação do novo prazo de 5 anos tão somente às ações ajuizadas após o decurso da vacatio legis de 120 dias, ou seja, a partir de 9 de junho de 2005.* Aplicação do art. 543-B, § 3.º, do CPC aos recursos sobrestados. Recurso extraordinário desprovido.

8.6. INTEGRAÇÃO E INTERPRETAÇÃO DAS NORMAS TRIBUTÁRIAS

O art. 107 do Código Tributário Nacional inaugura o tópico com as regras para a **interpretação** das normas tributárias[12].

Já discorremos sobre os processos de interpretação no direito no Capítulo 5, de sorte que fica o convite para que o leitor, se desejar, revise os conceitos apresentados.

Neste ponto, cuida o CTN de definir os **mecanismos** para a interpretação da legislação tributária, com vistas à aplicação das regras postas no ordenamento.

---

[12] Art. 107. A legislação tributária será interpretada conforme o disposto neste Capítulo.

O próprio legislador partiu da premissa de separação entre a **atividade interpretativa** e a **aplicação pragmática** das regras jurídicas, como reconheceu, em 1954, a Comissão Especial que trabalhou no desenvolvimento do Código[13]:

"Por conseguinte, a **hermenêutica**, como puro trabalho de exegese científica do direito, pode filiar-se a uma ou outra das diferentes escolas ou orientações teóricas, próprias ao direito tributário ou compreensivas do direito em geral. Ao contrário, a **aplicação da lei**, como trabalho pragmático e funcional, deve visar diretamente a sua atuação em cada caso concreto como instrumento integral das instituições que constituem o seu fundamento e o seu objetivo".

Podemos concluir que foram adotadas premissas para a **positivação** das normas tributárias, de forma a resolver casos concretos, o que foi bastante louvável, até porque, à época, não havia qualquer sistematização da matéria no país.

Assim, a despeito do clássico debate jurídico sobre o tema, o Código Tributário Nacional admite expressamente a possibilidade de **lacunas** ou **omissões** legais, pois estabeleceu, no art. 108, critérios para a chamada **integração** da legislação tributária:

Art. 108. Na **ausência** de disposição expressa, a autoridade competente para aplicar a legislação tributária utilizará **sucessivamente**, na ordem indicada:

I — a analogia;

II — os princípios gerais de direito tributário;

III — os princípios gerais de direito público;

IV — a equidade.

§ 1.º O emprego da analogia não poderá resultar na **exigência de tributo** não previsto em lei.

§ 2.º O emprego da equidade não poderá resultar na **dispensa do pagamento** de tributo devido.

De acordo com as referências teóricas adotadas, pode-se defender que o direito não possui falhas ou omissões, pois o próprio sistema teria condições de resolver qualquer conflito, ou, ao revés, pode-se partir da premissa de que as lacunas efetivamente existem e precisam ser "preenchidas" mediante critérios específicos.

O Código adotou a última posição e apresentou uma sequência de procedimentos para integrar possíveis omissões, de forma que, sempre que a autoridade fiscal se depara com uma situação em que **não existe** regra específica para o caso sob análise, deve buscar uma solução jurídica baseada no modelo do art. 108, aplicando, na sequência determinada, os **critérios de integração**.

Uma questão importante e que a doutrina normalmente não enfrenta é a incongruência trazida pelo art. 108, ao determinar que a analogia será utilizada **antes** dos princípios gerais de direito tributário (e também antes dos princípios gerais de direito público).

---

[13] *Trabalhos da Comissão Especial do Código Tributário Nacional*, p. 180.

8 ■ Vigência, Aplicação e Interpretação da Legislação Tributária

O raciocínio não pode se sustentar, seja porque o CTN **não tem força** para condicionar a aplicação de princípios, que lhes são hierarquicamente superiores e determinantes, seja porque os princípios, pela sua própria natureza, são sempre as **primeiras regras** de qualquer sistema.

Nem se argumente que o comando trata apenas das hipóteses de integração tributária, nas quais não existe norma, porque o trabalho hermenêutico e a consequente positivação do direito exige, em qualquer situação, completa obediência aos princípios constitucionais.

Explicamos: Não faz sentido aplicar uma suposta analogia sem antes perquirir a compatibilidade e a possibilidade de a norma escolhida por semelhança ser aplicada ao caso concreto, o que só pode ser feito mediante a análise dos princípios constitucionais tributários. Se a referida norma afrontar a legalidade, a igualdade ou qualquer outro preceito fundamental, simplesmente não poderá ser cogitada!

Aliás, a própria **validade** de qualquer comando do Código Tributário Nacional se **submete** aos princípios constitucionais, de sorte que nem sequer poderíamos considerar o art. 108 sem antes verificarmos sua compatibilidade com o sistema inaugurado em 1988.

Nesse sentido, mais do que simplesmente comentar cada uma das hipóteses de integração, deveria a doutrina **questionar** a própria atividade do legislador, pois de nada adianta discorrer sobre conceitos que terão limitadíssima aplicação prática.

O comando encerra, portanto, uma **incoerência lógica**, até porque, ao formular uma ordem de imputação, a aplicação da analogia, caso bem-sucedida, simplesmente **prescindiria** da análise dos princípios constitucionais tributários, o que não faz o menor sentido nem pode ser juridicamente admitido.

Explicada a situação, passemos à análise das formas de integração propostas pelo CTN, tema que possui relevância apenas para o mundo dos concursos, porque, em termos práticos, os julgados que mencionam o art. 108 costumam decidir a questão por meio de **outros instrumentos** jurídicos e sempre em consonância com os princípios constitucionais.

Uma das melhores críticas ao dispositivo vem de Misabel Derzi, que constata a dificuldade de estabelecer uma **hierarquia rígida** entre a argumentação por analogia e a interpretação com base em princípios, posto que o raciocínio por princípios não pode ser evitado na analogia.

Como ressalta a ilustre autora[14]:

> "É também difícil imaginar que só se pode recorrer aos princípios **quando esgotada** a fase de 'interpretação' de um enunciado normativo. A única interpretação do dispositivo do art. 108 que parece salvá-lo é, por conseguinte, a de que a argumentação por analogia há de ser preferida em relação ao desenvolvimento do Direito que **não tenha a lei** como fundamento ou como ponto de partida da argumentação, como ocorre, por exemplo, quando se busca construir a norma do caso apenas a partir de fórmulas vagas e de princípios gerais inferidos diretamente do texto da Constituição ou das máximas

---

[14] Aliomar Baleeiro, *Direito tributário brasileiro*, 13. ed., p. 1049-1050.

e brocardos que se encontram na cultura jurídica em geral. Não obstante, como o Direito Tributário se encontra submetido ao **princípio da legalidade**, que possui *status* constitucional, o âmbito de aplicação do art.108 fica profundamente restringido, se é que ele pode ser ainda considerado como recepcionado pela Constituição de 1988".

Como destacamos, os critérios de integração previstos pelo CTN normalmente são aplicados em questões **secundárias**, que não envolvem a obrigação tributária[15].

A partir dessas premissas, podemos analisá-los individualmente, com a ressalva de que comungamos a tese de que os critérios **sequer são taxativos**, ou seja, o processo de construção de respostas jurídicas e aplicação de regras ao caso concreto pode (em verdade, deve) valer-se de outros instrumentos.

A **analogia** ou integração analógica pressupõe a busca de uma regra semelhante, a ser aplicada nas hipóteses em que efetivamente não exista norma para regular determinada matéria. Isso significa **identificar** um comando aplicável a hipóteses semelhantes, que poderá ser utilizado para suprir a omissão do sistema.

Como os critérios de integração trazidos pelo CTN são, antes de mais nada, instrumentos para a **interpretação** de regras concretas, Luciano Amaro adverte para as **diferenças** entre a analogia e a chamada *interpretação extensiva*[16]:

"Teoricamente, a integração analógica não se confunde com a interpretação extensiva, de que se avizinha. Na prática, distingui-las não é tarefa simples. Como se viu, a **integração** visa a preencher a **lacuna legislativa**; já a interpretação extensiva teria por objetivo identificar o 'verdadeiro' **conteúdo e alcance da lei**, insuficientemente expresso no texto normativo (*dixit minus quam voluit*). A diferença estaria em que, na analogia, a lei não teria levado em consideração a hipótese, mas, se o tivesse feito, supõe-se que lhe teria dado idêntica disciplina; já na interpretação extensiva, a lei teria querido abranger a hipótese, mas, em razão da má formulação do texto, deixou a situação fora do alcance expresso da norma, tornando com isso necessário que o aplicador da lei reconstitua o seu alcance. Num caso, a lei **se omitiu** porque foi mal escrita; no outro, ela também se omitiu, embora por motivo diverso, qual seja, o de **não se ter pensado na hipótese**; a omissão (que, afinal, é o que resta verificável, objetivamente, no exame da lei) iguala as duas situações".

Os tribunais superiores aceitam, **com limites**, a aplicação da analogia em matéria tributária, como se depreende do seguinte julgado[17]:

---

[15] É o entendimento de Sacha Calmon, para quem "no Direito Tributário **material ou substantivo** (obrigação tributária) não há espaço para a **analogia** e nem tampouco para a **equidade**. Há, porém, vasto campo para a aplicação desses institutos integrativos no Direito Tributário **adjetivo e infracional**, como verificado há pouco".

[16] Luciano Amaro, *Direito tributário brasileiro*, p. 208.

[17] No mesmo sentido, o REsp 1.329.901/RS (2013): "INTERRUPÇÃO DA PRESCRIÇÃO PARA A AÇÃO DE REPETIÇÃO DE INDÉBITO POR MEDIDA CAUTELAR DE PROTESTO JUDICIAL DO ART. 867, DO CPC. (...) Quanto à força interruptiva da prescrição, o caso se resolve facilmente com o emprego da analogia recomendada pelo próprio art. 108, do CTN, na ausência de disposição expressa. Nessa ótica, aplica-se, por analogia, o disposto no art. 174, parágrafo único, II, que admite o protesto judicial como forma de interromper a prescrição para a cobrança do cré-

8 ▪ Vigência, Aplicação e Interpretação da Legislação Tributária

> (...) A Lei n. 9.964/00 não trouxe expressamente nenhum prazo prescricional para a exclusão do contribuinte do programa de parcelamento e nem poderia trazer, pois de prescrição não se trataria, mas de decadência, visto que referente não à hipótese de exigibilidade de determinado direito creditício, mas ao exercício de direito potestativo da Fazenda Pública de verificar a ocorrência de uma das hipóteses de exclusão do programa de parcelamento. Ademais, em se tratando de programa de parcelamento, a exigibilidade do crédito tributário resta incólume, na medida em que suspensa por força do art. 151, I e VI, do CTN, o que exclui qualquer fluxo de prazo prescricional. Desse modo, tratando-se de hipótese de exercício de direito potestativo **sem previsão legal específica** de prazo decadencial, é necessário socorrer-se dos regramentos de **interpretação e integração** da legislação tributária previstos no art. 108, do CTN, aplicando-se, especificamente para o caso, o inciso I, que trata do emprego da **analogia**. Aqui, o uso da analogia permite atrair para a hipótese o **único regramento do CTN** que trata de prazo decadencial, qual seja, o art. 173, que fixa prazo quinquenal para o exercício do direito da Fazenda Pública de constituir o crédito tributário. Assim, me parece adequado aplicar o prazo do art. 173, do CTN, para reconhecer que o Fisco possui o prazo de cinco anos para excluir a contribuinte do REFIS, após cessada a causa da exclusão (REsp 1.216.171/PR, 2011).

Quando o uso da analogia **não resolver** a questão (o que admitimos sempre com a ressalva à impropriedade do art. 108 e da suposta hierarquização das regras integradoras), deverão ser utilizados os princípios gerais de **direito tributário**.

Na sequência e padecendo do mesmo problema, deveriam ser aplicados os princípios gerais do **direito público**, na hipótese em que os preceitos tributários não fossem suficientes para o deslinde da questão.

Conquanto não seja simples (e em nosso entender, sequer necessário) **classificar princípios**, posto que não é clara a linha divisória entre os públicos e os privados, Luciano Amaro, ciente dessa situação, relaciona **alguns preceitos** de ordem pública absolutamente necessários para o trabalho de interpretação[18]: *o princípio federativo, o princípio republicano, o princípio da relação de administração, o princípio da lealdade do Estado, o princípio da previsibilidade da ação estatal, o princípio da indisponibilidade do interesse público*, entre outros possíveis.

Por fim, entende o art. 108 do Código Tributário Nacional que a integração seria resolvida, em última instância, pela **equidade**, que seria a mitigação do rigor legal, com o objetivo de aplicar a regra *mais justa* para o caso concreto, vale dizer, escolher dentre as normas possíveis aquela **mais benéfica** ao interessado.

A ideia de uma interpretação *in dubio pro reo* nos levaria a cogitar a aplicação da equidade nos casos de omissão legal quanto a **infrações**, para que uma norma menos rigorosa fosse empregada nos casos em que não houve previsão específica.

Contudo, qualquer análise nesse cenário nos obriga, como sempre, a privilegiar os princípios constitucionais, que existem, entre outras funções, justamente para **corrigir injustiças** e permitir a **ponderação** do rigor legal.

---

dito tributário".

[18] Luciano Amaro, *Direito tributário brasileiro*, p. 210.

É o que fez o Superior Tribunal de Justiça ao admitir **dúvida razoável** sobre a má--fé do sujeito passivo para afastar a aplicação da *pena de perdimento na importação de mercadorias*:

> (...) Medida cautelar inominada com a finalidade de **afastar a pena de perdimento** de bens aplicada a produtos estrangeiros, cuja importação a Receita Federal reputou irregular, por não constar nas notas fiscais o número de série das mercadorias. (...) o Tribunal "a quo" acertadamente interpretou a legislação fiscal de forma **mais benéfica ao contribuinte**, tendo em conta a **razoável dúvida quanto a má-fé** da empresa recorrida na aquisição dos produtos, especialmente porque não foi ela quem importou as mercadorias, situação que afasta a aplicação da pena de perdimento dos bens. (...) a jurisprudência desta Corte Superior afirma que, apesar de prever o art. 136 do CTN que a responsabilidade do contribuinte ao cometer um ilícito é objetiva, admitem-se **temperamentos na sua interpretação**, diante da possibilidade de aplicação da **equidade** e do princípio da lei tributária "in dubio pro contribuinte" (AgRg no REsp 1.220.414/SC, de 2011).

Como o próprio Código diz que da aplicação da equidade não pode resultar a **dispensa do pagamento** de tributo, concluímos, mais uma vez, que os mecanismos de integração atuam somente no campo formal ou adjetivo do direito, sem qualquer aplicação aos elementos da obrigação tributária.

Exemplo: Digamos que não exista prazo legal para a prática de determinado ato pelo contribuinte. Nesse caso, deve a autoridade fiscal conceder-lhe o *maior prazo entre os previstos para situações semelhantes*, com a adoção simultânea dos conceitos de **analogia** (extensão dos efeitos de outra norma) e **equidade** (escolha da norma mais favorável), tudo devidamente enquadrado pelos princípios constitucionais.

Em síntese, como o vetor lei é obrigatório para a definição das relações tributárias, o Código Tributário Nacional adverte que não é possível exigir tributo com base na **analogia** (situações equivalentes), da mesma forma que a **equidade** (aplicação do comando menos rigoroso) não pode resultar em dispensa do pagamento correspondente.

STJ — Analogia e equidade

- **Limites para aplicação.** Não merece acolhida a tese no sentido de que, se a contribuição para o PSS incide sobre os valores pagos em cumprimento de decisão judicial (verba principal), deve incidir sobre os juros de mora (verba acessória), em razão do disposto no art. 92 do CC/2002. (...) cumpre indagar: é possível impor obrigação tributária com base em princípio implícito no ordenamento jurídico? A resposta só pode ser negativa. Ainda que se admita a integração da legislação tributária por princípio do direito privado, tal integração não pode implicar na exigência de tributo não previsto em lei (como ocorre com a analogia), nem na dispensa do pagamento de tributo devido (como ocorre com a equidade). Desse modo, a incidência de contribuição para o PSS sobre os valores pagos em cumprimento de decisão judicial, por si só, não justifica a incidência da contribuição sobre os juros de mora (REsp 1.239.203/PR, submetido ao procedimento dos recursos repetitivos).

- **Analogia não pode implicar tributação.** No julgamento do REsp 816.512/PI, na sistemática do art. 543-C do CPC, a Primeira Seção afastou a incidência do ICMS "sobre as atividades de habilitação, instalação, disponibilidade, assinatura (enquanto sinônimo de contratação do serviço de comunicação), entre outros serviços, que configurem atividade-meio ou serviços suplementares". (...) o Fisco exigiu da empresa recorrente créditos de ICMS sobre receitas oriundas de atividades alheias à hipótese de incidência do ICMS-Comunicação, fundando sua pretensão em normas espelhadas no Convênio ICMS nº 69/98, o qual dilargou o campo de incidência do ICMS, para incluir atividades-meio ao serviço de comunicação, sendo certo que referida inclusão não tem respaldo em Lei Complementar, forma exclusiva de normação do *thema iudicandum*. O enquadramento dessas atividades na hipótese de incidência do ICMS implicaria analogia instituidora de tributo, vedado pelo art. 108, § 1º, do CTN. (...) eventual analogia é apenas instrumento de integração da legislação tributária, consoante dispõe o art. 108, § 1º do CTN. Por isso que só deve ser utilizada para preencher as lacunas da norma jurídica. *In casu*, a analogia restou utilizada para a inclusão dos serviços suplementares ao serviço de comunicação no âmbito de incidência do ICMS, invadindo, inexoravelmente, o terreno do princípio da legalidade ou da reserva legal que, em sede de direito tributário, preconiza que o tributo só pode ser criado ou aumentado por lei. A cobrança de ICMS sobre serviços suplementares ao de comunicação viola o princípio da tipicidade tributária, segundo o qual o tributo só pode ser exigido quando todos os elementos da norma jurídica — hipótese de incidência, sujeito ativo e passivo, base de cálculo e alíquotas — estão contidos na lei (AgRg no Ag 1.301.934/SE).

- **Inaplicabilidade para a concessão de isenções.** O CTN exige lei específica para a concessão de isenção tributária. 2. Impossível a concessão de isenção pelo fenômeno da equiparação de situações assemelhadas. 3. Brasileiros contratados para prestação de serviços de consultoria nos acordos de cooperação técnica firmados entre a ONU/PNUD e o Governo Brasileiro por meio da Agência Brasileira de Cooperação (ABC) do Ministério das Relações Exteriores, não são servidores integrantes do quadro da ONU. 4. Impossibilidade, em face do panorama susodescrito, de ser reconhecida isenção de imposto de renda, conforme previsão contida na Convenção de Viena, para o pessoal do Corpo Diplomático. 5. A isenção reclama lei expressa (art. 111 CTN), não podendo ser concedida por equidade (REsp 939.709/DF).

O art. 109 do Código Tributário Nacional promove a **intersecção** entre os sistemas tributário e privado, de forma que aquele poderá buscar conceitos e institutos consagrados pela legislação civil e empresarial, por exemplo, para deles extrair os respectivos efeitos:

> **Art. 109.** Os princípios gerais de direito privado utilizam-se para pesquisa da definição, do conteúdo e do alcance de seus institutos, conceitos e formas, **mas não** para definição dos respectivos efeitos tributários.

Trata-se de noção salutar e harmonizadora, pois seria impossível que o direito tributário conceituasse, modulasse ou alterasse convenções elementares ou amplamente difundidas, até porque a norma tributária busca alcançar condutas e atividades de natureza econômica, nos moldes em que são praticadas pelas pessoas no mundo real.

Assim, noções como *compra e venda*, *leasing*, *empréstimo* e tantas outras devem ser tomadas da forma como já inseridas no sistema jurídico e em consonância com a realidade, sendo inútil ao direito tributário a tentativa de conformá-las ou adaptá-las aos seus interesses.

Sem prejuízo da premissa, é evidente que a lei tributária poderá, em certos casos, determinar **efeitos jurídicos próprios** e porventura distintos daqueles normalmente esperados, mas deverá fazê-lo, invariavelmente, de modo expresso.

A eventual diferença de tratamento pode decorrer dos mecanismos e princípios típicos de **cada sistema**, pois algo pode ser sigiloso na esfera privada, para resguardar os interesses dos contratantes, por exemplo, ao mesmo tempo em que tal cláusula não poderá ser oponível às autoridades fiscais, se a lei tributária assim determinar.

Igual fenômeno ocorre, em profusão, na seara contábil, em que diversas despesas, por hipótese, são escrituradas normalmente, de acordo com os preceitos que regem a matéria, embora **não sejam** consideradas dedutíveis para a legislação do Imposto de Renda, o que significa dizer que a despesa efetivamente ocorreu e é reconhecida como válida, apesar de receber tratamento distinto para fins tributários.

Nesse cenário, a legislação tributária trabalha muito com as **presunções**, que têm o objetivo de conferir efeitos próprios a determinadas situações, ainda que diferentes daqueles normalmente percebidos pela realidade.

Exemplo: Para a legislação do Imposto de Renda, os valores creditados em conta bancária são presumidos como *omissão de receitas*, sujeita a penalidades, sempre que o titular não comprove, mediante documentação hábil e idônea, a origem dos recursos obtidos[19].

Com o objetivo de **restringir** o campo de competência das normas tributárias, o CTN estabelece, no art. 110, a primazia dos conceitos de natureza privada quando veiculados por regras maiores do sistema:

> **Art. 110.** A lei tributária **não pode** alterar a definição, o conteúdo e o alcance de institutos, conceitos e formas de direito privado, utilizados, expressa ou implicitamente, pela Constituição Federal, pelas Constituições dos Estados, ou pelas Leis Orgânicas do Distrito Federal ou dos Municípios, para **definir ou limitar competências tributárias**.

Podemos concluir que os dois arts. (109 e 110) devem ser entendidos **em conjunto**, pois cuidam da interação entre as esferas do direito tributário e do direito privado, sempre propícias a **divergências de interpretação** por parte do Fisco e dos contribuintes.

Convém, portanto, reproduzir a sempre precisa lição de Sampaio Dória[20]:

"o legislador teve como pressuposto, em sua formulação, duas condições fundamentais: (a) a lei tributária visa, precipuamente, ao conteúdo ou efeitos econômicos do fato

---

[19] Conforme o art. 42 da Lei n. 9.430/96.

[20] Sampaio Dória, *Princípios constitucionais tributários e a cláusula* due process of law, p. 62.

8 ■ Vigência, Aplicação e Interpretação da Legislação Tributária

tributável e não à sua exteriorização formal ('vestimenta') e (b) sendo autônomo, o direito tributário pode, em princípio, alterar as categorias de direito privado, de que se serve, para atuação mais eficaz de suas normas".

STJ — Utilização de conceitos do direito privado

■ **Impossibilidade de ampliar o conceito de mercadoria. ICMS.** O art. 109 do CTN estabelece diretriz ao aplicador do Direito tributário para que este, ao manejar conceitos, institutos e formas de Direito privado, retenha a conformação que eles guardem no ramo jurídico respectivo, mas apliquem os efeitos determinados pela norma tributária. Em outras palavras, ao aplicador exige-se que ao manejar o conceito de mercadoria pesquise e utilize a significação e o alcance do vocábulo nos termos da legislação aplicável (empresarial), mas aceite a imposição tributária determinada pela lei vigente neste ramo jurídico. (...) árvores em pé, ainda que sejam revendidas para posterior extração, são mercadorias para os fins legais? (...) não se pode considerar que a venda de florestas em pé implique em atividade mercantil, pois a venda da floresta não necessariamente implicará no corte das árvores para posterior revenda, ficando tudo a depender da atividade que está em jogo na operação. Os adquirentes podem comercializar a floresta para gerir os recursos da fauna, da flora, para compensar degradações ambientais, enfim o leque é amplo e tal atividade, por ser nova, deve ser interpretada à luz das recentes alterações promovidas pelo Direito ambiental e pelos mercados, que passaram a prestigiar a economia verde. (...) Tributar o adquirente da floresta é tributar etapa anterior da operação mercantil, o que é inadmissível frente ao princípio da estrita legalidade tributária (REsp 1.158.403/ES).

■ **No mesmo sentido, para não alcançar operação de consignação.** Discute-se no presente recurso especial se a operação de venda promovida por agência de automóveis de veículo usado consignado pelo proprietário está sujeita, ou não, à incidência de ICMS a ser pago pelo estabelecimento empresarial. (...) importa registrar que o art. 110 do CTN preconiza que "a lei tributária não pode alterar a definição, o conteúdo e o alcance de institutos, conceitos e formas de direito privado". (...) o deslinde da presente controvérsia, relativa à incidência do ICMS, exige, necessariamente, analisar a essência do negócio jurídico que se busca tributar pelo imposto estadual. (...) a mera consignação do veículo cuja venda deverá ser promovida pela agência de automóveis não representa circulação jurídica da mercadoria, porquanto não induz à transferência da propriedade ou da posse da coisa, inexistindo, dessa forma, troca de titularidade a ensejar o fato gerador do ICMS (REsp 1.321.681/DF).

■ **Possibilidade de penhora de depósitos recebidos pelas filiais.** No âmbito do direito privado, cujos princípios gerais, à luz do art. 109 do CTN, são informadores para a definição dos institutos de direito tributário, a filial é uma espécie de estabelecimento empresarial, fazendo parte do acervo patrimonial de uma única pessoa jurídica, partilhando dos mesmos sócios, contrato social e firma ou denominação da matriz. Nessa condição, consiste, conforme doutrina majoritária, em uma universalidade de fato, não ostentando personalidade jurídica própria, não sendo sujeito de direitos, tampouco uma pessoa distinta da sociedade empresária. Cuida-se de um instrumento de que se utiliza o empresário ou sócio para exercer suas atividades. (...) O princípio tributário da autonomia dos estabelecimentos, cujo conteúdo normativo preceitua que estes devem ser

considerados, na forma da legislação específica de cada tributo, unidades autônomas e independentes nas relações jurídico-tributárias travadas com a Administração Fiscal, é um instituto de direito material, ligado à questão do nascimento da obrigação tributária de cada imposto especificamente considerado e
não tem relação com a responsabilidade patrimonial dos devedores prevista em
um regramento de direito processual, ou com os limites da responsabilidade dos
bens da empresa e dos sócios definidos no direito empresarial. A obrigação de
que cada estabelecimento se inscreva com número próprio no CNPJ tem
especial relevância para a atividade fiscalizatória da administração tributária,
não afastando a unidade patrimonial da empresa, cabendo ressaltar que a
inscrição da filial no CNPJ é derivada do CNPJ da matriz. 5. Nessa toada, limitar
a satisfação do crédito público, notadamente do crédito tributário, a somente o
patrimônio do estabelecimento que participou da situação caracterizada como
fato gerador é adotar interpretação absurda e odiosa (REsp 1.355.812/RS).

Destacamos, ainda, que o CTN não adotou a chamada **interpretação econômica**
do direito tributário, que foi utilizada no passado na Alemanha[21], reforçando a tese da
legalidade, com o objetivo de conferir segurança jurídica ao sistema.

No que tange à interpretação de normas que veiculam **deveres**, o Código tem por
objetivo preservar a vontade expressa do legislador, sempre que houver qualquer dúvida
acerca da obrigação tributária, afastando a possibilidade de o intérprete utilizar critérios
ampliativos ou **restritivos**[22] não previstos em lei.

Esse comando é naturalmente dirigido à **administração tributária**, que não deverá fazer juízo de valor ou ponderar questões extrajurídicas quando da aplicação das
normas relativas ao crédito tributário ou às obrigações acessórias.

A intenção do CTN é impedir o **subjetivismo** na aplicação da legislação tributária,
deixando que temas polêmicos sejam apreciados e decididos, a partir de argumentos e
teses, no âmbito do Poder Judiciário.

Art. 111. Interpreta-se **literalmente** a legislação tributária que disponha sobre:

I — suspensão ou exclusão do **crédito tributário**;

II — outorga de **isenção**;

III — dispensa do cumprimento de **obrigações tributárias acessórias**.

Os valores que compõem o crédito tributário são considerados **bens públicos** e,
nesse sentido, são **indisponíveis**, ou seja, não podem ser objeto de benefícios ou

---

[21] A interpretação econômica ficou marcada por ter servido a regimes totalitários na Alemanha, de
grande instabilidade jurídica, e tinha por objetivo captar o sentido das normas e institutos a partir
da realidade econômica que lhe fosse subjacente.

[22] De forma diferente do que pensamos, há decisões do STJ que equiparam a interpretação literal à
restritiva; curiosamente, a leitura desses julgados utiliza a expressão *interpretação restritiva*
como forma de justificar a impossibilidade de uma interpretação ampliativa. Com a devida vênia,
entendemos que não se trata de uma coisa ou de outra, mas de uma interpretação **exata, em termos
gramaticais**, daquilo que determinou o legislador.

8 ◼ Vigência, Aplicação e Interpretação da Legislação Tributária

reduções sem previsão legal. Aqui não se discute o conceito de justiça, mas a prevalência do interesse e do patrimônio públicos.

Exemplo: Ainda que uma autoridade tributária, ao fiscalizar determinada pessoa, perceba que o não recolhimento dos tributos devidos se deu por força de graves problemas, sem culpa do indivíduo, mesmo assim terá de aplicar as multas previstas em lei. Não se trata de reconhecer a injustiça da situação, mas apenas de aplicar a norma nos exatos termos em que elaborada, sem considerações de natureza axiológica ou finalística, porque não lhe é facultado conceder um direito em detrimento de outro (o do Estado receber o valor devido e os acréscimos legais). A justiça, nesse caso, deve residir na lei, não no intérprete.

STJ — Interpretação literal

◼ **Impossibilidade de alargar, mediante interpretação, o conceito de insumo.** A recorrente defende o alargamento do conceito de insumo, para autorizar a obtenção de créditos de PIS e COFINS decorrentes das despesas com o frete das mercadorias importadas do porto até sua sede. (...) o art. 3º, IX, da Lei 10.833/2003 restringe o creditamento ao frete na operação de venda da mercadoria, não contemplando o transporte da entrada dos produtos no estabelecimento industrial. (...) nos termos do art. 111 do CTN, não é possível conferir interpretação ampla a norma que concede benefício fiscal (REsp 1.237.707/PR).

◼ **No mesmo sentido, em relação aos benefícios do parcelamento.** Discute-se nos autos se o pagamento a menor das parcelas do Refis configura causa de exclusão do programa, ainda que as diferenças tenham sido pagas posteriormente pela optante. (...) o parcelamento de débito fiscal é um favor conferido ao contribuinte. Dessa forma, aquele que opta pelo programa Refis, nos termos do art. 3.º, incisos IV e VI, da Lei n. 9.964/00, fica sujeito à aceitação plena e irretratável de todas as condições nele estabelecidas, sobretudo ao pagamento regular das parcelas do débito consolidado, bem assim dos tributos e das contribuições com vencimento posterior a 29 de fevereiro de 2000. (...) O supracitado art. 5.º, II, da Lei n. 9.964/00 impõe a exclusão da pessoa jurídica optante pelo Refis em caso de inadimplência por três meses consecutivos ou seis alternados, o que ocorrer primeiro. (...) O referido dispositivo não fez diferença entre inadimplência total ou parcial da parcela devida, de forma que o julgador deve dar interpretação literal ao teor da lei, eis que assim devem ser interpretadas as normas que tratam de suspensão da exigibilidade do crédito tributário, nos termos do art. 111, I, do CTN (REsp 1.227.055/PR).

◼ **Não se pode ampliar o alcance de isenções mediante interpretação, mesmo na hipótese de doenças graves.** A concessão de isenções reclama a edição de lei formal, no afã de verificar-se o cumprimento de todos os requisitos estabelecidos para o gozo do favor fiscal. (...) Consectariamente, revela-se interditada a interpretação das normas concessivas de isenção de forma analógica ou extensiva, restando consolidado entendimento no sentido de ser incabível interpretação extensiva do aludido benefício à situação que não se enquadre no texto expresso da lei, em conformidade com o estatuído pelo art. 111, II, do CTN. (...) *In casu*, a recorrida é portadora de distonia cervical (patologia neurológica incurável, de causa desconhecida, que se caracteriza por dores e contrações musculares involuntárias (...)), sendo certo tratar-se de moléstia não encartada no art. 6.º, XIV, da Lei 7.713/88 (REsp 1.116.620/BA).

■ Interpretação extensiva para exigência de condições não previstas em lei. Impossibilidade. Para as áreas de preservação ambiental permanente e reserva legal, é inexigível a apresentação de ato declaratório do IBAMA ou da averbação dessa condição à margem do registro do imóvel para efeito de isenção do ITR. (...) a isenção exige expressa disposição legal, não podendo ser afastada por força de interpretação ou integração analógica. Isso porque, consoante dispõe o art. 111, II, do CTN, a lei tributária isentiva deve ser interpretada literalmente, não permitindo interpretação extensiva para determinar sua incidência ou afastamento (AgRg no Ag 1.360.788/MG).

■ Aplicação da interpretação literal no caso de transferência de bens adquiridos com imunidade. Ao entender legais as realocações, sob o fundamento de que elas não se deram em benefício particular, o acórdão afrontou o que determina o art. 14 do CTN, inciso I (...) Entendo, pela inteligência do artigo, que sua intenção é coibir a transferência, a qualquer título, dos produtos adquiridos com a referida imunidade para entidades ou pessoas que não tenham o referido benefício. (...) as regras isentivas devem ser interpretadas restritivamente, nos termos do art. 111 do CTN. Por analogia, entendo ser aplicável o citado artigo também às imunidades, pois qualquer benefício que excepcione o dever de cumprir obrigação tributária deve ser interpretado restritivamente. Ao permitir que a recorrida adquira produtos não-tributados e os repasse para suas conveniadas, praticamente, estendendo a referida imunidade a essas entidades, em sentido contrário ao que já definido em ação declaratória anterior, o v. acórdão ofende também o que determina o art. 111 do CTN (REsp 1.052.830/RS).

O art. 112 do Código Tributário Nacional determina que a interpretação relativa a **infrações** e **penalidades** deve seguir o famoso preceito do direito penal (*in dubio pro reo*, manifestação do princípio da presunção de inocência), ou seja, nos casos em que houver dúvida deve ser aplicada a interpretação **mais favorável** ao acusado:

Art. 112. A lei tributária que define infrações, ou lhe comina penalidades, interpreta-se da maneira mais favorável ao acusado, em caso de dúvida quanto:

I — à capitulação legal do fato;

II — à natureza ou às circunstâncias materiais do fato, ou à natureza ou extensão dos seus efeitos;

III — à autoria, imputabilidade, ou punibilidade;

IV — à natureza da penalidade aplicável, ou à sua graduação.

STJ — Interpretação favorável em caso de dúvida

■ Exclusão da multa por erro de preenchimento na declaração. Acórdão que entendeu ser incabível a aplicação de multa de 50% incidente sobre todo o imposto de renda devido quando o contribuinte erra ao preencher a declaração da aludida exação. (...) "não há motivos para impor uma sanção pecuniária à autora, uma vez que não houve dolo da autora no preenchimento de sua declaração do Imposto de Renda" (...) "Embora o CTN através da expressa e isolada dicção do art. 136 disponha que 'a responsabilidade por infrações da legislação tributária independe da intenção do agente', instituindo assim a teoria da

8 ◼ Vigência, Aplicação e Interpretação da Legislação Tributária   441

'responsabilidade objetiva' para a espécie, são inolvidáveis as construções jurisprudenciais que sinalizam entendimento distinto." (...) "se o CTN dispõe que 'a lei tributária que define infrações, ou lhe comina penalidades, interpreta-se da maneira mais favorável ao acusado, em caso de dúvida quanto à autoria, imputabilidade ou punibilidade' (art. 112, *caput* e inciso III), parece-me que não se haveria de presumir o dolo ou má-fé da contribuinte, especialmente quando vem a mesma apresentar ponderações críveis que denotam não ter havido intenção de subestimar seus rendimentos" (REsp 837.846/PI).

◼ **Pela impossibilidade de excluir a multa quando há expressa previsão legal.** Hipótese em que a contribuinte classificou incorretamente a mercadoria importada na Nomenclatura Comum do Mercosul — NCM (fato incontroverso). Também não há divergência quanto ao conteúdo da legislação que fixa a penalidade: "aplica-se a multa de um por cento sobre o valor aduaneiro da mercadoria (...) classificada incorretamente na Nomenclatura Comum do Mercosul" (art. 636, I, do Decreto 4.543/2002). O Tribunal de origem, entretanto, afastou a penalidade prevista legalmente, por entender que não houve má-fé, nem prejuízo para o Erário, aplicando o disposto no art. 112 do CTN (interpretação mais favorável ao acusado). (...) No mérito, não há "dúvida quanto à natureza ou às circunstâncias materiais do fato, ou à natureza ou extensões de seus efeitos e quanto à autoria, imputabilidade, ou punibilidade" (art. 112 do CTN), sendo inaplicável a interpretação mais favorável ao acusado. O Judiciário não pode excluir a multa tributária ao arrepio da lei. A ausência de má-fé da contribuinte e de dano ao Erário é irrelevante para a tipificação da conduta e para a exigibilidade da penalidade (art. 136 do CTN). A reprovabilidade da conduta da contribuinte é avaliada pelo legislador, ao quantificar a penalidade prevista na lei. É por essa razão que às situações em que há redução do imposto ou que envolvem fraude ou má-fé são fixadas multas muito mais gravosas que o 1% previsto para o simples erro na classificação da mercadoria importada. Caberia intervenção do Judiciário se houvesse exagero ou inconsistência teratológica, como na hipótese de multa mais onerosa que aquela prevista para conduta mais reprovável, o que não ocorre, no caso (REsp 1.251.664/PR).

◼ **Exclusão da penalidade quando comprovada a ausência de culpa.** *In casu*, restou sobejamente demonstrado que não foi a conduta do recorrido que deu ensejo à infração, uma vez que utilizou-se de guias de ICMS que posteriormente veio saber que eram falsificadas por quadrilha de estelionatários (...) se não há indícios de que a conduta do recorrido deu ensejo à infração em tela não há como lhe imputar a pena, uma vez que restou ausente o elemento subjetivo do tipo penal que descreve o crime de falsificação de documento público; vale dizer: não restou configurada a conduta dolosa do recorrido para concorrer à consumação do delito descrito na denúncia ministerial. (...) a própria aplicação das regras sancionatórias do CTN encontram tempero no disposto no inciso III, do art. 112, do CTN, no sentido de que em havendo dúvidas interpretativas quanto à autoria das infrações fiscais, é de se interpretar a legislação que impõe penalidades da maneira mais favorável ao contribuinte (REsp 457.745/RS).

◼ **Pela aplicação, em favor do sujeito passivo, dos princípios da razoabilidade e da proporcionalidade.** Em procedimento de fiscalização de carga, a Receita Federal identificou divergência entre peso, volume e natureza das mercadorias apreendidas e daquelas declaradas para exportação. A recorrente afirma tratar-se de mera inversão de cargas. O Tribunal de origem determinou o perdimento de mercadorias em razão de delito de ausência de registro em documentação relativa a bens direcionados à exportação. Precedentes análogos do STJ indicam ser possível o exame a) da razoabilidade e da proporcionalidade da pena de perdimento em operações de importação, e b) do dano efetivo ao Erário, para a caracterização específica da pena de perdimento. Com mais razão, seria imprescindível a realização desse juízo em casos que envolvam operações de exportação. Nos termos do art. 112, do CTN, a legislação tributária que comine sanção ao contribuinte deve ser interpretada de forma mais favorável ao acusado, conforme hipóteses ali previstas (REsp 1.217.885/RS).

8.7. QUESTÕES

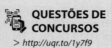

QUESTÕES DE CONCURSOS
> http://uqr.to/1y7f9

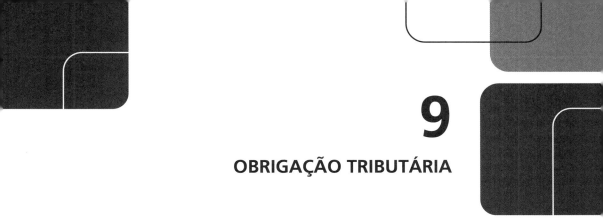

9
OBRIGAÇÃO TRIBUTÁRIA

Obrigação tributária é a **relação jurídica** instaurada a partir da prática de atos previstos em lei como suficientes para exigir de alguém o pagamento de tributos.

Como sabemos, a obrigação tributária só pode decorrer de **lei** (obrigação *ex lege*), e a análise dos seus componentes é um dos temas mais importantes do direito tributário.

A melhor forma de conhecermos as características e os efeitos da obrigação tributária exige a sua decomposição, conforme elementos do quadro a seguir:

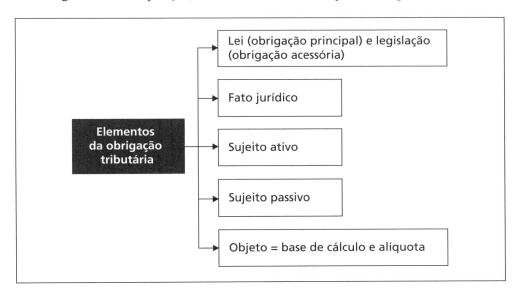

9.1. ELEMENTOS NORMATIVOS

Sabemos que as **obrigações** surgem da vontade das partes, como num contrato, ou de normas jurídicas, quando o Estado impõe ao particular determinados deveres ou regras de conduta.

Como o direito tributário tem por objetivo carrear recursos para os cofres públicos, o legislador, ao exercer a competência que lhe foi conferida pela Constituição, elege determinados fatos do cotidiano, com relevância econômica, para, a partir deles, exigir que as pessoas recolham tributos.

A relação jurídico-tributária se instaura sempre que alguém, no mundo real, pratica exatamente a conduta prevista pela norma, concretizando o fenômeno conhecido como **incidência**, que faz surgir a obrigação tributária.

Ocorre que as obrigações em matéria tributária podem também exigir **condutas diversas**, não necessariamente econômicas, para facilitar as atividades de controle e fiscalização dos agentes públicos[1].

Assim, a chamada obrigação tributária, prevista pelo art. 113 do CTN, divide-se em **principal** e **acessória**, conforme o tipo de encargo atribuído às pessoas.

Art. 113. A obrigação tributária é principal ou acessória.

§ 1.º A obrigação principal surge com a ocorrência do fato gerador, tem por objeto o pagamento de tributo ou penalidade pecuniária e extingue-se juntamente com o crédito dela decorrente.

§ 2.º A obrigação acessória decorre da legislação tributária e tem por objeto as prestações, positivas ou negativas, nela previstas no interesse da arrecadação ou da fiscalização dos tributos.

§ 3.º A obrigação acessória, pelo simples fato da sua inobservância, converte-se em obrigação principal relativamente à penalidade pecuniária.

A obrigação tributária **principal** decorre do fato gerador e exige **lei** em sentido estrito, que deverá impor à pessoa o dever de pagar o tributo correspondente à conduta praticada.

Podemos dizer que todas as questões que envolvam **dinheiro** (tributo, multas, juros) são objeto da obrigação tributária principal. Claro que a afirmação se circunscreve à seara tributária, pois existem outras possibilidades de entrega de dinheiro para o poder público, como no caso das multas administrativas, das indenizações por danos etc.

Ademais, a obrigação tributária principal é **compulsória**, na exata medida em que o tributo também o é, pois o dever de recolher valores para o Estado decorre da presença do elemento lei. Não podemos confundir, dessa forma, a obrigação tributária principal com os deveres e compromissos voluntários, assumidos pelas partes em função da celebração de atos e negócios jurídicos.

A natureza **pecuniária** da obrigação tributária principal exige do destinatário da norma uma ação específica, que consiste na transferência de recursos do seu patrimônio para os cofres públicos ou entidade prevista em lei, como ocorre nas hipóteses de parafiscalidade.

Destacamos, ainda, que a obrigação tributária principal pode ser cumprida **por terceiros**, como nos casos de responsabilidade, em que alguém é trazido para o polo passivo da obrigação, por força de lei, para assumir o ônus econômico da conduta.

---

[1] Entendimento convalidado pelo STJ no REsp 866.851/RJ: "O interesse público na arrecadação e na fiscalização tributária legitima o ente federado a instituir obrigações, aos contribuintes, que tenham por objeto prestações, positivas ou negativas, que visem guarnecer o Fisco do maior número de informações possíveis acerca do universo das atividades desenvolvidas pelos sujeitos passivos (art.113, do CTN)".

9 ▣ Obrigação Tributária

Exemplo: Quando o empregador faz o pagamento do salário de seus funcionários, deve reter parte do valor total a título de imposto de renda e repassar esse montante para a Receita Federal. Note que o pagamento do imposto, que é devido **pelo funcionário**, na prática, é feito por terceiro, cuja responsabilidade expressamente consta de lei. Eventual falta de repasse para os cofres públicos sujeita o empregador a diversas penalidades, inclusive crime contra a ordem tributária[2].

Por outro lado, a obrigação tributária **acessória** engloba todas as situações que não impliquem pagamento. A doutrina costuma definir o universo de obrigações acessórias como o conjunto de prestações **positivas** ou **negativas** (*fazer ou não fazer*) que têm por objetivo permitir ou facilitar a atividade de fiscalização das autoridades tributárias, no sentido de conferir efetividade ao cumprimento da obrigação principal.

As obrigações acessórias podem ser instituídas por diversos **instrumentos jurídicos**, como decretos, portarias, instruções normativas e outros atos **infralegais** (que integram o conceito de *legislação tributária*), pois não se submetem ao princípio da reserva legal, como autoriza o art. 113, § 2.º, do Código Tributário Nacional.

Como as obrigações acessórias têm por objetivo atender aos interesses arrecadatórios do Estado, entendeu o legislador que o Poder Executivo, encarregado das atividades de fiscalização, pode baixar normas de controle, de acordo com as suas necessidades.

Contudo, a expressão *obrigação tributária acessória* é objeto de **diversas críticas** na doutrina, que merecem alguns comentários.

Em primeiro lugar, a designação adotada pelo CTN gera confusão com a própria obrigação tributária principal e transmite, num primeiro momento, a falsa ideia de dependência entre as duas figuras.

Isso ocorre porque em outras áreas jurídicas existe a premissa de que o *acessório segue o principal*, de sorte que a ausência deste impede o nascimento do dever subsidiário, o que em tributário não é verdadeiro.

No sistema tributário as duas obrigações não se confundem nem possuem qualquer relação obrigatória de dependência ou vinculação.

É possível a existência de obrigação tributária principal sem qualquer obrigação acessória, assim como o inverso também pode ocorrer.

Vejamos alguns exemplos.

No caso do IPVA, todos os anos os proprietários de veículos automotores estão sujeitos ao **pagamento** do imposto (obrigação principal) sem que tenham contribuído de qualquer forma para a sua apuração. O valor é calculado e lançado de ofício pelas autoridades estaduais, **sem a necessidade** de qualquer prestação ou declaração pelos contribuintes (ausência de obrigação acessória).

De forma distinta, para o Imposto de Renda das pessoas físicas existe a obrigação de entregar, todos os anos, a **declaração de ajuste** pela internet, normalmente até o fim do mês de abril. Desde que a pessoa se enquadre nos critérios de obrigatoriedade (renda

---

[2] Conforme o art. 2.º da Lei n. 8.137/90: "Constitui crime da mesma natureza (contra a ordem tributária): (...) II — deixar de recolher, no prazo legal, valor de tributo ou de contribuição social, descontado ou cobrado, na qualidade de sujeito passivo de obrigação e que deveria recolher aos cofres públicos".

acima de determinado patamar, por exemplo), deverá preencher e entregar a declaração (obrigação acessória), **independentemente** de ter imposto a pagar (ausência de obrigação principal), ou seja, pode ser o caso de a pessoa ter imposto de renda **a restituir** e, ainda assim, estar obrigada a cumprir o dever de prestar informações ao Fisco.

Podemos concluir, portanto, que **todas as combinações** entre obrigação principal e obrigação acessória (existência ou não de cada dever) são possíveis e corriqueiras, de acordo com a hipótese, no mundo real.

A crítica se estende, também, à própria **denominação** utilizada pelo CTN para essas obrigações, de modo que parte relevante da doutrina prefere utilizar a expressão **deveres instrumentais**, que correspondem a obrigações de fazer, como emitir notas fiscais, escriturar livros e registros contábeis e prestar declarações ao Fisco, entre outras.

Aliás, nos dias de hoje, a legislação tributária impõe às pessoas inúmeras obrigações instrumentais, em grande maioria composta de **declarações digitais**, que devem ser transmitidas para as autoridades fiscais, a exemplo da declaração do Imposto de Renda, do SPED (Sistema Público de Escrituração Digital) e das notas fiscais eletrônicas.

Trata-se de tendência irreversível, decorrente do avanço tecnológico e da carência de recursos humanos nos órgãos públicos, e que possibilita uma fiscalização às vezes permanente, posto que as autoridades fiscais conseguem acompanhar e monitorar a própria **atividade financeira** das pessoas, antes mesmo da apuração dos tributos devidos.

Conquanto a expressão *deveres instrumentais* **seja preferível**, pelo rigor técnico, ao conceito de *obrigação tributária acessória*, o leitor deve ficar atento e observar a terminologia utilizada pelas bancas de concurso, sempre com a premissa de que em termos práticos as expressões são equivalentes.

Vencida a questão terminológica, convém ressaltar que é lugar comum a ideia de que as prestações **positivas** ou **negativas** previstas no CTN implicam, como vimos, obrigações de fazer ou não fazer para as pessoas.

A premissa, um tanto equivocada, chega por empréstimo do direito civil, mas não faz muito sentido na seara tributária.

Por óbvio que prestar informações, preencher e entregar declarações, emitir notas fiscais e várias outras condutas positivas realmente ensejam uma **obrigação de fazer**, pela qual o destinatário da norma deve agir no interesse do Estado.

Todavia, não parece razoável aceitar a ideia de obrigações de **não fazer**, da forma como são definidas pelas normas civis. Lá, a obrigação de não fazer está associada a uma **proibição**, vale dizer, uma ordem que efetivamente impede certas condutas, como não fazer barulho a partir de determinado horário, não construir em desacordo com o plano diretor ou não levantar um muro que venha a causar incômodo ao vizinho. Trata-se de condutas possíveis, mas vedadas pelo ordenamento.

Em tributário alguns autores defendem que o não fazer *seria o inverso* de fazer e, nesse sentido, entendem que as pessoas não podem deixar de preencher declarações ou de emitir notas fiscais, por exemplo.

9 ■ Obrigação Tributária

Aqui temos um erro lógico: o contrário de uma conduta obrigatória não é uma conduta proibida (e vice-versa), como querem alguns, porque entre os dois extremos existe o **campo da possibilidade**.

Se eu sou obrigado a fazer alguma coisa e descumpro esse dever, a própria legislação cuidará de aplicar uma sanção pela falta de agir (uma multa, por exemplo), o que não implica alteração no meu comportamento ou no mundo real (eu continuo sem prestar a declaração).

Isso não se confunde com a **proibição** de erguer um muro de 10 metros em prejuízo do vizinho, por exemplo, pois, se eu descumprir o comando, o muro poderá ser derrubado, independentemente da minha vontade. Da mesma forma, se faço barulho acima do permitido durante a madrugada e os vizinhos chamam a polícia, sou obrigado a diminuir o volume, sob pena de ser detido. Perceba que nessas hipóteses houve repressão contra a conduta proibida e alteração da realidade.

O raciocínio em tributário é diferente, porque as chamadas **prestações negativas** não são proibições ou simplesmente ordens para não fazer, mas traduzem a ideia de que as pessoas devem **suportar** (aceitar) determinadas situações (ainda que contra a sua vontade ou interesse), como a verificação da contabilidade pelas autoridades fiscais, a revista das bagagens nos aeroportos, a abertura de encomendas internacionais nos correios e assim por diante.

Nesses casos temos a manifestação do **poder de polícia**, que autoriza a adoção de medidas de controle e fiscalização, em prol do interesse público.

Por fim, o Código Tributário Nacional estabelece que o descumprimento de uma obrigação acessória a **converte** em principal (art. 113, § 3.º), no que se refere à penalidade pecuniária.

O dispositivo é bastante criticado, sob o argumento de que não se deve confundir os conceitos de tributo (que decorre de atos lícitos) e de multa (que sancionam condutas ilícitas).

Na verdade, a questão não é essa, até porque sabemos que os tributos podem ser exigidos a partir do resultado econômico de atos ilícitos, por força do princípio *pecunia non olet*.

Em defesa do legislador, parece-nos que o objetivo foi o de **reunir** as duas figuras de natureza pecuniária (tributo e multa) no mesmo comando, para fins de **cobrança conjunta**, tal como ocorre com o § 1.º do art. 113.

Quis o CTN dizer que o descumprimento de uma obrigação de fazer será **penalizado com multa** e que esta, por ter natureza pecuniária, será objeto de uma obrigação principal.

Destacamos que a conversão não é automática nem implica a transmutação ou extinção da obrigação acessória.

Exemplo: Quando deixo de declarar o imposto de renda pela internet, as autoridades fiscais poderão perceber a omissão e lançar, a título de multa, o valor previsto pelo descumprimento da obrigação. Mas a multa **não substitui** o dever de declarar, que continua em aberto independentemente do pagamento da penalidade pecuniária.

Portanto, não se trata de uma conversão, como diz o CTN, mas do **desmembramento** entre a sanção pecuniária a ser aplicada e o dever instrumental original, que não

448 Direito Tributário Esquematizado   *Roberto Caparroz*

é afastado. Nesse contexto, destacamos que, como regra geral, os deveres instrumentais devem ser cumpridos pelos próprios contribuintes, salvo nas hipóteses que autorizam a transferência da obrigação para terceiros (como no caso dos pais que preenchem e entregam a declaração de imposto de renda dos filhos menores).

Os deveres instrumentais também podem estar relacionados ao **cadastramento obrigatório**, como no caso do CPF para as pessoas físicas e do CNPJ para as pessoas jurídicas. Convém lembrar que a própria Constituição autoriza a criação de um **cadastro único** de contribuintes, com a integração das informações detidas pelas fazendas federal, estaduais e municipais[3].

Também é importante destacar que os deveres instrumentais possuem caráter **permanente**, no sentido de se renovarem indefinidamente, enquanto perdurar a atividade econômica das pessoas. Assim, uma empresa ativa, que vende produtos ou presta serviços, deverá sempre emitir notar fiscais e manter em dia a escrituração contábil.

Com isso queremos dizer que, embora as obrigações tributárias principais sejam **extintas** com o pagamento dos valores correspondentes, os deveres instrumentais continuam a existir, até para subsidiar as atividades de fiscalização.

Podemos afirmar que, para as autoridades tributárias, os deveres instrumentais são até **mais importantes** que a obrigação principal, pois é a partir deles que se pode verificar a atividade financeira do contribuinte e apurar a correção ou insuficiência dos valores declarados e recolhidos.

Quando um fiscal vai a uma empresa para auditar suas atividades e verificar a correta apuração dos tributos, a **base** de todo o trabalho são as informações constantes dos registros contábeis e das declarações do próprio interessado.

A autoridade fiscal não cria nem atribui valor aos fatos jurídicos, apenas analisa a realidade tal como demonstrada pelo contribuinte, cotejando-a com as informações disponíveis nas bases de dados e nas declarações prestadas, para confirmar a regularidade dos procedimentos e aplicar as regras tributárias.

A falta ou inidoneidade das informações dificulta sobremaneira os trabalhos de auditoria e sujeita o infrator a diversas **penalidades**, que podem transcender a esfera tributária e até configurar **crime**, como estabelece o art. 1.º da Lei n. 8.137/90:

> **Art. 1.º** Constitui crime contra a ordem tributária suprimir ou reduzir tributo, ou contribuição social e qualquer acessório, mediante as seguintes condutas:
>
> I — omitir informação, ou prestar declaração falsa às autoridades fazendárias;
>
> II — fraudar a fiscalização tributária, inserindo elementos inexatos, ou omitindo operação de qualquer natureza, em documento ou livro exigido pela lei fiscal;
>
> III — falsificar ou alterar nota fiscal, fatura, duplicata, nota de venda, ou qualquer outro documento relativo à operação tributável;

---

[3] Art. 146, parágrafo único, IV: "A lei complementar de que trata o inciso III, *d*, também poderá instituir um regime único de arrecadação dos impostos e contribuições da União, dos Estados, do Distrito Federal e dos Municípios, observado que: (...) IV — a arrecadação, a fiscalização e a cobrança poderão ser compartilhadas pelos entes federados, adotado cadastro nacional único de contribuintes".

IV — elaborar, distribuir, fornecer, emitir ou utilizar documento que saiba ou deva saber falso ou inexato;

V — negar ou deixar de fornecer, quando obrigatório, nota fiscal ou documento equivalente, relativa a venda de mercadoria ou prestação de serviço, efetivamente realizada, ou fornecê-la em desacordo com a legislação.

Pena — reclusão de 2 (dois) a 5 (cinco) anos, e multa.

Parágrafo único. A falta de atendimento da exigência da autoridade, no prazo de 10 (dez) dias, que poderá ser convertido em horas em razão da maior ou menor complexidade da matéria ou da dificuldade quanto ao atendimento da exigência, caracteriza a infração prevista no inciso V.

As informações prestadas pelo contribuinte também servem como **critério de seleção** para a fiscalização, razão pela qual cada vez mais a legislação tributária exige a entrega de diversas declarações, em formato digital, que permitem o **cruzamento de dados** entre pessoas e a eventual constatação, por meio de análises matemáticas e estatísticas, de situações fora da normalidade, que serão referência para a posterior auditoria contábil e apuração dos tributos devidos.

Por fim, é importante ressaltar que mesmo as pessoas **imunes** ou beneficiadas por **isenção** devem cumprir os deveres instrumentais. Trata-se de regra absoluta no sistema tributário brasileiro, cujo objetivo é justamente o de verificar, a partir das informações prestadas, se a pessoa realmente preenche os requisitos que ensejaram o reconhecimento da imunidade ou a obtenção de qualquer outro benefício fiscal.

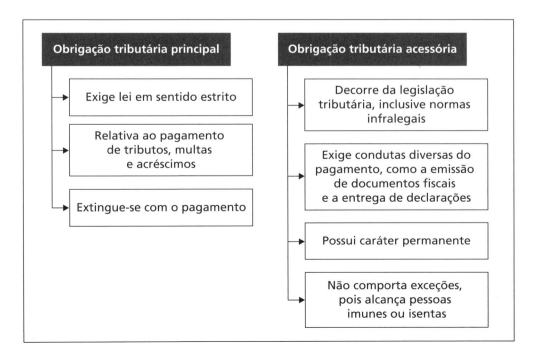

9.2. FATO JURÍDICO/FATO GERADOR

Embora exista um grande debate no direito tributário acerca de qual seria a melhor expressão para definir o fenômeno da **incidência**, é certo que tanto a Constituição como o Código Tributário Nacional consagram a expressão **fato gerador**, usada no Brasil pelo legislador desde a década de 1960.

> **Art. 114.** Fato gerador da obrigação principal é a situação definida em lei como necessária e suficiente à sua ocorrência.
>
> **Art. 115.** Fato gerador da obrigação acessória é qualquer situação que, na forma da legislação aplicável, impõe a prática ou a abstenção de ato que não configure obrigação principal.

De se notar que o CTN, nos dispositivos acima, apenas reitera a ideia de que duas modalidades de obrigações em matéria tributária, principal e acessória, devem ter origem em instrumentos aptos a qualificá-las, e que os correspondentes **fatos geradores** seriam as circunstâncias concretas que ensejariam o nascimento da relação obrigacional entre o Estado e os particulares.

Entretanto, a questão não é tão simples, pois o fenômeno da incidência exige dois momentos distintos, de tal forma que um seja o antecedente do outro. Ao adotarmos essa premissa, podemos perceber facilmente que a expressão "fato gerador" seria ao menos equívoca, pois não indicaria exatamente a qual desses momentos se refere.

Aqui não temos um **dilema de causalidade** como aquele representado pela famosa frase: *Quem surgiu primeiro, o ovo ou a galinha?*

Nas relações jurídicas é inegável que a norma **precede** a qualificação do comportamento, pois os princípios da legalidade e da irretroatividade não permitem que seja diferente.

Mas isso só é válido **depois** que a norma foi colocada no ordenamento, pois em termos históricos temos exatamente o **contrário**, vale dizer, os fatos surgem primeiro e, com o tempo, as sociedades organizadas cuidam de juridicizá-los.

Nesse sentido, podemos dizer que o direito observa a realidade, analisa as condutas humanas e estabelece regras de comportamento.

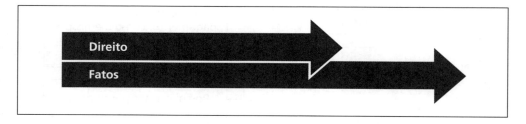

Exemplo: Até a década de 1990 era impossível a clonagem de seres vivos complexos, até que, em 1996, a ovelha Dolly foi o primeiro mamífero clonado a partir de células adultas. Depois que a clonagem tornou-se realidade, praticamente todos os países publicaram leis com o objetivo de definir a legalidade, os limites e os objetivos da técnica.

De acordo com as premissas apresentadas, parte significativa da melhor doutrina faz ressalvas à utilização da expressão **fato gerador**, que foi introduzida no Brasil com a publicação de um famoso e influente artigo do francês Gaston Jèze, na década de 1960.

Como a obrigação tributária depende de uma relação de **causalidade** (p → q), surge o problema de sabermos se o fato gerador refere-se à descrição normativa de uma conduta ou à sua materialização em termos reais.

Assim, parte relevante da doutrina prefere destacar o traço distintivo entre a **previsão normativa** de um fato e a sua **ocorrência** no mundo real.

Existem diversas expressões que são utilizadas para designar os dois instantes, como hipótese de incidência, fato jurídico, fato imponível ou base imponível.

Em relação à previsão normativa, o entendimento converge para a expressão **hipótese de incidência**, ou seja, a descrição teórica (no plano ideal) de condutas definidas em lei como aptas ao nascimento da obrigação tributária (**antecedente** da proposição p → q).

O legislador descreve possíveis situações concretas, que entende pertinentes para a criação de tributos, fixando-lhes critérios analíticos.

Esses critérios serão utilizados pelo intérprete para verificar se, no mundo real, alguém **praticou a conduta** prevista em lei. A este fato, que se amolda perfeitamente à hipótese legal, chamamos **fato jurídico**.

Como já tivemos a oportunidade de destacar[4], Paulo de Barros Carvalho prefere adjetivar as expressões *hipótese de incidência* e *fato jurídico* para nelas incluir a palavra "tributário", no intuito de circunscrever o objeto sob análise, restringindo-o ao nosso campo de estudo.

Particularmente, preferimos a expressão **fato jurídico**, por acreditarmos que o Direito funciona tal qual um **prisma**, que recolhe no campo factual as manifestações humanas, únicas e irreproduzíveis, fazendo-as refletir pelos inúmeros caminhos das regras positivadas, que, na maioria das vezes, contêm prescrições diversas acerca de um único evento, que irradiam pelo tecido normativo e produzem os efeitos que lhe são próprios.

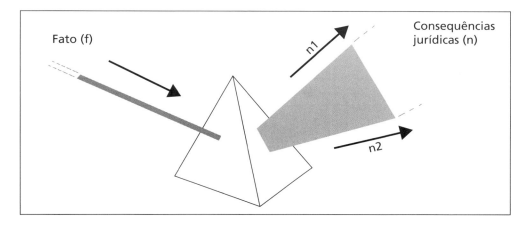

---

[4] Roberto Caparroz, Do imposto sobre produtos industrializados vinculado às importações, in *Comércio internacional e tributação*, p. 261.

Do mesmo modo que na antológica capa do álbum *Dark Side of the Moon*, no qual um prisma decompõe a luz branca nas cores do espectro, o direito reconhece e processa um único *fato jurídico (f) para dele extrair (n) consequências (n1, n2, n3...)*.

Exemplo: Quando duas pessoas se casam, no modelo tradicional previsto pela lei civil, desse único fato decorrerão inúmeras consequências jurídicas, como o dever de comunhão, a igualdade de direitos e obrigações entre os cônjuges, normas de direito administrativo relativas ao registro do casamento, o regime de bens do casal, a possibilidade de um cônjuge ser dependente do outro para fins de imposto de renda, questões de natureza previdenciária (direito a pensão, *v.g.*) e até mesmo crimes que só ocorrem na constância do casamento.

É por isso que em direito tributário temos apreço pelo conceito de **incidência**, vale dizer, pela possibilidade de a norma jurídica *incidir* (sair do plano ideal para alcançar o plano real) sobre fatos praticados no dia a dia pelas pessoas.

Assim, na exata medida em que alguém realiza uma conduta prevista em lei como **necessária** e **suficiente** para o nascimento da obrigação tributária (auferir renda, por exemplo), surgirá para o Estado o direito de exigir o tributo correspondente, e, de forma reflexa, terá o indivíduo o dever de recolher o montante aos cofres públicos, tudo de acordo com os critérios, prazos e condições estabelecidos pelo ordenamento.

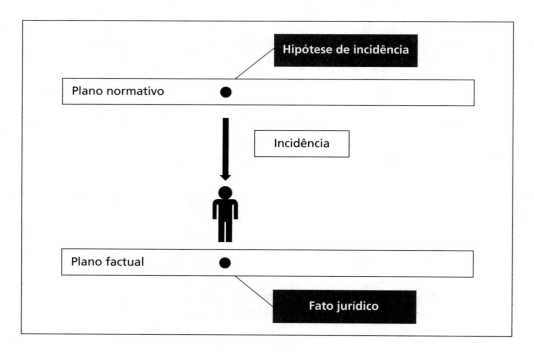

Do gráfico podemos inferir ser possível, ainda, a **existência** de uma norma, que descreve determinada conduta, **sem que ocorra** o fato jurídico no plano real, o que não geraria nenhuma obrigação, pois a norma *não teria sobre o que incidir*.

Seria o caso, improvável, de uma norma estabelecer critérios que não se materializariam no mundo real, como num hipotético *imposto sobre viagens intergalácticas*. O tributo existiria e seria válido, mas não encontraria fatos pela impossibilidade tecnológica da previsão normativa.

Também é possível a ocorrência de um fato **sem correlação** com qualquer hipótese legal, o que também não geraria nenhuma consequência. Nesses casos, o fato não sofreu **juridicização**, ou seja, não foi regulado pelo direito, que ainda não se preocupou em delimitar sua prática ou em lhe atribuir algum efeito.

Um exemplo interessante seria o de duas pessoas conversando. O ordenamento, em princípio, não se incomoda com as conversas das pessoas, mas, se o debate se torna acalorado, com ofensas recíprocas e eventual agressão, isso certamente atrairá a incidência de normas jurídicas, que determinarão as consequências do fato.

Por força dessa multiplicidade de situações e possibilidades — e como decorrência do princípio da legalidade — é que dizemos que em tributário não basta a simples incidência, mas a perfeita **subsunção** do fato à norma. Como o direito se manifesta mediante linguagem, o rigor técnico nos levaria a declarar que a subsunção é o perfeito **enquadramento** *do conceito do fato ao conceito da norma*.

Trata-se de um encaixe preciso, no qual os critérios da hipótese de incidência se materializam **exatamente** como previstos.

Para que possamos aferir, destarte, o perfeito enquadramento entre a previsão normativa e a conduta das pessoas, a hipótese de incidência dos tributos estabelece três critérios (ou aspectos) analíticos: material, temporal e espacial.

■ **Critério material:** normalmente tem como núcleo um verbo e seu complemento, que expressam a conduta ou o *status* jurídico de uma pessoa, como "auferir renda", "ser proprietário", "vender mercadoria" etc.

■ **Critério espacial:** indica a dimensão territorial em que ocorre a conduta (local), circunstância essencial para a verificação da competência tributária e da jurisdição. O critério espacial relaciona-se, portanto, à ideia de *territorialidade*, como no caso do IPTU e do IPVA, que serão devidos aos Municípios e Estados correspondentes, de acordo com as leis que os instituíram. Também é possível que se refira a *local específico*, dotado de regras próprias, como ocorre com diversos tributos na Zona Franca de Manaus.

■ **Critério temporal:** determina o momento preciso da incidência, que pode ser simultâneo ao critério espacial ou deslocado no tempo, normalmente para que se possa calcular o montante do tributo. No primeiro caso, temos como exemplo o IPVA, que alcançará os proprietários de veículos automotores, registrados em determinado Estado, em 1.º de janeiro de cada ano-calendário. Já para o imposto de importação, embora o critério espacial seja a entrada de mercadoria importada no território aduaneiro (cujo momento exato é de difícil constatação), o legislador entendeu que, *para fins de cálculo do imposto* (aplicação da alíquota e da taxa de câmbio), o momento será o do registro da *Declaração de Importação*, que pode ocorrer vários dias depois da entrada da mercadoria no país.

De forma simples, podemos imaginar que cada um dos critérios da hipótese responde a uma das três perguntas fundamentais para que possamos saber se a incidência efetivamente ocorreu: *O que aconteceu?* (critério material); *Onde aconteceu?* (critério espacial); e *Quando aconteceu?* (critério temporal).

E a resposta positiva às três perguntas (nos exatos termos previstos), cujos critérios compõem o **antecedente** da hipótese de incidência, terá como **consequência** o nascimento da relação jurídico-tributária entre o Estado e o sujeito passivo.

Essa relação de causa e efeito da obrigação tributária é demonstrada pela chamada **regra matriz de incidência**, cuja representação veremos mais adiante, depois de analisar os demais elementos da obrigação tributária.

Por enquanto, destacamos que, para os autores que seguem a dicção legal e optam por utilizar a expressão **fato gerador**, é importante lembrar que esta englobaria *os dois momentos da incidência*: a previsão legal e a materialização da conduta.

Assim, o fato gerador representaria o **somatório** dos conceitos de hipótese de incidência e de fato jurídico, como no esquema a seguir.

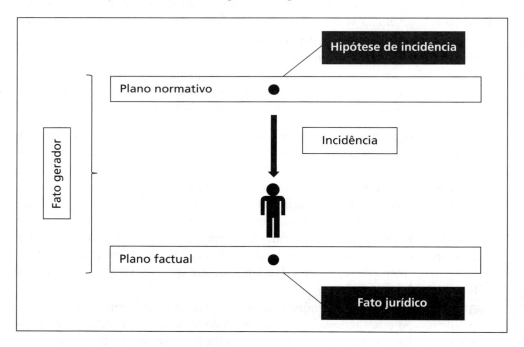

Lembramos ao leitor que não aceitamos a classificação dos fatos geradores proposta por alguns autores, no sentido de que eles poderiam ser *instantâneos, continuados ou complexivos*.

Já abordamos a impropriedade dessa distinção e a forma pouco técnica como o CTN e a doutrina tratam do **fator tempo** em matéria tributária.

Sem maiores digressões, aproveitamos a aguda crítica de Paulo de Barros Carvalho para sepultar, de vez, qualquer controvérsia sobre o assunto[5]: "o adjetivo complexivo

---

[5] Paulo de Barros Carvalho, *Curso de direito constitucional tributário*, 24. ed., p. 337.

não existe em português. É palavra do vocabulário italiano — *complessivo* — que vem de *complesso* (em vernáculo, complexo) empregado no sentido integral, inteiro, total. Apressadamente traduzido, ganhou curso com a acepção de complexo, neologismo insuportável, mas que prosperou, livremente, até 1974, ano em que, contra ele, formalizamos crítica veemente".

Os argumentos do ilustre professor também nos ajudam a afastar a ideia **de fato continuado**, que, na verdade, seria o encadeamento de vários fatos, cada qual tributável *per se*.

Aliás, toda essa discussão, absolutamente improdutiva e desprovida de sentido, decorre da falta de compreensão sobre o que seja um fato.

Fato, como já aduzimos, é sempre algo que *já aconteceu*, perfeitamente identificado e delimitado no tempo e no espaço, e que para fins tributários foi captado pela norma de incidência.

Afinal, como poderia a norma incidir sobre os chamados fatos *continuados ou complexivos*? Ficaria ela em "aberto", alcançando (no gerúndio mesmo) o fato durante a sua concretização?

Nada disso. Fatos são sempre descritos no **pretérito**, como sabemos, e em relação a isso não há margem para elucubrações.

Também não pode prosperar a estranha ideia de que nos fatos complexivos, cujo exemplo sempre citado seria o do **imposto de renda**, o fato se aperfeiçoaria no *último instante de cada ano-calendário*, vale dizer, na última fração de tempo de determinado exercício.

Primeiro porque sequer saberíamos qual é essa fração, dado que a divisão de um número pode ter infinitas casas decimais. Ainda que aceitássemos algum tipo de arredondamento (segundos, centésimos de segundo ou algo do gênero), ainda assim a tese não poderia prosperar, pois os fatos que ensejam o imposto de renda não ocorrem na undécima hora, mas **todas as vezes** que alguém aufere renda.

A prova cabal dessa afirmação pode ser apresentada com o seguinte exemplo: suponha que alguém venha a falecer em determinado dia do ano (qualquer um), como normalmente ocorre. Pois bem: como então cobrar o imposto de renda devido pelo *de cujus* até a data do evento morte se o fato gerador do tributo **só surgisse** no último instante do dia 31 de dezembro? Se a pessoa não estava viva nesse momento, não há como colocá-la no polo passivo da obrigação, nem dizer que ela "praticou o fato gerador". Nessa situação, sabemos que o imposto de renda do falecido é devido até a data do evento morte e a partir daí será cobrado do espólio, sendo certo que ambos terão declarações diferentes e específicas, que serão prestadas pelo inventariante ou representante legal.

No imposto de renda, todas as vezes que alguém aufere renda ocorre o fato jurídico e nasce a obrigação tributária, tanto assim que na maioria dos casos há **retenção na fonte**, de modo que o tributo comporta tantos fatos quantos forem as vezes em que a pessoa obtiver renda.

O que causa confusão na doutrina é que em 31 de dezembro encerra-se o período de **apuração do tributo**, para fins de determinação do ajuste anual, que será objeto de declaração no ano seguinte.

Isso significa que as rendas e despesas observadas até 31 de dezembro serão computadas no cálculo do imposto a pagar ou a restituir, de acordo com as regras e cálculos previstos em lei.

Entender que o imposto de renda tem como fato gerador o último instante de cada ano-calendário seria aceitar todo o imposto já pago como **mera antecipação**, e assim haveria retenção ou recolhimento *antes da ocorrência do fato gerador*, o que é um evidente absurdo.

Basta lembrar, a título de exemplo, que as pessoas físicas sujeitas ao carnê-leão apuram o imposto **mensalmente** e assim o recolhem, da mesma forma que a tabela progressiva do imposto de renda é mensal e não anual. Igual raciocínio vale para as aplicações financeiras, cujo resgate, em qualquer dia do ano, enseja a **tributação exclusiva**, que é definitiva e não permite recálculo ou compensação quando da entrega da declaração de ajuste. Outro exemplo seriam os casos de *tributação regressiva definitiva*, como ocorre nos planos de previdência privada.

Portanto, não podemos confundir o momento da ocorrência do fato gerador do imposto de renda com a possibilidade de, ao fazer a declaração anual, apurar os rendimentos tributáveis e as despesas dedutíveis, para promover o ajuste relativo ao período.

Aliás, o Código Tributário Nacional não deixa margem para dúvidas ao definir o **momento** do fato gerador do imposto de renda:

> **Art. 43.** O imposto, de competência da União, sobre a renda e proventos de qualquer natureza **tem como fato gerador a aquisição da disponibilidade econômica ou jurídica:**
>
> I — de renda, assim entendido o produto do capital, do trabalho ou da combinação de ambos;
>
> II — de proventos de qualquer natureza, assim entendidos os acréscimos patrimoniais não compreendidos no inciso anterior.

Desse modo, todas as vezes que alguém adquire disponibilidade econômica ou jurídica de renda pratica o fato jurídico do imposto e, como consequência, se submete às regras de tributação.

Por fim, ressaltamos que a hipótese de incidência sempre descreverá **condutas lícitas**, pois não cabe aos tributos qualquer função sancionatória.

Contudo, em homenagem ao princípio *pecunia non olet*, o Código Tributário Nacional, no art. 118, considera **irrelevante** a validade jurídica dos atos para fins de incidência:

> **Art. 118.** A definição legal do fato gerador é interpretada abstraindo-se:
>
> I — da validade jurídica dos atos efetivamente praticados pelos contribuintes, responsáveis, ou terceiros, bem como da natureza do seu objeto ou dos seus efeitos;
>
> II — dos efeitos dos fatos efetivamente ocorridos.

9 ◼ Obrigação Tributária   457

Logo, fatos contrários ao ordenamento, ainda que posteriormente declarados como *nulos ou anuláveis*, **não afetam** a obrigação tributária deles decorrente e tampouco desoneram aqueles que os praticaram.

Como bem ressalta Aliomar Baleeiro[6], "se nulo ou anulável, não desaparece a obrigação que dele decorre, nem surge para o contribuinte o direito de pedir repetição do tributo acaso pago sob invocação de que o ato era nulo ou foi anulado. O fato gerador ocorreu e não desaparece, do ponto de vista fiscal, pela nulidade ou anulação".

9.3. SUJEITO ATIVO

Os sujeitos ativo e passivo integram o **elemento subjetivo** da obrigação tributária, ou seja, são as pessoas que participam da relação jurídica, como credores ou devedores, de acordo com o polo ocupado.

Analisaremos a seguir as características, direitos e obrigações de cada parte.

> **Art. 119.** Sujeito ativo da obrigação é a pessoa jurídica de direito público, titular da competência para exigir o seu cumprimento.

Sujeito ativo é o **titular da competência**, ou seja, a pessoa que recebeu poderes da Constituição para legislar e dispor sobre tributos.

A competência tributária é **indelegável** e, portanto, não pode ser transferida a outro ente da Federação.

Não podemos confundir competência tributária com **capacidade tributária ativa**, pois esta é **delegável**, por meio de lei, e corresponde à possibilidade de fiscalizar e arrecadar tributos.

Ressalte-se que não há falar em **solidariedade ativa** (entre sujeitos ativos), pois na obrigação tributária inexiste pluralidade de titulares, visto que a capacidade tributária é definida por lei.

Assim, não podemos confundir o sujeito ativo com o **destinatário** dos recursos oriundos do tributo, pois este último pode ser pessoa jurídica de direito privado, enquanto o sujeito ativo é sempre uma pessoa de **direito público**, como exige o art. 119 do CTN.

Isso não impede a eventual **sub-rogação** de direitos, nos casos de desmembramento de territórios, como alerta o art. 120 do Código Tributário Nacional:

> **Art. 120.** Salvo disposição de lei em contrário, a pessoa jurídica de direito público, que se constituir pelo desmembramento territorial de outra, sub-roga-se nos direitos desta, cuja legislação tributária aplicará até que entre em vigor a sua própria.

Na hipótese de desmembramento, transfere-se tanto a **competência** como a condição de **sujeito ativo**, pois o novo ente terá, nos termos da lei que o instituir, plenos poderes para legislar sobre o tributo e também para promover as atividades de fiscalização e arrecadação.

---

[6] Aliomar Baleeiro, *Direito tributário brasileiro*, atualização de Misabel Derzi, 13. ed., p. 1106.

9.4. SUJEITO PASSIVO

O sujeito passivo é a pessoa que deverá **assumir o ônus** da obrigação tributária e, de acordo com o Código Tributário Nacional, pode ser tanto o **contribuinte** como o **responsável**.

> **Art. 121.** Sujeito passivo da obrigação principal é a pessoa obrigada ao pagamento de tributo ou penalidade pecuniária.
>
> **Parágrafo único.** O sujeito passivo da obrigação principal diz-se:
>
> I — contribuinte, quando tenha relação pessoal e direta com a situação que constitua o respectivo fato gerador;
>
> II — responsável, quando, sem revestir a condição de contribuinte, sua obrigação decorra de disposição expressa de lei.
>
> **Art. 122.** Sujeito passivo da obrigação acessória é a pessoa obrigada às prestações que constituam o seu objeto.

Contribuinte é aquele que tem relação **direta** e **pessoal** com o fato, ou seja, a pessoa que praticou a conduta prevista em lei. Podemos dizer que o contribuinte sofre a *incidência direta* da norma jurídica, pois materializa, em termos reais, exatamente o que fora previsto pela hipótese legal.

Contudo, é possível que uma segunda norma atribua **responsabilidade a terceiro**, que não praticou o fato, mas é chamado a assumir o ônus da obrigação. Aqui teríamos um fenômeno de **refração**, pois a *Norma 1* incidiria sobre quem praticou a conduta e a *Norma 2* atribuiria responsabilidade a um terceiro, como no esquema a seguir:

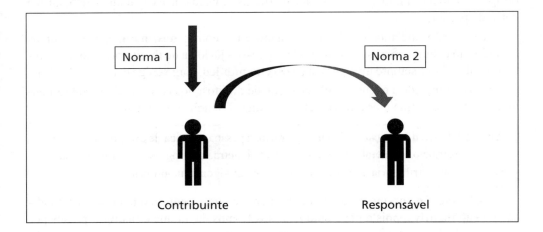

Exemplo: No caso do imposto de renda, **contribuinte** é o funcionário da empresa que recebe o salário, mas a lei determina que o empregador, como **responsável**, faça a retenção do tributo devido e o repasse aos cofres públicos.

9 ◼ Obrigação Tributária   459

Embora não sejam conceitos de grande rigor técnico e por vezes tragam mais confusão do que clareza ao raciocínio, alguns autores classificam as pessoas do **polo passivo** da obrigação conforme o quadro a seguir[7]:

Devedor	Conceito genérico, que, segundo Bernardo Ribeiro de Moraes, seria qualquer pessoa colocada por lei na qualidade de devedora da prestação tributária, sendo pouco relevante que lhe seja atribuída a situação de contribuinte ou responsável.
Pagador	A pessoa que, sem ser sujeito passivo, paga o valor do tributo em nome de outrem, sem legitimidade para discuti-lo.
Contribuinte econômico	Qualquer pessoa que suporte o ônus da tributação, de forma direta ou indireta, com ou sem transferência do encargo jurídico. Trata-se de conceito amplo, que incluiria a figura do contribuinte de fato.
Contribuinte de fato	É aquele a quem juridicamente se transfere o ônus econômico da tributação, mediante destaque expresso do valor devido na operação.

Com o objetivo de evitar que os particulares manipulem a **eleição** do responsável pelo ônus da obrigação, deslocando-a de uma pessoa para outra por meio de contratos ou qualquer outro tipo de acordo, o art. 123 do Código Tributário Nacional adverte que:

> **Art. 123.** Salvo disposições de lei em contrário, as convenções particulares, relativas à responsabilidade pelo pagamento de tributos, **não podem ser opostas à Fazenda Pública**, para modificar a definição legal do sujeito passivo das obrigações tributárias correspondentes.

9.5. BASE DE CÁLCULO E ALÍQUOTA

Os dois elementos, base de cálculo e alíquota, representam o **elemento quantitativo** da obrigação tributária.

A base de cálculo pode ser definida como a **expressão econômica** de um fato jurídico, vale dizer, o valor que servirá de referência para a apuração do tributo (pode ser o valor da venda, do salário, do rendimento ou de qualquer outra grandeza econômica prevista em lei).

---

[7] A classificação pode ser encontrada em Leandro Paulsen, *Direito tributário:* Constituição e Código Tributário à luz da doutrina e da jurisprudência, p. 877.

460 Direito Tributário Esquematizado   *Roberto Caparroz*

Já a **alíquota** representa a parcela da base de cálculo que deverá ser transferida para o Estado.

As alíquotas podem ser de dois tipos:

■ *Ad valorem:* é a modalidade mais conhecida, na qual a alíquota é um **percentual** em relação à base de cálculo, como no caso do ICMS, que em São Paulo representa 18% do valor da venda da mercadoria.

■ **Específica:** neste caso, a alíquota é expressa por um valor **em reais** (R$), de acordo com a **quantidade** do produto ou mercadoria.

Sobre a obrigação tributária e o cálculo do tributo devemos atentar, ainda, para um caso interessante.

Como vimos, em regra a **multiplicação** da base de cálculo pela alíquota define o valor do montante devido pelo sujeito passivo, que integra o conceito de crédito tributário e é apurado mediante lançamento.

Entretanto, quando o tributo utiliza **alíquotas específicas**, o valor da operação ou do bem é **irrelevante** para a apuração do montante devido, que será calculado de acordo com a *quantidade transacionada*, como ocorre no exemplo da CIDE-Combustíveis antes apresentado.

Nesses casos não haverá a multiplicação da base de cálculo pela alíquota, mas a **aplicação** da alíquota, em reais, de acordo com a **quantidade** da operação. Com isso, o poder público tributa *a atividade econômica e não o preço de mercado*, o que garante níveis relativamente previsíveis de arrecadação, além da desnecessidade de uma fiscalização mais detalhada dos negócios dos contribuintes, que são tributados pela quantidade produzida e vendida.

9.6. CAPACIDADE TRIBUTÁRIA

A possibilidade de alguém ser alcançado pela norma tributária **não comporta** exceções ou restrições.

Em respeito ao princípio da isonomia, o CTN entende que **todas as pessoas** se submetem à incidência tributária, independentemente de limitações ou qualquer tipo de incapacidade porventura reconhecidas em outras áreas do direito.

A chamada **capacidade tributária passiva**, assim entendida como a possibilidade de alguém ser destinatário da norma tributária, **é plena**, como estabelece o art. 126 do Código:

Art. 126. A capacidade tributária passiva independe:

I — da capacidade civil das pessoas naturais;

II — de achar-se a pessoa natural sujeita a medidas que importem privação ou limitação do exercício de atividades civis, comerciais ou profissionais, ou da administração direta de seus bens ou negócios;

III — de estar a pessoa jurídica regularmente constituída, bastando que configure uma unidade econômica ou profissional.

---

9 ■ Obrigação Tributária   461

Assim, mesmo uma pessoa com limitações na esfera civil deverá responder pelos tributos a que der causa, ainda que o efetivo pagamento ocorra por meio de terceiros (responsáveis).

Isso inclui os menores de idade, os interditos e até mesmo as pessoas incapacitadas por doença, consideradas **sujeitos passivos** da obrigação tributária, ainda que não possam, juridicamente, atuar de forma direta para a satisfação dos seus deveres.

Nesses casos, a legislação transferirá o ônus pelo cumprimento das respectivas obrigações a terceiros, que na qualidade de responsáveis deverão recolher os tributos devidos.

9.7. DOMICÍLIO

A definição do **domicílio** tributário tem por objetivo fixar a competência do ente tributante e servir de ponto de contato entre o Estado e o particular, pois o contribuinte deverá ser intimado no local do seu domicílio.

Como regra geral, os contribuintes podem **eleger** seus respectivos domicílios, e o Código Tributário Nacional, no art. 127, estabelece critérios para a **identificação** do local quando em situações especiais:

> **Art. 127.** Na falta de eleição, pelo contribuinte ou responsável, de domicílio tributário, na forma da legislação aplicável, considera-se como tal:
>
> I — quanto às pessoas naturais, a sua residência habitual, ou, sendo esta incerta ou desconhecida, o centro habitual de sua atividade;
>
> II — quanto às pessoas jurídicas de direito privado ou às firmas individuais, o lugar da sua sede, ou, em relação aos atos ou fatos que derem origem à obrigação, o de cada estabelecimento;
>
> III — quanto às pessoas jurídicas de direito público, qualquer de suas repartições no território da entidade tributante.
>
> § 1.º Quando não couber a aplicação das regras fixadas em qualquer dos incisos deste artigo, considerar-se-á como domicílio tributário do contribuinte ou responsável o lugar da situação dos bens ou da ocorrência dos atos ou fatos que deram origem à obrigação.
>
> § 2.º A autoridade administrativa pode recusar o domicílio eleito, quando impossibilite ou dificulte a arrecadação ou a fiscalização do tributo, aplicando-se então a regra do parágrafo anterior.

De se notar que, se as pessoas naturais não elegerem o seu domicílio, este será considerado o local de **residência** ou **ocupação profissional** habitual. Normalmente, a eleição do domicílio se dá por meio de sistemas informatizados, quando o contribuinte ou o responsável presta informações ao poder público, como no caso da declaração anual do imposto de renda das pessoas físicas, enviada todos os anos pela internet. Ao entregar a declaração, o interessado informa o endereço em que deseja ser encontrado, inclusive para fins de notificação das autoridades fiscais.

Para as **pessoas jurídicas**, o domicílio pode ser o local da sede ou de qualquer estabelecimento em que ocorram fatos jurídicos tributários. Isso é especialmente importante em relação aos tributos **estaduais** e **municipais**, pois a competência do ente tributante se dá em função do local em que foi praticada a operação.

Exemplo: Para fins de ICMS, o Estado competente para exigir o tributo é aquele em que se localiza o **estabelecimento** que promoveu a operação de venda da mercadoria. Assim, uma grande rede de supermercados, com lojas em vários locais do país, deverá recolher o ICMS em favor do ente federado em cujo território ocorreu a operação, independentemente do lugar de sua sede.

Para as pessoas jurídicas de **direito público**, o domicílio será o local da repartição no território do ente tributante.

O CTN traz **duas exceções** em relação às regras de fixação do domicílio:

a) Quando não for possível identificar o domicílio em razão da pessoa que praticou a conduta, será considerado o local da **situação dos bens** ou da **ocorrência dos fatos geradores**. Exemplo disso seria o comércio de ambulantes, que por definição não possuem endereço fixo, mas respondem pelos atos praticados no local em que exercerem sua atividade.

b) Recusa motivada do domicílio pela autoridade fiscal, sempre que o domicílio eleito pelo interessado for de difícil acesso ou considerado de risco para o desempenho das atividades de fiscalização.

9.8. REGRA MATRIZ DE INCIDÊNCIA

Vistos todos os elementos da obrigação tributária, podemos agora, a título de arremate, apresentar a **regra matriz de incidência**, proposição lógica (p → q) capaz de demonstrar a relação entre os critérios da hipótese de incidência (antecedente), que, quando concretizados, implicam o surgimento de uma relação jurídica entre o sujeito ativo e o sujeito passivo, que terá como objeto o pagamento de um tributo, representado pela multiplicação da base de cálculo pela alíquota.

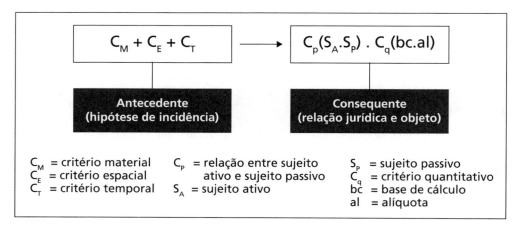

A regra matriz de incidência, como norma de conduta, é válida para todo e qualquer tributo.

Podemos utilizar como exemplo o IPVA, que é sempre um caso bem didático:

Sempre que alguém for proprietário de veículo automotor (C_M), no Estado de São Paulo (C_E), no dia 1.º de janeiro de cada ano (C_T) **deverá surgir** uma relação jurídica entre o poder público paulista (S_A) e o indivíduo (S_P), que terá como objeto o pagamento do imposto, representado pela multiplicação entre a base de cálculo e a alíquota.

9.9. QUESTÕES

10

RESPONSABILIDADE TRIBUTÁRIA

Como vimos, o ônus de uma obrigação tributária, originalmente a cargo de quem praticou a conduta (contribuinte), pode recair sobre um terceiro, definido em lei, conhecido como **responsável**.

A responsabilidade faz surgir a chamada **sujeição passiva indireta**, que normalmente decorre de um fenômeno de **transferência**, pelo qual o dever de cumprir a obrigação se desloca do contribuinte para o responsável.

De acordo com o Código Tributário Nacional, a responsabilidade só pode ser atribuída mediante **lei**, jamais por qualquer forma de analogia, aproximação ou outro critério subjetivo.

Além das hipóteses de responsabilidade de terceiros expressamente previstas no art. 134 da Constituição, que veremos mais adiante, a sujeição passiva indireta ainda se relaciona a três fenômenos bastante importantes e frequentes nas provas de concursos: a **substituição tributária**, a **solidariedade** e a **sucessão**.

A divisão clássica dos fenômenos relacionados à responsabilidade tributária foi proposta por Rubens Gomes de Souza[1], que adotou como critério de discriminação o **momento** em que ocorre a passagem do ônus do contribuinte para o responsável, por entender que devem ser separadas as hipóteses de substituição daquelas em que há transferência.

Na visão do mestre, quando o responsável figura como sujeito passivo já ao tempo do nascimento da obrigação, vale dizer, no momento da ocorrência do fato jurídico, temos a **substituição**, enquanto nos casos de transferência o dever de pagar o tributo, inicialmente atribuído ao contribuinte, é **redirecionado** ao responsável, circunstância posterior, portanto, ao fato que ensejou a obrigação.

Rubens Gomes de Sousa, na esteira desse raciocínio, promoveu a tripartição das hipóteses de sujeição indireta por transferência, subdividindo-as em *sucessão, solidariedade e responsabilidade*.

10.1. SOLIDARIEDADE

Em termos jurídicos, a **solidariedade** implica a presença de mais de uma pessoa num dos polos da obrigação, de sorte que qualquer uma delas pode ter o direito de exigir

---

[1] Rubens Gomes de Sousa, *Compêndio de legislação tributária*, p. 92.

466 Direito Tributário Esquematizado   *Roberto Caparroz*

o cumprimento da prestação (solidariedade ativa) ou pode ser acionada para quitar a dívida (solidariedade passiva).

O **Código Civil** cuida da solidariedade nos arts. 264 e seguintes:

> **Art. 264.** Há solidariedade, quando na mesma obrigação concorre mais de um credor, ou mais de um devedor, cada um com direito, ou obrigado, à dívida toda.
> **Art. 265.** A solidariedade não se presume; resulta da lei ou da vontade das partes.

A solidariedade em matéria tributária, cujo foco se direciona para a **sujeição passiva**, está prevista nos arts. 124 e 125 do Código Tributário Nacional:

> **Art. 124.** São solidariamente obrigadas:
> I — as pessoas que tenham interesse comum na situação que constitua o fato gerador da obrigação principal;
> II — as pessoas expressamente designadas por lei.
> **Parágrafo único.** A solidariedade referida neste artigo não comporta benefício de ordem.

De plano, convém ressaltar que a solidariedade **não tem** o condão de incluir alguém no polo passivo da obrigação, mas de estabelecer o nível de responsabilidade dos coobrigados.

A observação, bastante arguta, coube a Mizabel Derzi, "para quem a solidariedade não é forma de eleição de responsável tributário. A solidariedade não é espécie de sujeição passiva por responsabilidade indireta, como querem alguns. O Código Tributário Nacional, corretamente, disciplina a matéria em seção própria, estranha ao Capítulo V, referente à responsabilidade. É que a solidariedade é simples forma de garantia, a mais ampla das fidejussórias. Quando houver mais de um obrigado no polo passivo da obrigação tributária (mais de um contribuinte, ou contribuinte e responsável, ou apenas uma pluralidade de responsáveis), o legislador terá de definir as relações entre os coobrigados. Se são eles solidariamente obrigados, ou subsidiariamente, com benefício de ordem ou não etc."[2].

Ao contrário do direito civil, em tributário **presume-se** a solidariedade sempre que a dívida surge contra duas ou mais pessoas, circunstância que só pode ser afastada se houver lei em sentido diverso. Assim, os coproprietários de um imóvel urbano são **solidários** em relação ao pagamento do IPTU, pois todos se revestem da qualidade de contribuinte.

O Código Tributário Nacional entende que todas as pessoas que tenham **interesse comum** no fato gerador da obrigação devem ser tratadas como solidárias, o que implica que qualquer uma delas possa ser chamada a responder pela **integralidade** do crédito tributário, independentemente de qualquer *benefício de ordem* (que seria a imputação sequencial da responsabilidade).

O interesse comum também aqui deve ser entendido de forma distinta daquela preconizada pelo direito civil. Na esfera privada, as partes de um contrato bilateral, com

---

[2] Aliomar Baleeiro, *Direito tributário brasileiro*, atualização de Misabel Derzi, 13. ed., p. 1119.

direitos e obrigações, possuem interesse comum no objeto pactuado, que pode ser a compra e venda de um bem ou a prestação de um serviço.

Mas não é essa a ideia de interesse comum com que nos preocupamos, porque em direito tributário o interesse comum exige que os sujeitos estejam no **mesmo polo** da obrigação jurídica, que é sempre o lado previsto em lei para a satisfação do interesse público (polo passivo), como no caso dos coproprietários.

Exemplo: Imaginemos que quatro pessoas são proprietárias de um imóvel urbano, cada qual com 25% de participação. Nesse caso, a prefeitura poderá exigir o valor integral do IPTU de qualquer uma delas, sem considerar a participação individual no imóvel. Se o valor do imóvel for de R$ 1.000.000,00 e o IPTU total a pagar for de R$ 10.000,00, embora cada condômino tenha apenas 1/4 do bem poderá ser chamado a responder pelo valor integral do imposto.

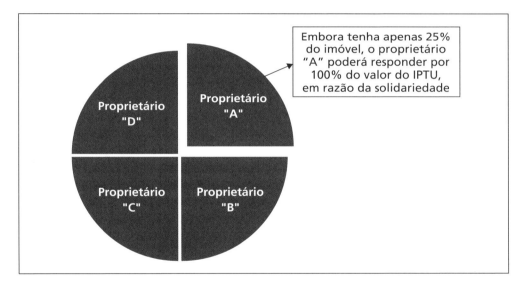

No exemplo anterior é óbvio que, se o proprietário "A" pagar o valor total do IPTU, terá o **direito de cobrar** (mediante ação de regresso) dos demais proprietários o valor correspondente às respectivas participações, mas isso apenas na **esfera cível**, pois em termos tributários não é possível "fracionar" o montante ou utilizar o benefício de ordem, pois esses argumentos não são oponíveis ao poder público.

Ressaltamos, ainda, que a responsabilidade solidária **independe** de alguém pagar a parte relativa apenas ao seu quinhão, pois isso em nada altera a possibilidade de ser cobrado pelo todo. Aliás, a solidariedade não se relaciona ou guarda qualquer proporção com a participação ou cota-parte de cada indivíduo, pois qualquer um dos coobrigados, ainda que titular de 1% do valor do imóvel, poderá ser chamado a responder pelo todo da dívida tributária.

A regra de solidariedade do CTN é **geral** e se aplica a todos os tributos, salvo se houver disposição legal específica para determinada figura tributária.

468 Direito Tributário Esquematizado — Roberto Caparroz

A possibilidade de uma lei atribuir responsabilidade solidária a alguém (hipótese autorizada pelo inciso II do art. 124 do CTN) deve ser entendida com restrições, porque há necessidade de que os solidários estejam de algum modo **vinculados** à ocorrência do fato jurídico[3]. Não se cuida de ampla discricionariedade, mas de critérios **objetivos** de vinculação, como no caso do ISS, em que várias pessoas atuam como prestadoras de serviço para um único tomador e são solidárias em relação ao recolhimento integral do imposto.

Os **limites** para a imputação de solidariedade foram analisados pelo Supremo Tribunal Federal, que decidiu ser **inconstitucional** o art. 13 da Lei n. 8.620/93, que atribuía responsabilidade solidária dos sócios das empresas por cotas de responsabilidade limitada por dívidas com a **seguridade social**.

O acórdão (RE 562.276/PR), com repercussão geral, entendeu que:

(...) O preceito do art. 124, II, no sentido de que são solidariamente obrigadas "as pessoas expressamente designadas por lei", não autoriza o legislador a criar novos casos de responsabilidade tributária sem a observância dos requisitos exigidos pelo art. 128 do CTN, tampouco a desconsiderar as regras matrizes de responsabilidade de terceiros estabelecidas em caráter geral pelos arts. 134 e 135 do mesmo diploma. A previsão legal de solidariedade entre devedores — de modo que o pagamento efetuado por um aproveite aos demais, que a interrupção da prescrição, em favor ou contra um dos obrigados, também lhes tenha efeitos comuns e que a isenção ou remissão de crédito exonere a todos os obrigados quando não seja pessoal (art. 125 do CTN) — pressupõe que a própria condição de devedor tenha sido estabelecida validamente. 4. A responsabilidade tributária pressupõe duas normas autônomas: a regra matriz de incidência tributária e a regra matriz de responsabilidade tributária, cada uma com seu pressuposto de fato e seus sujeitos próprios. A referência ao responsável enquanto terceiro (*dritter Persone, terzo* ou *tercero*) evidencia que não participa da relação contributiva, mas de uma relação específica de responsabilidade tributária, inconfundível com aquela. O "terceiro" só pode ser chamado responsabilizado na hipótese de descumprimento de deveres próprios de colaboração para com a Administração Tributária, estabelecidos, ainda que *contrario sensu*, na regra matriz de responsabilidade tributária, e desde que tenha contribuído para a situação de inadimplemento pelo contribuinte. (...) O art. 13 da Lei 8.620/93 não se limitou a repetir ou detalhar a regra de responsabilidade constante do art. 135 do CTN, tampouco cuidou de uma nova hipótese específica e distinta. Ao vincular à simples condição de sócio a obrigação de responder solidariamente pelos débitos da sociedade limitada perante a Seguridade Social, tratou a mesma situação genérica regulada pelo art. 135, III, do CTN, mas de modo diverso, incorrendo em inconstitucionalidade por violação ao art. 146, III, da CF.

O STF decidiu, no caso, que não é razoável estabelecer **confusão** entre o patrimônio do sócio e o das empresas de sociedade limitada, pois tal entendimento descaracterizaria a natureza dessas sociedades e inibiria a iniciativa privada ao determinar que os sócios responderiam solidariamente, com seus **bens pessoais**, perante débitos da empresa com a seguridade social.

---

[3] Nesse sentido: Luciano Amaro, *Direito tributário brasileiro*, 13. ed., p. 316.

10 ■ Responsabilidade Tributária

Outra questão importante que se relaciona ao tema da solidariedade é a sua imputação no caso de **grupo econômico**.

Para compreendermos a questão, precisamos separar o conceito tradicional de grupo econômico, em que um conjunto de sociedades coordena esforços e atividades para racionalizar custos e maximizar resultados. Aqui não há maiores problemas, pois cada sociedade responderá, em tese, pelos tributos relativos aos fatos jurídicos que der causa.

Contudo, há casos em que as autoridades fiscais acusam empresas com **controle societário comum** de formar um grupo econômico com o objetivo de reduzir indevidamente a carga tributária incidente sobre as operações. Nessas situações é comum verificar a *interposição fraudulenta de terceiros* (os chamados "laranjas") e a tentativa de blindar o patrimônio dos **sócios de fato**, que não figuram nos quadros societários, mas possuem o efetivo controle das empresas e o poder de tomar decisões.

O entendimento consolidado nos tribunais superiores parte da premissa de que não basta o mero interesse econômico na situação, mas a efetiva comprovação, cujo ônus compete às autoridades fiscais, de que as sociedades realizam conjuntamente a situação que configura o fato gerador da obrigação tributária[4].

Trata-se de situações em que o **conjunto probatório** trazido aos autos pelas autoridades comprova, à evidência, a prática de atividades comuns entre as empresas integrantes do grupo econômico, que normalmente compartilham instalações, funcionários e despesas. Nessas situações tem entendido a jurisprudência pela **solidariedade passiva**, inclusive para fins de execução fiscal, notadamente quando comprovado o dolo específico de sonegar tributos e a interposição fraudulenta de terceiros.

O art. 125 do CTN destaca que a solidariedade produz **efeitos recíprocos**, que alcançam todos os coobrigados:

> **Art. 125.** Salvo disposição de lei em contrário, são os seguintes os efeitos da solidariedade:
>
> I — o pagamento efetuado por um dos obrigados aproveita aos demais;
>
> II — a isenção ou remissão de crédito exonera todos os obrigados, salvo se outorgada pessoalmente a um deles, subsistindo, nesse caso, a solidariedade quanto aos demais pelo saldo;
>
> III — a interrupção da prescrição, em favor ou contra um dos obrigados, favorece ou prejudica aos demais.

Percebe-se que, como regra, a solidariedade coloca todos os coobrigados em **situação de equivalência**, de sorte que os benefícios, assim como as obrigações, poderão ser tratados como comuns, **salvo** se concedidos em razão de característica pessoal e incomunicável com os demais.

Seria a hipótese, por exemplo, de um dos responsáveis fazer jus à **isenção**, em razão de uma doença reconhecida por lei como merecedora do benefício. Nesse caso, o

---

4   STJ, AgRg no REsp 1.433.631, de 2015.

pagamento relativo à sua parcela seria excluído e o saldo remanescente permaneceria exigível de qualquer dos demais solidários.

Exemplo: Retomemos os quatro proprietários do imóvel urbano do nosso exemplo anterior, em que cada qual detinha 25% de participação. Caso um deles fosse considerado isento do IPTU, por qualquer motivo previsto em lei, o valor do imposto proporcional à sua cota não seria cobrado, remanescendo a solidariedade entre os demais pelos restantes 75%. Trata-se de situação excepcional e bastante rara, em que se considera a participação do indivíduo isento no imóvel para fins de apuração do tributo devido. Se considerarmos que o beneficiário exclusivo da isenção fosse o proprietário "C", teríamos a seguinte situação: valor do imóvel = R$ 1.000.000,00 e IPTU a pagar de R$ 7.500,00, cujo total pode ser exigido dos proprietários "A", "B" ou "D", não alcançados pela isenção.

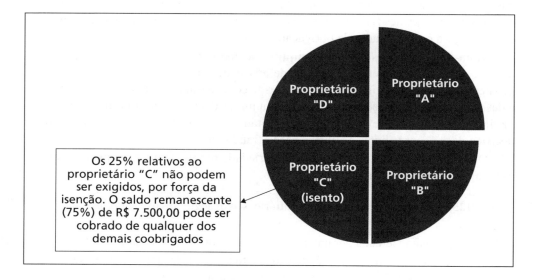

10.2. SUBSTITUIÇÃO TRIBUTÁRIA

O art. 128 do Código Tributário Nacional fixa as diretrizes gerais da **responsabilidade tributária**, nos seguintes termos:

> **Art. 128.** Sem prejuízo do disposto neste capítulo, a lei pode atribuir de modo expresso a responsabilidade pelo crédito tributário a terceira pessoa, vinculada ao fato gerador da respectiva obrigação, excluindo a responsabilidade do contribuinte ou atribuindo-a a este em caráter supletivo do cumprimento total ou parcial da referida obrigação.

De acordo com as premissas estabelecidas pelo CTN, podemos extrair algumas características importantes da responsabilidade tributária, conforme esquema a seguir.

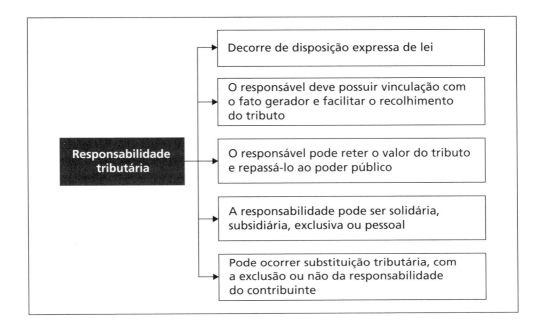

Como sabemos, a responsabilidade exige expressa disposição legal e eleição de um critério objetivo para a definição do terceiro, que é a vinculação deste com o fato jurídico que enseja a obrigação tributária.

De fato, as hipóteses de responsabilidade têm por objetivo atender ao interesse do poder público, que poderá, mediante **lei**, escolher pessoas que poderão facilitar o recolhimento do tributo, das mais variadas formas.

Exemplo: Imagine se não houvesse a obrigação de o empregador reter na fonte o valor do imposto de renda devido pelos empregados. Nesse cenário, todos os empregados receberiam o valor integral dos salários e teriam um prazo para ir ao banco recolher o imposto devido; provavelmente alguns perderiam o prazo, outros "esqueceriam" da obrigação e alguns nem se dariam ao trabalho de considerar a existência do imposto. Ciente disso, o governo entendeu que seria mais cômodo e eficiente se a obrigação recaísse sobre a fonte pagadora, o que facilita sobremaneira a arrecadação e minimiza o risco de inadimplemento.

Entre as diversas formas de responsabilidade, a **substituição tributária**, embora bastante questionável em termos econômicos e jurídicos, assume papel preponderante na sistemática de arrecadação de alguns tributos, como no caso do ICMS.

Conquanto já existisse ao tempo da redação original do CTN, que, no hoje revogado art. 58, § 2.º, II, atribuía ao industrial ou comerciante atacadista a responsabilidade de recolher o antigo ICMS devido pelo comerciante varejista, mediante acréscimo de 30% no valor da mercadoria, a substituição tributária assumiu *status* constitucional ao ser introduzida na Carta Magna pela **Emenda n. 3/93**, que acrescentou o § 7.º ao art. 150[5]:

> § 7.º A lei poderá atribuir a sujeito passivo de obrigação tributária a condição de responsável pelo pagamento de imposto ou contribuição, cujo fato gerador deva ocorrer posteriormente, assegurada a imediata e preferencial restituição da quantia paga, caso não se realize o fato gerador presumido.

O dispositivo, embora alçado ao patamar constitucional, gerou diversos questionamentos, com ênfase na ofensa ao princípio da legalidade e à própria lógica tributária (pois o efeito econômico do fato jurídico é anterior à sua ocorrência). O mecanismo subverte a **sequência cronológica** lei-fato-efeitos ao tributar um evento futuro e incerto, que é a posterior venda da mercadoria, por exemplo, bem ao estilo do conto "Minority Report", de Phillip K. Dick, em que os crimes são combatidos antes de ocorrerem.

Em matéria tributária, essa antecipação do pagamento em relação ao fato vilipendia a **natureza do tributo** (porque alguém é obrigado a pagar o ICMS, um imposto devido em razão da circulação econômica, antes do efetivo recebimento da venda da mercadoria, quando sabemos que o imposto tem como pressuposto o valor a ser recebido pelo empresário), altera o **conceito de fato** (que passa a ser um acontecimento futuro, sem qualquer certeza concreta) e **onera a cadeia produtiva**, pois o substituto que deverá pagar o tributo em nome de outrem certamente embutirá esse valor no custo da operação. Isso sem mencionarmos o princípio da *capacidade contributiva* e até a *vedação sobre o efeito confiscatório dos tributos*, posto que se exige um montante de quem não deu causa nem possui relação direta com o fato, que só acontecerá posteriormente, numa operação efetuada entre terceiros.

Parece que nenhum desses argumentos, embora bastante evidentes, foi suficiente para convencer o Supremo Tribunal Federal, que, ao julgar a ADI n. 1.851-4/AL, decidiu, com efeito *erga omnes* e vinculante, pela **constitucionalidade** da Emenda n. 3/93 e da Lei Complementar n. 87/96, resolvendo, ainda, a questão da restituição na hipótese de o fato não se concretizar.

> A EC 03/1993, ao introduzir no art. 150 da CF/1988 o § 7.º, aperfeiçoou o instituto, já previsto em nosso sistema jurídico-tributário, ao delinear a figura do fato gerador presumido e ao estabelecer a garantia de reembolso preferencial e imediato do tributo pago quando não verificado o mesmo fato a final. A circunstância de ser presumido o fato gerador não constitui óbice à exigência antecipada do tributo, dado tratar-se de sistema instituído pela própria Constituição, encontrando-se regulamentado por lei complementar que, para definir-lhe a base de cálculo, se valeu de critério de estimativa que a aproxima o mais possível da realidade. A lei complementar, por igual, definiu o aspecto temporal do fato gerador presumido como sendo a saída da mercadoria do estabelecimento do contribuinte substituto, não deixando margem para cogitar-se de momento diverso, no futuro, na conformidade, aliás, do previsto no art. 114 do CTN, que tem o fato gerador da obrigação principal como a situação definida em lei como necessária e suficiente à sua ocorrência. O fato gerador presumido, por isso mesmo, não é provisório, mas definitivo, não dando

---

[5] Que foi posteriormente regulado, para fins de ICMS, pela Lei Complementar n. 87/96.

10 ■ Responsabilidade Tributária   473

ensejo a restituição ou complementação do imposto pago, senão, no primeiro caso, na hipótese de sua não realização final. Admitir o contrário valeria por despojar-se o instituto das vantagens que determinaram a sua concepção e adoção, como a redução, a um só tempo, da máquina-fiscal e da evasão fiscal a dimensões mínimas, propiciando, portanto, maior comodidade, economia, eficiência e celeridade às atividades de tributação e arrecadação (ADI 1.851, Rel. Ministro Ilmar Galvão, julgamento em 8-5-2002, Plenário, *DJ* de 22-11-2002).

Em termos hipotéticos, poderíamos defender que a substituição tributária teria como premissa a possibilidade de indicar, mediante lei, pessoas que deveriam ser responsáveis pelos tributos de outras, que ao tempo do fato jurídico seriam **incapazes** de cumprir a obrigação tributária, como no caso dos menores de idade ou de indivíduos gravemente doentes. Até este ponto seria possível perceber uma **relação direta** (no sentido jurídico) entre o responsável tributário e o real contribuinte, como no caso dos pais em relação aos filhos menores ou dos representantes legais dos incapacitados.

Contudo, o poder público percebeu que poderia utilizar a sistemática como uma forma bastante eficiente e conveniente de **antecipar** a arrecadação de tributos, com destaque para aqueles que incidem sobre cadeias econômicas ou produtivas.

A criação da substituição tributária **progressiva** (para a frente) permitiu atribuir a terceiros, sem qualquer vinculação com o fato jurídico ou os contribuintes substituídos, a responsabilidade de recolher, antecipadamente, a carga tributária total de uma cadeia econômica, logo na primeira transação comercial, como ocorre no caso do ICMS.

Nesse cenário, a responsabilidade por substituição passou a alcançar sujeitos desprovidos de capacidade contributiva e diferentes, portanto, dos destinatários originalmente previstos pela Constituição.

A substituição surge quando da própria ocorrência do fato jurídico e traz para o polo passivo da obrigação a figura do **substituto tributário**, enquanto o contribuinte original passa à condição de **substituído**.

Ressalte-se que, ao dispor sobre a atribuição de responsabilidade pelo pagamento do tributo a terceiro, o art. 128 do Código Tributário Nacional previu a possibilidade de o legislador fazê-lo de **duas formas:** com a exclusão da responsabilidade original do contribuinte ou conferindo-a, apenas, em caráter supletivo, vale dizer, nas hipóteses em que o substituto não cumprisse a obrigação.

O dispositivo pode causar estranheza, pois, se imaginarmos que a substituição tributária surgiria **simultaneamente** com a obrigação, transferindo o ônus do pagamento ao responsável, com a exclusão de qualquer dever do contribuinte originário (como autoriza o CTN), seria possível, num segundo momento, exigir do substituído tal dever, ante o inadimplemento do substituto?

O entendimento majoritário da doutrina é **positivo**, no sentido de que o contribuinte não fica à margem da relação jurídico-tributária. Heleno Tôrres defende que, nos casos em que há atribuição de responsabilidade, **inexiste** qualquer espécie de transferência do dever jurídico, com o afastamento do contribuinte da obrigação principal. Segundo o autor, o contribuinte **pertence** à relação tributária, ainda que a lei chame um terceiro para, compulsoriamente, liberá-lo da relação[6].

De maneira semelhante, Alberto Xavier, depois de discorrer sobre as particularidades da substituição tributária nos termos da doutrina italiana, conclui que "não pode afirmar-se tão radicalmente quanto na Itália que o substituto seja o único sujeito passivo do imposto. Aqui, sim, é necessário reconhecer que também existe uma relação jurídica entre o contribuinte (substituído) e o Fisco, ocorrendo, pois um caso de responsabilidade cumulativa"[7].

Portanto, ainda que a responsabilidade pelo pagamento seja atribuída ao substituto, o substituído continua a integrar a relação obrigacional, figurando no polo passivo ao lado daquele, e, por força disso, pode ser chamado a cumprir a obrigação em caráter subsidiário.

Podemos concluir que a substituição tributária implica a **coexistência** de responsabilidades entre o substituto e o contribuinte, vale dizer, caso o substituto não cumpra a obrigação, pode o sujeito ativo cobrar o tributo daquele que originalmente praticou o fato jurídico.

Geraldo Ataliba identifica **três requisitos** que devem ser observados pelo legislador para acomodar a sistemática da substituição tributária aos princípios constitucionais[8]:

■ Em primeiro lugar, o regime jurídico aplicável será o **regime do substituído** e não o regime do substituto. Assim, nas hipóteses em que o substituído é imune ou isento, ou quando tem direito à redução ou dilação tributária, o substituto aproveitará os efeitos correspondentes.

■ Em segundo lugar, a lei aplicável deve ser a vigente na **data das operações** sujeitas à substituição e não a vigente na data da operação do substituto, isto é, a lei aplicável é aquela do momento da ocorrência do fato tributário.

■ Por fim, a Constituição requer que a lei estabeleça mecanismos ágeis, prontos e eficazes de **ressarcimento** do substituto, sob pena de comprometimento da validade do mecanismo.

Ainda de acordo com as palavras de Ataliba, o cumprimento dos requisitos supracitados atenderia a três exigências constitucionais:

■ Obediência ao princípio da **capacidade contributiva**.

■ Respeito à vedação do **efeito confiscatório**, pois, se não houver ressarcimento do substituto pelo substituído, de modo eficaz e imediato, o substituto estaria a pagar tributo cujo destinatário é outrem e, nesse caso, arcaria com uma carga tributária correspondente a uma capacidade econômica que não revelou.

■ **Designação** do sujeito passivo do tributo, de modo que a capacidade contributiva a ser atingida pela tributação seja a do sujeito vinculado ao fato tributário.

---

[6] Heleno Taveira Tôrres, Substituição tributária: regime constitucional, classificação e relações jurídicas (materiais e processuais), *Revista Dialética de Direito Tributário*, n. 70, p. 93.

[7] Alberto Xavier, *Direito tributário internacional do Brasil*, 6. ed., p. 534.

[8] Geraldo Ataliba, *Hipótese de incidência tributária*, p. 83.

10 ◼ Responsabilidade Tributária

Deve existir, portanto, um poder de **reembolso**, para que o ônus efetivo da obrigação recaia sobre quem a ensejou. Como decorrência, a vinculação do responsável ao fato jurídico (condição de referibilidade entre o substituto tributário e a causa da tributação) deve propiciar uma relação de poder entre o sujeito encarregado de promover a retenção e aquele que efetivamente sofre os efeitos dessa retenção.

Presume-se, assim, que o substituto tributário tem condições de atuar em favor da administração tributária, com poderes para intervir na relação jurídica e dela extrair os efeitos econômicos, de modo quase imediato (e por isso bastante eficiente), **repassando** os valores retidos para os cofres públicos, como ocorre no caso do imposto de renda devido pelos trabalhadores assalariados.

Como bem destaca Marçal Justen Filho, "o poder advindo da possibilidade que o substituto tributário tem de interferir sobre o tráfego ou gozo da riqueza por parte do contribuinte viabiliza a recomposição de seu patrimônio (quando já tenha, anteriormente, desembolsado os recursos), permitindo ainda que se proveja de fundos de forma preventiva a fim de enfrentar exigência futura"[9].

Em razão dos evidentes benefícios para o poder público, a substituição tributária permeia o ordenamento e está presente em diversas situações, como no caso do ISS sobre serviços "importados".

Com efeito, na "importação de serviços", a Lei Complementar n. 116/2003 estabelece, no art. 6.º, § 2.º, I, a responsabilidade do "tomador ou intermediário de serviço proveniente do exterior do País ou cuja prestação se tenha iniciado no exterior do País".

Por óbvio, o prestador do serviço importado não possui estabelecimento em nenhum Município brasileiro (tampouco está inscrito nos respectivos cadastros de contribuintes), de sorte que a **cobrança** do ISS somente se faz possível por meio da substituição tributária.

Como os Municípios brasileiros "não têm competência para promover medidas tendentes à cobrança de créditos tributários para além de suas fronteiras, a adoção da substituição tributária, atribuindo ao tomador dos serviços a responsabilidade pelo recolhimento do tributo se apresenta como medida assecuratória do recolhimento do tributo"[10].

Igual raciocínio ocorre, por exemplo, quando da incidência do imposto de renda sobre pessoas não residentes no Brasil, pois o legislador atribui à **fonte pagadora** no país a responsabilidade pelo recolhimento do tributo.

Entretanto, a figura que mais apresenta hipóteses de substituição tributária é o **ICMS**, pois a própria Lei Complementar n. 87/96, em seu art. 6.º, dispõe que "lei estadual poderá atribuir a contribuinte do imposto ou a depositário a qualquer título a responsabilidade pelo seu pagamento, hipótese em que assumirá a condição de substituto tributário".

E mais: o § 1.º do mesmo art. 6.º estabelece que "a responsabilidade poderá ser atribuída em relação ao imposto incidente sobre uma ou mais operações ou prestações, sejam **antecedentes**, **concomitantes** ou **subsequentes**, inclusive ao valor decorrente da

---

9 Marçal Justen Filho, *Sujeição passiva tributária*, p. 274 e s.

10 Fábio Clasen de Moura, *Imposto sobre serviços:* operações intermunicipais e internacionais (importação e exportação), p. 194.

476 Direito Tributário Esquematizado
Roberto Caparroz

diferença entre alíquotas interna e interestadual nas operações e prestações que destinem bens e serviços a consumidor final localizado em outro Estado, que seja contribuinte do imposto".

O dispositivo autoriza a criação de diversos mecanismos de substituição tributária, para a frente, para trás ou apenas mediante troca do responsável pelo recolhimento, assim como deflagra um intenso debate sobre o ressarcimento dos valores porventura recolhidos, como veremos a seguir.

STF — Substituição Tributária

- **Duas normas coexistentes.** Na substituição tributária, sempre teremos duas normas: a) a norma tributária impositiva, que estabelece a relação contributiva entre o contribuinte e o fisco; b) a norma de substituição tributária, que estabelece a relação de colaboração entre outra pessoa e o fisco, atribuindo-lhe o dever de recolher o tributo em lugar do contribuinte. A validade do regime de substituição tributária depende da atenção a certos limites no que diz respeito a cada uma dessas relações jurídicas. Não se pode admitir que a substituição tributária resulte em transgressão às normas de competência tributária e ao princípio da capacidade contributiva, ofendendo os direitos do contribuinte, porquanto o contribuinte não é substituído no seu dever fundamental de pagar tributos. A par disso, há os limites à própria instituição do dever de colaboração que asseguram o terceiro substituto contra o arbítrio do legislador. A colaboração dele exigida deve guardar respeito aos princípios da razoabilidade e da proporcionalidade, não se lhe podendo impor deveres inviáveis, excessivamente onerosos, desnecessários ou ineficazes. Não há qualquer impedimento a que o legislador se valha de presunções para viabilizar a substituição tributária, desde que não lhes atribua caráter absoluto. A retenção e recolhimento de 11% sobre o valor da nota fiscal é feita por conta do montante devido, não descaracterizando a contribuição sobre a folha de salários na medida em que a antecipação é em seguida compensada pelo contribuinte com os valores por ele apurados como efetivamente devidos forte na base de cálculo real. Ademais, resta assegurada a restituição de eventuais recolhimentos feitos a maior (RE 603.191, com repercussão geral).

- **ICMS. Recolhimento por estimativa.** É responsável tributário, por substituição, o industrial, o comerciante ou o prestador de serviço, relativamente ao imposto devido pelas anteriores ou subsequentes saídas de mercadorias ou, ainda, por serviços prestados por qualquer outra categoria de contribuinte. Legitimidade do regime de substituição tributária, dado que a cobrança antecipada do ICMS por meio de estimativa "constitui simples recolhimento cautelar enquanto não há o negócio jurídico de circulação, em que a regra jurídica, quanto ao imposto, incide". Entendimento doutrinário (RE 194.382).

- **Combustível e outros derivados de petróleo.** A imunidade ou hipótese de não incidência contemplada na alínea *b* do inc. X do § 2.º do art. 155 restringe-se ao Estado de origem, não abrangendo o Estado de destino da mercadoria, onde são tributadas todas as operações que compõem o ciclo econômico por que passam os produtos, independentemente de se tratar de consumidor final ou intermediário. Entendimento adotado no julgamento do RE 198.088, de que fui relator (RE 190.992-AgR).

10 ■ Responsabilidade Tributária
477

10.2.1. Substituição tributária progressiva

A substituição tributária **progressiva**, também conhecida como substituição tributária *para a frente ou por antecipação*, é um mecanismo de arrecadação pelo qual a lei atribui a determinada pessoa (substituto) o dever de recolher o tributo devido por outrem (substituído) da mesma cadeia econômica ou produtiva, em relação a fatos que ainda não aconteceram, mas que presumivelmente ocorrerão.

As **vantagens** para a administração tributária são evidentes:

■ Os valores são arrecadados antecipadamente;

■ O esforço das autoridades fiscais é relativamente pequeno;

■ Eventual auditoria concentra-se em poucas empresas, com maior expressão econômica e mais bem organizadas, em vez de centenas ou milhares de pequenos estabelecimentos;

■ Os índices de sonegação são baixos e os desvios de conduta são mais facilmente perceptíveis.

Exemplo: A lei pode atribuir ao fabricante de veículos automotores a responsabilidade de recolher o ICMS antecipadamente, em relação à futura revenda destes pela sua rede de concessionárias. O recolhimento seria contemporâneo à venda para as concessionárias, independentemente da efetiva aquisição dos veículos pelos clientes finais.

Podemos constatar que, na substituição tributária para a frente, as grandes empresas recolhem os tributos devidos pelas operações próprias, na qualidade de **contribuintes** (venda do automóvel para as concessionárias) e também **antecipam** o pagamento relativo a fatos que não serão praticados por elas (venda dos automóveis, pelas concessionárias, para clientes), tudo com o objetivo de antecipar recursos para os cofres públicos, que terão ingressos decorrentes de tributos antes da efetiva materialização da conduta que os ensejou (fato jurídico).

Existem, portanto, **duas relações jurídicas** distintas: a) o substituído permanece como contribuinte originário de um fato que ainda não praticou mas que a lei presume, para possibilitar a antecipação do recolhimento do tributo devido; e b) o substituto ingressa no polo passivo da obrigação e tem o dever legal de pagar o valor decorrente do fato presumido ou efetuar a retenção do percentual exigido por lei.

Entendemos que nas duas situações não há de se falar em **definitividade** do pagamento, pois o fato que se presume poderá não ocorrer, assim como no caso da retenção o real contribuinte poderá ter direito, por exemplo, à **restituição** (como no caso do imposto de renda retido na fonte e posteriormente ajustado ao final do exercício, em que se apura recolhimento a maior).

> **Importante!** Na responsabilidade por substituição, a ausência de retenção ou de pagamento do tributo pelo responsável não afasta a obrigação do contribuinte em cumprir a obrigação principal.

Além das questões que envolvem a exigência do tributo antes da ocorrência do fato jurídico, a substituição progressiva enfrenta uma dificuldade de **ordem prática:** qual será a base de cálculo a ser adotada? Se a base de cálculo é a expressão econômica de um fato jurídico, como apurá-la *antes da conduta*, especialmente no caso de negócios jurídicos, cujo valor depende, fundamentalmente, da vontade entre as partes?

Para tentar resolver o problema foram criadas as **pautas fiscais**[11], nas quais se estipula o valor do produto que será vendido ao consumidor fiscal, o que também garante certo nível de arrecadação para o ente tributante.

A primeira crítica ao modelo, bastante óbvia, decorre da possibilidade de que o preço a ser praticado numa posterior venda **seja menor** do que o fixado na pauta fiscal. Aliás, de pouco adianta o governo se defender dizendo que o valor é estimado a partir de pesquisas de mercado, porque todos sabemos que os preços estão sujeitos a grande volatilidade, por fatores diversos, além do fato de que para produtos tecnológicos a velocidade de obsolescência e o declínio dos preços é muito maior do que qualquer pesquisa pode apurar, ainda mais quando se considera a notória morosidade do poder público.

Exemplo: Digamos que um fabricante "X" venda seu produto para determinado revendedor "Y" por R$ 100,00 e que a alíquota do ICMS na operação seja de 18%. O fabricante deverá recolher R$ 18,00 na qualidade de contribuinte, mas também será responsável por recolher o imposto devido na operação subsequente, como substituto tributário. Se o valor estimado pela pauta fiscal na venda do revendedor "Y" para o consumidor final for de R$ 300,00, o fabricante "X" também deverá recolher o ICMS incidente sobre essa operação, que ainda não aconteceu. Como vai adiantar o pagamento em nome do revendedor "Y", o fabricante "X" certamente vai "embutir" esse custo no preço da operação (o que, por si só, já onera a cadeia produtiva). Ocorre que o revendedor, por motivos diversos, poderá vender o produto ao consumidor final por um *preço menor* que R$ 300,00 (R$ 250,00, por exemplo, em razão da concorrência) e terá, em tese, de arcar com o prejuízo, pois a carga tributária total foi estimada a partir de um preço maior.

Nesse cenário, a pauta fiscal pode levar o substituto tributário a recolher valores superiores aos que seriam devidos sempre que a operação de venda se concretizar por preços menores do que os estimados.

---

[11] A base legal das pautas fiscais é o art. 8.º da Lei Complementar n. 87/96: "Art. 8.º A base de cálculo, para fins de substituição tributária, será: I — em relação às operações ou prestações antecedentes ou concomitantes, o valor da operação ou prestação praticado pelo contribuinte substituído; II — em relação às operações ou prestações subsequentes, obtida pelo somatório das parcelas seguintes: a) o valor da operação ou prestação própria realizada pelo substituto tributário ou pelo substituído intermediário; b) o montante dos valores de seguro, de frete e de outros encargos cobrados ou transferíveis aos adquirentes ou tomadores de serviço; c) a margem de valor agregado, inclusive lucro, relativa às operações ou prestações subsequentes. § 1.º Na hipótese de responsabilidade tributária em relação às operações ou prestações antecedentes, o imposto devido pelas referidas operações ou prestações será pago pelo responsável, quando: I — da entrada ou recebimento da mercadoria, do bem ou do serviço; II — da saída subsequente por ele promovida, ainda que isenta ou não tributada; III — ocorrer qualquer saída ou evento que impossibilite a ocorrência do fato determinante do pagamento do imposto. § 2.º Tratando-se de mercadoria ou serviço cujo preço final a consumidor, único ou máximo, seja fixado por órgão público competente, a base de cálculo do imposto, para fins

10 ■ Responsabilidade Tributária

Essa possibilidade, que geraria um **enriquecimento ilícito** dos entes públicos, poderia ser resolvida de forma aparentemente simples, com a restituição dos valores eventualmente recolhidos a maior.

Mas a questão, infelizmente, nunca foi tão tranquila assim.

Por um lado, determinados produtos, que possuem *preços sugeridos ao consumidor* (que são praticamente "tabelados"), como cigarros e sorvetes, se adaptam melhor ao mecanismo de substituição tributária progressiva, pois o preço final é **previsível** e raramente sofre alterações, o que afastaria o risco de recolhimento a maior.

De outro giro, muitos produtos, especialmente os relacionados com **tecnologia**, como mencionamos, possuem preços que em certo momento entram em "queda livre", ante a introdução de novos modelos e funcionalidades. Nesses casos é bem provável que o valor recolhido de ICMS seja significativamente superior ao que seria devido em razão de uma venda concreta.

A hipótese nos leva a uma dupla injustiça, decorrente de **duas presunções:** como se já não bastasse presumir a ocorrência de um fato futuro e incerto, ainda se presume *o valor dessa eventual operação*, que servirá de base de cálculo para o recolhimento dos tributos devidos!

Conquanto pudéssemos imaginar que a distorção poderia ser resolvida mediante a **restituição** do valor pago a maior, conclusão relativamente óbvia e derivada de princípios constitucionais, uma vez que a redação do art. 150, § 7.º, *além de inconstitucional* (em nossa opinião, que nada vale, posto que já fulminada pelo STF), foi também infeliz ao estipular a hipótese de restituição:

> § 7.º A lei poderá atribuir a sujeito passivo de obrigação tributária a condição de responsável pelo pagamento de imposto ou contribuição, cujo fato gerador deva ocorrer posteriormente, assegurada a imediata e preferencial restituição da quantia paga, **caso não se realize o fato gerador presumido**.

Não tardou para que alguém interpretasse o comando de forma **literal**, para entender que só seria cabível a restituição se o fato futuro *não se realizasse*, mas não se o valor da operação fosse inferior ao previamente estipulado.

---

de substituição tributária, é o referido preço por ele estabelecido. § 3.º Existindo preço final a consumidor sugerido pelo fabricante ou importador, poderá a lei estabelecer como base de cálculo este preço. § 4.º A margem a que se refere a alínea *c* do inciso II do *caput* será estabelecida com base em preços usualmente praticados no mercado considerado, obtidos por levantamento, ainda que por amostragem ou através de informações e outros elementos fornecidos por entidades representativas dos respectivos setores, adotando-se a média ponderada dos preços coletados, devendo os critérios para sua fixação ser previstos em lei. § 5.º O imposto a ser pago por substituição tributária, na hipótese do inciso II do *caput*, corresponderá à diferença entre o valor resultante da aplicação da alíquota prevista para as operações ou prestações internas do Estado de destino sobre a respectiva base de cálculo e o valor do imposto devido pela operação ou prestação própria do substituto. § 6.º Em substituição ao disposto no inciso II do *caput*, a base de cálculo em relação às operações ou prestações subsequentes poderá ser o preço a consumidor final usualmente praticado no mercado considerado, relativamente ao serviço, à mercadoria ou sua similar, em condições de livre concorrência, adotando-se para sua apuração as regras estabelecidas no § 4.º deste artigo".

O raciocínio, assaz grosseiro, surgiu no **Convênio n. 13/97** do ICMS, firmado por diversos Estados, e defende que "não cabe restituição quando a operação ou prestação subsequente à cobrança do imposto, sob a modalidade da substituição tributária, se realizar com valor inferior ou superior àquele estabelecido com base no art. 8.º da Lei Complementar 87/96"[12].

A constitucionalidade do Convênio n. 13/97 foi questionada na ADI 1.851/AL e o STF, por 7 votos a 3, **convalidou** a interpretação literal do art. 150, § 7.º, da Constituição.

Apesar do revés, os Estados de São Paulo e Pernambuco, que não haviam assinado o Convênio n. 13/97, editaram leis prevendo que em seus territórios seria **concedida a restituição** quando do pagamento de ICMS a maior, o que levou os governadores dos dois Estados a questionar tais normas no Supremo Tribunal Federal, por meio das ADI 2.675/PE e 2.777/SP, com o intuito de obter o mesmo entendimento esposado pela Corte no caso da ADI 1.851/AL.

O julgamento ficou empatado, em 5 votos a 5, por vários anos, até que em **outubro de 2016** a questão foi finalmente resolvida, dessa vez em favor do bom senso e em prol de uma interpretação lógica e sistemática da Constituição.

Com efeito, embora a ADI 1.851/AL tenha entendido pela constitucionalidade das pautas fiscais, restava ainda a discussão sobre o *alcance e os limites do mecanismo*, justamente o objeto das ADI propostas pelos governos de Pernambuco e São Paulo.

Em 19 de outubro de 2016, no julgamento do RE 593.849, com repercussão geral, o STF decidiu, por 7 votos a 3, que **é devida a restituição** de valores pagos a maior nos casos de substituição tributária progressiva do ICMS.

O Supremo pacificou o assunto com a seguinte tese:

É devida a restituição da diferença do Imposto sobre Circulação de Mercadorias e Serviços — ICMS pago a mais no regime de substituição tributária para a frente se a base de cálculo efetiva da operação for inferior à presumida.

Decidiu-se, ainda, pela **modulação** dos efeitos do julgamento, para que o precedente fixado pelo STF passasse a orientar as centenas de processos acerca da matéria em trâmite no Poder Judiciário e os casos futuros oriundos de antecipação do pagamento de fato gerador presumido realizada após a decisão, tendo em conta o necessário realinhamento das administrações fazendárias dos Estados, o que representou uma justa vitória não só dos contribuintes, mas do sistema jurídico como um todo.

Logo após a apreciação do RE 593.849, o STF também encerrou os julgamentos das ADI 2.675 e 2.777, que estavam suspensos desde 2009. Coube ao Ministro Luís Roberto Barroso o voto de **desempate**, que repetiu a tese por ele defendida momentos antes, para reconhecer a possibilidade de restituição do ICMS pago a mais quando a base de cálculo da operação posterior for inferior à presumida.

---

[12] Cláusula Segunda do Convênio n. 13/97.

10.2.2. Substituição tributária regressiva

A substituição tributária **regressiva** ou *para trás* materializa-se depois de ocorrido o fato jurídico, de modo que o substituto tributário se encontra em posição posterior ao substituído, dentro de uma cadeia econômica ou produtiva.

Neste modelo, que se caracteriza pelo **diferimento** no recolhimento do tributo, também se destaca a conveniência da fazenda pública, que atribui ao sujeito posterior da cadeia, com maior capacidade organizacional e relevância econômica, recolher o valor já devido nas etapas anteriores.

Exemplo: As grandes empresas que industrializam leite para comercialização podem ser substitutas tributárias dos seus milhares de fornecedores, que normalmente são pequenos e médios fazendeiros. Nessa hipótese respondem, na qualidade de adquirentes, pelos tributos devidos pelos alienantes até o momento da aquisição. Para as autoridades fiscais é muito mais simples auditar um punhado de grandes empresas do que inúmeros produtores rurais, que normalmente atuam de forma precária em termos de registros contábeis e cumprimento de obrigações acessórias.

Na substituição tributária para trás **não há qualquer prejuízo** aos contribuintes, pois, como os fatos tributáveis antecedem o efetivo pagamento, os efeitos econômicos deles decorrentes já foram absorvidos pela cadeia produtiva, sem impacto negativo nos preços praticados, ou seja, sem a introdução de custos artificiais, que acabam por onerar os consumidores finais.

Por fim, destacamos que, de acordo com o art. 6.º da Lei Complementar n. 87/96, a substituição tributária pode ser **concomitante**, quando duas operações ocorrem ao mesmo tempo e um dos sujeitos passivos substitui o outro em relação à obrigação principal.

Exemplo:

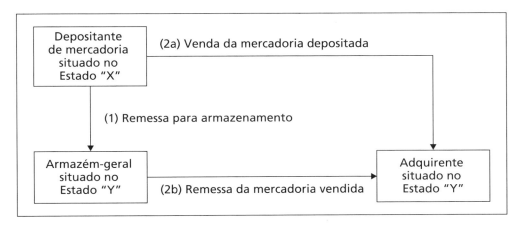

No **exemplo**, o depositante remete a mercadoria para armazém-geral localizado no Estado "Y" (operação 1). Posteriormente, ele negocia a venda da mercadoria para um adquirente localizado no Estado "Y", em que a mercadoria está armazenada (operação 2a). Assim, a substituição tributária decorrente da operação 2a (venda de mercadoria por contribuinte de outro Estado) será concomitante à remessa da mercadoria, pelo armazém-geral, para o adquirente (operação 2b). O ICMS incidente na operação é devido ao Estado "Y", por força da localização do armazém-geral, que deverá recolher o ICMS como substituto do depositante (a nota fiscal emitida pelo depositante não contém destaque de ICMS).

10.3. RESPONSABILIDADE POR SUCESSÃO

Nos casos de **sucessão**, o direito tributário normalmente atribui ao sucessor a responsabilidade pelos tributos devidos pelo sucedido. Em tese, não se cuida de solidariedade, pois o sucedido normalmente desaparece[13] e a obrigação tributária remanescente é transferida para o sucessor, que assume o bem, negócio ou atividade que ensejou a tributação.

O Código Tributário Nacional dispõe sobre a responsabilidade por sucessão nos arts. 129 a 133, que examinaremos a seguir.

> **Art. 129.** O disposto nesta Seção aplica-se por igual aos créditos tributários definitivamente constituídos ou em curso de constituição à data dos atos nela referidos, e aos constituídos posteriormente aos mesmos atos, desde que relativos a obrigações tributárias surgidas até a referida data.

A responsabilidade por sucessão parte da premissa da **continuidade econômica** dos bens, direitos e obrigações transferidos ao sucessor e alcança os débitos fiscais pre-existentes, já lançados, bem assim aqueles que porventura forem apurados posteriormente à sucessão, desde que relativos a fatos jurídicos ocorridos antes desta.

Diferentemente do que se possa imaginar, a transferência de uma dívida tributária para o sucessor não fere a lógica jurídica nem impõe às pessoas um ônus adicional, pois o débito está **limitado** à expressão econômica do bem ou direito transferido, como ocorre nos casos de herança, em que o patrimônio do falecido suporta eventuais dívidas tributárias existentes antes do evento morte.

Inexiste, portanto, a transferência pura e simples de um débito tributário, pois se presume a capacidade econômica do sucessor a partir dos bens e direitos sobre os quais passa a exercer titularidade. A sucessão não se constitui em penalidade, mas respeita a tese de que *quem recebe o bônus deve responder pelo ônus*.

Do mesmo modo que na substituição tributária, na sucessão o regime jurídico aplicável é o do **contribuinte sucedido**, pois o sucessor não pratica os fatos que originaram a obrigação. Isso significa dizer que a norma secundária (de refração) apenas transfere a responsabilidade, tal qual como definida pela norma primária, incidente ao tempo da conduta praticada pela pessoa sucedida.

O Código Tributário Nacional, no art. 130, cuida da responsabilidade dos **adquirentes de imóveis**, ao determinar que, quando alguém adquire a propriedade ou os direitos relativos a imóveis de terceiros, passa a responder pelos créditos tributários porventura existentes:

---

[13] Há exceções, em que o sucedido não desaparece, como no caso do art. 133 do CTN, em que pode surgir uma responsabilidade subsidiária, como veremos mais adiante.

10 ■ Responsabilidade Tributária   483

> **Art. 130.** Os créditos tributários relativos a impostos cujo fato gerador seja a proprie-
> dade, o domínio útil ou a posse de bens imóveis, e bem assim os relativos a taxas pela
> prestação de serviços referentes a tais bens, ou a contribuições de melhoria, sub-ro-
> gam-se na pessoa dos respectivos adquirentes, salvo quando conste do título a prova
> de sua quitação.
> **Parágrafo único.** No caso de arrematação em hasta pública, a sub-rogação ocorre
> sobre o respectivo preço.

O comando do CTN alcança, por exemplo, impostos como o IPTU e o ITR, contribuições de melhoria decorrentes de obras públicas e taxas relativas ao próprio imóvel,
como as de limpeza pública ou conservação.

Com a aquisição do imóvel, o novo proprietário passa a responder, **exclusivamente**,
pelos tributos devidos antes da aquisição, salvo se constar do título prova de sua quitação. Dessa responsabilidade decorre a importância de o adquirente sempre exigir do
vendedor **certidões negativas** do imóvel, para que não seja surpreendido, depois de realizado o negócio, com débitos que nem imaginava existentes.

Na hipótese de as certidões apontarem débitos não quitados, o adquirente poderá,
durante a negociação, **ajustar o preço** do imóvel para que este reflita o ônus que será
obrigado a assumir, reduzindo-o na mesma proporção da dívida.

Destaque-se que o CTN atribui responsabilidade por sucessão a pessoas que detêm
alguma espécie de **poder** sobre o imóvel, como a *propriedade, o domínio útil e a posse*.
Essa responsabilidade por sucessão é do tipo *propter rem*, vale dizer, decorre de débitos
que acompanham a coisa.

O **proprietário**, de acordo com o Código Civil, é aquele que "tem a faculdade de
usar, gozar e dispor da coisa, e o direito de reavê-la do poder de quem quer que injusta-
mente a possua ou detenha"[14].

O **domínio útil** também encerra uma relação de poder, pela qual alguém, ao pagar
determinado valor a terceiro, passa a usufruir do bem e dele extrair os frutos, tanto assim que os arts. 29 e 32 do Código Tributário Nacional consideram o domínio útil como
condição suficiente para a incidência do IPTU e do ITR.

Já o **possuidor** é definido pelo art. 1.196 do Código Civil como *todo aquele que tem
de fato o exercício, pleno ou não, de algum dos poderes inerentes à propriedade.*

Assim, a aquisição de direitos relativos a qualquer das três qualificações jurídicas
terá o condão de trazer o novo titular para o polo passivo da obrigação tributária e essa
responsabilidade **não está limitada** ao valor do imóvel.

Como adverte Ives Gandra, o art. 130 não limita o valor dos créditos tributários[15]:
"se estes forem superiores ao valor do imóvel ou do tributo sobre o imóvel, nem por isso
os sucessores se exoneram da responsabilização tributária do sucedido. A não limitação
representa um princípio salutar, porque na composição do preço muitas vezes podem-se
deduzir os tributos pendentes, de tal maneira que aquele seria menor à medida que estes

---

[14] Código Civil, art. 1.228.

[15] Ives Gandra, *Comentários ao Código Tributário Nacional*, v. 2, p. 238.

fossem maiores e o Estado — se houvesse limite — fatalmente seria prejudicado sempre que o fator responsabilização determinasse o preço".

Importante ressaltar que o parágrafo único do art. 130 **excepciona** a ausência de um limite com base no preço, ao estabelecer que a sub-rogação da responsabilidade, nos casos de hasta pública, ocorre sobre o **preço da arrematação**, o que significa que o valor mínimo fixado em leilão deve, em tese, ser suficiente para quitar todos os débitos tributários relativos ao imóvel.

Na hipótese de o preço de arrematação ser inferior aos débitos, ocorrerá a automática **extinção do saldo**, pois o arrematante tem o direito de receber o bem livre de quaisquer ônus ou responsabilidades.

O art. 131 do Código Tributário Nacional veicula três hipóteses de **responsabilidade pessoal** na sucessão:

> **Art. 131.** São pessoalmente responsáveis:
>
> I — o adquirente ou remitente, pelos tributos relativos aos bens adquiridos ou remidos;
>
> II — o sucessor a qualquer título e o cônjuge meeiro, pelos tributos devidos pelo *de cujus* até a data da partilha ou adjudicação, limitada esta responsabilidade ao montante do quinhão do legado ou da meação;
>
> III — o espólio, pelos tributos devidos pelo *de cujus* até a data da abertura da sucessão.

A primeira hipótese atribui responsabilidade por sucessão para o **adquirente** ou **remitente**; aqui se cuida de todos os tributos relacionados ao bem adquirido, como o IPTU, IPVA e ITR (impostos reais), as contribuições de melhoria ou mesmo as contribuições previdenciárias devidas quando da construção de imóveis.

Note-se, ainda, que o comando é abrangente e não se destina apenas aos imóveis, mas a quaisquer tipos de bens adquiridos (como automóveis, por exemplo).

Também será pessoalmente responsável o **remitente** (pessoa que resgata bens de terceiros penhorados ou comprometidos). Aqui se trata de **remição** do verbo *remir*, que é o ato de pagar, quitar ou resgatar uma dívida, e não deve ser confundida com a **remissão** (do verbo "remitir"), prevista no art. 156 do CTN, que implica o perdão de uma dívida ou obrigação.

Situação interessante ocorre com o evento morte, em que várias pessoas podem figurar como sucessoras (herdeiros, testamentários, legatários e o próprio espólio). Na verdade, a morte de um indivíduo dispara várias situações de responsabilidade.

Quando alguém morre, abre-se a **sucessão**, com a transmissão da herança para os herdeiros legítimos (descendentes, em concorrência com o cônjuge sobrevivente) e demais pessoas previstas em lei[16].

Como a herança representa um **todo unitário**, que é a universalidade de bens, direitos e obrigações do falecido, na apuração do patrimônio, até o momento da partilha, os herdeiros atuam em **condomínio**.

---

[16] A ordem completa da sucessão legítima está prevista no art. 1.829 do Código Civil.

A contar da abertura da sucessão, deverá ser instaurado o processo de **inventário** do patrimônio deixado pelo falecido, perante o juízo competente, que é o do lugar do seu último domicílio[17].

Assim, o **espólio** responderá pelos tributos devidos até a abertura da sucessão (morte), que deverão ser quitados durante a fase processual do inventário. O requerimento do inventário deve ser feito pelo **inventariante**, que normalmente é escolhido dentre os herdeiros para administrar o espólio perante a justiça.

O principal objetivo do inventário é a apuração do **patrimônio positivo** do falecido (deduzidas eventuais dívidas e tributos, como o ITCMD), para que o saldo remanescente possa ser distribuído entre os herdeiros. Conforme a lógica do sistema jurídico brasileiro, a responsabilidade dos herdeiros limita-se ao **quinhão recebido**, pois não são transmitidas dívidas dissociadas do patrimônio ou dos direitos a receber.

O inventário se encerra com o **formal de partilha**, que atribui a parcela correspondente a cada herdeiro. A partir desse momento os sucessores, em relação aos bens recebidos, tornam-se contribuintes, pois passarão a sofrer diretamente a incidência tributária.

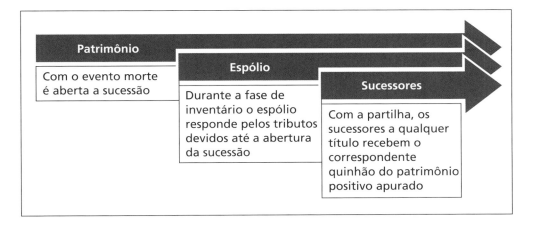

No caso do **cônjuge meeiro**, a responsabilidade também fica limitada ao montante do quinhão recebido, porque a metade original dos seus bens obviamente não participa do inventário e sobre esta, que lhe pertence, ele é sempre contribuinte.

Exemplo: Se o marido vem a falecer e o casal possuía, em comunhão de bens, patrimônio de R$ 2.000.000,00, somente a metade (R$ 1.000.000,00) será levada a inventário e futuramente partilhada entre os herdeiros, pois a esposa, como cônjuge meeira, já é proprietária da outra metade. Independentemente disso, o cônjuge sobrevivente participa da divisão promovida pelo formal de partilha ao término do processo de inventário, com quinhão igual ao dos demais sucessores.

---

[17] O inventário pode ser simplificado, sob o rito de arrolamento comum, quando a herança for de pequeno valor (igual ou inferior a 1.000 salários mínimos).

10.3.1. Responsabilidade nas reorganizações societárias

Sob a rubrica genérica de **reorganizações societárias** podemos albergar todas as formas de alteração da composição do quadro societário de determinada empresa, bem como o resultado de alienação das participações societárias, como nos casos de aquisição, incorporação, fusão ou cisão.

Com o advento da globalização, o processo de reorganização de grandes empresas observou notável crescimento, sendo bastante comum nos dias de hoje, tanto pela necessidade de enfrentar uma concorrência mais acirrada como em busca de economia nas operações, inclusive de natureza tributária.

A dinâmica atual não era o cenário ao tempo da elaboração do Código Tributário Nacional, de forma que o texto só previu **três formas** de reorganização societária, e em todas o resultado aponta para uma **única entidade**, que será a responsável pelos tributos porventura devidos, como se observa da leitura do art. 132:

> **Art. 132.** A pessoa jurídica de direito privado que resultar de fusão, transformação ou incorporação de outra ou em outra é responsável pelos tributos devidos até à data do ato pelas pessoas jurídicas de direito privado fusionadas, transformadas ou incorporadas.
> **Parágrafo único.** O disposto neste artigo aplica-se aos casos de extinção de pessoas jurídicas de direito privado, quando a exploração da respectiva atividade seja continuada por qualquer sócio remanescente, ou seu espólio, sob a mesma ou outra razão social, ou sob firma individual.

A **fusão**, como se sabe, decorre da reunião de duas ou mais empresas, que formam uma terceira, que as sucederá para todos os fins. O instituto é regulado pelo art. 1.119 do Código Civil:

> **Art. 1.119.** A fusão determina a extinção das sociedades que se unem, para formar sociedade nova, que a elas sucederá nos direitos e obrigações.

Exemplo: Fusão das empresas "A" e "B", que resultam na empresa "C".

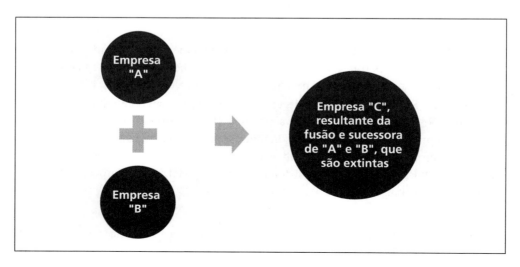

A **transformação**, por seu turno, advém da troca de "roupagem jurídica" da empresa, que passa a ser constituída sob novo regramento, como do caso da abertura de capital, em que uma empresa limitada (Ltda.) passa a oferecer ações em bolsa de valores (S/A).

De acordo com o Código Civil, a transformação possui as seguintes características:

> **Art. 1.113.** O ato de transformação independe de dissolução ou liquidação da sociedade, e obedecerá aos preceitos reguladores da constituição e inscrição próprios do tipo em que vai converter-se.
> **Art. 1.114.** A transformação depende do consentimento de todos os sócios, salvo se prevista no ato constitutivo, caso em que o dissidente poderá retirar-se da sociedade, aplicando-se, no silêncio do estatuto ou do contrato social, o disposto no art. 1.031.
> **Art. 1.115.** A transformação não modificará nem prejudicará, em qualquer caso, os direitos dos credores.

A **Lei das Sociedades Anônimas** (Lei n. 6.404/76) veicula o conceito de transformação de modo mais preciso, ao estabelecer que:

> **Art. 220.** A transformação é a operação pela qual a sociedade passa, independentemente de dissolução e liquidação, de um tipo para outro.
> **Parágrafo único.** A transformação obedecerá aos preceitos que regulam a constituição e o registro do tipo a ser adotado pela sociedade.

Exemplo: Transformação da empresa "A" na empresa "B".

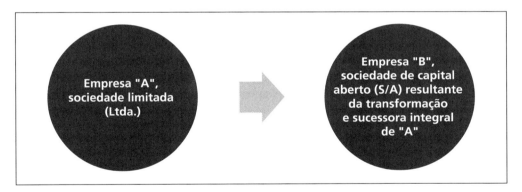

Na **incorporação** uma empresa é adquirida por outra e desaparece, pois o seu patrimônio passa a integrar o da incorporadora, que responderá pelos tributos devidos. Isso normalmente ocorre quando uma empresa maior incorpora outra menor, mas a experiência tributária tem demonstrado casos peculiares, denominados *incorporações às avessas*, com o objetivo de aproveitar determinados benefícios fiscais.

O Código Civil regula a incorporação nos seguintes termos:

> **Art. 1.116.** Na incorporação, uma ou várias sociedades são absorvidas por outra, que lhes sucede em todos os direitos e obrigações, devendo todas aprová-la, na forma estabelecida para os respectivos tipos.

> **Art. 1.117.** A deliberação dos sócios da sociedade incorporada deverá aprovar as bases da operação e o projeto de reforma do ato constitutivo.
>
> § 1.º A sociedade que houver de ser incorporada tomará conhecimento desse ato, e, se o aprovar, autorizará os administradores a praticar o necessário à incorporação, inclusive a subscrição em bens pelo valor da diferença que se verificar entre o ativo e o passivo.
>
> § 2.º A deliberação dos sócios da sociedade incorporadora compreenderá a nomeação dos peritos para a avaliação do patrimônio líquido da sociedade, que tenha de ser incorporada.
>
> **Art. 1.118.** Aprovados os atos da incorporação, a incorporadora declarará extinta a incorporada, e promoverá a respectiva averbação no registro próprio.

Exemplo: Incorporação da empresa "A" pela empresa "B", com a extinção da primeira.

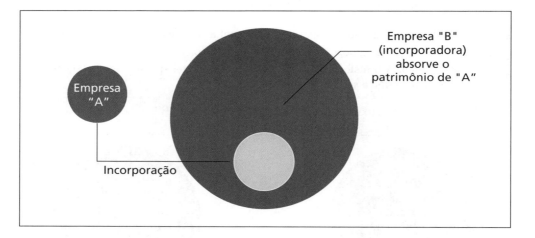

O Código Tributário Nacional não cuidou da **cisão**, que ocorre quando uma empresa maior se divide em duas ou mais empresas menores, instituto que só foi regulado pela Lei da S/A dez anos depois.

Com efeito, o art. 229 da Lei n. 6.404/76 esclarece que:

> **Art. 229.** A cisão é a operação pela qual a companhia transfere parcelas do seu patrimônio para uma ou mais sociedades, constituídas para esse fim ou já existentes, extinguindo-se a companhia cindida, se houver versão de todo o seu patrimônio, ou dividindo-se o seu capital, se parcial a versão.
>
> § 1.º Sem prejuízo do disposto no art. 233, a sociedade que absorver parcela do patrimônio da companhia cindida sucede a esta nos direitos e obrigações relacionados no ato da cisão; no caso de cisão com extinção, as sociedades que absorverem parcelas do patrimônio da companhia cindida sucederão a esta, na proporção dos patrimônios líquidos transferidos, nos direitos e obrigações não relacionados.

> § 2.º Na cisão com versão de parcela do patrimônio em sociedade nova, a operação será deliberada pela assembleia-geral da companhia à vista de justificação que incluirá as informações de que tratam os números do art. 224; a assembleia, se a aprovar, nomeará os peritos que avaliarão a parcela do patrimônio a ser transferida, e funcionará como assembleia de constituição da nova companhia.
> § 3.º A cisão com versão de parcela de patrimônio em sociedade já existente obedecerá às disposições sobre incorporação.
> § 4.º Efetivada a cisão com extinção da companhia cindida, caberá aos administradores das sociedades que tiverem absorvido parcelas do seu patrimônio promover o arquivamento e publicação dos atos da operação; na cisão com versão parcial do patrimônio, esse dever caberá aos administradores da companhia cindida e da que absorver parcela do seu patrimônio.
> § 5.º As ações integralizadas com parcelas de patrimônio da companhia cindida serão atribuídas a seus titulares, em substituição às extintas, na proporção das que possuíam; a atribuição em proporção diferente requer aprovação de todos os titulares, inclusive das ações sem direito a voto.

Exemplo: Cisão da empresa "A", com transferência do patrimônio para as empresas "B" e "C".

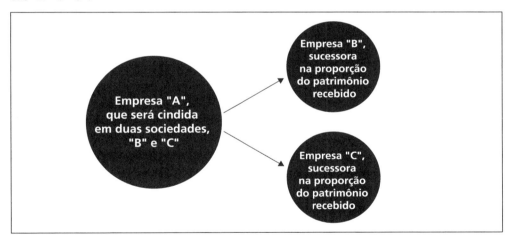

Ao contrário do que ocorre nos casos de fusão, incorporação e transformação, quando todo o patrimônio resultante da operação converge para uma única empresa, que será **sucessora integral** das sociedades extintas, na cisão podem, em tese, surgir problemas em relação à atribuição de responsabilidade.

Para evitar **fraudes**, entendemos que deve haver equilíbrio entre o patrimônio cindido e os correspondentes débitos tributários transferidos, vale dizer, cada sociedade resultante deve assumir responsabilidades na proporção do patrimônio vertido. Do contrário, seria possível imaginar uma situação em que, dolosamente, os controladores da empresa a ser cindida criassem duas ou mais empresas, carreando para uma todos os bens e direitos e para outra somente as obrigações, com o objetivo de blindar o seu patrimônio. Essa segunda empresa, que não teria como gerar receitas, estaria fadada ao fracasso e com ela restariam sem pagamento os débitos, tributários ou de outros credores.

Defendemos que as operações de cisão devam ser acompanhadas de perto pelas autoridades, a fim de assegurar que o patrimônio entregue a cada nova empresa seja **proporcional** e **suficiente** para o cumprimento de suas obrigações tributárias, na qualidade de sucessoras.

Qualquer desrespeito a esse critério de proporcionalidade, a nosso ver, implicaria colocar todas as empresas resultantes da operação na qualidade de **responsáveis solidárias**, pela totalidade das dívidas anteriores à cisão.

Outra questão relevante diz respeito à possibilidade de imputar, na responsabilidade por sucessão, o dever de recolher as **multas** decorrentes de infrações praticadas pelo contribuinte originário.

Sempre defendemos que a responsabilidade do sucessor é **integral**, englobando tributos e multas, inclusive as de natureza punitiva, até porque, quando o patrimônio é totalmente transferido para o sucessor, este deve assumir os ônus dele decorrentes, o que tornaria qualquer discussão acerca da natureza das multas ineficaz.

Some-se a isso o fato de que, se a pessoa sucedida *não existe mais nem possui patrimônio*, o poder público simplesmente não teria de quem exigir o encargo, seja pela ausência de sujeito na relação obrigacional, seja pela inexistência de qualquer bem ou ativo que pudesse garantir a execução da dívida.

Ademais, não podemos olvidar que as multas **integram** o conceito de crédito tributário e devem, portanto, ter as mesmas garantias conferidas aos tributos.

Ainda assim, parte relevante da doutrina entende de forma distinta: enquanto alguns defendem que somente as multas *não punitivas* poderiam ser transferidas ao sucessor, outros vão ainda mais longe, para afirmar, por exemplo, que na incorporação somente os tributos deveriam ser assumidos pela empresa incorporadora.

Felizmente, o Superior Tribunal de Justiça, na esteira da jurisprudência construída ao longo dos anos, pacificou o entendimento sobre a matéria ao editar, em 2015, a Súmula 554, que não deixa margem para dúvidas:

SÚMULA 554 DO STJ: Na hipótese de sucessão empresarial, a responsabilidade da sucessora abrange não apenas os tributos devidos pela sucedida, **mas também as multas moratórias ou punitivas** referentes a fatos geradores ocorridos até a data da sucessão.

A matéria já havia sido apreciada pelo STJ, em sede de recurso repetitivo, quando do julgamento do REsp 923.012/MG:

TRIBUTÁRIO. RECURSO ESPECIAL. RECURSO ESPECIAL REPRESENTATIVO DE CONTROVÉRSIA. ART. 543-C, DO CPC. RESPONSABILIDADE POR INFRAÇÃO. SUCESSÃO DE EMPRESAS. ICMS. BASE DE CÁLCULO. VALOR DA OPERAÇÃO MERCANTIL. INCLUSÃO DE MERCADORIAS DADAS EM BONIFICAÇÃO. DESCONTOS INCONDICIONAIS. IMPOSSIBILIDADE. LC N. 87/96. MATÉRIA DECIDIDA PELA 1.ª SEÇÃO, NO RESP 1111156/SP, SOB O REGIME DO ART. 543-C DO CPC.

10 ■ Responsabilidade Tributária

1. A responsabilidade tributária do sucessor abrange, além dos tributos devidos pelo sucedido, as multas moratórias ou punitivas, que, por representarem dívida de valor, acompanham o passivo do patrimônio adquirido pelo sucessor, desde que seu fato gerador tenha ocorrido até a data da sucessão.

2. (...) A hipótese de sucessão empresarial (fusão, cisão, incorporação), assim como nos casos de aquisição de fundo de comércio ou estabelecimento comercial e, principalmente, nas configurações de sucessão por transformação do tipo societário (sociedade anônima transformando-se em sociedade por cotas de responsabilidade limitada, *v.g.*), em verdade, não encarta sucessão real, mas apenas legal. O sujeito passivo é a pessoa jurídica que continua total ou parcialmente a existir juridicamente sob outra "roupagem institucional". Portanto, a multa fiscal não se transfere, simplesmente continua a integrar o passivo da empresa que é: a) fusionada; b) incorporada; c) dividida pela cisão; d) adquirida; e) transformada (Sacha Calmon Navarro Coêlho, in *Curso de direito tributário brasileiro*, Ed. Forense, 9. ed., p. 701).

10.3.2. Responsabilidade pela aquisição de fundo de comércio

A chamada responsabilidade pela aquisição de fundo de comércio deve ser entendida, atualmente, de forma mais ampla, como responsabilidade pela **sucessão de empresas**, posto que a expressão "fundo de comércio" remonta a legislação bastante antiga, que hoje não reflete a ideia central do dispositivo, qual seja, o adquirente de um negócio responde pelos débitos do alienante.

Vejamos a redação do art. 133 do Código Tributário Nacional:

Art. 133. A pessoa natural ou jurídica de direito privado que adquirir de outra, por qualquer título, fundo de comércio ou estabelecimento comercial, industrial ou profissional, e continuar a respectiva exploração, sob a mesma ou outra razão social ou sob firma ou nome individual, responde pelos tributos, relativos ao fundo ou estabelecimento adquirido, devidos até à data do ato:

I — integralmente, se o alienante cessar a exploração do comércio, indústria ou atividade;

II — subsidiariamente com o alienante, se este prosseguir na exploração ou iniciar dentro de seis meses a contar da data da alienação, nova atividade no mesmo ou em outro ramo de comércio, indústria ou profissão.

§ 1.º O disposto no *caput* deste artigo não se aplica na hipótese de alienação judicial:

I — em processo de falência;

II — de filial ou unidade produtiva isolada, em processo de recuperação judicial.

§ 2.º Não se aplica o disposto no § 1.º deste artigo quando o adquirente for:

I — sócio da sociedade falida ou em recuperação judicial, ou sociedade controlada pelo devedor falido ou em recuperação judicial;

II — parente, em linha reta ou colateral até o 4.º (quarto) grau, consanguíneo ou afim, do devedor falido ou em recuperação judicial ou de qualquer de seus sócios; ou

III — identificado como agente do falido ou do devedor em recuperação judicial com o objetivo de fraudar a sucessão tributária.

---

§ 3.º Em processo da falência, o produto da alienação judicial de empresa, filial ou unidade produtiva isolada permanecerá em conta de depósito à disposição do juízo de falência pelo prazo de 1 (um) ano, contado da data de alienação, somente podendo ser utilizado para o pagamento de créditos extraconcursais ou de créditos que preferem ao tributário.

A análise do comando deve ser feita em **duas etapas:** a primeira parte cuida da responsabilidade do sucessor ser integral ou subsidiária, de acordo com a postura do alienante depois da venda da empresa, enquanto os parágrafos do artigo foram inseridos posteriormente, em função das alterações na legislação falimentar, promovidas em 2005.

Interessante notar que o **tipo de responsabilidade** atribuída ao adquirente depende de uma conjunção de fatores:

a) O adquirente continuar a explorar a empresa, com a mesma ou outra razão social;

b) O alienante cessar a exploração do comércio, indústria ou atividade vendida (responsabilidade integral do adquirente);

c) O alienante prosseguir na exploração do negócio ou iniciar, dentro de seis meses da alienação, nova atividade em qualquer ramo de negócio (responsabilidade subsidiária do adquirente).

Conquanto o legislador do Código não tenha sido feliz na redação do dispositivo, parece-nos que a sua intenção foi evitar fraudes, com a transferência "apenas no papel" da empresa a terceiros, que assumiriam o ônus de todas as dívidas do negócio, independentemente de possuírem capacidade econômica, com a consequente exoneração da responsabilidade do alienante, que poderia abrir uma nova empresa "zerada", ou seja, sem qualquer débito.

Exemplo: João resolve vender sua padaria, que é lucrativa, mas tem vários débitos tributários, a Maria, com o intuito de transferir a ela todo o passivo da empresa. A venda ocorre mediante simulação, na qual Maria, que não possui capacidade econômica nem conhecimento do negócio, assume dívidas que certamente não terá condições de pagar. Em paralelo, João, agora livre dos débitos, abre uma nova padaria, aproveitando-se do seu conhecimento e clientela. Este novo negócio, tão bom quanto o anterior, nasceria sem qualquer ônus tributário e certamente traria a João lucros ainda maiores.

Penso que, para evitar situações como a do exemplo, o art. 133 do CTN condicionou a **responsabilidade integral** do adquirente (Maria) ao fato de o alienante (João) cessar completamente a exploração de qualquer negócio ou atividade. Caso João prossiga como empresário no ramo de panificação ou inicie qualquer outro negócio nos seis meses posteriores à alienação, o sucessor (Maria) responderá **subsidiariamente**, ou seja, o poder público exigirá diretamente do próprio alienante o valor dos débitos por ele contraídos, reservando a alternativa de cobrança do adquirente somente no caso de insolvência ou qualquer impossibilidade em relação ao primeiro.

Ressalte-se, ainda, que não se enquadram nas hipóteses de responsabilidade por sucessão de empresas as situações em que houver mera **aquisição** ou **locação** do imóvel da entidade[18], sem exploração da atividade econômica antes exercida, tampouco simples **alterações** no quadro societário, em que inexiste modificação do sujeito passivo[19].

A partir do raciocínio exposto e dos comandos relativos à matéria no CTN podemos concluir que a responsabilidade dos sucessores pode ser *exclusiva, solidária, subsidiária ou por substituição*.

Com o advento da Lei Complementar n. 118/2005, o art. 133 sofreu o acréscimo de três parágrafos, todos relacionados aos procedimentos de **falência** e de **recuperação judicial**, no sentido de que o adquirente de fundo de comércio ou estabelecimento comercial não responde pelos débitos da empresa adquirida, salvo se for sócio, parente (até o 4.º grau) ou agente do falido ou devedor.

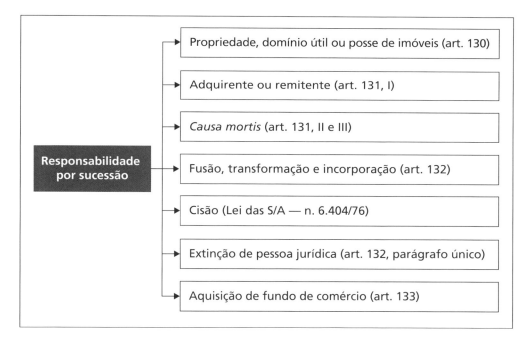

10.4. RESPONSABILIDADE DE TERCEIROS

Sob o redundante nome de "responsabilidade de terceiros", o art. 134 do Código Tributário Nacional, um dos dispositivos mais solicitados em concursos, estabelece a **responsabilidade expressa** e **solidária** de determinadas pessoas em relação a fatos por contribuintes que não tenham como cumprir suas obrigações.

Essa impossibilidade pode decorrer de várias situações, como a incapacidade civil dos menores ou a falta de condições para exprimir sua vontade no caso dos interditos, que se sujeitam ao instituto da curatela.

---

[18] Conforme o REsp 108.873/SP.
[19] REsp 300.180/SP.

Parte relevante da doutrina defende que a responsabilidade de terceiros, nas hipóteses do art. 134, deve ser entendida como **subsidiária**, a despeito do vocábulo "solidários", porque a expressão *impossibilidade de exigência do cumprimento da obrigação principal pelo contribuinte* exige o esgotamento das tentativas de alcançar o titular da obrigação, para só depois, quando constatado que este não tem condições de cumprir o seu dever, exigi-lo dos terceiros previstos no dispositivo.

Concordamos com essa posição até em razão do próprio conceito de capacidade tributária passiva, que, como sabemos, é **plena**, de tal modo que, diante da **impossibilidade** de se exigir o cumprimento da obrigação pelo contribuinte, surgirá a responsabilidade automática de pessoas relacionados ao fato jurídico, quando nele intervierem ou dele se omitirem:

> **Art. 134.** Nos casos de impossibilidade de exigência do cumprimento da obrigação principal pelo contribuinte, respondem solidariamente com este nos atos em que intervierem ou pelas omissões de que forem responsáveis:
>
> I — os pais, pelos tributos devidos por seus filhos menores;
>
> II — os tutores e curadores, pelos tributos devidos por seus tutelados ou curatelados;
>
> III — os administradores de bens de terceiros, pelos tributos devidos por estes;
>
> IV — o inventariante, pelos tributos devidos pelo espólio;
>
> V — o síndico e o comissário, pelos tributos devidos pela massa falida ou pelo concordatário;
>
> VI — os tabeliães, escrivães e demais serventuários de ofício, pelos tributos devidos sobre os atos praticados por eles, ou perante eles, em razão do seu ofício;
>
> VII — os sócios, no caso de liquidação de sociedade de pessoas.
>
> **Parágrafo único.** O disposto neste artigo só se aplica, em matéria de penalidades, às de caráter moratório.

Existem diversas situações no mundo real em que o contribuinte de determinado tributo não pode ser alcançado, no momento da conduta, pela respectiva legislação.

O papel do CTN, neste passo, é o de atribuir responsabilidade a pessoas que de alguma forma poderão agir em **nome do contribuinte**, suprindo de forma satisfatória o interesse do poder público, especialmente em relação ao pagamento dos tributos devidos.

Ao admitirmos que a responsabilidade prevista no art. 134 é subsidiária, a consequência natural é que, cessada a situação ou circunstância que impossibilitou a cobrança diretamente do contribuinte, nada impede que isso volte a ser feito, posto ser ele, desde sempre, o sujeito passivo original da obrigação tributária.

A responsabilidade prevista pelo CTN alcança **qualquer tributo** que possa ter a participação ou omissão dos responsáveis, sem prejuízo de o legislador ordinário estabelecer hipóteses **adicionais** para casos específicos. Nesse sentido, devemos entender que o rol veiculado pelo Código não é taxativo e pode ser complementado na forma que dispuser a lei.

Para entendermos a sistemática e o alcance da responsabilidade atribuída a terceiros, podemos analisar o caso dos pais que devem responder pelos filhos menores de idade (art. 134, I).

Exemplo: Imaginemos uma criança que participa de uma grande campanha publicitária e recebe um cachê de R$ 50.000,00. Por óbvio que ela não pode ser compelida a declarar e recolher o tributo, por absoluta incapacidade, reconhecida pelo sistema jurídico. Surgirá, portanto, a responsabilidade dos pais, que, por hipótese, levaram a criança a uma agência de talentos, negociaram os termos do contrato e concretizaram o negócio. Embora o **contribuinte** para fins do imposto de renda seja o menor, o CTN determina que os pais deverão ser **responsáveis** pelas declarações necessárias ao Fisco e pelo recolhimento do tributo, pois participaram diretamente do fato jurídico que fez surgir a tributação. Como os pais são solidários entre si, qualquer um deles poderá cumprir as obrigações decorrentes da renda auferida pelo filho.

Uma situação interessante surgiria se, no exemplo dado, os pais da criança fossem separados judicialmente e a guarda, por hipótese, coubesse à mãe, que, **sozinha**, levou a criança à agência e negociou o contrato, sem o conhecimento ou anuência expressa do pai. Nesse caso, podemos admitir que o pai **não seria responsável** pelo imposto de renda, pois não interveio no fato jurídico. Isso nos leva a concluir que a intervenção ou omissão reclamada pelo Código deve ser direta, ou seja, deve ser provado o vínculo entre o fato jurídico e a conduta ou omissão do responsável.

No mesmo sentido, o dispositivo não determina que o responsável haverá de responder pela obrigação com o seu **próprio patrimônio**, pois o contribuinte, embora incapaz ou impossibilitado de agir, possui capacidade econômica, revelada pela própria existência do tributo, que deve alcançar o seu patrimônio ou renda, por exemplo.

Apenas nas hipóteses em que o patrimônio do contribuinte for *inexistente, insuficiente ou desconhecido* é que se deve exigir do responsável a entrega ou sacrifício de seus próprios bens.

O raciocínio até aqui desenvolvido pode ser aplicado aos demais incisos, como no caso da responsabilidade dos **tutores** e **curadores** em relação aos tributos devidos por seus tutelados ou curatelados ou dos **administradores** de bens de terceiros pelos tributos devidos por estes.

A **tutela** é uma forma de proteção do menor e ocorre em duas situações, conforme previsto no art. 1.728 do Código Civil:

> **Art. 1.728.** Os filhos menores são postos em tutela:
>
> I — com o falecimento dos pais, ou sendo estes julgados ausentes;
>
> II — em caso de os pais decaírem do poder familiar.

Trata-se de instituto que tem por objetivo garantir a integridade física, moral e patrimonial de menores, a ser exercido por pessoas designadas pelos próprios pais, de comum acordo, ou pela autoridade judicial, quando os pais do menor forem desconhecidos, destituídos do poder familiar ou falecidos.

Os tutores têm a incumbência de **administrar os bens** do menor, sob inspeção do juiz, razão pelo qual o CTN lhes atribui a responsabilidade de cumprir as obrigações tributárias decorrentes desse patrimônio.

496 Direito Tributário Esquematizado   *Roberto Caparroz*

A **curatela** é um instituto semelhante ao da tutela e alcança, segundo os arts. 1.767 e seguintes do Código Civil, pessoas cuja incapacidade seja transitória ou permanente, o que as impede de exprimir sua vontade, os ébrios habituais e os viciados em drogas e os pródigos. Essas pessoas são consideradas interditas e deverão receber do curador e do próprio Estado o apoio necessário para a convivência familiar e comunitária.

Convém ressaltar que, para fins de **penalidade**, a responsabilidade do art. 134 só se aplica em relação às **multas moratórias** (decorrentes de atraso no pagamento), mas não alcançam as chamadas multas de ofício, por descumprimento de obrigação tributária.

Também são pessoalmente responsáveis pelos créditos tributários as pessoas que atuarem com **excesso de poderes** ou *infração à lei, contrato social ou estatutos*, como os mandatários, prepostos, diretores, gerentes ou representantes das empresas. Isso permite que eventual autuação contra a pessoa jurídica possa também trazer para o polo passivo da obrigação os seus **dirigentes**, desde que comprovada a conduta dolosa das pessoas envolvidas.

> **Art. 135.** São pessoalmente responsáveis pelos créditos correspondentes a obrigações tributárias resultantes de atos praticados com excesso de poderes ou infração de lei, contrato social ou estatutos:
> I — as pessoas referidas no artigo anterior;
> II — os mandatários, prepostos e empregados;
> III — os diretores, gerentes ou representantes de pessoas jurídicas de direito privado.

A responsabilização, nessas hipóteses, não decorre apenas da falta de pagamento do tributo, mas da comprovação, pelas autoridades competentes, da deliberada intenção de prejudicar os interesses da Fazenda Pública.

> **SÚMULA 430 DO STJ:** O inadimplemento da obrigação tributária pela sociedade não gera, por si só, a responsabilidade solidária do sócio-gerente.

10.5. RESPONSABILIDADE POR INFRAÇÕES

O Código Tributário Nacional, no art. 136, adotou a teoria da **responsabilidade objetiva** no caso de infrações, de sorte que para a aplicação de penalidades pouco importa a **intenção** do agente (culpa ou dolo), a **efetividade** (não existe a figura da simples tentativa), **natureza** e **extensão** dos efeitos do ato.

> **Art. 136.** Salvo disposição de lei em contrário, a responsabilidade por infrações da legislação tributária independe da intenção do agente ou do responsável e da efetividade, natureza e extensão dos efeitos do ato.

Para o direito tributário basta o descumprimento da norma para a imposição das penalidades. Não faz diferença, num primeiro momento, se o indivíduo quis ou não pagar o tributo, tampouco se tinha condições econômicas de fazer frente à exigência do montante.

A responsabilidade objetiva equaliza o entendimento acerca das penalidades e transfere discussões mais profundas ou detalhadas para o Poder Judiciário, que terá condições de cotejar os dispositivos do CTN com os preceitos constitucionais e as garantias individuais.

A existência de dolo ou culpa é **irrelevante** para o nascimento das penalidades, mas é óbvio que estas serão mais gravosas sempre que restar comprovada a ocorrência de **fraudes** ou **simulação**.

A vontade do agente não serve como argumento contra a responsabilização, embora nos casos concretos a comprovação da intenção seja importante para a **dosimetria** das sanções aplicáveis, conforme dispuserem as normas específicas de cada tributo.

O Código Tributário Nacional estabelece, ainda, situações em que a responsabilidade será **pessoal** do agente:

> **Art. 137.** A responsabilidade é pessoal ao agente:
>
> I — quanto às infrações conceituadas por lei como crimes ou contravenções, salvo quando praticadas no exercício regular de administração, mandato, função, cargo ou emprego, ou no cumprimento de ordem expressa emitida por quem de direito;
>
> II — quanto às infrações em cuja definição o dolo específico do agente seja elementar;
>
> III — quanto às infrações que decorram direta e exclusivamente de dolo específico:
>
> *a)* das pessoas referidas no art. 134, contra aquelas por quem respondem;
>
> *b)* dos mandatários, prepostos ou empregados, contra seus mandantes, proponentes ou empregadores;
>
> *c)* dos diretores, gerentes ou representantes de pessoas jurídicas de direito privado, contra estas.

10.6. DENÚNCIA ESPONTÂNEA

O instituto da **denúncia espontânea** tem por objetivo excluir a responsabilidade — e consequentemente as multas — nos casos em que o contribuinte ou responsável reconhece a existência do crédito tributário e efetua o recolhimento do montante devido acrescido de juros, antes de qualquer providência das autoridades fiscais.

> **Art. 138.** A responsabilidade é excluída pela denúncia espontânea da infração, acompanhada, se for o caso, do pagamento do tributo devido e dos juros de mora, ou do depósito da importância arbitrada pela autoridade administrativa, quando o montante do tributo dependa de apuração.
>
> **Parágrafo único.** Não se considera espontânea a denúncia apresentada após o início de qualquer procedimento administrativo ou medida de fiscalização, relacionados com a infração.

A denúncia espontânea caracteriza-se pelo **arrependimento** do sujeito passivo, que reconhece a existência do débito e promove a sua reparação de forma **voluntária**, sem qualquer coerção estatal.

Trata-se de norma **indutora de conduta**, que busca incentivar o contribuinte a adimplir as obrigações tributárias sem a necessidade de acionar o aparato estatal, com evidente economia e benefício para as duas partes.

498 Direito Tributário Esquematizado   *Roberto Caparroz*

SÚMULA 360 DO STJ: O benefício da denúncia espontânea não se aplica aos tributos sujeitos a lançamento por homologação regularmente declarados, mas pagos a destempo.

O Superior Tribunal de Justiça decidiu, na sistemática dos recursos repetitivos, que nos tributos sujeitos a **lançamento por homologação** a declaração parcial do sujeito passivo, posteriormente retificada e com o pagamento da diferença a maior, também configura denúncia espontânea, o que permite a exclusão da multa moratória[20].

STJ — Denúncia Espontânea

■ **Declaração parcial e retificação posterior, com quitação. Cabimento.** 1. A denúncia espontânea resta configurada na hipótese em que o contribuinte, após efetuar a declaração parcial do débito tributário (sujeito a lançamento por homologação) acompanhado do respectivo pagamento integral, retifica-a (antes de qualquer procedimento da Administração Tributária), noticiando a existência de diferença a maior, cuja quitação se dá concomitantemente. 2. Deveras, a denúncia espontânea não resta caracterizada, com a consequente exclusão da multa moratória, nos casos de tributos sujeitos a lançamento por homologação declarados pelo contribuinte e recolhidos fora do prazo de vencimento, à vista ou parceladamente, ainda que anteriormente a qualquer procedimento do Fisco (Súmula 360/STJ). 3. É que "a declaração do contribuinte elide a necessidade da constituição formal do crédito, podendo este ser imediatamente inscrito em dívida ativa, tornando-se exigível, independentemente de qualquer procedimento administrativo ou de notificação ao contribuinte". 4. Destarte, quando o contribuinte procede à retificação do valor declarado a menor (integralmente recolhido), elide a necessidade de o Fisco constituir o crédito tributário atinente à parte não declarada (e quitada à época da retificação), razão pela qual aplicável o benefício previsto no art. 138, do CTN (REsp 1.149.022/SP).

■ **Denúncia espontânea não se aplica nos casos de parcelamento.** Nos casos de parcelamento do débito tributário, não se aplica o instituto da denúncia espontânea (art. 138 do CTN), sendo cabível a cobrança de multa de mora (REsp 1.102.577/DF, recurso repetitivo).

■ **A confissão espontânea da dívida e seu parcelamento não restabelecem a exigibilidade do crédito tributário extinto pela decadência ou prescrição.** A decadência, consoante a letra do art. 156, V, do CTN, é forma de extinção do crédito tributário. Sendo assim, uma vez extinto o direito, não pode ser reavivado por qualquer sistemática de lançamento ou autolançamento, seja ela via documento de confissão de dívida, declaração de débitos, parcelamento ou de outra espécie qualquer (DCTF, GIA, DCOMP, GFIP, etc.). No caso concreto o documento de confissão de dívida para ingresso do Parcelamento Especial (Paes — Lei n. 10.684/2003) foi firmado em 22.07.2003, não havendo notícia nos autos de que tenham sido constituídos os créditos tributários em momento anterior. Desse modo, restam decaídos os créditos tributários correspondentes aos fatos geradores ocorridos nos anos de 1997 e anteriores, consoante a aplicação do art. 173, I, do CTN (REsp 1.355.947/SP, recurso repetitivo).

---

[20] STJ, REsp 1.149.022/SP.

10.7. QUESTÕES

11
CRÉDITO TRIBUTÁRIO

Os temas relativos ao crédito tributário englobam boa parte dos artigos do CTN e se constituem no conjunto de tópicos mais importantes para as provas e concursos.

De forma simples, podemos dizer que o **crédito tributário** é o produto da obrigação tributária principal, representado pelo valor que o sujeito passivo deverá recolher aos cofres públicos.

Como vimos, a obrigação tributária principal é uma relação jurídica de natureza pecuniária, em que um credor (o Estado) e um devedor (normalmente os particulares) assumem os polos ativo e passivo.

Todas as obrigações implicam um **objeto**, que representa o seu conteúdo. Obrigações sem objeto ou com objeto indeterminável seriam contradições lógicas, simplesmente porque não poderiam ser cumpridas.

O crédito tributário deve ser entendido como o objeto da obrigação tributária principal, ou seja, aquilo que alguém tem o direito de exigir de outra pessoa para a satisfação do que foi previsto em lei.

Ao inaugurar o assunto crédito tributário, o CTN atribui a este a mesma **natureza** da obrigação principal:

> **Art. 139.** O crédito tributário decorre da obrigação principal e tem a mesma natureza desta.

Quando o Código menciona "mesma natureza", devemos entender que se trata de uma relação de **causa e efeito**, pois, na medida em que sabemos que a obrigação tributária principal decorre do fato jurídico, a consequência natural do nascimento da obrigação será o surgimento do seu objeto, que é o tributo e/ou a penalidade pecuniária, de acordo com os critérios legais.

Como somente o vetor jurídico lei pode definir o fato e a ele atribuir o condão de **instaurar** a relação entre sujeito ativo e sujeito passivo, o direito de o primeiro exigir o montante devido (crédito) e o dever deste último em adimplir o objeto da obrigação estão diretamente relacionados e constituem a sequência lógica e cronológica mais importante em matéria tributária:

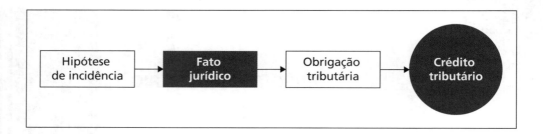

Quando a hipótese de incidência encontra no mundo real um fato que se amolda perfeitamente aos seus critérios (subsunção), nasce a obrigação tributária entre os sujeitos ativo e passivo, que tem como objeto o pagamento do tributo (crédito).

Nesse primeiro momento surge o **direito subjetivo** de o Estado exigir o cumprimento da obrigação e o dever do particular de adimpli-la. Caso isso ocorra no prazo fixado em lei, o pagamento do tributo devido **extingue** o crédito tributário; mas, se não houver o pagamento tempestivo, serão acrescidos ao valor original juros e multas, que também **integrarão o crédito**, como estabelece o art. 113 do CTN.

O crédito tributário é sempre expresso de forma econômica (dinheiro) e corresponde ao valor que será transferido do patrimônio do particular para os cofres públicos.

Convém destacar que a obrigação tributária, como relação jurídica, **não sofre variações** após o seu surgimento, mas o crédito (o valor a pagar) pode ser objeto de diversas alterações, tanto em relação ao **montante** como quanto às **circunstâncias** que ensejam a sua exigibilidade pelas autoridades fiscais, como adverte o art. 140 do CTN:

> **Art. 140.** As circunstâncias que modificam o crédito tributário, sua extensão ou seus efeitos, ou as garantias ou os privilégios a ele atribuídos, ou que excluem sua exigibilidade não afetam a obrigação tributária que lhe deu origem.

Em verdade, a obrigação tributária **existe** ou **não existe**, por força do fenômeno da incidência.

Uma vez instaurada, permanecerá até que todo o seu conteúdo seja extinto; no caso da obrigação tributária principal a extinção é **simultânea** à do crédito, vale dizer, extinto o objeto, deixa de ter sentido a obrigação.

Mas o crédito pode sofrer inúmeras variações **durante o curso** de sua existência: pode ser aumentado, com a cobrança de juros e multas; pode ser reduzido, mediante a concessão de isenções ou benefícios fiscais, e pode, ainda, ter sua exigibilidade suspensa, como teremos a oportunidade de observar (com efeito, os próximos 50 artigos do Código cuidarão exclusivamente das variações, garantias e privilégios do crédito tributário).

Nada disso afeta a obrigação tributária principal, que existirá enquanto o crédito existir e será extinta na medida em que este desaparecer.

A obrigação tributária, que precede o crédito e com este não se confunde, é **autônoma** e **imutável**, ao passo que o crédito tributário pode ter o *quantum* ou a exigibilidade alterados durante o curso de sua cobrança.

Por outro lado, vimos que as obrigações tributárias acessórias ou deveres instrumentais possuem um caráter de **continuidade**, sendo exigíveis de modo constante de todos aqueles que praticam fatos de interesse econômico-tributário, como nas hipóteses de obrigatoriedade na emissão de nota fiscal ou na manutenção de registros contábeis.

Poderíamos dizer que, vistas em seu **conjunto**, as obrigações acessórias nunca acabam, pois integram a dinâmica da realidade dos contribuintes, embora individualmente possamos afirmar que elas nascem e se extinguem, a cada ato praticado pelo particular, para ressurgir no momento seguinte, quando da necessidade de cumprimento de **nova obrigação** (pense numa loja que vende 20 produtos para clientes diferentes em determinado dia: serão 20 notas fiscais emitidas, cada qual correspondente a uma obrigação individual, que é cumprida e se extingue para, na sequência, dar lugar a outra, distinta e específica, mas de iguais características).

11.1. FORMALIZAÇÃO DO CRÉDITO TRIBUTÁRIO

Se a obrigação tributária principal tem como objeto o **crédito tributário**, que é o valor devido pelo sujeito passivo, como apurar esse valor?

A resposta passa por uma constatação importante: embora o nascimento da obrigação tributária faça surgir, inexoravelmente, o crédito dela decorrente, a apuração do valor que corresponde ao crédito **não é automática** e deve passar por um procedimento de **formalização**, capaz de conferir ao crédito *liquidez, certeza e exigibilidade*.

E a formalização do crédito, com a definição do valor exigível e o reconhecimento da situação que ensejou o nascimento da obrigação tributária, normalmente se dá mediante o ato de **lançamento**.

Como veremos no tópico seguinte, o lançamento é um verdadeiro divisor de águas em matéria tributária e tem como objetivo permitir que o Estado exija o valor do tributo (e eventuais acréscimos) dos particulares.

O Código Tributário Nacional trata o assunto como "constituição do crédito tributário", expressão que merece reflexão e cujos comentários faremos mais à frente.

Por enquanto, ressaltamos que o próprio CTN reconhece a mutabilidade do crédito tributário e determina que as autoridades fiscais zelem pelo seu recebimento, como se depreende da redação do art. 141:

> **Art. 141.** O crédito tributário regularmente constituído somente se modifica ou extingue, ou tem sua exigibilidade suspensa ou excluída, nos casos previstos nesta Lei, fora dos quais não podem ser dispensadas, sob pena de responsabilidade funcional na forma da lei, a sua efetivação ou as respectivas garantias.

A obrigatoriedade de zelar pelo crédito tributário decorre da sua classificação como **bem público**, cuja natureza é de **indisponibilidade**, de sorte que nenhuma autoridade tributária poderá deixar de envidar esforços para o seu recebimento, exigência reconhecida por Paulo de Barros Carvalho[1]:

---

[1] Paulo de Barros Carvalho, *Curso de direito constitucional tributário*, 24. ed., p. 440.

504 Direito Tributário Esquematizado — *Roberto Caparroz*

"O funcionário da Administração Tributária está impedido de dispensar a efetivação do crédito ou as respectivas garantias, sob pena de responsabilidade funcional, na forma da lei. Na implicitude dessa mensagem prescritiva, vemos o magno princípio da indisponibilidade dos bens públicos, um dos fundamentos do direito administrativo. É bom enfatizar que a dispensa de créditos ou de suas garantias e privilégios não se inscreve apenas àqueles que tiverem sido formalizados pela via do ato de lançamento, como veremos mais adiante. Todavia, aquilo que o legislador pretendeu exprimir, nessa parte do dispositivo, é que à margem de autorizações expressas na legislação tributária, o funcionário, em qualquer hipótese, não está autorizado a abrir mão da exigência".

O lançamento **não é o único** instrumento de formalização do crédito tributário, embora seja invariável a ideia de que a formalização deve ser **por escrito**, em homenagem ao princípio da **documentação**, como ressalta Leandro Paulsen[2].

Conquanto na maior parte dos casos a formalização do crédito tributário seja efetuada pela autoridade fiscal, mediante **notificação de lançamento** ou **auto de infração**, por exemplo, a atividade pode também ser feita pelo contribuinte, mediante a entrega de **declarações** que possuem o efeito de **confissão de dívida**, como a DCTF (Declaração de Débitos e Créditos Tributários Federais), a GIA (Guia de Informação e Apuração do ICMS) e a GFIP (Guia de Recolhimento do FGTS e de Informações à Previdência Social).

Nessas hipóteses, o **próprio contribuinte** apura o valor do tributo devido, preenche a declaração correspondente e efetua o recolhimento, o que dispensa qualquer atuação adicional do Fisco, como o lançamento. O valor declarado é **incontroverso** e pode, a qualquer momento, desde que antes de transcorridos cinco anos, ser objeto de verificação pelas autoridades competentes.

SÚMULA 436 DO STJ: A entrega de declaração pelo contribuinte reconhecendo débito fiscal constitui o crédito tributário, dispensada qualquer outra providência por parte do Fisco.

O entendimento do STJ consolidou-se, conforme atesta a Súmula 436, no sentido de que a declaração de débitos pelo contribuinte por meio de declarações com efeito de confissão de dívida **"constitui o crédito"**, nos moldes do que exige o CTN, e supre a necessidade de lançamento pelas autoridades fiscais, que poderão promover a cobrança do valor porventura não pago, inclusive mediante **execução fiscal**.

A jurisprudência do Superior Tribunal de Justiça pacificou-se no sentido de que, tratando-se de débito declarado e não pago (art. 150 do CTN), caso típico de autolançamento, não tem lugar a homologação formal, passando o débito a ser exigível independentemente de prévia notificação ou da instauração de procedimento administrativo fiscal. Com efeito, a lei estatuiu que a declaração do sujeito passivo de que existe obrigação tributária constitui confissão de dívida e instrumento hábil e suficiente para a exigência do referido crédito. Assim, a lei, nessa hipótese, dispensou a formalidade do lançamento pelo Fisco, aceitando que tal exigência seja suprida pelo próprio sujeito passivo. Com a declaração prestada pelo

---

[2] Leandro Paulsen, *Curso de direito tributário completo*, p. 348.

11 ◼ Crédito Tributário   505

contribuinte ao sujeito ativo da obrigação tributária, pode a autoridade fiscal, sem outras formalidades, inscrever o débito em dívida ativa e exigir o seu pagamento, inclusive na via judicial. Desse modo, se a declaração do contribuinte "constitui" o crédito tributário relativo ao montante informado e torna dispensável o lançamento, é legítimo o Fisco recusar--se a expedir de certidão negativa de débito (REsp 603.448/PE).

A questão, mesmo antes da Súmula 436, já havia sido decidida na sistemática dos **recursos repetitivos**, com a publicação do REsp 962.379:

TRIBUTÁRIO. RECURSO ESPECIAL. EXECUÇÃO FISCAL. TRIBUTO DECLARA-DO PELO CONTRIBUINTE. CONSTITUIÇÃO DO CRÉDITO TRIBUTÁRIO. PRO-CEDIMENTO ADMINISTRATIVO. DISPENSA. RESPONSABILIDADE DO SÓCIO. TRIBUTO NÃO PAGO PELA SOCIEDADE.
1. A jurisprudência desta Corte, reafirmada pela Seção inclusive em julgamento pelo regime do art. 543-C do CPC, é no sentido de que "a apresentação de Declaração de Débitos e Créditos Tributários Federais — DCTF, de Guia de Informação e Apuração do ICMS — GIA, ou de outra declaração dessa natureza, prevista em lei, **é modo de constituição do crédito tributário, dispensando, para isso, qualquer outra providência por parte do Fisco**.

Como os créditos declarados pelo contribuinte e não pagos são considerados incontroversos, as autoridades poderão exigi-los mediante execução fiscal e, além disso, não expedirão qualquer certidão com efeitos negativos em prol do interessado, conforme entendimento sumulado no Superior Tribunal de Justiça.

SÚMULA 446 DO STJ: Declarado e não pago o débito tributário pelo contribuinte, é legítima a recusa de expedição de certidão negativa ou positiva com efeito de negativa.

SÚMULA 622 DO STJ: A notificação do auto de infração faz cessar a contagem da decadência para a constituição do crédito tributário; exaurida a instância administrativa com o decurso do prazo para a impugnação ou com a notificação de seu julgamento definitivo e esgotado o prazo concedido pela Administração para o pagamento voluntário, inicia-se o prazo prescricional para a cobrança judicial.

STJ — Crédito Tributário

◼ **Recusa no fornecimento de certidão negativa.** Revela-se legítima a recusa da autoridade impetrada em expedir certidão negativa de débito (CND) ou de certidão positiva com efeitos de negativa (CPEN) quando a autoridade tributária verifica a ocorrência de pagamento a menor, em virtude da existência de divergências entre os valores declarados na Guia de Recolhimento do FGTS e Informações à Previdência Social (GFIP) e os valores efetivamente recolhidos mediante guia de pagamento (GP) (REsp 1.143.094/SP).

◼ **Recusa motivada por descumprimento de obrigação acessória.** O descumprimento da obrigação acessória de informar, mensalmente, ao INSS, dados relacionados aos fatos geradores da contribuição previdenciária, é condição impeditiva para expedição da prova de inexistência de débito (REsp 1.042.585/RJ).

> ■ **Possibilidade de revisão judicial da confissão de dívida.** A confissão da dívida não inibe o questionamento judicial da obrigação tributária, no que se refere aos seus aspectos jurídicos. Quanto aos aspectos fáticos sobre os quais incide a norma tributária, a regra é que não se pode rever judicialmente a confissão de dívida efetuada com o escopo de obter parcelamento de débitos tributários. No entanto, como na situação presente, a matéria de fato constante de confissão de dívida pode ser invalidada quando ocorre defeito causador de nulidade do ato jurídico (*v.g.* erro, dolo, simulação e fraude) (REsp 1.133.027/SP).

Por fim, devemos ressaltar que a formalização também atende ao princípio da **publicidade**, típico do direito público, em que as partes sujeitas a determinada obrigação devem ter ciência dos seus termos, com a descrição pormenorizada dos elementos que compõem a dívida.

O princípio funciona como uma via de **mão dupla:** tanto o interessado deve preencher e entregar declarações acerca de sua atividade econômica e dos tributos apurados, para que a administração pública possa deles conhecer, como as autoridades fiscais têm o dever de notificar o sujeito passivo dos lançamentos que efetuarem.

Dado o caráter documental e formal do lançamento (e das declarações que o substituem), o princípio da publicidade **não comporta exceções** e seu atendimento é condição indispensável para a produção dos efeitos jurídicos da relação obrigacional entre Estado e particular.

11.2. LANÇAMENTO

O lançamento, que é o ato praticado pelas autoridades fiscais para a formalização do crédito, está previsto no art. 142 do Código Tributário Nacional:

> **Art. 142.** Compete privativamente à autoridade administrativa constituir o crédito tributário pelo lançamento, assim entendido o procedimento administrativo tendente a verificar a ocorrência do fato gerador da obrigação correspondente, determinar a matéria tributável, calcular o montante do tributo devido, identificar o sujeito passivo e, sendo caso, propor a aplicação da penalidade cabível.
>
> **Parágrafo único.** A atividade administrativa de lançamento é vinculada e obrigatória, sob pena de responsabilidade funcional.

O lançamento corresponde a um **ato administrativo** vinculado e obrigatório para a autoridade fiscal, que deverá praticá-lo sempre que encontrar matéria tributável ainda não constituída para fins de exigência. Essa determinação decorre do princípio da **indisponibilidade** dos bens públicos, pois o crédito tributário representa valores que deverão ingressar nos cofres públicos e a sua cobrança é **irrenunciável**, sob pena de responsabilização do agente infrator.

Apesar de o CTN definir o lançamento como "procedimento", não há dúvida de que se trata de um **ato**, formal e público, destinado a materializar o crédito (torná-lo líquido, certo e exigível) e notificar o sujeito passivo para pagamento.

Por óbvio que até o momento do lançamento a autoridade fiscal poderá percorrer diversas etapas, que constituem, aqui sim, o procedimento de verificação do fato jurídico e a análise das consequências previstas pela legislação.

O procedimento fiscal normalmente decorre de uma auditoria, durante a qual as autoridades intimam o sujeito passivo a prestar diversas informações, apresentar os livros e registros contábeis, dentre outras possibilidades. Isso não se confunde com o lançamento, que seria, nesse cenário, o **ato final** do procedimento, que positiva o crédito tributário apurado.

Mas quais seriam a natureza do lançamento?

Existe certa polêmica, há bastante tempo, acerca dessa questão. Divergem os autores sobre o caráter **declaratório** ou **constitutivo** do ato de lançar, vale dizer, teria o lançamento o condão de constituir (criar) o crédito tributário ou apenas de declará-lo (torná-lo exigível)?

Lançar significa reconhecer a **existência** de um fato e trazê-lo para o mundo jurídico, a fim de atribuir-lhe os efeitos pretendidos pela legislação. Do mesmo modo que em outros atos administrativos, a autoridade competente verifica a ocorrência de um fato com repercussão jurídica e o **positiva**, conferindo-lhe certos atributos e dele extraindo determinadas consequências.

Atento aos objetivos desta obra, cumpre ressaltar que a maior parte da doutrina atribui ao lançamento **efeitos declaratórios**, embora modernamente seja forte uma tentativa de **conciliação** entre as duas correntes, com base na ideia de que o lançamento **declara** a existência do fato e da obrigação tributária e **constitui** (no sentido de positivação) o crédito tributário correspondente.

Com efeito, a teoria exclusivamente constitutiva não tem como prosperar, pois não podemos admitir que apenas com o lançamento surgiria o crédito tributário, visto que ninguém pode estar vinculado a uma obrigação **sem objeto**, circunstância que simplesmente impediria o seu adimplemento.

Exemplo: Se alguém nos dirige a palavra na rua e diz: "Você me deve", a nossa resposta intuitiva e natural tende a ser: "Devo o quê?". Se a esta nossa pergunta o sujeito continua a dizer "Você me deve", sem especificar o teor da suposta obrigação, parece evidente que a conversa não chegará a resultado algum. Sempre que alguém afirma uma obrigação, na qualidade de credor, surge o direito de o devedor ter ciência do objeto, até para que possa, se for o caso, quitar a dívida ou mesmo contestá-la.

Com base nessa premissa, não podemos aceitar qualquer efeito constitutivo do lançamento em relação ao crédito, pois este nasce e existe a partir da própria obrigação, sem qualquer lapso ou dependência de posterior reconhecimento, por meio do lançamento.

Neste passo podemos, sem qualquer prejuízo ao raciocínio, reproduzir o esquema lógico e cronológico da relação jurídico-tributária e colocar a obrigação e o crédito como ocorrências **paralelas** e **concomitantes**:

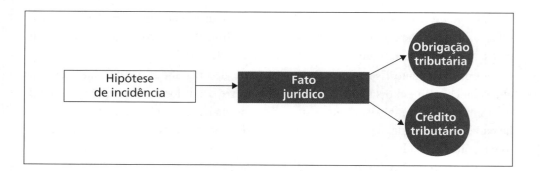

No esquema, podemos perceber que a obrigação e o crédito independem de qualquer lançamento e surgem a partir da **incidência tributária**, tanto assim que o CTN atribui a ambos, como vimos, *a mesma natureza*.

Se quisermos inserir o lançamento na sequência, o gráfico ficaria assim:

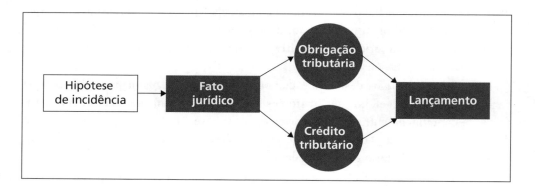

O gráfico evidencia **duas situações** importantes: a) o crédito tributário não depende do lançamento para a sua existência, sendo-lhe preexistente; e b) o lançamento, em relação ao crédito e à obrigação, pode ser considerado um evento *futuro e incerto*, que pode, inclusive, não ocorrer.

Analisemos, pela importância, as duas assertivas.

É inegável, em termos ontológicos, a **independência** entre o crédito tributário e o lançamento.

Vejamos o seguinte exemplo:

Todos os anos, em 1.º de janeiro, surge para os proprietários de imóveis urbanos o dever de recolher o IPTU, posto que essa é a data definida em lei para a ocorrência do fato jurídico. Qualquer pessoa minimamente acostumada com isso sabe, já no próprio dia 1.º de janeiro, "que está devendo IPTU", independentemente de qualquer atividade ou notificação do Fisco.

A percepção da dívida é intuitiva e decorre do conhecimento de que o fato jurídico que enseja a cobrança de IPTU pelos municípios efetivamente ocorreu no primeiro dia do ano. Interessante notar que, se a pessoa quiser se dirigir ao banco no dia 2 de janeiro

11 ◾ Crédito Tributário   509

para *pagar o imposto*, provavelmente ouvirá do funcionário que trabalha no caixa a pergunta: Onde está o carnê? Os dois personagens do nosso hipotético exemplo sabem que o IPTU é **devido** (o caixa também é proprietário de um imóvel urbano), mas o valor *ainda não pode ser exigido* e, por decorrência lógica, pago pelo devedor.

Por que isso acontece? Porque o proprietário ainda não recebeu, pelo correio, o **lançamento** do IPTU, que é o popular carnê. O tributo e a dívida **existem**, mas ainda carecem de formalização, que só ocorrerá quando o sujeito tomar ciência da cobrança do imposto, com todos os elementos da obrigação tributária, como a descrição do imóvel, a base de cálculo e a alíquota, entre outros.

A questão, inclusive, já foi objeto de apreciação pelo STJ, na sistemática dos **recursos repetitivos:**

> 1. O envio da guia de cobrança (carnê), da taxa de licença para funcionamento, ao endereço do contribuinte, configura a notificação presumida do lançamento do tributo, passível de ser ilidida pelo contribuinte, a quem cabe comprovar seu não recebimento. 2. É que: "(a) o proprietário do imóvel tem conhecimento da periodicidade anual do imposto, de resto amplamente divulgada pelas Prefeituras; (b) o carnê para pagamento contém as informações relevantes sobre o imposto, viabilizando a manifestação de eventual desconformidade por parte do contribuinte; (c) a instauração de procedimento administrativo prévio ao lançamento, individualizado e com participação do contribuinte, ou mesmo a realização de notificação pessoal do lançamento, tornariam simplesmente inviável a cobrança do tributo" (STJ, REsp 1.114.780/SC).

O crédito, portanto, **sempre existiu**, mas antes do lançamento carecia de *liquidez e certeza*, atributos indispensáveis para a sua exigibilidade, circunstância que, por via reflexa, também impede o pagamento.

No exemplo, ainda que o proprietário fosse um especialista em direito tributário, conhecesse a legislação do IPTU e calculasse o imposto devido de forma adequada, **não conseguiria** pagá-lo no banco, justamente pela ausência do lançamento.

Sem prejuízo do raciocínio exposto, podemos afirmar que o lançamento é um evento futuro e incerto em relação à obrigação e ao crédito e, por isso mesmo, pode não ocorrer.

Para comprovarmos a tese, basta lembrar que o art. 156 do CTN afirma que a **decadência** extingue o crédito tributário[3]!

Ora, a decadência, como veremos em tópico apropriado, fulmina o direito de a Fazenda Pública constituir o crédito tributário se não for realizado o lançamento no prazo de cinco anos, na exata dicção do art. 173 do CTN.

Daí podemos tirar **duas conclusões:**

a) Se o Fisco não efetuar o lançamento em cinco anos não poderá mais fazê-lo, pelo transcurso do prazo decadencial;

b) Se a ausência de lançamento enseja a decadência e esta extingue o crédito tributário, é mais do que óbvio que o crédito já existia (desde o surgimento da obrigação) e não pode ser "constituído" pelo lançamento.

---

3   CTN, art. 156, V.

Nenhuma dessas observações tem por objetivo desqualificar o lançamento ou reduzir-lhe a importância. Pelo contrário, como já dissemos, o lançamento é um verdadeiro divisor de águas no direito tributário, pois a partir dele surge para o Estado a possibilidade de cobrança e para o contribuinte a chance de cumprir a obrigação principal.

Podemos então afirmar que o principal objetivo do lançamento é o de conferir ao crédito tributário liquidez e certeza, requisitos essenciais para a sua exigibilidade.

A **liquidez** diz respeito à possibilidade de cobrança do próprio crédito.

Exemplo: Como vimos, se no dia 2 de janeiro de qualquer ano alguém se dirigir ao banco para recolher o valor do IPTU, provavelmente o caixa não terá condições de aceitar o pagamento, pois ainda não houve o lançamento, embora não haja dúvida de que o contribuinte deve o imposto, cujo fato gerador ocorreu em 1.º de janeiro, ou seja, o tributo existe, mas ainda não pode ser cobrado, por ausência de liquidez, assim entendida a possibilidade de liquidar (pagar) o crédito.

O art. 142 do Código Tributário Nacional qualifica o lançamento como ato vinculado da autoridade fiscal, sendo obrigatória a sua produção sempre que o agente se deparar com matéria tributável e crédito ainda não formalizado.

Conquanto o lançamento possa ser juridicamente analisado sob várias premissas, é de suma importância entendê-lo como **ato administrativo** e não como "procedimento", como menciona o CTN.

O ato de lançamento é único e específico, embora possa ser, como vimos, o resultado de um procedimento de auditoria ou fiscalização promovido pelas autoridades competentes.

Trata-se, inclusive, de ato administrativo **vinculado**, em relação ao qual a autoridade fiscal não possui qualquer possibilidade discricionária, cabendo-lhe, invariavelmente, aplicar a lei nos exatos termos em que formulada, em respeito ao princípio da indisponibilidade dos bens públicos.

Daí por que imprópria a dicção do Código, ao dizer que o fiscal deverá "propor" a penalidade cabível. Não se trata de proposta, mas de efetiva **aplicação** das penalidades legais, com a perfeita descrição das infrações porventura cometidas pelo sujeito passivo.

Como ato administrativo, o lançamento só se aperfeiçoa e passa a produzir efeitos com a **ciência** do sujeito passivo, em respeito ao princípio da publicidade, e a sua estrutura linguística deverá contemplar todos os fatos, informações e elementos que fundamentaram a atividade fiscal, de modo a permitir ao destinatário o pleno exercício do contraditório e da ampla defesa. Some-se a isso o princípio **formal** do lançamento, que exige a transcrição de todos os elementos necessários à perfeita compreensão da matéria tributável e da capitulação legal que fundamentou a autuação, para que o interessado possa, se ainda desejar, contestá-la.

Ressalte-se que **a fase litigiosa** entre Fisco e contribuinte surge justamente a partir da ciência do lançamento, pois, antes disso, os procedimentos de fiscalização são de natureza inquisitiva, mediante a qual a autoridade intima o contribuinte a apresentar os livros, documentos e informações previstos na legislação e necessários para subsidiar as conclusões da auditoria.

11 ■ Crédito Tributário

Antes da notificação do sujeito passivo **não há lançamento**, nem a possibilidade de qualquer exigência de cunho econômico.

Exemplo: Enquanto o auditor fiscal mantiver o lançamento no seu computador, este não produz qualquer efeito, podendo ser alterado, emendado ou corrigido. A partir do momento em que o sujeito passivo toma ciência do documento (que pode ser, inclusive, eletrônica), abre-se o prazo, normalmente de trinta dias, para que o sujeito pague o tributo devido ou promova a impugnação do lançamento, na esfera administrativa, sem prejuízo da possibilidade de acionar, a seu critério, o poder judiciário.

A notificação do lançamento e a correspondente ciência do sujeito passivo são condições de **eficácia do ato**, como amplamente reconhecido pelo STJ:

> 1. A ampla defesa e o contraditório, corolários do devido processo legal, postulados com sede constitucional, são de observância obrigatória tanto no que pertine aos "acusados em geral" quanto aos "litigantes", seja em processo judicial, seja em procedimento administrativo. 2. Insere-se nas garantias da ampla defesa e do contraditório a notificação do contribuinte do ato de lançamento que a ele respeita. A sua ausência implica a nulidade do lançamento e da Execução Fiscal nele fundada. 3. A notificação do lançamento do crédito tributário constitui condição de eficácia do ato administrativo tributário, mercê de figurar como pressuposto de procedibilidade de sua exigibilidade (STJ, REsp 1.073.494/RJ).

Os lançamentos, nesse contexto, são atos perfeitos e acabados, salvo quando objeto de **revisão**, matéria que veremos mais adiante.

Não há de se falar, portanto, em lançamento *provisório ou temporário*, pois a ciência ao sujeito passivo materializa a pretensão do Estado e confere ao particular o direito de contra ela se insurgir, caso não concorde com a exigência formulada.

Isso não confere ao lançamento um caráter de absoluta **definitividade**, o que somente ocorrerá quando não houver mais possibilidade de recurso na esfera administrativa, como bem ressalta Sacha Calmon[4]:

> "Por lançamento definitivo se deve entender o ato de lançamento contra o qual não caiba recurso do contribuinte nem recurso *ex officio* (por faltar previsão, por ter faltado o seu exercício ou por consumação dos recursos cabíveis). (...) Se o contribuinte se conforma e não recorre, ou se a própria Administração não atua com regras de revisão *ex officio*, este se torna definitivo na esfera administrativa. Se houver recurso, o lançamento só se tornará definitivo quando, exauridos os procedimentos revisionais, exsurgir decisão administrativa contra a qual não haja mais nenhum recurso, dando por certo, líquido e exigível o crédito tributário".

Em termos práticos, quando o sujeito passivo toma ciência do lançamento, tem início a **contagem do prazo** para que ele efetue o pagamento do crédito ou promova a impugnação administrativa da exigência, medida que inaugura o contencioso fiscal.

---

[4] Sacha Calmon Navarro Coêlho, *Liminares e depósitos antes do lançamento por homologação*: decadência e prescrição, 2. ed., p. 19 e 21.

512 Direito Tributário Esquematizado   Roberto Caparroz

Na esfera administrativa o lançamento será objeto de análise e julgamento pelas autoridades competentes, que farão o cotejo dos fatos e imputações da fiscalização com a defesa apresentada pelo interessado.

O processo administrativo no âmbito da União, por exemplo, prevê que o julgamento de tributos lançados pela Receita Federal será objeto de apreciação, em primeira instância, pelas turmas das **Delegacias de Julgamento** do próprio órgão, e, em caso de recurso de qualquer das partes vencidas (União ou particular), pelo **CARF** (Conselho Administrativo de Recursos Fiscais), que analisará o processo em segunda e definitiva instância.

Quando o processo transitar em julgado na esfera administrativa, em favor da manutenção do lançamento, o crédito autuado será considerado definitivo e terá início o processo de **cobrança** do valor devido (contra a qual o interessado ainda poderá se defender, mas somente no poder judiciário). Caso a decisão administrativa final seja favorável ao sujeito passivo, o crédito será considerado extinto e o lançamento, cancelado.

É muito comum, durante os procedimentos de fiscalização, a apuração da chamada **tributação reflexa**, que ocorre quando a autoridade detecta crédito relativo a um tributo, com efeitos em outros, o que enseja a lavratura de lançamentos paralelos.

Exemplo: Se um agente fiscal apura imposto de renda devido por omissão de receitas, o lançamento do IRPJ será acompanhado de lançamentos reflexos, para exigência da CSLL, do PIS e da COFINS, ou seja, de outros tributos conexos à infração. Nesse caso cada tributo será lançado individualmente e o contribuinte poderá impugnar cada um deles (normalmente todos comporão o mesmo processo, por questões de racionalidade e economia processual, porque o julgamento da matéria principal tem efeito direto sobre os tributos conexos). Na hipótese teríamos vários lançamentos, cada qual com o respectivo fundamento, mas todos seriam reunidos, por conexão fática, num único processo administrativo.

Como o ato de lançar é obrigatório para a autoridade fiscal, sob pena de **responsabilidade funcional**, como estabelece o parágrafo único do art. 142 do Código Tributário Nacional, a exigência não acarreta dano ao sujeito passivo, posto que não cabe ao agente público fazer qualquer **juízo de valor** acerca da conduta, mas apenas aplicar a lei relativa à matéria tributável.

Embora o crédito possa ser combatido pelo sujeito passivo, que apresentará a sua versão acerca dos fatos e da aplicação da legislação tributária, o eventual reconhecimento da improcedência do lançamento ou de vícios na sua elaboração **não confere direitos** de ordem moral ou material ao imputado, justamente pelo caráter vinculado da atividade fiscal.

Todavia, a exigência feita no lançamento deve atender aos princípios básicos da moralidade e da imparcialidade, no sentido de que a fiscalização não pode impor ao particular meios **vexatórios** ou **desproporcionais**[5].

---

[5] O Código Penal prevê, no art. 316, § 1.º, a figura do **excesso de exação:** "§ 1.º Se o funcionário exige tributo ou contribuição social que sabe ou deveria saber indevido, ou, quando devido, emprega na cobrança meio vexatório ou gravoso, que a lei não autoriza: Pena — reclusão, de 3 (três) a 8 (oito) anos, e multa". Por **cobrança indevida** devemos entender aquela nitidamente ilegal ou sem

O poder de polícia da fiscalização deve ser utilizado com o rigor necessário para promover o interesse público, mas sempre em respeito às garantias fundamentais do indivíduo.

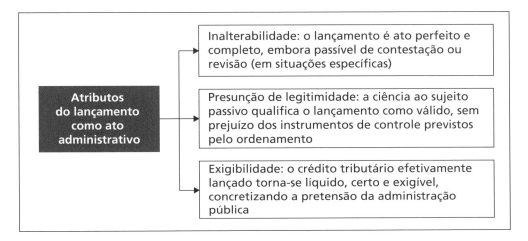

11.2.1. Base de cálculo em moeda estrangeira

Como o crédito tributário será recolhido aos cofres públicos para suprir as necessidades da administração, de acordo com as regras orçamentárias, o CTN estabelece a **conversão** para reais de tributos cuja base de cálculo original esteja em moeda estrangeira:

> **Art. 143.** Salvo disposição de lei em contrário, quando o valor tributário esteja expresso em moeda estrangeira, no lançamento far-se-á sua conversão em moeda nacional ao câmbio do dia da ocorrência do fato gerador da obrigação.

Os tributos que exigem a conversão em reais da base de cálculo são os relacionados ao **comércio exterior**, como o Imposto de Importação (II) e o Imposto sobre Produtos Industrializados (IPI) vinculado às importações.

Para ilustrarmos como essa operação ocorre na prática, reproduziremos o nosso entendimento sobre a questão, conforme já apresentado no livro *Comércio internacional e legislação aduaneira*, que também integra a Coleção Esquematizado®[6].

Uma **operação de importação** se inicia com o contato entre o importador brasileiro e seu possível fornecedor no exterior.

De modo idêntico a um negócio local, comprador e vendedor iniciarão negociações em relação às mercadorias que serão transacionadas, e, nessa primeira fase, o principal objetivo de ambos é acertar as **condições financeiras** e **técnicas** do provável negócio,

---

qualquer fundamento, o que não se confunde com a exigência legitimamente formalizada e posteriormente afastada, pelas autoridades julgadoras, por divergência quanto à tese ou aos fundamentos da autuação, assim como em razão de vícios formais ou materiais do lançamento.

6 Roberto Caparroz, *Comércio internacional e legislação aduaneira*, 6. ed., p. 783-785.

mediante a especificação dos produtos, quantidades, preços, prazos de entrega, adaptação a eventuais particularidades exigidas pela legislação do país do adquirente, responsabilidade pelos procedimentos logísticos e, finalmente, condições de crédito e pagamento.

Diversamente de uma transação no mercado doméstico, na qual ambos os empresários se encontram sob o **regime jurídico** instaurado pela Constituição brasileira — e, portanto, serão a lei e o poder judiciário pátrios que, em última instância, resolverão acerca de possíveis conflitos ou divergências oriundos do negócio —, no caso de importações do exterior a **interferência estatal** é obrigatória, o que exige dos interessados o preenchimento de uma série de requisitos, de ordem administrativa, tributária e aduaneira.

Todas as condições e obrigações recíprocas do negócio firmado entre exportador e importador serão consignadas no respectivo **contrato de compra e venda internacional**, instrumento hábil para representar a vontade das partes, mas de limitado uso sob a ótica aduaneira-tributária, pelos motivos a seguir apresentados.

Embora a legislação determine que o fato gerador do tributo é a **entrada** da mercadoria estrangeira no território brasileiro (critério espacial), o art. 73 do Regulamento Aduaneiro reputa ocorrido o fato gerador, para efeito de cálculo do imposto, em diversos momentos (critério temporal), a saber:

Art. 73. Para efeito de cálculo do imposto, considera-se ocorrido o fato gerador:

I — na data do registro da declaração de importação de mercadoria submetida a despacho para consumo;

II — no dia do lançamento do correspondente crédito tributário, quando se tratar de:

a) bens contidos em remessa postal internacional não sujeitos ao regime de importação comum;

b) bens compreendidos no conceito de bagagem, acompanhada ou desacompanhada;

c) mercadoria constante de manifesto ou de outras declarações de efeito equivalente, cujo extravio tenha sido verificado pela autoridade aduaneira; ou

d) mercadoria estrangeira que não haja sido objeto de declaração de importação, na hipótese em que tenha sido consumida ou revendida, ou não seja localizada;

III — na data do vencimento do prazo de permanência da mercadoria em recinto alfandegado, se iniciado o respectivo despacho aduaneiro antes de aplicada a pena de perdimento da mercadoria, na hipótese a que se refere o inciso XXI do art. 689;

IV — na data do registro da declaração de admissão temporária para utilização econômica.

Parágrafo único. O disposto no inciso I aplica-se, inclusive, no caso de despacho para consumo de mercadoria sob regime suspensivo de tributação, e de mercadoria contida em remessa postal internacional ou conduzida por viajante, sujeita ao regime de importação comum.

Pergunta: Por que a legislação "separa" os dois momentos?

Resposta: Porque, na prática, seria impossível determinar o exato instante em que a mercadoria ingressou no território aduaneiro brasileiro, a bordo de aeronaves ou embarcações.

11 ◼ Crédito Tributário   515

Quis o legislador **postergar** a ocorrência do critério temporal do imposto de importação para momento *juridicamente determinado*, que conferisse maior segurança quanto à efetiva possibilidade de incidência, nos termos do que dispôs o Regulamento Aduaneiro.

De se notar que todas as hipóteses do art. 73 acima reproduzido representam "momentos jurídicos", de **fácil comprovação** (porque garantidos por documentos), para que não surjam litígios ou controvérsias entre o Fisco e o contribuinte acerca do exato instante em que o fato se concretizou.

Isso é importante porque no momento da ocorrência do fato gerador surgirão as informações necessárias para a determinação do montante do tributo devido, tais como a **alíquota em vigor** e a **taxa de câmbio** (já que o valor das mercadorias importadas provavelmente estará em moeda estrangeira).

Como se sabe, o art. 144 do CTN estabelece que "o lançamento reporta-se à data da ocorrência do fato gerador da obrigação e rege-se pela lei então vigente", o que importa admitir, para fins de incidência da regra geral do imposto de importação, a **data do registro da DI** no SISCOMEX.

Pouco interessa se houve **alteração** nas alíquotas ou no câmbio, desde a realização da compra das mercadorias no exterior: o STF já decidiu ser irrelevante qualquer outro momento ou condição anterior, diferente da data do registro da declaração de importação.

> **Atenção!** Para calcularmos o Imposto de Importação, a regra geral considera ocorrido o fato gerador quando as mercadorias são despachadas para consumo (importadas a título definitivo, por pessoa jurídica), o que é chamado de **regime comum** de importação.

O despacho aduaneiro de importação se inicia com o **registro** da Declaração de Importação (DI) no **SISCOMEX**, um sistema integrado de controle das operações de comércio exterior desenvolvido pela administração aduaneira brasileira, com pioneirismo, tanto para as exportações como para as importações.

A fim de efetuar o registro, deve o importador preencher, nos campos apropriados do SISCOMEX, todas as informações pertinentes à mercadoria, especialmente no que tange à definição da **base de cálculo** dos tributos incidentes na importação, a partir de sua classificação fiscal.

> **Importante!** O lançamento do imposto de importação, com o registro da respectiva DI, é **por homologação** (e não por declaração, como querem alguns autores). Sabemos que todos os lançamentos por homologação partem de uma declaração do contribuinte, como acontece no caso do Imposto de Importação.

Além disso, para que a declaração de importação possa ser registrada, é necessário o **pagamento dos valores** referentes ao Imposto de Importação, ao PIS vinculado às importações, à COFINS vinculada às importações e ao IPI vinculado às importações.

> **Cuidado!** Há situações em que não existe Declaração de Importação (DI), razão pela qual a legislação determina que o fato gerador ocorrerá na data do lançamento de ofício, a ser realizado por Auditor fiscal da Receita Federal do Brasil.

516 Direito Tributário Esquematizado   *Roberto Caparroz*

As hipóteses do inciso II do art. 73 indicam que o auditor fiscal realizará o **lança-mento tributário** do imposto de importação quando não foi registrada a DI pelo importador.

11.2.2. Aplicação da lei vigente ao tempo do fato

Em respeito ao momento da incidência, que deve ser considerado como **referência** para a relação jurídica instaurada entre o Estado e o sujeito passivo, o art. 144 do Código Tributário Nacional estabelece, como regra, a aplicação das normas vigentes ao tempo da ocorrência do fato jurídico.

> **Art. 144.** O lançamento reporta-se à data da ocorrência do fato gerador da obrigação e rege-se pela lei então vigente, ainda que posteriormente modificada ou revogada.
>
> § 1.º Aplica-se ao lançamento a legislação que, posteriormente à ocorrência do fato gerador da obrigação, tenha instituído novos critérios de apuração ou
>
> processos de fiscalização, ampliado os poderes de investigação das autoridades administrativas, ou outorgado ao crédito maiores garantias ou privilégios, exceto, neste último caso, para o efeito de atribuir responsabilidade tributária a terceiros.
>
> § 2.º O disposto neste artigo não se aplica aos impostos lançados por períodos certos de tempo, desde que a respectiva lei fixe expressamente a data em que o fato gerador se considera ocorrido.

A posição do Código, mais uma vez, confirma o caráter **declaratório** do lançamento.

Como vimos, o lançamento não tem o condão de criar a obrigação tributária ou constituir o crédito, mas sim o de reproduzir, em linguagem e forma apropriadas, as circunstâncias do fato jurídico.

A partir dessa premissa, podemos dizer que o lançamento apresenta a **versão tributária** de um fato da vida cotidiana, ao qual o direito atribui efeitos econômicos. Não há absoluta garantia de que essa versão seja correta ou inalterável, apenas a ideia de que o direito precisa de um instrumento de positivação, formal e expresso em linguagem, para que a partir dele os interessados possam ter a **exata medida** do crédito tributário exigível e o prazo para a sua quitação.

Não se trata de fenômeno ligado à **retroatividade** (até porque já nos manifestamos pela sua impossibilidade, em termos científicos atuais), mas de reprodução, na **interpretação** da pessoa competente, do que se imagina que aconteceu e das consequências daí decorrentes.

Como podemos ter um razoável **intervalo de tempo** entre a prática do fato e o ato administrativo do lançamento, eventuais alterações na legislação não interferem na obrigação tributária, que já se iniciou e deve ser regida de acordo com as normas em vigor ao tempo do seu nascimento. O que temos aqui é uma homenagem ao princípio da **segurança jurídica**, para que o sujeito ativo não seja tomado de surpresa e venha a responder de acordo com regras que não existiam quando praticou a conduta.

Princípio da ultratividade: o lançamento reporta-se à data do fato gerador e deve ser regido pela legislação então vigente, mesmo que revogada ou modificada posteriormente, salvo se a lei nova trouxer novos critérios de fiscalização, ampliar os poderes de investigação das autoridades administrativas ou conferir maiores garantias ao crédito tributário.

O lançamento veicula, portanto, a **percepção** de um fato, na visão da administração pública, tal como descrito na legislação quando surgiu a obrigação tributária.

Exemplo: Digamos que alguém aufere renda no ano de 2015 e que nesse momento a alíquota do imposto seja de 27,5%. Três anos depois, a fiscalização detecta o fato, percebe que não houve recolhimento e precisa, agora, lançar de ofício o imposto devido. Pouco importa se no momento do lançamento a alíquota é maior ou menor, se o tributo teve o seu alcance ampliado ou até mesmo se foi extinto: o ato do lançamento será regido **pelas normas vigentes em 2015** e o imposto será calculado pela alíquota de 27,5%, independentemente de eventuais juros e multas pelo não recolhimento no prazo adequado. Aliás, sabemos que o fiscal sempre aplica as penalidades pecuniárias conforme a legislação em vigor ao tempo do fato; caso posteriormente a lei relativa às infrações venha a ser alterada em benefício do infrator, será reconhecida a chamada "retroatividade benéfica" do art. 106 do CTN, desde que a questão ainda não esteja definitivamente julgada.

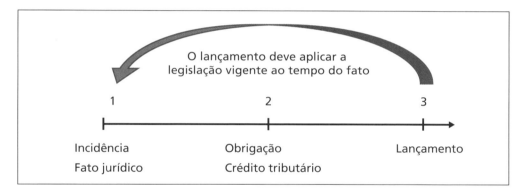

Por outro lado, o § 1.º do art. 144 do Código determina que se surgirem, por força de alterações na legislação, novos critérios de fiscalização, novos poderes de investigação ou maiores garantias para a exigência do crédito tributário, tais circunstâncias **devem ser observadas** pelas autoridades fiscais.

À primeira vista, o dispositivo pode parecer contraditório ou mesmo injusto para o contribuinte, mas, se lembrarmos que o papel do lançamento é o de **reconhecer** o fato e **declarar** seus efeitos, conseguiremos afastar essa impressão.

Na verdade, se após a prática do fato tributável a fiscalização dispuser, por exemplo, de novas técnicas para a apuração do ocorrido, deverá necessariamente utilizá-las, e isso em nada fere qualquer direito ou prerrogativa do sujeito passivo.

Para confirmarmos a validade do raciocínio basta utilizarmos, como analogia, os casos em que se pleiteia reconhecimento de paternidade.

O **objetivo** de um processo de reconhecimento de paternidade é o de estabelecer a relação biológica entre indivíduos. Até algum tempo atrás a única ferramenta disponível

518   Direito Tributário Esquematizado   *Roberto Caparroz*

era um exame de sangue que fazia o cruzamento de algumas características, notadamente o tipo sanguíneo dos envolvidos. O teste, pela imprecisão, servia para descartar a possibilidade de paternidade em alguns casos, mas não tinha condições de **comprovar** a paternidade de forma segura.

O problema não era o direito das partes, mas a falta de tecnologia adequada. Com a evolução da pesquisa genética, hoje é possível extrair amostras de dois indivíduos (sangue ou saliva, por exemplo) para, mediante o cruzamento de suas cadeias de DNA, comprovar, com **absoluta certeza**, se existe entre ambos relação de paternidade, decorrente da herança genética transmitida de um para o outro.

Destacamos que o avanço tecnológico em **nada altera** os fatos, pois alguém era ou não pai de outra pessoa; porém, agora é possível determinar, de forma inequívoca, se existe ou não tal relação. No plano jurídico ou biológico **não há inovação**, apenas a confirmação, com segurança, de uma relação preexistente.

O mesmo raciocínio se aplica ao direito tributário. Se a Receita Federal, por exemplo, desenvolver uma nova ferramenta de cruzamento de informações, disponíveis numa enorme base de dados, os seus agentes **deverão utilizá-la** nas auditorias, pois o objetivo é o de apurar, com o maior grau de precisão possível, a matéria tributável.

Aliás, os servidores são obrigados a usar essas novas ferramentas e sistemas, desenvolvidos justamente para conferir maior precisão e eficiência aos procedimentos.

Isso não fere, repetimos, qualquer direito subjetivo do contribuinte, pois em nada altera a sua conduta ou a norma sobre ela incidente, mas apenas permite que as autoridades fiscais atuem com mais segurança e qualidade.

A lógica do raciocínio alcança, ainda, novas legislações capazes de conferir ao crédito **maiores privilégios** ou **garantias**. Os adjetivos utilizados pelo CTN devem ser entendidos dentro do contexto jurídico, vale dizer, no sentido de proporcionar à administração pública melhores condições (e maior possibilidade) de receber o **montante devido** pelos contribuintes, notadamente nos casos de execução fiscal.

Note-se que a dívida, nesses casos, existe e já foi confirmada, e o que se busca é dar eficiência aos **procedimentos de cobrança**, o que é perfeitamente legal e jurídico, como já atestou o Superior Tribunal de Justiça, no que tange à possibilidade de penhora *online*, em sede de recursos repetitivos:

> A introdução do art. 185-A no Código Tributário Nacional, promovida pela Lei Complementar 118, de 9 de fevereiro de 2005, corroborou a tese da necessidade de exaurimento das diligências conducentes à localização de bens passíveis de penhora antes da decretação da indisponibilidade de bens e direitos do devedor executado, *verbis*: (...). Nada obstante, a partir da vigência da Lei 11.382/2006, os depósitos e as aplicações em instituições financeiras passaram a ser considerados **bens preferenciais na ordem da penhora**, **equiparando-se a dinheiro em espécie** (art. 655, I, do CPC), tornando-se prescindível o exaurimento de diligências extrajudiciais a fim de se autorizar a **penhora online** (art. 655-A, do CPC). 9. A antinomia aparente entre o art. 185-A, do CTN (que cuida da decretação de indisponibilidade de bens e direitos do devedor executado) e os arts. 655 e 655-A, do CPC (penhora de dinheiro em depósito ou aplicação financeira) é superada com a aplicação da Teoria pós-moderna do **Diálogo das Fontes**, idealizada pelo alemão Erik Jayme e aplicada, no Brasil, pela primeira vez, por Cláudia Lima Marques, a fim de

11 ◼ Crédito Tributário   519

preservar a coexistência entre o Código de Defesa do Consumidor e o novo Código Civil. Com efeito, consoante a Teoria do Diálogo das Fontes, as normas gerais mais benéficas supervenientes **preferem à norma especial** (concebida para conferir tratamento privilegiado a determinada categoria), a fim de preservar a coerência do sistema normativo. Deveras, a *ratio essendi* do art. 185-A, do CTN, é erigir hipótese de **privilégio do crédito tributário, não se revelando coerente "colocar o credor privado em situação melhor que o credor público, principalmente no que diz respeito à cobrança do crédito tributário, que deriva do dever fundamental de pagar tributos** (...). Assim, a interpretação sistemática dos arts. 185-A, do CTN, com os arts. 11, da Lei 6.830/80 e 655 e 655-A, do CPC, **autoriza a penhora eletrônica** de depósitos ou aplicações financeiras **independentemente** do exaurimento de diligências extrajudiciais por parte do exequente. À luz da regra de direito intertemporal que preconiza a aplicação imediata da lei nova de índole processual, infere-se a existência de dois regimes normativos no que concerne à penhora eletrônica de dinheiro em depósito ou aplicação financeira: (i) período anterior à égide da Lei 11.382, de 6 de dezembro de 2006 (que obedeceu a *vacatio legis* de 45 dias após a publicação), no qual a utilização do Sistema BACEN-JUD pressupunha a demonstração de que o exequente não lograra êxito em suas tentativas de obter as informações sobre o executado e seus bens; e (ii) período posterior à *vacatio legis* da Lei 11.382/2006 (21.01.2007), a partir do qual se revela prescindível o exaurimento de diligências extrajudiciais a fim de se autorizar a penhora eletrônica de depósitos ou aplicações financeiras (REsp 1.184.765/PA (grifos nossos)).

A doutrina denomina as situações de superveniência de novos critérios jurídicos como regras de **direito intertemporal**, vale dizer, a possibilidade de utilização imediata de comandos novos para os procedimentos já em curso. A medida é salutar, desde que não traga inovações jurídicas quanto à **interpretação do fato**, e tem por objetivo aumentar a eficiência das atividades tributárias e da justiça como um todo.

> **Atenção!** A lei nova que conferir ao crédito maiores garantias ou privilégios não pode ser utilizada, para fiscalizações em curso, para o efeito de atribuir *responsabilidade tributária a terceiros*, ou seja, não pode trazer para o polo passivo da obrigação pessoas que dela originalmente (conforme a lei de incidência) não participaram.

11.2.3. Alterações no lançamento

O lançamento também confere ao crédito **certeza** em relação ao montante exigido, característica que decorre de sua definitividade.

Com o lançamento, o sujeito passivo passa a saber exatamente qual o valor da exigência estatal, o que lhe permite, inclusive, contestá-lo.

Antes do lançamento tanto o Estado como o sujeito passivo possuem **expectativas jurídicas**, mas a positivação dos efeitos da obrigação tributária somente se aperfeiçoa com a positivação do ato administrativo, que inaugura a possibilidade de pagamento e consequente extinção do crédito tributário, assim como permite a discussão jurídica dos seus termos, tanto na esfera administrativa como na judicial.

Todos os atos administrativos devem obediência, como vimos, ao princípio da publicidade, que exige, como condição de eficácia, sua **comunicação** ao destinatário.

A força de tal premissa pode ser conferida no art. 145 do Código Tributário Nacional:

> **Art. 145.** O lançamento regularmente notificado ao sujeito passivo só pode ser alterado em virtude de:
> I — impugnação do sujeito passivo;
> II — recurso de ofício;
> III — iniciativa de ofício da autoridade administrativa, nos casos previstos no art. 149.

A **notificação** do sujeito passivo perfectibiliza o lançamento e dá curso de exigibilidade ao crédito tributário, abrindo prazo para que este seja pago ou objeto de impugnação, fruto do princípio da inalterabilidade (ou imutabilidade) do lançamento.

Caso o sujeito passivo promova o pagamento do crédito no prazo e na forma previstos, restará resolvida a obrigação tributária principal.

Por outro lado, a ciência do lançamento pode inaugurar a **fase litigiosa** entre Estado e particular, sempre que este se insurgir contra a cobrança, total ou parcialmente, e utilizar os instrumentos processuais disponíveis para a contestação da exigência.

Contudo, o próprio CTN reconhece que o lançamento poderá ser lavrado com defeito, por descompasso **formal** ou **material** com as normas de regência. Como a administração pública deve sempre atuar dentro dos angustos limites legais, a constatação de vícios no lançamento poderá ensejar, **de ofício**, as medidas necessárias para a sua anulação, independentemente de manifestação do sujeito passivo.

Exemplo: Se a prefeitura de determinado município constata que, por erro no sistema informatizado de cálculo do IPTU, foram emitidos lançamentos para os proprietários de imóveis com *valores incorretos* (pouco importa se maiores ou menores, porque o parâmetro é sempre a lei), deverá, de ofício, anulá-los e promover novos lançamentos, mesmo para os contribuintes que não os contestaram.

Neste ponto, uma questão interessante diz respeito aos **limites** para essa atividade de revisão de ofício e anulação. Para a compreensão do tema precisamos ressaltar a diferença entre os chamados erros de fato e os erros de direito.

Erros de fato (decorrentes de inexatidão ou imprecisão) permitem a revisão e a consequente anulação de ofício pelas autoridades fiscais, como no caso do valor do IPTU equivocadamente lançado em nosso exemplo.

Por outro lado, os **erros de direito**, decorrentes de interpretação jurídica inadequada ou defeitos na fundamentação do lançamento, **não poderão** ser alterados pela administração, conforme entendimento da doutrina majoritária.

Contudo, como bem adverte Misabel Derzi[7], com base em obra de Castanheira Neves, *muitas vezes não é fácil ou sequer possível distinguir entre erro de fato e erro de direito*, de modo que, ressalvadas as situações de simples identificação, defende a

---

[7] Aliomar Baleeiro, *Direito tributário brasileiro*, atualização de Misabel Derzi, 13. ed., p. 1212.

ilustre autora que as possibilidades de revisão de ofício por erro devem ser restritas aos casos expressos no art. 149 do CTN.

Na esteira do raciocínio e em homenagem ao princípio da **segurança jurídica** e da **estabilidade** das relações tributárias, o Código veda a alteração dos critérios jurídicos no lançamento:

> **Art. 146.** A modificação introduzida, de ofício ou em consequência de decisão administrativa ou judicial, nos critérios jurídicos adotados pela autoridade administrativa no exercício do lançamento somente pode ser efetivada, em relação a um mesmo sujeito passivo, quanto a fato gerador ocorrido posteriormente à sua introdução.

O dispositivo, que ratifica a noção de **imutabilidade** do lançamento, cuida do chamado princípio da **proteção à confiança**, segundo o qual os atos administrativos não podem ser alterados para afetar relações já consolidadas.

O tema é bastante interessante e merece alguns comentários.

De plano, notamos que o comando normativo diz respeito ao **ato do lançamento** (o que se depreende, inclusive, do próprio capítulo em que redigido), e, nesse sentido, não há qualquer obstáculo para que, *em períodos subsequentes*, ocorra mudança nos fundamentos de novas autuações.

Isso porque cada lançamento é **independente** no tempo e no espaço, da mesma forma como são os atos administrativos que os veiculam no mundo real. Para tributos distintos ou períodos de apuração diferentes nada impede que os fundamentos da autuação sejam também revistos, até porque o direito funciona de **modo dialético** e em constante mutação, inclusive de ordem interpretativa.

O que se deve garantir é o pleno conhecimento dos **fundamentos** legais e fáticos do lançamento para que o sujeito passivo, devidamente intimado, possa exercer as garantias constitucionais do contraditório e da ampla defesa.

Por óbvio que **descabe** às autoridades revisar determinado lançamento por mudança de interpretação ou nova visão dos acontecimentos. O lançamento é único e se manifesta por linguagem, que só pode ser alterada nas hipóteses previstas pelo próprio Código.

Quando a administração tributária notifica o sujeito passivo com base em determinado critério, não pode alterar a exigência mediante revisão fundada apenas em **premissas de direito**, devendo fazê-lo somente quando constatado erro de fato.

Na medida em que a autoridade promove o lançamento, com fundamento numa dentre possíveis interpretações, a ele **se vincula**, sendo-lhe vedada a possibilidade de revisão para alterar, especialmente com o objetivo de majorar ou ampliar, a exigência já formulada.

Contudo, isso diz respeito a determinado lançamento ou período-base sob fiscalização. Nada impede, de acordo com esse raciocínio, que, em períodos posteriores e mediante novos lançamentos, sejam adotados critérios distintos[8].

---

[8]   Basta relembrar, por exemplo, o disposto no art. 144, § 1.º, do CTN.

A análise sistemática do Código não apenas autoriza, mas determina que a fiscalização atue de forma **compatível** com o ordenamento, em respeito às decisões judiciais vinculantes e de acordo com o entendimento atualizado da administração tributária. A autoridade fiscal tem o **dever funcional** de apurar a matéria tributável no período sob auditoria, valendo-se de todos os mecanismos e procedimentos permitidos pela legislação, ainda que posteriores ao fato gerador.

O que se altera, nesse caso, é a **percepção** do fato e não o fato em si, sem qualquer prejuízo para o sujeito passivo, desde que as autuações estejam devidamente fundamentadas.

Por diversas vezes surgem *portarias, instruções normativas* e *outros atos administrativos interpretativos* que conferem a determinadas situações entendimento e procedimentos distintos daqueles anteriormente adotados, e isso em nada prejudica **futuros lançamentos**, ainda que efetuados a partir de premissas até então não utilizadas.

No mesmo sentido, a superveniência de decisão judicial pode alterar, pela força vinculante, o entendimento das autoridades tributárias, sem qualquer prejuízo para o exercício futuro da atividade fiscal.

Exemplo: Se um contribuinte é fiscalizado para o ano de 2017 e não sofre autuação, porque a autoridade considerou *todas as suas despesas dedutíveis*, por exemplo, nada impede que, para períodos subsequentes, fatos distintos e eventualmente outros critérios de interpretação, uma nova fiscalização (por exemplo, para o ano de 2019) considere algumas despesas *indedutíveis e efetue o lançamento correspondente*.

A ausência de lançamento anterior **não pressupõe** o direito de que nunca mais poderá o contribuinte ser alcançado, da mesma forma que alguém que dirige em excesso de velocidade e não é flagrado pelas autoridades de trânsito não passa a ter o direito de repetir a conduta sem qualquer penalização.

O fato de um contribuinte não ter sido autuado em períodos anteriores em nada altera a obrigação da fiscalização de fazê-lo posteriormente, **sempre que presentes** os requisitos para o lançamento, nos exatos termos do art. 142 do CTN.

O que não se admite é a **coexistência** de duas ou mais autuações, *para o mesmo período, com base em critérios diferentes*. A vedação diz respeito a um conflito **positivo** de entendimento, ou seja, quando se percebe a incompatibilidade entre duas exigências apoiadas em critérios distintos.

Quando não houver conflito entre lançamentos, mas apenas entendimento **diferente** daquele esposado em fiscalizações anteriores, que não autuaram a empresa, por óbvio que inexiste mudança de critério jurídico.

O racional da norma busca evitar o conflito positivo entre dois lançamentos com fundamentos diferentes, mas certamente não alcança as hipóteses em que **não houve** lançamento anterior, até porque resta evidente que a ausência de lançamento sequer possibilita a ocorrência de conflito.

Na hipótese de a fiscalização não autuar períodos anteriores, é evidente que a ausência de lançamento **não revela manifestação** de critério jurídico, em sentido positivo (note-se que o CTN condena a mudança nos critérios jurídicos adotados pela autoridade administrativa *no exercício do lançamento*).

> **Importante!** A mudança de critério jurídico vedada pelo art. 146 do Código Tributário Nacional pressupõe a existência de dois ou mais lançamentos fundados em premissas distintas ou na revisão do lançamento, em prejuízo do sujeito passivo, por questões de interpretação.

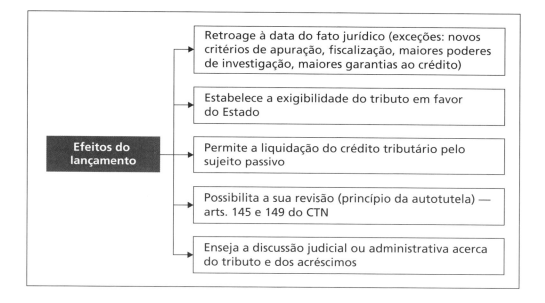

11.2.4. Modalidades de lançamento

A doutrina clássica costuma dividir o lançamento em **três modalidades:** *de ofício, por declaração* ou *por homologação*[9]. Essa classificação, bastante antiga e com base exclusivamente na dicção do Código Tributário Nacional, leva em consideração o **grau de participação** do sujeito passivo na elaboração do lançamento.

Contudo, ao considerarmos que o lançamento é ato administrativo, a tripartição só faz sentido *se pensarmos no procedimento* (sequência de etapas) que culminaria com a positivação do lançamento.

Assim, no lançamento de **ofício** não haveria participação do sujeito passivo, no lançamento por **declaração** este prestaria informações à autoridade fiscal, que posteriormente efetuaria o lançamento, e no lançamento por **homologação** ele mesmo, contribuinte, cumpriria todas as obrigações legais e faria o pagamento antecipado do tributo devido, sujeito a posterior ratificação pelas autoridades fiscais.

---

[9] O lançamento de ofício é também chamado de *direto*, enquanto a modalidade por declaração recebe, por vezes, denominações bastante esdrúxulas, como *lançamento misto* ou *autolançamento*.

11.2.4.1. Lançamento de ofício

O chamado lançamento **direto** ou **de ofício** ocorre quando o Estado conhece *todos os elementos da obrigação tributária*, tornando desnecessária qualquer intervenção do sujeito passivo.

Como a grande discussão em torno do crédito tributário normalmente se refere à **base de cálculo**, nos lançamentos de ofício o valor que serve de base normalmente é **arbitrado** (no sentido de presumido), a partir de critérios definidos em lei.

Exemplo: No caso do **IPVA**, a base de cálculo *não é o valor real do automóvel* (quanto você conseguiria no mercado ao vendê-lo), mas o montante **fixado em tabela** divulgada pelo poder público, a partir de certos critérios. Assim, todos os carros do mesmo ano e modelo *pagam o mesmo valor de IPVA*, independentemente do estado de conservação, da quilometragem rodada e dos eventuais acessórios que o proprietário adquiriu.

Os lançamentos de ofício também são realizados pelas autoridades fiscais sempre que o tributo, sujeito ao lançamento por homologação, for objeto de *omissão, inexatidão, falsidade, erro, dolo, fraude ou simulação* por parte do sujeito passivo.

Nesses casos, previstos no art. 149 do Código Tributário Nacional, o lançamento do Fisco é **complementar**, e, além do crédito, serão exigidos os juros e as multas previstos pela legislação.

Quando o lançamento contempla a aplicação de penalidades, notadamente a cobrança de multas por infrações à legislação tributária, é denominado **auto de infração**, e, nessa hipótese, trata-se sempre de lançamento de ofício.

Nesses casos, a autoridade competente detecta violação de conduta e veicula, junto com a norma de cobrança do tributo, uma outra, de caráter **sancionatório**, como contrapartida do ato considerado ilícito.

Todas as exigências são formuladas num único instrumento, o auto de infração, embora cada qual possua embasamento jurídico próprio. As **penalidades** serão graduadas de acordo com o nível de gravidade da conduta e normalmente variam de simples atrasos (que ensejam a chamada *multa de mora*) até circunstâncias em que se constata o **dolo específico** do infrator, com a aplicação de *multas qualificadas*, que podem dobrar ou triplicar a multa-base.

Como as normas são diferentes, o sujeito passivo poderá defender-se de cada uma delas individualmente, ou seja, poderá questionar em tópicos separados a cobrança do **tributo** (mais juros, quando for o caso) e das **multas**, tanto as de mora como as chamadas multas de ofício, que decorrem de infrações à legislação tributária.

Por economia processual, o auto de infração não é desmembrado e compõe um **único processo**, administrativo ou judicial, no qual deverão ser apreciados todos os argumentos de defesa, como contrapartida das imputações efetuadas pela autoridade fiscal.

O resultado poderá ser favorável a uma parte ou a outra, admitindo-se, também, o chamado **provimento parcial**, no qual o sujeito passivo teve parte dos seus argumentos de defesa acolhidos, como no caso em que se decide pela procedência do tributo, mas pelo afastamento ou redução das respectivas multas.

Por outro lado, para os lançamentos em que os tributos são apurados **de ofício** pela autoridade competente, como ocorre com o IPTU e o IPVA, a ciência aos contribuintes é feita mediante **notificação de lançamento**, instrumento em que se exige apenas o valor devido, nos termos da legislação de regência, sem qualquer multa ou acréscimo legal.

Na medida em que o destinatário da norma cumpra o seu dever (pague o tributo) no prazo e na forma previstos, **extingue-se** a obrigação tributária principal. Se houver atraso no pagamento, serão calculados a multa e os juros moratórios correspondentes.

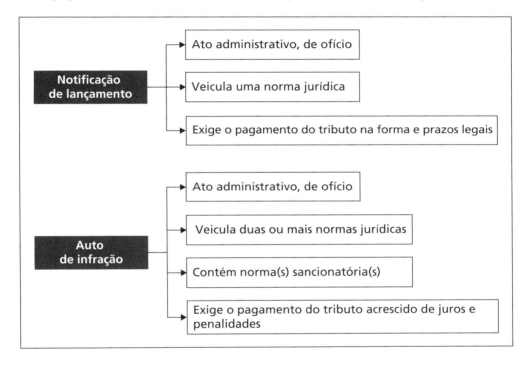

O lançamento de ofício, em termos de **formalização**, não enseja grandes dificuldades, pois a matéria tributável é totalmente apurada pela autoridade fiscal, que notifica o sujeito passivo para pagamento ou impugnação do valor.

Contudo, as circunstâncias fáticas e os fundamentos legais da autuação podem ser **bastante complexos**, o que na prática enseja a elaboração de um *Termo de Verificação Fiscal*[10], em que a autoridade descreve, minuciosamente, os procedimentos de apuração dos tributos e das eventuais penalidades cominadas ao sujeito passivo. Sempre que isso ocorre, os dois instrumentos (auto de infração e termo de verificação fiscal) passam a ser **indissociáveis** e devem ser notificados ao sujeito passivo, que os apreciará também em conjunto ao apresentar sua defesa.

---

[10] A denominação pode variar de acordo com o poder tributante, mas, em todos os casos, o termo tem o objetivo de descrever, em linguagem apropriada, os fundamentos e as conclusões da autoridade competente.

526 Direito Tributário Esquematizado

Roberto Caparroz

Quando **não há** imputação de penalidades, mas apenas a cobrança do valor devido, especialmente nos tributos de **arrecadação periódica**, a ciência ao contribuinte é bem mais simples.

No caso do IPTU, por exemplo, a notificação do lançamento é feita pelos Correios, com o envio do carnê ao endereço do sujeito passivo, circunstância que pressupõe a ciência do interessado, abrindo-lhe prazo para pagamento ou impugnação.

A matéria encontra-se sumulada no Superior Tribunal de Justiça e cabe ao sujeito passivo comprovar, se for o caso, que não recebeu o carnê ou que este fora enviado para endereço incorreto.

SÚMULA 397 DO STJ: O contribuinte do IPTU é notificado do lançamento pelo envio do carnê ao seu endereço.

Igual raciocínio se aplica ao IPVA, posto que o STJ já reconheceu a possibilidade de notificação por diversos meios idôneos:

> TRIBUTÁRIO. RECURSO ESPECIAL REPETITIVO. IPVA. DECADÊNCIA. LANÇAMENTO DE OFÍCIO. REGULARIDADE. PRESCRIÇÃO. PARÂMETROS.
>
> 1. O Imposto sobre a Propriedade de Veículos Automotores (IPVA) é lançado de ofício no início de cada exercício (art. 142 do CTN) e constituído definitivamente com a cientificação do contribuinte para o recolhimento da exação, a qual pode ser realizada por qualquer meio idôneo, como o envio de carnê ou a publicação de calendário de pagamento, com instruções para a sua efetivação.
>
> 2. Reconhecida a regular constituição do crédito tributário, não há mais que falar em prazo decadencial, mas sim em prescricional, cuja contagem deve se iniciar no dia seguinte à data do vencimento para o pagamento da exação, porquanto antes desse momento o crédito não é exigível do contribuinte (REsp 1.320.825/RJ, julgado na sistemática de recursos repetitivos).

11.2.4.2. *Lançamento por declaração*

Em relação ao chamado lançamento **por declaração**, devemos observar que, nos dias atuais, a modalidade encontra-se praticamente em desuso e apenas em casos raros pode ser encontrada.

O fundamento para o lançamento por declaração seria o art. 147 do CTN, que dispõe:

> **Art. 147.** O lançamento é efetuado com base na declaração do sujeito passivo ou de terceiro, quando um ou outro, na forma da legislação tributária, presta à autoridade administrativa informações sobre matéria de fato, indispensáveis à sua efetivação.
>
> § 1.º A retificação da declaração por iniciativa do próprio declarante, quando vise a reduzir ou a excluir tributo, só é admissível mediante comprovação do erro em que se funde, e antes de notificado o lançamento.
>
> § 2.º Os erros contidos na declaração e apuráveis pelo seu exame serão retificados de ofício pela autoridade administrativa a que competir a revisão daquela.

Nas hipóteses de lançamento por declaração, cabe ao sujeito passivo **prestar informações** sobre os fatos e a matéria tributável às autoridades fiscais, que deverão, posteriormente, formalizar o lançamento e dele dar ciência ao sujeito passivo. A doutrina costuma ressaltar o aspecto **colaborativo** entre as partes como característica típica dessa modalidade de lançamento (daí por que alguns o denominam, impropriamente, lançamento misto).

Todavia, depois de apresentada a declaração, o sujeito passivo só poderá retificá-la, para reduzir ou excluir o tributo apurado e devido, **antes de notificado** do lançamento e mediante a comprovação do erro em que incorreu.

Conquanto o CTN estipule **limites** para a retificação da declaração pelo sujeito passivo, no mundo real nada impede que o interessado leve a questão ao poder judiciário, que poderá apreciar o caso concreto e concluir pela efetiva ocorrência do erro, com a redução do valor devido ou mesmo a requalificação do fato jurídico, pois o ordenamento, como um todo, **não pode reconhecer** a validade de lançamento fundado em erro, ainda que a cargo do sujeito passivo, cabendo-lhe restabelecer a correlação entre o fato e as suas consequências jurídicas e econômicas.

STJ — Erro no lançamento

■ **Declaração com erro. Possibilidade de revisão judicial.** A Administração Tributária tem o poder/dever de revisar de ofício o lançamento quando se comprove erro de fato quanto a qualquer elemento definido na legislação tributária como sendo de declaração obrigatória (art. 145, III, c/c art. 149, IV, do CTN). 2. A este poder/dever corresponde o direito do contribuinte de retificar e ver retificada pelo Fisco a informação fornecida com erro de fato, quando dessa retificação resultar a redução do tributo devido. 3. Caso em que a Administração Tributária Municipal, ao invés de corrigir o erro de ofício, ou a pedido do administrado, como era o seu dever, optou pela lavratura de cinco autos de infração eivados de nulidade, o que forçou o contribuinte a confessar o débito e pedir parcelamento diante da necessidade premente de obtenção de certidão negativa. 4. Situação em que o vício contido nos autos de infração (erro de fato) foi transportado para a confissão de débitos feita por ocasião do pedido de parcelamento, ocasionando a invalidade da confissão. 5. A confissão da dívida não inibe o questionamento judicial da obrigação tributária, no que se refere aos seus aspectos jurídicos (REsp 1.133.027/SP, na sistemática de recursos repetitivos).

■ **Recusa motivada por descumprimento de obrigação acessória.** O descumprimento da obrigação acessória de informar, mensalmente, ao INSS, dados relacionados aos fatos geradores da contribuição previdenciária, é condição impeditiva para expedição da prova de inexistência de débito (REsp 1.042.585/RJ).

■ **Possibilidade de revisão judicial da confissão de dívida.** A confissão da dívida não inibe o questionamento judicial da obrigação tributária, no que se refere aos seus aspectos jurídicos. Quanto aos aspectos fáticos sobre os quais incide a norma tributária, a regra é que não se pode rever judicialmente a confissão de dívida efetuada com o escopo de obter parcelamento de débitos tributários. No entanto, como na situação presente, a matéria de fato constante de confissão de dívida pode ser invalidada quando ocorre defeito causador de nulidade do ato jurídico (*v.g.* erro, dolo, simulação e fraude) (REsp 1.133.027/SP).

528 Direito Tributário Esquematizado   *Roberto Caparroz*

Em homenagem à correta apuração do fato jurídico e da matéria tributável, o § 2.º do art. 147 do Código autoriza a **retificação de ofício** dos erros contidos na declaração e constatados pela autoridade administrativa.

Não devemos confundir o *lançamento por declaração* com o *lançamento por homologação*, em que são apresentadas ao Fisco **declarações** que subsidiam o pagamento antecipado previsto no art. 150 do Código Tributário Nacional.

No lançamento por declaração **não há** pagamento antecipado, mas apenas a oferta de elementos para que a autoridade possa concretizar o lançamento. Somente depois de notificado terá o sujeito passivo o dever de recolher o montante devido.

Como dissemos, são raros os tributos no Brasil que adotam essa modalidade de lançamento[11], pois o legislador tem optado pelo lançamento por homologação, dado que na prática a **principal diferença** perceptível entre as figuras é a **obrigatoriedade** de recolhimento antecipado do valor devido.

Assim, parece-nos muito mais lógico, sob a ótica da administração, exigir do sujeito passivo o preenchimento e a entrega de uma declaração, **cumulada** com o dever de antecipar o pagamento do tributo correspondente, o que afasta qualquer necessidade de providência adicional para o Fisco, que terá o prazo de cinco anos para a homologação.

Não seria inteligente, sobretudo a partir de uma visão econômica, adotar o lançamento por declaração em praticamente nenhum cenário, pois este exigiria que o Fisco primeiro efetuasse o lançamento para somente depois da correspondente notificação ao sujeito passivo ter a expectativa de receber o montante devido. É mais simples e eficiente estabelecer, **desde logo**, a modalidade por homologação, que exige do sujeito passivo o pagamento do tributo.

O legislador das diversas esferas de poder, atento à questão, alterou, nas últimas décadas, a sistemática de lançamento de vários tributos, como o **IRPJ** e o **ITR**, praticamente abandonando a modalidade de lançamento por declaração.

Atenção! Embora muito citados por diversos autores como exemplos de tributos sujeitos a lançamento por declaração, tanto o Imposto de Importação (II) como o Imposto sobre a Propriedade Territorial Urbana (ITR) são hipóteses de **lançamento por homologação**, como ocorre, aliás, **com todos os tributos** administrados pela Receita Federal do Brasil.

---

[11] Seria o caso, segundo alguns autores, do ITBI, mas a leitura de algumas leis que cuidam do imposto nos leva a concluir que, muitas vezes, trata-se da modalidade de lançamento por homologação. O que acontece, na prática, é que o contribuinte deve preencher e apresentar uma declaração relativa à transação imobiliária, informando os detalhes da operação, e, na sequência, efetuar o recolhimento do ITBI mediante documento de arrecadação emitido pela prefeitura, normalmente pela internet, o que significa que o procedimento cada vez mais se aproxima (se ainda não for) da modalidade de lançamento por homologação.

11.2.4.2.1. *Arbitramento da base de cálculo*

O Código Tributário Nacional prevê a possibilidade de a autoridade fiscal, ao realizar o lançamento, **arbitrar** a base de cálculo, quando as informações ou registros contábeis do contribuinte possuírem vícios ou não merecerem credibilidade.

Não se trata de nova modalidade de lançamento, mas apenas de forma de **determinação** da **base de cálculo**, como adverte o art. 148 do CTN:

> **Art. 148.** Quando o cálculo do tributo tenha por base, ou tome em consideração, o valor ou o preço de bens, direitos, serviços ou atos jurídicos, a autoridade lançadora, mediante processo regular, arbitrará aquele valor ou preço, sempre que sejam omissos ou não mereçam fé as declarações ou os esclarecimentos prestados, ou os documentos expedidos pelo sujeito passivo ou pelo terceiro legalmente obrigado, ressalvada, em caso de contestação, avaliação contraditória, administrativa ou judicial.

O **arbitramento** da base de cálculo pode ocorrer nos mais diversos tributos, sendo particularmente relevante para o imposto de renda das pessoas jurídicas, cujas hipóteses estão previstas no art. 530 do Decreto n. 3.000/99[12]:

> **Art. 530.** O imposto, devido trimestralmente, no decorrer do ano-calendário, será determinado com base nos critérios do lucro arbitrado, quando:
> I — o contribuinte, obrigado à tributação com base no lucro real, não mantiver escrituração na forma das leis comerciais e fiscais, ou deixar de elaborar as demonstrações financeiras exigidas pela legislação fiscal;
> II — a escrituração a que estiver obrigado o contribuinte revelar evidentes indícios de fraudes ou contiver vícios, erros ou deficiências que a tornem imprestável para:
> *a)* identificar a efetiva movimentação financeira, inclusive bancária; ou
> *b)* determinar o lucro real;
> III — o contribuinte deixar de apresentar à autoridade tributária os livros e documentos da escrituração comercial e fiscal, ou o Livro Caixa, na hipótese do parágrafo único do art. 527;
> IV — o contribuinte optar indevidamente pela tributação com base no lucro presumido;
> V — o comissário ou representante da pessoa jurídica estrangeira deixar de escriturar e apurar o lucro da sua atividade separadamente do lucro do comitente residente ou domiciliado no exterior (art. 398);
> VI — o contribuinte não mantiver, em boa ordem e segundo as normas contábeis recomendadas, Livro Razão ou fichas utilizados para resumir e totalizar, por conta ou subconta, os lançamentos efetuados no Diário.

Como o principal **objetivo** do lançamento é o de conferir liquidez e certeza ao crédito tributário, para fins de exigibilidade, o legislador entende que as autoridades fiscais

---

[12] O Decreto n. 3.000/99 veicula o Regulamento do Imposto de Renda, e as hipóteses de arbitramento do art. 530 têm como fundamento as Leis n. 8.981/95 e 9.430/96.

não podem ficar à mercê da imprevisibilidade ou de eventual má-fé do contribuinte na determinação da base de cálculo.

Isso tem como consequência, por exemplo, a possibilidade de arbitramento do lucro para fins de imposto de renda, como forma de dar "fechamento ao sistema" e impedir situações de *non liquet*, em que não seria possível, por falta de clareza ou certeza, apurar a base de cálculo do tributo e, por decorrência, exigir o valor correspondente.

O arbitramento surge, portanto, como **alternativa** às formas tradicionais de apuração do tributo, sempre que não existirem (ou não puderem ser apurados) os fatos ou o impacto econômico da conduta do sujeito passivo.

Exemplo: A autoridade fiscal inicia o procedimento de auditoria do contribuinte com a intimação para que este apresente os seus registros contábeis e os livros exigidos pela legislação. Passado o prazo concedido, o contribuinte não se manifesta ou o faz de forma precária, sem atender à fiscalização. Se mesmo depois de diversas intimações a autoridade perceber que o contribuinte não vai apresentar os documentos, não lhe restará alternativa senão a de apurar o lucro mediante arbitramento, conforme critérios estabelecidos em lei.

Há situações, embora excepcionais, em que o **próprio contribuinte** pode arbitrar o seu lucro. Um exemplo bastante didático seria na hipótese de o contribuinte perder os documentos contábeis, em decorrência de um sinistro que atingisse a empresa, como um incêndio ou uma enchente de grandes proporções. Diante da falta dos registros contábeis, o contribuinte deverá arbitrar o lucro do período com base na receita bruta reconhecida e recolher o imposto de renda normalmente, consignando que a apuração se deu por arbitramento (nesses casos falamos em *autoarbitramento*).

O arbitramento, portanto, **não se confunde** com a arbitrariedade, o que implica total obediência aos preceitos legais, com bem destacado por Maria Rita Ferragut[13]:

> "O arbitramento da base de cálculo deve respeitar os princípios da finalidade da lei, razoabilidade, proporcionalidade e capacidade contributiva, razão pela qual não há discricionariedade total na escolha das bases de cálculo alternativas, estando o agente público sempre vinculado, pelo menos, aos princípios constitucionais informadores da atividade administrativa. Não basta que algum dos fatos previstos no artigo 148 do CTN tenha ocorrido a fim de que surja para o Fisco a competência de arbitrar: faz-se imperioso que além disso o resultado da omissão ou do vício da documentação implique completa impossibilidade de descoberta direta da grandeza manifestada pelo fato jurídico".

A possibilidade de arbitramento está prevista em vários tributos, sempre com o objetivo de apurar a **base de cálculo** correspondente, diante da impossibilidade ou inidoneidade das informações ou dos documentos disponíveis.

É o que ocorre, por exemplo, com o ITBI, em que a base de cálculo normalmente é "o valor venal dos bens ou direitos transmitidos, assim entendido o valor pelo qual o bem ou direito seria negociado em condições normais de mercado para compra e venda à vista". No caso do município de São Paulo, por exemplo, a lei determina que a base de

---

[13] Maria Rita Ferragut, *Presunções no direito tributário*, p. 161.

11 ◼ Crédito Tributário   531

cálculo do ITBI será o **maior valor** entre o valor de transação e o valor venal de referência, fornecido pela Prefeitura.

STF — Arbitramento

◼ **ITBI. Valor Venal. Possibilidade de arbitramento.** O preço efetivamente pago pelo adquirente do imóvel tende a refletir, com grande proximidade, seu valor venal, considerado como o valor de uma venda regular, em condições normais de mercado. Todavia, se o valor apresentado pelo contribuinte no lançamento do ITBI (por declaração ou por homologação) não merece fé, o Fisco igualmente pode questioná-lo e arbitrá-lo, no curso de regular procedimento administrativo, na forma do art. 148 do CTN (AgRg no AREsp 847.280/PR).

◼ **ISS. Lançamento mediante arbitramento.** A apuração do valor da base de cálculo do imposto pode ser feita por arbitramento nos termos do artigo 148 do CTN quando for certa a ocorrência do fato imponível e a declaração do contribuinte não mereça fé, em relação ao valor ou preço de bens, direitos, serviços ou atos jurídicos registrados. Nesse caso, a Fazenda Pública fica autorizada a proceder ao arbitramento mediante processo administrativo-fiscal regular, assegurados o contraditório e a ampla defesa (AgRg no REsp 1.509.100/SC).

◼ **ICMS. Produtos farmacêuticos. Base de cálculo. Pauta fiscal. Impossibilidade.** É inadmissível a fixação da base de cálculo de ICMS com supedâneo em pautas de preços ou valores, as chamadas pautas fiscais, as quais se baseiam em valores fixados prévia e aleatoriamente para a apuração da base de cálculo do tributo, consoante entendimento pacífico desta Corte (RMS 25.605/SE).

SÚMULA 431 DO STJ: É ilegal a cobrança de ICMS com base no valor da mercadoria submetido ao regime de pauta fiscal.

11.2.4.2.2. *Revisão de ofício do lançamento*

Apesar da premissa de definitividade do lançamento regularmente notificado ao sujeito passivo, este pode ser objeto de **impugnação, recurso de ofício** ou **revisão** pela autoridade competente, conforme determina o art. 149 do Código Tributário Nacional:

Art. 149. O lançamento é efetuado e revisto de ofício pela autoridade administrativa nos seguintes casos:

I — quando a lei assim o determine;

II — quando a declaração não seja prestada, por quem de direito, no prazo e na forma da legislação tributária;

III — quando a pessoa legalmente obrigada, embora tenha prestado declaração nos termos do inciso anterior, deixe de atender, no prazo e na forma da legislação tributária, a pedido de esclarecimento formulado pela autoridade administrativa, recuse-se a prestá-lo ou não o preste satisfatoriamente, a juízo daquela autoridade;

IV — quando se comprove falsidade, erro ou omissão quanto a qualquer elemento definido na legislação tributária como sendo de declaração obrigatória;

532 Direito Tributário Esquematizado   Roberto Caparroz

V — quando se comprove omissão ou inexatidão, por parte da pessoa legalmente obrigada, no exercício da atividade a que se refere o artigo seguinte;

VI — quando se comprove ação ou omissão do sujeito passivo, ou de terceiro legalmente obrigado, que dê lugar à aplicação de penalidade pecuniária;

VII — quando se comprove que o sujeito passivo, ou terceiro em benefício daquele, agiu com dolo, fraude ou simulação;

VIII — quando deva ser apreciado fato não conhecido ou não provado por ocasião do lançamento anterior;

IX — quando se comprove que, no lançamento anterior, ocorreu fraude ou falta funcional da autoridade que o efetuou, ou omissão, pela mesma autoridade, de ato ou formalidade especial.

Parágrafo único. A revisão do lançamento só pode ser iniciada enquanto não extinto o direito da Fazenda Pública.

De plano, podemos constatar que as hipóteses de revisão do art. 149 sempre se referem a **lançamentos de ofício**, nos quais as autoridades detectam alguma irregularidade na conduta do sujeito passivo e exigem os valores devidos ou a diferença, com acréscimos, ao que foi incorretamente declarado.

Como o dispositivo veicula diversas hipóteses, que devem ser entendidas como **taxativas** (não permitem ampliação), elaboramos o quadro-resumo a seguir, com os respectivos comentários.

Determinação legal (inciso I)	Aqui temos as hipóteses em que o lançamento, na origem, deve ser feito de ofício pelas autoridades competentes, como nos casos do IPTU, do IPVA e das taxas, entre outras possibilidades.
Ausência de declaração (inciso II)	Nesse caso ocorre a substituição da modalidade de lançamento por declaração pelo lançamento de ofício, pois o sujeito passivo não cumpriu com o dever de apresentar declaração.
Ausência de esclarecimento ou atendimento insatisfatório (inciso III)	Quando a autoridade fiscal intima o sujeito passivo a prestar esclarecimentos, mas não obtém resposta satisfatória, o lançamento complementar, decorrente da falta de informações, deverá ser feito de ofício.
Falsidade, erro ou omissão (inciso IV)	Qualquer tentativa do sujeito passivo de prejudicar a percepção do fato jurídico, mediante falsidade, erro ou omissão de informações, permitirá o lançamento de ofício pela fiscalização, inclusive mediante arbitramento, se a lei assim autorizar.

Omissão ou inexatidão nos casos de lançamento por homologação (inciso V)	O lançamento por homologação parte de declarações fornecidas pelo sujeito passivo. Caso estas sejam entregues com omissões ou inexatidões, caberá à autoridade fiscal o lançamento complementar, inclusive mediante arbitramento, se a lei assim autorizar.
Ação ou omissão passível de multa (inciso VI)	A hipótese contempla várias possibilidades e diz respeito à conduta ilícita do sujeito passivo, que deverá ser objeto de sanção, com a aplicação da penalidade correspondente, autuada em lançamento de ofício.
Dolo, fraude ou simulação (inciso VII)	As condutas ilícitas mais graves do sujeito passivo são aquelas cometidas mediante dolo, fraude ou simulação. Diante de tais situações, a autoridade deve lançar de ofício os tributos e as penalidades cabíveis, sem prejuízo de representação para fins penais.
Fato não conhecido em lançamento anterior (inciso VIII)	O lançamento não esgota a possibilidade de o fisco revisitar os fatos e circunstâncias que ensejaram a autuação original. Se as autoridades constatarem, antes do transcurso do prazo decadencial, a ocorrência de outros fatos tributáveis, posteriormente descobertos, deverão promover novo lançamento de ofício, em complemento àquele já efetuado.
Falta ou fraude cometida pela autoridade fiscal (inciso IX)	A autoridade fiscal deve pautar sua atividade de acordo com os princípios do direito administrativo e em estrita obediência à lei. Qualquer falta ou infração no exercício do lançamento, em prejuízo do interesse público, deverá ser apurada, e o valor eventualmente não lançado deverá ser objeto de lançamento de ofício complementar, pois o crédito tributário é considerado bem público indisponível.

STJ — Revisão do lançamento

■ **IPTU. Retificação dos dados cadastrais do imóvel. Erro de fato.** A retificação de dados cadastrais do imóvel, após a constituição do crédito tributário, autoriza a revisão do lançamento pela autoridade administrativa (desde que não extinto o direito potestativo da Fazenda Pública pelo decurso do prazo decadencial), quando decorrer da apreciação de fato não conhecido por ocasião do lançamento anterior, *ex vi* do disposto no artigo 149, inciso VIII, do CTN (...). Assim é que a revisão do lançamento tributário por erro de fato (artigo 149, inciso VIII, do CTN) reclama o desconhecimento de sua existência ou a impossibilidade de sua comprovação à época da constituição do crédito tributário. Ao revés, nas hipóteses de erro de direito (equívoco na valoração jurídica dos fatos), o ato administrativo de lançamento tributário revela-se imodificável, máxime em

> virtude do princípio da proteção à confiança, encartado no artigo 146, do CTN, segundo o qual "a modificação introduzida, de ofício ou em consequência de decisão administrativa ou judicial, nos critérios jurídicos adotados pela autoridade administrativa no exercício do **lançamento** somente pode ser efetivada, em relação a um mesmo sujeito passivo, quanto a fato gerador ocorrido posteriormente à sua introdução" (REsp 1.130.545/RJ, recurso repetitivo).

SÚMULA VINCULANTE 24 DO STF: Não se tipifica crime material contra a ordem tributária, previsto no art. 1.º, incisos I a IV, da Lei n. 8.137/90, antes do lançamento definitivo do tributo.

Nos casos em que a conduta do sujeito passivo pressupõe, em tese, a prática de **crime** (mediante dolo, fraude ou simulação, por exemplo), o Supremo Tribunal Federal entendeu, nos termos da Súmula Vinculante 24, que, enquanto não houver decisão definitiva no processo administrativo que discute o lançamento, **inexiste causa** para a ação penal pela suposta prática de crimes contra a ordem tributária, considerados crimes materiais.

O Pretório Excelso pacificou o entendimento de que a ação penal só pode ter início com a definitividade do lançamento, ou seja, quando este foi confirmado na esfera administrativa e não há mais possibilidade de recurso. Isso significa que a ação penal exige o **exaurimento** da instância administrativa, com a conclusão de que o lançamento é válido e definitivo (o reconhecimento do crédito tributário e da conduta imputada ao infrator, na esfera administrativa, são condições para o andamento da persecução penal).

Contudo, ao contrário dos crimes contra a ordem tributária, previstos na Lei n. 8.137/90, existem outros crimes, de ordem formal, como é o caso do **descaminho**, que não exigem o esgotamento do lançamento (constituição definitiva do crédito na esfera administrativa).

Nesse caso não se aplica a Súmula Vinculante 24, como já reconhecido pelo Supremo Tribunal Federal:

Ementa: (...) 2. Quanto aos delitos tributários materiais, esta nossa Corte dá pela necessidade do lançamento definitivo do tributo devido, como condição de caracterização do crime. Tal direção interpretativa está assentada na ideia-força de que, para a consumação dos crimes tributários descritos nos cinco incisos do art. 1.º da Lei 8.137/1990, é imprescindível a ocorrência do resultado supressão ou redução de tributo. Resultado aferido, tão somente, após a constituição definitiva do crédito tributário (Súmula Vinculante 24). 3. **Por outra volta**, a consumação do **delito de descaminho e a posterior abertura de processo-crime não estão a depender da constituição administrativa do débito fiscal**. Primeiro, porque o delito de descaminho é rigorosamente **formal**, de modo a prescindir da ocorrência do resultado naturalístico. Segundo, porque a conduta materializadora desse crime é "iludir" o Estado quanto ao pagamento do imposto devido pela entrada, pela saída ou pelo consumo de mercadoria. E iludir não significa outra coisa senão fraudar, burlar, escamotear. Condutas, essas, minuciosamente narradas na inicial acusatória (HC 99.740, julgado em 23-11-2010).

11 ■ Crédito Tributário

11.2.5. Lançamento por homologação

A grande maioria dos tributos no Brasil sujeita-se, atualmente, ao chamado **lançamento por homologação**, no qual o sujeito passivo declara sua atividade econômica ao Estado, apura o montante do tributo devido e faz o pagamento no prazo previsto em lei.

O lançamento por homologação e seus efeitos estão previstos no art. 150 do CTN:

> **Art. 150.** O lançamento por homologação, que ocorre quanto aos tributos cuja legislação atribua ao sujeito passivo o dever de antecipar o pagamento sem prévio exame da autoridade administrativa, opera-se pelo ato em que a referida autoridade, tomando conhecimento da atividade assim exercida pelo obrigado, expressamente a homologa.
>
> § 1.º O pagamento antecipado pelo obrigado nos termos deste artigo extingue o crédito, sob condição resolutória da ulterior homologação ao lançamento.
>
> § 2.º Não influem sobre a obrigação tributária quaisquer atos anteriores à homologação, praticados pelo sujeito passivo ou por terceiro, visando à extinção total ou parcial do crédito.
>
> § 3.º Os atos a que se refere o parágrafo anterior serão, porém, considerados na apuração do saldo porventura devido e, sendo o caso, na imposição de penalidade, ou sua graduação.
>
> § 4.º Se a lei não fixar prazo a homologação, será ele de cinco anos, a contar da ocorrência do fato gerador; expirado esse prazo sem que a Fazenda Pública se tenha pronunciado, considera-se homologado o lançamento e definitivamente extinto o crédito, salvo se comprovada a ocorrência de dolo, fraude ou simulação.

No lançamento por homologação, a Fazenda Pública possui prazo de **cinco anos** para verificar as declarações do sujeito passivo e homologar o pagamento efetuado.

Trata-se de prazo **decadencial**, dentro do qual é possível lançar de ofício, se for o caso, valores que não foram declarados pelo sujeito passivo. Grande parte da doutrina entende que o transcurso de cinco anos, sem qualquer atividade da administração, enseja a chamada **homologação tácita**.

Não concordamos com a expressão "homologação tácita" porque esta revela, de plano, uma contradição insuperável: homologar, na língua portuguesa, pressupõe a **prática** de um ato, de uma conduta, de uma atividade destinada a confirmar ou legitimar algo. Trata-se, pois, de um **fazer** (conduta positiva), enquanto o adjetivo "tácito", da forma proclamada pela doutrina, revela exatamente o contrário, ou seja, a **ausência** (natureza negativa) de qualquer atividade pelas autoridades fiscais, dentro do prazo permitido de cinco anos.

Em verdade, entendemos que, como regra, tem o Fisco o prazo de cinco anos para analisar a declaração do sujeito ativo e o pagamento por ele efetuado, com o objetivo de **ratificar** (validar a conduta e extinguir o crédito tributário) ou **retificar** (lançar de ofício eventual diferença a maior apurada, com os acréscimos legais) os procedimentos.

Transcorridos cinco anos do fato jurídico, que é o prazo previsto no art. 150, § 4.º, do CTN, as autoridades fiscais **não poderão** mais alterar o *status* da relação jurídico-tributária positivada pelo lançamento, e a esta **impossibilidade** (que nada tem a ver com agir; ao revés, apenas atesta a leniência ou o desinteresse da administração) a doutrina denomina "homologação tácita", expressão que sequer é utilizada pelo Código.

Com efeito, o CTN estabelece, por meio de ficção jurídica, que o transcurso do prazo de cinco anos sem qualquer atividade da fiscalização fulmina-lhe qualquer pretensão posterior, ante o fenômeno da **decadência**, cujo efeito natural e obrigatório é o de aceitar como definitivos a atividade e o pagamento efetuado pelo sujeito passivo.

Já a **homologação expressa** ocorre com a efetiva verificação dos fatos jurídicos praticados e respectivos pagamentos, normalmente realizada em procedimento de fiscalização.

Importante destacar que, mesmo depois de encerrados os trabalhos de auditoria, remanesce o direito de a Fazenda Pública promover **novas fiscalizações**, para os mesmos fatos e períodos, desde que dentro do prazo de cinco anos.

Em síntese, podemos afirmar que no lançamento por homologação busca-se, dentro do prazo de cinco anos, a confirmação de duas circunstâncias: a) a **correção** da atividade declarada pelo sujeito passivo e b) a **extinção** do crédito tributário efetivamente pago no prazo legal.

Nos casos em que a fiscalização permanece **inerte**, sem qualquer manifestação ou verificação acerca dos procedimentos adotados pelo sujeito passivo, o objeto da relação-jurídico tributária, materializado pelo lançamento, torna-se **definitivo** e **inalterável**, por decurso de prazo e em homenagem ao princípio da segurança jurídica.

Retornaremos, em tópico específico, ao estudo da decadência e dos seus efeitos, posto que a regra geral do Código encontra-se no art. 173, enquanto a previsão do art. 150, § 4.º, constitui caso particular, específico para os lançamentos por homologação em que não se constatou a ocorrência de dolo, fraude ou simulação.

11.3. QUESTÕES

12

SUSPENSÃO, EXTINÇÃO E EXCLUSÃO DO CRÉDITO TRIBUTÁRIO

A partir do art. 151, o Código Tributário Nacional dedica três capítulos à análise dos fenômenos que podem **afetar** o crédito tributário: a suspensão da exigibilidade, a extinção ou a exclusão.

Como o crédito manifesta-se pelo valor devido ao Estado, é natural imaginar que diversos fatores poderão alterá-lo durante o longo caminho entre a sua formalização pelas autoridades administrativas e o efetivo pagamento.

Adicionalmente, algumas circunstâncias jurídicas, voltadas para a **garantia** dos direitos dos contribuintes, produzirão efeitos sobre os procedimentos de cobrança do crédito tributário.

Em breve síntese, podemos afirmar que, ao contrário da obrigação tributária, que só comporta dois momentos (nascimento e extinção), o crédito tributário, pela própria natureza financeira, pode ser objeto de **mutações**, não apenas em relação ao *quantum* devido, mas também em relação ao seu estado jurídico.

Sabemos que o crédito tributário, devidamente formalizado pelo ato do **lançamento**, torna-se exigível, líquido e certo, características que materializam a pretensão estatal com vistas ao pagamento.

Contudo, o lançamento pode ser combatido por meio de diversas **medidas jurídicas**, que terão o condão de proteger o sujeito passivo de uma eventual cobrança enquanto não definitivamente decididas, o que enseja a suspensão da exigibilidade do crédito tributário, como veremos a seguir.

12.1. SUSPENSÃO DA EXIGIBILIDADE DO CRÉDITO TRIBUTÁRIO

Vimos que o crédito tributário, como objeto da obrigação que se instaura entre o Estado e o sujeito passivo, pode sofrer alterações ao longo do tempo, inclusive por força de **questionamentos** acerca da sua validade.

Em razão disso, o art. 151 do Código Tributário Nacional prevê hipóteses de **suspensão da exigibilidade** do crédito tributário, ou seja, circunstâncias em que o poder público fica impedido, temporariamente, de cobrar os tributos do sujeito passivo.

> **Art. 151.** Suspendem a exigibilidade do crédito tributário:
> I — moratória;
> II — o depósito do seu montante integral;

III — as reclamações e os recursos, nos termos das leis reguladoras do processo tributário administrativo;

IV — a concessão de medida liminar em mandado de segurança;

V — a concessão de medida liminar ou de tutela antecipada, em outras espécies de ação judicial;

VI — o parcelamento.

Parágrafo único. O disposto neste artigo não dispensa o cumprimento das obrigações assessórios dependentes da obrigação principal cujo crédito seja suspenso, ou dela consequentes.

Importante! A suspensão da exigibilidade do crédito alcança apenas a parte econômica da obrigação (principal), mas não altera o dever de cumprir as obrigações acessórias, que permanece inalterado.

A análise do art. 151 nos leva a concluir que estamos diante de **dois grupos** de situações: aquelas em que o sujeito passivo está atrasado em relação ao pagamento e outras em que se discute a própria exigibilidade do crédito.

O primeiro grupo é formado pela **moratória** (inciso I) e o **parcelamento** (inciso VI). Nesses casos o sujeito passivo, em regra, **já deve o tributo** e o que se discute é a possibilidade de postergação do pagamento dos montantes em atraso[1].

Como todos os lançamentos estabelecem uma **data de vencimento** (normalmente 30 dias, contados da ciência), após esse prazo o devedor encontra-se em **mora** e sujeito, portanto, ao pagamento de juros e multas.

Para essas situações, pode o Estado, por meio de lei, conceder ao sujeito passivo em atraso um **prazo adicional** para o pagamento, o que se configura como verdadeiro benefício, com o objetivo de incentivar o recolhimento, ainda que de forma parcelada, aos cofres públicos, sem a necessidade de adoção de medidas de força ou coerção do patrimônio das pessoas. Isso porque o **inadimplemento** da obrigação possibilita a exigibilidade, inclusive pela via judicial, do valor devido, depois de esgotadas as tentativas de cobrança amigável, por meio de notificações administrativas ao devedor.

A partir de 2001, com o advento da Lei Complementar n. 104, o art. 151 do Código Tributário Nacional passou a dispor sobre a figura do **parcelamento**, sem, no entanto, definir de modo preciso as suas principais características.

Trataremos, mais adiante, das possíveis **diferenças** entre a moratória e o parcelamento; neste passo, cabe-nos ressaltar que, em regra, os dois mecanismos, sempre veiculados por lei, têm por objetivo beneficiar devedores em atraso, como demonstrado no seguinte gráfico:

---

[1] Excepcionalmente, o CTN, a partir da premissa um tanto confusa que adota para tratar do fator tempo nas questões tributárias, parece admitir a possibilidade de moratória **antes do lançamento** (e, portanto, da formalização do crédito), como dá a entender a redação do art. 154.

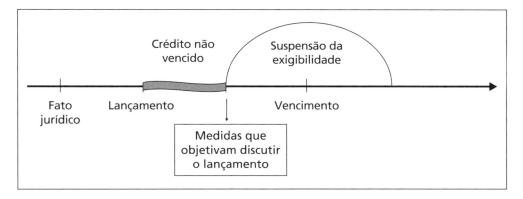

Por outro lado, as demais hipóteses de suspensão da exigibilidade do crédito tributário, previstas no art. 151 do CTN, cuidam de medidas jurídicas destinadas a **discutir** o lançamento efetuado e que, nesse contexto, devem ser propostas **antes** do vencimento do prazo para pagamento, como forma de impedir a incidência das penalidades moratórias.

Assim, o depósito do montante integral, as reclamações e os recursos no âmbito do processo administrativo, a concessão de liminar em mandado de segurança e a concessão de liminar ou tutela antecipada em outras espécies de ação judicial têm o condão de proteger o patrimônio do interessado **enquanto durar** a discussão acerca da validade dos lançamentos combatidos, conforme o gráfico a seguir.

De se notar que, neste segundo grupo de hipóteses de suspensão do crédito, o sujeito passivo deve propor a medida jurídica no período entre o **lançamento** (quando toma ciência da exigência) e a **data de vencimento** para pagamento do tributo, pois assim o efeito suspensivo também afasta a incidência de penalidades, visto que o interessado agiu **tempestivamente**, ou seja, no prazo que lhe foi conferido para quitar a dívida ou questionar a cobrança.

Ainda que seja possível propor algumas das medidas depois de vencido o prazo de pagamento (no caso de liminares obtidas em ações judiciais, por exemplo), entendemos que o direito do interessado não só restará enfraquecido, nessa fase, como a discussão também englobará os consectários legais decorrentes do atraso, de forma que na hipótese de ver frustrada a sua pretensão o valor do crédito será substancialmente maior.

Aqui temos uma questão **importante:** nos casos em que se discute o lançamento, é intuitivo notar que ao final da suspensão haverá uma **decisão**, administrativa ou judicial, que dirá se o crédito continua a ser exigível ou se, ao contrário, foi extinto ante o reconhecimento da improcedência do lançamento.

Exemplo: Determinada pessoa é notificada de uma autuação relativa ao imposto de renda. Inconformada com a cobrança e ciente dos seus direitos, apresenta impugnação tempestiva na esfera administrativa. Ao término do processo, as autoridades julgadoras poderão adotar uma de três hipóteses: a) manter o lançamento e declarar o crédito definitivamente constituído; b) dar parcial provimento ao pedido do interessado, reduzindo o valor do crédito exigido; ou c) reconhecer a procedência dos argumentos de defesa para cancelar o lançamento e extinguir integralmente o crédito.

As possibilidades descritas podem ser visualizadas no seguinte gráfico:

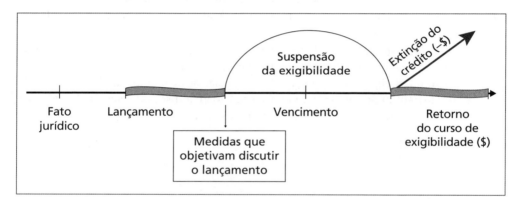

Portanto, a suspensão do crédito não altera o *status* jurídico do lançamento, mas protege o patrimônio do interessado enquanto não sobrevier decisão acerca da **validade** dos procedimentos utilizados pela fiscalização.

Essa **neutralidade jurídica** garante que a administração tributária não poderá adotar medidas constritivas em desfavor do interessado, como a execução fiscal, a inscrição em cadastros de devedores (CADIN, por exemplo), ou negar a emissão de certidões para o exercício de direitos (na hipótese, teríamos uma certidão positiva *com efeitos negativos*, por força de o crédito estar suspenso e em discussão).

Do gráfico anterior podemos perceber que a decisão implicará ou a **extinção** do crédito *sub judice* (–$) ou a sua **manutenção** ($), integral ou parcial.

Caso o crédito seja extinto, resolve-se a obrigação tributária principal e nada mais poderá ser exigido do contribuinte. Nas hipóteses de manutenção total ou parcial do lançamento, o crédito retomará o **curso de exigibilidade** que havia sido suspenso, situação em que o interessado será notificado da decisão para que promova o pagamento. Se ainda assim o pagamento não for efetuado, o crédito será inscrito em dívida ativa e poderá ser objeto de execução fiscal.

12 ◼ Suspensão, Extinção e Exclusão do Crédito Tributário

> **Importante!** A suspensão da exigibilidade não afeta a contagem do prazo decadencial e em razão disso não impede que as autoridades fiscais promovam o lançamento, justamente para evitar a perda do direito. Assim, nas hipóteses em que o sujeito passivo obtém liminar judicial para afastar a tributação, o lançamento será efetuado com exigibilidade suspensa até o trânsito em julgado da ação.

Destaque-se, ainda, que a suspensão da exigibilidade **impede** o início da contagem do **prazo prescricional** (posto que as autoridades não podem propor medidas contra o sujeito passivo nesse ínterim — *efeito impeditivo*) ou **suspende** a fluência desse prazo, nas hipóteses em que ele já tiver sido iniciado (*efeito suspensivo*).

Vejamos, na sequência, as principais características das causas de suspensão da exigibilidade do crédito tributário enumeradas pelo art. 151 do CTN.

Convém ressaltar que o Código detalha apenas a figura da **moratória** (e, por efeito reflexo, do parcelamento), sem qualquer qualificação acerca das outras modalidades, cujos conceitos, alcance e aplicabilidade emanam de posições doutrinárias ou da análise jurisprudencial.

12.1.1. Depósito do montante integral

A primeira medida destinada à discussão do lançamento, com efeito suspensivo, é o **depósito do montante integral**, previsto no art. 151, II, do Código Tributário Nacional.

Assim como nos demais casos em que se combate o lançamento, o objetivo do depósito é o de permitir que o sujeito passivo não seja cobrado ou sofra qualquer ameaça ao seu patrimônio enquanto não houver decisão nas esferas administrativa ou judicial.

Portanto, sempre que a pessoa toma ciência de uma notificação de lançamento ou de um auto de infração pode efetuar o depósito do montante integral, **antes do vencimento**, para evitar a fluência de juros e a imposição de multas moratórias.

A medida, apesar de reduzir a disponibilidade financeira imediata do interessado, pois o valor depositado ficará **bloqueado** até a decisão final no processo, traz a vantagem de afastar a incidência de qualquer acréscimo ao valor do crédito original.

Embora possa ser feito tanto na esfera administrativa como na judicial, o depósito do montante integral normalmente é apresentado, na **via judicial**, junto com a propositura da ação que contesta o lançamento, e deve ser realizado em **dinheiro**, conforme matéria sumulada pelo Superior Tribunal de Justiça.

SÚMULA 112 DO STJ: O depósito somente suspende a exigibilidade do crédito tributário se for integral e em dinheiro.

Para a discussão de **tributos federais**, por exemplo, os depósitos devem ser efetuados em conta da *Caixa Econômica Federal (CEF)* e são atualizados, a partir da vigência da Lei n. 9.703/98, pela taxa do Sistema de Liquidação e Custódia (**SELIC**), conforme entendimento do STJ:

RECURSO ORDINÁRIO EM MANDADO DE SEGURANÇA. CONTRIBUIÇÕES SOCIAIS. DEPÓSITO JUDICIAL. CAIXA ECONÔMICA FEDERAL. DEPÓSITO JUDICIAL EFETUADO APÓS 1.º-12-1998. APLICAÇÃO DA LEI N. 9.703/98. CORREÇÃO MONETÁRIA. SELIC. SÚMULA 179/STJ.
1. A Taxa SELIC, como forma de correção monetária dos depósitos judiciais e extrajudiciais, somente incide após o advento da Lei n. 9.703 de 17-11-1998.
2. Nas circunstâncias definidas no acórdão recorrido, não há como entender que ocorreu uma mera "transferência de valores", como afirmado pela CAIXA, e não um novo depósito. Na verdade, é cristalino que, ao se determinar uma transferência de valores de uma conta para outra, os valores transferidos são considerados depósitos nessa outra conta, ainda mais no caso dos autos em que a transferência deu-se por ordem judicial com finalidade específica, a de garantir nova execução, que sequer existia quando do primeiro depósito.
3. Incidência da súmula 179/STJ: "O estabelecimento do crédito que recebe dinheiro, em depósito judicial, responde pelo pagamento da correção monetária relativa aos valores recolhidos". Agravo regimental improvido (STJ, AgRg no REsp 1.258.675/AL).

É importante ressaltar que a ideia de **montante integral** corresponde ao valor total exigido pelas autoridades fiscais, *e não ao valor considerado correto pelo sujeito passivo*. No caso de depósito **insuficiente**, cabe ao juiz intimar o interessado a completar o montante, para que este reflita o total do crédito tributário em discussão, pois o advérbio "integral", previsto pelo CTN, não comporta variações e exige que a garantia seja de 100%.

Nos tributos sujeitos a lançamento por homologação, quando o sujeito passivo realiza depósito judicial do montante integral, para suspender a exigibilidade do crédito tributário, considera-se que este se encontra **definitivamente constituído**, o que afasta a necessidade de qualquer providência adicional das autoridades tributárias (lançamento), com o objetivo de evitar a decadência, conforme entendimento do STJ:

RECURSO ESPECIAL. AGRAVO REGIMENTAL. TRIBUTÁRIO. DEPÓSITO DO MONTANTE INTEGRAL. ART. 151, II, DO CTN. SUSPENSÃO DA EXIGIBILIDADE DO CRÉDITO TRIBUTÁRIO. CONVERSÃO EM RENDA. DECADÊNCIA. 1. Com o depósito do montante integral, **tem-se verdadeiro lançamento por homologação.** O contribuinte calcula o valor do tributo **e substitui o pagamento antecipado pelo depósito, por entender indevida a cobrança**. Se a Fazenda aceita como integral o depósito, para fins de suspensão da exigibilidade do crédito, aquiesceu expressa ou tacitamente com o valor indicado pelo contribuinte, o que equivale à homologação fiscal prevista no art. 150, § 4.º, do CTN. 2. Uma vez ocorrido o lançamento tácito, encontra-se **constituído o crédito tributário**, razão pela qual não há mais falar no transcurso do prazo decadencial nem na necessidade de lançamento de ofício das importâncias depositadas. Precedentes da Primeira Seção (AgRg no RE 1.213.319/SP).

Caso o depósito efetuado seja apenas **parcial**, as autoridades fiscais devem realizar o *lançamento complementar*, para prevenir a decadência e possibilitar a exigência da diferença entre o valor devido e o depositado, acrescido de multa moratória e juros.

12 ◼ Suspensão, Extinção e Exclusão do Crédito Tributário   543

Ao término da ação que ensejou o depósito, se o sujeito passivo sair **vencedor**, o montante depositado será **restituído**, acrescido de juros. Se a Fazenda Pública for vencedora, o montante do depósito será **convertido em renda** e extinguirá o crédito tributário[2].

STF — Depósito do montante integral

◼ **Fiança bancária não se equipara ao depósito do montante integral, que deve ser em dinheiro.** A suspensão da exigibilidade do crédito tributário (que implica óbice à prática de quaisquer atos executivos) encontra-se taxativamente prevista no art. 151 do CTN, sendo certo que a prestação de caução, mediante o oferecimento de fiança bancária, ainda que no montante integral do valor devido, não ostenta o efeito de suspender a exigibilidade do crédito tributário, mas apenas de garantir o débito exequendo, em equiparação ou antecipação à penhora, com o escopo precípuo de viabilizar a expedição de Certidão Positiva com Efeitos de Negativa e a oposição de embargos (RE 1.156.668, julgado na sistemática dos recursos repetitivos).

◼ **A existência de depósito do montante integral impede a propositura de execução fiscal, que deve ser extinta.** O depósito do montante integral do débito, nos termos do artigo 151, inciso II, do CTN, suspende a exigibilidade do crédito tributário, impedindo o ajuizamento da execução fiscal por parte da Fazenda Pública. 2. É que as causas suspensivas da exigibilidade do crédito tributário (art. 151 do CTN) impedem a realização, pelo Fisco, de atos de cobrança, os quais têm início em momento posterior ao lançamento, com a lavratura do auto de infração. 3. O processo de cobrança do crédito tributário encarta as seguintes etapas, visando ao efetivo recebimento do referido crédito: a) a cobrança administrativa, que ocorrerá mediante a lavratura do auto de infração e aplicação de multa: exigibilidade-autuação; b) a inscrição em dívida ativa: exigibilidade-inscrição; c) a cobrança judicial, via execução fiscal: exigibilidade-execução. 4. Os efeitos da

---

[2] Lei n. 9.703/98: "Art. 1.º Os depósitos judiciais e extrajudiciais, em dinheiro, de valores referentes a tributos e contribuições federais, inclusive seus acessórios, administrados pela Secretaria da Receita Federal do Ministério da Fazenda, serão efetuados na Caixa Econômica Federal, mediante Documento de Arrecadação de Receitas Federais — DARF, específico para essa finalidade. § 1.º O disposto neste artigo aplica-se, inclusive, aos débitos provenientes de tributos e contribuições inscritos em Dívida Ativa da União. § 2.º Os depósitos serão repassados pela Caixa Econômica Federal para a Conta Única do Tesouro Nacional, independentemente de qualquer formalidade, no mesmo prazo fixado para recolhimento dos tributos e das contribuições federais. § 3.º Mediante ordem da autoridade judicial ou, no caso de depósito extrajudicial, da autoridade administrativa competente, **o valor do depósito, após o encerramento da lide ou do processo litigioso, será: I — devolvido ao depositante pela Caixa Econômica Federal**, no prazo máximo de vinte e quatro horas, quando a sentença lhe for favorável ou na proporção em que o for, acrescido de juros, na forma estabelecida pelo § 4.º do art. 39 da Lei n. 9.250, de 26 de dezembro de 1995, e alterações posteriores; ou **II — transformado em pagamento definitivo**, proporcionalmente à exigência do correspondente tributo ou contribuição, inclusive seus acessórios, quando se tratar de sentença ou decisão favorável à Fazenda Nacional".

suspensão da exigibilidade pela realização do depósito integral do crédito exequendo, quer no bojo de ação anulatória, quer no de ação declaratória de inexistência de relação jurídico-tributária, ou mesmo no de mandado de segurança, desde que ajuizados anteriormente à execução fiscal, têm o condão de impedir a lavratura do auto de infração, assim como de coibir o ato de inscrição em dívida ativa e o ajuizamento da execução fiscal, a qual, acaso proposta, deverá ser extinta (RE 1.140.956, julgado na sistemática dos recursos repetitivos).

12.1.2. Reclamações e recursos administrativos

O lançamento efetuado pelas autoridades fiscais contra o sujeito passivo inaugura o prazo, normalmente de 30 dias, para que o interessado promova o **pagamento** ou apresente **impugnação**, caso discorde do montante exigido.

Assim, o direito de defesa na esfera administrativa, tempestivamente exercido, por meio do que o CTN denomina **reclamações** e **recursos**, suspende a exigibilidade do crédito tributário enquanto a questão não for definitivamente resolvida.

De plano, vale destacar que o depósito de valores em dinheiro **não é** pressuposto ou condição para que o sujeito passivo questione o lançamento.

O assunto se divide em **duas situações** e em ambas o Supremo Tribunal Federal afastou qualquer exigência que pudesse prejudicar o exercício do direito de petição e o acesso ao provimento jurisdicional pelo contribuinte.

O **primeiro caso** diz respeito a diversas normas que condicionavam a apresentação de depósito prévio como **requisito de admissibilidade** de recursos na esfera administrativa. Isso implicava que o direito de recorrer esbarrava no dever de depositar parcelas significativas do crédito em discussão, circunstância que dificultava sobremaneira o exercício do contraditório e da ampla defesa pelos contribuintes.

Durante anos o STF entendeu ser possível a exigência do depósito como condição de admissibilidade de recursos administrativos, mas a posição **foi alterada** com a decisão na ADI 1.976:

A exigência de depósito ou arrolamento prévio de bens e direitos como condição de admissibilidade de recurso administrativo **constitui obstáculo sério** (e intransponível, para consideráveis parcelas da população) **ao exercício do direito de petição** (CF, art. 5.º, XXXIV), além de caracterizar **ofensa ao princípio do contraditório** (CF, art. 5.º, LV). A exigência de depósito ou arrolamento prévio de bens e direitos pode converter-se, na prática, em determinadas situações, em supressão do direito de recorrer, constituindo-se, assim, em nítida violação ao princípio da proporcionalidade. Ação direta julgada procedente para declarar a **inconstitucionalidade** do art. 32 da MP 1699-41 — posteriormente convertida na Lei n. 70.235/72.

A partir do precedente inaugurado pela decisão antes transcrita, o Supremo Tribunal Federal pacificou o entendimento de que são inconstitucionais quaisquer garantias financeiras para a apresentação de recursos administrativos, como vaticina a **Súmula Vinculante 21**:

SÚMULA VINCULANTE 21 DO STF: É inconstitucional a exigência de depósito ou arrolamento prévios de dinheiro ou bens para admissibilidade de recurso administrativo.

Com a edição da Súmula, deixaram de ser exigíveis quaisquer depósitos prévios em dinheiro ou o chamado **arrolamento de bens**, que era a oferta de patrimônio do interessado, como garantia para a apresentação de recurso administrativo.

Essa figura de arrolamento, hoje inconstitucional, **não se confunde** com a medida de arrolamento de bens proposta pela Receita Federal como instrumento para o **acompanhamento do patrimônio** de contribuintes cuja dívida seja significativa.

O arrolamento promovido pelas autoridades fiscais federais tem por base os arts. 64 e 64-A da Lei n. 9.532/97 e objetiva assegurar o direito ao recebimento de créditos tributários vultosos, cujas características apresentamos no quadro a seguir.

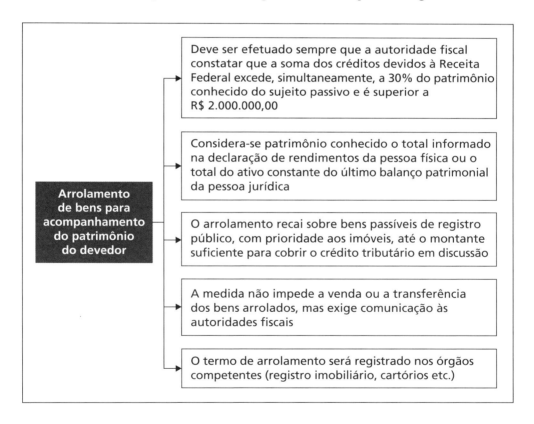

O arrolamento, nos moldes apresentados, é um **procedimento administrativo** preparatório para o eventual ajuizamento de medida cautelar fiscal (Lei n. 8.397/92).

A **medida cautelar fiscal** decorre de representação do titular da unidade da Receita Federal que jurisdiciona o sujeito passivo e tem por objetivo obter, na justiça, a constrição do patrimônio, com vistas a uma futura execução fiscal.

As hipóteses de ajuizamento da medida cautelar fiscal estão previstas no art. 2.º da Lei n. 8.397/92:

Art. 2.º A medida cautelar fiscal poderá ser requerida contra o sujeito passivo de crédito tributário ou não tributário, quando o devedor:

I — sem domicílio certo, intenta ausentar-se ou alienar bens que possui ou deixa de pagar a obrigação no prazo fixado;

II — tendo domicílio certo, ausenta-se ou tenta se ausentar, visando a elidir o adimplemento da obrigação;

III — caindo em insolvência, aliena ou tenta alienar bens;

IV — contrai ou tenta contrair dívidas que comprometam a liquidez do seu patrimônio;

V — notificado pela Fazenda Pública para que proceda ao recolhimento do crédito fiscal:

a) deixa de pagá-lo no prazo legal, salvo se suspensa sua exigibilidade;

b) põe ou tenta por seus bens em nome de terceiros;

VI — possui débitos, inscritos ou não em Dívida Ativa, que somados ultrapassem trinta por cento do seu patrimônio conhecido;

VII — aliena bens ou direitos sem proceder à devida comunicação ao órgão da Fazenda Pública competente, quando exigível em virtude de lei;

VIII — tem sua inscrição no cadastro de contribuintes declarada inapta, pelo órgão fazendário;

IX — pratica outros atos que dificultem ou impeçam a satisfação do crédito.

STF — Arrolamento de bens

■ **Não violação ao direito de propriedade.** Nos termos da jurisprudência do STJ, o arrolamento de bens, instituído pela Lei n. 9.532/1997, gera apenas um cadastro em favor da Fazenda Pública, destinado a viabilizar o acompanhamento da evolução patrimonial do sujeito passivo da obrigação tributária. O devedor tributário continua em pleno gozo dos atributos da propriedade, tanto que os bens arrolados, por não se vincularem à satisfação do crédito tributário, podem ser transferidos, alienados ou onerados, independentemente da concordância da autoridade fazendária (RE 1.313.364/SC).

■ **Alienação regular de bem imóvel arrolado anula os efeitos da medida.** Bem imóvel regularmente adquirido do devedor tributário não mais pode constar de arrolamento administrativo, razão pela qual devem ser anulados seus efeitos, pois não mais poderá servir de garantia à satisfação do crédito tributário (RE 1.532.348/SC).

■ **Dever de comunicação ao Fisco.** Conforme se depreende dos §§ 3.º e 4.º do art. 64 da Lei n. 9.532/97, o ônus imputado ao contribuinte em relação ao bem arrolado é tão somente a comunicação ao Fisco da transferência, alienação ou oneração do bem, cuja inobservância autoriza o requerimento de medida cautelar fiscal contra o devedor (RE 1.486.861/RS).

12 ■ Suspensão, Extinção e Exclusão do Crédito Tributário   547

Ressalte-se que a suspensão da exigibilidade do crédito tributário **não implica** o cancelamento do arrolamento de bens, que só poderá ocorrer nas hipóteses de liquidação previstas nos §§ 8.º e 9.º do art. 64 da Lei n. 9.532/97[3].

A **segunda situação** afastada pelo Supremo Tribunal Federal tratava da necessidade de garantia prevista pelo art. 38 da Lei de Execuções Fiscais, que estabelecia:

> **Art. 38.** A discussão judicial da Dívida Ativa da Fazenda Pública só é admissível em execução, na forma desta Lei, salvo as hipóteses de mandado de segurança, ação de repetição do indébito ou ação anulatória do ato declaratório da dívida, **esta precedida do depósito preparatório do valor do débito**, monetariamente corrigido e acrescido dos juros e multa de mora e demais encargos.
>
> **Parágrafo único.** A propositura, pelo contribuinte, da ação prevista neste artigo importa em renúncia ao poder de recorrer na esfera administrativa e desistência do recurso acaso interposto.

Para espancar a exigência, em respeito ao direito de petição dos sujeitos passivos, o STF publicou a **Súmula Vinculante 28**:

> **SÚMULA VINCULANTE 28 DO STF:** É inconstitucional a exigência de depósito prévio como requisito de admissibilidade de ação judicial na qual se pretenda discutir a exigibilidade de crédito tributário.

Com as decisões vinculantes do STF, a figura do depósito em dinheiro **deixou de ser obrigatória** e hoje constitui opção do sujeito passivo[4].

Isso facilitou sobremaneira o direito de defesa dos contribuintes, que atualmente utilizam o processo administrativo como o instrumento primário para a contestação de lançamentos e discussão dos créditos tributários que entendem indevidos.

---

[3] "§ 8.º Liquidado, antes do seu encaminhamento para inscrição em Dívida Ativa, o crédito tributário que tenha motivado o arrolamento, a autoridade competente da Secretaria da Receita Federal comunicará o fato ao registro imobiliário, cartório, órgão ou entidade competente de registro e controle, em que o termo de arrolamento tenha sido registrado, nos termos do § 5.º, para que sejam anulados os efeitos do arrolamento. § 9.º Liquidado ou garantido, nos termos da Lei n. 6.830, de 22 de setembro de 1980, o crédito tributário que tenha motivado o arrolamento, após seu encaminhamento para inscrição em Dívida Ativa, a comunicação de que trata o parágrafo anterior será feita pela autoridade competente da Procuradoria da Fazenda Nacional."

[4] Igual raciocínio se aplica aos **créditos previdenciários**, conforme decidido pelo STJ, em sede de recurso repetitivo, no **REsp 894.060/SP**: "1. O depósito prévio ao recurso administrativo, para a discussão de crédito previdenciário, ante o flagrante desrespeito à garantia constitucional da ampla defesa (art. 5.º, LV, da CF/88) e ao direito de petição independentemente do pagamento de taxas (art. 5.º, XXXIV, 'a', da CF/88) é inexigível, consoante decisão do Supremo Tribunal Federal, na sessão plenária ocorrida em 28.03.2007, nos autos do Recurso Extraordinário 389.383-1/SP, na qual declarou, por maioria, a inconstitucionalidade dos §§ 1.º e 2.º, do art. 126, da Lei n. 8.213/91, com a redação dada pela Medida Provisória 1.608-14/98, convertida na Lei n. 9.639/98".

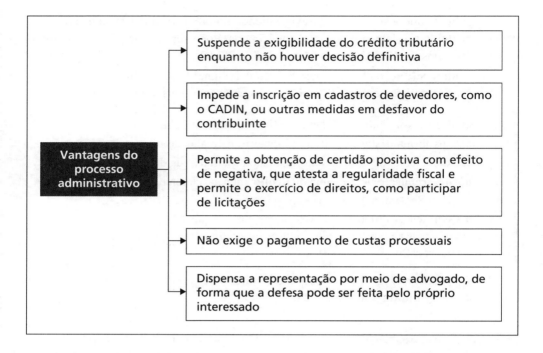

Portanto, enquanto perdurar o processo administrativo, em suas diversas instâncias, o crédito tributário em discussão não poderá ser exigido do interessado.

Se, ao final do processo administrativo, o sujeito passivo for vencedor, o crédito será **extinto**. Se a tese da Fazenda Pública for vencedora, com a manutenção integral ou parcial dos lançamentos, o crédito que estava com a exigibilidade suspensa retomará o **curso normal** de cobrança.

As regras gerais do processo administrativo estão previstas na Lei n. 9.784/99, e na esfera federal os feitos de natureza tributária são especificamente tratados pelo **Decreto n. 70.235/72** (que dispõe sobre o Processo Administrativo Fiscal — PAF).

Os tributos administrados pela Receita Federal do Brasil são julgados em duas instâncias:

a) pelas **Delegacias de Julgamento**, cujas turmas são compostas exclusivamente de auditores fiscais;

b) pelo **CARF** (Conselho Administrativo de Recursos Fiscais)[5], órgão paritário do Ministério da Economia, composto de representantes da Receita Federal e dos contribuintes, escolhidos mediante processo seletivo.

---

[5] O CARF, com a atual denominação, foi criado em 2009, em substituição ao antigo Conselho de Contribuintes. A ideia de tribunais administrativos para julgar matéria tributária remonta à década de 1920, quando foram criados os primeiros conselhos de contribuintes no Brasil.

12 ◼ Suspensão, Extinção e Exclusão do Crédito Tributário   549

Além dos processos administrativos destinados a combater lançamentos tributários efetuados contra os sujeitos passivos, na esfera federal também existem os processos de **consulta**, nos quais o interessado poderá formular questões sobre dispositivos da legislação tributária aplicáveis a determinado fato.

Conquanto a consulta **não suspenda** o prazo para recolhimento de tributo nem para a apresentação de declaração de rendimentos, **nenhum procedimento fiscal** será instaurado contra o sujeito passivo relativamente à espécie consultada, a partir da apresentação da consulta até o trigésimo dia subsequente à data da ciência:

a) de decisão de primeira instância da qual não haja sido interposto recurso, e

b) de decisão de segunda instância (arts. 48 e 49 do Decreto n. 70.235/72).

Com o advento da Lei n. 11.457/2007, foi estabelecido o prazo máximo de **360 dias** para que seja proferida decisão em processos administrativos fiscais, contados a partir do protocolo de petições, defesas ou recursos do contribuinte (Lei n. 11.457/2007, art. 24).

A matéria já foi apreciada pelo Superior Tribunal de Justiça, que em sede de recurso repetitivo decidiu pela sua **obrigatoriedade:**

> 1. A duração razoável dos processos foi erigida como cláusula pétrea e direito fundamental pela Emenda Constitucional 45, de 2004, que acresceu ao art. 5.º, o inciso LXXVIII, *in verbis:* "a todos, no âmbito judicial e administrativo, são assegurados a razoável duração do processo e os meios que garantam a celeridade de sua tramitação". 2. A conclusão de processo administrativo **em prazo razoável é corolário dos princípios da eficiência, da moralidade e da razoabilidade**. 3. O processo administrativo tributário encontra-se regulado pelo Decreto 70.235/72 — Lei do Processo Administrativo Fiscal —, o que afasta a aplicação da Lei n. 9.784/99, ainda que ausente, na lei específica, mandamento legal relativo à fixação de prazo razoável para a análise e decisão das petições, defesas e recursos administrativos do contribuinte. (...) 5. A Lei n. 11.457/07, com o escopo de suprir a lacuna legislativa existente, em seu art. 24, preceituou a obrigatoriedade de ser proferida decisão administrativa no prazo máximo de 360 (trezentos e sessenta) dias a contar do protocolo dos pedidos (...) 6. Deveras, ostentando o referido dispositivo legal natureza processual fiscal, há de ser aplicado imediatamente aos pedidos, defesas ou recursos administrativos pendentes.

Importante! Na hipótese de concomitância entre as esferas judicial e administrativa, restará prejudicada esta última, vale dizer, a propositura pelo contribuinte de ação judicial de qualquer espécie contra o poder público, com o mesmo objeto do processo administrativo fiscal, implica renúncia às instâncias administrativas ou, se for o caso, desistência de eventual recurso porventura interposto.

12.1.3. Concessão de liminar em mandado de segurança

O **mandado de segurança** é amplamente utilizado na seara tributária e possui esteio no art. 5.º, LXIX, da Constituição:

LXIX — conceder-se-á mandado de segurança para proteger direito líquido e certo, não amparado por *habeas corpus* ou *habeas data*, quando o responsável pela ilegalidade ou abuso de poder for autoridade pública ou agente de pessoa jurídica no exercício de atribuições do Poder Público;

O direito líquido e certo pode decorrer de ameaça ou iminência de dano irreparável ao contribuinte, em razão de **ato administrativo** praticado pelas autoridades fiscais, normalmente lançamentos para a cobrança de tributos ou decisões que obstaculizam, em tese, o exercício da livre-iniciativa, como a apreensão de mercadorias ou a interdição de estabelecimentos.

Nesse contexto costumam figurar como autoridades coatoras os **titulares** das repartições tributárias, como os Delegados da Receita Federal e os Inspetores das Alfândegas de portos e aeroportos, entre outros.

De se notar que não é a propositura da ação que suspenderá a exigibilidade do crédito, mas a concessão, pelo juiz, de **liminar** em favor do interessado, no qual será delimitado o objeto da decisão e os efeitos contra a Fazenda Pública.

A liminar tem caráter **temporário** e pode ser cassada a qualquer tempo, antes de proferida a decisão final no processo. Enquanto durar a ordem concedida no *writ*, ficam suspensos os efeitos do lançamento ou de qualquer outro ato administrativo combatido.

Conquanto o alcance do mandando de segurança seja bastante amplo em matéria tributária, o Superior Tribunal de Justiça entendeu ser **incabível** a ação para convalidar compensação tributária realizada pelo contribuinte (Súmula 460), conforme acórdão paradigmático parcialmente reproduzido a seguir.

CONVALIDAÇÃO DE COMPENSAÇÃO DE TRIBUTOS EFETUADA PELO CONTRIBUINTE UNILATERALMENTE. MANDADO DE SEGURANÇA. INADEQUAÇÃO DA VIA ELEITA.
1. O mandado de segurança é instrumento adequado à declaração do direito de compensação de tributos indevidamente pagos, em conformidade com a Súmula 213 do STJ. 2. Ao revés, **é defeso, ao Judiciário, na via estreita do *mandamus*, a convalidação da compensação tributária realizada por iniciativa exclusiva do contribuinte, porquanto necessária a dilação probatória**. 3. A intervenção judicial deve ocorrer para determinar os critérios da compensação objetivada, a respeito dos quais existe controvérsia, v.g. os tributos e contribuições compensáveis entre si, o prazo prescricional, os critérios e períodos da correção monetária, os juros etc., bem como para impedir que o Fisco exija do contribuinte o pagamento das parcelas dos tributos objeto de compensação ou que venha a autuá-lo em razão da compensação realizada de acordo com os critérios autorizados pela ordem judicial, sendo certo que o provimento da ação não implica reconhecimento da quitação das parcelas ou em extinção definitiva do crédito, ficando a iniciativa do contribuinte sujeita à homologação ou a lançamento suplementar pela administração tributária, no prazo do art. 150, § 4.º do CTN. 4. A Administração Pública tem competência para fiscalizar a existência ou não de créditos a ser compensados, o procedimento e os valores a compensar, e a conformidade do procedimento adotado com os termos da legislação pertinente, **sendo inadmissível** provimento jurisdicional substitutivo da homologação da autoridade administrativa, que atribua eficácia extintiva, desde logo, à compensação efetuada (REsp 1.124.537/SP, julgado na sistemática dos recursos repetitivos).

12 ■ Suspensão, Extinção e Exclusão do Crédito Tributário

> **Atenção!** O pedido liminar, em mandado de segurança, pode ser efetuado para combater lançamento já notificado ao sujeito passivo ou, ainda, em caráter preventivo, no intuito de evitar a adoção de determinada medida pela fiscalização.

12.1.4. Concessão de liminar ou tutela antecipada em outras ações judiciais

O dispositivo que reconhece expressamente o efeito suspensivo de decisões judiciais proferidas em **outras ações**, que não o mandado de segurança, só foi introduzido no Código Tributário Nacional em 2001, por força da Lei Complementar n. 104.

A medida, sobremaneira óbvia, surgiu para **confirmar** o entendimento dominante, no sentido de que cabe ao Poder Judiciário apreciar as questões a ele apresentadas, entre elas as medidas de controle dos atos da administração pública.

Nesse contexto, **independentemente** da denominação jurídica, sempre nos pareceu que as ordens expedidas pelos juízes, em caráter liminar ou cautelar, têm o condão de suspender a exigibilidade do crédito tributário, nos exatos termos em que formuladas, **sem a necessidade** de previsão expressa no CTN.

A nova redação do art. 151 pôs fim a qualquer dúvida, ao reconhecer que decisões liminares exaradas no bojo de qualquer **processo judicial** (mandado de segurança, ação ordinária ou cautelar, por exemplo) suspendem a exigibilidade do crédito tributário guerreado até a decisão final de mérito ou a eventual cassação da liminar.

A posição é assente no STJ, conforme se depreende do seguinte julgado, que reproduzimos pela clareza e didática na apresentação do tema.

> RECURSO ESPECIAL — ALÍNEA "A" — TRIBUTÁRIO — ISS — AÇÃO CAUTELAR PREPARATÓRIA — PRETENDIDA SUSPENSÃO DA EXIGIBILIDADE DO CRÉDITO TRIBUTÁRIO — POSSIBILIDADE — ENTENDIMENTO DOUTRINÁRIO E JURISPRUDENCIAL — ART. 151, INCISO V DO CTN, NA REDAÇÃO DADA PELA LC N. 104/01. A doutrina já defendia, antes do início da vigência da LC n. 104/01, a possibilidade de utilização da medida cautelar para suspender a exigibilidade do crédito tributário, com base no poder geral de cautela do juiz. Nesse sentido, afirma Hugo de Brito Machado que "é razoável, assim interpretarmos o art. 151 IV, do CTN, no contexto atual, em que se ampliou consideravelmente o alcance e a utilidade da jurisdição cautelar, dando-se um sentido mais abrangente, desprendido do elemento literal, e assim entendê-lo como uma referência a todos os procedimentos judiciais de natureza cautelar" (Artigo intitulado "Tutela judicial cautelar suspensiva da exigibilidade do crédito tributário", *Revista Tributária e de Finanças Públicas*, n. 36, ano 9, jan./fev. 2001, RT, São Paulo, p. 67). (...) O advento da Lei Complementar n. 104/01, portanto, apenas ratificou o entendimento já adotado pela doutrina e pela jurisprudência pátrias, que se afastavam da tese restritiva (REsp 260.229/ES).

No mesmo sentido, o dispositivo foi alterado para reconhecer expressamente o efeito suspensivo decorrente da **tutela antecipada**, medida introduzida no antigo Código de Processo Civil em 1994 e destinada a proteger situações em que haja fundado receio de dano irreparável ou de difícil reparação (art. 273 do antigo CPC).

552 Direito Tributário Esquematizado   *Roberto Caparroz*

O instrumento, atualmente, encontra-se previsto no art. 303 no Novo CPC[6].

Atenção! O efeito suspensivo da concessão de liminar ou tutela antecipada, em outras espécies de ação, tem como objetivo reconhecer e privilegiar a força das decisões proferidas na esfera judicial. Assim, sempre que a justiça entender pela suspensão da exigibilidade do crédito tributário, independentemente do tipo de ação, as autoridades fiscais deverão se abster de qualquer ato de cobrança enquanto perdurarem os efeitos da liminar ou tutela concedidas.

12.1.5. Moratória

A moratória é um **benefício** concedido por lei com o objetivo de propiciar ao sujeito passivo o alargamento do prazo para pagamento dos tributos devidos.

Interessante notar que o prazo pode ser estendido **antes** ou **depois** do vencimento do tributo e a justificativa para a concessão legal normalmente decorre de situações de crise ou calamidade pública, em que se objetiva amenizar as dificuldades porventura enfrentadas pelos contribuintes.

De acordo com o Código Tributário Nacional, a moratória pode ser **geral** (para todos os indivíduos de determinada(s) categoria(s) ou pessoas de certa região) ou **individual**, em razão de características especiais que precisam ser confirmadas por despacho da autoridade competente.

Art. 152. A moratória somente pode ser concedida:

I — em caráter geral:

a) pela pessoa jurídica de direito público competente para instituir o tributo a que se refira;

b) pela União, quanto a tributos de competência dos Estados, do Distrito Federal ou dos Municípios, quando simultaneamente concedida quanto aos tributos de competência federal e às obrigações de direito privado;

II — em caráter individual, por despacho da autoridade administrativa, desde que autorizada por lei nas condições do inciso anterior.

Parágrafo único. A lei concessiva de moratória pode circunscrever expressamente a sua aplicabilidade à determinada região do território da pessoa jurídica de direito público que a expedir, ou a determinada classe ou categoria de sujeitos passivos.

A leitura do dispositivo nos leva a concluir que a moratória em caráter geral **não exige** a comprovação de um estado jurídico particular, mas apenas o fato de alguém pertencer à categoria ou região alcançada pelo benefício.

Como a medida só pode ser concedida **mediante lei**, caberá ao ente político titular da competência tributária produzir o respectivo veículo jurídico.

---

[6] Novo CPC: "Art. 303. Nos casos em que a urgência for contemporânea à propositura da ação, a petição inicial pode limitar-se ao requerimento da tutela antecipada e à indicação do pedido de tutela final, com a exposição da lide, do direito que se busca realizar e do perigo de dano ou do risco ao resultado útil do processo".

12 ◼ Suspensão, Extinção e Exclusão do Crédito Tributário 553

Existe certa polêmica em relação à possibilidade de a União editar lei que conceda moratória relativa a tributos de competência **de outros** entes federados se simultaneamente a conceder aos seus próprios créditos.

Conquanto não exista na Constituição dispositivo que expressamente vede tal situação (ao contrário do que ocorre com as chamadas *isenções heterônomas*, como teremos a oportunidade de observar), uma interpretação sistemática do modelo tributário previsto na Lei Maior, lastreada no princípio da autonomia dos entes políticos e no próprio conceito de federalismo, leva-nos a concluir pela **impossibilidade** de concessão de **moratórias heterônomas**, circunstância que afasta a aplicação do art. 152, I, *b*, do CTN.

De qualquer modo, pensamos ser bastante pequeno o risco de que isso ocorra, em termos práticos, no Brasil: primeiro porque a União não parece disposta a conceder moratória ampla de seus créditos e, depois, em razão de que a simples proposta de invasão da competência dos Estados, do Distrito Federal e dos Municípios inviabilizaria qualquer tentativa de aprovação de lei nesse sentido no Congresso Nacional.

Aliás, só se vislumbra tal possibilidade em **situações extremas**, como no caso de uma guerra externa de grandes proporções, e, ainda assim, consideramos que não seria este o tipo de medida mais adequado para enfrentar o problema: ao revés, faria mais sentido pensar, na hipótese, na criação de impostos extraordinários de guerra ou empréstimos compulsórios, que ajudariam o governo a "fazer caixa", do que em medidas que operam em sentido contrário, com a redução no ingresso de recursos justamente quando o país mais precisasse deles.

O art. 153 do Código Tributário Nacional estabelece alguns **requisitos** que devem ser observados pelas leis que concederem moratória:

Art. 153. A lei que conceda moratória em caráter geral ou autorize sua concessão em caráter individual especificará, sem prejuízo de outros requisitos:

I — o prazo de duração do favor;

II — as condições da concessão do favor em caráter individual;

III — sendo caso:

a) os tributos a que se aplica;

b) o número de prestações e seus vencimentos, dentro do prazo a que se refere o inciso I, podendo atribuir a fixação de uns e de outros à autoridade administrativa, para cada caso de concessão em caráter individual;

c) as garantias que devem ser fornecidas pelo beneficiado no caso de concessão em caráter individual.

Nota-se, portanto, que a moratória **não pode** ser concedida por prazo indeterminado, o que realmente não faz sentido, posto que isso implicaria verdadeira **renúncia fiscal** (ao menos de uma parte do crédito, para a qual não haveria vencimento).

Essa situação afrontaria a própria natureza do crédito tributário, que se baseia na **previsibilidade** dos recebimentos, para fazer frente às necessidades da administração pública. Isso significa que todas as moratórias devem consignar o número de parcelas concedido e os respectivos prazos de pagamento.

554 Direito Tributário Esquematizado   *Roberto Caparroz*

Também é necessário que a lei circunscreva os tributos alcançados pelo benefício, que deverão ser **expressamente identificados**, sendo vedada, portanto, a ideia de uma moratória ampla, geral e irrestrita, que, na prática, inviabilizaria a atividade estatal.

A moratória concedida em caráter **individual**, vale dizer, mediante comprovação do preenchimento de certos requisitos, devidamente reconhecidos pela autoridade competente, deve, ainda, ser acompanhada da oferta de **garantias específicas**, previstas em lei, que possibilitem a futura satisfação dos créditos eventualmente não quitados pelo sujeito passivo.

> **Art. 154.** Salvo disposição de lei em contrário, a moratória somente abrange os créditos definitivamente constituídos à data da lei ou do despacho que a conceder, ou cujo lançamento já tenha sido iniciado àquela data por ato regularmente notificado ao sujeito passivo.
>
> **Parágrafo único.** A moratória não aproveita aos casos de dolo, fraude ou simulação do sujeito passivo ou do terceiro em benefício daquele.

O comando acima, embora permita disposição legal em contrário, segue a lógica do Código para conferir o benefício da moratória apenas aos créditos devidamente **formalizados** (ou seja, lançados e notificados ao sujeito passivo), pois não faria sentido suspender a exigibilidade de crédito ainda não passível de cobrança.

Também é compatível com a sistemática do CTN a ideia de que benefícios fiscais não devem ser aproveitados por pessoas que agiram **dolosamente** em detrimento do interesse público, como bem ressalta o parágrafo único, que veda a concessão de moratória para aqueles (inclusive terceiros) que operarem mediante fraude ou simulação.

> **Art. 155.** A concessão da moratória em caráter individual não gera direito adquirido e será revogado de ofício, sempre que se apure que o beneficiado não satisfazia ou deixou de satisfazer as condições ou não cumprira ou deixou de cumprir os requisitos para a concessão do favor, cobrando-se o crédito acrescido de juros de mora:
>
> I — com imposição da penalidade cabível, nos casos de dolo ou simulação do beneficiado, ou de terceiro em benefício daquele;
>
> II — sem imposição de penalidade, nos demais casos.
>
> **Parágrafo único.** No caso do inciso I deste artigo, o tempo decorrido entre a concessão da moratória e sua revogação não se computa para efeito da prescrição do direito à cobrança do crédito; no caso do inciso II deste artigo, a revogação só pode ocorrer antes de prescrito o referido direito.

Como vimos, a moratória em caráter individual exige o preenchimento de certos requisitos (características particulares que ensejam o benefício, como perda patrimonial ou hipossuficiência comprovada), bem assim o cumprimento das exigências legais, como a pontualidade nos pagamentos ou a prestação de garantia idônea.

A percepção de que as condições não estavam presentes ao tempo da concessão exige providências da administração pública, que deverá **anular** (e não revogar, como refere o dispositivo) o ato administrativo por ilegalidade.

A anulação se impõe como medida apta a combater a ilegalidade, pois o conceito de **revogação**, em matéria administrativa, diz respeito ao desfazimento do ato e de seus efeitos, motivado por razões de conveniência e oportunidade, que não correspondem à hipótese do CTN.

E mais: quando se constatar que os benefícios decorrentes da moratória foram ilegalmente obtidos, mediante dolo ou simulação, a comprovação da conduta ilícita do interessado ou de terceiro em benefício deste enseja a imposição das **penalidades cabíveis**, além, é claro, da cobrança imediata do crédito suspenso.

Conquanto o legislador, certamente por lapso, não tenha mencionado no dispositivo a hipótese de **fraude**, sua inclusão é natural e intuitiva, pois decorre da lógica inerente a todo o Código, sendo descabido o argumento de que não poderiam ser aplicadas sanções, na espécie, por falta de previsão legal.

Por fim, como bem adverte Misabel Derzi[7], "o parágrafo único do art. 155 é extremamente benéfico aos contribuintes, porque, embora a Fazenda Pública fique impedida de cobrar o seu crédito por expressa disposição legal, e enquanto dura a causa suspensiva e não se configure a inércia do titular do direito, o prazo prescricional para o ajuizamento da execução corre contra o Fisco a partir do despacho autorizativo da moratória individual, obtida de boa-fé pelo sujeito passivo. (...) É claro que raciocínio inverso deve ser feito, se o contribuinte praticou dolosamente atos ilícitos, hipótese em que o período decorrente não se computa para os efeitos prescricionais. Mais uma vez prestigia a lei um valor ético, já consagrado no art. 154, parágrafo único".

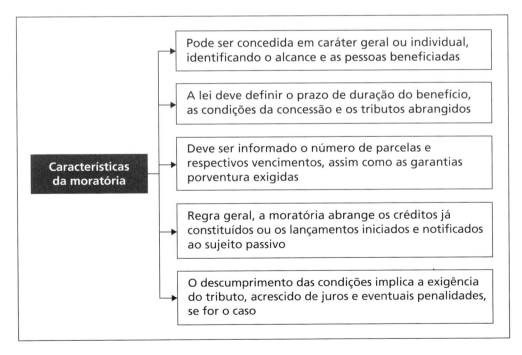

---

[7] Aliomar Baleeiro, *Direito tributário brasileiro*, atualização de Misabel Derzi, 13. ed., p. 1.263.

12.1.6. Parcelamento

Enquanto o Código Tributário Nacional define em detalhes a figura da moratória, o parcelamento não mereceu igual tratamento, quando foi incluído em 2001 como alternativa para a concessão de benefícios ao sujeito passivo devedor.

Do ponto de vista teórico não há grandes diferenças entre os institutos, pois ambos decorrem de lei e permitem o alargamento da dívida tributária, inclusive com a possibilidade de pagamento em várias parcelas.

Qual seria, então, a **diferença** entre a moratória e o parcelamento?

Na prática, os regimes de parcelamento (como o REFIS) têm se tornado **bastante frequentes** e costumam incluir, além da dilação do prazo para pagamento, **benefícios adicionais**, como a redução nas taxas de juros e no valor das multas. Isso normalmente traz em contrapartida a exigência de que o sujeito passivo confesse a dívida e desista de qualquer ação porventura em curso para a discussão do crédito.

Atualmente, trata-se de um dos mecanismos mais recorrentes do governo para "fazer caixa", pois, ao menos num primeiro momento, a adesão ao parcelamento incrementa a arrecadação, por conta das vantagens normalmente oferecidas pela lei.

A prática é altamente questionável e fere, sobretudo, o princípio da **igualdade**, pois confere benefícios aos inadimplentes e devedores, enquanto o sistema tributário, como um todo, raramente oferece ajuda ao que cumprem rigorosamente com suas obrigações.

SÚMULA 355 DO STJ: É válida a notificação do ato de exclusão do programa de recuperação fiscal do REFIS pelo Diário Oficial ou pela Internet.

SÚMULA 437 DO STJ: A suspensão da exigibilidade do crédito tributário superior a quinhentos mil reais para opção pelo REFIS pressupõe a homologação expressa do comitê gestor e a constituição de garantia por meio do arrolamento de bens.

O Código Tributário Nacional **aproxima** os conceitos de moratória e parcelamento ao reconhecer, no art. 155-A (introduzido em 2001), que são aplicáveis ao **parcelamento**, em regra, as disposições relativas à moratória:

> **Art. 155-A.** O parcelamento será concedido na forma e condição estabelecidas em lei específica.
>
> § 1.º Salvo disposição de lei em contrário, o parcelamento do crédito tributário não exclui a incidência de juros e multas.
>
> § 2.º Aplicam-se, subsidiariamente, ao parcelamento as disposições desta Lei, relativas à moratória.
>
> § 3.º Lei específica disporá sobre as condições de parcelamento dos créditos tributários do devedor em recuperação judicial.
>
> § 4.º A inexistência da lei específica a que se refere o § 3.º deste artigo importa na aplicação das leis gerais de parcelamento do ente da Federação ao devedor em recuperação judicial, não podendo, neste caso, ser o prazo de parcelamento inferior ao concedido pela lei federal específica.

12 ◼ Suspensão, Extinção e Exclusão do Crédito Tributário   557

STJ — Parcelamento

◼ **Notificação de exclusão do REFIS mediante publicação no Diário Oficial e pela internet.** A Lei n. 9.784/99, que regula o processo administrativo da Administração Pública Federal, prevê em seu art. 69 que suas normas somente se aplicam subsidiariamente, nos procedimentos regulados por lei específica, obedecida a *lex specialis derrogat lex generalis*. A legislação do Programa de Recuperação Fiscal — Refis, "regime especial de consolidação e parcelamento dos débitos fiscais" (Lei n. 9.964/00, art. 2.º), ao qual o contribuinte adere mediante "aceitação plena e irretratável de todas as condições" (art. 3.º, IV), prevê a notificação da exclusão do devedor por meio do Diário Oficial e da Internet (Lei n. 9.964/00, art. 9.º, III, c/c art. 5.º da Resolução 20/2001 do Comitê Gestor) (RE 1.046.376, recurso repetitivo).

◼ **Parcelamento x Denúncia espontânea.** O instituto da denúncia espontânea (art. 138 do CTN) não se aplica nos casos de parcelamento de débito tributário (RE 1.102.577).

◼ **Necessidade de homologação do parcelamento.** O parcelamento fiscal, concedido na forma e condição estabelecidas em lei específica, é causa suspensiva da exigibilidade do crédito tributário, à luz do disposto no artigo 151, VI, do CTN. Consequentemente, a produção de efeitos suspensivos da exigibilidade do crédito tributário, advindos do parcelamento, condiciona-se à homologação expressa ou tácita do pedido formulado pelo contribuinte junto ao Fisco.

◼ **Dívida tributária. Parcelamento de ofício. Concessão independente da vontade ou anuência do contribuinte.** Mero favor fiscal. Causa suspensiva da prescrição. Não configuração. Necessária manifestação de vontade do contribuinte. O parcelamento de ofício da dívida tributária não configura causa interruptiva da contagem da prescrição, uma vez que o contribuinte não anuiu (REsp 1.658.517-PA).

12.2. EXTINÇÃO DO CRÉDITO TRIBUTÁRIO

As relações jurídicas nascem e tendem a se extinguir, pois não é razoável imaginarmos vínculos obrigacionais perpétuos, em que credor e devedor nunca resolvem suas posições.

Vimos que a obrigação tributária não sofre alterações a partir do momento em que surge, mas o seu **objeto**, que é o crédito tributário, pode ser afetado de diversas maneiras.

O destino natural e esperado do crédito tributário é a extinção, normalmente via **pagamento**, situação que satisfaz o interesse estatal e atende à lógica tributária, cujo principal objetivo é a transferência de recursos para os cofres públicos.

Contudo, as relações jurídicas são bastante complexas e abrem espaço para outras modalidades de extinção do crédito. O Código Tributário Nacional, ciente dessas possibilidades, prevê diversas hipóteses de **extinção do crédito** no art. 156:

Art. 156. Extinguem o crédito tributário:

I — o pagamento;

II — a compensação;

III — a transação;

IV — remissão;

V — a prescrição e a decadência;

VI — a conversão de depósito em renda;

VII — o pagamento antecipado e a homologação do lançamento nos termos do disposto no art. 150 e seus §§ 1.º e 4.º;

VIII — a consignação em pagamento, nos termos do disposto no § 2.º do art. 164;

IX — a decisão administrativa irreformável, assim entendida a definitiva na órbita administrativa, que não mais possa ser objeto de ação anulatória;

X — a decisão judicial passada em julgado;

XI — a dação em pagamento em bens imóveis, na forma e condições estabelecidas em lei.

Parágrafo único. A lei disporá quanto aos efeitos da extinção total ou parcial do crédito sobre a ulterior verificação da irregularidade da sua constituição, observado o disposto nos arts. 144 e 149.

Note-se que o Código, como regra geral do sistema, não criou todas as formas de extinção do crédito tributário previstas no art. 156, pois algumas hipóteses carecem de **lei específica**, a cargo da União, dos Estados, do Distrito Federal e dos Municípios, na exata medida em que estes pretendam estabelecer critérios e condições no âmbito das respectivas competências.

Veremos, a seguir, cada uma das formas de extinção do crédito tributário.

12.2.1. Pagamento

O **pagamento** é a forma natural e desejada de extinção do crédito, pois pressupõe a resolução da dívida sem litígio ou contestação do sujeito passivo.

Sempre que alguém se depara com um lançamento tributário e aceita os termos exigidos, o pagamento surge como consequência lógica da percepção da dívida e da legalidade da exigência.

Não se trata de concordância social ou econômica (ninguém gosta de pagar tributos), mas da constatação de que o crédito tributário lançado corresponde à **hipótese legal**, não possui qualquer vício e deve, portanto, ser suportado.

Nessas situações o direito tributário cumpre o papel que lhe foi destinado pela Constituição, ao possibilitar a transferência de parcelas do patrimônio individual para o caixa do governo.

Por ser a forma mais importante de extinção do crédito, o CTN dedicou vários artigos ao pagamento, como consequência da obrigação tributária principal, no intuito de diferenciá-lo do pagamento na esfera civil, normalmente relacionado a acordos de vontade, conforme veremos a seguir.

Art. 157. A imposição de penalidade não ilide o pagamento integral do crédito tributário.

12 ■ Suspensão, Extinção e Exclusão do Crédito Tributário   559

Neste primeiro dispositivo o Código[8] se preocupa em reafirmar a ideia de que tributo e penalidades **não se confundem**.

O fato de determinada conduta do sujeito passivo ser penalizada com a exigência de uma multa, por mais gravosa que esta possa ser, em nada afeta o pagamento do tributo originalmente devido.

A multa, como sabemos, é independente em relação ao tributo e pode até existir sem este.

Como consequência, podemos afirmar que a intensidade da multa, ainda que economicamente superior ao valor do tributo, não o afeta, engloba ou substitui.

Exemplo: A legislação tributária federal permite a aplicação de multas superiores ao valor do próprio tributo, como nos casos de dolo, fraude ou simulação, em que a penalidade será de 150% do valor sonegado. Nessa hipótese, poderíamos imaginar que o valor da multa englobaria o tributo e dispensaria o seu pagamento, mas isso não ocorre. Tributos são devidos por pessoas que cumprem a legislação, enquanto as multas surgem como instrumento para penalizar e coibir condutas ilícitas, de forma que estas serão mais gravosamente tratadas.

A distinção se faz necessária porque na esfera civil, quando o devedor é acionado para pagamento, o valor total que lhe é exigido **normalmente inclui** o principal, as multas e os juros, que são tratados como algo único (o montante devido e atualizado).

Como o direito tributário decorre de lei e as multas mais gravosas são a contrapartida de infrações, que em alguns casos acarretam a **responsabilidade penal** do infrator (também por força de lei), multas e tributos possuem matrizes jurídicas distintas e devem ser entendidas como tal, embora o Código Tributário Nacional confira aos dois institutos os **privilégios** e **garantias** inerentes ao crédito tributário.

> **Art. 158.** O pagamento de um crédito não importa em presunção de pagamento:
>
> I — quando parcial, das prestações em que se decomponha;
>
> II — quando total, de outros créditos referentes ao mesmo ou a outros tributos.

Na seara tributária, o pagamento de uma prestação **não pressupõe** o das demais, ao contrário do que prevê o Código Civil, que no art. 322 autoriza a presunção, nos seguintes termos[9]: "Quando o pagamento for em quotas periódicas, a quitação da última estabelece, até prova em contrário, a presunção de estarem solvidas as anteriores".

Assim, cada parcela que compõe o crédito tributário é **autônoma** e somente a prova do pagamento integral extingue o crédito.

Exemplo 1: O IPVA normalmente pode ser pago em três parcelas, a critério do contribuinte. Na hipótese de ser exigida a comprovação integral do pagamento, não se socorre o devedor da apresentação da terceira cota quitada, ante a presunção de que as anteriores também o foram. O proprietário do veículo que optar pelo pagamento parcelado deverá apresentar o comprovante das três prestações. Ressalte-se que na esfera

---

[8] Parece-nos que o CTN deveria ter usado o verbo "elidir", que corresponde a excluir, fazer cessar, em vez de "ilidir", que significa refutar, contestar ou confrontar.

[9] A redação é equivalente à do antigo art. 943 do Código Civil, vigente ao tempo da publicação do CTN.

privada o raciocínio é inverso, por força da presunção do Código Civil e dos costumes brasileiros.

Exemplo 2: Quando uma pessoa vai ao médico para se consultar pelo plano de saúde, o funcionário da clínica solicita a carteirinha e o comprovante do último pagamento, que são suficientes para garantir o atendimento. Note-se que não é necessário levar **todos os comprovantes anteriores**, ante a presunção de que o pagamento da última parcela demonstra a adimplência do paciente.

Convém ainda ressaltar que a redação do art. 158, II, não foi feliz, posto que ou é irrelevante ou não condiz com o desejo do legislador. Afinal, se o pagamento de um crédito foi **total**, a sua extinção é decorrência lógica e inexorável, pois nada mais se pode exigir do devedor.

Parece-nos que o legislador quis apenas reforçar a **independência** entre os créditos tributários, no sentido de que o pagamento de um tributo relativo a determinado período, ainda que integral, não atesta que os demais períodos foram quitados ou, ainda, as hipóteses de incidência cumulada, como no caso dos tributos aduaneiros, em que o pagamento do II e do IPI na importação não garantem nem atestam o recolhimento do ICMS decorrente da operação.

> **Art. 159.** Quando a legislação tributária não dispuser a respeito, o pagamento é efetuado na repartição competente do domicílio do sujeito passivo.

Este comando reflete o momento **histórico** (e hoje anacrônico) da publicação do Código Tributário Nacional. O dispositivo certamente foi redigido em favor do contribuinte, como garantia para que o pagamento de seus débitos ocorresse no local de **domicílio**, de modo a evitar deslocamentos e gastos adicionais.

Entretanto, a situação do século XXI é bastante diversa daquela existente na década de 1960.

Atualmente, os pagamentos tributários são feitos mediante **compensação bancária**, em agências espalhadas pelo país ou, ainda, pela **internet**, que possibilita o pagamento em qualquer lugar do mundo, desde que o lançamento tenha os **códigos apropriados** (códigos de barra, como no caso de alguns DARF — Documento de Arrecadação de Receitas Federais —, ou códigos de arrecadação, como na GPS — Guia da Previdência Social —, que em regra não possui códigos de barra, mas exige que o sujeito passivo indique o código da receita e o seu identificador, normalmente o CNPJ).

Neste ponto, o Código foi prudente ao permitir que a legislação (inclusive atos infralegais, das administrações tributárias) veiculasse **regra contrária** à do domicílio, o que facilita o pagamento de tributos devidos em diferentes localidades do país (podemos pensar, por exemplo, no IPTU do apartamento da praia ou no da casa de montanha, que podem ser pagos pela internet, sem necessidade de deslocamento).

> **Art. 160.** Quando a legislação tributária não fixar o tempo do pagamento, o vencimento do crédito ocorre trinta dias depois da data em que se considera o sujeito passivo notificado do lançamento.
>
> **Parágrafo único.** A legislação tributária pode conceder desconto pela antecipação do pagamento, nas condições que estabeleça.

12 ▪ Suspensão, Extinção e Exclusão do Crédito Tributário   561

O art. 160 do Código Tributário Nacional traz uma norma **supletiva** e que, ao mesmo tempo, serve de **regra geral** para o sistema.

A maioria dos tributos no Brasil a adota, vale dizer, o prazo para pagamento do crédito tributário costuma ser de **30 dias**, contados da notificação ao contribuinte, embora nada impeça que normas específicas, inclusive infralegais (o dispositivo menciona "legislação"), estabeleçam prazos diferentes.

O problema é que o prazo para pagamento também costuma balizar o período para que o sujeito passivo apresente **impugnação**, sempre que discordar do lançamento efetuado. Nesse sentido, parece-nos que o prazo de 30 dias é, sobretudo, justo e minimamente razoável para que o interessado possa apresentar sua defesa, rebatendo os fundamentos da autuação.

O comando alcança os lançamentos por **homologação**, de sorte que os pagamentos antecipados feitos pelo sujeito passivo também devem ser feitos, em regra, dentro do trintídio.

Na esfera federal, vale destacar que o pagamento efetuado no prazo de 30 dias enseja a **redução** da multa de ofício, nos seguintes percentuais[10]:

a) 50%, se for efetuado o pagamento ou a compensação no prazo de 30 dias, contado da data em que o sujeito passivo foi notificado do lançamento;

b) 40%, se o sujeito passivo requerer o parcelamento no prazo de 30 dias, contado da data em que foi notificado do lançamento;

c) 30%, se for efetuado o pagamento ou a compensação no prazo de 30 dias, contado da data em que o sujeito passivo foi notificado da decisão administrativa de primeira instância; e

d) 20%, se o sujeito passivo requerer o parcelamento no prazo de 30 dias, contado da data em que foi notificado da decisão administrativa de primeira instância.

O Código permite, ainda, a possibilidade de a legislação tributária conceder **desconto** pela antecipação do pagamento, no caso de tributos que originalmente possam ser quitados em parcelas.

Trata-se de faculdade do legislador, com o objetivo de antecipar o ingresso de recursos, como no caso do IPVA, que pode ser pago em três parcelas iguais e consecutivas ou com desconto para pagamento em cota única, conforme estabelece a legislação do Estado de São Paulo.

> **Art. 161.** O crédito não integralmente pago no vencimento é acrescido de juros de mora, seja qual for o motivo determinante da falta, sem prejuízo da imposição das penalidades cabíveis e da aplicação de quaisquer medidas de garantia previstas nesta Lei ou em lei tributária.
>
> § 1.º Se a lei não dispuser de modo diverso, os juros de mora são calculados à taxa de um por cento ao mês.

---

[10] Conforme o art. 6.º da Lei n. 8.218/91 e alterações posteriores.

§ 2.º O disposto neste artigo não se aplica na pendência de consulta formulada pelo devedor dentro do prazo legal para pagamento do crédito.

O Código Tributário Nacional, no art. 161, estabelece um **critério objetivo** para a incidência dos acréscimos legais em caso de atraso no pagamento, representado pela expressão "seja qual for o motivo determinante da falta".

Isso significa que a aplicação dos juros e das penalidades cabíveis **independe** da vontade do agente, sendo irrelevante averiguar se o pagamento tempestivo não ocorreu por lapso, falta de dinheiro ou qualquer motivo.

Evidente que nas situações em que for comprovado dolo, fraude ou simulação as infrações serão ainda **mais graves**, mas o dispositivo se preocupa, em princípio, com a simples falta de pagamento no prazo previsto.

Neste passo, convém segregar a imposição de penalidades (multa de mora e multa de ofício, por exemplo), da incidência de juros.

Os **juros** não revelam, em tese, qualquer manifestação sancionatória, posto que destinados a remunerar o capital. Quem detém dinheiro pode emprestá-lo mediante remuneração a título de juros, assim como quem tem o direito de receber valores pode exigir juros do devedor em atraso.

Também não se confundem com a **correção monetária**, que tem por objetivo promover ajustes nos valores históricos dos bens, para trazê-los a valor presente, como forma de compensar os efeitos da inflação no período. Conquanto alguns Estados e Municípios utilizem índices de correção monetária no cálculo de seus tributos, a União **deixou de fazê-lo** com o advento do Plano Real, em razão da desindexação da economia[11].

Como os juros não possuem natureza punitiva, nada impede sua **cumulação** com as chamadas multas moratórias, que têm por função desestimular o atraso dos pagamentos.

Assim, os créditos tributários em atraso estão sujeitos a penalidades, de mora e/ou ofício (salvo nas hipóteses de *consulta sobre a matéria*, formulada pelo sujeito passivo como ressalva o § 2.º do art. 161), e serão acrescidos de juros de mora.

Questão relevante diz respeito ao **cálculo de juros**.

Enquanto o CTN traz uma regra supletiva, que estabelece juros de mora de 1% ao mês, na ausência de lei específica, a União passou a adotar a taxa referencial do Sistema de Liquidação e Custódia (SELIC), para a atualização dos tributos federais, a partir da edição da Lei n. 9.065/95 (art. 13).

Depois de enorme debate doutrinário e jurisprudencial acerca da constitucionalidade da SELIC e da sua utilização como juros em matéria tributária, a matéria hoje encontra-se pacificada, como demonstra o trecho a seguir transcrito do RE 582.461/SP, julgado pelo STF com **repercussão geral:**

---

[11] Lei n. 9.249/95: "Art. 30. Os valores constantes da legislação tributária, expressos em quantidade de UFIR, serão convertidos em Reais pelo valor da UFIR vigente em 1.º de janeiro de 1996".

12 ■ Suspensão, Extinção e Exclusão do Crédito Tributário

Recurso extraordinário. Repercussão geral. 2. **Taxa SELIC. Incidência para atualização de débitos tributários. Legitimidade.** Inexistência de violação aos princípios da legalidade e da anterioridade. Necessidade de adoção de critério isonômico. No julgamento da ADI 2.214, Rel. Min. Maurício Corrêa, Tribunal Pleno, *DJ* 19-4-2002, ao apreciar o tema, esta Corte assentou que a medida traduz rigorosa igualdade de tratamento entre contribuinte e fisco e que não se trata de imposição tributária.

Com efeito, restaram improcedentes os argumentos, basicamente econômicos, de que a SELIC implicaria em remuneração superior ao mercado e à própria regra supletiva do CTN (1% ao mês), posto que num cenário de inflação controlada o valor da SELIC certamente será menor do que o previsto no Código.

Entretanto, a SELIC é uma taxa **acumulada mensalmente**, que só pode ser calculada com o encerramento do período, vale dizer, não há taxa SELIC para o mês em que ocorrer o pagamento.

O legislador, atento a essa situação, definiu que a SELIC deve ser aplicada para os meses entre o vencimento e aquele anterior ao pagamento. Como para o mês em que se realiza o pagamento não há SELIC, o legislador definiu a incidência de **1%**, nos termos do CTN, não fracionáveis, de forma que pouco importa o dia do pagamento, pois o valor dos juros no mês será sempre de 1%.

Lei n. 9.430/96

Art. 61. Os débitos para com a União, decorrentes de tributos e contribuições administrados pela Secretaria da Receita Federal, cujos fatos geradores ocorrerem a partir de 1.º de janeiro de 1997, não pagos nos prazos previstos na legislação específica, serão acrescidos de multa de mora, calculada à taxa de trinta e três centésimos por cento, por dia de atraso.

§ 1.º A multa de que trata este artigo será calculada a partir do primeiro dia subsequente ao do vencimento do prazo previsto para o pagamento do tributo ou da contribuição até o dia em que ocorrer o seu pagamento.

§ 2.º O percentual de multa a ser aplicado fica limitado a vinte por cento.

§ 3.º Sobre os débitos a que se refere este artigo incidirão juros de mora calculados à taxa a que se refere o § 3.º do art. 5.º **(SELIC), a partir do primeiro dia do mês subsequente ao vencimento do prazo até o mês anterior ao do pagamento e de um por cento no mês de pagamento.**

Exemplo: Digamos que uma pessoa atrasou o pagamento de um tributo federal (imposto de renda), cujo vencimento ocorreu em abril. No mês de outubro deseja quitar a dívida e, para tanto, será acrescida ao crédito tributário a SELIC acumulada entre os meses de maio e setembro, além de mais 1% referente a outubro, mês do pagamento, sem prejuízo das sanções aplicáveis, como multa de mora e de ofício.

O comando supratranscrito (art. 61 da Lei n. 9.430/96) também estabelece que a **multa moratória**, na esfera federal, será de 0,33% por dia de atraso, limitada ao teto de **20%** (o que significa que a partir do 61.º dia de atraso o valor não aumentará mais, para que não se transforme numa verdadeira "bola de neve", virtualmente impagável).

564 Direito Tributário Esquematizado   *Roberto Caparroz*

Importante! Em síntese, na esfera federal, por exemplo, o pagamento após o vencimento do tributo deve ser **acrescido de juros** (taxa SELIC para os meses anteriores ao do pagamento + juros de 1% relativos ao mês de pagamento) + **penalidades** (exceto no caso de consulta tempestiva, que afasta a imposição de penalidades).

Art. 162. O pagamento é efetuado:

I — em moeda corrente, cheque ou vale postal;

II — nos casos previstos em lei, em estampilha, em papel selado, ou por processo mecânico.

§ 1.º A legislação tributária pode determinar as garantias exigidas para o pagamento por cheque ou vale postal, desde que não o torne impossível ou mais oneroso que o pagamento em moeda corrente.

§ 2.º O crédito pago por cheque somente se considera extinto com o resgate deste pelo sacado.

§ 3.º O crédito pagável em estampilha considera-se extinto com a inutilização regular daquela, ressalvado o disposto no art. 150.

§ 4.º A perda ou destruição da estampilha, ou o erro no pagamento por esta modalidade, não dão direito a restituição, salvo nos casos expressamente previstos na legislação tributária, ou naquelas em que o erro seja imputável à autoridade administrativa.

§ 5.º O pagamento em papel selado ou por processo mecânico equipara-se ao pagamento em estampilha.

Mais uma vez se percebe, do dispositivo transcrito, a **desatualização** do Código Tributário Nacional, que menciona formas de pagamento outrora existentes, mas que hoje são encontradas apenas em museus (pouco frequentados, diga-se de passagem), como *estampilhas, papel selado ou processos mecânicos de autenticação*[12].

Com o advento das compensações bancárias e da internet, mesmo os pagamentos em **cheque** ou **vale postal** estão com os dias contados. De toda forma, a devolução do cheque, por qualquer motivo, não materializa o pagamento, que só ocorre após a compensação.

Como a vontade do agente é irrelevante para a incidência de juros e demais acréscimos legais, é prudente não efetuar pagamentos em cheque próximos à data de vencimento, pois a eventual não compensação agravará sobremaneira o montante devido.

---

[12] Como bem recorda o grande Aliomar Baleeiro, havia no passado o "imposto do selo" ou o "selo de papéis", assim como o imposto de consumo, que fazia largo uso de estampilhas, cuja inutilização, por dilaceramento, correspondia à concretização do pagamento (*Direito tributário brasileiro*, 5. ed., p. 1.281).

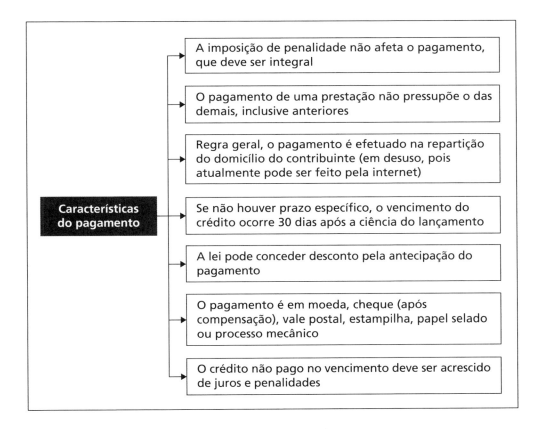

Art. 163. Existindo simultaneamente dois ou mais débitos vencidos do mesmo sujeito passivo para com a mesma pessoa jurídica de direito público, relativos ao mesmo ou a diferentes tributos ou provenientes de penalidade pecuniária ou juros de mora, a autoridade administrativa competente para receber o pagamento determinará a respectiva imputação, obedecidas as seguintes regras, na ordem em que enumeradas:
I — em primeiro lugar, aos débitos por obrigação própria, e em segundo lugar aos decorrentes de responsabilidade tributária;
II — primeiramente, às contribuições de melhoria, depois às taxas e por fim aos impostos;
III — na ordem crescente dos prazos de prescrição;
IV — na ordem decrescente dos montantes.

As regras de imputação do pagamento veiculadas pelo Código Tributário Nacional cuidam da situação em que o devedor tem vários créditos **em aberto** e não possui recursos suficientes para o adimplemento de todos.

Nesse cenário, a autoridade competente determinará **de ofício** quais tributos serão quitados, de acordo com a escala de prioridades prevista no Código.

Por óbvio que isso só ocorrerá se o devedor se apresentar ao Fisco e expuser a situação, porque, do contrário, todos os valores serão devidos e caberá ao interessado, dentro de suas condições financeiras, escolher os créditos que pretende extinguir, ciente das implicações decorrentes de tal decisão.

Assim, embora exista intenso debate doutrinário acerca do direito de o sujeito passivo promover, ele mesmo, a **imputação dos pagamentos**, no mundo real é justamente isso o que efetivamente acontece, vale dizer, o interessado faz o pagamento dos créditos da forma que lhe convier.

Ademais, para que o comando possa ser efetivamente utilizado, a autoridade fiscal deve dispor de um **sistema integrado** de débitos do contribuinte, a fim de aplicar os critérios de imputação determinados pelo CTN.

Na prática, trata-se de situação raríssima e de pouco impacto concreto, pois as autoridades dispõem de vários mecanismos para a cobrança dos tributos, enquanto aos contribuintes cabe o direito de escolher quais deseja quitar, até porque o pagamento é feito diretamente na rede bancária ou pela internet, mediante guias de recolhimento, sem qualquer intervenção do poder público.

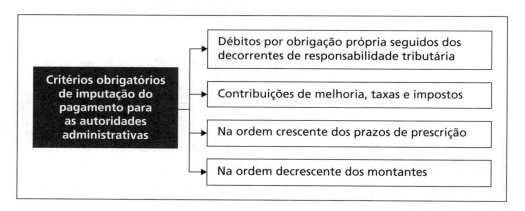

STF — Sanção Política

■ **Vedação de meios coercitivos para pagamento.** É inconstitucional o uso de meio indireto coercitivo para pagamento de tributo — "sanção política" —, tal qual ocorre com a exigência, pela Administração Tributária, de fiança, garantia real ou fidejussória como condição para impressão de notas fiscais de contribuintes com débitos tributários (RE 565.048/RS, com repercussão geral).

SÚMULA 70 DO STF: É inadmissível a interdição de estabelecimento como meio coercitivo para cobrança de tributo.

SÚMULA 323 DO STF: É inadmissível a apreensão de mercadorias como meio coercitivo para pagamento de tributos.

12 ◼ Suspensão, Extinção e Exclusão do Crédito Tributário   567

> **SÚMULA 547 DO STF:** Não é lícito à autoridade proibir que o contribuinte em débito adquira estampilhas, despache mercadorias nas alfândegas e exerça suas atividades profissionais.

12.2.2. Compensação

Quando a lei autoriza, a **compensação** é realizada mediante um encontro de contas (débitos e créditos existentes entre sujeito ativo e passivo).

A lei deve estabelecer os critérios e procedimentos para a compensação, bem como as figuras tributárias alcançadas. Poderão ser objeto de compensação de créditos líquidos e certos, vencidos ou vincendos.

É vedada a compensação mediante o aproveitamento de tributo, objeto de contestação judicial pelo sujeito passivo, antes do trânsito em julgado da respectiva decisão judicial.

> **Art. 170.** A lei pode, nas condições e sob as garantias que estipular, ou cuja estipulação em cada caso atribuir à autoridade administrativa, autorizar a compensação de créditos tributários com créditos líquidos e certos, vencidos ou vincendos, do sujeito passivo contra a Fazenda Pública.
>
> **Parágrafo único.** Sendo vincendo o crédito do sujeito passivo, a lei determinará, para os efeitos deste artigo, a apuração do seu montante, não podendo, porém, cominar redução maior que a correspondente ao juro de 1% (um por cento) ao mês pelo tempo a decorrer entre a data da compensação e a do vencimento.
>
> **Art. 170-A.** É vedada a compensação mediante o aproveitamento de tributo, objeto de contestação judicial pelo sujeito passivo, antes do trânsito em julgado da respectiva decisão judicial.

A modalidade prevista no CTN **não se confunde** com a compensação do próprio tributo, como no caso do ICMS e do IPI, cujos créditos são compensáveis por força do princípio da não cumulatividade.

Como a compensação demanda regras específicas, na **esfera federal** a matéria está regulada no art. 74 da Lei n. 9.430/96:

> **Art. 74.** O sujeito passivo que apurar crédito, inclusive os judiciais com trânsito em julgado, relativo a tributo ou contribuição administrado pela Secretaria da Receita Federal, passível de restituição ou de ressarcimento, poderá utilizá-lo na compensação de débitos próprios relativos a quaisquer tributos e contribuições administrados por aquele Órgão.
>
> § 1.º A compensação de que trata o *caput* será efetuada mediante a entrega, pelo sujeito passivo, de declaração na qual constarão informações relativas aos créditos utilizados e aos respectivos débitos compensados.
>
> § 2.º A compensação declarada à Secretaria da Receita Federal extingue o crédito tributário, sob condição resolutória de sua ulterior homologação.

§ 3.º Além das hipóteses previstas nas leis específicas de cada tributo ou contribuição, não poderão ser objeto de compensação mediante entrega, pelo sujeito passivo, da declaração referida no § 1.º:

I — o saldo a restituir apurado na Declaração de Ajuste Anual do Imposto de Renda da Pessoa Física;

II — os débitos relativos a tributos e contribuições devidos no registro da Declaração de Importação;

III — os débitos relativos a tributos e contribuições administrados pela Secretaria da Receita Federal que já tenham sido encaminhados à Procuradoria-Geral da Fazenda Nacional para inscrição em Dívida Ativa da União;

IV — o débito consolidado em qualquer modalidade de parcelamento concedido pela Secretaria da Receita Federal — SRF;

V — o débito que já tenha sido objeto de compensação não homologada, ainda que a compensação se encontre pendente de decisão definitiva na esfera administrativa;

VI — valor objeto de pedido de restituição ou de ressarcimento já indeferido pela autoridade competente da Secretaria da Receita Federal do Brasil, ainda que o pedido se encontre pendente de decisão definitiva na esfera administrativa;

VII — o crédito objeto de pedido de restituição ou ressarcimento e o crédito informado em declaração de compensação cuja confirmação de liquidez e certeza esteja sob procedimento fiscal;

VIII — os valores de quotas de salário-família e salário-maternidade; e

IX — os débitos relativos ao recolhimento mensal por estimativa do Imposto sobre a Renda das Pessoas Jurídicas (IRPJ) e da Contribuição Social sobre o Lucro Líquido (CSLL) apurados na forma do art. 2.º desta Lei.

§ 4.º Os pedidos de compensação pendentes de apreciação pela autoridade administrativa serão considerados declaração de compensação, desde o seu protocolo, para os efeitos previstos neste artigo.

§ 5.º O prazo para homologação da compensação declarada pelo sujeito passivo será de 5 (cinco) anos, contado da data da entrega da declaração de compensação.

§ 6.º A declaração de compensação constitui confissão de dívida e instrumento hábil e suficiente para a exigência dos débitos indevidamente compensados.

§ 7.º Não homologada a compensação, a autoridade administrativa deverá cientificar o sujeito passivo e intimá-lo a efetuar, no prazo de 30 (trinta) dias, contado da ciência do ato que não a homologou, o pagamento dos débitos indevidamente compensados.

§ 8.º Não efetuado o pagamento no prazo previsto no § 7.º, o débito será encaminhado à Procuradoria-Geral da Fazenda Nacional para inscrição em Dívida Ativa da União, ressalvado o disposto no § 9.º.

§ 9.º É facultado ao sujeito passivo, no prazo referido no § 7.º, apresentar manifestação de inconformidade contra a não homologação da compensação.

§ 10. Da decisão que julgar improcedente a manifestação de inconformidade caberá recurso ao Conselho de Contribuintes.

§ 11. A manifestação de inconformidade e o recurso de que tratam os §§ 9.º e 10 obedecerão ao rito processual do Decreto n. 70.235, de 6 de março de 1972, e enquadram-se no disposto no inciso III do art. 151 da Lei n. 5.172, de 25 de outubro de 1966 — Código Tributário Nacional, relativamente ao débito objeto da compensação.

12 ◼ Suspensão, Extinção e Exclusão do Crédito Tributário   569

§ 12. Será considerada não declarada a compensação nas hipóteses:

I — previstas no § 3.º deste artigo;

II — em que o crédito:

a) seja de terceiros;

b) refira-se a "crédito-prêmio" instituído pelo art. 1.º do Decreto-Lei n. 491, de 5 de março de 1969;

c) refira-se a título público;

d) seja decorrente de decisão judicial não transitada em julgado; ou

e) não se refira a tributos e contribuições administrados pela Secretaria da Receita Federal — SRF;

f) tiver como fundamento a alegação de inconstitucionalidade de lei, exceto nos casos em que a lei:

1 — tenha sido declarada inconstitucional pelo Supremo Tribunal Federal em ação direta de inconstitucionalidade ou em ação declaratória de constitucionalidade;

2 — tenha tido sua execução suspensa pelo Senado Federal;

3 — tenha sido julgada inconstitucional em sentença judicial transitada em julgado a favor do contribuinte; ou

4 — seja objeto de súmula vinculante aprovada pelo Supremo Tribunal Federal nos termos do art. 103-A da Constituição Federal.

§ 13. O disposto nos §§ 2.º e 5.º a 11 deste artigo não se aplica às hipóteses previstas no § 12 deste artigo.

§ 14. A Secretaria da Receita Federal — SRF disciplinará o disposto neste artigo, inclusive quanto à fixação de critérios de prioridade para apreciação de processos de restituição, de ressarcimento e de compensação.

§§ 15 e 16. (*revogados*)

§ 17. Será aplicada multa isolada de 50% (cinquenta por cento) sobre o valor do débito objeto de declaração de compensação não homologada, salvo no caso de falsidade da declaração apresentada pelo sujeito passivo[13].

§ 18. No caso de apresentação de manifestação de inconformidade contra a não homologação da compensação, fica suspensa a exigibilidade da multa de ofício de que trata o § 17, ainda que não impugnada essa exigência, enquadrando-se no disposto no inciso III do art. 151 da Lei n 5.172, de 25 de outubro de 1966 — Código Tributário Nacional.

STJ — Compensação

◼ **Incabível o mandado de segurança para convalidar a compensação tributária realizada pelo contribuinte.** O mandado de segurança é instrumento adequado à declaração do direito de compensação de tributos indevidamente pagos, em conformidade com a Súmula 213 do STJ. Ao revés, é defeso, ao Judiciário, na via estreita do *mandamus*, a convalidação da compensação tributária realizada por

---

[13] Esse parágrafo, como vimos, foi considerado **inconstitucional** pelo STF, mas, ao tempo de fechamento desta edição, ainda não foi expressamente revogado.

iniciativa exclusiva do contribuinte, porquanto necessária a dilação probatória. A intervenção judicial deve ocorrer para determinar os critérios da compensação objetivada, a respeito dos quais existe controvérsia, *v.g.* os tributos e contribuições compensáveis entre si, o prazo prescricional, os critérios e períodos da correção monetária, os juros etc.; bem como para impedir que o Fisco exija do contribuinte o pagamento das parcelas dos tributos objeto de compensação ou que venha a autuá-lo em razão da compensação realizada de acordo com os critérios autorizados pela ordem judicial, sendo certo que o provimento da ação não implica reconhecimento da quitação das parcelas ou em extinção definitiva do crédito, ficando a iniciativa do contribuinte sujeita à homologação ou a lançamento suplementar pela administração tributária, no prazo do art. 150, § 4.º do CTN (RE 1.124.537, recurso repetitivo).

Compensação com o aproveitamento de tributo objeto de contestação judicial não exige o trânsito em julgado da decisão para ações antes de 2001. Nos termos do art. 170-A do CTN, "é vedada a compensação mediante o aproveitamento de tributo, objeto de contestação judicial pelo sujeito passivo, antes do trânsito em julgado da respectiva decisão judicial", vedação que se aplica inclusive às hipóteses de reconhecida inconstitucionalidade do tributo indevidamente recolhido (RE 1.167.039/DF, recurso repetitivo).

Compensação de débitos tributários com precatórios vencidos, não pagos e adquiridos de terceiro, só é possível, à luz do art. 170 do CTN, quando houver lei específica autorizadora (AgRg nos EDcl no RMS 35.581/PR).

A extinção do crédito tributário por meio de compensação está sujeita à condição resolutória da sua homologação. Nos termos da jurisprudência dominante do Superior Tribunal de Justiça, "a extinção do crédito tributário por meio de compensação está sujeita à condição resolutória da sua homologação. Caso a homologação, por qualquer razão, não se efetive, tem-se por não pago o crédito tributário declarado, havendo incidência, de consequência, dos encargos moratórios. Nessa linha, sendo que a compensação ainda depende de homologação, não se chega à conclusão de que o contribuinte ou responsável tenha, espontaneamente, denunciado o não pagamento de tributo e realizado seu pagamento com os acréscimos legais, por isso que não se observa a hipótese do art. 138 do CTN" (AgInt no REsp 1.585.052/RS).

Aplicação do regime jurídico vigente ao tempo da compensação. No REsp 1.137.738/SP, o STJ firmou a tese de que em se tratando de compensação tributária, deve ser considerado o regime jurídico vigente à época do ajuizamento da demanda, não podendo ser a causa julgada à luz do direito superveniente, tendo em vista o inarredável requisito do prequestionamento, viabilizador do conhecimento do apelo extremo, ressalvando-se o direito de o contribuinte proceder à compensação dos créditos pela via administrativa, em conformidade com as normas posteriores, desde que atendidos os requisitos próprios.

12.2.3. Transação

Em matéria tributária, a **transação** decorre de concessões mútuas entre o poder público e o sujeito passivo, nos limites autorizados por lei.

Ainda não foi aprovada, no Brasil, a *Lei Geral de Transações* (PL 5.082/2009), que deverá fixar os parâmetros para a aplicação deste dispositivo no **âmbito federal**.

12 ■ Suspensão, Extinção e Exclusão do Crédito Tributário

Por enquanto, temos apenas a disposição do art. 171 do Código Tributário Nacional e a possibilidade de que alguns entes federados, se assim desejarem, possam criar leis específicas de transação.

> **Art. 171.** A lei pode facultar, nas condições que estabeleça, aos sujeitos ativo e passivo da obrigação tributária celebrar transação que, mediante concessões mútuas, importe em determinação de litígio e consequente extinção de crédito tributário.

Como bem destaca Aliomar Baleeiro[14], a transação dever ser adotada com **cuidado**, *por tratar-se de ato que exige critério elevado e prudência acurada.*

Com efeito, a transação, no mais das vezes, revela verdadeira **renúncia fiscal**, com o perdão de parte do crédito tributário, medida complexa e que não pode ser adotada em detrimento do princípio da igualdade e de outros postulados essenciais em matéria tributária.

12.2.4. Remissão

A **remissão** é o perdão de todo o crédito tributário, concedido por lei. Difere da anistia, em que só há o perdão das infrações.

> **Art. 172.** A lei pode autorizar a autoridade administrativa a conceder, por despacho fundamentado, remissão total ou parcial do crédito tributário, atendendo:
>
> I — à situação econômica do sujeito passivo;
>
> II — ao erro ou ignorância excusáveis do sujeito passivo, quanto a matéria de fato;
>
> III — à diminuta importância do crédito tributário;
>
> IV — a considerações de equidade, em relação com as características pessoais ou materiais do caso;
>
> V — a condições peculiares a determinada região do território da entidade tributante.
>
> **Parágrafo único.** O despacho referido neste artigo não gera direito adquirido, aplicando-se, quando cabível, o disposto no art. 155.

A remissão deve respeitar o **princípio da igualdade** e somente pode atingir créditos anteriores à entrada em vigor da lei que a instituiu, pois não existe remissão para créditos futuros.

Entendemos que a remissão pode trazer **graves problemas**, pois os contribuintes que pagaram seus tributos no prazo e forma devidos não serão beneficiados pela medida, gerando uma situação, ao mesmo tempo, de prejuízo objetivo para o Estado e desestímulo ao cumprimento das regras tributárias.

Por força disso defendemos que uma remissão pura e simples seria **inconstitucional**, pois a lei deveria, ao menos, prever a devolução, com juros, do pagamento feito pelos contribuintes que cumpriram seus deveres.

---

[14] Aliomar Baleeiro, *Direito tributário brasileiro*, 10. ed., p. 1.324.

572 Direito Tributário Esquematizado — *Roberto Caparroz*

12.2.5. Conversão do depósito em renda

Ocorre a conversão do depósito **em renda** quando o sujeito passivo que efetuou o depósito do montante integral para discutir o crédito tributário (art. 151, II, do CTN) acaba vencido na esfera judicial, de forma que o juiz autoriza o poder público a converter o depósito e levantar os valores que estavam bloqueados.

12.2.6. Pagamento antecipado e posterior homologação

Vimos que nos casos de lançamento por **homologação** compete ao próprio sujeito passivo apurar o tributo devido e promover o recolhimento, que é chamado pelo CTN de "pagamento antecipado".

A expressão "antecipado" não significa que o valor foi pago **antes do vencimento**, mas apenas que o pagamento foi efetuado antes de qualquer análise ou verificação pela fiscalização.

Ao realizar o pagamento, o contribuinte permite que o fisco possa verificá-lo e homologá-lo, dentro do prazo de **cinco anos**, contados da data do fato gerador. Se os pagamentos não forem homologados até o limite do prazo de cinco anos, o Estado não mais poderá proceder a lançamentos complementares, devendo aceitar como legítimo o montante recolhido pelo sujeito passivo, salvo nos casos de dolo, fraude ou simulação.

O término do prazo para homologação ou a confirmação, pelas autoridades fiscais, do valor antecipadamente pago **extingue** o crédito tributário correspondente.

12.2.7. Consignação em pagamento

A **consignação em pagamento** ocorre quando o sujeito passivo quer efetuar o pagamento, mas encontra resistência da administração pública, que provavelmente deseja condicioná-lo a outros requisitos.

Os casos em que o interessado pode propor a **ação judicial** de consignação em pagamento estão previstos no art. 164 do CTN.

> **Art. 164.** A importância de crédito tributário pode ser consignada judicialmente pelo sujeito passivo, nos casos:
>
> I — de recusa de recebimento, ou subordinação deste ao pagamento de outro tributo ou de penalidade, ou ao cumprimento de obrigação acessória;
>
> II — de subordinação do recebimento ao cumprimento de exigências administrativas sem fundamento legal;
>
> III — de exigência, por mais de uma pessoa jurídica de direito público, de tributo idêntico sobre um mesmo fato gerador.
>
> § 1.º A consignação só pode versar sobre o crédito que o consignante se propõe pagar.
>
> § 2.º Julgada procedente a consignação, o pagamento se reputa efetuado e a importância consignada é convertida em renda; julgada improcedente a consignação no todo ou em parte, cobra-se o crédito acrescido de juros de mora, sem prejuízo das penalidades cabíveis.

Do dispositivo podemos constatar **três hipóteses** que ensejam a ação de consignação em pagamento:

a) Quando a autoridade se recusa a receber o crédito ou o condiciona a outras quitações que o sujeito passivo entende descabidas. Como exemplo, podemos citar a hipótese em que o contribuinte concorda com o valor do tributo lançado, mas pretende discutir a imposição da multa e o Fisco não aceita.

b) Subordinação do recebimento ao cumprimento de exigências administrativas sem fundamento legal.

c) Exigência, por mais de uma pessoa jurídica de direito público, de tributo idêntico sobre mesmo fato gerador. Imaginemos o seguinte exemplo hipotético: o proprietário de um imóvel localizado na divisa entre dois municípios recebe dois carnês de IPTU, cada qual exigindo o valor total do imposto. Estaríamos, portanto, diante em caso de bitributação vedado pela Constituição, que ensejaria a propositura da ação de consignação em pagamento para que o judiciário possa resolver o conflito de normas.

STJ — Consignação em pagamento

■ **Conflito de Competência. Possibilidade. ISS ou ICMS. Resolução de conflitos.** Não obstante o entendimento doutrinário no sentido de admitir a ação de consignação em pagamento, com base no art. 164, III, do CTN, apenas quando houver dúvida subjetiva em relação a entes tributantes que possuam a mesma natureza (Estado contra Estado e Município contra Município) (...), a doutrina majoritária tem admitido a utilização da ação mencionada quando plausível a incerteza subjetiva, mesmo que se trate de impostos cobrados por entes de natureza diversa (REsp 1.160.256/MG).

12.2.8. Decisão administrativa irreformável

A decisão, no âmbito do processo administrativo, capaz de extinguir o crédito tributário, deve ser definitiva e **favorável** ao sujeito passivo e não poderá mais ser objeto de ação anulatória.

Esse entendimento decorre do princípio que veda à administração pública recorrer ao Poder Judiciário nos casos em que ela mesma **reconheceu** o direito do interessado.

Por óbvio, a decisão administrativa **contrária** ao sujeito passivo não extingue o crédito e possibilita, inclusive, a execução fiscal do valor devido sempre que a parte vencida, devidamente intimada, não promover o pagamento.

12.2.9. Decisão transitada em julgado

O trânsito em julgado de decisão judicial **favorável** ao sujeito passivo extingue o crédito tributário, pois esgota as possibilidades de recurso por parte da Fazenda Pública.

12.2.10. Dação em pagamento

Como vimos, o CTN foi alterado em 2001 e passou a incluir no rol de circunstâncias que extinguem o crédito tributário a dação em pagamento de bens imóveis, desde que devidamente autorizada por lei.

Embora o Código, por força do art. 3.º, preveja a hipótese de pagamento mediante instrumentos conversíveis em moeda, a hipótese veiculada pela nova redação é um pouco distinta, pois permite a quitação de créditos tributários mediante **dação em pagamento**, ou seja, pela entrega de bens imóveis ao poder público, como autoriza o art. 156, XI:

> **Art. 156.** Extinguem o crédito tributário:
> (...)
> XI — a dação em pagamento em bens imóveis, na forma e condições estabelecidas em lei.

Trata-se de um caso **excepcional**, ainda pouco utilizado, pelo qual a União, os Estados, os Municípios ou o Distrito Federal podem, desde que autorizados pelos respectivos poderes legislativos, aceitar **imóveis** como forma de extinção de suas dívidas tributárias.

A matéria é controvertida e já havia sido discutida pelo STF, que no julgamento da ADI 191-DF, anterior à alteração do CTN, entendeu pela inconstitucionalidade de lei do Distrito Federal que havia instituído a dação em pagamento, mediante entrega de **bens móveis**, como forma de extinção do crédito tributário.

A Suprema Corte considerou, à época, que a entrega de bens móveis ao Estado sem o devido procedimento licitatório contrariava regras de direito público. Além disso, posicionou-se no sentido de que as formas de extinção do crédito tributário eram **taxativas**, conforme veiculadas pelo CTN, e que lei estadual não poderia ampliar o rol, por violação à reserva de lei complementar.

Posteriormente, já na vigência da nova redação do art. 156, a questão voltou a ser apreciada pelo STF quando do julgamento de medida cautelar na ADI 2.405-1 MC/RS, na qual restou decidido que, a despeito da restrição contida na redação do CTN, os entes federativos poderiam legislar no sentido de receber bens como forma de extinção da dívida tributária, **inclusive bens móveis**, nos termos do que dispuser cada legislação específica.

Com efeito, o STF passou a entender que os entes federativos podem estabelecer, mediante lei própria, **outros meios** de extinção do crédito tributário, sem que isso implique ofensa à exigência de lei complementar prevista na Constituição.

A tese encontra como suporte o disposto no art. 24 da Lei n. 6.830/80 (Execuções Fiscais), que prevê a hipótese de **adjudicação** de bens pela Fazenda Pública, sem qualquer restrição quanto ao fato de serem móveis ou imóveis.

Nesse cenário, foi publicada, em março de 2016, a Lei n. 13.259, que passou a dispor sobre a **dação em pagamento** na esfera da **União**. Logo depois de sua publicação, o dispositivo que cuidava do assunto foi alterado por medida provisória e finalmente, em 14 de julho de 2016, com a edição da Lei n. 13.313, a matéria passou a ser tratada da seguinte forma:

> **Lei n. 13.259/2016, art. 4.º, com a redação dada pela Lei n. 13.313/2016**
> **Art. 4.º** O crédito tributário inscrito em dívida ativa da União poderá ser extinto, nos termos do inciso XI do *caput* do art. 156 da Lei n. 5.172, de 25 de outubro de 1966 — Código Tributário Nacional, mediante dação em pagamento de bens imóveis, a critério do credor, na forma desta Lei, desde que atendidas as seguintes condições:

I — a dação seja precedida de avaliação do bem ou dos bens ofertados, que devem estar livres e desembaraçados de quaisquer ônus, nos termos de ato do Ministério da Fazenda; e

II — a dação abranja a totalidade do crédito ou créditos que se pretende liquidar com atualização, juros, multa e encargos legais, sem desconto de qualquer natureza, assegurando-se ao devedor a possibilidade de complementação em dinheiro de eventual diferença entre os valores da totalidade da dívida e o valor do bem ou dos bens ofertados em dação.

§ 1.º O disposto no *caput* não se aplica aos créditos tributários referentes ao Regime Especial Unificado de Arrecadação de Tributos e Contribuições devidos pelas Microempresas e Empresas de Pequeno Porte — Simples Nacional.

§ 2.º Caso o crédito que se pretenda extinguir seja objeto de discussão judicial, a dação em pagamento somente produzirá efeitos após a desistência da referida ação pelo devedor ou corresponsável e a renúncia do direito sobre o qual se funda a ação, devendo o devedor ou o corresponsável arcar com o pagamento das custas judiciais e honorários advocatícios.

§ 3.º A União observará a destinação específica dos créditos extintos por dação em pagamento, nos termos de ato do Ministério da Fazenda.

Podemos perceber que na esfera federal o legislador preferiu ser conservador e aceitar a possibilidade de dação em pagamento somente para **bens imóveis**, que serão entregues sem qualquer ônus para a União, depois de passarem pela devida avaliação.

O valor a ser quitado mediante dação pode ser **igual ou inferior** à dívida inscrita, e a eventual diferença poderá ser paga em dinheiro. Para optar pela dação em pagamento, o devedor deverá **desistir** de qualquer ação judicial em andamento, relativa ao crédito que pretende extinguir e, ainda, pagar as custas judiciais e honorários advocatícios relativos ao processo.

12.2.11. Prescrição e decadência

Pela relevância dos temas e frequência com que são objeto de questionamento nas provas e concursos, resolvemos tratar, separadamente, as duas formas mais complexas de extinção do crédito tributário: a prescrição e a decadência.

Em termos de prazo, tanto a **prescrição** como a **decadência** seguem a lógica atual do direito público, ao estabelecerem o prazo de cinco anos para a produção dos respectivos efeitos.

De acordo com o art. 146 da Constituição, os dois temas só podem ser tratados por **lei complementar**, o que ensejou a declaração de inconstitucionalidade dos arts. 45 e 46 da Lei n. 8.212/90, que previa prazo de dez anos para os dois institutos.

O assunto foi decidido pela **Súmula Vinculante 8** do Supremo Tribunal Federal e, posteriormente, os citados artigos foram revogados pela Lei Complementar n. 128/2008[15].

---

[15] Posteriormente, o Supremo Tribunal Federal decidiu que a Súmula Vinculante 8 somente se aplica a créditos de **natureza tributária**, pois a 1.ª Turma reconheceu a validade do art. 5.º do Decreto-Lei n. 1.569/77, que estabelece causa de suspensão da prescrição da dívida ativa da União em relação a créditos não tributários, conforme o AgRg no RE 816.084.

576 Direito Tributário Esquematizado   *Roberto Caparroz*

SÚMULA VINCULANTE 8 DO STF: São inconstitucionais o parágrafo único do art. 5.º do Decreto-Lei n. 1.569/1977 e os arts. 45 e 46 da Lei n. 8.212/1991, que tratam de prescrição e decadência de crédito tributário.

A partir de uma análise cronológica podemos concluir que o primeiro prazo que deve ser observado é o da **decadência**, pois o seu transcurso fulmina a pretensão de o Estado lançar qualquer crédito contra o sujeito passivo.

A **regra geral** de decadência encontra-se no art. 173 do Código Tributário Nacional, que também veicula uma **regra especial** de contagem do prazo, nos casos de tributos sujeitos a *lançamento por homologação*, no art. 150, § 4.º.

Regra geral

Art. 173. O direito de a Fazenda Pública constituir o crédito tributário extingue-se após 5 (cinco) anos, contados:

I — do primeiro dia do exercício seguinte àquele em que o lançamento poderia ter sido efetuado;

II — da data em que se tornar definitiva a decisão que houver anulado, por vício formal, o lançamento anteriormente efetuado.

Parágrafo único. O direito a que se refere este artigo extingue-se definitivamente com o decurso do prazo nele previsto, contado da data em que tenha sido iniciada a constituição do crédito tributário pela notificação, ao sujeito passivo, de qualquer medida preparatória indispensável ao lançamento.

Regra especial, para os lançamentos por homologação

§ 4.º Se a lei não fixar prazo a homologação, será ele de cinco anos, a contar da ocorrência do fato gerador; expirado esse prazo sem que a Fazenda Pública se tenha pronunciado, considera-se homologado o lançamento e definitivamente extinto o crédito, salvo se comprovada a ocorrência de dolo, fraude ou simulação.

De se notar que a principal **diferença** entre os dois dispositivos diz respeito ao *dies a quo*, ou seja, o **prazo inicial** para a contagem dos cinco anos.

Enquanto a regra insculpida no art. 173, I, determina que a contagem só terá início em **1.º de janeiro** do exercício seguinte àquele em que o lançamento poderia ser efetuado, no caso de lançamento por homologação o prazo tem início com a **ocorrência** do fato gerador, salvo nos casos de dolo, fraude ou simulação.

Nessas hipóteses, quando a autoridade fiscal comprovar a intenção deliberada e ilícita do sujeito passivo, o início da contagem será deslocado para a regra geral do art. 173, I, o que concede ao poder público maior tempo e condições de promover o lançamento.

Hipótese de incidência	Lançamento	Pagamento
Fato jurídico	prazo **decadencial** de 5 anos	prazo **prescricional** de 5 anos

Convém ressaltar que o lançamento efetuado dentro do prazo de cinco anos **afasta a decadência** e possibilita, depois da constituição definitiva do crédito tributário, o início da contagem do prazo prescricional.

Portanto, devemos analisar primeiro a decadência e depois, se for o caso, a prescrição.

Na esteira desse argumento podemos afirmar que os dois institutos são **mutuamente excludentes**, pois não podem coexistir em relação ao mesmo fato gerador e crédito tributário.

Para a prova, podemos usar como premissa, para fins de raciocínio, que o lançamento atua como um divisor de águas entre os fenômenos da decadência e da prescrição.

Qualquer prazo **anterior ao lançamento** diz respeito à decadência, enquanto os **prazos posteriores** ao lançamento válido só podem tratar de prescrição. O prazo decadencial homenageia a estabilidade das relações e o princípio da segurança jurídica, enquanto o prazo prescricional tem por objetivo combater eventual inércia ou falta de eficiência da administração tributária.

Ainda em relação à decadência, convém reproduzir, pela importância, a ementa do Acórdão do STJ que pacificou, em sede de **recurso repetitivo**, o entendimento sobre o início da contagem do prazo decadencial nas hipóteses em que o sujeito passivo **não efetuou** qualquer pagamento:

PROCESSUAL CIVIL. RECURSO ESPECIAL REPRESENTATIVO DE CONTROVÉRSIA. ARTIGO 543-C, DO CPC. TRIBUTÁRIO. TRIBUTO SUJEITO A LANÇAMENTO POR HOMOLOGAÇÃO. CONTRIBUIÇÃO PREVIDENCIÁRIA. INEXISTÊNCIA DE PAGAMENTO ANTECIPADO. DECADÊNCIA DO DIREITO DE O FISCO CONSTITUIR O CRÉDITO TRIBUTÁRIO. TERMO INICIAL. ARTIGO 173, I, DO CTN. APLICAÇÃO CUMULATIVA DOS PRAZOS PREVISTOS NOS ARTIGOS 150, § 4.º, e 173, do CTN. IMPOSSIBILIDADE.

1. O prazo decadencial quinquenal para o Fisco constituir o crédito tributário (lançamento de ofício) conta-se do primeiro dia do exercício seguinte àquele em que o lançamento poderia ter sido efetuado, nos casos em que a lei não prevê o pagamento antecipado da exação ou quando, a despeito da previsão legal, o mesmo inocorre, sem a constatação de dolo, fraude ou simulação do contribuinte, inexistindo declaração prévia do débito (...)

2. É que a decadência ou caducidade, no âmbito do Direito Tributário, importa no perecimento do direito potestativo de o Fisco constituir o crédito tributário pelo lançamento, e, consoante doutrina abalizada, encontra-se regulada por cinco regras jurídicas gerais e abstratas, entre as quais figura a regra da decadência do direito de lançar nos casos de tributos sujeitos ao lançamento de ofício, ou nos casos dos tributos sujeitos ao lançamento por homologação em que o contribuinte não efetua o pagamento antecipado (...)

3. O *dies a quo* do prazo quinquenal da aludida regra decadencial rege-se pelo disposto no art. 173, I, do CTN, sendo certo que o "primeiro dia do exercício seguinte àquele em que o lançamento poderia ter sido efetuado" corresponde, iniludivelmente, ao primeiro dia do exercício seguinte à ocorrência do fato imponível, ainda que se trate de tributos sujeitos a lançamento por homologação, revelando-se inadmissível a aplicação cumulativa/

578 Direito Tributário Esquematizado   *Roberto Caparroz*

concorrente dos prazos previstos nos arts. 150, § 4.º, e 173, do *Codex* Tributário, ante a configuração de desarrazoado prazo decadencial decenal (...).

5. *In casu*, consoante assente na origem: (i) cuida-se de tributo sujeito a lançamento por homologação; (ii) a obrigação *ex lege* de pagamento antecipado das contribuições previdenciárias não restou adimplida pelo contribuinte, no que concerne aos fatos imponíveis ocorridos no período de janeiro de 1991 a dezembro de 1994; e (iii) a constituição dos créditos tributários respectivos deu-se em 26-3-2001.

6. Destarte, revelam-se caducos os créditos tributários executados, tendo em vista o decurso do prazo decadencial quinquenal para que o Fisco efetuasse o lançamento de ofício substitutivo.

7. Recurso especial desprovido. Acórdão submetido ao regime do art. 543-C, do CPC, e da Resolução STJ 08/2008.

O CTN veicula, ainda, um caso bastante controverso de **interrupção** da decadência, conforme previsto no art. 173, II, decorrente da anulação de lançamento por vício formal. Como o dispositivo está em vigor, deve ser admitido, hipoteticamente, para a prova.

A **prescrição**, que diz respeito à possibilidade de cobrança do crédito tributário, está prevista no art. 174 do CTN:

Art. 174. A ação para a cobrança do crédito tributário prescreve em cinco anos, contados da data da sua constituição definitiva.

Parágrafo único. A prescrição se interrompe:

I — pelo despacho do juiz que ordenar a citação em execução fiscal;

II — pelo protesto judicial ou extrajudicial;

III — por qualquer ato judicial que constitua em mora o devedor;

IV — por qualquer ato inequívoco ainda que extrajudicial, que importe em reconhecimento do débito pelo devedor.

Uma discussão importante, travada durante bastante tempo no Superior Tribunal de Justiça, cuidava da interpretação do que seria a *constituição definitiva do crédito*.

Em termos lógicos, um prazo só pode correr contra alguém na medida em que a pessoa possa **exercer** determinada atividade. O prazo prescricional, portanto, só pode ter início quando não houver **qualquer impedimento** à atuação estatal, o que enseja diversas situações, que explicaremos a seguir.

Quando se trata de **lançamento de ofício**, por meio de auto de infração, a constituição definitiva do crédito ocorre quando do **encerramento** do processo administrativo em que o sujeito passivo impugnou a exigência. Se não houver impugnação, o prazo prescricional iniciará no **primeiro dia seguinte** ao do vencimento para pagamento do tributo, ou seja, na data-limite para a apresentação da defesa.

No caso de tributos sujeitos a **lançamento por homologação**, o prazo prescricional tem início na data da entrega da declaração, se coincidente com o início da exigibilidade do crédito. A apresentação, pelo contribuinte, de Declaração de Débitos e Créditos

Tributários Federais — DCTF ou de Guia de Informação e Apuração do ICMS — GIA, ou de outra declaração dessa natureza, prevista em lei, é modo de **constituição** do crédito tributário, dispensada, para esse efeito, qualquer outra providência por parte do Fisco.

Esse entendimento, que era forte no STJ, foi pacificado com a edição da Súmula 436 daquele Tribunal.

> **SÚMULA 436 DO STJ:** A entrega de declaração pelo contribuinte reconhecendo débito fiscal constitui o crédito tributário, dispensada qualquer outra providência por parte do fisco.

O Código Tributário Nacional veicula, como vimos no art. 174, hipóteses de **interrupção** do prazo prescricional: i) despacho do juiz que ordenar a citação em execução fiscal; ii) protesto judicial; iii) qualquer ato judicial que constitua em mora o devedor; iv) qualquer ato inequívoco, ainda que extrajudicial, que importe em reconhecimento do débito pelo devedor.

A ocorrência de qualquer uma dessas situações interrompe a contagem do prazo, que será **reiniciada**, a partir do zero.

É importante destacar, ainda, a figura da **prescrição intercorrente**, que atingiria o crédito tributário nos casos em que o credor, mesmo depois do início da ação executiva de cobrança, permanecesse inerte por tempo superior ao previsto em lei.

Há previsão específica sobre a matéria no art. 40 da Lei de Execuções Fiscais:

> **Art. 40.** O Juiz suspenderá o curso da execução, enquanto não for localizado o devedor ou encontrados bens sobre os quais possa recair a penhora, e, nesses casos, não correrá o prazo de prescrição.
>
> § 1.º Suspenso o curso da execução, será aberta vista dos autos ao representante judicial da Fazenda Pública.
>
> § 2.º Decorrido o prazo máximo de 1 (um) ano, sem que seja localizado o devedor ou encontrados bens penhoráveis, o Juiz ordenará o arquivamento dos autos.
>
> § 3.º Encontrados que sejam, a qualquer tempo, o devedor ou os bens, serão desarquivados os autos para prosseguimento da execução.
>
> § 4.º Se da decisão que ordenar o arquivamento tiver decorrido o prazo prescricional, o juiz, depois de ouvida a Fazenda Pública, poderá, de ofício, reconhecer a prescrição intercorrente e decretá-la de imediato.
>
> § 5.º A manifestação prévia da Fazenda Pública prevista no § 4.º deste artigo será dispensada no caso de cobranças judiciais cujo valor seja inferior ao mínimo fixado por ato do Ministro de Estado da Fazenda.

580 Direito Tributário Esquematizado   *Roberto Caparroz*

A jurisprudência do STJ já reconhecia a possibilidade de prescrição intercorrente e cristalizou esse entendimento na Súmula 314, posto que o art. 40 da Lei de Execuções Fiscais **não pode colidir** com o disposto no CTN, que é o instrumento hábil para tratar de prescrição.

SÚMULA 314 DO STJ: Em execução fiscal, não localizados bens penhoráveis, suspende--se o processo por um ano, findo o qual se inicia o prazo da prescrição quinquenal intercorrente.

Pela relevância, convém reproduzir julgado do STJ que serviu de **paradigma** para a elaboração da Súmula 314:

Pacificou-se no STJ o entendimento de que o art. 40 da Lei de Execução Fiscal deve ser interpretado harmonicamente com o disposto no art. 174 do CTN, que deve prevalecer em caso de colidência entre as referidas leis. Isto porque é princípio de Direito Público que a prescrição e a decadência tributárias são matérias reservadas à lei complementar, segundo prescreve o art. 146, III, "b" da CF. 2. Em consequência, o art. 40 da Lei n. 6.830/80 por não prevalecer sobre o CTN sofre os limites impostos pelo art. 174 do referido Ordenamento Tributário. [...] a suspensão decretada com suporte no art. 40 da Lei de Execuções Fiscais não pode perdurar por mais de 05 (cinco) anos porque a ação para cobrança do crédito tributário prescreve em cinco anos, contados da data da sua constituição definitiva (art. 174, *caput*, do CTN) [...]. Assim, após o transcurso de um quinquênio, marcado pela contumácia fazendária, impõe-se a decretação da prescrição intercorrente, consoante entendimento sumulado (AgRg no REsp 418.162/RO, Rel. Ministro Luiz Fux, 1.ª Turma, julgado em 17-10-2002, *DJ* 11-11-2002, p. 156).

Em linha com o entendimento do STJ, o Supremo Tribunal Federal decidiu, em 2023 e com repercussão geral, que é constitucional o art. 40 da Lei n. 6.830/80, tendo natureza processual o prazo de um ano de suspensão da execução fiscal. Após o decurso desse prazo, inicia-se automaticamente a contagem do prazo prescricional tributário de cinco anos (RE 636.562).

Ressalte-se que, atualmente, a prescrição pode ser **reconhecida de ofício**, a exemplo do que já ocorria com a decadência.

> **Importante!** As formas de extinção do crédito podem ser financeiras (pagamento, valores expressos em moeda, dação em pagamento) ou jurídicas (prescrição, decadência, decisões finais nas esferas administrativas ou judiciais).

SÚMULA 106 DO STJ: Proposta a ação no prazo fixado para o seu exercício, a demora na citação, por motivos inerentes ao mecanismo da justiça, não justifica o acolhimento da arguição de prescrição ou decadência.

12 ◼ Suspensão, Extinção e Exclusão do Crédito Tributário

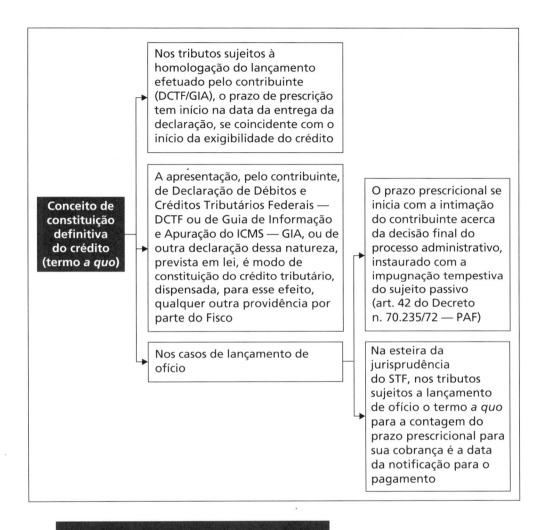

STJ — Prescrição

◼ **Débito declarado e não pago.** Em se tratando de tributos lançados por homologação, ocorrendo a declaração do contribuinte e na falta de pagamento integral da exação no vencimento, mostra-se incabível aguardar o decurso do prazo decadencial para o lançamento. A declaração elide a necessidade da constituição formal do débito pelo Fisco, podendo este ser imediatamente inscrito em dívida ativa, tornando-se exigível, independentemente de qualquer procedimento administrativo ou de notificação ao contribuinte. 2. O termo inicial do lustro prescricional, em caso de tributo declarado e não pago, ou pago a menor do que o informado, não se inicia da declaração, mas da data estabelecida como vencimento para o pagamento da obrigação tributária constante da declaração. No interregno que medeia a declaração e o vencimento, o valor declarado a título de tributo não pode ser exigido pela Fazenda Pública, razão pela qual não corre o prazo prescricional da pretensão de cobrança nesse período (REsp 911.489/SP).

582 Direito Tributário Esquematizado   *Roberto Caparroz*

12.2.12. Pagamento indevido

Quando o sujeito passivo efetua pagamento de tributo em montante **superior** ao efetivamente devido, surge o direito à **restituição** total ou parcial, pois não se admite o enriquecimento sem causa do poder público.

As hipóteses que possibilitam a restituição, de acordo com o **art. 165** do CTN, incluem:

a) cobrança ou pagamento espontâneo de tributo **indevido** ou **maior** que o devido em face da legislação tributária aplicável, ou da natureza ou circunstâncias materiais do fato gerador efetivamente ocorrido;

b) erro na edificação do **sujeito passivo**, na determinação da **alíquota** aplicável, no **cálculo** do montante do débito ou na elaboração ou conferência de qualquer documento relativo ao pagamento;

c) reforma, anulação, revogação ou rescisão de decisão condenatória.

Em relação aos casos a) e b) acima, o direito de pleitear a restituição decai em **cinco anos**, contados da data da extinção do crédito tributário, ou seja, do efetivo pagamento realizado.

Já no caso da letra c), o prazo de cinco anos será contado **da data** em que se tornar definitiva a decisão administrativa ou passar em julgado a decisão judicial que tenha reformado, anulado, revogado ou rescindido a decisão condenatória.

> **Art. 166.** A restituição de tributos que comportem, por sua natureza, transferência do respectivo encargo financeiro somente será feita a quem prove haver assumido o referido encargo, ou, no caso de tê-lo transferido a terceiro, estar por este expressamente autorizado a recebê-la.

Sobre a sistemática de **restituição**, o Código Tributário Nacional dispõe, no art. 167, que:

> **Art. 167.** A restituição total ou parcial do tributo dá lugar à restituição, na mesma proporção, dos juros de mora e das penalidades pecuniárias, salvo as referentes a infrações de caráter formal não prejudicadas pela causa da restituição.
>
> **Parágrafo único.** A restituição vence juros não capitalizáveis, a partir do trânsito em julgado da decisão definitiva que a determinar.

A partir de janeiro de 1996 a **taxa SELIC** passou a ser o índice de correção para os tributos federais, **vedada a cumulação** com qualquer outro índice de juros ou correção monetária. Para os tributos estaduais e municipais a taxa de juros na repetição do indébito deve ser **igual** à incidente para os pagamentos em atraso, lembrando que o § 1.º do art. 161 do CTN determina que, "se a lei não dispuser de modo diverso, os juros de mora são calculados à taxa de **um por cento** ao mês".

12 ■ Suspensão, Extinção e Exclusão do Crédito Tributário   **583**

O Superior Tribunal de Justiça possui duas Súmulas sobre a matéria:

SÚMULA 162 DO STJ: Na repetição de indébito tributário, a correção monetária incide a partir do pagamento indevido.

SÚMULA 188 DO STJ: Os juros moratórios, na repetição do indébito tributário, são devidos a partir do trânsito em julgado da sentença.

Art. 168. O direito de pleitear a restituição extingue-se com o decurso do prazo de 5 (cinco) anos, contados:

I — nas hipóteses dos incisos I e II do art. 165, da data da extinção do crédito tributário;

II — na hipótese do inciso III do art. 165, da data em que se tornar definitiva a decisão administrativa ou passar em julgado a decisão judicial que tenha reformado, anulado, revogado ou rescindido a decisão condenatória.

STJ — Repetição do indébito

■ **Contagem do prazo.** O prazo de prescrição quinquenal para pleitear a repetição tributária, nos tributos sujeitos ao lançamento de ofício, é contado da data em que se considera extinto o crédito tributário, qual seja, a data do efetivo pagamento do tributo, a teor do disposto no art. 168, I, c.c art. 156, I, do CTN. A declaração de inconstitucionalidade da lei instituidora do tributo em controle concentrado, pelo STF, ou a Resolução do Senado (declaração de inconstitucionalidade em controle difuso) é despicienda para fins de contagem do prazo prescricional tanto em relação aos tributos sujeitos ao lançamento por homologação, quanto em relação aos tributos sujeitos ao lançamento de ofício (REsp 1.110.578/SP).

■ **SELIC. Incidência.** Relativamente a **tributos federais**, a jurisprudência da 1.ª Seção está assentada no seguinte entendimento: na restituição de tributos, seja por repetição em pecúnia, seja por compensação, (a) são devidos juros de mora a partir do trânsito em julgado, nos termos do art. 167, parágrafo único, do CTN e da Súmula 188/STJ, sendo que (b) os juros de 1% ao mês incidem sobre os valores reconhecidos em sentenças cujo trânsito em julgado ocorreu em data anterior a 1.º-1-1996, porque, a partir de então, passou a ser aplicável apenas a taxa SELIC, instituída pela Lei n. 9.250/95, desde cada recolhimento indevido. Relativamente a **tributos estaduais ou municipais**, a matéria continua submetida ao princípio geral, adotado pelo STF e pelo STJ, segundo o qual, em face da lacuna do art. 167, parágrafo único do CTN, a taxa dos juros de mora na repetição de indébito deve, por analogia e isonomia, ser igual à que incide sobre os correspondentes débitos tributários estaduais ou municipais pagos com atraso; e a taxa de juros incidente sobre esses débitos deve ser de 1% ao mês, a não ser que o legislador, utilizando a reserva de competência prevista no § 1.º do art. 161 do CTN, disponha de modo diverso. Nessa linha de entendimento, a jurisprudência do STJ considera incidente a taxa SELIC na repetição de indébito de tributos estaduais a partir da data de vigência da lei estadual que prevê a incidência de tal encargo sobre o pagamento atrasado de seus tributos (REsp 1.111.189/SP, recurso repetitivo).

584 Direito Tributário Esquematizado   *Roberto Caparroz*

> **Art. 169.** Prescreve em dois anos a ação anulatória da decisão administrativa que denegar a restituição.
>
> **Parágrafo único.** O prazo de prescrição é interrompido pelo início da ação judicial, recomeçando o seu curso, por metade, a partir da data da intimação validamente feita ao representante judicial da Fazenda Pública interessada.

Ressalte-se que **prescreve em dois anos** a ação anulatória da decisão administrativa que denegar a restituição.

> **Importante!** A restituição do tributo indevido compete a quem efetivamente suportou o encargo, pois alguns tributos, como o ICMS e o IPI, transferem o ônus do pagamento para o chamado contribuinte de fato.

> **SÚMULA 461 DO STJ:** O contribuinte pode optar por receber, por meio de precatório ou por compensação, o indébito tributário certificado por sentença declaratória transitada em julgado.

> **SÚMULA 625 DO STJ:** O pedido administrativo de compensação ou de restituição não interrompe o prazo prescricional para a ação de repetição de indébito tributário de que trata o art. 168 do CTN nem o da execução de título judicial contra a Fazenda Pública.

> **SÚMULA 546 DO STF:** Cabe a restituição do tributo pago indevidamente, quando reconhecido por decisão, que o contribuinte *de jure* não recuperou do contribuinte *de facto* o *quantum* respectivo.

12.3. EXCLUSÃO DO CRÉDITO TRIBUTÁRIO

A **exclusão** do crédito tributário está prevista no art. 175 do CTN e comporta duas figuras, a isenção e a anistia:

> **Art. 175.** Excluem o crédito tributário:
>
> I — a isenção;
>
> II — a anistia.
>
> **Parágrafo único.** A exclusão do crédito tributário não dispensa o cumprimento das obrigações acessórias dependentes da obrigação principal cujo crédito seja excluído, ou dela consequente.

Na **isenção**, como vimos, o tributo incide normalmente, mas uma regra específica **exclui o pagamento**; já a **anistia** implica o **perdão das infrações**, de forma que o devedor deverá recolher apenas o tributo, acrescido de juros.

Os dois benefícios só podem ser criados por lei e **não dispensam** o cumprimento das obrigações acessórias.

O Código Tributário Nacional dispõe sobre a **isenção** nos arts. 176 a 179 e trata da **anistia** nos arts. 180 a 182.

12.3.1. Isenção

A isenção é a forma de dispensa do pagamento do crédito tributário e, como vimos, corresponde a um **vetor normativo** que se opõe à regra geral de cobrança, destinado a uma situação específica que justifica o reconhecimento do benefício legal.

Não podemos olvidar que, por força do art. 150, § 6.º, da Constituição, as isenções somente podem ser criadas por **lei específica**, jamais mediante ato administrativo ou infralegal:

> **Art. 150, § 6.º** Qualquer subsídio ou isenção, redução de base de cálculo, concessão de crédito presumido, anistia ou remissão, relativos a impostos, taxas ou contribuições, só poderá ser concedido mediante lei específica, federal, estadual ou municipal, que regule exclusivamente as matérias acima enumeradas ou o correspondente tributo ou contribuição, sem prejuízo do disposto no art. 155, § 2.º, XII, g.

Em respeito ao princípio do paralelismo das formas, caso o tributo tenha sido instituído mediante **lei complementar**, a concessão de isenção deve ser feita por igual instrumento normativo.

> **Art. 176.** A isenção, ainda quando prevista em contrato, é sempre decorrente de lei que especifique as condições e requisitos exigidos para a sua concessão, os tributos a que se aplica e, sendo caso, o prazo de sua duração.
>
> **Parágrafo único.** A isenção pode ser restrita a determinada região do território da entidade tributante, em função de condições a ela peculiares.

A partir da premissa básica de que não se admite isenções universais ou absolutas, pois isso simplesmente impediria a atividade estatal, que não mais receberia ingressos de natureza tributária, o art. 176 do CTN exige que a lei concessiva **delimite** os tributos alcançados pela isenção e estabeleça, quando necessário, prazo para sua vigência.

> **Art. 177.** Salvo disposição de lei em contrário, a isenção não é extensiva:
>
> I — às taxas e às contribuições de melhoria;
>
> II — aos tributos instituídos posteriormente à sua concessão.

Como regra, o Código Tributário Nacional entende que os tributos que representam **contrapartida** de gastos públicos, como as taxas e as contribuições de melhoria, não devem ser objeto de isenção, pois teriam como objetivo repor os valores dispendidos. Contudo, a premissa pode ser alterada por lei específica.

Também não é possível, em regra, conceder isenções para tributos que sequer existiam ao tempo da publicação da lei, ante a percepção, bastante intuitiva, de que, se as isenções devem delimitar o alcance do benefício concedido, não há como acatar a ideia de uma "norma em branco", com efeitos prospectivos e ilimitados.

> **Art. 178.** A isenção, salvo se concedida por prazo certo e em função de determinadas condições, pode ser revogada ou modificada por lei, a qualquer tempo, observado o disposto no inciso III do art. 104.

Conquanto seja facultado ao Estado o direito de **revogar** isenções, pelo entendimento de que não mais se encontram presentes os motivos ou a necessidade que ensejaram a medida, isso não pode ocorrer em detrimento do beneficiário, pois, quando a isenção é concedida por prazo certo, existe a previsibilidade de redução da carga tributária até o momento definido em lei.

Qualquer redução ou alteração nessas condições implica ônus ou agravamento para sujeito passivo, de modo que deve ser observado o princípio da anterioridade, como já decidiu o STF:

> IMPOSTO SOBRE CIRCULAÇÃO DE MERCADORIAS E SERVIÇOS — DECRETOS N. 39.596 E N. 39.697, DE 1999, DO ESTADO DO RIO GRANDE DO SUL — REVOGAÇÃO DE BENEFÍCIO FISCAL — PRINCÍPIO DA ANTERIORIDADE — DEVER DE OBSERVÂNCIA — PRECEDENTES. Promovido aumento indireto do Imposto Sobre Circulação de Mercadorias e Serviços — ICMS por meio da revogação de benefício fiscal, surge o dever de observância ao princípio da anterioridade, geral e nonagesimal, constante das alíneas *b* e *c* do inciso III do art. 150, da Carta (AG no RE 564.225/RS).

> **Art. 179.** A isenção, quando não concedida em caráter geral, é efetivada, em cada caso, por despacho da autoridade administrativa, em requerimento com o qual o interessado faça prova do preenchimento das condições e do cumprimento dos requisitos previstos em lei ou contrato para sua concessão.
>
> § 1.º Tratando-se de tributo lançado por período certo de tempo, o despacho referido neste artigo será renovado antes da expiração de cada período, cessando automaticamente os seus efeitos a partir do primeiro dia do período para o qual o interessado deixar de promover a continuidade do reconhecimento da isenção.
>
> § 2.º O despacho referido neste artigo não gera direito adquirido, aplicando-se, quando cabível, o disposto no art. 155.

Como as isenções em caráter geral são incondicionadas e de aplicação imediata, o que torna desnecessário qualquer tipo de comprovação pelo sujeito passivo, em sentido inverso entendeu o Código que no caso de isenções individuais o benefício deve ser precedido de despacho fundamentado de autoridade competente, apto a reconhecer a qualificação do interessado e o preenchimento das condições previstas em lei.

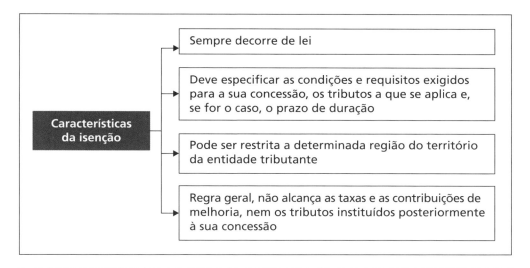

Atenção! As isenções não podem ser concedidas mediante atos administrativos, pois exigem a produção de lei específica, que pode ser municipal, estadual, federal ou do Distrito Federal, de acordo com a competência do respectivo ente tributante. Quando concedida por prazo certo e em função de determinadas condições, a isenção não pode ser revogada ou modificada a qualquer tempo, devendo respeitar o prazo originalmente previsto.

SÚMULA 544 DO STF: Isenções tributárias concedidas, sob condição onerosa, não podem ser livremente suprimidas.

12.3.2. Anistia

A anistia é o **perdão** das infrações tributárias, mediante concessão legal, com o afastamento das correspondentes sanções.

> **Art. 180.** A anistia abrange exclusivamente as infrações cometidas anteriormente à vigência da lei que a concede, não se aplicando:
> I — aos atos qualificados em lei como crimes ou contravenções e aos que, mesmo sem essa qualificação, sejam praticados com dolo, fraude ou simulação pelo sujeito passivo ou por terceiro em benefício daquele;
> II — salvo disposição em contrário, às infrações resultantes de conluio entre duas ou mais pessoas naturais ou jurídicas.

Mais uma vez dentro da premissa adotada para a análise das infrações, o Código **veda a concessão** de anistia para práticas qualificadas como crimes ou contravenções ou créditos tributários decorrentes de condutas dolosas, como a fraude e a simulação.

> **Art. 181.** A anistia pode ser concedida:
> I — em caráter geral;
> II — limitadamente:

a) às infrações da legislação relativa a determinado tributo;

b) às infrações punidas com penalidades pecuniárias até determinado montante, conjugadas ou não com penalidades de outra natureza;

c) a determinada região do território da entidade tributante, em função de condições a ela peculiares;

d) sob condição do pagamento de tributo no prazo fixado pela lei que a conceder, ou cuja fixação seja atribuída pela mesma lei à autoridade administrativa.

Art. 182. A anistia, quando não concedida em caráter geral, é efetivada, em cada caso, por despacho da autoridade administrativa, em requerimento com a qual o interessado faça prova do preenchimento das condições e do cumprimento dos requisitos previstos em lei para sua concessão.

Parágrafo único. O despacho referido neste artigo não gera direito adquirido, aplicando-se, quando cabível, o disposto no art. 155.

Na esteira do raciocínio aplicável às isenções, as anistias podem ser gerais (incondicionais) ou limitadas, sendo que nestas o benefício somente se materializa com o despacho da autoridade competente que reconhecer o preenchimento das condições e dos requisitos previstos em lei.

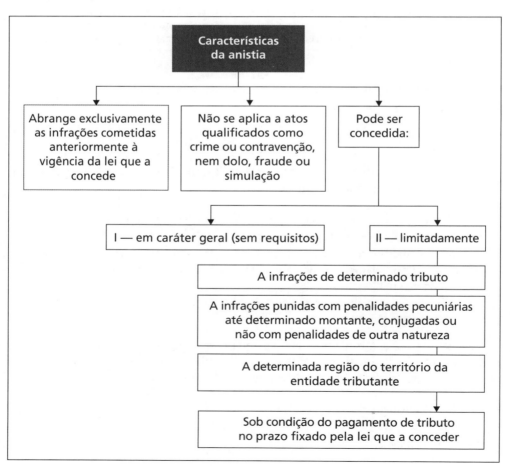

12.4. QUESTÕES

13
GARANTIAS E PRIVILÉGIOS DO CRÉDITO TRIBUTÁRIO

As **garantias** e os **privilégios** previstos no Código Tributário Nacional têm por objetivo estabelecer instrumentos jurídicos capazes de **assegurar o recebimento** do crédito tributário pelo Estado e partem de duas premissas:

a) A natureza das garantias atribuídas ao crédito tributário **não altera** a natureza deste nem a da obrigação tributária a que corresponda.

b) Regra geral, responde pelo pagamento do crédito tributário a **totalidade dos bens** e das rendas do sujeito passivo, seu **espólio** ou sua **massa falida**, inclusive os gravados por ônus real ou cláusula de inalienabilidade ou impenhorabilidade, **seja qual for** a data da constituição do ônus ou da cláusula, **excetuados** unicamente os bens e rendas que a lei declare **absolutamente impenhoráveis**.

Dada a relevância das **garantias** para a satisfação dos interesses públicos, o Código Tributário Nacional inicia o assunto declarando que o rol de instrumentos previsto **não é exaustivo**, vale dizer, pode ser somado a outras garantias decorrentes de normas específicas. Exemplo dessa possibilidade é o *arrolamento de bens*, veiculado pela Lei n. 9.532/97, que estudamos no capítulo anterior.

> **Art. 183.** A enumeração das garantias atribuídas neste Capítulo ao crédito tributário não exclui outras que sejam expressamente previstas em lei, em função da natureza ou das características do tributo a que se refiram.
> **Parágrafo único.** A natureza das garantias atribuídas ao crédito tributário não altera a natureza deste nem a da obrigação tributária a que corresponda.

No artigo seguinte, o CTN ressalta que a **universalidade** dos bens e rendas do devedor responde pelas obrigações tributárias por ele contraídas, dispositivo que segue premissa geral de direito, segundo a qual o patrimônio de uma pessoa deve suportar as suas dívidas.

> **Art. 184.** Sem prejuízo dos privilégios especiais sobre determinados bens, que sejam previstos em lei, responde pelo pagamento do crédito tributário a totalidade dos bens e das rendas, de qualquer origem ou natureza, do sujeito passivo, seu espólio ou sua massa falida, inclusive os gravados por ônus real ou cláusula de inalienabilidade ou impenhorabilidade, seja qual for a data da constituição do ônus ou da cláusula, excetuados unicamente os bens e rendas que a lei declare absolutamente impenhoráveis.

A interpretação do comando nos leva a algumas conclusões importantes, sintetizadas no gráfico a seguir.

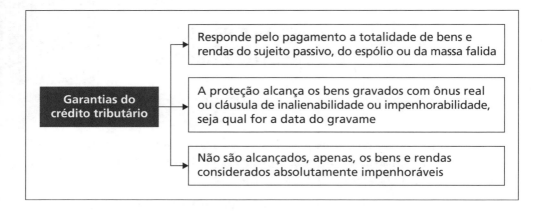

De plano, verificamos que pouco importa a **denominação jurídica** da cláusula impeditiva, de sorte que nenhum ônus real, como a penhora, a hipoteca, a anticrese ou o usufruto, poderá ser oposto ao interesse público para fins de proteção da propriedade.

A única **exceção** admitida pelo Código Tributário Nacional consiste nos bens declarados **impenhoráveis**, que atualmente estão relacionados no art. 833 do CPC:

> **Art. 833.** São impenhoráveis:
>
> I — os bens inalienáveis e os declarados, por ato voluntário, não sujeitos à execução;
>
> II — os móveis, os pertences e as utilidades domésticas que guarnecem a residência do executado, salvo os de elevado valor ou os que ultrapassem as necessidades comuns correspondentes a um médio padrão de vida;
>
> III — os vestuários, bem como os pertences de uso pessoal do executado, salvo se de elevado valor;
>
> IV — os vencimentos, os subsídios, os soldos, os salários, as remunerações, os proventos de aposentadoria, as pensões, os pecúlios e os montepios, bem como as quantias recebidas por liberalidade de terceiro e destinadas ao sustento do devedor e de sua família, os ganhos de trabalhador autônomo e os honorários de profissional liberal, ressalvado o § 2.º;
>
> V — os livros, as máquinas, as ferramentas, os utensílios, os instrumentos ou outros bens móveis necessários ou úteis ao exercício da profissão do executado;
>
> VI — o seguro de vida;
>
> VII — os materiais necessários para obras em andamento, salvo se essas forem penhoradas;
>
> VIII — a pequena propriedade rural, assim definida em lei, desde que trabalhada pela família;
>
> IX — os recursos públicos recebidos por instituições privadas para aplicação compulsória em educação, saúde ou assistência social;

13 ■ Garantias e Privilégios do Crédito Tributário   593

> X — a quantia depositada em caderneta de poupança, até o limite de 40 (quarenta) salários mínimos;
>
> XI — os recursos públicos do fundo partidário recebidos por partido político, nos termos da lei;
>
> XII — os créditos oriundos de alienação de unidades imobiliárias, sob regime de incorporação imobiliária, vinculados à execução da obra.

> **Importante!** A impenhorabilidade dos imóveis familiares não pode ser oposta no caso de a dívida tributária decorrer do **próprio bem**, vale dizer, o imóvel pode ser alcançado quando da cobrança de impostos, taxas e contribuições a ele relativos, como autoriza o art. 3.º da Lei n. 8.009/90.

13.1. ALIENAÇÃO FRAUDULENTA DE BENS

Com o intuito de conferir **efetividade** às medidas de execução fiscal, o Código Tributário Nacional pressupõe que qualquer alienação do patrimônio do devedor que objetive frustrar o recebimento de créditos devidos à Fazenda Pública deve, em princípio, ser considerada **fraudulenta** e, portanto, anulável.

> **Art. 185.** Presume-se fraudulenta a alienação ou oneração de bens ou rendas, ou seu começo, por sujeito passivo em débito para com a Fazenda Pública, por crédito tributário regularmente inscrito como dívida ativa.
>
> **Parágrafo único.** O disposto neste artigo não se aplica na hipótese de terem sido reservados, pelo devedor, bens ou rendas suficientes ao total pagamento da dívida inscrita.
>
> **Art. 185-A.** Na hipótese de o devedor tributário, devidamente citado, não pagar nem apresentar bens à penhora no prazo legal e não forem encontrados bens penhoráveis, o juiz determinará a indisponibilidade de seus bens e direitos, comunicando a decisão, preferencialmente por meio eletrônico, aos órgãos e entidades que promovem registros de transferência de bens, especialmente ao registro público de imóveis e às autoridades supervisoras do mercado bancário e do mercado de capitais, a fim de que, no âmbito de suas atribuições, façam cumprir a ordem judicial.
>
> § 1.º A indisponibilidade de que trata o *caput* deste artigo limitar-se-á ao valor total exigível, devendo o juiz determinar o imediato levantamento da indisponibilidade dos bens ou valores que excederem esse limite.
>
> § 2.º Os órgãos e entidades aos quais se fizer a comunicação de que trata o *caput* deste artigo enviarão imediatamente ao juízo a relação discriminada dos bens e direitos cuja indisponibilidade houverem promovido.

Destaque-se que o Código foi alterado em 2005, pela Lei Complementar n. 118, para que fosse resolvida uma antiga discussão sobre o momento a partir do qual se presumia a **ocorrência de fraude** (se a partir da inscrição da dívida, do ajuizamento da ação ou da citação ao devedor).

Com a nova redação resta claro que basta a **inscrição** na dívida ativa, que passa a ser o marco inicial para a presunção de fraude sempre que o devedor transfira, a qualquer título, parcelas significativas do seu patrimônio, com o objetivo de frustrar as medidas coercitivas eventualmente propostas pela Fazenda Pública.

Exemplo: Digamos que uma pessoa deva tributos no montante total de R$ 3.000.000,00, já devidamente inscritos em dívida ativa. A partir do ato de inscrição, qualquer transferência do patrimônio do devedor para terceiros, com o objetivo de se desfazer dos bens para evitar futura penhora em ação de execução fiscal, é entendida como fraudulenta e ineficaz, **salvo se** tiverem sido reservados bens e rendas suficientes para a satisfação da pretensão estatal. Isso significa que o devedor não está proibido de alienar patrimônio desde que mantenha bens suficientes para honrar os créditos tributários já inscritos. No nosso exemplo, se o sujeito possui um patrimônio de R$ 10.000.000,00, poderá transferir parte dele sem que isso seja considerado fraude.

No mesmo sentido, vale dizer, para assegurar a eficácia das medidas de execução fiscal, foi introduzido em 2005 o art. 185-A, que confere ao juiz o poder de determinar a **indisponibilidade** dos bens do devedor sempre que este, devidamente citado, não promova o pagamento ou ofereça bens à penhora em montante suficiente para garantir a execução fiscal.

Em síntese, no intuito de alcançar seus objetivos arrecadatórios e evitar condutas evasivas do sujeito passivo:

■ O CTN **presume fraudulenta** a alienação ou oneração de bens ou rendas por sujeito passivo em débito para com a Fazenda por crédito tributário regularmente inscrito como **dívida ativa**.

■ Excepciona-se a presunção de fraude quando o interessado promove a **reserva de bens** ou **rendas** suficientes ao total pagamento da dívida inscrita.

■ No mesmo sentido, pode atuar como medida assecuratória a **indisponibilidade** de bens e direitos, que será determinada pelo juiz quando o devedor citado não pagar nem apresentar bens à penhora no prazo legal, comunicando a decisão aos órgãos e entidades que promovem registros de transferência de bens, especialmente ao registro público de imóveis e às autoridades supervisoras do mercado bancário e do mercado de capitais.

O **limite** do patrimônio declarado indisponível será o **valor total** exigível do crédito, e os órgãos e entidades notificados pelo juízo deverão encaminhar a relação discriminada dos bens e direitos cuja disponibilidade tiverem promovido, no âmbito das respectivas competências.

É importante ressaltar que a ordem do juiz para tornar indisponíveis o patrimônio e os direitos do devedor deve ser precedida da comprovação do **exaurimento** de todos os meios disponíveis para a localização de bens penhoráveis pela administração pública.

Isso implica que a medida não deve ser adotada sem a observância de **três requisitos** essenciais:

a) **citação** do devedor tributário;
b) **inexistência** de pagamento ou apresentação de bens à penhora no prazo legal;
c) **não localização** de bens penhoráveis depois de realizadas diligências pelas autoridades públicas.

13 ■ Garantias e Privilégios do Crédito Tributário   595

A questão foi decidida pelo Superior Tribunal de Justiça na sistemática dos recursos repetitivos:

Para efeitos de aplicação do disposto no art. 543-C do CPC, e levando em consideração o entendimento consolidado por esta Corte Superior de Justiça, firma-se compreensão no sentido de que a indisponibilidade de bens e direitos autorizada pelo art. 185-A do CTN depende da observância dos seguintes requisitos: (i) citação do devedor tributário; (ii) inexistência de pagamento ou apresentação de bens à penhora no prazo legal; e (iii) a não localização de bens penhoráveis após esgotamento das diligências realizadas pela Fazenda, caracterizado quando houver nos autos (a) pedido de acionamento do Bacen Jud e consequente determinação pelo magistrado e (b) a expedição de ofícios aos registros públicos do domicílio do executado e ao Departamento Nacional ou Estadual de Trânsito — DENATRAN ou DETRAN. O bloqueio universal de bens e de direitos previsto no art. 185-A do CTN não se confunde com a penhora de dinheiro aplicado em instituições financeiras, por meio do Sistema BacenJud, disciplinada no art. 655-A do CPC. As disposições do art. 185-A do CTN abrangerão todo e qualquer bem ou direito do devedor, observado como limite o valor do crédito tributário, e dependerão do preenchimento dos seguintes requisitos: (i) citação do executado; (ii) inexistência de pagamento ou de oferecimento de bens à penhora no prazo legal; e, por fim, (iii) não forem encontrados bens penhoráveis. A aplicação da referida prerrogativa da Fazenda Pública pressupõe a comprovação de que, em relação ao último requisito, houve o esgotamento das diligências para localização de bens do devedor (REsp 1.377.507/SP).

E a decisão paradigmática, ao supratranscrita, ensejou a publicação, em 2015, da **Súmula 560** do Tribunal.

> **SÚMULA 560 DO STJ:** A decretação da indisponibilidade de bens e direitos, na forma do art. 185-A do CTN, pressupõe o exaurimento das diligências na busca por bens penhoráveis, o qual fica caracterizado quando infrutíferos o pedido de constrição sobre ativos financeiros e a expedição de ofícios aos registros públicos do domicílio do executado, ao Denatran ou Detran.

> **Importante!** O bloqueio universal de bens e de direitos previsto no art. 185-A do CTN não se confunde com a penhora de dinheiro aplicado em instituições financeiras, por meio do Sistema *Bacen Jud*.

13.2. PREFERÊNCIAS DO CRÉDITO TRIBUTÁRIO

Em relação às **preferências** do crédito tributário, o CTN fixa, como regra geral, que este prefere a qualquer outro, ressalvados os créditos decorrentes da legislação do **trabalho** ou do **acidente de trabalho**.

> **Art. 186.** O crédito tributário prefere a qualquer outro, seja qual for sua natureza ou o tempo de sua constituição, ressalvados os créditos decorrentes da legislação do trabalho ou do acidente de trabalho.
>
> **Parágrafo único.** Na falência:

I — o crédito tributário não prefere aos créditos **extraconcursais** ou às importâncias **passíveis de restituição**[1], nos termos da lei falimentar, nem aos créditos com garantia real, no limite do valor do bem gravado;

II — a lei poderá estabelecer limites e condições para a preferência dos créditos decorrentes da legislação do trabalho; e

III — a multa tributária prefere apenas aos créditos subordinados.

SÚMULA 307 DO STJ: A restituição de adiantamento de contrato de câmbio, na falência, deve ser atendida antes de qualquer crédito.

Com a introdução da nova sistemática de apuração e garantia de direitos nos casos de **falência**, a Lei n. 11.101/2005 estabeleceu, no art. 83, a ordem de **classificação** dos créditos, nos seguintes termos:

Art. 83. A classificação dos créditos na falência obedece à seguinte ordem:

I — os créditos derivados da legislação trabalhista, limitados a 150 (cento e cinquenta) salários mínimos por credor, e aqueles decorrentes de acidentes de trabalho;

II — os créditos gravados com direito real de garantia até o limite do valor do bem gravado;

III — os créditos tributários, independentemente da sua natureza e do tempo de constituição, exceto os créditos extraconcursais e as multas tributárias;

IV — (revogado);

(...)

V — (revogado);

(...)

VI — os créditos quirografários, a saber: a) aqueles não previstos nos demais incisos deste artigo; b) os saldos dos créditos não cobertos pelo produto da alienação dos bens vinculados ao seu pagamento; e c) os saldos dos créditos derivados da legislação trabalhista que excederem o limite estabelecido no inciso I do *caput* deste artigo;

VII — as multas contratuais e as penas pecuniárias por infração das leis penais ou administrativas, incluídas as multas tributárias;

VIII — os créditos subordinados, a saber: a) os previstos em lei ou em contrato; e b) os créditos dos sócios e dos administradores sem vínculo empregatício cuja contratação não tenha observado as condições estritamente comutativas e as práticas de mercado;

IX — os juros vencidos após a decretação da falência, conforme previsto no art. 124 desta Lei.

---

[1] A Lei n. 11.101/2005, no art. 85, estabelece que: "Art. 85. O proprietário de bem arrecadado no processo de falência ou que se encontre em poder do devedor na data da decretação da falência poderá pedir sua restituição. Parágrafo único. Também pode ser pedida a restituição de coisa vendida a crédito e entregue ao devedor nos 15 dias anteriores ao requerimento de sua falência, se ainda não alienada".

§ 1.º Para os fins do inciso II do *caput* deste artigo, será considerado como valor do bem objeto de garantia real a importância efetivamente arrecadada com sua venda, ou, no caso de alienação em bloco, o valor de avaliação do bem individualmente considerado.

§ 2.º Não são oponíveis à massa os valores decorrentes de direito de sócio ao recebimento de sua parcela do capital social na liquidação da sociedade.

§ 3.º As cláusulas penais dos contratos unilaterais não serão atendidas se as obrigações neles estipuladas se vencerem em virtude da falência.

§ 4.º (Revogado).

§ 5.º Para os fins do disposto nesta Lei, os créditos cedidos a qualquer título manterão sua natureza e classificação.

§ 6.º Para os fins do disposto nesta Lei, os créditos que disponham de privilégio especial ou geral em outras normas integrarão a classe dos créditos quirografários.

Constata-se que nos casos de **falência** a preferência do crédito tributário foi **mitigada**, posto que estes foram rebaixados para o **terceiro lugar na classificação**, atrás dos créditos de natureza **trabalhista** (limitados a 150 salários mínimos, o que constitui evidente absurdo) e dos créditos com **garantia real**, até o limite do bem gravado, o que significa que os grandes beneficiados pela nova legislação **foram os bancos**, como sempre, pois estes exigem dos devedores a apresentação de bens imóveis como garantia de seus empréstimos, situação que, de acordo com a atual legislação, prefere aos créditos tributários.

Isso significa que o interesse público, decorrente da própria natureza do Estado e do direito tributário, ficou em segundo plano, facilmente ultrapassado, conforme a vontade do legislador, pelos interesses particulares dos bancos, que não correrão grandes riscos em caso de falência (posto que garantidos por bens), enquanto a Fazenda Pública e os trabalhadores que tenham direitos superiores a 150 salários mínimos dificilmente receberão o que lhes é devido.

E mais: a Lei Complementar n. 118, que alterou o Código Tributário Nacional, introduziu, ainda, as seguintes situações:

a) O crédito tributário **não prefere** aos créditos **extraconcursais** (que são os relativos a fatos geradores ocorridos no curso do processo de falência) ou às importâncias passíveis de **restituição**, nos termos da lei falimentar, nem aos créditos com **garantia real**, no limite do valor do bem gravado.

CTN, Art. 188. São **extraconcursais** os créditos tributários decorrentes de fatos geradores ocorridos no curso do processo de falência.

§ 1.º Contestado o crédito tributário, o juiz remeterá as partes ao processo competente, mandando reservar bens suficientes à extinção total do crédito e seus

acrescidos, se a massa não puder efetuar a garantia da instância por outra forma, ouvido, quanto à natureza e valor dos bens reservados, o representante da Fazenda Pública interessada.

§ 2.º O disposto neste artigo aplica-se aos processos de concordata.

598 Direito Tributário Esquematizado   *Roberto Caparroz*

A definição dos **créditos extraconcursais** está prevista no art. 84 da Lei n. 11.101/2005:

Art. 84. Serão considerados créditos extraconcursais e serão pagos com precedência sobre os mencionados no art. 83 desta Lei, na ordem a seguir, aqueles relativos:

I — (revogado);

I-A — às quantias referidas nos arts. 150 e 151 desta Lei;

I-B — ao valor efetivamente entregue ao devedor em recuperação judicial pelo financiador, em conformidade com o disposto na Seção IV-A do Capítulo III desta Lei;

I-C — aos créditos em dinheiro objeto de restituição, conforme previsto no art. 86 desta Lei;

I-D — às remunerações devidas ao administrador judicial e aos seus auxiliares, aos reembolsos devidos a membros do Comitê de Credores, e aos créditos derivados da legislação trabalhista ou decorrentes de acidentes de trabalho relativos a serviços prestados após a decretação da falência;

I-E — às obrigações resultantes de atos jurídicos válidos praticados durante a recuperação judicial, nos termos do art. 67 desta Lei, ou após a decretação da falência;

II — às quantias fornecidas à massa falida pelos credores;

III — às despesas com arrecadação, administração, realização do ativo, distribuição do seu produto e custas do processo de falência;

IV — às custas judiciais relativas às ações e às execuções em que a massa falida tenha sido vencida;

V — aos tributos relativos a fatos geradores ocorridos após a decretação da falência, respeitada a ordem estabelecida no art. 83 desta Lei.

§ 1.º As despesas referidas no inciso I-A do *caput* deste artigo serão pagas pelo administrador judicial com os recursos disponíveis em caixa.

§ 2.º O disposto neste artigo não afasta a hipótese prevista no art. 122 desta Lei.

---

b) A lei poderá estabelecer **limites** e condições para a preferência dos créditos decorrentes da **legislação do trabalho** (como vimos, somente os trabalhadores que ganharem menos — créditos de até 150 salários mínimos — terão alguma chance de receber os seus direitos). O Brasil segue a absurda lógica de penalizar os trabalhadores mais capacitados e mais bem remunerados, como se isso fosse um demérito, em favor dos bancos, que nada ou pouco contribuem para o país.

c) a **multa tributária** prefere apenas aos créditos subordinados.

CTN, Art. 187. A cobrança judicial do crédito tributário não é sujeita a concurso de credores ou habilitação em falência, recuperação judicial, concordata, inventário ou arrolamento.

Parágrafo único. O concurso de preferência somente se verifica entre pessoas jurídicas de direito público, na seguinte ordem:

I — União;

13 ◼ Garantias e Privilégios do Crédito Tributário   599

> II — Estados, Distrito Federal e Territórios, conjuntamente e pró rata;
>
> III — Municípios, conjuntamente e pró rata.

O dispositivo estabelece que a cobrança judicial do crédito tributário não é sujeita a **concurso de credores** ou **habilitação** em falência, recuperação judicial, concordata, inventário ou arrolamento.

O preceito veicula a supremacia do executivo fiscal, que não precisa "disputar" créditos com outras pessoas nem se inscrever em procedimentos de liquidação exigíveis para os demais credores.

O único concurso que o Código autoriza ocorre entre pessoas jurídicas de **direito público**, com preferência para os créditos federais, conforme demonstra a imputação de ordem legal, que reserva para os Estados, o Distrito Federal e os Municípios (estes, por último) o direito de dividir conjuntamente e pró rata os valores porventura recebíveis.

Se houver **contestação** em relação aos créditos tributários extraconcursais, o juiz remeterá as partes ao processo competente, mandará **reservar** bens suficientes à extinção total do crédito e seus acrescidos, se a massa não puder efetuar a garantia, e ouvirá a **Fazenda Pública** interessada.

> **Art. 189.** São pagos preferencialmente a quaisquer créditos habilitados em inventário ou arrolamento, ou a outros encargos do monte, os créditos tributários vencidos ou vincendos, a cargo do *de cujus* ou de seu espólio, exigíveis no decurso do processo de inventário ou arrolamento.
>
> **Parágrafo único.** Contestado o crédito tributário, proceder-se-á na forma do disposto no § 1.º do artigo anterior.
>
> **Art. 190.** São pagos preferencialmente a quaisquer outros os créditos tributários vencidos ou vincendos, a cargo de pessoas jurídicas de direito privado em liquidação judicial ou voluntária, exigíveis no decurso da liquidação.

O Código Tributário Nacional prevê, portanto, duas outras regras de preferência do crédito tributário:

a) No caso de **inventário** ou **arrolamento:** são pagos preferencialmente a quaisquer créditos habilitados os créditos tributários vencidos ou vincendos, a cargo do *de cujus* ou de seu espólio, exigíveis no decurso do processo.

b) Nas hipóteses de **liquidação judicial** ou **voluntária:** são pagos preferencialmente a quaisquer outros os créditos tributários vencidos ou vincendos exigíveis no decurso da liquidação.

Em conclusão, os artigos finais do capítulo no Código Tributário Nacional exigem a comprovação da **quitação** de tributos para o reconhecimento da extinção de obrigações ou a concessão de direitos aos devedores.

> **Art. 191.** A extinção das obrigações do falido requer prova de quitação de todos os tributos.
>
> **Art. 191-A.** A concessão de recuperação judicial depende da apresentação da prova de quitação de todos os tributos, observado o disposto nos arts. 151, 205 e 206 desta Lei.

Art. 192. Nenhuma sentença de julgamento de partilha ou adjudicação será proferida sem prova da quitação de todos os tributos relativos aos bens do espólio, ou às suas rendas.

Art. 193. Salvo quando expressamente autorizado por lei, nenhum departamento da administração pública da União, dos Estados, do Distrito Federal, ou dos Municípios, ou sua autarquia, celebrará contrato ou aceitará proposta em concorrência pública sem que o contratante ou proponente faça prova da quitação de todos os tributos devidos à Fazenda Pública interessada, relativos à atividade em cujo exercício contrata ou concorre.

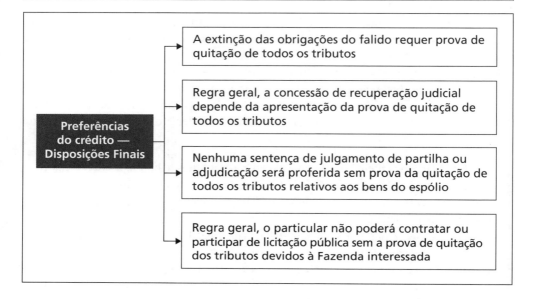

Atenção! A regra geral de preferência garante que os créditos tributários preferem a qualquer outro, seja qual for sua natureza ou o tempo de sua constituição, ressalvados os créditos decorrentes da legislação do trabalho ou do acidente de trabalho. Entretanto, nos casos de falência, o crédito tributário não prefere aos créditos extraconcursais ou às importâncias passíveis de restituição, nem aos créditos com garantia real, nos termos do art. 186, parágrafo único, I, do CTN, de sorte que o Poder Público deve respeitar a preferência, por exemplo, dos credores hipotecários, até o limite do valor dos imóveis gravados.

13.3. QUESTÕES

14

ADMINISTRAÇÃO TRIBUTÁRIA, DÍVIDA ATIVA E EXECUÇÃO FISCAL

14.1. ADMINISTRAÇÃO TRIBUTÁRIA

O Código Tributário Nacional, a partir do art. 194, confere às **autoridades tributárias** competências e poderes para o exercício das atividades de fiscalização.

> **Art. 194.** A legislação tributária, observado o disposto nesta Lei, regulará, em caráter geral, ou especificamente em função da natureza do tributo de que se tratar, a competência e os poderes das autoridades administrativas em matéria de fiscalização da sua aplicação.
> **Parágrafo único.** A legislação a que se refere este artigo aplica-se às pessoas naturais ou jurídicas, contribuintes ou não, inclusive às que gozem de imunidade tributária ou de isenção de caráter pessoal.

As principais características dessas **prerrogativas** do fisco são:

a) A fiscalização tributária alcança **todas as pessoas**, inclusive as que gozem de imunidade tributária ou de isenção de caráter pessoal.
b) Não podem ser opostas **restrições** ou **limitações** ao exame de mercadorias, livros, arquivos, documentos e papéis.
c) Os livros e comprovantes devem ser conservados até que ocorra a **prescrição** dos respectivos créditos tributários.
d) Os procedimentos de fiscalização deverão ser lavrados em **termos específicos**, com previsão de prazo para conclusão.
e) Pessoas ou entidades estão **obrigadas**, mediante intimação escrita, a prestar informações acerca de bens, negócios ou atividades de terceiros, salvo quando **legalmente impedidas**, em função do cargo, ofício, profissão etc.

> **Art. 195.** Para os efeitos da legislação tributária, não têm aplicação quaisquer disposições legais excludentes ou limitativas do direito de examinar mercadorias, livros, arquivos, documentos, papéis e efeitos comerciais ou fiscais, dos comerciantes industriais ou produtores, ou da obrigação destes de exibi-los.
> **Parágrafo único.** Os livros obrigatórios de escrituração comercial e fiscal e os comprovantes dos lançamentos neles efetuados serão conservados até que ocorra a prescrição dos créditos tributários decorrentes das operações a que se refiram.

602 Direito Tributário Esquematizado   *Roberto Caparroz*

Art. 196. A autoridade administrativa que proceder ou presidir a quaisquer diligências de fiscalização lavrará os termos necessários para que se documente o início do procedimento, na forma da legislação aplicável, que fixará prazo máximo para a conclusão daquelas.

Parágrafo único. Os termos a que se refere este artigo serão lavrados, sempre que possível, em um dos livros fiscais exibidos; quando lavrados em separado deles se entregará, à pessoa sujeita à fiscalização, cópia autenticada pela autoridade a que se refere este artigo.

Art. 197. Mediante intimação escrita, são obrigados a prestar à autoridade administrativa todas as informações de que disponham com relação aos bens, negócios ou atividades de terceiros:

I — os tabeliães, escrivães e demais serventuários de ofício;

II — os bancos, casas bancárias, Caixas Econômicas e demais instituições financeiras;

III — as empresas de administração de bens;

IV — os corretores, leiloeiros e despachantes oficiais;

V — os inventariantes;

VI — os síndicos, comissários e liquidatários;

VII — quaisquer outras entidades ou pessoas que a lei designe, em razão de seu cargo, ofício, função, ministério, atividade ou profissão.

Parágrafo único. A obrigação prevista neste artigo não abrange a prestação de informações quanto a fatos sobre os quais o informante esteja legalmente obrigado a observar segredo em razão de cargo, ofício, função, ministério, atividade ou profissão.

Um tema de grande importância diz respeito ao **sigilo fiscal**, pois as autoridades públicas não podem divulgar informações obtidas durante os trabalhos de fiscalização, sob pena de responsabilidade funcional.

Art. 198. Sem prejuízo do disposto na legislação criminal, é vedada a divulgação, por parte da Fazenda Pública ou de seus servidores, de informação obtida em razão do ofício sobre a situação econômica ou financeira do sujeito passivo ou de terceiros e sobre a natureza e o estado de seus negócios ou atividades.

§ 1.º Excetuam-se do disposto neste artigo, além dos casos previstos no art. 199, os seguintes:

I — requisição de autoridade judiciária no interesse da justiça;

II — solicitações de autoridade administrativa no interesse da Administração Pública, desde que seja comprovada a instauração regular de processo administrativo, no órgão ou na entidade respectiva, com o objetivo de investigar o sujeito passivo a que se refere a informação, por prática de infração administrativa.

§ 2.º O intercâmbio de informação sigilosa, no âmbito da Administração Pública, será realizado mediante processo regularmente instaurado, e a entrega será

feita pessoalmente à autoridade solicitante, mediante recibo, que formalize a transferência e assegure a preservação do sigilo.

§ 3.º Não é vedada a divulgação de informações relativas a:

I — representações fiscais para fins penais;

II — inscrições na Dívida Ativa da Fazenda Pública;

III — parcelamento ou moratória; e

IV — incentivo, renúncia, benefício ou imunidade de natureza tributária cujo beneficiário seja pessoa jurídica;

§ 4.º Sem prejuízo do disposto no art. 197, a administração tributária poderá requisitar informações cadastrais e patrimoniais de sujeito passivo de crédito tributário a órgãos ou entidades, públicos ou privados, que, inclusive por obrigação legal, operem cadastros e registros ou controlem operações de bens e direitos.

§ 5.º Independentemente da requisição prevista no § 4.º deste artigo, os órgãos e as entidades da administração pública direta e indireta de qualquer dos Poderes colaborarão com a administração tributária visando ao compartilhamento de bases de dados de natureza cadastral e patrimonial de seus administrados e supervisionados.

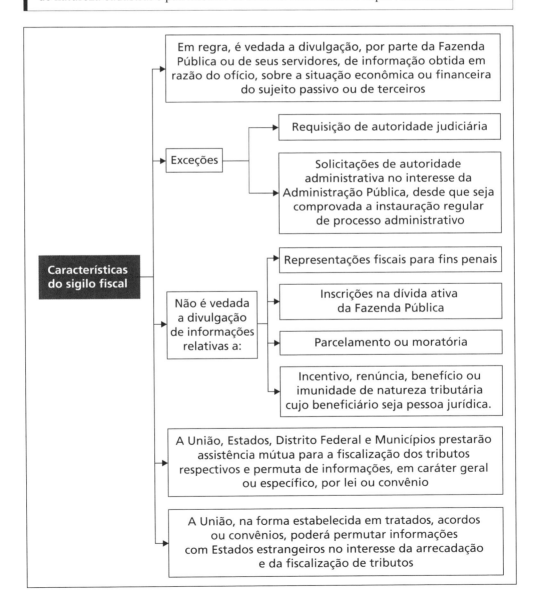

604 Direito Tributário Esquematizado   *Roberto Caparroz*

Com o objetivo de organizar as atividades de fiscalização e maximizar os resultados das investigações e auditorias, o Código Tributário Nacional prevê que os entes políticos poderão celebrar **convênios** para a troca de informações.

Isso é importante porque um contribuinte relevante para as autoridades federais provavelmente também será fiscalizado pela fazenda estadual do local de seu domicílio, de sorte que a **troca de informações** e a manutenção de cadastros compartilhados contribuem sobremaneira para o desempenho da atividade tributária, nos diversos níveis da Federação.

Com o advento da globalização e a enorme movimentação do capital, associada à figura dos chamados "paraísos fiscais", tecnicamente denominados *países ou dependências com tributação favorecida*, passou a ser extremamente importante a **cooperação internacional**, que pode ser formalizada com a celebração de tratados ou acordos com outros Estados soberanos.

> **Art. 199.** A Fazenda Pública da União e as dos Estados, do Distrito Federal e dos Municípios prestar-se-ão mutuamente assistência para a fiscalização dos tributos respectivos e permuta de informações, na forma estabelecida, em caráter geral ou específico, por lei ou convênio.
>
> **Parágrafo único.** A Fazenda Pública da União, na forma estabelecida em tratados, acordos ou convênios, poderá permutar informações com Estados estrangeiros no interesse da arrecadação e da fiscalização de tributos.

Por fim, entre as atribuições da fiscalização encontra-se a possibilidade de requisição de **auxílio policial**, destinada a viabilizar os trabalhos de auditoria e investigação, notadamente quando passíveis de risco ou embaraço, como autoriza o art. 200 do Código.

> **Art. 200.** As autoridades administrativas federais poderão requisitar o auxílio da força pública federal, estadual ou municipal, e reciprocamente, quando vítimas de embaraço ou desacato no exercício de suas funções, ou quando necessário à efetivação dê medida prevista na legislação tributária, ainda que não se configure fato definido em lei como crime ou contravenção.

STF — Poderes da Fiscalização

◼ **ADI 395. Retenção de mercadorias.** A retenção da mercadoria, até a comprovação da posse legítima daquele que a transporta, não constitui coação imposta em desrespeito ao princípio do devido processo legal tributário. Ao garantir o livre exercício de qualquer trabalho, ofício ou profissão, o art. 5.º, XIII, da Constituição da República não o faz de forma absoluta, pelo que a observância dos recolhimentos tributários no desempenho dessas atividades impõe-se legal e legitimamente. A hipótese de retenção temporária de mercadorias prevista no art. 163, § 7.º, da Constituição de São Paulo é providência para a fiscalização do cumprimento da legislação tributária nesse território e consubstancia exercício

14 ◼ Administração Tributária, Dívida Ativa e Execução Fiscal   605

do poder de polícia da Administração Pública Fazendária, estabelecida legalmente para os casos de ilícito tributário. Inexiste, por isso mesmo, a alegada
coação indireta do contribuinte para satisfazer débitos com a Fazenda Pública.
Ação Direta de Inconstitucionalidade julgada improcedente.

◼ **Busca e apreensão exige mandado judicial.** Para os fins da proteção jurídica a
que se refere o art. 5.º, XI, da Constituição da República, o conceito normativo
de "casa" revela-se abrangente e, por estender-se a qualquer compartimento
privado não aberto ao público, onde alguém exerce profissão ou atividade (CP,
art. 150, § 4.º, III), compreende, observada essa específica limitação espacial
(área interna não acessível ao público), os escritórios profissionais, inclusive os
de contabilidade, "embora sem conexão com a casa de moradia propriamente
dita" (Nélson Hungria). Doutrina. Sem que ocorra qualquer das situações excepcionais taxativamente previstas no texto constitucional (art. 5.º, XI), nenhum
agente público, ainda que vinculado à administração tributária do Estado,
poderá, contra a vontade de quem de direito ("invito domino"), ingressar,
durante o dia, sem mandado judicial, em espaço privado não aberto ao público,
onde alguém exerce sua atividade profissional, sob pena de a prova resultante
da diligência de busca e apreensão assim executada reputar-se inadmissível,
porque impregnada de ilicitude material (HC 82.788).

Lembramos que entre as medidas propostas pela fiscalização encontra-se a possibilidade de **medida cautelar fiscal**, como vimos no capítulo anterior, cujos objetivos e
fundamentos estão previstos nos primeiros artigos da Lei n. 8.397/92, que, pela relevância, reproduzimos a seguir.

Art. 1.º O procedimento cautelar fiscal poderá ser instaurado após a constituição do
crédito, inclusive no curso da execução judicial da Dívida Ativa da União, dos Estados,
do Distrito Federal, dos Municípios e respectivas autarquias.

Parágrafo único. O requerimento da medida cautelar, na hipótese dos incisos V, alínea
b, e VII, do art. 2.º, independe da prévia constituição do crédito tributário.

Art. 2.º A medida cautelar fiscal poderá ser requerida contra o sujeito passivo de crédito tributário ou não tributário, quando o devedor:

I — sem domicílio certo, intenta ausentar-se ou alienar bens que possui ou deixa de
pagar a obrigação no prazo fixado;

II — tendo domicílio certo, ausenta-se ou tenta se ausentar, visando a elidir o adimplemento da obrigação;

III — caindo em insolvência, aliena ou tenta alienar bens;

IV — contrai ou tenta contrair dívidas que comprometam a liquidez do seu patrimônio;

V — notificado pela Fazenda Pública para que proceda ao recolhimento do crédito
fiscal:

a) deixa de pagá-lo no prazo legal, salvo se suspensa sua exigibilidade;

b) põe ou tenta por seus bens em nome de terceiros;

VI — possui débitos, inscritos ou não em Dívida Ativa, que somados ultrapassem
trinta por cento do seu patrimônio conhecido;

VII — aliena bens ou direitos sem proceder à devida comunicação ao órgão da Fazenda Pública competente, quando exigível em virtude de lei;

VIII — tem sua inscrição no cadastro de contribuintes declarada inapta, pelo órgão fazendário;

IX — pratica outros atos que dificultem ou impeçam a satisfação do crédito.

Art. 3.º Para a concessão da medida cautelar fiscal é essencial:

I — prova literal da constituição do crédito fiscal;

II — prova documental de algum dos casos mencionados no artigo antecedente.

Art. 4.º A decretação da medida cautelar fiscal produzirá, de imediato, a indisponibilidade dos bens do requerido, até o limite da satisfação da obrigação.

§ 1.º Na hipótese de pessoa jurídica, a indisponibilidade recairá somente sobre os bens do ativo permanente, podendo, ainda, ser estendida aos bens do acionista controlador e aos dos que em razão do contrato social ou estatuto tenham poderes para fazer a empresa cumprir suas obrigações fiscais, ao tempo:

a) do fato gerador, nos casos de lançamento de ofício;

b) do inadimplemento da obrigação fiscal, nos demais casos.

§ 2.º A indisponibilidade patrimonial poderá ser estendida em relação aos bens adquiridos a qualquer título do requerido ou daqueles que estejam ou tenham estado na função de administrador (§ 1.º), desde que seja capaz de frustrar a pretensão da Fazenda Pública.

§ 3.º Decretada a medida cautelar fiscal, será comunicada imediatamente ao registro público de imóveis, ao Banco Central do Brasil, à Comissão de Valores Mobiliários e às demais repartições que processem registros de transferência de bens, a fim de que, no âmbito de suas atribuições, façam cumprir a constrição judicial.

Art. 5.º A medida cautelar fiscal será requerida ao Juiz competente para a execução judicial da Dívida Ativa da Fazenda Pública.

14.2. DÍVIDA ATIVA

A parte final do Código Tributário Nacional, a partir do art. 201, dispõe sobre a dívida ativa e a obtenção de certidões negativas.

Dívida ativa tributária é a regularmente inscrita na repartição administrativa competente, depois de esgotado o prazo fixado, para pagamento, pela lei ou por decisão final proferida em processo regular. Por óbvio que, mesmo com o ato de inscrição na dívida ativa, o pagamento não será imediato, de sorte que o CTN esclarece que a fluência de juros de mora **não exclui** a liquidez do crédito.

Art. 201. Constitui dívida ativa tributária a proveniente de crédito dessa natureza, regularmente inscrita na repartição administrativa competente, depois de esgotado o prazo fixado, para pagamento, pela lei ou por decisão final proferida em processo regular.

Parágrafo único. A fluência de juros de mora não exclui, para os efeitos deste artigo, a liquidez do crédito.

A definição jurídica sobre a **natureza** dos créditos da Fazenda Pública e o tratamento que lhes deve ser conferido estão previstas no art. 39 da Lei n. 4.320/64:

Art. 39. Os créditos da Fazenda Pública, de natureza tributária ou não tributária, serão escriturados como receita do exercício em que forem arrecadados, nas respectivas rubricas orçamentárias.

§ 1.º Os créditos de que trata este artigo, exigíveis pelo transcurso do prazo para pagamento, serão inscritos, na forma da legislação própria, como Dívida Ativa, em registro próprio, após apurada a sua liquidez e certeza, e a respectiva receita será escriturada a esse título.

§ 2.º Dívida Ativa Tributária é o crédito da Fazenda Pública dessa natureza, proveniente de obrigação legal relativa a tributos e respectivos adicionais e multas, e Dívida Ativa não Tributária são os demais créditos da Fazenda Pública, tais como os provenientes de empréstimos compulsórios, contribuições estabelecidas em lei, multa de qualquer origem ou natureza, exceto as tributárias, foros, laudêmios, aluguéis ou taxas de ocupação, custas processuais, preços de serviços prestados por estabelecimentos públicos, indenizações, reposições, restituições, alcances dos responsáveis definitivamente julgados, bem assim os créditos decorrentes de obrigações em moeda estrangeira, de sub-rogação de hipoteca, fiança, aval ou outra garantia, de contratos em geral ou de outras obrigações legais.

§ 3.º O valor do crédito da Fazenda Nacional em moeda estrangeira será convertido ao correspondente valor na moeda nacional à taxa cambial oficial, para compra, na data da notificação ou intimação do devedor, pela autoridade administrativa, ou, à sua falta, na data da inscrição da Dívida Ativa, incidindo, a partir da conversão, a atualização monetária e os juros de mora, de acordo com preceitos legais pertinentes aos débitos tributários.

§ 4.º A receita da Dívida Ativa abrange os créditos mencionados nos parágrafos anteriores, bem como os valores correspondentes à respectiva atualização monetária, à multa e juros de mora e ao encargo de que tratam o art. 1.º do Decreto-lei n. 1.025, de 21 de outubro de 1969, e o art. 3.º do Decreto-lei n. 1.645, de 11 de dezembro de 1978.

§ 5.º A Dívida Ativa da União será apurada e inscrita na Procuradoria da Fazenda Nacional.

O **termo de inscrição** da dívida ativa, que é ato essencial para a propositura da ação de execução fiscal, deverá ser autenticado pela autoridade competente e obrigatoriamente conterá os requisitos previstos no art. 202 do Código Tributário Nacional.

Art. 202. O termo de inscrição da dívida ativa, autenticado pela autoridade competente, indicará obrigatoriamente:

I — o nome do devedor e, sendo caso, o dos corresponsáveis, bem como, sempre que possível, o domicílio ou a residência de um e de outros;

II — a quantia devida e a maneira de calcular os juros de mora acrescidos;

III — a origem e natureza do crédito, mencionada especificamente a disposição da lei em que seja fundado;

IV — a data em que foi inscrita;

V — sendo caso, o número do processo administrativo de que se originar o crédito.

Parágrafo único. A certidão conterá, além dos requisitos deste artigo, a indicação do livro e da folha da inscrição.

A partir dos requisitos formulados pelo Código, podemos destacar algumas **observações importantes:**

a) A indicação do nome do devedor e dos eventuais corresponsáveis é essencial, mas a falta de indicação dos respectivos domicílios não torna nula a inscrição;

b) Consignar o valor devido e a maneira de calcular os juros de mora acrescidos, com a indicação da legislação aplicável, além de medida indispensável para a validade da inscrição, demonstra que o valor original não será o montante total da execução;

c) A origem do crédito diz respeito ao tipo de lançamento efetuado, enquanto a natureza aponta tratar-se de tributo e/ou multas;

d) A data de inscrição, embora essencial para a certidão, não produz qualquer efeito acerca do prazo prescricional, porque se configura como ato interno, de controle, da administração;

e) O número do processo administrativo de que se originar o crédito é uma informação essencial, pois é neste que podem ser encontrados os lançamentos e as decisões administrativas que confirmaram a procedência dos créditos que serão inscritos;

f) A inscrição exige algumas formalidades, como a autenticação da autoridade competente, a indicação do livro e da folha de inscrição, sob pena de nulidade.

> **Art. 203.** A omissão de quaisquer dos requisitos previstos no artigo anterior, ou o erro a eles relativo, são causas de nulidade da inscrição e do processo de cobrança dela decorrente, mas a nulidade poderá ser sanada até a decisão de primeira instância, mediante substituição da certidão nula, devolvido ao sujeito passivo, acusado ou interessado o prazo para defesa, que somente poderá versar sobre a parte modificada.

> **Importante!** A ausência de qualquer requisito previsto no CTN é causa de nulidade da inscrição, que poderá ser sanada, mediante substituição da certidão com defeito, até a decisão judicial de primeira instância (embargos). Caso tal providência não seja adotada, caberá ao juiz extinguir execução fiscal.

> **SÚMULA 392 DO STJ:** A Fazenda Pública pode substituir a certidão de dívida ativa (CDA) até a prolação da sentença de embargos, quando se tratar de correção de erro material ou formal, vedada a modificação do sujeito passivo da execução.

Quando promovida em conformidade com os requisitos legais, a inscrição da dívida ativa produz um **título executivo extrajudicial**, que goza de presunção *juris tantum* (relativa) de liquidez e certeza e que se constitui em condição necessária e suficiente para a propositura da ação de execução fiscal.

> **Art. 204.** A dívida regularmente inscrita goza da presunção de certeza e liquidez e tem o efeito de prova pré-constituída.
>
> **Parágrafo único.** A presunção a que se refere este artigo é relativa e pode ser ilidida por prova inequívoca, a cargo do sujeito passivo ou do terceiro a que aproveite.

> **Atenção!** Embora seja necessária a notificação do sujeito passivo do auto de infração que constituiu o crédito, assim como da inscrição na dívida ativa, não é necessária a notificação da extração da certidão.

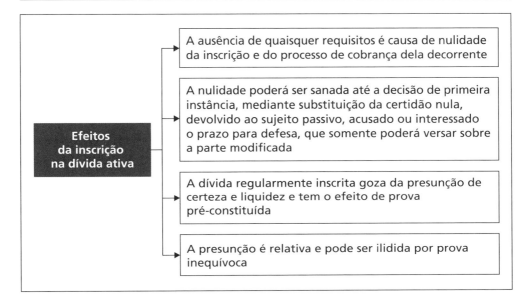

14.3. CERTIDÕES NEGATIVAS

Em relação às **certidões negativas**, o Código Tributário Nacional dispõe que cabe à lei estabelecer a exigência, como **prova de quitação** de determinado tributo, sempre que o sujeito passivo pretenda exercer algum direito vinculado à comprovação de regularidade fiscal.

> **Art. 205.** A lei poderá exigir que a prova da quitação de determinado tributo, quando exigível, seja feita por certidão negativa, expedida à vista de requerimento do interessado, que contenha todas as informações necessárias à identificação de sua pessoa, domicílio fiscal e ramo de negócio ou atividade e indique o período a que se refere o pedido.
> **Parágrafo único.** A certidão negativa será sempre expedida nos termos em que tenha sido requerida e será fornecida dentro de 10 (dez) dias da data da entrada do requerimento na repartição.
> **Art. 206.** Tem os mesmos efeitos previstos no artigo anterior a certidão de que conste a existência de créditos não vencidos, em curso de cobrança executiva em que tenha sido efetivada a penhora, ou cuja exigibilidade esteja suspensa.

A certidão deve ser expedida **conforme requerimento** do interessado, contendo todas as informações necessárias à identificação de sua pessoa, domicílio fiscal e ramo de negócio ou atividade, bem como deve indicar o período a que se refere o pedido.

610 | Direito Tributário Esquematizado   *Roberto Caparroz*

As autoridades competentes deverão emitir a certidão nos termos em que requeri-da, dentro do prazo de **10 dias** da data de formalização do pedido. Atualmente, grande parte das certidões pode ser obtida de forma digital, por meio da internet, o que facilita em muito a vida do contribuinte.

É importante destacar que tem os mesmos efeitos que a certidão negativa aquela de que conste a existência de créditos **não vencidos**, em curso de **cobrança executiva** em que tenha sido efetivada a **penhora**, ou cuja exigibilidade esteja **suspensa**. Temos aqui as hipóteses de certidões positivas com efeito de negativas.

> **Art. 207.** Independentemente de disposição legal permissiva, será dispensada a prova de quitação de tributos, ou o seu suprimento, quando se tratar de prática de ato indis-pensável para evitar a caducidade de direito, respondendo, porém, todos os participan-tes no ato pelo tributo porventura devido, juros de mora e penalidades cabíveis, exceto as relativas a infrações cuja responsabilidade seja pessoal ao infrator.

Em homenagem ao princípio da transparência e para não causar qualquer prejuízo ao interessado, a certidão negativa será desnecessária quando se tratar de prática de ato indispensável para evitar a **caducidade** de direito. Isso não implica dispensa do paga-mento nem afasta a **responsabilidade** do interessado, que poderá ser chamado, poste-riormente, a comprovar a quitação do tributo ou recolhê-lo com os juros e penalidades cabíveis.

> **Art. 208.** A certidão negativa expedida com dolo ou fraude, que contenha erro contra a Fazenda Pública, responsabiliza pessoalmente o funcionário que a expedir, pelo cré-dito tributário e juros de mora acrescidos.
> **Parágrafo único.** O disposto neste artigo não exclui a responsabilidade criminal e funcional que no caso couber.

A certidão negativa expedida com dolo ou fraude, que contenha erro **contra a Fa-zenda Pública**, responsabiliza pessoalmente o funcionário que a expedir, pelo crédito tributário e juros de mora acrescidos, sem prejuízo da responsabilidade criminal ou funcional aplicável à conduta.

> **SÚMULA 446 DO STJ:** Declarado e não pago o débito tributário pelo contribuinte, é legí-tima a recusa de expedição de certidão negativa ou positiva com efeito de negativa.

STJ — Certidões negativas

▣ **Licitações e convênios. Necessidade de certidões negativas.** A documentação relativa à regularidade fiscal, conforme o caso, consistirá em prova de regularidade para com a Fazenda Federal, Estadual e Municipal do domicílio ou sede do licitante, ou outra equivalente, na forma da lei, bem como em prova de regularidade relati-va à Seguridade Social e ao Fundo de Garantia por Tempo de Serviço (FGTS), demonstrando situação regular no cumprimento dos encargos sociais instituídos

14 ■ Administração Tributária, Dívida Ativa e Execução Fiscal · · · · · · · · · · · · · · · · · **611**

> por lei (art. 29, III e IV, da Lei n. 8.666/93). As disposições da Lei n. 8.666/93 aplicam-se, no que couber, aos convênios, acordos, ajustes e outros instrumentos congêneres celebrados por órgãos e entidades da Administração (art. 116). Em conformidade com as normas jurídicas acima, a Primeira Seção desta Corte, por ocasião do julgamento do MS 13.985/DF (Rel. Ministro Humberto Martins, *DJe* 5-3-2009), decidiu ser legítima a exigência de certidões negativas de débitos fiscais para que o particular possa celebrar convênio com a Administração Pública (RMS 32.427/ES).
>
> ■ **Fazenda Pública. Direito à certidão negativa.** A Fazenda Pública, quer em ação anulatória, quer em execução embargada, faz jus à expedição da certidão positiva de débito com efeitos negativos, independentemente de penhora, posto inexpropriáveis os seus bens (REsp 1.123.306, recurso repetitivo).
>
> ■ **Tributo declarado e não pago. Recusa legítima de certidão negativa.** A entrega da Declaração de Débitos e Créditos Tributários Federais — DCTF — constitui o crédito tributário, dispensando a Fazenda Pública de qualquer outra providência, habilitando-a ajuizar a execução fiscal. Consequentemente, nos tributos sujeitos a lançamento por homologação, o crédito tributário nasce, por força de lei, com o fato gerador, e sua exigibilidade não se condiciona a ato prévio levado a efeito pela autoridade fazendária, perfazendo-se com a mera declaração efetuada pelo contribuinte, razão pela qual, em caso do não pagamento do tributo declarado, afigura-se legítima a recusa de expedição da Certidão Negativa ou Positiva com Efeitos de Negativa (REsp 1.123.557/RS, recurso repetitivo).

14.4. EXECUÇÃO FISCAL

A execução judicial para cobrança da dívida ativa da União, dos Estados, do Distrito Federal e dos Municípios está regulada pela **Lei n. 6.830/80** e, subsidiariamente, pelas regras do novo Código de Processo Civil.

A dívida ativa da Fazenda Pública compreende os créditos de natureza **tributária** e **não tributária** e a ação de cobrança deve ser proposta perante o Poder Judiciário, a partir da inscrição do crédito tributário definitivamente lançado e não pago, materializado na **Certidão de Dívida Ativa** (CDA), que aparelhará a execução fiscal.

SÚMULA 583 DO STJ: O arquivamento provisório previsto no art. 20 da Lei n. 10.522/2002, dirigido aos débitos inscritos como dívida ativa da União pela Procuradoria-Geral da Fazenda Nacional ou por ela cobrados, não se aplica às execuções fiscais movidas pelos conselhos de fiscalização profissional ou pelas autarquias federais.

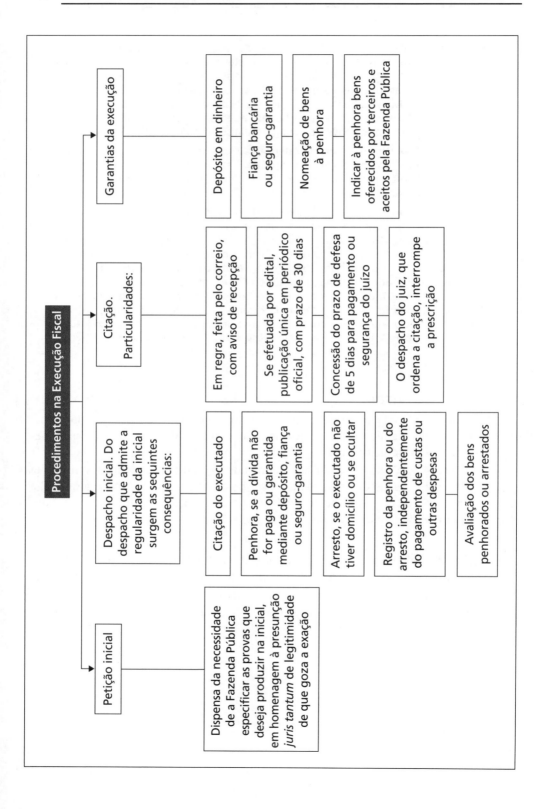

14 ■ Administração Tributária, Dívida Ativa e Execução Fiscal   613

A **penhora** ou o **arresto** efetuados seguirão a seguinte ordem:

a) dinheiro;

b) títulos da dívida pública, bem como títulos de crédito, que tenham cotação em bolsa;

c) pedras e metais preciosos;

d) imóveis;

e) navios e aeronaves;

f) veículos;

g) móveis ou semoventes; e

h) direitos e ações.

STJ — Execução fiscal

■ **Execução fiscal não suspende a prescrição.** A suspensão do lapso prescricional de 180 (cento e oitenta) dias prevista no art. 2º, § 3º, da Lei n. 6.830 somente é aplicável às dívidas de natureza não tributária. Em hipóteses como a dos autos, em que se trata de execução de crédito relativo a Imposto de Renda, a matéria é regulada pelo art. 174 do Código Tributário Nacional (AGA 1.054.859).

■ **Apresentação do demonstrativo de cálculo em execução fiscal. Desnecessidade.** A própria Certidão da Dívida Ativa, que embasa a execução, já discrimina a composição do débito, porquanto todos os elementos que compõem a dívida estão arrolados no título executivo — que goza de presunção de liquidez e certeza —, consoante dessume-se das normas emanadas dos §§ 5º e 6º, do art. 2º, da Lei n. 6.830/80 (REsp 1.138.202, recurso repetitivo).

14.4.1. Exceção de pré-executividade

Trata-se de meio de **defesa prévia** do executado, admitido por construção doutrinária e jurisprudencial.

Admite-se defesa via exceção de pré-executividade nas execuções em que o devedor se insurja contra a legitimidade do título executivo ou dos requisitos à execução antes de garantido o juízo.

As hipóteses de **admissibilidade** para a exceção de pré-executividade são as seguintes:

■ matéria de ordem pública em geral;

■ condições da ação;

■ ausência de pressupostos de desenvolvimento válido do processo;

■ nulidade formal e material da certidão de dívida ativa;

■ falta de liquidez do título;

■ prescrição ou decadência;

■ quitação do título;

■ manifesta ilegitimidade do executado;

■ inconstitucionalidade de norma já reconhecida pelo STF.

614 Direito Tributário Esquematizado   *Roberto Caparroz*

SÚMULA 393 DO STJ: A exceção de pré-executividade é admissível na execução fiscal relativamente às matérias conhecíveis de ofício que não demandem dilação probatória.

14.4.2. Embargos à execução fiscal

Em regra, a defesa do executado deve ser efetuada por meio de **embargos à execução**.

Como a execução fiscal tem por fundamento um **título extrajudicial**, a matéria passível de defesa pela via dos embargos pode ser considerada ampla, diferentemente daquela possível na exceção de pré-executividade.

> **Importante!** Os embargos à execução podem ser oferecidos no prazo de 30 dias, contados do depósito, da juntada da prova da fiança bancária ou do seguro-garantia ou da intimação da penhora, não sendo admitidos embargos antes de garantida a execução.

O **trâmite** da execução fiscal está definido nos arts. 17 a 19 da Lei n. 6.830/80:

> **Art. 17.** Recebidos os embargos, o Juiz mandará intimar a Fazenda, para impugná-los no prazo de 30 (trinta) dias, designando, em seguida, audiência de instrução e julgamento.
>
> **Parágrafo único.** Não se realizará audiência, se os embargos versarem sobre matéria de direito, ou, sendo de direito e de fato, a prova for exclusivamente documental, caso em que o Juiz proferirá a sentença no prazo de 30 (trinta) dias.
>
> **Art. 18.** Caso não sejam oferecidos os embargos, a Fazenda Pública manifestar-se-á sobre a garantia da execução.
>
> **Art. 19.** Não sendo embargada a execução ou sendo rejeitados os embargos, no caso de garantia prestada por terceiro, será este intimado, sob pena de contra ele prosseguir a execução nos próprios autos, para, no prazo de 15 (quinze) dias:
>
> I — remir o bem, se a garantia for real; ou
>
> II — pagar o valor da dívida, juros e multa de mora e demais encargos, indicados na Certidão de Dívida Ativa pelos quais se obrigou se a garantia for fidejussória.

SÚMULA 314 DO STJ: Em execução fiscal, não localizados bens penhoráveis, suspende-se o processo por um ano, findo o qual se inicia o prazo da prescrição quinquenal intercorrente.

SÚMULA 394 DO STJ: É admissível, em embargos à execução, compensar os valores de imposto de renda retidos indevidamente na fonte com os valores restituídos apurados na declaração anual.

> **Atenção!** O art. 183 do novo CPC garante que a União, os Estados, o Distrito Federal, os Municípios e suas respectivas autarquias e fundações de direito público gozarão de **prazo em dobro** para todas as suas manifestações processuais, cuja contagem terá início a partir da intimação pessoal, salvo quando a lei estabelecer, de forma expressa, prazo próprio para o ente público.

14 ▪ Administração Tributária, Dívida Ativa e Execução Fiscal 615

STJ — Execução fiscal

▣ **Execução fiscal não suspende a prescrição. Execução fiscal. Prescrição intercorrente. Art. 40 e parágrafos da Lei n. 6.830/1980. Prazo de 1 (um) ano de suspensão do processo. Ciência da Fazenda Pública quanto à não localização do devedor ou inexistência de bens penhoráveis no endereço fornecido. Início automático.**

▣ O prazo de 1 (um) ano de suspensão do processo e do respectivo prazo prescricional previsto no art. 40, §§ 1.º e 2.º da Lei n. 6.830/1980 — LEF tem início automaticamente na data da ciência da Fazenda Pública a respeito da não localização do devedor ou da inexistência de bens penhoráveis no endereço fornecido, havendo, sem prejuízo dessa contagem automática, o dever de o magistrado declarar ter ocorrido a suspensão da execução. Sem prejuízo do disposto anteriormente: 1.1) nos casos de execução fiscal para cobrança de dívida ativa de natureza tributária (cujo despacho ordenador da citação tenha sido proferido antes da vigência da Lei Complementar n. 118/2005), depois da citação válida, ainda que editalícia, logo após a primeira tentativa infrutífera de localização de bens penhoráveis, o Juiz declarará suspensa a execução; e, 1.2) em se tratando de execução fiscal para cobrança de dívida ativa de natureza tributária (cujo despacho ordenador da citação tenha sido proferido na vigência da Lei Complementar n. 118/2005) e de qualquer dívida ativa de natureza não tributária, logo após a primeira tentativa frustrada de citação do devedor ou de localização de bens penhoráveis, o Juiz declarará suspensa a execução (REsp 1.340.553-RS).

▣ Havendo ou não petição da Fazenda Pública e havendo ou não pronunciamento judicial nesse sentido, findo o prazo de 1 (um) ano de suspensão, inicia-se automaticamente o prazo prescricional aplicável (de acordo com a natureza do crédito exequendo), durante o qual o processo deveria estar arquivado sem baixa na distribuição, na forma do art. 40, §§ 2.º, 3.º e 4.º da Lei n. 6.830/1980 — LEF, findo o qual o Juiz, depois de ouvida a Fazenda Pública, poderá, de ofício, reconhecer a prescrição intercorrente e decretá-la de imediato (REsp 1.340.553-RS).

▣ A efetiva constrição patrimonial e a efetiva citação (ainda que por edital) são aptas a interromper o curso da prescrição intercorrente, não bastando para tal o mero peticionamento em juízo, requerendo, *v.g.*, a feitura da penhora sobre ativos financeiros ou sobre outros bens. Os requerimentos feitos pelo exequente, dentro da soma do prazo máximo de 1 (um) ano de suspensão mais o prazo de prescrição aplicável (de acordo com a natureza do crédito exequendo) deverão ser processados, ainda que para além da soma desses dois prazos, pois, citados (ainda que por edital) os devedores e penhorados os bens, a qualquer tempo — mesmo depois de escoados os referidos prazos —, considera-se interrompida a prescrição intercorrente, retroativamente, na data do protocolo da petição que requereu a providência frutífera (REsp 1.340.553-RS).

▣ A Fazenda Pública, em sua primeira oportunidade de falar nos autos (art. 245 do CPC/1973, correspondente ao art. 278 do CPC/2015), ao alegar nulidade pela falta de qualquer intimação dentro do procedimento do art. 40 da LEF, deverá demonstrar o prejuízo que sofreu (exceto a falta da intimação que constitui o termo inicial, onde o prejuízo é presumido), por exemplo, deverá demonstrar a ocorrência de qualquer causa interruptiva ou suspensiva da prescrição (REsp 1.340.553-RS).

O magistrado, ao reconhecer a prescrição intercorrente, deverá fundamentar o ato judicial por meio da delimitação dos marcos legais que foram aplicados na contagem do respectivo prazo, inclusive quanto ao período em que a execução ficou suspensa (REsp 1.340.553-RS).

14.5. QUESTÕES

 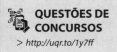

QUESTÕES DE CONCURSOS
> http://uqr.to/1y7ff

15
TRIBUTOS FEDERAIS

Neste capítulo e no seguinte vamos analisar os principais impostos previstos na Constituição, com a descrição das matrizes jurídicas e as posições consolidadas da jurisprudência.

Dividimos a abordagem em dois grupos: a) tributos federais e b) tributos estaduais e municipais, de forma que veremos, a seguir, os impostos que o constituinte reservou para a competência da União e, no próximo capítulo, aqueles destinados aos Estados, Municípios e Distrito Federal.

Os impostos **federais** foram expressamente tratados no art. 153 da Constituição, sem prejuízo da possibilidade de criação de novas figuras (impostos extraordinários), no exercício da competência residual, como autoriza o art. 154.

15.1. IMPOSTO DE IMPORTAÇÃO

O **Imposto de Importação** (II) é de competência da União, possui natureza extrafiscal e não se sujeita aos princípios da anterioridade e da noventena. O crédito tributário é objeto de lançamento por homologação.

A matriz constitucional do imposto de importação consta do art. 153, I:

> Art. 153. Compete à **União** instituir impostos sobre:
> I — importação de produtos estrangeiros;

O Código Tributário Nacional, nos arts. 19 a 22, apresenta as características gerais do imposto.

> Art. 19. O imposto, de **competência da União**, sobre a importação de produtos estrangeiros tem como fato gerador **a entrada** destes no território nacional.
> Art. 20. A **base de cálculo** do imposto é:
> I — quando a alíquota seja **específica**, a **unidade de medida** adotada pela lei tributária;
> II — quando a alíquota seja *ad valorem*, o **preço normal** que o produto, ou seu similar, alcançaria, ao tempo da importação, em uma venda em condições de livre concorrência, para entrega no porto ou lugar de entrada do produto no País;
> III — quando se trate de produto apreendido ou abandonado, levado a leilão, o preço da arrematação.

618 Direito Tributário Esquematizado   Roberto Caparroz

> **Art. 21.** O **Poder Executivo** pode, nas condições e nos limites estabelecidos em lei, alterar as **alíquotas** ou as bases de cálculo do imposto, a fim de ajustá-lo aos objetivos da política cambial e do comércio exterior[1].
>
> **Art. 22. Contribuinte** do imposto é:
>
> I — o **importador** ou quem a lei a ele equiparar;
>
> II — o **arrematante** de produtos apreendidos ou abandonados.

Para o leitor que deseja aprofundar os conhecimentos sobre o imposto de importação e as demais figuras relacionadas ao comércio exterior brasileiro, recomendamos a leitura do nosso *Comércio internacional e legislação aduaneira*, que integra a Coleção Esquematizado®.

Dentro dos limites da presente obra, reproduziremos, a seguir, as características básicas do imposto de importação[2].

O núcleo do critério material do imposto de importação manifesta-se pelo verbo **importar**. Segundo a linha de raciocínio que adotamos, podemos afirmar que *importar é a conduta que tem por objetivo fazer ingressar, no território aduaneiro, bens de procedência estrangeira, com impacto econômico*.

Ressaltamos que a nossa definição é mais ampla do que a normalmente esposada pela doutrina, pois buscamos abarcar todo e qualquer produto **exógeno** à economia nacional, e não apenas aqueles *fabricados ou montados no exterior*, uma vez que produtos brasileiros podem sofrer a incidência tributária do imposto de importação, como vimos.

É o caso, por exemplo, de produtos que tenham sido fabricados no Brasil e exportados, em caráter definitivo, para o exterior.

Nada impede que, devido a um **fato superveniente**, desvinculado e posterior à exportação, o produto originalmente feito no país volte a ingressar no território aduaneiro, fruto de outra operação de natureza econômica, e, por isso mesmo, devam sobre ele recair todos os tributos aduaneiros de importação.

Ressalte-se que a expressão **"impacto econômico"** não afasta do conceito por nós apresentado as importações a título gratuito (como no caso de doações ou amostras sem valor comercial, por exemplo) ou, ainda, os casos de imunidade ou isenção, nos quais ocorrem fenômenos de natureza tributária que não preenchem todo o feixe de normas aduaneiras que a definição busca alcançar.

Por impacto econômico queremos enquadrar todos os bens que terão **circulação econômica** no território aduaneiro, de modo a satisfazer as necessidades de seus usuários, em substituição ou complemento a outros bens, de produção nacional, independentemente de sua apreciação para fins tributários.

Dessa forma, podemos, em síntese, afirmar que o imposto de importação incide sobre mercadorias estrangeiras, assim entendidas as produzidas no exterior e as

---

[1] A Constituição restringiu a atuação do Poder Executivo apenas para a alteração de alíquotas, nos limites fixados em lei.

[2] Conforme exposto em *Comércio internacional e legislação aduaneira*, passim.

nacionais ou *nacionalizadas*[3], anteriormente exportadas **a título definitivo**, quando de seu retorno ao país.

O **critério espacial** da hipótese de incidência do imposto de importação é preenchido toda vez que uma mercadoria de procedência estrangeira adentra o território aduaneiro brasileiro, composto da **porção terrestre**, do **mar territorial** de 12 milhas marítimas, medidas a partir da linha de baixa-mar do litoral continental e insular, do **espaço aéreo** e do **subsolo** correspondentes aos limites da soma entre as extensões terrestres e marinhas.

Por fim, embora a legislação determine que o fato gerador do tributo é a **entrada** da mercadoria estrangeira no território brasileiro (critério espacial), o art. 73 do Regulamento Aduaneiro[4] reputa ocorrido o fato gerador, para efeito de cálculo do imposto, em diversos momentos (critério temporal), a saber:

> **Art. 73.** Para efeito de cálculo do imposto, considera-se ocorrido o fato gerador:
>
> I — na data do registro da **declaração de importação** de mercadoria submetida a despacho para consumo;
>
> II — no dia do **lançamento** do correspondente crédito tributário, quando se tratar de:
>
> *a)* bens contidos em remessa postal internacional não sujeitos ao regime de importação comum;
>
> *b)* bens compreendidos no conceito de bagagem, acompanhada ou desacompanhada;
>
> *c)* mercadoria constante de manifesto ou de outras declarações de efeito equivalente, cujo extravio tenha sido verificado pela autoridade aduaneira; ou
>
> *d)* mercadoria estrangeira que não haja sido objeto de declaração de importação, na hipótese em que tenha sido consumida ou revendida, ou não seja localizada;
>
> III — na data do vencimento do prazo de permanência da mercadoria em recinto alfandegado, se iniciado o respectivo despacho aduaneiro antes de aplicada a pena de perdimento da mercadoria, na hipótese a que se refere o inciso XXI do art. 689;
>
> IV — na data do registro da declaração de admissão temporária para utilização econômica.
>
> **Parágrafo único.** O disposto no inciso I aplica-se, inclusive, no caso de despacho para consumo de mercadoria sob regime suspensivo de tributação, e de mercadoria contida em remessa postal internacional ou conduzida por viajante, sujeita ao regime de importação comum.

---

[3] Como sabemos, nacional é a mercadoria produzida no Brasil, enquanto nacionalizada é a mercadoria originalmente produzida no exterior e à qual foram agregados os valores de todos os tributos devidos na importação, possibilitando sua integração e circulação pela economia doméstica. Tanto uma como outra, quando exportadas a título definitivo, sofrerão a incidência tributária no caso de eventual importação, pois, como vimos, há uma tendência de desoneração quase total das exportações, o que faria com que a não tributação no retorno ao país implicasse uma desigualdade em relação aos produtos que tivessem curso no mercado interno.

[4] Veiculado pelo Decreto n. 6.759/2009 e alterações posteriores.

620 Direito Tributário Esquematizado   *Roberto Caparroz*

SÚMULA 50 DO STJ: O adicional de tarifa portuária incide apenas nas operações realizadas com mercadorias importadas ou exportadas, objeto do comércio de navegação de longo curso.

SÚMULA 100 DO STJ: É devido o adicional ao frete para renovação da marinha mercante na importação sob o regime de benefícios fiscais a exportação (BEFIEX).

SÚMULA 569 DO STJ: Na importação, é indevida a exigência de nova certidão negativa de débito no desembaraço aduaneiro, se já apresentada a comprovação da quitação de tributos federais quando da concessão do benefício relativo ao regime de *drawback*.

15.2. IMPOSTO DE EXPORTAÇÃO

O **Imposto de Exportação** (IE) é de competência da União, possui natureza extrafiscal e não se sujeita aos princípios da anterioridade e da noventena. O crédito tributário é objeto de lançamento por homologação.

A matriz constitucional do imposto de exportação pode ser encontrada no art. 153, II:

Art. 153. Compete à **União** instituir impostos sobre:

(...)

II — exportação, para o exterior, de produtos nacionais ou nacionalizados;

As disposições gerais acerca do imposto estão presentes nos arts. 23 a 28 do Código Tributário Nacional.

Art. 23. O imposto, de **competência da União**, sobre a exportação, para o estrangeiro, de produtos nacionais ou nacionalizados tem como fato gerador a saída destes do território nacional.

Art. 24. A **base de cálculo** do imposto é:

I — quando a alíquota seja **específica**, a **unidade de medida** adotada pela lei tributária;

II — quando a alíquota seja *ad valorem*, o **preço normal** que o produto, ou seu similar, alcançaria, ao tempo da exportação, em uma venda em condições de livre concorrência.

Parágrafo único. Para os efeitos do inciso II, considera-se a entrega como efetuada no porto ou lugar da saída do produto, deduzidos os tributos diretamente incidentes sobre a operação de exportação e, nas vendas efetuadas a prazo superior aos correntes no mercado internacional o custo do financiamento.

Art. 25. A lei pode adotar como base de cálculo a parcela do valor ou do preço, referidos no artigo anterior, excedente de valor básico, fixado de acordo com os critérios e dentro dos limites por ela estabelecidos.

Art. 26. O **Poder Executivo** pode, nas condições e nos limites estabelecidos em lei, alterar as **alíquotas** ou as bases de cálculo do imposto, a fim de ajustá-los aos objetivos da política cambial e do comércio exterior[5].

---

[5] A Constituição restringiu a atuação do Poder Executivo apenas para a alteração de alíquotas, nos limites fixados em lei.

15 ■ Tributos Federais   621

> **Art. 27. Contribuinte do imposto é o exportador ou quem a lei a ele equiparar.**
>
> **Art. 28.** A **receita líquida** do imposto destina-se à formação de reservas monetárias, na forma da lei[6].

Aqui também remetemos o leitor, para informações mais detalhadas acerca do imposto de exportação, ao nosso *Comércio internacional e legislação aduaneira esquematizado®*.

Em linhas gerais, podemos dizer que o imposto de exportação incide nas operações com mercadorias **nacionais** ou **nacionalizadas**, destinadas ao exterior.

Trata-se de tributo utilizado apenas em caráter excepcional, com nítido objetivo **extrafiscal**, de sorte que para a maioria dos produtos possui alíquota zero ou goza de isenção.

O Regulamento Aduaneiro, no art. 213, estabelece que o "imposto de exportação tem como fato gerador a saída da mercadoria do território aduaneiro e que para efeito de cálculo considera-se ocorrido o fato gerador na data de registro do registro de exportação no Sistema Integrado de Comércio Exterior (SISCOMEX)".

15.3. IMPOSTO SOBRE A RENDA E PROVENTOS DE QUALQUER NATUREZA

O **Imposto de Renda** (IR) é de competência da União, sujeita-se ao princípio da anterioridade, mas não à noventena. É o imposto federal mais importante e se divide em Imposto de Renda das Pessoas Físicas (IRPF), Imposto de Renda das Pessoas Jurídicas (IRPJ) e Imposto de Renda Retido na Fonte (IRRF). O crédito tributário é objeto de lançamento por homologação.

A matriz constitucional do imposto de renda é o art. 153, III, que não faz distinção entre pessoas ou forma de tributação.

> **Art. 153.** Compete à **União** instituir impostos sobre:
>
> (...)
>
> III — renda e proventos de qualquer natureza;
>
> (...)
>
> § 2.º O imposto previsto no inciso III:
>
> I — será informado pelos critérios da **generalidade**, da **universalidade** e da **progressividade**, na forma da lei;

Já discorremos sobre os princípios específicos do imposto de renda: generalidade, universalidade e progressividade.

Em linhas gerais, o Código Tributário Nacional estabelece que o conceito de **renda** está atrelado à aquisição de disponibilidade econômica ou jurídica de valores capazes de aumentar o patrimônio das pessoas.

---

[6]   Aqui também deve ser levado em consideração que o dispositivo não foi recepcionado pela Constituição, à luz do que dispõe o art. 167, IV, da Lei Maior.

> **Art. 43.** O imposto, de competência da União, sobre a renda e proventos de qualquer natureza tem como fato gerador a aquisição da **disponibilidade econômica** ou **jurídica**:
>
> I — de **renda**, assim entendido o produto do **capital**, do **trabalho** ou da combinação de ambos;
>
> II — de **proventos de qualquer natureza**, assim entendidos os acréscimos patrimoniais não compreendidos no inciso anterior.
>
> § 1.º A incidência do imposto **independe** da denominação da receita ou do rendimento, da localização, condição jurídica ou nacionalidade da fonte, da origem e da forma de percepção.
>
> § 2.º Na hipótese de receita ou de rendimento oriundos do exterior, a lei estabelecerá as condições e o momento em que se dará sua disponibilidade, para fins de incidência do imposto referido neste artigo.

Para as pessoas físicas o imposto de renda incide sobre o conceito de **rendimento tributável**, enquanto para as pessoas jurídicas a tributação decorre da noção de **receita**.

O rol de pessoas jurídicas, para fins de incidência, é bastante amplo e engloba[7]:

a) As pessoas jurídicas de **direito privado** domiciliadas no Brasil, sejam quais forem seus fins, nacionalidade ou participantes no capital;

b) As **filiais**, **sucursais**, **agências** ou **representações** no Brasil das pessoas jurídicas com sede no exterior;

c) Os **comitentes** domiciliados no exterior, quanto aos resultados das operações realizadas por seus mandatários ou comissários no Brasil;

d) As **sociedades civis** de prestação de serviços profissionais relativos ao exercício de profissão legalmente regulamentada;

e) As **empresas públicas** e as **sociedades de economia mista**, bem assim suas subsidiárias;

f) As **sociedades cooperativas** de consumo que tenham por objeto a **compra e o fornecimento de bens** aos consumidores;

g) o fundo de investimento imobiliário que aplicar recursos em empreendimento imobiliário que tenha como incorporador, construtor ou sócio, cotista que possua, isoladamente ou em conjunto com pessoa a ele ligada, mais de vinte e cinco por cento das quotas do fundo;

h) As sociedades em **conta de participação**;

i) Todas as **demais sociedades**, registradas ou não, inclusive aquelas submetidas aos regimes de liquidação extrajudicial e de falência.

Além da **imunidade recíproca**, que alcança as rendas obtidas pelos entes federados (União, Estados, Municípios e Distrito Federal, bem como suas autarquias e

---

[7] Arts. 158 e 159 do Decreto n. 9.580/2018 (Regulamento do Imposto sobre a Renda).

fundações, desde que pratiquem atos vinculados à sua finalidade), a legislação do imposto de renda prevê, ao reproduzir os dispositivos constitucionais, que são imunes[8]:

■ **Templos de qualquer culto** — são imunes ao imposto de renda, nos termos do art. 150, VI, *b*, da Constituição;

■ **Partidos políticos** (inclusive suas fundações) e **entidades sindicais dos trabalhadores**, sem fins lucrativos, desde que atendam aos seguintes requisitos:

I — não distribuam qualquer parcela de seu patrimônio ou de suas rendas, a qualquer título;

II — apliquem seus recursos integralmente no País, na manutenção de seus objetivos institucionais; e

III — mantenham escrituração de suas receitas e suas despesas em livros revestidos de formalidades capazes de assegurar sua exatidão.

■ **Instituições de educação e de assistência social**, sem fins lucrativos (assim entendidas as que não apresentem superávit ou o utilizem, integralmente, na manutenção dos seus objetivos sociais). Essas instituições, para usufruir da imunidade, devem atender aos seguintes requisitos:

I — não remunerar, por qualquer forma, seus dirigentes pelos serviços prestados;

II — aplicar integralmente seus recursos na manutenção e desenvolvimento dos seus objetivos sociais;

III — manter escrituração completa de suas receitas e despesas em livros revestidos das formalidades que assegurem a respectiva exatidão;

IV — conservar em boa ordem, pelo prazo de cinco anos, contado da data da emissão, os documentos que comprovem a origem de suas receitas e a efetivação de suas despesas, bem assim a realização de quaisquer outros atos ou operações que venham a modificar sua situação patrimonial;

V — apresentar, anualmente, declaração de rendimentos, em conformidade com o disposto em ato da Secretaria da Receita Federal;

VI — assegurar a destinação de seu patrimônio a outra instituição que atenda às condições para gozo da imunidade, no caso de incorporação, fusão, cisão ou de encerramento de suas atividades, ou a órgão público.

VII — outros requisitos, estabelecidos em lei específica.

Em relação à apuração do imposto devido, o art. 44 do Código Tributário Nacional estabelece que:

> **Art. 44.** A **base de cálculo** do imposto é o montante, **real**, **arbitrado** ou **presumido**, da renda ou dos proventos tributáveis.

---

[8] Decreto n. 9.580/2018, arts. 178 a 182.

Existem, portanto, **três formas** de tributação das pessoas jurídicas no Brasil, a título de imposto de renda, todas baseadas na metodologia de apuração do lucro no período, que pode ser real, presumido ou arbitrado.

Como regra geral, a apuração do imposto de renda devido pelas pessoas jurídicas será **trimestral**, com base nos períodos encerrados em 31 de março, 30 de junho, 30 de setembro e 31 de dezembro de cada ano-calendário.

Alternativamente, a pessoa jurídica poderá optar pela **apuração anual** do imposto de renda, com base no lucro real, apurado em 31 de dezembro de cada ano. Nesse caso, a empresa poderá optar pelo pagamento do imposto e do adicional, determinados sobre uma base de cálculo estimada mensalmente (modalidade conhecida como **pagamento por estimativa**).

Ressalte-se que, no Brasil, desde 1996 as pessoas jurídicas estão sujeitas a **duas parcelas** de imposto de renda: **15%** sobre o lucro real, presumido ou arbitrado em cada período, com adicional de **10%** sobre a parcela do lucro que exceder R$ 20.000,00 por mês.

A alíquota do adicional é **idêntica** para todas as pessoas jurídicas, independentemente da atividade ou configuração jurídica, salvo na hipótese das micro e pequenas empresas optantes pelo **Simples Nacional**.

O art. 45 do Código Tributário Nacional define o **contribuinte** do imposto de renda, sem prejuízo da possibilidade de se atribuir responsabilidade a **terceiros**, como ocorre no caso de retenção na fonte, a cargo das empresas que efetuam pagamentos considerados tributáveis.

Art. 45. Contribuinte do imposto é o **titular da disponibilidade** a que se refere o art. 43, sem prejuízo de atribuir a lei essa condição ao possuidor, a qualquer título, dos bens produtores de renda ou dos proventos tributáveis.

Parágrafo único. A lei pode atribuir à **fonte pagadora** da renda ou dos proventos tributáveis a condição de responsável pelo imposto cuja **retenção** e recolhimento lhe caibam.

SÚMULA 386 DO STJ: São isentas de imposto de renda as indenizações de férias proporcionais e o respectivo adicional.

SÚMULA 463 DO STJ: Incide imposto de renda sobre os valores percebidos a título de indenização por horas extraordinárias trabalhadas, ainda que decorrentes de acordo coletivo.

SÚMULA 586 DO STF: Incide imposto de renda sobre os juros remetidos para o exterior, com base em contrato de mútuo.

SÚMULA 587 DO STF: Incide imposto de renda sobre o pagamento de serviços técnicos contratados no exterior e prestados no Brasil.

SÚMULA 598 DO STJ: É desnecessária a apresentação de laudo médico oficial para o reconhecimento judicial da isenção do Imposto de Renda, desde que o magistrado entenda suficientemente demonstrada a doença grave por outros meios de prova.

15 ■ Tributos Federais

SÚMULA 590 DO STJ: Constitui acréscimo patrimonial a atrair a incidência do imposto de renda, em caso de liquidação de entidade de previdência privada, a quantia que couber a cada participante, por rateio do patrimônio, superior ao valor das respectivas contribuições à entidade em liquidação, devidamente atualizadas e corrigidas.

SÚMULA 627 DO STJ: O contribuinte faz jus à concessão ou à manutenção da isenção do imposto de renda, não se lhe exigindo a demonstração da contemporaneidade dos sintomas da doença nem da recidiva da enfermidade.

Imposto de Renda — Jurisprudência

■ **Rendimentos recebidos acumuladamente. Apropriação aos respectivos períodos.** A percepção cumulativa de valores há de ser considerada, para efeito de fixação de alíquotas, presentes, individualmente, os exercícios envolvidos (RE 614.406/RS).

■ **Abono de permanência. Incidência.** Sujeitam-se à incidência do imposto de renda os rendimentos recebidos a título de abono de permanência a que se referem o § 19 do art. 40 da Constituição Federal, o § 5.º do art. 2.º e o § 1.º do art. 3.º da Emenda Constitucional 41/2003, e o art. 7.º da Lei 10.887/2004. Não há lei que autorize considerar o abono de permanência como rendimento isento (REsp 1.192.556).

■ **Auxílio-condução. Ausência de acréscimo patrimonial.** O auxílio-condução consubstancia compensação pelo desgaste do patrimônio dos servidores, que se utilizam de veículos próprios para o exercício da sua atividade profissional, inexistindo acréscimo patrimonial, mas uma mera recomposição ao estado anterior sem o incremento líquido necessário à qualificação de renda (REsp 1.096.288).

■ **Dano moral decorrente de indenização trabalhista.** Não incide imposto de renda sobre o valor da indenização pago a terceiro. Essa ausência de incidência não depende da natureza do dano a ser reparado. Qualquer espécie de dano (material, moral puro ou impuro, por ato legal ou ilegal) indenizado, o valor concretizado como ressarcimento está livre da incidência de imposto de renda.

A prática do dano em si não é fato gerador do imposto de renda por não ser renda. O pagamento da indenização também não é renda, não sendo, portanto, fato gerador desse imposto (REsp 1.152.764).

■ **Indenização decorrente de desapropriação.** A interpretação mais consentânea com o comando emanado da Carta Maior é no sentido de que a indenização decorrente de desapropriação não encerra ganho de capital, porquanto a propriedade é transferida ao poder público por valor justo e determinado pela justiça a título de indenização, não ensejando lucro, mas mera reposição do valor do bem expropriado. (...) Deveras, a jurisprudência do Superior Tribunal de Justiça firmou-se no sentido da não incidência da exação sobre as verbas auferidas a título de indenização advinda de desapropriação, seja por necessidade ou utilidade pública ou por interesse social, porquanto não representam acréscimo patrimonial (REsp 1.116.460).

■ **Férias proporcionais e respectivo terço constitucional.** Os valores recebidos a título de férias proporcionais e respectivo terço constitucional são indenizações isentas do pagamento do Imposto de Renda (REsp 1.111.223).

- **Rendimentos auferidos por técnicos das Nações Unidas.** A Primeira Seção do STJ, ao julgar o REsp 1.159.379/DF, sob a relatoria do Ministro Teori Albino Zavascki, firmou o posicionamento majoritário no sentido de que são isentos do imposto de renda os rendimentos do trabalho recebidos por técnicos a serviço das Nações Unidas, contratados no Brasil para atuar como consultores no âmbito do Programa das Nações Unidas para o Desenvolvimento — PNUD (REsp 1.306.393).

- **Verbas decorrentes de PDV.** As verbas pagas por liberalidade na rescisão do contrato de trabalho são aquelas que, nos casos em que ocorre a demissão com ou sem justa causa, são pagas sem decorrerem de imposição de nenhuma fonte normativa prévia ao ato de dispensa (incluindo-se aí Programas de Demissão Voluntária — PDV e Acordos Coletivos), dependendo apenas da vontade do empregador e excedendo as indenizações legalmente instituídas. Sobre tais verbas a jurisprudência é pacífica no sentido da incidência do imposto de renda já que não possuem natureza indenizatória (REsp 1.112.745).

- **IR e CSLL sobre o total dos rendimentos e ganhos líquidos de operações financeiras.** O IR e a CSLL incidem sobre a correção monetária das aplicações financeiras, porquanto estas se caracterizam legal e contabilmente como Receita Bruta, na condição de Receitas Financeiras componentes do Lucro Operacional (Tema Repetitivo 1.160).

- **Isenção para portador de moléstia grave que esteja no exercício de atividade laboral.** Não se aplica a isenção do imposto de renda prevista no inciso XIV do art. 6.º da Lei n. 7.713/88 (seja na redação da Lei n. 11.052/2004 ou nas versões anteriores) aos rendimentos de portador de moléstia grave que se encontre no exercício de atividade laboral (Tema Repetitivo 1.037).

- **Imposto de renda sobre juros de mora. STJ.** 1.) Regra geral, os juros de mora possuem natureza de lucros cessantes, o que permite a incidência do Imposto de Renda — Precedentes: REsp. n. 1.227.133 — RS, REsp. n. 1.089.720 — RS e REsp. n. 1.138.695 — SC; 2.) Os juros de mora decorrentes do pagamento em atraso de verbas alimentares a pessoas físicas escapam à regra geral da incidência do Imposto de Renda, posto que, excepcionalmente, configuram indenização por danos emergentes — Precedente: RE n. 855.091 — RS; 3.) Escapam à regra geral de incidência do Imposto de Renda sobre juros de mora aqueles cuja verba principal seja isenta ou fora do campo de incidência do IR — Precedente: REsp. n. 1.089.720 — RS (Tema Repetitivo 878).

- **Possibilidade de incidência de IR-Fonte e CSLL sobre correção monetária de aplicações financeiras.** O IR e a CSLL incidem sobre a correção monetária das aplicações financeiras, porquanto estas se caracterizam legal e contabilmente como Receita Bruta, na condição de Receitas Financeiras componentes do Lucro Operacional (Tema Repetitivo 1.160).

Recentemente, o STF, em sede de **repercussão geral**, fixou duas teses acerca do imposto de renda:

a) É **constitucional** o art. 5.º da Lei n. 9.779/1999, no que autorizada a cobrança de Imposto de Renda sobre resultados financeiros verificados na liquidação de contratos de *swap* para fins de *hedge* (RE 1.224.696, de 2021);

15 ◼ Tributos Federais

b) Não incide imposto de renda sobre os juros de mora devidos pelo atraso no pagamento de remuneração por exercício de emprego, cargo ou função (RE 855.091, de 2021).

15.4. IMPOSTO SOBRE PRODUTOS INDUSTRIALIZADOS

O atual Imposto sobre Produtos Industrializados deita suas raízes no antigo **imposto de consumo**, previsto desde a Constituição Republicana de 1891, razão que levou Aliomar Baleeiro a dizer que se tratava de *nome novo para imposto velho*[9].

Após a edição da Emenda n. 18/65, o IPI passou a ser designado pelo *objeto da tributação*, ou seja, os produtos que sofrem algum **processo de industrialização**, conforme definido em lei, sejam **nacionais** ou **estrangeiros**.

A matriz constitucional do IPI pode ser encontrada no art. 153, IV:

Art. 153. Compete à **União** instituir impostos sobre:

(...)

IV — **produtos industrializados**;

(...)

§ 3.º O imposto previsto no inciso IV:

I — será **seletivo**, em função da **essencialidade** do produto;

II — será **não cumulativo**, compensando-se o que for devido em cada operação com o montante cobrado nas anteriores;

III — **não incidirá** sobre produtos industrializados destinados ao **exterior**.

IV — terá reduzido seu impacto sobre a aquisição de **bens de capital** pelo contribuinte do imposto, na forma da lei.

O **Imposto sobre Produtos Industrializados** (IPI) é de competência da União e não se sujeita ao princípio da anterioridade, mas apenas ao da noventena.

O tributo submete-se, ainda, aos princípios da **seletividade** (com a dosagem das alíquotas em função da essencialidade dos produtos) e da **não cumulatividade** (os valores pagos em etapas anteriores da cadeia produtiva deverão ser deduzidos dos valores a pagar nas etapas posteriores).

As **alíquotas** do IPI podem ser alteradas por decreto do Presidente da República, e o crédito tributário é objeto de lançamento por **homologação**.

A Constituição estabelece diversos casos de **imunidade** relativos ao IPI:

a) livros, **jornais**, **periódicos** e o papel destinado à sua impressão (CF, art. 150, VI, *d*);

b) os produtos industrializados **destinados ao exterior** (CF, art. 153, § 3.º, III);

c) o **ouro**, quando definido em lei como ativo financeiro ou instrumento cambial (CF, art. 153, § 5.º);

---

[9] Aliomar Baleeiro, *Direito tributário brasileiro*, 10. ed., p. 199.

d) a **energia elétrica**, derivados de **petróleo, combustíveis** e **minerais** do País (CF, art. 155, § 3.º).

O Código Tributário Nacional, nos arts. 46 e seguintes, veicula as características gerais do IPI, que analisaremos a seguir.

> **Art. 46.** O imposto, de competência da **União**, sobre produtos industrializados tem como **fato gerador**:
>
> I — o seu **desembaraço aduaneiro**, quando de procedência estrangeira;
>
> II — a sua **saída dos estabelecimentos** a que se refere o parágrafo único do art. 51;
>
> III — a sua arrematação, quando apreendido ou abandonado e levado a leilão.
>
> **Parágrafo único.** Para os efeitos deste imposto, considera-se industrializado o produto que tenha sido submetido a qualquer operação que lhe **modifique** a **natureza** ou a **finalidade**, ou o aperfeiçoe para o consumo.

No que se refere à incidência, a **Lei n. 4.502/64**, que instituiu o IPI, definiu como fato gerador apenas:

a) O desembaraço aduaneiro de produto de procedência estrangeira[10];

b) A saída de produto do estabelecimento industrial ou equiparado a industrial.

Portanto, embora o CTN faça menção a uma **terceira hipótese** de incidência do imposto, relativa à arrematação de produtos apreendidos ou abandonados e levados a leilão, constatamos que a legislação **não a contempla**, até porque prevalece a tese de que na arrematação o valor mínimo fixado pelas autoridades já deve contemplar os tributos federais incidentes sobre o produto.

Convém ressaltar que a incidência do IPI não recai sobre produtos industrializados, mas sobre **operações jurídicas** relativas a produtos industrializados, de sorte que deve ser levada em consideração a **circulação econômica** desses produtos, com a transferência da propriedade do fabricante ou equiparado para terceiros.

Assim, não bastam a **simples industrialização** de um produto e a **sua saída** do estabelecimento produtor; para que a hipótese de incidência do IPI se concretize, será necessária a realização de um **negócio jurídico** translativo da posse ou propriedade, como único meio capaz de ensejar a circulação econômica que a inteligência da matriz constitucional determina.

José Roberto Vieira[11] sintetiza bem essa linha de raciocínio, ao contestar a doutrina discrepante: "É cediço o dizer-se que o IPI incide sobre a industrialização ou tributa tais e quais produtos. De um ângulo estritamente jurídico, entretanto, já vimos que o IPI não

---

[10] Segundo o STF: "É constitucional a incidência do Imposto sobre Produtos Industrializados — IPI no desembaraço aduaneiro de bem industrializado e na saída do estabelecimento importador para comercialização no mercado interno (RE 946.648, com repercussão geral).

[11] José Roberto Vieira, *A regra-matriz de incidência do IPI*, p. 114.

só não grava a industrialização, como também não atinge diretamente os produtos industrializados, tributando, na verdade, as operações que têm por objeto produtos advindos de industrialização".

Este é também o entendimento que esposamos, o qual, aliás, nada possui de novel ou revolucionário, uma vez que **outros impostos** previstos na Carta Magna incidem **sobre operações**, como é o caso do **IOF** (operações de crédito, câmbio e seguro ou relativas a títulos ou valores mobiliários), do **ISS** (operações sobre serviços) e do próprio **ICMS** (operações relativas à circulação de mercadorias e sobre prestações de serviços de transporte e de comunicação), tributo que, em muitos aspectos, guarda perfeita identidade com o IPI.

Segundo Eduardo Botallo, o que ocorre, na verdade, "é que a obrigação de pagar IPI se aperfeiçoa apenas quando a saída do produto industrializado seja causada por um negócio jurídico (...). Em resumo, o IPI só é devido quando ocorrer o fato de um produto industrializado sair do estabelecimento produtor (estabelecimento industrial ou a ele equiparado), em razão de negócio jurídico real ou ficto, translativo de sua posse ou propriedade".

No que se refere à **base de cálculo**, o Código Tributário Nacional estabelece que:

> **Art. 47.** A **base de cálculo** do imposto é:
>
> I — no caso do inciso I do artigo anterior, o **preço normal**, como definido no inciso II do art. 20, **acrescido do montante**:
>
> *a)* do imposto sobre a importação;
>
> *b)* das taxas exigidas para entrada do produto no País;
>
> *c)* dos encargos cambiais efetivamente pagos pelo importador ou dele exigíveis;
>
> II — no caso do inciso II do artigo anterior:
>
> *a)* o **valor da operação** de que decorrer a saída da mercadoria;
>
> *b)* na falta do valor a que se refere a alínea anterior, o **preço corrente da mercadoria**, ou sua similar, no mercado atacadista da praça do remetente;
>
> III — no caso do inciso III do artigo anterior, o preço da arrematação.

O Código também dispõe sobre os **preceitos específicos** que devem nortear a tributação do IPI, a seletividade em função da essencialidade e a não cumulatividade dos valores devidos.

> **Art. 48.** O imposto é **seletivo** em função da essencialidade dos produtos.
>
> **Art. 49.** O imposto é **não cumulativo**, dispondo a lei de forma que o montante devido resulte da diferença a maior, em determinado período, entre o imposto referente aos produtos saídos do estabelecimento e o pago relativamente aos produtos nele entrados.

> **Parágrafo único.** O saldo verificado, em determinado período, em favor do contribuinte transfere-se para o período ou períodos seguintes.

O princípio da **seletividade** determina que as alíquotas de um tributo sejam estabelecidas de acordo com o **grau de essencialidade** dos produtos transacionados, vale dizer, as operações com itens mais supérfluos devem ser gravadas de forma mais onerosa, enquanto as operações com produtos de primeira necessidade devem ser tributadas com *alíquotas mínimas ou iguais a zero.*

Podemos, então, concluir que para o IPI a seletividade será uma **condicionante** da extrafiscalidade, diferentemente do que ocorre com os demais tributos que possuem a mesma característica.

Há clara correlação entre este princípio da seletividade e o da **capacidade contributiva** (art. 145, § 1.º, da CF), pois ninguém duvida que as operações com produtos sofisticados revelam manifestações de riqueza — e, portanto, de **opção** —, incompatíveis com a necessidade de consumo dos chamados produtos básicos.

E, para a definição sobre quais seriam esses **produtos básicos**, a própria Constituição apresenta solução: basta o intérprete verificar o conteúdo dos seus arts. 5.º, 6.º e 7.º para concluir que todas as operações com produtos destinados à **satisfação dos direitos** ali consignados deverão ser entendidas como imprescindíveis para qualquer cidadão.

O acesso a tais produtos (alimentação, vestuário, lazer, cultura, saúde, educação, transporte, moradia, entre outros), sobre ser um direito constitucional, revela-se verdadeira expressão do chamado **piso vital mínimo**, ou seja, aquele rol inarredável de bens que não pode ser alcançado pela tributação, mormente no caso do IPI.

Já a não cumulatividade, que é a sistemática de apuração do IPI, permite que o sujeito passivo, ao calcular o valor devido numa operação com produtos industrializados, **subtraia** do montante apurado a parcela do imposto já pago nas **operações antecedentes**, com o mesmo produto ou com os insumos que ensejaram a sua produção.

Nesse sentido, excelente a definição de Eduardo Bottallo[12], para quem "a não cumulatividade é técnica que se volta contra a União, na medida em que cada incidência do imposto determina, inexoravelmente, o surgimento de uma relação de crédito, em favor dos contribuintes. A expressão 'compensando-se o que for devido' confere ao contribuinte, um direito de abatimento que serve de freio à ação do Poder Público, no caso deste pretender agir de modo a contrariar a Lei Maior, seja na instituição (ação legislativa), seja na cobrança (ação administrativa) do tributo em exame".

Como consequência, nas operações sujeitas ao IPI e realizadas pelo contribuinte surge, automaticamente, um **direito de crédito** que deve ser exercido perante o **sujeito ativo** (União, por intermédio da figura da *compensação*, constitucionalmente instituída).

---

[12] Eduardo Bottallo, *Fundamentos do imposto sobre produtos industrializados*, p. 32.

Importante: O princípio da seletividade determina que no caso do IPI as alíquotas sejam definidas, pelo Poder Executivo, em razão da essencialidade dos produtos, o que autoriza a fixação de alíquotas mais elevadas para itens supérfluos ou prejudiciais à saúde, assim como exige que produtos mais básicos tenham alíquotas reduzidas ou iguais a zero.

Os demais artigos do Código Tributário Nacional cuidam da **remessa** de produtos entre entes da Federação e da figura do **contribuinte** do imposto, que deverá apurar e recolher o montante devido.

Art. 50. Os produtos sujeitos ao imposto, quando remetidos de um para outro Estado, ou do ou para o Distrito Federal, serão acompanhados de nota fiscal de modelo especial, emitida em séries próprias e contendo, além dos elementos necessários ao controle fiscal, os dados indispensáveis à elaboração da estatística do comércio por cabotagem e demais vias internas.

Art. 51. Contribuinte do imposto é:

I — o importador ou quem a lei a ele equiparar;

II — o industrial ou quem a lei a ele equiparar;

III — o comerciante de produtos sujeitos ao imposto, que os forneça aos contribuintes definidos no inciso anterior;

IV — o arrematante de produtos apreendidos ou abandonados, levados a leilão.

Parágrafo único. Para os efeitos deste imposto, considera-se contribuinte autônomo qualquer estabelecimento de importador, industrial, comerciante ou arrematante.

SÚMULA 411 DO STJ: É devida a correção monetária ao creditamento do IPI quando há oposição ao seu aproveitamento decorrente de resistência ilegítima do Fisco.

SÚMULA 671 DO STJ: Não incide o IPI quando sobrevém furto ou roubo do produto industrializado após sua saída do estabelecimento industrial ou equiparado e antes de sua entrega ao adquirente.

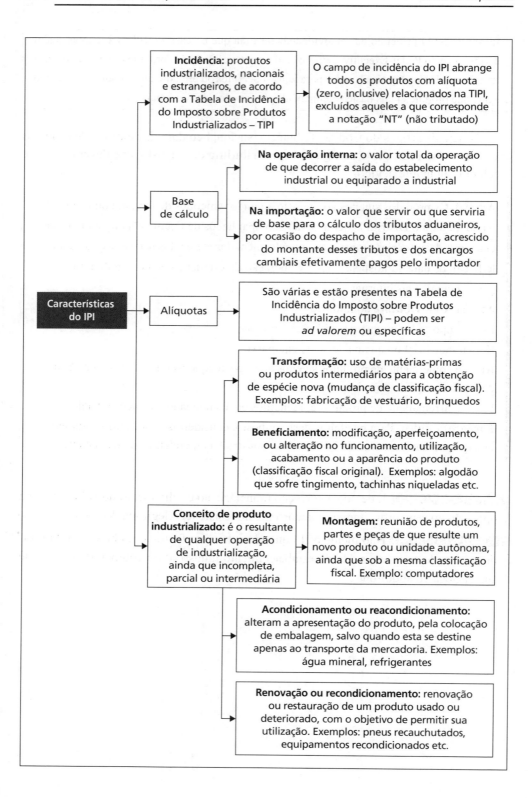

15 ■ Tributos Federais   633

IPI — Jurisprudência

■ **Isenção e alíquota zero.** Direito ao creditamento do montante de Imposto sobre Produtos Industrializados pago na aquisição de insumos ou matérias-primas tributados e utilizados na industrialização de produtos cuja saída do estabelecimento industrial é isenta ou sujeita à alíquota zero. A compensação prevista na Constituição da República, para fins da não cumulatividade, depende do cotejo de valores apurados entre o que foi cobrado na entrada e o que foi devido na saída: o crédito do adquirente se dará em função do montante cobrado do vendedor do insumo e o débito do adquirente existirá quando o produto industrializado é vendido a terceiro, dentro da cadeia produtiva. Embora a isenção e a alíquota zero tenham naturezas jurídicas diferentes, a consequência é a mesma, em razão da desoneração do tributo. O regime constitucional do IPI determina a compensação do que for devido em cada operação com o montante cobrado nas operações anteriores, esta a substância jurídica do princípio da não cumulatividade, não aperfeiçoada quando não houver produto onerado na saída, pois o ciclo não se completa. Com o advento do art. 11 da Lei n. 9.779/99 é que o regime jurídico do IPI se completou, apenas a partir do início de sua vigência se tendo o direito ao crédito tributário decorrente da aquisição de insumos ou matérias-primas tributadas e utilizadas na industrialização de produtos isentos ou submetidos à alíquota zero (RE 475.551, repercussão geral).

■ **Importação de veículo por pessoa física.** Incide o Imposto de Produtos Industrializados (IPI) na importação de veículo automotor por pessoa natural, ainda que não desempenhe atividade empresarial e o faça para uso próprio. Discutia-se, à luz do princípio da não cumulatividade do referido tributo, a incidência do IPI na importação de automóveis para uso próprio, por pessoa física, como consumidor final, que não atue na compra e venda de veículos. A Corte ressaltou a seletividade e não cumulatividade do IPI. Mencionou que a Constituição não distingue o contribuinte do imposto que, ante a natureza, pode ser nacional, pessoa natural ou pessoa jurídica brasileira. Além disso, o fato de não estar no âmbito do comércio e a circunstância de adquirir o produto para uso próprio são condições neutras. (...) O citado imposto incide quando ocorre a produção em território nacional. Políticas de mercado referentes à isonomia devem ser conducentes a homenagear, tanto quanto possível, a circulação dos produtos nacionais, sem prejuízo do fenômeno no tocante aos estrangeiros. Entretanto, a situação estaria invertida se, desprezada a regência constitucional e legal, fosse assentada a não incidência do imposto em produtos industrializados de origem estrangeira, fabricados fora do País e neste introduzidos via importação. O valor dispendido com o produto importado surgiria como próprio à tributação, sem distinção dos elementos que, porventura, o tivessem norteado. Ademais, a exigência do tributo pela primeira vez não implica a cobrança em cascata do tributo, vedada pelo princípio da não cumulatividade. O Tribunal manteve, desse modo, a jurisprudência quanto à matéria. Por fim, deliberou não modular os efeitos da decisão, porquanto não alcançado o quórum necessário (RE 723.651/PR).

■ **Crédito-prêmio: extinção.** O crédito-prêmio de IPI constitui um incentivo fiscal de natureza setorial de que trata o do art. 41, *caput*, do Ato das Disposições Transitórias da Constituição. Como o crédito-prêmio de IPI não foi confirmado por lei superveniente no prazo de dois anos, após a publicação da Constituição Federal de 1988, segundo dispõe o § 1º do art. 41 do ADCT, deixou ele de existir.

O incentivo fiscal instituído pelo art. 1.º do Decreto-Lei n. 491, de 5 de março de 1969, deixou de vigorar em 5 de outubro de 1990, por força do disposto no § 1.º do art. 41 do Ato de Disposições Constitucionais Transitórias da Constituição Federal de 1988, tendo em vista sua natureza setorial (RE 561.485).

◩ **STJ. Incidência de IPI nas saídas por revenda de produtos de procedência estrangeira.** Seja pela combinação dos arts. 46, II e 51, parágrafo único do CTN — que compõem o fato gerador, seja pela combinação do art. 51, II, do CTN, art. 4.º, I, da Lei n. 4.502/64, art. 79, da Medida Provisória n. 2.158-35/2001 e art. 13, da Lei n. 11.281/2006 — que definem a sujeição passiva, nenhum deles até então afastados por inconstitucionalidade, os produtos importados estão sujeitos a uma nova incidência do IPI quando de sua saída do estabelecimento importador na operação de revenda, mesmo que não tenham sofrido industrialização no Brasil (REsp 1.403.532, recurso repetitivo).

◩ **Valores prefixados para produtos dos capítulos 21 e 22 da TIPI (preparações alimentícias e bebidas).** É constitucional o art. 3.º da Lei n. 7.798/89, que estabelece valores prefixados para o IPI (RE 602.917, com repercussão geral).

◩ **Zona Franca de Manaus.** Há direito ao creditamento de IPI na entrada de insumos, matéria-prima e material de embalagem adquiridos junto à Zona Franca de Manaus sob o regime de isenção, considerada a previsão de incentivos regionais constante do art. 43, § 2.º, III, da Constituição Federal, combinada com o comando do art. 40 do ADCT (RE 592.891, com repercussão geral).

◩ **Crédito presumido do IPI na base de cálculo do PIS e da COFINS.** Os créditos presumidos de IPI, instituídos pela Lei n. 9.363/1996, não integram a base de cálculo da contribuição para o PIS e da COFINS, sob a sistemática de apuração cumulativa (Lei n. 9.718/98), pois não se amoldam ao conceito constitucional de faturamento (RE 593.544, com repercussão geral).

◩ **STJ. Súmula 671.** Não incide o IPI quando sobrevém furto ou roubo do produto industrializado após sua saída do estabelecimento industrial ou equiparado e antes de sua entrega ao adquirente.

Convém destacar que o **Regulamento do IPI** (Decreto n. 7.212/2010) sofreu diversas alterações com a edição do Decreto n. 10.668/2021, de sorte que recomendamos a leitura da redação atualizada caso o leitor queira se aprofundar no estudo deste tributo.

Por seu turno, o STF fixou, recentemente, três teses, com repercussão geral, acerca do IPI:

a) É **constitucional** a incidência do Imposto sobre Produtos Industrializados — IPI no desembaraço aduaneiro de bem industrializado e na saída do estabelecimento importador para comercialização no mercado interno (RE 9.466.488, de 2020);

b) É **constitucional** o art. 3.º da Lei n. 7.798/1989 (regime tributário relativo a alimentos e bebidas), que estabelece valores pré-fixados para o IPI (RE 602.917, de 2020);

c) É **constitucional** a fixação de alíquotas de IPI superiores a zero sobre garrafões, garrafas e tampas plásticas, ainda que utilizados para o acondicionamento de produtos essenciais (RE 606.314, de 2021).

15 ■ Tributos Federais

15.5. IMPOSTO SOBRE OPERAÇÕES FINANCEIRAS

O **Imposto sobre Operações Financeiras** (IOF) é de competência da União, possui natureza extrafiscal e não se sujeita aos princípios da anterioridade e da noventena, o que significa que em caso de aumento de alíquota, dentro do intervalo autorizado por lei, a produção de efeitos é imediata.

As **alíquotas** do IOF podem ser alteradas por decreto do Presidente da República e o crédito tributário é objeto de lançamento por **homologação**.

A matriz constitucional do imposto é o art. 153, V:

> **Art. 153.** Compete à **União** instituir impostos sobre:
> (...)
> V — operações de **crédito**, **câmbio** e **seguro**, ou relativas a títulos ou valores mobiliários;
> (...)
> § 5.º O **ouro**, quando definido em lei como **ativo financeiro** ou **instrumento cambial**, sujeita-se exclusivamente à incidência do imposto de que trata o inciso V do *caput* deste artigo, devido na operação de origem; a alíquota mínima será de um por cento, assegurada a transferência do montante da arrecadação nos seguintes termos:
> I — **trinta por cento** para o Estado, o Distrito Federal ou o Território, conforme a origem;
> II — **setenta por cento** para o Município de origem.

Podemos perceber que a Constituição autorizou a incidência do IOF sobre diversas operações de cunho **financeiro**, relativas a crédito, câmbio ou seguros, e, no mesmo contexto, considerou o ouro, quando definido como ativo financeiro, também sujeito à tributação, embora, neste caso, o valor do imposto arrecadado nem sequer fique com a União, pois deve ser integralmente repassado ao Estado e ao Município de origem, na proporção de 30% e 70%.

O Código Tributário Nacional estabelece, no art. 63, que o IOF tem como fato gerador **quatro tipos** de operações: *crédito, câmbio, seguro* e *títulos mobiliários*.

> **Art. 63.** O imposto, de competência da União, sobre operações de crédito, câmbio e seguro, e sobre operações relativas a títulos e valores mobiliários tem como **fato gerador**:
> I — quanto às operações de **crédito**, a sua efetivação pela entrega total ou parcial do montante ou do valor que constitua o objeto da obrigação, ou sua colocação à disposição do interessado;
> II — quanto às operações de **câmbio**, a sua efetivação pela entrega de moeda nacional ou estrangeira, ou de documento que a represente, ou sua colocação à disposição do interessado em montante equivalente à moeda estrangeira ou nacional entregue ou posta à disposição por este;
> III — quanto às operações de **seguro**, a sua efetivação pela emissão da apólice ou do documento equivalente, ou recebimento do prêmio, na forma da lei aplicável;
> IV — quanto às operações relativas a **títulos e valores mobiliários**, a emissão, transmissão, pagamento ou resgate destes, na forma da lei aplicável.

> **Parágrafo único.** A incidência definida no inciso I exclui a definida no inciso IV, e reciprocamente, quanto à emissão, ao pagamento ou resgate do título representativo de uma mesma operação de crédito.

As operações de **crédito** são as normalmente realizadas pelas instituições financeiras, como os bancos, que emprestam dinheiro aos seus clientes e correntistas. Podem ainda incluir negócios realizados por empresas de assessoria creditícia, mercadológica, gestão de crédito, seleção de riscos, administração de contas a pagar e a receber, compra de direitos creditórios resultantes de vendas mercantis a prazo ou de prestação de serviços (*factoring*).

As empresas de *factoring* são as que negociam direitos creditórios resultantes de vendas a prazo, ou seja, adquirem esses direitos de empresas comerciais, mediante o adiantamento do valor a receber, deduzido de uma margem a título de remuneração.

O IOF alcança, ainda, operações de crédito entre pessoas jurídicas ou mesmo entre pessoa física e jurídica[13].

Conquanto o rol de fatos alcançados pelo imposto seja bastante amplo (mas não ilimitado), devemos entender as hipóteses previstas pelo Código Tributário Nacional como um rol taxativo, que, somado à possibilidade de incidência sobre o ouro ativo financeiro, prevista na Constituição, nos revela **cinco situações**, conforme o quadro a seguir.

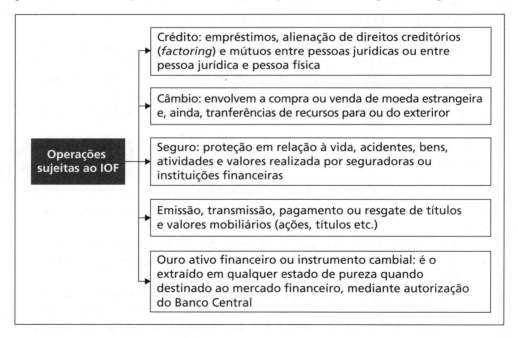

A base de cálculo do IOF, em cada situação, é definida pelo art. 64 do Código Tributário Nacional, enquanto no caso do **ouro ativo financeiro** ela será o preço de

---

[13] Conforme o art. 2.º do Decreto n. 6.306/2007.

cotação do metal, vigente no mercado doméstico, no dia da operação, ou, se oriundo do exterior, o valor na data do respectivo desembaraço aduaneiro.

> **Art. 64.** A **base de cálculo** do imposto é:
>
> I — quanto às operações de **crédito**, o montante da obrigação, compreendendo o principal e os juros;
>
> II — quanto às operações de **câmbio**, o respectivo montante em moeda nacional, recebido, entregue ou posto à disposição;
>
> III — quanto às operações de **seguro**, o montante do prêmio;
>
> IV — quanto às operações relativas a **títulos e valores mobiliários:**
>
> *a)* na **emissão**, o valor nominal mais o ágio, se houver;
>
> *b)* na **transmissão**, o preço ou o valor nominal, ou o valor da cotação em Bolsa, como determinar a lei;
>
> *c)* no **pagamento** ou **resgate**, o preço.

Os demais artigos do CTN acerca do IOF estabelecem a possibilidade de alteração de alíquotas pelo Poder Executivo, nos limites já observados, e conferem à lei a definição dos contribuintes em cada tipo de operação[14].

> **Art. 65.** O **Poder Executivo** pode, nas condições e nos limites estabelecidos em lei, alterar as **alíquotas** ou as bases de cálculo do imposto, a fim de ajustá-lo aos objetivos da política monetária[15].
>
> **Art. 66. Contribuinte** do imposto é qualquer das partes na operação tributada, como dispuser a lei.

SÚMULA 185 DO STJ: Nos depósitos judiciais, não incide o Imposto sobre Operações Financeiras.

STF — Imposto sobre operações financeiras

- **Incidência de IOF sobre a transmissão de ações de companhias abertas e as respectivas bonificações.** É constitucional o art. 1.º, IV, da Lei n. 8.033/90, uma vez que a incidência de IOF sobre o negócio jurídico de transmissão de títulos e valores mobiliários, tais como ações de companhias abertas e respectivas bonificações, encontra respaldo no art. 153, V, da Constituição Federal, sem ofender os princípios tributários da anterioridade e da irretroatividade, nem demandar

---

[14] Devemos ressaltar que o art. 67 do CTN **não foi recepcionado** pelo atual sistema tributário, ante a vedação de vinculação de receita de imposto a órgão, fundo ou despesa, conforme previsto no art. 167, IV, da Constituição. O dispositivo prejudicado estabelece: "A receita líquida do imposto destina-se a formação de reservas monetárias, na forma da lei".

[15] A Constituição restringiu a atuação do Poder Executivo apenas para a alteração de alíquotas, nos limites fixados em lei.

638 Direito Tributário Esquematizado   *Roberto Caparroz*

a reserva de lei complementar. Não há incompatibilidade material entre os arts. 1.º, IV, da Lei n. 8.033/90, e 153, V, da Constituição Federal, pois a tributação de um negócio jurídico que tenha por objeto ações e respectivas bonificações insere-se na competência tributária atribuída à União no âmbito do Sistema Tributário Nacional, para fins de instituir imposto sobre operações relativas a títulos ou valores mobiliários (RE 583.712/SP, repercussão geral).

■ **Incidência de IOF em contratos de mútuo em que não participam instituições financeiras.** É constitucional a incidência do IOF sobre operações de crédito correspondentes a mútuo de recursos financeiros entre pessoas jurídicas ou entre pessoa jurídica e pessoa física, não se restringindo às operações realizadas por instituições financeiras (RE 590.186, com repercussão geral).

15.6. IMPOSTO SOBRE A PROPRIEDADE TERRITORIAL RURAL

O **Imposto sobre a Propriedade Territorial Rural** (ITR) é de competência da **União**, possui natureza extrafiscal (pois objetiva desestimular a manutenção de propriedades improdutivas) e se sujeita aos princípios da anterioridade e da noventena.

Os **Municípios** poderão assumir responsabilidade pela arrecadação e fiscalização do ITR, hipótese em que ficarão com **100%** do valor arrecadado.

As **alíquotas** do ITR são **progressivas** e o crédito tributário é objeto de lançamento por **homologação**.

A Constituição prevê hipótese de **imunidade do ITR** para as pequenas glebas rurais, exploradas por proprietário que não possua outro imóvel, conforme definido em lei (atualmente a Lei n. 9.393/96).

Matriz constitucional

Art. 153. Compete à **União** instituir impostos sobre:

(...)

VI — **propriedade territorial rural**;

(...)

§ 4.º O imposto previsto no inciso VI do *caput*:

I — será **progressivo** e terá suas alíquotas fixadas de forma a desestimular a manutenção de propriedades improdutivas;

II — **não incidirá** sobre pequenas glebas rurais, definidas em lei, quando as explore o proprietário que não possua outro imóvel;

III — será **fiscalizado** e **cobrado** pelos Municípios que assim optarem, na forma da lei, desde que não implique redução do imposto ou qualquer outra forma de renúncia fiscal.

O Código Tributário Nacional dispõe sobre o ITR nos arts. 29 a 31.

Art. 29. O imposto, de competência da **União**, sobre a propriedade territorial rural tem como fato gerador a **propriedade**, o **domínio útil** ou a **posse** de imóvel por natureza, como definido na lei civil, localização fora da zona urbana do Município.

> **Art. 30.** A **base do cálculo** do imposto é o valor fundiário[16].
> **Art. 31. Contribuinte** do imposto é o proprietário do imóvel, o titular de seu domínio útil, ou o seu possuidor a qualquer título.

O Imposto sobre a Propriedade Territorial Rural possui apuração anual, e tem como referência **direitos** relativos a imóveis (propriedade, domínio útil ou posse) situados fora da abrangência das zonas urbanas, que sofrem a incidência do IPTU.

Os imóveis rurais devem ser contínuos e podem ser formados por uma ou mais parcelas de terra, localizadas nas zonas rurais dos municípios. Na hipótese de um imóvel pertencer a mais de um município; terá competência tributária aquele em que se localizar a **sede do imóvel** ou, se esta não existir, o município em que se localizar a **maior parte** do imóvel.

15.7. QUESTÕES

---

[16] O art. 10, § 1.º, da Lei n. 9.393/96 considera que, para fins de apuração do ITR, o valor fundiário é o valor da **terra nua**, excluídos os montantes relativos a: a) construções, instalações e benfeitorias; b) culturas permanentes e temporárias; c) pastagens cultivadas e melhoradas e d) florestas

16

TRIBUTOS ESTADUAIS E MUNICIPAIS

16.1. IMPOSTO SOBRE A TRANSMISSÃO *CAUSA MORTIS* E DOAÇÃO

O Imposto sobre a **Transmissão *Causa Mortis* e Doação** (ITCMD) é de competência dos Estados e do Distrito Federal e se sujeita aos princípios da anterioridade e da noventena.

A base de cálculo do tributo é o **valor venal** dos bens ou direitos transmitidos, e a doutrina majoritária entende que o lançamento se dá por declaração.

Conquanto cada Estado possa estabelecer, em lei, o percentual devido a título de ITCMD, as **alíquotas máximas** do imposto serão fixadas pelo Senado Federal, em respeito ao princípio do pacto federativo[1].

> **CTN, Art. 39.** A alíquota do imposto **não excederá** os limites fixados em resolução do Senado Federal, que distinguirá, para efeito de aplicação de alíquota mais baixa, as transmissões que atendam à política nacional de habitação.

> **Importante!** O Código Tributário Nacional não fazia distinção entre a tributação das transmissões de imóveis a título gratuito ou oneroso, mas, de acordo com a Constituição de 1988, esta última hipótese é de competência dos Municípios, por meio do Imposto sobre a Transmissão de Bens *Inter Vivos* (ITBI), de sorte que a leitura dos dispositivos do CTN deve ser feita com as devidas adaptações.

A matriz constitucional do ITCMD pode ser encontrada no art. 155 da Lei Maior, que trata dos impostos de competência dos Estados e do Distrito Federal:

> **Art. 155.** Compete aos **Estados** e ao **Distrito Federal** instituir impostos sobre:
> I — transmissão *causa mortis* e **doação**, de quaisquer bens ou direitos.
> (...)
> § 1.º O imposto previsto no inciso I:
> I — relativamente a bens imóveis e respectivos direitos, compete ao Estado da **situação do bem**, ou ao Distrito Federal;

---

[1] Conforme posição do STF: Ao Senado Federal compete a fixação da alíquota máxima para a cobrança do Imposto de Transmissão *Causa Mortis*, cabendo aos Estados a definição da alíquota interna exigível, mediante lei específica, observada a resolução expedida por essa Casa Legislativa (RE 224.786-AgR).

> II — relativamente a bens móveis, títulos e créditos, compete ao Estado onde se processar o **inventário** ou **arrolamento**, ou tiver **domicílio o doador**, ou ao Distrito Federal;
>
> III — terá competência para sua instituição regulada por **lei complementar**:
>
> *a)* se o doador tiver domicílio ou residência no exterior;
>
> *b)* se o *de cujus* possuía bens, era residente ou domiciliado ou teve o seu inventário processado no exterior;
>
> IV — terá suas **alíquotas máximas** fixadas pelo **Senado Federal**.
>
> V — **não incidirá** sobre as doações destinadas, no âmbito do Poder Executivo da União, a projetos socioambientais ou destinados a mitigar os efeitos das mudanças climáticas e às instituições federais de ensino;
>
> VI — será **progressivo** em razão do valor do quinhão, do legado ou da doação;
>
> VII — **não incidirá** sobre as transmissões e as doações para as instituições sem fins lucrativos com finalidade de relevância pública e social, inclusive as organizações assistenciais e beneficentes de entidades religiosas e institutos científicos e tecnológicos, e por elas realizadas na consecução dos seus objetivos sociais, observadas as condições estabelecidas em lei complementar.

Podemos perceber que existem duas situações distintas que ensejam o nascimento da obrigação tributária relativa ao ITCMD: a **transmissão** de bens para herdeiros e legatários, quando da morte do titular (sucessão legítima ou testamentária), e as **doações** entre pessoas.

Ressaltamos que a **competência** do ITCMD varia de acordo com o fato jurídico e o tipo de bem ou direito transmitido.

Assim, em relação à transmissão de bens imóveis, o Estado (ou Distrito Federal) competente para exigir o tributo será o da sua localização.

Exemplo: Se uma pessoa residente em Pernambuco doa a outra, residente no mesmo Estado, um apartamento localizado na cidade de Curitiba, o valor do ITCMD correspondente será devido ao Estado do Paraná.

O Código Tributário Nacional trata da competência para exigência do imposto nos seguintes termos:

> **Art. 41.** O imposto compete ao **Estado da situação** do imóvel transmitido, ou sobre que versarem os direitos cedidos, mesmo que a mutação patrimonial decorra de sucessão aberta no estrangeiro.

Relativamente a **bens móveis, títulos** e **créditos**, o ITCMD compete ao Estado onde **era domiciliado** o *de cujus*, ou **tiver domicílio o doador**, ou ao Distrito Federal. Essa alteração, introduzida pela Emenda Constitucional n. 132/2023, é **relevante**, pois até então o critério de competência para esses bens era o local onde se processasse o inventário ou arrolamento, o que permitia que os herdeiros "escolhessem" o Estado em que pagariam o tributo (provavelmente o de menor alíquota, se o valor dos bens fosse significativo, a ponto de justificar os custos com o deslocamento da jurisdição).

16 ◼ Tributos Estaduais e Municipais

643

SÚMULA 435 DO STF: O imposto de transmissão *causa mortis* pela transferência de ações é devido ao Estado em que tem sede a companhia.

O Código Tributário Nacional[2] relaciona os **fatos jurídicos** do ITCMD no art. 35, cuja interpretação, como visto, deve ser feita a partir da atual ordem constitucional, que deslocou a competência para tributação de **transmissões onerosas** de imóveis para os municípios:

> **Art. 35.** O imposto, de competência dos Estados, sobre a transmissão de **bens imóveis e de direitos** a eles relativos tem como fato gerador:
>
> I — a transmissão, a qualquer título, da propriedade ou do domínio útil de bens imóveis por natureza ou por acessão física, como definidos na lei civil;
>
> II — a transmissão, a qualquer título, de direitos reais sobre imóveis, exceto os direitos reais de garantia;
>
> III — a cessão de direitos relativos às transmissões referidas nos incisos I e II.
>
> **Parágrafo único.** Nas transmissões *causa mortis*, ocorrem tantos fatos geradores distintos quantos sejam os herdeiros ou legatários.

Portanto, quando o CTN afirma que o ITCMD tem como fato gerador a "transmissão a qualquer título" de bens imóveis ou direitos a eles relativos devemos entender que isso só se aplica nos casos de transmissão **não onerosa**, posto que para as operações de compra e venda de imóveis, por exemplo, o tributo incidente será o ITBI, de competência dos municípios.

Por outro lado, o próprio Código estabelece hipóteses de **não incidência** do ITCMD, nos arts. 36 e 37, transcritos a seguir.

> **Art. 36.** Ressalvado o disposto no artigo seguinte, o imposto **não incide** sobre a transmissão dos bens ou direitos referidos no artigo anterior:
>
> I — quando efetuada para sua incorporação ao patrimônio de **pessoa jurídica** em pagamento de **capital nela subscrito**;
>
> II — quando decorrente da **incorporação** ou da **fusão** de uma pessoa jurídica por outra ou com outra.
>
> **Parágrafo único.** O imposto não incide sobre a transmissão aos mesmos alienantes, dos bens e direitos adquiridos na forma do inciso I deste artigo, em decorrência da sua desincorporação do patrimônio da pessoa jurídica a que foram conferidos.
>
> **Art. 37.** O disposto no artigo anterior não se aplica quando a pessoa jurídica adquirente tenha como **atividade preponderante** a **venda ou locação** de propriedade imobiliária ou a cessão de direitos relativos à sua aquisição.
>
> § 1.º Considera-se caracterizada a atividade preponderante referida neste artigo quando **mais de 50%** (cinquenta por cento) da receita operacional da pessoa jurídica adqui-

---

2   A leitura dos dispositivos do CTN deve ser feita à luz da Constituição de 1988. Fizemos a reprodução integral dos artigos em vigor do Código, para fins de concurso, mas o leitor deverá atentar para a jurisprudência dos tribunais superiores.

rente, nos 2 (dois) anos anteriores e nos 2 (dois) anos subsequentes à aquisição, decorrer de transações mencionadas neste artigo.

§ 2.º Se a pessoa jurídica adquirente iniciar suas atividades após a aquisição, ou menos de 2 (dois) anos antes dela, apurar-se-á a preponderância referida no parágrafo anterior levando em conta os 3 (três) primeiros anos seguintes à data da aquisição.

§ 3.º Verificada a preponderância referida neste artigo, tornar-se-á devido o imposto, nos termos da lei vigente à data da aquisição, sobre o valor do bem ou direito nessa data.

§ 4.º O disposto neste artigo não se aplica à transmissão de bens ou direitos, quando realizada em conjunto com a da totalidade do patrimônio da pessoa jurídica alienante.

O comando do art. 36 busca **desonerar** as operações envolvendo empresas cujo objeto não seja a transmissão de bens, mas a integralização do capital ou as chamadas reorganizações societárias. O CTN faz distinção, ainda, entre as empresas com atividade imobiliária e aquelas que eventualmente alienam imóveis.

Exemplo 1: Imagine que duas pessoas, Paulo e Maria, resolvam constituir uma empresa, de forma que cada uma entrará com um capital de R$ 100.000,00. Paulo dispõe do valor em dinheiro, enquanto Maria transferirá para o patrimônio da sociedade um imóvel de sua propriedade, também avaliado em R$ 100.000,00. Parece-nos óbvio que, se a integralização do capital em dinheiro não gera tributação, igual raciocínio deve ser aplicado para a transferência do imóvel, como autoriza o CTN.

Exemplo 2: Digamos que uma empresa resolva incorporar outra, adquirindo integralmente todo o patrimônio da incorporada. Nessa situação, é razoável imaginar que poderão ser transferidos para a incorporadora diversos bens (imóveis, inclusive), que pertenciam à empresa adquirida. Contudo, o negócio celebrado pelas partes tratou da compra de uma empresa, com todos os seus ativos e passivos, e não especificamente da aquisição dos eventuais imóveis relacionados à operação, razão pela qual **não incide**, neste caso, ITCMD sobre os bens ou direitos transmitidos.

Exemplo 3: No caso de uma empresa do ramo imobiliário que adquire imóveis de terceiros, para futura comercialização, **o ITCMD será devido** sempre que comprovado que essa atividade é preponderante nos seus negócios. O CTN utiliza como critério para a definição de atividade preponderante o total das receitas operacionais dos dois anos anteriores ao fato. Assim, quando as receitas do adquirente, decorrentes de venda ou locação de imóveis, forem superiores a 50%, o imposto incidirá. Ressalte-se que, nos termos do Código, só interessa a situação do **adquirente**, sendo irrelevante para fins de incidência o *status* do alienante do imóvel.

A Emenda Constitucional **n. 126/2022** estabeleceu que serão **imunes** de ITCMD as **doações** destinadas, no âmbito do Poder Executivo da União, a **projetos socioambientais** ou destinados a mitigar os efeitos das **mudanças climáticas** e às **instituições federais** de ensino (Art. 155, §1.º, V).

No mesmo sentido, com a **reforma tributária**, a Emenda Constitucional **n. 132/2023** criou **nova hipótese de imunidade**, para garantir que o ITCMD não incidirá sobre as transmissões e as doações para as **instituições sem fins lucrativos** com finalidade de relevância pública e social, inclusive as organizações assistenciais e beneficentes de entidades religiosas e institutos científicos e tecnológicos, e por elas realizadas na consecução dos seus objetivos sociais, observadas as condições estabelecidas em lei complementar.

A reforma tributária também veiculou uma mudança **significativa** na estrutura do ITCMD. Depois de longos debates, ficou estabelecido que o imposto terá **alíquotas progressivas**, variando conforme o valor do quinhão, do legado ou da doação recebida, conforme previsto no art. 155, parágrafo 1.º, inciso VI, da Constituição.

Em relação à **base de cálculo**, o ITCMD terá como referência o **valor venal** dos imóveis. É importante lembrar que o valor venal, embora estipulado conforme critérios legais, deve refletir o preço que o imóvel alcançaria numa operação normal de compra e venda (este valor deve ser apurado na data da abertura da sucessão ou no momento em que se materializa a doação).

> **Art. 38.** A base de cálculo do imposto é o **valor venal** dos bens ou direitos transmitidos.
> (...)
> **Art. 40.** O montante do imposto é dedutível do devido à União, a título do imposto de que trata o art. 43, sobre o provento decorrente da mesma transmissão.

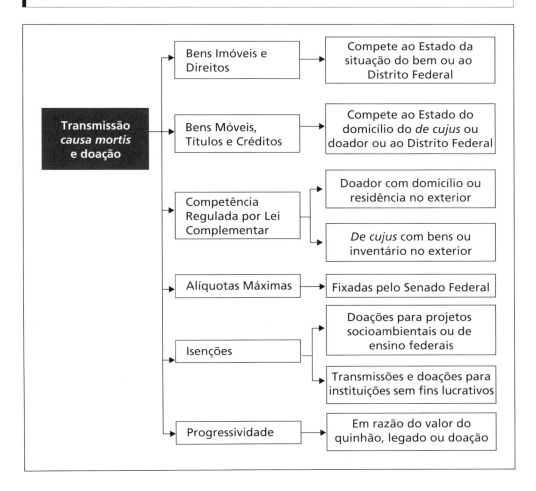

646 Direito Tributário Esquematizado   *Roberto Caparroz*

O Supremo Tribunal Federal possui diversas **súmulas** que cuidam da base de cálculo e das alíquotas relativas ao ITCMD.

SÚMULA 112 DO STF: O imposto de transmissão *causa mortis* é devido pela alíquota vigente ao tempo da abertura da sucessão.

SÚMULA 113 DO STF: O imposto de transmissão *causa mortis* é calculado sobre o valor dos bens na data da avaliação.

SÚMULA 114 DO STF: O imposto de transmissão *causa mortis* não é exigível antes da homologação do cálculo.

SÚMULA 115 DO STF: Sobre os honorários do advogado contratado pelo inventariante, com a homologação do juiz, não incide o imposto de transmissão *causa mortis*.

Quando o ITCMD decorre do evento **morte**, a base de cálculo normalmente se refere ao **monte-mor**, que é o total dos direitos, obrigações e bens deixados pelo falecido. Justamente por isso, o Supremo Tribunal Federal entende que o monte-mor **não pode** servir de base de cálculo para a cobrança de **taxa judiciária**, ante a vedação contida no art. 145, § 2.º, da Constituição[3].

> **Importante!** O Supremo Tribunal Federal consolidou a tese de que é constitucional a fixação de **alíquota progressiva** para o ITCMD, em homenagem aos princípios da igualdade e da capacidade contributiva[4].

O princípio da capacidade contributiva, que em nosso entender deve nortear o sistema tributário (sempre que isso for possível, nos termos da Constituição), também permite que os Estados e o Distrito Federal, ao legislarem acerca do ITCMD, estabeleçam **isenções**, em razão do pequeno valor do patrimônio transmitido, tanto em razão da morte como nos casos de doação.

Em relação ao **contribuinte** do ITCMD, o Código Tributário Nacional autoriza que os entes federados escolham qualquer das partes envolvidas na transmissão.

> **Art. 42. Contribuinte** do imposto é qualquer das partes na operação tributada, como dispuser a lei.

Como regra, as legislações definem como contribuinte o **destinatário** dos bens e direitos, como o herdeiro, o legatário, o donatário, o cessionário, o fiduciário e os beneficiários em geral, além de atribuírem **responsabilidade solidária** ao doador ou a terceiros relacionados à transmissão, como no caso das pessoas descritas pelo art. 134 do Código Tributário Nacional.

---

[3] Conforme decisão exarada na ADI 2.040-MC.
[4] RE 562.045, com repercussão geral.

SÚMULA 331 DO STF: É legítima a incidência do imposto de transmissão *causa mortis* no inventário por morte presumida.

SÚMULA 590 DO STF: Calcula-se o imposto de transmissão *causa mortis* sobre o saldo credor da promessa de compra e venda de imóvel, no momento da abertura da sucessão do promitente vendedor.

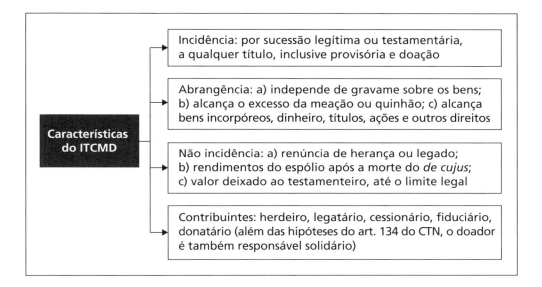

STJ — Jurisprudência

- **Arrolamento. Reconhecimento de isenção. Impossibilidade.** O juízo do inventário, na modalidade de arrolamento sumário, não detém competência para apreciar pedido de reconhecimento da isenção do ITCMD (Imposto sobre Transmissão *Causa Mortis* e Doação de quaisquer Bens ou Direitos), à luz do disposto no *caput* do art. 179, do CTN. (...) Como cediço, a abertura da sucessão (morte do autor da herança) reclama a observância do procedimento especial de jurisdição contenciosa denominado "inventário e partilha", o qual apresenta dois ritos distintos: "um completo, que é o inventário propriamente dito (arts. 982 a 1.030) e outro, sumário ou simplificado, que é o arrolamento. Nos inventários processados sob a modalidade de arrolamento sumário (nos quais não cabe o conhecimento ou a apreciação de questões relativas ao lançamento, pagamento ou quitação do tributo de transmissão *causa mortis*, bem como tendo em vista a ausência de intervenção da Fazenda até a prolação da sentença de homologação da partilha ou da adjudicação), revela-se incompetente o Juízo do inventário para reconhecer a isenção do ITCMD (REsp 1.150.356, com efeito repetitivo).

Em relação ao ITCMD, o STF confirmou a dicção constitucional e decidiu que é **vedado** aos estados e ao Distrito Federal instituir o imposto nas hipóteses referidas no art. 155, § 1.º, III, da Constituição, sem a intervenção da **lei complementar** exigida pelo referido dispositivo constitucional (RE 851.108, de 2021).

Assim, exigem lei complementar nacional os casos de **doação**, em que o doador tiver domicílio ou residência no exterior e, na hipótese de **morte**, se o *de cujus* possuía bens, era residente ou domiciliado ou teve o seu inventário processado no exterior. Esse entendimento tem por objetivo harmonizar a cobrança do tributo em todo o território nacional.

16.2. IMPOSTO SOBRE A CIRCULAÇÃO DE MERCADORIAS E SOBRE PRESTAÇÃO DE SERVIÇOS DE TRANSPORTE INTERESTADUAL E INTERMUNICIPAL E DE COMUNICAÇÃO

O Imposto sobre a **Circulação de Mercadorias** e sobre **Prestação de Serviços de Transporte** Interestadual e Intermunicipal e de Comunicação (ICMS) é de competência dos Estados e do Distrito Federal.

Previsto no art. 155, II, da Constituição, o ICMS está regulamentado pela **Lei Complementar n. 87/96** (conhecida como "Lei Kandir") e alterações posteriores.

Trata-se de tributo bastante **complexo** e que possui diversos dispositivos normativos, de forma que, dentro dos limites e objetivos desta obra, faremos a análise de suas características essenciais, dividindo, por tópicos, os principais artigos de referência.

Como os demais impostos de competência dos Estados e do Distrito Federal, a matriz constitucional do ICMS pode ser encontrada no art. 155:

> **Art. 155.** Compete aos **Estados** e ao Distrito Federal instituir impostos sobre:
>
> (...)
>
> II — operações relativas à **circulação de mercadorias** e sobre **prestações de serviços** de **transporte** interestadual e intermunicipal e de **comunicação**, ainda que as operações e as prestações se iniciem no exterior.
>
> (...)
>
> § 2.º O imposto previsto no inciso II atenderá ao seguinte:
>
> I — será **não cumulativo**, compensando-se o que for devido em cada operação relativa à circulação de mercadorias ou prestação de serviços com o montante cobrado nas anteriores pelo mesmo ou outro Estado ou pelo Distrito Federal;
>
> II — a **isenção** ou **não incidência**, salvo determinação em contrário da legislação:
>
> *a)* **não implicará crédito** para compensação com o montante devido nas operações ou prestações seguintes;
>
> *b)* acarretará a **anulação** do crédito relativo às operações anteriores;
>
> III — poderá ser **seletivo**, em função da essencialidade das mercadorias e dos serviços;

Em relação aos princípios constitucionais **específicos** do ICMS, podemos destacar três situações:

■ **Não cumulatividade obrigatória:** compensa-se o que for devido em cada operação relativa à circulação de mercadorias ou prestação de serviços com o montante cobrado nas anteriores pelo mesmo ou outro Estado ou pelo Distrito Federal;

16 ◼ Tributos Estaduais e Municipais

■ **Seletividade facultativa:** o constituinte infelizmente não exigiu obediência ao princípio da seletividade em função da essencialidade das mercadorias, como fez com o IPI;

■ Regra geral, os casos de **isenção** ou **não incidência** não dão direito a crédito nas operações posteriores e anulam o crédito acumulado nas anteriores.

> IV — resolução do **Senado Federal**, de iniciativa do Presidente da República ou de um terço dos Senadores, aprovada pela **maioria absoluta** de seus membros, estabelecerá as alíquotas aplicáveis às operações e prestações, **interestaduais** e de **exportação**;
>
> V — é facultado ao Senado Federal:
>
> *a)* estabelecer **alíquotas mínimas** nas operações internas, mediante resolução de iniciativa de um terço e aprovada pela maioria absoluta de seus membros;
>
> *b)* fixar **alíquotas máximas** nas mesmas operações para resolver conflito específico que envolva interesse de Estados, mediante resolução de iniciativa da maioria absoluta e aprovada por dois terços de seus membros;
>
> VI — salvo deliberação em contrário dos Estados e do Distrito Federal, nos termos do disposto no inciso XII, *g*, as **alíquotas internas**, nas operações relativas à circulação de mercadorias e nas prestações de serviços, **não poderão ser inferiores** às previstas para as operações interestaduais;

Em suma, o Senado Federal tem **duas atribuições** relativas ao ICMS, que deverão ser adotadas mediante **Resolução**, obedecidos os índices mínimos para propositura e aprovação das medidas:

■ fixação **obrigatória** de alíquotas para operações interestaduais e de exportação;

■ fixação **facultativa** de alíquotas mínimas e máximas para fins de solução de conflitos entre os Estados.

> VII — nas operações e prestações que destinem bens e serviços a **consumidor final**, contribuinte ou não do imposto, localizado **em outro Estado**, adotar-se-á a alíquota **interestadual** e caberá ao Estado de localização do destinatário o imposto correspondente à **diferença** entre a alíquota interna do Estado destinatário e a alíquota interestadual;
>
> VIII — a responsabilidade pelo recolhimento do imposto correspondente à diferença entre a alíquota interna e a interestadual de que trata o inciso VII será atribuída:
>
> *a)* ao **destinatário**, quando este for contribuinte do imposto;
>
> *b)* ao **remetente**, quando o destinatário não for contribuinte do imposto;

> **Importante!** Os incisos VII e VIII do art. 155, § 2.º, da Constituição foram alterados pela Emenda Constitucional n. 87/2015 e alteraram as regras de tributação e recolhimento nas operações interestaduais.

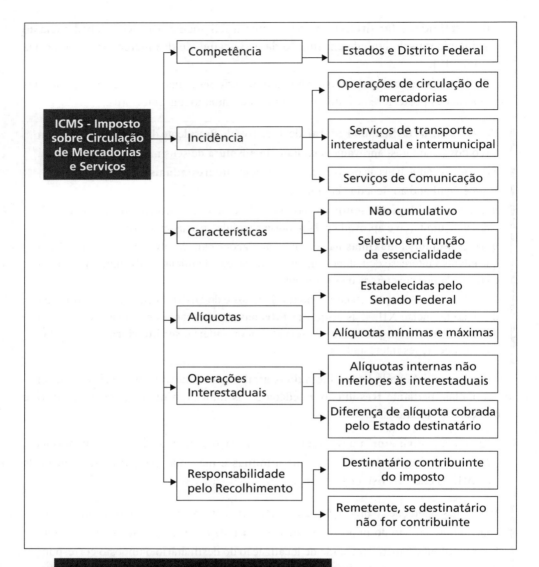

STF — Princípios gerais relativos ao ICMS

- **Importação. Inclusão do ICMS na base de cálculo do PIS e da COFINS. Inconstitucionalidade.** A Lei n. 10.865/04, ao instituir o PIS/PASEP — Importação e a COFINS — Importação, não alargou propriamente o conceito de valor aduaneiro, de modo que passasse a abranger, para fins de apuração de tais contribuições, outras grandezas nele não contidas. O que fez foi desconsiderar a imposição constitucional de que as contribuições sociais sobre a importação que tenham alíquota *ad valorem* sejam calculadas com base no valor aduaneiro, extrapolando a norma do art. 149, § 2.º, III, *a*, da Constituição Federal. Não há como equiparar, de modo absoluto, a tributação da importação com a tributação das operações internas. O PIS/PASEP — Importação e a COFINS — Importação incidem

16 ■ Tributos Estaduais e Municipais

651

sobre operação na qual o contribuinte efetuou despesas com a aquisição do produto importado, enquanto o PIS e a COFINS internos incidem sobre o faturamento ou a receita, conforme o regime. São tributos distintos. O gravame das operações de importação se dá não como concretização do princípio da isonomia, mas como medida de política tributária tendente a evitar que a entrada de produtos desonerados tenha efeitos predatórios relativamente às empresas sediadas no País, visando, assim, ao equilíbrio da balança comercial. Inconstitucionalidade da seguinte parte do art. 7.º, inciso I, da Lei n. 10.865/04: acrescido do valor do Imposto sobre Operações Relativas à Circulação de Mercadorias e sobre Prestação de Serviços de Transporte Interestadual e Intermunicipal e de Comunicação — ICMS incidente no desembaraço aduaneiro e do valor das próprias contribuições, por violação do art. 149, § 2.º, III, *a*, da CF, acrescido pela EC 33/01 (RE 559.937/RS, com repercussão geral).

- ICMS na base de cálculo do PIS e da COFINS. Operações internas. Inconstitucionalidade. O STF decidiu, no julgamento do RE 574.706 (repercussão geral), acolher a tese de que o ICMS não compõe a base de cálculo para a incidência do PIS e da COFINS.

- Créditos de ICMS transferidos a terceiros. Empresa exportadora. Imunidade. O art. 155, § 2.º, X, *a*, da CF — cuja finalidade é o incentivo às exportações, desonerando as mercadorias nacionais do seu ônus econômico, de modo a permitir que as empresas brasileiras exportem produtos, e não tributos —, imuniza as operações de exportação e assegura "a manutenção e o aproveitamento do montante do imposto cobrado nas operações e prestações anteriores". Não incidem, pois, a COFINS e a contribuição ao PIS sobre os créditos de ICMS cedidos a terceiros, sob pena de frontal violação do preceito constitucional. (...) O aproveitamento dos créditos de ICMS por ocasião da saída imune para o exterior não gera receita tributável. Cuida-se de mera recuperação do ônus econômico advindo do ICMS (RE 606.107/RS, repercussão geral).

- ICMS. Revogação de benefício fiscal. Princípio da anterioridade. Configura aumento indireto de tributo e, portanto, está sujeita ao princípio da anterioridade tributária, a norma que implica revogação de benefício fiscal anteriormente concedido. Na espécie, o tribunal *a quo* afastara a aplicação — para o ano em que publicados — de decretos estaduais que teriam reduzido benefício de diminuição de base de cálculo do ICMS, sob o fundamento de ofensa ao princípio da anterioridade tributária. (...) Assim, tanto o aumento de alíquota, quanto a redução de benefício, apontariam para o mesmo resultado, qual seja, o agravamento do encargo (RE 564.225-AgR/RS).

Recentemente, o STF entendeu que: "(i) Não viola o princípio da não cumulatividade (art. 155, § 2.º, incisos I e XII, alínea *c*, da CF/1988) lei complementar que prorroga a compensação de créditos de ICMS relativos a bens adquiridos para uso e consumo no próprio estabelecimento do contribuinte; (ii) Conforme o art. 150, III, *c*, da CF/1988, o princípio da anterioridade nonagesimal aplica-se somente para leis que instituem ou majoram tributos, não incidindo relativamente às normas que prorrogam a data de início da compensação de crédito tributário" (RE 601.967, de 2020).

16.2.1. Incidência

Nos termos do art. 2.º da Lei Complementar n. 87/96, o ICMS **incide** sobre:

■ Operações relativas à circulação de mercadorias, inclusive o fornecimento de alimentação e bebidas em bares, restaurantes e estabelecimentos similares.

■ Prestações de serviços de transporte interestadual e intermunicipal, por qualquer via, de pessoas, bens, mercadorias ou valores.

■ Prestações onerosas de serviços de comunicação, por qualquer meio, inclusive a geração, a emissão, a recepção, a transmissão, a retransmissão, a repetição e a ampliação de comunicação de qualquer natureza.

■ Fornecimento de mercadorias com prestação de serviços não compreendidos na competência tributária dos Municípios.

■ Fornecimento de mercadorias com prestação de serviços sujeitos ao imposto sobre serviços, de competência dos Municípios, quando a lei complementar aplicável expressamente o sujeitar à incidência do imposto estadual.

■ A entrada de mercadoria ou bem importados do exterior, por pessoa física ou jurídica, ainda que não seja contribuinte habitual do imposto, qualquer que seja a sua finalidade.

■ O serviço prestado no exterior ou cuja prestação se tenha iniciado no exterior.

■ Sobre a entrada, no território do Estado destinatário, de petróleo, inclusive lubrificantes e combustíveis líquidos e gasosos dele derivados, e de energia elétrica, quando não destinados à comercialização ou à industrialização, decorrentes de operações interestaduais, cabendo o imposto ao Estado onde estiver localizado o adquirente.

O STF exarou diversas decisões recentes, com **repercussão geral**, acerca do alcance da incidência do ICMS:

a) É **constitucional** a incidência do ICMS sobre a operação de venda, realizada por locadora de veículos, de automóvel com menos de 12 (doze) meses de aquisição da montadora (RE 1.025.986, de 2020);

b) No tocante às farmácias de manipulação, incide o ISS sobre as operações envolvendo o preparo e o fornecimento de medicamentos encomendados para posterior entrega aos fregueses, em caráter pessoal, para consumo; **incide o ICMS** sobre os medicamentos de prateleira por elas produzidos, ofertados ao público consumidor (RE 605.552, de 2020);

c) É **constitucional** a inclusão do Imposto Sobre Circulação de Mercadorias e Serviços — ICMS na base de cálculo da Contribuição Previdenciária sobre a Receita Bruta — CPRB (RE 1.187.264, de 2021);

d) A inadimplência do usuário **não afasta** a incidência ou a exigibilidade do ICMS sobre serviços de telecomunicações (RE 1.003.758, de 2021).

As previsões acima transcritas alargaram as duas situações de **incidência** do ICMS previstas no art. 155, § 2.º, IX:

a) sobre a entrada de bem ou mercadoria importados do exterior por **pessoa física ou jurídica**, ainda que **não seja contribuinte habitual** do imposto, qualquer que seja a sua finalidade, assim como sobre o serviço prestado no exterior, cabendo o imposto ao

16 ▣ Tributos Estaduais e Municipais — 653

> Estado onde estiver situado o domicílio ou o estabelecimento do destinatário da mercadoria, bem ou serviço;
>
> *b)* sobre o valor total da operação, quando mercadorias forem fornecidas com serviços **não compreendidos** na competência tributária dos Municípios.

No que tange à importação de produtos, o STF decidiu que "após a Emenda Constitucional n. 33/2001, é **constitucional** a incidência de ICMS sobre operações de importação efetuadas por pessoa, física ou jurídica, que não se dedica habitualmente ao comércio ou à prestação de serviços, devendo tal tributação estar prevista em lei complementar federal. As leis estaduais editadas após a EC n. 33/2001 e antes da entrada em vigor da Lei Complementar n. 114/2002, com o propósito de impor o ICMS sobre a referida operação, são válidas, mas produzem efeitos somente a partir da vigência da LC n. 114/2002" (RE 1.221.330, de 2020).

Ainda de acordo com o STF, "o **sujeito ativo** da obrigação tributária de ICMS incidente sobre **mercadoria importada** é o Estado-membro no qual está domiciliado ou estabelecido o destinatário legal da operação que deu causa à circulação da mercadoria, com a transferência de domínio" (ARE 665.134, de 2020).

> **SÚMULA 163 DO STJ:** O fornecimento de mercadorias com a simultânea prestação de serviços em bares, restaurantes e estabelecimentos similares constitui fato gerador do ICMS a incidir sobre o valor total da operação.

> **SÚMULA 662 DO STF:** É legítima a incidência do ICMS na comercialização de exemplares de obras cinematográficas, gravados em fitas de videocassete.

> **SÚMULA VINCULANTE 48 DO STF:** Na entrada de mercadoria importada do exterior, é legítima a cobrança do ICMS por ocasião do desembaraço aduaneiro.

ICMS — Incidência

▣ **Bares e restaurantes. Mercadorias. Valor da operação.** O fornecimento de mercadorias com a simultânea prestação de serviços em bares, restaurantes e estabelecimentos similares constitui fato gerador do ICMS a incidir sobre o valor total da operação, inclusive serviços (Súmula 163/STJ) (REsp 1.135.534, recurso repetitivo).

▣ **Importação. Incidência.** Após a Emenda Constitucional 33/2001, é constitucional a instituição do ICMS incidente sobre a importação de bens, sendo irrelevante a classificação jurídica do ramo de atividade da empresa importadora. Ademais, a validade da constituição do crédito tributário depende da existência de lei complementar sobre normas gerais e de legislação estadual de instituição do ICMS incidente sobre operações de importação realizadas por empresas que não sejam comerciantes, nem prestadoras de serviços de comunicação ou de transporte interestadual ou intermunicipal. Além disso, a incidência do tributo também depende da observância das regras de anterioridade e de irretroatividade, aferidas em cada legislação local de instituição dos novos critérios materiais, pessoais e quantitativos da regra-matriz (RE 439.796, repercussão geral).

▣ **Venda de automóveis por locadora.** É constitucional a incidência do ICMS sobre a operação de venda, realizada por locadora de veículos, de automóvel com menos de 12 (doze) meses de aquisição da montadora (RE 1.025.986, com repercussão geral).

654　Direito Tributário Esquematizado　　　　　　　　　　　　　　*Roberto Caparroz*

- **Sujeito ativo.** O sujeito ativo da obrigação tributária de ICMS incidente sobre mercadoria importada é o Estado-membro no qual está domiciliado ou estabelecido o destinatário legal da operação que deu causa à circulação da mercadoria, com a transferência de domínio (ARE 665.134, com repercussão geral).

- **Inclusão do ICMS na base de cálculo da CPRB.** É constitucional a inclusão do Imposto Sobre Circulação de Mercadorias e Serviços — ICMS na base de cálculo da Contribuição Previdenciária sobre a Receita Bruta — CPRB (RE 1.187.264, com repercussão geral).

- **Inadimplência do consumidor de serviços de comunicação.** A inadimplência do usuário não afasta a incidência ou a exigibilidade do ICMS sobre serviços de telecomunicações (RE 1.003.758, com repercussão geral).

16.2.2. Não incidência

A Constituição fixou hipóteses de **imunidade** para o ICMS, previstas no art. 155, § 2.º, X:

a) sobre operações que destinem **mercadorias para o exterior**, nem sobre serviços prestados a destinatários no exterior, assegurada a **manutenção** e o **aproveitamento** do montante do imposto cobrado nas operações e prestações anteriores;

b) sobre operações que destinem a outros Estados **petróleo**, inclusive lubrificantes, **combustíveis** líquidos e gasosos dele derivados, e **energia elétrica**;

c) sobre o **ouro**, nas hipóteses definidas no art. 153, § 5.º;

d) nas prestações de serviço de **comunicação** nas modalidades de radiodifusão sonora e de sons e imagens de recepção **livre e gratuita**.

Segundo o STF, a **imunidade** a que se refere o art. 155, § 2.º, X, *a*, da CF (operações que destinem mercadorias para o exterior ou sobre serviços prestados a destinatários no exterior, assegurada a manutenção e o aproveitamento do montante do imposto cobrado nas operações e prestações anteriores) **não alcança** operações ou prestações anteriores à operação de exportação (RE 754.917, de 2020).

A Lei Complementar n. 87/96, em seu art. 3.º, também dispôs sobre hipóteses de **não incidência** do ICMS, reproduzindo preceitos constitucionais e ampliando algumas situações.

Como a lei **não pode** veicular imunidades, os casos específicos previstos na *Lei Kandir*, diferentes daqueles mencionados pela Constituição, devem ser entendidos como verdadeiras hipóteses de não incidência.

Art. 3.º O imposto **não incide** sobre:

I — operações com livros, jornais, periódicos e o papel destinado a sua impressão;

II — operações e prestações que destinem ao exterior mercadorias, inclusive produtos primários e produtos industrializados semi-elaborados, ou serviços;

III — operações interestaduais relativas a energia elétrica e petróleo, inclusive lubrificantes e combustíveis líquidos e gasosos dele derivados, quando destinados à industrialização ou à comercialização;

IV — operações com ouro, quando definido em lei como ativo financeiro ou instrumento cambial;

V — operações relativas a mercadorias que tenham sido ou que se destinem a ser utilizadas na prestação, pelo próprio autor da saída, de serviço de qualquer natureza definido em lei complementar como sujeito ao imposto sobre serviços, de competência dos Municípios, ressalvadas as hipóteses previstas na mesma lei complementar;

VI — operações de qualquer natureza de que decorra a transferência de propriedade de estabelecimento industrial, comercial ou de outra espécie;

VII — operações decorrentes de alienação fiduciária em garantia, inclusive a operação efetuada pelo credor em decorrência do inadimplemento do devedor;

VIII — operações de arrendamento mercantil, não compreendida a venda do bem arrendado ao arrendatário;

IX — operações de qualquer natureza de que decorra a transferência de bens móveis **salvados de sinistro** para companhias seguradoras; e

X — serviços de transmissão e distribuição e encargos setoriais vinculados às operações com **energia elétrica**.

Parágrafo único. Equipara-se às operações de que trata o inciso II a saída de mercadoria realizada com o fim específico de exportação para o exterior, destinada a:

I — empresa comercial exportadora, inclusive tradings ou outro estabelecimento da mesma empresa;

II — armazém alfandegado ou entreposto aduaneiro.

O STF, em recente e importante julgamento, decidiu que "**não incide** ICMS no deslocamento de bens de um estabelecimento para outro do mesmo contribuinte localizados em estados distintos, visto não haver a transferência da titularidade ou a realização de ato de mercancia" (ARE 1.255.885, de 2020).

SÚMULA 156 DO STJ: A prestação de serviço de composição gráfica, personalizada e sob encomenda, ainda que envolva fornecimento de mercadorias, está sujeita, apenas, ao ISS.

SÚMULA 166 DO STJ: Não constitui fato gerador do ICMS o simples deslocamento de mercadoria de um para outro estabelecimento do mesmo contribuinte.

SÚMULA 334 DO STJ: O ICMS não incide no serviço dos provedores de acesso à Internet.

SÚMULA 350 DO STJ: O ICMS não incide sobre o serviço de habilitação de telefone celular.

SÚMULA 432 DO STJ: As empresas de construção civil não estão obrigadas a pagar ICMS sobre mercadorias adquiridas como insumos em operações interestaduais.

SÚMULA 433 DO STJ: O produto semielaborado, para fins de incidência de ICMS, é aquele que preenche cumulativamente os três requisitos do art. 1.º da Lei Complementar n. 65/1991.

656 Direito Tributário Esquematizado   *Roberto Caparroz*

SÚMULA 573 DO STF: Não constitui fato gerador do imposto de circulação de mercadorias a saída física de máquinas, utensílios e implementos a título de comodato.

SÚMULA 574 DO STF: Sem lei estadual que a estabeleça, é ilegítima a cobrança do imposto de circulação de mercadorias sobre o fornecimento de alimentação e bebidas em restaurante ou estabelecimento similar.

SÚMULA 575 DO STF: À mercadoria importada de país signatário do GATT, ou membro da ALALC, estende-se a isenção do imposto de circulação de mercadorias concedida a similar nacional.

SÚMULA VINCULANTE 32 DO STF: O ICMS não incide sobre alienação de salvados de sinistro pelas seguradoras.

ICMS — Não incidência

- **Empresas de construção civil. Mercadorias adquiridas para utilização nas obras contratadas. Operações interestaduais. Não incidência.** As empresas de construção civil (em regra, contribuintes do ISS), ao adquirirem, em outros Estados, materiais a serem empregados como insumos nas obras que executam, não podem ser compelidas ao recolhimento de diferencial de alíquota de ICMS cobrada pelo Estado destinatário (RE 1.135.489, recurso repetitivo).

- **Deslocamento de bens do ativo fixo. Não incidência.** O deslocamento de bens ou mercadorias entre estabelecimentos de uma mesma empresa, por si, não se subsume à hipótese de incidência do ICMS, porquanto, para a ocorrência do fato imponível é imprescindível a circulação jurídica da mercadoria com a transferência da propriedade (RE 1.125.133, recurso repetitivo).

- **ICMS. Isenção. Bacalhau importado de país signatário do GATT.** As operações de importação de bacalhau (peixe seco e salgado, espécie do gênero pescado), provenientes de países signatários do GATT — General Agreement on Tariffs and Trade, realizadas até 30 de abril de 1999, são isentas de recolhimento do ICMS (REsp 871.760, recurso repetitivo).

- **Arrendamento mercantil. Não incidência.** O arrendamento mercantil, contratado pela indústria aeronáutica de grande porte para viabilizar o uso, pelas companhias de navegação aérea, de aeronaves por ela construídas, não constitui operação relativa à circulação de mercadoria sujeita à incidência do ICMS, sendo certo que "o imposto não é sobre a entrada de bem ou mercadoria importada, senão sobre essas entradas desde que elas sejam atinentes a operações relativas à circulação desses mesmos bens ou mercadorias". (...) Destarte, a incidência do ICMS, mesmo no caso de importação, pressupõe operação de circulação de mercadoria (transferência da titularidade do bem), o que não ocorre nas hipóteses de arrendamento em que há "mera promessa de transferência pura do domínio desse bem do arrendante para o arrendatário" (REsp 1.131.718, recurso repetitivo).

- **Água encanada. Não incidência.** O ICMS não incide sobre o serviço de fornecimento de água encanada por concessionária de serviço público. O fornecimento de água tratada à população por empresas concessionárias, permissionárias ou autorizadas não caracteriza uma operação de circulação de mercadoria (RE 607.056, repercussão geral).

16 ■ Tributos Estaduais e Municipais   657

> ■ **Serviços de composição gráfica. Não incidência.** As operações de composição gráfica, como no caso de impressos personalizados e sob encomenda, são de natureza mista, sendo que os serviços a elas agregados estão incluídos na Lista Anexa ao Decreto-Lei 406/68 (item 77) e à LC 116/03 (item 13.05). Consequentemente, tais operações estão sujeitas à incidência de ISSQN (e não de ICMS) (REsp 1.092.206, recurso repetitivo).
>
> ■ **Energia elétrica. Demanda de potência não utilizada. Não incidência.** Para efeito de base de cálculo de ICMS (tributo cujo fato gerador supõe o efetivo consumo de energia), o valor da tarifa a ser levado em conta é o correspondente à demanda de potência efetivamente utilizada no período de faturamento, como tal considerada a demanda medida. (...) No caso, o pedido deve ser acolhido em parte, para reconhecer indevida a incidência do ICMS sobre o valor correspondente à demanda de potência elétrica contratada mas não utilizada (REsp 960.476, recurso repetitivo).
>
> ■ **Transferência de bens do mesmo contribuinte.** Não incide ICMS no deslocamento de bens de um estabelecimento para outro do mesmo contribuinte localizados em Estados distintos, visto não haver a transferência da titularidade ou a realização de ato de mercancia (RE ARE 1.255.885, com repercussão geral).

16.2.3. Contribuintes

Contribuinte do ICMS é qualquer pessoa, **física ou jurídica**, que realize, com habitualidade ou em volume que caracterize intuito comercial, operações de circulação de mercadoria ou prestações de serviços de transporte interestadual e intermunicipal e de comunicação, ainda que as operações e as prestações se iniciem no exterior.

É também contribuinte a pessoa física ou jurídica que, mesmo sem **habitualidade** ou **intuito comercial:**

a) importe mercadorias ou bens do exterior, **qualquer que seja** a sua finalidade;

b) seja **destinatária** de serviço prestado no exterior ou cuja prestação se tenha iniciado no exterior;

c) adquira em **licitação** mercadorias ou bens apreendidos ou abandonados;

d) adquira lubrificantes e combustíveis líquidos e gasosos derivados de petróleo e energia elétrica oriundos de outro Estado, quando **não destinados** à comercialização ou à industrialização.

ICMS — Créditos

> ■ **Adquirente de boa-fé. Aproveitamento do crédito.** O comerciante de boa-fé que adquire mercadoria, cuja nota fiscal (emitida pela empresa vendedora) posteriormente seja declarada inidônea, pode engendrar o aproveitamento do crédito do ICMS pelo princípio da não cumulatividade, uma vez demonstrada a veracidade da compra e venda efetuada, porquanto o ato declaratório da inidoneidade somente produz efeitos a partir de sua publicação (RE 1.148.444, recurso repetitivo).

Aquisição de energia elétrica consumida no estabelecimento comercial. Atividades de panificação e congelamento de alimentos. Não caracterização de processo de industrialização. Inexistência de direito a crédito. As atividades de panificação e de congelamento de produtos perecíveis por supermercado não configuram processo de industrialização de alimentos, por força das normas previstas no Regulamento do IPI (Decreto 4.544/2002), razão pela qual inexiste direito ao creditamento do ICMS pago na entrada da energia elétrica consumida no estabelecimento comercial (RE 1.117.139, recurso repetitivo).

Redução de base. Aproveitamento proporcional do crédito de ICMS. A redução da base de cálculo de ICMS equivale à hipótese de isenção parcial, o que acarreta a anulação proporcional de crédito desse mesmo imposto, relativo às operações anteriores, salvo disposição em lei estadual em sentido contrário. Assim, reduzida a base de cálculo, não é possível o creditamento integral, sob pena de ofensa ao princípio da não cumulatividade (CF, art. 155, § 2°, II, *b*) (RE 635.688, repercussão geral).

Crédito do montante efetivamente recolhido na operação anterior. Nas operações interestaduais, o creditamento do ICMS na operação subsequente deve corresponder ao montante que foi efetivamente recolhido na operação anterior (RE 491.653).

Anulação do crédito. Valor de venda inferior. Conclusão sobre a valia de lei estadual a prever que, no caso de a mercadoria ser alienada, intencionalmente, por importância inferior ao valor que serviu de base de cálculo na operação de que decorreu sua entrada, a anulação do crédito correspondente à diferença entre o valor referido e o que serviu de base ao cálculo na saída respectiva, isso presente contribuinte eventual, homenageia a essência do princípio da não cumulatividade (RE 437.006-ED).

Vedação ao direito de crédito. Isenção. Não viola o princípio da não cumulatividade a vedação ao creditamento do ICMS relativo à entrada de insumos usados em industrialização de produtos cujas saídas foram isentas (RE 392.370-AgR).

Registro tardio de créditos. O registro tardio dos créditos, por inércia do contribuinte ou por óbice do Fisco, não altera a classificação jurídica do direito. Segundo jurisprudência desta Corte, a aplicação de correção monetária aos créditos escriturais do ICMS registrados tardiamente depende de lei autorizadora ou de prova quanto ao obstáculo injus- tamente posto pelas autoridades fiscais à pretensão do contribuinte (AI 488.293-ED).

Estorno de crédito de ICMS. O estorno proporcional de crédito de ICMS efetuado pelo Estado de destino, em razão de crédito fiscal presumido concedido pelo Estado de origem sem autorização do Conselho Nacional de Política Fazendária (CONFAZ), não viola o princípio constitucional da não cumulatividade (RE 628.075, com repercussão geral).

Operações interestaduais. Segundo o art. 155, § 2°, X, *b*, da CF/88, cabe ao Estado de destino, em sua totalidade, o ICMS sobre a operação interestadual de fornecimento de energia elétrica a consumidor final, para emprego em processo de industrialização, não podendo o Estado de origem cobrar o referido imposto (RE 748.543, com repercussão geral).

Novas hipóteses de creditamento. A postergação do direito do contribuinte do ICMS de usufruir de novas hipóteses de creditamento, por não representar aumento do tributo, não se sujeita à anterioridade nonagesimal prevista no art. 150, III, *c*, da Constituição (RE 603.917, com repercussão geral).

16 ◼ Tributos Estaduais e Municipais   659

> ◼ **Creditamento de ICMS em operação de aquisição de matéria-prima gravada pela técnica do diferimento. Impossibilidade.** O diferimento do ICMS relativo à saída do álcool etílico anidro combustível (AEAC) das usinas ou destilarias para o momento da saída da gasolina C das distribuidoras (Convênios ICMS n. 80/97 e 110/2007) não gera o direito de crédito do imposto para as distribuidoras (RE 781.926, com repercussão geral).
>
> ◼ **Crédito decorrente da aquisição de bens de uso e de consumo empregados na elaboração de produtos destinados à exportação, sem regulamentação infraconstitucional.** A imunidade a que se refere o art. 155, § 2.º, X, a, da CF/88 não alcança, nas operações de exportação, o aproveitamento de créditos de ICMS decorrentes de aquisições de bens destinados ao uso e consumo da empresa, que depende de lei complementar para sua efetivação (RE 704.815, com repercussão geral).
>
> ◼ **Impossibilidade de exclusão dos benefícios fiscais do ICMS.** Impossível excluir os benefícios fiscais relacionados ao ICMS — tais como redução de base de cálculo, redução de alíquota, isenção, diferimento, entre outros — da base de cálculo do IRPJ e da CSLL, salvo quando atendidos os requisitos previstos em lei (art. 10 da Lei Complementar n. 160/2017 e art. 30 da Lei n. 12.973/2014), não se lhes aplicando o entendimento firmado no ERESP 1.517.492/PR que excluiu o crédito presumido de ICMS das bases de cálculo do IRPJ e da CSLL (Tema Repetitivo 1.182).

A Lei Complementar n. 87/96 também estabelece que serão contribuintes do imposto, nas operações ou prestações que destinem mercadorias, bens e serviços a consumidor final domiciliado ou estabelecido em outro Estado, em relação à diferença entre a alíquota interna do Estado de destino e a alíquota interestadual:

a) o destinatário da mercadoria, bem ou serviço, na hipótese de contribuinte do imposto;

b) o remetente da mercadoria ou bem ou o prestador de serviço, na hipótese de o destinatário não ser contribuinte do imposto.

SÚMULA 546 DO STF: Cabe a restituição do tributo pago indevidamente, quando reconhecido por decisão, que o contribuinte *de jure* não recuperou do contribuinte *de facto* o *quantum* respectivo.

Por fim, convém destacar que a Lei Complementar n. 194/2022, publicada em razão da crise de combustíveis, introduziu o art. **18-A no Código Tributário Nacional** com o objetivo de impedir que alguns bens e serviços, notadamente essenciais, tivessem alíquotas superiores às operações gerais sujeitas ao ICMS:

> **Art. 18-A.** Para fins da incidência do imposto de que trata o inciso II do *caput* do art. 155 da Constituição Federal, os combustíveis, o gás natural, a energia elétrica,
>
> as comunicações e o transporte coletivo são considerados bens e serviços essenciais e indispensáveis, que não podem ser tratados como supérfluos.
>
> **Parágrafo único.** Para efeito do disposto neste artigo:

660   Direito Tributário Esquematizado   *Roberto Caparroz*

I — é vedada a fixação de alíquotas sobre as operações referidas no *caput* deste artigo em patamar superior ao das operações em geral, considerada a essencialidade dos bens e serviços;

II — é facultada ao ente federativo competente a aplicação de alíquotas reduzidas em relação aos bens referidos no *caput* deste artigo, como forma de beneficiar os consumidores em geral.

16.2.4. Substituição tributária

A **lei estadual** poderá atribuir a contribuinte do imposto ou a depositário a qualquer título a responsabilidade pelo seu pagamento, hipótese em que assumirá a condição de **substituto tributário**.

A responsabilidade poderá ser atribuída em relação ao imposto incidente sobre uma ou mais operações ou prestações, sejam **antecedentes**, **concomitantes** ou **subsequentes**, inclusive ao valor decorrente da diferença entre alíquotas interna e interestadual nas operações e prestações que destinem bens e serviços a consumidor final localizado em outro Estado, que seja contribuinte do imposto.

A atribuição de responsabilidade dar-se-á em relação a **mercadorias**, **bens** ou **serviços** previstos em lei de cada Estado.

É assegurado ao contribuinte substituído o direito à **restituição** do valor do imposto pago por força da substituição tributária, correspondente ao fato gerador presumido, que não se realizar.

ICMS — Substituição tributária

- **Substituição tributária para a frente. Constitucionalidade.** É constitucional o regime de substituição tributária "para a frente", em que se exige do industrial, do atacadista, ou de outra categoria de contribuinte, na qualidade de substituto, o recolhimento antecipado do ICMS incidente sobre o valor final do produto cobrado ao consumidor, retirando-se do revendedor ou varejista, substituído, a responsabilidade tributária (AI 207.377-AgR).

- **ICMS. Operações interestaduais não presenciais.** É inconstitucional a cobrança de ICMS pelo Estado de destino, com fundamento no Protocolo ICMS 21/2011 do Conselho Nacional de Política Fazendária — Confaz, nas operações interestaduais de venda de mercadoria a consumidor final realizadas de forma não presencial. (...) O protocolo impugnado, ao determinar que o estabelecimento remetente seja o responsável pela retenção e recolhimento do ICMS em favor da unidade federada destinatária, vulnera a exigência de lei em sentido formal e complementar (CF, art. 155, § 2.º, XII, *b*) para instituir uma nova modalidade de substituição tributária (RE 680.089, repercussão geral).

- **Restituição. Possibilidade.** É devida a restituição do ICMS pago a mais no regime de substituição tributária para frente se a base de cálculo efetiva da operação for inferior a presumida (RE 593.849, repercussão geral).

- ICMS na base de cálculo do PIS e da COFINS. **Regime de substituição tributária progressiva.** O ICMS-ST não compõe a base de cálculo da Contribuição ao PIS e da COFINS devidas pelo contribuinte substituído no regime de substituição tributária progressiva (Tema Repetitivo 1.125).

16 ■ Tributos Estaduais e Municipais

O STF entendeu, com repercussão geral, que "a antecipação, sem substituição tributária, do pagamento do ICMS para momento anterior à ocorrência do fato gerador necessita de lei em sentido estrito. A substituição tributária progressiva do ICMS reclama previsão em lei complementar federal" (RE 598.677, de 2020).

16.2.5. Fato gerador

Conforme disposto no art. 12 da Lei Complementar n. 87/96, considera-se ocorrido o **fato gerador** do ICMS no momento:

I — da **saída** de mercadoria de estabelecimento de contribuinte;

II — do **fornecimento** de alimentação, bebidas e outras mercadorias por qualquer estabelecimento;

III — da **transmissão a terceiro** de mercadoria depositada em armazém geral ou em depósito fechado, no Estado do transmitente;

IV — da **transmissão de propriedade** de mercadoria, ou de título que a represente, quando a mercadoria não tiver transitado pelo estabelecimento transmitente;

V — do **início** da prestação de serviços de transporte interestadual e intermunicipal, de qualquer natureza;

VI — do **ato final** do transporte iniciado no exterior;

VII — das **prestações onerosas** de serviços de comunicação, feita por qualquer meio, inclusive a geração, a emissão, a recepção, a transmissão, a retransmissão, a repetição e a ampliação de comunicação de qualquer natureza;

VIII — do **fornecimento de mercadoria** com prestação de serviços:

a) não compreendidos na competência tributária dos Municípios;

b) compreendidos na competência tributária dos Municípios e com indicação expressa de incidência do imposto de competência estadual, como definido na lei complementar aplicável;

IX — do **desembaraço aduaneiro** de mercadorias ou bens importados do exterior;

X — do **recebimento**, pelo destinatário, de serviço prestado no exterior;

XI — da **aquisição em licitação pública** de mercadorias ou bens importados do exterior e apreendidos ou abandonados;

XII — da **entrada** no território do Estado de lubrificantes e combustíveis líquidos e gasosos derivados de petróleo e energia elétrica oriundos de outro Estado, quando não destinados à comercialização ou à industrialização;

XIII — da **utilização**, por contribuinte, de serviço cuja prestação se tenha iniciado em outro Estado e não esteja vinculada a operação ou prestação subsequente.

XIV — do **início da prestação** de serviço de transporte interestadual, nas prestações não vinculadas a operação ou prestação subsequente, cujo tomador não seja contribuinte do imposto domiciliado ou estabelecido no Estado de destino;

XV — da **entrada** no território do Estado de bem ou mercadoria oriundos de outro Estado adquiridos por contribuinte do imposto e destinados ao seu uso ou consumo ou à integração ao seu ativo imobilizado;

662 Direito Tributário Esquematizado   *Roberto Caparroz*

XVI — da **saída**, de **estabelecimento de contribuinte**, de bem ou mercadoria destinados a consumidor final não contribuinte do imposto domiciliado ou estabelecido em outro Estado.

§ 1.º Na hipótese do inciso VII, quando o serviço for prestado mediante pagamento em ficha, cartão ou assemelhados, considera-se ocorrido o fato gerador do imposto quando do fornecimento desses instrumentos ao usuário.

§ 2.º Na hipótese do inciso IX, após o desembaraço aduaneiro, a entrega, pelo depositário, de mercadoria ou bem importados do exterior deverá ser autorizada pelo órgão responsável pelo seu desembaraço, que somente se fará mediante

a exibição do comprovante de pagamento do imposto incidente no ato do despacho aduaneiro, salvo disposição em contrário.

§ 3.º Na hipótese de entrega de mercadoria ou bem importados do exterior antes do desembaraço aduaneiro, considera-se ocorrido o fato gerador neste momento, devendo a autoridade responsável, salvo disposição em contrário, exigir a comprovação do pagamento do imposto.

§ 4.º **Não se considera** ocorrido o fato gerador do imposto na saída de mercadoria de estabelecimento para outro de mesma titularidade, mantendo-se o crédito relativo às operações e prestações anteriores em favor do contribuinte, inclusive nas hipóteses de transferências interestaduais em que os créditos serão assegurados:

I — pela unidade federada de destino, por meio de transferência de crédito, limitados aos percentuais estabelecidos nos termos do inciso IV do § 2.º do art. 155 da Constituição Federal, aplicados sobre o valor atribuído à operação de transferência realizada;

II — pela unidade federada de origem, em caso de diferença positiva entre os créditos pertinentes às operações e prestações anteriores e o transferido na forma do inciso I deste parágrafo.

Por fim, os **demais incisos** do art. 155, § 2.º, da Constituição veiculam outras regras e preceitos relativos ao ICMS, nos seguintes termos:

XII — cabe à **lei complementar:**

a) definir seus **contribuintes**;

b) dispor sobre **substituição tributária**;

c) disciplinar o regime de **compensação** do imposto;

d) fixar, para efeito de sua cobrança e definição do estabelecimento responsável, o **local das operações** relativas à circulação de mercadorias e das prestações de serviços

e) **excluir da incidência** do imposto, nas exportações para o exterior, serviços e outros produtos além dos mencionados no inciso X, *a*;

f) prever casos de **manutenção** de crédito, relativamente à remessa para outro Estado e exportação para o exterior, de serviços e de mercadorias;

g) regular a forma como, mediante deliberação dos Estados e do Distrito Federal, isenções, **incentivos** e **benefícios fiscais** serão concedidos e revogados.

h) definir os combustíveis e lubrificantes sobre os quais o imposto incidirá uma **única vez**, qualquer que seja a sua finalidade, hipótese em que não se aplicará o disposto no inciso X, *b*;

i) fixar a **base de cálculo**, de modo que o montante do imposto a integre, também na importação do exterior de bem, mercadoria ou serviço.

§ 3.º À exceção dos impostos de que tratam o inciso II do *caput* deste artigo e os **arts. 153, I e II, e 156-A**, nenhum outro imposto poderá incidir sobre operações relativas a energia elétrica e serviços de telecomunicações e, à exceção destes e do previsto no **art. 153, VIII**, nenhum outro imposto poderá incidir sobre operações relativas a derivados de petróleo, combustíveis e minerais do País.

§ 4.º Na hipótese do inciso XII, *h*, observar-se-á o seguinte:

I — nas operações com os lubrificantes e combustíveis derivados de petróleo, o imposto caberá ao Estado onde ocorrer o consumo;

II — nas operações interestaduais, entre contribuintes, com gás natural e seus derivados, e lubrificantes e combustíveis não incluídos no inciso I deste parágrafo, o imposto será repartido entre os Estados de origem e de destino, mantendo-se a mesma proporcionalidade que ocorre nas operações com as demais mercadorias;

III — nas operações interestaduais com gás natural e seus derivados, e lubrificantes e combustíveis não incluídos no inciso I deste parágrafo, destinadas a não contribuinte, o imposto caberá ao Estado de origem;

IV — as alíquotas do imposto serão definidas mediante deliberação dos Estados e Distrito Federal, nos termos do § 2.º, XII, *g*, observando-se o seguinte:

a) serão uniformes em todo o território nacional, podendo ser diferenciadas por produto;

b) poderão ser específicas, por unidade de medida adotada, ou *ad valorem*, incidindo sobre o valor da operação ou sobre o preço que o produto ou seu similar alcançaria em uma venda em condições de livre concorrência;

c) poderão ser reduzidas e restabelecidas, não se lhes aplicando o disposto no art. 150, III, *b*.

§ 5.º As regras necessárias à aplicação do disposto no § 4.º, inclusive as relativas à **apuração** e à **destinação** do imposto, serão estabelecidas mediante deliberação dos Estados e do Distrito Federal, nos termos do § 2.º, XII, *g*.

Com a reforma tributária, vimos que a Constituição estabeleceu que sobre as operações com energia elétrica e serviços de telecomunicações só poderão incidir o **ICMS,** o **Imposto de Importação,** o **Imposto de Exportação** e o futuro **IBS**.

No mesmo sentido, sobre as operações relativas a derivados de petróleo, combustíveis e minerais só **incidirão** o ICMS, o Imposto de Importação, o Imposto de Exportação e o futuro IBS, além do futuro Imposto Seletivo.

Esse é um **problema crônico** da reforma: embora supostamente baseada no **princípio da simplicidade**, podemos constatar, sem grande dificuldade, que mesmo as operações que o constituinte derivado **quis privilegiar**, no sentido de reduzir a carga tributária, poderão sofrer a incidência de **4 ou 5 tributos**!

Pensamos que isso apenas comprova que o legislador reconhece a importância de certos princípios, alça-os ao patamar constitucional, mas não faz grandes esforços para **efetivamente observar as diretrizes** que ele próprio considerou fundamentais.

16 ■ Tributos Estaduais e Municipais 665

A triste consequência é que a Constituição está cada vez mais recheada de princípios, que paradoxalmente, são **negligenciados** na prática.

SÚMULA 391 DO STJ: O ICMS incide sobre o valor da tarifa de energia elétrica correspondente à demanda de potência efetivamente utilizada.

SÚMULA 395 DO STJ: O ICMS incide sobre o valor da venda a prazo constante da nota fiscal.

SÚMULA 431 DO STJ: É ilegal a cobrança de ICMS com base no valor da mercadoria submetido ao regime de pauta fiscal.

SÚMULA 457 DO STJ: Os descontos incondicionais nas operações mercantis não se incluem na base de cálculo do ICMS.

SÚMULA 649 DO STJ: Não incide ICMS sobre o serviço de transporte interestadual de mercadorias destinadas ao exterior.

Nos últimos anos, foram exaradas pelo STF, com **repercussão geral**, diversas decisões relativas ao ICMS, cujas teses reproduzimos a seguir:

a) Observadas as balizas da Lei Complementar n. 87/1996, é **constitucional** o creditamento de Imposto sobre Operações relativas à Circulação de Mercadorias — ICMS cobrado na entrada, por prestadora de serviço de telefonia móvel, considerado aparelho celular posteriormente cedido, mediante comodato (RE 1.141.756, de 2020);

b) O **estorno proporcional** de crédito de ICMS efetuado pelo Estado de destino, em razão de crédito fiscal presumido concedido pelo Estado de origem sem autorização do Conselho Nacional de Política Fazendária (CONFAZ), **não viola** o princípio constitucional da não cumulatividade (RE 628.075, de 2020);

c) Segundo o art. 155, § 2.º, X, *b*, da CF/1988, cabe ao **Estado de destino**, em sua totalidade, o ICMS sobre a operação interestadual de fornecimento de energia elétrica a consumidor final, para emprego em processo de industrialização, não podendo o Estado de origem cobrar o referido imposto (RE 748.543, de 2020);

d) A demanda de potência elétrica **não é passível**, por si só, de tributação via ICMS, porquanto somente integram a base de cálculo desse imposto os valores referentes àquelas operações em que haja efetivo consumo de energia elétrica pelo consumidor (RE 593.824, de 2020);

e) É **constitucional** a imposição tributária de diferencial de alíquota do ICMS pelo Estado de destino na entrada de mercadoria em seu território devido por sociedade empresária aderente ao **Simples Nacional**, independentemente da posição desta na cadeia produtiva ou da possibilidade de compensação dos créditos (RE 970.821, de 2021).

16.3. IMPOSTO SOBRE A PROPRIEDADE DE VEÍCULOS AUTOMOTORES

O Imposto sobre a **Propriedade de Veículos Automotores** (IPVA) é um dos tributos mais simples do sistema brasileiro, e a competência para sua instituição pertence aos Estados e ao Distrito Federal.

O IPVA está sujeito aos princípios da anterioridade e da noventena e tem como **fato gerador** a propriedade de veículo automotor em 1.º de janeiro de cada ano ou a aquisição, a qualquer tempo, de veículo zero quilômetro.

Conquanto o conceito de veículo automotor possa parecer amplo, o campo de incidência do IPVA **não inclui** aeronaves e embarcações, de sorte que o imposto alcança basicamente veículos terrestres, como automóveis, ônibus, caminhões e motocicletas[5].

O lançamento do crédito tributário é feito de **ofício** e a base de cálculo será o valor do veículo, conforme tabela elaborada pelo Poder Público.

A matriz constitucional do IPVA encontra-se no art. 155:

Art. 155. Compete aos **Estados** e ao **Distrito Federal** instituir impostos sobre:

(...)

III — **propriedade de veículos automotores**.

(...)

§ 6.º O imposto previsto no inciso III:

I — terá **alíquotas mínimas** fixadas pelo Senado Federal;

II — poderá ter **alíquotas diferenciadas** em função do tipo e utilização;

II — poderá ter **alíquotas diferenciadas** em função do tipo, do valor, da utilização e do impacto ambiental;

III — incidirá sobre a propriedade de veículos automotores **terrestres, aquáticos e aéreos**, excetuados:

a) aeronaves agrícolas e de operador certificado para prestar serviços aéreos a terceiros;

b) embarcações de pessoa jurídica que detenha outorga para prestar serviços de transporte aquaviário ou de pessoa física ou jurídica que pratique pesca industrial, artesanal, científica ou de subsistência;

c) plataformas suscetíveis de se locomoverem na água por meios próprios, inclusive aquelas cuja finalidade principal seja a exploração de atividades econômicas em águas territoriais e na zona econômica exclusiva e embarcações que tenham essa mesma finalidade principal;

d) tratores e máquinas agrícolas.

Como o IPVA pertence à competência dos Estados e do Distrito Federal, suas **alíquotas** variam de acordo com as respectivas legislações.

---

[5] Segundo o STF: "Não incide IPVA sobre veículo automotor adquirido, mediante alienação fiduciária, por pessoa jurídica de direito público" (RE 727.851, com repercussão geral).

A competência tributária normalmente é fixada pelo local de **registro** e **licenciamento** do veículo, o que gerou, em termos práticos, uma "fuga" de contribuintes para entes federados com menor tributação.

É o caso, por exemplo, de empresas com grandes frotas (transportadoras, locadoras de automóveis e assim por diante) que, embora sediadas em São Paulo, registram seus veículos no Paraná, local onde as alíquotas são menores[6].

Para tentar minimizar o problema, o constituinte atribuiu ao Senado Federal o papel de fixar as **alíquotas mínimas** do IPVA.

Existe, por fim, a previsão constitucional de **seletividade**, para que as alíquotas do IPVA sejam diferenciadas em função do tipo e da utilização do veículo (exemplo: as alíquotas de caminhões e utilitários podem ser menores do que as de automóveis de passeio).

SÚMULA 585 DO STJ: A responsabilidade solidária do ex-proprietário, prevista no art. 134 do Código de Trânsito Brasileiro — CTB, não abrange o IPVA incidente sobre o veículo automotor, no que se refere ao período posterior à sua alienação.

Segundo o STF, **não incide** IPVA sobre veículo automotor adquirido, mediante alienação fiduciária, por pessoa jurídica de direito público (RE 727.851, de 2020).

Sobre o mesmo assunto, o STJ entendeu, com efeito repetitivo, que somente mediante lei estadual ou distrital específica poderá ser atribuída ao alienante responsabilidade solidária pelo pagamento do Imposto sobre a Propriedade de Veículos Automotores — IPVA do veículo alienado, na hipótese de ausência de comunicação da venda do bem ao órgão de trânsito competente (Tema 1.118).

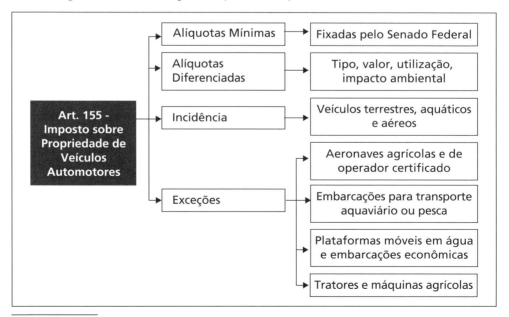

---

[6] O Supremo Tribunal Federal reconheceu a repercussão geral da controvérsia acerca do local a ser pago o IPVA: se em favor do Estado no qual se encontra sediado ou domiciliado o contribuinte ou onde o veículo for registrado e licenciado (ARE 784.682). O processo ainda aguarda julgamento.

Em relação à competência, "a Constituição autoriza a cobrança do Imposto sobre a Propriedade de Veículos Automotores (IPVA) somente pelo Estado em que o contribuinte mantém sua **sede** ou **domicílio tributário**" (RE 1.016.605, de 2020).

O STJ decidiu, com efeito repetitivo (Tema 1.118), que somente mediante lei estadual/distrital específica poderá ser atribuída ao alienante responsabilidade solidária pelo pagamento do Imposto sobre a Propriedade de Veículos Automotores — IPVA do veículo alienado, na hipótese de ausência de comunicação da venda do bem ao órgão de trânsito competente.

A reforma tributária, depois de muitas discussões, ampliou a incidência do IPVA, estendendo-a a veículos automotores aquáticos e aéreos. Contudo, o IPVA não alcança:

■ aeronaves agrícolas;

■ empresas autorizadas a prestar serviços aéreos a terceiros, como as companhias aéreas;

■ empresas que prestam serviços de transporte aquaviário ou pessoas físicas e jurídicas que pratiquem pesca industrial, artesanal, científica ou de subsistência;

■ plataformas de petróleo ou embarcações com finalidades semelhantes;

■ tratores e máquinas agrícolas.

A análise de todas as exceções nos leva a concluir que, para além dos veículos terrestres já tributados, a expansão do IPVA foi concebida para alcançar aviões e helicópteros **de uso privado**, assim como **embarcações de luxo**, como iates. Embora a medida seja justa, é possível que muitos dos proprietários desses veículos pensarão em transferi-los para "empresas que prestam serviços de transporte", cujos clientes sejam eles próprios, o que poderá ensejar um enorme debate judicial sobre essa tentativa escapar das novas hipóteses de incidência do imposto.

A Constituição também foi alterada para permitir a adoção de **alíquotas diferenciadas** de IPVA para veículos com menor impacto ambiental, em linha com o crescimento das vendas de carros híbridos e elétricos no país.

Entretanto, na contramão dessa abordagem de redução na emissão de CO_2 o governo **aumentou** o imposto de importação para veículos elétricos, sob o argumento, sempre falacioso, de prestigiar a "indústria nacional", como se houvesse algum fabricante genuinamente brasileiro de automóveis.

Isso significa, sem meias palavras, um claro **desrespeito** ao princípio geral, incluído pela reforma, de que o sistema tributário **deve observar** o princípio da defesa do meio ambiente.

16.4. IMPOSTO SOBRE A PROPRIEDADE PREDIAL E TERRITORIAL URBANA

O Imposto sobre a **Propriedade Predial e Territorial Urbana** (IPTU) é de competência dos Municípios e do Distrito Federal.

O IPTU está sujeito aos princípios da anterioridade e da noventena e tem como **fato gerador** a propriedade, o domínio útil ou a posse de bem imóvel por natureza ou por acessão física, localizado na zona urbana do município.

16 ■ Tributos Estaduais e Municipais   669

O lançamento do crédito tributário é feito de **ofício**, e a base de cálculo será o valor do imóvel.

Assim como os demais impostos municipais, a matriz constitucional do IPTU pode ser encontrada no art. 156:

> **Art. 156.** Compete aos **Municípios** instituir impostos sobre:
>
> I — **propriedade predial e territorial urbana**;
>
> (...)
>
> § 1.º Sem prejuízo da **progressividade no tempo** a que se refere o art. 182, § 4.º, inciso II, o imposto previsto no inciso I poderá:
>
> I — ser **progressivo** em razão do **valor do imóvel**; e
>
> II — ter alíquotas **diferentes** de acordo com a **localização** e o **uso** do imóvel.
>
> III — ter sua base de cálculo **atualizada** pelo Poder Executivo, conforme critérios estabelecidos em lei municipal.
>
> § 1.º-A O imposto previsto no inciso I do *caput* deste artigo **não incide** sobre templos de qualquer culto, ainda que as entidades abrangidas pela imunidade de que trata a alínea *b* do inciso VI do *caput* do art. 150 desta Constituição sejam apenas **locatárias** do bem imóvel.

A partir da Emenda Constitucional n. 29/2000, o IPTU passou a admitir a **progressividade** das alíquotas, em função do valor do imóvel, para que as propriedades com valor venal menor sejam tributadas menos gravosamente, com a possibilidade, inclusive, de isenção, por lei, para os imóveis residenciais de baixo valor.

Surgiu, ainda, a hipótese de adotar critérios **seletivos** na determinação das alíquotas, de acordo com a localização e o uso do imóvel. No primeiro caso, um imóvel na periferia da cidade poderia ter alíquotas menores do que outro **localizado** em região nobre (independentemente dos respectivos valores), sob o argumento de que os serviços públicos estariam disponíveis ou seriam mais próximos do imóvel com localização privilegiada.

O segundo caso permite a variação da alíquota conforme o **uso do imóvel**: residencial, comercial ou industrial. Embora o raciocínio pareça razoável e já tenha sido admitido pelo STF[7], em termos práticos a medida pode gerar distorções e injustiças.

Exemplo: Imagine dois imóveis residenciais vizinhos, geminados e absolutamente iguais em termos de construção e tamanho. Em princípio, ambos estarão sujeitos à mesma alíquota de IPTU. Contudo, o proprietário de um dos imóveis perdeu o emprego e precisou renunciar à garagem para nela instalar um pequeno comércio, que se torna a única fonte de renda da família. A prefeitura, ao verificar a situação, qualifica o imóvel como "comercial", sujeito, portanto, a alíquota maior de IPTU. Nesse caso, é evidente que o imposto mais alto recai justamente sobre o proprietário com menor capacidade contributiva, o que revela enorme injustiça. Apesar disso, o STF dirá que *não se admite*

---

[7] STF: Surge legítima, sob o ângulo constitucional, lei a prever alíquotas diversas, presentes imóveis residenciais e comerciais, uma vez editada após a Emenda Constitucional n. 29/2000 (RE 586.693, com repercussão geral).

670 Direito Tributário Esquematizado   *Roberto Caparroz*

a progressividade fiscal decorrente da capacidade econômica do contribuinte, dada a natureza real do imposto. A progressividade da alíquota do IPTU, com base no valor venal do imóvel, só é admissível para o fim extrafiscal de assegurar o cumprimento da função social da propriedade urbana[8]*.*

Ainda em relação ao caráter extrafiscal do imposto, o constituinte também previu a possibilidade de o IPTU ser utilizado, com alíquotas progressivas **no tempo** e caráter **sancionatório**, como instrumento para a promoção da função social da propriedade.

> **Art. 182.** A política de **desenvolvimento urbano**, executada pelo Poder Público municipal, conforme diretrizes gerais fixadas em lei, tem por objetivo ordenar o pleno desenvolvimento das funções sociais da cidade e garantir o bem-estar de seus habitantes.
>
> § 1.º O **plano diretor**, aprovado pela Câmara Municipal, obrigatório para cidades com mais de vinte mil habitantes, é o instrumento básico da política de desenvolvimento e de expansão urbana.
>
> § 2.º A propriedade urbana cumpre sua **função social** quando atende às exigências fundamentais de ordenação da cidade expressas no plano diretor.
>
> § 3.º As desapropriações de imóveis urbanos serão feitas com prévia e justa indenização em dinheiro.
>
> § 4.º É facultado ao Poder Público municipal, mediante lei específica para área incluída no plano diretor, exigir, nos termos da lei federal, do proprietário do solo urbano **não edificado**, **subutilizado** ou **não utilizado**, que promova seu adequado aproveitamento, sob pena, sucessivamente, de:
>
> I — parcelamento ou edificação compulsórios;
>
> II — imposto sobre a propriedade predial e territorial urbana **progressivo no tempo**;
>
> III — desapropriação com pagamento mediante títulos da dívida pública de emissão previamente aprovada pelo Senado Federal, com prazo de resgate de até dez anos, em parcelas anuais, iguais e sucessivas, assegurados o valor real da indenização e os juros legais.

> **SÚMULA 668 DO STF:** É inconstitucional a lei municipal que tenha estabelecido, antes da Emenda Constitucional 29/2000, alíquotas progressivas para o IPTU, salvo se destinada a assegurar o cumprimento da função social da propriedade urbana.

Por outro lado, o STF decidiu, com **repercussão geral**, que "são constitucionais as leis municipais anteriores à Emenda Constitucional n. 29/2000, que instituíram alíquotas diferenciadas de IPTU para imóveis edificados e não edificados, residenciais e não residenciais" (RE 666.156, 2020).

A definição do fato jurídico do IPTU e dos critérios para a qualificação da área como urbana está prevista no art. 32 do Código Tributário Nacional.

> **Art. 32.** O imposto, de competência dos **Municípios**, sobre a propriedade predial e territorial urbana tem como fato gerador a **propriedade**, o **domínio útil** ou a **posse** de

---

[8]   Conforme AI 468.801-AgR.

bem imóvel por **natureza** ou por **acessão física**, como definido na lei civil, localizado na zona urbana do Município.

§ 1.º Para os efeitos deste imposto, entende-se como **zona urbana** a definida em lei municipal; observado o requisito mínimo da existência de melhoramentos indicados em **pelo menos** 2 (dois) dos incisos seguintes, construídos ou mantidos pelo Poder Público:

I — meio-fio ou calçamento, com canalização de águas pluviais;

II — abastecimento de água;

III — sistema de esgotos sanitários;

IV — rede de iluminação pública, com ou sem posteamento para distribuição domiciliar;

V — escola primária ou posto de saúde a uma distância máxima de 3 (três) quilômetros do imóvel considerado.

§ 2.º A lei municipal pode considerar urbanas as áreas urbanizáveis, ou de **expansão urbana**, constantes de **loteamentos** aprovados pelos órgãos competentes, destinados à habitação, à indústria ou ao comércio, mesmo que localizados **fora das zonas** definidas nos termos do parágrafo anterior.

É importante ressaltar que compete à **lei municipal** delimitar a área correspondente à zona urbana, na qual os imóveis estarão sujeitos ao IPTU. O Código Tributário Nacional exige a presença de pelo menos dois melhoramentos, entre os indicados no § 1.º do art. 32, para que a área seja assim considerada.

Os imóveis localizados em áreas não alcançadas pela lei municipal ou naquelas em que não estiverem presentes os melhoramentos sofrerão a incidência do **ITR**, de competência da União.

SÚMULA 626 DO STJ: A incidência do IPTU sobre imóvel situado em área considerada pela lei local como urbanizável ou de expansão urbana não está condicionada à existência dos melhoramentos elencados no art. 32, § 1.º, do CTN.

Por fim, a base de cálculo e os contribuintes do IPTU estão definidos nos arts. 33 e 34 do Código Tributário Nacional.

Art. 33. A **base do cálculo** do imposto é o **valor venal** do imóvel.

Parágrafo único. Na determinação da base de cálculo, não se considera o valor dos bens móveis mantidos, em caráter permanente ou temporário, no imóvel, para efeito de sua utilização, exploração, aformoseamento ou comodidade.

Art. 34. Contribuinte do imposto é o proprietário do imóvel, o titular do seu domínio útil, ou o seu possuidor a qualquer título.

Vale ressaltar que o IPTU, apesar de relativo à **propriedade** de imóveis urbanos, pode ter como contribuinte o possuidor a qualquer título, desde que este revele ânimo de proprietário (situação ou intenção tendente à aquisição da propriedade).

Embora seja comum, nos contratos de locação, o locador "transferir" a responsabilidade pelo pagamento do IPTU ao locatário, tal disposição **não gera** qualquer efeito contra o fisco, que exigirá o tributo das pessoas previstas em lei. Na hipótese, o contrato celebrado pelas partes será **válido**, mas a cláusula de transferência ou imputação da responsabilidade pelo pagamento não será oponível à fazenda municipal, conforme advertência expressa do art. 123 do Código Tributário Nacional.

SÚMULA 160 DO STJ: É defeso, ao Município, atualizar o IPTU, mediante decreto, em percentual superior ao índice oficial de correção monetária.

SÚMULA 399 DO STJ: Cabe à legislação municipal estabelecer o sujeito passivo do IPTU.

SÚMULA 614 DO STJ: O locatário não possui legitimidade ativa para discutir a relação jurídico-tributária de IPTU e de taxas referentes ao imóvel alugado nem para repetir indébito desses tributos.

SÚMULA 583 DO STF: Promitente comprador de imóvel residencial transcrito em nome de autarquia é contribuinte do imposto predial territorial urbano.

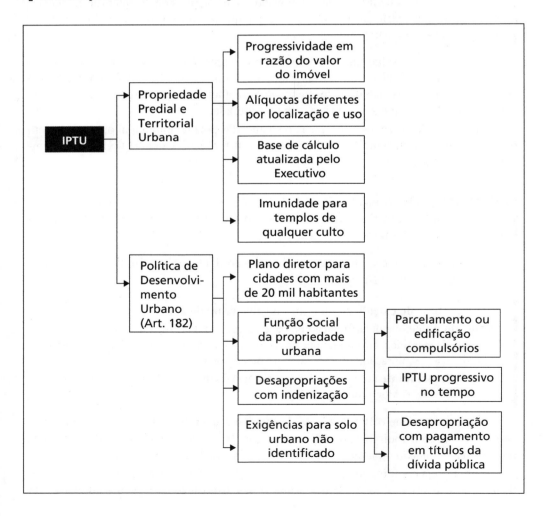

16 ◼ Tributos Estaduais e Municipais 673

IPTU — Jurisprudência

◼ **Sub-rogação no preço de arrematação.** Na hipótese de arrematação em hasta pública, dispõe o parágrafo único do art. 130 do Código Tributário Nacional que a sub-rogação do crédito tributário, decorrente de impostos cujo fato gerador seja a propriedade do imóvel, ocorre sobre o respectivo preço, que por eles responde. Esses créditos, até então assegurados pelo bem, passam a ser garantidos pelo referido preço da arrematação, recebendo o adquirente o imóvel desonerado dos ônus tributários devidos até a data da realização da hasta. Se o preço alcançado na arrematação em hasta pública não for suficiente para cobrir o débito tributário, não fica o arrematante responsável pelo eventual saldo devedor. A arrematação tem o efeito de extinguir os ônus que incidem sobre o bem imóvel arrematado, passando este ao arrematante livre e desembaraçado dos encargos tributários (REsp 166.975).

◼ **Imunidade. Pessoas ligadas à igreja.** O fato de os imóveis estarem sendo utilizados como escritório e residência de membros da entidade não afasta a imunidade prevista no art. 150, VI, *c*, § 4.º, da Constituição Federal (ARE 895.972-AgR).

◼ **Tipo de imóvel. Alíquotas diferenciadas.** O STF firmou entendimento no sentido de que não há inconstitucionalidade na diversidade de alíquotas do IPTU no caso de imóvel edificado, não edificado, residencial ou comercial. Essa orientação é anterior ao advento da EC 29/2000 (AI 582.467-AgR).

◼ **Erro de fato. Possibilidade de revisão do lançamento.** A retificação de dados cadastrais do imóvel, após a constituição do crédito tributário, autoriza a revisão do lançamento pela autoridade administrativa (desde que não extinto o direito potestativo da Fazenda Pública pelo decurso do prazo decadencial), quando decorrer da apreciação de fato não conhecido por ocasião do lançamento anterior, *ex vi* do disposto no art. 149, inciso VIII, do CTN (REsp 1.130.545, recurso repetitivo).

◼ **Responsabilidade pelo pagamento.** A Primeira Seção do STJ, quando do julgamento do REsp 1.111.202/SP (recurso repetitivo), firmou o entendimento de que tanto o promitente comprador (possuidor a qualquer título) do imóvel quanto seu proprietário/promitente vendedor (aquele que tem a propriedade registrada no Registro de Imóveis) são contribuintes responsáveis pelo pagamento do IPTU.

◼ **Posse sem *animus domini*. Ausência de fato gerador do IPTU.** A posse apta a gerar a obrigação tributária é aquela qualificada pelo *animus domini*, ou seja, a que efetivamente esteja em vias de ser transformada em propriedade, seja por meio da promessa de compra e venda, seja pela posse *animus domini*. A incidência do IPTU deve ser afastada nos casos em que a posse é exercida precariamente, bem como nas demais situações em que, embora envolvam direitos reais, não estejam diretamente correlacionadas com a aquisição da propriedade. Na hipótese, a concessão de direito real de uso não viabiliza ao concessionário tornar-se proprietário do bem público, ao menos durante a vigência do contrato, o que descaracteriza o *animus domini* (REsp 1.091.198).

674 Direito Tributário Esquematizado   *Roberto Caparroz*

- ◼ **IPTU. Prazo prescricional da cobrança judicial. Termo inicial. Dia seguinte à data estipulada para o vencimento da exação.** O termo inicial do prazo prescricional da cobrança judicial do Imposto Predial e Territorial Urbano — IPTU — inicia-se no dia seguinte à data estipulada para o vencimento da exação (REsp 1.658.517PA).

- ◼ **Alíquotas diferenciadas.** São constitucionais as leis municipais anteriores à Emenda Constitucional n. 29/2000, que instituíram alíquotas diferenciadas de IPTU para imóveis edificados e não edificados, residenciais e não residenciais (RE 666.156, com repercussão geral).

- ◼ **Territórios incorporados.** A exigência da realização de plebiscito, conforme se determina no § 4.º do art. 18 da Constituição da República, não foi afastada pelo art. 96, inserido no Ato das Disposições Constitucionais Transitórias da Constituição da República pela Emenda Constitucional n. 57/2008, sendo ilegítimo o município ocupante para cobrar o Imposto sobre a Propriedade Predial e Territorial Urbana — IPTU nos territórios indevidamente incorporados (RE 1.171.699, com repercussão geral).

- ◼ **Delegação de avaliação do imóvel ao Poder Executivo.** É constitucional a lei municipal que delega ao Poder Executivo a avaliação individualizada, para fins de cobrança do IPTU, de imóvel novo não previsto na Planta Genérica de Valores, desde que fixados em lei os critérios para a avaliação técnica e assegurado ao contribuinte o direito ao contraditório (ARE 1.245.097, com repercussão geral).

A única novidade da **reforma tributária** em relação ao IPTU foi a inclusão de dispositivo que **autoriza a correção** do valor do imóvel pelas prefeituras, desde que observados os critérios estabelecidos em lei municipal. A medida busca permitir a atualização constante da base de cálculo do imposto, a partir de índices de correção que deverão ser fixados pelo respectivo poder legislativo.

16.5. IMPOSTO SOBRE A TRANSMISSÃO DE BENS *INTER VIVOS*

O Imposto sobre a **Transmissão de Bens *Inter Vivos*** (ITBI) é de competência dos Municípios e do Distrito Federal.

O ITBI está sujeito aos princípios da anterioridade e da noventena.

O lançamento do crédito tributário é feito por **declaração**, e a base de cálculo será o valor venal dos bens ou direitos transmitidos. O imposto deve ser recolhido quando do registro da escritura pública de transmissão no cartório de registros imobiliários.

Segundo o STF, "o fato gerador do imposto sobre transmissão *inter vivos* de bens imóveis (ITBI) somente ocorre com a **efetiva transferência** da propriedade imobiliária, que se dá mediante o **registro**" (ARE 1.294.969, de 2021).

Desde que atendidos os requisitos constitucionais, são **imunes** ao ITBI:

- ◼ As transmissões de bens e direitos efetuadas pela União, Estados, Distrito Federal, autarquias e fundações instituídas e mantidas pelo Poder Público (CF, art. 150, VI, *a*, e § 2.º).

- ◼ As transmissões de bens e direitos efetuadas por partidos políticos, inclusive suas fundações, entidades sindicais de trabalhadores, instituições de educação e assistência social, sem fins lucrativos (CF, art. 150, VI, *c*).

■ As operações de transferência de imóveis desapropriados para fins de reforma agrária (CF, art. 184, § 5.º).

■ A transmissão de bens ou direitos incorporados ao patrimônio de pessoa jurídica em realização de capital, nem sobre a transmissão de bens ou direitos decorrente de fusão, incorporação, cisão ou extinção de pessoa jurídica, salvo se, nesses casos, a atividade preponderante do adquirente for a compra e venda desses bens ou direitos, locação de bens imóveis ou arrendamento mercantil (CF, art. 156, § 2.º, I)[9].

Para o STF, "a imunidade em relação ITBI, prevista no inciso I do § 2.º do art. 156 da Constituição Federal não alcança o valor dos bens que exceder o limite do capital social a ser integralizado" (RE 796.376, de 2020).

A matriz constitucional do imposto está presente no art. 156, II.

Art. 156. Compete aos **Municípios** instituir impostos sobre:

(...)

II — **transmissão** *inter vivos*, a qualquer título, por **ato oneroso**, de bens **imóveis**, por natureza ou acessão física, e de **direitos reais** sobre imóveis, exceto os de garantia, bem como cessão de direitos a sua aquisição;

(...)

§ 2.º O imposto previsto no inciso II:

I — **não incide** sobre a transmissão de bens ou direitos incorporados ao patrimônio de pessoa jurídica em **realização de capital**, nem sobre a transmissão de bens ou direitos decorrente de **fusão**, **incorporação**, **cisão** ou **extinção** de pessoa jurídica, salvo se, nesses casos, a atividade **preponderante** do adquirente for a compra e venda desses bens ou direitos, locação de bens imóveis ou arrendamento mercantil;

II — compete ao Município da **situação do bem**.

Como vimos, os arts. 35 e seguintes do Código Tributário Nacional tratam do "Imposto sobre a Transmissão de Bens Imóveis e de Direitos a eles Relativos", que seria de competência estadual, situação que revela o **anacronismo** do texto, que deve ser entendido com as observações e restrições já expostas quando da análise do ITCMD.

A base de cálculo do ITBI é o **valor venal**, que deve corresponder ao valor de venda do imóvel, circunstância que, segundo o STJ, **não coincide necessariamente** com o montante utilizado para o lançamento do IPTU, que é apurado de ofício pelas autoridades municipais[10].

Isso significa, de acordo com a jurisprudência, que a forma de apuração da base de cálculo e a modalidade de lançamento do IPTU e do ITBI são **diferentes**, embora os dois tributos tomem como referência o mesmo imóve

---

[9] Segundo o STF: "A imunidade em relação ITBI, prevista no inciso I do § 2.º do art. 156 da Constituição Federal, não alcança o valor dos bens que exceder o limite do capital social a ser integralizado" (RE 796.376, com repercussão geral).

[10] STJ, AgRg no REsp 1.226.872/SP.

SÚMULA 656 DO STF: É inconstitucional a lei que estabelece alíquotas progressivas para o imposto de transmissão *inter vivos* de bens imóveis — ITBI com base no valor venal do imóvel.

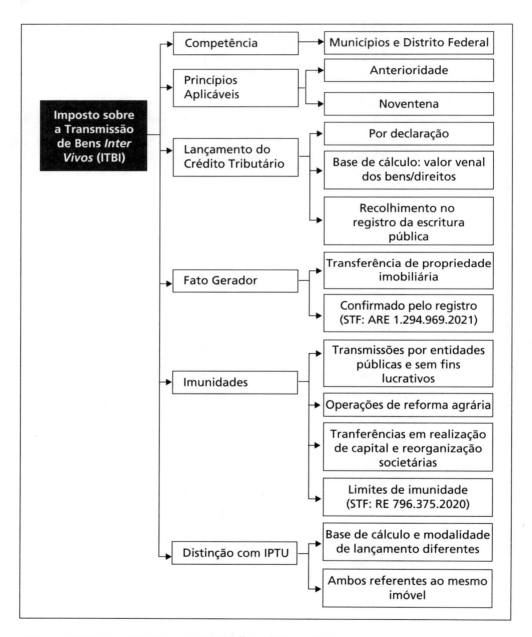

16.6. IMPOSTO SOBRE A PRESTAÇÃO DE SERVIÇOS DE QUALQUER NATUREZA

O Imposto sobre a **Prestação de Serviços de Qualquer Natureza** (ISS ou ISSQN) é de competência dos Municípios e do Distrito Federal.

16 ■ Tributos Estaduais e Municipais 677

O ISS está sujeito aos princípios da anterioridade e da noventena.

O crédito tributário é objeto de lançamento por **homologação** e a base de cálculo será o **preço do serviço** prestado.

A base legal para o ISS é a **Lei Complementar n. 116/2004**, que tem, entre outros objetivos, o de diferenciar as hipóteses de incidência do ISS daquelas previstas para o ICMS.

> **Importante!** O serviço de transporte municipal sofre a incidência do ISS, enquanto os serviços de transporte interestadual ou intermunicipal, de pessoas ou cargas, devem ser tributados pelo ICMS.

A matriz constitucional do ISS está prevista no art. 156, III.

> **Art. 156.** Compete aos **Municípios** instituir impostos sobre:
>
> (...)
>
> III — **serviços de qualquer natureza**, não compreendidos no art. 155, II, definidos em lei complementar.
>
> (...)
>
> § 3.º Em relação ao imposto previsto no inciso III do *caput* deste artigo, cabe à lei complementar:
>
> I — fixar as suas **alíquotas máximas** e **mínimas**;
>
> II — **excluir** da sua incidência **exportações** de serviços para o exterior.
>
> III — regular a forma e as condições como isenções, incentivos e benefícios fiscais serão concedidos e revogados.

A Lei Complementar n. 116/2004 veicula, nos primeiros artigos, as regras gerais acerca do ISS, com destaque para as hipóteses de **incidência** e **não incidência**, conforme transcrito a seguir.

> **Art. 1.º** O Imposto Sobre Serviços de Qualquer Natureza, de competência dos **Municípios e do Distrito Federal**, tem como **fato gerador** a **prestação de serviços** constantes da lista anexa, ainda que esses não se constituam como atividade preponderante do prestador.
>
> § 1.º O imposto incide também sobre o serviço **proveniente do exterior** do País ou cuja prestação se **tenha iniciado** no exterior do País.
>
> § 2.º Ressalvadas as exceções expressas na lista anexa, os serviços nela mencionados **não ficam sujeitos** ao Imposto Sobre Operações Relativas à Circulação de Mercadorias e Prestações de Serviços de Transporte Interestadual e Intermunicipal e de Comunicação — ICMS, ainda que sua prestação envolva fornecimento de mercadorias.
>
> § 3.º O imposto de que trata esta Lei Complementar incide ainda sobre os serviços prestados mediante a utilização de **bens e serviços públicos** explorados economicamente mediante **autorização**, **permissão** ou **concessão**, com o pagamento de tarifa, preço ou pedágio pelo usuário final do serviço
>
> § 4.º A incidência do imposto **não depende** da denominação dada ao serviço prestado.
>
> **Art. 2.º** O imposto **não incide** sobre:

I — as **exportações de serviços** para o exterior do País;

II — a prestação de serviços em relação de **emprego**, dos trabalhadores avulsos, dos diretores e membros de conselho consultivo ou de conselho fiscal de sociedades e fundações, bem como dos sócios-gerentes e dos gerentes-delegados;

III — o valor **intermediado** no mercado de títulos e valores mobiliários, o valor dos depósitos bancários, o principal, juros e acréscimos moratórios relativos a operações de crédito realizadas por instituições financeiras.

Parágrafo único. Não se enquadram no disposto no inciso I os serviços desenvolvidos no Brasil, cujo resultado aqui se verifique, ainda que o pagamento seja feito por residente no exterior.

(...)

Art. 4.º Considera-se **estabelecimento prestador** o local onde o contribuinte desenvolva a atividade de prestar serviços, de modo permanente ou temporário, e que configure unidade econômica ou profissional, sendo irrelevantes para caracterizá-lo as denominações de sede, filial, agência, posto de atendimento, sucursal, escritório de representação ou contato ou quaisquer outras que venham a ser utilizadas.

Art. 5.º Contribuinte é o prestador do serviço.

SÚMULA 274 DO STJ: O ISS incide sobre o valor dos serviços de assistência médica, incluindo-se neles as refeições, os medicamentos e as diárias hospitalares.

SÚMULA 424 DO STJ: É legítima a incidência de ISS sobre os serviços bancários congêneres da lista anexa ao DL n. 406/68 e à LC n. 56/87.

SÚMULA 524 DO STJ: No tocante à base de cálculo, o ISSQN incide apenas sobre a taxa de agenciamento quando o serviço prestado por sociedade empresária de trabalho temporário for de intermediação, devendo, entretanto, englobar também os valores dos salários e encargos sociais dos trabalhadores por ela contratados nas hipóteses de fornecimento de mão de obra.

SÚMULA 588 DO STF: O imposto sobre serviços não incide sobre os depósitos, as comissões e taxas de desconto, cobrados pelos estabelecimentos bancários.

SÚMULA VINCULANTE 31 DO STF: É inconstitucional a incidência do Imposto sobre Serviços de Qualquer Natureza — ISS sobre operações de locação de bens móveis.

ISS — Jurisprudência

◼ **Arrendamento mercantil. *Leasing* financeiro.** O arrendamento mercantil compreende três modalidades, (i) o *leasing* operacional, (ii) o *leasing* financeiro e (iii) o chamado *lease-back*. No primeiro caso há locação, nos outros dois, serviço. A lei complementar não define o que é serviço, apenas o declara, para os fins do inciso III do art. 156 da Constituição. Não o inventa, simplesmente descobre o que é serviço para os efeitos do inciso III do art. 156 da Constituição. No arrendamento mercantil (*leasing* financeiro), contrato autônomo que não é misto, o núcleo é o financiamento, não uma prestação de dar. E financiamento é serviço, sobre o qual o ISS pode incidir, resultando irrelevante a existência de uma compra nas hipóteses do *leasing* financeiro e do *lease-back* (RE 592.905, repercussão geral).

- **Serviços de cartórios. Incidência.** É constitucional a incidência do ISS sobre a prestação de serviços de registros públicos, cartorários e notariais, devidamente previstos em legislação tributária municipal (RE 756.915, repercussão geral).

- **Súmula Vinculante 31. Outros serviços. Incidência.** A Súmula Vinculante 31 não exonera a prestação de serviços concomitante à locação de bens móveis do pagamento do ISS. Se houver ao mesmo tempo locação de bem móvel e prestação de serviços, o ISS incide sobre o segundo fato, sem atingir o primeiro (ARE 656.709-AgR).

- **Lista de serviços. Taxatividade. Serviços bancários.** É taxativa a Lista de Serviços anexa ao Decreto-lei 406/68, para efeito de incidência de ISS, admitindo-se, aos já existentes apresentados com outra nomenclatura, o emprego da interpretação extensiva para serviços congêneres (REsp 1.111.234/PR, recurso repetitivo).

- **Farmácias de manipulação.** No tocante às farmácias de manipulação, incide o ISS sobre as operações envolvendo o preparo e o fornecimento de medicamentos encomendados para posterior entrega aos fregueses, em caráter pessoal, para consumo; incide o ICMS sobre os medicamentos de prateleira por elas produzidos, ofertados ao público consumidor (RE 605.552, com repercussão geral).

- **Bilhetes de loteria.** É constitucional a incidência de ISS sobre serviços de distribuição e venda de bilhetes e demais produtos de loteria, bingos, cartões, pules ou cupons de apostas, sorteios e prêmios (item 19 da Lista de Serviços Anexa à Lei Complementar n. 116/2003). Nesta situação, a base de cálculo do ISS é o valor a ser remunerado pela prestação do serviço, independentemente da cobrança de ingresso, não podendo corresponder ao valor total da aposta (RE 634.764, com repercussão geral).

- *Franchising.* É constitucional a incidência de Imposto sobre Serviços de Qualquer Natureza (ISS) sobre contratos de franquia (*franchising*) (itens 10.04 e 17.08 da lista de serviços prevista no Anexo da Lei Complementar n. 116/2003) (RE 603.136, com repercussão geral).

- **Inclusão na base de cálculo da CPRB.** O STF firmou entendimento, com repercussão geral, de que é constitucional a inclusão do Imposto Sobre Serviços de Qualquer Natureza — ISS na base de cálculo da Contribuição Previdenciária sobre a Receita Bruta — CPRB (RE1.285.845).

- **ISS sobre contratos de *software* desenvolvidos para clientes de forma personalizada.** É constitucional a incidência do ISS no licenciamento ou na cessão de direito de uso de programas de computação desenvolvidos para clientes de forma personalizada, nos termos do subitem 1.05 da lista anexa à LC n. 116/2003 (RE 688.223, com repercussão geral).

- **Base de cálculo do IRPJ e da CSLL.** O ISS compõe a base de cálculo do IRPJ e da CSLL quando apurados na sistemática do lucro presumido (Tema Repetitivo 1.240).

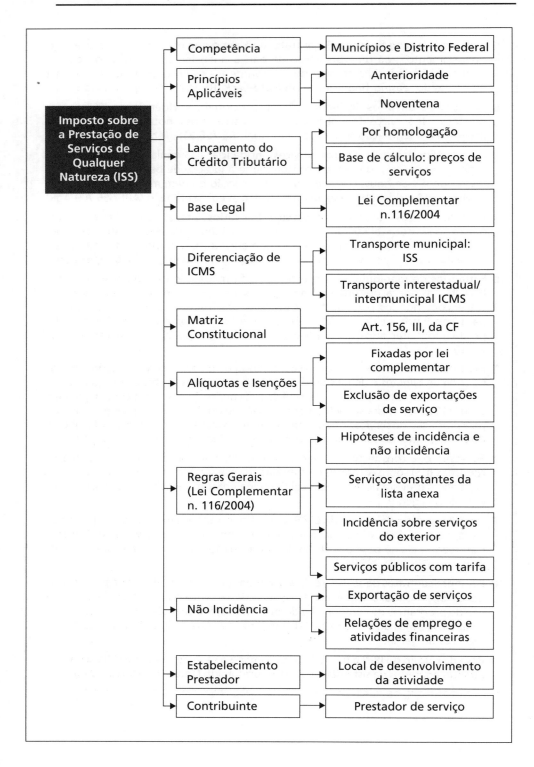

Nos últimos anos o STF proferiu, em sede de repercussão geral, diversas decisões acerca do ISS, cujas teses reproduzimos a seguir:

a) É **taxativa** a lista de serviços sujeitos ao ISS a que se refere o art. 156, III, da Constituição Federal, admitindo-se, contudo, a incidência do tributo sobre as atividades inerentes aos serviços elencados em lei em razão da interpretação extensiva (RE 784.439, de 2020);

b) É **constitucional** a incidência de ISS sobre serviços de distribuição e venda de bilhetes e demais produtos de loteria, bingos, cartões, pules ou cupons de apostas, sorteios e prêmios (item 19 da Lista de Serviços Anexa à Lei Complementar n. 116/2003). Nesta situação, a base de cálculo do ISS é o valor a ser remunerado pela prestação do serviço, independentemente da cobrança de ingresso, não podendo corresponder ao valor total da aposta (RE 634.764, de 2020);

c) É **constitucional** a incidência de Imposto sobre Serviços de Qualquer Natureza (ISS) sobre contratos de franquia (*franchising*) (itens 10.04 e 17.08 da lista de serviços prevista no Anexo da Lei Complementar n. 116/2003) (RE 603.136, de 2020);

d) É **constitucional** a inclusão do Imposto Sobre Serviços de Qualquer Natureza — ISS na base de cálculo da Contribuição Previdenciária sobre a Receita Bruta — CPRB (RE 1.285.845, de 2021);

e) É **incompatível** com a Constituição Federal disposição normativa a prever a obrigatoriedade de cadastro, em órgão da Administração municipal, de prestador de serviços não estabelecido no território do Município e imposição ao tomador da retenção do Imposto Sobre Serviços — ISS quando descumprida a obrigação acessória (RE 1.167.509, de 2021).

16.7. QUESTÕES

QUESTÕES DE CONCURSOS
> http://uqr.to/1y7fh

17
REFORMA TRIBUTÁRIA NA CONSTITUIÇÃO

Até este ponto, atualizamos todos os tópicos existentes no livro, para que eles reflitam as diversas alterações promovidas pela reforma tributária.

O primeiro ponto relevante é que aprovamos uma reforma apenas **parcial**, que versa sobre uma das grandes áreas da tributação, justamente a que recai sobre o **consumo**, que é o modelo mais gravoso para a população em geral.

De acordo com a **OCDE**[1], os tributos se dividem em **cinco grandes categorias**: tributos sobre a renda e os lucros; contribuições para a seguridade social; tributos sobre a massa salarial e a mão de obra; tributos sobre a propriedade e tributos sobre bens e serviços.

Os tributos sobre o consumo se dividem em **duas subcategorias**:

a) Tributos gerais sobre bens e serviços, que incluem os impostos sobre o valor agregado, os impostos sobre as vendas e os impostos sobre o volume de negócios e outros tributos gerais sobre bens e serviços.

b) Tributos sobre bens e serviços específicos, que consistem principalmente em impostos especiais de consumo, direitos aduaneiros e de importação e impostos sobre serviços específicos (que incluem, por exemplo, os impostos sobre prêmios de seguros e serviços financeiros).

Os impostos sobre o consumo, como o IVA, os impostos sobre as vendas e os impostos especiais de consumo, são frequentemente classificados como **impostos indiretos**. São geralmente cobrados sobre transações, produtos ou eventos e devidos pelas empresas que participam da cadeia de produção e distribuição, antes de serem transferidos para os consumidores finais, como parte do preço de compra de um bem ou serviço.

A partir de agora vamos analisar, em detalhes, as inovações do novo modelo de tributação sobre o consumo apresentado pela **Emenda Constitucional n. 132/2023**, com ênfase nos tributos que **substituirão** os atuais ISS, ICMS, IPI, PIS e COFINS.

Desde a promulgação da Constituição de 1988 fala-se na necessidade de uma reforma no sistema tributário brasileiro. Depois de mais de **três décadas** de debates, a reforma foi finalmente aprovada pelo Congresso Nacional, com mais facilidade do que se imaginava.

---

[1] OECD (2021), OECD *Revenue Statistics Interpretative Guide*, https://www.oecd.org/tax/tax-policy/oecd-classification-taxes-interpretative-guide.pdf. Tradução livre e adaptação de conceitos feitas pelo Autor.

Originalmente, a proposta de reforma previa a criação de um **IVA** (Imposto sobre Valor Agregado), que é o padrão de tributação sobre o consumo no mundo, adotado por mais de 170 países. A principal característica do IVA é a **não cumulatividade**, em que o tributo incide, apenas, sobre o valor adicionado em cada estágio do processo de produção ou elaboração do serviço, com o objetivo de eliminar o chamado "efeito cascata", que eleva a carga tributária final suportada pelos consumidores.

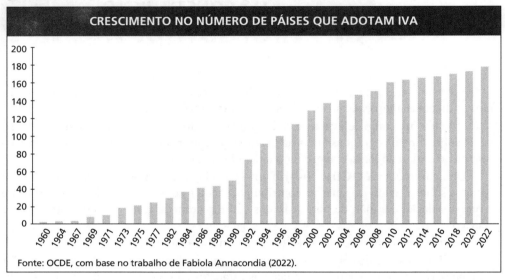

Fonte: OCDE, com base no trabalho de Fabiola Annacondia (2022).

Entretanto, a proposta original de reforma foi alterada durante o trâmite no Congresso Nacional, o que ensejou a criação de um modelo de **IVA Dual**, representado pela **Contribuição sobre Bens e Serviços (CBS)**, de competência federal, e pelo **Imposto sobre Bens e Serviços (IBS)**, de competência estadual e municipal.

Com a reforma, a cobrança dos novos tributos será realizada **no destino**, ou seja, no local de consumo dos produtos e serviços, em vez do modelo atual, que privilegia o local de sua produção. Esse deslocamento na sistemática de cobrança dos tributos objetiva reduzir os efeitos da guerra fiscal e igualar a tributação entre produtos nacionais e importados.

17.1. ESTRUTURA JURÍDICA DOS NOVOS TRIBUTOS

O **Imposto sobre Bens e Serviço**s (IBS) e a **Contribuição sobre Bens e Serviços** (CBS) são os dois principais tributos instituídos pela reforma tributária.

Com o objetivo de **uniformizar** a estrutura do IBS e da CBS (que, como vimos, originalmente seriam um tributo único), o art. 149-B da Constituição determinou que os dois tributos observarão as mesmas regras quanto a:

- Fatos geradores, bases de cálculo, hipóteses de não incidência e sujeitos passivos;
- Imunidades (aquelas previstas no art. 150, VI, da Constituição)[2];

---

[2] Não se aplica ao IBS e à CBS o disposto no art. 195, § 7.º, da Constituição, que trata da imunidade das entidades beneficentes de assistência social em relação à contribuição para a seguridade social.

- Regimes tributários específicos, diferenciados ou favorecidos.
- Regras de não cumulatividade e creditamento.

No caso de operações contratadas pela **administração pública direta, autarquias** e **fundações públicas** da União, dos Estados, do Distrito Federal e dos Municípios, o valor arrecadado a título de IBS e CBS será devolvido ao ente federativo contratante. Isso será feito por meio da **redução a zero** das alíquotas devidas aos outros entes e pelo aumento equivalente da alíquota devida ao ente contratante. As operações poderão ter alíquotas reduzidas, de maneira uniforme, conforme lei complementar que, poderá, inclusive, estabelecer situações em que a regra geral de devolução dos tributos não será aplicável.

As **importações** feitas pela administração pública, autarquias e fundações públicas estão protegidas pela **imunidade recíproca**, prevista no art. 150, VI, "a", garantida, ainda, igualdade de tratamento em relação às aquisições feitas dentro do país.

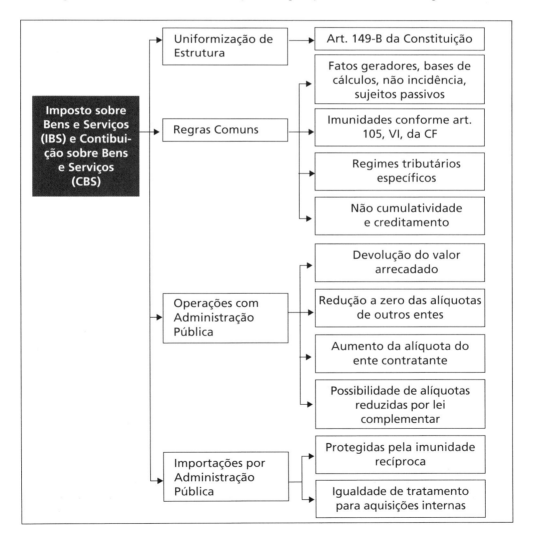

686 Direito Tributário Esquematizado | *Roberto Caparroz*

Art. 149-B. Os tributos previstos nos arts. 156-A e 195, V, observarão as mesmas regras em relação a:

I — fatos geradores, bases de cálculo, hipóteses de não incidência e sujeitos passivos;

II — imunidades;

III — regimes específicos, diferenciados ou favorecidos de tributação;

IV — regras de não cumulatividade e de creditamento.

Parágrafo único. Os tributos de que trata o *caput* observarão as imunidades previstas no art. 150, VI, não se aplicando a ambos os tributos o disposto no art. 195, § 7.º.

Art. 149-C. O produto da arrecadação do imposto previsto no art. 156-A e da contribuição prevista no art. 195, V, incidentes sobre operações contratadas pela administração pública direta, por autarquias e por fundações públicas, inclusive suas importações, será integralmente destinado ao ente federativo contratante, mediante redução a zero das alíquotas do imposto e da contribuição devidos aos demais entes e equivalente elevação da alíquota do tributo devido ao ente contratante.

§ 1.º As operações de que trata o *caput* poderão ter alíquotas reduzidas de modo uniforme, nos termos de lei complementar.

§ 2.º Lei complementar poderá prever hipóteses em que não se aplicará o disposto no *caput* e no § 1.º.

§ 3.º Nas importações efetuadas pela administração pública direta, por autarquias e por fundações públicas, o disposto no art. 150, VI, *a*, será implementado na forma do disposto no *caput* e no § 1.º, assegurada a igualdade de tratamento em relação às aquisições internas.

17.2. CARACTERÍSTICAS DO IMPOSTO SELETIVO

O novo **Imposto Seletivo** (IS), de competência da União, será instituído, a partir de 2027, como um complemento ao IBS e à CBS no caso de produtos ou serviços considerados **prejudiciais à saúde e ao meio ambiente**. Tributos com essa característica são conhecidos como "Excise Taxes", embora muito no Brasil prefiram a duvidosa, porém chamativa, denominação de "Impostos do Pecado (ou *Sin Taxes*, em inglês)", que costuma incidir sobre produtos como álcool, cigarros, bebidas adocicadas etc.

Existem diversas características que **distinguem** os *excise taxes* do IVA[3]:

a) São cobrados sobre um número limitado de produtos;

b) Normalmente são exigidos quando o produto entra em circulação, com incidência monofásica e, por vezes, numa etapa tardia da cadeia produtiva;

---

[3] OCDE, **Consumption Tax Trends 2022: VAT/GST and Excise, Core Design Features and Trends**, disponível em: https://www.oecd-ilibrary.org/sites/6525a942-en/1/3/1/index.html?itemId=/content/publication/6525a942-en&_csp_=9be05a02fe0e4dbe2c458d53fbfba33b&itemIGO=oecd&itemContentType=book

c) É comum o uso de alíquotas específicas, que tomam por referência peso, volume ou quantidade do produto;

d) Alcança um número reduzido e específico de contribuintes.

Os *excise taxes* são tributos antigos, que existem desde o início do comércio entre países. Embora tenham surgido, como quase todos os tributos, como fontes de arrecadação, nas últimas décadas há uma tendência de utilizar esse tipo de tributação com o objetivo de desestimular o consumo de determinados produtos, com resultados pouco eficientes.

Sempre defendemos que os hábitos dos consumidores dependem muito mais do **nível econômico** (e educacional, em alguns casos) do que da carga tributária dos produtos. O exemplo clássico são os **cigarros** (os produtos mais onerados pela via tributária) cuja redução no consumo se deve muito mais a campanhas educacionais sobre seus malefícios do que da alta carga tributária a que estão sujeitos.

Para muitos outros produtos, como refrigerantes e bebidas adocicadas, por exemplo, os hábitos de consumo se relacionam mais à **capacidade econômica** das pessoas do que dos efeitos da tributação.

Explicamos: refrigerantes são relativamente baratos e podem ser consumidos em grandes quantidades, mesmo por pessoas mais pobres. Soa hipócrita o discurso simplista de que as pessoas devem sempre consumir produtos naturais ou de baixo teor calórico; é **óbvio que esses produtos são mais benéficos para a saúde**, mas o problema é que seus preços são consideravelmente **mais altos** do que os dos refrigerantes e bebidas adocicadas, de modo que, para muitas pessoas, simplesmente **não há opção de consumo**.

Pessoas com maior renda terão **liberdade** para escolher produtos saudáveis, ainda que estes custem mais caro; infelizmente, para a grande maioria da população brasileira os produtos mais acessíveis, como doces, sucos, chocolates e biscoitos, embora possam gerar prejuízos à saúde, são consumidos em larga escala por conta da grande disponibilidade e da sensação de saciedade que oferecem.

Faça um teste: vá a um supermercado de alto padrão e compare os preços de produtos orgânicos, naturais ou com baixos teores de açúcar e gordura com aqueles de consumo mais amplo, altamente industrializados. A diferença de preço é **imensa** e essa situação é explorada sem muito escrúpulo pelas grandes empresas, que lotam as prateleiras de produtos ultra processados, embutidos, doces etc.

Hábitos de consumo são uma questão de **saúde pública**, que envolve fatores econômicos, proteção aos direitos do consumidor, conscientização e, sobretudo, regulação sobre os fabricantes.

Mais um exemplo: bem ao estilo brasileiro, a proposta aprovada pela Câmara **previa a incidência do IS** sobre armas e munições, mas um destaque dos deputados **suprimiu este ponto**, o que nos leva a concluir que, para os políticos brasileiros, refrigerantes são mais prejudiciais à saúde do que espingardas de grosso calibre.

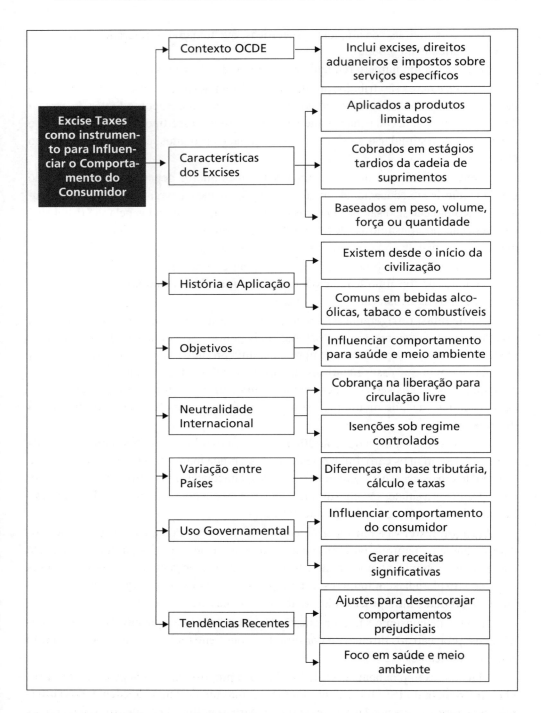

Em certa medida, o texto da reforma trata o IS como um substituto do atual IPI, que poderá ser utilizado como instrumento para a **manutenção da competitividade** das empresas instaladas na **Zona Franca de Manaus**.

O IS **não se sujeita** à regra geral de não cumulatividade, pois terá incidência **monofásica** sobre os bens ou serviços. Eventuais majorações de alíquotas, definidas em **lei ordinária**, deverão obedecer ao princípio da anterioridade.

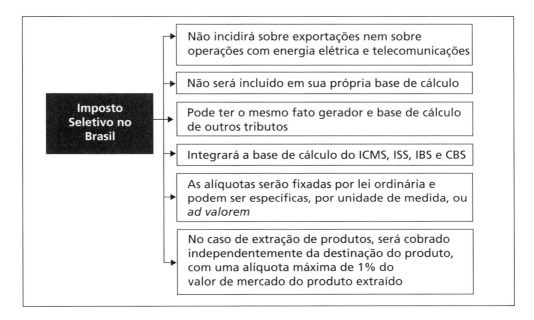

Como podemos perceber, há várias questões em aberto acerca do **Imposto Seletivo**, desde a própria **natureza** dos *excise taxes*, que na experiência internacional não costumam ser muito eficientes, sobretudo quanto a uma possível mudança de hábitos do consumidor, até os **critérios** que serão utilizados para a definição dos produtos e serviços alcançados pelo imposto.

O modelo previsto na reforma parece utilizar o Imposto Seletivo como **fonte adicional** de arrecadação, o que enseja diversas preocupações, como se pode inferir do texto incorporado à Constituição:

■ Uma definição **técnica e jurídica** do que significa "produto ou serviço prejudicial à saúde" (não custa lembrar que, para os políticos, armas e munições não foram consideradas "prejudiciais");

■ O fato de o IS **integrar** a base de cálculo do ISS e do ICMS (enquanto estes existirem), além nos novos IBS e CBS (lembre-se das décadas de discussão sobre um modelo semelhante, envolvendo o PIS e a Cofins);

■ A liberdade para que o IS possa ter fato gerador e base de cálculo **idênticos** aos de outros tributos (situação que, na prática, o equipara a uma "contribuição");

■ **Subjetividade** em relação a diversos critérios importantes e **risco de aumento** da carga tributária.

Por enquanto, o constituinte derivado determinou que o IS **não incidirá** sobre exportações, operações com energia elétrica e telecomunicações, produtos que concorram

690 Direito Tributário Esquematizado   *Roberto Caparroz*

com os da Zona Franca de Manaus e insumos agrícolas que se beneficiem de alíquota reduzida para 40% da alíquota-padrão, **exceto** no caso de agrotóxicos e defensivos.

> **Art. 153.** Compete à União instituir impostos sobre:
>
> (...)
>
> VIII — produção, extração, comercialização ou importação de bens e serviços **prejudiciais à saúde ou ao meio ambiente**, nos termos de lei complementar.
>
> (...)
>
> § 6.º O imposto previsto no inciso VIII do *caput* deste artigo:
>
> I — **não incidirá** sobre as exportações nem sobre as operações com energia elétrica e com telecomunicações;
>
> II — incidirá uma **única vez** sobre o bem ou serviço;
>
> III — **não integrará** sua própria base de cálculo;
>
> IV — **integrará** a base de cálculo dos tributos previstos nos arts. 155, II, 156, III, 156-A e 195, V;
>
> V — poderá ter o mesmo **fato gerador** e **base de cálculo** de outros tributos;
>
> VI — terá suas alíquotas fixadas em **lei ordinária**, podendo ser específicas, por unidade de medida adotada, ou *ad valorem*;
>
> VII — na extração, o imposto será cobrado **independentemente** da destinação, caso em que a alíquota máxima corresponderá a **1%** (um por cento) do valor de mercado do produto.

Como vimos, o valor arrecadado pelo IS será distribuído entre a União, os Estados, o Distrito Federal e os Municípios, como ocorrer atualmente com o IPI.

17.3. IMPOSTO SOBRE BENS E SERVIÇOS

O enorme art. 156-A da Constituição, introduzido pela reforma, apresenta as características do **Imposto sobre Bens e Serviços (IBS),** que é o **principal** tributo do novo modelo proposto. Como curiosidade, o texto introduz a chamada "competência compartilhada", entre Estados, Distrito Federal e Municípios, que administrarão o IBS a partir de um comitê de gestão.

A primeira premissa do imposto é a sua **neutralidade**, conceito que, normalmente, está associado à ideia de impossibilidade de aumento da carga tributária atual, embora alguns entendam que a neutralidade também se manifesta pela **ausência de interferência** nas decisões dos agentes econômicos, dado que uma tributação uniforme e não cumulativa sobre produtos e serviços reduz as hipóteses de planejamento tributário e, por conseguinte, os efeitos nocivos da guerra fiscal.

Para a OCDE[4], a neutralidade dos tributos sobre valor agregado decorre de um modelo de pagamento que "flui ao longo do negócio", ou seja, que onera gradativamente

---

[4] OCDE, *op. cit.*

todas as etapas da cadeia produtiva, mas permite a compensação do valor pago nas etapas anteriores. A neutralidade também decorreria do princípio da tributação de produtos e serviços **no destino**, com tributação equivalente entre operações internas e de importação, além da geração de créditos nas exportações, que são desoneradas.

O campo de incidência do IBS é **amplo** e contempla todas as operações com **bens materiais** ou **imateriais** (inclusive direitos) e a **prestação de serviços**. O IBS também alcança a **importação** de bens e serviços, independentemente de o importador ser pessoa física ou jurídica, ou sujeito passivo habitual do imposto.

Por outro lado, em linha com a necessidade de **desoneração das exportações**, a Constituição estabelece **imunidade** sobre essas operações e assegura a manutenção e o aproveitamento dos créditos anteriormente obtidos na cadeia produtiva ou de serviços brasileira.

Outro ponto importante é que a legislação aplicável ao IBS será **uniforme** em todo o território nacional, embora cada ente federativo tenha autonomia para definir **suas próprias alíquotas**, por meio de legislação específica. Todas as operações serão tributadas pelo somatório das alíquotas do Estado, Distrito Federal ou Município de destino (**princípio do destino**), um dos pilares da reforma, que representa esforço para acabar com a guerra fiscal entre as unidades federativas.

O IBS será **não cumulativo** e permitirá que o contribuinte compense o montante devido com o imposto pago nas operações anteriores, em que figurou como **adquirente** de bens ou serviço (salvo na hipótese de aquisição para uso ou consumo pessoal). Com isso, busca-se evitar múltiplas incidências sobre a mesma base de cálculo, situação que enseja o conhecido "efeito cascata".

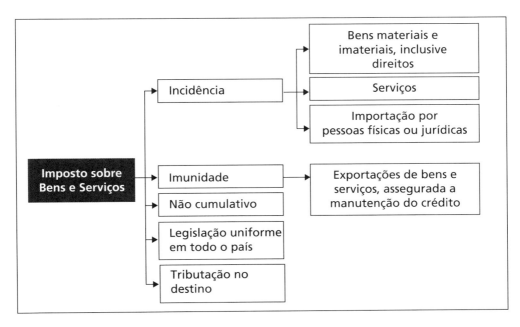

No que tange às **limitações constitucionais** relativas ao IBS, além da premissa maior da não cumulatividade, o texto aprovado na reforma garante que o IBS **não integrará** a sua própria base de cálculo (destaque "por fora")[5], nem a base de cálculo do IS, das contribuições sobre receita ou faturamento (COFINS), da contribuição sobre o importador de bens ou serviços do exterior, da contribuição sobre bens e serviços (CBS) e do Programa de Integração Social (PIS).

O IBS **não poderá** ser objeto de benefícios e incentivos financeiros ou fiscais, nem de regimes específicos, diferenciados ou favorecidos de tributação, **excetuadas** as hipóteses previstas pela própria Constituição. Embora a vedação seja salutar, o problema é que o texto da reforma, como já mencionamos, foi bastante modificado durante o trâmite político, o que ensejou a criação de diversas **exceções**, como veremos no próximo tópico.

A Constituição também prevê uma **imunidade específica** de IBS para as prestações de serviço de comunicação, nas modalidades de radiodifusão sonora e de sons e imagens de recepção livre e gratuita, o que afasta a tributação das emissoras tradicionais de televisão, de sinal aberto, assim como das rádios AM e FM.

Um ponto importante é que caberá à **lei complementar** definir como **sujeito passivo** do imposto qualquer pessoa que venha a concorrer para a realização, execução ou pagamento de uma operação tributável pelo IBS, ainda que esta pessoa seja residente ou domiciliada no exterior.

A medida, que visa definir o alcance da **responsabilidade tributária** do IBS, poderá gerar várias discussões jurídicas, sobretudo quanto à possibilidade de inclusão, no rol de responsáveis, das empresas de meios de pagamento, ainda mais se adotada a sistemática de cobrança automática do tributo, conforme **originalmente propusemos** em artigo específico[6].

Como vimos, a administração do IBS compete ao **Comitê Gestor do Imposto sobre Bens e Serviços**, que deverá promover a distribuição do produto arrecadado, de acordo com os seguintes critérios[7]:

◾ retenção do saldo acumulado de créditos do imposto não compensados pelos contribuintes e não ressarcidos ao final de cada período de apuração e aos valores decorrentes das hipóteses de devolução do imposto a pessoas físicas, inclusive os limites e os beneficiários, com o objetivo de reduzir as desigualdades de renda;

---

[5] Isso significa o fim da sistemática de *gross-up*.

[6] A Receita Federal e as administrações tributárias estão discutindo a possibilidade de utilização do *split payment*, segundo a lógica hoje adotada pelos *marketplaces*. Para mais detalhes *vide*: Caparroz, Roberto e Vieira, Luciana. Administração Tributária e o conceito de marketplace — um novo design para o IVA na era digital, *in* Tributação da Economia Digital, 3.ª edição. São Paulo: RT, 2022.

[7] Art. 156-A, § 4.º.

■ distribuição do valor arrecadado ao ente federativo de destino das operações que não tenham gerado creditamento, deduzida a parcela de retenção do item anterior.

Ainda em relação ao IBS, caberá à **lei complementar**:

a) dispor sobre as regras para a **distribuição** do produto da arrecadação do imposto, especialmente quanto à sua forma de cálculo, ao tratamento jurídico das operações em que o imposto não tenha sido recolhido tempestivamente e às regras de distribuição aplicáveis aos regimes favorecidos, específicos e diferenciados de tributação;

b) regular o regime de **compensação** do IBS, estabelecendo as hipóteses em que o aproveitamento do crédito ficará condicionado à verificação do efetivo recolhimento do imposto, desde que o adquirente possa efetuar o recolhimento do imposto incidente nas suas operações ou quando o recolhimento do IBS ocorrer na liquidação financeira (modalidade *split payment*).

c) Estabelecer a **forma** e o **prazo** para ressarcimento de créditos acumulados pelo contribuinte;

d) Fixar os critérios para a definição do **destino da operação**, que poderá ser o local da entrega, da disponibilização ou da localização do bem, o da prestação ou da disponibilização do serviço ou o do domicílio ou da localização do adquirente ou destinatário do bem ou serviço (admitidas diferenciações em razão das características da operação);

e) Definir a forma de **desoneração** da aquisição de **bens de capital** pelos contribuintes, mediante crédito integral e imediato do valor do IBS, diferimento ou redução em 100% das alíquotas do imposto;

f) Estabelecer as hipóteses de **diferimento** e **desoneração** do imposto aplicáveis aos **regimes aduaneiros especiais** e às **zonas de processamento de exportação**;

g) Criar o **processo administrativo fiscal** do imposto;

h) Definir as hipóteses de devolução do imposto a **pessoas físicas** (*cashback*), inclusive os limites e os beneficiários, com o objetivo de reduzir as desigualdades de renda;

i) Instituir as **obrigações tributárias acessórias do IBS**, com foco na simplificação dos procedimentos.

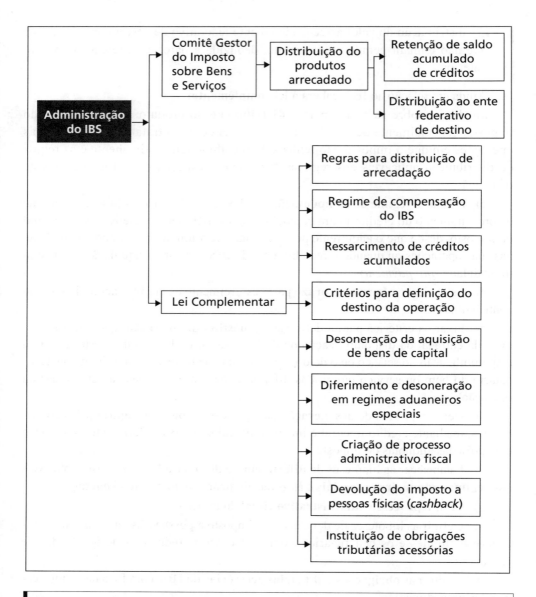

Art. 156-A. Lei complementar instituirá imposto sobre bens e serviços de competência compartilhada entre Estados, Distrito Federal e Municípios.

§ 1.º O imposto previsto no *caput* será informado pelo princípio da **neutralidade** e atenderá ao seguinte:

I — **incidirá** sobre operações com bens materiais ou imateriais, inclusive direitos, ou com serviços;

II — **incidirá** também sobre a importação de bens materiais ou imateriais, inclusive direitos, ou de serviços realizada por pessoa física ou jurídica, ainda que não seja sujeito passivo habitual do imposto, qualquer que seja a sua finalidade;

17 ■ Reforma Tributária na Constituição

III — **não incidirá** sobre as exportações, assegurados ao exportador a manutenção e o aproveitamento dos créditos relativos às operações nas quais seja adquirente de bem material ou imaterial, inclusive direitos, ou serviço, observado o disposto no § 5.º, III;

IV — terá legislação **única e uniforme** em todo o território nacional, ressalvado o disposto no inciso V;

V — cada ente federativo fixará sua **alíquota própria** por lei específica;

VI — a alíquota fixada pelo ente federativo na forma do inciso V será a mesma para todas as operações com bens materiais ou imateriais, inclusive direitos, ou com serviços, ressalvadas as hipóteses previstas nesta Constituição;

VII — será cobrado pelo **somatório das alíquotas** do Estado e do Município de destino da operação;

VIII — será **não cumulativo**, compensando-se o imposto devido pelo contribuinte com o montante cobrado sobre todas as operações nas quais seja adquirente de bem material ou imaterial, inclusive direito, ou de serviço, excetuadas exclusivamente as consideradas de uso ou consumo pessoal especificadas em lei complementar e as hipóteses previstas nesta Constituição;

IX — **não integrará** sua própria base de cálculo nem a dos tributos previstos nos arts. 153, VIII, e 195, I, "b", IV e V, e da contribuição para o Programa de Integração Social de que trata o art. 239;

X — **não será objeto** de concessão de incentivos e benefícios financeiros ou fiscais relativos ao imposto ou de regimes específicos, diferenciados ou favorecidos de tributação, excetuadas as hipóteses previstas nesta Constituição;

XI — **não incidirá** nas prestações de serviço de comunicação nas modalidades de radiodifusão sonora e de sons e imagens de recepção livre e gratuita;

XII — resolução do Senado Federal fixará **alíquota de referência** do imposto para cada esfera federativa, nos termos de lei complementar, que será aplicada se outra não houver sido estabelecida pelo próprio ente federativo;

XIII — sempre que possível, terá seu valor informado, de forma específica, no respectivo **documento fiscal.**

§ 2.º Para fins do disposto no § 1.º, V, o Distrito Federal exercerá as competências estadual e municipal na fixação de suas alíquotas.

§ 3.º Lei complementar poderá definir como sujeito passivo do imposto a pessoa que concorrer para a realização, a execução ou o pagamento da operação, ainda que residente ou domiciliada no exterior.

§ 4.º Para fins de distribuição do produto da arrecadação do imposto, o **Comitê Gestor do Imposto sobre Bens e Serviços**:

I — reterá montante equivalente ao saldo acumulado de créditos do imposto não compensados pelos contribuintes e não ressarcidos ao final de cada período de apuração e aos valores decorrentes do cumprimento do § 5.º, VIII;

II — distribuirá o produto da arrecadação do imposto, deduzida a retenção de que trata o inciso I deste parágrafo, ao ente federativo de destino das operações que não tenham gerado creditamento.

§ 5.º **Lei complementar** disporá sobre:

I — as regras para a distribuição do produto da arrecadação do imposto, disciplinando, entre outros aspectos:

a) a sua forma de cálculo;

b) o tratamento em relação às operações em que o imposto não seja recolhido tempestivamente;

c) as regras de distribuição aplicáveis aos regimes favorecidos, específicos e diferenciados de tributação previstos nesta Constituição;

II — o regime de compensação, podendo estabelecer hipóteses em que o aproveitamento do crédito ficará condicionado à verificação do efetivo recolhimento do imposto incidente sobre a operação com bens materiais ou imateriais, inclusive direitos, ou com serviços, desde que:

a) o adquirente possa efetuar o recolhimento do imposto incidente nas suas aquisições de bens ou serviços; ou

b) o recolhimento do imposto ocorra na liquidação financeira da operação;

III — a forma e o prazo para ressarcimento de créditos acumulados pelo contribuinte;

IV — os critérios para a definição do destino da operação, que poderá ser, inclusive, o local da entrega, da disponibilização ou da localização do bem, o da prestação ou da disponibilização do serviço ou o do domicílio ou da localização do adquirente ou destinatário do bem ou serviço, admitidas diferenciações em razão das características da operação;

V — a forma de desoneração da aquisição de bens de capital pelos contribuintes, que poderá ser implementada por meio de:

a) crédito integral e imediato do imposto;

b) diferimento; ou

c) redução em 100% (cem por cento) das alíquotas do imposto;

VI — as hipóteses de diferimento e desoneração do imposto aplicáveis aos regimes aduaneiros especiais e às zonas de processamento de exportação;

VII — o processo administrativo fiscal do imposto;

VIII — as hipóteses de devolução do imposto a pessoas físicas, inclusive os limites e os beneficiários, com o objetivo de reduzir as desigualdades de renda;

IX — os critérios para as obrigações tributárias acessórias, visando à sua simplificação.

17.4. ALÍQUOTAS E REGIMES ESPECIAIS DE TRIBUTAÇÃO

A proposta original de reforma tributária, que tinha como objetivo a criação de um tributo sobre o consumo no Brasil, mais próximo do chamado "IVA ideal", sofreu diversos reveses ao longo do debate que culminou com a aprovação da Emenda Constitucional n. 132/2023. O maior deles foi a criação de diversos "regimes especiais", que **fulminaram a pretensão** de criar um tributo com ampla incidência, alíquota única e sem exceções.

Vejamos o alcance desses regimes e o impacto que um modelo **fragmentado** de tributação trouxe para as alíquotas do IBS.

Em primeiro lugar, a reforma definiu que caberá ao **Senado** a função de estabelecer uma **alíquota de referência** para cada esfera federativa, conforme dispuser a lei complementar. Essa alíquota será utilizada sempre que um ente federativo não fixar a sua própria alíquota. Na prática, a alíquota de referência é o "ponto de partida" para as alíquotas, que poderão sofrer ajustes, de acordo com a legislação local.

Nesse sentido, a reforma manteve, em relação ao IBS, a **dupla competência** do Distrito Federal (estadual e municipal), para a fixação de suas próprias alíquotas.

Considerando todas as possibilidades, o IBS terá **quatro tipos** de alíquotas:

◼ A **alíquota de referência**, que será utilizada como regra geral para produtos e serviços (a estimativa é que essa alíquota, a ser definida, fique entre 27% e 30%, o que manteria o Brasil como o país com a maior tributação sobre o consumo no mundo!);

◼ A **alíquota reduzida em 60%** para treze setores, que foram agraciados pela reforma;

◼ A **alíquota intermediária, com redução de 30%** para os serviços profissionais prestados por algumas categorias;

◼ Alíquota zero, para um conjunto específico de produtos e serviços.

As **alíquotas de referência** serão adotadas com o objetivo de manter o nível de arrecadação atual dos tributos que serão substituídos. Estima-se que a carga tributária real sobre o consumo seja algo em torno de 13% do PIB. Essas alíquotas serão fixadas no ano anterior ao de sua vigência **(princípio da anterioridade), sem a observância da noventena**.

O cálculo será realizado pelo **Tribunal de Contas da União** e deverá considerar os efeitos sobre a arrecadação dos regimes específicos, diferenciados ou favorecidos, assim como o de qualquer regime mais benéfico de tributação que venha a ser criado.

A reforma propõe um complicado mecanismo de **revisão periódica**, com o objetivo de impedir que a tributação total sobre o consumo aumente em função PIB brasileiro. Assim, a cada 5 anos será aplicada uma fórmula para avaliar a relação carga/PIB, com base na média das receitas dos tributos sobre o consumo e serviços entre 2012 e 2021.

Essa média é chamada de **Teto de Referência da União** e representa a média, como proporção do PIB no período entre 2012 e 2021, dos atuais IPI, IOF, PIS e COFINS (inclusive nas importações).

O modelo de "trava" sobre a tributação do consumo, em razão do PIB, contempla, ainda, o cálculo de outros valores:

■ **Teto de Referência Total:** a média da receita no período de 2012 a 2021, apurada como proporção do PIB, do IOF, IPI, ICMS e ISS, PIS e COFINS (inclusive na importação);

■ **Receita-Base da União:** a receita da União com a CBS e o IS, apurados como proporção do PIB;

■ **Receita-Base dos Entes Subnacionais:** a receita dos Estados, do Distrito Federal e dos Municípios com o IBS, deduzida da parcela das receitas destinadas a fundos estaduais financiados por contribuições estabelecidas como condição à aplicação de diferimento, regime especial ou outro tratamento diferenciado, relativos ao ICMS, em funcionamento em 30 de abril de 2023, excetuadas as receitas dos fundos destinados a investimentos em obras de infraestrutura e habitação e financiados por contribuições sobre produtos primários e semielaborados[8], **apurada como proporção do PIB**;

■ **Receita-Base Total:** a soma da Receita-Base da União com a Receita-Base dos Entes Subnacionais, sendo essa última: a) multiplicada por 10 (dez) em 2029; b) multiplicada por 5 (cinco) em 2030; c) multiplicada por 10 (dez) e dividida por 3 (três) em 2031; d) multiplicada por 10 (dez) e dividida por 4 (quatro) em 2032; e) multiplicada por 1 (um) em 2033.

Haverá dois momentos de avaliação da carga tributária sobre o consumo, em 2030 e 2035, ocasião em que poderão ser "disparadas" as hipóteses de contenção.

---

[8] Neste ponto, a reforma faz menção aos fundos previstos no art. 136 do ADCT, criado pela EC n. 132/2023: Art. 136. Os Estados que possuíam, em 30 de abril de 2023, fundos destinados a investimentos em obras de infraestrutura e habitação e financiados por contribuições sobre produtos primários e semielaborados estabelecidas como condição à aplicação de diferimento, regime especial ou outro tratamento diferenciado, relativos ao imposto de que trata o art. 155, II, da Constituição Federal, poderão instituir contribuições semelhantes, não vinculadas ao referido imposto, observado que:

I — a alíquota ou o percentual de contribuição não poderão ser superiores e a base de incidência não poderá ser mais ampla que os das respectivas contribuições vigentes em 30 de abril de 2023;

II — a instituição de contribuição nos termos deste artigo implicará a extinção da contribuição correspondente, vinculada ao imposto de que trata o art. 155, II, da Constituição Federal, vigente em 30 de abril de 2023;

III — a destinação de sua receita deverá ser a mesma das contribuições vigentes em 30 de abril de 2023;

IV — a contribuição instituída nos termos do *caput* será extinta em 31 de dezembro de 2043.

Parágrafo único. As receitas das contribuições mantidas nos termos deste artigo não serão consideradas como receita do respectivo Estado para fins do disposto nos arts. 130, II, "b", e 131, § 2.º, I, "b", deste Ato das Disposições Constitucionais Transitórias.

Em 2030, a alíquota de referência da CBS **será reduzida** caso a **Receita-Base da União** (CBS e IS) em 2027 e 2028 exceda o **Teto de Referência da União** (IPI, IOF, PIS e COFINS). Em 2035, as alíquotas de referência do IBS e da CBS serão reduzidas caso a média da **Receita-Base Total** entre 2029 e 2033 exceda o **Teto de Referência Total**.

As possíveis reduções de alíquotas, nos dois momentos previstos (2030 e 2035) serão definidas de forma que a **Receita-Base** seja igual ao respectivo **Teto de Referência**. Especificamente em 2035, ano em que a alíquota de referência do IBS também poderá ser reduzida, as reduções do imposto serão **proporcionais** para as alíquotas de referência federal, estadual e municipal.

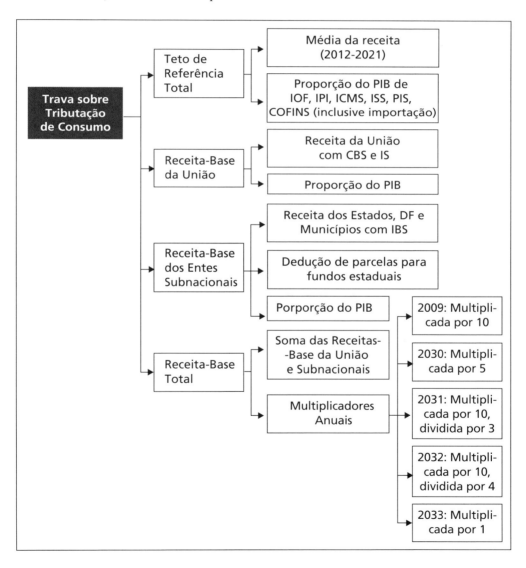

Neste ponto, espero que o(a) amigo(a) leitor(a) tenha não esteja perdido — nem preocupado(a) — com a "simplicidade" da nova reforma, até porque este é, agora, um **princípio constitucional inafastável**.

Para que o Tribunal de Contas da União possa realizar todos os cálculos necessários para os ajustes, a União, os Estados, o Distrito Federal e os Municípios, além do Comitê Gestor do IBS, deverão fornecer-lhe, no tempo e modo adequados, todas as informações necessárias.

Por fim, todos os cálculos deverão **incluir** o valor arrecadado a título de IBS e CBS, desde a sua instituição, mesmo que quando estes forem calculados com as "alíquotas de teste", ou seja, a partir de 2026.

Conhecida a sistemática para a criação e revisão das alíquotas dos novos tributos, vejamos as regras para os diversos regimes instituídos pela reforma.

Os **regimes diferenciados** de tributação do IBS, que terão **redução de 60%** na alíquota do imposto, serão definidos em lei complementar, que estabelecerá as operações beneficiadas, para os seguintes bens e serviços:

- serviços de educação;
- serviços de saúde;
- dispositivos médicos;
- dispositivos de acessibilidade para pessoas com deficiência;
- medicamentos;
- produtos de cuidados básicos à saúde menstrual;
- serviços de transporte público coletivo de passageiros rodoviário e metroviário de caráter urbano, semiurbano e metropolitano;
- alimentos destinados ao consumo humano (aqui o constituinte curiosamente restringe o benefício, no caso de **sucos**, àqueles naturais, sem adição de açúcares e conservantes, dada a intenção de exigir o IS sobre os demais tipos da bebida)[9];
- produtos de higiene pessoal e limpeza majoritariamente consumidos por famílias de baixa renda;
- produtos agropecuários, aquícolas, pesqueiros, florestais e extrativistas vegetais *in natura*;
- insumos agropecuários e aquícolas;
- produções artísticas, culturais, de eventos, jornalísticas e audiovisuais nacionais, atividades desportivas e comunicação institucional;
- bens e serviços relacionados a soberania e segurança nacional, segurança da informação e segurança cibernética.

A lista acima nos leva a concluir que a reforma tratou de maneira **equivalente** produtos e serviços bastante diferentes, em termos de relevância e necessidade para os consumidores. O resultado apenas demonstra a **ausência** de critérios técnicos e bem

---

9   Isso decorre da imunidade prevista no art. 9.º, § 9.º, da EC 132/2023, que afasta a incidência do IS sobre os bens ou serviços cujas alíquotas tenham sido objeto de redução.

17 ■ Reforma Tributária na Constituição

definidos para a seleção dos setores beneficiados, aliada à completa incerteza sobre o alcance do benefício em algumas situações. Um exemplo claro, que certamente ensejará debate, é a redução para bens e serviços relacionados à "segurança da informação e segurança cibernética"; parece-nos que não será fácil identificar, dentro de um *software* ou aplicativo, ou mesmo na prestação de um serviço de informática, se, como e quando estes se encaixam nas categorias beneficiadas pela redução.

O que o legislador até hoje não entendeu é que no setor de tecnologia é muito difícil classificar bens e serviços; as empresas de tecnologia certamente **não o fazem**, pois seu objetivo é oferecer aos clientes soluções integradas, "combos", e assim por diante.

Ao adotar o caminho de segregar produtos e serviços, para a concessão de benefícios significativos, a reforma fulminou sua própria premissa original, baseada numa incidência **ampla e sem exceções**. Não temos dúvida de que esse cenário apenas contribuirá para mais anos e anos de debates, com teses que certamente serão levadas aos tribunais.

Os regimes diferenciados devem ter tratamento **uniforme** em todo o país, mas a lei complementar pode permitir a realização de ajustes nas alíquotas de referência, com o objetivo de reequilibrar a arrecadação das esferas federativas.

A lei complementar também deverá definir quais serão as operações beneficiadas com a **redução de 30%**, relativas à prestação de serviços intelectuais, científicos, literários ou artísticos.

A hipótese contempla as categorias de profissionais que possuem conselhos de fiscalização, como médicos, advogados, contadores, engenheiros etc. Embora louvável, pois a reforma certamente trará um aumento de carga tributária para o setor de serviços, a medida tem **efeito restrito**, pois a imensa maioria desses profissionais sujeita-se ao **Simples Nacional** e não terá interesse em migrar para a nova sistemática.

Por fim, a lei complementar definirá a lista de produtos que integrarão a **Cesta Básica Nacional de Alimentos**, que terão **alíquota zero** de IBS e CBS. Trata-se de medida essencial para desonerar o consumo das famílias de menor renda.

É interessante destacar que o constituinte, **acertadamente**, garantiu que os produtos da cesta básica deverão ser escolhidos em respeito à diversidade regional e cultural da alimentação no Brasil, dado que os hábitos alimentares das pessoas variam de região para região, assim como a disponibilidade de alguns produtos.

Além dos produtos da cesta básica, a lei complementar deve prever hipóteses de **alíquota zero** para outros produtos e serviços, a saber:

- Dispositivos médicos e de acessibilidade para pessoas com deficiência;
- Medicamentos (inclusive as composições para nutrição enteral ou parenteral e as composições especiais e fórmulas nutricionais destinadas às pessoas com erros inatos do metabolismo) e produtos destinados aos cuidados básicos para a saúde menstrual;
- Produtos hortícolas, frutas e ovos;
- Serviços prestados por instituição científica, tecnológica e de inovação, sem fins lucrativos;

702 Direito Tributário Esquematizado   *Roberto Caparroz*

■ Automóveis de passageiros adquiridos por pessoas com deficiência e indivíduos com transtorno do espectro autista, diretamente ou por intermédio de seus representantes legais ou, ainda, por motoristas profissionais que destinem o veículo à utilização para táxi (ou aluguel, como diz o texto constitucional).

A lei complementar deverá conceder **isenção** ou **redução em até 100%** (são coisas bem diferentes, como sabemos) para as alíquotas relacionadas a atividades de reabilitação urbana de zonas históricas e de áreas críticas de recuperação e reconversão urbanística. Uma vez mais, temos uma medida meritória, mas que deverá ensejar grandes discussões acerca de quais serão essas atividades e como efetivamente reconhecê-las, para fins de aplicação do benefício.

Os **produtores rurais** e os **produtores integrados**[10], pessoas físicas ou jurídicas, com receita anual inferior a R$ 3.600.000,00 (atualizada anualmente pelo IPCA), poderão optar pela nova sistemática de tributação do IBS e da CBS.

Aqueles que **não fizerem a opção** terão direito a crédito dos tributos, na condição de adquirentes, observadas as seguintes condições:

a) Caberá ao Poder Executivo da União (para a CBS) e ao Comitê Gestor do Imposto de Bens e Serviços revisar, anualmente, de acordo com critérios estabelecidos em lei complementar, o valor do crédito presumido concedido, sem a necessidade de edição de lei específica;

b) O crédito presumido terá como objetivo permitir a apropriação de créditos pelos produtores rurais que não optarem pelo novo regime de tributação.

Foram criadas outras hipóteses de **crédito presumido**:

■ Para o adquirente de serviços de transportador autônomo de carga pessoa física que não seja contribuinte do imposto, conforme dispuser a lei complementar;

■ Para o adquirente de resíduos e demais materiais destinados à reciclagem, reutilização ou logística reversa, de pessoa física, cooperativa ou outra forma de organização popular.

■ Para o contribuinte que adquira bens móveis usados de pessoa física não contribuinte para revenda, desde que esta seja tributada e o crédito seja vinculado ao respectivo bem, vedada qualquer forma de ressarcimento.

É importante destacar que todas as hipóteses de redução de alíquotas ou isenção também são aplicáveis nos casos em que a CBS é exigida a partir de **alíquotas específicas**, ou seja, aquelas que são apuradas de acordo com unidades de medida. .

---

[10] Assim considerado o produtor agrossilvipastoril, pessoa física ou jurídica, que, individualmente ou de forma associativa, com ou sem a cooperação laboral de empregados, se vincula ao integrador por meio de contrato de integração vertical, recebendo bens ou serviços para a produção e para o fornecimento de matéria-prima, bens intermediários ou bens de consumo final, nos termos do art. 2.º, II, da Lei n. 13.288/2016.

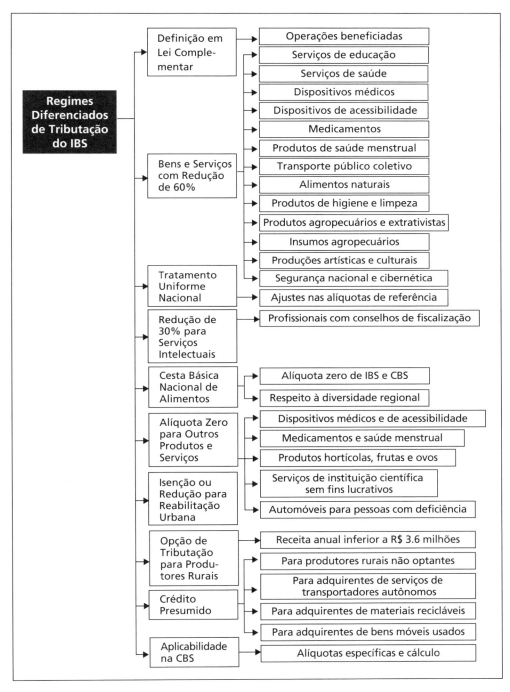

A reforma também previu, para o IBS, a criação de **regimes específicos**, com regras próprias de tributação.

O primeiro setor contemplado é o de **combustíveis e lubrificantes**, produtos que terão incidência **monofásica** do IBS, conforme disposto em lei complementar, que deverá observar:

- Alíquotas uniformes em todo o território nacional, específicas por unidade de medida e diferenciadas por produto (neste caso os entes federativos não poderão estabelecer alíquotas próprias, em prol da uniformidade, assim como não há de se falar em não cumulatividade, pois a incidência do IBS ocorrerá apenas uma vez);
- A vedação na tomada de créditos em relação às aquisições de combustíveis e lubrificantes destinados a distribuição, comercialização ou revenda;
- A concessão de crédito presumido nas aquisições dos produtos por sujeito passivo do IBS, observado o disposto no item anterior.

A previsão é que o IBS monofásico dos combustíveis seja recolhido pelo **primeiro** agente econômico da cadeia; nesse caso, o valor do tributo será repassado aos demais integrantes da cadeia produtiva de combustíveis e lubrificantes por meio do preço dos produtos.

O segundo setor que terá regime específico é o que compreende **serviços financeiros**, operações com **bens imóveis**, planos de **assistência à saúde** e concursos de **prognósticos**.

O próprio constituinte apresentou o conceito de serviços financeiros, nos seguintes termos:

a) operações de crédito, câmbio, seguro, resseguro, consórcio, arrendamento mercantil, faturização, securitização, previdência privada, capitalização, arranjos de pagamento, operações com títulos e valores mobiliários, inclusive negociação e corretagem, e outras que impliquem captação, repasse, intermediação, gestão ou administração de recursos;

b) outros serviços prestados por entidades administradoras de mercados organizados, infraestruturas de mercado e depositárias centrais e por instituições autorizadas a funcionar pelo Banco Central do Brasil, na forma de lei complementar.

Importante ressaltar que, para os **bancos**, não se aplica o regime específico de tributação aos serviços remunerados por **tarifas e comissões**. Todos os outros tipos de serviços financeiros **sujeitam-se** ao regime específico, devendo as alíquotas e as bases de cálculo ser definidas de modo a manter, em caráter geral, até o final do quinto ano da entrada em vigor do regime, a carga tributária decorrente dos tributos extintos, incidente sobre as operações de crédito na data da promulgação da reforma.

As alíquotas e as bases de cálculo também devem ser estabelecidas para manter a carga tributária incidente sobre as operações relacionadas ao Fundo de Garantia por Tempo de Serviço (FGTS)[11], facultado à lei, neste caso, definir alíquota e base de cálculo diferenciadas, quiçá nos moldes da tributação a ser fixada para os serviços remunerados mediante tarifas e comissões.

---

[11] A lei complementar poderá estender as regras de tributação do FGTS para outros fundos garantidores ou executores de políticas públicas.

De forma semelhante aos serviços financeiros, o constituinte também definiu que as operações com **bens imóveis** contemplam:

a) construção e incorporação imobiliária;
b) parcelamento do solo e alienação de bem imóvel;
c) locação e arrendamento de bem imóvel;
d) administração e intermediação de bem imóvel.

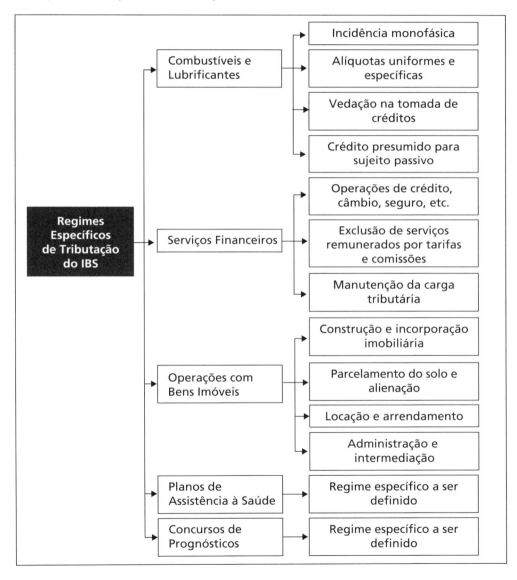

Além dos regimes diferenciados e dos regimes específicos, a reforma também reconheceu a manutenção dos **regimes favorecidos** de tributação: **Simples Nacional** e **Zona Franca de Manaus**.

706 Direito Tributário Esquematizado   *Roberto Caparroz*

Felizmente — pelo fato de que funciona — a emenda **não alterou** a sistemática de tributação do Simples Nacional, de sorte que apenas houve a adaptação do art. 146, III, *c*, para que nele conste a **inclusão** dos futuros IBS e CBS:

Art. 146. Cabe à lei complementar:

(...)

III — estabelecer normas gerais em matéria de legislação tributária, especialmente sobre:

(...)

d) definição de tratamento diferenciado e favorecido para as microempresas e para as empresas de pequeno porte, inclusive regimes especiais ou simplificados no caso dos impostos previstos nos arts. 155, II, e **156-A**, das contribuições sociais previstas no art. **195**, I e **V**, e § 12 e da contribuição a que se refere o art. 239.

Por outro lado, a reforma trouxe várias mudanças ao regime da Zona Franca de Manaus, que trataremos no próximo tópico.

Art. 156-A. Lei complementar instituirá **imposto sobre bens** e serviços de **competência compartilhada** entre Estados, Distrito Federal e Municípios.

(...)

§ 6.º Lei complementar disporá sobre regimes específicos de tributação para:

I — combustíveis e lubrificantes sobre os quais o imposto **incidirá uma única vez**, qualquer que seja a sua finalidade, hipótese em que:

a) serão as alíquotas uniformes em todo o território nacional, específicas por unidade de medida e diferenciadas por produto, admitida a não aplicação do disposto no § 1.º, V a VII;

b) será vedada a apropriação de créditos em relação às aquisições dos produtos de que trata este inciso destinados a distribuição, comercialização ou revenda;

c) será concedido crédito nas aquisições dos produtos de que trata este inciso por sujeito passivo do imposto, observado o disposto na alínea "b" e no § 1.º, VIII;

II — **serviços financeiros**, operações com **bens imóveis**, planos de **assistência à saúde** e **concursos de prognósticos**, podendo prever:

a) alterações nas alíquotas, nas regras de creditamento e na base de cálculo, admitida, em relação aos adquirentes dos bens e serviços de que trata este inciso, a não aplicação do disposto no § 1.º, VIII;

b) hipóteses em que o imposto incidirá sobre a receita ou o faturamento, com alíquota uniforme em todo o território nacional, admitida a não aplicação do disposto no § 1.º, V a VII, e, em relação aos adquirentes dos bens e serviços de que trata este inciso, também do disposto no § 1.º, VIII;

III — **sociedades cooperativas**, que será **optativo**, com vistas a assegurar sua competitividade, observados os princípios da livre concorrência e da isonomia tributária, definindo, inclusive:

a) as hipóteses em que o imposto não incidirá sobre as operações realizadas entre a sociedade cooperativa e seus associados, entre estes e aquela e pelas sociedades cooperativas entre si quando associadas para a consecução dos objetivos sociais;

---

b) o regime de aproveitamento do crédito das etapas anteriores;

IV — serviços de hotelaria, parques de diversão e parques temáticos, agências de viagens e de turismo, bares e restaurantes, atividade esportiva desenvolvida por Sociedade Anônima do Futebol e aviação regional, podendo prever hipóteses de alterações nas alíquotas, nas bases de cálculo e nas regras de creditamento, admitida a não aplicação do disposto no § 1.º, V a VIII;

V — operações alcançadas por **tratado ou convenção internacional**, inclusive referentes a missões diplomáticas, repartições consulares, representações de organismos internacionais e respectivos funcionários acreditados;

VI — serviços de **transporte coletivo de passageiros** rodoviário intermunicipal e interestadual, ferroviário e hidroviário, podendo prever hipóteses de alterações nas alíquotas e nas regras de creditamento, admitida a não aplicação do disposto no § 1.º, V a VIII.

§ 7.º A **isenção** e a **imunidade**:

I — não implicarão crédito para compensação com o montante devido nas operações seguintes;

II — acarretarão a anulação do crédito relativo às operações anteriores, salvo, na hipótese da imunidade, inclusive em relação ao inciso XI do § 1.º, quando determinado em contrário em lei complementar.

§ 8.º Para fins do disposto neste artigo, a lei complementar de que trata o *caput* poderá estabelecer o conceito de operações com serviços, seu conteúdo e alcance, admitida essa definição para qualquer operação que não seja classificada como operação com bens materiais ou imateriais, inclusive direitos.

§ 9.º Qualquer alteração na legislação federal que reduza ou eleve a arrecadação do imposto:

I — deverá ser compensada pela elevação ou redução, pelo Senado Federal,

das alíquotas de referência de que trata o § 1.º, XII, de modo a preservar a arrecadação das esferas federativas, nos termos de lei complementar;

II — somente entrará em vigor com o início da produção de efeitos do ajuste das alíquotas de referência de que trata o inciso I deste parágrafo.

§ 10. Os Estados, o Distrito Federal e os Municípios poderão optar por vincular suas alíquotas à alíquota de referência de que trata o § 1.º, XII.

§ 11. Projeto de lei complementar em tramitação no Congresso Nacional que reduza ou aumente a arrecadação do imposto somente será apreciado se acompanhado de estimativa de impacto no valor das alíquotas de referência de que trata o § 1.º, XII.

§ 12. A devolução de que trata o § 5.º, VIII, não será considerada nas bases de cálculo de que tratam os arts. 29-A, 198, § 2.º, 204, parágrafo único, 212, 212-A, II, e 216, § 6.º, não se aplicando a ela, ainda, o disposto no art. 158, IV, "b".

§ 13. A devolução de que trata o § 5.º, VIII, será obrigatória nas operações de fornecimento de energia elétrica e de gás liquefeito de petróleo ao consumidor de baixa renda, podendo a lei complementar determinar que seja calculada e concedida no momento da cobrança da operação.

17.4.1. Zona Franca de Manaus

A **Zona Franca de Manaus (ZFM)** é o principal polo industrial e econômico da Amazônia e, desde a Constituição de 1988, tem sido destinatária de diversos benefícios tributários, com o objetivo de desenvolver e manter uma área economicamente relevante num ponto estratégico da região.

Durante os debates sobre a reforma, houve grande preocupação com a manutenção da **competitividade** e dos **benefícios** para as empresas instaladas na ZFM. Decidiu-se, assim, que a Zona Franca de Manaus continuará a ser tratada de maneira favorecida.

Atualmente, há **isenção de IPI** para os produtos fabricados na ZFM, de modo que uma primeira medida para preservar a competitividade das empresas lá instaladas foi a manutenção da cobrança de IPI para produtos de **outras regiões do país**, mesmo a partir do momento em que o imposto, como regra geral, deixará de ser exigido (2027). Com isso, as empresas da ZFM terão um tratamento favorecido em relação aos demais fabricantes do país, situação que perdurará até a **extinção total do IPI**, prevista para 2033, quando o novo modelo tributário passará a viger integralmente.

A reforma também prevê que o diferencial competitivo da ZFM poderá ser garantido com a utilização de **outros instrumentos**, de natureza fiscal, econômica ou financeira.

Um desdobramento concreto dessa diretriz é a criação do **Fundo de Sustentabilidade e Diversificação Econômica do Estado do Amazonas**, que será constituído com recursos da União e por ela gerido, com a efetiva participação do Estado do Amazonas na definição das políticas, com o objetivo de fomentar o desenvolvimento e a diversificação das atividades econômicas no Estado.

O FSDE será instituído por **lei complementar**, que deverá estabelecer o valor mínimo dos aportes anuais e os critérios para sua correção, assim como prever a possibilidade de utilização dos recursos do Fundo para compensar eventual perda de receita do Estado do Amazonas, em função das alterações no sistema tributário, decorrentes da criação do IBS e da CBS.

Como o legislador brasileiro adora criar fundos (cuja eficiência, em nossa opinião, é bastante questionável), outra lei complementar deverá ser utilizada para criar o **Fundo de Desenvolvimento Sustentável dos Estados da Amazônia Ocidental e do Amapá**, que será constituído com recursos da União e por ela gerido, com a efetiva participação desses Estados na definição das políticas, com o objetivo de fomentar o desenvolvimento e a diversificação de suas atividades econômicas.

Nota-se que a estrutura e os objetivos dos dois fundos são **idênticos**, até na dicção constitucional. Este Fundo alcançará as áreas de livre comércio da região amazônica e, como vimos, seguirá, em linhas gerais, a lógica do fundo destinado à ZFM.

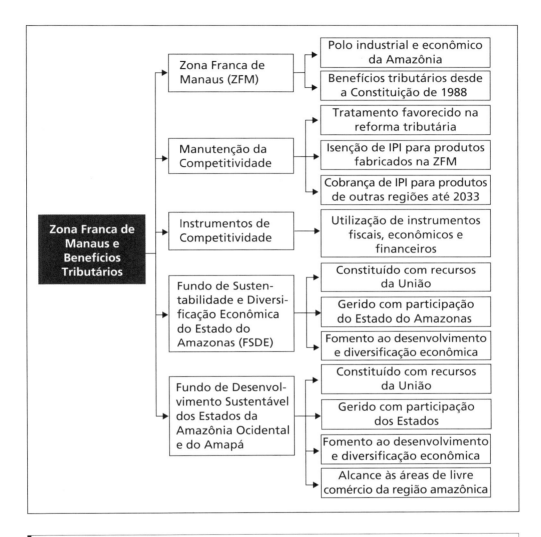

ADCT, Art. 92-B. As leis instituidoras dos tributos previstos nos arts. 156-A e 195, V, da Constituição Federal estabelecerão os mecanismos necessários, com ou sem contrapartidas, para manter, em caráter geral, o **diferencial competitivo assegurado à Zona Franca de Manaus** pelos arts. 40 e 92-A **e às áreas de livre comércio existentes em 31 de maio de 2023**, nos níveis estabelecidos pela legislação relativa aos tributos extintos a que se referem os arts. 126 a 129, todos deste Ato das Disposições Constitucionais Transitórias.

§ 1.º Para assegurar o disposto no *caput*, serão utilizados, isolada ou cumulativamente, instrumentos fiscais, econômicos ou financeiros.

§ 2.º **Lei complementar** instituirá Fundo de Sustentabilidade e Diversificação Econômica do Estado do Amazonas, que será constituído com recursos da União e por ela gerido, com a efetiva participação do Estado do Amazonas na definição das políticas, com o objetivo de fomentar o desenvolvimento e a diversificação das atividades econômicas no Estado.

§ 3.º A lei complementar de que trata o § 2.º:

I — estabelecerá o montante mínimo de aporte anual de recursos ao Fundo, bem como os critérios para sua correção;

II — preverá a possibilidade de utilização dos recursos do Fundo para compensar eventual perda de receita do Estado do Amazonas em função das alterações no sistema tributário decorrentes da instituição dos tributos previstos nos arts. 156-A e 195, V, da Constituição Federal.

§ 4.º A União, mediante acordo com o Estado do Amazonas, poderá reduzir o alcance dos instrumentos previstos no § 1.º, condicionado ao aporte de recursos adicionais ao Fundo de que trata o § 2.º, asseguradas a diversificação das atividades econômicas e a antecedência mínima de 3 (três) anos.

§ 5.º Não se aplica aos mecanismos previstos no *caput* o disposto nos incisos III e IV do *caput* do art. 149-B da Constituição Federal.

§ 6.º Lei complementar instituirá Fundo de Desenvolvimento Sustentável dos Estados da Amazônia Ocidental e do Amapá, que será constituído com recursos da União e por ela gerido, com a efetiva participação desses Estados na definição das políticas, com o objetivo de fomentar o desenvolvimento e a diversificação de suas atividades econômicas.

§ 7.º O Fundo de que trata o § 6.º será integrado pelos Estados onde estão localizadas as áreas de livre comércio de que trata o *caput* e observará, no que couber, o disposto no § 3.º, I e II, sendo, quanto a este inciso, considerados os respectivos Estados, e no § 4.º.

17.5. COMITÊ GESTOR DO IMPOSTO SOBRE BENS E SERVIÇOS

O **Comitê Gestor do IBS** será o órgão colegiado encarregado de administrar a arrecadação do imposto, em atendimento ao modelo de "competência compartilhada" inaugurado pela reforma. O Comitê terá natureza **técnica** e **administrativa**, pois o constituinte decidiu que caberá ao **Superior Tribunal de Justiça (STJ)** processar e julgar conflitos entre entes federativos, ou entre estes e o próprio Comitê Gestor.

É interessante notar que, nos termos da EC n. 132/2023, caberá ao CG decidir o **contencioso administrativo do IBS**. Atualmente, o contencioso dos tributos estaduais está a cargo de tribunais administrativos paritários e não sabemos se este modelo será encampado pelo Comitê.

Com efeito, o texto da reforma estabelece que a **lei complementar** poderá prever a **integração** do contencioso administrativo relativo ao IBS e à CBS, o que poderia ensejar a criação de um novo tribunal, especificamente constituído para esse fim, ou, ainda, a incorporação do julgamento do IBS pelo CARF, que é o órgão de julgamento do contencioso administrativo federal.

O Comitê Gestor será composto de representantes dos Estados, Distrito Federal e Municípios, com distribuição **paritária**, de modo que serão **27 representantes** dos Estados e DF e outros **27 dos Municípios**. Neste último caso, a emenda prevê que 14

17 ■ Reforma Tributária na Constituição

representantes serão escolhidos com base na **maioria absoluta** dos votos de cada município, com igual peso, e os outros 13 representantes serão escolhidos com base nos votos municipais, ponderados de acordo com as respectivas **populações** (na reforma, nem a escolha dos membros do Comitê Gestor é simples!).

A Câmara dos Deputados e o Senado Federal, ou qualquer de suas Comissões, poderão convocar o **Presidente** do Comitê Gestor do IBS para prestar, pessoalmente, esclarecimentos sobre assunto previamente determinado, sendo que a ausência injustificada implicará prática de **crime de responsabilidade**. A presidência do Comitê Gestor será exercida, **alternadamente**, por representante dos Estados/DF e do DF/Municípios. O presidente deverá ter notórios conhecimentos de administração tributária, mas não será submetido a sabatina, como chegou a se aventar durante o trâmite legislativo da emenda.

O corpo de funcionários e procuradores do Comitê Gestor será composto de membros das respectivas carreiras nos Estados, Distrito Federal e Municípios, pois o constituinte **não previu** a criação de novos cargos no âmbito do Comitê Gestor.

Assim, a fiscalização, o lançamento, a cobrança, a representação administrativa e a representação judicial relativos ao IBS serão realizados, no âmbito de suas respectivas competências, pelas **administrações tributárias e procuradorias** dos Estados, do Distrito Federal e dos Municípios, que poderão definir hipóteses de delegação ou de compartilhamento de competências, cabendo ao Comitê Gestor a coordenação dessas atividades administrativas, com vistas à integração entre os entes federativos.

Caberá à lei complementar definir a **estrutura** a **organização** do Comitê Gestor, que serão posteriormente detalhadas em regimento interno.

As deliberações do Comitê Gestor do IBS serão adotadas se atenderam, **cumulativamente**, aos seguintes critérios:

■ em relação ao conjunto dos Estados e do Distrito Federal:

a) da maioria absoluta de seus representantes; e

b) de representantes dos Estados e do Distrito Federal que correspondam a mais de 50% (cinquenta por cento) da população do País; e

■ em relação ao conjunto dos Municípios e do Distrito Federal, da maioria absoluta de seus representantes.

Por fim, em homenagem ao **princípio da cooperação**, que passou a balizar o sistema tributário nacional, restou decidido que a administração tributária da União e a Procuradoria-Geral da Fazenda Nacional compartilharão informações fiscais relacionadas ao IBS e à CBS e atuarão com vistas a harmonizar normas, interpretações, obrigações acessórias e procedimentos a eles relativos.

No mesmo sentido, o Comitê Gestor do IBS e a administração tributária da União poderão implementar **soluções integradas** para a administração e cobrança dos dois tributos.

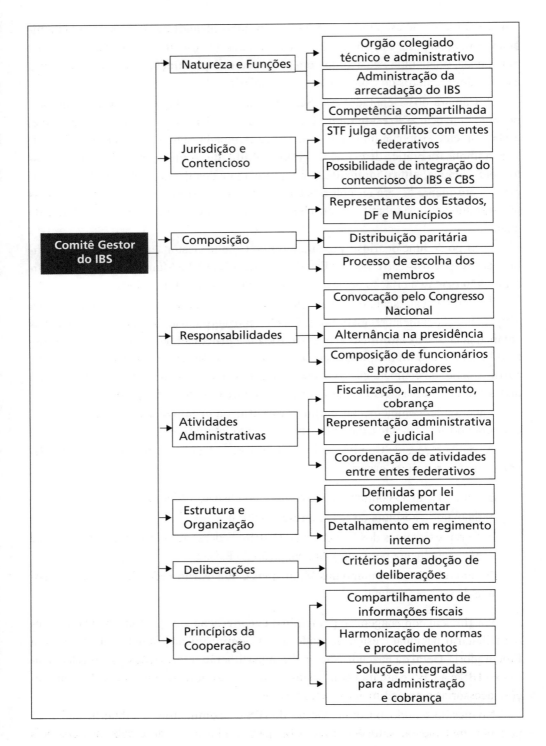

17 ■ Reforma Tributária na Constituição

Art. 156-B. Os Estados, o Distrito Federal e os Municípios exercerão de forma integrada, exclusivamente por meio do **Comitê Gestor do Imposto sobre Bens e Serviços**, nos termos e limites estabelecidos nesta Constituição e em lei complementar, as seguintes competências administrativas relativas ao imposto de que trata o art. 156-A:

I — editar **regulamento único** e uniformizar a interpretação e a aplicação da legislação do imposto;

II — **arrecadar o imposto**, efetuar as **compensações** e **distribuir o produto da arrecadação** entre Estados, Distrito Federal e Municípios;

III — decidir o contencioso administrativo.

§ 1.º O Comitê Gestor do Imposto sobre Bens e Serviços, **entidade pública sob regime especial**, terá independência técnica, administrativa, orçamentária e financeira.

§ 2.º Na forma da **lei complementar**:

I — os Estados, o Distrito Federal e os Municípios serão representados, de forma paritária, na instância máxima de deliberação do Comitê Gestor do Imposto sobre Bens e Serviços;

II — será assegurada a alternância na presidência do Comitê Gestor entre o conjunto dos Estados e o Distrito Federal e o conjunto dos Municípios e o Distrito Federal;

III — o Comitê Gestor será **financiado** por percentual do produto da arrecadação do imposto destinado a cada ente federativo;

IV — o **controle externo** do Comitê Gestor será exercido pelos Estados, pelo Distrito Federal e pelos Municípios;

V — a **fiscalização**, o **lançamento**, a **cobrança**, a **representação administrativa** e a **representação judicial** relativos ao imposto serão realizados, no âmbito de suas respectivas competências, pelas administrações tributárias e procuradorias dos Estados, do Distrito Federal e dos Municípios, que poderão definir hipóteses de delegação ou de compartilhamento de competências, cabendo ao Comitê Gestor a coordenação dessas atividades administrativas com vistas à integração entre os entes federativos;

VI — as **competências exclusivas** das carreiras da administração tributária e das procuradorias dos Estados, do Distrito Federal e dos Municípios serão exercidas, no Comitê Gestor e na representação deste, por servidores das referidas carreiras;

VII — serão estabelecidas a **estrutura** e a **gestão** do Comitê Gestor, cabendo ao regimento interno dispor sobre sua organização e funcionamento.

§ 3.º A participação dos entes federativos na instância máxima de deliberação do Comitê Gestor do Imposto sobre Bens e Serviços observará a seguinte **composição**:

I — 27 (vinte e sete) membros, representando cada Estado e o Distrito Federal;

II — 27 (vinte e sete) membros, representando o conjunto dos Municípios e do Distrito Federal, que serão eleitos nos seguintes termos:

a) 14 (quatorze) representantes, com base nos votos de cada Município, com valor igual para todos; e

b) 13 (treze) representantes, com base nos votos de cada Município ponderados pelas respectivas populações.

§ 4.º As deliberações no âmbito do Comitê Gestor do Imposto sobre Bens e Serviços serão consideradas aprovadas se obtiverem, cumulativamente, os votos:

I — em relação ao conjunto dos Estados e do Distrito Federal:

a) da maioria absoluta de seus representantes; e

b) de representantes dos Estados e do Distrito Federal que correspondam a mais de 50% (cinquenta por cento) da população do País; e

II — em relação ao conjunto dos Municípios e do Distrito Federal, da maioria absoluta de seus representantes.

§ 5.º O Presidente do Comitê Gestor do Imposto sobre Bens e Serviços deverá ter notórios conhecimentos de administração tributária.

§ 6.º O Comitê Gestor do Imposto sobre Bens e Serviços, a administração tributária da União e a Procuradoria-Geral da Fazenda Nacional compartilharão informações fiscais relacionadas aos tributos previstos nos arts. 156-A e 195, V, e atuarão com vistas a harmonizar normas, interpretações, obrigações acessórias e procedimentos a eles relativos.

§ 7.º O Comitê Gestor do Imposto sobre Bens e Serviços e a administração tributária da União poderão implementar soluções integradas para a administração e cobrança dos tributos previstos nos arts. 156-A e 195, V.

§ 8.º Lei complementar poderá prever a integração do contencioso administrativo relativo aos tributos previstos nos arts. 156-A e 195, V.

17.6. CARACTERÍSTICAS DA CBS

O fracasso na tentativa de criar um tributo único sobre o consumo, como queria a proposta original de reforma, ensejou a criação de uma **contribuição**, de competência da União, que em quase tudo reflete as regras e os critérios relativos ao Imposto sobre Bens e Serviços.

Surgiu, assim, a **Contribuição sobre Bens e Serviços (CBS)**[12], a ser instituída por **lei complementar**, que representa mais uma figura no já extenso rol de contribuições destinadas a financiar a seguridade social. Assim como no caso do IBS, a lei definirá as hipóteses de *cashback* da CBS para pessoas físicas, com o objetivo de reduzir as desigualdades de renda.

A CBS **não integrará** sua própria base de cálculo **nem** a do IS, IBS, PIS e COFINS (inclusive nas importações) e suas alíquotas serão definidas em **lei ordinária**.

Em relação à redução das alíquotas, a CBS apresenta uma particularidade, que a distingue do IBS, que é a previsão de **redução de 100%** da alíquota para os serviços de educação de ensino superior relacionados ao **Programa Universidade para Todos (PROUNI)**.

---

[12] Art. 195, V, da Constituição.

> **Art. 195.** A seguridade social será financiada por toda a sociedade, de forma direta e indireta, nos termos da lei, mediante recursos provenientes dos orçamentos da União, dos Estados, do Distrito Federal e dos Municípios, e das seguintes contribuições sociais:
>
> **(...)**
>
> **V — sobre bens e serviços, nos termos de lei complementar.**
>
> (...)
>
> § 15. A contribuição prevista no inciso V do *caput* poderá ter sua **alíquota** fixada em **lei ordinária**.
>
> § 16. Aplica-se à contribuição prevista no inciso V do *caput* o disposto no art. 156-A, § 1.º, I a VI, VIII, X a XIII, § 3.º, § 5.º, II a VI e IX, e §§ 6.º a 11 e 13.
>
> § 17. A contribuição prevista no inciso V do *caput* não integrará sua própria base de cálculo nem a dos tributos previstos nos arts. 153, VIII, 156-A e 195, I, "b", e IV, e da contribuição para o Programa de Integração Social de que trata o art. 239.
>
> § 18. Lei estabelecerá as hipóteses de devolução da contribuição prevista no inciso V do *caput* a pessoas físicas, inclusive em relação a limites e beneficiários, com o objetivo de reduzir as desigualdades de renda.
>
> § 19. A devolução de que trata o § 18 não será computada na receita corrente líquida da União para os fins do disposto nos arts. 100, § 15, 166, §§ 9.º, 12 e 17, e 198, § 2.º.

17.7. PERÍODO DE TRANSIÇÃO

A **transição completa** do atual modelo de tributação sobre o consumo para o proposto pela reforma deve durar até 50 anos!

Os efeitos da nova sistemática começarão a ser observados em **2026, quando serão instituídos o IBS e a CBS**, com alíquotas de teste, de 0,1% e 0,9%, respectivamente, sem alterações nas alíquotas dos tributos hoje existentes.

No ano seguinte, **2027, o PIS e a COFINS** serão extintos e serão integralmente substituídos pela CBS, que passará a incidir com a alíquota de referência, a ser definida. Ainda em 2027 o IPI terá suas alíquotas **zeradas**, exceto para produtos que concorram com aqueles fabricados na Zona Franca de Manaus.

A partir de 2029 os atuais tributos serão reduzidos, na proporção de **10% ao ano**, até 2023. Isso significa que as alíquotas do ICMS e do ISS serão as seguintes, em relação aos valores atuais: 90% em 2029, 80% em 2030, 70% em 2031 e, finalmente, 60% em 2032, quando os dois impostos **serão extintos**, para que a partir de 2023 o novo modelo de tributação possa ser implantado definitivamente.

ADCT, Art. 124. A **transição** para os tributos previstos no art. 156-A e no art. 195, V, todos da Constituição Federal, atenderá aos critérios estabelecidos nos arts. 125 a 133 deste Ato das Disposições Constitucionais Transitórias.

Parágrafo único. A contribuição prevista no art. 195, V, será instituída pela mesma lei complementar de que trata o art. 156-A, ambos da Constituição Federal.

Art. 125. Em 2026, o imposto previsto no art. 156-A será cobrado à alíquota estadual de 0,1% (um décimo por cento), e a contribuição prevista no art. 195, V, ambos da Constituição Federal, será cobrada à alíquota de 0,9% (nove décimos por cento).

§ 1.º O montante recolhido na forma do *caput* será compensado com o valor devido das contribuições previstas no art. 195, I, "b", e IV, e da contribuição para o Programa de Integração Social a que se refere o art. 239, ambos da Constituição Federal.

§ 2.º Caso o contribuinte não possua débitos suficientes para efetuar a compensação de que trata o § 1.º, o valor recolhido poderá ser compensado com qualquer outro tributo federal ou ser ressarcido em até 60 (sessenta) dias, mediante requerimento.

§ 3.º A arrecadação do imposto previsto no art. 156-A da Constituição Federal decorrente do disposto no *caput* deste artigo não observará as vinculações,

repartições e destinações previstas na Constituição Federal, devendo ser aplicada, integral e sucessivamente, para:

I — o financiamento do Comitê Gestor do Imposto sobre Bens e Serviços, nos termos do art. 156-B, § 2.º, III, da Constituição Federal;

II — compor o Fundo de Compensação de Benefícios Fiscais ou Financeiro-Fiscais do imposto de que trata o art. 155, II, da Constituição Federal.

§ 4.º Durante o período de que trata o *caput*, os sujeitos passivos que cumprirem as obrigações acessórias relativas aos tributos referidos no *caput* poderão ser dispensados do seu recolhimento, nos termos de lei complementar.

(...)

Art. 126. A partir de 2027:

I — serão cobrados:

a) a contribuição prevista no art. 195, V, da Constituição Federal;

b) o imposto previsto no art. 153, VIII, da Constituição Federal;

II — serão extintas as contribuições previstas no art. 195, I, "b", e IV, e a contribuição para o Programa de Integração Social de que trata o art. 239, todos da Constituição Federal, desde que instituída a contribuição referida na alínea "a" do inciso I;

III — o imposto previsto no art. 153, IV, da Constituição Federal:

a) terá suas alíquotas reduzidas a zero, exceto em relação aos produtos que tenham industrialização incentivada na Zona Franca de Manaus, conforme critérios estabelecidos em lei complementar; e

b) não incidirá de forma cumulativa com o imposto previsto no art. 153, VIII, da Constituição Federal.

Art. 127. Em 2027 e 2028, o imposto previsto no art. 156-A da Constituição Federal será cobrado à alíquota estadual de 0,05% (cinco centésimos por cento) e à alíquota municipal de 0,05% (cinco centésimos por cento).

Parágrafo único. No período referido no *caput*, a alíquota da contribuição prevista no art. 195, V, da Constituição Federal, será reduzida em 0,1 (um décimo) ponto percentual.

Art. 128. De 2029 a 2032, as alíquotas dos impostos previstos nos arts. 155, II, e 156, III, da Constituição Federal, serão fixadas nas seguintes proporções das alíquotas fixadas nas respectivas legislações:

I — 9/10 (nove décimos), em 2029;

II — 8/10 (oito décimos), em 2030;

III — 7/10 (sete décimos), em 2031;

IV — 6/10 (seis décimos), em 2032.

§ 1.º Os benefícios ou os incentivos fiscais ou financeiros relativos aos impostos previstos nos arts. 155, II, e 156, III, da Constituição Federal não alcançados pelo disposto no *caput* deste artigo serão reduzidos na mesma proporção.

§ 2.º Os benefícios e incentivos fiscais ou financeiros referidos no art. 3.º da Lei Complementar n. 160, de 7 de agosto de 2017, serão reduzidos na forma deste artigo, não se aplicando a redução prevista no § 2.º-A do art. 3.º da referida Lei Complementar.

§ 3.º Ficam mantidos em sua integralidade, até 31 de dezembro de 2032, os percentuais utilizados para calcular os benefícios ou incentivos fiscais ou financeiros já reduzidos por força da redução das alíquotas, em decorrência do disposto no *caput*.

Art. 129. Ficam extintos, a partir de 2033, os impostos previstos nos arts. 155, II, e 156, III, da Constituição Federal.

Art. 130. Resolução do Senado Federal fixará, para todas as esferas federativas, as alíquotas de referência dos tributos previstos nos arts. 156-A e 195, V, da Constituição Federal, observados a forma de cálculo e os limites previstos em lei complementar, de forma a assegurar:

I — de 2027 a 2033, que a receita da União com a contribuição prevista no art. 195, V, e com o imposto previsto no art. 153, VIII, todos da Constituição Federal, seja equivalente à redução da receita:

a) das contribuições previstas no art. 195, I, "b", e IV, e da contribuição para o Programa de Integração Social de que trata o art. 239, todos da Constituição Federal;

b) do imposto previsto no art. 153, IV; e

c) do imposto previsto no art. 153, V, da Constituição Federal, sobre operações de seguros;

II — de 2029 a 2033, que a receita dos Estados e do Distrito Federal com o imposto previsto no art. 156-A da Constituição Federal seja equivalente à redução:

a) da receita do imposto previsto no art. 155, II, da Constituição Federal; e

b) das receitas destinadas a fundos estaduais financiados por contribuições estabelecidas como condição à aplicação de diferimento, regime especial ou outro tratamento diferenciado, relativos ao imposto de que trata o art. 155, II, da Constituição Federal, em funcionamento em 30 de abril de 2023, excetuadas as receitas dos fundos mantidas na forma do art. 136 deste Ato das Disposições Constitucionais Transitórias;

III — de 2029 a 2033, que a receita dos Municípios e do Distrito Federal com o imposto previsto no art. 156-A seja equivalente à redução da receita do imposto previsto no art. 156, III, ambos da Constituição Federal.

§ 1.º As alíquotas de referência serão fixadas no ano anterior ao de sua vigência, não se aplicando o disposto no art. 150, III, "c", da Constituição Federal, com base em cálculo realizado pelo Tribunal de Contas da União.

§ 2.º Na fixação das alíquotas de referência, deverão ser considerados os efeitos sobre a arrecadação dos regimes específicos, diferenciados ou favorecidos e de qualquer outro regime que resulte em arrecadação menor do que a que seria obtida com a aplicação da alíquota padrão.

§ 3.º Para fins do disposto nos §§ 4.º a 6.º, entende-se por:

I — Teto de Referência da União: a média da receita no período de 2012 a 2021, apurada como proporção do PIB, do imposto previsto no art. 153, IV, das contribuições previstas no art. 195, I, "b", e IV, da contribuição para o Programa de Integração Social de que trata o art. 239 e do imposto previsto no art. 153, V, sobre operações de seguro, todos da Constituição Federal;

II — Teto de Referência Total: a média da receita no período de 2012 a 2021, apurada como proporção do PIB, dos impostos previstos nos arts. 153, IV, 155, II e 156, III, das contribuições previstas no art. 195, I, "b", e IV, da contribuição para o Programa de Integração Social de que trata o art. 239 e do imposto previsto no art. 153, V, sobre operações de seguro, todos da Constituição Federal;

III — Receita-Base da União: a receita da União com a contribuição prevista no art. 195, V, e com o imposto previsto no art. 153, VIII, ambos da Constituição Federal, apurada como proporção do PIB;

IV — Receita-Base dos Entes Subnacionais: a receita dos Estados, do Distrito Federal e dos Municípios com o imposto previsto no art. 156-A da Constituição Federal, deduzida da parcela a que se refere a alínea "b" do inciso II do *caput*, apurada como proporção do PIB;

V — Receita-Base Total: a soma da Receita-Base da União com a Receita-Base dos Entes Subnacionais, sendo essa última:

a) multiplicada por 10 (dez) em 2029;

b) multiplicada por 5 (cinco) em 2030;

c) multiplicada por 10 (dez) e dividida por 3 (três) em 2031;

d) multiplicada por 10 (dez) e dividida por 4 (quatro) em 2032;

e) multiplicada por 1 (um) em 2033.

§ 4.º A alíquota de referência da contribuição a que se refere o art. 195, V, da Constituição Federal será reduzida em 2030 caso a média da Receita-Base da União em 2027 e 2028 exceda o Teto de Referência da União.

§ 5.º As alíquotas de referência da contribuição a que se refere o art. 195, V, e do imposto a que se refere o art. 156-A, ambos da Constituição Federal, serão reduzidas em 2035 caso a média da Receita-Base Total entre 2029 e 2033 exceda o Teto de Referência Total.

§ 6.º As reduções de que tratam os §§ 4.º e 5.º serão:

I — definidas de forma a que a Receita-Base seja igual ao respectivo Teto de Referência;

II — no caso do § 5.º, proporcionais para as alíquotas de referência federal, estadual e municipal.

§ 7.º A revisão das alíquotas de referência em função do disposto nos §§ 4.º, 5.º e 6.º não implicará cobrança ou restituição de tributo relativo a anos anteriores ou transferência de recursos entre os entes federativos.

§ 8.º Os entes federativos e o Comitê Gestor do Imposto sobre Bens e Serviços fornecerão ao Tribunal de Contas da União as informações necessárias para o cálculo a que se referem os §§ 1.º, 4.º e 5.º.

§ 9.º Nos cálculos das alíquotas de que trata o *caput*, deverá ser considerada a arrecadação dos tributos previstos nos arts. 156-A e 195, V, da Constituição Federal, cuja cobrança tenha sido iniciada antes dos períodos de que tratam os incisos I, II e III do *caput*.

§ 10. O cálculo das alíquotas a que se refere este artigo será realizado com base em propostas encaminhadas pelo Poder Executivo da União e pelo Comitê Gestor do Imposto sobre Bens e Serviços, que deverão fornecer ao Tribunal de Contas da União todos os subsídios necessários, mediante o compartilhamento de dados e informações, nos termos de lei complementar.

Art. 131. De 2029 a 2077, o produto da arrecadação dos Estados, do Distrito Federal e dos Municípios com o imposto de que trata o art. 156-A da Constituição Federal será distribuído a esses entes federativos conforme o disposto neste artigo.

§ 1.º Serão retidos do produto da arrecadação do imposto de cada Estado, do Distrito Federal e de cada Município apurada com base nas alíquotas de referência de que trata o art. 130 deste Ato das Disposições Constitucionais Transitórias, nos termos dos arts. 149-C e 156-A, § 4.º, II, e § 5.º, I e IV, antes da aplicação do disposto no art. 158, IV, "b", todos da Constituição Federal:

I — de 2029 a 2032, 80% (oitenta por cento);

II — em 2033, 90% (noventa por cento);

III — de 2034 a 2077, percentual correspondente ao aplicado em 2033, reduzido à razão de 1/45 (um quarenta e cinco avos) por ano.

§ 2.º Na forma estabelecida em lei complementar, o montante retido nos termos do § 1.º será distribuído entre os Estados, o Distrito Federal e os Municípios proporcionalmente à receita média de cada ente federativo, devendo ser consideradas:

I — no caso dos Estados:

a) a arrecadação do imposto previsto no art. 155, II, após aplicação do disposto no art. 158, IV, "a", todos da Constituição Federal; e

b) as receitas destinadas aos fundos estaduais de que trata o art. 130, II, "b", deste Ato das Disposições Constitucionais Transitórias;

II — no caso do Distrito Federal:

a) a arrecadação do imposto previsto no art. 155, II, da Constituição Federal; e

b) a arrecadação do imposto previsto no art. 156, III, da Constituição Federal;

III — no caso dos Municípios:

a) a arrecadação do imposto previsto no art. 156, III, da Constituição Federal; e

b) a parcela creditada na forma do art. 158, IV, "a", da Constituição Federal.

§ 3.º Não se aplica o disposto no art. 158, IV, "b", da Constituição Federal aos recursos distribuídos na forma do § 2.º, I, deste artigo.

§ 4.º A parcela do produto da arrecadação do imposto não retida nos termos do § 1.º, após a retenção de que trata o art. 132 deste Ato das Disposições Constitucionais Transitórias, será distribuída a cada Estado, ao Distrito Federal e a cada Município de acordo com os critérios da lei complementar de que trata o art. 156-A, § 5.º, I, da Constituição Federal, nela computada a variação de alíquota fixada pelo ente em relação à de referência.

§ 5.º Os recursos de que trata este artigo serão distribuídos nos termos estabelecidos em lei complementar, aplicando-se o seguinte:

I — constituirão a base de cálculo dos fundos de que trata o art. 212-A, II, da Constituição Federal, observado que:

a) para os Estados, o percentual de que trata o art. 212-A, II, será aplicado proporcionalmente à razão entre a soma dos valores distribuídos a cada ente nos termos do § 2.º, I, "a", e do § 4.º, e a soma dos valores distribuídos nos termos do § 2.º, I e do § 4.º;

b) para o Distrito Federal, o percentual de que trata o art. 212-A, II, será aplicado proporcionalmente à razão entre a soma dos valores distribuídos nos termos do § 2.º, II, "a", e do § 4.º, e a soma dos valores distribuídos nos termos do § 2.º, II, e do § 4.º, considerada, em ambas as somas, somente a parcela estadual nos valores distribuídos nos termos do § 4.º;

c) para os Municípios, o percentual de que trata o art. 212-A, II, será aplicado proporcionalmente à razão entre a soma dos valores distribuídos nos termos do § 2.º, III, "b", e a soma dos valores distribuídos nos termos do § 2.º, III;

II — constituirão as bases de cálculo de que tratam os arts. 29-A, 198, § 2.º, 204, parágrafo único, 212 e 216, § 6.º, da Constituição Federal, excetuados os valores distribuídos nos termos do § 2.º, I, "b";

III — poderão ser vinculados para prestação de garantias às operações de crédito por antecipação de receita previstas no art. 165, § 8.º, para pagamento de débitos com a União e para prestar-lhe garantia ou contragarantia, nos termos do art. 167, § 4.º, todos da Constituição Federal.

§ 6.º Durante o período de que trata o *caput* deste artigo, é vedado aos Estados, ao Distrito Federal e aos Municípios fixar alíquotas próprias do imposto de que trata o art. 156-A da Constituição Federal inferiores às necessárias para garantir as retenções de que tratam o § 1.º deste artigo e o art. 132 deste Ato das Disposições Constitucionais Transitórias.

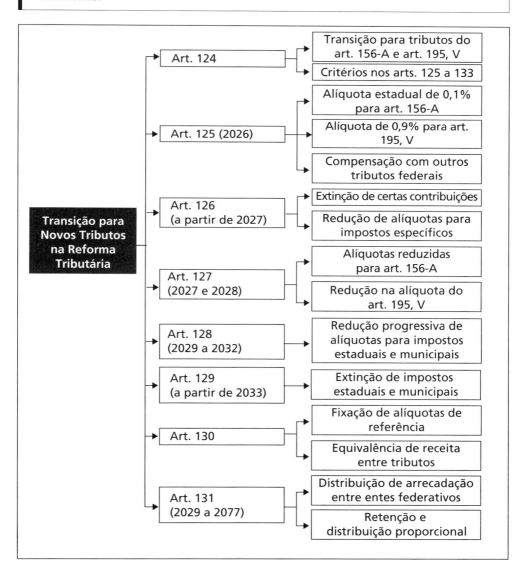

17.8. RETENÇÃO E DISTRIBUIÇÃO DE 5% AOS ENTES FEDERATIVOS

A reforma previu um mecanismo de **compensação do IBS** para os entes federativos com menores índices relativos de arrecadação, calculados a partir das alíquotas de referência fixadas por Resolução do Senado Federal.

Assim, serão retidos e distribuídos **5% do total** arrecadado pelos Estados, Distrito Federal e Municípios a título de IBS. O cálculo da distribuição considerará as alíquotas de referência, após os ajustes definidos pela Constituição, sendo limitado a um máximo de três vezes a média nacional de receita *per capita* para a respectiva esfera governamental.

Os recursos serão distribuídos de maneira **sequencial e sucessiva**, garantindo que, ao final, todos os entes beneficiados tenham a mesma proporção entre o valor apurado e recebido e sua receita média. O dispositivo objetiva conferir algum equilíbrio na distribuição dos recursos aos entes federativos com menores receitas.

Por fim, **lei complementar** estabelecerá os critérios para a redução gradativa do mecanismo de distribuição, que ocorrerá entre os anos de **2078 e 2097**, até que o percentual de 5% seja completamente extinto. Isso significa que, na prática, os efeitos da reforma perdurarão por **inacreditáveis 75 anos!** Quem viver verá...

17 ◼ Reforma Tributária na Constituição

ADCT, Art. 132. Do imposto dos Estados, do Distrito Federal e dos Municípios apurado com base nas alíquotas de referência de que trata o art. 130 deste Ato das Disposições Constitucionais Transitórias, deduzida a retenção de que trata o art. 131, § 1.º, será retido montante correspondente a 5% (cinco por cento) para distribuição aos entes com as menores razões entre:

I — o valor apurado nos termos dos arts. 149-C e 156-A, § 4.º, II, e § 5.º, I e IV, com base nas alíquotas de referência, após a aplicação do disposto no art. 158, IV, "b", todos da Constituição Federal; e

II — a respectiva receita média, apurada nos termos do art. 131, § 2.º, I, II e III, deste Ato das Disposições Constitucionais Transitórias, limitada a 3 (três) vezes a média nacional por habitante da respectiva esfera federativa.

§ 1.º Os recursos serão distribuídos, sequencial e sucessivamente, aos entes com as menores razões de que trata o *caput*, de maneira que, ao final da distribuição, para todos os entes que receberem recursos, seja observada a mesma a razão entre:

I — a soma do valor apurado nos termos do inciso I do *caput* com o valor recebido nos termos deste artigo; e

II — a receita média apurada na forma do inciso II do *caput*.

§ 2.º Aplica-se aos recursos distribuídos na forma deste artigo o disposto no art. 131, § 5.º deste Ato das Disposições Constitucionais Transitórias.

§ 3.º Lei complementar estabelecerá os critérios para a redução gradativa, entre 2078 e 2097, do percentual de que trata o *caput*, até a sua extinção.

17.9. SALDOS CREDORES DE ICMS

Os contribuintes que ainda tiverem, em **2032** (ano em que termina a fase de transição para os consumidores), saldos credores de ICMS poderão aproveitá-los, nos termos e condições estabelecidos em **lei complementar**.

Como o mecanismo prevê um procedimento de **homologação** desses saldos, é bastante provável que haverá uma enorme discussão, administrativa e judicial, acerca do preenchimento ou não dos critérios que vieram a ser definidos, a exemplo do que hoje ocorre com os pedidos de compensação de tributos na esfera federal.

ADCT, Art. 134. Os saldos credores relativos ao imposto previsto no art. 155, II, da Constituição Federal, existentes ao final de 2032 serão aproveitados pelos contribuintes na forma deste artigo e nos termos de lei complementar.

§ 1.º O disposto neste artigo alcança os saldos credores cujo aproveitamento ou ressarcimento sejam admitidos pela legislação em vigor em 31 de dezembro de 2032 e que tenham sido homologados pelos respectivos entes federativos, observadas as seguintes diretrizes:

I — apresentado o pedido de homologação, o ente federativo deverá se pronunciar no prazo estabelecido na lei complementar a que se refere o *caput*;

II — na ausência de resposta ao pedido de homologação no prazo a que se refere o inciso I deste parágrafo, os respectivos saldos credores serão considerados homologados.

§ 2.º Aplica-se o disposto neste artigo também aos créditos reconhecidos após o prazo previsto no *caput*.

§ 3.º O saldo dos créditos homologados será informado pelos Estados e pelo Distrito Federal ao Comitê Gestor do Imposto sobre Bens e Serviços para que seja compensado com o imposto de que trata o art. 156-A da Constituição Federal:

I — pelo prazo remanescente, apurado nos termos do art. 20, § 5.º, da Lei Complementar n. 87, de 13 de setembro de 1996, para os créditos relativos à entrada de mercadorias destinadas ao ativo permanente;

II — em 240 (duzentos e quarenta) parcelas mensais, iguais e sucessivas, nos demais casos.

§ 4.º O Comitê Gestor do Imposto sobre Bens e Serviços deduzirá do produto da arrecadação do imposto previsto no art. 156-A devido ao respectivo ente federativo o valor compensado na forma do § 3.º, o qual não comporá base de cálculo para fins do disposto nos arts. 158, IV, 198, § 2.º, 204, parágrafo único, 212, 212-A, II, e 216, § 6.º, todos da Constituição Federal.

§ 5.º A partir de 2033, os saldos credores serão atualizados pelo IPCA ou por outro índice que venha a substituí-lo.

§ 6.º Lei complementar disporá sobre:

I — as regras gerais de implementação do parcelamento previsto no § 3.º;

II — a forma pela qual os titulares dos créditos de que trata este artigo poderão transferi-los a terceiros;

III — a forma pela qual o crédito de que trata este artigo poderá ser ressarcido ao contribuinte pelo Comitê Gestor do Imposto sobre Bens e Serviços, caso não seja possível compensar o valor da parcela nos termos do § 3.º.

17.10. CONTRIBUIÇÃO SOBRE SEMIELABORADOS

Como se não bastasse que uma reforma destinada a "simplificar" o atual sistema de tributação sobre o consumo, que possui 5 (cinco) tributos, já tivesse, depois do trâmite legislativo, previsto a criação de **outros 3 (três)**, eis que no apagar das luzes os políticos conseguiram pensar em mais uma contribuição, agora sobre produtos semielaborados.

Para além do absurdo de uma reforma que, na prática, terá **quatro novos tributos**, o constituinte subverteu toda a lógica das contribuições (que sempre foram de competência da União), para agora outorgar competência para que os Estados possam instituir uma **contribuição sobre semielaborados**, destinada aos Estados que possuíam, em 30 de abril de 2023, fundos para investimentos em obras de infraestrutura e habitação, **no âmbito do ICMS**, financiados por contribuições sobre produtos primários e semielaborados estabelecidas como condição à aplicação de diferimento, regime especial ou outro tratamento diferenciado.

As alíquotas dessa contribuição e as respectivas incidências serão limitadas aos valores e condições vigentes em abril de 2023, com a automática extinção da contribuição antes vinculada ao ICMS.

Em sua aparentemente infinita criatividade, o legislador definiu que a nova contribuição será **transitória**, devendo ser extinta em 31 de dezembro de 2043.

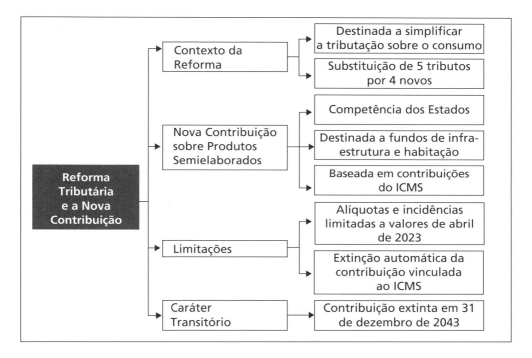

Art. 136. Os **Estados** que possuíam, em 30 de abril de 2023, fundos destinados a investimentos em obras de **infraestrutura** e **habitação** e financiados por contribuições sobre produtos primários e semielaborados estabelecidas como condição à aplicação de diferimento, regime especial ou outro tratamento diferenciado, relativos ao imposto de que trata o art. 155, II, da Constituição Federal, poderão instituir **contribuições** semelhantes, não vinculadas ao referido imposto, observado que:

I — a alíquota ou o percentual de contribuição não poderão ser superiores e a base de incidência não poderá ser mais ampla que os das respectivas contribuições vigentes em 30 de abril de 2023;

II — a instituição de contribuição nos termos deste artigo implicará a extinção da contribuição correspondente, vinculada ao imposto de que trata o art. 155, II, da Constituição Federal, vigente em 30 de abril de 2023;

III — a destinação de sua receita deverá ser a mesma das contribuições vigentes em 30 de abril de 2023;

IV — a contribuição instituída nos termos do *caput* será extinta em 31 de dezembro de 2043.

> **Parágrafo único.** As receitas das contribuições mantidas nos termos deste artigo não serão consideradas como receita do respectivo Estado para fins do disposto nos arts. 130, II, "b", e 131, § 2.º, I, "b", deste Ato das Disposições Constitucionais Transitórias.

17.11. ENCAMINHAMENTO DE NOVOS PROJETOS DE LEI

Por fim, ciente de que os mais de **100.000 caracteres** utilizados para instituir a reforma tributária versam apenas sobre a **tributação do consumo**, o constituinte determinou, com ineditismo, que o Poder Executivo deverá encaminhar ao Congresso Nacional, em até **90 dias** da promulgação da EC 132/2023, projeto de lei que reforme a **tributação da renda**, acompanhado das correspondentes estimativas e estudos de impactos orçamentários e financeiros.

Também deverá ser encaminhado ao Congresso, no mesmo prazo de **90 dias**, projeto de lei que reforme a **tributação da folha de salários**, o que significa que ainda teremos, nos próximos tempos, muitas emoções em matéria tributária.

Como seria de esperar, passados, ao tempo em que escrevemos, quase 12 meses da edição da emenda constitucional, não há, ainda, proposta concreta sobre a nova sistemática sobre a tributação da renda no país, o que apenas confirma o quanto se desperdiça de tinta na nossa Constituição.

Por fim — e aqui a ordem constitucional é relevante —, o Poder Executivo deveria encaminhar ao Congresso, em até **180 dias** da promulgação da EC 132/2023, todos os projetos de lei necessários para a **regulamentação** da reforma tributária.

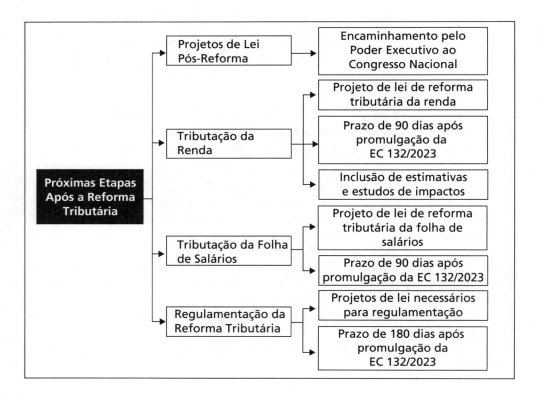

Em janeiro de 2025 foi publicada a Lei Complementar n. 214, que regulamenta, em mais de 500 artigos, a reforma tributária sobre o consumo.

Tudo isso para um modelo constitucional que, segundo seus defensores, "simplificará" a tributação sobre o consumo e colocará o país na vanguarda do tema em escala global.

Peço aos queridos leitores e leitoras que tirem suas próprias conclusões ou, se preferirem, aguardem até a entrada em vigor do novo sistema, daqui a alguns anos.

18

REGULAMENTAÇÃO DA REFORMA TRIBUTÁRIA

Em janeiro de 2025, foi finalmente editada a Lei Complementar n. 214/2025, com o objetivo de regulamentar os preceitos constitucionais sobre a tributação do consumo no Brasil.

Com inacreditáveis 544 artigos, a leitura do texto regulamentar demonstrará, para quem tiver fôlego de fazê-lo, que não há nada de simples no modelo criado.

Para além de mantermos a maior carga tributária do mundo — situação que, por si só, prova o quão ruim é a reforma —, agora temos que nos debruçar sobre centenas e centenas de artigos, cada qual capaz de gerar diversas "teses" jurídicas que, invariavelmente, demandarão respostas do Poder Judiciário, perpetuando um ciclo de ineficiência que não encontra paralelo em nenhum outro país.

Dito isso, o objetivo deste capítulo é apresentar, de forma clara e organizada, todas as principais características da regulamentação do IBS, da CBS e do Imposto Seletivo.

Não aprofundaremos aqui as regras relacionadas à tributação sobre o consumo nas operações de importação e exportação, previstas nos arts. 63 a 111 da Lei Complementar n. 214/2025, pois delas tratamos na edição 2025 do nosso Comércio Internacional e Legislação Aduaneira Esquematizado[1].

18.1. CONCEITOS FUNDAMENTAIS

A Lei Complementar n. 214/2025 começa com a definição de vários conceitos, para esclarecer que as **operações com bens** abrangem qualquer transação envolvendo bens móveis ou imóveis, materiais ou imateriais, incluindo direitos, enquanto as **operações com serviços** englobam todas as demais transações que não se enquadram como operações com bens.

O conceito de **fornecimento** inclui a entrega ou a disponibilização de bens materiais, a cessão ou licenciamento de bens imateriais, e a prestação ou disponibilização de serviços.

---

[1] Roberto Caparroz, *Coleção Esquematizado® — Comércio Internacional e Legislação Aduaneira*, coordenado por Pedro Lenza, 10. ed., São Paulo, Saraiva Jur, 2025.

Em relação às partes das operações, o **fornecedor** pode ser qualquer pessoa física ou jurídica, residente ou não no país, que realize o fornecimento, enquanto o **adquirente** é aquele responsável pelo pagamento ou qualquer forma de contraprestação pelo bem ou serviço, podendo, nos casos de intermediação, ser a pessoa por conta de quem a obrigação foi assumida. Já o **destinatário** é aquele a quem o bem ou serviço é fornecido, podendo ser ou não o próprio adquirente.

Além disso, para fins de tributação, qualquer tipo de "energia", com valor econômico, é equiparado a bens materiais, assim como entidades sem personalidade jurídica, a exemplo das sociedades em comum, dos consórcios e dos fundos de investimento, também são consideradas fornecedores.

Nota-se, dessa previsão preambular, que o objetivo do legislador é alcançar, de forma ampla, a maior parte das operações com bens e serviços.

Nesse sentido, o art. 4.º da Lei Complementar n. 214/2025 estabelece que o **IBS** (Imposto sobre Bens e Serviços) e a **CBS** (Contribuição sobre Bens e Serviços) incidem sobre **operações onerosas** com bens ou serviços.

Como visto, a definição é abrangente e inclui qualquer fornecimento que envolva contraprestação, como nos casos de compra e venda, locação, licenciamento e doação com contraprestação. Também se enquadram no conceito de operações onerosas o arrendamento mercantil, os mútuos onerosos e o licenciamento, na tentativa de abranger a diversidade de negócios modernos.

A legislação reforça a irrelevância da forma jurídica ou título do bem, privilegiando a essência econômica sobre os aspectos formais da operação. Esse entendimento visa evitar hipóteses de planejamento tributário, em que o modelo de estruturação dos negócios poderia ser utilizado para contornar a incidência tributária.

Em linha com a lógica de ampla incidência, diz o legislador que mesmo operações com bens do ativo **não circulante** ou fora da atividade econômica **habitual** estão sujeitas ao IBS e à CBS, minimizando possíveis lacunas na tributação.

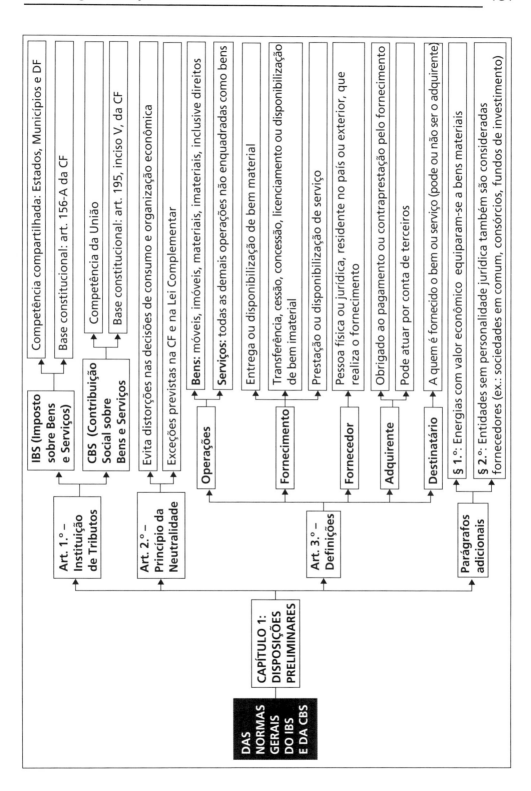

O art. 5.º da Lei Complementar n. 214/2025 aumenta o alcance dos tributos ao incluir na incidência operações **não onerosas** ou a **valor inferior** ao de mercado em determinadas hipóteses, como o fornecimento de brindes, bonificações e devolução de bens em casos de dissolução de sociedades. Essa abordagem demonstra a preocupação do legislador em evitar o uso de estruturas atípicas para disfarçar operações tributáveis.

De forma nova, os parágrafos do art. 5.º tratam de definir o conceito de **partes relacionadas**, conceito normalmente utilizado na tributação sobre a renda, utilizando parâmetros internacionais de governança corporativa e controle societário, com o objetivo de combater a elisão fiscal, especialmente em operações intragrupo, capazes de distorcer a base tributável do IBS e da CBS.

Assim, são considerados partes relacionadas, sejam elas pessoas físicas, jurídicas ou entidades sem personalidade jurídica:

■ o controlador e as suas controladas;

■ as coligadas;

■ entidades incluídas nas demonstrações financeiras consolidadas ou que seriam incluídas caso o controlador final do grupo multinacional de que façam parte preparasse tais demonstrações se o seu capital fosse negociado nos mercados de valores mobiliários de sua jurisdição de residência;

■ as entidades, quando uma delas possuir o direito de receber, direta ou indiretamente, no mínimo 25% (vinte e cinco por cento) dos lucros da outra ou de seus ativos em caso de liquidação;

■ as entidades que estiverem, direta ou indiretamente, sob controle comum ou em que o mesmo sócio, acionista ou titular detiver 20% (vinte por cento) ou mais do capital social de cada uma;

■ as entidades em que os mesmos sócios ou acionistas, ou os seus cônjuges, companheiros, parentes, consanguíneos ou afins, até o terceiro grau, detiverem no mínimo 20% (vinte por cento) do capital social de cada uma; e

■ a entidade e a pessoa física que for cônjuge, companheiro ou parente, consanguíneo ou afim, até o terceiro grau, de conselheiro, de diretor ou de controlador daquela entidade.

A Lei Complementar n. 214/2025 também estabelece os critérios para a definição de relação de controle entre diferentes entidades, que ocorrer quando uma delas:

■ deter, de forma direta ou indireta, isoladamente ou em conjunto com outras entidades, inclusive em função da existência de acordos de votos, direitos que lhe assegurem preponderância nas deliberações sociais ou o poder de eleger ou destituir a maioria dos administradores de outra entidade;

■ participar, direta ou indiretamente, de mais de 50% (cinquenta por cento) do capital social de outra entidade; ou

■ deter ou exercer o poder de administrar ou gerenciar, de forma direta ou indireta, as atividades de outra entidade.

Definido o alcance da incidência dos tributos, a regulamentação da reforma tributária apresenta as hipóteses de não incidência, que sintetizamos no quadro a seguir:

ATIVIDADE	DETALHES
Fornecimento de serviços por pessoas físicas	Inclui relação de emprego e atuação como administradores ou conselheiros.
Transferência de bens entre estabelecimentos do mesmo contribuinte	Desde que seja emitido documento fiscal eletrônico.
Baixa, liquidação e transmissão de participação societária	Inclui alienação, ressalvadas exceções do art. 5.º.
Transmissão de bens por fusão, cisão, incorporação e integralização	Exclui casos específicos previstos no art. 5.º.
Rendimentos financeiros	Exceto quando incluídos em regimes específicos de tributação.
Recebimento de dividendos e juros sobre capital próprio	Inclui juros pagos por cooperativas e avaliação de participações societárias.
Operações com títulos ou valores mobiliários	Exceto quando sujeitos a regimes específicos.
Doações sem contraprestação	Desde que não haja contraprestação em benefício do doador.
Transferências de recursos públicos para entidades sem fins lucrativos	Por meio de diversos instrumentos de fomento e colaboração.
Destinação de recursos por cooperativas para fundos	Inclui reversão de recursos de reservas.
Repasse de valores e distribuição de sobras por cooperativas	Inclui distribuição de sobras aos associados.

O art. 7.º da Lei Complementar n. 214/2025 regula a tributação de um assunto que sempre ensejou polêmicas no âmbito do ICMS e do ISS, que são as operações que envolvam o fornecimento de bens e serviços **conjuntamente**.

Com a reforma, a regra geral exige a especificação de cada fornecimento e respectivo valor, exceto em casos de uniformidade no tratamento tributário ou quando um fornecimento puder ser caracterizado como principal e os outros, acessórios.

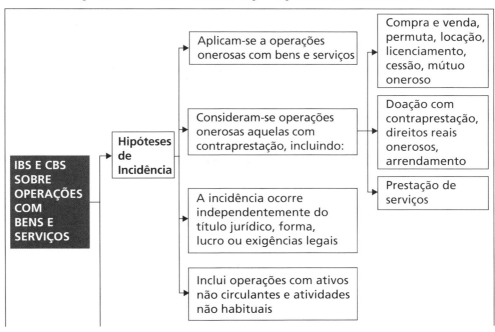

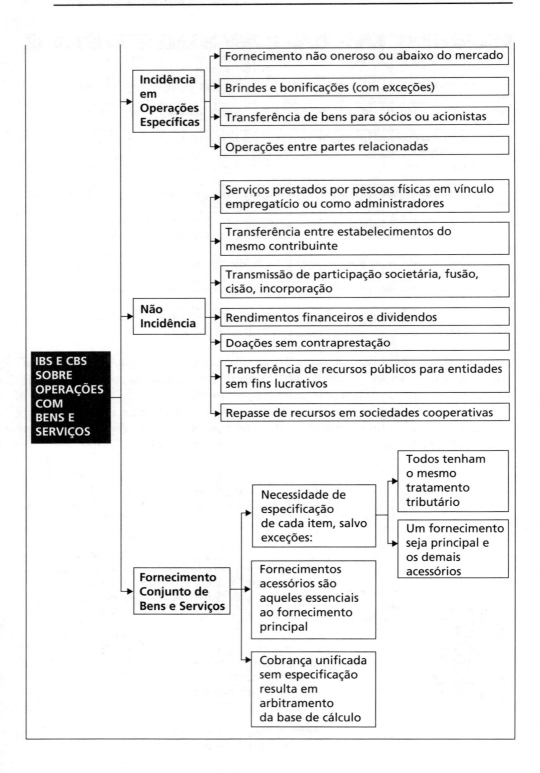

18.2. IMUNIDADES

O art. 8.º da Lei Complementar n. 214/2025 reflete um dos pilares do sistema tributário nacional, ao assegurar imunidade tributária para as **exportações** de bens e serviços, medida que possui dois grandes objetivos:

■ **Fomentar a competitividade internacional**: ao desonerar exportações, elimina-se o efeito cumulativo de tributos, garantindo que os produtos e serviços brasileiros não carreguem custos tributários que poderiam comprometer sua competitividade no mercado externo.

■ **Incentivar o desenvolvimento econômico**: a imunidade promove, em tese, maior inserção das empresas nacionais no comércio internacional, seguindo a lógica adotada por quase todos os países.

Além da imunidade nas exportações, a legislação do IBS e da CBS basicamente reproduz as demais imunidades previstas pela Constituição, que versam sobre fornecimentos:

■ Realizados pela União, pelos Estados, pelo Distrito Federal e pelos Municípios — comando que se relaciona às operações realizadas por entes federados e que reflete o princípio da **não incidência recíproca**, essencial para proteger a autonomia entre as esferas de governo. Como de praxe, a lei condiciona a imunidade às finalidades essenciais das autarquias, fundações públicas e empresas públicas prestadoras de serviços postais, excluindo atividades econômicas e casos de contraprestação, em linha com o entendimento consolidado pelo Supremo Tribunal Federal (STF).

■ Realizados por entidades religiosas e templos de qualquer culto, inclusive suas organizações assistenciais e beneficentes — trata-se de garantia constitucional que exige atuação **sem fins lucrativos** e a prática de assistência social sem qualquer discriminação ou exigência.

■ Realizados por partidos políticos, inclusive seus institutos e fundações, entidades sindicais dos trabalhadores e instituições de educação e de assistência social, sem fins lucrativos — a imunidade deve atender aos critérios fixados pelo art. 14 do CTN.

■ De livros, jornais, periódicos e do papel destinado a sua impressão — aqui incluem-se os livros eletrônicos, à luz da jurisprudência do STF.

■ De fonogramas e videofonogramas musicais produzidos no Brasil contendo obras musicais ou literomusicais de autores brasileiros e/ou obras em geral interpretadas por artistas brasileiros, bem como os suportes materiais ou arquivos digitais que os contenham, salvo na etapa de replicação industrial de mídias ópticas de leitura a *laser* — trata-se de comando anacrônico e tendencioso, que ganhou uma pequena sobrevida com a inserção, na lei, da expressão "arquivos digitais", que deve gerar alguma discussão quanto ao seu alcance, na prática.

■ De serviço de comunicação nas modalidades de radiodifusão sonora e de sons e imagens de recepção livre e gratuita — aqui, reforça-se a ideia, também em declínio, de que as rádios e emissoras de televisão oferecem acesso democrático à informação e ao entretenimento, algo que a internet, atualmente, promove em maior escala.

■ De ouro, quando definido em lei como ativo financeiro ou instrumento cambial.

> **Observação:** O art. 9.º, § 4.º, da Lei Complementar n. 214/2025 estabelece que as imunidades não abrangem aquisições de bens materiais e imateriais, realizadas pelas entidades imunes (entes federados, templos de qualquer culto, partidos políticos etc.), com o objetivo de evitar distorções de mercado. O comando, embora correto, ao limitar o alcance da imunidade apenas para bens essenciais, nos parece passível de discussão judicial.

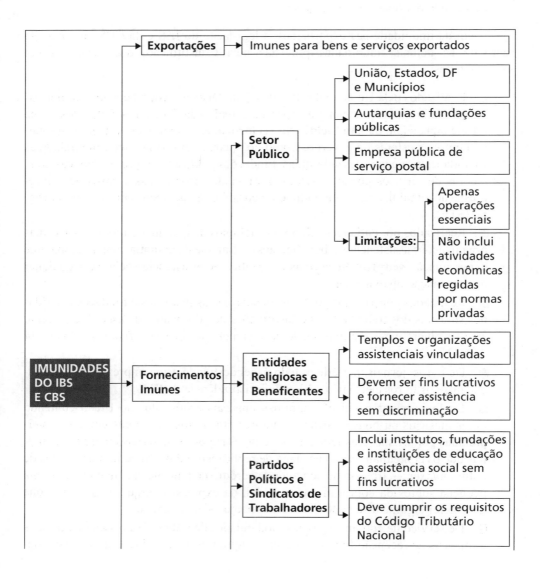

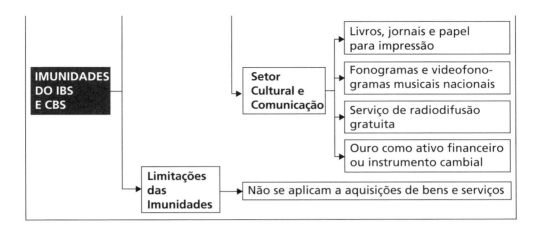

18.3. FATO GERADOR

A definição clara e inequívoca do momento da ocorrência do fato gerador do IBS e da CBS é essencial para evitar futuras discussões e garantir uniformidade na exigência dos tributos.

Como regra geral, o fato gerador ocorre no momento do **fornecimento de bens ou serviços**, abrangendo inclusive operações de execução continuada ou fracionada, abordagem que reflete a citada busca por uniformidade, sobretudo em operações com características mais complexas, como os serviços de longa duração.

Existem diversos momentos em que se considera ocorrido o fornecimento do bem ou serviço:

- O transporte é tributado no início (se iniciado no País) ou no término (se iniciado no exterior), considerando as especificidades logísticas de cada situação.
- Nos serviços em geral, o fato gerador ocorre no término do fornecimento, alinhando-se à prática de prestação completa para reconhecimento da obrigação tributária.
- A ausência de documentação fiscal idônea, ao caracterizar irregularidade, também configura o fato gerador quando o bem é identificado.
- Nas aquisições em licitações ou leilões de bens apreendidos ou abandonados, o fato gerador ocorre na aquisição, com a atribuição de responsabilidade ao adquirente.

Nas aquisições realizadas pela administração pública direta, autarquias e fundações públicas, o fato gerador é deslocado para o **momento do pagamento**, simplificando a gestão tributária em operações que envolvem o setor público.

Para serviços e fornecimentos contínuos, como água, energia elétrica e internet, o fato gerador ocorre quando o pagamento se torna **devido**, independentemente do fornecimento efetivo. Essa regra é especialmente relevante para setores com faturamento recorrente.

Quanto às hipóteses de pagamento adiantado das operações, temos as seguintes regras:

a) **Antecipação do tributo no momento do pagamento parcial**:

- A base de cálculo é o valor da parcela paga.
- As alíquotas aplicáveis são as vigentes na data do pagamento.

b) **Cálculo definitivo na entrega do bem ou serviço**:

- A base de cálculo é o valor total da operação.
- Ajustes são realizados para compensar diferenças entre as antecipações e o valor definitivo:
    - Débitos adicionais, se o valor definitivo for superior.
    - Créditos, se o valor antecipado for maior.

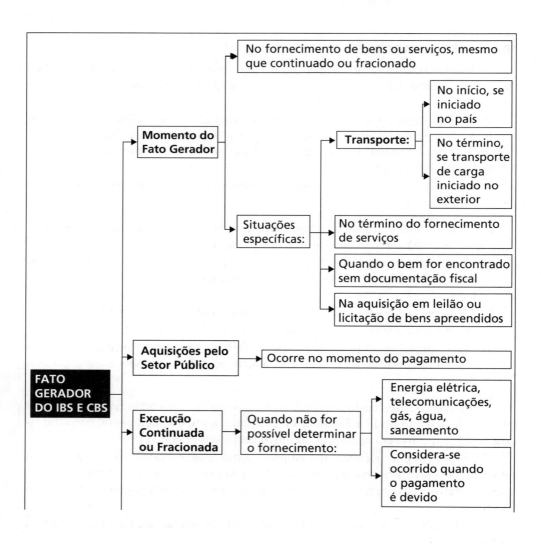

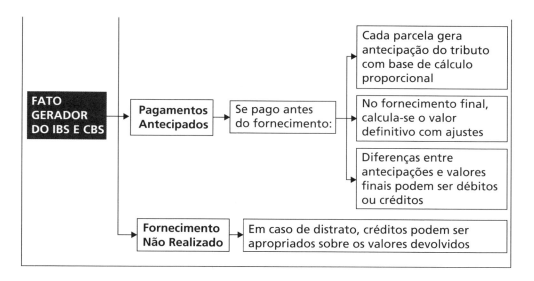

18.4. LOCAL DA OPERAÇÃO

Como ocorre nos casos do ICMS e do ISS, a definição do local da operação é extremamente importante para fixar a competência tributária e, por consequência, o direito de receber os valores devidos de IBS e CBS.

As hipóteses previstas na regulamentação constam do quadro a seguir.

TIPO DE OPERAÇÃO	LOCAL DA OPERAÇÃO
Bem móvel material	Local da entrega ou disponibilização ao destinatário.
Bem imóvel e serviços relacionados	Local onde o imóvel está situado.
Serviço prestado sobre pessoa física	Local da prestação do serviço.
Serviço de eventos e exposições	Local do evento.
Serviço sobre bem móvel material e portuário	Local da prestação do serviço.
Transporte de passageiros	Local de início do transporte.
Transporte de carga	Local da entrega ou disponibilização ao destinatário no documento fiscal.
Exploração de via	Município e Estado proporcionalmente à extensão da via.
Telefonia fixa e comunicação via cabos	Local de instalação do terminal.
Demais serviços e bens imateriais	Domicílio principal do adquirente (operações onerosas) ou do destinatário (operações não onerosas).

Para os bens móveis existem algumas situações especiais:

■ **Operações não presenciais**: o local da entrega é o destino informado pelo adquirente, considerando a responsabilidade pelo transporte.

740 Direito Tributário Esquematizado

■ **Veículos automotores**: o local da operação é o domicílio principal do destinatário, simplificando a apuração do tributo em transações de alto valor.

■ **Bens em leilão ou apreendidos**: o local da operação é o local onde o bem se encontra, garantindo tributação no território correspondente.

Nos casos de bens imóveis que abrangem mais de um Município, o local da operação será o do Município onde se encontra a maior parte da área, critério que evita potenciais conflitos de competência entre entes municipais.

Outra questão importante é a definição de domicílio principal **do adquirente ou destinatário**, fixada nos seguintes termos:

■ **Pessoas físicas**: considera-se a habitação permanente ou o local de maior relevância econômica.

■ **Pessoas jurídicas**: o local do estabelecimento relacionado ao fornecimento.

■ **Para adquirentes não cadastrados**: há critérios alternativos como endereço declarado, geolocalização ou dados do arranjo de pagamento.

No caso de aquisições **centralizadas** por contribuintes com múltiplos estabelecimentos, considera-se o local do estabelecimento matriz para determinados serviços, tratamento diverso daquele previsto para alguns casos específicos, como energia elétrica e água, que adotam o local da **entrega ou do consumo** como referência principal.

Na hipótese de a autoridade tributária identificar inconsistências nos dados fornecidos pelo adquirente, que resultem em pagamento insuficiente, a diferença será cobrada com os devidos acréscimos.

Por fim, a regulamentação descreve, ainda, algumas situações **específicas**:

■ Em operações com adquirentes no exterior e destinatários no Brasil, considera-se o domicílio do destinatário.

■ Para aquisições de energia elétrica multilaterais, o local da operação é o estabelecimento ou domicílio do agente com balanço energético devedor.

■ Nas operações de transporte dutoviário de gás natural, o local varia entre o estabelecimento principal do fornecedor ou do adquirente, dependendo da fase da operação.

■ A cessão de espaço para prestação de serviços publicitários segue as regras dos serviços, considerando o domicílio do adquirente.

18.5. BASE DE CÁLCULO

A base de cálculo do IBS e da CBS é, como regra geral, o **valor da operação**, o que em tese simplifica a apuração dos créditos, ao utilizar um critério objetivo amplamente aplicado no sistema tributário brasileiro.

O valor da operação inclui **acréscimos** e **encargos financeiros**, como juros e multas, além de descontos condicionados, que dependem de eventos futuros. Também integram a base de cálculo o valor do transporte e outros encargos adicionais quando

18 ◼ Regulamentação da Reforma Tributária 741

incorporados ao preço, reforçando o princípio da capacidade contributiva e garantindo que a tributação alcance a totalidade do valor econômico envolvido na operação.

Por outro lado, determinados valores **não integram** a base de cálculo, como o próprio montante do IBS e da CBS, evitando-se a tributação em cascata, e o IPI, tributo já incidente na cadeia produtiva.

Além disso, os **descontos incondicionais**, que reduzem diretamente o preço da operação, sem dependência de evento futuro, também são **excluídos**, com o objetivo de evitar dupla tributação.

Nas situações em que o valor da operação não está claramente definido, utiliza-se como base de cálculo o **valor de mercado**, assim entendido como aquele praticado em operações comparáveis entre partes não relacionadas, medida que objetiva evitar práticas de subfaturamento, sobretudo em operações entre partes relacionadas.

A conversão de valores expressos em moeda estrangeira para moeda nacional deve seguir a taxa oficial do Banco Central. Além disso, ganhos ocultos em instrumentos derivativos contratados fora de condições de mercado devem ser incluídos na base de cálculo.

No caso do transporte internacional de passageiros, quando bilhetes de ida e volta são vendidos em conjunto, a base de cálculo corresponde à **metade** do valor total, simplificando a tributação de operações que envolvem múltiplos trechos.

A regulamentação também prevê que a administração tributária pode **arbitrar** a base de cálculo em situações irregulares ou omissas para evitar prejuízos à arrecadação. Isso ocorre, por exemplo, quando não há documentos fiscais que comprovem a operação ou quando o valor declarado está aquém do mercado, práticas que podem revelar subfaturamento ou ocultação de valores. O arbitramento também pode ser aplicado às declarações omissas ou inconsistentes.

Em regra, o arbitramento deve ser feito com base no valor de mercado, que é prioritário e utiliza preços praticados em operações comparáveis, como ocorre, por exemplo, na legislação de preços de transferência. Caso a informação não esteja disponível, considera-se o custo da operação acrescido das despesas e do lucro bruto.

Em situações específicas, podem ser utilizados preços regulados ou sugeridos por órgãos competentes ou entidades de determinado setor.

18.6. ALÍQUOTAS

As regras para determinação das alíquotas do IBS e da CBS consideram as particularidades dos entes federativos e o tipo de operação. Como sempre, a lógica utilizada busca garantir certo equilíbrio e autonomia aos níveis da federação, embora saibamos que, na prática, isso dificilmente se concretiza, o que acaba ensejando repasses variados, mecanismos de repartição das receitas tributárias e, pior, a criação dos obscuros fundos de compensação.

As alíquotas do IBS e da CBS serão fixadas por **lei específica** de cada ente federativo. A União terá competência para definir a alíquota da CBS, enquanto os Estados e Municípios estabelecerão as alíquotas do IBS separadamente. No Distrito Federal, a competência será exercida de forma **cumulativa**, englobando tanto a esfera estadual quanto a municipal.

Além disso, a legislação permite que Estados e Municípios vinculem suas alíquotas a uma **alíquota de referência** definida pelo Senado Federal. Essa vinculação pode ocorrer por meio de acréscimos ou decréscimos, calculados em pontos percentuais. Um Estado pode, por exemplo, fixar sua alíquota 2% acima da alíquota de referência, enquanto outro pode optar por reduzi-la em 1%.

Caso o ente federativo não legisle sobre o tema, a alíquota de referência será aplicada automaticamente.

A alíquota do IBS incidente sobre cada operação corresponderá à soma das alíquotas do Estado e do Município de destino da operação. Assim, em uma venda de mercadorias de São Paulo para o Rio de Janeiro, o imposto será recolhido considerando a alíquota do Estado e do Município carioca. Já nas operações realizadas dentro do Distrito Federal, será aplicada uma única alíquota, que reúne as competências estadual e municipal.

Para garantir alguma simplicidade e previsibilidade ao modelo de alíquotas, cada ente federativo deve fixar uma **única alíquota** padrão aplicável a todas as operações com bens e serviços, salvo as exceções previstas em lei. Isso pretende evitar distorções no sistema tributário e garantir isonomia entre os diferentes setores econômicos.

No entanto, como normalmente ocorre, regimes **diferenciados** podem prever reduções de alíquotas para determinados segmentos, como parte de incentivos fiscais ou políticas de estímulo a setores estratégicos.

Nos casos de devolução ou cancelamento de operações, a alíquota aplicada será a mesma utilizada na operação original. Assim, se uma mercadoria foi vendida com uma alíquota de 10% e posteriormente devolvida, o ajuste do tributo será feito com base no mesmo percentual.

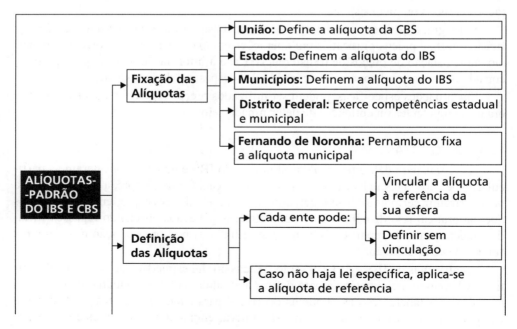

```
┌─ALÍQUOTAS-   ┌─ Cálculo da        ┌─ Operações interestaduais: Soma das
│ -PADRÃO     │  Alíquota do       │  alíquotas do Estado e Município de destino
│ DO IBS E CBS│  IBS em            ├─ Operações com destino no DF: Aplicação
│             │  Operações            da alíquota do DF
│             │
│             │                    ┌─ Mesma alíquota para todas as operações,
│             ├─ Uniformidade      │  salvo exceções previstas em lei
│             │  da Alíquota       ├─ Reduções nos regimes diferenciados aplicadas
│             │                       sobre a alíquota de cada ente
│             │
│             └─ Regras para       ┌─ Aplicação da mesma alíquota da operação
│                Devolução ou         original
│                Cancelamento
```

As alíquotas de referência terão um papel essencial durante o período de transição para o novo modelo tributário, que ocorrerá entre 2027 e 2035. Durante esse intervalo, os valores serão ajustados gradualmente para garantir uma adaptação sem impactos abruptos.

Após esse período, as alíquotas de referência serão ajustadas automaticamente com base nas vigentes no ano anterior.

Outro ponto relevante é a necessidade de compensação para alterações legislativas que afetem a arrecadação do IBS ou da CBS. Qualquer mudança que reduza ou aumente a receita deve ser compensada por **ajustes** nas alíquotas de referência, evitando desequilíbrios financeiros entre os entes federativos. Se uma nova lei, por exemplo, conceder benefícios fiscais que reduzam a arrecadação do IBS, o Senado Federal precisará ajustar as alíquotas de referência para compensar a perda.

Além disso, projetos de lei que impactem a arrecadação desses tributos devem incluir estimativas detalhadas sobre os efeitos nas alíquotas de referência, que devem ser elaboradas pelo Poder Executivo ou pelos órgãos competentes.

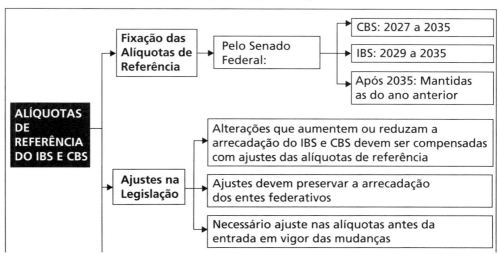

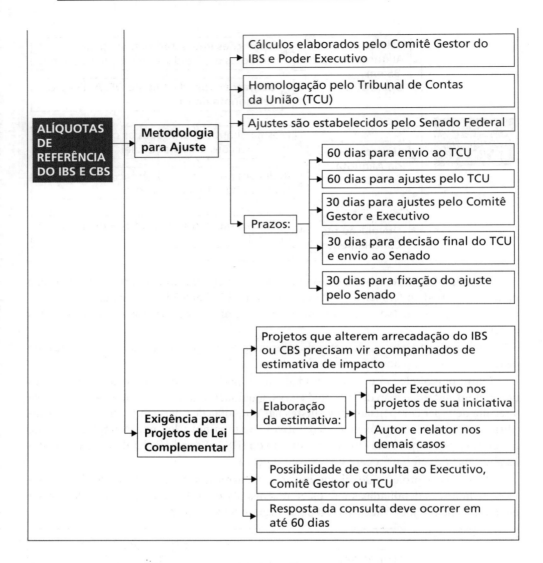

18.7. SUJEIÇÃO PASSIVA

A sujeição passiva é um ponto extremamente relevante de tributos com ampla incidência, como o IBS e a CBS, pois define quem serão os contribuintes e responsáveis pelo recolhimento, além de estabelecer regimes específicos para determinadas operações.

Os **contribuintes** do IBS e da CBS incluem fornecedores que realizam operações de forma econômica, habitual ou profissional, independentemente da regulamentação da profissão; adquirentes específicos, como aqueles que compram bens apreendidos ou em leilões judiciais; e importadores, que são responsáveis pelo pagamento dos tributos em todas as operações de importação.

Fornecedores no exterior são obrigados a se cadastrar, ampliando a aplicação da legislação às operações internacionais. Além disso, há regras específicas para importações sujeitas a regimes de tributação simplificada.

Um aspecto inovador da regulamentação é a responsabilidade das plataformas digitais no pagamento do IBS e da CBS. Essas plataformas, domiciliadas ou não no Brasil, podem ser **solidariamente responsáveis** pelo recolhimento do tributo nas operações intermediadas.

A responsabilização ocorre quando a plataforma controla **elementos essenciais** da operação, como cobrança, pagamento ou entrega, mas não se aplica a atividades limitadas, como publicidade, busca ou comparação de preços. Para garantir conformidade tributária, as plataformas digitais devem estar cadastradas no regime regular. Caso não se inscrevam, os tributos serão recolhidos na **operação de câmbio**, com o objetivo de assegurar maior controle sobre transações internacionais.

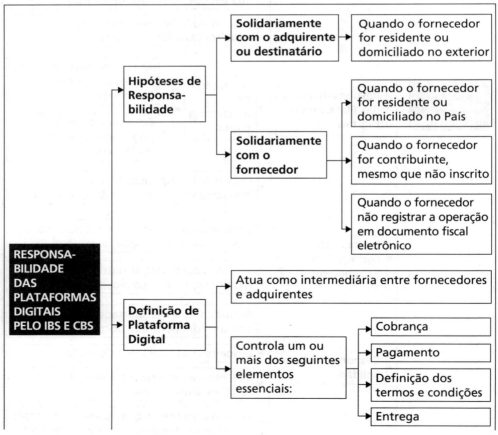

18 ◼ Regulamentação da Reforma Tributária

```
RESPONSA-          Exceções:           → Fornecimento de acesso à internet
BILIDADE           Não são
DAS                consideradas        → Serviços de pagamentos autorizados
PLATAFORMAS        plataformas           pelo Banco Central
DIGITAIS           digitais            → Publicidade
PELO IBS E CBS
                                       → Busca ou comparação de fornecedores sem
                                         cobrança baseada nas vendas

                   Inscrição no        → Obrigatoriedade para plataformas digitais,
                   Cadastro IBS          inclusive domiciliadas no exterior
                   e CBS               → Dispensa para fornecedor estrangeiro se
                                         operar apenas por plataforma
                                         digital cadastrada
                                       → Competência do Comitê Gestor do IBS e da
                                         Receita Federal para verificar condição
                                         do fornecedor

                   Obrigações          → Informar ao Comitê Gestor do IBS e à Receita
                   da Plataforma         Federal as operações intermediadas
                   Digital             → Segregação e recolhimento do IBS e CBS
                                         no splitt payment
                                       → Não será responsável por diferenças de valores
                                         entre recolhido e devido se cumprir obrigações
                                       → Não será responsável tributária se o fornecedor
                                         emitir documento fiscal eletrônico
                                       → Pode optar por emitir documentos fiscais
                                         eletrônicos e pagar tributos em nome
                                         do fornecedor
```

A responsabilidade solidária também se estende a outros agentes envolvidos em operações potencialmente **irregulares**. Isso inclui adquirentes e transportadores que movimentem bens desacobertados de documentação idônea, desenvolvedores de *softwares* que facilitem fraudes, leiloeiros, entrepostos aduaneiros e entidades similares. O objetivo, aqui, é desestimular situações de conluio, trazendo terceiros, eventuais prestadores de serviços, para o polo passivo da obrigação tributária.

Em linha com o que se aplica em outros tributos, para que haja responsabilidade solidária é necessário que tenha havido uma **ação** ou **omissão ativa**, que contribua diretamente para o descumprimento tributário. Empresas que atuam de boa-fé não são responsabilizadas automaticamente, e a lei esclarece que a simples existência de um grupo econômico não configura responsabilidade solidária, salvo em casos de abuso da personalidade jurídica.

748 Direito Tributário Esquematizado   *Roberto Caparroz*

O rol de responsabilidades inclui o pagamento do tributo devido, atualizado monetariamente, bem como multas e encargos decorrentes da inadimplência.

Determinados entes são expressamente **excluídos** da condição de contribuintes do IBS e da CBS, como condomínios edilícios, consórcios, sociedades em conta de participação, nanoempreendedores com receita bruta inferior a 50% do limite do MEI, além de entidades sem fins lucrativos de previdência e autogestão.

No entanto, esses entes podem **optar** pelo regime regular, ficando sujeitos às regras gerais de apuração e recolhimento dos tributos.

As hipóteses de responsabilidade tributária constam, em síntese, do quadro a seguir.

CATEGORIA	DEFINIÇÃO	OBRIGAÇÃO DE CADASTRO	RESPONSABILIDADE TRIBUTÁRIA
FORNECEDOR	Realiza operações econômicas de forma habitual, profissional ou em volume relevante.	Sim, obrigatória.	Sim, sobre as operações realizadas.
FORNECEDOR RESIDENTE NO EXTERIOR	Obrigação de cadastro no IBS/CBS caso realize operações no Brasil.	Sim, se operar no Brasil.	Sim, sobre as operações realizadas no Brasil.
ADQUIRENTE	Enquadra-se mesmo que não seja fornecedor, se adquirir bens apreendidos ou em leilão.	Não necessariamente.	Sim, na aquisição de bens específicos.
IMPORTADOR	Responsável pela entrada de bens ou serviços do exterior no Brasil.	Sim, obrigatório.	Sim, sobre importações.
PLATAFORMAS DIGITAIS	Intermediário de operações digitais, responsável solidário em algumas situações.	Sim, se responsável pelo recolhimento do imposto.	Sim, solidária com adquirente ou fornecedor.

18.8. MODALIDADES DE EXTINÇÃO DOS DÉBITOS

Nos termos do **art. 27** da Lei Complementar n. 214/2025, os débitos do IBS e da CBS podem ser extintos por cinco modalidades principais. A primeira delas é a **compensação com créditos**, ou seja, o contribuinte pode utilizar os créditos apropriados de IBS e CBS para quitar débitos de igual natureza.

Por exemplo, uma empresa que adquiriu insumos tributados pode usar os créditos gerados nessas aquisições para compensar os tributos devidos sobre suas vendas.

A segunda modalidade é o **pagamento direto pelo contribuinte**, no qual o saldo a recolher, apurado no período de apuração, deve ser quitado até a data de vencimento. Caso o pagamento seja efetuado fora do prazo, incidirão acréscimos legais, como multa de mora e juros de acordo com a taxa Selic.

O **recolhimento na liquidação financeira da operação**, conhecido como *split payment*, constitui a terceira modalidade. Nesse mecanismo, prestadores de serviços de pagamento ou instituições financeiras realizam a segregação e o recolhimento direto dos tributos no momento do pagamento pela operação.

Por exemplo, em uma transação de venda realizada por cartão de crédito, o sistema de *split payment* recolhe automaticamente os valores correspondentes ao IBS e à CBS antes de repassar o saldo ao fornecedor.

18 ■ Regulamentação da Reforma Tributária

Como mencionamos na edição de 2024 do livro, fomos pioneiros, junto com a minha orientanda de mestrado, Luciana Vieira, na divulgação da sistemática do *split payment* no Brasil, antes mesmo da edição da Emenda Constitucional que instituiu a reforma tributária. Depois do artigo que publicamos, a Luciana concluiu, com louvor, sua tese de mestrado na FGV e hoje é, indiscutivelmente, uma das referências brasileiras no assunto, participando ativamente da regulamentação da reforma.

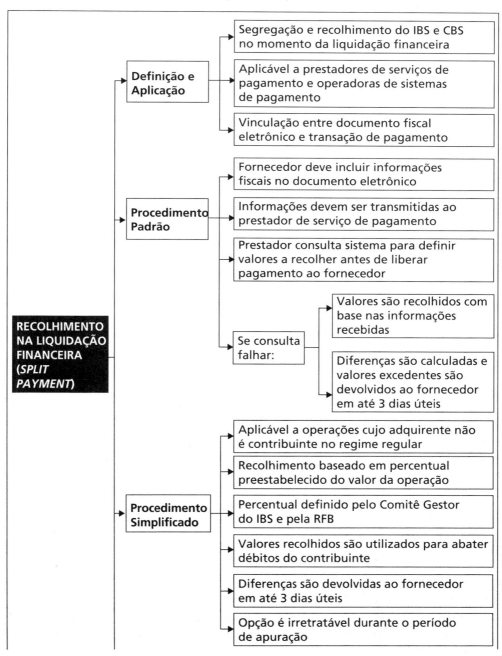

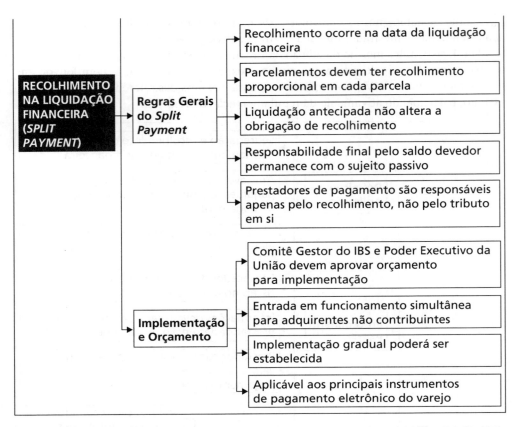

A quarta modalidade de extinção dos débitos é o **recolhimento pelo adquirente**, aplicável em casos em que o pagamento não permite a segregação automática dos tributos. Por exemplo, se o adquirente realiza a compra de bens utilizando um instrumento de pagamento não integrado ao sistema de *split payment*, ele pode optar por recolher os tributos devidos diretamente.

A extinção dos débitos pode ocorrer pelo **pagamento realizado por responsável tributário**. Essa modalidade abrange situações em que a legislação atribui a responsabilidade pelo tributo a terceiros, como no caso das plataformas digitais que intermedeiam operações realizadas por fornecedores não cadastrados no sistema tributário brasileiro.

Existem, ainda, regras, específicas para o recolhimento dos tributos nas operações com energia elétrica, pois neste setor o recolhimento é **centralizado** em agentes específicos, como distribuidoras, alienantes ou adquirentes, dependendo do tipo de operação. Um exemplo seria a comercialização de energia no ambiente de **contratação regulada**, em que a distribuidora é responsável pelo recolhimento dos tributos.

18.9. PAGAMENTO E REPETIÇÃO DE INDÉBITOS

O adquirente de bens ou serviços, que seja contribuinte do IBS e da CBS pelo regime regular, poderá realizar o **pagamento** do IBS e da CBS incidentes sobre a operação nas hipóteses em que o instrumento de pagamento não permita a segregação via *split payment*. Essa opção será exercida exclusivamente por meio do recolhimento, pelo próprio adquirente, do IBS e da CBS incidentes sobre a operação.

O valor recolhido deverá ser utilizado unicamente para o pagamento de débitos ainda não extintos do IBS e da CBS relacionados à operação em questão. Se houver excedente após a quitação dos tributos devidos, esse valor será transferido ao contribuinte no prazo máximo de três dias úteis.

Para garantir a transparência do processo, o Comitê Gestor do IBS e a Receita Federal do Brasil (RFB) deverão estabelecer um mecanismo que permita ao fornecedor acompanhar o recolhimento feito pelo adquirente.

Além disso, o pagamento do IBS e da CBS pelo responsável tributário seguirá as mesmas diretrizes previstas para o contribuinte, aplicando-se as disposições cabíveis àqueles que forem designados como responsáveis pelo cumprimento dessas obrigações fiscais.

A restituição dos tributos só será concedida quando a operação tributada **não tiver gerado** crédito para o adquirente dos bens ou serviços e desde que seja respeitado o disposto no art. 166 do Código Tributário Nacional, que, como sabemos, exige que o contribuinte comprove que não repassou o ônus econômico do tributo ao consumidor final ou, caso tenha repassado, que obteve o consentimento do destinatário para requerer a restituição.

Um exemplo prático seria uma empresa que recolheu IBS ou CBS sobre uma operação equivocadamente tratada como tributável, mas que, na verdade, era isenta. Se o adquirente não tiver aproveitado crédito sobre esse tributo, a empresa poderá solicitar a restituição, desde que demonstre que não repassou o custo tributário ao cliente ou que obteve sua anuência para recuperar o valor.

Essa regra evita a concessão de benefícios em duplicidade e impede que os créditos sejam aproveitados indevidamente. A exigência de comprovação protege o erário e garante que a restituição seja concedida de forma justa, beneficiando apenas quem efetivamente suportou o ônus tributário.

A regulamentação também cuidou da hipótese de ressarcimento dos créditos de IBS e CBS, permitindo que os contribuintes solicitem a devolução de saldos acumulados ao final de um período de apuração, mecanismo destinado a assegurar que os contribuintes possam recuperar os valores de forma eficiente, sempre que não houver possibilidade de compensação com débitos futuros.

Assim, os contribuintes que apurarem saldo a recuperar podem solicitar seu ressarcimento, **total** ou **parcial**. O saldo geralmente decorre de situações em que o volume de créditos acumulados — originados de aquisições tributadas — supera os débitos apurados no mesmo período. Caso o ressarcimento não seja solicitado ou seja requerido apenas parcialmente, o valor remanescente poderá ser utilizado para **compensação** em períodos subsequentes.

A análise dos pedidos de ressarcimento será conduzida pelo Comitê Gestor do IBS e pela Receita Federal do Brasil (RFB), dependendo do tributo envolvido.

Os prazos de análise variam de acordo com a situação do contribuinte: a) 30 dias para aqueles enquadrados em programas de conformidade fiscal, que possuem histórico de boa conduta tributária; b) 60 dias para pedidos dentro de critérios específicos, como limites baseados na média mensal de créditos e débitos e c) 180 dias para as demais hipóteses.

Caso os prazos não sejam cumpridos, os créditos deverão ser ressarcidos automaticamente no prazo adicional de 15 dias. No entanto, se um procedimento de fiscalização for iniciado antes do término do prazo, a análise poderá ser suspensa temporariamente, por no máximo 360 dias. Ultrapassado esse limite, o crédito será ressarcido ao contribuinte, mesmo que a fiscalização ainda não tenha sido concluída.

Um ponto importante é o tratamento **prioritário** dos créditos acumulados em operações envolvendo ativos imobilizados, como máquinas e equipamentos utilizados na produção, critério que reforça o incentivo ao investimento produtivo.

Além disso, o ressarcimento de créditos apropriados em operações de menor volume ou em setores específicos, como exportação, também segue um procedimento simplificado.

Os valores a serem ressarcidos terão correção monetária caso o pagamento ocorra fora dos prazos previstos. Essa correção será feita com base na taxa Selic, garantindo que o contribuinte não sofra prejuízo financeiro devido a eventuais atrasos na devolução.

Por exemplo, imagine uma empresa exportadora que, ao final do período de apuração, acumulou R$ 1 milhão em créditos de IBS devido à aquisição de insumos tributados. Se a empresa não tiver débitos suficientes para compensar o valor, poderá solicitar o ressarcimento, e sua solicitação deverá ser analisada em até 60 dias, considerando as regras de conformidade fiscal.

18.10. NÃO CUMULATIVIDADE

A regulamentação do princípio da **não cumulatividade** do IBS e da CBS permite que contribuintes aproveitem créditos tributários gerados em operações anteriores, garantindo neutralidade tributária e evitando a tributação em cascata ao longo da cadeia produtiva.

Os contribuintes que operam no regime regular têm direito à apropriação de créditos vinculados a débitos extintos por qualquer modalidade, com **exceção** de bens de uso ou consumo pessoal e outras restrições previstas na legislação.

Para garantir maior controle e organização, os créditos de IBS e CBS devem ser apropriados separadamente, sem possibilidade de compensação cruzada entre os tributos.

Além disso, a comprovação da operação deve ser feita por meio de documento fiscal eletrônico idôneo.

Algumas situações específicas seguem regras próprias:

18 ■ Regulamentação da Reforma Tributária

■ **Operações com optantes do Simples Nacional**: contribuintes do regime regular podem apropriar créditos normalmente.

■ **Combustíveis tributados**: o crédito corresponde aos valores destacados no documento fiscal, sem necessidade de comprovação da extinção dos débitos.

■ **Casos de roubo, furto ou deterioração**: créditos já apropriados devem ser estornados proporcionalmente ao tempo de uso.

■ **Devedores em falência**: a apropriação de créditos é permitida desde que sejam atendidos requisitos contábeis e legais.

■ **Devoluções e cancelamentos**: possibilitam a recuperação de créditos relativos aos débitos extintos na operação devolvida.

■ **Alíquotas reduzidas**: não exigem estorno de créditos, salvo previsão específica em lei.

Quando a extinção de débitos não for implementada, não será exigida comprovação desse pagamento, desde que os valores estejam corretamente destacados no documento fiscal.

No entanto, operações que sejam imunes, isentas, com alíquota zero, diferidas ou suspensas **não geram direito a crédito**, salvo em casos específicos de créditos presumidos previstos na legislação.

A suspensão da apropriação de créditos ocorre em algumas situações, e só será possível utilizar esses créditos após a extinção dos débitos. No caso de operações imunes ou isentas, os créditos são proporcionalmente **anulados**, com **exceção** de exportações e operações com livros, jornais e outros itens determinados por lei. Para operações com alíquota zero, os créditos relativos às operações anteriores são mantidos.

Os créditos apropriados podem ser utilizados para:

■ **Compensação** de débitos vencidos de períodos anteriores, do mesmo período de apuração ou de períodos futuros.

■ **Ressarcimento**, conforme previsto na legislação, como alternativa à compensação.

As restrições ao uso dos créditos incluem a exigência de que sejam utilizados pelo **valor nominal**, sem correção monetária, exceto nos casos expressamente previstos para ressarcimento.

Os créditos devem ser utilizados dentro de um prazo de **cinco anos**, contados a partir do período de apuração da apropriação.

Quanto à **transferência** de créditos, essa prática é vedada entre entidades, salvo nos casos de fusão, cisão ou incorporação, mantendo-se o prazo original para utilização dos créditos já existentes.

18.11. BENS E SERVIÇOS DE USO OU CONSUMO PESSOAL

A regulamentação definiu que os bens e serviços para uso ou consumo pessoal, em regra, **não permitem** a apropriação de créditos de IBS e CBS.

São classificados como bens e serviços de uso ou consumo pessoal aqueles que não possuem relação direta com a atividade econômica do contribuinte. Entre eles,

18 ◼ Regulamentação da Reforma Tributária · 755

destacam-se joias, bebidas alcoólicas, derivados do tabaco, armas e munições, além de bens e serviços recreativos, esportivos e estéticos.

Por exemplo, se uma empresa adquire obras de arte ou antiguidades para decorar seu escritório, não poderá se creditar dos tributos pagos nessas aquisições, pois são considerados itens de consumo pessoal.

Além disso, bens e serviços fornecidos **gratuitamente** ou a **valores inferiores** ao de mercado para sócios, acionistas, administradores, empregados e seus parentes próximos também são enquadrados nessa categoria. Se uma empresa disponibilizar veículos ou imóveis residenciais para seus diretores, esses bens serão considerados de uso pessoal, impedindo a apropriação de créditos.

Entretanto, existem exceções para determinados bens e serviços que, embora listados como consumo pessoal, sejam utilizados de forma preponderante na atividade econômica do contribuinte. Empresas de segurança, por exemplo, podem se creditar dos tributos pagos na aquisição de armas e munições para uso operacional. Da mesma forma, uniformes, equipamentos de proteção individual e benefícios concedidos a empregados, como vale-transporte e plano de saúde, não são considerados bens de consumo pessoal quando atenderem aos critérios definidos pela legislação ou por acordos coletivos.

O tratamento tributário de bens e serviços utilizados **temporariamente** também segue regras específicas. Quando veículos ou imóveis são disponibilizados a empregados, o contribuinte deve estornar proporcionalmente os créditos apropriados, levando em conta o tempo de vida útil do bem e o período em que foi utilizado para fins pessoais. Se um veículo for cedido exclusivamente a um diretor por três anos, o estorno deverá ser proporcional ao tempo de uso pessoal, acrescido dos encargos legais.

Outra questão relevante é que bens e serviços utilizados por pessoas físicas que não desenvolvem atividade econômica são **sempre classificados** como de uso ou consumo pessoal. Isso reforça a vedação à apropriação de créditos nesses casos, garantindo a integridade do sistema tributário e evitando distorções.

Para assegurar maior controle e transparência, a legislação prevê mecanismos para identificar as pessoas físicas destinatárias desses bens e serviços, com regulamentação específica para evitar abusos ou apropriações indevidas de créditos.

Em síntese, a lógica da regulamentação é que o princípio da não cumulatividade só permite que os créditos de IBS e CBS sejam apropriados apenas quando efetivamente relacionados à atividade econômica do contribuinte. Esse entendimento evidencia, uma vez mais, que a não cumulatividade está longe de ser absoluta no modelo brasileiro.

18.12. OPERACIONALIZAÇÃO DO IBS E DA CBS

A administração do IBS e da CBS será conduzida de forma integrada pelo **Comitê Gestor do IBS** e pela **Receita Federal do Brasil** (RFB), respeitando as competências de cada ente.

Uma das novidades é a criação de uma **plataforma eletrônica unificada**, que permitirá aos contribuintes acessar informações sobre a apuração e o pagamento dos tributos. Além disso, um canal de atendimento será disponibilizado para solucionar problemas operacionais, com o objetivo de facilitar o acesso e a transparência dos procedimentos.

No entanto, tanto o Comitê Gestor quanto a RFB poderão manter sistemas próprios, caso julguem necessário.

Para aprimorar a gestão fiscal, será exigido o registro em um cadastro com **identificação única** para todas as pessoas físicas, jurídicas e entidades sem personalidade jurídica sujeitas ao IBS e à CBS.

Os cadastros principais serão o CPF para pessoas físicas, o CNPJ para pessoas jurídicas e o Cadastro Imobiliário Brasileiro (CIB) para imóveis. Essa integração tem como objetivo sincronizar as informações tributárias em âmbito nacional, promovendo maior eficiência na administração fiscal.

A gestão do **ambiente nacional** de compartilhamento de dados ficará a cargo do CGSIM (Comitê para Gestão da Rede Nacional para Simplificação do Registro e da Legalização de Empresas e Negócios), garantindo que as informações cadastrais sejam atualizadas e compartilhadas entre os entes federativos.

Além disso, o Domicílio Tributário Eletrônico (DTE) será **unificado** e **obrigatório** para todas as entidades inscritas no CNPJ, facilitando a comunicação eletrônica entre contribuintes e autoridades fiscais.

Todas as operações com bens e serviços, incluindo exportações e importações, deverão ser acompanhadas por **documentos fiscais eletrônicos**, que terão caráter **declaratório** e funcionarão como **confissão** dos valores devidos de IBS e CBS. A exigência de emissão também se aplica a operações imunes, isentas ou sujeitas a alíquota zero, além da transferência de bens entre estabelecimentos do mesmo contribuinte.

Os documentos serão eletrônicos compartilhados com todos os entes federativos no momento da autorização, seguindo padrões técnicos uniformes. A ideia do sistema é melhorar o controle e a integração entre as diferentes administrações tributárias.

Por exemplo, em uma venda interestadual, o documento fiscal eletrônico será disponibilizado **simultaneamente** para as administrações tributárias envolvidas, reduzindo potenciais riscos de conflitos de competência.

Para incentivar o que o legislador denominou **cidadania fiscal**, poderão ser criados programas que estimulem os consumidores a exigir a emissão de documentos fiscais. Esses programas poderão ser financiados com até 0,05% da arrecadação do IBS e da CBS, reforçando o compromisso com a transparência e o combate à informalidade.

Um possível exemplo prático, a exemplo do que já ocorre com as notas fiscais eletrônicas, seria a realização de sorteios ou a concessão de descontos para consumidores que incluírem seu CPF nas notas fiscais.

O novo modelo prevê a regulamentação no uso de informações do sistema de pagamento, para identificar adquirentes que não sejam contribuintes do IBS e da CBS, desde que sejam garantidas alternativas para essa identificação e, sobretudo, respeitada a privacidade dos consumidores. Aqui temos um ponto relevante, que exigirá um cotejo mais aprofundado com as disposições da Lei Geral de Proteção de Dados (LGPD).

Com certeza, a implementação do novo sistema de arrecadação exigirá adaptações por parte da União, dos Estados, do Distrito Federal e dos Municípios. Os entes federativos deverão ajustar seus sistemas autorizadores e aplicativos de emissão simplificada para garantir a padronização e o compartilhamento dos documentos fiscais. Num país com mais de 5.000 Municípios (a grande maioria desprovida de recursos financeiros e tecnológicos) imaginamos que os gestores do IBS e da CBS deverão criar uma versão *white label* do sistema, como alternativa ao desenvolvimento de soluções próprias.

A partir de 2026, os Municípios e o Distrito Federal deverão autorizar a emissão da Nota Fiscal de Serviços Eletrônica (NFS-e) em um padrão nacional ou compartilhar os documentos fiscais com o ambiente nacional de dados da NFS-e. A padronização dos modelos de notas deve facilitar a futura integração dos sistemas e a conferir maior segurança às informações fiscais.

Caso algum ente federativo não cumpra essas obrigações, poderá sofrer sanções, incluindo a suspensão temporária das transferências voluntárias, o que objetiva assegurar a adesão ao sistema padronizado, sobretudo em relação aos mecanismos de arrecadação.

18.13. DEVOLUÇÃO PERSONALIZADA DO IBS E DA CBS (*CASHBACK*)

Chegamos, neste ponto, ao tão falado *cashback*, modalidade mais adequada a programas de fidelidade e iniciativas de marketing do que projetos de justiça e distributividade tributária.

Mesmo com a regulamentação, nossa opinião sobre o assunto continua igual: um sistema tributário justo e equilibrado não precisa devolver dinheiro para ninguém. É um erro clássico de premissa, em que o legislador brasileiro faz questão de incorrer, como nas famosas hipóteses de repartição das receitas tributárias.

Para quem ainda possa ter dúvida: se o sistema é bem calibrado e atende aos preceitos basilares da tributação (neutralidade, distributividade, justiça fiscal e equidade, entre outros) não faz sentido cobrar valores, de quem quer que seja, para depois devolvê--los. Esse racional, além de comprovar que o sistema poderia ser melhor, apenas cria uma dificuldade adicional para as populações de baixa renda, com o risco, significativo, de fraudes e distorções variadas.

Transformar princípios tributários em "jogada de marketing" não nos parece um caminho para a justiça do sistema tributário brasileiro. Ademais, quem já experimentou o modelo de *cashback* das notas fiscais eletrônicas certamente constatou que os valores devolvidos são irrisórios, além de demorarem meses para voltar ao bolso do contribuinte.

Tudo poderia ser diferente se não tivéssemos optado pela **maior carga tributária** sobre o consumo no mundo, fruto de uma imensa variedade de benefícios e reduções, concedidos de forma pouco transparente e a partir de fraquíssimos argumentos econômicos.

Mas, como popularmente se diz, "é o que temos para hoje", de sorte que vamos conhecer um pouco como deverá, em tese, funcionar o mecanismo de devolução do IBS e da CBS.

A ideia do *cashback* é de que **parte** do **IBS e da CBS** pagos nas compras seja devolvida aos consumidores cadastrados no **Cadastro Único para Programas Sociais,** garantindo algum **alívio financeiro para as famílias mais vulneráveis** e incentivando a **formalização das operações.**

De acordo com a regulamentação, a **devolução será automática** e aplicada de acordo com **percentuais fixados em lei,** podendo variar **conforme a renda familiar e o tipo de produto ou serviço adquirido**.

Assim, o *cashback* será direcionado **exclusivamente** para pessoas físicas de baixa renda, desde que sejam **responsáveis** por uma unidade familiar cadastrada no Cadastro Único e atendam aos seguintes critérios:

- Renda familiar *per capita* de até meio salário mínimo;
- Residência no Brasil;
- Inscrição regular no CPF.

O beneficiário será incluído automaticamente, mas poderá solicitar a exclusão caso não deseje receber a devolução. Além disso, a administração do programa deverá respeitar as normas da Lei Geral de Proteção de Dados, garantindo que as informações dos beneficiários sejam utilizadas exclusivamente para fins do programa.

Exemplo: Uma família com três pessoas e renda total de R$ 1.800,00 teria renda *per capita* de R$ 600,00. Como esse valor está abaixo do limite de meio salário mínimo, essa família seria automaticamente incluída no sistema de devolução do IBS e da CBS.

A pergunta, aqui, é: com base em **quais dados** o legislador elegeu esse critério de meio salário mínimo *per capta*? Pessoas acima disso não merecem *cashback*? Notem que estamos falando de metade de um dos **menores** salários mínimos entre os países que adotam tal política, um valor por si só **irrisório** e **absolutamente incapaz** de garantir a sobrevivência digna dos brasileiros.

A devolução do IBS será gerida pelo Comitê Gestor do IBS, enquanto a devolução da CBS ficará sob a responsabilidade da Receita Federal (RFB).

Esses órgãos serão responsáveis por:

- definir regras e procedimentos para o cálculo e pagamento dos valores devolvidos;
- estabelecer mecanismos para evitar fraudes e garantir que os beneficiários realmente atendam aos critérios;
- criar um sistema de transparência para que os cidadãos possam acompanhar a devolução dos tributos.

A prioridade será dada a mecanismos que incentivem a emissão de documentos fiscais, com o objetivo de fortalecer a cidadania fiscal e reduzir a informalidade na economia.

Exemplo: Para receber a devolução, um beneficiário pode ser incentivado a registrar seu CPF na nota fiscal ao comprar alimentos ou pagar contas de luz e água. Isso, em tese, ajudaria a reduzir a sonegação fiscal e permitiria um cálculo mais preciso dos valores a serem devolvidos.

A devolução pode ocorrer de duas formas principais:

- Desconto imediato na fatura de serviços essenciais, como energia elétrica, água, esgoto, gás canalizado e telecomunicações;
- Depósito em conta para outras compras do beneficiário, com regras definidas em regulamento.

Os valores serão transferidos pelos agentes financeiros em até 10 dias após a apuração.

O valor devolvido será calculado com base no consumo registrado em notas fiscais vinculadas ao CPF e na renda da família cadastrada. A legislação fixa os seguintes percentuais mínimos de devolução:

- 100% da CBS e 20% do IBS para gás de cozinha (GLP), energia elétrica, água, esgoto e telecomunicações;
- 20% da CBS e 20% do IBS para os demais produtos e serviços.

Os Estados, Municípios e a União podem aumentar esses percentuais para determinados grupos ou produtos, conforme legislação própria.

Em locais com baixa digitalização ou dificuldades de registro fiscal, um modelo **simplificado** de cálculo poderá ser adotado, levando em conta:

- estimativas de consumo com base na Pesquisa de Orçamentos Familiares (POF) do IBGE;
- faixa de renda da família para determinar a pressão tributária suportada;
- valor médio do tributo pago para calcular a devolução.

Esse modelo supostamente garantirá que famílias em áreas rurais ou de difícil acesso não sejam prejudicadas pela falta de infraestrutura digital. Perceba, leitor(a), que estamos usando sempre os verbos no condicional ou com ressalvas, pois a experiência brasileira na área da tributação revela que há **muita diferença** entre as belas ideias previstas nas normas e a realidade de quem a elas se submete.

Por óbvio, a regulamentação prevê que a devolução nunca poderá superar o valor total dos tributos pagos pelo consumidor (!). Ou seja, ninguém receberá mais do que pagou de IBS e CBS.

Além disso, a implementação do *cashback* será gradual:

- CBS: começa a ser devolvida a partir de janeiro de 2027.
- IBS: a devolução se inicia em janeiro de 2029.

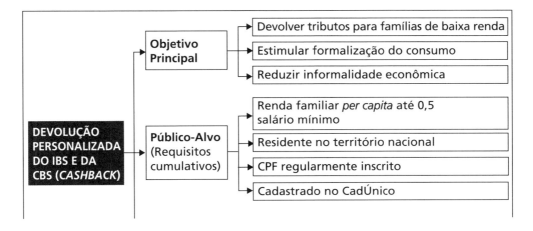

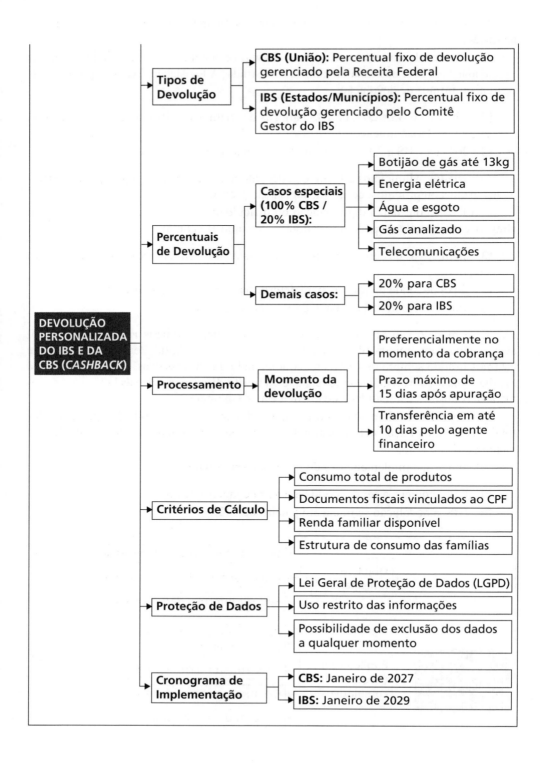

Uma medida bem mais simples e eficiente de desoneração é a criação da **Cesta Básica Nacional de Alimentos**.

Partindo da premissa, um tanto elementar, de que todas as pessoas precisam comer, a criação da **Cesta Básica Nacional de Alimentos** visa garantir **alimentos essenciais a preços mais acessíveis**, por meio da **redução a zero das alíquotas do IBS e da CBS** sobre os produtos listados no anexo da Lei Complementar n. 214/2025.

A adoção de **alíquota zero** para esses itens implica que **não haverá cobrança de tributos sobre a comercialização** dos alimentos incluídos na cesta, permitindo que os preços finais ao consumidor sejam mais baixos. Por ser geral, a medida nos parece muito mais justa e efetiva do que o malsinado *cashback*.

No entanto, para que benefício se mantenha sustentável, a regulamentação já se antecipou, para prever que ajustes nas alíquotas-padrão do IBS e da CBS poderão ser realizados para compensar a perda de arrecadação. Ou seja, a maior carga tributária do planeta poderá crescer um pouco mais.

A inclusão de produtos na **Cesta Básica Nacional** seguirá critérios objetivos, garantindo que **apenas alimentos considerados essenciais** e de **largo consumo pela população** sejam contemplados.

Além disso, a lei prevê a possibilidade de **ajustes na lista de produtos** mediante um processo legislativo específico.

18.14. REGIMES DIFERENCIADOS DE IBS E CBS

O sistema tributário brasileiro sempre contou com regimes especiais e diferenciados, destinados a setores considerados "estratégicos" ou a atividades que, por sua natureza, demandam um tratamento fiscal específico.

Na prática, como não gostamos muito das regras que criamos, somos especialistas em inventar **exceções**. É um fenômeno patológico, recorrente e, sobretudo, terrível para a economia do país.

Há, indubitavelmente, um "custo oculto" na gestão de um sistema tributário permeado de exceções e benefícios, muitos concedidos sem qualquer critério lógico. Deveria ser obrigatório — mas, obviamente, nunca será — que todo e qualquer benefício fosse precedido de estudos técnicos e fundamentos robustos, que deveriam ser analisados e discutidos por toda a sociedade.

A simples existência de tantos regimes diferenciados é suficiente para fulminar, de forma incontestável, o principal fundamento originalmente proposto pela reforma tributária: o da ampla incidência, sem exceções.

Claro que essa ideia, que pode ser considerada ingênua por quem conhece o sistema político do país, não passou incólume pelo processo de elaboração da reforma tributária, e o resultado prático dessa aberração são as dezenas de artigos que dispõem sobre o assunto na Lei Complementar n. 214/2025.

Uma vez mais fazemos a ressalva: em tese — e no dizer do legislador — a adoção de alíquotas reduzidas e créditos presumidos busca, principalmente:

■ reduzir o impacto tributário sobre setores essenciais ou estratégicos;

762 Direito Tributário Esquematizado   *Roberto Caparroz*

■ preservar a competitividade de atividades que demandam incentivos fiscais;

■ facilitar a transição para o novo modelo tributário, evitando impactos bruscos em determinados setores da economia.

É importante destacar que as reduções de alíquotas não afetam a arrecadação global, pois são compensadas por ajustes nas alíquotas de referência do IBS e da CBS, o que certamente contribui para a nossa absurda carga tributária geral sobre o consumo.

18.14.1. Redução de 30%

Entre os regimes diferenciados, um dos mais impactantes é a redução de 30% das alíquotas do IBS e da CBS sobre a prestação de serviços de determinadas categorias profissionais. A redução parece enfatizar que os serviços prestados por profissionais liberais e autônomos possuem características distintas, muitas vezes não permitindo o repasse integral da carga tributária ao consumidor final.

A lista de atividades contempladas inclui profissões intelectuais de natureza científica, literária ou artística, como advogados, engenheiros, arquitetos, economistas e contadores, entre outros. A suposta lógica por trás da redução é que essas categorias não comercializam bens, mas sim prestam serviços especializados, frequentemente sem estrutura para compensar tributos acumulados na cadeia produtiva.

Toda lista de benefícios tributários tende a ser ruim, pois tende a ser fruto de pressões políticas variadas, e não de estudos técnicos e especializados.

No caso dos prestadores de serviços, o benefício engloba, por exemplo, o pequeno grupo dos bibliotecários (que deveria ser muito maior, pois este autor nasceu e convive em meio a livros), mas não alcança a imensa legião de programadores, *designers* e especialistas em internet e tecnologia.

Aliás, é ensurdecedor o silêncio da reforma em relação a tudo o que é **tecnológico**: ao que parece, o legislador desconhece a importância da tecnologia no século XXI, seja para o bem-estar das pessoas, seja como uma das principais geradoras de emprego do planeta. Esse descaso nos custa caro — somos dependentes de quase tudo em termos de tecnologia — e a situação tende a se agravar com o novo sistema tributário.

Como já disse em outras oportunidades, tenho quase certeza de que em razão dessa e de outras graves omissões, em total descompasso com a realidade, ainda teremos **uma ou duas** novas emendas constitucionais sobre a tributação do consumo, antes de a reforma entrar em vigor, no ainda longínquo ano de 2033.

O cenário só não é pior porque, como já enfatizamos, a esmagadora maioria dos profissionais liberais e pequenos empresários está no Simples Nacional (ou atuam como MEI), regimes que, felizmente, escaparam da reforma.

18 ■ Regulamentação da Reforma Tributária   763

Em síntese, para que uma pessoa jurídica no novo modelo se beneficie da redução tributária de 30%, ela precisa cumprir requisitos cumulativos, a saber:

■ Ser composta exclusivamente de profissionais com habilitação na área;

■ Não ter sócios que sejam pessoas jurídicas;

■ Não participar do capital de outras empresas;

■ Exercer exclusivamente atividades compatíveis com a formação de seus sócios;

■ Garantir que os serviços sejam prestados diretamente pelos sócios, podendo contar com auxiliares.

18.14.2. Redução de 60%

A redução de 60% das alíquotas do IBS e da CBS busca aliviar a carga tributária sobre setores e produtos que foram considerados relevantes para o bem-estar da população e o desenvolvimento nacional. O benefício abrange serviços de educação e saúde, dispositivos médicos e de acessibilidade, medicamentos, alimentos, produtos de higiene pessoal, produtos agropecuários *in natura*, cultura, esporte e segurança nacional.

Na visão do legislador, esse estilo de política fiscal tem um duplo propósito: tornar bens e serviços essenciais mais acessíveis para a população e manter a arrecadação equilibrada, compensando a redução de alíquotas com ajustes nas alíquotas-padrão do IBS e da CBS.

Vejamos os setores mais importantes contemplados, com os comentários pertinentes.

■ **Educação e saúde**: os serviços de educação e saúde são fundamentais para o desenvolvimento social e, por isso, têm alíquota reduzida em 60%. No caso da educação, a redução aplica-se somente sobre os valores cobrados diretamente pelos serviços educacionais, não abrangendo outras receitas obtidas pelas instituições, como venda de materiais ou serviços acessórios. Da mesma forma, na saúde, as glosas médicas realizadas por planos de saúde não integram a base de cálculo do tributo, evitando a tributação de valores que nunca chegam a ser efetivamente pagos.

■ **Dispositivos médicos e de acessibilidade**: a lista de equipamentos médicos e de acessibilidade com alíquota reduzida será atualizada a cada 120 dias, garantindo que novas tecnologias e inovações sejam incluídas. No entanto, apenas os dispositivos regularizados na Anvisa (no caso dos médicos) ou que atendam às normas do órgão competente (no caso de acessibilidade) serão beneficiados.

■ **Medicamentos**: a redução de alíquotas para medicamentos abrange tanto os industrializados quanto os manipulados em farmácias, bem como nutrição enteral e parenteral. Para que os preços dos medicamentos sejam efetivamente reduzidos ao consumidor final, os fabricantes devem seguir as regras da Câmara de Regulação do Mercado de Medicamentos (CMED) ou firmar compromisso de ajustamento de conduta com a União e o Comitê Gestor do IBS.

■ **Alimentos**: além da Cesta Básica Nacional de Alimentos, que tem alíquota zero, outros alimentos essenciais terão redução de 60% do IBS e da CBS. Isso evita que alimentos não incluídos na cesta básica tenham carga tributária excessiva, garantindo preços mais baixos ao consumidor final.

■ **Produtos de higiene e limpeza para famílias de baixa renda**: produtos de higiene pessoal e limpeza de uso majoritário por famílias de baixa renda também terão tributação reduzida, seguindo critérios estabelecidos em regulamento.

■ **Produtos agropecuários, aquícolas e pesqueiros *in natura***: a tributação diferenciada também incentiva o setor agropecuário, garantindo redução de 60% na alíquota do IBS e da CBS sobre produtos como grãos, frutas, pescados e produtos florestais. Para manter a classificação como produto *in natura*, o bem não pode passar por processos industriais, salvo algumas exceções, como secagem, limpeza e congelamento necessários para transporte e armazenamento.

Os benefícios impactam diretamente a carga tributária geral, pois sua implementação não pode comprometer a arrecadação, dado que a redução da tributação sobre as operações e itens selecionados é compensada por ajustes nas alíquotas-padrão do IBS e da CBS.

A tabela a seguir apresenta uma síntese de todas as operações beneficiadas pela redução de 60% nas alíquotas do IBS e da CBS.

18 ■ Regulamentação da Reforma Tributária

Artigo	Setor/Dispositivo	Itens/Serviços Abrangidos	Redução Tributária	Classificação (NBS/NCM/SH)	Condições/Restrições	Anexo Relacionado	Observações
128	Disposições Gerais	13 categorias listadas (I a XIII)	60% IBS e CBS	-	Aplicável apenas aos itens especificados nas seções seguintes.	-	Abrange serviços de educação, saúde, dispositivos médicos, acessibilidade, medicamentos, alimentos, higiene, produtos agropecuários, insumos, produções culturais, comunicação institucional, desportos, segurança nacional.
129	Serviços de Educação	Serviços listados no Anexo II (ex.: ensino básico, técnico, superior)	60% IBS e CBS	NBS	■ Apenas sobre a contraprestação dos serviços listados; ■ Não se aplica a outras operações dentro das instituições.	Anexo II	Exclusão de valores não relacionados à contraprestação direta dos serviços educacionais.
130	Serviços de Saúde	Serviços listados no Anexo III (ex.: consultas, exames, cirurgias)	60% IBS e CBS	NBS	Exclusão de valores glosados por auditoria médica e não pagos.	Anexo III	Valores contestados não entram na base de cálculo.
131	Dispositivos Médicos	Dispositivos regulados pela Anvisa (ex.: próteses, equipamentos)	60% IBS e CBS	NCM/SH	■ Lista revisada a cada 120 dias; ■ Apenas dispositivos regularizados na Anvisa.	Anexo IV	Inclusão de novos dispositivos com mesma finalidade dos já listados.
132	Dispositivos de Acessibilidade	Dispositivos para pessoas com deficiência (ex.: cadeiras de rodas, aparelhos auditivos)	60% IBS e CBS	NCM/SH	■ Requisitos definidos por norma do órgão competente; ■ Revisão a cada 120 dias.	Anexo V	Apenas dispositivos que atendam a normas específicas.
133-134	Medicamentos	Medicamentos registrados na Anvisa ou manipulados; Composições nutricionais (ex.: nutrição enteral).	60% IBS e CBS	NCM/SH	■ Empresas devem seguir regras da CMED; ■ Revisão a cada 120 dias.	Anexo VI	Exceção: medicamentos com alíquota zero (art. 146).

#	Categoria	Descrição	Alíquota	Classificação	Requisitos	Anexo	Observações
135	Alimentos Consumo Humano	Alimentos *in natura* ou minimamente processados (ex.: grãos, frutas)	60% IBS e CBS	NCM/SH	Produtos não industrializados ou embalados para venda final.	Anexo VII	-
136	Higiene Pessoal e Limpeza	Produtos para famílias de baixa renda (ex.: sabão, pasta de dente)	60% IBS e CBS	NCM/SH	Foco em produtos majoritariamente consumidos por baixa renda.	Anexo VIII	-
137	Produtos Agropecuários *In Natura*	Produtos agrícolas, aquícolas, pesqueiros, florestais e extrativistas vegetais *in natura*	60% IBS e CBS	-	Considerados *in natura* se não industrializados (apenas secagem, limpeza, congelamento para transporte).	-	Inclui serviços ambientais de conservação florestal.
138	Insumos Agropecuários e Aquícolas	Insumos listados no Anexo IX (ex.: fertilizantes, rações)	60% IBS e CBS	NCM/SH e NBS	- Registro no Ministério da Agricultura; - Diferimento tributário em casos específicos.	Anexo IX	Revisão a cada 120 dias para inclusão de novos insumos.
139	Produções Culturais e Audiovisuais	Espetáculos, eventos, filmes, obras de arte	60% IBS e CBS	NCM/SH e NBS	- Conteúdo majoritariamente brasileiro; - Obras de arte apenas de artistas nacionais.	Anexo X	Exemplo: filmes que atendam requisitos de "produção nacional".
140	Comunicação Institucional	Serviços para administração pública (ex.: redes sociais, relações públicas)	60% IBS e CBS	NBS	Aplicável apenas para órgãos públicos diretos, autarquias e fundações.	-	Fornecedores pagam alíquota padrão se cliente não for público.
141	Atividades Desportivas	Educação desportiva, gestão de clubes, venda de ingressos	60% IBS e CBS	Código 1.2205.12.00 (NBS)	Clubes devem ser filiados a órgãos estaduais/federais.	-	Inclui programas de sócio-torcedor.
142	Segurança Nacional e Cibernética	Serviços/bens para administração pública e empresas com 20% de capital brasileiro	60% IBS e CBS	NCM/SH e NBS	Empresas devem ter sócio brasileiro (mínimo 20% do capital).		

18.14.3. Alíquota Zero de IBS e CBS

A redução a zero das alíquotas do IBS e da CBS visa beneficiar setores essenciais da sociedade, tornando mais acessíveis itens como medicamentos, dispositivos médicos, alimentos básicos, produtos de higiene e automóveis para públicos específicos.

De se notar que o legislador, na sua aparentemente infinita criatividade, estabeleceu alíquota zero para diversos medicamentos, embora tenhamos visto, no tópico anterior que há medicamentos com redução de 60% nas alíquotas. É evidente que isso em nada contribui para a tão propagada "simplicidade" da tributação sobre o consumo.

Ao estabelecer alíquotas diferentes, de acordo com o medicamento ou o dispositivo de acessibilidade para pessoas com deficiência, por exemplo, o legislador apenas alimenta a infinita indústria de ações judiciais, que certamente buscará uma interpretação mais favorável aos interesses desses setores.

Quanto a este ponto, temos convicção de que a reforma pouco contribuirá para reduzir um problema crônico do Brasil: o fato de que tudo é objeto de judicialização, situação que gera índices absurdos de contingenciamento no Poder Judiciário, que não tem condições de dar vazão ao volume de ações, cumulado com o que denominamos "custo oculto da tributação" — bilhões de reais gastos para "interpretar" as normas produzidas pelo legislativo.

Reiterado este ponto, que demonstra o quão ruim é a reforma tributária, vejamos as hipóteses de redução a zero das alíquotas do IBS e da CBS.

a) Dispositivos médicos: a desoneração se aplica quando os dispositivos forem adquiridos por:

- órgãos públicos, como administração direta, autarquias e fundações públicas;
- entidades de saúde certificadas pelo CEBAS, que prestam serviços ao SUS.

Assim, hospitais públicos e instituições beneficentes poderão adquirir equipamentos médicos sem custo tributário. Por exemplo, um hospital filantrópico certificado pelo CEBAS poderá adquirir tomógrafos e equipamentos cirúrgicos sem incidência de IBS e CBS, reduzindo o custo e facilitando o acesso a melhores tecnologias.

b) Dispositivos de acessibilidade para pessoas com deficiência

O benefício também se aplica a produtos e dispositivos essenciais para a acessibilidade, como próteses, cadeiras de rodas e tecnologias assistivas. Os itens contemplados estão listados nos Anexos XIII e V da Lei Complementar e seguem as mesmas regras dos dispositivos médicos, beneficiando:

- órgãos públicos;
- entidades certificadas pelo CEBAS.

A medida reduz o custo de adaptação e inclusão, promovendo maior acessibilidade às pessoas. Como exemplo, uma prefeitura que adquire cadeiras de rodas para distribuição gratuita em programas sociais não pagará IBS e CBS sobre esses produtos, ampliando o alcance do projeto.

c) Medicamentos

A alíquota zero para medicamentos é fundamental para a política de saúde pública, pois reduz o custo de remédios considerados essenciais. Os medicamentos beneficiados estão listados no Anexo XIV e podem ser adquiridos sem o pagamento do IBS e da CBS quando:

- comprados por órgãos públicos para distribuição gratuita;
- adquiridos por hospitais filantrópicos com CEBAS;
- incluídos em programas de emergência sanitária reconhecidos por lei.

d) Produtos de cuidados básicos à saúde menstrual

A medida também abrange itens essenciais à saúde feminina, como tampões, absorventes internos e externos, calcinhas absorventes e coletores menstruais, todos classificados sob a NCM/SH 9619.00.00. Busca-se combater um grave problema, garantindo que esses produtos sejam acessíveis a todas as mulheres.

Um exemplo prático seria a distribuição gratuita de absorventes em escolas públicas sem incidência de IBS e CBS, reduzindo o impacto financeiro dos programas de assistência menstrual.

e) Produtos hortícolas, frutas e ovos

A alíquota zero se estende a hortaliças, frutas e ovos, diminuindo o custo desses alimentos básicos e incentivando o consumo de produtos mais saudáveis. Os itens contemplados no Anexo XV da Lei Complementar podem ser vendidos sem cobrança de IBS e CBS, mesmo que:

- estejam embalados, higienizados ou congelados;
- sejam cortados, ralados ou descascados.

f) Automóveis para pessoas com deficiência e motoristas profissionais

O benefício alcança a compra de automóveis por pessoas com deficiência e motoristas de táxi, facilitando a mobilidade e reduzindo os custos operacionais do transporte profissional.

- **Pessoas com deficiência ou autismo** terão isenção na compra de veículos adaptados;
- **Motoristas de táxi** poderão adquirir veículos com alíquota zero, incentivando o setor de transporte.

Aqui, o legislador novamente se supera ao estabelecer, a princípio sem qualquer critério técnico, que a alíquota zero para pessoas com deficiência alcança automóveis com valor de venda no varejo de até R$ 200.000,00, e que o benefício alcança **apenas**

o limite de R$ 70.000,00. Pergunta: De onde saíram esses números? E, como o país tem um histórico trágico de inflação, o legislador resolveu criar um trabalho adicional para o Comitê Gestor e o Ministro da Fazenda, que deverão anualmente atualizar esses limites com base na Tabela da Fundação Instituto de Pesquisas Econômicas (FIPE).

Sempre defendemos que o benefício deve ser em favor de **pessoas com deficiência**, e não em favor de pessoas com deficiência **e** menor capacidade econômica. Essa visão discriminatória é lamentável e confunde um direito individual absoluto com questões financeiras que em nada deveriam limitá-lo.

BENEFICIÁRIO	TIPO DE VEÍCULO	LIMITE DE VALOR	PRAZO PARA NOVA AQUISIÇÃO	REGRAS IMPORTANTES
Taxistas	Veículos elétricos, híbridos ou flex até 2.0	Sem limite	2 anos	Deve ser usado apenas para transporte de passageiros
Pessoas com deficiência ou TEA	Veículos nacionais com 4 portas	Máximo R$ 200.000,00, com isenção sobre R$ 70.000,00	4 anos	se for condutor, o veículo deve ter adaptações
Revenda antecipada	Sujeita à cobrança de tributos			Exceto em casos de roubo, perda total ou falecimento

g) Serviços prestados por Instituições Científicas e Tecnológicas (ICTs) sem fins lucrativos

Instituições Científicas, Tecnológicas e de Inovação (ICTs) sem fins lucrativos também são beneficiadas com alíquotas zero de IBS e CBS sobre os serviços que prestam ou atividades.

Quadro-resumo com as operações beneficiadas pela alíquota zero do IBS e da CBS

Redução	Seção	Art.	Setor/Dispositivo	Itens/Serviços Abrangidos	Classificação (NBS/NCM/SH)	Condições/Restrições	Anexo	Observações
0%	I	143	Disposições Gerais	8 categorias (disposições médicos, medicamentos, táxis etc.)	-	Aplicável aos itens das seções seguintes	-	Abrange saúde menstrual, ICTs, automóveis para PCDs.
0%	II	144	Dispositivos Médicos	Dispositivos em Anexos IV e XII	NCM/SH	Adquiridos por órgãos públicos ou entidades com CEBAS	Anexos IV/XII	Inclusão emergencial em crises.
0%	III	145	Dispositivos de Acessibilidade	Dispositivos em Anexos V e XIII	NCM/SH	Requisitos do órgão competente	Anexos V/XIII	-
0%	IV	146	Medicamentos	Medicamentos do Anexo XIV	NCM/SH	Adquiridos por órgãos públicos ou entidades com CEBAS	Anexo XIV	Revisão anual do Anexo XIV.
0%	V	147	Saúde Menstrual	Tampões, absorventes	9619.00.00 (NCM/SH)	Atender normas da Anvisa	-	-
0%	VI	148	Produtos Hortícolas	Frutas, ovos, vegetais	NCM/SH	Podem ser cortados, congelados ou embalados	Anexo XV	-
0%	VII	149-155	Automóveis (PCDs/Táxis)	Veículos nacionais de 4 portas	-	Táxis: motor ≤ 2.000 cm³; PCDs: preço ≤ R$ 200 mil	-	Intervalos mínimos entre compras.
0%	VIII	156	ICTs sem Fins Lucrativos	Pesquisa e desenvolvimento	-	Objetivo social vinculado à pesquisa	-	Cumprir critérios de imunidade.

Legenda:

NBS: Nomenclatura Brasileira de Serviços.

NCM/SH: Nomenclatura Comum do Mercosul/Sistema Harmonizado.

CEBAS: Certificação de Entidade Beneficente.

CMED: Câmara de Regulação do Mercado de Medicamentos.

18 ■ Regulamentação da Reforma Tributária

18.14.4. Casos específicos

Existem diversas outras hipóteses que recebem tratamento tributário específico, como reduções e isenções de IBS e CBS.

Os **serviços isentos** incluem o transporte público coletivo de passageiros, acessível a todos e com preços e itinerários regulados pelo poder público. Também estão isentos o transporte rodoviário em vias urbanas e rurais, o transporte metroviário — que abrange trens urbanos, metrôs, veículos leves sobre trilhos e monotrilhos —, o transporte urbano dentro do território de um Município, o transporte semiurbano, que conecta Municípios próximos ou regiões metropolitanas, e o transporte metropolitano, que liga cidades dentro de uma mesma região metropolitana.

O objetivo dessa medida é reduzir o custo do transporte público, tornando-o mais acessível à população, facilitar a mobilidade urbana e incentivar o uso do transporte coletivo.

A política de incentivo à **reabilitação urbana** reduz em 60% as alíquotas do IBS e CBS para projetos voltados à recuperação de zonas históricas e urbanísticas. No caso da locação de imóveis reabilitados, a redução de impostos será ainda maior, chegando a 80%.

A iniciativa tem como objetivos incentivar a preservação do patrimônio histórico, promovendo a recuperação e conservação de edifícios antigos, revitalizar áreas degradadas por meio da melhoria da infraestrutura, mobilidade urbana e qualidade de vida, e fomentar a atividade econômica, criando incentivos para empresas se instalarem nessas áreas reabilitadas.

Para que os Municípios possam aderir ao benefício, eles precisam apresentar projetos de reabilitação urbana à **Comissão Tripartite**, que analisará as propostas. Essa comissão será composta por representantes do Ministério das Cidades, do Ministério da Fazenda e do Comitê Gestor do IBS.

As atividades que terão redução de impostos incluem a elaboração de projetos urbanísticos e arquitetônicos, a construção, reforma e restauração de edifícios, além de serviços de engenharia, geologia, mapeamento, eficiência ambiental e saneamento. A venda ou locação de imóveis reabilitados dentro de um prazo de até cinco anos também será contemplada pela redução tributária.

Na tributação do **produtor rural**, a legislação estabelece que aqueles cuja receita anual seja inferior a R$ 3,6 milhões não serão contribuintes do IBS e da CBS. Isso inclui tanto produtores rurais pessoa física ou jurídica quanto produtores integrados que trabalham sob contrato de integração vertical, recebendo insumos e serviços de uma empresa integradora.

O produtor rural passa a ser contribuinte caso sua receita anual ultrapasse R$ 3,6 milhões, com a obrigatoriedade sendo aplicada a partir do segundo mês seguinte ao do excesso. Se o valor excedente for inferior a 20% do limite, ele só será considerado contribuinte no ano seguinte. Além disso, caso o produtor tenha participação societária em outra empresa agropecuária, as receitas serão somadas para efeito de tributação.

Para novos produtores, o limite será proporcional ao número de meses de atividade. Caso deseje, o produtor rural pode optar pelo regime regular de IBS e CBS, sendo essa escolha irretratável para todo o ano-calendário. Se quiser renunciar à opção, só poderá fazê-lo para o ano seguinte.

No mesmo sentido, compradores de bens e serviços de produtores rurais isentos poderão se beneficiar de créditos presumidos de IBS e CBS. O crédito será calculado com base em percentuais definidos anualmente pelo Ministério da Fazenda e pelo Comitê Gestor do IBS.

O documento fiscal da operação deverá conter o valor total da transação, o valor do crédito presumido e o valor líquido da operação. Sociedades cooperativas que adquirirem bens e serviços de seus associados produtores rurais isentos também poderão usufruir desse benefício.

Até 2031, o histórico utilizado para definir os percentuais será ajustado para acomodar a transição para o novo sistema tributário.

SETOR	BENEFÍCIO	JUSTIFICATIVA
Transporte Público	Isenção total de IBS e CBS	Redução do custo das tarifas e incentivo ao transporte coletivo
Reabilitação Urbana	60% a 80% de redução nas alíquotas	Preservação do patrimônio histórico e revitalização de áreas degradadas
Produtos Rurais	Isenção para pequenos produtores (até R$ 3,6 milhões/ano)	Reduzir carga tributária e incentivar a produção agrícola
Compradores de bens rurais	Créditos presumidos sobre compras de produtores isentos	Evitar aumento da carga tributária sobre a cadeia produtiva

O crédito presumido para **transporte de carga** permite que empresas que contratam transportadores autônomos deduzam um percentual do IBS e da CBS sobre o valor do serviço. Esse benefício, no entanto, só se aplica quando o pagamento é feito diretamente ao transportador autônomo e não se estende a casos em que o custo do frete está embutido no preço do produto.

O percentual do crédito presumido será definido anualmente pelo Ministério da Fazenda e pelo Comitê Gestor do IBS. Além das empresas, **cooperativas** que contratem transportadores autônomos também poderão usufruir desse benefício, garantindo um incentivo à formalização do setor de transporte.

O crédito presumido **será aplicado sobre o valor da compra** e seguirá **percentuais escalonados até 2033**:

ANO	CRÉDITO IBS	CRÉDITO CBS
2029	1,3%	7%
2030	2,6%	7%
2031	3,9%	7%
2032	5,2%	7%
2033+	13%	7%

A política de incentivos para **reciclagem e logística reversa** estabelece a concessão de créditos presumidos para empresas que compram resíduos recicláveis de pessoas físicas, cooperativas ou associações. Esse mecanismo busca incentivar a destinação

18 ▪ Regulamentação da Reforma Tributária 773

ambientalmente adequada dos resíduos sólidos e estimular a economia circular, promovendo maior sustentabilidade na cadeia produtiva.

Por fim, empresas que **compram bens móveis usados** para revenda podem **abater IBS e CBS** por meio de crédito presumido.

O crédito **depende das alíquotas do IBS e CBS** aplicáveis ao bem usado e as **regras de cálculo variam conforme a data da compra:**

ANO	DATA DE REFERÊNCIA DO CRÉDITO
Até 31/12/2032	Crédito baseado na alíquota vigente na data da revenda
A Partir de 01/01/2033	Crédito baseado na alíquota vigente na data da compra

Quadro-resumo das atividades beneficiadas

Artigo	Assunto Principal	Pontos-Chave	Benefício Tributário	Condições/ Restrições	Observações Relevantes
157	Isenção no Transporte Público	▪ Serviços de transporte rodoviário/ metroviário urbano, semiurbano e metropolitano. ▪ Acessível mediante cobrança individualizada e preços fixados pelo poder público.	Isenção total (IBS e CBS).	Aplicável apenas sob regime de autorização, permissão ou concessão pública.	
158-163	Redução em Projetos de Reabilitação Urbana	▪ Redução de 60% em operações relacionadas a projetos de recuperação de zonas históricas e áreas críticas. ▪ Locação de imóveis: redução de 80%.	Redução de 60% (80% para locação).	Projetos aprovados pela Comissão Tripartite; delimitados por lei municipal/distrital.	Comissão Tripartite: 2 do Ministério das Cidades, 2 da Fazenda, 4 do Comitê Gestor (Estados/Municípios).
164-168	Produtor Rural Não Contribuinte	▪ Produtor com receita < R$ 3,6 mi/ ano é não contribuinte do IBS/ CBS. ▪ Integrados (contrato vertical) também são não contribuintes.	Isenção (não recolhe).	Excesso de receita gera tributação a partir do mês seguinte.	Receita atualizada anualmente pelo IPCA. Cooperativas de produtores rurais também se beneficiam.
169	Créditos para Transportador Autônomo	Empresas podem apropriar créditos presumidos ao contratar transporte de carga de autônomos não contribuintes.	Crédito presumido (definido anualmente).	Apenas para serviços de transporte contratados separadamente (não embutidos em outras operações).	Documento fiscal deve discriminar valor pago, crédito presumido e valor líquido.

170	Créditos para Resíduos Recicláveis	Empresas ganham créditos ao adquirir resíduos de coletores individuais/cooperativas para reciclagem ou logística reversa.	Créditos progressivos (ex.: 1,3% a 13% para IBS até 2033; 7% para CBS).	Exclui agrotóxicos, medicamentos, pilhas, pneus etc.	Percentuais de crédito aumentam gradualmente até 2033. Exceção para óleo lubrificante rerrefinado.
171	Créditos para Revenda de Bens Usados	Empresas podem apropriar créditos ao comprar bens usados de pessoas físicas para revenda.	Crédito baseado na alíquota local (IBS: varia por Município/Estado; CBS: alíquota federal).	Crédito vinculado à revenda do bem; regulamento define detalhes de apropriação.	Bens usados: definidos como aqueles já comercializados para consumo final e retornados ao mercado.

18.15. REGIMES ESPECÍFICOS DO IBS E DA CBS

Além das alíquotas diferenciadas e dos casos de isenção que vimos, a regulamentação da reforma tributária também prevê diversos regimes específicos, que analisaremos neste tópico.

O regime de tributação específico para combustíveis estabelece as regras de incidência do IBS e da CBS, a base de cálculo e a diferenciação tributária para biocombustíveis.

A tributação será **única**, ou seja, o IBS e a CBS incidirão apenas uma vez sobre a venda de combustíveis no Brasil, abrangendo tanto os produtos de origem nacional quanto os importados. Isso inclui gasolina, etanol, diesel, biodiesel, gás natural e outros combustíveis regulados pela Agência Nacional do Petróleo (ANP).

As **alíquotas** serão específicas para cada tipo de combustível e aplicadas com base em unidades de medida como litro ou metro cúbico.

A **base de cálculo** será a quantidade de combustível comercializado, e o imposto devido será obtido multiplicando essa quantidade pela alíquota específica determinada para cada produto.

As alíquotas do IBS e da CBS seguirão critérios uniformes em todo o território nacional, mas serão diferenciadas **por produto**. Elas serão divulgadas anualmente pelo Comitê Gestor do IBS, no caso desse tributo, e pelo Poder Executivo da União, no caso da CBS. A majoração das alíquotas estará sujeita à regra da anterioridade nonagesimal, o que significa que só poderá entrar em vigor após 90 dias da sua definição.

Para evitar aumento excessivo da carga tributária, a alíquota da CBS será definida de forma a não exceder os tributos anteriores que foram substituídos pela reforma tributária. Já a alíquota do IBS será implementada de forma gradual, com um limite inicial de 10% da carga tributária anterior em 2029, aumentando progressivamente até atingir a carga tributária integral a partir de 2033, conforme quadro a seguir:

ANO	ALÍQUOTA MÁXIMA DO IBS (EM RELAÇÃO À CARGA ANTERIOR)
2029	10%
2030	20%
2031	30%
2032	40%
2033+	100%

18 ▪ Regulamentação da Reforma Tributária

A tributação diferenciada para biocombustíveis e hidrogênio de baixa emissão garantirá um imposto reduzido em relação aos combustíveis fósseis.

O imposto sobre biocombustíveis não poderá ser inferior a 40% nem superior a 90% do tributo incidente sobre o combustível fóssil equivalente. No caso do etanol hidratado, será mantido o diferencial tributário existente entre gasolina e etanol, considerando a carga tributária entre julho de 2023 e junho de 2024.

Além disso, o biodiesel produzido com matéria-prima da agricultura familiar poderá ter redução da CBS por ato do governo, incentivando a produção sustentável e o uso de energias renováveis.

O **regime monofásico** de tributação do IBS e da CBS sobre combustíveis estabelece regras específicas para os contribuintes responsáveis pelo pagamento dos tributos, a responsabilidade solidária, as operações com etanol anidro e as restrições à apropriação de créditos tributários.

O IBS e a CBS serão pagos uma única vez por determinados contribuintes, entre eles:

- produtores nacionais de biocombustíveis;
- refinarias de petróleo e suas bases;
- centrais de matéria-prima petroquímica (CPQ);
- unidades de processamento de gás natural (UPGN);
- formuladores de combustíveis;
- importadores;
- outros agentes autorizados pela ANP.

Além disso, distribuidores que atuam como importadores também serão considerados contribuintes. No caso das **cooperativas** de produtores de etanol, elas serão equiparadas a produtores nacionais para efeitos de tributação.

Os **adquirentes de combustíveis** poderão ser responsabilizados solidariamente pelo pagamento do IBS e da CBS devidos pelo fornecedor. Essa responsabilidade solidária não se aplica caso o pagamento seja realizado por meio do *split payment*, mecanismo que recolhe o tributo diretamente na origem. Se um participante da cadeia comercial concorrer para a sonegação de tributos, ele também poderá ser responsabilizado.

O pagamento do IBS e da CBS sobre etanol anidro será feito por: refinarias, CPQs, formuladores e importadores, quando o etanol for misturado à gasolina.

A **responsabilidade** pelo pagamento dos tributos pode recair sobre adquirentes do etanol anidro se:

- o etanol for adquirido para mistura com gasolina A, mas for vendido para outro fim, o comprador se torna responsável pelo pagamento;
- uma distribuidora misturar etanol acima do percentual obrigatório, ela deverá pagar IBS e CBS sobre o volume excedente;
- uma distribuidora misturar menos etanol do que o percentual obrigatório, poderá solicitar ressarcimento dos tributos pagos a mais.

A regra geral do regime é no sentido de que quem revende combustíveis não pode tomar crédito de IBS e CBS, mas há exceções:

- Quando os combustíveis forem utilizados como insumos na produção de bens ou serviços, o contribuinte poderá apropriar créditos do IBS e da CBS.
- Exportadores de combustíveis terão direito à apropriação de créditos tributários.

Há também o regime específico de tributação do IBS e da CBS para **serviços financeiros**, que estabelece as regras para a incidência dos tributos sobre essas operações, definindo os serviços tributáveis, os contribuintes, a base de cálculo, as deduções e as alíquotas aplicáveis.

O IBS e a CBS incidem sobre diversas operações financeiras, incluindo:

- operações de crédito, como empréstimos, financiamentos, adiantamentos e garantias;
- câmbio;
- títulos e valores mobiliários, abrangendo corretagem, negociação e custódia;
- securitização;
- *factoring*;
- arrendamento mercantil (*leasing*);
- administração de consórcios;
- gestão de fundos de investimento;
- arranjos de pagamento, como maquininhas, PIX e cartões;
- atividades de bolsas de valores e depositárias centrais;
- seguros (exceto saúde);
- resseguros;
- previdência privada;
- capitalização;
- intermediação de seguros, consórcios e previdência;
- serviços relacionados a ativos virtuais, incluindo corretoras de criptoativos.

É importante ressaltar que o regime abrange toda a remuneração dessas operações, **independentemente** da nomenclatura utilizada.

O regime especial se aplica a **instituições supervisionadas** pelo Sistema Financeiro Nacional e a outros fornecedores de serviços financeiros.

Os principais contribuintes supervisionados são:

- bancos, caixas econômicas e cooperativas de crédito;
- corretoras de câmbio, títulos e valores mobiliários;
- gestoras de fundos de investimento;
- administradoras de consórcios;
- companhias hipotecárias, financeiras e de crédito imobiliário;
- seguradoras e resseguradoras;
- instituições de pagamento e *fintechs*.

18 ■ Regulamentação da Reforma Tributária 777

Também são considerados contribuintes as pessoas que exercem atividades financeiras não supervisionados, como:

■ empresas de *factoring*;
■ securitizadoras de crédito;
■ correspondentes bancários;
■ plataformas de pagamento e de ativos virtuais.

Por outro lado, algumas operações bancárias **não seguem** o regime específico e são tributadas pelas regras gerais do IBS e da CBS, incluindo:

■ abertura, manutenção e encerramento de contas bancárias;
■ fornecimento de cheques e realização de saques;
■ transferências bancárias;
■ tarifas de contas de pagamento, como cartões pré-pagos e carteiras digitais.

Do mesmo modo, outros serviços bancários que não forem classificados como "serviços financeiros" seguirão a tributação normal do IBS e da CBS.

Como mencionamos, a base de cálculo é composta da receita das operações financeiras, abrangendo:

■ juros, tarifas e comissões;
■ prêmios de seguros;
■ taxas de administração de fundos e previdência privada;
■ custos de arrendamento mercantil (*leasing*).

O regime permite algumas deduções, desde que estejam dentro dos limites regulatórios e operacionais, como no caso de reversão de provisões e recuperação de créditos baixados como prejuízo.

No entanto, despesas administrativas **não podem ser deduzidas**. Além disso, cooperativas que optarem por regimes especiais deverão ajustar a base de cálculo proporcionalmente às operações isentas.

As alíquotas do regime financeiro serão uniformes em todo o território nacional. A CBS e o IBS terão alíquotas proporcionais às respectivas arrecadações federais, estaduais e municipais e seguirão o seguinte cronograma:

■ De 2027 a 2033, serão definidas conforme as regras do art. 233 da Lei Complementar.
■ A partir de 2034, serão mantidas as alíquotas aplicáveis em 2033.

O aproveitamento de créditos do IBS e da CBS dependerá das informações fornecidas pelos prestadores de serviços financeiros à Receita Federal (RFB) e ao Comitê Gestor do IBS. As regras gerais para aproveitamento de créditos (arts. 47 a 56 da Lei Complementar n. 214/2025) serão aplicadas nesse contexto.

As instituições financeiras e os prestadores de serviços financeiros deverão fornecer, a título de obrigação acessória, **informações detalhadas** sobre suas operações, conforme regulamentação específica. A exigência visa garantir maior transparência na arrecadação do IBS e da CBS, além de permitir uma fiscalização mais eficiente sobre os operadores do setor.

Em linha com o tratamento dispensado aos serviços financeiros, a regulamentação estabeleceu regras aplicáveis a crédito, câmbio, títulos e valores mobiliários, securitização, *factoring*, arrendamento mercantil e administração de consórcios.

Nesses casos, a base de cálculo do IBS e da CBS é composta das receitas obtidas nessas operações, com algumas deduções permitidas.

OPERAÇÕES SUJEITAS À TRIBUTAÇÃO	◘ Crédito (empréstimos, financiamentos e garantias)
	◘ Câmbio
	◘ Títulos e valores mobiliários (corretagem, negociação e custódia)
	◘ Securitização e *factoring*
	◘ Arrendamento mercantil (*leasing*)
	◘ Administração de consórcio
DEDUÇÕES PERMITIDAS NA BASE DE CÁLCULO	◘ Despesas com captação de recursos
	◘ Encargos financeiros
	◘ Perdas na concessão de crédito e cessão de recebíveis
	◘ Custos operacionais das operações financeiras

Observação: As despesas administrativas não podem ser deduzidas.

Há, ainda, algumas previsões para casos específicos, a saber:

■ Receitas e despesas cambiais são incluídas na base de cálculo.
■ Variações monetárias por câmbio ou juros futuros são computadas no cálculo.
■ Fundos de Investimento em Direitos Creditórios (FIDC) podem ser tributados se anteciparem recebíveis comerciais.

É importante destacar que nas operações de crédito, a base de cálculo inclui apenas os rendimentos financeiros, excluindo o valor do principal.

Quanto ao aproveitamento dos créditos, temos duas situações:

■ Empresas que tomam crédito podem deduzir créditos do IBS e da CBS sobre os juros pagos, mas não sobre o principal.
■ Créditos são calculados com base na diferença entre a taxa de juros contratada e a taxa Selic.

Já a tributação sobre **securitização** e *factoring* incide sobre o deságio aplicado na antecipação de recebíveis, sendo permitidas as seguintes deduções:

■ Custos da securitização (registro, custódia, distribuição de títulos e cobrança).
■ Perdas na cessão de créditos e concessão de descontos.

Os Fundos de Investimento em Direitos Creditórios (FIDC) também podem ser tributados, caso realizem operações de antecipação de recebíveis.

18 ◼ Regulamentação da Reforma Tributária
779

Para as operações de **Arrendamento Mercantil** (*leasing*), **a regulamentação estabelece que a base de cálculo deve incluir: as** contraprestações (mensalidades), o valor residual garantido (VRG) e os encargos financeiros.

As alíquotas variam conforme o tipo de *leasing*:

◼ *Leasing* **operacional** → Tributado conforme locação
◼ *Leasing* **financeiro** → Tributado como serviço financeiro
◼ **Venda do bem ao final do** *leasing* → Tributada conforme as normas gerais

---

Observação: O tomador do *leasing* pode apropriar créditos sobre as parcelas pagas e o valor residual.

Por fim, no que tange às **administradoras de consórcio**, a tributação incide sobre as tarifas e taxas pagas pelos consorciados e há **regras específicas para compras com carta de crédito de consórcio:**

◼ **Bens imóveis** → Seguem regime específico
◼ **Bens sujeitos a regimes diferenciados** → Mantêm sua tributação própria

Nos dois casos, os custos de intermediação de consórcio podem ser deduzidos. O contribuinte que adquirir serviços de administração de consórcio pode apropriar créditos sobre os valores pagos ao fornecedor.

As regras de tributação sobre gestão e administração de **fundos de investimento** abrangem os serviços de gestão e administração de fundos e a gestão de carteiras administradas para investidores.

No entanto, os fundos de investimento e seus cotistas **não podem** apropriar créditos de IBS e CBS, salvo se o fundo for contribuinte no regime regular, caso em que a apropriação de créditos é permitida. Os administradores de fundos têm a obrigação de informar dados dos fundos e cotistas à Receita Federal.

No que se refere às operações relacionadas ao **FGTS e fundos garantidores**, o FGTS não é contribuinte do IBS e da CBS, sendo que as operações do agente operador do FGTS estão sujeitas à **alíquota zero**, enquanto as operações realizadas por agentes financeiros e bancos são tributadas. Fundos garantidores e de políticas públicas também não são tributados, e os serviços de administração desses fundos são isentos.

A Receita Federal e o Comitê Gestor do IBS devem manter uma lista atualizada dos fundos garantidores e executores de políticas públicas.

Para os **arranjos de pagamento**, incluindo serviços de cartões, Pix, credenciadoras e subadquirentes, são tributados os serviços de credenciamento e processamento de pagamentos, locação de terminais e *softwares* de pagamento, e importação de serviços de bandeiras de cartões.

A base de cálculo é o valor bruto da remuneração recebida pelos credenciadores, com dedução dos valores repassados entre os participantes do arranjo. Os credenciados, como **lojistas** e *marketplaces*, são considerados os tomadores do serviço e podem apropriar créditos tributários sobre as taxas pagas às credenciadoras.

780 Direito Tributário Esquematizado

Além disso, as credenciadoras devem informar os valores brutos recebidos e os repasses realizados entre os participantes. No caso de liquidação antecipada de recebíveis, a tributação incide sobre o deságio aplicado, com a possibilidade de deduzir perdas na cessão de recebíveis. Fundos de investimento que realizem antecipação de recebíveis também podem ser tributados.

As entidades administradoras de **mercados financeiros e infraestruturas de mercado**, como bolsas de valores, câmaras de compensação, serviços de *clearing*, custódia e depositárias centrais, estão sujeitas à tributação pelos serviços que administram. Empresas que contratarem serviços dessas entidades podem apropriar créditos de IBS e CBS.

Essas entidades também têm a **obrigação** de informar dados sobre os adquirentes e os valores pagos, garantindo maior controle e transparência no sistema tributário.

Já o regime específico de tributação do IBS e CBS sobre **seguros, resseguros, previdência complementar** e **capitalização**, objetiva uniformizar a tributação no setor e garantir tratamento diferenciado para produtos relacionados à formação de poupança e proteção financeira.

A tributação **incide** sobre prêmios de seguros e resseguros, cosseguros aceitos, retrocessão e receitas financeiras de ativos garantidores das provisões técnicas. Deduções são permitidas para indenizações pagas a segurados que **não são** contribuintes do IBS e CBS, restituições de prêmios cancelados, valores pagos por intermediação de seguros e resseguros, prêmios de cosseguros cedidos e valores destinados a provisões técnicas. Os segurados que são contribuintes no regime regular podem apropriar créditos sobre os prêmios pagos e as operações de resseguro e retrocessão, inclusive prêmios cedidos ao exterior, têm alíquota zero.

O QUE É TRIBUTADO?	▪ Prêmios de seguros e resseguros
	▪ Cosseguros aceitos e retrocessão
	▪ Receitas financeiras de ativos garantidos das provisões técnicas
O QUE PODE SER DEDUZIDO?	▪ Indenizações pagas aos segurados que não são contribuintes do IBS e CBS
	▪ Restituições de prêmios cancelados
	▪ Valores pagos por intermediação de seguros e resseguros
	▪ Prêmios de cosseguros cedidos
	▪ Valores destinados a provisões técnicas
QUEM PODE APROPRIAR CRÉDITOS?	▪ Segurados contribuintes do IBS e CBS no regime regular podem apropriar créditos sobre os prêmios pagos
ISENÇÃO PARA RESSEGUROS	▪ Operações de resseguro e retrocessão têm alíquota zero, inclusive para prêmios cedidos ao exterior

Na **previdência complementar** e nos **seguros com cobertura** por sobrevivência, a tributação abrange contribuições para planos de previdência complementar, prêmios de seguros com cobertura por sobrevivência e encargos por administração de planos de previdência. As deduções incluem parcelas destinadas à constituição de provisões técnicas, restituições de contribuições e prêmios cancelados, valores pagos por intermediação de previdência complementar e indenizações pagas a beneficiários.

Os rendimentos de ativos garantidores das provisões técnicas não integram a base de cálculo, mas não há direito a crédito de IBS e CBS sobre previdência complementar.

O QUE É TRIBUTADO?	◙ Contribuições para planos de previdência complementar
	◙ Prêmios de seguros com cobertura por sobrevivência
	◙ Encargos por administração de planos de previdência
O QUE PODE SER DEDUZIDO?	◙ Parcelas destinadas à constituição de provisões técnicas
	◙ Restituições de contribuições e prêmios cancelados
	◙ Valores pagos por intermediação de previdência complementar
	◙ Indenização pagas a beneficiários
ISENÇÃO SOBRE APLICAÇÕES FINANCEIRAS	◙ Rendimentos dos ativos garantidores das provisões técnicas não integram a base de cálculo
QUEM PODE APROPRIAR CRÉDITOS?	◙ Não há direito a crédito de IBS e CBS sobre previdência complementar

Na **capitalização**, são tributadas as receitas com títulos de capitalização, penalidades e prescrição de títulos. É possível deduzir valores destinados a provisões técnicas e sorteios, cancelamentos e restituições de títulos e valores pagos por intermediação de capitalização.

Os contribuintes no regime regular podem apropriar créditos sobre títulos de capitalização adquiridos, enquanto rendimentos de ativos garantidores das provisões técnicas não integram a base de cálculo.

O QUE É TRIBUTADO?	◙ Receitas com títulos de capitalização
	◙ Penalidades e prescrições de títulos
O QUE PODE SER DEDUZIDO?	◙ Valores destinados a provisões técnicas e sorteios
	◙ Cancelamentos e restituições de títulos
	◙ Valores pagos por intermediação de capitalização
QUEM PODE APROPRIAR CRÉDITOS?	◙ Contribuintes do IBS e CBS no regime regular podem apropriar créditos sobre títulos de capitalização adquiridos
ISENÇÃO SOBRE APLICAÇÕES FINANCEIRAS	◙ Rendimentos dos ativos garantidores das provisões técnicas não integram a base de cálculo

As **seguradoras**, entidades de **previdência** e **capitalização** devem informar à Receita Federal e ao Comitê Gestor do IBS a identificação dos segurados e valores pagos, dos participantes de previdência e contribuições pagas, e dos titulares de títulos de capitalização e valores arrecadados.

TIPO DE EMPRESA	INFORMAÇÕES OBRIGATÓRIAS
SOCIEDADE SEGURADORAS E RESSEGURADORES	◙ Identificação dos segurados
	◙ Valores dos prêmios pagos
ENTIDADES DE PREVIDÊNCIA COMPLEMENTAR	◙ Identificação dos participantes
	◙ Valores das contribuições pagas
SOCIEDADE DE CAPITALIZAÇÃO	◙ Identificação dos titulares de títulos
	◙ Valores arrecadados

782 Direito Tributário Esquematizado   *Roberto Caparroz*

A tributação da **intermediação** de seguros, resseguros, previdência e capitalização incide sobre comissões e taxas de corretagem, bem como sobre pagamentos a intermediários de capitalização. Contribuintes no regime regular podem apropriar créditos sobre intermediação de seguros e capitalização. Optantes do Simples Nacional permanecem tributados por esse regime, salvo se escolherem o regime regular do IBS e CBS, caso em que serão tributados pela mesma alíquota das seguradoras.

O QUE É TRIBUTADO?	▪ Comissões e taxas de corretagem e intermediação de seguros e previdência
	▪ Pagamentos a intermediários de capitalização
QUEM PODE APROPRIAR CRÉDITOS?	▪ Contribuintes do IBS e CBS no regime regular podem apropriar créditos sobre intermediação de seguros e capitalização
REGRAS PARA OPTANTES DO SIMPLES NACIONAL	▪ Permanecem tributados pelo Simples Nacional se não optarem pelo regime regular do IBS e CBS
	▪ Se optarem pelo regime regular, são tributados pela mesma alíquota das seguradoras

O regime de tributação do IBS e da CBS para serviços de **ativos virtuais** abrange as operações previstas na Lei n. 14.478/2022. Esses ativos, que normalmente são conhecidos como criptoativos, são representações digitais de valor negociáveis ou transferíveis eletronicamente e que podem ser usados para pagamentos ou investimentos, excluindo os considerados valores mobiliários, que seguem regras específicas.

A incidência do IBS e da CBS recai sobre **o valor do serviço prestado**, e as aquisições de bens e serviços com ativos virtuais seguem as normas gerais de tributação ou regimes específicos aplicáveis. Os contribuintes no regime regular podem apropriar créditos do IBS e da CBS com base nos valores pagos pelo fornecedor.

TRIBUTAÇÃO DOS SERVIÇOS DE ATIVOS VIRTUAIS	
CATEGORIA	**DESCRIÇÃO**
Definição	Representações digitais de valor utilizadas para pagamentos ou investimentos (Lei n. 14.478/2022)
Tributação	IBS e CBS incidem sobre o valor da prestação do serviço
Importação de serviços	Seguem as mesmas regras da tributação nacional
Créditos para contribuintes	Contribuinte no regime pode apropriar créditos do IBS e CBS

Na **importação de serviços financeiros**, a tributação ocorre pela mesma alíquota dos serviços adquiridos no Brasil. A base de cálculo é definida pela receita auferida pelo fornecedor, com aplicação de um fator de redução que considera uma margem presumida.

Os contribuintes do IBS e da CBS no regime regular, que tenham direito a créditos em aquisições nacionais, terão **alíquota zero** na importação, sem apropriação de créditos. As disposições gerais sobre importação previstas na legislação complementar aplicam-se a esses serviços, respeitando eventuais especificidades.

IMPORTAÇÃO DE SERVIÇOS FINANCEIROS	
CATEGORIA	**DESCRIÇÃO**
Tributação	Aplicação da mesma alíquota do serviço nacional

Base de Cálculo	Receita do fornecedor, com fator de redução
Alíquota Zero	Aplicável quando o importador teria direito a créditos no Brasil

Por fim, a **exportação de serviços financeiros**, quando realizada para residentes ou domiciliados no exterior, é considerada imune à incidência do IBS e da CBS. Contudo, essa imunidade não se aplica a serviços prestados a filiais, controladas ou investidas no exterior que sejam majoritariamente controladas por residentes ou domiciliados no Brasil.

A entidade prestadora deve calcular a proporção entre as receitas de exportação e a receita total, revertendo as deduções da base de cálculo na mesma proporção.

EXPORTAÇÃO DE SERVIÇOS FINANCEIROS	
CATEGORIA	**DESCRIÇÃO**
Imunidade	Exportação de serviços financeiros não paga IBS e CBS
Regras de Ajuste	Dedução proporcional aos serviços prestados no exterior
Restrições	Serviços a filiais estrangeiras controladas por brasileiros não são considerados exportados

De 2027 a 2033, durante o período de transição do novo modelo tributário, as alíquotas do IBS e da CBS para serviços financeiros serão fixadas para manter a carga tributária equivalente às operações de crédito das instituições financeiras bancárias, considerando a transição tributária.

O cálculo dessas alíquotas será baseado em dados históricos de receitas e débitos tributários do setor financeiro entre 2022 e 2023. A metodologia de fixação das alíquotas será aprovada por ato conjunto do Ministério da Fazenda e do Comitê Gestor do IBS, com consulta e homologação pelo Tribunal de Contas da União.

A União, os Estados, o Distrito Federal e os Municípios **compartilharão informações** para subsidiar esse cálculo, assegurando transparência e integração entre as esferas de governo.

As alíquotas serão divulgadas pelos Estados e Municípios para o IBS e pela União para a CBS, de forma coordenada e integrada. As alíquotas seguirão as regras de transição para minimizar os impactos da substituição dos tributos extintos.

Os **planos de assistência à saúde** estão sujeitos a um regime específico de tributação do IBS e da CBS, abrangendo seguradoras de saúde, administradoras de benefícios, cooperativas de planos de saúde, cooperativas de seguro saúde e outras operadoras.

A base de cálculo desses tributos inclui as receitas de prêmios, contraprestações e receitas financeiras dos ativos garantidores das reservas técnicas, com deduções permitidas para indenizações pagas, cancelamentos, restituições, serviços de intermediação e taxas administrativas pagas a entidades do setor. Os custos assistenciais, como bens e serviços adquiridos diretamente pelas entidades ou reembolsados a segurados, também podem ser deduzidos, incluindo operações de corresponsabilidade entre operadoras.

As receitas financeiras vinculadas aos recursos provenientes de prêmios e contraprestações integram a base de cálculo apenas quando efetivamente liquidadas.

PLANOS DE ASSISTÊNCIA À SAÚDE	
CATEGORIA	**DESCRIÇÃO**
Entidades Tributadas	Seguradoras de saúde, cooperativas, administradoras de benefícios
Base de Cálculo	Prêmios e contraprestações recebidos, receitas financeiras sobre reservas técnicas
Dedução Permitida	Indenizações pagas, restituições, taxa de administração
Alíquota Aplicável	Reduzida em 60% em relação à alíquota geral
Crédito para Contratantes	Vedado, exceto no caso de planos oferecidos por empregadores

Os planos de assistência **funerária** seguem as mesmas regras, enquanto as alíquotas do IBS e da CBS para planos de assistência à saúde são uniformes nacionalmente, reduzidas em 60% das alíquotas de referência de cada esfera federativa.

No entanto, não há direito a crédito do IBS e CBS para os adquirentes de planos, salvo em casos específicos onde a proporção de créditos é calculada com base nos valores pagos e arrecadados, excluindo parcelas repassadas a empregados.

As operadoras devem fornecer informações sobre beneficiários e valores arrecadados à Receita Federal e ao Comitê Gestor do IBS. Nos planos **coletivos**, quando os valores não forem individualizados, a alocação será feita conforme critérios regulamentares, e as administradoras de benefícios são responsáveis por essas informações em planos coletivos por adesão.

Os serviços de intermediação de planos de saúde também são tributados pelo IBS e CBS à mesma alíquota dos planos. Os prestadores optantes pelo Simples Nacional continuam tributados pelo regime simplificado, salvo se optarem pelo regime regular, quando serão tributados pela alíquota dos serviços de saúde.

As importações de serviços de planos de assistência à saúde, se permitidas, serão tributadas pelas mesmas alíquotas aplicáveis às operações nacionais, com possibilidade de fator de redução para ajustar a base de cálculo. Já os serviços fornecidos a residentes no exterior para uso fora do Brasil serão considerados exportação, imunes ao IBS e CBS.

IMPORTAÇÃO E EXPORTAÇÃO DE SERVIÇOS DE SAÚDE	
CATEGORIA	**DESCRIÇÃO**
Importação de Planos de Saúde	Sujeita ao IBS e CBS pela mesma alíquota do serviço nacional
Exportação de Planos de Saúde	Imune ao IBS e CBS

Por fim, planos de saúde para **animais domésticos** seguem o mesmo regime, mas com alíquotas reduzidas em 30% em relação às alíquotas de referência nacional, sem direito a crédito para os adquirentes.

TRIBUTAÇÃO DE SERVIÇOS DE ASSISTÊNCIA À SAÚDE ANIMAL	
CATEGORIA	**DESCRIÇÃO**
Aplicação das Regras	Seguem regras de planos de assistência à saúde humana
Redução de Alíquota	30% de redução na alíquota nacional
Crédito para Contratante	Vedado

A regulamentação também fixou regras para a tributação dos **concursos de prognósticos**, abrangendo todas as modalidades lotéricas, apostas de quota fixa, *sweepstakes*, apostas de turfe e demais apostas, além das atividades de *fantasy sport*s.

Nesses casos, a base de cálculo corresponde à receita própria da entidade, calculada pela arrecadação total menos as premiações pagas e as destinações obrigatórias a órgãos ou fundos públicos, bem como a outros beneficiários definidos por lei. As premiações pagas **não estão** sujeitas à incidência de IBS e CBS.

As alíquotas aplicáveis são nacionalmente uniformes e correspondem à soma das alíquotas de referência das esferas federativas. Contudo, fica vedado o aproveitamento de créditos de IBS e CBS pelos apostadores.

As empresas que operam concursos de prognósticos têm a obrigação de informar, em regulamento, detalhes como o local das apostas, valores arrecadados e premiações pagas. No caso de apostas virtuais, é necessário identificar os apostadores.

Na **importação** de serviços de concursos de prognósticos, as entidades domiciliadas no exterior que ofertarem esses serviços a apostadores residentes ou domiciliados no Brasil estarão sujeitas ao IBS e CBS, aplicando-se a mesma alíquota vigente no território nacional.

A base de cálculo será a receita auferida pela entidade, ajustada por um fator de redução conforme previsto em regulamento. O fornecedor será o contribuinte principal, podendo o apostador ser responsável solidário em casos específicos.

Já na **exportação**, serviços prestados virtualmente a residentes ou domiciliados no exterior serão considerados exportados, ficando imunes à incidência de IBS e CBS. Os critérios para a comprovação da residência ou domicílio no exterior serão definidos em regulamento. No entanto, desde já, não se consideram exportados os serviços realizados presencialmente no Brasil, mesmo para residentes ou domiciliados no exterior.

TRIBUTAÇÃO DOS CONCURSOS DE PROGNÓSTICOS	
CATEGORIA	**DESCRIÇÃO**
Definição	Inclui loterias, apostas de quota fixa, *sweepstakes*, turfe e *fantasy sports*
Base de Cálculo	Receita própria da entidade, deduzidas premiações pagas e destinações obrigatórias por lei
Alíquota	Nacionalmente uniforme e equivalente à soma das alíquotas de referência
Crédito	Vedado para apostadores
Obrigações Acessórias	Informações sobre local da aposta, valores apostados e premiações pagas

18.15.1. Operações com bens imóveis

As operações com **bens imóveis** realizadas por contribuintes sujeitos ao regime regular do IBS e da CBS seguem um regime específico. As pessoas físicas são consideradas contribuintes quando, no ano-calendário anterior, realizarem locações, cessões onerosas ou arrendamentos de imóveis cuja receita ultrapasse **R$ 240.000,00**, envolvendo mais de três imóveis distintos, ou quando alienarem ou cederem direitos sobre mais de três imóveis, ou ainda quando alienarem mais de um imóvel construído pelo próprio alienante nos últimos cinco anos. O limite também se aplica no próprio ano-calendário, caso as operações excedam os valores ou limites previamente estabelecidos.

A **base de cálculo** do IBS e da CBS inclui alienações, cessões onerosas de direitos reais, locações, serviços de administração e intermediação, e serviços de construção civil.

TRIBUTAÇÃO DE OPERAÇÕES COM BENS IMÓVEIS	
CATEGORIA	DESCRIÇÃO
Regime Aplicável	Sujeito ao regime específico de IBS e CBS
Contribuinte Pessoas Físicas	São consideradas contribuintes se realizarem operações frequentes ou de alto valor com imóveis
Atualização de Valores	Limite de R$ 240.000 atualizado mensalmente pelo IPCA
Definição de Imóveis Distintos	Regulamento definirá critérios

As operações como **permutas de imóveis** são isentas de tributação, exceto pela torna, e direitos reais de garantia também não são tributados. Permutas entre contribuintes do regime regular mantêm o redutor de ajuste para uso em operações futuras, sendo aplicável proporcionalmente em permutas para unidades a construir.

Operações realizadas por organizações gestoras de fundos patrimoniais, destinadas a investimento desses fundos, também são isentas, assim como atividades de locação, cessão ou arrendamento de imóveis residenciais por períodos inferiores a 90 dias, que seguem as regras dos serviços de hotelaria.

Para as operações de alienação de imóveis que envolvam garantias ou dívidas com credores sujeitos ao regime específico, aplica-se o disposto no art. 200 da Lei Complementar n. 214/2025, que, em síntese, estabelece que a consolidação da propriedade de um bem pelo credor não será tributada pelo IBS e CBS. Já na alienação do bem pelo credor, não haverá incidência dos tributos se o prestador da garantia não for contribuinte; caso seja contribuinte, a tributação seguirá as mesmas regras que se aplicariam se a alienação fosse feita diretamente pelo prestador da garantia.

Nas permutas de imóveis com promessa de **dação em pagamento**, o redutor de ajuste será proporcional e aplicado à fração ideal de cada unidade permutada, desde que os atos sejam realizados na mesma data mediante instrumento público.

Contudo, essas isenções não se aplicam caso a quantidade e o valor das operações configurem atividade econômica.

Por fim, locações residenciais por períodos curtos, inferiores a 90 dias, são tributadas segundo as mesmas regras aplicáveis à hotelaria, promovendo uniformidade na tributação de serviços relacionados a imóveis.

EXCLUSÕES E ISENÇÕES NA TRIBUTAÇÃO DE BENS IMÓVEIS	
OPERAÇÃO	TRIBUTAÇÃO
Permuta de imóveis	IBS e CBS não incidem, exceto sobre a torna
Constituição de garantias reais	Não incide IBS e CBS
Operações por fundos patrimoniais	Não são tributadas
Quitação de compra e venda com confissão de dívida	Segue regra da permuta

O **fato gerador** do IBS e da CBS em operações com bens imóveis ocorre no momento da alienação, cessão ou ato translativo de direitos reais, no pagamento pela locação, cessão onerosa ou arrendamento, no pagamento por serviços de administração e intermediação, ou no fornecimento no caso de serviços de construção civil. O conceito de alienação inclui atos como adjudicação, promessa de venda ou qualquer documento representativo de compromisso, bem como o cumprimento de condições suspensivas. Nas locações e intermediações, os tributos incidem a cada pagamento realizado.

A **base de cálculo** do IBS e da CBS corresponde ao valor da operação, incluindo alienações, locações, cessões, intermediações e serviços de construção civil. Esse valor abrange juros, variações monetárias e atualizações previstas em contrato, mas exclui tributos incidentes, emolumentos e despesas condominiais.

No caso de intermediações com mais de um corretor, a base de cálculo será a parte ajustada com cada corretor, excluindo valores pagos diretamente pelos contratantes ou repassados entre corretores. Cada corretor é responsável pelos tributos de sua remuneração.

Para os serviços de construção civil prestados a **não contribuintes**, o crédito tributário relativo à aquisição de materiais de construção é limitado ao valor do débito da prestação do serviço, salvo em serviços prestados à administração pública.

As administrações tributárias podem estimar o valor de referência dos imóveis, utilizando metodologia que considera preços de mercado, informações de administrações tributárias e registros imobiliários, além das características do imóvel, como localização e tipologia. Esse valor serve como prova em arbitramentos e será divulgado no **Sistema Nacional de Gestão de Informações Territoriais** (Sinter), atualizado anualmente e sujeito a impugnação por procedimento específico.

Os serviços registrais e notariais deverão **compartilhar informações** sobre operações imobiliárias com as administrações tributárias por meio do Sinter, garantindo maior transparência e controle.

A partir de 1.º de janeiro de 2027, será vinculado a cada imóvel pertencente a um contribuinte do regime regular do IBS e da CBS um **redutor de ajuste**, cujo valor será utilizado exclusivamente para reduzir a base de cálculo nas operações de alienação do bem. O redutor será composto por seu valor inicial e pelos valores de tributos e contrapartidas urbanísticas pagos posteriormente, sendo corrigido pelo IPCA ou outro índice substituto até a data da alienação.

Na **venda do imóvel**, o redutor será mantido caso o comprador seja contribuinte do regime regular do IBS e da CBS, mas será extinto em outras situações. Nos casos de fusão, remembramento ou unificação de imóveis, o redutor será somado, e, em divisões de imóveis, ele será distribuído proporcionalmente ao valor de mercado ou, quando isso não for possível, à área dos novos imóveis. Em loteamentos realizados por contrato de parceria, a aplicação do redutor será proporcional à participação de cada parceiro.

O valor inicial do redutor será definido com base no **valor de aquisição** do imóvel atualizado, no valor de referência estimado ou nos custos comprovados de bens e serviços relacionados à construção.

Para imóveis adquiridos a partir de 2027, o redutor corresponderá ao valor de aquisição. Em alienações feitas em prazo inferior a três anos da compra, seu valor ficará

788 Direito Tributário Esquematizado   *Roberto Caparroz*

limitado ao custo de aquisição corrigido, salvo comprovação do recolhimento do Imposto de Renda sobre ganho de capital e do ITBI.

Além do redutor de ajuste, a regulamentação prevê o **redutor social**, aplicável na venda de imóveis residenciais novos ou lotes residenciais. Esse redutor será de R$ 100.000,00 por imóvel residencial e R$ 30.000,00 por lote, limitado ao valor da base de cálculo após a aplicação do redutor de ajuste. Cada imóvel poderá utilizar o redutor social apenas uma vez, e seu valor será atualizado mensalmente pelo IPCA.

Na **locação, cessão onerosa** ou **arrendamento** de imóveis para uso residencial, também será possível deduzir um redutor social de R$ 600,00 por imóvel, limitado à base de cálculo e o valor será igualmente atualizado pelo IPCA.

As operações com bens imóveis terão **alíquotas** do IBS e da CBS reduzidas em 50%, com exceção das operações de locação, cessão onerosa e arrendamento, que terão uma redução maior, de 70%.

Na **incorporação imobiliária** e no **parcelamento de solo**, os tributos serão devidos conforme os pagamentos das unidades imobiliárias forem recebidos. Essas unidades incluem terrenos para venda, lotes desmembrados, imóveis loteados, unidades construídas e prédios autônomos.

O contribuinte poderá **compensar** créditos tributários de bens e serviços adquiridos, sendo possível solicitar ressarcimento dos valores acumulados durante o empreendimento. O redutor de ajuste e, quando aplicável, o redutor social, serão deduzidos proporcionalmente da base de cálculo a cada parcela recebida. Para imóveis cujos pagamentos começaram antes de 2027, esses redutores serão aplicados a todo o valor, incluindo as parcelas já quitadas.

Os **contribuintes** dessas operações incluem alienantes de imóveis, locadores, cedentes e arrendadores, prestadores de serviços de construção civil e de intermediação. Em leilões judiciais, a tributação seguirá as regras de alienação feitas por contribuintes do regime regular se houver redutor de ajuste vinculado ao imóvel. Caso contrário, será tratada como venda por não contribuinte.

Nos casos de **copropriedade**, os coproprietários poderão optar pelo recolhimento unificado do IBS e CBS em um único CNPJ, e a tributação será proporcional à parte do imóvel pertencente ao contribuinte. Em sociedades em conta de participação, o sócio ostensivo será responsável pelo recolhimento dos tributos, sem exclusão de valores devidos aos sócios participantes.

SUJEITOS PASSIVOS DAS OPERAÇÕES IMOBILIÁRIAS	
TIPO DE OPERAÇÃO	SUJEITO PASSIVO (CONTRIBUINTE)
Alienação de bem imóvel	Alienante
Cessão ou constituição de direitos reais	Cedente ou instituinte
Locação, cessão onerosa, arrendamento	Locador, cedente ou arrendador
Adjudicação, remição, arrematação em leilão judicial	Adquirente
Construção civil	Prestador do serviço
Administração e intermediação	Prestador do serviço

Todos os bens imóveis urbanos e rurais deverão ser inscritos no **Cadastro Imobiliário Brasileiro (CIB)**, integrante do Sinter, e essa identificação constará obrigatoriamente de documentos municipais de construção civil. Órgãos federais, serviços notariais e capitais estaduais terão 12 meses para adequar seus sistemas ao CIB, enquanto Estados e Municípios menores terão 24 meses. Será emitida certidão negativa de débitos para os imóveis, conforme regulamento.

O Comitê Gestor do IBS e a Receita Federal poderão definir **obrigações acessórias** para tabeliães, registradores de imóveis e juntas comerciais. Além disso, cada empreendimento de construção civil terá um CNPJ ou CPF específico para apuração dos tributos, considerando cada obra, incorporação ou parcelamento do solo como um centro de custo separado.

O documento fiscal deverá indicar o número do cadastro da obra sempre que houver aquisições de bens e serviços destinados à construção civil.

18.15.2. Cooperativas e serviços relacionados ao turismo

As sociedades cooperativas poderão optar por um **regime específico** de tributação do IBS e da CBS, no qual as alíquotas serão reduzidas a **zero** em operações entre cooperativas e seus associados.

Isso significa que os tributos, na prática, não serão cobrados quando um associado fornecer bens ou serviços à cooperativa da qual faz parte, assim como quando a cooperativa fornecer bens ou serviços a um associado sujeito ao regime regular do IBS e da CBS.

O benefício também se aplica a operações entre cooperativas singulares, centrais, federações, confederações e seus respectivos bancos cooperativos, além do fornecimento de bens materiais por cooperativas agropecuárias a associados não sujeitos ao regime regular, desde que os créditos apropriados pela cooperativa sejam anulados.

Além disso, a regra inclui **serviços financeiros** oferecidos pelas cooperativas a seus associados, abrangendo tarifas e comissões cobradas nessas operações.

Para aderir ao regime, a cooperativa deve fazer a opção no ano-calendário anterior ao início de sua aplicação ou no início de suas operações, conforme regulamento. No entanto, o benefício não se aplica a insumos agropecuários e aquícolas que estejam sujeitos ao diferimento previsto em lei.

Os associados sujeitos ao regime regular do IBS e da CBS, incluindo cooperativas singulares, poderão transferir os créditos das operações antecedentes às operações em que fornecem bens e serviços à cooperativa, bem como os créditos presumidos, sem a aplicação das restrições previstas no art. 55 da Lei Complementar, regra geral que veda a transferência de créditos.

No entanto, a eventual transferência dos créditos será limitada aos bens e serviços utilizados diretamente na produção ou prestação dos serviços fornecidos à cooperativa, de acordo com regras a serem estabelecidas em regulamento.

A reforma também criou regimes específicos para o setor de turismo e entretenimento, com diversas peculiaridades, que examinaremos a seguir.

As operações de **fornecimento de alimentação** por bares e restaurantes, incluindo lanchonetes, estão sujeitas a um regime específico de incidência do IBS e da CBS. O regime também se aplica ao fornecimento de bebidas não alcoólicas preparadas no estabelecimento, mas não engloba alimentação fornecida sob contrato para pessoas jurídicas, produtos alimentícios e bebidas não alcoólicas adquiridas de terceiros sem preparo no local, nem bebidas alcoólicas.

A **base de cálculo** do IBS e da CBS inclui o valor da alimentação e das bebidas preparadas no estabelecimento, excluindo gorjetas repassadas integralmente aos funcionários (até o limite de 15% do valor da conta) e valores de serviços de entrega e intermediação digital. As alíquotas são reduzidas em 40%, e os adquirentes de alimentação e bebidas fornecidas por bares e restaurantes não podem apropriar créditos de IBS e CBS.

REGIME ESPECÍFICO PARA BARES E RESTAURANTES	
TIPO DE FORNECIMENTO	INCLUSÃO NO REGIME
Alimentação preparada no estabelecimento	Sim
Bebidas não alcoólicas preparadas no estabelecimento	Sim
Alimentação fornecida sob contrato para pessoas jurídicas	Não
Produtos alimentícios e bebidas não alcoólicas adquiridos de terceiros e não preparados	Não
Bebidas alcoólicas	Não

EXCLUSÕES DA BASE DE CÁLCULO	
ITEM	CONDIÇÃO
Gorjetas	Até 15% do valor do fornecimento e integralmente repassadas ao empregado
Valores não repassados ao estabelecimento	Serviços de entrega e intermediação por plataformas digitais

REDUÇÃO DA ALÍQUOTA	
CATEGORIA	REDUÇÃO APLICADA
Operações de bares e restaurantes	40%

Os serviços de **hotelaria**, **parques de diversão** e **parques temáticos** também estão sujeitos a um regime específico de tributação. Consideram-se serviços de hotelaria aqueles que envolvem alojamento temporário, incluindo serviços adicionais oferecidos junto com a hospedagem, seja em estabelecimentos tradicionais ou em imóveis residenciais mobiliados. Parques de diversão são empreendimentos fixos ou itinerantes voltados ao entretenimento presencial, enquanto parques temáticos possuem uma identidade baseada em temas históricos, culturais, ambientais ou lúdicos.

A **base de cálculo** é o valor da operação, e as alíquotas do IBS e da CBS são reduzidas em 40%. Os fornecedores desses serviços podem apropriar e utilizar créditos tributários, mas os adquirentes não têm esse direito.

18 ▣ Regulamentação da Reforma Tributária

REGIME ESPECÍFICO PARA HOTELARIA, PARQUES DE DIVERSÃO E PARQUES TEMÁTICOS	
CATEGORIA	DEFINIÇÃO
Hotelaria	Fornecimento de alojamento temporário e serviços incluídos na hospedagem
Parque de diversão	Estabelecimento fixo ou itinerante com atrações de entretenimento
Parque temático	Parque de diversão com um tema específico (histórico, cultural etc.)

BASE DE CÁLCULO	
SERVIÇO	BASE DE CÁLCULO
Hotelaria	Valor da hospedagem e serviços incluídos
Parques de diversão e temáticos	Valor do ingresso e serviços incluídos

APROPRIAÇÃO DE CRÉDITOS	
TIPO DE CRÉDITO	APLICAÇÃO
Aquisições de bens e serviços pelos fornecedores	Permitida
Aquisições dos serviços de hotelaria e parques pelos consumidores	Vedada

REDUÇÃO DA ALÍQUOTA	
CATEGORIA	REDUÇÃO APLICADA
Hotelaria, parques de diversão e parques temáticos	40%

Já o **transporte coletivo de passageiros** também possui um regime específico, aplicável ao transporte rodoviário, ferroviário, hidroviário intermunicipal e interestadual, além do transporte aéreo regional.

A definição de transporte coletivo inclui deslocamento acessível a toda a população mediante cobrança individual. A alíquota do IBS e da CBS para transporte ferroviário e hidroviário urbano, semiurbano e metropolitano é reduzida em 100%, com vedação à apropriação de créditos pelos prestadores e adquirentes dos serviços.

Para o no transporte rodoviário, ferroviário e hidroviário intermunicipal e interestadual, as alíquotas são reduzidas em 40%, e os fornecedores podem apropriar créditos de IBS e CBS. Igual percentual de redução é aplicado ao transporte aéreo regional de passageiros e de carga.

REGIME ESPECÍFICO PARA TRANSPORTE COLETIVO DE PASSAGEIROS	
TIPO DE TRANSPORTE	DEFINIÇÃO
Rodoviário intermunicipal e interestadual	Entre municípios ou estados diferentes
Ferroviário e hidroviário intermunicipal e interestadual	Trens ou barcos entre municípios ou estados

Ferroviário e hidroviário urbano, semiurbano e metropolitano	Itinerários urbanos definidos pelo poder público
Aéreo regional	Voos dentro da Amazônia Legal ou regiões definidas pela ANAC

REDUÇÃO DA ALÍQUOTA	
SERVIÇO DE TRANSPORTE	**REDUÇÃO APLICADA**
Transporte ferroviário e hidroviário urbano, semiurbano e metropolitano	100%
Transporte coletivo rodoviário, ferroviário e hidroviário intermunicipal e interestadual	40%
Transporte aéreo regional de passageiros ou de carga	40%

Por fim, as agências de turismo também são abrangidas por um regime específico. A base de cálculo do IBS e da CBS na intermediação de serviços turísticos corresponde ao valor da operação, excluídos os repasses a fornecedores intermediados pela agência, com base em documentos que comprovem a operação.

As alíquotas aplicadas são as mesmas dos serviços de hotelaria e parques temáticos. Os adquirentes podem apropriar créditos relativos ao serviço de intermediação prestado pelas agências, e estas podem utilizar créditos de IBS e CBS sobre suas aquisições, salvo os valores excluídos da base de cálculo conforme previsto na legislação.

REGIME ESPECÍFICO PARA AGÊNCIAS DE TURISMO	
ASPECTO	**REGRA**
Base de cálculo	Valor total cobrado do usuário, deduzidos os valores repassados a fornecedores intermediados
Inclusão na base de cálculo	Margem de agregação da agência, comissões e incentivos pagos por terceiros
Alíquota aplicável	Mesma alíquota dos serviços de hotelaria, parques de diversão e parques temáticos
Apropriação de créditos pelo adquirente	Permitida para o serviço de intermediação prestado pela agência
Apropriação de créditos pela agência	Permitida para bens e serviços adquiridos, exceto valores deduzidos da base de cálculo

18.15.3. Sociedade Anônima do Futebol

A **Sociedade Anônima do Futebol (SAF)** está sujeita a um regime tributário específico, denominado Regime de Tributação Específica do Futebol (TEF), que prevê o pagamento unificado de tributos, incluindo IRPJ, CSLL, contribuições previdenciárias, CBS e IBS.

O cálculo do TEF é baseado na **receita mensal** da SAF, abrangendo receitas com prêmios, programas de sócio-torcedor, cessão de direitos desportivos e de imagem, além de transferências de atletas.

As alíquotas aplicáveis são de 4% para tributos federais, 1,5% para CBS e 3% para IBS, sendo esse último dividido igualmente entre Estados e Municípios.

18 ◼ Regulamentação da Reforma Tributária 793

A SAF pode apropriar créditos de IBS e CBS apenas na aquisição de direitos desportivos de atletas, enquanto seus adquirentes, de forma geral, não podem aproveitar créditos, exceto quando também se trata da compra desses direitos.

A distribuição da receita arrecadada pelo TEF segue percentuais definidos para cada tributo, com regulamentação a ser detalhada pela Receita Federal e pelo Comitê Gestor do IBS.

Durante o **período de transição**, de 2027 a 2032, as alíquotas do IBS serão progressivas, partindo de 0,1% nos dois primeiros anos e aumentando gradualmente até atingir o percentual integral em 2033. A importação de direitos desportivos de atletas seguirá as mesmas alíquotas aplicáveis às operações nacionais, obedecendo às regras gerais de importação de bens imateriais e serviços. Já a cessão de direitos desportivos para entidades estrangeiras será considerada exportação e, portanto, imune à incidência do IBS e da CBS, com ajuste na base de cálculo do TEF.

Curiosamente, a regulamentação da reforma tributária também definiu as alíquotas de outros tributos relacionados à SAF, como o IRPJ, as CSLL e as contribuições previdenciárias, conforme tabela a seguir.

REGIME DE TRIBUTAÇÃO ESPECÍFICA DO FUTEBOL (TEF) PARA SAF	
TRIBUTO INCLUÍDO NO TEF	PERCENTUAL APLICADO
IRPJ	4%
CSLL	18,6% da arrecadação do TEF
Contribuições previdenciárias (Lei n. 8.212/91)	37,9% da arrecadação do TEF
CBS	1,5%
IBS	3% (1,5% para estados e 1,5% para municípios)

18.15.4. Missões diplomáticas e consulares

As operações com bens e serviços abrangidas por **tratados ou convenções internacionais** celebrados pelo Brasil e referendados pelo Congresso Nacional, incluindo aquelas relacionadas a missões diplomáticas, repartições consulares, representações de organismos internacionais e seus funcionários acreditados, estão sujeitas a um regime específico de incidência do IBS e da CBS.

Os valores de IBS e CBS pagos nessas operações podem ser **reembolsados**, conforme regulamentação específica, mediante aprovação do Ministério das Relações Exteriores. O reembolso depende da verificação do regime tributário aplicado às representações diplomáticas brasileiras e seus funcionários no país de destino, garantindo a reciprocidade tributária.

Além disso, a regulamentação da aplicação das normas tributárias previstas em tratados ou convenções internacionais internalizados, incluindo aqueles vigentes na data de publicação da Lei Complementar, será estabelecida por ato conjunto do Ministro da Fazenda e do Comitê Gestor do IBS, com consulta ao Ministério das Relações Exteriores. Isso garante alinhamento com os compromissos internacionais assumidos pelo Brasil.

794 Direito Tributário Esquematizado   *Roberto Caparroz*

18.15.5. Disposições comuns aos regimes específicos

O período de apuração do IBS e da CBS para os regimes específicos de serviços financeiros, planos de assistência à saúde e concursos de prognósticos será **mensal**.

Caso a base de cálculo nesses regimes seja **negativa** em determinado período, o contribuinte poderá deduzir esse valor das bases de cálculo positivas dos períodos subsequentes, sem atualização, dentro de um prazo de até cinco anos.

Os contribuintes sujeitos aos regimes específicos de serviços financeiros, planos de saúde, concursos de prognósticos e bens imóveis **poderão apropriar** créditos do IBS e da CBS sobre a aquisição de bens e serviços, conforme as regras gerais, salvo quando houver disposição específica. No entanto, fica vedada a apropriação de créditos sobre valores já deduzidos da base de cálculo, assim como qualquer dedução em duplicidade.

As **normas gerais** de incidência do IBS e da CBS continuam aplicáveis às operações, importações e exportações realizadas por fornecedores sujeitos a regimes específicos, desde que essas operações não sejam objeto de um regime diferenciado.

As **obrigações acessórias** para contribuintes desses regimes específicos serão uniformes em todo o país e poderão diferir daquelas aplicáveis às operações gerais do IBS e da CBS. Elas deverão conter informações para apuração da base de cálculo, creditamento e distribuição da arrecadação do IBS, podendo ser agregadas por Município. O regulamento poderá prever casos em que o cumprimento dessas obrigações dispense a emissão do documento fiscal eletrônico.

Para serviços financeiros e planos de saúde adquiridos por órgãos públicos federais, estaduais e municipais, serão aplicadas as mesmas regras que regem as aquisições de bens e serviços pela administração pública direta, autarquias e fundações.

Por fim, sempre que não houver previsão expressa para os regimes específicos, aplicam-se as normas gerais de incidência do IBS e da CBS.

DISPOSIÇÕES COMUNS A REGIME ESPECÍFICOS	
ASPECTO	**REGRA**
Período de apuração	Mensal
Base de cálculo negativa	Pode ser compensada nos períodos subsequentes (até 5 anos)
Apropriação de créditos de IBS e CBS	Permitida, salvo quando houver regra específica
Dedução de valores da base de cálculo	Não gera crédito de IBS e CBS
Aplicação das normas gerais	Aplicáveis a operações não cobertas pelos regimes específicos

18.16. REGIMES DIFERENCIADOS DA CBS

Além de todas as regras e regimes específicos que vimos até agora, a reforma também previu duas hipóteses de regimes diferenciados, exclusivos para a CBS: educação superior e a indústria automotiva.

No caso do **Programa Universidade para Todos** (Prouni), as instituições privadas de ensino superior que aderirem ao programa terão **alíquota zero** de CBS sobre as receitas de cursos de graduação e sequenciais, proporcionalmente à ocupação das bolsas

18 ◼ Regulamentação da Reforma Tributária   795

oferecidas. Caso a instituição se desvincule do Prouni, a CBS passará a ser exigida conforme a regra geral.

REGIME DIFERENCIADO DA CBS PARA O PROUNI	
ASPECTO	REGRA
Benefício	Alíquota zero de CBS sobre serviços de ensino superior
Instituições Beneficiadas	Instituições privadas de ensino, com ou sem fins lucrativos, vinculadas ao PROUNI
Receita Abrangida	Cursos de graduação e cursos sequenciais de formação específica
Aplicação Proporcional	Proporcional à ocupação efetiva das bolsas do PROUNI
Desvinculação do PROUNI	CBS volta a ser exigida a partir do termo inicial estabelecido para os demais tributos

O **regime automotivo**, vigente até 31 de dezembro de 2032, concede crédito presumido da CBS para projetos aprovados até 2025 que promovam a produção de veículos elétricos ou híbridos movidos a biocombustíveis.

Para usufruir do benefício, as empresas devem cumprir requisitos como volume mínimo de investimentos e produção, além de compromissos ambientais e tecnológicos. O crédito presumido será reduzido gradualmente entre 2029 e 2032 e extinto a partir de 2033.

Os créditos apurados só poderão ser utilizados para compensação de débitos da CBS ou de tributos administrados pela Receita Federal, sendo vedada sua transferência ou ressarcimento. O descumprimento das exigências pode levar à suspensão ou ao cancelamento da habilitação ao benefício, implicando devolução proporcional dos créditos obtidos.

Além disso, os benefícios fiscais do IPI concedidos a projetos do setor automotivo foram prorrogados, pela regulamentação da reforma, até 31 de dezembro de 2026, mantendo as condições aplicáveis em 2025.

REGIME AUTOMOTIVO – CRÉDITO PRESUMIDO DA CBS	
ASPECTO	REGRA
Período do Benefício	Até 31 de dezembro de 2032
Projetos Beneficiados	Habilitados pelos arts. 11-C da Lei n. 9.440/97 e 1.º a 4.º da Lei n. 9.826/99
Tipo de Veículo Incentivado	Veículos elétricos e híbridos (biocombustíveis + combustíveis fósseis)
Exigências para Benefício	Volume mínimo de investimentos e produção, manutenção da produção pós-benefício
Investimentos em P&D	Mínimo de 10% do crédito presumido deve ser investido em pesquisa e inovação

18.17. ADMINISTRAÇÃO DO IBS E DA CBS

A administração do IBS e da CBS prevê um modelo estruturado para garantir a harmonização entre os tributos federais, estaduais e municipais.

O **Comitê Gestor do IBS** é responsável por regulamentar o IBS, enquanto o Poder Executivo da União edita o regulamento da CBS. Qualquer norma comum a ambos os tributos será aprovada conjuntamente e constará nos respectivos regulamentos.

Para alinhar normas, interpretações e obrigações acessórias, a Receita Federal do Brasil (RFB), a Procuradoria-Geral da Fazenda Nacional (PGFN) e o Comitê Gestor do IBS atuarão em cooperação, podendo firmar convênios para assistência mútua e compartilhamento de informações. Essa harmonização será conduzida por dois órgãos colegiados: o **Comitê de Harmonização das Administrações Tributárias**, composto por representantes da RFB e do Comitê Gestor do IBS, e o **Fórum de Harmonização Jurídica das Procuradorias**, formado por membros da PGFN e procuradores indicados pelo Comitê Gestor do IBS.

Os dois colegiados realizarão reuniões periódicas e tomarão decisões por unanimidade. Suas resoluções vincularão as administrações tributárias da União, Estados, Distrito Federal e Municípios, bem como suas respectivas procuradorias.

O Comitê de Harmonização tem a função de uniformizar a regulamentação, prevenir litígios e definir obrigações acessórias comuns ao IBS e à CBS, enquanto o Fórum Jurídico atua como órgão consultivo e analisa controvérsias jurídicas relevantes sobre os tributos.

Os atos conjuntos adotados por esses colegiados deverão ser seguidos por todas as administrações tributárias e procuradorias envolvidas, com o objetivo de garantir a aplicação uniforme das normas tributárias em todo o país.

Quadro sobre a harmonização do IBS e da CBS

ÓRGÃOS RESPONSÁVEIS	FUNÇÃO
Comitê Gestor do IBS, RFB e PGFN	Harmonizar normas, interpretações, obrigações acessórias e procedimentos
Comitê de Harmonização das Administrações Tributárias	Uniformizar regulamentos, prevenir litígios e definir obrigações acessórias
Fórum de Harmonização Jurídica das Procuradorias	Atuar como órgão consultivo e analisar controvérsias jurídicas

Quadro — Composição dos Órgãos de Harmonização

ÓRGÃO	COMPOSIÇÃO
Comitê de Harmonização das Administrações Tributárias	4 representantes da RFB e 4 do Comitê Gestor do IBS (2 dos Estados/DF e 2 dos Municípios/DF)
Fórum de Harmonização Jurídica das Procuradorias	4 representantes da PGFN e 4 Procuradores indicados pelo Comitê Gestor do IBS (2 dos Estados/DF e 2 dos Municípios/DF)

A fiscalização do cumprimento das obrigações tributárias do IBS e da CBS será realizada de forma coordenada entre os entes federativos. A **Receita Federal** (RFB) será responsável pela fiscalização da CBS, enquanto as administrações tributárias estaduais e municipais cuidarão do IBS.

Para garantir eficiência e integração, esses órgãos poderão compartilhar provas e registros de fiscalização, mantendo um ambiente de gestão conjunta para monitoramento das ações.

Além disso, os entes federativos poderão firmar **convênios** para delegação recíproca da fiscalização em processos de pequeno valor, e até mesmo para julgamento do contencioso administrativo envolvendo ambos os tributos.

Quadro — Fiscalização e Lançamento de Ofício

ASPECTO	REGRA
Fiscalização da CBS	Administração Tributária da União (RFB)
Fiscalização do IBS	Administração Tributárias dos Estados, DF e Municípios
Compartilhamento de Informações	Registros de início e resultado das fiscalizações serão compartilhados em ambiente único
Delegação de Fiscalização	Permitida entre RFB e Estados, DF e Municípios para processos fiscais de pequeno valor

O procedimento fiscal se inicia com a **ciência do contribuinte** sobre qualquer ato fiscalizatório, apreensão de bens ou documentos, ou início do despacho aduaneiro. A partir desse momento, perde-se a espontaneidade para regularização de pendências fiscais.

Mesmo sem a instauração de um procedimento formal, a administração tributária pode realizar cruzamento de dados e monitoramento do comportamento fiscal dos contribuintes.

No caso de infração, a constituição do crédito tributário será feita por meio de **auto de infração**, que deverá conter informações detalhadas sobre o autuado, o fato gerador, a base legal da infração e o valor exigido. Caso haja penalidades aplicáveis sem exigência de crédito tributário, estas também deverão ser formalizadas separadamente.

As intimações relacionadas ao processo tributário do IBS e da CBS serão feitas por meio do **Domicílio Tributário Eletrônico (DTE)**, a exemplo do que já acontece com outros tributos federais.

As administrações tributárias também poderão realizar intimações presenciais, desde que devidamente registradas. No caso de empresas em falência ou liquidação extrajudicial, a responsabilidade de manter os dados atualizados recai sobre o administrador judicial ou liquidante.

A Receita Federal e o Comitê Gestor do IBS também poderão criar um sistema unificado de comunicação eletrônica para centralizar notificações e avisos.

Quadro — Procedimento Fiscal

AÇÃO	DEFINIÇÃO
Início do Procedimento Fiscal	Ocorrência de ato de ofício, apreensão de bens/documentos ou início do despacho aduaneiro
Perda da Espontaneidade do Contribuinte	A partir do primeiro ato de fiscalização
Cruzamento de Dados	Confronto entre informações de bases fiscais
Monitoramento	Avaliação contínua do comportamento fiscal do contribuinte

Em relação às **presunções legais** de omissão de receita, uma série de situações pode caracterizar infração tributária, como operações realizadas sem emissão de documento fiscal, saldo credor irregular em conta caixa, passivos fictícios ou não justificados, falta de registro de pagamentos, e discrepâncias entre os valores recebidos e os declarados.

Nessas hipóteses, cabe ao contribuinte apresentar provas para desconstituir a presunção de irregularidade. Caso não seja possível determinar o momento exato da infração, presume-se que ela ocorreu no último dia do período de apuração ou do exercício fiscal. Se o local da operação não puder ser identificado, considera-se ocorrido no domicílio principal do contribuinte.

No que se refere à documentação fiscal e auxiliar, os registros contábeis que impactam exercícios futuros devem ser preservados até que ocorra a decadência do direito de a Fazenda Pública constituir os créditos tributários.

As empresas que utilizam sistemas de processamento de dados são obrigadas a manter documentação técnica atualizada, garantindo que seus sistemas possam ser auditados sempre que necessário.

18.17.1. Regime Especial de Fiscalização (REF)

O **Regime Especial de Fiscalização (REF)** pode ser aplicado pela Receita Federal e pelas administrações tributárias estaduais, distritais e municipais para assegurar o cumprimento das obrigações tributárias do IBS e da CBS.

Esse regime pode ser imposto em casos de embaraço ou resistência à fiscalização, indícios de interposição fraudulenta de pessoas, realização de operações tributáveis sem a devida inscrição, prática reiterada de infrações tributárias, comércio de bens com evidências de contrabando ou descaminho e crimes contra a ordem tributária.

Em algumas dessas situações, o REF pode, inclusive, ser instaurado sem necessidade de fiscalização prévia.

A **prática reiterada** de infrações ocorre quando há mais de uma infração idêntica em um período de cinco anos, ou quando há fraudes deliberadas em dois ou mais períodos de apuração. A aplicação do REF deve ser baseada em relatório detalhado da autoridade fiscal, identificando o sujeito passivo, as infrações cometidas, as justificativas para o regime e as medidas que serão adotadas.

MOTIVAÇÃO PARA APLICAÇÃO DO REF	DESCRIÇÃO
Embargo à fiscalização	Negativa de fornecer documentos ou informações
Resistência à fiscalização	Impedir acesso ao estabelecimento, domicílio fiscal ou bens
Uso de "laranjas"	Empresa constituída por interpostas pessoas
Falta de inscrição	Operação tributável sem registro
Reincidência em infrações	Mais de uma infração semelhante nos últimos 5 anos
Contrabando/descaminho	Comércio de bens ilegais
Crimes contra a ordem tributária	Qualquer ato criminoso fiscal

18 ■ Regulamentação da Reforma Tributária 799

As medidas do REF podem incluir **fiscalização contínua no estabelecimento do contribuinte, redução dos prazos de apuração e recolhimento dos tributos, controle eletrônico obrigatório das operações, recolhimento diário do IBS e da CBS, exigência de comprovação frequente do cumprimento das obrigações fiscais e acompanhamento especial da emissão de documentos e movimentação financeira.**

A regulamentação do REF será feita separadamente para a CBS e o IBS por seus respectivos órgãos gestores.

O despacho que impõe o REF deve ser autorizado por uma autoridade superior e terá prazo máximo de duração, podendo ser renovado caso as razões para sua aplicação permaneçam.

As penalidades aplicáveis durante o REF são agravadas: multas de ofício podem ser **duplicadas** para infrações cometidas enquanto o contribuinte estiver submetido ao regime, sem prejuízo de outras sanções previstas na legislação tributária, administrativa ou penal.

MEDIDA	APLICAÇÃO
Fiscalização contínua	Fiscal presente na empresa
Redução dos prazos de apuração	Redução à metade dos prazos para recolhimento da CBS e IBS
Monitoramento eletrônico compulsório	Controle digital obrigatório
Recolhimento diário	Empresa pode ser obrigada a pagar IBS e CBS diariamente
Comprovação contínua	Monitoramento rigoroso das obrigações fiscais
Controle da emissão de documentos	Rastreabilidade de documentos e movimentação financeira

18.18. TRANSIÇÃO PARA OS NOVOS TRIBUTOS

A **transição** para o IBS e a CBS, no que tange às respectivas alíquotas, será realizada gradualmente, nos seguintes prazos:

a) Fixação das alíquotas do IBS durante a transição

■ **Em 2026**, o IBS será cobrado com alíquota estadual de **0,1%**. Toda a arrecadação será destinada ao financiamento do Comitê Gestor do IBS e ao Fundo de Compensação de Benefícios Fiscais do ICMS.

■ **Entre 2027 e 2028**, o IBS será cobrado com **alíquota estadual de 0,05% e municipal de 0,05%**, totalizando 0,1%. Essas alíquotas serão ajustadas para operações sujeitas a alíquota reduzida e regimes diferenciados.

■ As regras específicas para combustíveis seguem um regime próprio, com a incidência do IBS no momento da incidência da CBS.

b) Fixação das alíquotas da CBS durante a transição

■ **Em 2026**, a CBS será cobrada com uma alíquota de **0,9%**.

■ **Entre 2027 e 2028**, a CBS será calculada com base na alíquota de referência definida pela Lei Complementar, reduzida em **0,1 ponto percentual**.

■ Durante esse período, os contribuintes do regime específico de combustíveis poderão deduzir o montante do IBS recolhido do total da CBS a pagar.

Durante o ano de **2026**, a transição para o IBS e a CBS seguirá regras específicas para compensação, aplicação de alíquotas e fixação de novas taxas de referência para os anos seguintes.

Vejamos:

■ O **valor recolhido do IBS e da CBS** poderá ser **compensado** com contribuições sociais ou, caso o contribuinte não tenha débitos suficientes, poderá ser:

■ **compensado** com outros tributos federais; ou

■ **ressarcido** em até **60 dias**, mediante solicitação.

■ As alíquotas previstas seguirão as regras para regimes diferenciados, mas **não se aplicam aos contribuintes do Simples Nacional**.

■ Empresas que cumprirem **todas as obrigações acessórias** poderão ser **dispensadas do recolhimento** do IBS e da CBS durante esse ano.

A alíquota de referência do IBS e da CBS será definida anualmente pelo **Senado Federal**, com base nos cálculos do **Tribunal de Contas da União (TCU)**, seguindo critérios estabelecidos na Lei Complementar.

■ **As alíquotas de referência da CBS serão fixadas de 2027 a 2033**.

■ **As alíquotas de referência do IBS serão fixadas a partir de 2029** e diferenciadas para:

■ Estados;

■ Municípios;

■ Distrito Federal (somatório das alíquotas estaduais e municipais).

■ O TCU enviará os cálculos ao Senado **até 15 de setembro do ano anterior** à vigência da nova alíquota.

■ O Senado definirá as novas alíquotas **até 31 de outubro do ano anterior**.

ANO	QUEM FIXA A ALÍQUOTA?	TRIBUTO	FORMA DE CÁLCULO
2027-2033	Senado Federal	CBS	Baseada na receita de referência da União
2029-2033	Senado Federal	IBS	Baseada na receita dos Estados e Municípios
2027-2033	Senado Federal	Redutor da CBS e do IBS	Aplicado sobre contratos da administração pública

Caso o Senado não fixe as alíquotas até **22 de dezembro**, as taxas calculadas pelo **TCU serão aplicadas provisoriamente**.

A metodologia de cálculo será:

■ elaborada pelo **Poder Executivo da União** e pelo **Comitê Gestor do IBS**;

■ **homologada pelo TCU**;

■ ajustada, se necessário, ao longo do tempo por consenso entre os órgãos.

18 ◼ Regulamentação da Reforma Tributária 801

Como as alíquotas são calculadas?

ETAPA	QUEM FAZ?	O QUE CONSIDERA?
1. Coleta de Dados	Poder Executivo e Comitê Gestor do IBS	Projeções de Arrecadação
2. Cálculo Preliminar	Tribunal de Contas da União (TCU)	Compara com dados históricos e previsão do PIB
3. Aprovação e Fixação	Senado Federal	Publica as alíquotas para o ano seguinte

18.18.1. Receita de referência

A **receita de referência** é o parâmetro utilizado para definir as alíquotas do **IBS e da CBS**, sendo calculada com base na arrecadação dos tributos que serão substituídos pela nova estrutura tributária. São considerados:

a) Receita de referência da União:

◼ Contribuições sobre a folha de pagamento (art. 195, I, *b*, e IV da Constituição);

◼ Contribuição para o **PIS** (art. 239 da Constituição);

◼ Impostos sobre **importação** e **seguros**.

b) Receita de referência dos Estados:

◼ ICMS;

◼ Contribuições estaduais associadas a benefícios fiscais ativos em **30 de abril de 2023**.

c) Receita de Referência dos Municípios:

◼ ISS.

A arrecadação a ser considerada inclui:

◼ receita de tributos pagos por empresas do **Simples Nacional**;

◼ receita prevista no **art. 82 do ADCT**;

◼ valores inscritos e não inscritos em **dívida ativa**.

O valor da arrecadação de contribuições estaduais será calculado com base na média de **2021 a 2023**, corrigida conforme a variação do ICMS.

A fixação das alíquotas do IBS e da CBS será feita considerando a **receita total arrecadada** com base nos seguintes parâmetros:

a) Receitas discriminadas por tipo de operação:

◼ operações com alíquota **padrão**;

◼ operações com **redução de 60%** da alíquota;

◼ operações com **redução de 30%** da alíquota.

802 Direito Tributário Esquematizado   *Roberto Caparroz*

b) Receitas de regimes específicos, como:

◻ Simples Nacional;
◻ regimes especiais de tributação;
◻ compras governamentais.

c) Impacto de benefícios fiscais, incluindo:

◻ créditos presumidos concedidos;
◻ devolução de IBS e CBS a consumidores (*cashback* tributário).

Os valores calculados serão ajustados com base em informações de documentos fiscais e registros de arrecadação. A metodologia utilizada será desenvolvida pelo **Comitê Gestor do IBS** e homologada pelo **Tribunal de Contas da União (TCU)**, garantindo a precisão na definição das alíquotas de referência.

18.18.1.1. *Cálculo da alíquota de referência da CBS*

A regulamentação da reforma estabelece o método para calcular a **alíquota de referência da CBS** de 2027 a 2033, garantindo que a arrecadação seja proporcional ao **PIB histórico** e mantenha a estabilidade tributária.

A tabela abaixo resume os principais aspectos do cálculo:

ANO DE VIGÊNCIA	ANOS-BASE UTILIZADOS	COMPONENTES DA RECEITA CONSIDERADOS	MÉTODO DE CÁLCULO DA ALÍQUOTA	OBSERVAÇÕES
2027	2024 e 2025	CBS, Imposto Seletivo, IPI	Média da razão receita/PIB (2024 e 2025) vs. média histórica (2012-2021).	Alíquota ajustada para equivaler à relação histórica receita-PIB.
2028	2025 e 2026	CBS, Imposto Seletivo, IPI	Média da razão receita/PIB (2025 e 2026) vs. média histórica (2012-2021).	Mantém equivalência com o período de referência.
2029	2027	CBS, Imposto Seletivo, IPI	Razão direta da receita/PIB (2027) vs. média histórica (2012-2021).	Único ano-base devido à transição para ajustes graduais.
2030	2027 e 2028	CBS, Imposto Seletivo, IPI	Média da razão receita/PIB (2027 e 2028) vs. média histórica (2012-2021).	Retoma a média de dois anos para suavizar variações.
2031	2028 e 2029	CBS, Imposto Seletivo, IPI	Média da razão receita/PIB (2028 e 2029) vs. média histórica (2012-2021).	Alíquota reflete comportamento econômico recente.
2032	2029 e 2030	CBS, Imposto Seletivo, IPI	Média da razão receita/PIB (2029 e 2030) vs. média histórica (2012-2021).	Consolida tendências de arrecadação pós-transição.
2033	2030 e 2031	CBS, Imposto Seletivo, IPI	Média da razão receita/PIB (2030 e 2031) vs. média histórica (2012-2021).	Último ano do ciclo de ajuste gradual.

◻ **Componentes-Chave do Cálculo**

a) Receita de referência da União:

18 ▪ Regulamentação da Reforma Tributária   **803**

▪ Incorpora tributos anteriores (contribuições sobre folha, PIS) e garante que a CBS mantenha a arrecadação histórica.

▪ Ajustada por inflação (IPCA) e variação de preços.

b) Estimativas de receita:

▪ **CBS**: projetada com base em alíquotas vigentes e comportamento histórico.

▪ **Imposto Seletivo e IPI**: calculados com alíquotas específicas do ano de vigência, aplicadas retroativamente aos anos-base.

c) Critérios de projeção:

▪ **Dados fiscais**: registros de arrecadação e escrituração da CBS.

▪ **Indicadores macroeconômicos**: PIB, inflação, crescimento econômico.

▪ **Correção monetária**: valores fixos (alíquotas *ad rem*) ajustados à inflação.

d) Fixação da alíquota:

▪ Equivalência entre:
   ▪ **média da razão receita/PIB dos anos-base** (ex.: 2024-2025 para 2027);
   ▪ **média histórica (2012-2021)** da relação receita/PIB.

▪ **Exemplo prático para 2027**

a) Anos-base: 2024 e 2025.

b) Componentes:
▪ **CBS**: estimada com alíquotas de 2027 aplicadas retroativamente.
▪ **Imposto Seletivo e IPI**: projetados com alíquotas de 2027.

c) Cálculo:
▪ Razão (CBS + Imposto Seletivo + IPI)/PIB para 2024 e 2025.
▪ Média dessas razões é igualada à média histórica (2012-2021).

d) Resultado: alíquota fixada para manter a proporcionalidade com o PIB.

18.18.1.2. *Cálculo da Alíquota de Referência do IBS*

Os arts. 360 a 365 estabelecem o método de cálculo das **alíquotas de referência do Imposto sobre Bens e Serviços (IBS)** para Estados e Municípios entre 2029 e 2033. A abordagem visa garantir que a arrecadação do IBS mantenha uma relação proporcional com a **receita de referência histórica** de cada ente federativo, ajustando-se às mudanças legislativas e econômicas.

Apresentamos, a seguir, uma estrutura dos cálculos e procedimentos.

TABELA CONSOLIDADA – ALÍQUOTAS DE REFERÊNCIA DO IBS (ESTADOS E MUNICÍPIOS)				
ANO DE VIGÊNCIA	ANOS-BASE	CRITÉRIO DE EQUIVALÊNCIA	BASE DE CÁLCULO PRIORITÁRIA	AJUSTES ESPECÍFICOS
2029	2027	10% da receita de referência (2027)	Receita da CBS 2027, ajustada para refletir diferenças legais entre CBS e IBS.	Ajustes nas alíquotas estaduais/municipais para equivaler a 10% da receita histórica.
2030	2027-2028	20% da média da receita de referência (2027-2028)	Receita da CBS 2027-2028, ajustada às mudanças legais do IBS em 2030.	Média de dois anos para suavizar variações.
2031	2028-2029	30% da média ajustada da receita de referência (2028-2029)	▣ 2028: Receita da CBS ajustada. ▣ 2029: Receita do IBS ajustada.	Fórmula de ponderação: receita de 2029 é dividida por 9 e multiplicada por 10.
2032	2029-2030	40% da média ajustada da receita de referência (2029-2030)	Receita do IBS ajustada às mudanças legais em 2032.	▣ 2029: ÷9 x10. ▣ 2030: ÷8 x10.
2033	2030-2031	Média ajustada da receita de referência (2030-2031)	Receita do IBS ajustada às mudanças legais em 2033.	▣ 2030: ÷8 x10. ▣ 2031: ÷7 x10.

▣ **Mecanismos-chave do cálculo**

a) Receita de referência:

▣ Reflete a arrecadação histórica dos tributos substituídos pelo IBS (ex.: ICMS, ISS).

▣ Ajustada por fatores como inflação (IPCA) e variação do PIB.

b) Estimativa da receita do IBS:

▣ **Anos-base**: utilizam dados de anos anteriores para projetar a receita futura.

▣ **Componentes**:

   ▣ CBS (Contribuição sobre Bens e Serviços): base inicial para transição.

   ▣ Dados do IBS: priorizados à medida que o sistema amadurece (a partir de 2029).

c) Método de equivalência:

▣ **Fórmula geral**:

   ▣ Alíquota do IBS é fixada para que a receita projetada equivalha a uma porcentagem específica da **receita de referência histórica**.

   ▣ Exemplo para 2029:

      ▣ Receita do IBS estadual/municipal = 10% da receita de referência de 2027.

d) Ajustes legais e temporais:

▣ **Diferenças entre CBS e IBS**: base de cálculo é ajustada para refletir mudanças na legislação.

18 ◼ Regulamentação da Reforma Tributária 805

◼ **Fatores de ponderação**:
  ◼ Em 2031-2033: divergências no cálculo de anos específicos (ex.: **divisão por 9 ou 7) corrigem distorções temporais.**
◼ **Exemplo prático para 2029**

1. Passo 1: calcular a receita da CBS em 2027, ajustando-a às regras do IBS de 2029.
2. Passo 2: determinar a alíquota do IBS para que 10% da receita de referência estadual/municipal de 2027 seja alcançada.
3. Resultado: alíquota definida para equilibrar arrecadação projetada com a receita histórica.

◼ **Observações relevantes**

a) Transição gradual:

◼ **2029-2033**: aumento progressivo do percentual de equivalência (10% → 40% → ajuste final).
◼ Objetivo: minimizar impactos fiscais abruptos durante a implementação do IBS.

b) Flexibilidade:

◼ Uso de dados da CBS inicialmente, migrando para dados do IBS conforme disponibilidade.
◼ Ajustes matemáticos (divisões/multiplicações) compensam períodos incompletos ou mudanças legislativas.

c) Neutralidade fiscal:

◼ As alíquotas são calibradas para manter a receita proporcional à capacidade econômica histórica dos entes federativos.

Na sequência dos dispositivos, a regulamentação da reforma tributária estabelece mecanismos de **limitação das alíquotas de referência da CBS e do IBS** em 2030 e 2035, visando evitar que a arrecadação ultrapasse patamares históricos em relação ao PIB.

A tabela abaixo resume os pontos mais relevantes do mecanismo:

TABELA CONSOLIDADA – LIMITES PARA ALÍQUOTAS EM 2030 E 2035				
ANO DE VIGÊNCIA	**CRITÉRIO DE REDUÇÃO**	**FÓRMULA DE CÁLCULO**	**APLICAÇÃO DA REDUÇÃO**	**OBSERVAÇÕES**
2030	Média da Receita--Base da União (2027-2028) > Teto de Referência da União	Alíquota reduzida até igualar Receita-Base ao Teto de Referência.	Aplicada à CBS de 2030 a 2033.	Redução em pontos percentuais, definida pelo Senado.
2035	Média da Receita--Base Total (2029-2033) > Teto de Referência Total	Redução proporcional entre CBS e IBS até equivaler Receita--Base Total ao Teto.	Distribuída entre CBS e IBS (Estados/Municípios).	Redução única em 2035, sem retroatividade.

■ Definições importantes

a) Teto de Referência da União (art. 367, I):

■ Média histórica (2012-2021) da receita de tributos federais (ex.: IPI, PIS, CO-FINS) como porcentagem do PIB.

b) Teto de Referência Total (art. 367, II):

■ Média histórica da receita de **todos os tributos substituídos pelo IBS/CBS** (incluindo ICMS, ISS) em relação ao PIB.

c) Receita-Base da União (art. 367, III):

■ Receita da **CBS + Imposto Seletivo** como % do PIB.

d) Receita-Base dos Entes Subnacionais (art. 367, IV):

■ Receita do IBS (Estados/Municípios) deduzida de ajustes constitucionais, como % do PIB.

e) Receita-Base Total (art. 367, V):

■ Soma da receita-base da União e dos entes subnacionais, com fatores de ponderação:
- ■ **2029**: ×10
- ■ **2030**: ×5
- ■ **2031**: (×10)/3
- ■ **2032**: (×10)/4
- ■ **2033**: ×1

■ Mecanismos de redução das alíquotas

a) Para 2030 (art. 368)

■ **Condição**: se a média da **Receita-Base da União (2027-2028)** exceder o **Teto de Referência da União**.

■ **Ação**:
- ■ Redução da alíquota da CBS até que a receita projetada iguale o teto.
- ■ A redução é fixada em **pontos percentuais** e aplicada de 2030 a 2033.

■ **Exemplo**:
- ■ Suponha que o Teto da União seja 5% do PIB, e a Receita-Base seja 6%.
- ■ A alíquota da CBS é reduzida para que a receita caia para 5%, mantendo a neutralidade fiscal.

b) Para 2035 (art. 369)

■ **Condição**: se a média da **Receita-Base Total (2029-2033)** exceder o **Teto de Referência Total**.

18 ■ Regulamentação da Reforma Tributária

■ **Ação**:

■ Redução **proporcional** das alíquotas da CBS e do IBS (Estados/Municípios).

■ Distribuição equitativa entre os entes federativos.

■ **Exemplo**:

■ Se a Receita-Base Total for 15% do PIB e o Teto Total for 12%, as alíquotas são reduzidas para corrigir a diferença de 3 pontos percentuais.

■ **Impacto prático**

■ **Controle da carga tributária**:

■ Impede que a arrecadação do IBS/CBS ultrapasse patamares históricos em relação ao PIB, evitando aumento indesejado da carga tributária.

■ **Previsibilidade**:

■ Empresas e governos podem planejar-se com base em alíquotas estáveis, sujeitas apenas a ajustes técnicos.

■ **Neutralidade fiscal**:

■ As reduções não geram restituições retroativas, mantendo a segurança jurídica.

■ **Exemplo numérico para 2035**

a) **Dados**:

■ **Teto de Referência Total**: 18% do PIB (média 2012-2021).

■ **Receita-Base Total (2029-2033)**: 20% do PIB.

b) **Cálculo**:

■ Diferença: 20% - 18% = 2 pontos percentuais.

■ Redução aplicada proporcionalmente à CBS e IBS até corrigir 2% do PIB.

A Lei Complementar n. 214/2025 também estabelece um redutor a ser aplicado sobre as alíquotas da CBS e do IBS nas Operações Contratadas pela Administração Pública de 2027 a 2033, cujo mecanismo, assaz trabalhoso, reproduzimos na tabela a seguir.

TABELA CONSOLIDADA – REDUTOR DE ALÍQUOTAS EM OPERAÇÕES PÚBLICAS (2027-2033)				
ANO DE VIGÊNCIA	BASE DE CÁLCULO	CRITÉRIO DE EQUIVALÊNCIA	APLICAÇÃO DO REDUTOR	OBSERVAÇÕES
2027	Média 2024-2025	Receita CBS (com redutor) = Receita tributária histórica da União	Redutor aplicado apenas à CBS.	Foco em ajustar a CBS para não onerar contratos públicos.
2028	Média 2024-2026	Receita CBS (com redutor) = Receita tributária histórica da União	Redutor aplicado à CBS.	Amplia a base de cálculo para três anos.

| 2029-2032 | Média ponderada 2024-2026 | Combinação dos critérios de 2028 e 2033. | Redutor progressivo aplicado à CBS e IBS. | Transição gradual para incluir o IBS. |
| 2033 | Média 2024-2026 | Receita CBS + IBS (com redutor) = Receita histórica total (União, Estados e Municípios). | Redutor aplicado a CBS e IBS. | Equilíbrio entre todas as esferas federativas. |

Observações:

a) Objetivo:

▣ Evitar que a CBS/IBS aumente o custo de contratos públicos, mantendo a neutralidade tributária.

b) Método:

▣ **Estimativas**:
    ▣ Receita da CBS/IBS em operações públicas (2024-2026), projetada com as alíquotas vigentes.
    ▣ Comparação com a receita histórica dos tributos substituídos (ex.: ICMS, ISS, PIS).

c) Redutor:
    ▣ Percentual aplicado sobre a alíquota padrão para igualar a receita projetada à histórica.

▣ **Exemplo para 2027**
▣ Se a CBS projetada em contratos públicos for R$ 100 milhões (sem redutor), mas a receita histórica for R$ 80 milhões, o redutor será 20%.

TABELA CONSOLIDADA – LIMITES MÍNIMOS DO IBS (2029-2077)			
PERÍODO	LIMITE MÍNIMO	BASE DE CÁLCULO	OBSERVAÇÕES
2029-2077	Não inferior a % do Anexo XVI x Alíquota de Referência.	Alíquota de referência estadual/municipal.	Garante recursos para financiar obrigações constitucionais (ex.: educação e saúde).

Observações:

a) Contexto:

▣ Estados e Municípios não podem reduzir o IBS abaixo de um limite mínimo, definido no **Anexo XVI**, para garantir recursos a setores prioritários.

b) Mecanismo:

▣ **Fórmula**:
    ▣ **Alíquota mínima = % (Anexo XVI) × Alíquota de referência**.

18 ■ Regulamentação da Reforma Tributária

Exemplo:

■ Se a alíquota de referência estadual for 25% e o Anexo XVI definir 80%, a alíquota mínima será 20%.

c) Impacto:

■ **Estabilidade fiscal**: evita competição predatória entre Estados/Municípios por alíquotas mais baixas.

■ **Sustentabilidade**: assegura receita para cumprir obrigações dos arts. 131 e 132 do ADCT (ex.: vinculações orçamentárias).

■ **Exemplo numérico**

■ **Alíquota de referência estadual**: 18%.

■ **% do Anexo XVI (ex: 2029)**: 70%.

■ **Alíquota mínima permitida**: $18\% \times 70\% = \mathbf{12,6\%}$.

Tentamos, na medida do possível, transcrever os inúmeros cálculos e ajustes previstos na regulamentação da reforma para os quadros e exemplos acima. Ainda assim, convidamos o(a) leitor(a) para ler — e tentar entender, o que não será fácil — toda a sistemática prevista, lembrando, uma vez mais, que a premissa maior da reforma supostamente é a simplicidade(!).

18.19. COMPRAS GOVERNAMENTAIS

O **regime de destinação integral do produto da arrecadação do IBS e da CBS** para o ente federativo contratante seguirá um cronograma de implementação progressiva. Esse regime **não será aplicado** ao IBS e à CBS em relação aos fatos geradores ocorridos **em 2026**.

Além disso, a CBS também ficará excluída desse regime para os fatos geradores entre **2027 e 2028**.

A partir de **1.º de janeiro de 2027**, o IBS passará a seguir integralmente esse regime, enquanto a CBS só será plenamente integrada a partir de **1.º de janeiro de 2033**.

Durante o período de **1.º de janeiro de 2029 a 31 de dezembro de 2032**, o regime será aplicado de forma gradual à CBS incidente nas aquisições de bens e serviços pela administração pública direta, autarquias e fundações públicas, seguindo as seguintes proporções: **10% em 2029, 20% em 2030, 30% em 2031 e 40% em 2032.**

18.20. REEQUILÍBRIO DE CONTRATOS ADMINISTRATIVOS

O **reequilíbrio de contratos administrativos** firmado antes da entrada em vigor da Lei Complementar n. 214/2025 será regulamentado para garantir ajustes necessários devido à implementação do IBS e da CBS.

A regra se aplica também a contratos administrativos firmados após sua vigência, caso a proposta tenha sido apresentada antes da mudança. No entanto, **não se aplica a contratos privados**, que continuarão sujeitos à legislação específica.

810   Direito Tributário Esquematizado   *Roberto Caparroz*

Os contratos em vigor, celebrados por órgãos da administração pública direta ou indireta da União, Estados, Distrito Federal e Municípios, incluindo concessões públicas, **deverão ser ajustados para garantir o equilíbrio econômico-financeiro** quando houver comprovação de impacto na carga tributária da contratada devido à nova estrutura tributária. Para essa análise, serão considerados: **efeitos da não cumulatividade dos créditos tributários, possibilidade de repasse dos encargos, mudanças tributárias no período de transição e benefícios fiscais extintos** pela reforma.

Caso seja identificada uma **redução da carga tributária da contratada**, a administração pública poderá revisar os contratos de ofício, garantindo a manifestação da parte envolvida. Já se houver aumento da carga tributária, a contratada poderá **solicitar ajustes administrativos específicos** durante a vigência do contrato, desde que antes de uma possível prorrogação.

O **restabelecimento do equilíbrio econômico-financeiro** poderá ser solicitado a cada mudança tributária ou de forma abrangente para todo o período de transição. O procedimento deverá ser **prioritário**, e a solicitação deve ser acompanhada de cálculos que comprovem o desequilíbrio.

A compensação poderá ocorrer por meio de **revisão de valores, ajustes financeiros, renegociação de prazos e condições, compensações tarifárias, entre outros métodos aceitos.**

A administração pública terá **90 dias para decisão definitiva**, prorrogáveis por mais 90 dias se necessário. O **reequilíbrio será preferencialmente realizado por ajuste na remuneração do contrato**, sendo que outras formas só serão adotadas com a concordância da contratada. Se houver **impacto financeiro significativo**, a administração pública poderá conceder **ajustes provisórios**, que serão revisados e compensados posteriormente.

Nos casos em que a legislação específica do contrato não tratar de alguma situação, **aplicar-se-ão subsidiariamente as normas gerais da legislação contratual vigente.**

18.21. SALDO CREDOR DO PIS E DA COFINS

Os créditos da **Contribuição para o PIS/Pasep e da COFINS**, incluindo os créditos presumidos que não foram apropriados ou utilizados até a data de extinção dessas contribuições, **continuarão válidos e poderão ser utilizados** conforme as regras estabelecidas. Esses créditos devem estar devidamente **registrados no ambiente de escrituração fiscal** e poderão ser usados para **compensação com a CBS** ou, caso atendam aos requisitos da legislação vigente na época de sua extinção, poderão ser **ressarcidos em dinheiro ou compensados com outros tributos federais.**

A partir de **1.º de janeiro de 2027**, os bens devolvidos, relativos a vendas anteriores a essa data, darão direito a um **crédito de CBS equivalente ao valor do PIS/Pasep e da COFINS pagos na operação original.** No entanto, esse crédito só poderá ser usado para **compensação com a CBS**, sendo **vedada a compensação com outros tributos e o ressarcimento.**

Os créditos do **PIS/Pasep e da COFINS vinculados à depreciação, amortização ou quotas mensais** continuarão sendo apropriados como **créditos presumidos da CBS**, conforme previsto nas leis específicas. Caso um bem que gere esses créditos seja

18 ■ Regulamentação da Reforma Tributária   811

alienado antes do fim do período de apropriação, os créditos remanescentes não poderão mais ser utilizados.

Os contribuintes que adotavam o **regime cumulativo do PIS/Pasep e da COFINS** ou cujas operações eram **sujeitas à substituição tributária ou ao regime monofásico** poderão apropriar **créditos presumidos sobre os estoques de bens materiais existentes em 1.º de janeiro de 2027**. Esses créditos se aplicarão apenas a **bens novos adquiridos de empresas no Brasil ou importados para revenda, produção ou prestação de serviços, não se estendendo a produtos isentos, com alíquota zero, suspensos ou não tributados**, nem a **bens de uso e consumo pessoal, ativos imobilizados e imóveis.**

A forma de verificação dos estoques será definida por **ato do Poder Executivo da União**, podendo incluir inventários ou métodos alternativos de valoração. O valor do crédito presumido será calculado aplicando-se um percentual de **9,25% sobre o valor do estoque de bens adquiridos no Brasil**, enquanto para bens importados, corresponderá ao **valor efetivamente pago do PIS/Pasep-Importação e da COFINS-Importação**.

O crédito deverá ser **apurado até junho de 2027 e utilizado em 12 parcelas mensais consecutivas, exclusivamente para compensação com a CBS, sendo vedado o ressarcimento ou compensação com outros tributos.**

Na utilização dos créditos para compensação, os **créditos do PIS/Pasep e da CO-FINS terão prioridade sobre os créditos de CBS**. O direito de utilização dos créditos **extinguir-se-á após cinco anos**, contados a partir do último dia do período de apuração em que o crédito foi apropriado.

Regras para Créditos do PIS/COFINS

ASPECTO	REGRAS	DETALHES ADICIONAIS
VALIDADE DOS CRÉDITOS	■ Créditos não utilizados permanecem válidos.	■ Devem estar registrados na escrituração fiscal.
UTILIZAÇÃO	■ Compensação com débitos de CBS. ■ Ressarcimento ou compensação com outros tributos federais.	■ Exemplo: Crédito de R$ 10.000 do PIS pode abater R$ 10.000 da CBS devida.
DEVOLUÇÃO DE MERCADORIAS	■ Direito a crédito na CBS se a devolução ocorrer após 2027.	■ Aplica-se a vendas realizadas antes de 2027.
BENS DEPRECIÁVEIS/ AMORTIZÁVEIS	■ Créditos continuam como crédito presumido da CBS.	■ Exemplo: Máquinas adquiridas em 2026 geram créditos até o fim da vida útil.
ESTOQUES EM 2027	■ Crédito presumido de 9,25% sobre estoques nacionais ou impostos pagos na importação.	■ Condição: contribuinte não apurava créditos do PIS/COFINS antes.
PRAZO PARA COMPENSAÇÃO	■ 5 anos a partir de 2027.	■ Créditos expiram em 2032 se não utilizados.

18.22. COMPENSAÇÃO DE BENEFÍCIOS FISCAIS OU FINANCEIROS DO ICMS

As **pessoas físicas ou jurídicas titulares de benefícios onerosos** relacionados ao ICMS serão **compensadas** pela **redução gradual desses benefícios** entre **1.º de janeiro de 2029 e 31 de dezembro de 2032**, conforme estabelecido no **Fundo de Compensação** de **Benefícios Fiscais ou Financeiro-Fiscais** criado pela **Emenda Constitucional n. 132/2023**. Essa compensação seguirá critérios e limites para apuração do nível dos benefícios e de sua redução, bem como procedimentos para análise dos requisitos de habilitação.

A compensação será aplicável a **benefícios onerosos concedidos até 31 de maio de 2023**, desde que tenham sido **regularmente outorgados e cumpram as condições exigidas**, podendo incluir **prorrogações ou renovações até 31 de dezembro de 2032**. Também poderá se aplicar a **programas ou benefícios migrados** devido a mudanças na legislação estadual entre 31 de maio de 2023 e a promulgação da **Emenda Constitucional n. 132/2023**, desde que o **ato concessivo seja emitido em até 90 dias após a publicação desta Lei Complementar**. No entanto, **não se aplica a benefícios concedidos com base no § 2.º-A do art. 3.º da Lei Complementar n. 160/2017**.

Definições importantes para a compensação:

- **Benefícios onerosos**: isenções, incentivos e benefícios fiscais ou financeiro-fiscais concedidos por prazo certo e sob condição, conforme o **Código Tributário Nacional**.
- **Titulares de benefícios onerosos**: pessoas que usufruem desses benefícios e cumprem as exigências estabelecidas nas normas concessivas.
- **Prazo certo**: período definido para a fruição do benefício, observando a **data limite de 31 de dezembro de 2032**.
- **Condição para fruição**: contrapartidas exigidas do titular, como **implementação ou expansão de empreendimento econômico, geração de empregos** ou **limitação de preços e fornecedores**.
- **Repercussão econômica do benefício**:
  - Parcelas do ICMS apropriadas pelo contribuinte devido à concessão do benefício.
  - Descontos sobre o ICMS a recolher em função de antecipação de pagamento.
  - Ganho financeiro não realizado devido à redução de alíquotas do ICMS, **calculado com base na Taxa Selic**.

A compensação **não incluirá** contrapartidas que sejam apenas obrigações já exigidas por todos os contribuintes, declarações de intenção sem efeitos práticos ou exigências de contribuições para fundos estaduais ou distritais vinculadas à fruição do benefício. Entretanto, serão considerados benefícios **onerosos** os que exigirem contribuição para fundos estaduais ou distritais que financiem infraestrutura pública ou projetos de fomento econômico do setor privado, desde que constituídos até 31 de maio de 2023.

Para calcular a **repercussão econômica** dos benefícios fiscais ou financeiro-fiscais, devem ser deduzidos valores como créditos de ICMS não aproveitados e contribuições a fundos exigidas para obtenção do benefício. Entretanto, custos, despesas e investimentos necessários para a fruição dos benefícios não serão considerados no cálculo.

A Receita Federal do Brasil poderá estabelecer **novas hipóteses** de repercussão econômica equivalentes às já previstas nesta Lei Complementar.

Com efeito, a Receita Federal do Brasil será responsável por gerenciar as **compensações** dos benefícios onerosos relacionados ao ICMS. Suas atribuições incluem:

18 ■ Regulamentação da Reforma Tributária

estabelecer regras e informações para requerimentos de habilitação, expedir normas complementares, analisar requerimentos de habilitação, definir critérios de compensação e processamento de créditos, revisar apuração de créditos, disciplinar procedimentos de retificação e devolução de pagamentos indevidos, regulamentar prazos e garantir direito à ampla defesa e contraditório.

Os **Auditores-Fiscais** da Receita Federal do Brasil terão competência privativa para decidir sobre a compensação dos benefícios onerosos, podendo analisar contabilidade e escrituração fiscal, orientar os beneficiários e constituir créditos decorrentes de compensação indevida.

Poderão ser beneficiários aqueles que obtiverem **habilitação** pela RFB, exceto nos casos em que a compensação já seja prevista na Constituição Federal. O prazo para requerer a habilitação será de 1.º de janeiro de 2026 a 31 de dezembro de 2028.

Para ser habilitado, o requerente deve atender a vári**os requisitos**, a saber:

- ■ Ser titular de benefício oneroso concedido por uma unidade federada.
- ■ Ter ato concessivo válido emitido até 31 de maio de 2023 ou dentro do prazo estabelecido para migração de benefícios.
- ■ O ato concessivo deve estabelecer expressamente condições e contrapartidas, com prazo de fruição até 31 de dezembro de 2032.
- ■ Ter cumprido as exigências estabelecidas pelo benefício.
- ■ Apresentar obrigações acessórias que comprovem o direito à compensação.
- ■ Estar regularmente inscrito no CNPJ.

A habilitação poderá ser **indeferida, suspensa ou cancelada**, conforme o requerente não atenda aos requisitos exigidos. No caso de suspensão, esta poderá ser revertida caso os problemas sejam corrigidos.

Os **beneficiários** habilitados deverão informar mensalmente na escrituração fiscal os cálculos para quantificação do crédito. A compensação será aplicada mês a mês, com base na redução gradual dos benefícios. O direito à compensação prescreverá em três anos, contados do prazo para a transmissão da escrituração fiscal.

A RFB processará os créditos informados, reconhecendo automaticamente o pagamento em até **60 dias**, salvo em casos de irregularidades ou parâmetros de risco. Se a RFB não se manifestar dentro do prazo, o crédito será considerado tacitamente aprovado e deverá ser pago em até 30 dias. Atrasos no pagamento resultarão em correção pela Taxa Selic e acréscimo de 1% ao mês.

Se houver retenção de valores para revisão, o beneficiário será notificado e os créditos só serão liberados após análise, observando os prazos máximos de:

- ■ **120 dias**, caso o montante seja parcialmente retido;
- ■ **1 ano**, caso haja indícios de irregularidade em todo o crédito.

Caso a revisão não seja concluída nos prazos estabelecidos, a compensação será automaticamente liberada e o pagamento será efetuado dentro dos **30 dias seguintes**.

A retenção de créditos não poderá ultrapassar **20% das compensações** mensais, **exceto** se houver suspeitas fundamentadas de fraude. O percentual poderá ser ampliado caso os recursos do Fundo de Compensação sejam insuficientes para cobrir todas as compensações até 2032, conforme regulamentação da Secretaria do Tesouro Nacional.

Restou prevista a possibilidade de **autorregularização** das informações prestadas. Assim, caso o beneficiário constate irregularidade na apuração do crédito apresentado, ele deve imediatamente **retificar** os dados na escrituração fiscal.

Na hipótese de ter recebido valores indevidos decorrentes de crédito apurado a maior, deve **devolvê-los** ao Fundo de Compensação, acrescidos de juros calculados com base na Taxa Selic e juros de 1% no mês da restituição. Se o beneficiário não devolver imediatamente o montante indevido, a Receita Federal do Brasil (RFB) poderá compensar automaticamente esse débito com créditos futuros da mesma natureza, até que o valor devido seja quitado.

Se não houver créditos futuros suficientes para compensação, a RFB poderá **constituir o crédito** da União e iniciar a cobrança formal, caso o beneficiário não apresente créditos compensáveis no período subsequente, cesse a compensação por três meses consecutivos ou ultrapasse um ano da primeira compensação realizada.

Caso a RFB identifique **irregularidade** na apuração do crédito, a autoridade competente emitirá despacho decisório fundamentado, negando total ou parcialmente o crédito.

O beneficiário será notificado para devolução dos valores recebidos indevidamente em até 30 dias, com acréscimo de juros. Como alternativa, poderá optar por compensação com créditos futuros, mas, caso a compensação cesse por três meses consecutivos, a dívida será inscrita na **dívida ativa**.

O beneficiário tem 30 dias para apresentar recurso ao despacho decisório. Se o recurso for favorável, os valores eventualmente retidos serão liberados. Se for desfavorável, o beneficiário terá 30 dias para devolver o montante indevido, acrescido de juros.

Se, após revisão, for constatada **irregularidade** e não houver devolução voluntária ou compensação, a RFB deverá notificar a constituição do crédito da União, composto por:

- ■ **Valor principal**: equivalente ao montante indevidamente recebido.
- ■ **Juros de mora**: calculados pela **Taxa Selic** acumulada.
- ■ **Multa de 20%** sobre o valor do débito.

O direito de constituição do crédito extingue-se em **três anos**, contados do primeiro dia do exercício seguinte ao da irregularidade. A dívida poderá ser inscrita em dívida ativa e, caso a exigibilidade não esteja suspensa, a RFB poderá compensar de ofício os créditos do interessado até a quitação da dívida.

Na hipótese de ser constatada **fraude tributária**, a RFB deve encaminhar, em até 10 dias, representação criminal ao Ministério Público Federal para abertura de ação penal.

Se uma unidade federada identificar que um beneficiário descumpriu as condições do benefício fiscal, deve comunicar a RFB em até 10 dias para que a habilitação seja suspensa ou cancelada.

Além disso, as administrações tributárias estaduais ou distritais que identificarem irregularidades na fruição de benefícios fiscais deverão representar os fatos à RFB, anexando os elementos de prova. A RFB e as administrações tributárias poderão firmar convênios para disciplinar a comunicação de irregularidades e ajustar o formato e a periodicidade dos encaminhamentos.

Em síntese, RFB terá poderes para requisitar informações de órgãos públicos e entidades privadas para verificar o cumprimento de requisitos de benefícios fiscais. Além disso, a RFB será responsável por publicar **mensalmente** a relação de beneficiários da compensação tributária, incluindo detalhes como **valores pagos e créditos retidos**.

Os valores recebidos pelos beneficiários da compensação terão o mesmo tratamento tributário dos benefícios fiscais anteriormente concedidos pelos Estados ou pelo Distrito Federal para fins de **IRPJ, CSLL, PIS** e **COFINS**.

Além disso, será criado um **grupo de trabalho** composto por servidores da RFB e das Secretarias de Fazenda estaduais para identificar incentivos fiscais, definir metodologias de cálculo e propor ajustes nas obrigações acessórias das empresas beneficiárias.

A RFB também desenvolverá um **sistema eletrônico** específico para gerenciar os procedimentos relacionados à transição tributária, com alocação de recursos no orçamento da União a partir de 2025.

Caso os recursos do Fundo de Compensação de Benefícios Fiscais sejam insuficientes, a União deverá complementar os valores, respeitando os limites da lei orçamentária anual.

Até 31 de dezembro de 2032, os recursos do Fundo de Compensação de Benefícios Fiscais serão **reservados** para cobrir créditos processados, retidos e riscos judiciais relacionados a ações de compensação indeferidas. Caso haja saldo excedente, ele será transferido para o Fundo Nacional de Desenvolvimento Regional em 120 parcelas mensais a partir de julho de 2033.

Se houver insuficiência de recursos no Fundo após essa data, a compensação deverá ser feita por dotação orçamentária específica e qualquer devolução posterior será destinada diretamente ao Fundo Nacional de Desenvolvimento Regional.

18.23. TRANSIÇÃO PARA O IBS E CBS

As regras de transição para a tributação de máquinas, veículos e equipamentos usados adquiridos até 31 de dezembro de 2032 estabelecem **alíquotas diferenciadas**, desde que os bens tenham sido adquiridos com documentação fiscal válida e permanecido no ativo imobilizado do vendedor por pelo menos 12 meses.

Vejamos:

■ Para a CBS, a transição só se aplica a bens adquiridos até 31 de dezembro de 2026, que tenham sido tributados por PIS/Pasep e COFINS com alíquota positiva. A partir de 2027, a CBS será reduzida a zero para a parcela do valor do bem equivalente ao valor líquido de aquisição, e será aplicada a alíquota normal sobre o valor excedente.

■ Para o IBS, a transição só se aplica a bens adquiridos até 31 de dezembro de 2032, que tenham sido tributados pelo ICMS. A partir de 2029, a alíquota do IBS será reduzida progressivamente com base no ano de aquisição do bem.

816 Direito Tributário Esquematizado   *Roberto Caparroz*

O valor de aquisição considerado será o valor registrado na **nota fiscal**, desconta-dos os tributos que permitiram aproveitamento de crédito. Para bens sem informação sobre PIS e COFINS pagos na compra, será aplicada uma alíquota presumida de 1,65% para PIS/Pasep e 7,6% para COFINS.

Durante a **transição** para o IBS e CBS, algumas regras garantirão a continuidade das **obrigações tributárias**:

a) Entre **2026 e 2028**, a CBS não será exigida em algumas operações que ainda estiverem sujeitas a PIS e COFINS. No entanto, se o contribuinte optar por regimes especiais da CBS, essa regra não se aplica.

b) Para receitas apuradas **antes de 2027**, mas recebidas posteriormente sob o regime de caixa, continuarão valendo as regras antigas, e a CBS não será aplicada retroativamente.

c) Durante a transição do ICMS e ISS para o IBS **(2029 a 2032)**:

▪ Se uma operação ocorrer entre dois anos com tributos diferentes (ICMS ou ISS em um ano e IBS no seguinte), será aplicada a regra vigente no **ano da primeira ocorrência**.

▪ Se uma operação tiver seu fato gerador pendente (o legislador insiste em conceitos absurdos) **até o final de 2032**, o ICMS e o ISS não serão mais exigidos, e apenas o IBS será devido.

d) A partir de **2033**, o IBS passará a ser o **único** tributo aplicável às operações antes sujeitas a ICMS e ISS.

18.24. IMPOSTO SELETIVO

O **Imposto Seletivo** (IS) é instituído pelo art. 409 da Lei Complementar n. 214/2025 e incide sobre a produção, extração, comercialização ou importação de bens e serviços prejudiciais à saúde ou ao meio ambiente.

A definição de quais bens e serviços estão sujeitos ao imposto é baseada na classificação da NCM/SH e no Anexo XVII da Lei, abrangendo itens como veículos, embarcações, aeronaves, produtos fumígenos, bebidas alcoólicas e açucaradas, bens minerais e concursos de prognósticos.

O imposto tem caráter **monofásico**, incidindo apenas uma vez na cadeia produtiva, sem possibilidade de aproveitamento de créditos tributários em operações anteriores ou geração de créditos para transações futuras.

A administração e fiscalização do imposto cabem à Receita Federal do Brasil.

O **fato gerador** do IS ocorre no momento da **primeira comercialização, arrematação, extração, consumo, fornecimento** ou **importação do bem ou serviço**. Isso significa, em síntese, que a incidência ocorre antes do bem ou serviço chegar ao consumidor final.

O art. 413 da Lei Complementar n. 214/2025 prevê algumas situações em que o Imposto Seletivo **não incide**, incluindo operações com **energia elétrica** e **teleco-**

municações, além de bens e serviços que tenham **alíquotas reduzidas** conforme previsto na Emenda Constitucional n. 132/2023.

O cálculo do IS varia conforme o tipo de operação e pode ser baseado no valor de venda, valor de arremate, valor de referência para transações não onerosas, receita própria do serviço ou valor contábil do bem incorporado ao ativo imobilizado.

Para bens fumígenos e minerais, a base de cálculo leva em consideração um valor de referência, definido pelo Poder Executivo, com base em cotações, índices e preços vigentes.

Na comercialização de bens sujeitos a alíquota *ad valorem*, o valor integral cobrado na operação deve incluir:

- **juros, multas e acréscimos financeiros;**
- **descontos condicionais;**
- **transporte cobrado na operação;**
- **Tributos incidentes sobre a operação.**

Por outro lado, **não integram** a base de cálculo do IS os valores correspondentes ao IBS, CBS e ao próprio Imposto Seletivo, bem como descontos incondicionais.

Até **31 de dezembro de 2032**, também ficam excluídos da base de cálculo os valores correspondentes ao ICMS e ISS, devido à fase de transição para o IBS.

Nas transações entre **partes relacionadas**, caso não haja um valor de referência, a base de cálculo deve ser o valor de mercado praticado em operações semelhantes realizadas por partes não relacionadas. Isso evita, em tese, subfaturamento ou manipulação de preços para reduzir o valor do imposto devido.

Caso haja devolução de bens, o valor do IS pago poderá ser abatido na apuração do imposto do período em que ocorreu a devolução ou em períodos futuros.

Em resumo, o Imposto Seletivo é um tributo federal que incide apenas uma vez na cadeia produtiva, sem geração de créditos tributários. Seu objetivo hipotético é desestimular o consumo de produtos nocivos à saúde e ao meio ambiente, embora nossa opinião pessoal é que ele foi instituído com nítido **caráter arrecadatório**.

Principais aspectos do Imposto Seletivo

ASPECTO	REGRAS	DETALHES ADICIONAIS
Bens/Serviços Tributados	▪ Veículos, embarcações, aeronaves, produtos fumígenos, bebidas alcoólicas/açucaradas, minérios, concursos prognósticos e *fantasy sport*.	Lista completa no **ANEXO XVII** (NCM/SH e serviços).
Momento do Fato Gerador	▪ Primeiro fornecimento do bem, arrematação em leilão, importação, consumo pelo fabricante, etc.	Exemplo: Carro fabricado em 2025 tem fato gerador na primeira venda ao consumidor.
Não Incidência	▪ Operações com energia elétrica e telecomunicações. ▪ Bens com alíquotas reduzidas por acordo internacional.	Exceções visam evitar dupla tributação em setores estratégicos.

Base de Cálculo	▣ Valor de venda, arremate, referência (cotação de mercado) ou receita própria.	Para produtos fumígenos, usa-se preço de varejo.
Exclusões da Base	▣ CBS, IBS e próprio Imposto Seletivo. ▣ Descontos incondicionais.	Descontos devem constar na nota fiscal e não depender de eventos futuros.
Regras Especiais	▣ Em operações entre partes relacionadas, base mínima = valor de mercado.	Evita subfaturamento.
Créditos e Devoluções	▣ Sem aproveitamento de créditos. ▣ Devoluções geram abatimento no período.	Neutralidade fiscal: sem créditos, mas devoluções reduzem a base tributável.

18.24.1. Alíquotas

As **alíquotas** do Imposto Seletivo (IS) variam conforme o tipo de bem ou serviço e serão definidas por **lei ordinária**. A tributação dos bens e serviços classificados no Anexo XVII da Lei Complementar n. 214/2025 considera critérios ambientais, tecnológicos e de impacto econômico.

18.24.1.1. Veículos

A tributação dos **veículos** seguirá alíquotas que serão graduadas conforme critérios específicos, como potência, eficiência energética, tecnologias assistivas, pegada de carbono e reciclabilidade.

Além disso, a alíquota do IS será reduzida a zero para veículos adquiridos por beneficiários de regimes diferenciados de tributação, desde que atendam às regras da Receita Federal do Brasil. Para veículos adquiridos por determinados grupos de pessoas físicas, o benefício se aplica apenas a modelos com preço de venda de até R$ 200.000,00, incluindo tributos.

18.24.1.2. Aeronaves e embarcações

A tributação das **aeronaves** e embarcações também será definida por lei ordinária e poderá variar conforme critérios ambientais. Há previsão de alíquota zero para embarcações e aeronaves que apresentem zero emissão de CO_2 ou alta eficiência energético-ambiental.

18.24.1.3. Demais produtos e serviços sujeitos ao imposto seletivo

O art. 422 da Lei Complementar n. 214/2025 estabelece as alíquotas para os demais produtos e serviços tributados pelo IS, observando as seguintes regras:

▣ Produtos fumígenos (cigarros e derivados de tabaco) e bebidas alcoólicas terão alíquotas *ad valorem* (percentual sobre o valor do produto) combinadas com alíquotas específicas.

▣ Para bens minerais extraídos, o IS terá um limite máximo de 0,25%.

▣ Bebidas alcoólicas e produtos fumígenos terão um ajuste progressivo das alíquotas entre 2029 e 2033, considerando as diferenças entre as alíquotas do ICMS e a alíquota modal do imposto.

▣ Pequenos produtores de bebidas alcoólicas poderão contar com alíquotas diferenciadas, conforme sua produção anual.

18 ▪ Regulamentação da Reforma Tributária

O ajuste progressivo das alíquotas de bebidas alcoólicas poderá ser **único** para todas as bebidas ou diferenciado por categoria. Entretanto, a fixação das alíquotas do IS não estará condicionada à manutenção da carga tributária dos setores.

18.24.1.4. Gás natural

Por fim, o art. 423 da Lei Complementar n. 214/2025 prevê alíquota zero para gás natural quando utilizado como insumo em processos industriais ou combustível para transporte. Para usufruir do benefício, o adquirente ou importador deverá declarar o uso adequado do gás.

Caso o produto seja utilizado de maneira diferente, o imposto deverá ser pago com multa e juros.

O recolhimento do imposto seletivo será responsabilidade:

▪ do **adquirente**, caso tenha comprado gás natural com alíquota reduzida e dado outro destino ao produto;

▪ do **importador**, se o gás tiver sido importado para um uso específico, mas destinado a outra finalidade.

Em síntese, as alíquotas do Imposto Seletivo são definidas de maneira **variável** conforme o tipo de bem ou serviço.

No caso de veículos, aeronaves e embarcações, as alíquotas podem ser graduadas por critérios ambientais e tecnológicos. Bebidas alcoólicas e produtos fumígenos terão tributação combinada (*ad valorem* + alíquotas específicas), enquanto os bens minerais terão um limite de 0,25%.

Além disso, há incentivos fiscais para determinados setores e usos, como veículos para públicos específicos e gás natural usado na indústria e transporte.

Para bebidas alcoólicas, pequenos produtores poderão ter alíquotas reduzidas com base no volume de produção.

18.24.2. Sujeição passiva

O **Imposto Seletivo (IS)** tem como **contribuintes** os agentes econômicos que participam das etapas iniciais da comercialização, importação ou extração dos bens tributados.

Nos termos da regulamentação, o imposto deve ser recolhido por:

▪ **fabricantes**, quando realizam a primeira comercialização, incorporam o bem ao ativo imobilizado, transferem o bem sem ônus ou o consomem internamente;

▪ **importadores**, no momento da entrada do bem estrangeiro no território nacional;

▪ **arrematantes**, no caso de leilões;

▪ **produtores-extrativistas**, quando realizam a extração de bens minerais;

▪ **fornecedores de serviços**, incluindo aqueles **residentes no exterior**, quando prestam serviços sujeitos ao IS.

Além dos contribuintes diretos, **a legislação** estabelece que algumas pessoas podem ser **responsabilizadas** pelo pagamento do IS, caso se envolvam com mercadorias tributadas sem a devida documentação fiscal, tais como:

- **transportadores**, que carregam produtos sujeitos ao IS sem a documentação fiscal comprobatória de origem;
- **possuidores ou detentores**, que armazenam produtos tributados para venda ou industrialização sem a devida comprovação fiscal;
- **proprietários, possuidores, transportadores ou quaisquer outros detentores** de bens fabricados para exportação que sejam encontrados dentro do território nacional sem justificativa válida, exceto quando os produtos estiverem em trânsito para:

a) consumo de bordo em **embarcações ou aeronaves internacionais**, com pagamento em moeda conversível;
b) **lojas francas**, que operam sob o regime de venda direta;
c) empresas comerciais exportadoras, conforme **o art. 82** da Lei Complementar, que tenham adquirido os produtos diretamente da indústria para envio ao exterior;
d) recintos alfandegados ou locais de despacho aduaneiro de exportação.

Se o fabricante tiver **concorrido de alguma forma** para que a mercadoria exportada retorne ao mercado interno sem justificativa, **ele será solidariamente responsável** pelo pagamento do imposto.

O **Imposto Seletivo não incide** sobre o fornecimento de bens destinados à exportação quando adquiridos por **empresas comerciais exportadoras**, desde que atendam aos requisitos estabelecidos na Lei Complementar n. 214/2025.

No entanto, a empresa comercial exportadora será **responsável** pelo recolhimento do IS caso os bens adquiridos com isenção sejam posteriormente destinados ao mercado interno em desacordo com as regras previstas.

O imposto será devido na data do fato gerador e estará sujeito à incidência de multas e juros de mora.

Também, há previsão de **pena de perdimento**, que se aplica ao transporte, depósito ou exposição à venda de **produtos fumígenos** sem a devida documentação fiscal. Além da apreensão das mercadorias irregulares, poderá haver a perda do veículo utilizado no transporte, caso seja comprovada a participação do proprietário, possuidor ou seus prepostos na infração. Isso inclui **omissão na exigência de documentação idônea**, adaptação da estrutura do veículo para ocultação das mercadorias e negligência de locadoras de veículos quanto aos antecedentes dos locatários.

A regulamentação estabelece restrições à comercialização do **tabaco em folhas tratadas** dentro do país. Exceto para exportação, esses produtos só poderão ser vendidos a empresas industrializadoras de charutos, cigarros e fumo desfiado. O descumprimento dessa regra sujeita os produtos à **pena de perdimento**.

O Imposto Seletivo será **apurado mensalmente** e consolidado considerando **todas** as operações realizadas pelo contribuinte. Os detalhes sobre os prazos e procedimentos serão estabelecidos em regulamento.

Quanto ao **pagamento** do **imposto, o** IS deverá ser pago pelo sujeito passivo mediante recolhimento do montante devido. O pagamento poderá ser **centralizado** em um único estabelecimento e, seguindo regulamentação específica, poderá ser realizado via *split payment*, ou seja, descontado diretamente no momento da liquidação financeira da operação.

O **Imposto Seletivo sobre importações** segue regras específicas estabelecidas no art. 434 da Lei Complementar n. 214/2025. Ele se aplica, em regra, à **importação de bens materiais.**

As **alíquotas do IS na importação** serão determinadas por **lei ordinária**. Se a alíquota for *ad valorem*, sua **base de cálculo** será composta do **valor aduaneiro acrescido** do montante do Imposto sobre a Importação.

O imposto deverá ser **pago no registro da declaração de importação.**

Em algumas situações, o pagamento do IS pode **ser suspenso**, como nos regimes aduaneiros especiais. A suspensão também se aplica a **lojas francas**, tanto para bens importados quanto para bens adquiridos no mercado interno.

No caso de **bens admitidos temporariamente para utilização econômica**, a suspensão será **parcial**, com pagamento proporcional ao tempo de permanência do bem no país.

A regulamentação também estabelece **isenções** do IS para determinadas importações. O imposto não será cobrado sobre **bagagens** de viajantes e tripulantes, acompanhadas ou desacompanhadas, quando submetidas ao **regime de tributação especial**.

Da mesma forma, **remessas internacionais** que se enquadrem no **regime de tributação simplificada** também estarão **isentas**.

Os benefícios da **Zona Franca de Manaus** serão aplicáveis até a data prevista no art. 92-A do ADCT. A **ZFM** é a área definida por legislação específica, e o conceito de **indústria incentivada** refere-se a pessoas jurídicas contribuintes do **IBS** e **CBS** habilitadas para benefícios fiscais na industrialização de bens nessa área. Em linha com esse racional, define-se **bem intermediário** como aquele destinado à industrialização ou embalagem e **bem final** como aquele que não sofre mais agregação de valor.

Alguns produtos não são contemplados pelo regime favorecido, como **armas, munições, fumo, bebidas alcoólicas, automóveis, petróleo e derivados, além de produtos de perfumaria e cosméticos**, salvo exceções específicas.

Para habilitação aos incentivos fiscais, empresas comerciais devem se inscrever na **Superintendência da Zona Franca de Manaus (Suframa),** enquanto as indústrias devem ter seus projetos aprovados pelo **Conselho de Administração da Suframa.**

A importação de **bens materiais** por indústrias incentivadas terá a incidência do **IBS e CBS suspensa**, desde que os bens sejam utilizados na Zona Franca de Manaus. Essa suspensão será convertida em **isenção** caso os bens sejam consumidos ou permaneçam no ativo imobilizado por **48 meses**. No entanto, se forem enviados para fora da Zona Franca antes desse prazo, os tributos suspensos deverão ser recolhidos com acréscimos legais.

Além disso, será concedido **crédito presumido de IBS** sobre importação de bens para revenda presencial na Zona Franca de Manaus. Esse crédito corresponderá a **50% da alíquota do IBS aplicada na importação**. Caso os bens sejam revendidos ou

822   Direito Tributário Esquematizado   *Roberto Caparroz*

transferidos para fora da Zona Franca antes do prazo estabelecido, os tributos deverão ser recolhidos com acréscimos legais.

As **alíquotas do IBS e CBS** serão reduzidas a **zero** nas operações que destinem **bens industrializados** de origem nacional a **contribuintes** na Zona Franca de Manaus. No entanto, caso não seja comprovado o ingresso dos bens, os tributos deverão ser recolhidos com acréscimos legais. Além disso, o **IBS** incidirá sobre a entrada de bens no Estado do Amazonas que tenham sido contemplados com essa redução de alíquota, exceto quando destinados à **indústria incentivada**.

Para estimular a industrialização na Zona Franca de Manaus, será concedido **crédito presumido de IBS** na aquisição de bens intermediários utilizados na produção de **bens finais**.

O percentual do crédito presumido varia conforme a **região de origem** dos bens: **7,5%** para bens do Sul e Sudeste (exceto Espírito Santo) e **13,5%** para bens do Norte, Nordeste, Centro-Oeste e Espírito Santo. Esse crédito será estornado caso os bens não ingressem na Zona Franca dentro do prazo regulamentar ou sejam revendidos para fora da área.

A **indústria incentivada** na Zona Franca de Manaus também terá **créditos presumidos de IBS e CBS** nas operações que destinem bens ao território nacional. O percentual do **crédito de IBS** dependerá da categoria do bem: **55%** para bens de consumo final, **75%** para bens de capital, **90,25%** para bens intermediários e **100%** para bens de informática e produtos com crédito estímulo de ICMS. Já o **crédito de CBS** será **6%** sobre o valor da operação ou **2%** nos demais casos.

As **operações dentro** da Zona Franca de Manaus que envolvam bens ou serviços terão as alíquotas da CBS **reduzidas a zero**. Além disso, os créditos presumidos de **IBS e CBS** estabelecidos só poderão ser utilizados para compensação com os valores devidos desses tributos, sendo **vedada a compensação** com outros tributos ou ressarcimento em dinheiro.

A partir de **1.º de janeiro de 2027**, as alíquotas do **IPI** serão **reduzidas a zero** para produtos que tinham alíquota inferior a **6,5%** na Tabela Tipi de 2023, desde que tenham sido industrializados na Zona Franca em 2024 ou tenham projeto técnico-econômico aprovado pela Suframa. Essa redução não se aplicará a bens de tecnologia da informação e comunicação. Para produtos industrializados na Zona Franca sem similar nacional, o **IPI será de no mínimo 6,5%,** podendo ser majorado pelo **Poder Executivo** até **30 pontos percentuais.**

Por fim, a **redução** na arrecadação do **IBS e CBS** decorrente dos benefícios fiscais será considerada na **fixação das alíquotas de referência**.

O **Estado do Amazonas** poderá instituir uma **contribuição de contrapartida** de **1,5%** sobre o faturamento das indústrias incentivadas a partir de **2033**, destinada ao financiamento do ensino superior, fomento de pequenas empresas e desenvolvimento regional. A cobrança será escalonada, começando com **10%** do percentual total em **2033** e aumentando gradualmente até **2073**.

Em paralelo com a ZFM, os benefícios concedidos às **Áreas de Livre Comércio** serão aplicáveis até a data prevista no **art. 92-A do ADCT**.

18 ■ Regulamentação da Reforma Tributária   823

As seguintes **Áreas de Livre Comércio** estão contempladas com um regime favorecido: Tabatinga (AM), Guajará-Mirim (RO), Boa Vista e Bonfim (RR), Macapá e Santana (AP) e Brasileia, Epitaciolândia e Cruzeiro do Sul (AC).

Para habilitação aos incentivos fiscais, as empresas devem se inscrever na **Superintendência da Zona Franca de Manaus (Suframa)**. As indústrias que desejam benefícios devem obter a aprovação de um projeto técnico-econômico demonstrando o uso predominante de **matérias-primas regionais**, com exceção dos minérios do Capítulo 26 da NCM/SH, sempre respeitando a legislação ambiental.

A **importação de bens materiais** por indústrias habilitadas nas Áreas de Livre Comércio e sujeitas ao regime regular do IBS e CBS terá **suspensão dos tributos**, desde que os bens sejam **incorporados ao processo produtivo**. Essa suspensão será convertida em **isenção** caso os bens sejam utilizados na produção ou permaneçam no **ativo imobilizado por 48 meses**.

No entanto, se forem transferidos para fora da Área de Livre Comércio antes desse prazo, os tributos suspensos deverão ser recolhidos com **acréscimos legais**.

Além disso, será concedido um **crédito presumido de IBS** sobre a importação de bens para **revenda presencial** na Área de Livre Comércio. Esse crédito corresponderá a **50%** da alíquota do IBS aplicada na importação e deverá ser deduzido do valor devido.

Caso os bens sejam revendidos ou transferidos para fora da área antes do prazo regulamentar, os tributos deverão ser recolhidos com **acréscimos legais**.

As **alíquotas do IBS e CBS** serão reduzidas a **zero** nas operações que destinem bens industrializados de origem nacional para contribuintes estabelecidos nas Áreas de Livre Comércio.

No entanto, caso não seja comprovado o ingresso dos bens, os tributos deverão ser recolhidos com **acréscimos legais**. O **IBS** incidirá sobre a entrada de bens nos Estados onde se localizam as Áreas de Livre Comércio, exceto quando destinados a **indústrias incentivadas**.

Para estimular a industrialização nessas áreas, será concedido um **crédito presumido de IBS** sobre a aquisição de bens materiais industrializados de origem nacional, cuja alíquota tenha sido reduzida a **zero**.

O percentual do **crédito presumido** dependerá da **região de origem** dos bens: **7,5%** para bens do Sul e Sudeste (exceto Espírito Santo) e **13,5%** para bens do Norte, Nordeste, Centro-Oeste e Espírito Santo. Esse crédito será **estornado** caso os bens não ingressem na **Área de Livre Comércio** dentro do prazo regulamentar ou sejam revendidos para fora da área.

As **operações dentro** da Área de Livre Comércio que envolvam **bens ou serviços** terão as alíquotas da CBS **reduzidas a zero**. Além disso, a indústria sujeita ao **regime regular do IBS e CBS** terá direito a **créditos presumidos de CBS** sobre a venda de bens produzidos na própria Área de Livre Comércio, conforme o **projeto econômico aprovado**. O crédito presumido será de **6%** sobre o valor da operação.

Os **créditos presumidos de IBS e CBS** estabelecidos nesse regime só poderão ser utilizados para compensação com os valores devidos **desses tributos**, sendo **vedada a compensação** com outros tributos ou ressarcimento em dinheiro. O direito à utilização desses créditos extingue-se após **5 anos**.

As operações entre **partes relacionadas** dentro das Áreas de Livre Comércio devem seguir as normas previstas no § 4.º do art. 12 da Lei Complementar n. 214/2025.

Além disso, a redução na arrecadação do IBS e CBS decorrente dos benefícios fiscais será considerada na fixação das **alíquotas de referência**.

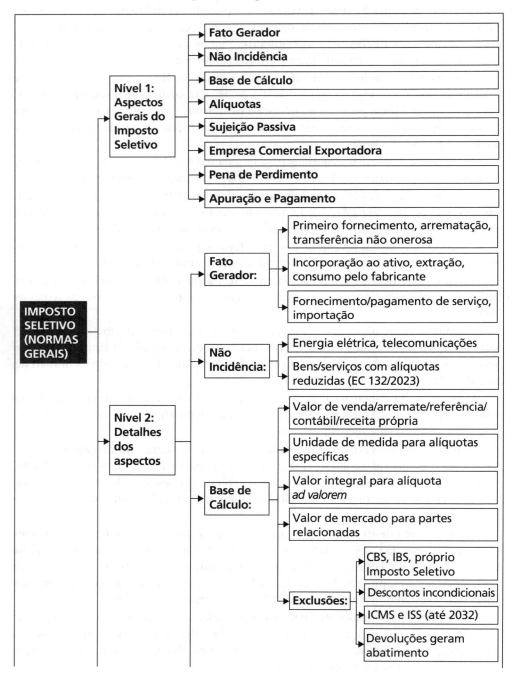

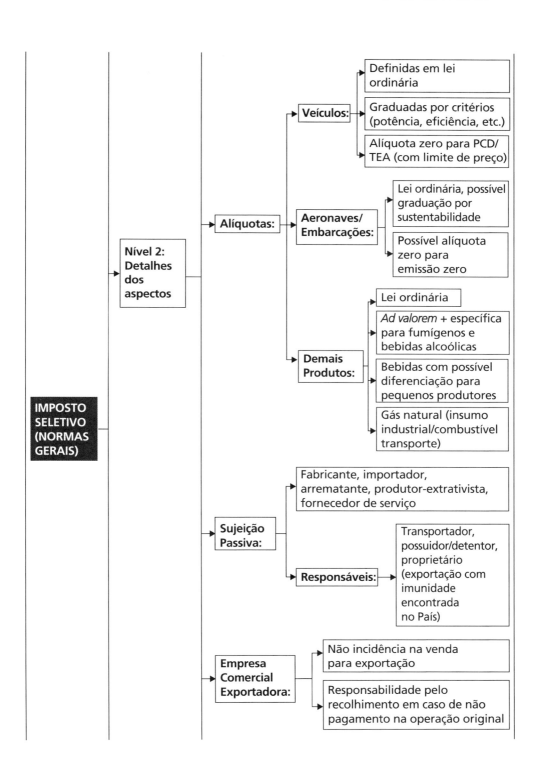

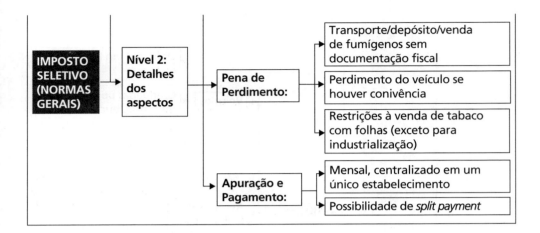

18.25. DEVOLUÇÃO DO IBS E DA CBS AO TURISTA ESTRANGEIRO

O Ministério da Fazenda e o Comitê Gestor do IBS poderão editar **ato conjunto** prevendo a devolução do valor do IBS e da CBS incidentes sobre o fornecimento de bens materiais para pessoas domiciliadas ou residentes no exterior, desde que a aquisição ocorra no país durante uma permanência **inferior a 90 dias**. Essa devolução será realizada no momento da saída do comprador do território nacional.

A **restituição** desses tributos será aplicada apenas aos bens adquiridos que integrem a bagagem acompanhada do residente ou domiciliado no exterior, durante sua permanência no Brasil, e desde que tenham sido fornecidos por contribuintes habilitados.

Além disso, a devolução será válida somente para saídas do país por **via aérea** ou **marítima**. Para evitar fraudes, poderá ser exigida a comprovação física de que os bens objeto da devolução estão efetivamente na bagagem do viajante no momento de sua saída. Também será possível descontar uma parcela do montante a ser devolvido para cobrir custos administrativos relacionados à execução do benefício.

O Ministério da Fazenda e o Comitê Gestor do IBS terão competência para regulamentar essa devolução, estabelecendo condições adicionais para a solicitação do benefício, a forma de habilitação dos contribuintes do IBS e da CBS, a taxa de câmbio aplicável ao cálculo do valor devolvido e um limite mínimo de devolução, que não poderá ser inferior a **mil dólares norte-americanos**.

Além disso, a regulamentação poderá definir regras sobre o valor total de bens adquiridos por pessoa como parâmetro para a restituição dos tributos.

18.26. COMPRAS GOVERNAMENTAIS

Nas aquisições de bens e serviços realizadas pela administração pública direta, autarquias e fundações públicas, as alíquotas do IBS e da CBS serão **reduzidas** de forma uniforme, seguindo o redutor fixado para o período de 2027 a 2033, conforme estabelecido na Lei Complementar n. 214/2025.

18 ◼ Regulamentação da Reforma Tributária   827

A partir de 2034, a redução será mantida no nível fixado para 2033. No entanto, essa regra não se aplica a aquisições que sejam feitas de forma presencial e dispensadas de licitação, conforme previsto na legislação específica.

O **produto da arrecadação** do IBS e da CBS nessas aquisições será integralmente destinado ao ente federativo contratante. Para isso, as alíquotas do IBS e da CBS devidas aos demais entes serão reduzidas a **zero**, e a alíquota do tributo devido ao ente contratante será elevada de maneira equivalente.

Nas aquisições feitas pela União, as alíquotas do IBS dos demais entes federativos serão reduzidas a **zero**, e a CBS será ajustada para refletir o total da tributação incidente sobre a operação após a aplicação da redução prevista.

No caso de aquisições realizadas pelos Estados, tanto a CBS quanto a parcela municipal do IBS serão reduzidas a zero, enquanto a alíquota estadual do IBS será fixada no montante equivalente ao somatório das alíquotas do IBS e da CBS. Para os Municípios, a alíquota da CBS e a parcela estadual do IBS serão zeradas, enquanto a alíquota municipal do IBS será ajustada de forma correspondente. Já no caso do Distrito Federal, a alíquota da CBS será reduzida a zero, e a alíquota distrital do IBS será ajustada para equivaler à soma das alíquotas originais.

O redirecionamento da arrecadação descrito **não se aplica** a aquisições presenciais dispensadas de licitação. Além disso, a regra também será válida para importações feitas pela administração pública direta, autarquias e fundações públicas, garantindo que essas operações sejam tratadas de forma igualitária em relação às aquisições feitas no mercado nacional.

Por fim, durante o período de 2027 a 2032, os percentuais aplicáveis para a incidência ou creditamento do IBS e da CBS, conforme previsto nos arts. 447, § 1.º, 449, § 1.º, e 465, § 1.º, da Lei Complementar n. 214/2025, serão reduzidos progressivamente nas seguintes proporções: em 2029, os percentuais serão reduzidos para 9/10 do valor original; em 2030, para 8/10; em 2031, para 7/10; e, em 2032, para 6/10 do valor originalmente estabelecido.

18.27. AVALIAÇÃO QUINQUENAL

O Poder Executivo da União e o Comitê Gestor do IBS realizarão, a cada **cinco anos**, uma avaliação da eficiência, eficácia e efetividade dos regimes e políticas sociais, ambientais e de desenvolvimento econômico aplicáveis ao IBS e à CBS. Essa avaliação incluirá a análise dos regimes aduaneiros especiais, das zonas de processamento de exportação, dos regimes diferenciados e específicos do IBS e da CBS, além da devolução personalizada e da composição da Cesta Básica Nacional de Alimentos.

A avaliação também levará em conta o impacto da legislação tributária na promoção da **igualdade** de gênero e étnico-racial, bem como a redução das desigualdades de renda.

No caso da **Cesta Básica Nacional de Alimentos**, a análise buscará garantir uma alimentação saudável e nutricionalmente adequada, priorizando alimentos *in natura* ou minimamente processados, além daqueles consumidos majoritariamente por famílias de baixa renda. Para essa definição, serão utilizados dados da Pesquisa de Orçamentos

828 Direito Tributário Esquematizado   *Roberto Caparroz*

Familiares (POF) do IBGE, tomando como referência as famílias com renda *per capita* de até meio salário mínimo.

Os Tribunais de Contas da União, dos Estados e dos Municípios poderão contribuir com informações para essa avaliação. Se forem identificadas necessidades de revisão dos regimes e políticas analisadas, o Poder Executivo da União deverá encaminhar ao Congresso Nacional um projeto de lei complementar propondo ajustes, incluindo possíveis mudanças na aplicação dos regimes e uma transição para a alíquota padrão.

A primeira avaliação será baseada nos dados disponíveis de **2030** e poderá resultar em um projeto de lei complementar com início de eficácia em 2032, a ser enviado até março de 2031. Essa avaliação também incluirá a estimativa das alíquotas de referência do IBS e da CBS para vigorar a partir de 2033, considerando os dados de arrecadação entre 2026 e 2030.

Caso a soma das alíquotas estimadas **ultrapasse 26,5%**, o Poder Executivo da União, junto ao Comitê Gestor do IBS, deverá encaminhar ao Congresso um projeto de lei complementar para reduzir esse percentual.

A cada cinco anos, uma nova avaliação será realizada para reavaliar a efetividade dessas medidas e possíveis ajustes. Além disso, o Poder Executivo da União conduzirá uma avaliação quinquenal da incidência do Imposto Seletivo, analisando sua eficácia como política social, ambiental e sanitária. Essa avaliação será feita simultaneamente à do IBS e da CBS, aplicando-se as mesmas diretrizes estabelecidas para a revisão dos demais regimes tributários.

18.28. COMPENSAÇÃO EM RAZÃO DA SUBSTITUIÇÃO DO IPI PELO IMPOSTO SELETIVO

A **partir de 2027**, a União compensará eventuais reduções nos valores entregues aos Estados, ao Distrito Federal e aos Municípios, nos termos do art. 159, incisos I e II, da Constituição Federal, em razão da substituição da arrecadação do IPI pela arrecadação do Imposto Seletivo. Essa compensação será apurada **mensalmente**, comparando-se o valor de referência do mês com o valor efetivamente entregue resultante da arrecadação do IPI e do Imposto Seletivo.

Se a diferença apurada for **negativa**, ela será deduzida do montante calculado no mês seguinte. Se for **positiva**, a compensação será realizada no segundo mês subsequente, sendo entregue nas mesmas datas previstas para os repasses do art. 159 da Constituição.

O valor de referência para a compensação será calculado inicialmente com base na média mensal da arrecadação do IPI entre 2022 e 2026, corrigida pelo IPCA e acrescida de 2% para os primeiros doze meses. A partir de 2028, o valor será ajustado conforme a variação da arrecadação da CBS com base na alíquota de referência.

O Tribunal de Contas da União será responsável por publicar mensalmente o valor de referência atualizado. Os valores da compensação seguirão os mesmos critérios, prazos e garantias aplicáveis aos repasses constitucionais.

No entanto, sua vinculação a órgãos, fundos ou despesas será proibida, salvo para atividades da administração tributária, garantias para operações de crédito, pagamento de débitos com a União, bem como para os percentuais mínimos destinados à saúde, à educação e à remuneração dos profissionais da educação básica.

Além disso, a União não poderá **reter** ou **impor restrições** à entrega desses recursos, garantindo que os Estados, o Distrito Federal e os Municípios recebam integralmente os valores devidos, conforme estabelecido pelo art. 160 da Constituição Federal.

18.29. COMITÊ GESTOR DO IBS

Até **31 de dezembro de 2025**, será instituído o **Comitê Gestor do Imposto sobre Bens e Serviços** (CGIBS), uma entidade pública de caráter técnico e operacional, com sede e foro no Distrito Federal, dotada de independência técnica, administrativa, orçamentária e financeira. Sua atuação será caracterizada pela ausência de vinculação, tutela ou subordinação hierárquica a qualquer órgão da administração pública.

O regulamento único do IBS estabelecerá um **prazo máximo** para a realização das atividades de cobrança administrativa, que não poderá exceder doze meses a partir da constituição definitiva do crédito tributário. Após esse prazo, a administração tributária encaminhará o processo à respectiva procuradoria para a adoção de medidas judiciais ou extrajudiciais cabíveis.

O CGIBS poderá implementar **soluções integradas**, em conjunto com a Secretaria Especial da Receita Federal do Brasil e a Procuradoria-Geral da Fazenda Nacional, para a administração e a cobrança do IBS e da CBS. Além disso, as normas comuns ao IBS e à CBS, constantes do regulamento único do IBS, serão aprovadas por ato conjunto do CGIBS e do Poder Executivo federal.

O regulamento único do IBS também incluirá regras uniformes de conformidade tributária, de orientação, de autorregularização e de tratamento diferenciado a contribuintes que aderirem a programas de conformidade estabelecidos pelos entes federativos.

As licitações e contratações realizadas pelo CGIBS seguirão as normas gerais aplicáveis às administrações públicas diretas, autárquicas e fundacionais da União, dos Estados, do Distrito Federal e dos Municípios.

Por fim, o CGIBS observará o princípio da publicidade, garantindo a divulgação de seus atos normativos, preferencialmente por meio eletrônico e disponibilizados na internet.

18.29.1. Conselho Superior do Comitê Gestor

O **Conselho Superior do CGIBS** será a instância **máxima** de deliberação do comitê e terá uma composição de 27 membros e respectivos suplentes, representando cada Estado e o Distrito Federal, além de outros 27 membros e suplentes, representando o conjunto dos Municípios e o Distrito Federal.

Os representantes estaduais serão indicados pelos Chefes do Poder Executivo de cada Estado e do Distrito Federal, enquanto os representantes municipais serão eleitos conforme um processo que equilibre votos iguais para todos os Municípios e votos ponderados pela população de cada um.

A escolha dos representantes municipais será feita por meio de **eleições distintas** para os dois grupos de representantes, conduzidas eletronicamente e organizadas por associações nacionais de Municípios. Cada associação poderá apresentar uma chapa, que deverá contar com apoio mínimo de 20% dos Municípios do País ou de 20% da população nacional, conforme o grupo representado.

A eleição será decidida por **maioria absoluta** dos votos válidos e, caso necessário, um segundo turno será realizado entre as duas chapas mais votadas.

Os membros eleitos poderão ser substituídos ou destituídos por decisão da maioria dos Municípios, seguindo critérios de votação proporcional. Caso haja destituição, novas eleições serão realizadas para preencher as vagas.

As eleições subsequentes serão acompanhadas por quatro membros do Conselho Superior, escolhidos pelos representantes municipais. O foro competente para resolver questões judiciais sobre o processo eleitoral será a comarca de Brasília, no Distrito Federal.

Os **membros** do Conselho Superior deverão ser cidadãos de reputação ilibada e possuir notório conhecimento em administração tributária. Os representantes estaduais serão os Secretários de Fazenda, Finanças, Tributação ou cargos equivalentes.

Já os representantes municipais deverão atender a um dos seguintes critérios: ocupar cargo equivalente ao de Secretário de Fazenda, possuir no mínimo dez anos de experiência na administração tributária municipal ou quatro anos em cargos de chefia ou assessoramento na área.

Além disso, os membros deverão ter formação acadêmica em nível superior compatível com a função e não podem se enquadrar em hipóteses de inelegibilidade conforme a legislação vigente.

Os mandatos seguirão o prazo de funcionamento do CGIBS, podendo os membros ser substituídos ou destituídos por decisão do Chefe do Poder Executivo ou por condenação judicial transitada em julgado.

O suplente assumirá o cargo em caso de vacância, salvo nos casos de substituição formal. Caso um membro perca sua posição como Secretário de Fazenda, ele deverá ser substituído no prazo de dez dias, caso não preencha outro critério para permanecer no Conselho.

18.29.1.1. *Instalação do Conselho Superior*

O Conselho Superior do CGIBS deverá ser instalado no prazo de **até 120** dias a partir da publicação da Lei Complementar n. 214/2025. Para que isso ocorra, os membros titulares e suplentes deverão ser indicados dentro de 90 dias, com a publicação oficial dessas nomeações no Diário Oficial da União.

Os Chefes dos Poderes Executivos estaduais e do Distrito Federal indicarão seus representantes diretamente, enquanto os representantes municipais serão escolhidos por meio do processo eleitoral previsto na legislação.

A posse dos indicados como membros titulares e suplentes da primeira gestão será considerada efetiva no primeiro dia útil da segunda semana subsequente à publicação de todas as indicações no Diário Oficial da União.

Caso todas as indicações não tenham sido publicadas até a data-limite, a posse será automática na data de instalação do Conselho. Após a posse, os membros titulares elegerão entre si o Presidente e os dois Vice-Presidentes do CGIBS.

O **Presidente** eleito informará o Ministro da Fazenda sobre a instalação do Conselho e indicará a conta bancária que receberá o aporte inicial da União.

Até que a União efetue esse aporte inicial, os custos do funcionamento do Conselho Superior do CGIBS serão cobertos pelos entes federativos que indicaram os respectivos membros.

Uma vez que os recursos federais sejam recebidos, o Conselho adotará as medidas necessárias para a instalação e funcionamento definitivo do CGIBS. O regimento interno do comitê estabelecerá as diretrizes para sua gestão financeira e contábil, até que seu sistema próprio de execução orçamentária seja disponibilizado.

Para viabilizar financeiramente o CGIBS, a União concederá um **financiamento** de R$ 600 milhões em 2025 por meio de operação de crédito. Esse valor será reduzido proporcionalmente em 1/12 por cada mês decorrido até a data da comunicação formal da instalação do Conselho ao Ministro da Fazenda.

O financiamento será repassado em parcelas mensais iguais e sucessivas, a partir de janeiro de 2025 ou do mês seguinte à comunicação oficial, até dezembro do mesmo ano. As parcelas serão creditadas até o décimo dia de cada mês, respeitando um prazo mínimo de 30 dias entre a comunicação do CGIBS e o primeiro repasse.

O valor financiado será **corrigido** pela taxa Selic, incidindo desde a data de desembolso até seu ressarcimento integral. O CGIBS deverá restituir os valores à União em 20 parcelas semestrais sucessivas, a partir de junho de 2029.

Para garantir o pagamento da dívida, o CGIBS oferecerá garantias à União, podendo utilizar parte do produto da arrecadação do IBS destinado ao seu financiamento.

Além disso, o **Tribunal de Contas da União** fiscalizará exclusivamente a aplicação dos recursos oriundos desse financiamento até que ocorra o ressarcimento completo.

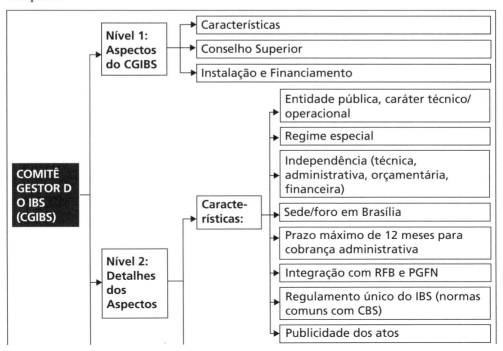

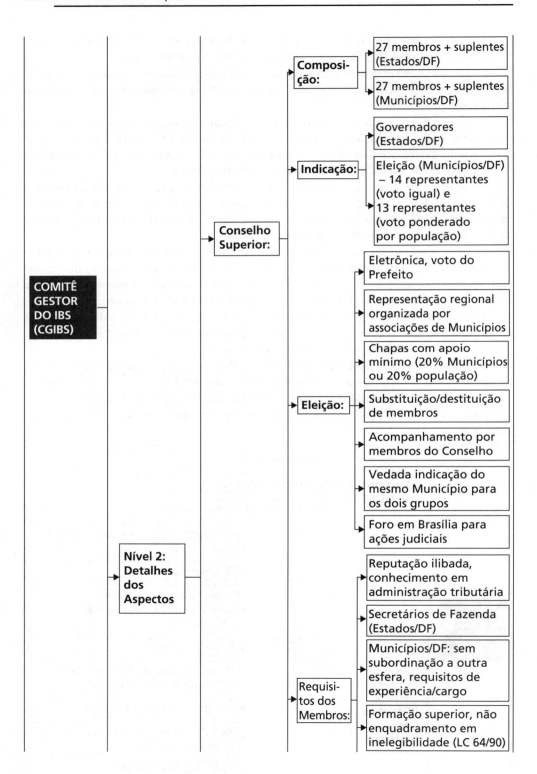

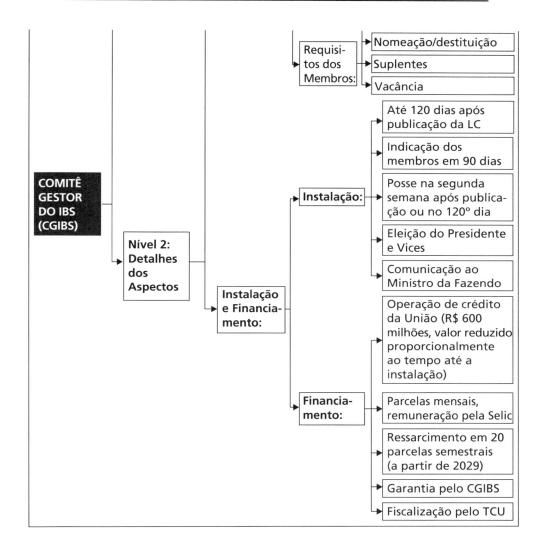

18.30. PERÍODO DE TRANSIÇÃO DAS OPERAÇÕES COM BENS IMÓVEIS

Os contribuintes que realizarem **incorporação imobiliária** submetida ao patrimônio de afetação e que tenham optado pelo regime específico instituído pela Lei Federal n. 10.931/2004 antes de 1.º de janeiro de 2029 poderão optar pelo recolhimento da CBS de maneira diferenciada.

As incorporações imobiliárias sujeitas ao regime especial de tributação dessa lei terão a CBS aplicada sobre a receita mensal recebida, com alíquotas de 2,08% ou 0,53%, dependendo do enquadramento.

A opção por esse regime **exclui** qualquer outra forma de incidência do IBS e da CBS sobre a incorporação correspondente, além de impedir a apropriação de créditos desses tributos pelo contribuinte. Também ficam vedadas a dedução de redutores de ajuste e a apropriação de créditos de IBS e CBS na aquisição de imóveis provenientes dessas incorporações. Créditos de IBS e CBS relacionados a custos e despesas indiretos pagos pela incorporadora devem ser estornados.

Os contribuintes que realizarem **alienação de imóveis** decorrentes de parcelamento do solo e que tenham solicitado o registro do parcelamento antes de 1.º de janeiro de 2029 poderão optar pelo recolhimento da CBS sobre a receita bruta recebida, com alíquota de 3,65%. Essa opção exclui outras formas de incidência de IBS e CBS, além de vedar a apropriação de créditos desses tributos.

Os custos e despesas próprios do parcelamento de solo não serão computados na base de cálculo da CBS devida pelo contribuinte em outras atividades. Caso os bens e serviços adquiridos sejam usados para a incorporação, parcelamento do solo ou construção, os créditos deverão ser estornados, e a empresa deverá manter escrituração contábil segregada para cada parcelamento.

Para contratos de **locação, cessão onerosa** ou **arrendamento** de bem imóvel firmados por prazo determinado, firmados antes da data de publicação da Lei Complementar n. 214/2025, os contribuintes poderão optar **pelo** recolhimento do IBS e da CBS sobre a receita bruta recebida, aplicando uma alíquota de 3,65%.

No caso de contratos com finalidade **não residencial**, a opção será válida pelo prazo original do contrato, desde que este tenha firma reconhecida ou assinatura eletrônica e seja registrado em cartório ou disponibilizado à Receita Federal e ao Comitê Gestor do IBS até 31 de dezembro de 2025.

Já para contratos **residenciais**, a opção será válida pelo prazo do contrato ou até 31 de dezembro de 2028, o que ocorrer primeiro. Os custos e despesas indiretos pagos pelo contribuinte deverão ser apropriados de forma proporcional às receitas dessas operações e, se houver créditos de IBS e CBS apropriados a essas operações, eles devem ser estornados.

A partir de **1.º de janeiro de 2029**, o contribuinte poderá **deduzir** da base de cálculo do IBS incidente sobre a alienação de imóveis os montantes pagos entre 2027 e 2032 na aquisição de bens e serviços destinados à incorporação, parcelamento do solo e construção. Essa dedução será aplicável a bens e serviços sujeitos ao ICMS ou ISS, contabilizados como custo direto e adquiridos mediante documento fiscal idôneo.

Os valores a serem deduzidos variarão de acordo com o ano da aquisição, com percentuais decrescentes de 100% para aquisições feitas até 2028, reduzindo progressivamente até 60% para aquisições feitas em 2032. A dedução **não impede** a apropriação de créditos de IBS e CBS, nem a aplicação de redutores de ajuste. Entretanto, não será aplicável para contribuintes que tenham optado pelos regimes especiais previstos para incorporações ou parcelamentos realizados antes de 2029.

A **receita total** do IBS e da CBS recolhida nos termos da tributação sobre locação e arrendamento será distribuída entre a CBS e as parcelas estadual e municipal do IBS na proporção das alíquotas de referência vigentes no momento da ocorrência do fato gerador.

Além disso, o Fundo de Arrendamento Residencial (FAR) poderá manter integralmente os créditos de IBS e CBS relativos aos bens ou serviços adquiridos pelo FAR, mesmo quando esses bens forem doados.

Por fim, a hipótese de **fusão**, **extinção** ou **incorporação** de quaisquer ministérios, secretarias ou demais órgãos da administração pública mencionados nesta Lei Complementar, caberá ao chefe do Poder Executivo da União definir, por meio de ato normativo, qual órgão será responsável por assumir as atribuições e responsabilidades estabelecidas nesta legislação.

REFERÊNCIAS

ACCIOLY, Hildebrando; NASCIMENTO E SILVA, G. E. do; CASELLA, Paulo Borba. *Manual de direito internacional público*. 17. ed. São Paulo: Saraiva, 2009.

ADAMS, Charles. *For good and evil*: the impact of taxes on the course of civilization. Madison Books, 1993.

AMARO, Luciano. *Direito tributário brasileiro*. 10. ed. São Paulo: Saraiva, 2004.

ANTONELLI, Leonardo Pietro; FONSECA, Carlos Henrique da. Comentários sobre a recente decisão plenária (ADIn 1.851) do STF. O direito de o contribuinte do ICMS ser ressarcido dos pagamentos a maior do que o devido no caso de substituição tributária. *Revista Tributária e de Finanças Públicas*, São Paulo, RT, ano 10, n. 47, nov./dez. 2002.

ARBUET-VIGNALI, Heber. *Claves jurídicas de la integración*: en los sistemas de Mercosur y la Unión Europea. Buenos Aires: Rubinzal-Culzoni, 2004.

ARINOS, Afonso. *Direito constitucional, teoria constitucional, as Constituições do Brasil*. Rio de Janeiro: Forense, 1976.

ASSIS, Olney Queiroz. *Interpretação do direito*. São Paulo: Lumen, 1995.

ATALIBA, Geraldo. *Hipótese de incidência tributária*. São Paulo: RT, 1984.

ATALIBA, Geraldo. IPTU: progressividade. *Revista de Direito Público*, São Paulo, v. 23, n. 93, jan./mar. 1990.

ATALIBA, Geraldo. Sistema tributário na Constituição de 1988. *Revista de Direito Tributário*, 51/140.

ÁVILA, Humberto Bergmann. Substituição tributária e base de cálculo: os limites da padronização fiscal. *Revista da AJURIS*, Porto Alegre, n. 100, dez. 2005.

ÁVILA, Humberto Bergmann. *Teoria dos princípios:* da definição à aplicação dos princípios jurídicos. 7. ed. São Paulo: Malheiros, 2016.

BALEEIRO, Aliomar. *Direito tributário brasileiro*. 5. ed. Rio de Janeiro: Forense, 1973.

BALEEIRO, Aliomar. *Direito tributário brasileiro*. 10. ed. Rio de Janeiro: Forense, 1996.

BALEEIRO, Aliomar. *Direito tributário brasileiro*. Atualização de Misabel Derzi. 13. ed. São Paulo: GEN/Forense, 2015.

BALEEIRO, Aliomar. *Estados, discriminação de rendas e reforma constitucional*. Artigo disponível em <http://bibliotecadigital.fgv.br/ojs/index.php/rda/article/download/12519/11408>.

BALEEIRO, Aliomar. *Limitações constitucionais ao poder de tributar.* 5. ed. Rio de Janeiro: Forense, 1985.

BANDEIRA DE MELLO, Celso Antonio. *Curso de direito administrativo*. 24. ed. São Paulo: Malheiros, 2007.

BANDEIRA DE MELLO, Celso Antonio. *O conteúdo jurídico do princípio da igualdade*. 3. ed. São Paulo: Malheiros, 2011.

BARBOSA, Rui. *Oração aos moços*. Rio de Janeiro: José Aguillar, 1960 (Escritos e discursos seletivos).

BARRETO, Aires F. Vedação ao efeito de confisco. *Revista de Direito Tributário*, São Paulo, v. 64, 1994.

BARROSO, Luís Roberto. *Direito constitucional contemporâneo*: os conceitos fundamentais e a construção do novo modelo. São Paulo: Saraiva, 2009.

BASTOS, Celso. *Curso de direito financeiro e tributário*. 9. ed. São Paulo: Celso Bastos Editora, 2002.

BOBBIO, Norberto et al. *Dicionário de política*. São Paulo: Ed. UnB, 2004.

BONAVIDES, Paulo. *Curso de direito constitucional*. 7. ed. São Paulo: Malheiros, 1997.

BOTTALLO, Eduardo. *Fundamentos do Imposto sobre Produtos Industrializados*. Tese (Doutorado). Pontifícia Universidade Católica de São Paulo, 2001.

BRITO, Edvaldo. ICMS, ISS ou imunidade tributária? *Revista Dialética de Direita Tributário*, São Paulo: Dialélica, n. 5, 1996.

BUJANDA, Sáinz. *Estructura jurídica del sistema tributario*. RDFHP, n. 41.

BURDEAU, Georges. *O Estado*. Portugal: Publicações Europa-América, 1970.

BURKE, Edmund. *Speech of conciliation with America, 1775. The Works of the Right Honourable Edmund Burke*. London: Henry G. Bohn, 1854-56. 6 v.

CANOTILHO, J. J. Gomes. *Direito constitucional e teoria da Constituição*. 6. ed. Coimbra: Almedina, 2002.

CANOTILHO, J. J. Gomes. *Direito constitucional*. 6. ed. Coimbra: Almedina, 2006.

CAPARROZ, Roberto. *Comércio internacional e legislação aduaneira esquematizado*. 8. ed. São Paulo: Saraiva, 2022.

CAPARROZ, Roberto. Da natureza aduaneira dos direitos antidumping no Brasil. In: *Direito tributário internacional aplicado*. São Paulo: Quartier Latin, 2004. v. II.

CAPARROZ, Roberto. *Direito internacional público*. São Paulo: Saraiva, 2012 (Coleção Saberes do Direito, v. 55).

CAPARROZ, Roberto. Do imposto sobre produtos industrializados vinculado às importações. In: TORRES, Heleno (Coord.). *Comércio internacional e tributação*. São Paulo: Quartier Latin, 2005.

CARRAZZA, Elizabeth Nazar. *Progressividade e IPTU*. Curitiba: Juruá, 1998.

CARRAZZA, Roque Antonio. Convênios ICMS e art. 14 da Lei de Responsabilidade Fiscal — sua inaplicabilidade — Questões conexas. *Revista de Estudos Tributários*, Porto Alegre, n. 16, 2000.

CARRAZZA, Roque Antonio. *Curso de direito constitucional tributário*. 13. ed. São Paulo: Malheiros, 1999.

CARRAZZA, Roque Antonio. Importação de bíblias em fitas — sua imunidade. Exegese do artigo 150, VI, *d*, da Constituição Federal. *Revista Dialética de Direito Tributário*, São Paulo: Dialética, n. 26, 1997.

CARVALHO FILHO, José dos Santos. *Manual de direito administrativo*. 21. ed. rev. e atualizada até 31/12/2008. Rio de Janeiro: Lumen Juris, 2009.

CARVALHO, Paulo de Barros. *Curso de direito tributário*. 12. ed. São Paulo: Saraiva, 1999.

CARVALHO, Paulo de Barros. *Curso de direito tributário*. 24. ed. São Paulo: Saraiva, 2012.

CAVALCANTI FILHO, Jayme Arcoverde de Albuquerque; VALVERDE, Gustavo Sampaio. Conceito de livro e imunidade tributária. *Revista Dialética de Direito Tributário*, São Paulo: Dialética, n. 27, 1997.

COELHO, Inocêncio Mártires. *Interpretação constitucional*. Porto Alegre: Sérgio A. Fabris, 1997.

COÊLHO, Sacha Calmon Navarro. *Curso de direito tributário brasileiro*. 8. ed. Rio de Janeiro: Forense, 2005.

COÊLHO, Sacha Calmon Navarro. *Liminares e depósitos antes do lançamento por homologação*: decadência e prescrição. 2. ed. São Paulo: Dialética, 2002.

CRETELLA JÚNIOR, José. *Comentários à Constituição Brasileira de 1988*. 2. ed. Rio de Janeiro: Forense Universitária, 1997.

Referências

CRETELLA JÚNIOR, José. *Trabalhos da Comissão Especial do Código Tributário Nacional*. Rio de Janeiro, IBGE, 1954.

DE PLÁCIDO E SILVA. *Vocabulário jurídico*. 12. ed. Rio de Janeiro: Forense, n. 2, 1993.

DENARI, Zelmo. Reflexões acerca da substituição tributária. *Revista Dialética de Direito Tributário (RDDT)*, São Paulo, n. 162, mar. 2009.

FALCÃO, Amílcar de Araújo. *Fato gerador da obrigação tributária*. 5. ed. Rio de Janeiro: Forense, 1994.

FALCÃO, Amílcar de Araújo. *Fato gerador da obrigação tributária*. 7. ed. São Paulo: Saraiva, 2013.

FAUSTO, Boris. *História do Brasil*. 12. ed. São Paulo: Edusp, 2004.

FERRAGUT, Maria Rita. *Presunções no direito tributário*. São Paulo: Dialética, 2001.

FERRAZ JR., Tércio Sampaio. Livro eletrônico e imunidade tributária. *Revista dos Procuradores da Fazenda Nacional,* São Paulo, n. 2, 1998.

FERRAZ JR., Tércio Sampaio. *Normas gerais e competência concorrente*. Uma exegese do art. 24 da Constituição Federal. Disponível em: <http://www.revistas.usp.br/rfdusp/article/viewFile/67296/69906>.

FERREIRA FILHO, Manoel Gonçalves. *Comentários à Constituição brasileira*. 6. ed. São Paulo: Saraiva, 1986.

FERREIRA SOBRINHO, José Wilson. *Imunidade tributária*. Porto Alegre: Sérgio A. Fabris, 1996.

GRECO, Marco Aurélio. Imunidade tributária do livro eletrônico. In: MACHADO, Hugo de Brito (Coord.). *Imunidade tributária do livro eletrônico*. São Paulo: IOB, 1998.

GRECO, Marco Aurélio. *Substituição tributária*: antecipação do fato gerador. 2. ed. São Paulo, Malheiros, 2001.

KATZENTEIN, Úrsula E. *A origem do livro* — da Idade da Pedra ao advento da impressão tipográfica do Ocidente. São Paulo: Hucitec, 1986.

LAPATZA, José Juan Ferreiro. *Curso de direito financiero español*: instituciones. 25. ed. Barcelona: Marcial Pons, 2006.

LOBO TORRES, Ricardo. *Curso de direito financeiro e tributário*. 11. ed. Rio de Janeiro: Renovar, 2004.

LOBO TORRES, Ricardo. Imunidade tributária do livro apresentado em CD-ROM ou disquete. In: MACHADO, Hugo de Brito (Coord.). *Imunidade tributária do livro eletrônico*. São Paulo: IOB, 1998.

MARTINS, Ives Gandra da Silva; BASTOS, Celso. *Comentários à Constituição do Brasil*. São Paulo: Saraiva, 1990. v. 6, t. 1.

MARTINS, Ives Gandra da Silva. *Comentários ao Código Tributário Nacional*. 3. ed. São Paulo: Saraiva, 2002. v. 2.

MEIRELLES, Hely Lopes. *Direito administrativo brasileiro*. 2. ed., 1966.

MELLO, Marco Aurélio de. Voto proferido em sessão plenária do Supremo Tribunal Federal. *Revista Dialética de Direito Tributário,* São Paulo: Dialética, n. 30, 1998.

MORAES, Bernardo Ribeiro de. A imunidade e seus novos aspectos. *Revista Dialética de Direito Tributário,* n. 34.

MORAES, Bernardo Ribeiro de. *Compêndio de direito tributário*. 4. ed. Rio de Janeiro: Forense, 1995.

MORVAN, Patrick. Princípios. In: ALLAND, Denis; RIALS, Stéphane (Orgs.). *Dicionário da cultura jurídica*. São Paulo: Martins Fontes, 2012.

MOURA, Fábio Clasen de. *Imposto sobre serviços*: operações intermunicipais e internacionais (importação e exportação). São Paulo: Quartier Latin, 2007.

NINO, Carlos Santiago. *Introducción al análisis del derecho*. Buenos Aires: Astrea, 1980.

NOGUEIRA, Ruy Barbosa. *Interpretação e integração da legislação tributária*. São Paulo: Resenha Tributária, 1975.

PAULA, João Antonio de. *O Prometeu no sertão*: economia e sociedade da capitania das Minas dos Matos Gerais. Tese (Doutorado) — História. Universidade de São Paulo, São Paulo, 1988.

PAULSEN, Leandro. *Curso de direito tributário completo*. 6. ed. Porto Alegre: Livraria do Advogado, 2014.

PAULSEN, Leandro. *Direito tributário:* Constituição e Código Tributário à luz da doutrina e jurisprudência. 9. ed. Porto Alegre: Livraria do Advogado Editora, 2007.

PINTO, Carlos Alberto de Carvalho. *Discriminação de rendas*. São Paulo: Editora Gráfica da Prefeitura, 1943.

PONTES DE MIRANDA, F. C. *Comentários à Constituição de 1967*. São Paulo: RT, 1970. t. 5.

RÁO, Vicente. *O direito e a vida dos direitos*. 2. ed. São Paulo: Resenha Universitária, 1976. v. I, t. III.

REZEK, Francisco. *Direito internacional público* — curso elementar. 11. ed. rev. e atual. São Paulo: Saraiva, 2008.

RIDRUEJO, José A. Pastor. *Curso de derecho internacional público y organizaciones internacionales*. 10. ed. Madri: Tecnos, 2006.

ROSA JR., Luiz Emygdio F. da. *Manual de direito financeiro & direito tributário*. 19. ed. Doutrina, jurisprudência e legislação atualizadas. Rio de Janeiro: Renovar, 2006.

SALGADO, Graça (Coord.). *Fiscais e meirinhos*: a administração no Brasil Colonial. Arquivo Nacional. 2. ed. Rio de Janeiro: Nova Fronteira, 1985.

SAMPAIO DÓRIA, Antonio Roberto. *Direito constitucional tributário e* due process of law. Rio de Janeiro: Forense, 1986.

SAMPAIO DÓRIA, Antonio Roberto. *Princípios constitucionais tributários e a cláusula* due process of law. São Paulo: RT, 1964.

SANTI, Eurico Marcos Diniz de. Imunidade tributária como limite objetivo e as diferenças entre "livro" e "livro eletrônico". In: MACHADO, Hugo de Brito (Coord.). *Imunidade tributária do livro eletrônico*. São Paulo: IOB, 1998.

SANTOS, José Albano dos. *Teoria fiscal*. Lisboa: Instituto Superior de Ciências Sociais e Políticas, 2003.

SHAW, Malcolm N. *Direito internacional*. São Paulo: Martins Fontes, 2010.

SORENSEN, Max. *Principles of public international law*: general course. Londres: Academy of International Law, 1960.

SOUSA, Rubens Gomes de. *Compêndio de legislação tributária*. São Paulo: Resenha Tributária, 1975.

SOUZA, Hamilton Dias de. Contribuições especiais. In: MARTINS, Ives Gandra da Silva (Coord.). *Curso de direito tributário*. 12. ed. São Paulo: Saraiva, 2010.

TIPKE, Klaus; YAMASHITA, Douglas. *Justiça fiscal e capacidade contributiva*. São Paulo: Malheiros, 2002.

TÔRRES, Heleno Taveira. Substituição tributária — regime constitucional, classificação e relações jurídicas (materiais e processuais). *Revista Dialética de Direito Tributário*. São Paulo, n. 70, 2001.

VATTEL, Emmerich de. *Droit des gens*: principes de la loi naturelle à la conduite et aux affaires des nations et des souverins. Washington: Carnegie Institution, 1916.

VERDROSS, Alfred. *Derecho internacional público*. Madri: Biblioteca Jurídica Aguilar, 1980.

VIEIRA, José Roberto. *A regra-matriz de incidência do IPI*. Dissertação (Mestrado). Pontifícia Universidade Católica de São Paulo, 1992.

XAVIER, Alberto. *Temas de direito tributário*. Rio de Janeiro: Lumen Juris, 1991.

ZOCKUN, Maria Helena (Coord.). *Simplificando o Brasil*: propostas de reforma na relação econômica do governo com o setor privado. São Paulo: FIPE, 2007.